Inglese compatto

DIZIONARIO
INGLESE ⇆ ITALIANO
ITALIAN ⇆ ENGLISH
DICTIONARY

a cura di EDIGEO

ZANICHELLI

Per segnalazioni o suggerimenti relativi a quest'opera, l'indirizzo a cui scrivere è:
Zanichelli editore - Redazioni Lessicografiche
Via Irnerio 34 – 40126 Bologna
Fax 051 249782 (From abroad: +39 051 249782)
E-mail: lineacinque@zanichelli.it
Sito web: www.zanichelli.it

Chiusura redazionale: dicembre 2007

Ristampe:

6 5 4 3 2009 2010 2011 2012 2013

Terza edizione (2008)

Ideazione e realizzazione editoriale:
Edigeo s.r.l., via del Lauro 3, 20121 Milano
e-mail: redazione@edigeo.it
http://www.edigeo.it

Redazione: Elena Colombo, Nicoletta Aresca

Elaborazione dati lessicografici: Estelle Campion

In redazione Zanichelli: Carlotta Biancani

Copertina: Miguel Sal (*progetto grafico e ideazione*); Exegi s.n.c. (*realizzazione*)

Supporto al rinnovamento delle soluzioni grafiche: Progetti Nuovi, Milano – Annamaria Testa, Paolo Rossetti, Bianca Maria Biscione

Coordinamento di montaggi, stampa e confezione: Stefano Bulzoni, Massimo Rangoni

Stampa: Tipografia Babina, San Lazzaro di Savena (Bologna)

SOMMARIO

GUIDA ALL'USO DEL DIZIONARIO

Questo volume è stato concepito per un uso essenzialmente pratico, come ausilio per il viaggiatore, lo studente o il professionista che abbiano bisogno di un comodo prontuario della lingua inglese.

IL DIZIONARIO

La scelta dei lemmi non è stata limitata al criterio della frequenza d'uso: accanto ai termini più comuni trovano posto quelli di utilizzo meno frequente ma interessanti per il viaggiatore attento e curioso.

In ambedue le sezioni, ogni lemma è indicato in colore, in carattere neretto; gli omografi costituiscono voci separate e sono contraddistinti da un numero cardinale posto subito dopo il lemma. Nella struttura della voce al lemma seguono lo specificatore grammaticale e uno o più traducenti, composti in carattere tondo chiaro, seguiti a loro volta da un eventuale specificatore grammaticale.

Qualora a un termine corrisponda più di una categoria grammaticale, ciascuna di esse è preceduta da una lettera maiuscola in bianco su fondo colorato. Le varie accezioni del lemma, ovvero i suoi significati fondamentali, sono contraddistinte da un numero cardinale in colore. Ove necessario, sono state indicate tra parentesi eventuali irregolarità relative all'uso del lemma (formazione del plurale, paradigma dei verbi irregolari, ecc.).

Una losanga colorata precede la sezione contenente frasi idiomatiche, semplici costruzioni e forme composte in cui il lemma è sostituito dalla sua iniziale puntata.

Eventuali restrizioni d'uso sono indicate tra parentesi, in carattere corsivo, per esteso o abbreviate. Per il significato di tali abbreviazioni – così come per il significato degli specificatori grammaticali – si veda a pag. 5.

Nella sezione inglese-italiano, il lemma inglese è seguito dalla sua trascrizione nell'alfabeto fonetico internazionale, racchiusa tra due barre. Per il valore dei caratteri di questo alfabeto, si veda a pag. 7.

Nella sezione italiano-inglese la pronuncia di ogni lemma è indicata con un accento nero se obbligatorio, come nelle parole *città* o *più*, o chiaro se non obbligatorio. Un accento acuto sopra le vocali *e* e *o* indica una pronuncia chiusa /é, ó/, un accento grave indica una pronuncia aperta /è, ò/.

LA FRASEOLOGIA

Questa sezione contiene alcune frasi di uso comune, raggruppate in situazioni nelle quali il turista può trovarsi frequentemente. Laddove necessario, le frasi sono seguite da un breve elenco di termini, ciascuno dei quali può essere sostituito alla parte mancante della frase.

A tale sezione segue una lista delle unità di misura utilizzate in Gran Bretagna e negli Stati Uniti, con la conversione nelle corrispondenti unità metriche, e una tabella dei numeri cardinali e ordinali.

LE NOTE GRAMMATICALI

L'ultima sezione è costituita da un riepilogo delle principali regole grammaticali della lingua inglese con articoli, preposizioni, aggettivi, pronomi, le più comuni forme verbali e il paradigma dei principali verbi irregolari.

ABBREVIAZIONI

abbr.	abbreviazione
aer.	aeronautica
afferm.	affermativo
agg.	aggettivo
anat.	anatomia
arch.	architettura
archeol.	archeologia
art.	articolo
arte	arte
astr.	astronomia
attr.	attributivo
aus.	ausiliare
autom.	automobilismo
avv.	avverbio, avverbiale
banca	banca
biol.	biologia
bot.	botanica
card.	cardinale
chim.	chimica
cin.	cinema
comm.	commercio
comp.	comparativo
compl.	complemento
condiz.	condizionale
cong.	congiunzione
costr.	costruzione
cuc.	cucina
determ.	determinativo
difett.	difettivo
dimostr.	dimostrativo
dir.	diritto
dubit.	dubitativo
econ.	economia
edil.	edilizia
elettr.	elettricità
elettron.	elettronica
enf.	enfatico
escl.	esclamativo
est.	estensivo
f.	femminile
fam.	familiare
ferr.	ferrovia
fig.	figurato
fin.	finanza
fis.	fisica
fot.	fotografia
geogr.	geografia
geol.	geologia
geom.	geometria
gramm.	grammatica
idiom.	idiomatico
impers.	impersonale
ind.	indiretto
indef.	indefinito
indeterm.	indeterminativo
inf.	infinito
inform.	informatica
inter.	interiezione
interr.	interrogativo
intr.	intransitivo
inv.	invariato
letter.	letterario
loc.	locuzione
m.	maschile
mat.	matematica
mecc.	meccanica
med.	medicina
metall.	metallurgia
meteor.	meteorologia
mil.	militare
miner.	mineralogia
mus.	musica
naut.	nautica
neg.	negativo
num.	numerale
ogg.	oggetto
ord.	ordinale
p.	persona
pass.	passato
pers.	personale
pl.	plurale
pol.	politica
pop.	popolare
poss.	possessivo
p.p.	participio passato
pred.	predicativo
pref.	prefisso
prep.	preposizione, prepositivo

pres.	presente	*spec.*	specialmente
pron.	pronome	***sport***	sport
psic.	psicologia	***spreg.***	spregiativo
qc.	qualcuno	st.	something
q.c.	qualcosa	***stor.***	storia
radio	radio	*sup.*	superlativo
rec.	reciproco	***teatro***	teatro
rel.	relativo	***tecnol.***	tecnologia
relig.	religione	***tel.***	telefonia
rifl.	riflessivo	***tess.***	industria tessile
s.	sostantivo	***tip.***	tipografia
sb.	somebody	*tr.*	transitivo
scient.	scientifico	***tv***	televisione
serv.	servile	***USA***	americano
sing.	singolare	*v.*	verbo, verbale
sogg.	soggetto	***volg.***	volgare
sost.	sostantivale	***zool.***	zoologia

FONETICA

Vocali

/ɑː/	c***ar***, f***a***ther
/æ/	***a***nd, m***a***n
/ɛ/	b***e***d, y***e***s
/ʌ/	c***u***p, ***u***p
/ə/	***a***, moth***er***
/ɜː/	g***ir***l, w***or***d
/ɪ/	p***i***g, ***i***t
/iː/	tr***ee***, pl***ea***se
/ɒ/	b***o***x, n***o***t
/ɔː/	w***a***ll, h***or***se
/ʊ/	b***oo***k, f***u***ll
/uː/	sh***oe***, f***oo***l

Dittonghi

/aɪ/	f***i***ve, fl***y***
/aʊ/	h***ow***, h***ou***se
/eɪ/	tr***ai***n, n***a***me
/ɛə/	th***ere***, c***are***
/ɪə/	***ear***, h***ere***
/əʊ/	g***o***, b***oa***t
/ɔɪ/	t***oy***, ***oi***l
/ʊə/	p***oor***, s***ure***

Consonanti

/p/	***p***encil, sto***p***
/b/	***b***ook, ***b***oy
/t/	***t***rain, po***t***
/d/	***d***og, kin***d***
/k/	***c***ar, bla***ck***
/g/	***g***o, e***gg***
/f/	***f***loor, o***ff***
/v/	***v***ery, se***v***en
/θ/	***th***in, mou***th***
/ð/	***th***is, wi***th***
/s/	***s***un, pla***ce***
/z/	***z***oo, noi***se***
/ʃ/	fi***sh***, ***sh***ip
/ʒ/	plea***su***re, mea***su***re
/tʃ/	***ch***ur***ch***, ***ch***air
/dʒ/	***j***ud***ge***, a***ge***
/l/	***l***eg, fu***ll***
/m/	***m***atch, hi***m***
/n/	***n***ame, pe***n***
/ŋ/	ri***ng***, so***ng***
/r/	***r***oom, ve***r***y
/j/	***y***es, ***y***ou
/w/	***w***ind, a***w***ay
/h/	***h***at, ***h***and
/x/	lo***ch*** (in parole gaeliche)

Segni particolari

/ː/	indica un prolungamento della vocale che lo precede
/ˈ/	l'accento tonico principale cade sulla sillaba successiva
/ˌ/	l'accento tonico secondario cade sulla sillaba successiva
/ʳ/	indica la presenza di una ***r*** muta a fine parola

I caratteri posti tra parentesi tonde si riferiscono a suoni opzionali

ENGLISH-ITALIAN
INGLESE-ITALIANO

a, A

a /eɪ, ə/ (**an** *davanti a vocale e 'h' muta*) **art. indeterm. 1** un, uno, una (ES: ***I see a man and a house*** vedo un uomo e una casa; ***Bob is an old man*** Bob è un uomo anziano) **2** il, lo, la (ES: ***a rose is a flower*** la rosa è un fiore; ***to smoke a pipe*** fumare la pipa) **3** un certo, una certa, un tale, una tale (ES: ***in a sense*** in un certo senso; ***do you know a Mrs Smith?*** conosci una certa signora Smith?) **4** stesso, stessa (ES: ***to be of a height*** essere della stessa altezza) **5** (*distributivo*) per, al, ogni (ES: ***once a year*** una volta all'anno) **6** *spesso non si traduce* (ES: ***he doesn't have a clue*** non ne ha la più pallida idea; ***not a chance*** nessuna possibilità; ***what a pity!*** che peccato!)

aback /əˈbæk/ **avv.** all'indietro ♦ **to be taken a.** essere colto alla sprovvista

abacus /ˈæbəkəs/ **s.** (*arch.*) abaco *m.*

abandon /əˈbændən/ **s.** abbandono *m.*, trasporto *m.*

to abandon /əˈbændən/ **v.tr.** abbandonare, lasciare

to abash /əˈbæʃ/ **v.tr.** confondere, sconcertare

abashed /əˈbæʃt/ **agg.** confuso, imbarazzato

to abate /əˈbeɪt/ **A v.tr.** diminuire, ridurre **B v.intr.** placarsi, calmarsi

abbey /ˈæbɪ/ **s.** abbazia *f.*

abbot /ˈæbət/ **s.** abate *m.*

to abbreviate /əˈbriːvɪeɪt/ **v.tr.** abbreviare

abbreviation /əˌbriːvɪˈeɪʃ(ə)n/ **s.** abbreviazione *f.*

ABC /ˌeɪbiːˈsiː/ (*USA* **ABCs**) **s.** abbiccì *m.*, ABC *m.*

to abdicate /ˈæbdɪkeɪt/ **v.tr. e intr.** abdicare

abdication /ˌæbdɪˈkeɪʃ(ə)n/ **s.** abdicazione *f.*

abdomen /ˈæbdəmen/ **s.** addome *m.*

abdominal /æbˈdɒmɪn(ə)l/ **agg.** addominale

to abduct /æbˈdʌkt/ **v.tr.** rapire

abductor /æbˈdʌktəʳ/ **s. 1** rapitore *m.* **2** (*anat.*) abduttore *m.*

aberration /ˌæbəˈreɪʃ(ə)n/ **s.** aberrazione *f.*

to abet /əˈbet/ **v.tr.** appoggiare, spalleggiare ♦ **to aid and a. sb.** essere complice di qc.

abeyance /əˈbe(ɪ)əns/ **s. 1** sospensione *f.* **2** (*dir.*) disuso *m.* ♦ **to be in a.** essere in sospeso

to abide /əˈbaɪd/ (*pass. e p.p.* **abode**) **v.tr. 1** resistere a **2** sopportare ♦ **to a. by** attenersi a, rispettare

ability /əˈbɪlɪtɪ/ **s.** abilità *f.*

abject /ˈæbdʒekt/ **agg.** abietto, spregevole

ablaze /əˈbleɪz/ **agg. 1** in fiamme **2** splendente

able /ˈeɪbl/ **agg.** capace ♦ **a.-bodied** sano, robusto || **to be a. to** essere in grado di, potere, riuscire a

abnormal /æbˈnɔːm(ə)l/ **agg.** anormale

aboard /əˈbɔːd/ **A avv.** a bordo **B prep.** a bordo di ♦ **to go a.** imbarcarsi

abode[1] /əˈbəʊd/ **s.** dimora *f.*, domicilio *m.*

abode[2] /əˈbəʊd/ **pass. e p.p. di to abide**

to abolish /əˈbɒlɪʃ/ **v.tr.** abolire, sopprimere

abolition /ˌæbəˈlɪʃən/ **s.** abolizione *f.*, soppressione *f.*

abolitionism /ˌæbəˈlɪʃənɪz(ə)m/ **s.** abolizionismo *m.*

abominable /əˈbɒmɪn(ə)bl/ **agg.** abominevole, pessimo

aboriginal /ˌæbəˈrɪdʒənl/ **agg. e s.** aborigeno *m.*

aborigine /ˌæbəˈrɪdʒɪnɪ/ **s.** aborigeno *m.*

to abort /əˈbɔːt/ **v.tr. e intr.** abortire

abortion /əˈbɔːʃ(ə)n/ **s.** aborto *m.*

abortive /əˈbɔːtɪv/ **agg. 1** abortivo **2** (*fig.*) fallito, mancato

to abound /əˈbaʊnd/ **v.intr.** abbondare ♦ **to a. in, with** abbondare di, avere in abbondanza

about /əˈbaʊt/ **A avv. 1** quasi, circa, pressappoco **2** intorno, attorno **3** nei pressi **B prep. 1** circa, riguardo a **2** intorno a **3** vicino a, nei pressi di ♦ **to be a. to** accingersi, prepararsi a || **a.-face** dietrofront || **a.-turn** dietrofront

above /əˈbʌv/ **A avv. 1** sopra, di sopra **2** precedentemente **B prep.** su, sopra, al di sopra di ♦ **a. all** soprattutto || **a.-mentioned** suddetto || **see a.** vedi sopra

abrasion /əˈbreɪʒ(ə)n/ **s.** abrasione *f.*

abrasive /əˈbreɪzɪv/ **agg. e s.** abrasivo *m.*

abreast /əˈbrest/ **avv.** a fianco, fianco a fianco ♦ **to keep a. of** tenersi aggiornato su

to abridge /əˈbrɪdʒ/ **v.tr.** (*un testo*) ridurre, riassumere, accorciare ♦ **abridged edition** edizione ridotta, compendio

abroad /əˈbrɔːd/ **avv.** all'estero

to abrogate /ˈæbro(ʊ)geɪt/ **v.tr.** abrogare

abrogation /əbroəʊgeɪ(ə)n/ **s.** abrogazione *f.*

abrupt /əˈbrʌpt/ **agg. 1** improvviso **2** brusco, sbrigativo **3** ripido, scosceso

abscess /ˈæbses/ **s.** ascesso *m.*

to abscond /əbˈskɒnd/ **v.intr.** scappare, fuggire

absconder /əbˈskɒndəʳ/ **s.** fuggiasco *m.*, latitante *m. e f.*

absence /ˈæbs(ə)ns/ **s. 1** assenza *f.* **2** mancanza *f.*

absent /ˈæbs(ə)nt/ **agg.** assente ♦ **a.-minded** distratto || **a.-mindedly** distrattamente || **a.-mindedness** distrazione

absentee /ˌæbs(ə)nˈtiː/ **s.** assente *m. e f.*

absolute /ˈæbsəluːt/ **agg.** assoluto, completo, totale

absolutely /ˈæbs(ə)luːtlɪ/ **avv. 1** assolutamente, completamente **2** senz'altro, certamente

absolution /ˌæbsəˈluːʃ(ə)n/ **s.** assoluzione *f.*

to absolve /əbˈzɒlv/ **v.tr. 1** assolvere **2** liberare (da un obbligo)

to absorb /əbˈsɔːb/ **v.tr. 1** assorbire **2** assimilare

absorbent /əbˈsɔːbənt/ **A agg.** assorbente **B s.** sostanza *f.* assorbente

absorbing /əbˈsɒ(ː)bɪŋ/ **agg. 1** assorbente **2** avvincente

absorption /əbˈsɔːpʃ(ə)n/ **s. 1** assorbimento *m.* **2** dedizione *f.*, profondo interesse *f.*

to abstain /əb'steɪn/ v.intr. astenersi
abstemious /æb'stiːmjəs/ agg. sobrio, parco
abstinence /'æbstɪnəns/ s. astinenza *f.*
abstract /'æbstrækt/ **A** agg. astratto **B** s. **1** riassunto *m.*, sommario *m.* **2** astrazione *f.* ♦ **a. artist** astrattista
to abstract /æb'strækt/ v.tr. **1** astrarre **2** sottrarre, rubare **3** riassumere
abstraction /æb'strækʃ(ə)n/ s. **1** astrazione *f.* **2** sottrazione *f.*, furto *m.* **3** rimozione *f.*
abstractionism /æb'strækʃ(ə)nɪz(ə)m/ s. astrattismo *m.*
abstractionist /æb'strækʃ(ə)nɪst/ s. astrattista *m. e f.*
absurd /əb'sɜːd/ agg. **1** assurdo **2** ridicolo
abundance /ə'bʌndəns/ s. abbondanza *f.*
abundant /ə'bʌndənt/ agg. abbondante
abuse /ə'bjuːs/ s. **1** abuso *m.* **2** insulti *m. pl.*, ingiurie *f. pl.* ♦ **child a.** violenza su minori || **sexual a.** abuso sessuale
to abuse /ə'bjuːz/ v.tr. **1** abusare di **2** insultare, ingiuriare
abusive /ə'bjuːsɪv/ agg. **1** offensivo, ingiurioso **2** violento
abysmal /ə'bɪzm(ə)l/ agg. abissale
abyss /ə'bɪs/ s. abisso *m.*
acacia /ə'keɪʃə/ s. acacia *f.*
academic /ˌækə'demɪk/ agg. e s. accademico *m.*
academy /ə'kædəmɪ/ s. accademia *f.*
acanthus /ə'kænθəs/ s. acanto *m.*
to accelerate /æk'seləreɪt/ v.tr. e intr. accelerare
acceleration /ækˌselə'reɪʃ(ə)n/ s. accelerazione *f.*
accelerator /æk'seləreɪtəʳ/ s. acceleratore *m.*
accent /'æks(ə)nt/ s. **1** accento *m.* **2** accento *m.* straniero **3** (*fig.*) enfasi *f.*, tono *m.*
to accept /ək'sept/ v.tr. accettare
acceptable /ək'septəbl/ agg. accettabile
acceptance /ək'sept(ə)ns/ s. **1** accettazione *f.* **2** approvazione *f.*
access /'ækses/ s. accesso *m.*
accessible /æk'sesəbl/ agg. accessibile
accessory /æk'sesərɪ/ **A** s. **1** accessorio *m.* **2** (*dir.*) complice *m. e f.* **B** agg. secondario, accessorio
accident /'æksɪd(ə)nt/ s. **1** incidente *m.*, infortunio *m.* **2** caso *m.* ♦ **by a.** per caso
accidental /ˌæksɪ'dentl/ agg. accidentale
accidentally /ˌæksɪ'dentlɪ/ avv. accidentalmente, per caso
acclaim /ə'kleɪm/ s. acclamazione *f.*
to acclaim /ə'kleɪm/ v.tr. acclamare
to acclimatize /ə'klaɪmətaɪz/ v.tr. ambientare, acclimatare ♦ **to get acclimatized** ambientarsi
accolade /'ækəleɪd/ s. elogio *m.*
to accommodate /ə'kɒmədeɪt/ v.tr. **1** alloggiare, sistemare, ospitare **2** contenere, portare **3** agevolare
accommodating /ə'kɒmədeɪtɪŋ/ agg. accomodante, compiacente
accommodation /əˌkɒmə'deɪʃ(ə)n/ s. **1** alloggio *m.*, sistemazione *f.* **2** accordo *m.*
accompanist /ə'kʌmpənɪst/ s. (*mus.*) accompagnatore *m.*
to accompany /ə'kʌmp(ə)nɪ/ v.tr. accompagnare
accomplice /ə'kɒmplɪs/ s. complice *m. e f.*
to accomplish /ə'kɒmplɪʃ/ v.tr. compiere, realizzare
accomplished /ə'kɒmplɪʃt/ agg. **1** compiuto, finito **2** esperto, provetto
accomplishment /ə'kɒmplɪʃmənt/ s. **1** compimento *m.*, realizzazione *f.* **2** impresa *f.* **3** dote *f.*, talento *m.*
accord /ə'kɔːd/ s. accordo *m.* ♦ **of one's own a.** di propria iniziativa, spontaneamente || **with one a.** di comune accordo
to accord /ə'kɔːd/ v.tr. accordare, concedere
accordance /ə'kɔːd(ə)ns/ s. **1** concordanza *f.* **2** concessione *f.* ♦ **in a. with** in conformità con
accordingly /ə'kɔːdɪŋlɪ/ avv. di conseguenza, perciò
according to /ə'kɔːdɪŋtuː/ prep. secondo, in base a, in conformità con
accordion /ə'kɔːdjən/ s. fisarmonica *f.*
to accost /ə'kɒst/ v.tr. abbordare, attaccare discorso con
account /ə'kaʊnt/ s. **1** conto *m.* **2** (*banca*) conto *m.*, deposito *m.* **3** acconto *m.* **4** relazione *f.*, resoconto *m.* **5** importanza *f.*, considerazione *f.* ♦ **a. number** numero di conto || **by all accounts** a detta di tutti || **current a.** conto corrente || **of no a.** di nessuna importanza || **on a.** a credito || **on a. of** a causa di || **to take into a.** tener conto di || **e-mail a.** casella di posta elettronica
to account /ə'kaʊnt/ v.tr. considerare ♦ **to a. for** spiegare, giustificare, essere responsabile per
accountable /ə'kaʊntəbl/ agg. responsabile
accountancy /ə'kaʊntənsɪ/ s. contabilità *f.*, ragioneria *f.*
accountant /ə'kaʊntənt/ s. contabile *m. e f.*, ragioniere *f.*
accounting /ə'kaʊntɪŋ/ s. contabilità *f.*, ragioneria *f.*
to accrue /ə'kruː/ v.intr. derivare, provenire ♦ **accrued interest** interesse maturato
to accumulate /ə'kjuːmjʊleɪt/ **A** v.tr. accumulare **B** v.intr. accumularsi
accumulator /ə'kjuːmjʊleɪtəʳ/ s. accumulatore *m.*
accuracy /'ækjʊrəsɪ/ s. accuratezza *f.*, precisione *f.*
accurate /'ækjʊrɪt/ agg. accurato, preciso, esatto
accusation /ˌækjʊ(ː)'zeɪʃ(ə)n/ s. accusa *f.*, incriminazione *f.*
accusative /ə'kjuːzətɪv/ s. accusativo *m.*
to accuse /ə'kjuːz/ v.tr. accusare, incriminare
accused /ə'kjuːzd/ s. accusato *m.*
to accustom /ə'kʌstəm/ v.tr. abituare ♦ **to a. oneself to** abituarsi a
accustomed /ə'kʌstəmd/ agg. **1** abituato, avvezzo **2** abituale, consueto ♦ **to become a. to doing st.** abituarsi a fare q.c.
ace /eɪs/ **A** s. asso *m.* **B** agg. esperto, ottimo
acephalous /ə'sefələs/ agg. acefalo
ache /eɪk/ s. dolore *m.*

to ache /eɪk/ **v.intr. 1** far male, dolere **2** (*fam.*) desiderare ardentemente
achievable /ə'tʃi:vəbl/ **agg.** raggiungibile
to achieve /ə'tʃi:v/ **v.tr. 1** compiere, realizzare **2** raggiungere, conseguire
achievement /ə'tʃi:vmənt/ **s. 1** risultato *m.* positivo, successo *m.* **2** impresa *f.*, realizzazione *f.*
aching /'eɪkɪŋ/ **agg.** dolente
acid /'æsɪd/ **agg. e s.** acido *m.*
acidic /ə'sɪdɪk/ **agg.** acido
to acknowledge /ək'nɒlɪdʒ/ **v.tr. 1** ammettere **2** riconoscere **3** mostrare apprezzamento per ♦ **to a. receipt** accusare ricevuta
acknowledg(e)ment /ək'nɒlɪdʒmənt/ **s. 1** riconoscimento *m.*, ammissione *f.* **2** riconoscenza *f.* **3** certificato *m.*
acne /'æknɪ/ **s.** acne *f.*
acorn /'eɪkɔ:n/ **s.** ghianda *f.*
acoustic /ə'ku:stɪk/ **agg.** acustico
acoustics /ə'ku:stɪks/ **s. pl.** (*v. al sing.*) acustica *f.*
to acquaint /ə'kweɪnt/ **v.tr.** informare, mettere al corrente ♦ **to a. sb. with st.** informare qc. di q.c. || **to be acquainted with** conoscere
acquaintance /ə'kweɪnst(ə)ns/ **s. 1** conoscenza *f.* **2** conoscente *m. e f.*
to acquiesce /ˌækwɪ'ɛs/ **v.intr.** acconsentire, aderire
to acquire /ə'kwaɪəʳ/ **v.tr.** acquisire, procurarsi
acquisition /ˌækwɪ'zɪʃ(ə)n/ **s.** acquisizione *f.*
to acquit /ə'kwɪt/ **v.tr.** assolvere ♦ **to a. oneself well** dare buona prova di sé, comportarsi bene
acquittal /ə'kwɪtl/ **s.** assoluzione *f.*
acquittance /ə'kwɪtəns/ **s. 1** pagamento *m.*, saldo *m.* **2** quietanza *f.*, ricevuta *f.*
acre /'eɪkəʳ/ **s.** acro *m.*
acrid /'ækrɪd/ **agg.** acre, pungente
acrimonious /ˌækrɪ'məʊnjəs/ **agg.** aspro, astioso
acrobat /'ækrəbæt/ **s.** acrobata *m. e f.*
acrobatics /ˌækrə'bætɪks/ **s. pl.** acrobazia *f.*
acropolis /ə'krɒpəlɪs/ **s.** acropoli *f.*
across /ə'krɒs/ **A prep. 1** attraverso **2** dall'altro lato di, oltre **B avv.** da una parte all'altra, in larghezza ♦ **a. from** di fronte a || **a. the way** qui vicino
acrylic /ə'krɪlɪk/ **agg.** acrilico
act /ækt/ **s. 1** atto *m.*, azione *f.* **2** (*dir.*) decreto *m.*, legge *f.*, documento *m.* **3** (*teatro*) atto *m.*
to act /ækt/ **A v.intr. 1** agire, comportarsi **2** funzionare **3** recitare **4** fingere **B v.tr.** recitare (la parte di) ♦ **to a. as/for** fungere da, agire per conto di || **to a. up** comportarsi male, fare i capricci
acting /'æktɪŋ/ **A agg.** facente funzione, sostituto **B s. 1** recitazione *f.* **2** finzione *f.*
action /'ækʃ(ə)n/ **s. 1** azione *f.*, atto *m.* **2** funzionamento *m.*, moto *m.* **3** (*dir.*) processo *m.*, causa *f.* **4** (*mil.*) combattimento *m.* ♦ **out of a.** fuori uso, fuori servizio
to activate /'æktɪveɪt/ **v.tr.** attivare
active /'æktɪv/ **agg.** attivo
activity /æk'tɪvɪtɪ/ **s.** attività *f.*
actor /'æktəʳ/ **s.** attore *m.*
actress /'æktrɪs/ **s.** attrice *f.*
actual /'æktjʊəl/ **agg.** reale, effettivo
actually /'æktjʊəlɪ/ **avv.** in realtà, effettivamente
acumen /ə'kju:mɛn/ **s.** acume *m.*
acupuncture /'ækjʊˌpʌŋktʃəʳ/ **s.** agopuntura *f.*
acute /ə'kju:t/ **agg.** acuto
ad /æd/ **s.** inserzione *f.*, annuncio *m.* pubblicitario
adamant /'ædəmənt/ **agg.** inflessibile, irremovibile
to adapt /ə'dæpt/ **v.tr.** adattare ♦ **to a. oneself** adattarsi
adaptable /ə'dæptəbl/ **agg. 1** adattabile **2** che sa adattarsi
adaptation /ˌædæp'teɪʃ(ə)n/ **s.** adattamento *m.*
adapter /ə'dæptəʳ/ **s.** adattatore *m.*
to add /æd/ **A v.tr. 1** aggiungere **2** addizionare, sommare **B v.intr.** aggiungersi, aumentare ♦ **to a. in** includere || **to a. up** sommare, fare una somma, (*fig.*) avere senso || **to a. up to** ammontare a
adder /'ædəʳ/ **s.** vipera *f.*
addict /'ædɪkt/ **s. 1** tossicomane *m. e f.* **2** fanatico *m.*, maniaco *m.*
addicted /ə'dɪktɪd/ **agg.** dedito ♦ **to be a. to drugs** essere tossicodipendente
addiction /ə'dɪkʃ(ɛ)n/ **s.** dipendenza *f.* ♦ **drug a.** tossicodipendenza
addictive /ə'dɪktɪv/ **agg.** che dà assuefazione
addition /ə'dɪʃ(ə)n/ **s. 1** addizione *f.*, somma *f.* **2** aggiunta *f.*, supplemento *m.* ♦ **in a.** inoltre || **in a. to** oltre a
additional /ə'dɪʃən(ə)l/ **agg.** addizionale, supplementare
additive /'ædɪtɪv/ **s.** additivo *m.*
address /ə'drɛs/ **s. 1** indirizzo *m.*, recapito *m.* **2** discorso *m.* ♦ **a. book** rubrica (telefonica) || **e-mail a.** indirizzo e-mail
to address /ə'drɛs/ **v.tr. 1** indirizzare **2** rivolgersi a, fare un discorso a **3** affrontare
addressee /ˌædrɛ'si:/ **s.** destinatario *m.*
addresser /ə'drɛsəʳ/ **s.** mittente *m.*
adept /ə'dɛpt/ **agg. e s.** esperto *m.*, perito *m.*
adequate /'ædɪkwɪt/ **agg.** adeguato, sufficiente
to adhere /əd'hɪəʳ/ **v.intr.** aderire
adherent /əd'hɪərənt/ **A agg.** aderente, attaccato **B s.** aderente *m. e f.*, seguace *m. e f.*
adhesive /əd'hi:sɪv/ **agg.** adesivo
adjacent /ə'dʒeɪs(ə)nt/ **agg.** adiacente, attiguo, vicino
adjective /'ædʒɪktɪv/ **s.** aggettivo *m.*
to adjoin /ə'dʒɒɪn/ **v.tr.** confinare con
adjoining /ə'dʒɒɪnɪŋ/ **agg.** adiacente, contiguo
to adjourn /ə'dʒɜ:n/ **A v.tr.** aggiornare, rinviare **B v.intr.** aggiornarsi
adjournment /ə'dʒɜ:nmənt/ **s.** aggiornamento *m.*
to adjudicate /ə'dʒu:dɪkeɪt/ **A v.intr.** (*dir.*) giudicare **B v.tr.** aggiudicare
to adjust /ə'dʒʌst/ **A v.tr. 1** sistemare, aggiustare **2** regolare, adattare **B v.intr.** adattarsi
adjustable /ə'dʒʌstəbl/ **agg.** adattabile, regolabile

adjustment /əˈdʒʌstmənt/ s. **1** adattamento *m.*, sistemazione *f.* **2** modifica *f.* **3** (*econ.*) conguaglio *m.* **4** regolazione *f.*

to administer /ədˈmɪnɪstəʳ/ v.tr. **1** amministrare **2** somministrare

administration /əd,mɪnɪsˈtreɪʃ(ə)n/ s. **1** amministrazione *f.* **2** somministrazione *f.*

administrative /ədˈmɪnɪstrətɪv/ agg. amministrativo ♦ **a. department** direzione

administrator /ədˈmɪnɪstreɪtəʳ/ s. amministratore *m.*

admirable /ˈædm(ə)rəbl/ agg. ammirevole

admiral /ˈædm(ə)r(ə)l/ s. ammiraglio *m.*

admiralty /ˈædm(ə)r(ə)ltɪ/ s. ammiragliato *m.*

admiration /,ædməˈraɪʃ(ə)n/ s. ammirazione *f.*

to admire /ədˈmaɪəʳ/ v.tr. ammirare

admirer /ədˈmaɪərəʳ/ s. ammiratore *m.*

admissible /ədˈmɪsəbl/ agg. ammissibile

admission /ədˈmɪʃ(ə)n/ s. **1** ammissione *f.* **2** riconoscimento *m.*, confessione *f.* **3** ingresso *m.*, entrata *f.* ♦ **a. fee** prezzo del biglietto d'ingresso || **free a.** ingresso gratuito

to admit /ədˈmɪt/ v.tr. **1** ammettere, far entrare **2** ammettere, riconoscere **3** contenere, aver posto per ♦ **to a. of** lasciare adito a

admittance /ədˈmɪt(ə)ns/ s. **1** accesso *m.*, ingresso *m.* **2** ammissione *f.* ♦ **no a.** vietato l'ingresso

admittedly /ədˈmɪtɪdlɪ/ avv. per ammissione generale

to admonish /ədˈmɒnɪʃ/ v.tr. ammonire, mettere in guardia

admonition /ədməˈnɪʃ(ə)n/ s. ammonizione *f.*

ado /əˈduː/ s. rumore *m.*, confusione *f.*

adolescence /,ædəˈlɛs(ə)ns/ s. adolescenza *f.*

adolescent /,ædəˈlɛs(ə)nt/ **A** agg. adolescente, adolescenziale **B** s. adolescente *m. e f.*

to adopt /əˈdɒpt/ v.tr. adottare

adopted /əˈdɒptɪd/ agg. adottato, adottivo

adoption /əˈdɒpʃ(ə)n/ s. adozione *f.*

adoptive /əˈdɒptɪv/ agg. adottivo

to adore /əˈdɔːʳ/ v.tr. adorare

to adorn /əˈdɔːn/ v.tr. adornare, abbellire

adrift /əˈdrɪft/ avv. e agg. pred. alla deriva

adult /ˈædʌlt/ agg. e s. adulto *m.*

to adulterate /əˈdʌltəreɪt/ v.tr. adulterare, contraffare, sofisticare

adultery /əˈdʌltərɪ/ s. adulterio *m.*

advance /ədˈvɑːns/ s. **1** avanzamento *m.*, progresso *m.* **2** aumento *m.* **3** acconto *m.*, anticipo *m.* ♦ **in a.** in acconto **a. news** (*notizie*) anticipazioni

to advance /ədˈvɑːns/ **A** v.intr. avanzare, progredire **B** v.tr. **1** anticipare **2** far avanzare, spostare avanti **3** avanzare, proporre, presentare **4** promuovere, far progredire **5** aumentare

advanced /ədˈvɑːnst/ agg. **1** avanzato, progredito **2** (*di studi*) superiore

advancement /ədˈvɑːnsmənt/ s. avanzamento *m.*

advantage /ədˈvɑːntɪdʒ/ s. vantaggio *m.*, profitto *m.* ♦ **to take a. of** approfittare di || **to take a. of sb.** approfittarsi di qc.

advantageous /,ædvənˈteɪdʒəs/ agg. vantaggioso

advent /ˈædvənt/ s. avvento *m.*

adventure /ədˈvɛntʃəʳ/ s. avventura *f.*

adventurer /ədˈvɛntʃ(ə)rəʳ/ s. avventuriero *m.*

adventurous /ədˈvɛntʃ(ə)rəs/ agg. avventuroso

adverb /ˈædvɜːb/ s. avverbio *m.*

adversary /ˈædvəs(ə)rɪ/ s. avversario *m.*

adverse /ˈædvɜːs/ agg. avverso, contrario

adversity /ədˈvɜːsɪtɪ/ s. avversità *f.*

to advertise /ˈædvə,taɪz/ **A** v.tr. fare pubblicità a, pubblicizzare **B** v.intr. mettere un'inserzione, mettere un annuncio

advertisement /ədˈvɜːtɪsmənt/ s. inserzione *f.*, annuncio *m.* pubblicitario

advertiser /ˈædvə,taɪzəʳ/ s. inserzionista *m. e f.*

advertising /ˈædvə,taɪzɪŋ/ s. pubblicità *f.*

to advertize /ˈædvə,taɪz/ **A** v.tr. fare pubblicità a, pubblicizzare **B** v.intr. mettere un'inserzione, mettere un annuncio

advice /ədˈvaɪs/ s. **1** consigli *m. pl.* (ES: ***a piece of a.*** un consiglio) **2** consulenza *f.* **3** avviso *m.*, notizia *f.*

advisable /ədˈvaɪzəbl/ agg. consigliabile

to advise /ədˈvaɪz/ v.tr. **1** consigliare **2** avvisare, far sapere a

advisedly /ədˈvaɪzɪdlɪ/ avv. dopo attenta considerazione, a ragion veduta

adviser /ədˈvaɪzəʳ/ o **advisor** s. consigliere *m.*, consulente *m. e f.*

advisory /ədˈvaɪz(ə)rɪ/ agg. consultivo

advocate /ˈædvəkɪt/ s. difensore *m.*, sostenitore *m.*

to advocate /ˈædvəkeɪt/ v.tr. sostenere, patrocinare

to aerate /ˈɛ(ɪ)əreɪt/ v.tr. aerare, ventilare

aeration /,ɛ(ɪ)əˈreɪʃ(ə)n/ s. aerazione *f.*, ventilazione *f.*

aerial[1] /ˈɛərɪəl/ agg. aereo ♦ **a. photography** aerofotografia

aerial[2] /ˈɛərɪəl/ s. antenna *f.*

aerobic /ɛərˈəubɪk/ agg. aerobico

aerobics /ɛərˈəubɪks/ s. pl. (*v. al sing.*) (ginnastica) aerobica *f.*

aerodrome /ˈɛərədrəum/ s. aerodromo *m.*

aerodynamic /ˈɛərə(u)daɪˈnæmɪk/ agg. aerodinamico

aeronautic /,ɛərəˈnɔːtɪk/ agg. aeronautico

aeronautics /,ɛərəˈnɔːtɪks/ s. pl. (*v. al sing.*) aeronautica *f.*

aeroplane /ˈɛərəpleɪn/ s. aeroplano *m.*

aerosol /ˈɛərə(u),sɒl/ s. aerosol *m. inv.*

aerospace /ˈɛərə(u)speɪs/ agg. aerospaziale

aesthetic /iːsˈθɛtɪk/ agg. estetico

aestheticism /iːsˈθɛtɪsɪz(ə)m/ s. estetismo *m.*

aesthetics /iːsˈθɛtɪks/ s. pl. (*v. al sing.*) estetica *f.*

afar /əˈfɑːʳ/ avv. lontano ♦ **from a.** da lontano

affair /əˈfɛəʳ/ s. **1** faccenda *f.*, affare *m.* **2** relazione *f.*, avventura *f.* (extraconiugale) ♦ **love a.** relazione amorosa

to affect[1] /əˈfɛkt/ v.tr. **1** riguardare, interessare, influenzare **2** (*di malattia*) colpire **3** commuovere
to affect[2] /əˈfɛkt/ v.tr. fingere, simulare
affectation /ˌæfɛkˈteɪʃ(ə)n/ s. affettazione *f.*, ostentazione *f.*
affected /əˈfɛktɪd/ agg. **1** commosso, afflitto **2** affettato, lezioso **3** (*med.*) affetto
affection /əˈfɛkʃ(ə)n/ s. affezione *f.*, affetto *m.*
affectionate /əˈfɛkʃnɪt/ agg. affettuoso
affective /əˈfɛktɪv/ agg. affettivo
affinity /əˈfɪnɪtɪ/ s. affinità *f.*
to affirm /əˈfɜːm/ v.tr. **1** affermare **2** (*dir.*) convalidare
affirmative /əˈfɜːmətɪv/ agg. affermativo
to affix /əˈfɪks/ v.tr. **1** affiggere, attaccare **2** apporre
to afflict /əˈflɪkt/ v.tr. affliggere
affluence /ˈæflʊəns/ s. abbondanza *f.*, ricchezza *f.*
affluent /ˈæflʊənt/ agg. **1** ricco, opulento **2** abbondante ♦ **a. society** società del benessere
to afford /əˈfɔːd/ v.tr. **1** permettersi, permettersi il lusso di **2** offrire, fornire
to afforest /æˈfɒrɪst/ v.tr. imboschire
affront /əˈfrʌnt/ s. affronto *m.*, insulto *m.*
afield /əˈfiːld/ avv. lontano
afloat /əˈfləʊt/ avv. **1** a galla **2** in mare aperto **3** (*fig.*) in circolazione
afoot /əˈfʊt/ avv. **1** (*mil.*) in marcia **2** in atto
aforesaid /əˈfɔːsɛd/ agg. predetto, suddetto
afraid /əˈfreɪd/ agg. pred. spaventato, pauroso ♦ **to be a.** avere paura, temere, dispiacersi || **to be a. of st.** temere q.c., avere paura di q.c.
afresh /əˈfrɛʃ/ avv. di nuovo, da capo
African /ˈæfrɪkən/ agg. e s. africano *m.*
aft /ɑːft/ avv. (*naut.*) a poppa
after /ˈɑːftəʳ/ **A** agg. **1** posteriore, successivo **2** (*naut.*) di poppa **B** prep. **1** dopo **2** dietro, di seguito a **3** secondo, alla maniera di **C** avv. **1** dopo, in seguito, successivamente **2** dietro **D** cong. dopo che ♦ **a. all** dopotutto || **a. lunch** dopo pranzo || **ever a.** da allora in poi || **the day a.** il giorno dopo || **a. you** prego (passi pure!)
aftereffect /ˈɑːftəɪˌfɛkt/ s. effetto *m.* collaterale
aftermath /ˈɑːftəmæθ/ s. **1** conseguenza *f.* **2** (*med.*) postumi *m. pl.*
afternoon /ɑːftəˈnuːn/ s. pomeriggio *m.*
afters /ˈɑːftəs/ s. pl. (*fam.*) dessert *m. inv.*
aftershave /ˈɑːftəʃeɪv/ s. dopobarba *m. inv.*
aftersun /ˈɑːftəsʌn/ agg. e s. doposole *m. inv.*
afterthought /ˈɑːftəθɔːt/ s. ripensamento *m.*
afterwards /ˈɑːftəwədz/ avv. dopo, più tardi, successivamente
again /əˈgɛn/ avv. **1** ancora, nuovamente **2** inoltre, d'altra parte ♦ **a. and a.** ripetutamente || **as much a.** altrettanto || **never a.** mai più || **over a.** ancora una volta
against /əˈgɛnst/ prep. **1** contro **2** in senso contrario **3** su, a contatto con **4** in previsione di ♦ **as a.** di fronte a, a paragone di || **over a.** in contrasto con || **to be a.** osteggiare
agave /əˈgeɪvɪ/ s. agave *f.*
age /eɪdʒ/ s. **1** età *f.* **2** epoca *f.*, era *f.* ♦ **to be of a.** essere maggiorenne || **to come of a.** diventare maggiorenne
to age /eɪdʒ/ v.tr. e intr. invecchiare
aged /ˈeɪdʒɪd/ agg. **1** anziano **2** dell'età di **3** stagionato
ageing /ˈeɪdʒɪŋ/ s. **1** invecchiamento *m.* **2** stagionatura *f.*
agency /ˈeɪdʒ(ə)nsɪ/ s. **1** agenzia *f.*, ente *m.* **2** (*comm.*) filiale *f.*, agenzia *f.* **3** azione *f.*, intervento *m.* **4** dipartimento *m.* ministeriale
agenda /əˈdʒɛndə/ s. programma *m.*, ordine *m.* del giorno
agent /ˈeɪdʒ(ə)nt/ s. **1** agente *m.* e *f.* **2** (*comm.*) rappresentante *m.* e *f.*
agglomerate /əˈglɒmərɪt/ s. agglomerato *m.*
to aggravate /ˈægrəveɪt/ v.tr. **1** aggravare **2** irritare, seccare
aggregate /ˈægrɪgɪt/ agg. e s. aggregato *m.*
aggressive /əˈgrɛsɪv/ agg. aggressivo
aggressiveness /əˈgrɛsɪvnɪs/ s. aggressività *f.*
aggressor /əˈgrɛsəʳ/ s. aggressore *m.*
aggrieved /əˈgriːvd/ agg. risentito, offeso
aghast /əˈgɑːst/ agg. pred. **1** inorridito **2** stupefatto
agile /ˈædʒaɪl/ agg. agile
agility /əˈdʒɪlɪtɪ/ s. agilità *f.*, scioltezza *f.*
to agitate /ˈædʒɪteɪt/ **A** v.tr. **1** agitare, scuotere **2** turbare **B** v.intr. agitarsi
agitation /ˌædʒɪˈteɪʃ(ə)n/ s. agitazione *f.*
agnostic /ægˈnɒstɪk/ agg. agnostico
ago /əˈgəʊ/ avv. fa, or sono ♦ **long a.** molto tempo fa
agog /əˈgɒg/ agg. pred. impaziente, eccitato
agonistic(al) /ˌægəˈnɪstɪk((ə)l)/ agg. agonistico
agonizing /ˈægənaɪzɪŋ/ agg. angoscioso, straziante
agony /ˈægənɪ/ s. **1** agonia *f.* **2** tormento *m.*, supplizio *m.*, angoscia *f.*
agrarian /əˈgrɛərɪən/ agg. agrario, agricolo
to agree /əˈgriː/ **A** v.tr. concordare, pattuire **B** v.intr. **1** convenire, essere d'accordo **2** acconsentire **3** andare d'accordo **4** (*gramm.*) concordare **5** confarsi, andare bene per
agreeable /əˈgrɪəbl/ agg. **1** gradevole, simpatico **2** consenziente, ben disposto
agreed /əˈgrɪ(ː)d/ agg. convenuto, pattuito
agreement /əˈgriːmənt/ s. **1** accordo *m.*, patto *m.* **2** contratto *m.* **3** (*gramm.*) concordanza *f.*
agricultural /ˌægrɪˈkʌltʃʊr(ə)l/ agg. agricolo
agriculture /ˈægrɪkʌltʃəʳ/ s. agricoltura *f.*
agronomics /ˌægrəˈnɒmɪks/ s. pl. (*v. al sing.*) agronomia *f.*
aground /əˈgraʊnd/ agg. pred. arenato, incagliato
ahead /əˈhɛd/ **A** avv. **1** davanti, avanti **2** in anticipo **B** agg. pred. in vantaggio
aid /eɪd/ s. **1** aiuto *m.*, soccorso *m.* **2** assistenza *f.*, sovvenzione *f.* ♦ **first a.** pronto soccorso

to aid /eɪd/ v.tr. aiutare, assistere ♦ **to a. and abet sb.** essere complice di qc.

aide /eɪd/ s. **1** assistente *m. e f.* **2** (*mil.*) aiutante *m.* di campo

Aids, AIDS /eɪdz/ s. (*med.*) AIDS *m.*

aileron /'eɪlərɒn/ s. (*aer.*) alettone *m.*

ailing /'eɪlɪŋ/ agg. malaticcio, sofferente

ailment /'eɪlmənt/ s. malattia *f.*, indisposizione *f.*

aim /eɪm/ s. **1** mira *f.* **2** scopo *m.*, finalità *f.* ♦ **to take a.** prendere la mira

to aim /eɪm/ **A** v.tr. **1** puntare **2** indirizzare **B** v.intr. **1** puntare, mirare **2** aspirare, tendere ♦ **to a. at st.** mirare a q.c., aspirare a q.c.

aimless /'eɪmlɪs/ agg. senza scopo

air /ɛəʳ/ s. aria *f.* ♦ **by a.** per via aerea || **on the a.** in onda

to air /ɛəʳ/ v.tr. **1** arieggiare, ventilare **2** rendere noto, diffondere

airbag /'ɛəbæg/ s. (*autom.*) airbag *m. inv.* ♦ **side a.** airbag laterale

airborne /'ɛəbɔːn/ agg. aerotrasportato

air-conditioned /'ɛəkəndɪʃənd/ agg. climatizzato

air-conditioner /'ɛəʳkəndɪʃənəʳ/ s. condizionatore *m.*

air-conditioning /'ɛəʳkəndɪʃənɪŋ/ s. aria *f.* condizionata ♦ **a. unit** climatizzatore

aircraft /'ɛəkrɑːft/ s. velivolo *m.* ♦ **a.-carrier** portaerei

airfield /'ɛəfiːld/ s. campo *m.* di aviazione

airforce /'ɛəfɔːs/ s. aeronautica *f.* militare

airlift /'ɛəlɪft/ s. ponte *m.* aereo

airline /'ɛəlaɪn/ s. linea *f.* aerea

airliner /'ɛəlaɪnəʳ/ s. aereo *m.* di linea

airmail /'ɛəmeɪl/ s. posta *f.* aerea

airplane /'ɛəpleɪn/ s. aereo *m.*, aeroplano *m.*

airport /'ɛəpɔːt/ s. aeroporto *m.*

airsickness /'ɛəsɪknɪs/ s. mal *m.* d'aria

airspace /'ɛəspeɪs/ s. spazio *m.* aereo

airtight /'ɛətaɪt/ agg. ermetico

airway /'ɛəweɪ/ s. aerovia *f.*

airy /'ɛərɪ/ agg. **1** arioso, ventilato **2** delicato, lieve **3** superficiale, noncurante

aisle /aɪl/ s. **1** navata *f.* **2** passaggio *m.*, corridoio *m.*

ajar /ə'dʒɑːʳ/ agg. pred. socchiuso

akin /ə'kɪn/ agg. **1** consanguineo **2** simile, affine

alabaster /'æləbɑːstəʳ/ s. alabastro *m.*

alarm /ə'lɑːm/ s. allarme *m.* ♦ **a. clock** sveglia

alarming /ə'lɑːmɪŋ/ agg. allarmante, inquietante

alarmism /ə'lɑːmɪzm/ s. allarmismo *m.*

alas /ə'lɑːs/ inter. ahimè

Albanian /æl'beɪniən/ **A** agg. albanese **B** s. **1** albanese *m. e f.* **2** (*lingua*) albanese *m.*

albatross /'ælbətrɒs/ s. albatro *m.*

albeit /ɔːl'biːɪt/ cong. sebbene, anche se

album /'ælbəm/ s. album *m. inv.*

albumen /'ælbjʊmɪn/ s. albume *m.*

alcohol /'ælkəhɒl/ s. alcol *m.*

alcoholic /ˌælkə'hɒlɪk/ agg. **1** alcolico **2** alcolizzato ♦ **a. drink** bevanda alcolica, alcolico

alcoholism /'ælkəhɒlɪz(ə)m/ s. alcolismo *m.*

ale /eɪl/ s. birra *f.* chiara

alert /ə'lɜːt/ **A** agg. vigile, attento **B** s. allarme *m.*

to alert /ə'lɜːt/ v.tr. mettere in guardia, avvertire

Alexandrian /ˌælɪg'zɑːndrɪən/ agg. alessandrino

alga /'ælgə/ (*pl.* **algae**) s. alga *f.*

algebra /'ældʒɪbrə/ s. algebra *f.*

alias /'eɪlɪæs/ **A** s. **1** pseudonimo *m.* **2** (*inform.*) alias *m. inv.* **B** avv. alias, altrimenti detto

alibi /'ælɪbaɪ/ s. alibi *m. inv.*

alien /'eɪljən/ **A** agg. **1** straniero **2** alieno **B** s. **1** straniero *m.* **2** alieno *m.*, extraterrestre *m. e f.*

to alienate /'eɪljəneɪt/ v.tr. alienare

alienation /ˌeɪljə'neɪʃ(ə)n/ s. alienazione *f.*

alight /ə'laɪt/ agg. pred. **1** acceso **2** in fiamme

to alight /ə'laɪt/ v.intr. scendere, smontare ♦ **to a. on** posarsi su

to align /ə'laɪn/ **A** v.tr. allineare **B** v.intr. allinearsi

alike /ə'laɪk/ **A** agg. pred. simile **B** avv. ugualmente, parimenti

alimentary /ˌælɪ'mentərɪ/ agg. alimentare

alimony /'ælɪmənɪ/ s. (*dir.*) alimenti *m. pl.*

alive /ə'laɪv/ agg. pred. **1** vivo, in vita **2** attivo, vivace ♦ **to be a. to** essere consapevole di || **to be a. with** essere pieno di, brulicare di || **a. and kicking** vivo e vegeto **a. and well** vivo e vegeto

alkaline /'ælkəlaɪn/ agg. alcalino

all /ɔːl/ **A** agg. **1** tutto, intero **2** ogni **3** totale, completo **B** pron. **1** tutto, ogni cosa **2** tutti, ogni persona **C** avv. del tutto, completamente **D** s. il tutto *m.* ♦ **at a.** affatto || **a. but** pressoché || **a. clear** cessato allarme || **a. day** tutto il giorno || **a.-in** tutto compreso || **a. of us** tutti noi || **a. right** bene, va bene || **a. the better** tanto meglio || **a. the more** tantopiù || **a. up** senza speranza || **most of a.** soprattutto || **not at a.** niente affatto, non c'è di che

to allay /ə'leɪ/ v.tr. diminuire, alleviare

allegation /ˌælɛ'geɪʃ(ə)n/ s. asserzione *f.*, accusa *f.*

to allege /ə'lɛdʒ/ v.tr. asserire, dichiarare

alleged /ə'lɛdʒd/ agg. presunto

allegiance /ə'liːdʒ(ə)ns/ s. fedeltà *f.*, devozione *f.*

allegory /'ælɪgərɪ/ s. allegoria *f.*

allergic /ə'lɜːdʒɪk/ agg. allergico

allergy /'ælədʒɪ/ s. allergia *f.*

to alleviate /ə'liːvɪeɪt/ v.tr. alleviare, lenire, attenuare

alley /'ælɪ/ s. vicolo *m.* ♦ **blind a.** vicolo cieco

alliance /ə'laɪəns/ s. alleanza *f.*

allied /'ælaɪd/ agg. **1** alleato **2** connesso, affine

alligator /'ælɪgeɪtəʳ/ s. alligatore *m.*

to allocate /'æləkeɪt/ v.tr. distribuire, assegnare

to allot /ə'lɒt/ v.tr. assegnare

allotment /ə'lɒtmənt/ s. **1** assegnazione *f.* **2** porzione *f.* assegnata

all-out /'ɔːlaʊt/ agg. (*fam.*) completo, totale

to allow /ə'laʊ/ v.tr. **1** permettere **2** ammettere **3**

concedere, accordare ◆ **to a. sb. to do st.** permettere a qc. di fare q.c. || **to a. for** tener conto di || **to be allowed** avere il permesso
allowance /əˈlaʊəns/ **s.** **1** indennità *f.*, assegno *m.* **2** concessione *f.* **3** sconto *m.*, detrazione *f.* **4** razione *f.* ◆ **to make allowances for st.** tenere conto di q.c.
alloy /ˈælɔɪ/ **s.** (*metall.*) lega *f.*
all-purpose /ˈɔːl,pɜːpəs/ **agg.** per tutti gli usi, multiuso
all-round /ˈɔːlraʊnd/ **agg.** completo, globale
all-time /ˈɔːltaɪm/ **agg.** di tutti i tempi, assoluto
to allude /əˈluːd/ **v.intr.** alludere
all-up /ˈɔːlʌp/ **agg. pred.** senza scampo, senza speranza
to allure /əˈljʊəʳ/ **v.tr.** attrarre, affascinare
allurement /əˈljʊəmənt/ **s.** fascino *m.*, allettamento *m.*
allusion /əˈluːʒ(ə)n/ **s.** allusione *f.*
alluvial /əˈluːvjəl/ **agg.** alluvionale
ally /əˈlaɪ/ **s.** alleato *m.*
almanac /ˈɔːlmənæk/ **s.** almanacco *f.*
almighty /ɔːlˈmaɪtɪ/ **agg.** onnipotente
almond /ˈɑːmənd/ **s.** mandorla *f.*
almost /ˈɔːlməʊst/ **avv.** pressoché, quasi
alms /ɑːmz/ **s. pl.** carità *f.*, elemosina *f.* ◆ **to give a.** fare l'elemosina
aloft /əˈlɒft/ **agg. pred. e avv.** in alto
alone /əˈləʊn/ **agg. e avv.** **1** solo, da solo **2** soltanto ◆ **let a.** per non parlare di || **to leave a.** lasciare in pace
along /əˈlɒŋ/ **A prep.** lungo, per **B avv.** **1** avanti, in avanti **2** insieme ◆ **all a.** per tutto il tempo, fin dall'inizio || **a. with** insieme con
alongside /ə,lɒŋˈsaɪd/ **A avv.** accanto **B prep.** **1** di fianco a, lungo **2** a fianco di, insieme a
aloof /əˈluːf/ **A agg.** appartato, distaccato **B avv.** in disparte, a distanza, alla larga
aloud /əˈlaʊd/ **avv.** ad alta voce
alphabet /ˈælfəbɪt/ **s.** alfabeto *m.*
alphabetical /ˈælfəbetɪk(ə)l/ **agg.** alfabetico
alpine /ˈælpaɪn/ **agg.** alpino
alpinism /ˈælpɪnɪzəm/ **s.** alpinismo *m.*
alpinist /ˈælpɪnɪst/ **s.** alpinista *m. e f.*
already /ɔːlˈredɪ/ **avv.** già
also /ˈɔːlsəʊ/ **avv.** anche, inoltre
altar /ˈɔːltəʳ/ **s.** altare *m.* ◆ **a.-piece** pala d'altare
to alter /ˈɔːltəʳ/ **A v.tr.** alterare, cambiare, modificare **B v.intr.** cambiare, modificarsi
alteration /,ɔːltəˈreɪʃ(ə)n/ **s.** alterazione *f.*, cambiamento *m.*, modifica *f.*
altercation /,ɔːltəˈkeɪʃ(ə)n/ **s.** alterco *m.*, diverbio *m.*
alternate /ˈɔːltɜːnɪt/ **agg.** **1** alterno, alternato **2** alternativo, sostitutivo
to alternate /ˈɔːltəneɪt/ **A v.tr.** alternare **B v.intr.** alternarsi ◆ **alternating current** corrente alternata
alternation /,ɔːltəˈneɪʃ(ə)n/ **s.** alternanza *f.*
alternative /ɔːlˈtɜːnətɪv/ **A agg.** alternativo **B s.** alternativa *f.*
alternator /ˈɔːltəneɪtəʳ/ **s.** alternatore *m.*
although /ɔːlˈðəʊ/ **cong.** benché, sebbene, quantunque
altitude /ˈæltɪtjuːd/ **s.** altitudine *f.*
alto /ˈæltəʊ/ **s.** (*mus.*) contralto *m.*
altogether /,ɔːltəˈgeðəʳ/ **avv.** **1** del tutto, completamente **2** tutto considerato, nell'insieme
alto-rilievo /,æltəʊrɪlɪˈeɪvəʊ/ **s.** altorilievo *m.*
altruism /ˈæltrʊɪz(ə)m/ **s.** altruismo *m.*
aluminium /,æljʊˈmɪnjəm/ (*USA* **aluminum**) **s.** alluminio *m.*
always /ˈɔːlwəɪz/ **avv.** sempre
to amalgamate /əˈmælgəmeɪt/ **A v.tr.** amalgamare **B v.intr.** amalgamarsi
to amass /əˈmæs/ **v.tr.** ammassare, accumulare
amateur /ˈæmətɜːʳ/ **agg.** dilettante
amateurish /,æməˈtɜːrɪʃ/ **agg.** da dilettante, dilettantesco
to amaze /əˈmeɪz/ **v.tr.** meravigliare, sorprendere ◆ **to be amazed at st.** stupirsi di q.c.
amazement /əˈmeɪzmənt/ **s.** meraviglia *f.*, stupore *m.*
amazing /əˈmeɪzɪŋ/ **agg.** sorprendente, sbalorditivo
ambassador /æmˈbæsədəʳ/ **s.** ambasciatore *m.*
amber /ˈæmbəʳ/ **s.** ambra *f.*
ambergris /ˈæmbəgrɪ(ː)s/ **s.** ambra *f.* grigia
ambience /ˈæmbjəns/ **s.** ambiente *m.*, atmosfera *f.*
ambiguity /,æmbɪˈgjʊɪtɪ/ **s.** ambiguità *f.*
ambiguous /æmˈbɪgjʊəs/ **agg.** ambiguo
ambition /æmˈbɪʃ(ə)n/ **s.** ambizione *f.*
ambitious /æmˈbɪʃəs/ **agg.** ambizioso
amble /ˈæmbl/ **s.** **1** passeggiatina *f.* **2** passo *m.* lento **3** ambio *m.*
to amble /ˈæmbl/ **v.intr.** **1** camminare lentamente **2** andare all'ambio
ambulance /ˈæmbjʊləns/ **s.** ambulanza *f.*
ambulatory /ˈæmbjʊlətərɪ/ **A agg.** ambulatorio **B s.** (*arch.*) ambulacro *m.*
ambush /ˈæmbʊʃ/ **s.** imboscata *f.*
to ambush /ˈæmbʊʃ/ **v.tr.** tendere un'imboscata a
amenable /əˈmiːnəbl/ **agg.** **1** disponibile, ben disposto **2** soggetto a **3** riferibile, riconducibile
to amend /əˈmend/ **v.tr.** emendare, correggere
amends /əˈmendz/ **s. pl.** ammenda *f.*
amenity /əˈmiːnɪtɪ/ **s.** **1** amenità *f.* **2** **al pl.** attrattive *f. pl.*
American /əˈmerɪkən/ **agg. e s.** americano *m.*
Amerind /ˈæmərɪnd/ **agg. e s.** amerindio *m.*
amethyst /ˈæmɪθɪst/ **s.** ametista *f.*
amiable /ˈeɪmjəbl/ **agg.** affabile, simpatico
amiantus /æmɪˈæntəs/ **s.** amianto *m.*
amicable /ˈæmɪkəbl/ **agg.** amichevole
amid(st) /əˈmɪd(st)/ **prep.** fra, tra, nel mezzo di
amiss /əˈmɪs/ **A agg.** **1** sbagliato **2** fuori luogo, inopportuno **B avv.** **1** male, erroneamente **2** inopportunamente ◆ **to take it a.** aversene a male
ammonia /əˈməʊnjə/ **s.** ammoniaca *f.*
ammunition /,æmjʊˈnɪʃ(ə)n/ **s.** (*mil.*) munizioni *f. pl.*
amnesia /æmˈniːzjə/ **s.** amnesia *f.*

amnesty /ˈæmnɛstɪ/ **s.** amnistia *f.*
among(st) /əˈmʌŋ(st)/ **prep. 1** fra, tra, in mezzo a **2** rispetto a
amoral /æˈmɒrəl/ **agg.** amorale
amorous /ˈæmərəs/ **agg.** amoroso
amortization /əˌmɔːtɪˈzeɪʃ(ə)n/ **s.** ammortamento *m.*
to amortize /əˈmɔːtaɪz/ **v.tr.** ammortizzare
amount /əˈmaʊnt/ **s. 1** ammontare *m.*, importo *m.* **2** quantità *f.*
to amount /əˈmaʊnt/ **v.intr. 1** ammontare **2** equivalere
ampersand /ˈæmpəsænd/ **s.** 'e' *f.* commerciale (&)
amphetamine /æmˈfɛtəmiːn/ **s.** anfetamina *f.*
amphibian /æmˈfɪbɪən/ **agg.** anfibio
amphitheatre /ˈæmfɪˌθɪətəʳ/ **s.** anfiteatro *m.*
amphora /ˈæmfərə/ **s.** anfora *f.*
ample /ˈæmpl/ **agg. 1** ampio, spazioso **2** sufficiente, bastevole
amplifier /ˈæmplɪfaɪəʳ/ **s.** amplificatore *m.*
to amplify /ˈæmplɪfaɪ/ **v.tr. 1** aumentare, allargare **2** amplificare
to amputate /ˈæmpjʊteɪt/ **v.tr.** amputare
amulet /ˈæmjʊlɪt/ **s.** amuleto *m.*
to amuse /əˈmjuːz/ **v.tr.** divertire
amusement /əˈmjuːzmənt/ **s.** divertimento *m.*, svago *m.* ♦ **a. arcade** sala giochi || **a. park** parco divertimenti
amusing /əˈmjuːzɪŋ/ **agg.** divertente
an /æn, ən/ **art. indeterm.** → ***a***
anachronism /əˈnækrənɪz(ə)m/ **s.** anacronismo *m.*
anachronistic /əˌnækrəˈnɪstɪk/ **agg.** anacronistico
an(a)emia /əˈniːmjə/ **s.** anemia *f.*
an(a)emic /əˈniːmɪk/ **agg.** anemico
an(a)esthesia /ˌænɪsˈθiːzjə/ **s.** anestesia *f.*
an(a)esthetic /ˌænɪsˈθɛtɪk/ **agg. e s.** anestetico *m.*
to an(a)esthetize /æˈniːsθɪtaɪz/ **v.tr.** anestetizzare
anagram /ˈænəgræm/ **s.** anagramma *m.*
analgesic /ˌænælˈdʒiːsɪk/ **agg. e s.** analgesico *m.*, antidolorifico *m.*
analog /ˈænəlæg/ **agg.** analogico ♦ **a. line** (*tel.*) linea analogica
analogous /əˈnæləgəs/ **agg.** analogo
analogue /ˈænəlæg/ **agg.** analogico ♦ **a. line** (*tel.*) linea analogica
analogy /əˈnælədʒɪ/ **s.** analogia *f.*
to analyse /ˈænəlaɪz/ **v.tr.** analizzare
analysis /əˈnæləsɪs/ (*pl.* **analyses**) **s.** analisi *f.*
analyst /ˈænəlɪst/ **s.** analista *m. e f.*
to analyze /ˈænəlaɪz/ **v.tr. 1** analizzare **2** psicanalizzare
anarchism /ˈænəkɪz(ə)m/ **s.** anarchia *f.*
anarchist /ˈænəkɪst/ **s.** anarchico *m.*
anarchy /ˈænəkɪ/ **s.** anarchia *f.*
anathema /əˈnæθɪmə/ **s. 1** anatema *m.* **2** cosa *f.* detestabile
anatomy /əˈnætəmɪ/ **s.** anatomia *f.*
ancestor /ˈænsɪstəʳ/ **s.** antenato *m.*
ancestry /ˈænsɪstrɪ/ **s.** ascendenza *f.*, stirpe *f.*, antenati *m. pl.*
anchor /ˈæŋkəʳ/ **s. 1** ancora *f.* (ES: ***to drop a.*** ancorare, gettare l'ancora) **2** (*tv*) conduttore *m.*, anchorman *m. inv.* **3** (*fig.*) appoggio *m.*
to anchor /ˈæŋkəʳ/ **A v.tr. 1** ancorare **2** (*tv*) condurre **B v.intr.** ancorarsi
anchorage /ˈæŋkərɪdʒ/ **s.** ancoraggio *m.*
anchorman /ˈæŋkərmæn/ **s.** (*tv*) conduttore *m.*, anchorman *m. inv.*
anchovy /ˈæntʃəʊvɪ/ **s.** acciuga *f.*
ancient /ˈeɪnʃ(ə)nt/ **agg.** antico ♦ **that's a. history** è acqua passata || **in a. times** anticamente
ancillary /ænˈsɪlərɪ/ **agg.** ausiliario, accessorio
and /ænd, ən(d)/ **cong. 1** e, ed **2** (*tra due comp.*) sempre più (ES: ***farther a. farther*** sempre più lontano) **3** (*tra due v.*) a, di (ES: ***try a. come next Friday*** cerca di venire venerdì) ♦ **a. so on** eccetera
anecdote /ˈænɪkdəʊt/ **s.** aneddoto *m.*
anemometer /ˌænɪˈmɒmɪtəʳ/ **s.** anemometro *m.*
anemone /əˈnɛmənɪ/ **s.** anemone *m.*
aneurism /ˈænjʊ(ə)rɪz(ə)m/ **s.** aneurisma *m.*
anew /əˈnjuː/ **avv.** di nuovo ♦ **to begin a.** ricominciare
angel /ˈeɪn(d)ʒ(ə)l/ **s.** angelo *m.*
anger /ˈæŋgəʳ/ **s.** collera *f.*, rabbia *f.*
angina /ænˈdʒaɪnə/ **s.** angina *f.*
angle /ˈæŋgl/ **s. 1** angolo *m.* **2** (*fig.*) lato *m.*, punto *m.* di vista
to angle /ˈæŋgl/ **v.intr.** pescare con la lenza
Anglican /ˈæŋglɪkən/ **agg.** anglicano
Anglicanism /ˈæŋglɪkənɪz(ə)m/ **s.** anglicanesimo *m.*
anglicism /ˈæŋglɪsɪz(ə)m/ **s.** anglicismo *m.*, inglesismo *m.*
Anglo-Saxon /ˌæŋglə(ʊ)ˈsæks(ə)n/ **agg. e s.** anglosassone *m. e f.*
angora /æŋˈgɔːrə/ **s.** angora *f.*
angry /ˈæŋgrɪ/ **agg.** arrabbiato, rabbioso ♦ **to be a. with sb., at sb.** essere arrabbiato con qc. || **to get a.** arrabbiarsi || **to make sb. a.** far arrabbiare qc.
anguish /ˈæŋgwɪʃ/ **s.** angoscia *f.*
angular /ˈæŋgjʊləʳ/ **agg.** angolare
animal /ˈænɪm(ə)l/ **agg. e s.** animale *m.*
animalist /ˈænɪməlɪst/ **s.** animalista *m. e f.*
animate /ˈænɪmɪt/ **agg.** animato
to animate /ˈænɪmeɪt/ **v.tr.** animare, movimentare
animated /ˈænɪmeɪtɪd/ **agg.** animato, movimentato
animator /ˈænɪmeɪtəʳ/ **s.** animatore *m.*
anise /ˈænɪs/ **s.** anice *m.*
aniseed /ˈænɪsiːd/ **s.** semi *m. pl.* di anice
ankle /ˈæŋkl/ **s.** caviglia *f.*
anklet /ˈæŋklɪt/ **s.** cavigliera *f.*
to annex /əˈnɛks/ **v.tr. 1** allegare **2** annettere
to annihilate /əˈnaɪəleɪt/ **v.tr.** annientare, annichilire
anniversary /ˌænɪˈvɜːs(ə)rɪ/ **s.** anniversario *m.*
annotation /ˌænə(ʊ)ˈteɪʃ(ə)n/ **s.** annotazione *f.*, nota *f.*
to announce /əˈnaʊns/ **v.tr.** annunciare

announcement /ə'naʊnsmənt/ s. avviso *m.*, annuncio *m.*
announcer /ə'naʊnsəʳ/ s. annunciatore *m.*, presentatore *m.*
to annoy /ə'nɔɪ/ v.tr. importunare, infastidire, seccare
annoyance /ə'nɔɪəns/ s. seccatura *f.*, fastidio *m.*
annoyed /ə'nɔɪd/ agg. infastidito ◆ **to get a.** infastidirsi, irritarsi, seccarsi
annoying /ə'nɔɪɪŋ/ agg. fastidioso, molesto, seccante
annual /'ænjʊəl/ **A** agg. annuale **B** s. **1** pianta *f.* annuale **2** annuario *m.*
annually /'ænjʊəlɪ/ avv. annualmente
annuity /ə'njʊɪtɪ/ s. annualità *f.*, rendita *f.* annua ◆ **life a.** vitalizio
to annul /ə'nʌl/ v.tr. annullare
annulment /ə'nʌlmənt/ s. annullamento *m.*
anomalous /ə'nɒmələs/ agg. anomalo
anonymous /ə'nɒnɪməs/ agg. anonimo
anorak /'ænəræk/ s. giacca *f.* a vento
anorexia /ˌæno(ʊ)'rɛksɪə/ s. anoressia *f.*
another /ə'nʌðəʳ/ **A** agg. **1** un altro, uno in più **2** diverso, differente **3** un altro simile, un secondo **B** pron. indef. **1** un altro, uno in più **2** un altro, differente ◆ **one a.** l'un l'altro, reciprocamente
answer /'ɑːnsəʳ/ s. risposta *f.*, responso *m.*
to answer /'ɑːnsəʳ/ v.tr. e intr. rispondere (a) ◆ **to a. back** controbattere || **to a. for** essere responsabile di || **to a. the telephone** rispondere al telefono || **answering machine** segreteria telefonica
answerable /'ɑːns(ə)rəbl/ agg. pred. responsabile
ant /ænt/ s. formica *f.*
antagonism /æn'tægənɪz(ə)m/ s. antagonismo *m.*
antagonist /æn'tægənɪst/ s. antagonista *m.* e *f.*, avversario *m.*
antagonistic /ænˌtægə'nɪstɪk/ agg. antagonistico
to antagonize /æn'tægənaɪz/ v.tr. contrapporsi a, inimicarsi
Antarctic /ænt'ɑːktɪk/ agg. antartico
antecedent /ˌæntɪ'siːd(ə)nt/ agg. antecedente
antechamber /'æntɪˌtʃeɪmbəʳ/ s. anticamera *f.*
antelope /'æntɪləʊp/ s. antilope *f.*
antenatal /ˌæntɪ'neɪtl/ agg. prenatale
antenna /æn'tenə/ s. antenna *f.*
anteroom /'æntɪrʊm/ s. anticamera *f.*
anthem /'ænθəm/ s. inno *m.*
anthill /'ænthɪl/ s. formicaio *m.*
anthology /æn'θɒlədʒɪ/ s. antologia *f.*
anthropological /ˌænθrəpə'lɒdʒɪk(ə)l/ agg. antropologico
anthropologist /ˌænθrə'pɒlədʒɪst/ s. antropologo *m.*
anthropology /ˌænθrə'pɒlədʒɪ/ s. antropologia *f.*
anthropomorphous /ˌænθrəpə'mɔːfəs/ agg. antropomorfo
antiallergic /ˌæntɪə'lɜːdʒɪk/ agg. e s. antiallergico *m.*
antibiotic /ˌæntɪbaɪ'ɒtɪk/ agg. e s. antibiotico *m.*
antibody /'æntɪˌbɒdɪ/ s. anticorpo *m.*
to anticipate /æn'tɪsɪpeɪt/ v.tr. **1** prevedere, pregustare **2** prevenire, precedere **3** anticipare
anticipation /ænˌtɪsɪ'peɪʃ(ə)n/ s. **1** pregustazione *f.*, grande attesa *f.* **2** previsione *f.* **3** anticipo *m.*
anticlerical /ˌæntɪ'klɛrɪkl/ agg. anticlericale
anticlockwise /ˌæntɪ'klɒkwaɪz/ agg. e avv. in senso antiorario
anticonstitutional /ˌæntɪˌkɒnstɪ'tjʊʃən(ə)l/ agg. anticostituzionale
antics /'æntɪks/ s. pl. buffonate *f. pl.*
anticyclone /ˌæntɪ'saɪkləʊn/ s. anticiclone *m.*
antidepressant /ˌæntɪdɪ'prɛs(ə)nt/ agg. e s. antidepressivo *m.*
antidote /'æntɪdəʊt/ s. antidoto *m.*
antifreeze /ˌæntɪ'friːz/ s. antigelo *m.*
antifreezing /ˌæntɪ'friːzɪŋ/ agg. anticongelante
antiglobalization /'æntɪˌgləʊbəlaɪzeɪʃən/ s. antiglobalizzazione *f.*
antihistamine /ˌæntɪ'hɪstəmiːn/ agg. e s. antistaminico *m.*
antihistaminic /ˌæntɪ'hɪstəmiːnɪk/ agg. antistaminico
anti-inflammatory /ˌæntɪɪn'flæmət(ə)ri/ s. antinfiammatorio *m.*
antineuralgic /ˌæntɪnjʊ'rældʒɪk/ agg. e s. antinevralgico *m.*
antiquarian /ˌæntɪ'kwɛərɪən/ s. antiquario *m.*
antiquated /æntɪ'kweɪtɪd/ agg. antiquato
antique /æn'tiːk/ **A** agg. antico **B** s. pezzo *m.* di antiquariato ◆ **a. dealer** antiquario || **a. shop** negozio di antiquariato
antiquity /æn'tɪkwɪtɪ/ s. antichità *f.*
antirabies /ˌæntɪ'reɪbiːz/ agg. antirabbico
antirheumatic /ˌæntɪruː'mætɪk/ agg. e s. antireumatico *m.*
antirust /ˌæntɪ'rʌst/ agg. antiruggine
anti-Semitism /ˌæntɪ'sɛmɪtɪz(ə)m/ s. antisemitismo *m.*
antiseptic /ˌæntɪ'sɛptɪk/ agg. e s. antisettico *m.*, disinfettante *m.*
antisocial /ˌæntɪ'səʊʃ(ə)l/ agg. antisociale
antitetanus /ˌæntɪ'tet(ə)nəs/ agg. antitetanico
antitheft /ˌæntɪ'θeft/ agg. antifurto
antonomasia /ˌæntənəʊ'meɪʃɪə/ s. antonomasia *f.*
anus /'eɪnəs/ s. ano *m.*
anvil /'ænvɪl/ s. incudine *f.*
anxiety /æŋ'zaɪətɪ/ s. ansia *f.*
anxious /'æŋ(k)ʃəs/ agg. ansioso
any /'ɛnɪ/ **A** agg. **1** (*in frasi neg., interr., dubit. e condiz.*) alcuno, alcuna, alcuni, alcune, del, della, dei, delle, un po' di (ES: ***have you got a. cigarettes?*** hai delle sigarette?) **2** (*in frasi afferm.*) qualsiasi, qualunque (ES: ***come at a. time*** vieni in qualunque momento) **B** pron. indef. **1** (*in frasi neg., interr., dubit. e condiz.*) alcuno, qualcuno, nessuno, ne (ES: ***I haven't a.*** non ne ho) **2** (*in frasi afferm.*) chiunque, uno, una, qualunque (ES: ***take a. of these books*** prendi uno qualsiasi di questi libri) **C** avv. un po',

in qualche misura (ES: ***is he a. better today?*** sta un po' meglio oggi?)
anybody /'ɛnɪˌbɒdɪ/ **pron. indef. 1** (*in frasi neg., interr., dubit. e condiz.*) qualcuno, taluno, nessuno (ES: ***is a. coming with me?*** c'è qualcuno che viene con me?) **2** (*in frasi afferm.*) chiunque (ES: ***a. can understand that*** chiunque può capirlo)
anyhow /'ɛnɪhaʊ/ **avv. 1** comunque, non importa come **2** in ogni caso, a ogni modo
anyone /'ɛnɪwʌn/ **pron. indef.** → ***anybody***
anything /'ɛnɪθɪŋ/ **pron. indef. 1** (*in frasi neg., interr., dubit. e condiz.*) qualche cosa, qualcosa, niente (ES: ***can you hear a.?*** senti niente?) **2** (*in frasi afferm.*) qualunque cosa, qualsiasi cosa (ES: ***a. is better than nothing*** qualunque cosa è meglio di niente) ♦ **for a. in the world** per niente al mondo || **if a.** se non altro
anytime /'ɛnɪtaɪm/ **avv. 1** in qualsiasi momento **2** prego!, figurati!
anyway /'ɛnɪweɪ/ **avv.** → ***anyhow***
anywhere /'ɛnɪwɛəʳ/ **avv. 1** (*in frasi neg., interr., dubit. e condiz.*) in qualche luogo, da qualche parte, in nessun luogo, da nessuna parte (ES: ***are you going a.?*** stai andando da qualche parte?) **2** (*in frasi afferm.*) dovunque, in qualsiasi luogo (ES: ***you can stay a.*** puoi metterti dove vuoi)
apart /ə'pɑːt/ **avv. 1** da parte, a una certa distanza **2** a parte, separatamente ♦ **a. from** oltre a, a parte || **to take a machine a.** smontare una macchina || **to tell a.** distinguere tra
apartment /ə'pɑːtmənt/ **s. 1** appartamento *m.* **2** suite *f.* ♦ **a. building** residence
apathetic /ˌæpə'θɛtɪk/ **agg.** apatico
ape /eɪp/ **s.** scimmia *f.*
to ape /eɪp/ **v.tr.** scimmiottare
aperitif /ɑ(ː)pərɪ(ː)'tiːf/ **s.** aperitivo *m.*
aperture /'æpətjʊəʳ/ **s.** apertura *f.*
apex /'eɪpɛks/ **s.** apice *m.*
aphorism /'æfərɪz(ə)m/ **s.** aforisma *m.*
aphrodisiac /ˌæfro(ʊ)'dɪzɪæk/ **agg. e s.** afrodisiaco *m.*
aphtha /'æfθə/ **s.** afta *f.*
apiculture /'eɪpɪkʌltʃəʳ/ **s.** apicoltura *f.*
apiece /ə'piːs/ **avv.** a testa, per ciascuno
apnea /æp'niːə/ **s.** apnea *f.*
apnoea /æp'niːə/ **s.** apnea *f.*
apocryphal /ə'pɒkrɪfəl/ **agg.** apocrifo
apologetic /əˌpɒlə'dʒɛtɪk/ **agg. 1** di scusa **2** spiacente
to apologize /ə'pɒlədʒaɪz/ **v.intr.** scusarsi, chiedere scusa
apology /ə'pɒlədʒɪ/ **s.** scusa *f.* ♦ **to make an a.** fare le proprie scuse
apostle /ə'pɒsl/ **s.** apostolo *m.*
apostrophe /ə'pɒstrəfɪ/ **s.** apostrofo *m.*
to appal /ə'pɔːl/ **v.tr.** atterrire, spaventare
appalling /ə'pɔːlɪŋ/ **agg.** orrendo, terribile
apparatus /ˌæpə'reɪtəs/ **s.** apparato *m.*
apparel /ə'pær(ə)l/ **s. 1** paramento *m.* **2** (*USA*) abbigliamento *m.*, vestiti *m. pl.*
apparent /ə'pær(ə)nt/ **agg. 1** evidente, manifesto **2** apparente
apparently /ə'pær(ə)ntlɪ/ **avv.** a quanto pare, apparentemente
apparition /ˌæpə'rɪʃ(ə)n/ **s.** apparizione *f.*
appeal /ə'piːl/ **s. 1** supplica *f.* **2** (*dir.*) appello *m.* **3** attrattiva *f.*
to appeal /ə'piːl/ **v.intr. 1** fare appello **2** attrarre, piacere **3** (*dir.*) appellarsi
to appear /ə'pɪəʳ/ **v.intr. 1** apparire, sembrare **2** (*dir.*) comparire, presentarsi (in giudizio) **3** apparire, mostrarsi
appearance /ə'pɪər(ə)ns/ **s. 1** apparizione *f.*, comparsa *f.* **2** parvenza *f.*, aspetto *m.*
to appease /ə'piːz/ **v.tr.** calmare, placare
to append /ə'pɛnd/ **v.tr. 1** apporre **2** aggiungere, allegare, attaccare
appendicitis /əˌpɛndɪ'saɪtɪs/ **s.** appendicite *f.*
appendix /ə'pɛndɪks/ (*pl.* **appendices**, **appendixes**) **s.** appendice *f.*
appetite /'æpɪtaɪt/ **s.** appetito *m.*
appetizer /'æpɪtaɪzəʳ/ **s.** antipasto *m.*
appetizing /'æpɪtaɪzɪŋ/ **agg.** appetitoso
to applaud /ə'plɔːd/ **v.tr. e intr.** applaudire
applause /ə'plɔːz/ **s.** applauso *m.*
apple /'æpl/ **s.** mela *f.* ♦ **a. pie** torta di mele
appliance /ə'plaɪəns/ **s.** apparecchio *m.*, strumento *m.* ♦ **household a.** elettrodomestico
applicant /'æplɪkənt/ **s.** candidato *m.*
application /ˌæplɪ'keɪʃ(ə)n/ **s. 1** applicazione *f.* **2** richiesta *f.*, istanza *f.* ♦ **a. form** modulo di domanda
applied /ə'plaɪd/ **agg.** applicato
to apply /ə'plaɪ/ **A** **v.tr. 1** applicare **2** azionare **B** **v.intr. 1** rivolgersi, inoltrare domanda **2** riguardare, concernere ♦ **to a. for** fare domanda per || **to a. to** riguardare, essere valido || **to a. oneself** applicarsi, dedicarsi
to appoint /ə'pɔɪnt/ **v.tr. 1** designare, nominare, eleggere **2** stabilire, fissare **3** prescrivere, ordinare
appointee /əpɔɪn'tɪ/ **s.** incaricato *m.*
appointment /ə'pɔɪntmənt/ **s. 1** appuntamento *m.* **2** nomina *f.* **3** incarico *m.*, carica *f.* **4** prescrizione *f.*, decreto *m.*
appraisal /ə'preɪz(ə)l/ **s.** perizia *f.*, stima *f.*
to appraise /ə'preɪz/ **v.tr.** valutare, stimare
to appreciate /ə'priːʃɪeɪt/ **A** **v.tr. 1** apprezzare, stimare **2** rendersi conto di **B** **v.intr.** aumentare di valore
appreciated /ə'priːʃɪeɪtɪd/ **agg.** gradito
appreciation /əˌpriːʃɪ'eɪʃ(ə)n/ **s. 1** apprezzamento *m.*, valutazione *f.* **2** (*fin.*) rivalutazione *f.*
to apprehend /ˌæprɪ'hɛnd/ **v.tr. 1** arrestare **2** afferrare, comprendere
apprehension /ˌæprɪ'hɛnʃ(ə)n/ **s.** apprensione *f.*
apprehensive /ˌæprɪ'hɛnsɪv/ **agg.** apprensivo
apprentice /ə'prɛntɪs/ **s.** apprendista *m. e f.*
apprenticeship /ə'prɛntɪʃɪp/ **s.** apprendistato *m.*, tirocinio *m.*

approach /ə'prəʊtʃ/ s. **1** avvicinamento *m.*, approccio *m.* **2** accesso *m.*
to approach /ə'prəʊtʃ/ **A** v.intr. avvicinarsi **B** v.tr. **1** avvicinare, accostare **2** rivolgersi a
approachable /ə'prəʊtʃəbl/ agg. **1** accessibile, avvicinabile **2** disponibile
appropriate /ə'prəʊpriit/ agg. appropriato, opportuno
to appropriate /ə'prəʊprieit/ v.tr. **1** appropriarsi, impadronirsi di **2** accantonare, stanziare
approval /ə'pru:v(ə)l/ s. approvazione *f.*
to approve /ə'pru:v/ v.tr. e intr. approvare
approximate /ə'prɒks(ɪ)mɪt/ agg. **1** approssimato **2** approssimativo
approximately /ə'prɒksɪmɪtlɪ/ avv. approssimativamente, circa
approximation /ə'prɒksɪmeɪʃ(ə)n/ s. approssimazione *f.*
après-ski /ˌæpreɪ'ski:/ agg. doposcì
apricot /'eɪprɪkɒt/ s. albicocca *f.*
April /'eɪpr(ə)l/ s. aprile *m.*
apron /'eɪpr(ə)n/ s. **1** grembiule *m.* **2** (*teatro*) ribalta *f.*
apse /æps/ s. abside *f.*
apt /æpt/ agg. **1** adatto **2** pronto, intelligente **3** propenso, soggetto
apterous /'æptərəs/ agg. aptero, attero
aptitude /'æptɪtju:d/ s. **1** abilità *f.* **2** attitudine *f.*, propensione *f.* **3** prontezza *f.*
aqualung /'ækwəlʌŋ/ s. autorespiratore *m.*
aquamarine /ˌækwəmə'ri:n/ s. acquamarina *f.*
aquarium /ə'kweərɪəm/ s. acquario *m.*
Aquarius /ə'kweərɪəs/ s. (*astr.*) acquario *m.*
aquarobics /ˌəkwə'rəubɪks/ s. aquagym *f. inv.*
aquatic /ə'kwætɪk/ agg. acquatico
aqueduct /'ækwɪdʌkt/ s. acquedotto *m.*
Arab /'ærəb/ agg. e s. arabo *m.*
arabesque /ˌærə'besk/ s. arabesco *m.*
Arabian /ə'reɪbjən/ **A** agg. arabo, arabico **B** s. arabo *m.*
Arabic /'ærəbɪk/ **A** agg. arabo, arabico **B** s. (*lingua*) arabo *m.* ◆ **A. numerals** numeri arabi
arbiter /'ɑ:bɪtəʳ/ s. arbitro *m.*
arbitrary /'ɑ:bɪtrərɪ/ agg. arbitrario
to arbitrate /'ɑ:bɪtreɪt/ v.tr. e intr. arbitrare
arboreal /ɑ:'bɔ:rɪəl/ agg. arboreo
arboriculture /'ɑ:bərɪˌkʌltʃəʳ/ s. arboricoltura *f.*
arc /ɑ:k/ s. arco *m.*
arcade /ɑ:'keɪd/ s. **1** arcata *f.* **2** galleria *f.*, porticato *m.*
Arcadian /ɑ:'keɪdjən/ agg. arcadico
arcane /ɑ:'keɪn/ agg. arcano, misterioso
arch[1] /ɑ:tʃ/ s. (*arch.*) arco *m.*, arcata *f.*
arch[2] /ɑ:tʃ/ agg. **1** arci-, principale **2** astuto, malizioso
archaeologic /ˌɑ:kɪə'lɒdʒɪk/ agg. archeologico
archaeologist /ˌɑ:kɪ'ɒlədʒɪst/ s. archeologo *m.*
archaeology /ˌɑ:kɪ'ɒlədʒɪ/ s. archeologia *f.*
archaic /ɑ:'keiik/ agg. arcaico
archangel /'ɑ:kˌeɪn(d)ʒ(ə)l/ s. arcangelo *m.*
archbishop /ˌɑ:tʃ'bɪʃəp/ s. arcivescovo *m.*
archer /'ɑ:tʃəʳ/ s. arciere *m.*
archery /'ɑ:tʃərɪ/ s. tiro *m.* con l'arco
archetype /'ɑ:kɪtaɪp/ s. archetipo *m.*
archipelago /ˌɑ:kɪ'pelɪgəʊ/ s. arcipelago *m.*
architect /'ɑ:kɪtekt/ s. architetto *m.*
architectonic /ˌɑ:kɪtek'tɒnɪk/ agg. architettonico
architectural /'ɑ:kɪtekʃ(ə)r(ə)l/ agg. architettonico
architecture /'ɑ:kɪtekʃəʳ/ s. architettura *f.*
architrave /'ɑ:kɪtreɪv/ s. architrave *m.*
archive /'ɑ:kaɪv/ s. archivio *m.*
archivolt /'ɑ:kɪvəʊlt/ s. archivolto *m.*
Arctic /'ɑ:ktɪk/ agg. artico
ardent /'ɑ:dənt/ agg. ardente, appassionato, fervente
arduous /'ɑ:djʊəs/ agg. arduo, difficile
are /ɑ:ʳ/ s. (*misura*) ara *f.*
area /'eərɪə/ s. area *f.*, zona *f.* ◆ **a. code** prefisso telefonico || **roaming a.** (*tel.*) copertura, campo
arena /ə'ri:nə/ s. arena *f.*
argil /'ɑ:dʒɪl/ s. argilla *f.*
arguable /'ɑ:gjʊəb(ə)l/ agg. **1** sostenibile **2** opinabile, discutibile
to argue /'ɑ:gju:/ **A** v.intr. **1** ragionare, argomentare **2** disputare, discutere, litigare **B** v.tr. **1** provare, dimostrare **2** persuadere ◆ **to a. sb. into doing st.** persuadere qc. a fare q.c.
argument /'ɑ:gjʊmənt/ s. **1** argomento *m.*, argomentazione *f.* **2** discussione *f.*, litigio *m.*
argumentative /ˌɑ:gjʊ'mentətɪv/ agg. polemico, litigioso
arid /'ærɪd/ agg. arido
Aries /'eəri:z/ s. (*astr.*) ariete *m.*
to arise /ə'raɪz/ (*pass.* **arose**, *p.p.* **arisen**) v.intr. **1** sorgere, alzarsi, levarsi **2** risultare, derivare **3** presentarsi
aristocracy /ˌærɪs'tɒkrəsɪ/ s. aristocrazia *f.*
aristocrat /'ærɪstəˌkræt/ s. aristocratico *m.*
aristocratic(al) /ˌærɪstə'krætɪk((ə)l)/ agg. aristocratico
arithmetic /ˌərɪθ'mətɪk/ s. aritmetica *f.*
arithmetic(al) /ˌærɪθ'metɪk((ə)l)/ agg. aritmetico
ark /ɑ:k/ s. arca *f.*
arm[1] /ɑ:m/ s. **1** braccio *m.* **2** bracciolo *m.* **3** manica *f.*
arm[2] /ɑ:m/ s. **1** al pl. armi *f. pl.*, armamenti *m. pl.* **2** (*sezione dell'esercito*) arma *f.* ◆ **to bear arms** essere sotto le armi || **to take up arms** prendere le armi
to arm /ɑ:m/ **A** v.tr. armare **B** v.intr. armarsi
armament /'ɑ:məmənt/ s. armamento *m.*
armchair /'ɑ:mˌtʃeəʳ/ s. poltrona *f.*
armed /ɑ:md/ agg. armato ◆ **a. robbery** rapina a mano armata
armful /'ɑ:mfʊl/ s. bracciata *f.*
armistice /'ɑ:mɪstɪs/ s. armistizio *m.*
armlet /'ɑ:mlɪt/ s. bracciale *m.*
armour /'ɑ:məʳ/ s. armatura *f.*, corazza *f.*

to armour /'ɑ:məʳ/ v.tr. corazzare, blindare
armoured /'ɑ:məʳd/ agg. blindato ♦ **a. car** autoblindo
armoury /'ɑ:mərɪ/ s. armeria *f.*
armpit /'ɑ:mpɪt/ s. ascella *f.*
armrest /'ɑ:mˌrɛst/ s. bracciolo *m.*
army /'ɑ:mɪ/ s. **1** esercito *m.* **2** schiera *f.* ♦ **a. corps** corpo d'armata || **a. boots** anfibi, scarponi
aroma /ə'rəʊmə/ s. aroma *m.*
aromatic /ˌæro(ʊ)'mætɪk/ agg. aromatico
arose /ə'rəʊz/ pass. di **to arise**
around /ə'raʊnd/ **A** avv. **1** intorno, da ogni parte **2** in giro **3** circa **B** prep. attorno a, intorno a ♦ **all a.** tutt'intorno
to arouse /ə'raʊz/ v.tr. **1** svegliare **2** provocare, suscitare **3** eccitare
to arrange /ə'reɪn(d)ʒ/ **A** v.tr. **1** ordinare, sistemare **2** preparare, disporre, stabilire **3** (*mus.*) arrangiare **B** v.intr. accordarsi ♦ **to a. to do st.** accordarsi per fare q.c.
arrangement /ə'reɪn(d)ʒmənt/ s. **1** sistemazione *f.*, disposizione *f.*, ordinamento *m.* **2** piano *m.*, progetto *m.*, preparativo *m.* **3** accordo *m.* **4** (*mus.*) arrangiamento *m.*
array /ə'reɪ/ s. **1** assortimento *m.*, gamma *f.* **2** (*mil.*) schieramento *m.*, spiegamento *m.* **3** schiera *f.*, esposizione *f.* **4** insieme *m.*
to array /ə'reɪ/ v.tr. **1** ordinare, disporre, schierare **2** adornare, addobbare
arrears /ə'rɪəz/ s. pl. arretrati *m. pl.* ♦ **in a.** in arretrato
arrest /ə'rɛst/ s. **1** arresto *m.*, fermo *m.* **2** arresto *m.*, fermata *f.* ♦ **under a.** in arresto
to arrest /ə'rɛst/ v.tr. **1** arrestare, catturare **2** fermare **3** attirare (l'attenzione)
arrival /ə'raɪv(ə)l/ s. arrivo *m.*
to arrive /ə'raɪv/ v.intr. **1** arrivare, giungere **2** raggiungere il successo, arrivare
arrogance /'ærəgəns/ s. arroganza *f.*, superbia *f.*
arrogant /'ærəgənt/ agg. arrogante, superbo
arrow /'ærəʊ/ s. freccia *f.*
arse /ɑ:s/ s. (*volg.*) culo *m.*
arsenal /'ɑ:sɪnl/ s. arsenale *m.*
arson /'ɑ:s(ə)n/ s. (*dir.*) incendio *m.* doloso
art /ɑ:t/ s. **1** arte *f.* **2** artificio *m.* ♦ **a. gallery** galleria d'arte || **Arts** scienze umanistiche || **a. school** scuola d'arte
artefact /ˌɑ:tɪ'fækt/ s. manufatto *m.*
arterial /ɑ:'tɪərɪəl/ agg. arterioso
arteriosclerosis /ɑ:ˌtɪərɪəʊsklɪə'rəʊsɪs/ s. arteriosclerosi *f.*
artery /'ɑ:tərɪ/ s. arteria *f.*
artful /'ɑ:tf(ʊ)l/ agg. **1** astuto, furbo **2** abile
arthritis /ɑ:'θraɪtɪs/ s. artrite *f.*
arthrosis /ɑ:'θrəʊsɪs/ s. artrosi *f.*
artichoke /'ɑ:tɪtʃəʊk/ s. carciofo *m.*
article /'ɑ:tɪkl/ s. **1** articolo *m.* **2** spec. al pl. regolamento *m.*, statuto *m.*
articulate /ɑ:'tɪkjʊlɛt/ agg. **1** articolato **2** (*di parola*) chiaro, scandito **3** (*di persona*) eloquente
to articulate /ɑ:'tɪkjʊleɪt/ v.tr. **1** articolare **2** pronunciare distintamente, scandire
articulated /ɑ:'tɪkjʊleɪtɪd/ agg. articolato ♦ **a. lorry** TIR, autoarticolato
artifact /'ɑ:tɪfækt/ s. manufatto *m.*
artifice /'ɑ:tɪfɪs/ s. artificio *m.*, stratagemma *m.*
artificial /ˌɑ:tɪ'fɪʃ(ə)l/ agg. artificiale
artillery /ɑ:'tɪlərɪ/ s. artiglieria *f.*
artisan /ˌɑ:tɪ'zæn/ s. artigiano *m.*
artist /'ɑ:tɪst/ s. artista *m. e f.*
artistic /ɑ:'tɪstɪk/ agg. artistico
artless /'ɑ:tlɪs/ agg. semplice, ingenuo
as /æz/ **A** avv. e cong. (*in frasi comp.*) come, così, quanto (ES: ***as... as, so... as*** così... come, tanto... quanto) **B** cong. **1** (*temporale*) quando, mentre (ES: ***as he was eating*** mentre mangiava) **2** (*causale*) siccome, poiché, dal momento che (ES: ***as it was raining, we caught a bus*** siccome pioveva, abbiamo preso l'autobus) **3** (*concessiva*) sebbene (ES: ***handsome as he is, he is not happy*** sebbene sia bello, non è felice) **4** (*modale*) come, secondo (ES: ***do as I did*** fa' come me) **5** (*modale*) in qualità di, come (ES: ***I'm talking to you as a friend*** ti parlo come amico) **6** (*relativo*) che, quale (ES: ***you have the same chances as I had*** hai le stesse possibilità che ho avuto io) ♦ **as far as** fino a, per quanto || **as if** come se || **as for** per quanto riguarda || **as long as** per tutto il tempo che || **as many** altrettanti || **as much** altrettanto || **as soon as** appena || **as usual** come al solito || **as well as** come pure, così come
to ascend /ə'sɛnd/ v.tr. **1** salire, ascendere **2** risalire
ascending /ə'sɛndɪŋ/ agg. ascendente
ascent /ə'sɛnt/ s. **1** ascensione *f.*, ascesa *f.* **2** salita *f.*, pendio *m.*
to ascertain /ˌæsə'teɪn/ v.tr. accertare, constatare
asceticism /ə'sɛtɪsɪz(ə)m/ s. ascetismo *m.*
ascribable /əs'kraɪbəbl/ agg. attribuibile
to ascribe /əs'kraɪb/ v.tr. attribuire
aseismic /eɪ'saɪzmɪk/ agg. antisismico
ash[1] /æʃ/ s. (*bot.*) frassino *m.*
ash[2] /æʃ/ s. cenere *f.* ♦ **Ash Wednesday** mercoledì delle ceneri
ashamed /ə'ʃeɪmd/ agg. vergognoso ♦ **to be a. of st.** vergognarsi di q.c.
ashen /'æʃn/ agg. cinereo, livido
ashlar /'æʃləʳ/ s. (*arch.*) bugnato *m.*
ashore /ə'ʃɔ:ʳ/ avv. a riva, a terra
ashtray /'æʃtreɪ/ s. portacenere *m. inv.*
Asian /'eɪʃ(ə)n/ agg. e s. asiatico *m.*
Asiatic /ˌeɪʃɪ'ætɪk/ agg. e s. asiatico *m.*
aside /ə'saɪd/ **A** avv. da parte, a parte **B** s. **1** digressione *f.* **2** (*teatro*) a parte *m.* ♦ **a. from** a parte, eccetto
to ask /ɑ:sk/ v.tr. **1** domandare, chiedere **2** invitare ♦ **to a. after, for sb.** chiedere di qc. || **to a. a question** fare una domanda || **to a. for st.** chiedere (per avere) q.c. || **to a. sb. to dinner** invitare qc. a cena || **to a. sb. st.** chiedere q.c. a qc.
askance /əs'kæns/ avv. sospettosamente, di traverso

askew /əs'kju:/ **A** **agg.** storto, obliquo **B** **avv.** di traverso

asleep /ə'sli:p/ **agg. pred.** addormentato ◆ **to be a.** dormire || **to fall a.** addormentarsi

asparagus /əs'pærəgəs/ **s.** asparago *m.*

aspect /'æspekt/ **s.** **1** aspetto *m.*, apparenza *f.* **2** (*di edificio*) esposizione *f.*

aspersion /əs'pɜ:ʃ(ə)n/ **s.** diffamazione *f.*

asphalt /'æsfælt/ **s.** asfalto *m.*

to asphalt /'æsfælt/ **v.tr.** asfaltare

to asphyxiate /æs'fɪksɪeɪt/ **v.intr.** asfissiare

asphyxiation /æs,fɪksɪ'eɪʃ(ə)n/ **s.** asfissia *f.*

to aspire /əs'paɪəʳ/ **v.intr.** aspirare

aspirin /əs'p(ə)rɪn/ **s.** aspirina *f.*

ass /æs/ **s.** **1** (*zool.*) asino *m.*, somaro *m.* **2** sciocco *m.* **3** (*volg.*) culo *m.* ◆ **to make an a. of oneself** rendersi ridicolo

to assail /ə'seɪl/ **v.tr.** assalire, attaccare

assailant /ə'seɪlənt/ **s.** assalitore *m.*

assassin /ə'sæsɪn/ **s.** assassino *m.*

to assassinate /ə'sæsɪneɪt/ **v.tr.** assassinare

assassination /ə,sæsɪ'neɪʃ(ə)n/ **s.** assassinio *m.*

assault /ə'sɔ:lt/ **s.** attacco *m.*, assalto *m.*, aggressione *f.*

to assault /ə'sɔ:lt/ **v.tr.** assaltare, aggredire

to assemble /ə'sembl/ **A** **v.tr.** **1** riunire **2** montare, assemblare **B** **v.intr.** riunirsi

assembly /ə'semblɪ/ **s.** **1** assemblea *f.*, riunione *f.* **2** montaggio *m.*

assent /ə'sent/ **s.** assenso *m.*, approvazione *f.*

to assent /ə'sent/ **v.intr.** acconsentire, assentire

to assert /ə'sɜ:t/ **v.tr.** **1** asserire, affermare, sostenere **2** rivendicare, far valere ◆ **to a. oneself** farsi valere, farsi rispettare

assertion /ə'sɜ:ʃ(ə)n/ **s.** **1** asserzione *f.* **2** rivendicazione *f.*

to assess /ə'ses/ **v.tr.** **1** accertare **2** tassare, gravare d'imposta **3** valutare

assessment /ə'sesmənt/ **s.** accertamento *m.*, valutazione *f.*

asset /'æset/ **s.** **1** bene *m.*, vantaggio *m.*, risorsa *f.* **2** al pl. (*econ.*) attivo *m.*

asshole /'æshoul/ **s.** (*volg.*) coglione *m.*, stronzo *m.*

assiduous /ə'sɪdjʊəs/ **agg.** assiduo

to assign /ə'saɪn/ **v.tr.** **1** assegnare **2** designare, incaricare **3** stabilire, fissare

assignment /ə'saɪnmənt/ **s.** **1** assegnazione *f.* **2** designazione *f.* **3** compito *m.*

to assist /ə'sɪst/ **v.tr.** assistere, aiutare

assistance /ə'sɪst(ə)ns/ **s.** assistenza *f.*, soccorso *m.*

assistant /ə'sɪst(ə)nt/ **s.** assistente *m. e f.* ◆ **shop a.** commesso

associate /ə'səʊʃɪit/ **A** **agg.** associato **B** **s.** socio *m.*, collega *m. e f.*

to associate /ə'səʊʃɪeɪt/ **A** **v.tr.** **1** associare **2** unire, congiungere **B** **v.intr.** associarsi ◆ **to a. with sb.** frequentare qc.

association /ə,səʊsɪ'eɪʃ(ə)n/ **s.** associazione *f.*

assorted /ə'sɔ:tɪd/ **agg.** assortito

assortment /ə'sɔ:tmənt/ **s.** assortimento *m.*

to assume /ə'sju:m/ **v.tr.** **1** supporre **2** assumere, prendere

assumption /ə'sʌm(p)ʃ(ə)n/ **s.** **1** supposizione *f.* **2** premessa *f.*, ipotesi *f.* **3** assunzione *f.*, presa *f.* di possesso

assurance /ə'ʃʊər(ə)ns/ **s.** **1** assicurazione *f.* **2** fiducia *f.*, certezza *f.*

to assure /ə'ʃʊəʳ/ **v.tr.** assicurare

asthma /'æsmə/ **s.** asma *f.*

asthmatic /æs'mætɪk/ **agg.** asmatico

astigmatic /,æstɪg'mætɪk/ **agg.** astigmatico

astir /ə'stɜ:ʳ/ **avv. e agg. pred.** **1** in agitazione, in moto **2** in piedi

to astonish /əs'tɒnɪʃ/ **v.tr.** meravigliare, sorprendere, stupire

astonished /əs'tɒnɪʃt/ **agg.** meravigliato, sorpreso, stupito ◆ **to be a. at st.** stupirsi di q.c.

astonishing /əs'tɒnɪʃɪŋ/ **agg.** stupefacente

astonishment /əs'tɒnɪʃmənt/ **s.** stupore *m.*, meraviglia *f.*

to astound /əs'taʊnd/ **v.tr.** sbalordire

astounding /əs'taʊndɪŋ/ **agg.** sbalorditivo

astragal /'æstrəg(ə)l/ **s.** (*arch.*) astragalo *m.*

astragalus /æs'trægələs/ **s.** (*anat., bot.*) astragalo *m.*

astray /əs'treɪ/ **avv. e agg. pred.** fuori strada

astride /əs'traɪd/ **A** **avv.** a cavalcioni **B** **prep.** a cavalcioni di

astringent /əs'trɪn(d)ʒ(ə)nt/ **agg.** astringente

astrolabe /'æstro(ʊ)leɪb/ **s.** astrolabio *m.*

astrologer /əs'trɒlədʒəʳ/ **s.** astrologo *m.*

astrologic /,æstrə'lɒdʒɪk/ **agg.** astrologico

astrology /əs'trɒlədʒɪ/ **s.** astrologia *f.*

astronaut /'æstrənɔ:t/ **s.** astronauta *m. e f.*

astronautical /,æstrə'nɔ:tɪk(ə)l/ **agg.** astronautico

astronautics /,æstrə'nɔ:tɪks/ **s. pl.** (*v. al sing.*) astronautica *f.*

astronomer /əs'trɒnəməʳ/ **s.** astronomo *m.*

astronomic(al) /,æstrə'nɒmɪk((ə)l)/ **agg.** astronomico

astronomy /əs'trɒnəmɪ/ **s.** astronomia *f.*

astute /əs'tju:t/ **agg.** astuto

asylum /ə'saɪləm/ **s.** **1** asilo *m.*, rifugio *m.* **2** casa *f.* di ricovero ◆ **lunatic a.** manicomio

asymmetric /,æsɪ'metrɪk/ **agg.** asimmetrico

at /æt, ət/ **prep.** **1** (*luogo, direzione*) a, in, da, presso, verso, contro (ES: ***at school*** a scuola; ***he threw a shoe at the cat*** tirò una scarpa al gatto) **2** (*tempo*) a, di (ES: ***at night*** di notte) **3** (*condizione*) a, in (ES: ***at work*** al lavoro) **4** (*misura, valore*) a (ES: ***at a low price*** a basso prezzo) **5** (*modo*) a, con (ES: ***at leisure*** con comodo) **6** (*causa*) per (ES: ***surprised at st.*** sorpreso per q.c.) ◆ **at all** affatto || **at best** nella migliore delle ipotesi || **at first** dapprima || **at hand** a portata di mano || **at last** finalmente || **at least** almeno || **at most** al massimo || **at once** subito || **at times** a volte

atavic /ə'tævɪk/ **agg.** atavico

ate /et/ **pass. di to eat**

atheism /ˈeɪθiiz(ə)m/ s. ateismo *m.*
atheist /ˈeɪθiist/ s. ateo *m.*
athlete /ˈæθliːt/ s. atleta *m. e f.*
athletic /æθˈletɪk/ agg. atletico
athletics /æθˈletɪks/ s. pl. (*v. al sing.*) atletica *f.*
athwart /əˈθwɔːt/ **A** prep. attraverso **B** avv. di traverso
Atlantic /ətˈlæntɪk/ agg. atlantico
atlas /ˈætləs/ s. atlante *m.*
ATM /ˌeɪtiːˈem/ s. bancomat *m. inv.*
atmosphere /ˈætməsfɪəʳ/ s. atmosfera *f.*
atmospheric /ˌætməsˈferɪk/ agg. atmosferico
atoll /ˈætɒl/ s. atollo *m.*
atom /ˈætəm/ s. atomo *m.*
atomic /əˈtɒmɪk/ agg. atomico
atomizer /ˈætəmaɪzəʳ/ s. vaporizzatore *m.*, nebulizzatore *m.*
to atone /əˈtəʊn/ v.intr. espiare
atop /əˈtɒp/ avv. e prep. in cima (a)
atrocious /əˈtrəʊʃəs/ agg. **1** atroce **2** (*fam.*) pessimo, orribile
atrocity /əˈtrɒsɪtɪ/ s. atrocità *f.*
to attach /əˈtætʃ/ v.tr. **1** attaccare, unire **2** allegare **3** apporre
attaché /əˈtæʃeɪ/ s. addetto *m.*
attached /əˈtætʃt/ agg. **1** attaccato, unito **2** legato, affezionato **3** addetto, assegnato
attachment /əˈtætʃmənt/ s. **1** attaccatura *f.* **2** attaccamento *m.*, devozione *f.* **3** (*mecc.*) accessorio *m.* **4** (*inform.*) allegato *m.*, attachment *m. inv.*
attack /əˈtæk/ s. attacco *m.*
to attack /əˈtæk/ v.tr. **1** attaccare, aggredire **2** iniziare
attacker /əˈtækəʳ/ s. **1** aggressore *m.* **2** (*mil.*) attaccante *m.*
to attain /əˈteɪn/ v.tr. ottenere, raggiungere, conseguire ♦ **to a. to** arrivare a
attainable /əˈteɪnəbl/ agg. raggiungibile
attainment /əˈteɪnmənt/ s. **1** risultato *m.*, conseguimento *m.* **2** al pl. cognizioni *f. pl.*, cultura *f.*
attempt /əˈtem(p)t/ s. **1** tentativo *m.*, sforzo *m.* **2** attentato *m.*
to attempt /əˈtem(p)t/ v.tr. **1** osare, tentare, provare **2** attentare a
to attend /əˈtend/ **A** v.tr. **1** frequentare, partecipare a **2** assistere, curare **3** accompagnare **B** v.intr. **1** occuparsi di, prendersi cura di **2** badare, prestare attenzione
attendance /əˈtendəns/ s. **1** frequenza *f.*, presenza *f.* **2** assistenza *f.* **3** pubblico *m.*, spettatori *m. pl.*, affluenza *f.*
attendant /əˈtendənt/ **A** agg. **1** connesso, concomitante **2** dipendente, al servizio di **3** presente **B** s. guardiano *m.*, custode *m. e f.*, inserviente *m. e f.*
attention /əˈtenʃ(ə)n/ s. attenzione *f.*
attentive /əˈtentɪv/ agg. **1** attento **2** premuroso
to attest /əˈtest/ v.tr. attestare, testimoniare
attic /ˈætɪk/ s. **1** (*arch.*) attico *m.* **2** soffitta *f.*
attitude /ˈætɪtjuːd/ s. **1** atteggiamento *m.* **2** (*fam.*) atteggiamento *m.* sostenuto, posa *f.* **3** (*aer.*) assetto *m.*
attorney /əˈtɜːnɪ/ s. **1** procuratore *m.* **2** avvocato *m.*
to attract /əˈtrækt/ v.tr. attirare, attrarre
attraction /əˈtrækʃən/ s. **1** attrattiva *f.* **2** attrazione *f.*
attractive /əˈtræktɪv/ agg. attraente
attributable /əˈtrɪbjʊtəbl/ agg. attribuibile
attribute /ˈætrɪbjuːt/ s. attributo *m.*
to attribute /əˈtrɪbjʊ(ː)t/ v.tr. attribuire, ascrivere
attrition /əˈtrɪʃ(ə)n/ s. attrito *m.*, logoramento *m.*
atypical /əˈtɪpɪk(ə)l/ agg. atipico
aubergine /ˈəʊbəʒiːn/ s. melanzana *f.*
auction /ˈɔːkʃ(ə)n/ s. asta *f.*
to auction /ˈɔːkʃ(ə)n/ v.tr. vendere all'asta
auctioneer /ˌɔːkʃəˈnɪəʳ/ s. banditore *m.*
audible /ˈɔːdɪbl/ agg. udibile
audience /ˈɔːdjəns/ s. **1** pubblico *m.*, spettatori *m. pl.* **2** udienza *f.*
audio /ˈɔːdɪəʊ/ agg. e s. audio *m. inv.*
audioguide /ˈɔːdiəʊgaɪd/ s. audioguida *f.*
audiovisual /ˌɔːdɪo(ʊ)ˈvɪʒʊəl/ agg. audiovisivo
audit /ˈɔːdɪt/ s. (*comm.*) revisione *f.* (dei conti)
to audit /ˈɔːdɪt/ v.tr. (*comm.*) rivedere, verificare (i conti)
audition /ɔːˈdɪʃ(ə)n/ s. audizione *f.*
auditor /ˈɔːdɪtəʳ/ s. **1** revisore *m.* (dei conti) **2** uditore *m.*
auditorium /ˌɔːdɪˈtɔːrɪəm/ s. auditorio *m.*
to augment /ɔːgˈment/ v.tr. aumentare
to augur /ˈɔːgəʳ/ v.intr. essere di auspicio
August /ˈɔːgəst/ s. agosto *m.*
aunt /ɑːnt/ s. zia *f.*
auricle /ˈɔːrɪkl/ s. (*anat.*) padiglione *m.*
aurora /ɔːˈrɔːrə/ s. aurora *f.* ♦ **a. borealis** aurora boreale
auspicious /ɔːsˈpɪʃəs/ agg. propizio, fausto
austere /ɒsˈtɪəʳ/ agg. austero
austerity /ɒsˈterɪtɪ/ s. austerità *f.*
austral /ˈɔːstr(ə)l/ agg. australe
Australian /ɒsˈtreɪljən/ agg. e s. australiano *m.*
Austrian /ˈɒstrɪən/ agg. e s. austriaco *m.*
authentic /ɔːˈθentɪk/ agg. autentico, genuino
to authenticate /ɔːˈθentɪkeɪt/ v.tr. autenticare, vidimare
authenticity /ˌɔːθenˈtɪsɪtɪ/ s. autenticità *f.*
author /ˈɔːθəʳ/ s. autore *m.*
authoritarian /ɔːˌθɒrɪˈteərɪən/ agg. autoritario
authoritative /ɔːˈθɒrɪtətɪv/ agg. **1** autorevole **2** autoritario
authority /ɔːˈθɒrɪtɪ/ s. **1** autorità *f.* **2** autorizzazione *f.*
authorization /ˌɔːθ(ə)raɪˈzeɪʃ(ə)n/ s. autorizzazione *f.*
to authorize /ˈɔːθəraɪz/ v.tr. autorizzare
auto /ˈɒ(ː)təʊ/ **A** agg. automobilistico **B** s. (*USA*) automobile *f.*
autobiographic(al) /ˌɔːto(ʊ)ˌbaɪo(ʊ)ˈgræfɪk((ə)l)/ agg. autobiografico

autobiography /ˌɔːto(ʊ)baɪˈɒgrəfɪ/ s. autobiografia *f.*
autodrome /ˈɔːtəʊdrəʊm/ s. autodromo *m.*
autograph /ˈɔːtəgrɑːf/ agg. e s. autografo *m.*
to autograph /ˈɔːtəgrɑːf/ v.tr. firmare, autografare
automated /ˌɔːtəˈmeɪtɪd/ agg. automatizzato ♦ **a. teller machine** bancomat
automatic /ˌɔːtəˈmætɪk/ agg. automatico
automation /ˌɔːtəˈmeɪʃ(ə)n/ s. automazione *f.*
automaton /ɔːˈtɒmət(ə)n/ s. automa *m.*
autonomous /ɔːˈtɒnəməs/ agg. autonomo
autonomy /ɔːˈtɒnəmɪ/ s. autonomia *f.*
autumn /ˈɔːtəm/ s. autunno *m.*
autumnal /ɔːˈtʌmnəl/ agg. autunnale
auxiliary /ɔːgˈzɪljərɪ/ agg. ausiliario, di riserva
to avail /əˈveɪl/ v.intr. servire, favorire ♦ **to a. oneself of** servirsi di, approfittarsi di
availability /əˌveɪləˈbɪlɪtɪ/ s. disponibilità *f.*
available /əˈveɪləbl/ agg. **1** disponibile, utilizzabile **2** libero
avalanche /ˈævəlɑːnʃ/ s. valanga *f.*
avant-garde /ˌævɔːŋˈgɑːd/ s. avanguardia *f.*
to avenge /əˈven(d)ʒ/ v.tr. vendicare
avenue /ˈævɪnjuː/ s. **1** viale *m.* **2** via *f.*, strada *f.*
average /ˈævərɪdʒ/ **A** agg. medio, comune **B** s. **1** (*mat.*) media *f.* **2** (*naut.*) avaria *f.*
to average /ˈævərɪdʒ/ v.tr. **1** calcolare la media **2** fare in media ♦ **to a. out** aggirarsi su
averse /əˈvɜːs/ agg. contrario
aversion /əˈvɜːʃ(ə)n/ s. riluttanza *f.*
to avert /əˈvɜːt/ v.tr. **1** distogliere **2** evitare
aviary /ˈeɪvjərɪ/ s. voliera *f.*
aviation /ˌeɪvɪˈeɪʃ(ə)n/ s. aviazione *f.*
aviculture /ˈeɪvɪkʌltʃəʳ/ s. avicoltura *f.*
avid /ˈævɪd/ agg. avido, bramoso
avifauna /ˌeɪvɪˈfɔːnə/ s. avifauna *f.*
avocado /ˌævəˈkɑːdəʊ/ s. avocado *m. inv.*
to avoid /əˈvɔɪd/ v.tr. evitare, fuggire, scansare
avoidable /əˈvɔɪdəbl/ agg. evitabile
avowal /əˈvaʊəl/ s. ammissione *f.*
avuncular /əˈvʌŋkjʊləʳ/ agg. di zio
to await /əˈweɪt/ v.tr. aspettare, attendere
awake /əˈweɪk/ agg. sveglio
to awake /əˈweɪk/ (*pass.* **awoke**, **awaked**, *p.p.* **awoken**, **awaked**) **A** v.tr. svegliare **B** v.intr. svegliarsi
awakening /əˈweɪk(ə)nɪŋ/ s. risveglio *m.*
award /əˈwɔːd/ s. **1** premio *m.* **2** risarcimento *m.*
to award /əˈwɔːd/ v.tr. **1** assegnare, attribuire **2** (*dir.*) aggiudicare
aware /əˈwɛəʳ/ agg. pred. **1** consapevole **2** informato ♦ **to be a. of st.** rendersi conto di q.c.
awareness /əˈwɛəʳnəs/ s. consapevolezza *f.*
awash /əˈwɒʃ/ avv. a galla
away /əˈweɪ/ avv. **1** via **2** lontano **3** da parte **4** continuamente, di seguito **5** (*sport*) fuori casa ♦ **far and a.** di gran lunga || **right a.** subito
awe /ɔː/ s. timore *m.*
awesome /ˈɔːsəm/ agg. imponente
awful /ˈɔːfʊl/ agg. terribile, tremendo
awhile /əˈwaɪl/ avv. per un po'
awkward /ˈɔːkwəd/ agg. **1** goffo, maldestro **2** scomodo **3** inopportuno
awning /ˈɔːnɪŋ/ s. tendone *m.*
awoke /əˈwəʊk/ pass. di **to awake**
awoken /əˈwəʊkən/ p.p. di **to awake**
awry /əˈraɪ/ **A** agg. pred. storto, sbieco **B** avv. di traverso
axe /æks/ s. scure *f.*, ascia *f.*
axis /ˈæksɪs/ (*pl.* **axes**) s. (*mat.*, *fis.*) asse *m.*
axle /ˈæksl/ s. asse *m.* ♦ **a.-shaft** (*autom.*) semiasse
ay(e) /aɪ/ **A** avv. sì **B** s. voto *m.* favorevole
azalea /əˈzeɪljə/ s. azalea *f.*
azimuth /ˈæzɪməθ/ s. azimut *m. inv.*
azote /əˈzəʊt/ s. azoto *m.*

b, B

to baa /bɑː/ (*pass. e p.p.* **baaed**) v.intr. belare
to babble /bæbl/ **A** v.tr. balbettare, farfugliare **B** v.intr. **1** balbettare, farfugliare **2** cianciare, parlare a vanvera
baboon /bəˈbuːn/ s. babbuino *m.*
baby /ˈbeɪbɪ/ s. neonato *m.*, bambino *m.* ♦ **b.'s bottle** biberon || **b. carriage** carrozzina || **b.'s chair** seggiolino || **b. food** omogeneizzato
to baby /ˈbeɪbɪ/ v.tr. viziare, coccolare
babyhood /ˈbeɪbɪhʊd/ s. prima infanzia *f.*
to baby-sit /ˈbeɪbɪsɪt/ v.tr. e intr. fare da baby-sitter (a)
baby-sitter /ˈbeɪbɪˌsɪtəʳ/ s. baby-sitter *f. e m. inv.*
baby-sitting /ˈbeɪbɪsɪtɪŋ/ s. babysitteraggio *m.*
bachelor /ˈbætʃ(ə)ləʳ/ s. **1** scapolo *m.* **2** laureato *m.*
back /bæk/ **A** agg. **1** posteriore **2** remoto, lontano **3** arretrato **B** s. **1** dorso *m.*, schiena *f.* **2** schienale *m.* **3** retro *m.*, parte *f.* posteriore **4** fondo *m.*, sfondo *m.* **C** avv. **1** indietro **2** di ritorno **3** prima **4** di rimando ♦ **b. to front** alla rovescia || **to be b.** essere di ritorno
to back /bæk/ **A** v.tr. **1** fare indietreggiare **2** soste-

nere, spalleggiare **3** puntare su, scommettere su **4** sottoscrivere, controfirmare **B** v.intr. indietreggiare, fare marcia indietro ◆ **to b. down** indietreggiare || **to b. out of st.** ritirarsi da q.c. || **to b. up** appoggiare, sostenere

backache /'bækeɪk/ s. mal *m.* di schiena

backbone /'bækbəʊn/ s. **1** colonna *f.* vertebrale **2** (*fig.*) carattere *m.*, fermezza *f.*

to backdate /ˌbæk'deɪt/ v.tr. retrodatare

backdrop /'bækdrɒp/ s. **1** (*teatro*) fondale *m.* **2** sfondo *m.*

backfire /'bækfaɪəʳ/ s. ritorno *m.* di fiamma

background /'bækgraʊnd/ **A** s. **1** sfondo *m.* **2** ambiente *m.*, retroterra *m. inv.* **3** antefatto *m.* **4** bagaglio *m.* culturale **B** agg. di fondo

backhand /'bækˌhænd/ s. (*tennis*) rovescio *m.*

backhanded /'bækˌhændɪd/ agg. **1** (*tennis*) dato di rovescio **2** ambiguo, a doppio senso

backing /'bækɪŋ/ s. **1** rinforzo *m.* (posteriore) **2** sostegno *m.*, appoggio *m.* **3** (*mus.*) sottofondo *m.*

backlash /'bæklæʃ/ s. **1** (*mecc.*) rinculo *m.* **2** (*fig.*) ripercussione *f.*

backlog /'bæklɒg/ s. (lavoro) arretrato *m.*

backpack /ˌbæk'pæk/ s. zaino *m.*

to backpack /ˌbæk'pæk/ v.intr. viaggiare con lo zaino

backside /ˌbæk'saɪd/ s. **1** parte *f.* posteriore **2** (*fam.*) sedere *m.*

backstage /ˌbæk'steɪdʒ/ s. retroscena *f.*

backstairs /ˌbæk'stɛəz/ s. pl. scala *f.* di servizio

back-stitch /'bækstɪtʃ/ s. impuntura *f.*

backstroke /'bækˌstrəʊk/ s. **1** contraccolpo *m.* **2** nuoto *m.* sul dorso

backup /'bækʌp/ **A** s. **1** riserva *f.* **2** supporto *m.*, appoggio *m.* **3** (*inform.*) backup *m. inv.* **B** agg. attr. di riserva ◆ **b. copy** copia di backup

backward /'bækwəd/ agg. **1** volto all'indietro **2** a ritroso, all'indietro **3** ritardato, sottosviluppato **4** in ritardo

backwards /'bækwədz/ avv. indietro, all'indietro

backwash /'bækwɒʃ/ s. risacca *f.*

bacon /'beɪk(ə)n/ s. pancetta *f.*

bacterium /bæk'tɪərɪəm/ (*pl.* **bacteria**) s. batterio *m.*

bad /bæd/ (*comp.* **worse**, *sup. rel.* **worst**) **A** agg. **1** cattivo **2** brutto **3** dannoso **4** andato a male, guasto **B** s. male *m.*, rovina *f.* ◆ **b. cheque** assegno a vuoto || **b. habit** vizio || **b. luck** sfortuna || **b. manners** maleducazione || **b. mood** malumore || **b. smell** puzza, cattivo odore || **b. weather** maltempo || **to feel b.** sentirsi male || **to go b.** andare a male

bade /beɪd/ pass. di **to bid**

badge /bædʒ/ s. **1** distintivo *m.* **2** tesserino *m.*

badger /'bædʒəʳ/ s. (*zool.*) tasso *m.*

badly /'bædlɪ/ avv. **1** male, malamente **2** duramente **3** grandemente ◆ **b.-off** povero, spiantato

badminton /'bædmɪntən/ s. volano *m.*

bad-tempered /'bædˌtɛmpəd/ agg. irritabile, irascibile

to baffle /'bæfl/ v.tr. **1** sconcertare, confondere **2** frustrare, impedire **3** (*tecnol.*) deviare

bag /bæg/ s. **1** sacco *m.*, sacchetto *m.* **2** borsa *f.*, borsetta *f.* **3** carniere *m.* **4** al pl. occhiaie *f. pl.* ◆ **bags of** un sacco di || **sleeping b.** sacco a pelo || **shoulder b.** borsa a tracolla

to bag /bæg/ v.tr. **1** insaccare **2** (*fam.*) intascare **3** (*fam.*) accaparrare

baggage /'bægɪdʒ/ s. bagaglio *m.* ◆ **b. claim** ritiro bagagli || **b. room** deposito bagagli

baggy /'bægɪ/ agg. gonfio, cascante

bagpipe(s) /'bægpaɪp(z)/ s. cornamusa *f.*

bag-snatcher /'bægˌsnætʃəʳ/ s. scippatore *m.*

bail /beɪl/ s. cauzione *f.* ◆ **to be out on b.** essere in libertà provvisoria (su cauzione)

to bail[1] /beɪl/ v.tr. dare garanzia per ◆ **to b. sb. out** ottenere la libertà provvisoria per qc.

to bail[2] /beɪl/ v.tr. (*naut.*) sgottare

bailer /'beɪləʳ/ s. (*naut.*) sassola *f.*

bailiff /'beɪlɪf/ s. ufficiale *m.* giudiziario

bain-marie /ˌbænˌmɑ'riː/ s. bagnomaria *m.*

bait /beɪt/ s. esca *f.*

to bait /beɪt/ v.tr. **1** fornire di esca **2** adescare, lusingare

to bake /beɪk/ v.tr. e intr. cuocere al forno

baker /'beɪkəʳ/ s. fornaio *m.* ◆ **b.'s (shop)** panetteria

bakery /'beɪkərɪ/ s. panificio *m.*, panetteria *f.*

baking /'beɪkɪŋ/ s. cottura *f.* al forno ◆ **b. pan** stampo || **b. powder** lievito in polvere || **b. tin** teglia, tortiera

balance /'bæləns/ s. **1** bilancia *f.* **2** equilibrio *m.* **3** bilancio *m.*, saldo *m.* **4** contrappeso *m.* ◆ **b. of trade** bilancia commerciale || **b. sheet** bilancio di esercizio

to balance /'bæləns/ **A** v.tr. **1** bilanciare, equilibrare **2** pesare, valutare **3** (*conti*) pareggiare, saldare **B** v.intr. **1** stare in equilibrio **2** (*comm.*) quadrare, essere in pareggio

balanced /'bælənst/ agg. bilanciato, equilibrato

balancing /'bælənsɪŋ/ s. equilibratura *f.*

balcony /'bælkənɪ/ s. **1** balcone *m.* **2** (*teatro*) balconata *f.*, galleria *f.*

bald /bɔːld/ agg. **1** calvo, pelato **2** spoglio, disadorno **3** esplicito, immediato

baldachin /'bɔːldəkɪn/ s. baldacchino *m.*

baldly /'bɔːldlɪ/ avv. chiaramente, schiettamente

baldness /'bɔːldnɪs/ s. **1** calvizie *f.* **2** (*fig.*) nudità *f.*, semplicità *f.* **3** schiettezza *f.*

baldric /'bɔːldrɪk/ s. bandoliera *f.*

bale /beɪl/ s. balla *f.* (*di merce*)

baleful /'beɪlf(ʊ)l/ agg. funesto

ball[1] /bɔːl/ s. **1** palla *f.*, pallone *m.* **2** sfera *f.* **3** gomitolo *m.* ◆ **b. bearings** cuscinetti a sfere || **b.-pen** penna a sfera

ball[2] /bɔːl/ s. ballo *m.* ◆ **to have a b.** divertirsi un sacco

ballad /'bæləd/ s. ballata *f.*

ballast /'bæləst/ s. **1** zavorra *f.* **2** equilibrio *m.* **3** massicciata *f.*

ballet /'bæleɪ/ s. balletto *m.* ◆ **b. dancer** ballerino

balloon /bə'lu:n/ s. palloncino *m.* ◆ **hot-air b.** mongolfiera
ballot /'bælət/ s. **1** scheda *f.* (per votazione) **2** voto *m.* ◆ **b. box** urna elettorale
ballroom /'bɔ:lrʊm/ s. sala *f.* da ballo
balm /bɑ:m/ s. balsamo *m.*
balmy /'bɑ:mɪ/ agg. **1** balsamico **2** (*pop.*) stordito, stupido
balsam /'bɔ:lsəm/ s. balsamo *m.*
balsamic /bɔ:l'sæmɪk/ agg. balsamico
balustrade /ˌbælə'streɪd/ s. balaustra *f.*
bamboo /bæm'bu:/ s. bambù *m.*
ban /bæn/ s. **1** bando *m.*, proclama *m.* **2** interdizione *f.*
to ban /bæn/ v.tr. proibire, interdire
banal /bə'nɑ:l/ agg. banale
banana /bə'nɑ:nə/ s. banana *f.*
band[1] /bænd/ s. **1** benda *f.*, fascia *f.*, nastro *m.* **2** (*radio*) banda *f.*
band[2] /bænd/ s. (*mus.*) banda *f.*, orchestra *f.*
bandage /'bændɪdʒ/ s. benda *f.*, fascia *f.*
to bandage /'bændɪdʒ/ v.tr. bendare
bandaging /'bændɪdʒɪŋ/ s. bendaggio *m.*, fasciatura *f.*
B&B /ˌbi:(ə)n(d)'bi:/ s. bed and breakfast *m. inv.*
bandit /'bændɪt/ s. bandito *m.*
bandy /'bændɪ/ agg. arcuato ◆ **b.-legged** con le gambe storte
to bandy /'bændɪ/ v.tr. (*parole, accuse, colpi*) scambiare, scambiarsi
bang[1] /bæŋ/ s. **1** colpo *m.*, botta *f.* **2** scoppio *m.*
bang[2] /bæŋ/ s. (*di capelli*) frangia *f.*
to bang /bæŋ/ **A** v.tr. **1** colpire, battere **2** sbattere **B** v.intr. **1** scoppiare, esplodere **2** sbattere
bangle /'bæŋgl/ s. braccialetto *m.*
to banish /'bænɪʃ/ v.tr. bandire
banisters /'bænɪstəz/ s. pl. ringhiera *f.*, balaustra *f.*
bank[1] /bæŋk/ s. **1** argine *m.*, riva *f.*, sponda *f.* **2** banco *m.*, cumulo *m.* ◆ **bottle/paper b.** bidone per la raccolta differenziata di vetro/carta
bank[2] /bæŋk/ s. **1** banca *f.*, banco *m.* **2** (*gioco*) banco *m.* ◆ **b. giro** giroconto || **b. holiday** giorno di festa || **b. note** banconota || **b. robber** scassinatore || **b. statement** estratto conto || **b. transfer** bonifico bancario
to bank[1] /bæŋk/ **A** v.tr. ammucchiare, ammassare **B** v.intr. **1** ammucchiarsi, ammassarsi **2** (*aer.*) inclinarsi in virata
to bank[2] /bæŋk/ **A** v.tr. depositare in banca **B** v.intr. **1** avere un conto in banca **2** (*gioco*) tenere il banco ◆ **to b. on** fare affidamento su
banker /'bæŋkəʳ/ s. banchiere *m.*
banking /'bæŋkɪŋ/ **A** agg. bancario **B** s. attività *f.* bancaria ◆ **b. hours** orario di banca
banknote /'bæŋnoʊt/ s. banconota *f.*
bankrupt /'bæŋkrʌpt/ agg. fallito ◆ **to go b.** fallire
bankruptcy /'bæŋkrʌptsɪ/ s. bancarotta *f.*, fallimento *m.*
banner /'bænəʳ/ s. **1** bandiera *f.*, stendardo *m.* **2** striscione *m.*, insegna *f.* **3** (*inform.*) banner *m. inv.*
banns /bænz/ s. pl. pubblicazioni *f. pl.* di matrimonio
banquet /'bæŋkwɪt/ s. banchetto *m.*
to banter /'bæntəʳ/ v.tr. stuzzicare, canzonare
baptism /'bæptɪz(ə)m/ s. battesimo *m.*
baptismal /bæp'tɪzm(ə)l/ agg. battesimale
Baptist /'bæptɪst/ agg. e s. battista *m. e f.*
baptistery /'bæptɪst(ə)rɪ/ s. battistero *m.*
to baptize /bæp'taɪz/ v.tr. battezzare
bar[1] /bɑ:ʳ/ s. **1** barra *f.*, spranga *f.* **2** tavoletta *f.* **3** ostacolo *m.*, restrizione *f.* **4** banco *m.*, bar *m. inv.* **5** (*dir.*) sbarra *f.*, tribunale *m.* **6** (*mus.*) misura *f.*, battuta *f.* ◆ **behind bars** dietro le sbarre, in prigione || **b. code** codice a barre || **b. line** stanghetta || **the Bar** la professione forense || **b. of chocolate** barretta di cioccolato || **crash, panic b.** maniglione antipanico
bar[2] /bɑ:ʳ/ prep. eccetto, tranne
to bar /bɑ:ʳ/ v.tr. **1** sbarrare, chiudere **2** ostacolare, impedire **3** vietare
barbarian /bɑ:'beərɪən/ agg. e s. barbaro *m.*
barbaric /bɑ:'bærɪk/ agg. barbaro, barbarico
barbarization /ˌbɑ:bəraɪ'zeɪʃ(ə)n/ s. imbarbarimento *m.*
barbarous /'bɑ:b(ə)rəs/ agg. barbaro
barbecue /'bɑ:bɪkju:/ s. barbecue *m. inv.*
barbed wire /ˌbɑ:bd'waɪəʳ/ s. filo *m.* spinato
barber /'bɑ:bəʳ/ s. barbiere *m.* ◆ **b.'s shop** (*negozio*) barbiere
barbiturate /bɑ:'bɪtjʊrɪt/ s. barbiturico *m.*
bare /beəʳ/ agg. **1** nudo, spoglio, brullo **2** vuoto, spoglio **3** semplice
to bare /beəʳ/ v.tr. **1** scoprire, denudare **2** (*fig.*) rivelare, mostrare
bareback /'beəbæk/ agg. e avv. senza sella
barefaced /'beəfeɪst/ agg. **1** a viso scoperto **2** sfacciato
barefoot /'beəfʊt/ agg. scalzo
barely /'beəlɪ/ avv. **1** appena **2** chiaramente, apertamente **3** poveramente
bargain /'bɑ:gɪn/ s. **1** affare *m.* **2** accordo *m.*, transazione *f.* ◆ **into the b.** per di più
to bargain /'bɑ:gɪn/ **A** v.tr. trattare, negoziare **B** v.intr. contrattare ◆ **to b. for** aspettarsi, prevedere
barge /bɑ:dʒ/ s. chiatta *f.*
to barge /bɑ:dʒ/ **A** v.tr. trasportare su chiatta **B** v.intr. muoversi pesantemente ◆ **to b. in** intromettersi a sproposito
baritone /'bærɪtəʊn/ s. baritono *m.*
bark[1] /bɑ:k/ s. (*bot.*) corteccia *f.*
bark[2] /bɑ:k/ s. abbaio *m.*, latrato *m.*
to bark /bɑ:k/ v.intr. abbaiare
barley /'bɑ:lɪ/ s. orzo *m.*
barmaid /'bɑ:meɪd/ s. barista *f.*
barman /'bɑ:mən/ (*pl.* **barmen**) s. barista *m.*
barn /bɑ:n/ s. fienile *m.*, granaio *m.*
barometer /bə'rɒmɪtəʳ/ s. barometro *m.*
baron /'bær(ə)n/ s. barone *m.*
baroness /'bær(ə)nɪs/ s. baronessa *f.*
baroque /bə'rəʊk/ agg. e s. barocco *m.*

barracks /'bærəks/ s. pl. caserma *f.*

barrage /'bærɑːʒ/ s. **1** sbarramento *m.* **2** serie *f.* continua

barred /bɑːd/ agg. **1** sbarrato, ostruito **2** vietato

barrel /'bær(ə)l/ s. **1** barile *m.*, botte *f.* **2** (*di fucile*) canna *f.* **3** (*di rivoltella*) tamburo *m.* ♦ **b. vault** volta a botte

barren /'bær(ə)n/ agg. **1** sterile **2** arido

barrenness /'bær(ə)nnɪs/ s. **1** sterilità *f.* **2** aridità *f.*

barricade /'bærɪkeɪd/ s. barricata *f.*

barrier /'bærɪəʳ/ s. barriera *f.*, transenna *f.* ♦ **sound b.** muro del suono

barrister /'bærɪstəʳ/ s. avvocato *m.*

barrow¹ /'bærəʊ/ s. **1** carriola *f.* **2** barella *f.*

barrow² /'bærəʊ/ s. **1** altura *f.* **2** tumulo *m.*

bartender /'bɑːˌtendəʳ/ s. (*USA*) barista *m.* e *f.*

barter /'bɑːtəʳ/ s. baratto *m.*, permuta *f.*

to barter /'bɑːtəʳ/ v.tr. barattare, scambiare

base /beɪs/ **A** s. **1** base *f.* **2** (*edil.*) zoccolo *m.*, basamento *m.* **B** agg. basso, ignobile, vile

to base /beɪs/ v.tr. basare, fondare

baseball /'beɪsbɔːl/ s. baseball *m. inv.*

basement /'beɪsmənt/ s. **1** seminterrato *m.* **2** basamento *m.*

to bash /bæʃ/ v.tr. colpire con violenza

bashful /'bæʃf(ʊ)l/ agg. timido

basic /'beɪsɪk/ agg. fondamentale, essenziale, di base

basically /'beɪsɪklɪ/ avv. fondamentalmente

basil /'bæzl/ s. basilico *m.*

basilica /bə'zɪlɪkə/ s. basilica *f.*

basin /'beɪsn/ s. **1** bacino *m.* **2** bacinella *f.*, vasca *f.* **3** lavandino *m.*

basis /'beɪsɪs/ (*pl.* **bases**) s. base *f.*

to bask /bɑːsk/ v.intr. crogiolarsi

basket /'bɑːskɪt/ s. cestino *m.*, canestro *m.*

basketball /'bɑːskɪtˌbɔːl/ s. pallacanestro *f.*, basket *m.*

Basque /bæsk/ agg. e s. basco *m.*

bas-relief /'bæsrɪˌliːf/ s. bassorilievo *m.*

bass¹ /beɪs/ s. (*mus.*) basso *m.*

bass² /bæs/ s. pesce *m.* persico

bassoon /bə'suːn/ s. (*mus.*) fagotto *m.*

bastard /'bæːstəd/ agg. bastardo

to baste /beɪst/ v.tr. **1** imbastire **2** (*cuc.*) ungere **3** (*fam.*) picchiare

bastion /'bæstɪən/ s. bastione *m.*

bat¹ /bæt/ s. (*zool.*) pipistrello *m.*

bat² /bæt/ s. **1** racchetta *f.* **2** mazza *f.*

to bat /bæt/ v.tr. e intr. **1** battere (le palpebre) **2** colpire, battere(la palla)

batch /bætʃ/ s. **1** infornata *f.* **2** (*di merce*) lotto *m.*, partita *f.* **3** (*inform.*) batch *m. inv.*

to bate /beɪt/ v.tr. **1** diminuire **2** trattenere ♦ **with bated breath** col fiato sospeso

bath /bɑːθ/ s. **1** bagno *m.* **2** al pl. bagni *m. pl.* pubblici, terme *f. pl.* ♦ **b. gel** docciaschiuma || **b. towel** asciugamano || **b. tub** vasca da bagno || **to have a b.** fare il bagno || **to take a b.** fare il bagno

to bathe /beɪð/ **A** v.tr. bagnare **B** v.intr. nuotare, fare il bagno

bather /'beɪðəʳ/ s. bagnante *m.* e *f.*

bathing /'beɪðɪŋ/ s. il bagnarsi, i bagni *m. pl.* ♦ **b. attendant** bagnino || **b. costume** costume da bagno || **b. hut** cabina || **b. suit** costume da bagno

bathrobe /'bɑːθˌrəʊb/ s. accappatoio *m.*

bathroom /'bɑːθrʊm/ s. bagno *m.*, stanza *f.* da bagno

bathtub /'bɑːθtʌb/ s. vasca *f.* da bagno

baton /'bæt(ə)n/ s. **1** sfollagente *m. inv.*, bastone *m.* **2** (*mus.*) bacchetta *f.*

batter¹ /'bætəʳ/ s. pastella *f.*, impasto *m.*

batter² /'bætəʳ/ s. battitore *m.*

to batter /'bætəʳ/ v.tr. e intr. battere, colpire, picchiare ♦ **to b. down** abbattere

battered /'bætəd/ agg. rovinato, malconcio

battery¹ /'bætərɪ/ s. **1** batteria *f.*, pila *f.* **2** batteria *f.* di test ♦ **b. charger** caricabatterie || **b. included** batteria in dotazione

battery² /'bætərɪ/ s. (*dir.*) percosse *f. pl.*

battle /'bætl/ s. battaglia *f.* ♦ **b.-field** campo di battaglia || **b.-ship** nave da guerra

bawdy /'bɔːdɪ/ agg. osceno

bawl /bɔːl/ s. urlo *m.*

to bawl /bɔːl/ v.tr. e intr. **1** urlare **2** piangere ♦ **to b. out** sgridare

bay¹ /beɪ/ s. baia *f.*

bay² /beɪ/ s. **1** (*arch.*) campata *f.* **2** recesso *m.*

bay³ /beɪ/ s. (*bot.*) alloro *m.*

bay-window /ˌbeɪ'wɪndəʊ/ s. bovindo *m.*

to be /biː, bɪ/ (*pass.* **was**, *p.p.* **been**) v. **1** (*copula, ausiliare nelle forme passive*) essere (ES: ***this is a dictionary*** questo è un dizionario; ***he was not chosen*** non fu prescelto) **2** essere, esistere, stare, trovarsi, andare, venire, fare (ES: ***to be or not to be*** essere o non essere; ***to be at school*** essere a scuola; ***he has been to Paris twice*** è stato a Parigi due volte; ***has anyone been here?*** è venuto qualcuno?; ***it is five o'clock*** sono le cinque) **3** (*seguito da gerundio*) stare (ES: ***what are you drinking?*** cosa stai bevendo?) **4** (*preceduto da 'there'*) esserci (ES: ***there was no one*** non c'era nessuno) **5** stare (di salute) (ES: ***how are you?*** come stai?) **6** costare (ES: ***how much is it?*** quanto costa?) **7** avvenire, avere luogo (ES: ***the party is tomorrow*** la festa è domani) **8** essere, fare (*di professione*) (ES: ***he's a doctor*** fa il medico) **9** (*seguito da infinito*) dovere, essere da (ES: ***you are not to see him again*** non devi vederlo più)

beach /biːtʃ/ s. spiaggia *f.*, lido *m.* ♦ **b. umbrella** ombrellone

to beach /biːtʃ/ v.tr. (*naut.*) tirare in secco

beacon /'biːk(ə)n/ s. **1** segnale *m.* **2** faro *m.* **3** (*fig.*) esempio *m.*, guida *f.* ♦ **radio b.** radiofaro

bead /biːd/ s. perlina *f.*, grano *m.*

beak /biːk/ s. **1** (*zool.*) becco *m.* **2** rostro *m.*, beccuccio *m.*

beam /bi:m/ s. **1** trave *f.* **2** raggio *m.*, fascio *m.* **3** (*naut.*) baglio *m.*

to beam /bi:m/ v.intr. sfavillare, brillare

beaming /ˈbi:mɪŋ/ agg. splendente

bean /bi:n/ s. fagiolo *m.* ♦ **green b.** fagiolino

bear /beəʳ/ s. **1** orso *m.* **2** (*giocattolo*) orsacchiotto *m.* **3** (*Borsa*) speculatore *m.* al ribasso

to bear /beəʳ/ (*pass.* **bore**, *p.p.* **borne**, **born**) v.tr. **1** portare, reggere **2** tollerare, sopportare **3** generare, partorire, produrre ♦ **to b. away** portare via || **to be born** nascere || **to b. down** schiacciare, sconfiggere || **to b. on** riguardare, concernere || **to b. oneself** comportarsi || **to b. out** convalidare || **to b. up** farsi forza

bearable /ˈbeərəbl/ agg. sopportabile

beard /bɪəd/ s. barba *f.*

bearded /ˈbɪədəd/ agg. barbuto

bearer /ˈbeərəʳ/ s. portatore *m.*, latore *m.*

bearing /ˈbeərɪŋ/ s. **1** rapporto *m.*, attinenza *f.* **2** condotta *f.*, comportamento *m.* **3** (*naut.*) rilevamento *m.* **4** supporto *m.* **5** (*mecc.*) cuscinetto *m.*

beast /bi:st/ s. bestia *f.*, animale *m.*

beastly /ˈbi:s(t)lɪ/ agg. **1** bestiale **2** orribile, abominevole

beat /bi:t/ s. **1** colpo *m.* **2** battito *m.* **3** (*mus.*) battuta *f.*, ritmo *m.*

to beat /bi:t/ (*pass.* **beat**, *p.p.*, **beaten**, **beat**) v.tr. **1** battere, colpire, percuotere **2** (*le uova*) sbattere ♦ **to b. about** perlustrare || **to b. off** respingere || **to b. up** (*una persona*) picchiare

beaten /ˈbi:tn/ **A** p.p. di **to beat** **B** agg. **1** battuto, picchiato **2** sconfitto **3** (*di uovo*) sbattuto **4** battuto, frequentato

beating /ˈbi:tɪŋ/ s. **1** percosse *f. pl.* **2** sconfitta *f.*

beautician /bju:ˈtɪʃ(ə)n/ s. estetista *m. e f.*

beautiful /ˈbju:təf(ʊ)l/ agg. bello

beauty /ˈbju:tɪ/ s. bellezza *f.*

beaver /ˈbi:vəʳ/ s. castoro *m.*

became /bɪˈkeɪm/ pass. di **to become**

because /bɪˈkɒz/ cong. perché, poiché ♦ **b. of** a causa di

beck[1] /bek/ s. cenno *m.*, segno *m.* ♦ **to beat at sb.'s b. and call** essere sempre agli ordini di qc.

beck[2] /bek/ s. ruscello *m.*

to beckon /ˈbek(ə)n/ v.tr. chiamare con un cenno

to become /bɪˈkʌm/ (*pass.* **became**, *p.p.* **become**) **A** v.intr. **1** diventare **2** accadere **B** v.tr. star bene a, donare a

becoming /bɪˈkʌmɪŋ/ agg. **1** che sta bene **2** adatto, conveniente

bed /bed/ s. **1** letto *m.* **2** fondo *m.*, fondamento *m.*, strato *m.* sottostante **3** aiuola *f.* ♦ **b. and board** vitto e alloggio || **b. and breakfast** bed and breakfast, alloggio e prima colazione || **b. clothes** biancheria da letto || **b. cover, spread** copriletto || **double b.** letto matrimoniale || **single b.** letto a una piazza

bedding /ˈbedɪŋ/ s. biancheria *f.* da letto

bedlam /ˈbedləm/ s. pandemonio *m.*

bedridden /ˈbed,rɪdn/ agg. costretto a letto

bedroom /ˈbedrʊm/ s. camera *f.* da letto

bedside /ˈbedsaɪd/ s. capezzale *m.* ♦ **b. carpet** scendiletto || **b. table** comodino

bedsitter /,bedˈsɪtəʳ/ s. monolocale *m.*

bedspread /ˈbedspred/ s. copriletto *m.*

bedtime /ˈbedtaɪm/ s. ora *f.* di andare a letto

bee /bi:/ s. ape *f.*

beech /bi:tʃ/ s. faggio *m.*

beef /bi:f/ s. manzo *m.*

beehive /ˈbi:haɪv/ s. alveare *m.*

beeline /ˈbi:laɪn/ s. linea *f.* retta

been /bi:n/ p.p. di **to be**

beep /bi:p/ s. trillo *m.*, bip *m. inv.*

beeper /bi:pəʳ/ s. cicalino *m.*, cercapersone *m. inv.*

beer /bɪəʳ/ s. birra *f.* ♦ **draught b.** birra alla spina

beet /bi:t/ s. barbabietola *f.*

beetle /ˈbi:tl/ s. scarafaggio *m.*

beetroot /ˈbi:tru:t/ s. barbabietola *f.* rossa

before /bɪˈfɔ:ʳ/ **A** avv. prima, in passato, già **B** prep. **1** prima di **2** davanti a, di fronte a **C** cong. prima che, prima di ♦ **b. long** presto, prossimamente

beforehand /bɪˈfɔ:hænd/ avv. e agg. in anticipo

to beg /beg/ **A** v.tr. **1** pregare, supplicare **2** chiedere **B** v.intr. chiedere l'elemosina ♦ **I b. your pardon** chiedo scusa

began /bɪˈgæn/ pass. di **to begin**

beggar /ˈbegəʳ/ s. **1** accattone *m.*, mendicante *m. e f.* **2** (*fam.*) individuo *m.*

to begin /bɪˈgɪn/ (*pass.* **began**, *p.p.* **begun**) v.tr. e intr. cominciare, incominciare, iniziare ♦ **to b. again** ricominciare || **to b. with** per cominciare, anzitutto

beginner /bɪˈgɪnəʳ/ s. principiante *m. e f.*

beginning /bɪˈgɪnɪŋ/ s. inizio *m.*, principio *m.*

begonia /bɪˈgəʊnjə/ s. begonia *f.*

to begrudge /bɪˈgrʌdʒ/ v.tr. **1** lesinare **2** invidiare

to beguile /bɪˈgaɪl/ v.tr. ingannare, illudere

begun /bɪˈgʌn/ p.p. di **to begin**

behalf /bɪˈhɑ:f/ s. **1 on b. of** per conto di **2 in b. of** a favore di

to behave /bɪˈheɪv/ v.intr. **1** comportarsi **2** comportarsi bene **3** funzionare

behaviour /bɪˈheɪvjəʳ/ (*USA* **behavior**) s. **1** comportamento *m.*, condotta *f.* **2** funzionamento *m.*

to behead /bɪˈhed/ v.tr. decapitare

beheld /bɪˈheld/ pass. e p.p. di **to behold**

behind /bɪˈhaɪnd/ **A** avv. **1** dietro, indietro **2** in ritardo **B** prep. dietro a

to behold /bɪˈhəʊld/ (*pass. e p.p.* **beheld**) v.tr. vedere, scorgere, guardare

being /ˈbi:ɪŋ/ s. **1** l'essere *m.*, esistenza *f.* **2** essere *m.*, creatura *f.*

belated /bɪˈleɪtɪd/ agg. tardivo, tardo, in ritardo

to belay /bɪˈleɪ/ v.tr. (*naut.*) legare, assicurare ♦ **belaying pin** caviglia

to belch /beltʃ/ **A** v.tr. eruttare **B** v.intr. ruttare

belfry /ˈbelfrɪ/ s. campanile *m.*

Belgian /ˈbeldʒ(ə)n/ agg. e s. belga *m. e f.*

to belie /bɪˈlaɪ/ **v.tr.** smentire
belief /bɪˈliːf/ **s.** **1** credenza *f.*, fede *f.* **2** opinione *f.*, parere *m.* ♦ **beyond b.** incredibile
believable /bɪˈliːvəbl/ **agg.** credibile
to believe /bɪˈliːv/ **A** **v.tr.** **1** credere, prestare fede a **2** ritenere, pensare **B** **v.intr.** credere, avere fede, avere fiducia
believer /bɪˈliːvəʳ/ **s.** credente *m. e f.*
belittle /bɪˈlɪtl/ **v.tr.** sminuire
bell /bel/ **s.** **1** campana *f.* **2** campanello *m.* ♦ **b. tower** campanile
belligerent /bɪˈlɪdʒər(ə)nt/ **agg. e s.** belligerante *m.*
bellow /ˈbeləʊ/ **s.** **1** muggito *m.* **2** urlo *m.* **3** fragore *m.*
to bellow /ˈbeləʊ/ **v.intr.** muggire
bellows /ˈbeləʊz/ **s. pl.** soffietto *m.*
belly /ˈbelɪ/ **s.** pancia *f.*, ventre *m.* ♦ **b. ache** mal di pancia || **b. button** ombelico
bellyful /ˈbelɪfʊl/ **s.** mangiata *f.*, scorpacciata *f.*
to belong /bɪˈlɒŋ/ **v.intr.** **1** appartenere, far parte (di) **2** concernere, spettare **3** stare di posto
belongings /bɪˈlɒŋɪŋz/ **s. pl.** roba *f.*, effetti *m. pl.* personali
beloved /bɪˈlʌvd/ **agg.** adorato
below /bɪˈləʊ/ **A** **avv.** sotto, in basso, giù **B** **prep.** sotto, al di sotto di ♦ **b. cost** sottocosto || **see b.** vedi oltre
belt /belt/ **s.** **1** cintura *f.*, cinghia *f.* **2** fascia *f.*, zona *f.* ♦ **safety b.** cintura di sicurezza
to belt /belt/ **v.tr.** **1** (*con una cintura*) allacciarsi **2** (*fam.*) prendere a cinghiate **3** (*fam.*) cantare a squarciagola
beltway /ˈbeltweɪ/ **s.** (*USA*) circonvallazione *f.*
to bemuse /bɪˈmjuːz/ **v.tr.** confondere, stupire
bench /ben(t)ʃ/ **s.** **1** panca *f.*, panchina *f.* **2** banco *m.* **3** seggio *m.* ♦ **the Bench** la magistratura
bend /bend/ **s.** curva *f.*
to bend /bend/ (*pass. e p.p.* **bent**) **A** **v.tr.** **1** curvare, flettere, piegare **2** sottomettere **B** **v.intr.** piegarsi, curvarsi
beneath /bɪˈniːθ/ **A** **avv.** sotto, di sotto **B** **prep.** **1** sotto a **2** inferiore a, indegno di
benediction /ˌbenɪˈdɪkʃ(ə)n/ **s.** benedizione *f.*
benefactor /ˈbenɪfæktəʳ/ **s.** benefattore *m.*
beneficence /bɪˈnefɪs(ə)ns/ **s.** beneficenza *f.*
beneficial /benɪˈfɪʃəl/ **agg.** che giova, che fa bene, vantaggioso
benefit /ˈbenefɪt/ **s.** **1** beneficio *m.*, giovamento *m.* **2** indennità *f.* ♦ **the b. of the doubt** il beneficio del dubbio
to benefit /ˈbenɪfɪt/ **v.tr.** giovare a
benevolent /bɪˈnevələnt/ **agg.** **1** benevolo **2** benefico
benign /bɪˈnaɪn/ **agg.** benigno, benevolo
bent[1] /bent/ **s.** tendenza *f.*, disposizione *f.*
bent[2] /bent/ **A** **p.p. di to bend** **B** **agg.** **1** piegato, curvo **2** corrotto, disonesto **3** (*spreg.*) omosessuale ♦ **b. on** deciso, determinato (a)
bequest /bɪˈkwest/ **s.** (*dir.*) lascito *m.*
bereavement /bɪˈriːvmənt/ **s.** perdita *f.*, lutto *m.*
beret /ˈbereɪ/ **s.** berretto *m.*
Bermudas /bəˈmjuːdəz/ **s.** bermuda *m. pl.*
berry /ˈberɪ/ **s.** **1** bacca *f.* **2** chicco *m.*
berth /bɜːθ/ **s.** **1** cuccetta *f.* **2** ancoraggio *m.*, ormeggio *m.*
to berth /bɜːθ/ **v.tr. e intr.** attraccare, ormeggiare
to beseech /bɪˈsiːtʃ/ (*pass. e p.p.* **besought**) **v.tr.** supplicare
to beset /bɪˈset/ (*pass. e p.p.* **beset**) **v.tr.** **1** circondare **2** assalire **3** (*fig.*) tormentare **4** adornare
beside /bɪˈsaɪd/ **prep.** presso, accanto ♦ **to be b. oneself** essere fuori di sé
besides /bɪˈsaɪdz/ **A** **avv.** inoltre **B** **prep.** oltre a
to besiege /bɪˈsiːdʒ/ **v.tr.** **1** assediare **2** assillare, tempestare
besought /bɪˈsɔːt/ **pass. e p.p. di to beseech**
bespoke /bɪˈspəʊk/ **agg.** fatto su misura
best /best/ **A** **agg.** (*sup. di* **good**) (il) migliore **B** **avv.** (*sup. di* **well**) meglio **C** **s.** il meglio *m.* ♦ **at b.** nella migliore delle ipotesi || **your b. bet** quello su cui dovreste puntare || **b. man** testimone (dello sposo) || **b. before...** da consumarsi preferibilmente entro...
bestiary /ˈbestɪərɪ/ **s.** bestiario *m.*
to bestow /bɪˈstəʊ/ **v.tr.** concedere, conferire
bestowal /bɪˈsto(ʊ)əl/ **s.** concessione *f.*
bet /bet/ **s.** **1** scommessa *f.* **2** puntata *f.*
to bet /bet/ (*pass. e p.p.* **bet**) **A** **v.tr.** scommettere, puntare **B** **v.intr.** fare una scommessa
to betray /bɪˈtreɪ/ **v.tr.** tradire
betrayal /bɪˈtre(ɪ)əl/ **s.** tradimento *m.*
betrayer /bɪˈtreɪəʳ/ **s.** traditore *m.*
better[1] /ˈbetəʳ/ **A** **agg.** (*comp. di* **good**) migliore, meglio **B** **avv.** (*comp. di* **well**) **1** meglio **2** di più **C** **s.** il meglio *m.* ♦ **all the b.** tanto meglio || **b. and b.** sempre meglio || **b. still** ancora meglio || **I had b.** farei meglio a || **to get b.** migliorare || **to get the b. of** avere la meglio su || **to like b.** preferire || **you had b.** ti converrebbe
better[2] /ˈbetəʳ/ **s.** scommettitore *m.*
to better /ˈbetəʳ/ **A** **v.tr.** migliorare **B** **v.intr.** migliorare, migliorarsi
betting /ˈbetɪŋ/ **s.** scommesse *f. pl.* ♦ **b. shop** agenzia ippica
between /bɪˈtwiːn/ **A** **prep.** fra, tra **B** **avv.** nel mezzo
beverage /ˈbevərɪdʒ/ **s.** bevanda *f.*
to beware /bɪˈweəʳ/ **v.tr. e intr.** guardarsi da, stare attento a ♦ **b. the dog** attenti al cane
to bewilder /bɪˈwɪldəʳ/ **v.tr.** disorientare, confondere
bewildered /bɪˈwɪldəʳd/ **agg.** smarrito, stralunato
bewilderment /bɪˈwɪldəmənt/ **s.** confusione *f.*, perplessità *f.*
to bewitch /bɪˈwɪtʃ/ **v.tr.** incantare, affascinare
bewitching /bɪˈwɪtʃɪŋ/ **agg.** affascinante
beyond /bɪˈjɒnd/ **A** **prep.** oltre, al di là di, al di sopra di **B** **avv.** oltre, al di là ♦ **b. belief** incredibile || **b. doubt** senza dubbio
bias /ˈbaɪəs/ **s.** pregiudizio *m.*, prevenzione *f.*

bias(s)ed /ˈbaɪəst/ **agg.** prevenuto, parziale
bib /bɪb/ **s.** bavaglino *m.*
Bible /ˈbaɪbl/ **s.** bibbia *f.*
biblical /ˈbɪblɪk(ə)l/ **agg.** biblico
bibliographic(al) /ˌbɪblɪəˈgræfɪk((ə)l)/ **agg.** bibliografico
bibliography /ˌbɪblɪˈɒgrəfɪ/ **s.** bibliografia *f.*
bibliophile /ˈbɪblɪə(ʊ)faɪl/ **s.** bibliofilo *m.*
bicarbonate /baɪˈkɑːbənɪt/ **s.** bicarbonato *m.*
biceps /ˈbaɪseps/ **s.** bicipite *m.*
to bicker /ˈbɪkəʳ/ **v.intr.** litigare
bicoloured /ˌbaɪˈkʌləd/ **agg.** bicolore
bicycle /ˈbaɪsɪkl/ **s.** bicicletta *f.*
bid /bɪd/ **s. 1** offerta *f.* **2** tentativo *m.*
to bid /bɪd/ (*pass.* **bid**, **bade**, *p.p.* **bidden**, **bid**) **A** **v.tr. 1** dire, augurare **2** ordinare **B** **v.intr.** (*a un'asta*) fare un'offerta ◆ **to b. sb. farewell** dire addio a qc.
bidder /ˈbɪdəʳ/ **s.** offerente *m. e f.*
to bide /baɪd/ (*pass.* **bode**, *p.p.* **bided**) **v.tr.** (*letter.*) aspettare
biennial /baɪˈenɪəl/ **agg.** biennale
bifocal /baɪˈfəʊk(ə)l/ **A** **agg.** bifocale **B** **s. pl.** occhiali *m. pl.* bifocali
big /bɪg/ **agg. 1** grande, grosso **2** importante ◆ **b. band** orchestra jazz || **b. deal** bell'affare || **b. dipper** montagne russe || **b. screen** grande schermo || **b. toe** alluce || **b. top** tendone da circo
bigamist /ˈbɪgəmɪst/ **s.** bigamo *m.*
bigamy /ˈbɪgəmɪ/ **s.** bigamia *f.*
big-head /ˈbɪghed/ **s.** montato *m.*, presuntuoso *m.*
big-headed /ˌbɪgˈhedɪd/ **agg.** presuntuoso
big-hearted /ˌbɪgˈhɑːtɪd/ **agg.** generoso
bike /baɪk/ **s.** bicicletta *f.* ◆ **stationary b.** cyclette
bikini /bɪˈkiːnɪ/ **s.** bikini *m. inv.*
bilberry /ˈbɪlb(ə)rɪ/ **s.** mirtillo *m.*
bilge /bɪldʒ/ **s.** sentina *f.*
bilingual /baɪˈlɪŋgw(ə)l/ **agg.** bilingue
bilingualism /baɪˈlɪŋgwəlɪz(ə)m/ **s.** bilinguismo *m.*
bill[1] /bɪl/ **s. 1** conto *m.*, fattura *f.*, parcella *f.* **2** manifesto *m.*, locandina *f.* **3** (*USA*) banconota *f.* **4** (*comm.*) effetto *m.*, cambiale *f.* **5** bolla *f.*, bolletta *f.*, documento *m.* ◆ **b. of credit** lettera di credito || **b. of fare** lista delle vivande, menù || **b. of sale** atto di vendita || **to ask for the b.** chiedere il conto
bill[2] /bɪl/ **s.** (*zool.*) becco *m.*
to bill /bɪl/ **v.tr. 1** (*comm.*) fatturare **2** mettere in programma
billboard /ˈbɪlˌbɔːd/ **s.** tabellone *m.*
billet /ˈbɪlɪt/ **s.** (*mil.*) alloggio *m.*
billfold /ˈbɪlˌfəʊld/ **s.** (*USA*) portafoglio *m.*
billiards /ˈbɪljədz/ **s. pl.** (*v. al sing.*) biliardo *m. sing.*
billion /ˈbɪljən/ **s.** miliardo *m.*
billionaire /ˌbɪljənˈeəʳ/ **s.** miliardario *m.*
bimonthly /baɪˈmʌnθlɪ/ **A** **agg.** bimestrale **B** **avv.** ogni due mesi
bin /bɪn/ **s.** bidone *m.*, recipiente *m.* ◆ **glass/paper recycling b.** bidone per la raccolta differenziata di vetro/carta
to bind /baɪnd/ (*pass. e p.p.* **bound**) **A** **v.tr. 1** legare, fissare **2** rilegare **3** obbligare, impegnare **B** **v.intr. 1** legare **2** (*mecc.*) grippare
binder /ˈbaɪndəʳ/ **s. 1** rilegatore *m.* **2** cartelletta *f.*, raccoglitore *m.*
binding /ˈbaɪndɪŋ/ **A** **agg. 1** legante **2** impegnativo, obbligatorio **B** **s. 1** copertina *f.*, rilegatura *f.* **2** legame *m.*, vincolo *m.*
binge /bɪndʒ/ **s.** (*pop.*) baldoria *f.*
binoculars /bɪˈnɒkjʊləz/ **s. pl.** binocolo *m.*
biochemistry /ˌbaɪə(ʊ)ˈkemɪstrɪ/ **s.** biochimica *f.*
biodegradable /ˌbaɪə(ʊ)dɪˈgreɪdəb(ə)l/ **agg.** biodegradabile
biodiesel /ˌbaɪəʊˈdiːz(ə)l/ **s.** biodiesel *m. inv.*, ecodiesel *m. inv.*
biographer /baɪˈɒgrəfəʳ/ **s.** biografo *m.*
biographical /ˌbaɪə(ʊ)ˈgræfɪk(ə)l/ **agg.** biografico
biography /baɪˈɒgrəfɪ/ **s.** biografia *f.*
biological /ˌbaɪəˈlɒdʒɪk(ə)l/ **agg.** biologico
biologist /baɪˈɒlədʒɪst/ **s.** biologo *m.*
biology /baɪˈɒlədʒɪ/ **s.** biologia *f.*
bioterrorism /ˌbaɪəʊˈterərɪsm/ **s.** bioterrorismo *m.*
birch /bɜːtʃ/ **s.** betulla *f.*
bird /bɜːd/ **s.** uccello *m.*, volatile *m.* ◆ **b.'s eye view** veduta dall'alto, panoramica || **to be an early b.** essere mattiniero
biro /ˈbaɪrəʊ/ **s.** biro *f. inv.*
birth /bɜːθ/ **s. 1** nascita *f.* **2** origine *f.* ◆ **b. control** controllo delle nascite || **b. rate** indice di natalità || **to give b. to** partorire, procreare, (*fig.*) causare
birthday /ˈbɜːθdeɪ/ **s.** compleanno *m.*
birthplace /ˈbɜːθpleɪs/ **s.** luogo *m.* di nascita
biscuit /ˈbɪskɪt/ **s. 1** biscotto *m.* **2** (*USA*) panino *m.*
to bisect /baɪˈsekt/ **v.tr.** tagliare in due
bisexual /baɪˈseksjʊəl/ **agg.** bisessuale
bishop /ˈbɪʃəp/ **s. 1** vescovo *m.* **2** (*scacchi*) alfiere *m.*
bishopric /ˈbɪʃəprɪk/ **s.** vescovado *m.*
bison /ˈbaɪsn/ **s.** bisonte *m.*
bistoury /ˈbɪstʊrɪ/ **s.** bisturi *m.*
bit[1] /bɪt/ **s. 1** morso *m.*, boccone *m.* **2** pezzo *m.*, pezzetto *m.*, un poco *m.* **3** (*inform.*) bit *m. inv.* ◆ **b. by b.** a poco a poco || **not a b.** niente affatto
bit[2] /bɪt/ **pass. di to bite**
bitch /bɪtʃ/ **s. 1** cagna *f.*, lupa *f.* **2** (*volg.*) puttana *f.*
bite /baɪt/ **s. 1** morso *m.*, puntura *f.* **2** boccone *m.*, spuntino *m.* **3** sapore *m.* piccante
to bite /baɪt/ (*pass.* **bit**, *p.p.* **bitten**) **A** **v.tr.** mordere, pungere **B** **v.intr.** abboccare ◆ **to b. the bullet** affrontare con coraggio
biting /ˈbaɪtɪŋ/ **agg.** pungente, tagliente
bitten /ˈbɪtn/ **p.p. di to bite**
bitter /ˈbɪtəʳ/ **A** **agg. 1** amaro **2** pungente **3** aspro, duro **4** accanito **B** **s. al pl.** amaro *m.* ◆ **b.-sweet** dolceamaro
bitterness /ˈbɪtənɪs/ **s.** amarezza *f.*, gusto *m.* amaro
biweekly /baɪˈwiːklɪ/ **A** **agg.** bisettimanale **B** **avv.** ogni due settimane

biyearly /baɪ'jɪəlɪ/ **A** agg. biennale **B** avv. ogni due anni
bizarre /bɪ'zɑːʳ/ agg. bizzarro
to blab /blæb/ **A** v.tr. spifferare **B** v.intr. fare la spia
black /blæk/ agg. **1** nero **2** buio, scuro **3** clandestino, sommerso **4** lugubre, triste
blackberry /'blækb(ə)rɪ/ s. mora *f.*
blackbird /'blækbɜːd/ s. merlo *m.*
blackboard /'blækbɔːd/ s. lavagna *f.*
blackcurrant /ˌblæk'kʌrənt/ s. ribes *m.* nero
to blacken /'blæk(ə)n/ v.tr. annerire, oscurare
blackleg /'blækleg/ s. crumiro *m.*
blackmail /'blækmeɪl/ s. ricatto *m.*
to blackmail /'blækmeɪl/ v.tr. ricattare
blackmailer /'blækmeɪləʳ/ s. ricattatore *m.*
blackout /'blækaʊt/ s. **1** oscuramento *m.* **2** svenimento *m.* **3** interruzione *f.* di corrente ♦ **news b.** silenzio stampa
blacksmith /'blæksmɪθ/ s. fabbro *m.* ferraio, maniscalco *m.*
blackthorn /'blækθɔːn/ s. pruno *m.*
bladder /'blædəʳ/ s. (*anat.*) vescica *f.*
blade /bleɪd/ s. **1** lama *f.*, lametta *f.* **2** pala *f.* **3** filo *m.* d'erba
blame /bleɪm/ s. **1** riprovazione *f.* **2** colpa *f.*, responsabilità *f.*
to blame /bleɪm/ v.tr. **1** biasimare **2** incolpare ♦ **to be to b.** essere colpevole
bland /blænd/ agg. **1** insipido, insapore **2** blando
blank /blæŋk/ **A** agg. **1** vuoto, in bianco, non riempito **2** vacuo **3** totale, completo **B** s. **1** lacuna *f.* **2** spazio *m.* vuoto, spazio *m.* in bianco **3** (*USA*) modulo *m.* ♦ **b. verse** versi sciolti
blanket /'blæŋkɪt/ s. coperta *f.*
blare /bleəʳ/ s. squillo *m.*
blasphemous /'blæsfɪməs/ agg. blasfemo
blasphemy /'blæsfɪmɪ/ s. bestemmia *f.*
blast /blɑːst/ s. **1** raffica *f.* **2** scoppio *m.*, esplosione *f.*
to blast /blɑːst/ v.tr. **1** fare esplodere **2** rovinare, distruggere **3** strombazzare **4** aprire (un varco) con le mine ♦ **to b. off** decollare
blasted /'blɑːstɪd/ agg. maledetto
blatant /'bleɪtənt/ agg. **1** chiassoso **2** vistoso, plateale
blaze /bleɪz/ s. **1** fiammata *f.*, vampata *f.* **2** incendio *m.* **3** splendore *m.*
to blaze /bleɪz/ v.intr. **1** ardere, bruciare **2** sfavillare, risplendere
blazer /'bleɪzəʳ/ s. blazer *m. inv.*
bleach /bliːtʃ/ s. candeggio *m.*
to bleach /bliːtʃ/ v.tr. candeggiare
bleaching /'bliːtʃɪŋ/ s. candeggio *m.*
bleak /bliːk/ agg. **1** brullo **2** squallido, triste
bleary /'blɪərɪ/ agg. offuscato, ottenebrato ♦ **b.-eyed** con lo sguardo annebbiato
to bleat /bliːt/ v.intr. **1** belare **2** piagnucolare
to bleed /bliːd/ (*pass. e p.p.* **bled**) v.intr. sanguinare
bleeding /'bliːdɪŋ/ s. sanguinamento *m.*, emorragia *f.*
bleeper /'bliːpəʳ/ s. cicalino *m.*, cercapersone *m.*
blemish /'blemɪʃ/ s. macchia *f.*, imperfezione *f.*
blend /blend/ s. mescolanza *f.*, miscela *f.*
to blend /blend/ **A** v.tr. mescolare, fondere **B** v.intr. mescolarsi, fondersi
blender /'blendə(r)/ s. frullatore *m.*
blending /'blendɪŋ/ s. miscela *f.*, mescolanza *f.*
to bless /bles/ (*pass. e p.p.* **blessed**, **blest**) v.tr. benedire
blessing /'blesɪŋ/ s. benedizione *f.*
blew /bluː/ pass. di **to blow**
blight /blaɪt/ s. **1** carbonchio *m.* **2** rovina *f.*, flagello *m.*
to blight /blaɪt/ v.tr. **1** infettare con carbonchio **2** danneggiare
blimey /'blaɪmɪ/ inter. (*pop.*) accidenti
blind /blaɪnd/ **A** agg. **1** cieco **2** chiuso, nascosto, senza aperture **3** (*fig.*) a scatola chiusa **B** s. cortina *f.*, persiana *f.* ♦ **b. date** appuntamento al buio || **to turn a b. eye** chiudere un occhio
to blind /blaɪnd/ v.tr. **1** accecare **2** oscurare
blinders /blaɪndəʳz/ s. pl. paraocchi *m. pl.*
blindfold /'blaɪn(d)fəʊld/ **A** s. benda *f.* **B** avv. a occhi bendati, alla cieca
to blindfold /'blaɪn(d)fəʊld/ v.tr. bendare gli occhi a
blindness /'blaɪndnɪs/ s. cecità *f.*
to blink /blɪŋk/ v.intr. **1** ammiccare **2** lampeggiare
blinker /blɪŋkəʳ/ s. lampeggiatore *m.*
bliss /blɪs/ s. **1** beatitudine *f.* **2** gioia *f.* immensa
blister /'blɪstəʳ/ s. (*med.*) vescica *f.*, bolla *f.*
blithe /blaɪð/ agg. allegro
blizzard /'blɪzəd/ s. bufera *f.* di neve
to bloat /bləʊt/ **1** v.tr. gonfiare **2** v.intr. gonfiarsi
blob /blɒb/ s. **1** goccia *f.* **2** macchia *f.* **3** grumo *m.*
block /blɒk/ s. **1** blocco *m.* **2** ingorgo *m.*, intasamento *m.* **3** grande edificio *m.* **4** (*USA*) isolato *m.* ♦ **b. letters** stampatello || **b. of flats** caseggiato || **b. of tickets** carnet di biglietti || **road b.** posto di blocco
to block /blɒk/ v.tr. bloccare, ostruire
blockade /blɒ'keɪd/ s. blocco *m.* ♦ **to run the b.** forzare il blocco
to blockade /blɒ'keɪd/ v.tr. bloccare
blockhouse /'blɒkhaʊs/ s. fortino *m.*
bloke /bləʊk/ s. (*fam.*) individuo *m.*, tipo *m.*
blond /blɒnd/ agg. biondo
blood /blʌd/ s. sangue *m.* ♦ **b. group** gruppo sanguigno || **b. poisoning** setticemia || **b. test** analisi del sangue
bloodhound /'blʌdhaʊnd/ s. segugio *m.*
bloodshed /'blʌdʃed/ s. spargimento *m.* di sangue, massacro *m.*
bloodshot /'blʌdʃɒt/ agg. iniettato di sangue
bloody /'blʌdɪ/ agg. **1** sanguinoso, cruento **2** sanguinario **3** sanguinante **4** (*fam.*) dannato, maledetto ♦ **b.-minded** scontroso, indisponente
bloom /bluːm/ s. fiore *m.*, fioritura *f.*
to bloom /bluːm/ v.intr. fiorire
blooming /'bluːmɪŋ/ agg. **1** fiorente **2** (*enf.*) perfetto

blossom /ˈblɒsəm/ s. fiore *m.*, fioritura *f.*
to blossom /ˈblɒsəm/ v.intr. fiorire, essere in fiore
blot /blɒt/ s. **1** macchia *f.* **2** difetto *m.*
to blot /blɒt/ v.tr. **1** macchiare **2** assorbire, asciugare ♦ **to b. out** offuscare, nascondere
blotch /blɒtʃ/ s. macchia *f.*
to blotch /blɒtʃ/ **A** v.tr. macchiare **B** v.intr. coprirsi di macchie
blouse /blaʊz/ s. camicetta *f.*
blow[1] /bləʊ/ s. soffio *m.*, raffica *f.*
blow[2] /bləʊ/ s. colpo *m.*, percossa *f.*, pugno *m.*
to blow /bləʊ/ (*pass.* **blew**, *p.p.* **blown**) **A** v.intr. **1** soffiare **2** ansimare **3** (*di pneumatico*) scoppiare **B** v.tr. **1** soffiare **2** far saltare **3** (*strumento a fiato*) suonare ♦ **to b. away** volare via || **to b. down** abbattere || **to b.-dry** asciugare con il fon, fonare || **to b. out** spegnere, scoppiare || **to b. over** passare, finire || **to b. up** esplodere, far saltare in aria, gonfiare, (*fot.*) ingrandire
blue /bluː/ **A** agg. **1** azzurro, blu **2** depresso, triste **3** (*fam.*) (*di film*) osceno, pornografico **B** s. **1** blu *m.* **2** al pl. (*fam.*) tristezza *f.*, depressione *f.* ♦ **black and b.** coperto di lividi || **b. cheese** formaggio erborinato || **out of the b.** all'improvviso
bluebell /ˈbluː(ː)bel/ s. campanula *f.*
blueberry /ˈbluː(ː)bərɪ/ s. mirtillo *m.*
bluebottle /ˈbluːˌbɒtl/ s. **1** (*zool.*) moscone *m.* **2** (*bot.*) fiordaliso *m.*
blues /bluːz/ s. pl. (*v. al sing.*) blues *m. inv.*
bluff[1] /blʌf/ **A** agg. **1** ripido, scosceso **2** brusco **B** s. **1** scogliera *f.* **2** promontorio *m.*
bluff[2] /blʌf/ s. bluff *m. inv.*
to bluff /blʌf/ v.tr. bluffare, ingannare
blunder /ˈblʌndəʳ/ s. errore *m.*, strafalcione *m.*
blunt /blʌnt/ agg. **1** smussato, spuntato **2** brusco
to blunt /blʌnt/ v.tr. spuntare
blur /blɜːʳ/ s. **1** apparenza *f.* confusa **2** nebulosità *f.*
blurb /blɜːb/ s. (*fam.*) **1** trafiletto *m.* pubblicitario **2** (*di libro*) fascetta *f.*
to blurt /blɜːt/ v.tr. lasciarsi sfuggire, dire senza riflettere ♦ **to b. out** spifferare, spiattellare
blush /blʌʃ/ s. rossore *m.*
to blush /blʌʃ/ v.intr. arrossire
blustering /ˈblʌst(ə)rɪŋ/ agg. **1** rumoroso **2** infuriato
boar /bɔːʳ/ s. cinghiale *m.*
board /bɔːd/ s. **1** asse *f.*, tavola *f.* **2** cartellone *m.* **3** vitto *m.* **4** comitato *m.*, consiglio *m.* **5** (*inform.*) scheda *f.* **6** (*naut.*) bordo *m.* **7** (*USA*) lavagna *f.* **8** al pl. (*teatro*) palcoscenico *m.* ♦ **b. and lodging** vitto e alloggio || **full b.** pensione completa || **half b.** mezza pensione || **ironing b.** asse da stiro || **on b.** a bordo
to board /bɔːd/ **A** v.tr. **1** ospitare **2** imbarcarsi su **B** v.intr. **1** essere a pensione **2** imbarcarsi
boarder /ˈbɔːdəʳ/ s. pensionante *m. e f.*
boarding /ˈbɔːdɪŋ/ s. **1** tavolato *m.* **2** imbarco *m.* ♦ **b. card** carta d'imbarco || **b. house** pensione || **b. pass** carta d'imbarco || **b. school** collegio
boast /bəʊst/ s. vanto *m.*
to boast /bəʊst/ **A** v.tr. vantare **B** v.intr. vantarsi
boaster /ˈbəʊstəʳ/ s. gradasso *m.*, spaccone *m.*, sbruffone *m.*
boat /bəʊt/ s. barca *f.*, battello *m.*, imbarcazione *f.*, nave *f.* ♦ **b. race** regata || **fishing b.** peschereccio || **motor b.** barca a motore || **row(ing) b.** barca a remi || **sail(ing) b.** barca a vela
boating /ˈbəʊtɪŋ/ s. canottaggio *m.*
boatman /ˈbəʊtmən/ (*pl.* **boatmen**) s. barcaiolo *m.*
boatswain /ˈbəʊs(ə)n/ s. nostromo *m.*
to bob /bɒb/ **A** v.tr. muovere (a scatti) **B** v.intr. muoversi avanti e indietro ♦ **to b. for** cercare di afferrare || **to b. up** saltar fuori
bobby /ˈbɒbɪ/ s. (*fam.*) poliziotto *m.*
to bode /bəʊd/ v.intr. presagire ♦ **to b. well** essere di buon augurio
bodily /ˈbɒdɪlɪ/ **A** agg. fisico, corporale **B** avv. **1** in persona **2** di peso, interamente
body /ˈbɒdɪ/ s. **1** corpo *m.*, struttura *f.* **2** busto *m.*, tronco *m.* **3** massa *f.* **4** carrozzeria *f.*, fusoliera *f.* **5** corporazione *f.*, società *f.* **6** corpo *m.*, cadavere *m.* **7** (*miner.*) giacimento *m.* ♦ **b. shop** carrozzeria || **b. stocking** tutina aderente || **b. suit** body || **b. repairer** carrozziere || **b. work** carrozzeria
bodyguard /ˈbɒdɪgɑːd/ s. guardia *f.* del corpo
bog /bɒg/ s. acquitrino *m.*, palude *f.*
to bog /bɒg/ v.intr. impantanarsi
to boggle /ˈbɒgl/ v.intr. **1** trasalire **2** esitare, rendere perplesso
boggy /ˈbɒgɪ/ agg. paludoso
bogus /ˈbəʊgəs/ agg. artefatto, finto
boil /bɔɪl/ s. ebollizione *f.*
to boil /bɔɪl/ **A** v.tr. bollire, lessare **B** v.intr. bollire ♦ **to b. away** evaporare bollendo || **to b. down** ridursi, ridurre, condensare || **to b. over** traboccare bollendo
boiled /bɔɪld/ agg. bollito, lesso ♦ **b. beef** lesso (di manzo)
boiler /ˈbɔɪləʳ/ s. caldaia *f.*, scaldabagno *m.* ♦ **b. suit** tuta da lavoro
boiling /ˈbɔɪlɪŋ/ **A** agg. bollente, in ebollizione **B** s. ebollizione *f.* ♦ **b. point** punto di ebollizione
boisterous /ˈbɔɪst(ə)rəs/ agg. **1** chiassoso **2** turbolento
bold /bəʊld/ agg. **1** coraggioso, audace **2** in neretto
boldface /ˈbəʊldfeɪs/ s. neretto *m.*
boldfaced /ˈbəʊldfeɪsd/ agg. sfacciato
boldness /ˈbəʊldnəs/ s. coraggio *m.*, audacia *f.*
bollard /ˈbɒləd/ s. bitta *f.*
to bolster /ˈbəʊlstəʳ/ v.tr. sostenere ♦ **to b. up** rinforzare
bolt /bəʊlt/ s. **1** chiavistello *m.*, spranga *f.* **2** bullone *m.* **3** freccia *f.* **4** fulmine *m.* **5** balzo *m.* **6** rotolo *m.*
to bolt /bəʊlt/ **A** v.tr. **1** sprangare **2** imbullonare **B** v.intr. scappare ♦ **to b. down** trangugiare
bomb /bɒm/ s. bomba *f.*
to bomb /bɒmb/ v.tr. bombardare
to bombard /bɒmˈbɑːd/ v.tr. bombardare

bombardment /bɒm'bɑːdmənt/ s. bombardamento *m.*
bombastic /bɒm'bæstɪk/ agg. ampolloso
bomber /'bɒməʳ/ s. bombardiere *m.*
bombing /'bɒmɪŋ/ s. bombardamento *m.*
bombshell /'bɒmʃɛl/ s. **1** bomba *f.* **2** (*fig.*) notizia *f.* esplosiva **3** (*fig.*) schianto *m.* di ragazza
bond /bɒnd/ s. **1** legame *m.*, vincolo *m.* **2** impegno *m.*, accordo *m.* **3** (*econ.*) obbligazione *f.* **4** cauzione *f.* ◆ **goods in b.** merci in attesa di sdoganamento
bondage /'bɒndɪdʒ/ s. schiavitù *f.*
bone /bəʊn/ s. **1** osso *m.* **2** lisca *f.*, spina *f.* **3** al pl. scheletro *m.*, ossatura *f.* ◆ **b. china** porcellana
to bone /bəʊn/ v.tr. **1** disossare **2** togliere le lische a ◆ **to b. up on** (*USA*, *fam.*) sgobbare
bonfire /'bɒn,faɪəʳ/ s. falò *m.*
bonnet /'bɒnɪt/ s. **1** cuffia *f.*, berretto *m.* **2** cofano *m.*
bonus /'bəʊnəs/ s. **1** indennità *f.*, premio *m.* **2** (*econ.*) dividendo *m.* straordinario
bony /'bəʊnɪ/ agg. **1** osseo **2** ossuto **3** pieno di lische
boo /buː/ s. fischio *m.* (di disapprovazione)
to boo /buː/ v.tr. e intr. (*disapprovando*) fischiare
boob /buːb/ s. (*fam.*) **1** seno *m.*, tetta *f.* **2** grosso errore *m.*, cazzata *f.*
booby /'buːbɪ/ s. **1** sciocco *m.* **2** seno *m.*, tetta *f.* ◆ **b. trap** ordigno esplosivo
book /bʊk/ s. **1** libro *m.*, volume *m.* **2** registro *m.* **3** blocchetto *m.* ◆ **b. mark** segnalibro || **b. rest** leggio
to book /bʊk/ v.tr. **1** annotare **2** prenotare, fissare **3** multare
bookbindery /'bʊk,baɪndərɪ/ s. legatoria *f.*
bookcase /'bʊkkeɪs/ s. libreria *f.*, scaffale *m.* per libri
booking /'bʊkɪŋ/ s. prenotazione *f.* ◆ **b. office** biglietteria, ufficio prenotazioni || **to cancel a b.** annullare una prenotazione
bookish /'bʊkɪʃ/ agg. libresco
bookkeeper /'bʊk,kiːpəʳ/ s. contabile *m.* e *f.*
bookkeeping /'bʊk,kiːpɪŋ/ s. contabilità *f.*
booklet /'bʊklɪt/ s. libretto *m.*, opuscolo *m.*
bookmaker /'bʊk,meɪkəʳ/ s. allibratore *m.*
bookmark /'bʊkmɑːk/ s. segnalibro *m.*
bookseller /'bʊk,sɛləʳ/ s. libraio *m.*
bookshop /'bʊkʃɒp/ s. libreria *f.*
bookstall /'bʊk,stɔːl/ s. edicola *f.*
bookstore /'bʊk,stɔː/ s. (*USA*) libreria *f.*
boom[1] /buːm/ s. **1** (*econ.*) boom *m. inv.* **2** aumento *m.* improvviso
boom[2] /buːm/ s. **1** (*naut.*) boma *m.* **2** (*tv*) giraffa *f.*
boom[3] /buːm/ s. rimbombo *m.*
to boom[1] /buːm/ v.intr. prosperare, espandersi
to boom[2] /buːm/ v.intr. rimbombare
boon /buːn/ s. vantaggio *m.*
boor /bʊəʳ/ agg. maleducato, cafone
boorish /'bʊərɪʃ/ agg. (da) maleducato, (da) cafone
boost /buːst/ s. **1** spinta *f.*, impulso *m.* **2** aumento *m.*
boot /buːt/ s. **1** stivale *m.*, scarpone *m.* **2** (*autom.*) bagagliaio *m.*
booth /buːð/ s. **1** cabina *f.* **2** bancarella *f.* **3** stand *m. inv.* (fieristico)
booty /'buːtɪ/ s. bottino *f.*
booze /'buːz/ s. (*pop.*) bevanda *f.* alcolica
boozer /'buːzəʳ/ s. (*pop.*) bevitore *m.*
border /'bɔːdəʳ/ s. **1** bordo *m.*, confine *m.*, orlo *m.* **2** frontiera *f.*
to border /'bɔːdəʳ/ v.tr. **1** orlare, delimitare **2** confinare con ◆ **to b. on** rasentare
borderline /'bɔːdəlaɪn/ **A** s. linea *f.* di demarcazione **B** agg. **1** di confine, ai limiti del consentito **2** discutibile
bore[1] /bɔːʳ/ s. **1** foro *m.* **2** (*mecc.*) alesaggio *m.*
bore[2] /bɔːʳ/ s. **1** scocciatore *m.* **2** seccatura *f.*, noia *f.*
bore[3] /bɔːʳ/ pass. di **to bear**
to bore[1] /bɔːʳ/ v.tr. trivellare, perforare, trapanare
to bore[2] /bɔːʳ/ v.tr. seccare, annoiare ◆ **to be bored** annoiarsi
boredom /'bɔːdəm/ s. noia *f.*
boring /'bɔːrɪŋ/ agg. noioso
born /bɔːn/ **A** p.p. di **to bear** **B** agg. nato, generato
borne /bɔːn/ p.p. di **to bear**
borough /'bʌrə/ s. **1** borgo *m.*, cittadina *f.* **2** (*di città*) circoscrizione *f.* amministrativa
to borrow /'bɒrəʊ/ v.tr. prendere in prestito
bosom /'bʊzəm/ s. seno *m.* ◆ **b. friend** amico del cuore
boss /bɒs/ s. padrone *m.*, capo *m.*
bossy /'bɒsɪ/ agg. prepotente, autoritario
botanic(al) /bə'tænɪk((ə)l)/ agg. botanico
botany /'bɒtənɪ/ s. botanica *f.*
both /bəʊθ/ agg. e pron. entrambi, entrambe ◆ **b. ... and...** sia... sia...
bother /'bɒðəʳ/ s. disturbo *m.*, seccatura *f.*
to bother /'bɒðəʳ/ **A** v.tr. assillare, disturbare **B** v.intr. disturbarsi, preoccuparsi
bothersome /'bɒðəsəm/ agg. fastidioso
bottle /'bɒtl/ s. **1** bottiglia *f.* **2** biberon *m. inv.* ◆ **b. feeding** allattamento artificiale || **b. neck** collo di bottiglia, strozzatura || **b. opener** apribottiglie
to bottle /'bɒtl/ v.tr. imbottigliare ◆ **to b. up** reprimere, contenere
bottom /'bɒtəm/ **A** agg. (*in basso*) inferiore, ultimo **B** s. **1** fondo *m.*, parte *f.* inferiore **2** carena *f.* **3** (*fam.*) sedere *m.*
bottomless /'bɒtəmlɪs/ agg. sfondato, senza fondo
bough /baʊ/ s. ramo *m.*
bought /bɔːt/ pass. e p.p. di **to buy**
bouillon /'buːjɒŋ/ s. **1** brodo *m.* **2** (*USA*) dado *m.* da brodo ◆ **b. cube** dado da brodo
boulder /'bəʊldəʳ/ s. masso *m.*
boulevard /'buːl(ə)vɑːd/ s. viale *m.*
boulter /'bəʊltəʳ/ s. palamito *m.*
to bounce /baʊns/ **A** v.tr. **1** fare rimbalzare **2** respingere **B** v.intr. **1** rimbalzare **2** balzare **3** (*di assegno*) essere respinto
bouncer /'baʊnsəʳ/ s. buttafuori *m.* e *f. inv.*
bound[1] /baʊnd/ **A** pass. e p.p. di **to bind** **B** agg. **1** le-

gato **2** costretto, obbligato **3** rilegato ◆ **b. to** destinato a || **to be b. for** essere diretto a
bound[2] /baʊnd/ **s.** limite *m.*, confine *m.*
bound[3] /baʊnd/ **s.** salto *m.*, balzo *m.*
boundary /ˈbaʊnd(ə)rɪ/ **s.** confine *m.*, frontiera *f.*, contorno *m.*
boundless /ˈbaʊndlɪs/ **agg.** illimitato
bouquet /buːˈkeɪ/ **s.** mazzo *m.*, bouquet *m. inv.*
bourgeois /ˈbʊəʒwɑː/ **agg. e s.** borghese *m.*
bourgeoisie /ˌbʊəʒwɑːˈziː/ **s.** borghesia *f.*
bout /baʊt/ **s. 1** prova *f.* **2** (*med.*) attacco *m.* **3** incontro *m.*, gara *f.*
bovine /ˈbəʊvaɪn/ **agg.** bovino
bow[1] /bəʊ/ **s. 1** arco *m.* **2** (*mus.*) archetto *m.* **3** fiocco *m.*, nodo *m.* ◆ **b. tie** cravatta a farfalla, farfallino
bow[2] /baʊ/ **s.** inchino *m.* ◆ **to take a b.** fare un inchino
bow[3] /baʊ/ **s.** (*naut.*) prua *f.*
to bow /baʊ/ **A** **v.tr.** piegare, curvare **B** **v.intr. 1** chinarsi, curvarsi, inchinarsi **2** sottomettersi
bowel /ˈbaʊəl/ **s.** intestino *m.*
bower /ˈbaʊəʳ/ **s.** pergolato *m.*
bowl /bəʊl/ **s. 1** coppa *f.*, ciotola *f.*, scodella *f.* **2** boccia *f.* ◆ **game of bowls** gioco delle bocce
bowler /ˈbəʊləʳ/ **s.** bombetta *f.*
bowling /ˈbəʊlɪŋ/ **s.** bowling *m. inv.* ◆ **b. green** bocciodromo
bowman /ˈbəʊmən/ (*pl.* **bowmen**) **s.** arciere *m.*
bowsprit /ˈbəʊsprɪt/ **s.** bompresso *m.*
box[1] /bɒks/ **s. 1** cassa *f.*, cassetta *f.* **2** scatola *f.* **3** palco *m.* **4** riquadro *m.*, casella *f.* **5** cabina *f.* **6** (*fam.*) televisione *f.* **7** (*inform.*) finestra *f.* ◆ **b. office** botteghino || **letter b.** cassetta per le lettere || **P.O. b.** casella postale
box[2] /bɒks/ **s.** pugno *m.*, schiaffo *m.*
box[3] /bɒks/ **s.** (*bot.*) bosso *m.*
to box[1] /bɒks/ **v.tr.** inscatolare
to box[2] /bɒks/ **v.intr. 1** fare a pugni **2** fare il pugile
boxer /ˈbɒksəʳ/ **s.** pugile *m.* ◆ **b. shorts** boxer
boxing[1] /ˈbɒksɪŋ/ **s.** imballaggio *m.*, inscatolamento *m.*
boxing[2] /ˈbɒksɪŋ/ **s.** pugilato *m.*
boy /bɔɪ/ **s. 1** ragazzo *m.* **2** figlio *m.* **3** garzone *m.* ◆ **little b.** bambino
to boycott /ˈbɔɪkɒt/ **v.tr.** boicottare
boyfriend /ˈbɔɪfrɛnd/ **s.** ragazzo *m.*, fidanzato *m.*
boyhood /ˈbɔɪhʊd/ **s.** fanciullezza *f.*
bra /brɑː/ **s.** reggiseno *m.*
brace /breɪs/ **s. 1** sostegno *m.* **2** apparecchio *m.*, ortodonzia *f.* **3** **al pl.** bretelle *f. pl.*
to brace /breɪs/ **v.tr. 1** sostenere **2** rinforzare ◆ **to b. oneself** farsi coraggio
bracelet /ˈbreɪslɪt/ **s.** braccialetto *m.*
bracing /ˈbreɪsɪŋ/ **agg.** tonificante
bracken /ˈbrækən/ **s.** felce *f.*
bracket /ˈbrækɪt/ **s. 1** parentesi *f.* **2** supporto *m.*, mensola *f.*
to brag /bræ/ **A** **v.tr.** vantare **B** **v.intr.** vantarsi
to braid /breɪd/ **v.tr.** intrecciare
brain /breɪn/ **s. 1** cervello *m.* **2** **al pl.** ingegno *m.*
brainchild /ˈbreɪntʃaɪld/ **s.** (*fam.*) idea *f.*, creazione *f.*
brainwashing /ˈbreɪnˌwɒʃɪŋ/ **s.** lavaggio *m.* del cervello
braise /breɪz/ **v.tr.** brasare
brake /breɪk/ **s.** freno *m.*
to brake /breɪk/ **v.tr.** frenare
bramble /ˈbræmbl/ **s.** rovo *m.*
bran /bræn/ **s.** crusca *f.*
branch /brɑːn(t)ʃ/ **s. 1** ramo *m.* **2** diramazione *f.* **3** sezione *f.*, succursale *f.*
to branch /brɑːn(t)ʃ/ **v.intr. 1** ramificare **2** diramarsi ◆ **to b. out** intraprendere una nuova attività
brand /brænd/ **s. 1** marca *f.* **2** marchio *m.* ◆ **b. name** marchio || **b. new** nuovo di zecca
to brand /brænd/ **v.tr.** marcare, etichettare
to brandish /ˈbrændɪʃ/ **v.tr.** brandire
brandy /ˈbrændɪ/ **s.** brandy *m. inv.*
brash /bræʃ/ **agg.** insolente, arrogante
brass /brɑːs/ **A** **agg.** di ottone **B** **s. 1** ottone *m.* **2** (*mus.*) ottoni *m. pl.* ◆ **b. band** fanfara
brassiere /ˈbræsɪɛəʳ/ **s.** reggiseno *m.*
brat /bræt/ **s.** (*spreg.*) marmocchio *m.*
brave /breɪv/ **agg.** coraggioso, valoroso
to brave /breɪv/ **v.tr.** sfidare, affrontare
bravery /ˈbreɪvrɪ/ **s.** coraggio *m.*
brawl /brɔːl/ **s.** rissa *f.*, tafferuglio *m.*
to brawl /brɔːl/ **v.intr.** litigare, schiamazzare
brawny /ˈbrɔːnɪ/ **agg.** muscoloso
bray /breɪ/ **s.** raglio *m.*
to bray /breɪ/ **v.intr.** ragliare
brazen /ˈbreɪzn/ **agg.** sfacciato, sfrontato
brazier /ˈbreɪzjəʳ/ **s.** braciere *m.*
breach /briːtʃ/ **s. 1** rottura *f.*, breccia *f.* **2** violazione *f.*, infrazione *f.*
bread /brɛd/ **s.** pane *m.* ◆ **wholemeal, wholewheat b.** pane integrale
to bread /brɛd/ **v.tr.** (*cuc.*) impanare
breadcrumbs /ˈbrɛdkrʌmz/ **s.** pangrattato *m.*
breadstick /ˈbrɛdstɪk/ **s.** grissino *m.*
breadth /brɛdθ/ **s.** larghezza *f.*, ampiezza *f.*
breadwinner /ˈbrɛdˌwɪnəʳ/ **s.** capofamiglia *m.*, sostegno *m.* della famiglia
break /breɪk/ **s. 1** rottura *f.* **2** interruzione *f.*, intervallo *m.*, pausa *f.* **3** (*fam.*) opportunità *f.* **4** violazione *f.*, irregolarità *f.*
to break /breɪk/ (*pass.* **broke**, *p.p.* **broken**) **A** **v.tr. 1** rompere, spezzare **2** infrangere, venir meno a **3** (*un record*) battere, superare **4** interrompere **5** rovinare **B** **v.intr. 1** rompersi, spezzarsi **2** interrompersi, fare una pausa **3** diffondersi **4** (*di tempesta*) scoppiare ◆ **to b. away** allontanarsi || **to b. down** guastarsi, rompersi, abbattere, crollare || **to b. even** chiudere in pareggio || **to b. in** irrompere, interrompere || **to b. off** staccare, interrompere || **to b. out** scoppiare, liberarsi da || **to b. through** sfondare, su-

perare || **to b. up** distruggere, fare a pezzi, disperdere

breakage /ˈbreɪkɪdʒ/ s. **1** rottura *f.* delle relazioni **2** danni *m. pl.*

breakdown /ˈbreɪkdaʊn/ s. **1** (*mecc.*) guasto *m.*, (*naut.*) avaria *f.* **2** collasso *m.*, esaurimento *m.* **3** insuccesso *m.*, rottura *f.*

breakfast /ˈbrɛkfəst/ s. (prima) colazione *f.*

break-in /ˈbreɪkɪn/ s. effrazione *f.*

breaking /ˈbreɪkɪŋ/ s. **1** rottura *f.*, frattura *f.* **2** infrazione *f.* ♦ **b. and entering** violazione di domicilio con effrazione || **b.-point** punto di rottura

breakthrough /ˈbreɪkθruː/ s. **1** (*mil.*) sfondamento *m.* **2** passo *m.* avanti, progresso *m.*

breakup /ˈbreɪkˈʌp/ s. disfacimento *m.*

breakwater /ˈbreɪkˌwɔːtəʳ/ s. frangiflutti *m. inv.*

breast /brɛst/ s. petto *m.*, seno *m.* ♦ **b. pocket** taschino

to breast /brɛst/ v.tr. **1** affrontare, tener testa a **2** scalare

breastbone /ˈbrɛs(t)bəʊn/ s. sterno *m.*

to breast-feed /ˈbrɛs(t)fiːd/ (*pass. e p.p.* **breast-fed**) v.tr. allattare al seno

breaststroke /ˈbrɛs(t)ˌstrəʊk/ s. nuoto *m.* a rana

breath /brɛθ/ s. **1** fiato *m.*, respiro *m.* **2** soffio *m.* **3** mormorio *m.* ♦ **to be out of b.** essere senza fiato || **b. test** prova del palloncino, alcoltest

to breathe /briːð/ v.tr. e intr. respirare ♦ **to b. in** inspirare || **to b. out** espirare

breathing /ˈbriːðɪŋ/ s. respirazione *f.*, respiro *m.*

breathless /ˈbrɛθlɪs/ agg. **1** senza fiato, ansante **2** esanime

breathtaking /ˈbrɛθˌteɪkɪŋ/ agg. mozzafiato

bred /brɛd/ pass. e p.p. di **to breed**

breed /briːd/ s. **1** (*zool.*) razza *f.* **2** (*bot.*) varietà *f.*

to breed /briːd/ (*pass. e p.p.* **bred**) **A** v.tr. **1** generare, riprodurre **2** allevare, educare **B** v.intr. **1** (*di animali*) riprodursi, generare **2** originarsi

breeder /ˈbriːdəʳ/ s. allevatore *m.*

breeding /ˈbriːdɪŋ/ s. **1** allevamento *m.* **2** procreazione *f.*, riproduzione *f.* **3** educazione *f.*

breeze /briːz/ s. brezza *f.*

breezy /ˈbriːzɪ/ agg. **1** ventilato **2** spigliato, disinvolto

brew /bruː/ s. **1** infuso *m.*, tisana *f.* **2** (*di birra*) fermentazione *f.* **3** miscela *f.*, mistura *f.*

to brew /bruː/ **A** v.tr. **1** fare la birra **2** mettere in infusione, preparare (il tè) **B** v.intr. **1** essere in fermentazione **2** essere in infusione **3** (*fig.*) prepararsi

brewer /ˈbruːəʳ/ s. birraio *m.*

briar /ˈbraɪəʳ/ s. **1** (*bot.*) erica *f.* (arborea) **2** pipa *f.* di radica

bribe /braɪb/ s. bustarella *f.*, tangente *f.*

bribery /ˈbraɪbərɪ/ s. corruzione *f.*

brick /brɪk/ s. mattone *m.*, laterizio *m.*

bricklayer /ˈbrɪkˌlɛ(ɪ)əʳ/ s. muratore *m.*

bridal /ˈbraɪdl/ agg. nuziale

bride /braɪd/ s. sposa *f.* ♦ **b.'s cake** torta nuziale

bridegroom /ˈbraɪdgrʊm/ s. sposo *m.*

bridesmaid /ˈbraɪdzmeɪd/ s. damigella *f.* (d'onore)

bridge /brɪdʒ/ s. **1** ponte *m.* **2** (*gioco*) bridge *m. inv.* ♦ **swing b.** ponte girevole

to bridge /brɪdʒ/ v.tr. **1** costruire un ponte su, collegare con un ponte **2** (*fig.*) colmare ♦ **to b. over** essere d'aiuto a

bridle /ˈbraɪdl/ s. briglia *f.*

brief /briːf/ **A** agg. breve **B** s. **1** riassunto *m.* **2** (*dir.*) memoria *f.*, fascicolo *m.* **3** direttive *f. pl.*, istruzioni *f. pl.* **4** al pl. mutande *f. pl.*, slip *m. inv.*

to brief /briːf/ v.tr. **1** riassumere **2** dare istruzioni a, ragguagliare

briefcase /ˈbriːfkeɪs/ s. cartella *f.* (portadocumenti)

briefing /ˈbriːfɪŋ/ s. briefing *m. inv.*

brig /brɪg/ s. (*naut.*) brigantino *m.*

bright /braɪt/ agg. **1** luminoso, brillante **2** (*fig.*) vivace, sveglio

to brighten /ˈbraɪtn/ **A** v.tr. **1** ravvivare, far brillare **2** rallegrare **B** v.intr. **1** illuminarsi, schiarirsi **2** rallegrarsi

brightness /ˈbraɪtnɪs/ s. **1** luminosità *f.* **2** vivacità *f.*, intelligenza *f.*

brights /braɪts/ s. pl. (*USA, autom.*) abbaglianti *m. pl.*

brilliance /ˈbrɪljəns/ s. **1** brillantezza *f.*, splendore *m.* **2** genialità *f.*

brilliant /ˈbrɪljənt/ agg. **1** brillante **2** splendido **3** di talento, geniale

brim /brɪm/ s. **1** orlo *m.*, margine *m.* **2** (*di cappello*) falda *f.*

brine /braɪn/ s. salamoia *f.*

to bring /brɪŋ/ (*pass. e p.p.* **brought**) v.tr. **1** portare, prendere con sé **2** causare, produrre ♦ **to b. about** causare, determinare || **to b. along** condurre con sé || **to b. back** riportare, restituire || **to b. down** far calare, abbattere || **to b. forward** (*proposte*) avanzare || **to b. off** portare a termine || **to b. out** tirare fuori, fare uscire, mettere sul mercato || **to b. round** convincere || **to b. up** allevare educare, crescere; (*una questione*) sollevare

brink /brɪŋk/ s. orlo *m.*, margine *m.*

brisk /brɪsk/ agg. svelto, vivace

bristle /ˈbrɪsl/ s. setola *f.*

Brit /brɪt/ s. britannico *m.*, inglese *m. e f.*

British /ˈbrɪtɪʃ/ agg. britannico

Britisher /ˈbrɪtɪʃəʳ/ s. (*USA*) britannico *m.*, inglese *m. e f.*

Briton /brɪtən/ s. britannico *m.*, inglese *m. e f.*

brittle /ˈbrɪtl/ agg. fragile, friabile

broach /brəʊtʃ/ s. **1** spiedo *m.* **2** guglia *f.*

to broach /brəʊtʃ/ v.tr. **1** (*una botte*) spillare **2** (*una bottiglia*) stappare **3** (*un argomento*) affrontare

broad /brɔːd/ agg. **1** largo, esteso **2** evidente, chiaro **3** marcato, spiccato **4** generale ♦ **b. bean** fava || **b.-minded** tollerante, di larghe vedute

broadcast /ˈbrɔːdkɑːst/ s. (*radio, tv*) trasmissione *f.*

to broadcast /ˈbrɔːdkɑːst/ (*pass. e p.p.* **broadcast**) v.tr. (*radio, tv*) trasmettere

broadcasting /ˈbrɔːdkɑːstɪŋ/ agg. emittente

to broaden /'brɔ:dn/ **A** v.tr. allargare **B** v.intr. allargarsi
broadness /'brɔ:dnɪs/ s. larghezza *f.*
brocade /brə'keɪd/ s. broccato *m.*
broccoli /'brɒkəlɪ/ s. broccolo *m.*
brochure /'brəʊʃjʊəʳ/ s. opuscolo *m.*
to broil /brɔɪl/ **A** v.tr. cuocere allo spiedo, cuocere alla griglia **B** v.intr. bruciare, arrostirsi
broken /'brəʊk(ə)n/ **A** p.p. di **to break** **B** agg. **1** rotto, spezzato **2** interrotto **3** indebolito ♦ **b.-hearted** dal cuore spezzato
broker /'brəʊkəʳ/ s. mediatore *m.*, agente *m.*, broker *m. inv.*
brolly /'brɒlɪ/ s. (*pop.*) ombrello *m.*
bronchitis /brɒŋ'kaɪtɪs/ s. bronchite *f.*
bronchopneumonia /ˌbrɒŋko(ʊ)njʊ(:)'məʊnjə/ s. broncopolmonite *f.*
bronze /brɒnz/ s. bronzo *m.*
brooch /brəʊtʃ/ s. spilla *f.*
brood /bru:d/ s. nidiata *f.*, covata *f.*
to brood /bru:d/ v.tr. e intr. **1** covare **2** (*fig.*) rimuginare
brook /brʊk/ s. ruscello *m.*
broom /brʊm/ s. **1** (*bot.*) ginestra *f.* **2** ramazza *f.*, scopa *f.*
broth /brɒθ/ s. brodo *m.*
brothel /'brɒθl/ s. bordello *m.*
brother /'brʌðəʳ/ s. fratello *m.* ♦ **b.-in-law** cognato
brotherhood /'brʌðəʳhʊd/ s. fratellanza *f.*
brought /brɔ:t/ pass. e p.p. di **to bring**
brow /braʊ/ s. **1** fronte *f.* **2** al pl. sopracciglia *f. pl.* **3** orlo *m.*
brown /braʊn/ **A** agg. **1** bruno, castano **2** abbronzato **B** s. marrone *m.* ♦ **b. bread** pane nero
to brown /braʊn/ **A** v.tr. rosolare **B** v.intr. rosolarsi
to browse /braʊz/ v.intr. **1** curiosare **2** brucare
browser /'braʊzəʳ/ s. (*inform.*) browser *m. inv.*
bruise /bru:z/ s. ammaccatura *f.*, contusione *f.*, livido *m.*
to bruise /bru:z/ **A** v.tr. ammaccare, fare un livido a **B** v.intr. farsi un livido
brunt /brʌnt/ s. urto *m.*
brush /brʌʃ/ s. **1** spazzola *f.*, spazzolino *m.* **2** pennello *m.* **3** boscaglia *f.* ♦ **hair b.** spazzola per capelli || **shaving b.** pennello da barba || **b. stroke** pennellata
to brush /brʌʃ/ v.tr. **1** spazzolare **2** sfiorare ♦ **to b. aside** cacciar via, scostare || **to b. off** rifiutare seccamente, ignorare || **to b. up** dare una ripassata
brusque /brʊ(:)sk/ agg. brusco
Brussels sprouts /ˌbrʌs(ə)lz'spraʊts/ s. pl. cavolini *m. pl.* di Bruxelles
brutal /'bru:tl/ agg. brutale
brute /bru:t/ agg. bruto
bubble /'bʌbl/ s. bolla *f.* ♦ **b. bath** bagnoschiuma
to bubble /'bʌbl/ v.intr. gorgogliare, spumeggiare
buck[1] /bʌk/ s. (maschio di) daino *m.*, cervo *m.*, antilope *f.*, coniglio *m.*, lepre *f.*
buck[2] /bʌk/ s. (*USA, fam.*) dollaro *m.*
to buck /bʌk/ v.intr. **1** (*di cavallo*) impennarsi **2** fare resistenza ♦ **to b. up** rallegrare, rianimarsi
bucket /'bʌkɪt/ s. secchio *m.*, secchiello *m.*
buckle /'bʌkl/ s. fibbia *f.*
to buckle /'bʌkl/ **A** v.tr. (*con fibbia*) allacciare **B** v.intr. (*mecc.*) deformarsi, piegarsi
buckskin /'bʌkskɪn/ s. pelle *f.* di daino, pelle *f.* scamosciata
bucolic /bjʊ(:)'kɒlɪk/ agg. bucolico
bud /bʌd/ s. **1** bocciolo *m.* **2** gemma *f.*
to bud /bʌd/ v.intr. **1** sbocciare **2** germogliare
Buddhism /'bʊdɪz(ə)m/ s. buddismo *m.*
budding /'bʌdɪŋ/ agg. attr. **1** (*bot.*) in boccio **2** (*fig.*) in erba
buddy /'bʌdɪ/ s. (*USA, fam.*) amico *m.*, compagno *m.*
to budge /bʌdʒ/ **A** v.tr. spostare, muovere **B** v.intr. spostarsi, scostarsi
budget /'bʌdʒɪt/ s. bilancio *m.* preventivo, budget *m. inv.*
to budget /'bʌdʒɪt/ **A** v.tr. preventivare, programmare **B** v.intr. preventivare
buff /bʌf/ s. **1** pelle *f.* scamosciata **2** (*fam.*) appassionato *m.*, fanatico *m.*
buffalo /'bʌfələʊ/ s. bufalo *m.*
buffer /'bʌfəʳ/ s. **1** (*ferr.*) respingente *m.* **2** (*mecc., inform.*) tampone *m.*
buffet[1] /'bʌfɪt/ s. **1** credenza *f.* **2** buffet *m. inv.* ♦ **b. car** vagone ristorante
buffet[2] /'bʌfɪt/ s. schiaffo *m.*, colpo *m.*
to buffet /'bʌfɪt/ v.tr. **1** colpire, schiaffeggiare **2** urtare
buffoon /bʌ'fu:n/ s. buffone *m.*
bug /bʌg/ s. **1** cimice *f.* **2** (*USA*) insetto *m.* **3** (*fam.*) microbo *m.*, germe *m.* **4** (*fam.*) problema *m.* **5** (*inform.*) baco *m.*, bug *m. inv.*, errore *m.*, difetto *m.* **6** (*fam.*) microspia *f.*
buggy /'bʌgɪ/ s. **1** passeggino *m.* **2** calesse *m.*
bugle /'bju:gl/ s. corno *m.* da caccia, tromba *f.*
build /bɪld/ s. **1** struttura *f.* **2** corporatura *f.*
to build /bɪld/ (*pass. e p.p.* **built**) v.tr. costruire, edificare ♦ **to b. in** incassare, incorporare || **to b. up** aumentare, sviluppare, accumulare
builder /'bɪldəʳ/ s. costruttore *m.*
building /'bɪldɪŋ/ **A** s. **1** costruzione *f.* **2** edificio *m.* **B** agg. edile, edilizio ♦ **b. code** regolamento edilizio
build-up /bɪldʌp/ s. **1** incremento *m.* **2** preparativo *m.*, preparazione *f.*
built /bɪlt/ pass. e p.p. di **to build** ♦ **b.-in** incassato, incorporato || **b.-up** edificato
bulb /bʌlb/ s. **1** (*bot.*) bulbo *m.* **2** lampadina *f.* ♦ **b. socket** portalampada
Bulgarian /bʌl'gɛərɪən/ agg. e m. bulgaro *m.*
bulge /bʌldʒ/ s. rigonfiamento *m.*
to bulge /bʌldʒ/ **1** v.tr. gonfiare **2** v.intr. gonfiarsi
bulk /bʌlk/ s. **1** mole *f.*, volume *m.* **2** la maggior parte *f.*
bulkhead /'bʌlkhɛd/ s. (*naut.*) paratia *f.*

bulky /ˈbʌlkɪ/ **agg.** massiccio, voluminoso
bull[1] /bʊl/ **s.** **1** toro *m.* **2** (*di grandi mammiferi*) maschio *m.* **3** (*Borsa*) rialzista *m. e f.* ◆ **b.'s eye** oblò
bull[2] /bʊl/ **s.** bolla *f.*, editto *m.*
bulldozer /ˈbʊlˌdəʊzəʳ/ **s.** bulldozer *m. inv.*
bullet /ˈbʊlɪt/ **s.** proiettile *m.*
bulletin /ˈbʊlɪtɪn/ **s.** bollettino *m.*
bulletproof /ˈbʊlɪtˌpruːf/ **agg.** antiproiettile, blindato ◆ **b. vest** giubbotto antiproiettile
bullfight /ˈbʊlˌfaɪt/ **s.** corrida *f.*
bullion /ˈbʊljən/ **s.** oro *m.*, argento *m.* (in lingotti)
bullock /ˈbʊlək/ **s.** manzo *m.*
bullshit /ˈbʊlʃɪt/ **s.** (*volg.*) cazzata *f.*, fesseria *f.*
bully /ˈbʊlɪ/ **agg.** prepotente
bulwark /ˈbʊlwək/ **s.** **1** baluardo *m.* **2** frangiflutti *m. inv.* **3** (*naut.*) murata *f.*
bum /bʌm/ **s.** (*fam.*) sedere *m.*
to bum /bʌm/ (*pass. e p.p.* **bummed**) **A** **v.intr.** (*USA*) oziare, fare il vagabondo **B** **v.tr.** (*USA*, *fam.*) scroccare
bumbag /ˈbʌmbæg/ **s.** marsupio *m.*
bump /bʌmp/ **s.** **1** urto *m.*, colpo *m.*, scossone *m.* **2** protuberanza *f.*, bernoccolo *m.*
to bump /bʌmp/ **A** **v.tr.** **1** urtare, andare a sbattere (contro) **2** tamponare **B** **v.intr.** **1** urtare, andare a sbattere **2** sobbalzare ◆ **to b. into** sbattere contro, imbattersi in
bumper /bʌmpəʳ/ **A** **s.** paraurti *m. inv.*, respingente *m.* **B** **agg.** eccezionale, abbondante
bumptious /ˈbʌm(p)ʃəs/ **agg.** presuntuoso
bumpy /ˈbʌmpɪ/ **agg.** **1** accidentato, dissestato **2** scomodo
bun /bʌn/ **s.** focaccina *f.*, panino *m.* dolce
bunch /bʌn(t)ʃ/ **s.** **1** mazzo *m.*, grappolo *m.* **2** gruppo *m.* **3** (*USA*) certo numero *m.*, un po' *m.*
bundle /ˈbʌndl/ **s.** **1** fascio *m.* **2** involto *m.*, fagotto *m.*
to bundle /ˈbʌndl/ **v.tr.** **1** affastellare, impacchettare **2** spingere a forza ◆ **to b. sb. off** mandare via qc., spedire qc. || **to b. up** infagottarsi
bungalow /ˈbʌŋgələʊ/ **s.** bungalow *m. inv.*
bungee jumping /ˈbʌndʒɪˈdʒʌmpɪŋ/ **s.** bungee jumping *m. inv.*
to bungle /ˈbʌŋgl/ **v.tr.** pasticciare, abborracciare
bungler /ˈbʌŋgləʳ/ **s.** pasticcione *m.*
bunion /ˈbʌnjən/ **s.** alluce *m.* valgo, cipolla *f.*
bunk /bʌŋk/ **s.** cuccetta *f.* ◆ **b. bed** letto a castello
bunker /ˈbʌŋkəʳ/ **s.** **1** serbatoio *m.* di combustibile **2** bunker *m. inv.*
bunny /ˈbʌnɪ/ **s.** coniglietto *m.*
bunting /ˈbʌntɪŋ/ **s.** bandierine *f. pl.*
buoy /bɔɪ/ **s.** boa *f.*, gavitello *m.*
to buoy /bɔɪ/ **v.tr.** **1** far galleggiare, tenere a galla **2** sostenere
buoyancy /ˈbɔɪənsɪ/ **s.** galleggiabilità *f.*
buoyant /ˈbɔɪənt/ **agg.** **1** galleggiante **2** allegro, vivace
burden /ˈbɜːdn/ **s.** peso *m.*, carico *m.*
to burden /ˈbɜːdn/ **v.tr.** caricare, gravare
burdensome /ˈbɜːdnsəm/ **agg.** gravoso, oneroso
bureau /ˈbjʊ(ə)rəʊ/ **s.** (*pl.* **bureaux**) **1** ufficio *m.* **2** scrittoio *m.*, scrivania *f.* **3** (*USA*) dipartimento *m.*
bureaucracy /bjʊ(ə)ˈrɒkrəsɪ/ **s.** burocrazia *f.*
bureaucratic /ˌbjʊərə(ʊ)ˈkrætɪk/ **agg.** burocratico
burger /ˈbɜːgəʳ/ **s.** hamburger *m. inv.*
burglar /ˈbɜːgləʳ/ **s.** scassinatore *m.* ◆ **b. alarm** (allarme) antifurto
burglary /ˈbɜːglərɪ/ **s.** furto *m.* con scasso
to burgle /ˈbɜːgl/ **v.tr.** scassinare, svaligiare
burial /ˈberɪəl/ **s.** sepoltura *f.* ◆ **b. ground** cimitero || **b. niche** loculo
burlesque /bɜːˈlesk/ **agg.** burlesco
burly /ˈbɜːlɪ/ **agg.** corpulento
burn /bɜːn/ **s.** scottatura *f.*, ustione *f.*
to burn /bɜːn/ (*pass. e p.p.* **burnt**, *raro* **burned**) **A** **v.tr.** **1** bruciare, incendiare **2** ustionare, scottare **3** (*inform.*) masterizzare **B** **v.intr.** **1** bruciare, incendiarsi **2** scottare **3** divampare ◆ **to b. down** distruggere col fuoco || **to b. out** estinguersi, consumarsi
burner /ˈbɜːnəʳ/ **s.** **1** bruciatore *m.* **2** becco *m.* a gas **3** piastra *f.*, fuoco *m.* **4** (*inform.*) masterizzatore *m.*
burning /ˈbɜːnɪŋ/ **A** **s.** bruciore *m.*, bruciatura *f.* **B** **agg.** rovente, scottante
burnt /bɜːnt/ **pass. e p.p. di to burn**
to burp /bɜːp/ **v.intr.** ruttare
burrow /ˈbʌrəʊ/ **s.** tana *f.*
to burrow /ˈbʌrəʊ/ **A** **v.tr.** scavare (una tana) **B** **v.intr.** rintanarsi, nascondersi
burst /bɜːst/ **s.** esplosione *f.*, scoppio *m.*
to burst /bɜːst/ (*pass. e p.p.* **burst**) **v.intr.** esplodere, scoppiare, saltare in aria ◆ **to b. in** interrompere || **to b. into, out** scoppiare a
to bury /ˈberɪ/ **v.tr.** seppellire ◆ **to b. away** nascondere
bus /bʌs/ **s.** autobus *m. inv.* ◆ **b. depot** rimessa degli autobus || **b. line** autolinea || **b. stop** fermata dell'autobus
bush /bʊʃ/ **s.** **1** cespuglio *m.* **2** boscaglia *f.*
busily /ˈbɪzɪlɪ/ **avv.** attivamente, laboriosamente
business /ˈbɪznɪs/ **s.** **1** affare *m.*, affari *m. pl.* **2** lavoro *m.*, occupazione *f.* **3** commercio *m.*, affari *m. pl.* ◆ **b.-like** professionale || **b. trip** viaggio d'affari
businessman /ˈbɪznɪsm(ə)n/ (*pl.* **businessmen**) **s.** uomo *m.* d'affari
busker /ˈbʌskəʳ/ **s.** suonatore *m.* ambulante
bust[1] /bʌst/ **s.** **1** busto *m.* **2** seno *m.*
bust[2] /bʌst/ **A** **s.** (*fam.*) fallimento *m.*, rovina *f.* **B** **agg.** rotto ◆ **to go b.** fallire
bustle /ˈbʌsl/ **s.** trambusto *m.*
to bustle /ˈbʌsl/ **v.intr.** agitarsi, darsi da fare
busy /ˈbɪzɪ/ **agg.** **1** attivo, indaffarato **2** (*di telefono*) occupato
busybody /ˈbɪzɪˌbɒdɪ/ **s.** intrigante *m.*, ficcanaso *m.*
but /bʌt, bət/ **A** **cong.** ma, però, tuttavia, eppure **B** **prep.** eccetto, tranne **C** **avv.** soltanto ◆ **b. for** se non fosse stato per, senza di

butcher /'bʊtʃəʳ/ s. macellaio *m.* ♦ **b.'s shop** macelleria
butler /'bʌtləʳ/ s. maggiordomo *m.*
butt[1] /bʌt/ s. botte *f.*
butt[2] /bʌt/ s. **1** impugnatura *f.*, estremità *f.* **2** mozzicone *m.* **3** bersaglio *m.* **4** (*USA, fam.*) sedere *m.*
to butt /bʌt/ v.tr. e intr. cozzare, urtare ♦ **to b. in** intromettersi
butter /'bʌtəʳ/ s. burro *m.*
to butter /'bʌtəʳ/ v.tr. imburrare ♦ **to b. up** adulare, ungere
buttercup /'bʌtəkʌp/ s. ranuncolo *m.*
butterfly /'bʌtəflaɪ/ s. farfalla *f.*
buttock /'bʌtək/ s. natica *f.*
button /'bʌtn/ s. **1** bottone *m.* **2** pulsante *m.*
to button /'bʌtn/ v.tr. abbottonare
buttonhole /'bʌtnhəʊl/ s. asola *f.*, occhiello *m.*
buttress /'bʌtrɪs/ s. **1** sostegno *m.* **2** contrafforte *m.*
buxom /'bʌksəm/ agg. (*di donna*) formosa
to buy /baɪ/ (*pass. e p.p.* **bought**) v.tr. comprare ♦ **to b. back** ricomprare || **to b. by instalments** comprare a rate || **to b. out** rilevare || **to b. up** accaparrarsi
buyer /'baɪəʳ/ s. compratore *m.*
to buzz /bʌz/ v.intr. ronzare
buzzer /'bʌzəʳ/ s. pulsante *m.*
by /baɪ/ **A** prep. **1** (*luogo*) presso, davanti, accanto a, attraverso, per, via, verso (ES: ***by the river*** presso il fiume) **2** (*tempo*) di, per, entro (ES: ***by night*** di notte; ***by tomorrow*** entro domani) **3** (*mezzo*) con, a, per, per mezzo di, in (ES: ***by train*** in treno, ***by cheque*** con assegno) **4** (*modo*) per, di, a, secondo, da (ES: ***to judge by appearances*** giudicare dalle apparenze) **5** (*agente*) da (ES: ***Penicillin was discovered by Fleming*** la penicillina fu scoperta da Fleming) **6** (*misura*) per, a, di (ES: ***2 meters by 3*** 2 metri per 3) **B** avv. **1** vicino, accanto **2** da parte, in disparte ♦ **by chance** per caso || **by hand** a mano || **by all means** senz'altro || **by now** ormai || **by the way** a proposito, tra parentesi || **by then** allora || **one by one** uno per volta
bye(-bye) /'baɪbaɪ/ inter. ciao, arrivederci
bygone /'baɪgɒn/ agg. passato, antico
bylaw /'baɪlɔː/ s. **1** (*dir.*) legge *f.* locale **2** (*USA*) regolamento *m.*
bypass /'baɪˌpɑːs/ s. **1** tangenziale *f.*, circonvallazione *f.* **2** derivazione *f.* **3** by-pass *m. inv.*
to bypass /'baɪˌpɑːs/ v.tr. bypassare
by-product /'baɪˌprɒdəkt/ s. **1** sottoprodotto *m.* **2** effetto *m.* secondario
byroad /'baɪrəʊd/ s. strada *f.* secondaria
bystander /'baɪˌstændəʳ/ s. astante *m.*, spettatore *m.*
by-way /'baɪˌweɪ/ s. strada *f.* appartata
by-word /'baɪwɜːd/ s. **1** detto *m.*, proverbio *m.* **2** personificazione *f.*, simbolo *m.*

c, C

cab /kæb/ s. **1** taxi *m. inv.* **2** (*ferr.*) (*di camion*) cabina *f.* ♦ **c. driver** taxista
cabal /kə'bæl/ s. **1** congiura *f.*, intrigo *m.* **2** combriccola *f.*
cabala /kə'bɑːlə/ s. cabala *f.*
cabalistic /ˌkæbə'lɪstɪk/ agg. cabalistico
cabaret /'kæbəˌreɪ/ s. cabaret *m. inv.*
cabbage /'kæbɪdʒ/ s. cavolo *m.*
cabbala /kə'bɑːlə/ s. cabala *f.*
cabbalistic /ˌkæbə'lɪstɪk/ agg. cabalistico
cabin /'kæbɪn/ s. **1** cabina *f.* **2** capanna *f.* ♦ **c. boy** mozzo || **c. cruiser** cabinato
cabinet /'kæbɪnɪt/ s. **1** armadietto *m.*, mobiletto *m.* **2** vetrina *f.* **3** (*pol.*) gabinetto *m.*, consiglio *m.* dei ministri
cable /'keɪbl/ s. **1** cavo *m.* **2** (*tel.*) cablogramma *m.* ♦ **c. car** funivia || **c. railway** funicolare || **c. television** televisione via cavo
to cable /'keɪbl/ v.tr. cablare
cableway /'keɪblweɪ/ s. **1** teleferica *f.* **2** funivia *f.*
cabman /'kæbmən/ (*pl.* **cabmen**) s. taxista *m.*
cabotage /'kæbətɪdʒ/ s. cabotaggio *m.*
cacao /kə'kɑːəʊ/ s. cacao *m.*
cache /kæʃ/ s. nascondiglio *m.*
to cache /kæʃ/ v.tr. nascondere
to cackle /'kækl/ v.intr. schiamazzare
cactus /'kæktəs/ s. cactus *m. inv.*
cad /kæd/ s. mascalzone *m.*
cadastre /kə'dæstrəʳ/ s. catasto *m.*
cadence /'keɪd(ə)ns/ s. cadenza *f.*
cadet /kə'det/ s. cadetto *m.*
to cadge /kædʒ/ **A** v.intr. mendicare **B** v.tr. scroccare
cadre /'kɑːdrə/ s. **1** (*pol., mil.*) quadro *m.* **2** schema *m.*
café /'kæfeɪ/ s. bar *m. inv*, caffè *m. inv.*
cafeteria /ˌkæfɪ'tɪərɪə/ s. tavola *f.* calda, mensa *f.*, self-service *m. inv.*
caffeine /'kæfiːn/ s. caffeina *f.*
cage /keɪdʒ/ s. **1** gabbia *f.* **2** recinto *m.*
cagey /'keɪdʒɪ/ agg. (*fam.*) cauto
cake /keɪk/ s. **1** torta *f.*, dolce *m.*, (*salato*) focaccia *f.* **2** tavoletta *f.* ♦ **c. of soap** saponetta

to cake /keɪk/ **A** v.tr. incrostare **B** v.intr. incrostarsi
calamity /kə'læmɪtɪ/ s. calamità *f.*
calcareous /kæl'kɛərɪəs/ agg. calcareo
calcium /'kælsɪəm/ s. (*chim.*) calcio *m.*
to calculate /'kælkjʊleɪt/ **A** v.tr. calcolare **B** v.intr. **1** fare affidamento su **2** (*USA*) credere, ritenere
calculation /ˌkælkjʊ'lɛʃ(ə)n/ s. **1** (*mat.*) calcolo *m.*, conto *m.* **2** congettura *f.*
calculator /'kælkjʊleɪtəʳ/ s. calcolatrice *f.*
calculus /'kælkjʊləs/ s. (*med.*, *mat.*) calcolo *m.*
calendar /'kælɪndəʳ/ s. calendario *m.* ◆ **c. year** anno civile
calf[1] /kɑːf/ (*pl.* **calves**) s. (*zool.*) vitello *m.*
calf[2] /kɑːf/ (*pl.* **calves**) s. polpaccio *m.*
to calibrate /'kælɪbreɪt/ v.tr. calibrare
calibre /'kælɪbəʳ/ (*USA* **caliber**) s. **1** (*mecc.*) calibro *m.* **2** (*fig.*) importanza *f.*
calix /'kælɪks/ s. calice *m.*
call /kɔːl/ s. **1** richiamo *m.* **2** chiamata *f.*, telefonata *f.*, comunicazione *f.* **3** breve visita *f.* **4** scalo *m.*, (*di treno*) fermata *f.* **5** richiesta *f.* **6** necessità *f.*, motivo *m.* ◆ **c. box** cabina telefonica || **c. forwarding** trasferimento di chiamata || **c. waiting** avviso di chiamata
to call /kɔːl/ **A** v.tr. **1** chiamare **2** annunciare **3** telefonare a **4** convocare, far venire **B** v.intr. **1** chiamare, gridare **2** telefonare **3** fare una visita, passare **4** fare scalo, fare una fermata ◆ **to c. attention** richiamare l'attenzione || **to c. back** richiamare || **to c. for** passare a prendere, richiedere || **to c. in** far intervenire, richiamare || **to c. off** disdire, annullare || **to c. on** fare una visita a || **to c. out** urlare, chiamare a voce alta || **to c. up** telefonare a, richiamare alle armi
caller /'kɔːləʳ/ s. **1** chiamante *m.* e *f.* **2** visitatore *m.*
calligraphy /ˌkælɪ'grəfɪ/ s. calligrafia *f.*
calling /'kɔːlɪŋ/ s. **1** occupazione *f.*, professione *f.* **2** vocazione *f.* ◆ **c. card** biglietto da visita
callous /'kæləs/ agg. **1** calloso **2** (*fig.*) insensibile
callus /'kæləs/ s. callo *m.*
calm /kɑːm/ **A** agg. calmo, tranquillo **B** s. calma *f.*
to calm /kɑːm/ v.tr. calmare, placare ◆ **to c. down** calmarsi, calmare
calming /'kɑːmɪŋ/ agg. tranquillizzante
calmly /'kɑːmlɪ/ avv. con calma
caloric /kə'lɒrɪk/ agg. calorico
calorie /'kælərɪ/ s. caloria *f.*
Calvinism /'kælvɪnɪz(ə)m/ s. calvinismo *m.*
Calvinist /'kælvɪnɪst/ s. calvinista *m.* e *f.*
camber /'kæmbəʳ/ s. (*tecnol.*) curvatura *f.*
came /keɪm/ pass. di **to come**
camel /'kæməl/ s. cammello *m.*
camellia /kə'miːljə/ s. camelia *f.*
cameo /'kæmɪəʊ/ s. cammeo *m.*
camera /'kæmərə/ s. **1** macchina *f.* fotografica **2** cinepresa *f.*, telecamera *f.* ◆ **closed circuit c.** telecamera a circuito chiuso
camisole /'kæmɪsəʊl/ s. canottiera *f.* di raso o seta
camomile /'kæməmaɪl/ s. camomilla *f.* ◆ **c. tea** camomilla
camouflage /'kæmʊflɑːʒ/ s. travestimento *m.*, mimetizzazione *f.*
to camouflage /'kæmʊflɑːʒ/ v.tr. mimetizzare, camuffare
camp[1] /kæmp/ s. **1** (*mil.*) campo *m.*, accampamento *m.* **2** campeggio *m.* **3** (*fig.*) campo *m.*, partito *m.*
camp[2] /kæmp/ agg. (*fam.*) affettato, effeminato
to camp /kæmp/ v.intr. **1** accamparsi **2** campeggiare
campaign /kæm'peɪn/ s. campagna *f.*
to campaign /kæm'peɪn/ v.intr. fare una campagna
camper /'kæmpəʳ/ s. **1** campeggiatore *m.* **2** camper *m. inv.*
camphor /'kæm(p)fəʳ/ s. canfora *f.*
camping /'kæmpɪŋ/ s. (il fare) campeggio *m.*
campsite /'kæmpsaɪt/ s. campeggio *m.*, camping *m. inv.*, luogo *m.* per campeggio
campus /'kæmpəs/ s. campus *m. inv.*
campy /'kæmpɪ/ agg. effeminato
can[1] /kæn, k(ə)n/ (*congiuntivo pass. e condiz.* **could**; *forme neg.* **cannot**, **can not**, **can't**, **couldn't**, **could not**) v.difett. **1** (*possibilità, capacità*) potere, riuscire a, essere in grado di, sapere (ES: ***I c. write the report today*** posso scrivere la relazione oggi; ***c. he speak Italian?*** sa parlare italiano?; ***c. you see that woman at the window?*** vedi quella donna alla finestra?) **2** (*permesso*) potere, essere permesso (ES: ***you cannot go outside Europe without your passport*** non puoi uscire dall'Europa senza il passaporto) **3** (*per chiedere informazioni, permesso e sim.*) potere (ES: ***c. I use the phone?*** posso usare il telefono?; ***could you open the window?*** potresti aprire la finestra?) **4** (*supposizione*) essere possibile (ES: ***c. it be true?*** possibile che sia vero?)
can[2] /kæn/ s. **1** barattolo *m.*, latta *f.*, lattina *f.*, scatola *f.* **2** tanica *f.* ◆ **c. opener** apriscatole
to can /kæn/ v.tr. **1** inscatolare **2** (*USA, pop.*) licenziare
Canadian /kə'neɪdjən/ agg. e s. canadese *m.* e *f.*
canal /kə'næl/ s. canale *m.*
canalization /ˌkænəlaɪ'zeɪʃ(ə)n/ s. canalizzazione *f.*
to canalize /'kænəlaɪz/ v.tr. **1** canalizzare **2** incanalare
canapé /kænə'peɪ/ s. tartina *f.*, canapé *m.*
canary /kə'nɛərɪ/ s. canarino *m.*
canasta /kə'næstə/ s. canasta *f.*
to cancel /'kæns(ə)l/ v.tr. **1** cancellare **2** annullare, disdire
cancellation /ˌkænsə'leɪʃ(ə)n/ s. cancellazione *f.*, annullamento *m.*
cancer /'kænsəʳ/ s. cancro *m.*
candelabrum /ˌkændɪ'lɑːbrəm/ s. candelabro *m.*
candid /'kændɪd/ agg. sincero, schietto
candidate /'kændɪdɪt/ s. candidato *m.*
candidature /'kændɪdɪtʃəʳ/ s. candidatura *f.*
candied /'kændɪd/ agg. candito
candle /'kændl/ s. candela *f.*

candlelight /'kændllaɪt/ s. lume *m.* di candela
candlestick /'kændlstɪk/ s. **1** candeliere *m.* **2** bugia *f.*
candour /'kændəʳ/ (*USA* **candor**) s. franchezza *f.*, candore *m.*
candy /'kændɪ/ s. **1** zucchero *m.* candito **2** (*USA*) caramella *f.*, dolciume *m.* ♦ **c. floss** zucchero filato
cane /keɪn/ s. **1** canna *f.*, giunco *m.* **2** bastone *m.* da passeggio **3** verga *f.*
to cane /keɪn/ v.tr. bastonare, fustigare
canine /'kænaɪn/ agg. e s. canino *m.*
canister /'kænɪstəʳ/ s. contenitore *m.* cilindrico
canna /'kænə/ s. (*bot.*) canna *f.*
canned /kænd/ agg. in scatola ♦ **c. food** scatolame
cannibal /'kænɪb(ə)l/ s. cannibale *m.*
cannibalism /'kænɪbəlɪz(ə)m/ s. cannibalismo *m.*
cannon /'kænən/ s. cannone *m.*
cannot /'kænɒt/ → ***can***[1]
canny /'kænɪ/ agg. circospetto, astuto
canoe /kə'nuː/ s. canoa *f.* ♦ **c. racing** canottaggio
canon /'kænən/ s. **1** canone *m.* **2** canonico *m.*
canonical /kə'nɒnɪk(ə)l/ agg. canonico
canopy /'kænəpɪ/ s. baldacchino *m.*
to cant /kænt/ v.intr. inclinarsi, curvarsi
cantankerous /kən'tæŋk(ə)rəs/ agg. (*fam.*) irascibile, litigioso
cantata /kæn'tɑːtə/ s. (*mus.*) cantata *f.*
canteen /kæn'tiːn/ s. **1** mensa *f.* **2** (*mil.*) posto *m.* di ristoro, spaccio *m.* **3** scatola *f.* per posate
canter /'kæntəʳ/ s. piccolo galoppo *m.*
cantilever /'kæntɪˌliːvəʳ/ s. mensola *f.*, trave *f.* a sbalzo ♦ **c. roof** pensilina
canvas /'kænvəs/ s. tela *f.*
canvass /'kænvəs/ s. **1** propaganda *f.* elettorale, sollecitazione *f.* (di voti) **2** analisi *f.*
to canvass /'kænvəs/ v.tr. **1** sollecitare voti, fare propaganda **2** esaminare a fondo
canyon /'kænjən/ s. canyon *m. inv.*
cap /kæp/ s. **1** berretto *m.* **2** tappo *m.*, cappuccio *m.* **3** (*di fungo*) cappella *f.*
to cap /kæp/ v.tr. **1** tappare, coprire **2** coronare **3** superare
capability /ˌkeɪpə'bɪlɪtɪ/ s. capacità *f.*, facoltà *f.*
capable /'keɪpəbl/ agg. **1** capace, abile **2** suscettibile di
capacious /kə'peɪʃəs/ agg. capiente, spazioso
capacity /kə'pæsɪtɪ/ s. **1** capacità *f.*, capienza *f.*, portata *f.* **2** capacità *f.*, abilità *f.*
cape /keɪp/ s. **1** capo *m.*, promontorio *m.* **2** cappa *f.*, mantellina *f.*
caper[1] /'keɪpəʳ/ s. cappero *m.*
caper[2] /'keɪpəʳ/ s. **1** capriola *f.*, salto *m.* **2** monelleria *f.*
to caper /'keɪpəʳ/ v.intr. saltellare, fare capriole
capillarity /ˌkæpɪ'lærɪtɪ/ s. capillarità *f.*
capillary /kə'pɪlərɪ/ agg. capillare
capital[1] /'kæpɪt(ə)l/ **A** agg. **1** capitale **2** (*econ.*) relativo al capitale **3** (*di lettera*) maiuscolo **B** s. **1** (*di città*) capitale *f.* **2** (lettera) maiuscola *f.* **3** (*econ.*) capitale *m.* ♦ **c. punishment** pena capitale || **share c.** capitale azionario
capital[2] /'kæpɪt(ə)l/ s. (*arch.*) capitello *m.*
capitalism /'kæpɪtəlɪz(ə)m/ s. capitalismo *m.*
capitalist /'kæpɪtəlɪst/ s. capitalista *m. e f.*
to capitalize /kə'pɪtəlaɪz/ **A** v.tr. **1** capitalizzare **2** scrivere in maiuscolo **B** v.intr. **1** capitalizzare **2** finanziare **3** valutare
to capitulate /kə'pɪtjʊleɪt/ v.intr. capitolare, arrendersi
caprice /kə'priːs/ s. capriccio *m.*
Capricorn /'kæprɪkɔːn/ s. Capricorno *m.*
caprine /'kæpraɪn/ agg. caprino
to capsize /kæp'saɪz/ **A** v.tr. capovolgere **B** v.intr. capovolgersi
capsule /'kæpsjuːl/ s. capsula *f.*
captain /'kæptɪn/ s. capitano *m.*, comandante *m.*
caption /'kæpʃ(ə)n/ s. didascalia *f.*, titolo *m.*
to captivate /'kæptɪveɪt/ v.tr. avvincere, attrarre
captive /'kæptɪv/ agg. e s. prigioniero *m.*
captivity /kæp'tɪvɪtɪ/ s. cattività *f.*
capture /'kæptʃəʳ/ s. **1** cattura *f.* **2** preda *f.*, bottino *m.*
to capture /'kæptʃəʳ/ v.tr. catturare
Capuchin /'kæpjʊʃɪn/ s. (frate) cappuccino *m.*
car /kɑːʳ/ s. **1** automobile *f.*, macchina *f.*, vettura *f.* **2** vagone *m.* ♦ **c. body repairer** carrozziere || **c. driver** automobilista || **c. electrician** elettrauto || **c. hire** autonoleggio || **c. park** parcheggio || **c. rental** autonoleggio || **c. wash** autolavaggio || **estate c.** (auto) familiare, station wagon || **catalyzed c.** auto catalizzata || **electric c.** auto elettrica
carafe /kə'rɑːf/ s. caraffa *f.*
caramel /'kærəmel/ s. **1** caramello *m.* **2** caramella *f.*
caravan /'kærəvæn/ s. **1** carovana *f.* **2** (*autom.*) roulotte *f. inv.*
carbohydrate /ˌkɑːbə(ʊ)'haɪdreɪt/ s. carboidrato *m.*
carbon /'kɑːbən/ s. carbonio *m.* ♦ **c. monoxide** monossido di carbonio
to carbonize /'kɑːbənaɪz/ v.tr. carbonizzare
carburettor /ˌkɑːbjʊ'retəʳ/ (*USA* **carburator**) s. carburatore *m.*
carcinogenic /ˌkɑːsɪnə(ʊ)'dʒenɪk/ agg. cancerogeno
card /kɑːd/ s. **1** scheda *f.*, tessera *f.* **2** biglietto *m.* da visita **3** (*inform.*) scheda *f.* ♦ **c. holder** schedario || **c. member** tesserato || **identity c.** carta d'identità
cardboard /'kɑːdbɔːd/ s. cartone *m.*
cardiac /'kɑːdɪæk/ agg. cardiaco
cardigan /'kɑːdɪgən/ s. cardigan *m. inv.*
cardinal /'kɑːdɪn(ə)l/ agg. e s. cardinale *m.*
cardiogram /'kɑːdɪəʊgræm/ s. cardiogramma *m.*
cardiologist /ˌkɑːdɪ'ɒlədʒɪst/ s. cardiologo *m.*
cardiopath /'kɑːdɪə(ʊ)pɑːθ/ s. cardiopatico *m.*
cardiovascular /ˌkɑːdɪ'ɒvæskjʊləʳ/ agg. cardiovascolare, cardiocircolatorio.
care /keəʳ/ s. **1** cura *f.*, attenzione *f.* **2** vigilanza *f.*, custodia *f.* **3** preoccupazione *f.* ♦ **c. of** (abbr. **c/o**, *ne-*

gli indirizzi) presso || **take c.** stammi bene || **to take c. of** curare, occuparsi di
to care /kɛəʳ/ **v.intr. 1** preoccuparsi, importare, interessarsi **2** voler bene ♦ **to c. for** prendersi cura di, piacere
career /kəˈrɪəʳ/ **s.** carriera *f.*
carefree /ˈkɛəfriː/ **agg.** spensierato
careful /ˈkɛəf(ʊ)l/ **agg. 1** accurato **2** attento, sollecito ♦ **be c.!** attenzione!
carefully /ˈkɛəflɪ/ **avv.** attentamente
careless /ˈkɛəlɪs/ **agg. 1** disattento, incurante **2** spensierato
carelessness /ˈkɛəlɪsnɪs/ **s. 1** disattenzione *f.* **2** incuria *f.*
caress /kəˈrɛs/ **s.** carezza *f.*
to caress /kəˈrɛs/ **v.tr.** accarezzare
caretaker /ˈkɛəˌteɪkəʳ/ **s.** custode *m. e f.*
caricature /ˌkærɪkəˈtjʊəʳ/ **s.** caricatura *f.*
caries /ˈkɛərɪiːz/ **s.** carie *f.*
caring /ˈkɛərɪŋ/ **agg.** premuroso, altruista
carnation /kɑːˈneɪʃ(ə)n/ **s.** garofano *m.*
carnival /ˈkɑːnɪv(ə)l/ **s.** carnevale *m.*
carnivorous /kɑːˈnɪv(ə)rəs/ **agg.** carnivoro
carol /ˈkær(ə)l/ **s.** canto *m.* ♦ **Christmas c.** canzone di Natale
to carp /kɑːp/ **v.intr.** cavillare, trovare da ridire
carpenter /ˈkɑːpɪntəʳ/ **s.** falegname *m.*
carpet /ˈkɑːpɪt/ **s.** tappeto *m.*, moquette *f. inv.* ♦ **c.-slippers** pantofole || **c. sweeper** battitappeto
carriage /ˈkærɪdʒ/ **s. 1** carrozza *f.*, vettura *f.* **2** trasporto *m.* **3** carrello *m.* **4** portamento *m.* ♦ **c. way** carreggiata
carrier /ˈkærɪəʳ/ **s. 1** corriere *m.*, spedizioniere *m.* **2** portapacchi *m. inv.* **3** supporto *m.*, sostegno *m.* **4** (*med.*) portatore *m.* ♦ **c. bag** sacchetto || **c. pigeon** piccione viaggiatore
carrot /ˈkærət/ **s.** carota *f.*
to carry /ˈkærɪ/ (*pass. e p.p.* **carried**) **A v.tr. 1** portare, trasportare **2** (*malattie*) trasmettere, diffondere **3** comportare **B v.intr.** raggiungere, farsi sentire ♦ **to be carried away** lasciarsi trascinare dall'entusiasmo || **to c. back** riportare, ricordare || **to c. off** vincere, cavarsela || **to c. on** proseguire, mandare avanti || **to c. out** effettuare, eseguire || **to c. through** portare a termine
carry-on /ˌkærɪˈɒn/ **s.** (*fam.*) confusione *f.* ♦ **c. luggage** bagaglio a mano
cart /kɑːt/ **s.** carro *m.*, carrozzino *m.*
cartilage /ˈkɑːtɪlɪdʒ/ **s.** cartilagine *f.*
cartographic(al) /ˌkɑːtəˈgræfɪk((ə)l)/ **agg.** cartografico
cartography /kɑːˈtɒgrəfɪ/ **s.** cartografia *f.*
carton /ˈkɑːtən/ **s. 1** cartone *m.*, scatola *f.* di cartone **2** (*di sigarette*) stecca *f.*
cartoon /kɑːˈtuːn/ **s. 1** vignetta *f.*, fumetto *m.* **2** (*tv, cin.*) cartone *m.* animato
cartoonist /kɑːˈtuːnɪst/ **s.** vignettista *m. e f.*, disegnatore *m.* di fumetti, cartoni animati
cartridge /ˈkɑːtrɪdʒ/ **s. 1** cartuccia *f.* **2** (*di registratore*) cassetta *f.*
to carve /kɑːv/ **v.tr. 1** incidere, intagliare **2** scolpire **3** trinciare, affettare ♦ **to c. out** ottenere con sforzo || **to c. up** suddividere
carving /ˈkɑːvɪŋ/ **s.** intaglio *m.*
caryatid /ˌkærɪˈætɪd/ **s.** cariatide *f.*
cascade /kæsˈkeɪd/ **s.** cascata *f.*
case[1] /keɪs/ **s. 1** caso *m.*, fatto *m.*, avvenimento *m.* **2** (*dir.*) causa *f.*, processo *m.* ♦ **c. history** anamnesi, casistica || **in any c.** in ogni caso || **in c. of** in caso di
case[2] /keɪs/ **s. 1** cassa *f.* **2** astuccio *m.*, custodia *f.* ♦ **vanity c.** (*da donna*) beauty case
cash /kæʃ/ **s. 1** cassa *f.* **2** (denaro) contante *m.*, moneta *f.* ♦ **c. desk** cassa || **c. dispenser** bancomat || **c. register** registratore di cassa
to cash /kæʃ/ **v.tr.** incassare, riscuotere
cashemere /kæʃˈmɪəʳ/ **s.** cachemire *m. inv.*
cashew /kæˈʃuː/ **s.** anacardio *m.*
cashier /kæˈʃɪəʳ/ **s.** cassiere *m.*
casing /ˈkeɪsɪŋ/ **s.** involucro *m.*, rivestimento *m.*
cask /kɑːsk/ **s.** barile *m.*, botte *f.*
casket /ˈkɑːskɪt/ **s.** scrigno *m.*, cofanetto *m.*
casserole /ˈkæsərəʊl/ **s.** casseruola *f.*, tegame *m.*
cassette /kæˈsɛt/ **s.** cassetta *f.* ♦ **c. player** mangianastri || **c. recorder** registratore a cassetta
cassock /ˈkæsək/ **s.** tonaca *f.*
cast /kɑːst/ **s. 1** tiro *m.*, lancio *m.* **2** (*teatro, cin.*) cast *m. inv.*
to cast /kɑːst/ (*pass. e p.p.* **cast**) **v.tr. e intr. 1** lanciare, buttare **2** (*teatro, cin.*) assegnare (una parte) ♦ **to c. off** liberarsi di || **to c. out** buttare fuori
castaway /ˈkɑːstəweɪ/ **s.** naufrago *m.*
casting vote /ˈkɑːstɪŋvəʊt/ **s.** voto *m.* decisivo
cast iron /ˌkɑːstˈaɪən/ **s.** ghisa *f.*
castle /ˈkɑːsl/ **s. 1** castello *m.* **2** (*scacchi*) torre *f.*
castor oil /ˌkɑːstərˈɔɪl/ **s.** olio *m.* di ricino
to castrate /kæsˈtreɪt/ **v.tr.** castrare
casual /ˈkæʒjʊəl/ **agg. 1** casuale, accidentale, occasionale **2** indifferente, noncurante **3** informale, disinvolto
casually /ˈkæʒjʊəlɪ/ **avv. 1** casualmente **2** con noncuranza
casualty /ˈkæʒjʊəltɪ/ **s. 1** ferito *m.*, vittima *f.* **2** infortunio *m.*, incidente *m.* ♦ **c. ward** pronto soccorso
cat /kæt/ **s.** gatto *m.* ♦ **c.'s eye** catarifrangente
cataclysm /ˈkætəklɪz(ə)m/ **s.** cataclisma *m.*
catacomb /ˈkætəkəʊm/ **s.** catacomba *f.*
catalogue /ˈkætəlɒg/ (*USA* **catalog**) **s.** catalogo *m.*
to catalogue /ˈkætəlɒg/ (*USA* **to catalog**) **v.tr.** catalogare
catalyst /ˈkætəlɪst/ **s.** catalizzatore *m.*
catalytic /ˌkætəˈlɪtɪk/ **agg.** catalitico ♦ **c. converter** marmitta catalitica
catamaran /ˌkætəməˈræn/ **s.** catamarano *m.*
catapult /ˈkætəpʌlt/ **s. 1** catapulta *f.* **2** fionda *f.*
cataract /ˈkætərækt/ **s.** cateratta *f.*
catarrh /kəˈtɑːʳ/ **s.** catarro *m.*

catastrophe /kəˈtæstrəfɪ/ s. catastrofe *f.*
catastrophic /ˌkætəˈstrɒfɪk/ agg. catastrofico
catch /kætʃ/ s. **1** presa *f.*, cattura *f.* **2** pesca *f.*, retata *f.* **3** gancio *m.*, fermo *m.* **4** inganno *m.*, trucco *m.* **5** preda *f.*, occasione *f.*
to catch /kætʃ/ (*pass. e p.p.* **caught**) **A** v.tr. **1** prendere, afferrare, sorprendere **2** attirare, attrarre **3** agganciare **4** raggiungere **B** v.intr. **1** impigliarsi, restar preso **2** far presa **3** essere contagioso ♦ **to c. a cold** prendere un raffreddore || **to c. on** capire, diventare di moda || **to c. out** cogliere in fallo || **to c. up** raggiungere, mettersi in pari
catching /ˈkætʃɪŋ/ agg. **1** contagioso, infettivo **2** attraente
catchphrase /ˈkætʃfreɪz/ s. slogan *m. inv.*, frase *f.* a effetto
catchy /ˈkætʃɪ/ agg. orecchiabile
catechism /ˈkætɪkɪz(ə)m/ s. catechismo *m.*
category /ˈkætɪgərɪ/ s. categoria *f.*
to cater /ˈkeɪtəʳ/ v.intr. **1** fornire cibi, bevande; organizzare il servizio catering **2** provvedere a, considerare
caterpillar /ˈkætəˌpɪləʳ/ s. bruco *m.*
cathedral /kəˈθiːdr(ə)l/ s. cattedrale *f.*
Catherine-wheel /ˈkæθ(ə)rɪnwiːl/ s. girandola *f.*
Catholic /ˈkæθəlɪk/ agg. cattolico
Catholicism /kəˈθɒlɪsɪz(ə)m/ s. cattolicesimo *m.*
catlike /ˈkætlaɪk/ agg. felino
catsup /ˈkætʃəp/ s. ketchup *m. inv.*
cattle /ˈkætl/ s. **1** bestiame *m.* **2** (*spreg.*) marmaglia *f.*
catty /ˈkætɪ/ agg. dispettoso, malizioso
catwalk /ˈkætwɔːk/ s. passerella *f.*
caucus /ˈkɔːkəs/ s. comitato *m.* (politico)
caught /kɔːt/ pass. e p.p. di **to catch**
cauliflower /ˈkɒlɪflaʊəʳ/ s. cavolfiore *m.*
causal /ˈkɔːz(ə)l/ agg. causale
cause /kɔːz/ s. causa *f.*, ragione *f.*
to cause /kɔːz/ v.tr. causare, procurare, produrre ♦ **to c. sb. to do st.** far fare q.c. a qc.
caustic /ˈkɔːstɪk/ agg. caustico
caution /ˈkɔːʃ(ə)n/ s. **1** cautela *f.*, circospezione *f.* **2** cauzione *f.* **3** avvertimento *m.* ♦ **c. money** cauzione
to caution /ˈkɔːʃ(ə)n/ v.tr. mettere in guardia, avvertire
cautious /ˈkɔːʃəs/ agg. prudente, cauto
cavalier /ˌkævəˈlɪəʳ/ agg. superbo, altezzoso
cavalry /ˈkæv(ə)lrɪ/ s. cavalleria *f.*
cave /keɪv/ s. caverna *f.*, grotta *f.*
to cave /keɪv/ v.tr. incavare, scavare ♦ **to c. in** cedere, arrendersi, sprofondare, crollare
caveman /ˈkeɪvmæn/ (*pl.* **cavemen**) s. **1** uomo *m.* delle caverne **2** (*fig.*) troglodita *m.*, uomo *m.* rozzo
cavern /ˈkævən/ s. caverna *f.*, grotta *f.*
caviar(e) /ˈkævɪɑːʳ/ s. caviale *m.*
cavil /ˈkævɪl/ s. cavillo *m.*
cavity /ˈkævɪtɪ/ s. cavità *f.*
to cavort /kəˈvɔːt/ v.intr. saltellare, fare capriole
to caw /kɔː/ v.intr. gracchiare
Cayenne pepper /keɪˈenˈpepəʳ/ s. peperoncino *m.*
CD /siːˈdiː/ s. compact disc *m. inv.*, CD *m. inv.* ♦ **C. writer** masterizzatore
CD-ROM /ˌsiːdiːˈrɒm/ s. cd-rom *m. inv.*
to cease /siːs/ v.tr. e intr. cessare
cease-fire /ˈsiːsfaɪəʳ/ s. cessate il fuoco *m.*
ceaseless /ˈsiːslɪs/ agg. incessante
cedar /ˈsiːdəʳ/ s. cedro *m.*
ceiling /ˈsiːlɪŋ/ s. **1** soffitto *m.* **2** (*fig.*) tetto *m.*, plafond *m. inv.*
celebrant /ˈselɪbr(ə)nt/ s. celebrante *m.*
to celebrate /ˈselɪbreɪt/ v.tr. e intr. **1** celebrare **2** festeggiare
celebrated /ˈselɪbreɪtɪd/ agg. celebre
celebration /ˌselɪˈbreɪʃ(ə)n/ s. **1** celebrazione *f.* **2** festeggiamento *m.*
celebrity /sɪˈlebrɪtɪ/ s. celebrità *f.*
celery /ˈselərɪ/ s. sedano *m.*
celestial /sɪˈlestjəl/ agg. **1** celeste **2** celestiale
cell /sel/ s. **1** cella *f.* **2** cellula *f.* **3** (*elettr.*) pila *f.* ♦ **c. phone** telefono cellulare, telefonino
cellar /ˈseləʳ/ s. **1** cantina *f.* **2** scantinato *m.*, sotterraneo *m.*
cellular /ˈseljʊləʳ/ agg. cellulare ♦ **c. (tele)phone** telefono cellulare, telefonino
cellulite /ˈseljʊlaɪt/ s. cellulite *f.*
cellulitis /ˌseljʊˈlaɪtɪs/ s. cellulite *f.*
Celtic /ˈkeltɪk/ agg. celtico
cement /sɪˈment/ s. cemento *m.*
cemeterial /ˌsemɪˈtɪərɪəl/ agg. cimiteriale
cemetery /ˈsemɪtrɪ/ s. cimitero *m.*
censor /ˈsensəʳ/ s. **1** censura *f.* **2** censore *m.*
to censor /ˈsensəʳ/ v.tr. censurare
censorship /ˈsensəʃɪp/ s. censura *f.*
to censure /ˈsenʃəʳ/ v.tr. riprovare, biasimare
census /ˈsensəs/ s. censimento *m.*
cent /sent/ s. **1** (*USA*) cent *m. inv.*, centesimo *m.* di dollaro **2** centesimo *m.* ♦ **per c.** per cento
centaur /ˈsentɔːʳ/ s. centauro *m.*
centenarian /ˌsentɪˈneərɪən/ agg. e s. (*di persona*) centenario *m.*
centenary /senˈtiːnərɪ/ agg. e s. centenario *m.*
centennial /senˈtenjəl/ **A** agg. centennale **B** s. (*anniversario*) centenario *m.*
center /ˈsentəʳ/ → ***centre***
centigrade /ˈsentɪgreɪd/ agg. centigrado
centimetre /ˈsentɪˌmiːtəʳ/ (*USA* **centimeter**) s. centimetro *m.*
central /ˈsentr(ə)l/ agg. centrale ♦ **(remote) c. locking** chiusura centralizzata
to centralize /ˈsentrəlaɪz/ v.tr. accentrare, centralizzare
centre /ˈsentəʳ/ (*USA* **center**) s. centro *m.* ♦ **c. field** centrocampo || **c. forward** centravanti || **c. piece** centrotavola
to centre /ˈsentəʳ/ **A** v.tr. **1** centrare **2** incentrare, concentrare **B** v.intr. **1** convergere, concentrarsi **2** basarsi, imperniarsi

centreboard /ˈsɛntəbɔːd/ s. (*naut.*) deriva *f.* mobile
centrifugal /sɛnˈtrɪfjʊg(ə)l/ agg. centrifugo
centrifuge /ˈsɛntrɪˌfjuːdʒ/ s. centrifuga *f.*
centring /ˈsɛntrɪŋ/ s. **1** centina *f.* **2** centraggio *m.*, centratura *f.*
centripetal /sɛnˈtrɪpɪt(ə)l/ agg. centripeto
century /ˈsɛntʃʊrɪ/ s. secolo *m.*
cephalalgy /ˌsəfəˈlædʒɪ/ s. cefalea *f.*
ceramics /sɪˈræmɪks/ s. pl. (*v. al sing.*) ceramica *f.*
ceramist /sɪˈræmɪst/ s. ceramista *m. e f.*
cereal /ˈsɪərɪəl/ s. cereale *m.*, cereali *m. pl.*
cerebellum /ˌsɛrɪˈbɛləm/ s. cervelletto *m.*
cerebral /ˈsɛrɪbr(ə)l/ agg. cerebrale
ceremony /ˈsɛrɪmənɪ/ s. cerimonia *f.*
certain /ˈsɜːtn/ agg. certo, sicuro ♦ **for c.** di sicuro || **to make c. of st.** accertarsi di q.c.
certainly /ˈsɜːtɪnlɪ/ avv. certamente
certainty /ˈsɜːtntɪ/ s. certezza *f.*, sicurezza *f.*
certificate /səˈtɪfɪkɪt/ s. certificato *m.*
certified /ˈsɜːtɪfaɪd/ agg. certificato, attestato
to certify /ˈsɜːtɪfaɪ/ v.tr. **1** certificare, attestare, dichiarare **2** autenticare
cervical /ˈsɜːvɪk(ə)l/ agg. cervicale
cervix /ˈsɜːvɪks/ s. cervice *f.*
chador /ˈtʃɑːdɔʳ/ s. chador *m. inv.*
to chafe /tʃeɪf/ **A** v.tr. **1** sfregare, logorare **2** irritare **B** v.intr. **1** sfregarsi, logorarsi **2** irritarsi
chaff /tʃɑːf/ s. pula *f.*, paglia *f.*
chafing-dish /ˈtʃeɪfɪŋdɪʃ/ s. scaldavivande *m. inv.*
chagrin /ˈʃægrɪn/ s. imbarazzo *m.*, disappunto *m.*
chain /tʃeɪn/ s. catena *f.* ♦ **c. reaction** reazione a catena
to chain /tʃeɪn/ v.tr. incatenare
chair /tʃɛəʳ/ s. **1** sedia *f.* **2** seggio *m.*, cattedra *f.* ♦ **c. lift** seggiovia || **to take the c.** assumere la presidenza
chairman /ˈtʃɛəmən/ (*pl.* **chairmen**) s. presidente *m.*
chairmanship /ˈtʃɛəmənʃɪp/ s. presidenza *f.*
chalet /ˈʃæleɪ/ s. chalet *m. inv.*, villetta *f.* di montagna, cottage *m. inv.*
chalice /ˈtʃælɪs/ s. calice *m.*
chalk /tʃɔːk/ s. gesso *m.*
challenge /ˈtʃælɪn(d)ʒ/ s. sfida *f.*
to challenge /ˈtʃælɪn(d)ʒ/ v.tr. **1** sfidare, provocare **2** contestare
challenging /ˈtʃælɪn(d)ʒɪŋ/ agg. **1** provocatorio **2** impegnativo, stimolante
chamber /ˈtʃeɪmbəʳ/ s. **1** sala *f.*, aula *f.* **2** camera *f.* **3** (*anat.*) cavità *f.* ♦ **c. maid** cameriera d'albergo || **c. music** musica da camera
chamois /ˈʃæmwɑː/ s. camoscio *m.*
champagne /ʃæmˈpeɪn/ s. champagne *m. inv.*
champion /ˈtʃæmpjən/ agg. e s. campione *m.*
championship /ˈtʃæmpjənʃɪp/ s. campionato *m.*
chance /tʃɑːns/ **A** s. **1** caso *m.*, combinazione *f.*, fortuna *f.*, probabilità *f.* **2** occasione *f.*, opportunità *f.* **B** agg. casuale, fortuito, occasionale ♦ **by c.** per caso || **to take a c.** correre un rischio || **to take one's chances** sfruttare un'opportunità, cogliere l'occasione
to chance /tʃɑːns/ v.tr. rischiare, arrischiare
chancellery /ˈtʃɑːnsələrɪ/ s. (*ufficio*) cancelleria *f.*
chancellor /ˈtʃɑːnsələʳ/ s. cancelliere *m.*
chandelier /ˌʃændɪˈlɪəʳ/ s. lampadario *m.*
change /tʃeɪn(d)ʒ/ s. **1** cambiamento *m.*, cambio *m.* **2** spiccioli *m. pl.*, resto *m.*
to change /tʃeɪn(d)ʒ/ v.tr. e intr. **1** cambiare, modificare **2** sostituire ♦ **to c. into** trasformarsi in, cambiarsi d'abito || **to c. over** passare a, scambiarsi i ruoli
changeable /ˈtʃeɪn(d)ʒəbl/ agg. variabile, instabile
changeover /ˈtʃeɪn(d)ʒˌəʊvəʳ/ s. cambiamento *m.*, trasformazione *f.*
changing /ˈtʃeɪn(d)ʒɪŋ/ agg. mutevole, cangiante ♦ **c. room** camerino, spogliatoio
channel /ˈtʃænl/ s. **1** canale *m.*, stretto *m.* **2** alveo *m.* **3** condotto *m.* **4** (*tv, radio*) canale *m.* **5** scanalatura *f.* ♦ **the English Channel** la Manica
chant /tʃɑːnt/ s. canto *m.* liturgico
chaos /kɛ(ɪ)ɒs/ s. caos *m.*
chaotic /kɛ(ɪ)ˈɒtɪk/ agg. caotico
chap[1] /tʃæp/ s. screpolatura *f.*
chap[2] /tʃæp/ s. (*zool.*) mascella *f.*
chap[3] /tʃæp/ s. (*fam.*) tipo *m.*, tizio *m.*, individuo *m.*
to chap /tʃæp/ v.tr. e intr. screpolare, screpolarsi
chapel /ˈtʃæp(ə)l/ s. cappella *f.*
chaplain /ˈtʃæplɪn/ s. cappellano *m.*
chappy /ˈtʃæpɪ/ agg. screpolato
chapter /ˈtʃæptəʳ/ s. capitolo *m.*
to char[1] /tʃɑːʳ/ v.tr. carbonizzare
to char[2] /tʃɑːʳ/ v.intr. lavorare a ore, a giornata
character /ˈkærɪktəʳ/ s. **1** carattere *m.* **2** personaggio *m.*
characteristic /ˌkærɪktəˈrɪstɪk/ **A** s. caratteristica *f.* **B** agg. caratteristico
to characterize /ˈkærɪktəraɪz/ v.tr. caratterizzare
charade /ʃəˈrɑːd/ s. sciarada *f.*
charcoal /ˈtʃɑːkəʊl/ s. **1** carbonella *f.* **2** carboncino *m.*
charcuterie /ʃɑːˈkuːt(ə)rɪ/ s. salumi *m. pl.*
chard /tʃɑːd/ s. bietola *f.*
charge /tʃɑːdʒ/ s. **1** carica *f.*, incarico *m.*, onere *m.* **2** cura *f.*, sorveglianza *f.* **3** addebito *m.*, spesa *f.*, prezzo *m.* richiesto **4** (*dir.*) accusa *f.* **5** (*elettr.*) carica *f.*
to charge /tʃɑːdʒ/ **A** v.tr. **1** addebitare, far pagare **2** accusare **3** caricare **4** incaricare **B** v.intr. **1** lanciarsi, precipitarsi **2** andare alla carica
charger /ˈtʃɑːdʒəʳ/ s. caricabatterie *m. inv.* ♦ **travel c.** caricabatterie da viaggio
chariot /ˈtʃærɪət/ s. cocchio *m.*
charioteer /ˌtʃærɪəˈtɪəʳ/ s. auriga *m.*
charismatic /ˌkærɪzˈmætɪk/ agg. carismatico
charitable /ˈtʃærɪtəbl/ agg. **1** caritatevole **2** di beneficenza
charity /ˈtʃærɪtɪ/ s. **1** carità *f.*, elemosina *f.* **2** beneficenza *f.* **3** ente *m.* morale, istituzione *f.* benefica

charlady /ˈtʃɑːˌleɪdɪ/ s. domestica *f.* a ore
charlatan /ˈʃɑːlətən/ s. ciarlatano *m.*
charm /tʃɑːm/ s. **1** incantesimo *m.* **2** fascino *m.* ◆ **lucky c.** portafortuna
to charm /tʃɑːm/ v.tr. incantare, affascinare
charming /ˈtʃɑːmɪŋ/ agg. affascinante, avvincente, incantevole
chart /tʃɑːt/ s. **1** diagramma *m.*, grafico *m.* **2** carta *f.* nautica **3** al pl. hit-parade *f.*
charter /ˈtʃɑːtəʳ/ **A** s. statuto *m.* **B** agg. a noleggio ◆ **c. flight** volo charter
to charter /ˈtʃɑːtəʳ/ v.tr. noleggiare
charterer /ˈtʃɑːtərəʳ/ s. noleggiatore *m.*
chartreuse /ʃɑːˈtrɜːz/ s. certosa *f.*
chase /tʃeɪs/ s. caccia *f.*, inseguimento *m.*
to chase /tʃeɪs/ **A** v.tr. cacciare, inseguire **B** v.intr. affrettarsi
chasm /ˈkæz(ə)m/ s. baratro *m.*, voragine *f.*
chassis /ˈʃæsɪ/ s. châssis *m. inv.*, telaio *m.*
chaste /tʃeɪst/ agg. casto, castigato
chastity /ˈtʃæstɪtɪ/ s. castità *f.*
chat /tʃæt/ s. **1** chiacchierata *f.* **2** (*inform.*) chat *f.* ◆ **c. line** chat line
to chat /tʃæt/ v.intr. **1** chiacchierare **2** (*inform.*) chattare
chatter /ˈtʃætəʳ/ s. **1** chiacchiera *f.*, ciarla *f.* **2** cinguettio *m.* **3** il battere i denti
to chatter /ˈtʃætəʳ/ v.intr. **1** chiacchierare **2** cinguettare **3** battere i denti
chatterbox /ˈtʃætəbɒks/ s. chiacchierone *m.*
chatty /ˈtʃætɪ/ agg. **1** chiacchierone **2** familiare, amichevole
chauvinism /ˈʃəʊvɪnɪz(ə)m/ s. sciovinismo *m.*
cheap /tʃiːp/ **A** agg. **1** economico, conveniente **2** dozzinale, grossolano **3** meschino, volgare **B** avv. a basso prezzo
cheapish /ˈtʃiːpɪʃ/ agg. dozzinale
cheapness /ˈtʃiːpnəs/ s. convenienza *f.*
cheat /tʃiːt/ s. **1** imbroglione *m.*, truffatore *m.* **2** imbroglio *m.*, truffa *f.*
to cheat /tʃiːt/ v.tr. e intr. imbrogliare, truffare
cheater /ˈtʃiːtəʳ/ s. truffatore *m.*
check /tʃɛk/ s. **1** controllo *m.*, verifica *f.*, ispezione *f.* **2** ostacolo *m.*, arresto *m.* **3** (*USA*) assegno *m.* **4** (*USA*) (*al ristorante*) conto *m.* **5** scontrino *m.* **6** scacco *m.* ◆ **c. card** tessera bancomat, bancomat
to check /tʃɛk/ **A** v.tr. **1** controllare, verificare **2** frenare, impedire **3** contrassegnare **4** depositare, lasciare in custodia **B** v.intr. concordare ◆ **to c. in** (*in albergo, aeroporto*) registrarsi ‖ **to c. out** controllare, saldare il conto dell'albergo ‖ **to c. up** verificare, controllare
checkmate /ˈtʃɛkˌmeɪt/ s. scaccomatto *m.*
to checkmate /ˈtʃɛkˌmeɪt/ v.tr. dare scaccomatto a
checkroom /ˈtʃɛkruːm/ s. (*in locale pubblico*) guardaroba *m. inv.*
cheek /tʃiːk/ s. **1** guancia *f.* **2** sfacciataggine *f.*
cheekbone /ˈtʃiːkbəʊn/ s. zigomo *m.*
cheeky /ˈtʃiːkɪ/ agg. impertinente, sfacciato
to cheep /tʃiːp/ v.intr. pigolare
cheer /ˈtʃɪəʳ/ s. **1** grido *m.* di incoraggiamento, evviva *m. inv.* **2** allegrezza *f.* **3** al pl. applauso *m.* ◆ **cheers!** cincin!
to cheer /ˈtʃɪəʳ/ **A** v.tr. rallegrare **B** v.intr. applaudire, incoraggiare ◆ **to c. up** rallegrarsi ‖ **c. up!** coraggio!
cheerful /ˈtʃɪəf(ʊ)l/ agg. allegro, contento
cheerfulness /ˈtʃɪəf(ʊ)lnɪs/ s. allegria *f.*, contentezza *f.*
cheering /ˈtʃɪrɪŋ/ s. applauso *m.*
cheerio /ˌtʃɪərɪˈəʊ/ inter. ciao
cheese /tʃiːz/ s. formaggio *m.* ◆ **c. factory** caseificio *m.*
cheetah /ˈtʃiːtə/ s. ghepardo *m.*
chemical /ˈkɛmɪk(ə)l/ **A** agg. chimico **B** s. prodotto *m.* chimico
chemist /ˈkɛmɪst/ s. **1** chimico *m.* **2** farmacista *m.* e *f.* ◆ **c.'s shop** farmacia
chemistry /ˈkɛmɪstrɪ/ s. chimica *f.*
cheque /tʃɛk/ s. assegno *m.* ◆ **blank c.** assegno in bianco ‖ **c. book** libretto degli assegni ‖ **c. card** carta assegni ‖ **uncovered c.** assegno scoperto
to cherish /ˈtʃɛrɪʃ/ v.tr. aver caro, curare
cherry /ˈtʃɛrɪ/ s. ciliegia *f.*
chess /tʃɛs/ s. scacchi *m. pl.* ◆ **c. board** scacchiera
chest /tʃɛst/ s. **1** cassa *f.*, cassapanca *f.* **2** scatola *f.* **3** torace *m.*, petto *m.* ◆ **c. of drawers** cassettone, cassettiera
chestnut /ˈtʃɛsnʌt/ s. castagna *f.* ◆ **c. brown** (color) castano
to chew /tʃuː/ v.tr. masticare
chewing gum /ˈtʃʊ(ː)ɪŋgʌm/ s. gomma *f.* da masticare
chick /tʃɪk/ s. pulcino *m.*
chicken /ˈtʃɪkɪn/ s. pollo *m.* ◆ **c. pox** varicella ‖ **roast c.** pollo arrosto
chickpea /ˈtʃɪkpiː/ s. cece *m.*
chicory /ˈtʃɪkərɪ/ s. cicoria *f.*
chief /tʃiːf/ **A** s. capo *m.*, comandante *m.* **B** agg. principale ◆ **c. town** capoluogo
chiefly /ˈtʃiːflɪ/ avv. principalmente
child /tʃaɪld/ (*pl.* **children**) s. **1** bambino *m.* **2** figlio *m.* ◆ **c. birth** parto ‖ **only c.** figlio unico
childhood /ˈtʃaɪldhʊd/ s. infanzia *f.*
childish /ˈtʃaɪldɪʃ/ agg. puerile
chill /tʃɪl/ agg. e s. freddo *m.*
to chill /tʃɪl/ **A** v.tr. raffreddare **B** v.intr. raffreddarsi
chilli /ˈtʃɪlɪ/ s. peperoncino *m.* ◆ **c. pepper** peperoncino
chilly /ˈtʃɪlɪ/ agg. **1** freddo **2** freddoloso
to chime /tʃaɪm/ v.intr. scampanare, rintoccare
chimney /ˈtʃɪmnɪ/ s. camino *m.*, comignolo *m.*, ciminiera *f.* ◆ **c.-sweep(er)** spazzacamino
chimpanzee /ˌtʃɪmpənˈziː/ s. scimpanzé *m.*
chin /tʃɪn/ s. mento *m.*

china /'tʃaɪnə/ s. porcellana *f.* ◆ **c. clay** caolino
chinaware /'tʃaɪnəwɛəʳ/ s. stoviglie *f. pl.* di porcellana
Chinese /tʃaɪ'niːz/ agg. e s. cinese *m. e f.*
chip /tʃɪp/ s. **1** scheggia *f.*, scaglia *f.*, pezzetto *m.* **2** al pl. patatine *f. pl.* (fritte) **3** gettone *m.* **4** (*elettron.*) chip *m. inv.*
to chip /tʃɪp/ **A** v.tr. scalpellare, scheggiare **B** v.intr. scheggiarsi ◆ **to c. in** interloquire, contribuire
chiromancer /'kaɪərəmænsəʳ/ s. chiromante *m. e f.*
chiropodist /kɪ'rɒpədɪst/ s. pedicure *m. e f. inv.*
chiropractor /'kaɪrəʊpræktəʳ/ s. chiropratico *m.*
to chirp /tʃɜːp/ v.intr. cinguettare, frinire
to chirrup /'tʃɪrəp/ v.intr. cinguettare, frinire
chisel /'tʃɪzl/ s. cesello *m.*, scalpello *m.*
to chisel /'tʃɪzl/ v.tr. cesellare, scalpellare
chit /tʃɪt/ s. (*fam.*) biglietto *m.*
chivalrous /'ʃɪv(ə)l(r)əs/ agg. cavalleresco
chivalry /'ʃɪv(ə)lrɪ/ s. cavalleria *f.*
chive /tʃaɪv/ s. erba *f.* cipollina
chlorine /'klɔːriːn/ s. cloro *m.*
chlorophyl /'klɒrəfɪl/ s. clorofilla *f.*
chock-a-block /ˌtʃɒkə'blɒk/ agg. pieno zeppo
chocolate /'tʃɒk(ə)lɪt/ **A** agg. di cioccolato **B** s. **1** cioccolato *m.*, cioccolata *f.* **2** cioccolatino *m.* ◆ **hot c.** cioccolata calda || **milk c.** cioccolato al latte || **dark c.** cioccolato fondente
choice /tʃɔɪs/ **A** agg. scelto **B** s. scelta *f.* ◆ **at c.** a volontà
choir /'kwaɪəʳ/ s. coro *m.*
choke /tʃəʊk/ s. **1** soffocamento *m.* **2** ingorgo *m.*, intasamento *m.* **3** (*autom.*) valvola *f.* dell'aria
to choke /tʃəʊk/ **A** v.tr. **1** soffocare, strozzare **2** intasare, ingolfare **B** v.intr. soffocare
choking /'tʃəʊkɪŋ/ **A** agg. soffocante **B** s. soffocamento *m.*
cholera /'kɒlərə/ s. colera *m.*
cholesterol /kɒ'lɛstərɒl/ s. colesterolo *m.*
to choose /tʃuːz/ (*pass.* **chose**, *p.p.* **chosen**) v.tr. e intr. **1** scegliere **2** gradire, preferire
choosy /tʃuːzɪ/ agg. (*fam.*) schizzinoso
chop[1] /tʃɒp/ s. **1** costata *f.* **2** taglio *m.* ◆ **lamb c.** costata d'agnello || **pork c.** costata di maiale
chop[2] /tʃɒp/ s. mascella *f.*
to chop /tʃɒp/ v.tr. **1** tagliare, fare a pezzi **2** tritare ◆ **to c. off** recidere
chopping-board /'tʃɒpɪŋˌbɔːd/ s. tagliere *m.*
choppy /'tʃɒpɪ/ agg. **1** (*di mare*) increspato **2** disuguale
choral /'kɔːr(ə)l/ agg. corale
chorale /kəː'ræl/ s. **1** corale *m.* **2** coro *m.*, corale *f.*
chord /kɔːd/ s. (*mus.*) accordo *m.*
choreography /ˌkɒrɪ'ɒgrəfɪ/ s. coreografia *f.*
chorister /'kɒrɪstəʳ/ s. corista *m. e f.*
chorus /'kɔːrəs/ s. **1** coro *m.* **2** corpo *m.* di ballo ◆ **c. girl** ballerina di fila
chose /tʃəʊz/ pass. di **to choose**
chosen /'tʃəʊzn/ p.p. di **to choose**
chowder /'tʃaʊdəʳ/ s. zuppa *f.* di pesce ◆ **clam c.** zuppa di vongole
Christ /kraɪst/ s. Cristo *m.*
to christen /'krɪsn/ v.tr. battezzare
Christendom /'krɪsndəm/ s. cristianità *f.*
Christian /'krɪstjən/ agg. cristiano ◆ **C. name** nome (di battesimo)
Christianity /ˌkrɪstɪ'ænɪtɪ/ s. cristianesimo *m.*
Christmas /'krɪsməs/ s. Natale *m.* ◆ **C. Eve** vigilia di Natale || **merry C.** buon Natale
chromatic /krə'mætɪk/ agg. cromatico
chrome /krəʊm/ s. cromo *m.*
chromium /'krəʊmjəm/ s. cromo *m.* ◆ **c. plating** cromatura
chronic /'krɒnɪk/ agg. cronico
chronicle /'krɒnɪkl/ s. cronaca *f.*, cronistoria *f.*
chronicler /'krɒnɪkləʳ/ s. cronista *m. e f.*
chronologic(al) /ˌkrɒnə'lɒdʒɪk((ə)l)/ agg. cronologico
chronometer /krə'nɒmɪtəʳ/ s. cronometro *m.*
chubby /'tʃʌbɪ/ agg. paffuto
to chuck /tʃʌk/ v.tr. gettare, buttare ◆ **to c. out** sbattere fuori
chucker-out /ˌtʃʌkəʳ'aʊt/ s. buttafuori *m. e f. inv.*
to chuckle /'tʃʌkl/ v.intr. ridacchiare, sogghignare
chum /tʃʌm/ s. compagno *m.*, amico *m.*
chunk /tʃʌŋk/ s. pezzo *m.*, pezzo *m.* grosso
church /tʃɜːtʃ/ s. chiesa *f.* ◆ **c.-officer** sagrestano || **c. tower** campanile
churchyard /'tʃɜːtʃjɑːd/ s. **1** cimitero *m.* presso una chiesa **2** sagrato *m.*
churlish /'tʃɜːlɪʃ/ agg. villano, rozzo
churn /tʃɜːn/ s. **1** zangola *f.* **2** bidone *m.* per il latte
chute /ʃuːt/ s. **1** scivolo *m.* **2** canale *m.* di scarico **3** cascata *f.*
cicada /sɪ'kɑːdə/ s. cicala *f.*
cicerone /ˌtʃɪtʃə'rəʊnɪ/ s. cicerone *m.*
cider /'saɪdəʳ/ s. sidro *m.*
cigar /sɪ'gɑːʳ/ s. sigaro *m.*
cigarette /ˌsɪgə'rɛt/ s. sigaretta *f.* ◆ **c. butt, end** mozzicone || **c. holder** bocchino || **c. machine** distributore (automatico) di sigarette **c. paper** cartina
cinecamera /'sɪnɪˌkæm(ə)rə/ s. cinepresa *f.*
cinema /'sɪnɪmə/ s. cinema *m. inv.*
cinematographic /ˌsɪnɪˌmætə'græfɪk/ agg. cinematografico
cinerary /'sɪnərərɪ/ agg. cinerario
cinnabar /'sɪnəbɑːʳ/ s. cinabro *m.*
cinnamon /'sɪnəmən/ s. cannella *f.*
circle /'sɜːkl/ s. **1** cerchio *m.* **2** circolo *m.*, anello *m.* **3** (*teatro*) galleria *f.* **4** cerchia *f.*
to circle /'sɜːkl/ **A** v.tr. **1** circondare **2** girare intorno a **B** v.intr. muoversi in cerchio
circuit /'sɜːkɪt/ s. **1** circuito *m.* **2** giro *m.*
circuitous /sə(ː)'kjuːɪtəs/ agg. tortuoso, indiretto
circular /'sɜːkjʊləʳ/ **A** agg. circolare **B** s. (lettera) circolare *f.*

to circulate /ˈsɜːkjʊleɪt/ **A** v.intr. **1** circolare **2** diffondersi **B** v.tr. far circolare
circulation /ˌsɜːkjʊˈleɪʃ(ə)n/ s. **1** circolazione *f.* **2** diffusione *f.*
circumcision /ˌsɜːkəmˈsɪʒ(ə)n/ s. circoncisione *f.*
circumference /səˈkʌmf(ə)r(ə)ns/ s. circonferenza *f.*
to circumscribe /ˈsɜːkəmskraɪb/ v.tr. circoscrivere
circumstance /ˈsɜːkəmstəns/ s. circostanza *f.*
to circumvent /ˌsɛːkəmˈvɛnt/ v.tr. **1** circuire **2** eludere
circus /ˈsɜːkəs/ s. circo *m.*
Cistercian /sɪsˈtɜːʃən/ agg. cistercense
cistern /ˈsɪstən/ s. cisterna *f.*, serbatoio *m.*
citadel /ˈsɪtədl/ s. cittadella *f.*
citation /saɪˈteɪʃ(ə)n/ s. citazione *f.*
to cite /saɪt/ v.tr. citare
citizen /ˈsɪtɪzn/ s. cittadino *m.*
citizenship /ˈsɪtɪz(ə)nʃɪp/ s. cittadinanza *f.*
citron /ˈsɪtr(ə)n/ s. (*frutto*) cedro *m.*
citrus fruit /ˈsɪtrəsˌfrut/ s. agrume *m.*
city /ˈsɪtɪ/ s. città *f.* ♦ **c. hall** municipio || **c. planner** urbanista || **c. planning** urbanistica
civic /ˈsɪvɪk/ agg. civico
civil /ˈsɪvl/ agg. civile ♦ **c. servant** impiegato statale || **c. service** pubblica amministrazione
civility /sɪˈvɪlɪtɪ/ s. civiltà *f.*, educazione *f.*
civilization /ˌsɪvɪlaɪˈzeɪʃ(ə)n/ s. civiltà *f.*, civilizzazione *f.*
clad /klæd/ agg. vestito, rivestito
claim /kleɪm/ s. **1** richiesta *f.*, rivendicazione *f.* **2** reclamo *m.* **3** affermazione *f.*
to claim /kleɪm/ v.tr. **1** pretendere, rivendicare **2** reclamare **3** sostenere
claimant /ˈkleɪmənt/ s. richiedente *m. e f.*
clam /klæm/ s. **1** vongola *f.* **2** mollusco *m.* (bivalve)
to clamber /ˈklæmbəʳ/ v.intr. arrampicarsi
clammy /ˈklæmɪ/ agg. viscido, appiccicaticcio
clamorous /ˈklæm(ə)rəs/ agg. clamoroso
clamour /ˈklæməʳ/ (*USA* **clamor**) s. **1** clamore *m.* **2** rimostranza *f.*
to clamour /ˈklæməʳ/ (*USA* **to clamor**) v.intr. **1** strepitare **2** chiedere a gran voce
clamp /klæmp/ s. morsetto *m.*, pinza *f.*
clan /klæn/ s. clan *m. inv.*
clandestine /klænˈdɛstɪn/ s. clandestino *m.*
to clang /klæŋ/ v.intr. produrre un suono metallico
to clap /klæp/ **A** v.tr. **1** applaudire **2** dare un colpo con la mano **3** (*fam.*) mandare **B** v.intr. applaudire ♦ **to c. sb. into jail** sbattere qc. in prigione || **to c. on** infilarsi
to clarify /ˈklærɪfaɪ/ v.tr. **1** chiarire **2** (*tecnol.*) raffinare
clarinet /ˌklærɪˈnɛt/ s. clarinetto *m.*
clarity /ˈklærɪtɪ/ s. chiarezza *f.*
clash /klæʃ/ s. **1** cozzo *m.*, urto *m.*, rumore *m.* metallico **2** (*fig.*) scontro *m.*
to clash /klæʃ/ v.intr. **1** cozzare, urtare, stridere **2** (*fig.*) scontrarsi
clasp /klɑːsp/ s. **1** fermaglio *m.*, fibbia *f.* **2** stretta *f.*
to clasp /klɑːsp/ v.tr. **1** affibbiare, agganciare **2** stringere, serrare
class /klɑːs/ s. **1** classe *f.*, categoria *f.* **2** corso *m.*, lezione *f.* ♦ **first c.** prima classe || **middle c.** ceto medio, borghesia
to class /klɑːs/ v.tr. classificare
classic /ˈklæsɪk/ agg. e s. classico *m.*
classical /ˈklæsɪkl/ agg. classico
classicism /ˈklæsɪsɪz(ə)m/ s. classicismo *m.*
classicist /ˈklæsɪsɪst/ s. classicista *m. e f.*
classification /ˌklæsɪfɪˈkeɪʃ(ə)n/ s. classificazione *f.*
classified /ˈklæsɪfaɪd/ agg. **1** (*di documento*) segreto, riservato **2** classificato
to classify /ˈklæsɪfaɪ/ v.tr. classificare
classmate /ˈklɑːsmeɪt/ s. compagno *m.* di classe
classroom /ˈklɑːsrʊm/ s. aula *f.*
clatter /ˈklætəʳ/ s. **1** acciottolio *m.* **2** scalpitio *m.*
clause /klɔːz/ s. **1** clausola *f.* **2** (*gramm.*) proposizione *f.*
claustrophobia /ˌklɔːstrəˈfəʊbjə/ s. claustrofobia *f.*
clavicle /ˈklævɪkl/ s. clavicola *f.*
claw /klɔː/ s. **1** artiglio *m.* **2** chela *f.*, pinza *f.* **3** zampa *f.*
to claw /klɔː/ v.tr. artigliare ♦ **to c. at** afferrarsi a || **to c. off** prendere il largo
clay /kleɪ/ s. argilla *f.*, creta *f.*
clean /kliːn/ **A** agg. **1** pulito, puro, limpido **2** armonioso **3** accurato, preciso **B** avv. completamente
to clean /kliːn/ v.tr. e intr. pulire, pulirsi ♦ **to c. out** ripulire || **to c. up** pulire, raccogliere
clean-cut /ˌkliːnˈkʌt/ agg. **1** ben delineato, marcato **2** (*di persona*) pulito, per bene
cleaner /ˈkliːnəʳ/ s. **1** addetto *m.* alle pulizie **2** depuratore *m.* ♦ **c.'s** tintoria || **to take sb. to the cleaners** ripulire qc.
cleaning /ˈkliːnɪŋ/ s. pulizia *f.*
to cleanse /klɛnz/ v.tr. **1** pulire, detergere **2** (*fig.*) purificare
clean-shaven /ˌkliːnˈʃeɪvn/ agg. ben rasato
cleansing /ˈklɛnzɪŋ/ agg. detergente
clear /klɪəʳ/ agg. **1** chiaro, limpido, nitido **2** aperto, libero, sgombro **3** (*di somma*) netto **4** sicuro
to clear /klɪəʳ/ **A** v.tr. **1** chiarire, schiarire **2** discolpare **3** liberare, svuotare sgomberare **4** superare **5** sdoganare **B** v.intr. diventare chiaro, rasserenarsi ♦ **to c. off** squagliarsela || **to c. out** andarsene || **to c. up** chiarire, ripulire
clearance sale /ˈklɪər(ə)nsˈseɪl/ s. svendita *f.*
clearing /ˈklɪərɪŋ/ s. radura *f.*
clearly /ˈklɪəlɪ/ avv. chiaramente
clearness /ˈklɪənɪs/ s. limpidezza *f.*
clearway /ˈklɪəweɪ/ s. strada *f.* con divieto di sosta
to cleave[1] /kliːv/ (*pass. e p.p.* **cleaved**, **cleft**) v.tr. fendere, spaccare
to cleave[2] /kliːv/ v.intr. aderire

cleaver /ˈkliːvəʳ/ s. mannaia *f.*
clef /klɛf/ s. (*mus.*) chiave *f.*
cleft /klɛft/ **A** pass. e p.p. di **to cleave** **B** s. crepaccio *m.*, fessura *f.*
to clench /klɛn(t)ʃ/ v.tr. stringere, serrare
clepsydra /ˈklɛpsɪdrə/ s. clessidra *f.*
clergy /ˈklɜːdʒɪ/ s. clero *m.*
clergyman /ˈklɜːdʒɪmən/ s. ecclesiastico *m.*
cleric /ˈklɛrɪk/ s. chierico *m.*
clerical /ˈklɛrɪkl/ agg. **1** clericale **2** di impiegato
clerk /klɑːk/ s. **1** impiegato *m.* **2** (*USA*) commesso *m.*
clever /ˈklɛvəʳ/ agg. **1** bravo, abile, intelligente **2** eseguito con abilità
cleverness /ˈklɛvənɪs/ s. ingegnosità *f.*, abilità *f.*, intelligenza *f.*
clew /kluː/ s. **1** gomitolo *m.* **2** (*naut.*) bugna *f.*
click /klɪk/ s. scatto *m.*
to click /klɪk/ v.tr. e intr. **1** battere, far scattare, schioccare **2** (*fam.*) capire **3** (*inform.*) cliccare
client /ˈklaɪənt/ s. cliente *m. e f.*
cliff /klɪf/ s. rupe *f.*, scogliera *f.*
climate /ˈklaɪmɪt/ s. clima *m.*
climatic /klaɪˈmætɪk/ agg. climatico
climax /ˈklaɪmæks/ s. culmine *m.*, apice *m.*, climax *m. inv.*
climb /klaɪm/ s. salita *f.*, arrampicata *f.*
to climb /klaɪm/ v.tr. e intr. arrampicarsi, scalare, salire ♦ **to c. down** scendere
climber /ˈklaɪməʳ/ s. **1** scalatore *m.*, arrampicatore *m.* **2** (*bot.*) rampicante *m.*
climbing /ˈklaɪmɪŋ/ **A** agg. rampicante **B** s. **1** alpinismo *m.* **2** arrampicata *f.* ♦ **free c.** arrampicata libera, free climbing
to clinch /klɪn(t)ʃ/ v.tr. concludere
to cling /klɪŋ/ (*pass. e p.p.* **clung**) v.intr. aggrapparsi, attaccarsi
clinging /ˈklɪŋɪŋ/ agg. **1** attillato, aderente **2** (*di persone*) appiccicoso
clinic /ˈklɪnɪk/ s. clinica *f.*
clinical /ˈklɪnɪk(ə)l/ agg. clinico
clip /klɪp/ s. **1** fermaglio *m.*, molletta *f.* **2** spilla *f.* **3** (*fig.*) ritmo *m.* veloce
to clip[1] /klɪp/ v.tr. unire, attaccare, graffare
to clip[2] /klɪp/ v.tr. **1** tosare **2** (*una siepe*) potare **3** tagliare, ritagliare
clipper /ˈklɪpəʳ/ s. **1** al pl. forbici *f. pl.*, cesoie *f. pl.* **2** (*naut.*) clipper *m. inv.*
clipping /ˈklɪpɪŋ/ s. **1** taglio *m.*, tosatura *f.* **2** (*di giornale*) ritaglio *m.*
clique /kliːk/ s. conventicola *f.*
cloak /kləʊk/ s. mantello *m.* ♦ **c. room** guardaroba (*in locale pubblico*), gabinetto, bagno
to cloak /kləʊk/ v.tr. avvolgere, nascondere
clock /klɒk/ s. orologio *m.* ♦ **alarm c.** sveglia
to clock /klɒk/ v.tr. cronometrare ♦ **to c. in** timbrare il cartellino all'entrata || **to c. out** timbrare il cartellino all'uscita
clockwise /ˈklɒkwaɪz/ avv. in senso orario
clog /klɒg/ s. **1** zoccolo *m.* **2** impedimento *m.*, ostacolo *m.*
to clog /klɒg/ **A** v.tr. **1** inceppare, impedire **2** ostruire **B** v.intr. intasarsi, otturarsi
cloister /ˈklɔɪstəʳ/ s. chiostro *m.*
close[1] /kləʊs/ **A** agg. **1** vicino **2** intimo **3** chiuso, serrato, ristretto **4** nascosto, riservato, appartato **5** afoso **B** avv. vicino ♦ **c. on** quasi || **c. to** vicino a
close[2] /kləʊz/ s. conclusione *f.*
to close /kləʊz/ **A** v.tr. **1** chiudere **2** concludere **B** v.intr. **1** chiudere, chiudersi **2** finire ♦ **to c. about/around** avvolgere || **to c. down** chiudere, cessare l'attività || **to c. up** ostruire, serrare || **closing time** ora di chiusura, orario di chiusura
closed /kləʊzd/ agg. chiuso
closely /ˈkləʊslɪ/ avv. **1** strettamente **2** attentamente
closet /ˈklɒzɪt/ s. **1** stanzino *m.*, bugigattolo *m.* **2** armadio *m.* **3** gabinetto *m.*
close-up /ˈkləʊsʌp/ s. (*fot., cin.*) primo piano *m.*
closure /ˈkləʊʒəʳ/ s. chiusura *f.*
clot /klɒt/ s. **1** grumo *m.*, coagulo *m.* **2** (*pop.*) stupido *m.*
to clot /klɒt/ **A** v.tr. coagulare **B** v.intr. coagularsi
cloth /klɒθ/ s. **1** stoffa *f.*, tela *f.* **2** straccio *m.* ♦ **table c.** tovaglia
clothes /kləʊðz/ s. pl. **1** abbigliamento *m.*, vestiti *m. pl.* **2** biancheria *f.* (da letto) ♦ **c. hanger** gruccia || **c. hook** attaccapanni || **c. peg** molletta per panni || **c. pin** molletta per panni
clothing /ˈkləʊðɪŋ/ s. abbigliamento *m.*, vestiario *m.*
cloud /klaʊd/ s. **1** nube *f.*, nuvola *f.* **2** macchia *f.* ♦ **c. burst** nubifragio
to cloud /klaʊd/ v.intr. **1** annuvolarsi **2** macchiarsi, intorbidarsi
cloudy /ˈklaʊdɪ/ agg. **1** nuvoloso **2** di cattivo umore **3** torbido
clove[1] /kləʊv/ s. (*cuc.*) chiodo *m.* di garofano
clove[2] /kləʊv/ s. (*cuc.*) (*di aglio*) spicchio *m.*
clover /ˈkləʊvəʳ/ s. trifoglio *m.*
clown /klaʊn/ s. clown *m. inv.*, pagliaccio *m.*
to cloy /klɔɪ/ v.tr. saziare, stuccare, nauseare
club /klʌb/ s. **1** mazza *f.*, randello *m.* **2** club *m. inv.*, circolo *m.* **3** (carta di) fiori *m. pl.*
to club /klʌb/ **A** v.tr. bastonare **B** v.intr. raccogliersi in un circolo ♦ **to c. with** associarsi
to cluck /klʌk/ v.intr. chiocciare
clue /kluː/ s. **1** indizio *m.*, indicazione *f.* **2** (*di cruciverba*) definizione *f.* **3** (*naut.*) bugna *f.* ♦ **I haven't a c.** non ne ho la minima idea
clumsy /ˈklʌmzɪ/ agg. goffo, maldestro
clung /klʌŋ/ pass. e p.p. di **to cling**
cluster /ˈklʌstəʳ/ s. **1** grappolo *m.*, mazzo *m.*, ammasso *m.* **2** sciame *m.*
to cluster /ˈklʌstəʳ/ v.intr. raggrupparsi
clutch /klʌtʃ/ s. **1** presa *f.*, stretta *f.* **2** (*mecc.*) frizione *f.*
to clutch /klʌtʃ/ **A** v.tr. afferrare, stringere **B** v.intr. aggrapparsi

to clutter /'klʌtəʳ/ v.tr. ingombrare, mettere in disordine
coach /kəʊtʃ/ s. **1** carrozza *f.*, pullman *m. inv.*, vettura *f.* **2** insegnante *m.* privato **3** (*sport*) allenatore *m.*
to coach /kəʊtʃ/ **A** v.tr. allenare **B** v.intr. allenarsi
coagulant /ko(ʊ)'ægjʊlənt/ s. coagulante *m.*
coal /kəʊl/ s. carbone *m.*
coalition /ˌko(ʊ)ə'lɪʃən/ s. coalizione *f.*
coalmine /'kəʊlmaɪn/ s. miniera *f.* di carbone
coarse /kɔːs/ agg. **1** grossolano, volgare **2** (*di tessuto e sim.*) ruvido, grezzo
coast /kəʊst/ s. costa *f.*, litorale *m.*
to coast /kəʊst/ v.intr. **1** costeggiare **2** procedere a motore spento **3** (*fig.*) procedere senza difficoltà
coastal /'kəʊstl/ agg. costiero
coat /kəʊt/ s. **1** giacca *f.*, soprabito *m.*, mantello *m.* **2** pelo *m.*, pelliccia *f.* **3** rivestimento *m.* **4** (*di vernice*) mano *f.* ◆ **c. of arms** stemma || **c. hanger** attaccapanni
to coat /kəʊt/ v.tr. rivestire
coating /'kəʊtɪŋ/ s. **1** rivestimento *m.* **2** (*di vernice*) mano *f.* **3** tessuto *m.*
coauthor /kəʊ'ɔːθəʳ/ s. coautore *m.*
to coax /kəʊks/ v.tr. e intr. persuadere, indurre
cob /kɒb/ s. pannocchia *f.*
cobble /'kɒbl/ s. ciottolo *m.*
cobblestone /'kɒblstəʊn/ s. ciottolo *m.*
cocaine /kəʊ'keɪn/ s. cocaina *f.*
cock /kɒk/ s. **1** gallo *m.* **2** (*di uccelli*) maschio *m.* **3** (*volg.*) cazzo *m.*
cockerel /'kɒk(ə)r(ə)l/ s. galletto *m.*
cockeyed /'kɒkaɪd/ agg. **1** strabico **2** strampalato
cockpit /'kɒkpɪt/ s. **1** abitacolo *m.*, cabina *f.* di pilotaggio **2** (*naut.*) pozzetto *m.*
cockroach /'kɒkrəʊtʃ/ s. scarafaggio *m.*
cocktail /'kɒkteɪl/ s. cocktail *m. inv.*
cocoa /'kəʊkəʊ/ s. cacao *m.* (in polvere) ◆ **hot c.** cioccolata calda
coconut /'kəʊkənʌt/ s. (noce di) cocco *m.*
cocoon /kə'kuːn/ s. bozzolo *m.*
cod /kɒd/ s. merluzzo *m.* ◆ **dried c.** stoccafisso || **salted c.** baccalà
code /kəʊd/ s. **1** codice *m.* **2** prefisso *m.* ◆ **area c.** (*USA*) prefisso telefonico || **city c.** indicativo della località || **country c.** indicativo del paese || **dialling c.** prefisso telefonico || **postal c.** codice postale || **zip c.** (*USA*) codice postale
codification /ˌkɒdɪfɪ'keɪʃ(ə)n/ s. codifica *f.*
coefficient /ˌko(ʊ)ɪ'fɪs(ə)nt/ s. coefficiente *m.*
to coerce /ko(ʊ)'ɜːs/ v.tr. costringere
coercion /kəʊ'ɜːʃ(ə)n/ s. coercizione *f.*
coeval /ko(ʊ)'iːv(ə)l/ agg. coevo
coexistent /ko(ʊ)ɪg'zɪstənt/ agg. coesistente
coffee /'kɒfɪ/ s. caffè *m.* ◆ **black c.** caffè nero || **c. bean** chicco di caffè || **c. break** pausa per il caffè || **c. cup** tazzina || **c. house** bar, caffè || **c. grinder** macinacaffè || **c. shop** bar, caffè || **c. table** tavolino (da salotto) || **instant c.** caffè solubile || **strong c.** caffè ristretto || **weak c.** caffè lungo
coffee-maker /'kɒfɪˌmeɪkəʳ/ s. caffettiera *f.*
coffeepot /'kɒfɪpɒt/ s. caffettiera *f.*
coffer /'kɒfəʳ/ s. **1** cofano *m.*, forziere *m.*, scrigno *m.* **2** (*arch.*) cassettone *m.*
coffin /'kɒfɪn/ s. bara *f.*
cog /kɒg/ s. (*mecc.*) dente *m.*, ingranaggio *m.*
cogent /'kəʊdʒ(ə)nt/ agg. persuasivo, convincente
to cohabit /ko(ʊ)'hæbɪt/ v.intr. convivere
cohabitation /ˌko(ʊ)hæbɪ'teɪʃ(ə)n/ s. coabitazione *f.*, convivenza *f.*
to cohere /ko(ʊ)'hɪəʳ/ v.tr. aderire a
coherent /ko(ʊ)'hɪərənt/ agg. coerente
coil /kɔɪl/ s. **1** spira *f.* **2** (*elettr.*) avvolgimento *m.*
to coil /kɔɪl/ v.tr. avvolgere, attorcigliare
coin /kɔɪn/ s. moneta *f.*
to coin /kɔɪn/ v.tr. coniare
to coincide /ˌko(ʊ)ɪn'saɪd/ v.intr. coincidere, concordare
coincidence /ko(ʊ)'ɪnsɪd(ə)ns/ s. coincidenza *f.*, combinazione *f.*
coke /kəʊk/ s. **1** (carbone) coke *m. inv.* **2** Coca-Cola *f.* **3** cocaina *f.*
colander /'kʌləndəʳ/ s. colino *m.*
cold /kəʊld/ **A** agg. freddo **B** s. **1** freddo *m.* **2** raffreddore *m.*, infreddatura *f.* ◆ **in c. blood** a sangue freddo || **c. cuts** salumi || **to be c.** aver freddo, far freddo || **to catch a c.** prendere un raffreddore
coldly /'kəʊldlɪ/ avv. freddamente
cole /kəʊl/ s. ravizzone *m.*
colic /'kɒlɪk/ s. colica *f.*
colitis /kɒ'laɪtɪs/ s. colite *f.*
to collaborate /kə'læbəreɪt/ v.intr. cooperare, collaborare
collaboration /kəˌlæbə'rɛʃ(ə)n/ s. collaborazione *f.*
collaborator /kə'læbəˌreɪtəʳ/ s. collaboratore *m.*
collapse /kə'læps/ s. **1** crollo *m.* **2** (*med.*) collasso *m.*
to collapse /kə'læps/ v.intr. **1** crollare, franare, sprofondare **2** (*med.*) avere un collasso
collar /'kɒləʳ/ s. **1** colletto *m.* **2** collare *m.*
collarbone /'kɒləbəʊn/ s. clavicola *f.*
collateral /kɒ'læt(ə)r(ə)l/ **A** agg. collaterale **B** s. garanzia *f.* collaterale
colleague /'kɒliːg/ s. collega *m. e f.*
collect /kə'lɛkt/ agg. e avv. (*USA*) a carico del destinatario ◆ **c. call** telefonata a carico del destinatario
to collect /kə'lɛkt/ **A** v.tr. **1** raccogliere, radunare **2** riscuotere, incassare **3** collezionare **B** v.intr. **1** raccogliersi, radunarsi **2** raccogliere offerte, fare una colletta ◆ **to c. up** riunire
collection /kə'lɛkʃ(ə)n/ s. **1** collezione *f.*, raccolta *f.* **2** colletta *f.*
collective /kə'lɛktɪv/ agg. collettivo
collectivity /ˌkɒlɛk'tɪvɪtɪ/ s. collettività *f.*
collector /kə'lɛktəʳ/ s. **1** collezionista *m. e f.* **2** esattore *m.*

college /ˈkɒlɪdʒ/ s. **1** istituto *m.*, scuola *f.* secondaria **2** (*USA*) università *f.* **3** (*edificio*) collegio *m.*

to collide /kəˈlaɪd/ v.intr. urtare, scontrarsi

colliery /ˈkɒljərɪ/ s. miniera *f.* di carbone

collision /kəˈlɪʒ(ə)n/ s. **1** collisione *f.*, scontro *m.* **2** conflitto *m.*

colloquial /kəˈləʊkwɪəl/ agg. colloquiale

colon[1] /ˈkəʊlən/ s. (*anat.*) colon *m. inv.*

colon[2] /ˈkəʊlən/ s. due punti *m. pl.*

colonel /ˈkɜːnl/ s. colonnello *m.*

colonial /kəˈləʊnjəl/ agg. coloniale

colonialism /kəˈləʊnjəlɪz(ə)m/ s. colonialismo *m.*

colonialist /kəˈləʊnjəlɪst/ s. colonialista *m. e f.*

to colonize /ˈkɒlənaɪz/ v.tr. colonizzare

colonnade /ˌkɒləˈneɪd/ s. colonnato *m.*

colony /ˈkɒlənɪ/ s. colonia *f.*

colour /ˈkʌləʳ/ (*USA* **color**) s. colore *m.* ◆ **c. bar** segregazione razziale || **c. blind** daltonico || **in (full) c.** a colori

to colour /ˈkʌləʳ/ (*USA* **to color**) **A** v.tr. **1** colorare **2** (*fig.*) travisare **B** v.intr. colorarsi

coloured /ˈkʌləd/ agg. **1** colorato **2** (*di persona*) di colore

colourful /ˈkʌləf(ʊ)l/ agg. **1** colorato **2** colorito, pittoresco

colt /kəʊlt/ s. puledro *m.*

column /ˈkɒləm/ s. **1** colonna *f.* **2** (*di giornale*) rubrica *f.*

columnist /ˈkɒləmnɪst/ s. giornalista *m. e f.* (*che cura una rubrica*), cronista *m.* mondano

coma /ˈkəʊmə/ s. coma *m. inv.*

comb /kəʊm/ s. pettine *m.*

to comb /kəʊm/ v.tr. **1** pettinare **2** perlustrare

combat /ˈkɒmbæt/ s. combattimento *m.*

to combat /ˈkɒmbæt/ v.tr. e intr. combattere

combination /ˌkɒmbɪˈneɪʃ(ə)n/ s. combinazione *f.*, associazione *f.*

combine /kɒmˈbaɪn/ s. associazione *f.*

to combine /kəmˈbaɪn/ **A** v.tr. **1** combinare, unire **2** associare **B** v.intr. **1** combinarsi, unirsi **2** associarsi

to come /kʌm/ (*pass.* **came**, *p.p.* **come**) v.intr. **1** venire **2** arrivare, giungere **3** provenire **4** accadere ◆ **to c. about** accadere || **to c. across** trovare per caso, dare l'impressione || **to c. along** venire (insieme) || **to c. away** venir via || **to c. back** ritornare || **to c. before** precedere || **to c. by** procacciarsi || **to c. down** scendere, crollare || **to c. forward** farsi avanti || **to c. from** derivare, provenire, venire da || **to c. in** entrare || **to c. into** entrare, ereditare || **to c. off** staccarsi, andare || **c. on!** muoviti!, dai! || **to c. on to** flirtare con || **to c. out** uscire, risultare || **to c. round** ritornare in sé || **to c. up** salire, spuntare

comedian /kəˈmiːdjən/ s. comico *m.*, commediante *m. e f.*

comedy /ˈkɒmɪdɪ/ s. commedia *f.*

comet /ˈkɒmɪt/ s. cometa *f.*

comfort /ˈkʌmfət/ s. **1** comfort *m. inv.*, comodità *f.* **2** conforto *m.*, consolazione *f.*

to comfort /ˈkʌmfət/ v.tr. confortare, consolare

comfortable /ˈkʌmf(ə)təbl/ agg. **1** confortevole, accogliente **2** agiato

comforting /ˈkʌmfətɪŋ/ agg. confortante

comic /ˈkɒmɪk/ **A** agg. comico **B** s. **1** (attore) comico *m.* **2** spec. al pl. giornale *m.* a fumetti, *al pl.* fumetti *m. pl.* ◆ **comics strip** striscia (di fumetti)

comicality /ˌkɒmɪˈkælɪtɪ/ s. comicità *f.*

coming /ˈkʌmɪŋ/ **A** agg. prossimo, futuro **B** s. arrivo *m.* ◆ **c. and going** viavai || **c. soon** prossimamente su questi schermi

comma /ˈkɒmə/ s. virgola *f.*

command /kəˈmɑːnd/ s. **1** comando *m.* **2** padronanza *f.*

to command /kəˈmɑːnd/ **A** v.tr. **1** comandare, ordinare **2** disporre di **B** v.intr. avere il comando

commander /kəˈmɑːndəʳ/ s. comandante *m.* ◆ **c. in chief** comandante in capo

to commemorate /kəˈmeməreɪt/ v.tr. commemorare

commemoration /kəˌmeməˈreɪʃ(ə)n/ s. commemorazione *f.*

to commence /kəˈmens/ v.tr. e intr. cominciare

to commend /kəˈmend/ v.tr. **1** lodare **2** raccomandare

comment /ˈkɒment/ s. **1** commento *m.* **2** critica *f.*

to comment /ˈkɒment/ v.tr. **1** commentare **2** criticare

commentary /ˈkɒmənt(ə)rɪ/ s. **1** commento *m.* **2** (*radio, tv*) cronaca *f.*

commentator /ˈkɒmenteɪtəʳ/ s. **1** commentatore *m.* **2** (*radio, tv*) cronista *m. e f.*

commerce /ˈkɒmɜːs/ s. commercio *m.* ◆ **e-c.** commercio elettronico, e-commerce

commercial /kəˈmɜːʃ(ə)l/ **A** agg. commerciale **B** s. spot *m. inv.* pubblicitario

to commiserate /kəˈmɪzəreɪt/ **A** v.tr. commiserare **B** v.intr. dolersi

commission /kəˈmɪʃ(ə)n/ s. **1** commissione *f.* **2** (*mil.*) grado *m.* da ufficiale ◆ **out of c.** (*di nave*) in disarmo, fuori servizio

to commit /kəˈmɪt/ **A** v.tr. **1** commettere **2** affidare **B** v.intr. impegnarsi

commitment /kəˈmɪtmənt/ s. **1** impegno *m.* **2** responsabilità *f.*

committee /kəˈmɪtɪ/ s. comitato *m.*, commissione *f.*

commodity /kəˈmɒdɪtɪ/ s. merce *f.*, prodotto *m.*

common /ˈkɒmən/ **A** agg. **1** comune, usuale, corrente **2** generale, condiviso **3** ordinario **B** s. **1** (ciò che è) comune *m.* **2** terreno *m.* demaniale ◆ **c. law** diritto consuetudinario || **c. sense** buon senso

commoner /ˈkɒmənəʳ/ s. (*non nobile*) cittadino *m.*

commonly /ˈkɒmənlɪ/ avv. comunemente

commonplace /ˈkɒmənpleɪs/ **A** agg. banale **B** s. banalità *f.*, luogo *m.* comune

commotion /kə'məʊʃ(ə)n/ s. confusione *f.*, tumulto *m.*

communal /'kɒmjʊnl/ agg. comunale, della comunità

to commune /kə'mju:n/ v.intr. comunicare, essere in comunione (spirituale)

to communicate /kə'mju:nɪkeɪt/ **A** v.tr. comunicare, trasmettere **B** v.intr. essere in comunicazione

communication /kə,mju:nɪ'keɪʃ(ə)n/ s. comunicazione *f.* ♦ **c. cord** (*ferr.*) segnale d'allarme

communion /kə'mju:njən/ s. **1** comunione *f.*, comunanza *f.* **2** (*relig.*) comunione *f.*, eucaristia *f.*

communism /'kɒmjʊnɪz(ə)m/ s. comunismo *m.*

communist /'kɒmjʊnɪst/ agg. e s. comunista *m. e f.*

community /kə'mju:nɪtɪ/ s. comunità *f.*, collettività *f.* ♦ **c. center** centro ricreativo

to commutate /'kɒmjʊteɪt/ v.tr. (*elettr.*) commutare

to commute /kə'mju:t/ **A** v.tr. commutare **B** v.intr. fare il pendolare

commuter /kə'mjʊ(:)tər/ s. pendolare *m. e f.*

compact /kəm'pækt/ agg. compatto ♦ **c. car** utilitaria || **c. disc** compact disc, CD

companion /kəm'pænjən/ s. compagno *m.*

companionship /kəm'pænjənʃɪp/ s. compagnia *f.*, amicizia *f.*

company /'kʌmp(ə)nɪ/ s. **1** compagnia *f.* **2** società *f.* ♦ **insurance c.** compagnia di assicurazioni || **to keep sb. c.** tenere compagnia a qc.

comparable /'kɒmp(ə)rəbl/ agg. comparabile, paragonabile

comparative /kəm'pærətɪv/ agg. **1** relativo **2** (*gramm.*) comparativo **3** comparato

to compare /kəm'peər/ **A** v.tr. confrontare, paragonare **B** v.intr. reggere il confronto

comparison /kəm'pærɪsn/ s. **1** paragone *m.* **2** (*gramm.*) comparazione *f.*

compartment /kəm'pɑ:tmənt/ s. compartimento *m.*, scompartimento *m.*

compass /'kʌmpəs/ s. **1** bussola *f.* **2** al pl. compasso *m.* **3** ambito *m.*, portata *f.* ♦ **c. card** rosa dei venti

compassion /kəm'pæʃ(ə)n/ s. compassione *f.*

compatible /kəm'pætəbl/ agg. compatibile

compatriot /kəm'pætriət/ s. connazionale *m. e f.*

to compel /kəm'pel/ v.tr. costringere, forzare, obbligare

compelling /kəm'pelɪŋ/ agg. **1** che impone rispetto **2** persuasivo, convincente

to compensate /'kɒmpenseɪt/ v.tr. compensare, ricompensare

compensation /,kɒmpen'seɪʃ(ə)n/ s. compensazione *f.*, risarcimento *m.*

compere /'kɒmpeər/ s. (*radio, tv*) presentatore *m.*

to compete /kəm'pi:t/ v.intr. competere, gareggiare

competence /'kɒmpɪtəns/ s. competenza *f.*

competent /'kɒmpɪtənt/ agg. competente

competition /,kɒmpɪ'tɪʃ(ə)n/ s. **1** competizione *f.*, gara *f.* **2** concorrenza *f.*

competitive /kəm'petɪtɪv/ agg. **1** competitivo **2** concorrenziale

competitiveness /kəm'petɪtɪvnɪs/ s. competitività *f.*

competitor /kəm'petɪtər/ s. concorrente *m. e f.*

compilation /,kɒmpɪ'leɪʃ(ə)n/ s. compilazione *f.*

to compile /kəm'paɪl/ v.tr. compilare, redigere

complacence /kəm'pleɪsns/ s. indifferenza *f.*

to complain /kəm'pleɪn/ v.intr. **1** lagnarsi, lamentarsi **2** reclamare **3** (*dir.*) citare in giudizio

complaint /kəm'pleɪnt/ s. **1** lagnanza *f.*, lamentela *f.* **2** reclamo *m.*, protesta *f.* **3** (*dir.*) citazione *f.*, denuncia *f.* **4** malattia *f.*

complement /'kɒmplɪmənt/ s. complemento *m.*

complementary /,kɒmplɪ'ment(ə)rɪ/ agg. complementare

complete /kəm'pli:t/ agg. completo

to complete /kəm'pli:t/ v.tr. **1** completare, finire **2** riempire

completely /kəm'pli:tlɪ/ avv. completamente

completion /kəm'pli:ʃ(ə)n/ s. completamento *m.*, compimento *m.*

complex /'kɒmpleks/ agg. e s. complesso *m.*

complexion /kəm'plekʃ(ə)n/ s. carnagione *f.*, colorito *m.*

complexity /kəm'pleksɪtɪ/ s. complessità *f.*

compliance /kəm'plaɪəns/ s. **1** condiscendenza *f.*, conformità *f.* **2** sottomissione *f.* ♦ **in c. with** in conformità con

to complicate /'kɒmplɪkeɪt/ **A** v.tr. complicare **B** v.intr. complicarsi

complicated /'kɒmplɪkeɪtɪd/ agg. complicato

compliment /'kɒmplɪmənt/ s. **1** complimento *m.* **2** al pl. ossequi *m. pl.*, omaggi *m. pl.* ♦ **to pay a c.** fare un complimento

to compliment /'kɒmplɪmənt/ v.tr. congratularsi con, complimentarsi con

complimentary /,kɒmplɪ'ment(ə)rɪ/ agg. **1** complimentoso **2** gratuito, in omaggio

to comply /kəm'plaɪ/ v.intr. accondiscendere, conformarsi a

component /kəm'pəʊnənt/ agg. e s. componente *m. e f.*

to compose /kəm'pəʊz/ v.tr. **1** comporre, costituire, disporre **2** (*mus., letter.*) comporre ♦ **to c. oneself** calmarsi

composer /kəm'pəʊzər/ s. compositore *m.*

composite /'kɒmpəzɪt/ agg. composito

composition /,kɒmpə'zɪʃ(ə)n/ s. componimento *m.*, composizione *f.*

compost /'kɒmpɒst/ s. compost *m. inv.*, concime *m.*

compound[1] /'kɒmpaʊnd/ **A** agg. composto **B** s. miscuglio *m.*, composto *m.*

compound[2] /'kɒmpaʊnd/ s. recinto *m.*

to compound /kɒm'paʊnd/ **A** v.tr. **1** comporre, mescolare **2** (*una vertenza*) conciliare **3** aumentare **B** v.intr. accordarsi, effettuare una transizione

to comprehend /,kɒmprɪ'hend/ v.tr. comprendere

comprehension /ˌkɒmprɪ'henʃ(ə)n/ s. comprensione *f.*
comprehensive /ˌkɒmprɪ'hensɪv/ agg. comprensivo, globale
compress /'kɒmpres/ s. compressa *f.* di garza
to compress /kəm'pres/ v.tr. comprimere
compressor /kəm'presəʳ/ s. compressore *m.*
to comprise /kəm'praɪz/ v.tr. comprendere
compromise /'kɒmprəmaɪz/ s. compromesso *m.* ♦ **to reach a c.** raggiungere un compromesso
to compromise /'kɒmprəmaɪz/ **A** v.tr. **1** compromettere **2** transigere **B** v.intr. venire a un compromesso
compulsion /kəm'pʌlʃ(ə)n/ s. costrizione *f.*
compulsive /kəm'pʌlsɪv/ agg. **1** coercitivo **2** incontrollabile
compulsory /kəm'pʌls(ə)rɪ/ agg. **1** obbligatorio **2** coercitivo ♦ **c. measures** misure coercitive
to compute /kəm'pjuːt/ v.tr. calcolare
computer /kəm'pjuːtəʳ/ s. computer *m. inv.* ♦ **c. science** informatica ‖ **c. scientist** informatico
computing /kəm'pjuːtɪŋ/ s. informatica *f.*
comrade /'kɒmrɪd/ s. compagno *m.*, camerata *m.*
comradely /'kɒmrɪdlɪ/ agg. cameratesco
con /kɒn/ s. (*pop.*) **1** scontro *m.* **2** carcerato *m.* **3** truffa *f.*
concatenation /kɒnˌkætɪ'neɪʃ(ə)n/ s. concatenazione *f.*
concave /kɒn'keɪv/ agg. concavo
to conceal /kən'siːl/ v.tr. nascondere
to concede /kən'siːd/ v.tr. **1** concedere **2** ammettere, riconoscere
conceit /kən'siːt/ s. presunzione *f.*, vanità *f.*
conceited /kən'siːtɪd/ agg. presuntuoso, vanitoso
conceivable /kən'siːvəbl/ agg. concepibile, plausibile
to conceive /kən'siːv/ **A** v.tr. **1** concepire, generare **2** ideare, immaginare **B** v.intr. immaginare
to concentrate /'kɒnsentreɪt/ **A** v.tr. concentrare **B** v.intr. concentrarsi
concentration /ˌkɒnsen'treɪʃ(ə)n/ s. concentrazione *f.*
concentric /kɒn'sentrɪk/ agg. concentrico
concept /'kɒnsept/ s. concetto *m.*
conception /kən'sepʃ(ə)n/ s. **1** concezione *f.*, concetto *m.* **2** concepimento *m.*
conceptual /kən'septjʊəl/ agg. concettuale
concern /kən'sɜːn/ s. **1** affare *m.*, interesse *m.* **2** ansietà *f.*, preoccupazione *f.*
to concern /kən'sɜːn/ v.tr. **1** concernere, riguardare **2** preoccupare
concerning /kən'sɜːnɪŋ/ prep. riguardo a
concert /'kɒnsət/ s. **1** (*mus.*) concerto *m.* **2** accordo *m.* ♦ **c. player** concertista
concerted /kɒn'sɜːtɪd/ agg. convenuto
concertina /ˌkɒnsə'tiːnə/ s. piccola fisarmonica *f.*
concerto /kən'tʃɜːtəʊ/ s. (*mus.*) concerto *m.*
concession /kən'seʃ(ə)n/ s. concessione *f.*
concessionaire /kənˌseʃə'neəʳ/ s. concessionario *m.*
conch /kɒŋk/ s. **1** strombo *m.* **2** conchiglia *f.* di strombo
concierge /ˌkɒnsi'eəʒ/ s. portinaio *m.*, portiere *m.*
to conciliate /kən'sɪlɪeɪt/ v.tr. **1** conciliare **2** accattivarsi
concise /kən'saɪs/ agg. conciso, sintetico
to conclude /kən'kluːd/ v.tr. e intr. concludere, concludersi
conclusion /kən'kluːʒ(ə)n/ s. conclusione *f.* ♦ **in c.** in conclusione
conclusive /kən'kluːsɪv/ agg. conclusivo
to concoct /kən'kɒkt/ v.tr. **1** mescolare, mettere insieme **2** ordire, architettare
concoction /kən'kɒkʃ(ə)n/ s. **1** miscuglio *m.* **2** macchinazione *f.*
concomitant /kən'kɒmɪtənt/ agg. concomitante
concourse /'kɒŋkɔːs/ s. **1** concorso *m.*, affluenza *f.* **2** (*USA*) atrio *m.*
concrete /'kɒnkriːt/ **A** agg. **1** concreto, reale **2** di calcestruzzo **B** s. calcestruzzo *m.* ♦ **c. jungle** giungla di asfalto
concreteness /kɒn'kriːtnɪs/ s. concretezza *f.*
to concur /kən'kɜːʳ/ v.intr. **1** concordare, essere d'accordo **2** concorrere, contribuire
concurrent /kən'kʌr(ə)nt/ agg. **1** concorrente, simultaneo **2** concordante
concurrently /kən'kʌr(ə)ntlɪ/ avv. simultaneamente
concussion /kən'kʌʃ(ə)n/ s. (*med.*) commozione *f.* cerebrale
to condemn /kən'dem/ v.tr. **1** condannare **2** dichiarare inagibile
condemnation /ˌkɒndem'neɪʃ(ə)n/ s. condanna *f.* ♦ **c. by default** condanna in contumacia
condensation /ˌkɒnden'seɪʃ(ə)n/ s. condensazione *f.*
to condense /kən'dens/ **A** v.tr. condensare **B** v.intr. condensarsi
condescending /ˌkɒndɪ'sendɪŋ/ agg. condiscendente
condescension /ˌkɒndɪ'senʃ(ə)n/ s. condiscendenza *f.*
condiment /'kɒndɪmənt/ s. condimento *m.*
condition /kən'dɪʃ(ə)n/ s. condizione *f.* ♦ **on c. that** a condizione che
to condition /kən'dɪʃ(ə)n/ v.tr. **1** pattuire, stipulare **2** condizionare, influenzare
conditional /kən'dɪʃənl/ agg. condizionale
conditioner /kən'dɪʃ(ə)nəʳ/ s. **1** condizionatore *m.* **2** (*per capelli*) balsamo *m.* **3** (*per tessuti*) ammorbidente *m.*
conditioning /kən'dɪʃ(ə)nɪŋ/ s. condizionamento *m.*
condolence /kən'dəʊləns/ s. condoglianza *f.* ♦ **to offer sb. one's condolences** fare le condoglianze a qc.
condom /'kɒndəm/ s. preservativo *m.*
condominium /ˌkɒndə'mɪnɪəm/ s. (*USA*) **1** condominio *m.* **2** appartamento *m.*
to condone /kən'dəʊn/ v.tr. condonare
condor /'kɒndɔːʳ/ s. condor *m. inv.*
conducive /kən'djuːsɪv/ agg. **1** tendente **2** favorevole
conduct /'kɒndəkt/ s. **1** condotta *f.* **2** gestione *f.*

to conduct /kən'dʌkt/ v.tr. **1** condurre, guidare **2** (*un'orchestra*) dirigere ♦ **to c. oneself** comportarsi
conductor /kən'dʌktəʳ/ s. **1** (*d'orchestra*) direttore *m.* **2** (*su mezzi pubblici*) bigliettaio *m.*, controllore *m.* **3** (*fis.*) conduttore *m.*
conduit /'kɒndɪt/ s. **1** condotto *m.*, tubazione *f.* **2** passaggio *m.*
cone /kəʊn/ s. cono *m.*
confectioner /kən'fɛkʃənəʳ/ s. pasticciere *m.* ♦ **c.'s shop** pasticceria || **c.'s sugar** zucchero a velo
confectionery /kən'fɛkʃən(ə)rɪ/ s. **1** confetteria *f.*, pasticceria *f.* **2** dolci *m. pl.*
confederation /kənˌfɛdə'reɪʃ(ə)n/ s. confederazione *f.*
to confer /kən'fɜːʳ/ **A** v.tr. conferire, accordare **B** v.intr. conferire, consultarsi
conference /'kɒnf(ə)r(ə)ns/ s. conferenza *f.*
to confess /kən'fɛs/ v.tr. confessare
confession /kən'fɛʃ(ə)n/ s. confessione *f.*
confessional /kən'fɛʃənl/ agg. e s. confessionale *m.*
confetti /kən'fɛtɪ(ː)/ s. coriandoli *m. pl.*
to confide /kən'faɪd/ v.tr. **1** confidare **2** affidare ♦ **to c. in** confidare in, confidarsi con
confidence /'kɒnfɪd(ə)ns/ s. **1** fiducia *f.* **2** confidenza *f.*, familiarità *f.* **3** sicurezza *f.* (di sé) ♦ **to take sb. into one's c.** accordare fiducia a qc. || **c. trick** truffa || **no-c. vote** (*pol.*) sfiducia
confident /'kɒnfɪdənt/ agg. sicuro di sé ♦ **c. in** fiducioso in
confidential /ˌkɒnfɪ'dɛnʃ(ə)l/ agg. confidenziale, riservato
configuration /kənˌfɪgjʊ'reɪʃ(ə)n/ s. configurazione *f.*
to confine /kən'faɪn/ v.tr. **1** confinare, relegare, imprigionare **2** limitare
confined /kən'faɪnd/ agg. ristretto, limitato
confinement /kən'faɪnmənt/ s. reclusione *f.*, prigionia *f.*
to confirm /kən'fɜːm/ v.tr. **1** confermare **2** (*relig.*) cresimare
confirmation /ˌkɒnfə'meɪʃ(ə)n/ s. **1** conferma *f.* **2** (*relig.*) confermazione *f.*, cresima *f.*
confirmed /kən'fɜːmd/ agg. **1** inveterato, cronico **2** (*relig.*) cresimato
confiscable /kɒn'fɪskəbl/ agg. confiscabile
to confiscate /'kɒnfɪskeɪt/ v.tr. confiscare
confiscation /ˌkɒnfɪs'keɪʃ(ə)n/ s. confisca *f.*
conflict /'kɒnflɪkt/ s. conflitto *m.*
to conflict /kən'flɪkt/ v.intr. essere in conflitto
conflicting /kən'flɪktɪŋ/ agg. contraddittorio, contrastante
confluence /'kɒnflʊəns/ s. confluenza *f.*
to conform /kən'fɔːm/ **A** v.tr. conformare, adattare **B** v.intr. conformarsi, adeguarsi, concordare
conformism /kən'fɔːmɪz(ə)m/ s. conformismo *m.*
to confound /kən'faʊnd/ v.tr. confondere
to confront /kən'frʌnt/ v.tr. **1** affrontare **2** stare di fronte a **3** mettere a confronto, paragonare
confrontation /ˌkɒnfrən'teɪʃ(ə)n/ s. confronto *m.*, scontro *m.*
to confuse /kən'fjuːz/ v.tr. confondere
confused /kən'fjuːzd/ agg. confuso, frastornato ♦ **to get confused** confondersi
confusion /kən'fjuːʒ(ə)n/ s. confusione *f.*
to confute /kən'fjuːt/ v.tr. confutare
to congeal /kən'dʒiːl/ **A** v.tr. **1** congelare **2** coagulare **B** v.intr. **1** congelarsi **2** coagularsi
congenial /kən'dʒiːnjəl/ agg. **1** congeniale, affine **2** simpatico
to congest /kən'dʒɛst/ v.tr. congestionare
congestion /kən'dʒɛstʃ(ə)n/ s. congestione *f.*
to conglobate /'kɒnglo(ʊ)beɪt/ v.tr. conglobare
conglomerate /kən'glɒmərɪt/ agg. e s. conglomerato *m.*
to congratulate /kən'grætjʊleɪt/ v.tr. congratularsi, felicitarsi, complimentarsi
congratulations /kənˌgrætjʊ'leɪʃ(ə)nz/ s. pl. congratulazioni *f. pl.*, felicitazioni *f. pl.*
to congregate /'kɒŋgrɪgeɪt/ **A** v.tr. riunire **B** v.intr. riunirsi
congregation /ˌkɒŋgrɪ'geɪʃ(ə)n/ s. **1** congregazione *f.* **2** riunione *f.*
congress /'kɒŋgrɛs/ s. congresso *m.*
congruency /'kɒŋgrʊənsɪ/ s. congruenza *f.*
congruent /'kɒŋgrʊənt/ agg. **1** proporzionale **2** congruente
conical /'kɒnɪkl/ agg. conico
conifer /'ko(ʊ)nɪfə/ s. conifera *f.*
conjecture /kən'dʒɛktʃəʳ/ s. congettura *f.*
conjugal /'kɒndʒʊg(ə)l/ agg. coniugale
to conjugate /'kɒn(d)ʒʊgeɪt/ v.tr. coniugare
conjunction /kən'dʒʌŋkʃ(ə)n/ s. congiunzione *f.*
conjunctivitis /kənˌdʒʌŋktɪ'vaɪtɪs/ s. congiuntivite *f.*
to conjure /'kʌn(d)ʒəʳ/ v.intr. fare giochi di prestigio ♦ **to c. up** evocare, rievocare, far apparire
conjurer /'kʌn(d)ʒərəʳ/ s. prestigiatore *m.*
to conk /kɒŋk/ v.tr. (*pop.*) dare un colpo in testa a ♦ **to c. out** incepparsi, guastarsi
to connect /kə'nɛkt/ **A** v.tr. connettere, collegare **B** v.intr. **1** connettersi, collegarsi **2** (*di mezzi di trasporto*) fare coincidenza
connected /kə'nɛktɪd/ agg. **1** connesso, collegato **2** imparentato ♦ **to be c.** conoscere le persone giuste
connection /kə'nɛkʃ(ə)n/ s. **1** collegamento *m.*, connessione *f.* **2** al pl. conoscenze *f. pl.*, agganci *m. pl.* **3** relazione *f.*, rapporto *m.* **4** (*di mezzi di trasporto*) coincidenza *f.* **5** (*elettr.*) contatto *m.*
to connive /kə'naɪv/ v.intr. essere connivente
connoisseur /ˌkɒnɪ'sɜːʳ/ s. conoscitore *m.*, intenditore *m.*
to conquer /'kɒŋkəʳ/ **A** v.tr. conquistare **B** v.intr. vincere
conquest /'kɒŋkwɛst/ s. conquista *f.*
conscience /'kɒnʃ(ə)ns/ s. coscienza *f.*
conscientious /ˌkɒnʃɪ'ɛnʃəs/ agg. coscienzioso ♦ **c. objector** obiettore di coscienza
conscious /'kɒnʃəs/ agg. cosciente, consapevole

consciousness /'kɒnʃəsnɪs/ s. coscienza *f.*, consapevolezza *f.*
conscription /kən'skrɪpʃ(ə)n/ s. **1** coscrizione *f.* **2** precettazione *f.*
to consecrate /'kɒnsɪkreɪt/ v.tr. consacrare
consecutive /kən'sɛkjʊtɪv/ agg. consecutivo
consent /kən'sɛnt/ s. consenso *m.*
to consent /kən'sɛnt/ v.intr. acconsentire
consequence /'kɒnsɪkwəns/ s. **1** conseguenza *f.* **2** importanza *f.*
consequent /'kɒnsɪkwənt/ agg. conseguente
conservation /ˌkɒnsə(ː)'veɪʃ(ə)n/ s. conservazione *f.*
conservative /kən'sɜːv(ə)tɪv/ agg. **1** conservatore **2** prudente
conservatory /kən'sɜːvətrɪ/ s. **1** serra *f.* **2** conservatorio *m.*
conserve /'kɒnsɜːv/ s. conserva *f.* (di frutta)
to conserve /'kɒnsɜːv/ v.tr. **1** conservare **2** mettere in conserva
to consider /kən'sɪdəʳ/ v.tr. **1** considerare **2** tener conto di ♦ **to c. doing st.** prendere in considerazione l'idea di fare q.c.
considerable /kən'sɪd(ə)rəbl/ agg. considerevole
considerably /kən'sɪd(ə)rəblɪ/ avv. considerevolmente, notevolmente
considerate /kən'sɪd(ə)rɪt/ agg. **1** premuroso **2** rispettoso
consideration /kənˌsɪdə'reɪʃ(ə)n/ s. **1** considerazione *f.*, riflessione *f.* **2** rispetto *m.*, riguardo *m.* **3** rimunerazione *f.* ♦ **to be under c.** essere in esame
considering /kən'sɪdərɪŋ/ **A** prep. in considerazione di, tenendo conto di, in vista di **B** cong. considerato che
to consign /kən'saɪn/ v.tr. **1** consegnare, spedire **2** affidare **3** relegare
to consist /kən'sɪst/ v.intr. consistere, constare
consistency /kən'sɪst(ə)nsɪ/ s. **1** coerenza *f.* **2** compattezza *f.*
consistent /kən'sɪstənt/ agg. **1** coerente, conforme **2** costante
consolation /ˌkɒnsə'leɪʃ(ə)n/ s. consolazione *f.*
console /'kɒnsəʊl/ s. **1** (*arch.*) mensola *f.* **2** console *f. inv.*, quadro *m.* di comando
to console /kən'səʊl/ v.tr. consolare
to consolidate /kən'sɒlɪdeɪt/ **A** v.tr. consolidare **B** v.intr. consolidarsi
consolidation /kənˌsɒlɪ'deɪʃ(ə)n/ s. consolidamento *m.*
consonant /'kɒnsənənt/ s. consonante *f.*
consort /'kɒnsɔːt/ s. consorte *m.* e *f.*
consortium /kən'sɔːtjəm/ s. consorzio *m.*
conspicuous /kən'spɪkjʊəs/ agg. cospicuo
conspiracy /kən'spɪrəsɪ/ s. cospirazione *f.*
conspirator /kən'spɪrətəʳ/ s. cospiratore *m.*
to conspire /kən'spaɪəʳ/ v.intr. cospirare
constable /'kʌnstəbl/ s. **1** agente *m.* di polizia **2** (*stor.*) conestabile *m.*, governatore *m.*
constabulary /kən'stæbjʊlərɪ/ s. corpo *m.* di polizia
constant /'kɒnst(ə)nt/ **A** agg. costante, invariabile **B** s. (*mat., fis.*) costante *f.*
constellation /ˌkɒnstə'leɪʃ(ə)n/ s. costellazione *f.*
constipated /'kɒnstɪpeɪtɪd/ agg. stitico
constipation /ˌkɒnstɪ'peɪʃ(ə)n/ s. stitichezza *f.*
constituency /kən'stɪtjʊənsɪ/ s. collegio *m.* elettorale
constituent /kən'stɪtjʊənt/ **A** agg. costituente **B** s. elettore *m.*
to constitute /'kɒnstɪtjuːt/ v.tr. costituire
constitution /ˌkɒnstɪ'tjuːʃ(ə)n/ s. costituzione *f.*
constitutional /ˌkɒnstɪ'tjuːʃənl/ agg. costituzionale
to constrain /kən'streɪn/ v.tr. costringere
constraint /kən'streɪnt/ s. costrizione *f.*
to constrict /kən'strɪkt/ v.tr. costringere, comprimere
constriction /kən'strɪkʃ(ə)n/ s. **1** costrizione *f.*, compressione *f.* **2** contrazione *f.* muscolare
to construct /kən'strʌkt/ v.tr. costruire, edificare
construction /kən'strʌkʃ(ə)n/ s. costruzione *f.*
constructive /kən'strʌktɪv/ agg. costruttivo
consul /'kɒns(ə)l/ s. console *m.*
consulate /'kɒnsjʊlɪt/ s. consolato *m.*
to consult /kən'sʌlt/ **A** v.tr. consultare **B** v.intr. consultarsi
consultant /kən'sʌltənt/ s. **1** consulente *m.* **2** medico *m.* specialista
consultation /ˌkɒns(ə)l'teɪʃ(ə)n/ s. consultazione *f.*, consulto *m.*
to consume /kən'sjuːm/ v.tr. consumare
consumer /kən'sjuːməʳ/ s. **1** consumatore *m.* **2** utente *m.* e *f.* ♦ **c. electronics** elettronica di consumo || **c. goods** beni di consumo
consummation /ˌkɒnsə'meɪʃ(ə)n/ s. compimento *m.*, completamento *m.*
consumption /kən'sʌm(p)ʃ(ə)n/ s. consumo *m.*
contact /'kɒntækt/ s. **1** contatto *m.*, relazione *f.* **2** conoscenza *f.* ♦ **c. lenses** lenti a contatto
to contact /'kɒntækt/ v.tr. contattare
contagion /kən'teɪdʒ(ə)n/ s. contagio *m.*
contagious /kən'teɪdʒəs/ agg. contagioso
to contain /kən'teɪn/ v.tr. **1** contenere, comprendere **2** trattenere, reprimere
container /kən'teɪnəʳ/ s. **1** contenitore *m.*, recipiente *m.* **2** container *m. inv.*
to contaminate /kən'tæmɪneɪt/ v.tr. contaminare
contamination /kənˌtæmɪ'neɪʃ(ə)n/ s. contaminazione *f.*
to contemplate /'kɒntɛmpleɪt/ v.tr. **1** contemplare **2** prevedere
contemplative /kən'tɛmplətɪv/ agg. contemplativo
contemporary /kən'tɛmp(ə)rərɪ/ **A** agg. contemporaneo **B** s. **1** coetaneo *m.* **2** contemporaneo *m.*
contempt /kən'tɛm(p)t/ s. **1** disprezzo *m.* **2** (*dir.*) inosservanza *f.*
contemptible /kən'tɛm(p)təbl/ agg. spregevole
to contend /kən'tɛnd/ **A** v.intr. contendere, combattere **B** v.tr. asserire

contender /kən'tɛndəʳ/ s. contendente *m. e f.*, concorrente *m. e f.*

content[1] /'kɒntɛnt/ s. contenuto *m.* ♦ **(table of) contents** indice

content[2] /kən'tɛnt/ **A** agg. contento, soddisfatto **B** s. **1** contentezza *f.* **2** voto *m.* favorevole

contention /kən'tɛnʃ(ə)n/ s. **1** contesa *f.*, controversia *f.* **2** opinione *f.*

contest /'kɒntɛst/ s. competizione *f.*, concorso *m.*

to contest /kən'tɛst/ v.tr. **1** contestare **2** contendere, disputare **3** (*dir.*) impugnare

contestant /kən'tɛstənt/ s. concorrente *m. e f.*

context /'kɒntɛkst/ s. contesto *m.*

continent /'kɒntɪnənt/ s. continente *m.*

continental /ˌkɒntɪ'nɛntl/ agg. continentale

contingency /kən'tɪn(d)ʒ(ə)nsɪ/ agg. contingenza *f.*, eventualità *f.*

continual /kən'tɪnjʊəl/ agg. continuo

continually /kən'tɪnjʊəlɪ/ avv. continuamente

continuation /kənˌtɪnjʊ'eɪʃ(ə)n/ s. continuazione *f.*

to continue /kən'tɪnjʊ(:)/ v.tr. e intr. continuare, proseguire

continuity /ˌkɒntɪ'njuːɪtɪ/ s. **1** continuità *f.* **2** (*cin.*) sceneggiatura *f.*

continuous /kən'tɪnjʊəs/ agg. continuo

to contort /kən'tɔːt/ v.tr. contorcere

contortion /kən'tɔːʃ(ə)n/ s. contorcimento *m.*, contorsione *f.*

contour /'kɒntʊəʳ/ s. contorno *m.* ♦ **c. lines** curve di livello

contraband /'kɒntrəbænd/ s. contrabbando *m.*

contraceptive /ˌkɒntrə'sɛptɪv/ agg. e s. contraccettivo *m.* ♦ **c. gel** gel spermicida

contract /'kɒntrækt/ s. contratto *m.*

to contract /kən'trækt/ **A** v.tr. contrarre, restringere **B** v.intr. **1** contrarsi, restringersi **2** impegnarsi **3** prendere in appalto ♦ **to c. in** associarsi || **to c. out** associarsi

contraction /kən'trækʃ(ə)n/ s. contrazione *f.*

contractor /kən'træktəʳ/ s. **1** contraente *m. e f.* **2** imprenditore *m.*, appaltatore *m.*

contractual /kən'træktʃu(ə)l/ agg. contrattuale

to contradict /ˌkɒntrə'dɪkt/ v.tr. e intr. contraddire

contradiction /ˌkɒntrə'dɪkʃ(ə)n/ s. contraddizione *f.*

contraindication /ˌkɒntrəˌɪndɪ'keɪʃ(ə)n/ s. controindicazione *f.*

contraposition /ˌkɒntrəpə'zɪʃ(ə)n/ s. contrapposizione *f.*

contraption /kən'træpʃ(ə)n/ s. (*fam.*) congegno *m.*

contrary /'kɒntrərɪ/ agg. e s. contrario *m.*, opposto *m.* ♦ **on the c.** al contrario || **c. to** contrariamente a

contrast /'kɒntræst/ s. contrasto *m.*

to contrast /kən'træst/ **A** v.tr. mettere in contrasto **B** v.intr. contrastare

contravention /ˌkɒntrə'vɛnʃ(ə)n/ s. contravvenzione *f.*

to contribute /kən'trɪbjʊt/ **A** v.intr. **1** contribuire **2** (*con un giornale*) collaborare **B** v.tr. **1** contribuire con **2** scrivere un articolo

contribution /ˌkɒntrɪ'bjuːʃ(ə)n/ s. **1** contributo *m.* **2** (*con un giornale*) collaborazione *f.*

contrivance /kən'traɪv(ə)ns/ s. **1** espediente *m.* **2** congegno *m.*

to contrive /kən'traɪv/ **A** v.tr. **1** escogitare **2** fare in modo di **B** v.intr. fare piani

control /kən'trəʊl/ s. **1** controllo *m.* **2** (dispositivo di) comando *m.* ♦ **to be in c. of** avere il controllo di || **to get c. over sb.** tenere a freno qc. || **under c.** sotto controllo

to control /kən'trəʊl/ v.tr. **1** controllare, dirigere **2** trattenere, dominare

controller /kən'trəʊləʳ/ s. **1** sovrintendente *m.* **2** (*USA*) direttore *m.* amministrativo ♦ **air-traffic c.** controllore di volo

controversial /ˌkɒntrə'vɜːʃ(ə)l/ agg. **1** controverso **2** polemico

controversy /'kɒntrəvɜːsɪ/ s. **1** controversia *f.*, polemica *f.* **2** (*dir.*) vertenza *f.*

to convalesce /ˌkɒnvə'lɛs/ v.intr. essere in convalescenza

convalescence /ˌkɒnvə'lɛsns/ s. convalescenza *f.*

convalescent /ˌkɒnvə'lɛs(ə)nt/ agg. e s. convalescente *m. e f.*

convection /kən'vɛkʃ(ə)n/ s. convezione *f.*

to convene /kən'viːn/ **A** v.tr. convocare, adunare **B** v.intr. convenire, adunarsi

convenience /kən'viːnjəns/ s. **1** convenienza *f.*, vantaggio *m.* **2** comodità *f.*

convenient /kən'viːnjənt/ agg. **1** conveniente, comodo **2** (*di luogo*) vicino

convent /'kɒnv(ə)nt/ s. convento *m.*

convention /kən'vɛnʃ(ə)n/ s. **1** convenzione *f.*, accordo *m.* **2** convegno *m.*

conventional /kən'vɛnʃənl/ agg. convenzionale, comune

to converge /kən'vɜːdʒ/ v.intr. convergere, confluire

convergence /kən'vɜːdʒ(ə)ns/ s. convergenza *f.*

conversant /kən'vɜːs(ə)nt/ agg. pratico, al corrente

conversation /ˌkɒnvə'seɪʃ(ə)n/ s. conversazione *f.*, discorso *m.*

conversational /ˌkɒnvə'seɪʃənl/ agg. **1** loquace **2** discorsivo

converse /'kɒnvɜːs/ agg. contrario

to converse /kən'vɜːs/ v.intr. conversare

conversely /kɒn'vɜːslɪ/ avv. invece, al contrario

conversion /kən'vɜːʃ(ə)n/ s. conversione *f.*

to convert /kən'vɜːt/ v.tr. convertire

convertible /kən'vɜːtəbl/ **A** agg. convertibile **B** s. decappottabile *f.*

convex /ˌkɒn'vɛks/ agg. convesso

to convey /kən'veɪ/ v.tr. **1** trasmettere **2** trasportare

conveyance /kən'vɛ(ɪ)əns/ s. trasmissione *f.*

conveyor /kən'veɪəʳ/ s. trasportatore *m.* ♦ **c. belt** nastro trasportatore

convict /'kɒnvɪkt/ s. condannato *m.*, detenuto *m.*

to convict /kən'vɪkt/ v.tr. condannare, dichiarare colpevole

conviction /kən'vɪkʃ(ə)n/ s. **1** condanna *f.*, verdetto *m.* di colpevolezza **2** convinzione *f.*
to convince /kən'vɪns/ v.tr. convincere
convincing /kən'vɪnsɪŋ/ agg. convincente
convocation /ˌkɒnvə'keɪʃ(ə)n/ s. convocazione *f.*
convoluted /'kɒnvəlju:tɪd/ agg. **1** ritorto **2** involuto, contorto
convoy /'kɒnvɔɪ/ s. scorta *f.*, convoglio *m.*
convulsion /kən'vʌlʃ(ə)n/ s. convulsione *f.*
to coo /ku:/ v.intr. tubare
cook /kʊk/ s. cuoco *m.*
to cook /kʊk/ v.tr. e intr. cucinare, cuocere
cookbook /'kʊkbʊk/ s. ricettario *m.*
cooker /'kʊkəʳ/ s. **1** fornello *m.*, cucina *f.* **2** pentola *f.* ◆ **pressure c.** pentola a pressione
cookery /'kʊkərɪ/ s. arte *f.* culinaria, gastronomia *f.*
cookie /'kʊkɪ/ s. (*USA*) biscotto *m.*
cooking /'kʊkɪŋ/ s. **1** cottura *f.* **2** cucina *f.*, arte *f.* culinaria
cookware /'kʊkwɛəʳ/ s. pentole *f. pl.* e tegami *m. pl.*
cool /ku:l/ agg. **1** fresco **2** (*di persona*) tranquillo, freddo, compassato **3** impudente, sfacciato **4** eccezionale, fantastico
to cool /ku:l/ v.tr. **1** raffreddare, rinfrescare **2** calmare ◆ **to c. down** raffreddarsi, (*fig.*) calmarsi || **c. it!** calma!
coolness /'ku:lnɪs/ s. **1** fresco *m.* **2** freddezza *f.*
coop /ku:p/ s. stia *f.*
to coop /ku:p/ v.tr. rinchiudere
to cooperate /kə(ʊ)'ɒpəreɪt/ v.intr. cooperare, collaborare
cooperation /kə(ʊ)ˌɒpə'reɪʃ(ə)n/ s. cooperazione *f.*, collaborazione *f.*
cooperative /kə(ʊ)'ɒp(ə)rətɪv/ s. cooperativa *f.*
coordinate /kə(ʊ)'ɔ:dnɪt/ **A** agg. **1** uguale **2** coordinato **B** s. coordinata *f.*
coordination /kə(ʊ)ˌɔ:dɪ'neɪʃ(ə)n/ s. coordinazione *f.*
coordinator /kə(ʊ)'ɔ:dɪneɪtəʳ/ s. coordinatore *m.*
coowner /kə(ʊ)'əʊnəʳ/ s. comproprietario *m.*
cop /kɒp/ s. (*fam.*) sbirro *m.*, poliziotto *m.*
to cope /kəʊp/ v.intr. tener testa, far fronte
copper /'kɒpəʳ/ s. rame *m.*
coppice /'kɒpɪs/ s. bosco *m.* ceduo
copse /kɒps/ s. bosco *m.* ceduo
copy /'kɒpɪ/ s. **1** copia *f.* **2** testo *m.*, copy *m. inv.*
to copy /'kɒpɪ/ v.tr. **1** copiare **2** imitare **3** riprodurre ◆ **to c. down** trascrivere
copyreader /'kɒpɪri:dəʳ/ s. redattore *m.*
copyright /'kɒpɪraɪt/ s. copyright *m. inv.*, diritti *m. pl.* d'autore
coquette /kəʊ'kɛt/ s. civetta *f.*
coral /'kɒr(ə)l/ **A** s. corallo *m.* **B** agg. corallino ◆ **c. reef** barriera corallina
cord /kɔ:d/ s. **1** corda *f.* **2** filo *m.*, cordone *m.* **3** velluto *m.* a coste
cordial /'kɔ:djəl/ agg. cordiale
cordiality /ˌkɔ:dɪ'ælɪtɪ/ s. cordialità *f.*
cordless /'kɔ:dləs/ agg. senza fili ◆ **c. telephone** cordless, telefono senza filo
cordon /'kɔ:dn/ s. cordone *m.*
core /kɔ:ʳ/ s. **1** nucleo *m.*, centro *m.* **2** torsolo *m.*
coriaceous /ˌkɒrɪ'eɪʃəs/ agg. coriaceo
coriander /ˌkɒrɪ'ændəʳ/ s. (*bot.*) coriandolo *m.*
Corinthian /kə'rɪnθɪən/ agg. e s. corinzio *m.*
cork /kɔ:k/ s. **1** sughero *m.* **2** tappo *m.* ◆ **c. oak** quercia da sughero
to cork /kɔ:k/ v.tr. tappare, turare
corkscrew /kɔ:kskru:/ s. cavatappi *m. inv.*
cormorant /'kɔ:m(ə)r(ə)nt/ s. cormorano *m.*
corn[1] /kɔ:n/ s. **1** cereali *m. pl.*, granaglie *f. pl.* **2** grano *m.* **3** (*USA*) mais *m.* ◆ **c. cob** pannocchia || **c.-flakes** fiocchi di mais
corn[2] /kɔ:n/ s. callo *m.*
to corn /kɔ:n/ v.tr. conservare (sotto sale), salare ◆ **corned beef** carne in scatola
cornea /'kɔ:nɪə/ s. cornea *f.*
corner /'kɔ:nəʳ/ s. **1** angolo *m.*, spigolo *m.* **2** (*di merce*) accaparramento *m.* **3** (*sport*) corner *m. inv.*, calcio *m.* d'angolo
to corner /'kɔ:nəʳ/ **A** v.intr. curvare, svoltare **B** v.tr. **1** mettere alle strette **2** accaparrare, imboscare
cornet /'kɔ:nɪt/ s. **1** (*mus.*) cornetta *f.* **2** cartoccio *m.* **3** cono *m.* gelato
cornflower /'kɔ:nˌflaʊəʳ/ s. fiordaliso *m.*
cornice /'kɔ:nɪs/ s. (*arch.*) cornicione *m.*
cornucopia /ˌkɔ:njʊ'kəʊpjə/ s. cornucopia *f.*
corny /'kɔ:nɪ/ agg. **1** di grano, ricco di grano **2** trito, banale
corolla /kə'rɒlə/ s. corolla *f.*
coronary /'kɒrənərɪ/ **A** agg. coronario **B** s. trombosi *f.* coronaria
coronation /ˌkɒrə'neɪʃ(ə)n/ s. incoronazione *f.*
coronet /'kɒrənɪt/ s. corona *f.*, diadema *m.*
corporal[1] /'kɔ:p(ə)r(ə)l/ agg. corporale
corporal[2] /'kɔ:p(ə)r(ə)l/ s. (*mil.*) caporale *m.*
corporate /'kɔ:p(ə)rɪt/ agg. **1** corporativo **2** societario, aziendale **3** collettivo ◆ **c. name** ragione sociale
corporation /ˌkɔ:pə'reɪʃ(ə)n/ s. compagnia *f.*, società *f.* ◆ **municipal c.** consiglio comunale
corps /kɔ:ʳ/ s. **1** (*mil.*) corpo *m.* **2** (*di persone*) gruppo *m.*
corpse /kɔ:ps/ s. cadavere *m.*
corpuscle /'kɔ:pʌsl/ s. corpuscolo *m.*
corral /kɒ'rɑ:l/ s. recinto *m.* per bestiame
correct /kə'rɛkt/ agg. **1** corretto, giusto **2** adatto, opportuno
to correct /kə'rɛkt/ v.tr. correggere
correction /kə'rɛkʃ(ə)n/ s. correzione *f.*
correctly /kə'rɛktlɪ/ avv. **1** correttamente, giustamente **2** opportunamente
correlation /ˌkɒrɪ'leɪʃ(ə)n/ s. correlazione *f.*
to correspond /ˌkɒrɪs'pɒnd/ v.intr. corrispondere
correspondence /ˌkɒrɪs'pɒndəns/ s. **1** corrispondenza *f.*, carteggio *m.* **2** accordo *m.*
corresponding /ˌkɒrɪs'pɒndɪŋ/ agg. corrispondente

corridor /ˈkɒrɪdɔːʳ/ s. corridoio *m.*
to corroborate /kəˈr(ɒ)bəreɪt/ v.tr. corroborare, avvalorare
to corrode /kəˈrəʊd/ **A** v.tr. corrodere **B** v.intr. corrodersi
corrosive /kəˈrəʊsɪv/ agg. corrosivo
corrugated /ˈkɒrʊgeɪtɪd/ agg. corrugato, increspato ♦ **c. cardboard** cartone ondulato
corrupt /kəˈrʌpt/ agg. corrotto
to corrupt /kəˈrʌpt/ v.tr. **1** corrompere **2** alterare
corruption /kəˈrʌpʃ(ə)n/ s. corruzione *f.*
corset /ˈkɔːsɪt/ s. busto *m.*
cortisone /ˈkɔːtɪzəʊn/ s. cortisone *m.*
corvée /ˈkɔːveɪ/ s. corvè *f. inv.*
cosh /kɒʃ/ s. manganello *m.*
cosmetic /kɒzˈmɛtɪk/ **A** agg. **1** cosmetico **2** apparente, superficiale **B** s. cosmetico *m.*
cosmic /ˈkɒzmɪk/ agg. cosmico
cosmopolitan /ˌkɒzməˈpɒlɪt(ə)n/ agg. cosmopolita
cosmos /ˈkɒzmɒs/ s. cosmo *m.*
to cosset /ˈkɒsɪt/ v.tr. vezzeggiare, coccolare
cost /kɒst/ s. costo *m.*, prezzo *m.* ♦ **at all costs** a ogni costo || **c.-effective** efficace, conveniente || **at c. price** a prezzo di costo
to cost /kɒst/ (*pass. e p.p.* **cost**) **A** v.intr. costare **B** v.tr. valutare i costi
costly /ˈkɒstlɪ/ agg. costoso, caro
costume /ˈkɒstjuːm/ s. **1** costume *m.* **2** tailleur *m. inv.* ♦ **c. ball** ballo in costume || **c. jewellery** bigiotteria || **swimming c.** costume da bagno
cosy /ˈkəʊzɪ/ (*USA* **cozy**) agg. accogliente, confortevole
cot /kɒt/ s. **1** culla *f.*, lettino *m.* **2** branda *f.*
coterie /ˈkəʊtərɪ/ s. circolo *m.*, cenacolo *m.*
cottage /ˈkɒtɪdʒ/ s. casetta *f.*, villetta *f.*
cotton /ˈkɒtn/ s. cotone *m.* ♦ **c. wool** cotone idrofilo
to cotton /ˈkɒtn/ v.intr. fraternizzare ♦ **to c. on** afferrare, iniziare a capire || **to c. to** simpatizzare con
couch /kaʊtʃ/ s. divano *m.* ♦ **c. potato** pantafolaio
couchette /kuːˈʃɛt/ s. cuccetta *f.*
cough /kɒf/ s. tosse *f.* ♦ **c.-drop** pastiglia per la tosse
to cough /kɒf/ v.intr. tossire
could /kʊd, kəd/ pass. di **can**
council /ˈkaʊnsl/ s. **1** (*adunanza di persone*) consiglio *m.* **2** (*relig.*) concilio *m.* ♦ **city, town c.** consiglio comunale || **c. house** casa popolare || **c. estate** quartiere popolare
councillor /ˈkaʊnsɪləʳ/ s. consigliere *m.*
counsel /ˈkaʊns(ə)l/ s. **1** consiglio *m.*, consultazione *f.* **2** (*dir.*) avvocato *m.*, consulente *m. e f.* ♦ **to take c. together** consultarsi, consigliarsi
to counsel /ˈkaʊns(ə)l/ v.tr. consigliare
counsellor /ˈkaʊnsələʳ/ s. **1** consigliere *m.*, consulente *m. e f.* **2** (*USA*) avvocato *m.*
count[1] /kaʊnt/ s. conto *m.*, conteggio *m.*
count[2] /kaʊnt/ s. conte *m.*
to count /kaʊnt/ **A** v.tr. **1** contare, calcolare **2** considerare, annoverare **B** v.intr. **1** contare **2** avere importanza ♦ **to c. down** fare il conto alla rovescia || **to c. in** includere || **to c. on** fare assegnamento su, contare su
countenance /ˈkaʊntɪnəns/ s. **1** espressione *f.*, aria *f.* **2** approvazione *f.*, appoggio *m.*
to countenance /ˈkaʊntɪnəns/ v.tr. approvare, appoggiare
counter[1] /ˈkaʊntəʳ/ s. (*tecnol.*) contatore *m.*, misuratore *m.*
counter[2] /ˈkaʊntəʳ/ s. **1** gettone *m.* **2** banco *m.*, cassa *f.*
counter[3] /ˈkaʊntəʳ/ avv. contrariamente
to counter /ˈkaʊntəʳ/ v.tr. e intr. **1** opporsi a **2** respingere, mandare a vuoto **3** replicare
to counteract /ˌkaʊntəˈrækt/ v.tr. **1** agire contro **2** contrastare
counterattack /ˈkaʊntəʳəˌtæk/ s. controffensiva *f.*, contropiede *m.*
to counterattack /ˈkaʊntəʳəˌtæk/ v.tr. e intr. contrattaccare
counterclockwise /ˌkaʊntəˈklɒkwaɪs/ agg. antiorario
countercurrent /ˌkʊntəˈkʌrənt/ s. controcorrente *f.*
counterfeit /ˈkaʊntəfɪt/ **A** agg. falso, contraffatto **B** s. contraffazione *f.*, falsificazione *f.*
to counterfeit /ˈkaʊntəfiːt/ v.tr. contraffare, falsificare
counterfoil /ˈkaʊntəfɔɪl/ s. matrice *f.*
countermand /ˌkaʊntəˈmɑːnd/ s. contrordine *m.*
to countermand /ˈkaʊntəˌmɑːnd/ v.tr. annullare, revocare
counterpart /ˈkaʊntəpɑːt/ s. **1** controparte *f.* **2** duplicato *m.*, copia *f.*
counterproductive /ˈkaʊntəprəˌdʌktɪv/ agg. controproducente
Counter-Reformation /ˈkaʊntərɛfəˌmeɪʃ(ə)n/ s. controriforma *f.*
countersign /ˈkaʊntəsaɪn/ s. contrassegno *m.*, controfirma *f.*
to countersign /ˈkaʊntəsaɪn/ v.tr. contrassegnare, controfirmare
countess /ˈkaʊntɪs/ s. contessa *f.*
countless /ˈkaʊntlɪs/ agg. innumerevole
country /ˈkʌntrɪ/ **A** s. **1** paese *m.*, nazione *f.*, regione *f.* **2** patria *f.* **3** campagna *f.* **B** agg. di campagna
countryman /ˈkʌntrɪmən/ (*pl.* **countrymen**) s. **1** compatriota *m.* **2** campagnolo *m.*, contadino *m.*
countryside /ˈkʌntrɪsaɪd/ s. campagna *f.*
countrywide /ˈkʌntrɪwaɪd/ agg. esteso a tutto il territorio nazionale
county /ˈkaʊntɪ/ s. contea *f.*
couple /ˈkʌpl/ s. coppia *f.*, paio *m.*
to couple /ˈkʌpl/ v.tr. **1** (*tecnol.*) accoppiare, abbinare **2** unire insieme
coupon /ˈkuːpɒn/ s. buono *m.*, scontrino *m.*, tagliando *m.*, coupon *m. inv.*
courage /ˈkʌrɪdʒ/ s. coraggio *m.*
courageous /kəˈreɪdʒəs/ agg. coraggioso
courgette /ˌkʊəˈʒɛt/ s. zucchino *m.*

courier /ˈkʊrɪəʳ/ s. **1** corriere *m.*, messaggero *m.* **2** guida *f.* (turistica) **3** corriere *m.* (espresso)
course /kɔːs/ s. **1** corso *m.*, decorso *m.* **2** direzione *f.*, rotta *f.* **3** pietanza *f.*, portata *f.*, piatto *m.* **4** (*sport*) campo *m.*, percorso *m.* ◆ **of c.** certamente, sicuramente, senz'altro
court /kɔːt/ s. **1** corte *f.*, cortile *m.* **2** (*dir.*) corte *f.*, tribunale *m.* **3** castello *m.*, dimora *f.* **4** (*sport*) campo *m.* (di gioco) **5** corteggiamento *m.* ◆ **c.-martial** corte marziale || **c. of inquiry** commissione d'inchiesta || **c. room** aula di tribunale
to court /kɔːt/ v.tr. corteggiare
courteous /ˈkɜːtjəs/ agg. cortese
courtesy /ˈkɜːtɪsɪ/ s. cortesia *f.* ◆ **by c. of** per gentile concessione di
courtier /ˈkɔːtjəʳ/ s. cortigiano *m.*
courtyard /ˈkɔːtˌjɑːd/ s. cortile *m.*
cousin /ˈkʌzn/ s. cugino *m.*, cugina *f.*
cove /kəʊv/ s. baia *f.*, caletta *f.*
covenant /ˈkʌvɪnənt/ s. convenzione *f.*, accordo *m.*
cover /ˈkʌvəʳ/ s. **1** copertura *f.*, coperchio *m.*, coperta *f.*, fodera *f.* **2** (*di libro, giornale*) copertina *f.* **3** riparo *m.* **4** (*econ.*) copertura *f.* **5** coperto *m.* **6** (*mus., tel.*) cover *f. inv.* ◆ **c. charge** prezzo del coperto || **c. girl** fotomodella || **to take c.** mettersi al riparo
to cover /ˈkʌvəʳ/ v.tr. **1** coprire **2** ricoprire, rivestire **3** comprendere ◆ **to c. up** coprire, nascondere
coverage /ˈkʌvərɪdʒ/ s. **1** copertura *f.* **2** (*radio, tv*) zona *f.* di ricezione **3** servizio *m.* d'informazione
covering /ˈkʌvərɪŋ/ s. rivestimento *m.*
to covet /ˈkʌvɪt/ v.tr. agognare, bramare
cow /kaʊ/ s. mucca *f.* ◆ **c. house** stalla
to cow /kaʊ/ v.tr. intimorire
coward /ˈkaʊəd/ agg. e s. vigliacco *m.*
cowardice /ˈkaʊədɪs/ s. vigliaccheria *f.*
cowl /kaʊl/ s. **1** cappuccio *m.* **2** tonaca *f.*
cowshed /ˈkaʊʃed/ s. stalla *f.*
cowslip /ˈkaʊslɪp/ s. primula *f.*
cox(wain) /ˈkɒks(weɪn)/ s. timoniere *m.*
coy /kɔɪ/ agg. schivo, riservato
cozy /ˈkəʊzɪ/ agg. (*USA*) → ***cosy***
crab /kræb/ s. granchio *m.*
crack /kræk/ **A** agg. di prim'ordine, scelto **B** s. **1** rottura *f.*, crepa *f.* **2** schianto *m.*, esplosione *f.* **3** crollo *m.*, tracollo *m.*
to crack /kræk/ **A** v.tr. **1** rompere, incrinare **2** schioccare **3** (*fam.*) decifrare **4** (*pop.*) scassinare **B** v.intr. **1** rompersi, incrinarsi **2** schioccare ◆ **to c. down** adottare severe misure || **to c. on** darci dentro || **to c. up** rompere, andare in mille pezzi, ridere fino alle lacrime
cracker /ˈkrækəʳ/ s. **1** (*cuc.*) cracker *m. inv.* **2** petardo *m.*
to crackle /ˈkrækl/ v.intr. **1** crepitare, scricchiolare **2** screpolarsi
cradle /ˈkreɪdl/ s. culla *f.* ◆ **c. song** ninna nanna
to cradle /ˈkreɪdl/ v.tr. cullare
craft /krɑːft/ s. **1** mestiere *m.* **2** corporazione *f.*, categoria *f.* **3** abilità *f.* **4** imbarcazione *f.*
craftsman /ˈkrɑːftsmən/ (*pl.* **craftsmen**) s. artigiano *m.*
crafty /ˈkrɑːftɪ/ agg. astuto, furbo
crag /kræg/ s. picco *m.*, dirupo *m.*
to cram /kræm/ **A** v.tr. riempire, rimpinzare **B** v.intr. **1** rimpinzarsi, ingozzarsi **2** ammassarsi
cramp /kræmp/ s. crampo *m.*
cramped /kræmpt/ agg. **1** ristretto, limitato **2** contratto
crampon /ˈkræmpən/ s. rampone *m.*
crane /kreɪn/ s. (*zool., mecc.*) gru *f. inv.* ◆ **bridge c.** carroponte
cranial /ˈkreɪnjəl/ agg. cranico
cranium /ˈkreɪnjəm/ s. cranio *m.*
crank /kræŋk/ s. **1** manovella *f.* **2** (*fam.*) persona *f.* eccentrica ◆ **c. shaft** albero a gomiti
crash /kræʃ/ s. **1** fragore *m.*, schianto *m.* **2** scontro *m.*, collisione *f.* **3** crollo *m.*, caduta *f.* ◆ **c. barrier** guardrail || **c. helmet** casco di protezione || **c. landing** atterraggio di fortuna || **c.-proof** a prova d'urto
to crash /kræʃ/ **A** v.tr. rompere, fracassare **B** v.intr. **1** schiantarsi, precipitare **2** (*autom.*) scontrarsi **3** crollare, precipitare
crate /kreɪt/ s. cassa *f.*, cesta *f.*
crater /ˈkreɪtəʳ/ s. cratere *m.*
to crave /kreɪv/ **A** v.intr. desiderare fortemente **B** v.tr. scongiurare, chiedere con insistenza
craving /ˈkreɪvɪŋ/ s. desiderio *m.*, brama *f.*
crawl /krɔːl/ s. crawl *m. inv.*
to crawl /krɔːl/ v.intr. **1** strisciare **2** avanzare carponi **3** (*sport*) nuotare a stile libero
crayfish /ˈkreɪˌfɪʃ/ s. **1** gambero *m.* **2** aragosta *f.*
crayon /ˈkrɛ(ɪ)ən/ s. pastello *m.*
craze /kreɪz/ s. mania *f.*
crazy /ˈkreɪzɪ/ agg. **1** matto **2** entusiasta, maniaco **3** (*pop.*) fantastico
creak /kriːk/ s. scricchiolio *m.*
to creak /kriːk/ v.intr. cigolare, scricchiolare
cream /kriːm/ s. **1** panna *f.* **2** crema *f.* ◆ **whipped c.** panna montata
creamer /kriːməʳ/ s. surrogato *m.* del latte per macchiare il caffè o il tè
creamy /ˈkriːmɪ/ agg. cremoso
crease /kriːs/ s. piega *f.*, grinza *f.*
to crease /kriːs/ v.tr. stropicciare, spiegazzare
to create /kriːˈeɪt/ v.tr. creare
creation /kriːˈeɪʃ(ə)n/ s. creazione *f.*
creative /krɪ(ː)ˈeɪtɪv/ agg. creativo
creativity /krɪːeɪˈtɪvɪtɪ/ s. creatività *f.*
creature /ˈkriːtʃəʳ/ s. creatura *f.*
crèche /kreɪʃ/ s. **1** asilo *m.* infantile **2** presepio *m.*
credence /ˈkriːd(ə)ns/ s. **1** credenza *f.* **2** credito *m.*, fiducia *f.* ◆ **to give c. to st.** prestare fede a q.c.
credentials /krɪˈdɛnʃ(ə)lz/ s. pl. credenziali *f. pl.*
credit /ˈkrɛdɪt/ s. **1** credito *m.* **2** merito *m.* ◆ **c. card** carta di credito || **to give sb. c. for st.** prestare fede a qc. per q.c.
to credit /ˈkrɛdɪt/ v.tr. **1** prestar fede **2** attribuire **3** accreditare ◆ **to c. sb. with st.** attribuire q.c. a qc.

creditor /ˈkrɛdɪtəʳ/ s. creditore *m.*
creed /kriːd/ s. (*relig.*) credo *m.*
creek /kriːk/ s. **1** insenatura *f.* **2** (*USA*) torrente *m.*
to creep /kriːp/ (*pass. e p.p.* **crept**) v.intr. **1** strisciare **2** avanzare furtivamente **3** rabbrividire, avere la pelle d'oca ♦ **to c. away** allontanarsi furtivamente || **to c. in** prendere piede || **to c. up** salire lentamente, insinuarsi
creeper /ˈkriːpəʳ/ s. **1** verme *m.* **2** (*bot.*) rampicante *m.* **3** (*naut.*) grappino *m.*
creeping /ˈkriːpɪŋ/ agg. rampicante
creepy /ˈkriːpɪ/ agg. **1** strisciante **2** che fa accapponare la pelle
to cremate /krɪˈmeɪt/ v.tr. cremare
cremation /krɪˈmeɪʃ(ə)n/ s. cremazione *f.*
crematorium /ˌkrɛməˈtɔːrɪəm/ s. forno *m.* crematorio
crêpe /kreɪp/ s. **1** (*tess.*) crespo *m.* **2** (*cuc.*) crêpe *f. inv.*, crespella *f.* ♦ **c. shop** creperia
crept /krɛpt/ pass. e p.p. di **to creep**
crepuscular /krɪˈpʌskjʊləʳ/ agg. crepuscolare
crescendo /krɪˈʃɛndəʊ/ s. crescendo *m.*
crescent /ˈkrɛsnt/ **A** agg. **1** crescente **2** a mezzaluna **3** a semicerchio **B** s. **1** luna *f.* crescente, falce *m.* di luna **2** mezzaluna *f.*
cress /krɛs/ s. crescione *m.*
crest /krɛst/ s. **1** cresta *f.*, ciuffo *m.* **2** (*in araldica*) cimiero *m.* **3** crinale *m.*
crestfallen /ˈkrɛstˌfɔːlən/ agg. abbattuto, mortificato
crevasse /krɪˈvæs/ s. crepaccio *m.*
crevice /ˈkrɛvɪs/ s. crepa *f.*, fenditura *f.*
crew /kruː/ s. equipaggio *m.*
crewman /kruːmən/ (*pl.* **crewmen**) s. membro *m.* dell'equipaggio
crew-neck /ˈkruːnɛk/ agg. (a) girocollo
crib /krɪb/ s. **1** greppia *f.* **2** presepe *m.* **3** (*USA*) culla *f.*
to crib /krɪb/ v.tr. (*fam.*) (*i compiti*) copiare
crick /krɪk/ s. crampo *m.*
cricket[1] /ˈkrɪkɪt/ s. (*sport*) cricket *m. inv.*
cricket[2] /ˈkrɪkɪt/ s. grillo *m.*
crime /kraɪm/ s. crimine *m.*, delitto *m.*
criminal /ˈkrɪmɪnl/ agg. e s. criminale *m. e f.*
criminality /krɪmɪˈnælɪtɪ/ s. criminalità *f.*
crimson /ˈkrɪmzn/ agg. e s. cremisi *m.*
to cringe /krɪndʒ/ v.intr. **1** acquattarsi, farsi piccolo **2** umiliarsi, essere servile
crinkle /ˈkrɪŋkl/ s. crespa *f.*, grinza *f.*
to crinkle /ˈkrɪŋkl/ v.tr. e intr. increspare, incresparsi
cripple /ˈkrɪpl/ s. zoppo *m.*, mutilato *m.*
to cripple /ˈkrɪpl/ v.tr. azzoppare, menomare
crisis /ˈkraɪsɪs/ (*pl.* **crises**) s. crisi *f.*
crisp /krɪsp/ **A** agg. **1** croccante **2** fresco, frizzante **B** s. pl. patatine *f. pl.*
crisscross /ˈkrɪskrɒs/ agg. incrociato
criterion /kraɪˈtɪəːrɪən/ (*pl.* **criteria**) s. criterio *m.*
critic /ˈkrɪtɪk/ s. critico *m.*
critical /ˈkrɪtɪk(ə)l/ agg. critico
criticism /ˈkrɪtɪsɪz(ə)m/ s. critica *f.*
criticizable /ˈkrɪtɪsaɪzəbl/ agg. criticabile
to criticize /ˈkrɪtɪsaɪz/ v.tr. criticare
to croak /krəʊk/ v.intr. gracchiare, gracidare
crochet /ˈkrəʊʃeɪ/ s. uncinetto *m.*
crockery /ˈkrɒkərɪ/ s. terraglie *f. pl.*, vasellame *m.*
crocodile /ˈkrɒkədaɪl/ s. coccodrillo *m.*
crook /krʊk/ s. **1** uncino *m.*, gancio *m.* **2** bastone *m.* **3** (*pop.*) truffatore *m.*
to crook /krʊk/ v.tr. piegare, curvare
crooked /ˈkrʊkɪd/ agg. **1** storto **2** disonesto
crop /krɒp/ s. **1** raccolto *m.*, messe *f.* **2** (*di uccello*) gozzo *m.* **3** frustino *m.* **4** (*di capelli*) rapata *f.*
to crop /krɒp/ v.tr. **1** spuntare, tosare **2** coltivare ♦ **to c. up** spuntare, presentarsi
croquette /kro(ʊ)ˈkɛt/ s. crocchetta *f.*
cross /krɒs/ **A** agg. **1** trasversale, obliquo **2** seccato, di cattivo umore **3** opposto, contrario **B** s. **1** croce *f.* **2** contrarietà *f.* **3** (*biol.*) incrocio *m.*
to cross /krɒs/ **A** v.tr. **1** attraversare, intersecare **2** incrociare **3** ostacolare **4** sbarrare **B** v.intr. **1** incrociarsi **2** compiere una traversata ♦ **to c. off, out** cancellare || **to c. over** attraversare
crossbar /ˈkrɒsbɑːʳ/ s. asticella *f.*
crossbow /ˈkrɒsbəʊ/ s. balestra *f.*
crossbreed /ˈkrɒsbriːd/ s. incrocio *m.* (di razze)
cross-country /ˌkrɒsˈkʌntrɪ/ agg. campestre ♦ **c. vehicle** fuoristrada
cross-eyed /ˈkrɒsaɪd/ agg. strabico
crossfire /ˈkrɒsˌfaɪəʳ/ s. fuoco *m.* incrociato
crossing /ˈkrɒsɪŋ/ s. **1** attraversamento *m.*, incrocio *m.* **2** attraversamento *m.* pedonale, passaggio *m.* pedonale **3** traversata *f.* ♦ **level c.** passaggio a livello
cross-purposes /ˌkrɒsˈpɜːpəsɪz/ s. pl. scopi *m. pl.* contrastanti ♦ **to be at c.** fraintendersi
cross-reference /ˌkrɒsˈrɛf(ə)rəns/ s. rinvio *m.*, rimando *m.*
crossroad /ˈkrɒsrəʊd/ s. **1** traversa *f.* **2** crocevia *m. inv.*, crocicchio *m.* **3** al pl. (*fig.*) bivio *m.*, incrocio *m.*
cross-section /ˈkrɒsˌsɛkʃ(ə)n/ s. **1** sezione *f.* trasversale **2** gruppo *m.* rappresentativo
crosswalk /ˈkrɒswɔːk/ s. (*USA*) attraversamento *m.* pedonale
crosswise /ˈkrɒswaɪz/ avv. attraverso
crossword /ˈkrɒswɜːd/ s. cruciverba *m. inv.*
crotch /ˈkrɒtʃ/ s. **1** (*anat.*) inforcatura *f.* **2** (*di pantaloni*) cavallo *m.*
crotchet /ˈkrɒtʃɪt/ s. **1** gancio *m.* **2** mania *f.* **3** (*mus.*) semiminima *f.*
to crouch /kraʊtʃ/ v.intr. rannicchiarsi
crouton /ˈkruːtɒn/ s. crostino *m.*
crow[1] /krəʊ/ s. (*zool.*) corvo *m.*, cornacchia *f.*
crow[2] /krəʊ/ s. canto *m.* del gallo
crowd /kraʊd/ s. calca *f.*, folla *f.*, moltitudine *f.*
to crowd /kraʊd/ **A** v.intr. affollarsi, accalcarsi **B** v.tr. affollare
crowded /ˈkraʊdɪd/ agg. affollato
crowding /ˈkraʊdɪŋ/ s. affollamento *m.*

crown /kraʊn/ s. **1** corona *f.* **2** calotta *f.* ◆ **c. cap** tappo a corona
to crown /kraʊn/ v.tr. incoronare
crucial /ˈkruːʃjəl/ agg. cruciale, decisivo
cruciate /ˈkruːʃɪeɪt/ agg. (*bot.*) cruciforme
crucifix /ˈkruːsɪfɪks/ s. crocifisso *m.*
crucifixion /ˌkruːsɪˈfɪkʃ(ə)n/ s. crocifissione *f.*
cruciform /ˈkruːsɪfɔːm/ agg. cruciforme
to crucify /ˈkruːsɪfaɪ/ v.tr. crocifiggere
crude /kruːd/ **A** agg. **1** grezzo **2** rozzo, grossolano **B** s. (petrolio) greggio *m.*
cruel /krʊəl/ agg. crudele
cruelty /ˈkrʊəltɪ/ s. crudeltà *f.* ◆ **c.-free** non sperimentato su animali
cruise /kruːz/ s. crociera *f.*
to cruise /kruːz/ v.intr. girare, andare in giro
cruiser /ˈkruːzəʳ/ s. incrociatore *m.*
crumb /krʌm/ s. **1** briciola *f.* **2** mollica *f.*
to crumb /krʌm/ v.tr. **1** sbriciolare **2** impanare
to crumble /ˈkrʌmbl/ **A** v.tr. sbriciolare **B** v.intr. sbriciolarsi
to crumple /ˈkrʌmpl/ v.tr. stropicciare
crunch /krʌntʃ/ s. **1** lo sgranocchiare **2** scricchiolio *m.* **3** (*fam.*) momento *m.* cruciale
to crunch /krʌntʃ/ v.tr. sgranocchiare
crunchy /ˈkrʌntʃɪ/ agg. croccante
crusade /kruːˈseɪd/ s. crociata *f.*
crush /krʌʃ/ s. **1** calca *f.*, folla *f.* **2** (*fam.*) cotta *f.*
to crush /krʌʃ/ v.tr. **1** schiacciare **2** stroncare, annientare
crust /krʌst/ s. crosta *f.*
crustacean /krʌsˈteɪʃjən/ s. crostaceo *m.*
crutch /krʌtʃ/ s. **1** gruccia *f.*, stampella *f.* **2** biforcazione *f.*
crux /krʌks/ s. punto *m.* cruciale
cry /kraɪ/ s. **1** grido *m.* **2** (*di animale*) verso *m.* **3** lamento *m.*, pianto *m.*
to cry /kraɪ/ v.tr. e intr. **1** gridare **2** piangere ◆ **to c. for** chiedere a gran voce || **to c. off** tirarsi indietro || **to c. wolf** gridare al lupo
crying /ˈkraɪɪŋ/ s. pianto *m.* ◆ **a c. shame** un vero peccato
crypt /krɪpt/ s. cripta *f.*
cryptic /ˈkrɪptɪk/ agg. criptico
crystal /ˈkrɪstl/ s. cristallo *m.* ◆ **c. clear** limpido, cristallino
crystalline /ˈkrɪstəlaɪn/ agg. cristallino
to crystallize /ˈkrɪstəlaɪz/ v.tr. cristallizzare
cub /kʌb/ s. cucciolo *m.*
cube /kjuːb/ s. cubo *m.*
cubic /ˈkjuːbɪk/ agg. cubico
cubism /ˈkjuːbɪz(ə)m/ s. cubismo *m.*
cubital /ˈkjuːbɪtl/ agg. (*anat.*) cubitale
cuckoo /ˈkʊkuː/ s. cuculo *m.* ◆ **c. clock** orologio a cucù
cucumber /ˈkjuːkəmbəʳ/ s. cetriolo *m.*
to cuddle /ˈkʌdl/ v.tr. abbracciare, coccolare ◆ **to c. up to sb.** rannicchiarsi vicino a qc.
cudgel /ˈkʌdʒ(ə)l/ s. randello *m.*
cue[1] /kjuː/ s. **1** (*teatro, mus.*) battuta *f.* d'entrata, attacco *m.* **2** imbeccata *f.*
cue[2] /kjuː/ s. (*biliardo*) stecca *f.*
cuff[1] /kʌf/ s. **1** polsino *m.* **2** risvolto *m.* **3** al pl. manette *f. pl.* ◆ **c. links** (*bottoni*) gemelli
cuff[2] /kʌf/ s. schiaffo *m.*, ceffone *m.*
to cuff /kʌf/ v.tr. schiaffeggiare
culinary /ˈkʌlɪnərɪ/ agg. culinario
to cull /kʌl/ v.tr. scegliere, selezionare
to culminate /ˈkʌlmɪneɪt/ v.intr. culminare
culmination /ˌkʌlmɪˈneɪʃ(ə)n/ s. culmine *m.*
culprit /ˈkʌlprɪt/ s. colpevole *m. e f.*
cult /kʌlt/ s. culto *m.* ◆ **c. movie** cult movie, film culto
cultivable /ˈkʌltɪvəbl/ agg. coltivabile
to cultivate /ˈkʌltɪveɪt/ v.tr. coltivare
cultivated /ˈkʌltɪveɪtɪd/ agg. **1** coltivato **2** colto, istruito
cultivation /ˌkʌltɪˈveɪʃ(ə)n/ s. coltura *f.*
cultural /ˈkʌltʃ(ə)r(ə)l/ agg. culturale
culture /ˈkʌltʃəʳ/ s. **1** cultura *f.*, istruzione *f.* **2** civiltà *f.* **3** coltura *f.*, coltivazione *f.*
cumbersome /ˈkʌmbəsəm/ agg. ingombrante
cumulus /ˈkjuːmjʊləs/ s. (*meteor.*) cumulo *m.*
cuneiform /ˈkjuːnɪɪfɔːm/ agg. cuneiforme
cunning /ˈkʌnɪŋ/ **A** agg. astuto, furbo **B** s. astuzia *f.*, furberia *f.*
cup /kʌp/ s. **1** tazza *f.*, tazzina *f.* **2** coppa *f.* ◆ **paper c.** bicchiere di carta
cupboard /ˈkʌbəd/ s. armadio *m.*
curable /ˈkjʊərəbl/ agg. curabile
curate /ˈkjʊərɪt/ s. curato *m.*, cappellano *m.*
curator /kjʊəˈreɪtəʳ/ s. (*di museo, biblioteca*) direttore *m.*, sovrintendente *m. e f.*
curb /kɜːb/ s. **1** freno *m.*, ostacolo *m.* **2** (*USA*) bordo *m.* del marciapiede
to curdle /ˈkɜːdl/ v.intr. cagliare
cure /kjʊəʳ/ s. cura *f.* (risolutiva), rimedio *m.*
to cure /kjʊəʳ/ **A** v.tr. **1** guarire, curare **2** (*un materiale*) trattare **3** (*un alimento*) affumicare, salare **B** v.intr. (*di alimento*) conservarsi
cure-all /ˈkjʊəʳɔːl/ s. toccasana *m. inv.*
curfew /ˈkɜːfjuː/ s. coprifuoco *m.*
Curia /ˈkjʊərɪə/ s. curia *f.*
curio /ˈkjʊ(ə)rɪəʊ/ s. curiosità *f.*, oggetto *m.* da collezione
curiosity /ˌkjʊərɪˈɒsɪtɪ/ s. curiosità *f.*
curious /ˈkjʊərɪəs/ agg. curioso
curl /kɜːl/ s. riccio *m.*, ricciolo *m.*
to curl /kɜːl/ **A** v.tr. arricciare **B** v.intr. arricciarsi ◆ **to c. up** raggomitolarsi, accartocciarsi
curler /ˈkɜːləʳ/ s. bigodino *m.*
curly /ˈkɜːlɪ/ agg. **1** ricciuto **2** increspato
currant /ˈkʌr(ə)nt/ s. ribes *m. inv.*
currency /ˈkʌr(ə)nsɪ/ s. **1** valuta *f.*, moneta *f.* **2** circolazione *f.*, diffusione *f.* ◆ **single c.** moneta unica

current /ˈkʌr(ə)nt/ **A** agg. corrente, attuale **B** s. corrente *f.*
currently /ˈkʌr(ə)ntlɪ/ avv. attualmente
curriculum /kəˈrɪkjʊləm/ s. curriculum *m.*
curry /ˈkʌrɪ/ s. curry *m. inv.*
to curry /ˈkʌrɪ/ v.tr. **1** strigliare **2** (*pelli*) conciare **3** adulare
curse /kɜːs/ s. **1** maledizione *f.* **2** imprecazione *f.*, bestemmia *f.*
to curse /kə(ː)s/ **A** v.tr. maledire **B** v.intr. imprecare, bestemmiare
cursed /ˈkɜːsɪd/ agg. maledetto
cursor /ˈkɜːsəʳ/ s. cursore *m.*
curt /kɜːt/ agg. brusco, secco, conciso
to curtail /kɜːˈteɪl/ v.tr. **1** accorciare, abbreviare **2** ridurre, limitare
curtain /ˈkɜːt(ə)n/ s. **1** tenda *f.* **2** (*teatro*) sipario *m.* ♦ **behind the c.** dietro le quinte || **the c. falls** cala il sipario
curts(e)y /ˈkɜːtsɪ/ s. inchino *m.*, riverenza *f.*
curve /kɜːv/ s. curva *f.*
to curve /kɜːv/ **A** v.tr. curvare **B** v.intr. curvarsi
curvilinear /ˌkɜːvɪˈlɪnɪəʳ/ agg. curvilineo
cushion /ˈkʊʃ(ə)n/ s. cuscino *m.*
to cushion /ˈkʊʃ(ə)n/ v.tr. **1** imbottire **2** smorzare, attutire
custard /ˈkʌstəd/ s. crema *f.* pasticciera
custodian /kʌsˈtəʊdjən/ s. custode *m. e f.*
custody /ˈkʌstədɪ/ s. **1** custodia *f.*, sorveglianza *f.* **2** detenzione *f.*
custom /ˈkʌstəm/ s. **1** costume *m.*, abitudine *f.*, usanza *f.* **2** al pl. dogana *f.* **3** clientela *f.* ♦ **c.-made** su ordinazione, su misura || **customs officer** doganiere
customary /ˈkʌstəm(ə)rɪ/ agg. consueto, usuale
customer /ˈkʌstəməʳ/ s. cliente *m. e f.* ♦ **c. service, care** servizio clienti
customized /ˈkɒstəmaɪzd/ agg. su misura
customs /ˈkʌstəmz/ s. dogana *f.*
cut /kʌt/ s. **1** taglio *m.* **2** riduzione *f.*, riduzione *f.* di prezzo
to cut /kʌt/ (*pass. e p.p.* **cut**) **A** v.tr. **1** tagliare **2** incidere **3** ridurre **B** v.intr. tagliare, tagliarsi ♦ **to c. a tooth** mettere un dente || **to c. back** ridurre || **to c. down** abbattere, ridurre || **to c. in** interloquire || **to c. off** troncare, recidere || **to c. out** ritagliare || **to c. up** tagliare a pezzetti
cutaneous /kjʊ(ː)ˈteɪnjəs/ agg. cutaneo
cute /kjuːt/ agg. (*fam.*) carino
cuticle /ˈkjuːtɪkəl/ s. cuticola *f.*
cutis /ˈkjuːtɪs/ s. cute *f.*
cutlery /ˈkʌtlərɪ/ s. posate *f. pl.*
cutlet /ˈkʌtlɪt/ s. costoletta *f.*
cutoff /ˈkʌtɒf/ s. **1** limite *m.* estremo **2** al pl. (*USA*) pantaloncini *m. pl.* di jeans **3** (*mecc.*) otturatore *m.* **4** (*elettr.*) apertura *f.* di circuito
cut-out /ˈkʌtaʊt/ s. **1** (*di giornale*) ritaglio *m.* **2** (*elettr.*) interruttore *m.*
cut-price /ˈkʌtpraɪs/ agg. a prezzo ridotto
cutthroat /ˈkʌtθrəʊt/ s. e agg. assassino *m.*, omicida *m. e f.*
cutting /ˈkʌtɪŋ/ **A** agg. **1** tagliente **2** sferzante **B** s. **1** taglio *m.* **2** ritaglio *m.* **3** (*bot.*) talea *f.* **4** (*cin.*) montaggio *m.*
cuttlefish /ˈkʌtlfɪʃ/ s. seppia *f.*
cyanide /ˈsaɪənaɪd/ s. cianuro *m.*
cycle /ˈsaɪkl/ s. **1** ciclo *m.* **2** bicicletta *f.* ♦ **c. race** gara ciclistica || **c. track** velodromo
to cycle /ˈsaɪkl/ v.intr. pedalare
cyclic /ˈsɪklɪk/ agg. ciclico
cycling /ˈsaɪklɪŋ/ s. ciclismo *m.*
cyclist /ˈsaɪklɪst/ s. ciclista *m. e f.*
cyclopean /saɪˈkləʊpjən/ agg. ciclopico
cylinder /ˈsɪlɪndəʳ/ s. **1** cilindro *m.* **2** bombola *f.*
cylindrical /ˌsɪˈlɪndrɪk(ə)l/ agg. cilindrico
cynical /ˈsɪnɪkl/ agg. cinico
cynicism /ˈsɪnɪsɪz(ə)m/ s. cinismo *m.*
cypress /ˈsaɪprɪs/ s. cipresso *m.*
cyst /sɪst/ s. cisti *f. inv.*
cystitis /sɪsˈtaɪtɪs/ s. cistite *f.*
czar /zɑːʳ/ s. zar *m. inv.*
Czech /tʃɛk/ agg. e s. ceco *m.*

d, D

dab /dæb/ s. pochino *m.*
to dab /dæb/ v.tr. **1** picchiettare, tamponare **2** applicare, spalmare
to dabble /ˈdæbl/ **A** v.tr. schizzare, bagnare **B** v.intr. sguazzare ♦ **to d. in, at** occuparsi a tempo perso di
dabbler /ˈdæbləʳ/ s. dilettante *m. e f.*
dad /dæd/ s. (*fam.*) papà *m.*
Dadaism /ˈdɑdəɪz(ə)m/ s. dadaismo *m.*
daddy /ˈdædɪ/ s. (*fam.*) papà *m.*
daffodil /ˈdæfədɪl/ s. giunchiglia *f.*
daft /dɑːft/ agg. (*fam.*) sciocco
dagger /ˈdægəʳ/ s. pugnale *m.*

daily /'deɪlɪ/ **A** **agg.** giornaliero, quotidiano **B** **s.** quotidiano *m.* **C** **avv.** giornalmente, quotidianamente
daintiness /'deɪntɪnɪs/ **s.** delicatezza *f.*, raffinatezza *f.*
dainty /'deɪntɪ/ **agg.** **1** delicato, fine **2** prelibato
dairy /'dɛərɪ/ **s.** **1** caseificio *m.* **2** (*negozio*) latteria *f.* ♦ **d. farm** cascina || **d. products** latticini
dais /'deɪɪs/ **s.** predella *f.*, palco *m.*
daisy /'deɪzɪ/ **s.** margherita *f.*
dale /deɪl/ **s.** vallata *f.*
dam /dæm/ **s.** diga *f.*
to dam /dæm/ **v.tr.** sbarrare, arginare
damage /'dæmɪdʒ/ **s.** **1** avaria *f.*, danno *m.*, guasto *m.* **2** al pl. danni *m. pl.*, risarcimento *m.* ♦ **claim for damages** richiesta di risarcimento
to damage /'dæmɪdʒ/ **v.tr.** danneggiare, lesionare
damask /'dæməsk/ **s.** damasco *m.*
damn /dæm/ **inter.** maledizione!, accidenti!
to damn /dæm/ **v.tr.** **1** dannare, condannare **2** maledire, imprecare **3** rovinare
damned /dæmd/ **agg.** **1** dannato **2** (*pop.*) maledetto
damp /dæmp/ **A** **agg.** umido, bagnato **B** **s.** umidità *f.*, umido *m.*
to damp /dæmp/ **v.tr.** **1** inumidire, bagnare **2** soffocare, estinguere **3** deprimere
to dampen /'dæmp(ə)n/ **v.tr.** **1** inumidire **2** smorzare
damper /'dæmpəʳ/ **s.** **1** freno *m.* **2** (*autom.*) ammortizzatore *m.*
damson /'dæmz(ə)n/ **s.** susino *m.* selvatico
dance /dɑ:ns/ **s.** ballo *m.*, danza *f.* ♦ **d. hall** sala da ballo
to dance /dɑ:ns/ **v.tr. e intr.** ballare, danzare
dancer /'dɑ:nsəʳ/ **s.** ballerino *m.*
dancing /'dɑ:nsɪŋ/ **s.** la danza *f.*, il ballo *m.* ♦ **d. school** scuola di danza
dandelion /'dændɪlaɪən/ **s.** (*bot.*) tarassaco *m.*, dente *m.* di leone
dandruff /'dændrəf/ **s.** forfora *f.*
dandy /'dændɪ/ **agg.** **1** elegante, affettato **2** splendido
Dane /deɪn/ **s.** danese *m. e f.*
danger /'deɪn(d)ʒəʳ/ **s.** pericolo *m.*
dangerous /'deɪn(d)ʒrəs/ **agg.** pericoloso
to dangle /'dæŋgl/ **A** **v.intr.** penzolare, dondolare **B** **v.tr.** **1** far penzolare, far dondolare **2** far balenare
Danish /'deɪnɪʃ/ **A** **agg.** danese **B** **s.** (*lingua*) danese *m.*
dapper /'dæpəʳ/ **agg.** azzimato
dappled /'dæpld/ **agg.** maculato, pezzato
dare /dɛəʳ/ **s.** sfida *f.*
to dare /dɛəʳ/ (*pass.* **dared**, **durst**, *p.p.* **dared**) **A** **v.intr.** osare **B** **v.tr.** **1** sfidare **2** atterrire ♦ **I d. say** suppongo || **to d. sb. to do st.** sfidare qc. a fare q.c.
daredevil /'dɛəˌdevl/ **A** **agg.** audace, temerario **B** **s.** scavezzacollo *m. e f.*
daring /'dɛərɪŋ/ **A** **agg.** ardito, audace **B** **s.** audacia *f.*
dark /dɑ:k/ **A** **agg.** **1** buio, scuro **2** (*di colore*) cupo **3** (*fig.*) nero, tetro, triste **B** **s.** buio *m.*, oscurità *f.* ♦ **to get d.** diventare buio, farsi notte
to darken /'dɑ:k(ə)n/ **A** **v.tr.** oscurare, offuscare **B** **v.intr.** **1** oscurarsi, offuscarsi **2** imbrunire
darkness /'dɑ:knɪs/ **s.** buio *m.*, oscurità *f.*
darling /'dɑ:lɪŋ/ **A** **agg.** caro, diletto **B** **s.** caro *m.*, tesoro *m.*
to darn /dɑ:n/ **v.tr.** rammendare
darnel /'dɑ:nl/ **s.** loglio *m.*
darning /'dɑ:nɪŋ/ **s.** rammendo *m.*
dart /dɑ:t/ **s.** **1** freccetta *f.* **2** (*letter.*) dardo *m.* **3** guizzo *m.*, salto *m.* **4** pince *f. inv.*
to dart /dɑ:t/ **A** **v.tr.** scagliare **B** **v.intr.** guizzare
dash /dæʃ/ **s.** **1** balzo *m.*, scatto *m.* **2** piccola quantità *f.*, goccia *f.* **3** trattino *m.*, lineetta *f.*
to dash /dæʃ/ **A** **v.tr.** **1** gettare, lanciare, sbattere **2** infrangere **3** cospargere, spruzzare **B** **v.intr.** precipitarsi, scagliarsi ♦ **to d. off** scappare via
dashboard /'dæʃbɔ:d/ **s.** cruscotto *m.*
dashing /'dæʃɪŋ/ **agg.** **1** impetuoso, focoso **2** vivace, vistoso
data /'deɪtə/ **s.** dati *m. pl.* ♦ **d. bank** banca dati || **d. processing** elaborazione di dati || **d. transmission** trasmissione di dati
date[1] /deɪt/ **s.** **1** data *f.* **2** scadenza *f.* **3** (*USA, fam.*) appuntamento *m.* (galante) **4** (*USA, fam.*) persona *f.* con cui si esce ♦ **at long/short d.** a lunga/breve scadenza || **to d.** fino a oggi || **up to d.** aggiornato
date[2] /deɪt/ **s.** (*bot.*) dattero *m.*
to date /deɪt/ **A** **v.tr.** **1** datare, mettere la data su **2** attribuire la data, far risalire a **3** (*USA, fam.*) frequentare, uscire con **B** **v.intr.** datare, risalire a
dated /'deɪtɪd/ **agg.** datato, sorpassato
daub /dɔ:b/ **s.** (*fam.*) sgorbio *m.*
to daub /dɔ:b/ **v.tr.** impiastricciare, imbrattare
daughter /'dɔ:təʳ/ **s.** figlia *f.* ♦ **d.-in-law** nuora
to daunt /dɔ:nt/ **v.tr.** **1** intimidire **2** scoraggiare
to dawdle /'dɔ:dl/ **v.intr.** gingillarsi
dawn /dɔ:n/ **s.** **1** alba *f.* **2** (*fig.*) principio *m.*
to dawn /dɔ:n/ **v.intr.** **1** albeggiare **2** apparire ♦ **to d. on** venire in mente, rendersi conto di
day /deɪ/ **s.** **1** giorno *m.*, giornata *f.* **2** tempo *m.*, epoca *f.* ♦ **by d.** di giorno || **d. by d.** giorno per giorno || **d. return** biglietto di andata e ritorno in giornata || **d. time** diurno || **d.-to-d.** quotidiano || **every other d.** un giorno sì e uno no || **the d. before yesterday** l'altro ieri || **the d. after tomorrow** dopodomani
daybreak /'deɪbreɪk/ **s.** alba *f.*
to daydream /'deɪdri:m/ **v.intr.** sognare a occhi aperti
daylight /'deɪlaɪt/ **s.** luce *f.* del giorno
daze /deɪz/ **s.** stupore *m.*, stordimento *m.* ♦ **to be in a d.** essere sbalordito
to daze /deɪz/ **v.tr.** stordire
to dazzle /'dæzl/ **v.tr.** abbagliare
dead /dɛd/ **agg.** **1** morto **2** fuori uso **3** completo, perfetto **4** spento, insensibile ♦ **d. and gone** morto e sepolto || **d. end** vicolo cieco || **d. heat** (*in una gara*) arrivo alla pari || **d. letter** lettera non recapitata || **d.-**

shot tiratore scelto || **d. wood** ramo secco || **to come to a d. stop** fermarsi di colpo
to deaden /'dɛdn/ v.tr. **1** attutire, smorzare **2** insonorizzare
deadline /'dɛdlaɪn/ s. scadenza *f.*
deadlock /'dɛdlɒk/ s. punto *m.* morto
deadly /'dɛdlɪ/ agg. micidiale, letale
deadpan /'dɛdpæn/ agg. (*fam.*) impassibile
deaf /dɛf/ agg. sordo ♦ **d.-and-dumb** sordomuto
deafness /'dɛfnɪs/ s. sordità *f.*
deal[1] /di:l/ s. quantità *f.* ♦ **a great d. of** un bel po' di
deal[2] /di:l/ s. **1** accordo *m.*, affare *m.* **2** trattamento *m.* **3** (*giocando a carte*) mano *f.* ♦ **a raw d.** un trattamento ingiusto
to deal /di:l/ (*pass. e p.p.* **dealt**) **A** v.tr. **1** distribuire, fornire **2** dare le carte **B** v.intr. fare affari ♦ **to d. in** commerciare in || **to d. with** trattare con, fare affari con, trattare di
dealer /'di:ləʳ/ s. commerciante *m. e f.*, distributore *m.*
dealing /'di:lɪŋ/ s. **1** al pl. rapporti *m. pl.* **2** commercio *m.* **3** distribuzione *f.*
dealt /dɛlt/ pass. e p.p. di **to deal**
deambulatory /dɪ'æmbjʊlətərɪ/ s. deambulatorio *m.*
dean /di:n/ s. **1** (*relig.*) decano *m.* **2** (*di facoltà universitaria*) preside *m. e f.*
dear /dɪəʳ/ agg. **1** caro, amato **2** caro, costoso
dearly /'dɪəlɪ/ avv. **1** caramente **2** ardentemente, intensamente **3** a caro prezzo
death /dɛθ/ s. morte *f.* ♦ **d. duty** tassa di successione || **d. rate** indice di mortalità || **d. tax** tassa di successione || **d. toll** vittime
deathly /'dɛθlɪ/ agg. mortale
to debar /dɪ'bɑ:ʳ/ v.tr. escludere, impedire, privare di ♦ **to d. sb. from doing st.** impedire a qc. di fare q.c.
to debase /dɪ'beɪs/ v.tr. **1** avvilire, degradare **2** adulterare **3** deprezzare
debatable /dɪ'beɪtəbl/ agg. discutibile
debate /dɪ'beɪt/ s. dibattito *m.*, discussione *f.*
to debate /dɪ'beɪt/ v.tr. e intr. **1** dibattere, discutere **2** considerare, pensare
debauched /dɪ'bɔ:tʃt/ agg. dissoluto
debauchery /dɪ'bɔ:tʃ(ə)rɪ/ s. dissolutezza *f.*, depravazione *f.*
debit /'dɛbɪt/ s. (*comm.*) debito *m.*, addebito *m.* ♦ **d. card** bancomat
to debit /'dɛbɪt/ v.tr. (*comm.*) addebitare
debris /'dɛbri:/ s. detriti *m. pl.*, macerie *f. pl.*
debt /dɛt/ s. debito *m.* ♦ **to be in d. to** essere indebitato con || **to get out of d.** sdebitarsi
debtor /'dɛtəʳ/ s. debitore *m.*
to debug /dɪ'bʌg/ v.tr. **1** mettere a punto **2** (*inform.*) eliminare gli errori di
to debunk /ˌdi:'bʌŋk/ v.tr. (*fam.*) ridimensionare
debut /'deɪbu:/ s. debutto *m.* ♦ **to make one's d.** debuttare
decade /'dɛkeɪd/ s. decade *f.*, decennio *m.*
decadence /'dɛkəd(ə)ns/ s. decadenza *f.*
decadent /'dɛkədənt/ agg. decadente
decadentism /'dɛkədəntɪz(ə)m/ s. decadentismo *m.*
to decaffeinate /di:'kæfɪˌneɪt/ v.tr. decaffeinare
decaffeinated /di:'kæfɪˌneɪtɪd/ agg. **1** decaffeinato **2** deteinato
decalogue /'dɛkəlɒg/ s. decalogo *m.*
to decant /dɪ'kænt/ v.tr. travasare
decanter /dɪ'kæntəʳ/ s. caraffa *f.*
to decapitate /dɪ'kæpɪteɪt/ v.tr. decapitare
decay /dɪ'keɪ/ s. **1** decadenza *f.*, degrado *m.* **2** disfacimento *m.*, putrefazione *f.*
to decay /dɪ'keɪ/ v.intr. **1** andare in rovina, crollare **2** decadere, deperire **3** marcire, imputridire
to decease /dɪ'si:s/ v.intr. decedere
deceased /dɪ'si:st/ s. e agg. defunto *m.*
deceit /dɪ'si:t/ s. **1** inganno *m.* **2** falsità *f.*
deceitful /dɪ'si:tf(ʊ)l/ agg. ingannevole, perfido
to deceive /dɪ'si:v/ v.tr. **1** ingannare, raggirare **2** deludere
deceleration /di:ˌsɛlə'reɪʃ(ə)n/ s. decelerazione *f.*, rallentamento *m.*
December /dɪ'sɛmbəʳ/ s. dicembre *m.*
decency /'di:snsɪ/ s. **1** decenza *f.*, pudore *m.* **2** decoro *m.*
decennium /dɪ'sɛnɪəm/ s. decennio *m.*
decent /'di:s(ə)nt/ agg. **1** decente, dignitoso **2** discreto, soddisfacente **3** (*fam.*) gentile
decentralization /di:ˌsɛntrəlaɪ'zeɪʃ(ə)n/ s. decentramento *m.*
deception /dɪ'sɛpʃ(ə)n/ s. inganno *m.*
deceptive /dɪ'sɛptɪv/ agg. ingannevole
to decide /dɪ'saɪd/ **A** v.tr. **1** decidere, risolvere **2** indurre **B** v.intr. prendere una decisione, decidersi ♦ **to d. on** decidere su || **to d. (not) to do st.** decidere di (non) fare q.c.
decided /dɪ'saɪdɪd/ agg. **1** deciso, risoluto **2** indubbio
deciduous /dɪ'sɪdjʊəs/ agg. deciduo
decilitre /'dɛsɪˌli:təʳ/ s. decilitro *m.*
decimal /'dɛsɪm(ə)l/ agg. decimale
to decimate /'dɛsɪmeɪt/ v.tr. decimare
to decipher /dɪ'saɪfəʳ/ v.tr. decifrare
decision /dɪ'sɪʒ(ə)n/ s. decisione *f.*
decisive /dɪ'saɪsɪv/ agg. **1** decisivo **2** deciso, risoluto
deck /dɛk/ s. **1** (*naut.*) ponte *m.*, coperta *f.* **2** (*di autobus*) piano *m.* **3** (*fam.*) mazzo *m.* di carte
to deck /dɛk/ v.tr. **1** adornare **2** (*fam.*) mettere al tappeto
deckchair /'dɛktʃɛəʳ/ s. sedia *f.* a sdraio
to declaim /dɪ'kleɪm/ v.tr. declamare
declaration /ˌdɛklə'reɪʃ(ə)n/ s. dichiarazione *f.*
to declare /dɪ'klɛəʳ/ v.tr. dichiarare, proclamare
declination /ˌdɛklɪ'neɪʃ(ə)n/ s. declinazione *f.*
decline /dɪ'klaɪn/ s. declino *m.*, decadenza *f.*
to decline /dɪ'klaɪn/ **A** v.tr. declinare, rifiutare, evitare **B** v.intr. declinare, diminuire, deperire
decoction /dɪ'kɒkʃ(ə)n/ s. decotto *m.*
to decode /ˌdi:'kəʊd/ v.tr. decifrare, decodificare

to decolor /ˌdiːˈkʌləʳ/ v.tr. decolorare
decolorization /diːˌkʌləraɪˈzeɪʃ(ə)n/ s. decolorazione *f.*
decomposable /ˌdɪ(ː)kəmˈpəʊzəbl/ agg. scomponibile
to decompose /ˌdiːkəmˈpəʊz/ **A** v.tr. decomporre, scomporre **B** v.intr. decomporsi
decomposition /ˌdiːkɒmpəˈzɪʃ(ə)n/ s. decomposizione *f.*, scomposizione *f.*
to decongest /ˌdiːkənˈdʒɛst/ v.tr. decongestionare
to deconsecrate /ˌdiːkɒnsɪkreɪt/ v.tr. sconsacrare
to decontaminate /ˌdiːkənˈtæmɪneɪt/ v.tr. decontaminare
decor /ˈdeɪkɔːʳ/ s. **1** arredamento *m.* **2** decorazione *f.*
to decorate /ˈdɛkəreɪt/ v.tr. **1** decorare, arredare **2** insignire di ♦ **to d. a soldier** decorare un soldato
decoration /ˌdɛkəˈreɪʃ(ə)n/ s. **1** decorazione *f.*, ornamento *m.* **2** onorificenza *f.*
decorative /ˈdɛk(ə)rətɪv/ agg. decorativo
decorator /ˈdɛkəreɪtəʳ/ s. decoratore *m.*
decoy /dɪˈkɔɪ/ s. esca *f.*, richiamo *m.*
decrease /ˈdiːkriːs/ s. diminuzione *f.*
to decrease /diːˈkriːs/ v.tr. e intr. diminuire
decree /dɪˈkriː/ s. decreto *m.*, sentenza *f.*
to decree /dɪˈkriː/ v.tr. decretare
decrepit /dɪˈkrɛpɪt/ agg. decrepito
to dedicate /ˈdɛdɪkeɪt/ v.tr. dedicare
dedication /ˌdɛdɪˈkeɪʃ(ə)n/ s. **1** dedica *f.* **2** dedizione *f.*
to deduce /dɪˈdjuːs/ v.tr. dedurre, desumere
deducible /dɪˈdjuːsəbl/ agg. deducibile
to deduct /dɪˈdʌkt/ v.tr. dedurre, detrarre
deductible /dɪˈdʌktəbl/ agg. deducibile
deduction /dɪˈdʌkʃ(ə)n/ s. deduzione *f.*, detrazione *f.*
deed /diːd/ s. **1** atto *m.*, azione *f.* **2** (*dir.*) atto *m.* (legale)
to deem /diːm/ v.tr. credere, ritenere
deep /diːp/ **A** agg. **1** fondo, profondo **2** largo **3** (*di suono*) grave, (*di colore*) intenso **B** avv. in profondità
to deepen /ˈdiːp(ə)n/ **A** v.tr. **1** approfondire **2** rendere più cupo, rendere più intenso **B** v.intr. **1** approfondirsi **2** incupirsi, farsi più intenso, farsi più grave
to deep-freeze /ˌdiːpˈfriːz/ v.tr. surgelare
deep-freezer /ˌdiːpˈfriːzəʳ/ s. congelatore *m.*, freezer *m. inv.*
deep-sea /ˌdiːpˈsɪ/ **A** agg. abissale **B** s. alto mare *m.*
deep-seated /ˌdiːpˈsiːtɪd/ agg. inveterato, radicato
deer /dɪəʳ/ s. cervo *m.*, daino *m.*, capriolo *m.*
deerskin /ˈdɪəˌskɪn/ s. pelle *f.* di daino
to deface /dɪˈfeɪs/ v.tr. deturpare, sfregiare
defacement /dɪˈfeɪsmənt/ s. deturpazione *f.*, sfregio *m.*
defamation /ˌdɛfəˈmeɪʃ(ə)n/ s. diffamazione *f.*
to defame /dɪˈfeɪm/ v.tr. diffamare
default /dɪˈfɔːlt/ s. **1** difetto *m.*, mancanza *f.* **2** inadempienza *f.* **3** (*dir.*) contumacia *f.* **4** (*sport*) abbandono *m.*
defeat /dɪˈfiːt/ s. sconfitta *f.*, insuccesso *m.*
to defeat /dɪˈfiːt/ v.tr. **1** sconfiggere **2** far fallire
defeatist /dɪˈfiːtɪst/ s. disfattista *m. e f.*
defect /dɪˈfɛkt/ s. difetto *m.*, imperfezione *f.*
to defect /dɪˈfɛkt/ v.intr. disertare
defection /dɪˈfɛkʃ(ə)n/ s. defezione *f.*, diserzione *f.*
defective /dɪˈfɛktɪv/ agg. difettoso
defence /dɪˈfɛns/ (*USA* **defense**) s. difesa *f.* ♦ **self d.** autodifesa
to defend /dɪˈfɛnd/ v.tr. difendere
defendant /dɪˈfɛndənt/ s. imputato *m.*
defender /dɪˈfɛndəʳ/ s. difensore *m.*
defensive /dɪˈfɛnsɪv/ **A** agg. **1** difensivo **2** diffidente **B** s. difensiva *f.*
to defer /dɪˈfɜːʳ/ v.tr. differire, prorogare
deferential /ˌdɛfəˈrɛnʃ(ə)l/ agg. deferente, rispettoso
defiance /dɪˈfaɪəns/ s. sfida *f.* ♦ **in d. of** a dispetto di
defiant /dɪˈfaɪənt/ agg. provocatorio, insolente
deficiency /dɪˈfɪʃ(ə)nsɪ/ s. **1** deficienza *f.*, difetto *m.*, mancanza *f.*, carenza *f.* **2** (*comm.*) disavanzo *m.*
deficient /dɪˈfɪʃ(ə)nt/ agg. deficiente, insufficiente ♦ **vitamin d.** carente di vitamine
deficit /ˈdɛfɪsɪt/ s. deficit *m. inv.*
to defile /dɪˈfaɪl/ v.tr. **1** contaminare **2** profanare
to define /dɪˈfaɪn/ v.tr. definire, determinare
definite /ˈdɛfɪnɪt/ agg. **1** definito, preciso **2** sicuro, determinato **3** (*gramm.*) determinativo
definitely /ˈdɛfɪnɪtlɪ/ avv. senza dubbio
definition /ˌdɛfɪˈnɪʃ(ə)n/ s. definizione *f.*
definitive /dɪˈfɪnɪtɪv/ agg. definitivo, decisivo
deflagration /ˌdɛfləˈgreɪʃ(ə)n/ s. deflagrazione *f.*
to deflate /diːˈfleɪt/ v.tr. **1** sgonfiare **2** (*econ.*) deflazionare
to deflect /dɪˈflɛkt/ v.tr. e intr. deviare, deflettere
to deforest /diːˈfɒrɪst/ v.tr. disboscare
to deform /dɪˈfɔːm/ v.tr. deformare
deformation /ˌdiːfɔːˈmeɪʃ(ə)n/ s. deformazione *f.*
deformed /dɪˈfɔːmd/ agg. deforme
deformity /dɪˈfɔːmɪtɪ/ s. deformità *f.*
to defraud /dɪˈfrɔːd/ v.tr. defraudare
to defrost /diːˈfrɒst/ v.tr. **1** sgelare, scongelare **2** sbrinare
defroster /diːˈfrɒstəʳ/ s. sbrinatore *m.*
deft /dɛft/ agg. abile, destro
defunct /dɪˈfʌŋkt/ agg. **1** defunto **2** liquidato
to defuse /diːˈfjuːz/ v.tr. disinnescare
to defy /dɪˈfaɪ/ v.tr. **1** sfidare **2** resistere a ♦ **to d. solution** essere insolubile
degenerate /dɪˈdʒɛn(ə)rət/ agg. e s. degenerato *m.*
to degenerate /dɪˈdʒɛnəreɪt/ v.intr. degenerare
degeneration /dɪˌdʒɛnəˈreɪʃ(ə)/ s. degenerazione *f.*
to degrade /dɪˈgreɪd/ v.tr. degradare, avvilire
degrading /dɪˈgreɪdɪŋ/ agg. degradante
to degrease /diːˈgriːs/ v.tr. sgrassare
degree /dɪˈgriː/ s. **1** grado *m.* **2** livello *m.*, condizione *f.* **3** laurea *f.* ♦ **by degrees** gradatamente || **honorary**

d. laurea ad honorem || **to take/get one's d.** laurearsi
to dehydrate /di:'haɪdreɪt/ **A** **v.tr.** disidratare **B** **v.intr.** disidratarsi
dehydration /ˌdi:haɪ'dreɪʃ(ə)n/ **s.** disidratazione *f.*
to deign /deɪn/ **A** **v.intr.** degnarsi **B** **v.tr.** degnarsi di dare, concedere
deism /'di:ɪz(ə)m/ **s.** deismo *m.*
deity /'di:ɪtɪ/ **s.** divinità *f.*
to deject /dɪ'dʒɛkt/ **v.tr.** abbattere, deprimere
dejection /dɪ'dʒɛkʃ(ə)n/ **s.** **1** depressione *f.*, abbattimento *m.* **2** (*med.*) deiezione *f.*
delation /dɪ'leɪʃ(ə)n/ **s.** delazione *f.*
delay /dɪ'leɪ/ **s.** **1** ritardo *m.*, indugio *m.* **2** dilazione *f.*
to delay /dɪ'leɪ/ **A** **v.tr.** ritardare, rimandare, prorogare **B** **v.intr.** tardare, indugiare
delectable /dɪ'lɛktəbl/ **agg.** delizioso
delegate /'dɛlɪgeɪt/ **s.** delegato *m.*
to delegate /'dɛlɪgeɪt/ **v.tr.** delegare
delegation /ˌdɛlɪ'geɪʃ(ə)n/ **s.** **1** delega *f.* **2** delegazione *f.*
to delete /dɪ'li:t/ **v.tr.** **1** (*inform.*) cancellare **2** annullare, cancellare
deleterious /ˌdɛlɪ'tɪərɪəs/ **agg.** deleterio
deletion /dɪ'li:ʃ(ə)n/ **s.** cancellazione *f.*, soppressione *f.*
deli /ˌdɛlɪ/ **s.** negozio *m.* di gastronomia
deliberate /dɪ'lɪbərɪt/ **agg.** **1** deliberato, intenzionale **2** cauto, prudente
to deliberate /dɪ'lɪbəreɪt/ **A** **v.tr.** deliberare **B** **v.intr.** **1** deliberare **2** riflettere, ponderare
delicacy /'dɛlɪkəsɪ/ **s.** **1** delicatezza *f.* **2** manicaretto *m.*
delicate /'dɛlɪkɪt/ **agg.** delicato
delicatessen /ˌdɛlɪkə'tɛsn/ **s.** negozio *m.* di gastronomia, salumeria *f.*
delicious /dɪ'lɪʃəs/ **agg.** delizioso, squisito
delight /dɪ'laɪt/ **s.** **1** delizia *f.*, diletto *m.* **2** gioia *f.* ◆ **to take d. in doing st.** provare piacere nel fare q.c.
to delight /dɪ'laɪt/ **A** **v.tr.** deliziare, rallegrare **B** **v.intr.** rallegrarsi, compiacersi
delighted /dɪ'laɪtɪd/ **agg.** lietissimo, molto felice
delightful /dɪ'laɪtf(ʊ)l/ **agg.** delizioso
to delimit /di:'lɪmɪt/ **v.tr.** delimitare
delimitation /dɪˌlɪmɪ'teɪʃ(ə)n/ **s.** delimitazione *f.*
delinquent /dɪ'lɪŋkwənt/ **s.** delinquente *m.* e *f.*, malfattore *m.*
delirious /dɪ'lɪrɪəs/ **agg.** delirante
delirium /dɪ'lɪrɪəm/ **s.** delirio *m.*
to deliver /dɪ'lɪvəʳ/ **A** **v.tr.** **1** consegnare, recapitare, distribuire **2** far partorire **3** pronunciare **B** **v.intr.** **1** fare consegne a domicilio **2** partorire
delivery /dɪ'lɪv(ə)rɪ/ **s.** **1** consegna *f.*, distribuzione *f.* **2** parto *m.* **3** dizione *f.* ◆ **cash on d.** pagamento alla consegna || **home d.** consegna a domicilio || **d. room** sala parto
delta /'dɛltə/ **s.** delta *m. inv.*
to delude /dɪ'lu:d/ **v.tr.** illudere, ingannare
deluge /'dɛlju:dʒ/ **s.** diluvio *m.*
delusion /dɪ'lu:ʒ(ə)n/ **s.** illusione *f.*
to delve /dɛlv/ **v.tr. e intr.** fare ricerche, scavare, rivangare
demagogy /'dɛməgɒgɪ/ **s.** demagogia *f.*
demand /dɪ'mɑ:nd/ **s.** **1** domanda *f.*, richiesta *f.* **2** esigenza *f.* **3** rivendicazione *f.* ◆ **in d.** molto richiesto || **on d.** a richiesta
to demand /dɪ'mɑ:nd/ **v.tr.** **1** esigere **2** domandare, richiedere **3** rivendicare
demanding /dɪ'mɑ:ndɪŋ/ **agg.** **1** impegnativo, gravoso **2** (*di persona*) esigente
to demean /dɪ'mi:n/ **v.tr.** avvilire ◆ **to d. oneself** umiliarsi, avvilirsi
demented /dɪ'mɛntɪd/ **agg.** demente
dementia /dɪ'mɛnʃɪə/ **s.** (*med.*) demenza *f.*
demise /dɪ'maɪz/ **s.** **1** decesso *m.* **2** (*dir.*) trasferimento *m.*
democracy /dɪ'mɒkrəsɪ/ **s.** democrazia *f.*
democrat /'dɛməkræt/ **s.** democratico *m.*
democratic /ˌdɛmə'krætɪk/ **agg.** democratico
demographic /ˌdɛ:mə'græfɪk/ **agg.** demografico
demography /dɪ'mɒgrəfɪ/ **s.** demografia *f.*
to demolish /dɪ'mɒlɪʃ/ **v.tr.** demolire
demolition /ˌdɛmə'lɪʃ(ə)n/ **s.** demolizione *f.*
demon /'di:mən/ **s.** demone *m.*
demonstrable /dɪ'mɒnstrəbl/ **agg.** dimostrabile
to demonstrate /'dɛmənstreɪt/ **A** **v.tr.** **1** dimostrare, spiegare **2** mostrare **B** **v.intr.** manifestare
demonstration /ˌdɛmən'streɪʃ(ə)n/ **s.** **1** dimostrazione *f.* **2** manifestazione *f.*
demonstrator /'dɛmənˌstreɪtəʳ/ **s.** **1** dimostratore *m.* **2** dimostrante *m.* e *f.*
to demoralize /dɪ'mɒrɛlaɪz/ **v.tr.** demoralizzare, scoraggiare
to demote /dɪ(:)'məʊt/ **v.tr.** retrocedere, degradare
to demotivate /ˌdi:'məʊtɪveɪt/ **v.tr.** demotivare
to demount /dɪ(:)'maʊnt/ **v.tr.** (*mecc.*) smontare
demur /dɪ'mɜ:ʳ/ **s.** **1** esitazione *f.* **2** (*dir.*) obiezione *f.*
demure /dɪ'mjʊəʳ/ **agg.** contegnoso, schivo
demystification /di:ˌmɪstɪfɪ'keɪʃ(ə)n/ **s.** demistificazione *f.*
den /dɛn/ **s.** **1** tana *f.* **2** covo *m.*, rifugio *m.*
to denature /di:'neɪtʃəʳ/ **v.tr.** (*chim.*) denaturare
denial /dɪ'naɪ(ə)l/ **s.** **1** rifiuto *m.*, diniego *m.* **2** smentita *f.*
to denigrate /'dɛnɪgreɪt/ **v.tr.** denigrare
denomination /dɪˌnɒmɪ'neɪʃ(ə)n/ **s.** **1** denominazione *f.* **2** (*econ.*) valore *m.* nominale, (*di banconote*) taglio *m.* **3** (*relig.*) denominazione *f.*, confessione *f.*
to denote /dɪ'nəʊt/ **v.tr.** denotare
to denounce /dɪ'naʊns/ **v.tr.** denunciare
dense /dɛns/ **agg.** **1** denso, fitto, spesso **2** ottuso
density /'dɛns(ɪ)tɪ/ **s.** densità *f.*
dent /dɛnt/ **s.** **1** ammaccatura *f.* **2** (*tecnol.*) tacca *f.*
to dent /dɛnt/ **v.tr.** ammaccare
dental /'dɛntl/ **agg.** dentale ◆ **d. floss** filo interdentale

dentist /ˈdɛntɪst/ s. dentista *m. e f.*
denture /ˈdɛn(t)ʃəʳ/ s. dentiera *f.*
denunciation /dɪˌnʌnsɪˈeɪʃ(ə)n/ s. denuncia *f.*
to deny /dɪˈnaɪ/ v.tr. **1** negare, smentire **2** rinnegare **3** rifiutare ◆ **to d. oneself st.** privarsi di q.c.
deodorant /diːˈəʊdərənt/ agg. e s. deodorante *m.*
to depart /dɪˈpɑːt/ v.intr. **1** partire, allontanarsi **2** venir meno a, derogare
department /dɪˈpɑːtmənt/ s. **1** dipartimento *m.*, reparto *m.* **2** ministero *m.* ◆ **d. store** grande magazzino
departure /dɪˈpɑːtʃəʳ/ s. **1** partenza *f.* **2** allontanamento *m.*, deviazione *f.* ◆ **time of d.** orario di partenza
to depend /dɪˈpɛnd/ v.intr. **1** dipendere **2** essere a carico **3** fare assegnamento su ◆ **to d. on** dipendere da || **to d. on sb.** contare su qc. || **d. on it!** non c'è dubbio! || **depending on whether** a seconda che
dependable /dɪˈpɛndəbl/ agg. fidato, affidabile
dependent /dɪˈpɛndənt/ agg. dipendente ◆ **to be d. on** essere a carico di
to depict /dɪˈpɪkt/ v.tr. dipingere, rappresentare
to depilate /ˌdɛpɪˈleɪt/ v.tr. depilare
depilation /ˌdɛpɪˈleɪʃ(ə)n/ s. depilazione *f.*
depilatory /dɛˈpɪlət(ə)rɪ/ agg. depilatorio
to deplete /dɪˈpliːt/ v.tr. esaurire, vuotare
deplorable /dɪˈplɔːrəbl/ agg. deplorevole
to deploy /dɪˈplɔɪ/ v.tr. (*mil.*) schierare, dispiegare
depollution /ˌdiːpəˈluːʃ(ə)n/ s. disinquinamento *m.*
depopulation /diːˌpɒpjʊˈleɪʃ(ə)n/ s. spopolamento *m.*
to deport /dɪˈpɔːt/ v.tr. deportare, esiliare
deportment /dɪˈpɔːtmənt/ s. **1** portamento *m.* **2** comportamento *m.*, condotta *f.*
to depose /dɪˈpəʊz/ v.tr. **1** deporre, destituire **2** (*dir.*) deporre, testimoniare
deposit /dɪˈpɒzɪt/ s. **1** deposito *m.* **2** acconto *m.*, caparra *f.*, cauzione *f.* **3** giacimento *m.*, sedimento *m.*
to deposit /dɪˈpɒzɪt/ v.tr. **1** depositare **2** versare come acconto
depot /ˈdɛpəʊ/ s. **1** deposito *m.*, magazzino *m.* **2** (*USA*) rimessa *f.* (di autobus), stazione *f.* ferroviaria
depravity /dɪˈprævɪtɪ/ s. depravazione *f.*
deprecation /dɛprɪˈkeɪʃən/ s. disapprovazione *f.*
to depreciate /dɪˈpriːʃɪeɪt/ v.tr. e intr. **1** svalutare **2** ammortizzare
depreciation /dɪˌpriːʃɪˈeɪʃ(ə)n/ s. **1** svalutazione *f.*, deprezzamento *m.* **2** ammortamento *m.*
to depress /dɪˈprɛs/ v.tr. **1** deprimere, rattristare **2** abbassare, premere **3** (*comm.*) indebolire, ridurre
depressant /dɪˈprɛsənt/ agg. e s. sedativo *m.*
depressed /dɪˈprɛst/ agg. **1** depresso, abbattuto **2** (*econ.*) depresso, in crisi
depressing /dɪˈprɛsɪŋ/ agg. deprimente
depression /dɪˈprɛʃ(ə)n/ s. depressione *f.*
deprivation /ˌdɛprɪˈveɪʃ(ə)n/ s. privazione *f.*
to deprive /dɪˈpraɪv/ v.tr. privare
deprived /dɪˈpraɪvd/ agg. deprivato, svantaggiato
depth /dɛpθ/ s. **1** profondità *f.* **2** fondo *m.*, fondale *m.* **3** (*di colore*) intensità *f.*, (*di suono*) altezza *f.* **4** al pl. abissi *m. pl.* ◆ **d. finder** profondimetro || **in the depths of** nel profondo di
to depurate /ˈdɛpjʊreɪt/ v.tr. depurare
depurator /ˈdɛpjʊreɪtəʳ/ s. depuratore *m.*
to deputize /ˈdɛpjʊtaɪz/ **A** v.intr. fare le veci di **B** v.tr. deputare
deputy /ˈdɛpjʊtɪ/ s. **1** deputato *m.*, delegato *m.* **2** sostituto *m.*, vice *m. inv.* ◆ **by d.** per procura
to derail /dɪˈreɪl/ v.intr. deragliare
derailment /dɪ(ː)ˈreɪlmənt/ s. deragliamento *m.*
to derange /dɪˈreɪn(d)ʒ/ v.tr. sconvolgere, turbare, guastare
deranged /dɪˈreɪn(d)ʒd/ agg. squilibrato ◆ **to become d.** impazzire
deratization /dɪ(ː)ˌrætaɪˈzeɪʃ(ə)n/ s. derattizzazione *f.*
derby /ˈdɑːbɪ/ s. **1** (*sport*) derby *m. inv.* **2** (*USA*) bombetta *f.*
deregulation /diːˌrɛgjʊˈleɪʃ(ə)n/ s. deregolamentazione *f.*, liberalizzazione *f.*
derelict /ˈdɛrɪlɪkt/ agg. e s. derelitto *m.*, abbandonato *m.*
to deride /dɪˈraɪd/ v.tr. deridere
derisive /dɪˈraɪsɪv/ agg. derisorio
derivation /ˌdɛrɪˈveɪʃ(ə)n/ s. derivazione *f.*
to derive /dɪˈraɪv/ v.tr. e intr. derivare
dermatitis /ˌdɜːməˈtaɪtɪs/ s. dermatite *f.*
dermatologist /ˌdɜːməˈtɒlədʒɪst/ s. dermatologo *m.*
derogation /ˌdɛrəˈgeɪʃ(ə)n/ s. **1** deroga *f.* **2** detrimento *m.*, danno *m.*
derogatory /dɪˈrɒgət(ə)rɪ/ agg. sprezzante, spregiativo
derv /dɜːv/ s. gasolio *m.*
desalter /diːˈsɔːltəʳ/ s. dissalatore *m.*
to descend /dɪˈsɛnd/ v.tr. e intr. scendere, discendere
descendant /dɪˈsɛndənt/ s. discendente *m. e f.*
descent /dɪˈsɛnt/ s. **1** discesa *f.* **2** discendenza *f.*, lignaggio *m.*
to describe /dɪsˈkraɪb/ v.tr. descrivere
description /dɪsˈkrɪpʃ(ə)n/ s. **1** descrizione *f.* **2** (*fam.*) genere *m.*, sorta *f.*
descriptive /dɪsˈkrɪptɪv/ agg. descrittivo
to desecrate /ˈdɛsɪkreɪt/ v.tr. **1** sconsacrare **2** profanare
desert /ˈdɛzət/ agg. e s. deserto *m.*
to desert /dɪˈzɜːt/ **A** v.tr. abbandonare **B** v.intr. (*mil.*) disertare
deserted /dɪˈzɜːtɪd/ agg. **1** deserto **2** abbandonato
deserter /dɪˈzɜːtə/ s. disertore *m.*
desertion /dɪˈzɜːʃ(ə)nʳ/ s. **1** diserzione *f.*, defezione *f.* **2** (*dir.*) abbandono *m.*
deserts /dɪˈzɜːts/ s. pl. meriti *m. pl.* ◆ **to get one's just d.** avere ciò che si merita
to deserve /dɪˈzɜːv/ v.tr. meritare
deserving /dɪˈzɜːvɪŋ/ agg. meritevole
design /dɪˈzaɪn/ s. **1** disegno *m.*, motivo *m.* **2** piano *m.*, progetto *m.* **3** design *m. inv.*, progettazione *f.* ◆ **to have designs on** avere delle mire su

to design /dɪ'zaɪn/ **v.tr. 1** progettare, ideare **2** disegnare, fare il disegno di **3** progettare, proporsi
to designate /'dɛzɪgneɪt/ **v.tr.** designare, nominare
designer /dɪ'zaɪnəʳ/ **s.** designer *m. e f. inv.*, progettista *m. e f.*
desinence /'dɛsɪnəns/ **s.** desinenza *f.*
desirable /dɪ'zaɪərəbl/ **agg.** desiderabile
desire /dɪ'zaɪəʳ/ **s.** desiderio *m.*
to desire /dɪ'zaɪəʳ/ **v.tr.** desiderare, bramare
to desist /dɪ'zɪst/ **v.intr.** desistere
desk /dɛsk/ **s. 1** scrivania *f.* **2** cattedra *f.* **3** banco *m.* **4** cassa *f.*
desktop /'dɛsktɒp/ **s.** (*inform.*) desktop *m. inv.* ♦ **d. computer** computer da tavolo
desolate /'dɛsəlɪt/ **agg.** desolato
desolation /ˌdɛsə'leɪʃ(ə)n/ **s.** desolazione *f.*
despair /dɪs'pɛəʳ/ **s.** disperazione *f.*
to despair /dɪs'pɛəʳ/ **v.intr.** disperare, disperarsi
desperate /'dɛsp(ə)rɪt/ **agg.** disperato
desperation /ˌdɛspə'reɪʃ(ə)n/ **s.** disperazione *f.*
despicable /'dɛspɪkəbl/ **agg.** disprezzabile, spregevole
to despise /dɪs'paɪz/ **v.tr.** disprezzare
despite /dɪs'paɪt/ **prep.** malgrado, a dispetto di
to despond /dɪs'pɒnd/ **v.intr.** abbattersi, perdersi d'animo
despondent /dɪs'pɒndənt/ **agg.** scoraggiato, abbattuto
despotic /dɛs'pɒtɪk/ **agg.** dispotico
dessert /dɪ'zɜːt/ **s.** dessert *m. inv.*
destination /ˌdɛstɪ'neɪʃ(ə)n/ **s.** destinazione *f.*, meta *f.*
to destine /'dɛstɪn/ **A** **v.tr.** destinare **B** **v.intr.** avere come destinazione
destiny /'dɛstɪnɪ/ **s.** destino *m.*, sorte *f.*
destitute /'dɛstɪtjuːt/ **agg. 1** indigente, bisognoso **2** destituito, privo
to destroy /dɪs'trɔɪ/ **v.tr.** distruggere
destroyer /dɪs'trɔɪəʳ/ **s. 1** (*mil.*) cacciatorpediniere *m. inv.* **2** distruttore *m.*
destruction /dɪs'trʌkʃ(ə)n/ **s.** distruzione *f.*
to detach /dɪ'tætʃ/ **v.tr. 1** staccare, separare **2** (*mil.*) distaccare
detachable /dɪ'tætʃəbl/ **agg.** staccabile
detached /dɪ'tætʃt/ **agg. 1** distaccato, disinteressato **2** separato, isolato ♦ **d. house** casa unifamiliare
detachment /dɪ'tætʃmənt/ **s. 1** distacco *m.* **2** (*mil.*) distaccamento *m.*
detail /'diːteɪl/ **s.** dettaglio *m.*, particolare *m.* ♦ **in d.** dettagliatamente
to detail /'diːteɪl/ **v.tr.** esporre dettagliatamente, elencare
detailed /'diːteɪld/ **agg.** dettagliato, particolareggiato
to detain /dɪ'teɪn/ **v.tr.** trattenere, detenere
to detect /dɪ'tɛkt/ **v.tr. 1** scoprire **2** individuare, percepire, discernere **3** (*fis.*) rivelare
detection /dɪ'tɛkʃ(ə)n/ **s. 1** scoperta *f.* **2** investigazione *f.* **3** (*fis.*) rivelazione *f.*
detective /dɪ'tɛktɪv/ **s.** investigatore *m.*
detector /dɪ'tɛktəʳ/ **s. 1** scopritore *m.* **2** (*fis.*) rivelatore *m.* ♦ **lie d.** macchina della verità
detention /dɪ'tɛnʃ(ə)n/ **s.** detenzione *f.*
to deter /dɪ'tɜːʳ/ **v.tr.** dissuadere, trattenere
detergent /dɪ'tɜːdʒ(ə)nt/ **agg. e s.** detergente *m.*
to deteriorate /dɪ'tɪərɪəreɪt/ **A** **v.tr.** deteriorare **B** **v.intr.** deteriorarsi
determination /dɪˌtɜːmɪ'neɪʃ(ə)n/ **s.** determinazione *f.*
to determine /dɪ'tɜːmɪn/ **v.tr. 1** determinare, definire **2** decidere, risolvere **3** (*dir.*) porre termine
determined /dɪ'tɜːmɪnd/ **agg. 1** fissato, stabilito **2** risoluto, determinato, deciso
detersive /dɪ'tɜːsɪv/ **s.** detersivo *m.*
to detest /dɪ'tɛst/ **v.tr.** detestare
detestable /dɪ'tɛstəbl/ **agg.** detestabile, odioso
to dethrone /diː'θrəʊn/ **v.tr.** spodestare
detour /'diːtʊəʳ/ **s.** deviazione *f.*
detoxication /diːˌtɒksɪ'keɪʃ(ə)n/ **s.** disintossicazione *f.*
to detoxify /ˌdiː'tɒksɪfaɪ/ **v.tr.** disintossicare
to detract /dɪ'trækt/ **A** **v.tr.** detrarre **B** **v.intr.** diminuire
detraction /dɪ'trækʃ(ə)n/ **s. 1** detrazione *f.* **2** diffamazione *f.*
detriment /'detrɪmənt/ **s.** svantaggio *m.*
devaluation /ˌdiːvæljʊ'eɪʃ(ə)n/ **s.** svalutazione *f.*
to devalue /diː'væljuː/ **v.tr.** svalutare
to devastate /'dɛvəsteɪt/ **v.tr.** devastare, rovinare
devastating /'dɛvəsteɪtɪŋ/ **agg. 1** devastante, rovinoso **2** sconvolgente
to develop /dɪ'vɛləp/ **A** **v.intr.** svilupparsi, evolversi, trasformarsi **B** **v.tr. 1** sviluppare **2** potenziare, valorizzare **3** generare ♦ **developing countries** paesi in via di sviluppo
developer /dɪ'vɛləpəʳ/ **s. 1** (*fot.*) sviluppatore *m.* **2** costruttore *m.* edile, società *f.* immobiliare
development /dɪ'vɛləpmənt/ **s. 1** sviluppo *m.* **2** valorizzazione *f.*
to deviate /'diːvɪeɪt/ **v.intr.** deviare
deviation /ˌdiːvɪ'eɪʃ(ə)n/ **s.** deviazione *f.*
device /dɪ'vaɪs/ **s. 1** congegno *m.*, dispositivo *m.* **2** espediente *m.*, stratagemma *m.*
devil /'dɛvl/ **s.** diavolo *m.*
devilish /'dɛvlɪʃ/ **agg.** diabolico, infernale
devious /'diːvjəs/ **agg. 1** tortuoso **2** ambiguo, subdolo
to devise /dɪ'vaɪz/ **v.tr. 1** escogitare **2** (*dir.*) lasciare per testamento
devoid /dɪ'vɔɪd/ **agg.** destituito, privo
to devolve /dɪ'vɒlv/ **v.tr.** devolvere
to devote /dɪ'vəʊt/ **v.tr.** dedicare, consacrare
devotion /dɪ'vəʊʃ(ə)n/ **s.** devozione *f.*, dedizione *f.*
to devour /dɪ'vaʊəʳ/ **v.tr.** divorare
devout /dɪ'vaʊt/ **agg. 1** devoto **2** fervente, leale
dew /djuː/ **s.** rugiada *f.*
dexterity /dɛks'tɛrɪtɪ/ **s.** destrezza *f.*
dexterous /'dɛkst(ə)rəs/ **agg.** destro, abile

diabetes /ˌdaɪəˈbiːtiːz/ s. diabete *m.*
diabetic /ˌdaɪəˈbetɪk/ agg. e s. diabetico *m.*
diabolical /ˌdaɪəˈbɒlɪk(ə)l/ agg. diabolico
diadem /ˈdaɪədem/ s. diadema *m.*
to diagnose /ˈdaɪəgnəʊz/ v.tr. diagnosticare
diagnosis /ˌdaɪəgˈnəʊsɪs/ s. diagnosi *f.*
diagonal /daɪˈægənl/ agg. e s. diagonale *f.*
diagram /ˈdaɪəgræm/ s. diagramma *m.*, schema *m.*
dial /ˈdaɪ(ə)l/ s. **1** (*di strumento, orologio*) quadrante *m.* **2** (*di telefono*) disco *m.* combinatore ♦ **d. code** (*USA*) prefisso telefonico ‖ **d. tone** (*USA*) segnale di linea libera
to dial /ˈdaɪ(ə)l/ v.tr. **1** comporre, digitare, chiamare al telefono **2** sintonizzarsi su
dialect /ˈdaɪəlekt/ s. dialetto *m.*
dialectal /ˌdaɪəˈlektl/ agg. dialettale
dialectic /ˌdaɪəˈlektɪk/ **A** agg. dialettico **B** s. dialettica *f.*
dialling /ˈdaɪ(ə)lɪŋ/ s. selezione *f.* (telefonica) ♦ **d. code** prefisso telefonico ‖ **d. tone** segnale di linea libera ‖ **direct d.** teleselezione
dialogue /ˈdaɪəlɒg/ (*USA* **dialog**) s. dialogo *m.*
dialysis /daɪˈælɪsɪs/ s. dialisi *f.*
diameter /daɪˈæmɪtəʳ/ s. diametro *m.*
diamond /ˈdaɪəmənd/ s. **1** diamante *m.* **2** rombo *m.* **3** al pl. (*carte da gioco*) quadri *m. pl.*
diaper /ˈdaɪəpəʳ/ s. (*USA*) pannolino *m.*
diarrh(o)ea /ˌdaɪəˈrɪə/ s. diarrea *f.*
diary /ˈdaɪərɪ/ s. **1** diario *m.* **2** agenda *f.*
dice /daɪs/ s. pl. dadi *m. pl.*, gioco *m.* dei dadi
to dice /daɪs/ **A** v.tr. tagliare a cubetti **B** v.intr. giocare a dadi ♦ **to d. away** perdere ai dadi
dick /dɪk/ s. (*volg.*) cazzo *m.*
to dictate /dɪkˈteɪt/ v.tr. dettare
dictation /dɪkˈteɪʃ(ə)n/ s. dettato *m.*
dictator /dɪkˈteɪtəʳ/ s. dittatore *m.*
dictatorship /dɪkˈteɪtəʃɪp/ s. dittatura *f.*
diction /ˈdɪkʃ(ə)n/ s. dizione *f.*
dictionary /ˈdɪkʃ(ə)nrɪ/ s. dizionario *m.*, vocabolario *m.*
did /dɪd/ pass. di **to do**
didactic /dɪˈdæktɪk/ agg. didattico
didactics /dɪˈdæktɪks/ s. pl. (*v. al sing.*) didattica *f.*
die /daɪ/ s. **1** dado *m.* **2** stampo *m.*
to die /daɪ/ v.intr. morire ♦ **to d. away** smorzarsi ‖ **to d. down** affievolirsi, appassire ‖ **to d. hard** essere duro a morire ‖ **to d. out** estinguersi ‖ **to be dying to do st.** morire dalla voglia di fare q.c.
diesel /ˈdiːz(ə)l/ s. diesel *m. inv.* ♦ **d. engine** motore diesel ‖ **d. oil** gasolio
diet /ˈdaɪət/ s. dieta *f.*, alimentazione *f.* ♦ **to be on a d.** essere a dieta
to diet /ˈdaɪət/ v.intr. essere a dieta
dietetic /ˌdaɪəˈtetɪk/ agg. dietetico
dietician /ˌdaɪəˈtɪʃ(ə)n/ s. dietologo *m.*
to differ /ˈdɪfəʳ/ v.intr. **1** differire, essere diverso **2** dissentire
difference /ˈdɪfr(ə)ns/ s. **1** differenza *f.* **2** divergenza *f.*, dissapore *m.*
different /ˈdɪfr(ə)nt/ agg. differente, diverso
differential /ˌdɪfəˈrenʃ(ə)l/ agg. e s. differenziale *m.*
to differentiate /ˌdɪfəˈrenʃɪeɪt/ v.tr. **1** differenziare **2** distinguere
difficult /ˈdɪfɪk(ə)lt/ agg. difficile
difficulty /ˈdɪfɪk(ə)ltɪ/ s. difficoltà *f.*
diffident /ˈdɪfɪd(ə)nt/ agg. timido, riservato
diffuse /dɪˈfjuːs/ agg. **1** diffuso **2** prolisso
to diffuse /dɪˈfjuːz/ v.tr. diffondere
diffused /dɪˈfjuːzd/ agg. diffuso
diffusion /dɪˈfjuːʒ(ə)n/ s. **1** (*fis.*) diffusione *f.* **2** prolissità *f.*
dig /dɪg/ s. **1** scavo *m.*, sterro *m.* **2** (*pop.*) spintone *m.* **3** (*fig.*) frecciata *f.* **4** al pl. (*fam.*) camera *f.* ammobiliata
to dig /dɪg/ (*pass. e p.p.* **dug**) **A** v.tr. **1** scavare **2** (*pop.*) dare uno spintone **B** v.intr. **1** scavare, zappare **2** (*fam.*) sgobbare ♦ **to d. around** cercare ‖ **to d. in** affondare ‖ **to d. out** scovare, scoprire
digest /ˈdaɪdʒest/ s. riassunto *m.*
to digest /daɪˈdʒest/ v.tr. **1** digerire, assimilare **2** riassumere
digester /dɪˈdʒestəʳ/ s. digestivo *m.*
digestible /dɪˈdʒestəbl/ agg. digeribile
digestion /dɪˈdʒestʃ(ə)n/ s. digestione *f.*
digestive /dɪˈdʒestɪv/ **A** agg. **1** digestivo **2** digerente **B** s. digestivo *m.*
digger /ˈdɪgəʳ/ s. **1** scavatrice *f.* **2** zappatore *m.*, sterratore *m.* ♦ **gold d.** cercatore d'oro, (*fig.*) sfruttatrice di uomini
digit /ˈdɪdʒɪt/ s. **1** numero *m.*, cifra *f.* **2** dito *m.*
digital /ˈdɪdʒɪtl/ agg. digitale ♦ **d. camera** macchina fotografica digitale ‖ **d. line** linea digitale
dignified /ˈdɪgnɪfaɪd/ agg. dignitoso
dignitary /ˈdɪgnɪt(ə)rɪ/ s. dignitario *m.*
dignity /ˈdɪgnɪtɪ/ s. dignità *f.*, decoro *m.*
to digress /daɪˈgres/ v.intr. fare una digressione, divagare ♦ **to d. from** allontanarsi da
digression /daɪˈgreʃ(ə)n/ s. digressione *f.*
dike /daɪk/ s. argine *m.*, diga *f.*
dilapidated /dɪˈlæpɪdeɪtɪd/ agg. decrepito, cadente
dilatation /ˌdaɪləˈteɪʃ(ə)n/ s. dilatazione *f.*
to dilate /daɪˈleɪt/ **A** v.tr. dilatare **B** v.intr. dilatarsi
dilemma /dɪˈlemə/ s. dilemma *m.*
dilettante /ˌdɪlɪˈtæntɪ/ s. dilettante *m. e f.*
diligence /ˈdɪlɪdʒ(ə)ns/ s. diligenza *f.*
diligent /ˈdɪlɪdʒ(ə)nt/ agg. diligente
to dilute /daɪˈljuːt/ v.tr. **1** diluire **2** (*fig.*) attenuare
dim /dɪm/ agg. **1** debole, fioco **2** incerto, indistinto **3** (*fam.*) ottuso ♦ **to take a d. view of st.** disapprovare q.c.
to dim /dɪm/ **A** v.tr. offuscare, oscurare **B** v.intr. offuscarsi
dimension /dɪˈmenʃ(ə)n/ s. dimensione *f.*
to diminish /dɪˈmɪnɪʃ/ v.tr. e intr. diminuire
diminutive /dɪˈmɪnjʊtɪv/ **A** agg. (*fam.*) minuscolo **B** s. diminutivo *m.*

dimmer /'dɪmər/ s. (*autom.*) commutatore *m.* delle luci

din /dɪn/ s. fracasso *m.*

to din /dɪn/ **A** v.tr. rintronare, stordire **B** v.intr. fare chiasso

to dine /daɪn/ v.intr. cenare, pranzare ◆ **to d. in** cenare a casa || **to d. out** cenare a fuori

diner /'daɪnər/ s. **1** commensale *m.*, (*di ristorante*) cliente *m. e f.* **2** (*USA*) tavola *f.* calda

dinghy /'dɪŋgɪ/ s. (*naut.*) canotto *m.*

dingy /'dɪn(d)ʒɪ/ agg. **1** nerastro, grigio **2** sporco, squallido

dining-car /'daɪnɪŋkɑːr/ s. carrozza *f.* ristorante

dining-hall /'daɪnɪŋhɔːl/ s. mensa *f.*, refettorio *m.*

dining-room /'daɪnɪŋrʊm/ s. sala *f.* da pranzo

dinner /'dɪnər/ s. **1** cena *f.* **2** pranzo *m.* ufficiale ◆ **d. jacket** smoking || **d. set** servizio da tavola || **to ask sb. to d.** invitare qc. a cena || **to be at d.** essere a tavola || **to have d.** cenare

dinosaur /'daɪnəsɔːr/ s. dinosauro *m.*

dint /dɪnt/ s. **1** tacca *f.*, segno *m.* **2** forza *f.* ◆ **by d. of** a forza di

diocese /'daɪəsɪs/ s. diocesi *f.*

dioptre /daɪ'ɒptər/ (*USA* **diopter**) s. diottria *f.*

dip /dɪp/ s. **1** immersione *f.*, tuffo *m.* **2** inclinazione *f.*, avvallamento *m.* **3** flessione *f.* **4** (*cuc.*) salsa *f.*

to dip /dɪp/ **A** v.tr. **1** immergere, tuffare **2** abbassare **B** v.intr. **1** immergersi, bagnarsi **2** abbassarsi **3** scendere ◆ **to d. into** attingere a

diphtheria /ˌdɪf'θɪərɪə/ s. difterite *f.*

diploma /dɪ'pləʊmə/ s. diploma *m.*

diplomacy /dɪ'pləʊməsɪ/ s. diplomazia *f.*

diplomat /'dɪpləmæt/ s. diplomatico *m.*

diplomatic /ˌdɪplə'mætɪk/ agg. diplomatico

dipper /'dɪpər/ s. mestolo *m.*

dipstick /'dɪpstɪk/ s. asta *f.* di livello

dipswitch /'dɪpswɪtʒ/ s. (*autom.*) commutatore *m.* delle luci

dire /daɪər/ agg. **1** atroce, terribile **2** urgente

direct /dɪ'rekt/ **A** agg. **1** diretto, immediato **2** franco, esplicito **B** avv. direttamente

to direct /dɪ'rekt/ v.tr. **1** indirizzare, inviare **2** rivolgere **3** (*strada*) indicare **4** dirigere, ordinare

direction /dɪ'rekʃ(ə)n/ s. **1** direzione *f.*, senso *m.* **2** istruzione *f.*, indicazione *f.* **3** regia *f.*, direzione *f.*

directional /dɪ'rekʃənl/ agg. direzionale

directly /dɪ'rektlɪ/ avv. **1** direttamente **2** immediatamente

director /dɪ'rektər/ s. **1** direttore *m.*, dirigente *m. e f.* **2** amministratore *m.* **3** regista *m. e f.* ◆ **board of directors** consiglio di amministrazione

directory /dɪ'rekt(ə)rɪ/ s. elenco *m.* ◆ **telephone d.** elenco telefonico

dirt /dɜːt/ s. **1** sporcizia *f.*, immondizia *f.* **2** terra *f.* ◆ **d.-cheap** da due soldi || **d. road** strada sterrata

dirty /'dɜːtɪ/ agg. **1** sporco, sudicio **2** vile, meschino **3** (*del tempo*) brutto, orribile **4** grossolano, sconcio

to dirty /'dɜːtɪ/ **A** v.tr. sporcare **B** v.intr. sporcarsi

disability /ˌdɪsə'bɪlɪtɪ/ s. **1** incapacità *f.* **2** invalidità *f.*

to disable /dɪs'eɪbl/ v.tr. disabilitare

disabled /dɪs'eɪbld/ agg. e s. disabile *m. e f.*, handicappato *m.*

disadvantage /ˌdɪsəd'vɑːntɪdʒ/ s. svantaggio *m.*

disadvantegeous /ˌdɪsædvɑːn'teɪdʒəs/ agg. svantaggioso

disaffected /ˌdɪsə'fektɪd/ agg. disaffezionato, maldisposto, ostile

to disagree /ˌdɪsə'griː/ v.intr. **1** dissentire **2** discordare, non coincidere **3** non confarsi

disagreeable /ˌdɪsə'grɪəbl/ agg. sgradevole, antipatico

disagreement /ˌdɪsə'griːmənt/ s. **1** disaccordo *m.*, discordia *f.* **2** discordanza *f.*

to disallow /ˌdɪsə'laʊ/ v.tr. respingere, rifiutare

to disappear /ˌdɪsə'pɪər/ v.intr. scomparire, svanire

disappearance /ˌdɪsə'pɪər(ə)ns/ s. sparizione *f.*, scomparsa *f.*

to disappoint /ˌdɪsə'pɔɪnt/ v.tr. deludere

disappointed /ˌdɪsə'pɔɪntɪd/ agg. deluso, insoddisfatto

disappointment /ˌdɪsə'pɔɪntmənt/ s. delusione *f.*, disappunto *m.*

disapproval /ˌdɪsə'pruːv(ə)l/ s. disapprovazione *f.*

to disapprove /ˌdɪsə'pruːv/ v.tr. disapprovare ◆ **to d. of** trovare da ridire su

to disarm /dɪs'ɑːm/ v.tr. disarmare

disarmament /dɪs'ɑːməmənt/ s. disarmo *m.*

disarray /ˌdɪsə'reɪ/ s. disordine *m.*, scompiglio *m.*

to disassemble /ˌdɪsə'sembl/ v.tr. smontare

disassembly /ˌdɪsə'semblɪ/ s. smontaggio *m.*

disaster /dɪ'zɑːstər/ s. disastro *m.*, sciagura *f.*

disastrous /dɪ'zɑːstrəs/ agg. disastroso

to disband /dɪs'bænd/ v.tr. **1** disperdere, sciogliere **2** congedare

disbandment /dɪs'bændmənt/ s. **1** sbandamento *m.*, dispersione *f.* **2** congedo *m.*

disbelief /ˌdɪsbɪ'liːf/ s. incredulità *f.*

to disbelieve /ˌdɪsbɪ'liːv/ v.tr. e intr. non credere

disbursement /dɪs'bɜːsmənt/ s. esborso *m.*, pagamento *m.*

disc /dɪsk/ s. disco *m.*

discard /'dɪskɑːd/ s. scarto *m.*

to discard /dɪs'kɑːd/ v.tr. **1** scartare **2** abbandonare

to discern /dɪ'sɜːn/ v.tr. discernere, distinguere

discerning /dɪ'sɜːnɪŋ/ agg. perspicace, oculato

discharge /dɪs'tʃɑːdʒ/ s. **1** scarico *m.* **2** (*elettr.*, *arma da fuoco*) scarica *f.* **3** congedo *m.*, licenziamento *m.* **4** (*dir.*) assoluzione *f.*, liberazione *f.* **5** (*med.*) emissione *f.*, suppurazione *f.* **6** (*di debito*) pagamento *m.* **7** adempimento *m.*

to discharge /dɪs'tʃɑːdʒ/ v.tr. **1** scaricare **2** congedare, licenziare **3** emettere **4** (*dir.*) liberare, assolvere **5** (*un debito*) saldare **6** (*un dovere*) compiere

disciple /dɪ'saɪpl/ s. discepolo *m.*

discipline /'dɪsɪplɪn/ s. disciplina *f.*

to discipline /'dɪsɪplɪn/ v.tr. **1** disciplinare **2** punire

to disclaim /dɪs'kleɪm/ v.tr. **1** (*dir.*) rinunciare **2** disconoscere, rinnegare **3** negare
to disclose /dɪs'kləʊz/ v.tr. **1** scoprire, svelare **2** rivelare
disclosure /dɪs'kləʊʒəʳ/ s. rivelazione *f.*, scoperta *f.*
disco /'dɪskəʊ/ s. discoteca *f.*
to discolour /dɪs'kʌləʳ/ (*USA* **to discolor**) v.tr. e intr. scolorire
discomfort /dɪs'kʌmfət/ s. **1** disagio *m.* **2** scomodità *f.*
to discomfort /dɪs'kʌmfət/ v.tr. mettere a disagio
to disconcert /ˌdɪskən'sɜːt/ v.tr. **1** sconcertare, turbare **2** sconvolgere, scombinare
to disconnect /ˌdɪskə'nɛkt/ v.tr. **1** sconnettere, staccare **2** interrompere un collegamento
disconnected /ˌdɪskə'nɛktɪd/ agg. **1** sconnesso **2** disinserito, scollegato
disconsolate /dɪs'kɒns(ə)lɪt/ agg. sconsolato, sconfortato
discontent /ˌdɪskən'tɛnt/ s. scontentezza *f.*, scontento *m.*
to discontinue /ˌdɪskən'tɪnjuː/ v.tr. e intr. cessare
discontinuous /ˌdɪskən'tɪnjʊəs/ agg. discontinuo, intermittente
discord /'dɪskɔːd/ s. **1** discordia *f.*, contrasto *m.* **2** (*mus.*) dissonanza *f.*
discordant /dɪs'kɔːd(ə)nt/ agg. discordante
discotheque /'dɪskətɛk/ s. discoteca *f.*
discount /'dɪskaʊnt/ s. sconto *m.*, ribasso *m.*, riduzione *f.* ◆ **d. store** (supermercato) discount
to discount[1] /'dɪskaʊnt/ v.tr. scontare
to discount[2] /dɪs'kaʊnt/ v.tr. tenere in poco conto, non dar credito a
discountable /'dɪskaʊntəbl/ agg. scontabile
to discourage /dɪs'kʌrɪdʒ/ v.tr. **1** scoraggiare **2** dissuadere
discouragement /dɪs'kʌrɪdʒmənt/ s. **1** scoraggiamento *m.*, sconforto *m.* **2** disapprovazione *f.*
discourteous /dɪs'kɜːtjəs/ agg. scortese
to discover /dɪs'kʌvəʳ/ v.tr. scoprire
discoverer /dɪs'kʌvərəʳ/ s. scopritore *m.*
discovery /dɪs'kʌv(ə)rɪ/ s. scoperta *f.*
discredit /dɪs'krɛdɪt/ s. **1** discredito *m.* **2** dubbio *m.*
to discredit /dɪs'krɛdɪt/ v.tr. **1** screditare **2** mettere in dubbio
discreet /dɪs'kriːt/ agg. discreto, riservato
discrepancy /dɪs'krɛp(ə)nsɪ/ s. discrepanza *f.*, divario *m.*
discretion /dɪs'krɛʃ(ə)n/ s. **1** discrezione *f.*, discernimento *m.* **2** riservatezza *f.*
to discriminate /dɪs'krɪmɪneɪt/ **A** v.tr. discriminare, distinguere **B** v.intr. fare discriminazioni
discriminating /dɪs'krɪmɪneɪtɪŋ/ agg. acuto, perspicace
discrimination /dɪsˌkrɪmɪ'neɪʃ(ə)n/ s. **1** discernimento *m.* **2** discriminazione *f.*
discriminatory /dɪsˌkrɪmɪ'nətɔrɪ/ agg. discriminatorio
discus /'dɪskəs/ s. (*sport*) disco *m.*
to discuss /dɪs'kʌs/ v.tr. discutere
discussion /dɪs'kʌʃ(ə)n/ s. discussione *f.*
disdain /dɪs'deɪn/ s. sdegno *m.*, disprezzo *m.*
to disdain /dɪs'deɪn/ v.tr. sdegnare
disease /dɪ'ziːz/ s. malattia *f.*
diseased /dɪ'ziːzd/ agg. malato
to disembark /ˌdɪsɪm'bɑːk/ v.tr. e intr. sbarcare
to disengage /ˌdɪsɪn'geɪdʒ/ v.tr. **1** districare, liberare **2** (*mecc.*) disinnestare
to disentangle /ˌdɪsɪn'tæŋgl/ v.tr. sbrogliare, districare
to disfigure /dɪs'fɪgəʳ/ v.tr. sfigurare, deturpare
disgrace /dɪs'greɪs/ s. **1** disonore *m.*, vergogna *f.* **2** disgrazia *f.* sfavore *m.*
to disgrace /dɪs'greɪs/ v.tr. **1** disonorare **2** far cadere in disgrazia
disgraceful /dɪs'greɪsf(ʊ)l/ agg. disonorevole, vergognoso
disgruntled /dɪs'grʌntld/ agg. scontento
disguise /dɪs'gaɪz/ s. travestimento *m.*
to disguise /dɪs'gaɪz/ v.tr. **1** mascherare, travestire **2** dissimulare
disgust /dɪs'gʌst/ s. disgusto *m.*, schifo *m.*, nausea *f.*
to disgust /dɪs'gʌst/ v.tr. disgustare, nauseare
disgusting /dɪs'gʌstɪŋ/ agg. disgustoso, nauseante
dish /dɪʃ/ s. **1** piatto *m.* **2** pietanza *f.* **3** (*tv, radio*) antenna *f.* (parabolica) ◆ **d. aerial/antenna** antenna parabolica || **satellite d.** antenna satellitare
to dish /dɪʃ/ v.tr. scodellare, servire ◆ **to d. up** servire, presentare un piatto
dishcloth /'dɪʃklɒθ/ s. strofinaccio *m.*, canovaccio *m.*
to dishearten /dɪs'hɑːtn/ v.tr. scoraggiare, sconfortare
disheartening /dɪs'hɑːtnɪŋ/ agg. sconsolante
to dishevel /dɪ'ʃɛv(ə)l/ v.tr. scompigliare
dishevelled /dɪ'ʃɛv(ə)ld/ agg. arruffato, scarmigliato
dishonest /dɪs'ɒnɪst/ agg. disonesto
dishonour /dɪs'ɒnəʳ/ (*USA* **dishonor**) s. disonore *m.*
to dishonour /dɪs'ɒnəʳ/ (*USA* **to dishonor**) v.tr. **1** disonorare **2** venir meno a **3** (*comm.*) rifiutare di pagare, far andare in protesto
dishtowel /'dɪʃtaʊəl/ s. strofinaccio *m.*
dishwasher /'dɪʃˌwɒʃəʳ/ s. lavastoviglie *f. inv.*
disillusion /ˌdɪsɪ'luːʒ(ə)n/ s. disillusione *f.*
to disillusion /ˌdɪsɪ'luːʒ(ə)n/ v.tr. disilludere, disingannare
disincentive /ˌdɪsɪn'sɛntɪv/ s. disincentivo *m.*
to disinfect /ˌdɪsɪn'fɛkt/ v.tr. disinfettare
disinfectant /ˌdɪsɪn'fɛktənt/ agg. e s. disinfettante *m.*
to disinfest /ˌdɪsɪn'fɛst/ v.tr. disinfestare
disinhibited /ˌdɪsɪn'hɪbɪtɪd/ agg. disinibito
to disintegrate /dɪs'ɪntɪgreɪt/ **A** v.tr. disintegrare **B** v.intr. disintegrarsi
disinterested /dɪs'ɪntrɪstɪd/ agg. **1** disinteressato **2** imparziale
to disjoint /dɪs'dʒɔɪnt/ v.tr. disgiungere, smembrare

disjointed /dɪsˈdʒɔɪntɪd/ **agg.** **1** disgiunto, smembrato **2** sconnesso
disk /dɪsk/ **s.** disco *m.*
diskette /dɪsˈkɛt/ **s.** (*inform.*) dischetto *m.*, disco *m.*
disk-jockey /ˌdɪskˈʒɒkɪ/ **s.** disk-jockey *m. inv.*, dee-jay *m. inv.*
dislike /dɪsˈlaɪk/ **s.** avversione *f.*, antipatia *f.*
to dislike /dɪsˈlaɪk/ **v.tr.** **1** non piacere **2** provare avversione per
to dislocate /ˈdɪsləkeɪt/ **v.tr.** slogare, lussare
dislocation /ˌdɪsləˈkeɪʃ(ə)n/ **s.** slogatura *f.*, lussazione *f.*
to dislodge /dɪsˈlɒdʒ/ **v.tr.** **1** sloggiare **2** rimuovere
disloyal /dɪsˈlɔɪəl/ **agg.** sleale
dismal /ˈdɪzm(ə)l/ **agg.** lugubre, tetro
to dismantle /dɪsˈmæntl/ **v.tr.** smontare, smantellare
dismay /dɪsˈmeɪ/ **s.** sgomento *m.*
to dismay /dɪsˈmeɪ/ **v.tr.** sgomentare, costernare
to dismiss /dɪsˈmɪs/ **v.tr.** **1** congedare, licenziare, destituire **2** abbandonare, scartare **3** (*dir.*) respingere
to dismount /dɪsˈmaʊnt/ **v.intr.** smontare, scendere
disobedient /ˌdɪsəˈbiːdjənt/ **agg.** disobbediente
to disobey /ˌdɪsəˈbeɪ/ **v.intr.** disubbidire
disorder /dɪsˈɔːdəʳ/ **s.** **1** disordine *m.*, confusione *f.* **2** tumulto *m.* **3** (*med.*) disturbo *m.*
disorderly /dɪsˈɔːdəlɪ/ **agg.** **1** disordinato **2** tumultuoso
disorganization /dɪsˌɔːgənaɪˈzeɪʃ(ə)n/ **s.** disorganizzazione *f.*
disorientation /dɪsˌɒrɪənˈteɪʃ(ə)n/ **s.** disorientamento *m.*
disparaging /dɪsˈpærɪdʒɪŋ/ **agg.** spregiativo, sprezzante
disparate /ˈdɪspərət/ **agg.** disparato
dispassionate /dɪsˈpæʃnɪt/ **agg.** spassionato, imparziale
dispatch /dɪsˈpætʃ/ **s.** **1** invio *m.*, spedizione *f.* **2** messaggio *m.*
to dispatch /dɪsˈpætʃ/ **v.tr.** **1** spedire, inviare **2** espletare, sbrigare
to dispel /dɪsˈpel/ **v.tr.** disperdere, scacciare
to dispense /dɪsˈpens/ **v.tr.** **1** dispensare, distribuire **2** esentare **3** amministrare **4** somministrare ◆ **to d. with** fare a meno di
dispenser /dɪsˈpensəʳ/ **s.** distributore *m.* ◆ **cash d.** bancomat
to disperse /dɪsˈpɜːs/ **A** **v.tr.** disperdere **B** **v.intr.** disperdersi
dispersion /dɪsˈpɜːʃ(ə)n/ **s.** dispersione *f.*
to dispirit /dɪˈspɪrɪt/ **v.tr.** scoraggiare
dispirited /dɪˈspɪrɪtɪd/ **agg.** scoraggiato, abbattuto
to displace /dɪsˈpleɪs/ **v.tr.** **1** spostare **2** sostituire, rimpiazzare **3** (*naut.*) dislocare
displacement /dɪsˈpleɪsmənt/ **s.** **1** (*naut.*) dislocamento *m.* **2** rimozione *f.*, sostituzione *f.*
display /dɪˈspleɪ/ **s.** **1** mostra *f.*, esibizione *f.* **2** manifestazione *f.* **3** schermo *m.*, display *m. inv.*, video *m. inv.*
to display /dɪˈspleɪ/ **v.tr.** **1** esporre, mostrare **2** manifestare
to displease /dɪsˈpliːz/ **v.tr.** scontentare, dispiacere a ◆ **to be displeased with** essere scontento di
displeasure /dɪsˈplɛʒəʳ/ **s.** dispiacere *m.*, malcontento *m.*
disposable /dɪsˈpəʊzəbl/ **agg.** **1** monouso, usa e getta **2** (*dir.*) disponibile
disposal /dɪsˈpəʊz(ə)l/ **s.** **1** disposizione *f.* **2** eliminazione *f.*, smaltimento *m.* **3** (*comm.*) cessione *f.*
to dispose /dɪsˈpəʊz/ **v.tr. e intr.** disporre ◆ **to d. of** disfarsi di, sbarazzarsi di
disposed /dɪsˈpəʊzd/ **agg.** disposto, incline ◆ **to be d. to** essere portato a
disposition /ˌdɪspəˈzɪʃ(ə)n/ **s.** **1** disposizione *f.* **2** inclinazione *f.*, attitudine *f.* **3** prescrizione *f.*
disproportion /ˌdɪsprəˈpɔːʃ(ə)n/ **s.** sproporzione *f.*
disproportionate /ˌdɪsprəˈpɔːʃnɪt/ **agg.** sproporzionato
to disprove /dɪsˈpruːv/ **v.tr.** confutare
dispute /dɪsˈpjuːt/ **s.** disputa *f.*, vertenza *f.*, controversia *f.*
to dispute /dɪsˈpjuːt/ **v.intr.** disputare, discutere
disqualification /dɪsˌkwɒlɪfɪˈkeɪʃ(ə)n/ **s.** squalifica *f.*
to disqualify /dɪsˈkwɒlɪfaɪ/ **v.tr.** **1** squalificare, escludere **2** interdire
disquiet /dɪsˈkwaɪət/ **A** **agg.** inquieto **B** **s.** inquietudine *f.*, ansia *f.*
to disregard /ˌdɪsrɪˈgɑːd/ **v.tr.** trascurare, non badare a
disrepair /ˌdɪsrɪˈpɛəʳ/ **s.** sfacelo *m.*, rovina *f.*
disreputable /dɪsˈrɛpjʊtəbl/ **agg.** sconveniente, disonorevole
disrepute /ˌdɪsrɪˈpjuːt/ **s.** discredito *m.*
disrespect /ˌdɪsrɪsˈpɛkt/ **s.** irriverenza *f.*
disrespectful /ˌdɪsrɪsˈpɛktf(ʊ)l/ **agg.** irriverente
to disrupt /dɪsrˈʌpt/ **v.tr.** **1** disgregare **2** disturbare
dissatisfaction /dɪ(s)ˌsætɪsˈfækʃ(ə)n/ **s.** insoddisfazione *f.*, scontentezza *f.*
to dissatisfy /dɪ(s)ˈsætɪsfaɪ/ **v.tr.** scontentare
to dissect /dɪˈsɛkt/ **v.tr.** **1** sezionare, dissezionare **2** (*fig.*) sviscerare
to disseminate /dɪˈsɛmɪneɪt/ **v.tr.** disseminare
dissent /dɪˈsɛnt/ **s.** dissenso *m.*
to dissent /dɪˈsɛnt/ **v.intr.** dissentire
dissertation /ˌdɪsə(ː)ˈteɪʃ(ə)n/ **s.** dissertazione *f.*
disservice /dɪsˈsɜːvɪs/ **s.** cattivo servizio *m.*, danno *m.*
dissident /ˈdɪsɪd(ə)nt/ **agg.** dissidente
dissimilar /dɪˈsɪmɪləʳ/ **agg.** dissimile
dissimilarity /ˌdɪsɪmɪˈlærɪtɪ/ **s.** difformità *f.*, diversità *f.*
to dissimulate /dɪˈsɪmjʊleɪt/ **v.tr.** dissimulare
to dissipate /ˈdɪsɪpeɪt/ **v.tr.** dissipare, disperdere
to dissociate /dɪˈsəʊʃɪeɪt/ **A** **v.tr.** dissociare **B** **v.intr.** dissociarsi
dissolute /ˈdɪsəluːt/ **agg.** dissoluto
dissolution /ˌdɪsəˈluːʃ(ə)n/ **s.** dissoluzione *f.*, scioglimento *m.*

to dissolve /dɪ'zɒlv/ **A** **v.tr.** **1** dissolvere, sciogliere **2** annullare **B** **v.intr.** **1** dissolversi, sciogliersi **2** disperdersi **3** svanire
dissonant /'dɪsənənt/ **agg.** dissonante
to dissuade /dɪ'sweɪd/ **v.tr.** dissuadere, distogliere
distance /'dɪst(ə)ns/ **s.** distanza *f.*
distant /'dɪst(ə)nt/ **agg.** **1** distante, lontano **2** distaccato, freddo
distaste /dɪs'teɪst/ **s.** avversione *f.*, disgusto *m.*
distasteful /dɪs'teɪstf(ʊ)l/ **agg.** repellente, sgradevole
distension /dɪs'tɛnʃ(ə)n/ **s.** (*med.*) dilatazione *f.*, gonfiore *m.*
to distil(l) /dɪs'tɪl/ **v.tr.** distillare
distillate /'dɪstɪlɪt/ **s.** distillato *m.*
distillery /dɪs'tɪlərɪ/ **s.** distilleria *f.*
distinct /dɪs'tɪŋ(k)t/ **agg.** **1** distinto, definito **2** separato, diverso
distinction /dɪs'tɪŋ(k)ʃ(ə)n/ **s.** **1** distinzione *f.* **2** caratteristica *f.* **3** onorificenza *f.*
distinctive /dɪs'tɪŋ(k)tɪv/ **agg.** distintivo
to distinguish /dɪs'tɪŋgwɪʃ/ **v.tr.** **1** distinguere, discernere **2** caratterizzare
distinguished /dɪs'tɪŋgwɪʃt/ **agg.** **1** distinto, raffinato **2** famoso, illustre
distinguishing /dɪ'stɪŋgwɪʃɪŋ/ **agg.** distinto, peculiare
to distort /dɪs'tɔːt/ **v.tr.** **1** distorcere **2** travisare
distortion /dɪs'tɔːʃ(ə)n/ **s.** **1** distorsione *f.* **2** deformazione *f.*
to distract /dɪs'trækt/ **v.tr.** distrarre
distraction /dɪs'trækʃ(ə)n/ **s.** **1** distrazione *f.* **2** diversivo *m.*
to distrain /dɪs'treɪn/ **v.tr.** pignorare
distraught /dɪs'trɔːt/ **agg.** sconvolto, turbato
distress /dɪs'trɛs/ **s.** **1** pena *f.*, angoscia *f.* **2** pericolo *m.* ◆ **d. signal** segnale di soccorso, SOS
to distress /dɪs'trɛs/ **v.tr.** affliggere, angustiare
distressing /dɪ'strɛsɪŋ/ **agg.** doloroso, penoso
to distribute /dɪs'trɪbjʊ(ː)t/ **v.tr.** **1** distribuire, assegnare **2** spargere
distribution /ˌdɪstrɪ'bjuːʃ(ə)n/ **s.** distribuzione *f.*
distributor /dɪs'trɪbjʊtəʳ/ **s.** **1** distributore *m.* **2** spinterogeno *m.*
district /'dɪstrɪkt/ **s.** **1** distretto *m.*, circondario *m.* **2** regione *f.*, territorio *m.*
distrust /dɪs'trʌst/ **s.** diffidenza *f.*, sospetto *m.*
to distrust /dɪs'trʌst/ **v.tr.** diffidare di, non avere fiducia in
to disturb /dɪs'tɜːb/ **v.tr.** disturbare
disturbance /dɪs'tɜːb(ə)ns/ **s.** **1** disordine *m.*, confusione *f.* **2** disturbo *m.* **3** (*psic.*) turba *f.*
disturbed /dɪs'tɜːbd/ **agg.** disturbato, turbato
disuse /dɪs'juːs/ **s.** disuso *m.*
ditch /dɪtʃ/ **s.** fossato *m.*, canale *m.*
to ditch /dɪtʃ/ **v.tr.** **1** scavare, prosciugare **2** (*fam.*) piantare in asso
dither /'dɪðəʳ/ **v.intr.** **1** tremare **2** oscillare, vacillare
ditto /'dɪtəʊ/ **A** **s.** virgolette *f. pl.* (di ripetizione) **B** **avv.** lo stesso, idem, come sopra ◆ **d. marks** virgolette (di ripetizione)
diuretic /ˌdaɪjʊə'rɛtɪk/ **agg. e s.** diuretico *m.*
divan /dɪ'væn/ **s.** divano *m.*
dive /daɪv/ **s.** **1** tuffo *m.* **2** immersione *f.* **3** (*aer.*) picchiata *f.* **4** (*fam.*) bettola *f.*
to dive /daɪv/ **v.intr.** **1** tuffarsi **2** immergersi **3** (*aer.*) lanciarsi in picchiata ◆ **to d. in** buttarsi, immergersi
diver /'daɪvəʳ/ **s.** **1** tuffatore *m.* **2** palombaro *m.*, sommozzatore *m.*
to diverge /daɪ'vɜːdʒ/ **v.intr.** divergere
diverse /daɪ'vɜːs/ **agg.** diverso
diversion /daɪ'vɜːʃ(ə)n/ **s.** **1** diversione *f.*, deviazione *f.* **2** passatempo *m.*
diversity /daɪ'vɜːsɪtɪ/ **s.** diversità *f.*
to divert /daɪ'vɜːt/ **v.tr.** deviare
to divide /dɪ'vaɪd/ **A** **v.tr.** **1** dividere, separare **2** ripartire **B** **v.intr.** **1** dividersi, separarsi **2** divergere
dividend /'dɪvɪdɛnd/ **s.** dividendo *m.*
divine /dɪ'vaɪn/ **agg.** divino
diving /'daɪvɪŋ/ **s.** **1** tuffo *m.* **2** immersione *f.* **3** (*aer.*) picchiata *f.* ◆ **d. board** trampolino || **d. suit** scafandro
divinity /dɪ'vɪnɪtɪ/ **s.** **1** divinità *f.* **2** teologia *f.*
divisible /dɪ'vɪzəbl/ **agg.** divisibile
division /dɪ'vɪʒ(ə)n/ **s.** **1** divisione *f.* **2** suddivisione *f.*, ripartizione *f.* **3** sezione *f.*
divorce /dɪ'vɔːs/ **s.** divorzio *m.*
to divorce /dɪ'vɔːs/ **v.intr.** divorziare
divorcee /dɪˌvɔː'siː/ **s.** divorziato *m.*
to divulge /daɪ'vʌldʒ/ **v.tr.** divulgare
dizzy /'dɪzɪ/ **agg.** **1** vertiginoso **2** che ha le vertigini
DJ /ˌdiː'ʒeɪ/ **s.** dee-jay *m. inv.*
do /duː/ **s.** **1** ciò che si deve fare **2** (*USA*) pettinatura *f.* **3** (*fam.*) festa *f.* ◆ **to tell the dos and don'ts** dire ciò che si deve e non si deve fare
to do /duː, dʊ, də/ (*pass.* **did**, *p.p.* **done**) **A** **v.aus.** **1** (*nella forma interr.*) (ES: ***do you understand?*** capisci?) **2** (*nella forma neg.*) (ES: ***I don't understand*** non capisco) **3** (*enf.*) (ES: ***I did see him*** l'ho visto davvero) **4** (*in sostituzione di un altro v.*) (ES: ***who took my book? I did*** chi ha preso il mio libro? io) **B** **v.tr.** **1** fare, compiere, eseguire, portare a termine **2** causare, procurare **3** visitare **4** ingannare, imbrogliare **C** **v.intr.** **1** comportarsi, agire **2** finire, smettere **3** stare, passarsela **4** bastare, andar bene ◆ **to do away with** abolire, sopprimere || **to do badly/well by sb.** trattare male/bene qc. || **how do you do?** piacere di conoscerla || **to do sb. in** uccidere qc., stancare qc. || **to do with** aver bisogno di, avere a che fare con, andar bene
dock[1] /dɒk/ **s.** **1** (*naut.*) bacino *m.* **2** al pl. zona *f.* portuale
dock[2] /dɒk/ **s.** banco *m.* degli imputati
to dock /dɒk/ **v.intr.** entrare in bacino, attraccare
docking /'dɒkɪŋ/ **s.** attracco *m.*
dockyard /'dɒkjɑːd/ **s.** arsenale *m.*, cantiere *m.* navale
doctor /'dɒktəʳ/ **s.** dottore *m.*, medico *m.*

to doctor /'dɒktəʳ/ v.tr. **1** curare, medicare **2** aggiustare **3** adulterare, falsificare **4** conferire una laurea a
doctrine /'dɒktrɪn/ s. dottrina *f.*
document /'dɒkjʊmənt/ s. documento *m.*
to document /'dɒkjʊmɛnt/ v.tr. documentare
documentary /ˌdɒkjʊ'mɛnt(ə)rɪ/ s. documentario *m.*
dodge /dɒdʒ/ s. **1** balzo *m.* **2** espediente *m.*, trucco *m.*
to dodge /dɒdʒ/ v.tr. **1** schivare, scansare **2** abbindolare
dodgem /'dɒdʒəm/ s. autoscontro *m.*
doe /dəʊ/ s. femmina *f.* di cervo, daino, lepre, coniglio
dog /dɒg/ s. cane *m.* ◆ **d.'s bed** cuccia || **d. catcher** accalappiacani || **d. collar** collare || **d. days** canicola || **d.-fancier** allevatore di cani
dogged /'dɒgɪd/ agg. ostinato, tenace
dogma /'dɒgmə/ s. dogma *m.*
dogmatic /dɒg'mætɪk/ agg. dogmatico
doings /'du:ɪŋz/ s. pl. fatti *m. pl.* azioni *f. pl.*
do-it-yourself /'du:ɪtjɔ:ˌsɛlf/ s. bricolage *m. inv.*, fai-da-te *m. inv.*
doldrums /'dɒldrəmz/ s. pl. **1** zona *f.* delle calme equatoriali **2** (*fig.*) depressione *f.*, noia *f.* ◆ **to be in the d.** essere depresso, essere annoiato
dole /dəʊl/ s. sussidio *m.* di disoccupazione
doleful /'dəʊlf(ʊ)l/ agg. triste
doll /dɒl/ s. bambola *f.*
dollar /'dɒləʳ/ s. dollaro *m.*
to doll up /dɒlˌʌp/ v.intr. (*fam.*) agghindarsi
dolly /'dɒlɪ/ s. **1** bambola *f.* **2** piattaforma *f.*, carrello *m.* ◆ **d. shot** (*cin.*) carrellata
dolphin /'dɒlfɪn/ s. delfino *m.*
doltish /'dəʊltɪʃ/ agg. sciocco
domain /də'meɪn/ s. dominio *m.*
dome /dəʊm/ s. cupola *f.*
domestic /də'mɛstɪk/ agg. **1** domestico, casalingo **2** nazionale
to domesticate /də'mɛstɪkeɪt/ v.tr. addomesticare
domicile /'dɒmɪsaɪl/ s. domicilio *m.*
dominant /'dɒmɪnənt/ agg. dominante
to dominate /'dɒmɪneɪt/ v.tr. e intr. dominare
domination /ˌdɒmɪ'neɪʃ(ə)n/ s. dominazione *f.*
dominator /'dɒmɪneɪtəʳ/ s. dominatore *m.*
domineering /ˌdɒmɪ'nɪərɪŋ/ agg. dispotico
dominion /də'mɪnjən/ s. **1** dominio *m.*, autorità *f.* **2** (*paese*) dominion *m. inv.*
dominoes /'dɒmɪnəʊz/ s. pl. (gioco del) domino *m.*
to donate /də(ʊ)'neɪt/ v.tr. donare, elargire
donation /də(ʊ)'neɪʃ(ə)n/ s. donazione *f.*, elargizione *f.*
done /dʌn/ **A** p.p. di **to do** **B** agg. **1** fatto, finito **2** giusto **3** cotto **4** sfinito ◆ **well d.** ben cotto
donjon /'dɒn(d)ʒ(ə)n/ s. torrione *m.*
donkey /'dɒŋkɪ/ s. asino *m.*
donor /'dəʊnəʳ/ s. donatore *m.* ◆ **blood d.** donatore di sangue
to doodle /'du:dl/ v.intr. (*fam.*) scarabocchiare
door /dɔ:ʳ/ s. **1** porta *f.* **2** sportello *m.* ◆ **d.-to-d.** porta a porta
doorbell /'dɔ:bɛl/ s. campanello *m.*
doorkeeper /'dɔ:ˌki:pəʳ/ s. portiere *m.*
doormat /'dɔ:mæt/ s. zerbino *m.*
doorway /'dɔ:weɪ/ s. vano *m.* della porta
dope /dəʊp/ s. **1** (*fam.*) droga *f.* **2** tonto *m.*
to dope /dəʊp/ v.tr. drogare, somministrare stupefacenti
doping /'dəʊpɪŋ/ s. (*sport*) doping *m. inv.*
dopy /'dəʊpɪ/ agg. (*per alcol, stupefacenti*) inebetito
Doric /'dɒrɪk/ agg. dorico
dormant /'dɔ:mənt/ agg. **1** inattivo **2** in letargo
dormitory /'dɔ:mɪtrɪ/ s. **1** dormitorio *m.* **2** (*USA*) casa *f.* per studenti
dormouse /'dɔ:maʊs/ (*pl.* **dormice**) s. ghiro *m.*
dosage /'dəʊsɪdʒ/ s. dosaggio *m.*, posologia *f.*
dose /dəʊs/ s. dose *f.*
to dose /dəʊs/ v.tr. somministrare
dosshouse /'dɒshaʊs/ s. dormitorio *m.* pubblico
dossier /'dɒsɪeɪ/ s. fascicolo *m.*
dot /dɒt/ s. punto *m.*
to dot /dɒt/ v.tr. **1** punteggiare **2** mettere il puntino a
dotcom /dɒtkəm/ s. azienda *f.* legata a Internet
to dote /dəʊt/ v.intr. essere rimbambito ◆ **to d. on sb.** vezzeggiare qc.
double /'dʌbl/ **A** agg. doppio, duplice **B** avv. **1** doppio, doppiamente **2** in coppia, in due **C** s. **1** doppio *m.* **2** controfigura *f.* ◆ **d. bed** letto matrimoniale || **d. room** camera doppia
to double /'dʌbl/ **A** v.tr. **1** raddoppiare **2** piegare in due **3** (*naut.*) doppiare **B** v.intr. raddoppiare ◆ **to d. up with** dividere la stanza con
double-bass /ˌdʌbl'beɪs/ s. contrabbasso *m.*
double-breasted /ˌdʌbl'brɛstɪd/ agg. (a) doppio petto
double-cross /ˌdʌbl'krɒs/ s. doppio gioco *m.*
double-decker /ˌdʌbl'dɛkəʳ/ s. autobus *m. inv.* a due piani
doublet /'dʌblɪt/ s. doppione *m.*
doubling /'dʌblɪŋ/ s. raddoppio *m.*
doubly /'dʌblɪ/ avv. doppiamente
doubt /daʊt/ s. dubbio *m.*
to doubt /daʊt/ **A** v.tr. dubitare di **B** v.intr. dubitare
doubtful /'daʊtf(ʊ)l/ agg. **1** incerto, dubbio **2** dubbioso
doubtless /'daʊtlɪs/ avv. indubbiamente
dough /dəʊ/ s. **1** impasto *m.*, pasta *f.* per pane **2** (*fam.*) quattrini *m. pl.*
doughnut /'dəʊnʌt/ s. ciambella *f.*
to douse /daʊs/ v.tr. **1** immergere in acqua **2** gettare acqua su **3** (*fam.*) spegnere
dove /dʌv/ s. colomba *f.*
dovetail /'dʌvteɪl/ s. (*tecnol.*) incastro *m.* a coda di rondine
dowdy /'daʊdɪ/ agg. antiquato, fuori moda
down[1] /daʊn/ s. collina *f.*

down[2] /daʊn/ s. piuma *f.*, piumino *m.*
down[3] /daʊn/ **A** avv. giù, in basso, di sotto **B** agg. **1** diretto verso il basso, inferiore, discendente **2** abbattuto, depresso **3** fuori uso ♦ **d. here** quaggiù || **d. there** laggiù
down-and-out /ˌdaʊnəndˈaʊt/ agg. squattrinato
down-at-heel /ˌdaʊnətˈhiːl/ agg. scalcagnato, scalcinato
downcast /ˈdaʊnkɑːst/ agg. abbattuto, depresso
downfall /ˈdaʊnfɔːl/ s. **1** caduta *f.*, crollo *m.* **2** (*di pioggia*) rovescio *m.* **3** debolezza *f.*
downflow /ˈdaʊnfləʊ/ s. deflusso *m.*
to downgrade /ˈdaʊngreɪd/ v.tr. degradare, retrocedere
downhill /ˌdaʊnˈhɪl/ **A** agg. e avv. in discesa, in pendio **B** s. **1** (*sport*) discesa *f.* **2** declino *m.* ♦ **to go d.** andare declinando, peggiorare
downhiller /ˌdaʊnˈhɪləʳ/ s. discesista *m.* e *f.*
to download /ˌdaʊnˈləʊd/ v.tr. (*inform.*) scaricare
downpour /ˈdaʊnpɔːʳ/ s. acquazzone *m.*
downright /ˈdaʊnraɪt/ **A** agg. **1** schietto, sincero **2** assoluto **B** avv. assolutamente, del tutto
downstairs /ˌdaʊnˈstɛəz/ avv. giù, disotto, al piano inferiore
downtown /ˌdaʊnˈtaʊn/ **A** s. centro *m.* (città) **B** avv. in centro
downward /ˈdaʊnwəd/ agg. e avv. verso il basso
downwind /ˌdaʊnˈwɪnd/ avv. sottovento
dowry /ˈdaʊərɪ/ s. dote *f.*
doze /dəʊz/ s. pisolino *m.*
to doze /dəʊz/ v.intr. sonnecchiare ♦ **to d. off** appisolarsi
dozen /ˈdʌzn/ s. dozzina *f.*
drab /dræb/ agg. **1** grigiastro **2** scialbo, incolore
draft /drɑːft/ s. **1** abbozzo *m.*, schema *m.* **2** (*comm.*) tratta *f.* **3** (*mil.*) leva *f.* **4** (*USA*) tiro *m.*, trazione *f.*
to draft /drɑːft/ v.tr. **1** abbozzare, disegnare **2** (*USA*) arruolare
draftsman /ˈdrɑːftsmən/ (*pl.* **draftsmen**) s. disegnatore *m.*
drag /dræg/ s. **1** tirata *f.* **2** barba *f.*, seccatura *f.* **3** (*fis.*) resistenza *f.* **4** rete *f.* a strascico ♦ **d. queen** travestito || **what a d.!** che barba!
to drag /dræg/ v.tr. **1** trascinare, tirare **2** pescare a strascico ♦ **to d. on, out** protrarsi
dragon /ˈdræg(ə)n/ s. drago *m.*
dragonfly /ˈdræg(ə)nflaɪ/ s. libellula *f.*
drain /dreɪn/ s. **1** tubo *m.* di scarico, fogna *f.* **2** (*fig.*) salasso *m.*
to drain /dreɪn/ v.tr. **1** far scolare **2** prosciugare **3** (*fig.*) dissanguare
drainage /ˈdreɪnɪdʒ/ s. **1** scolo *m.*, scarico *m.*, fognatura *f.* **2** drenaggio *m.*
drama /ˈdrɑːmə/ s. dramma *m.*
dramatic /drəˈmætɪk/ agg. **1** drammatico **2** sensazionale
dramatist /ˈdræmətɪst/ s. drammaturgo *m.*
dramatization /ˌdræmətaɪˈzeɪʃ(ə)n/ s. drammatizzazione *f.*
to dramatize /ˈdræmətaɪz/ v.tr. **1** drammatizzare **2** adattare alla rappresentazione
drank /dræŋk/ pass. di **to drink**
to drape /dreɪp/ v.tr. drappeggiare
draper /ˈdreɪpəʳ/ s. negoziante *m.* e *f.* di tessuti
drapery /ˈdreɪpərɪ/ s. **1** tessuti *m. pl.*, tendaggi *m. pl.* **2** drappeggio *m.* ♦ **d. store** negozio di tessuti
drastic /ˈdræstɪk/ agg. energico
draught /drɑːft/ s. → ***draft*** ♦ **d. beer** birra alla spina
draughtboard /ˈdrɑːftbɔːd/ s. scacchiera *f.*
draughts /drɑːfts/ s. pl. (gioco della) dama *f.*
draw /drɔː/ s. **1** tiro *m.*, strattone *m.* **2** estrazione *f.*, sorteggio *m.* **3** pareggio *m.*
to draw /drɔː/ (*pass.* **drew**, *p.p.* **drawn**) **A** v.tr. **1** tirare, tendere, trascinare **2** attirare **3** estrarre, prelevare, spillare **4** tracciare, disegnare **5** (*naut.*) (*di imbarcazione*) pescare **B** v.intr. **1** avanzare **2** (*di camino*) tirare **3** disegnare **4** (*sport*) pareggiare ♦ **to d. away, back** tirarsi indietro || **to d. on** incitare || **to d. up** avvicinarsi, accostare, redigere
drawback /ˈdrɔːbæk/ s. inconveniente *m.*, svantaggio *m.*
drawbridge /ˈdrɔːbrɪdʒ/ s. ponte *m.* levatoio
drawer /drɔːʳ/ s. cassetto *m.*
drawing /ˈdrɔːɪŋ/ s. disegno *m.* ♦ **d. board** tavolo da disegno || **d. room** salotto
to drawl /drɔːl/ v.intr. strascicare le parole
drawn /drɔːn/ p.p. di **to draw**
dread /drɛd/ s. paura *f.*, timore *m.*
to dread /drɛd/ v.tr. temere
dreadful /ˈdrɛdf(ʊ)l/ agg. terribile, spaventoso
dream /driːm/ s. sogno *m.*
to dream /driːm/ (*pass. e p.p.* **dreamt**, **dreamed**) v.tr. e intr. sognare
dreamer /ˈdriːməʳ/ s. sognatore *m.*
dreamy /ˈdriːmɪ/ agg. **1** sognante **2** vago
dreary /ˈdrɪərɪ/ agg. tetro
dredge /drɛdʒ/ s. draga *f.*
to dredge /drɛdʒ/ v.tr. dragare
dress /drɛs/ s. **1** abito *m.*, vestito *m.* da donna **2** abbigliamento *m.* ♦ **d. hanger** gruccia
to dress /drɛs/ **A** v.tr. **1** vestire, abbigliare **2** allestire, preparare, adornare **3** (*cuc.*) condire, guarnire **4** medicare **B** v.intr. vestirsi, abbigliarsi ♦ **to d. up** vestirsi a festa
dresser /ˈdrɛsəʳ/ s. **1** credenza *f.* **2** (*USA*) cassettone *m.* **3** (*teatro, cin.*) costumista *m.* e *f.*
dressing /ˈdrɛsɪŋ/ s. **1** abbigliamento *m.* **2** allestimento *m.* **3** (*cuc.*) condimento *m.* **4** medicazione *f.*, bendaggio *m.* ♦ **d. gown** vestaglia || **d. room** spogliatoio || **d. table** toilette || **salad d.** condimento per insalata
dressmaker /ˈdrɛsˌmeɪkəʳ/ s. sarta *f.*, sarto *m.*
dressy /ˈdrɛsɪ/ agg. elegante
drew /druː/ pass. di **to draw**

to dribble /ˈdrɪbl/ v.intr. **1** sgocciolare **2** sbavare **3** (*sport*) dribblare
dried /draɪd/ agg. secco ◆ **d. milk** latte in polvere
drier /ˈdraɪəʳ/ → ***dryer***
drift /drɪft/ s. **1** moto *m.*, corso *m.*, spostamento *m.* **2** tendenza *f.* **3** cumulo *m.*, ammasso *m.*, deposito *m.* **4** deriva *f.* **5** turbine *m.*, raffica *f.* **6** senso *m.*, significato *m.*
to drift /drɪft/ v.intr. **1** essere trasportato, andare alla deriva **2** ammucchiarsi
drill /drɪl/ s. **1** trapano *m.* **2** esercitazione *f.*
to drill /drɪl/ v.tr. **1** trapanare, trivellare **2** addestrare, esercitare
drink /drɪŋk/ s. **1** bevanda *f.* **2** bevuta *f.*, sorso *m.*
to drink /drɪŋk/ (*pass.* **drank**, *p.p.* **drunk**) v.tr. e intr. bere
drinkable /ˈdrɪŋkəbl/ agg. bevibile, potabile
drinker /ˈdrɪŋkəʳ/ s. bevitore *m.*
drip /drɪp/ s. **1** gocciolamento *m.* **2** (*arch.*) gocciolatoio *m.* **3** fleboclisi *f.*
to drip /drɪp/ v.tr. e intr. gocciolare
drip-dry /ˌdrɪpˈdraɪ/ agg. da non stirare
drive /draɪv/ s. **1** giro *m.* in automobile **2** strada *f.* d'accesso **3** spinta *f.*, impulso *m.* **4** (*autom.*) trazione *f.* **5** (*autom.*) guida *f.* **6** (*inform.*) drive *m. inv.* ◆ **four-wheel d.** quattro ruote motrici, trazione integrale || **left-hand d.** guida a sinistra || **right-hand d.** guida a destra
to drive /draɪv/ (*pass.* **drove**, *p.p.* **driven**) **A** v.tr. **1** (*un veicolo*) guidare **2** azionare, far funzionare **3** conficcare **4** spingere **B** v.intr. **1** guidare **2** andare in automobile **3** avanzare ◆ **to d. away** scacciare || **to d. back** respingere || **to d. off** (*con un'automobile*) partire, portare via
driver /ˈdraɪvəʳ/ s. conducente *m.*, guidatore *m.* ◆ **d.'s license** (*USA*) patente di guida
driving /ˈdraɪvɪŋ/ s. guida *f.* ◆ **d. mirror** specchietto retrovisore || **d. school** scuola guida
to drizzle /ˈdrɪzl/ v.intr. piovigginare
droll /drəʊl/ agg. buffo
dromedary /ˈdrʌməd(ə)rɪ/ s. dromedario *m.*
drone /drəʊn/ s. **1** fuco *m.* **2** (*fam.*) fannullone *m.* **3** ronzio *m.*
to drool /druːl/ v.intr. sbavare
to droop /druːp/ v.intr. afflosciarsi, ripiegarsi
drop /drɒp/ s. **1** goccia *f.* **2** sorso *m.* **3** caduta *f.*, diminuzione *f.* **4** dislivello *m.*
to drop /drɒp/ **A** v.intr. **1** cadere **2** diminuire **3** abbassarsi **B** v.tr. **1** far cadere **2** abbassare **3** (*da un veicolo*) far scendere **4** omettere, sopprimere ◆ **to d. in** far visita || **to d. off** diminuire, addormentarsi || **to d. out** ritirarsi
dropper /ˈdrɒpəʳ/ s. contagocce *m. inv.*
droppings /ˈdrɒpɪŋz/ s. pl. sterco *m.*
drought /draʊt/ s. siccità *f.*
drove /drəʊv/ pass. di **to drive**
to drown /draʊn/ **A** v.tr. **1** affogare, annegare **2** soffocare, offuscare **B** v.intr. affogare, annegare
drowsiness /ˈdraʊzɪnɪs/ s. sonnolenza *f.*
drowsy /ˈdraʊzɪ/ agg. sonnolento
drudge /drʌdʒ/ s. sgobbone *m.*
to drudge /drʌdʒ/ v.intr. sgobbare
drug /drʌg/ s. **1** farmaco *m.* **2** droga *f.* ◆ **d. addict** tossicodipendente || **hard d.** droga pesante || **generic d.** farmaco generico
to drug /drʌg/ v.tr. drogare
drugstore /ˈdrʌgstɔːʳ/ s. drugstore *m. inv.*
drum /drʌm/ s. **1** tamburo *m.* **2** *al pl.* batteria *f.* **3** bidone *m.* ◆ **ear d.** timpano
to drum /drʌm/ v.intr. **1** suonare il tamburo **2** tamburellare
drunk /drʌŋk/ **A** p.p. di **to drink** **B** agg. ubriaco ◆ **dead d.** ubriaco fradicio || **to get d.** sbronzarsi
drunkenness /ˈdrʌŋk(ə)nnɪs/ s. ubriachezza *f.*
dry /draɪ/ agg. asciutto, arido, secco ◆ **d. cleaning** lavaggio a secco || **d. cleaner's** tintoria || **d. goods** (*USA*) tessuti
to dry /draɪ/ v.tr. e intr. asciugare, seccare ◆ **to d. up** prosciugarsi
dryer /ˈdraɪəʳ/ s. **1** essiccatore *m.* **2** asciugacapelli *m.*
drying /ˈdraɪɪŋ/ s. asciugatura *f.*
dryness /ˈdraɪnɪs/ s. siccità *f.*
dual /ˈdjuːəl/ agg. doppio, duplice
dualism /ˈdjʊ(ː)əlɪz(ə)m/ s. dualismo *m.*
to dub /dʌb/ v.tr. (*cin.*) doppiare
dubber /ˈdʌbəʳ/ s. doppiatore *m.*
dubbing /ˈdʌbɪŋ/ s. doppiaggio *m.*
dubious /ˈdjuːbjəs/ agg. **1** dubbio **2** dubbioso, incerto **3** di dubbia fama
duchess /ˈdʌtʃɪs/ s. duchessa *f.*
duchy /ˈdʌtʃɪ/ s. ducato *m.*
duck /dʌk/ s. anatra *f.*
to duck /dʌk/ **A** v.tr. **1** tuffare, immergere rapidamente **2** piegare **B** v.intr. **1** tuffare la testa **2** piegare la testa
duct /dʌkt/ s. condotto *m.*, canale *m.*
ductile /ˈdʌktaɪl/ agg. duttile
dud /dʌd/ **A** s. **1** cosa *f.* che non funziona, (*fam.*) bidone *m.* **2** (*di persona*) incapace *m. e f.* **B** agg. falso ◆ **d. cheque** assegno a vuoto
due /djuː/ **A** agg. **1** dovuto, da pagarsi **2** doveroso, adatto, adeguato **3** previsto **B** avv. in direzione **C** s. **1** il dovuto *m.* **2** al pl. tasse *f. pl.*, diritti *m. pl.* ◆ **in d. course** a tempo debito || **d. to** a causa di || **to be d. to do** dover fare || **to be d. to** essere causato da
duel /ˈdjʊ(ː)əl/ s. duello *m.*
duet /djʊ(ː)ˈɛt/ s. (*mus.*) duetto *m.*
duffel /ˈdʌf(ə)l/ s. tessuto *m.* pesante ◆ **d. bag** sacca da viaggio || **d. coat** montgomery
dug /dʌg/ pass. e p.p. di **to dig**
duke /djuːk/ s. duca *m.*
dukedom /ˈdjuːkdəm/ s. ducato *m.*
dull /dʌl/ agg. **1** tardo, ottuso, lento **2** sordo, soffocato **3** depresso **4** monotono **5** smorto, fosco, scuro
to dull /dʌl/ v.tr. **1** intorpidire **2** smussare **3** attenuare, smorzare

duly /'dju:lɪ/ avv. **1** debitamente **2** puntualmente
dumb /dʌm/ agg. **1** muto **2** (*fam.*) stupido
to dumbfound /dʌm'faʊnd/ v.tr. stupire, stordire
dummy /'dʌmɪ/ **A** agg. **1** muto **2** falso, fittizio **B** s. **1** manichino *m.* **2** prestanome *m.* **3** tettarella *f.* **4** (*tip.*) menabò *m.*
dump /dʌmp/ s. **1** discarica *f.* **2** mucchio *m.*, ammasso *m.* **3** vendita *f.* sottocosto **4** tonfo *m.*
to dump /dʌmp/ **A** v.tr. **1** scaricare **2** abbandonare **3** vendere sottocosto **B** v.intr. **1** scaricare rifiuti **2** vendere sottocosto
dumpy /dʌmpɪ/ agg. tarchiato
dunce /dʌns/ s. (*fam.*) somaro *m.*, ignorante *m. e f.*
dune /dju:n/ s. duna *f.*
dung /dʌŋ/ s. letame *m.*
dungarees /ˌdʌŋgə'ri:z/ s. pl. tuta *f.* da lavoro
dungeon /'dʌn(d)ʒən/ s. segreta *f.*, prigione *f.*
duo /'djʊ(:)əʊ/ s. duo *m. inv.*, duetto *m.*
dupe /dju:p/ s. gonzo *m.*, zimbello *m.*
to dupe /dju:p/ v.tr. ingannare, abbindolare
duplex /'dju:plɛks/ **A** agg. duplice, doppio **B** s. **1** (*USA*) casa *f.* bifamiliare **2** (*USA*) appartamento *m.* su due piani
to duplicate /'dju:plɪkeɪt/ v.tr. duplicare
duplication /ˌdju:plɪ'keɪʃ(ə)n/ s. duplicazione *f.*, raddoppio *m.*
durable /'djʊərəbl/ agg. durevole
duration /djʊ(ə)'reɪʃ(ə)n/ s. durata *f.*
duress /djʊə'rɛs/ s. costrizione *f.*
during /'djʊərɪŋ/ prep. durante
dusk /dʌsk/ s. crepuscolo *m.*
dust /dʌst/ s. **1** polvere *f.*, pulviscolo *m.* **2** polline *m.* **3** spazzatura *f.*
to dust /dʌst/ v.tr. **1** spolverare **2** cospargere
dustbin /'dʌs(t)bɪn/ s. pattumiera *f.*
duster /'dʌstər/ s. straccio *m.* per la polvere
dustman /'dʌs(t)mən/ (*pl.* **dustmen**) s. netturbino *m.*
dustpan /'dʌs(t)pæn/ s. (*per spazzatura*) paletta *f.*
dusty /'dʌstɪ/ agg. polveroso
Dutch /dʌtʃ/ agg. olandese ♦ **to go D.** pagare alla romana
Dutchman /'dʌtʃmən/ (*pl.* **Dutchmen**) s. olandese *m.*
Dutchwoman /'dʌtʃˌwʊmən/ (*pl.* **Dutchwomen**) s. olandese *f.*
dutiful /'dju:tɪf(ʊ)l/ agg. rispettoso, deferente
duty /'dju:tɪ/ s. **1** dovere *m.* **2** compito *m.*, incarico *m.* **3** servizio *m.* **4** dazio *m.*, imposta *f.* ♦ **d.-free** esente da dazio || **harbour duties** diritti portuali || **to be on d.** essere in servizio || **to be off d.** essere fuori servizio
duvet /'dju:veɪ/ s. piumino *m.*, piumone *m.* ♦ **d. cover** copripiumino, copripiumone
DVD /di:vi:'di:/ s. DVD *m. inv.*
dwarf /dwɔ:f/ s. nano *m.*, gnomo *m.*
to dwell /dwɛl/ (*pass. e p.p.* **dwelt**, **dwelled**) v.intr. (*letter.*) dimorare, risiedere
dwelling /'dwɛlɪŋ/ s. dimora *f.*
to dwindle /'dwɪndl/ v.intr. diminuire, rimpicciolire
dye /daɪ/ s. colorante *m.*, tinta *f.* ♦ **hair d.** tintura per capelli
to dye /daɪ/ v.tr. tingere
dyeing /'daɪɪŋ/ s. tintura *f.*
dyer /'daɪər/ s. tintore *m.*
dying /'daɪɪŋ/ agg. morente, moribondo
dyke /daɪk/ s. → ***dike***
dynamic /daɪ'næmɪk/ agg. dinamico
dynamics /daɪ'næmɪks/ s. pl. (*v. al sing.*) dinamica *f.*
dynamism /'daɪnəmɪz(ə)n/ s. dinamismo *m.*
dynamite /'daɪnəmaɪt/ s. dinamite *f.*
dynamo /'daɪnəməʊ/ s. dinamo *f. inv.*
dynasty /'dɪnəstɪ/ s. dinastia *f.*
dysentery /'dɪsntrɪ/ s. dissenteria *f.*
dyslexia /dɪs'lɛksiə/ s. dislessia *f.*
dystrophy /'dɪstrəfɪ/ s. distrofia *f.*

e, E

each /i:tʃ/ **A** agg. ciascuno, ogni **B** pron. ognuno, ciascuno ♦ **e. other** l'un l'altro
eager /'i:gər/ agg. **1** appassionato, entusiasta **2** desideroso, avido ♦ **to be e. to do st.** essere impaziente di fare q.c.
eagle /'i:gl/ s. aquila *f.*
ear[1] /ɪər/ s. orecchio *m.*
ear[2] /ɪər/ s. (*bot.*) spiga *f.*, pannocchia *f.*
earache /'ɪəreɪk/ s. mal *m.* d'orecchio
eardrum /'ɪədrʌm/ s. (*anat.*) timpano *m.*
earl /ɜ:l/ s. conte *m.*
early /'ɜ:lɪ/ **A** agg. **1** mattiniero, mattutino **2** primo, della prima parte, iniziale **3** precoce, prematuro, primaticcio **4** (*nel tempo*) prossimo **5** remoto, antico **B** avv. **1** presto, di buon'ora **2** al principio ♦ **to be e.** essere in anticipo || **to get up e.** alzarsi presto
to earmark /'ɪəmɑ:k/ v.tr. **1** marchiare **2** contrassegnare **3** destinare
to earn /ɜ:n/ v.tr. **1** guadagnare **2** ottenere, meritare ♦ **to e. one's living** mantenersi
earnest /'ɜ:nɪst/ agg. **1** serio, zelante **2** ardente, pressante ♦ **in e.** sul serio

earnings /'ɜːnɪŋz/ s. pl. guadagno *m.*, stipendio *m.*
earphone /'ɪəfəʊn/ s. auricolare *m.*, cuffietta *f.*
earring /'ɪərɪŋ/ s. orecchino *m.*
earshot /'ɪəʃɒt/ s. portata *f.* d'orecchio
earth /ɜːθ/ s. **1** terra *f.*, globo *m.* terrestre **2** suolo *m.*, terreno *m.* **3** covo *m.*, tana *f.* **4** (*elettr.*) terra *f.*, massa *f.*
earthenware /'ɜːθənwɛəʳ/ s. terraglia *f.*, terracotta *f.*
earthly /'ɜːθlɪ/ agg. **1** terrestre **2** (*fam.*) concepibile
earthquake /'ɜːθkweɪk/ s. terremoto *m.*
earthy /'ɜːθɪ/ agg. **1** terroso **2** grossolano
ease /iːz/ s. **1** agio *m.*, comodo *m.*, comodità *f.* **2** sollievo *m.* ♦ **to take one's e.** mettersi a proprio agio
to ease /iːz/ v.tr. **1** alleviare, calmare **2** alleggerire, liberare **3** attenuare ♦ **to e. off** rallentare, diminuire
easel /'iːzl/ s. cavalletto *m.*
easily /'iːzɪlɪ/ avv. **1** facilmente **2** comodamente
east /iːst/ **A** s. est *m. inv.* **B** agg. orientale
Easter /'iːstəʳ/ s. Pasqua *f.* ♦ **E. Monday** pasquetta || **E. holidays** vacanze pasquali
easterly /'iːstəlɪ/ **A** agg. dall'est, orientale **B** avv. verso est
eastern /'iːstən/ agg. orientale
easy /'iːzɪ/ **A** agg. **1** facile **2** comodo, agiato **3** tranquillo **4** disinvolto **B** avv. **1** facilmente **2** comodamente, con calma ♦ **e. chair** poltrona || **take it e.!** calma!, non prendertela! || **to make e.** facilitare
easygoing /'iːzɪˌgəʊɪŋ/ agg. accomodante, compiacente, simpatico
to eat /iːt/ (*pass.* **ate**, *p.p.* **eaten**) **A** v.tr. **1** mangiare **2** corrodere, consumare **B** v.intr. mangiare, consumare i pasti ♦ **to e. into** corrodere, intaccare || **to e. up** divorare, rodere
eatable /'iːtəbl/ agg. commestibile, mangiabile
eaten /'iːtn/ p.p. di **to eat**
eaves /iːvz/ s. pl. gronda *f.*, cornicione *m.*
to eavesdrop /'iːvzdrɒp/ v.intr. **1** origliare **2** (*comunicazioni*) intercettare
ebb /ɛb/ s. riflusso *m.* ♦ **e. tide** bassa marea
to ebb /ɛb/ v.intr. **1** (*di marea*) rifluire **2** decadere, scemare
ebony /'ɛbənɪ/ s. ebano *m.*
ebullition /ˌɛbə'lɪʃ(ə)n/ s. ebollizione *f.*
eccentric /ɪk'sɛntrɪk/ agg. eccentrico
ecchymosis /ˌɛkɪ'məʊsɪs/ s. ecchimosi *f.*
ecclesiastic /ɪˌkliːzɪ'æstɪk/ agg. e s. ecclesiastico *m.*
echo /'ɛkəʊ/ s. eco *m. e f.* ♦ **e. sounder** ecoscandaglio
to echo /'ɛkəʊ/ v.tr. e intr. echeggiare
eclectic /ɛk'lɛktɪk/ agg. eclettico
eclecticism /ɛk'lɛktɪsɪz(ə)m/ s. eclettismo *m.*
eclipse /ɪ'klɪps/ s. eclissi *f.*
to eclipse /ɪ'klɪps/ v.tr. eclissare
ecliptic /ɪ'klɪptɪk/ agg. eclittico
eco-friendly /'iːkəʊˌfrɛndlɪ/ agg. ecocompatibile
ecological /ˌiːkə'lɒdʒɪk(ə)l/ agg. ecologico
ecology /iː'kɒlədʒɪ/ s. ecologia *f.*
economic /ˌiːkə'nɒmɪk/ agg. economico
economical /ˌiːkə'nɒmɪk(ə)l/ agg. **1** economico, parsimonioso **2** che fa risparmiare
economics /ˌiːkə'nɒmɪks/ s. pl. (*v. al sing.*) economia *f.*, scienze *f. pl.* economiche
economist /iː'kɒnəmɪst/ s. economista *m. e f.*
to economize /iː'kɒnəmaɪz/ v.intr. economizzare, risparmiare
economy /ɪ'kɒnəmɪ/ s. **1** economia *f.*, sistema *m.* economico **2** risparmio *m.* ♦ **e. size** formato risparmio
ecosystem /'iːkəʊˌsɪstəm/ s. ecosistema *m.*
ecotourism /ˌiːkəʊ'tʊərɪzəm/ s. ecoturismo *m.*
ecstasy /'ɛkstəsɪ/ s. **1** estasi *f.* **2** (*droga*) ecstasy *f. inv.*
eczema /'ɛksɪmə/ s. eczema *m.*
eddy /'ɛdɪ/ s. gorgo *m.*, vortice *m.*
edge /ɛdʒ/ s. **1** bordo *m.*, estremità *f.*, orlo *m.* **2** spigolo *m.* **3** taglio *m.*, filo *m.* ♦ **to be on e.** essere teso, essere nervoso
to edge /ɛdʒ/ **A** v.tr. **1** bordare **2** affilare, arrotare **B** v.intr. muoversi lentamente ♦ **to e. away** allontanarsi || **to e. sb. out** battere qc., arrivare prima di qc.
edgeways /'ɛdʒweɪz/ avv. di taglio, di traverso
edgy /'ɛdʒɪ/ agg. **1** affilato, tagliente **2** irritabile
edible /'ɛdɪbl/ agg. commestibile
edict /'iːdɪkt/ s. editto *m.*
to edit /'ɛdɪt/ v.tr. **1** correggere, rivedere **2** (*una pubblicazione, una trasmissione*) curare **3** (*un giornale*) dirigere ♦ **edited by** a cura di
editing /'ɛdɪtɪŋ/ s. **1** redazione *f.*, revisione *f.* **2** (*di giornale e sim.*) direzione *f.*
edition /ɪ'dɪʃ(ə)n/ s. edizione *f.*
editor /'ɛdɪtəʳ/ s. **1** redattore *m.*, revisore *m.*, curatore *m.* **2** (*di giornale*) direttore *m.*, redattore *m.* ♦ **e.-in-chief** caporedattore
editorial /ˌɛdɪ'tɔːrɪəl/ **A** agg. editoriale, redazionale **B** s. editoriale *m.* ♦ **e. staff** redazione
to educate /'ɛdjʊ(ː)keɪt/ v.tr. istruire, educare
education /ˌɛdjʊ(ː)'keɪʃ(ə)n/ s. istruzione *f.*
educational /ˌɛdjʊ(ː)'keɪʃənl/ agg. educativo
eel /iːl/ s. anguilla *f.*
eerie /'ɪərɪ/ agg. **1** fantastico, soprannaturale **2** che fa rabbrividire
effect /ɪ'fɛkt/ s. **1** effetto *m.*, conseguenza *f.* **2** impressione *f.* **3** al pl. effetti *m. pl.* personali ♦ **in e.** effettivamente || **of no e.** senza risultato || **to take e.** entrare in vigore
to effect /ɪ'fɛkt/ v.tr. **1** effettuare, compiere **2** causare, determinare
effective /ɪ'fɛktɪv/ agg. **1** efficace **2** effettivo, reale **3** che fa effetto **4** (*USA*) vigente, operante
effectively /ɪ'fɛktɪvlɪ/ avv. **1** efficacemente **2** effettivamente
effectiveness /ɪ'fɛktɪvnɪs/ s. efficacia *f.*
effeminate /ɪ'fɛmɪneɪt/ agg. effeminato
efficiency /ɪ'fɪʃ(ə)nsɪ/ s. efficienza *f.*, rendimento *m.*
efficient /ɪ'fɪʃənt/ agg. efficiente
effigy /'ɛfɪdʒɪ/ s. effigie *f.*
effluvium /ɛ'fluːvjəm/ s. effluvio *m.*
effort /'ɛfət/ s. sforzo *m.*, fatica *f.*

effrontery /ɛ'frʌntərɪ/ s. sfrontatezza *f.*
effusion /ɪ'fju:ʒ(ə)n/ s. effusione *f.*
effusive /ɪ'fju:sɪv/ agg. espansivo
egg /ɛg/ s. uovo *m.* ◆ **e. plant** melanzana || **e. cup** portauovo || **fried e.** uovo fritto || **hard-boiled e.** uovo sodo || **soft-boiled e.** uovo alla coque || **scrambled eggs** uova strapazzate
to egg on /'ɛg'ɒn/ v.tr. incitare
ego /'ɛgəʊ/ s. (*psic.*) Ego *m. inv.*, Io *m. inv.*
egocentric /,ɛgo(ʊ)'sɛntrɪk/ agg. egocentrico
egoist /'ɛgo(ʊ)ɪst/ s. egoista *m. e f.*
Egyptian /ɪ'dʒɪpʃ(ə)n/ agg. **1** egiziano **2** (*stor.*) egizio
Egyptology /,i:dʒɪp'tɒlədʒɪ/ s. egittologia *f.*
eiderdown /'aɪdɛə,daʊn/ s. **1** piumino *m.* (d'oca) **2** piumino *m.*, trapunta *f.*
eight /eɪt/ agg. num. card. e s. otto *m. inv.* ◆ **e. hundred** ottocento
eighteen /eɪ'ti:n/ agg. num. card. e s. diciotto *m. inv.*
eighth /eɪtθ/ agg. num. ord. e s. ottavo *m.*
eightieth /'eɪtɪəθ/ s. ottantesimo *m.*
eighty /'eɪtɪ/ agg. num. card. e s. ottanta *m. inv.*
either /'aɪðər/ **A** agg. e pron. **1** l'uno o l'altro, l'uno e l'altro, entrambi **2** (*in frasi neg.*) né l'uno né l'altro, nessuno dei due **B** avv. (*in frasi neg.*) neanche, nemmeno, neppure **C** cong. o ◆ **e. ... or...** o... o...
to eject /ɪ(:)'dʒɛkt/ v.tr. espellere, gettare fuori, emettere
to eke /i:k/ v.tr. **to e. out** integrare, arrotondare
to elaborate /ɪ'læbəreɪt/ **A** v.tr. elaborare **B** v.intr. sviluppare un concetto, fornire particolari
to elapse /ɪ'læps/ v.intr. (*del tempo*) trascorrere
elastic /ɪ'læstɪk/ agg. e s. elastico *m.*
elasticity /,i:læs'tɪsɪtɪ/ s. elasticità *f.*
elated /ɪ'leɪtɪd/ agg. esultante, euforico
elbow /'ɛlbəʊ/ s. gomito *m.*
to elbow /'ɛlbəʊ/ v.tr. spingere a gomitate
elder1 /'ɛldər/ **A** agg. (*comp. di* **old**) (*di età tra due*) maggiore, più vecchio **B** s. (*di età tra due*) il maggiore *m.*, anziano *m.*
elder2 /'ɛldər/ s. (*bot.*) sambuco *m.*
elderly /'ɛldəlɪ/ agg. anziano, attempato
eldest /'ɛldɪst/ agg. (*sup. di* **old**) (*tra fratelli*) il maggiore
elect /ɪ'lɛkt/ agg. eletto, designato
to elect /ɪ'lɛkt/ v.tr. **1** eleggere **2** decidere, scegliere
election /ɪ'lɛkʃ(ə)n/ s. elezione *f.*
electioneering /ɪ,lɛkʃə'nɪərɪŋ/ s. propaganda *f.* elettorale
elector /ɪ'lɛktər/ s. elettore *m.*
electoral /ɪ'lɛkt(ə)r(ə)l/ agg. elettorale
electorate /ɪ'lɛkt(ə)rɪt/ s. elettorato *m.*
electric /ɪ'lɛktrɪk/ agg. elettrico
electrical /ɪ'lɛktrɪk(ə)l/ agg. elettrico
electrician /ɪlɛk'trɪʃ(ə)n/ s. elettricista *m.*
electricity /ɪlɛk'trɪsɪtɪ/ s. elettricità *f.*
to electrify /ɪ'lɛktrɪfaɪ/ v.tr. **1** elettrificare **2** (*fig.*) elettrizzare
electrocardiogram /ɪ,lɛktro(ʊ)'kɑ:djəʊ-græm/ s. elettrocardiogramma *m.*
to electrocute /ɪ'lɛktrəkju:t/ v.tr. fulminare
electrocution /ɪ,lɛktrə'kju:ʃ(ə)n/ s. folgorazione *f.*
electroencephalogram /ɪ,lɛktro(ʊ)en'sɛfələgræm/ s. elettroencefalogramma *m.*
electromagnetic /ɪ,lɛktro(ʊ)mæg'nɛtɪk/ agg. elettromagnetico
electronic /ɪlɛk'trɒnɪk/ agg. elettronico
electronics /ɪlɛk'trɒnɪks/ s. pl. (*v. al sing.*) elettronica *f.*
electrotechnician /ɪ,lɛktro(ʊ)tɛk'nɪʃ(ə)n/ s. elettrotecnico *m.*
elegance /'ɛlɪgəns/ s. eleganza *f.*
elegant /'ɛlɪgənt/ agg. elegante, raffinato
elegiac /,ɛlɪ'dʒaɪək/ agg. elegiaco
element /'ɛlɪmənt/ s. elemento *m.*
elemental /,ɛlɪ'mɒnt(ə)l/ agg. **1** elementare **2** fondamentale, essenziale
elementary /,ɛlɪ'mɛnt(ə)rɪ/ agg. elementare
elephant /'ɛlɪfənt/ s. elefante *m.*
to elevate /'ɛlɪveɪt/ v.tr. elevare, innalzare
elevated /'ɛlɪveɪtɪd/ agg. elevato
elevation /,ɛlɪ'veɪʃ(ə)n/ s. elevazione *f.*
elevator /'ɛlɪveɪtər/ s. **1** (*USA*) ascensore *m.* **2** elevatore *m.*, montacarichi *m. inv.*
eleven /ɪ'lɛvn/ agg. num. card. e s. undici *m. inv.*
eleventh /ɪ'lɛvɛnθ/ agg. num. ord. e s. undicesimo *m.*
elf /ɛlf/ s. elfo *m.*
to elicit /ɪ'lɪsɪt/ v.tr. **1** provocare, suscitare **2** cavar fuori
eligible /'ɛlɪdʒəbl/ agg. **1** eleggibile **2** idoneo, che ha i requisiti per ◆ **an e. bachelor** uno scapolo d'oro
to eliminate /ɪ'lɪmɪneɪt/ v.tr. eliminare
elitist /eɪ'li:tɪst/ agg. elitario
Elizabethan /ɪ,lɪzə'bi:θ(ə)n/ agg. elisabettiano
elk /ɛlk/ s. alce *m.*
ellipse /ɪ'lɪps/ s. ellisse *f.*
elliptic /ɪ'lɪptɪk/ agg. ellittico
elm /ɛlm/ s. olmo *m.*
to elongate /'i:lɒŋgeɪt/ **A** v.tr. allungare **B** v.intr. allungarsi
to elope /ɪ'ləʊp/ v.intr. scappare con l'amante
elopement /ɪ'ləʊpmənt/ s. fuga *f.* con l'amante
eloquent /'ɛləkw(ə)nt/ agg. eloquente
else /ɛls/ **A** agg. pred. e avv. altro **B** cong. oppure, altrimenti ◆ **anything e.?** qualcos'altro? || **everybody e.** tutti gli altri || **everything e.** tutto il resto || **nothing e.** nient'altro || **what e.?** che altro?
elsewhere /,ɛls'wɛər/ avv. altrove
to elucidate /ɪ'lu:sɪdeɪt/ v.tr. delucidare
elucidation /ɪ,lu:sɪ'deɪʃ(ə)n/ s. delucidazione *f.*
to elude /ɪ'lu:d/ v.tr. eludere, schivare
elusive /ɪ'lu:sɪv/ agg. elusivo
emaciated /ɪ'meɪʃɪeɪtɪd/ agg. emaciato
e-mail /'i:meɪl/ s. posta *f.* elettronica, e-mail *f. inv.*, messaggio *m.* di posta elettronica
to emanate /'ɛməneɪt/ v.intr. emanare, provenire

to emancipate /ɪ'mænsɪpeɪt/ v.tr. emancipare
emancipation /ɪ,mænsɪ'peɪʃ(ə)n/ s. emancipazione *f.*
to embalm /ɪm'bɑːm/ v.tr. imbalsamare
embankment /ɪm'bæŋkmənt/ s. argine *m.*, terrapieno *m.*
embargo /ɛm'bɑːgəʊ/ s. embargo *m. inv.*
to embark /ɪm'bɑːk/ **A** v.tr. imbarcare **B** v.intr. imbarcarsi ♦ **to e. on** intraprendere, imbarcarsi in
embarkation /,ɛmbɑː'keɪʃ(ə)n/ s. imbarco *m.*
to embarrass /ɪm'bærəs/ v.tr. imbarazzare
embarrassing /ɪm'bærəsɪŋ/ agg. imbarazzante
embarrassment /ɪm'bærəsmənt/ s. imbarazzo *m.*, disagio *m.*
embassy /'ɛmbəsɪ/ s. ambasciata *f.*
to embed /ɪm'bɛd/ v.tr. incassare, incastrare
to embellish /ɪm'bɛlɪʃ/ v.tr. abbellire
ember /'ɛmbəʳ/ s. **1** tizzone *m.* **2** al pl. brace *f.*
to embezzle /ɪm'bɛzl/ v.tr. impossessarsi (indebitamente)
to embitter /ɪm'bɪtəʳ/ v.tr. amareggiare, inasprire
emblematic(al) /,ɛmblə'mætɪk(l)/ agg. emblematico
to embody /ɪm'bɒdɪ/ v.tr. **1** incarnare **2** incorporare
embolism /'ɛmbəlɪz(ə)m/ s. embolia *f.*
embolus /'ɛmbələs/ s. embolo *m.*
to emboss /ɪm'bɒs/ v.tr. **1** lavorare a sbalzo **2** stampare in rilievo
embossed /ɪm'bɒst/ agg. **1** sbalzato **2** stampato in rilievo
embrace /ɪm'breɪs/ s. **1** abbraccio *m.*, stretta *f.* **2** amplesso *m.*
to embrace /ɪm'breɪs/ v.tr. **1** abbracciare, stringere **2** dedicarsi a
to embroider /ɪm'brɔɪdəʳ/ v.tr. ricamare
embroidery /ɪm'brɔɪd(ə)rɪ/ s. ricamo *m.*
embryo /'ɛmbrɪəʊ/ s. embrione *m.*
emerald /'ɛmər(ə)ld/ s. smeraldo *m.*
to emerge /ɪ'mɜːdʒ/ v.intr. emergere
emergency /ɪ'mɜːdʒ(ə)nsɪ/ s. emergenza *f.* ♦ **e. cord** segnale di allarme || **e. exit** uscita di sicurezza
emergent /ɪ'mɜːdʒənt/ agg. emergente
emersion /ɪ(ː)'mɜːs(ə)n/ s. emersione *f.*
emery /'ɛmərɪ/ s. smeriglio *m.* ♦ **e. board** limetta per unghie
emigrant /'ɛmɪgrənt/ agg. e s. emigrante *m. e f.*
to emigrate /'ɛmɪgreɪt/ v.intr. emigrare
emigration /,ɛmɪ'greɪʃ(ə)n/ s. emigrazione *f.*
eminent /'ɛmɪnənt/ agg. eminente
emir /ɛ'mɪəʳ/ s. emiro *m.*
emirate /ɛ'mɪərɪt/ s. emirato *m.*
emission /ɪ'mɪʃ(ə)n/ s. emissione *f.*
to emit /ɪ'mɪt/ v.tr. emettere
emitter /ɪ'mɪtəʳ/ s. emettitore *m.*
emotion /ɪ'məʊʃ(ə)n/ s. emozione *f.*
emotional /ɪ'məʊʃ(ə)nl/ agg. **1** emotivo **2** emozionante, commovente
emperor /'ɛmpərəʳ/ s. imperatore *m.*
emphasis /'ɛmfəsɪs/ (*pl.* **emphases**) s. **1** accentuazione *f.*, rilievo *m.*, evidenza *f.* **2** enfasi *f.*
to emphasize /'ɛmfəsaɪz/ v.tr. **1** accentuare, dare rilievo a, mettere in evidenza **2** pronunciare con enfasi, enfatizzare
emphatic /ɪm'fætɪk/ agg. **1** accentuato, enfatico **2** chiaro, esplicito
emphysema /,ɛmfɪ'siːmə/ s. enfisema *m.*
empire /'ɛmpaɪəʳ/ s. impero *m.*
empiric /ɛm'pɪrɪk/ agg. empirico
to employ /ɪm'plɔɪ/ v.tr. **1** impiegare, assumere **2** adoperare
employee /,ɛmplɔɪ'iː/ s. impiegato *m.*, dipendente *m. e f.*
employer /ɪm'plɔɪəʳ/ s. datore *m.* di lavoro, principale *m. e f.*
employment /ɪm'plɔɪmənt/ s. impiego *m.*, occupazione *f.*
emporium /em'pɔːriəm/ s. emporio *m.*
to empower /ɪm'paʊəʳ/ v.tr. autorizzare
empty /'ɛm(p)tɪ/ agg. **1** vuoto **2** vano, vacuo ♦ **e.-handed** a mani vuote
to empty /'ɛm(p)tɪ/ v.tr. vuotare
to emulate /'ɛmjʊleɪt/ v.tr. emulare
emulator /'ɛmjʊ,leɪtəʳ/ s. emulo *m.*
emulsion /ɪ'mʌlʃ(ə)n/ s. emulsione *f.*
to enable /ɪ'neɪbl/ v.tr. permettere, rendere capace di, mettere in grado di
to enact /ɪ'nækt/ v.tr. **1** (*dir.*) decretare, promulgare **2** (*teatro*) recitare, rappresentare
enamel /ɪ'næm(ə)l/ s. **1** smalto *m.* **2** pittura *f.* a smalto
enamelling /ɪ'næməlɪŋ/ s. smaltatura *f.*
to encase /ɪn'keɪs/ v.tr. **1** racchiudere **2** rivestire, ricoprire
to enchain /ɪn'tʃeɪn/ v.tr. incatenare
to enchant /ɪn'tʃɑːnt/ v.tr. incantare, affascinare
enchanting /ɪn'tʃɑ(ː)ntɪŋ/ agg. incantevole, affascinante
enchantment /ɪn'tʃɑ(ː)ntmənt/ s. incanto *m.*, incantesimo *m.*
to encircle /ɪn'sɜːkl/ v.tr. circondare
to enclose /ɪn'kləʊz/ v.tr. **1** chiudere, circondare, avvolgere **2** allegare, accludere
enclosure /ɪn'kləʊʒəʳ/ s. **1** recinto *m.*, recinzione *f.* **2** allegato *m.*
to encode /ɪn'kəʊd/ v.tr. (*inform.*) codificare
to encompass /ɪn'kʌmpəs/ v.tr. **1** attorniare, circondare, racchiudere **2** coprire, includere
encore /'ɒŋkɔːʳ/ s. e inter. (*teatro*) bis *m. inv.*
encounter /ɪn'kaʊntəʳ/ s. **1** incontro *m.* **2** scontro *m.*
to encounter /ɪn'kaʊntəʳ/ v.tr. **1** incontrare **2** affrontare
to encourage /ɪn'kʌrɪdʒ/ v.tr. incoraggiare
encouragement /ɪn'kʌrɪdʒmənt/ s. incoraggiamento *m.*
to encroach /ɪn'krəʊtʃ/ v.intr. **to e. (up)on** intaccare, ledere, abusare, usurpare
encrustation /,ɪnkrʌs'teɪʃ(ə)n/ s. incrostazione *f.*

to encumber /ɪnˈkʌmbəʳ/ **v.tr. 1** ingombrare, intralciare, impedire **2** gravare
encyclopaedia /ɛnˌsaɪklo(ʊ)ˈpiːdjə/ **s.** enciclopedia *f.*
end /ɛnd/ **s. 1** fine *f.*, estremità *f.*, limite *m.* **2** fine *f.*, termine *m.*, conclusione *f.* **3** (*fig.*) morte *f.*, distruzione *f.* **4** fine *m.*, scopo *m.*, mira *f.*, finalità *f.* **5** residuo *m.*, avanzo *m.* ♦ **at the e.** infine || **in the e.** alla fine || **on e.** di seguito, (*di oggetto*) diritto, in posizione verticale
to end /ɛnd/ **v.tr. e intr.** finire, terminare, concludere ♦ **to e. up** concludersi, trovarsi || **to e. it all** farla finita
to endanger /ɪnˈdeɪn(d)ʒəʳ/ **v.tr.** mettere in pericolo
endearing /ɪnˈdɪərɪŋ/ **agg.** affettuoso, accattivante
endeavour /ɪnˈdɛvəʳ/ (*USA* **endeavor**) **s.** sforzo *m.*, tentativo *m.*
to endeavour /ɪnˈdɛvəʳ/ (*USA* **to endeavor**) **v.tr.** cercare, sforzarsi, tentare di
endemic /ɛnˈdɛmɪk/ **agg.** endemico
ending /ˈɛndɪŋ/ **s. 1** fine *f.*, finale *m.* **2** (*gramm.*) desinenza *f.*
endive /ˈɛndaɪv/ **s.** indivia *f.*
endless /ˈɛndlɪs/ **agg. 1** infinito, senza fine **2** interminabile
endocrinologist /ˌɛndo(ʊ)krɪˈnɒlədʒɪst/ **s.** endocrinologo *m.*
endocrinology /ˌɛndo(ʊ)krɪˈnɒlədʒɪ/ **s.** endocrinologia *f.*
to endorse /ɪnˈdɔːs/ **v.tr. 1** (*assegno, cambiale*) girare **2** approvare **3** pubblicizzare
endorsement /ɪnˈdɒ(ː)smənt/ **s. 1** (*di assegno, cambiale*) girata *f.* **2** approvazione *f.*, appoggio *m.*
to endow /ɪnˈdaʊ/ **v.tr.** dotare, assegnare, fornire
endowment /ɪnˈdaʊmənt/ **s. 1** dotazione *f.*, sovvenzione *f.* **2** (*fig.*) dote *f.*
endurable /ɪnˈdjʊərəbl/ **agg.** sopportabile
endurance /ɪnˈdjʊər(ə)ns/ **s. 1** resistenza *f.*, sopportazione *f.* **2** (*mecc.*) durata *f.*
to endure /ɪnˈdjʊəʳ/ **v.intr. 1** sopportare, tollerare, resistere **2** durare, vivere
enema /ˈɛnɪmə/ **s.** clistere *m.*
enemy /ˈɛnɪmɪ/ **s.** nemico *m.*
energetic /ˌɛnəˈdʒɛtɪk/ **agg.** energetico
energy /ˈɛnədʒɪ/ **s.** energia *f.*
to enforce /ɪnˈfɔːs/ **v.tr. 1** imporre, far valere **2** (*dir.*) applicare, mettere in vigore
to engage /ɪnˈgeɪdʒ/ **A v.tr. 1** ingaggiare, assumere **2** impegnare, impegnarsi **3** attirare, coinvolgere **4** (*mecc.*) ingranare, innestare **B v.intr. 1** (*mil.*) attaccare **2** (*mecc.*) innestarsi, ingranare ♦ **to e. in** dedicarsi a
engaged /ɪnˈgeɪdʒd/ **agg. 1** impegnato **2** fidanzato **3** occupato, riservato
engagement /ɪnˈgeɪdʒmənt/ **s. 1** impegno *m.*, appuntamento *m.* **2** fidanzamento *m.* **3** assunzione *f.*, reclutamento *m.* ♦ **e. ring** anello di fidanzamento
engaging /ɪnˈgeɪdʒɪŋ/ **agg.** attraente, stimolante
engine /ˈɛn(d)ʒɪn/ **s. 1** motore *m.*, macchina *f.* **2** (*ferr.*) locomotiva *f.* ♦ **search e.** motore di ricerca
engineer /ˌɛn(d)ʒɪˈnɪəʳ/ **s. 1** ingegnere *m.* **2** tecnico *m.* **3** (*ferr.*) macchinista *m.*
engineering /ˌɛn(d)ʒɪˈnɪərɪŋ/ **s.** ingegneria *f.*
English /ˈɪŋglɪʃ/ **A agg.** inglese **B s.** (*lingua*) inglese *m.*
Englishman /ˈɪŋglɪʃmən/ (*pl.* **Englishmen**) **s.** inglese *m.*
Englishwoman /ˈɪnglɪʃˌwʊmən/ (*pl.* **Englishwomen**) **s.** inglese *f.*
to engrave /ɪnˈgreɪv/ **v.tr.** incidere
engraver /ɪnˈgreɪvəʳ/ **agg.** incisore
engraving /ɪnˈgreɪvɪŋ/ **s.** incisione *f.*
to enhance /ɪnˈhɑːns/ **v.tr.** aumentare, accrescere, intensificare
enhancement /ɪnˈhɑːnsmənt/ **s.** aumento *m.*, accrescimento *m.*, rinforzo *m.*
enigma /ɪˈnɪgmə/ **s.** enigma *m.*
enigmatic /ˌɛnɪgˈmætɪk/ **agg.** enigmatico
to enjoy /ɪnˈdʒɔɪ/ **v.tr.** godere, gustare, provare piacere in ♦ **e. your meal!** buon appetito! || **to e. oneself doing st.** divertirsi a fare q.c.
enjoyable /ɪnˈdʒɔɪəbl/ **agg.** gradevole, piacevole
enjoyment /ɪnˈdʒɔɪmənt/ **s.** gioia *f.*, piacere *m.*, godimento *m.*
to enlarge /ɪnˈlɑːdʒ/ **v.tr. 1** allargare, ampliare **2** (*fot.*) ingrandire ♦ **to e. on** dilungarsi su
enlargement /ɪnˈlɑːdʒmənt/ **s. 1** allargamento *m.*, ampliamento *m.* **2** (*fot.*) ingrandimento *m.*
to enlighten /ɪnˈlaɪtn/ **v.tr. 1** illuminare **2** chiarire
to enlist /ɪnˈlɪst/ **A v.tr. 1** (*mil.*) arruolare **2** procurarsi **B v.intr. 1** (*mil.*) arruolarsi **2** aderire, dare il proprio appoggio a
enmity /ˈɛnmɪtɪ/ **s.** inimicizia *f.*, ostilità *f.*
enormous /ɪˈnɔːməs/ **agg.** enorme
enough /ɪˈnʌf/ **A agg.** sufficiente, bastante **B avv.** abbastanza, sufficientemente ♦ **to be e.** bastare || **that's e.!** basta! || **to have e.** averne abbastanza
to enounce /ɪ(ː)ˈnaʊns/ **v.tr.** enunciare
to enrage /ɪnˈreɪdʒ/ **v.tr.** irritare, far infuriare
enraged /ɪnˈreɪdʒd/ **agg.** furibondo
to enrich /ɪnˈrɪtʃ/ **v.tr.** arricchire
to enrol(l) /ɪnˈrəʊl/ **A v.tr. 1** arruolare, ingaggiare, iscrivere **2** registrare **B v.intr.** arruolarsi, iscriversi
enrol(l)ment /ɪnˈrəʊlmənt/ **s. 1** iscrizione *f.*, arruolamento *m.* **2** registrazione *f.*
ensemble /ɒnˈsɒmbl/ **s.** complesso *m.*, ensemble *m. inv.*
ensign /ˈɛnsaɪn/ **s.** insegna *f.*, bandiera *f.*
to ensue /ɪnˈsjuː/ **v.intr.** conseguire, derivare
to ensure /ɪnˈʃʊəʳ/ **v.tr.** assicurare, garantire
to entail /ɪnˈteɪl/ **v.tr.** comportare, implicare
to entangle /ɪnˈtæŋgl/ **v.tr.** impigliare, intrappolare
enter /ˈɛntəʳ/ **s.** (*inform.*) invio *m.*
to enter /ˈɛntəʳ/ **A v.tr. 1** entrare in, penetrare in **2** entrare a far parte di **3** iscrivere, partecipare a **4** (*comm.*) registrare **B v.intr. 1** entrare **2** iscriversi ♦ **to e. into** iniziare, avviare, entrare in, far parte di

enterprise /ˈɛntəpraɪz/ s. **1** impresa *f.*, avventura *f.* **2** iniziativa *f.* **3** impresa *f.*, azienda *f.*
to entertain /ˌɛntəˈteɪn/ **A** v.tr. **1** ricevere, ospitare **2** intrattenere, divertire **3** avere (in mente), nutrire **4** prendere in considerazione **B** v.intr. ricevere, dare ricevimenti
entertainer /ˌɛntəˈteɪnəʳ/ s. intrattenitore *m.*, showman *m. inv.*
entertaining /ˌɛntəˈteɪnɪŋ/ agg. divertente
entertainment /ˌɛntəˈteɪnmənt/ s. **1** divertimento *m.* **2** spettacolo *m.* **3** ricevimento *m.*
to enthral(l) /ɪnˈθrɔːl/ v.tr. affascinare, incantare
enthusiasm /ɪnˈθjuːzɪæz(ə)m/ s. entusiasmo *m.*
enthusiast /ɪnˈθjuːzɪæst/ s. entusiasta *m. e f.*, appassionato *m.*
enthusiastic /ɪnˌθjuːzɪˈæstɪk/ agg. entusiasta
enthusiastically /ɪnˌθjuːzɪˈæstɪk(ə)lɪ/ avv. entusiasticamente
to entice /ɪnˈtaɪs/ v.tr. sedurre, adescare, allettare
enticement /ɪnˈtaɪsmənt/ s. adescamento *m.*, allettamento *m.*
entire /ɪnˈtaɪəʳ/ agg. intero, completo
entirely /ɪnˈtaɪəlɪ/ avv. interamente, completamente
entirety /ɪnˈtaɪətɪ/ s. interezza *f.*, complesso *m.*
to entitle /ɪnˈtaɪtl/ v.tr. **1** (*un libro*) intitolare **2** concedere un titolo, riconoscere un diritto ♦ **to be entitled to** avere diritto a
entrails /ˈɛntreɪlz/ s. pl. interiora *f. pl.*
entrance /ˈɛntr(ə)ns/ s. **1** entrata *f.*, accesso *m.*, ingresso *m.* **2** ammissione *f.* ♦ **e. fee** tassa d'iscrizione, biglietto d'ingresso || **e. hall** atrio || **free e.** ingresso libero || **main e.** entrata principale || **side e.** entrata laterale || **no e.** vietato l'ingresso
entrant /ˈɛntr(ə)nt/ s. **1** partecipante *m. e f.*, concorrente *m. e f.* **2** matricola *f.*
to entreat /ɪnˈtriːt/ v.tr. implorare, supplicare
entrenched /ɪnˈtrɛntʃt/ agg. trincerato
entrepreneur /ˌɒntrəprəˈnɜːʳ/ s. **1** imprenditore *m.* **2** (*teatro*) impresario *m.*
to entrust /ɪnˈtrʌst/ v.tr. affidare, consegnare
entry /ˈɛntrɪ/ s. **1** entrata *f.*, accesso *m.*, ingresso *m.* **2** iscrizione *f.* **3** (*di dizionario, enciclopedia*) voce *f.* **4** (*comm.*) registrazione *f.*, annotazione *f.* ♦ **e. phone** citofono || **no e.** vietato l'accesso
to enumerate /ɪˈnjuːməreɪt/ v.tr. enumerare
enuresis /ˌɛnjʊəˈrɪ(ː)sɪs/ s. enuresi *f.*
to envelop /ɪnˈvɛləp/ v.tr. avvolgere, avviluppare
envelope /ˈɛnvɪləʊp/ s. **1** busta *f.* **2** involucro *m.*
envious /ˈɛnvɪəs/ agg. invidioso
environment /ɪnˈvaɪər(ə)nmənt/ s. **1** ambiente *m.*, condizioni *f. pl.* ambientali **2** territorio *m.* circostante
environmental /ɪnˌvaɪərənˈmɛnt(ə)l/ agg. ambientale
environmentalist /ɪnˌvaɪərənˈmɛnt(ə)lɪst/ s. ambientalista *m. e f.*, ecologista *m. e f.*
to envisage /ɪnˈvɪzɪdʒ/ v.tr. immaginare
envoy /ˈɛnvɔɪ/ s. inviato *m.*, delegato *m.*
envy /ˈɛnvɪ/ s. invidia *f.*
to envy /ˈɛnvɪ/ v.tr. invidiare ♦ **to e. sb. st.** invidiare q.c. a qc.
ephebic /ɛˈfiːbɪk/ agg. efebico
ephemeral /ɪˈfɛmər(ə)l/ agg. effimero
ephemeris /ɪˈfɛm(ə)rɪs/ (*pl.* **ephemerides**) s. effemeride *f.*
epic /ˈɛpɪk/ **A** agg. epico **B** s. poema *m.* epico, epopea *f.*
epicentre /ˈɛpɪsɛntəʳ/ (*USA* **epicenter**) s. epicentro *m.*
Epicureanism /ˌɛpɪkjʊəˈrɪ(ː)ənɪz(ə)m/ s. epicureismo *m.*
epidemic /ˌɛpɪˈdɛmɪk/ **A** agg. epidemico **B** s. epidemia *f.*
epidermic /ˌɛpɪˈdɜːmɪk/ agg. epidermico
epigraph /ˈɛpɪgrɑːf/ s. epigrafe *f.*
epigraphy /ˈɛpɪgrəfɪ/ s. epigrafia *f.*
epilepsy /ˈɛpɪlɛpsɪ/ s. epilessia *f.*
epilogue /ˈɛpɪlɒg/ s. epilogo *m.*
Epiphany /ɪˈpɪfənɪ/ s. epifania *f.*
episcopal /ɪˈpɪskəp(ə)l/ agg. episcopale, vescovile
episode /ˈɛpɪsəʊd/ s. episodio *m.*
epistaxis /ˌɛpɪˈstæksɪs/ s. epistassi *f.*
epistle /ɪˈpɪsl/ s. epistola *f.*
epitaph /ˈɛpɪtɑːf/ s. epitaffio *m.*
epithet /ˈɛpɪθɛt/ s. epiteto *m.*
epitome /ɪˈpɪtəmɪ/ s. **1** epitome *f.*, compendio *m.* **2** personificazione *f.*, quintessenza *f.*
to epitomize /ɪˈpɪtəmaɪz/ v.tr. **1** epitomare, compendiare **2** personificare, incarnare
epoch /ˈiːpɒk/ s. epoca *f.*
eponym /ˈɛpo(ʊ)nɪm/ s. eponimo *m.*
eponymous /ɪˈpɒnɪməs/ agg. eponimo
equable /ˈɛkwəbl/ agg. **1** uniforme **2** equilibrato, sereno
equal /ˈiːkw(ə)l/ agg. **1** uguale, pari **2** calmo, fermo
to equal /ˈiːkw(ə)l/ v.tr. uguagliare, equivalere a
equality /ɪ(ː)ˈkwɒlɪtɪ/ s. uguaglianza *f.*, parità *f.*
to equalize /ˈiːkwəlaɪz/ **A** v.tr. **1** uguagliare, equiparare **2** rendere uniforme **B** v.intr. (*sport*) pareggiare
equally /ˈɪ(ː)kwəlɪ/ avv. **1** ugualmente **2** allo stesso modo
equation /ɪˈkweɪʃ(ə)n/ s. equazione *f.*
equator /ɪˈkweɪtəʳ/ s. equatore *m.*
equatorial /ˌɛkwəˈtɔːrɪəl/ agg. equatoriale
equestrian /ɪˈkwɛstrɪən/ agg. equestre
equidistant /ˌiːkwɪˈdɪst(ə)nt/ agg. equidistante
equilibrium /ˌiːkwɪˈlɪbrɪəm/ s. equilibrio *m.*
equine /ˈiːkwaɪn/ agg. e s. equino *m.*
equinox /ˈiːkwɪnɒks/ s. equinozio *m.*
to equip /ɪˈkwɪp/ v.tr. equipaggiare, dotare, attrezzare ♦ **to be equipped with** essere fornito di, avere in dotazione
equipment /ɪˈkwɪpmənt/ s. equipaggiamento *m.*, attrezzatura *f.*
equitable /ˈɛkwɪtəbl/ agg. equo, giusto
equity /ˈɛkwɪtɪ/ s. **1** equità *f.* **2** (*econ.*) azione *f.* ordinaria **3** (*econ.*) capitale *m.* netto

equivalent /ɪ'kwɪvələnt/ **agg. e s.** equivalente *m.*
equivocal /ɪ'kwɪvək(ə)l/ **agg.** equivoco
era /'ɪərə/ **s.** era *f.*
to eradicate /ɪ'rædɪkeɪt/ **v.tr.** sradicare
to erase /ɪ'reɪz/ **v.tr.** cancellare
eraser /ɪ'reɪzəʳ/ **s.** gomma *f.*, gomma *f.* per cancellare
erect /ɪ'rɛkt/ **agg.** eretto
to erect /ɪ'rɛkt/ **v.tr.** erigere
erection /ɪ'rɛkʃ(ə)n/ **s.** erezione *f.*
ergonomic /ɜːgə'nɒmɪk/ **agg.** ergonomico
ermine /'ɜːmɪn/ **s.** ermellino *m.*
to erode /ɪ'rəʊd/ **v.tr.** erodere, corrodere
erosion /ɪ'rəʊʒ(ə)n/ **s.** erosione *f.*
erotic /ɪ'rɒtɪk/ **agg.** erotico
erotism /'ɪrɒtɪz(ə)m/ **s.** erotismo *m.*
to err /ɜːʳ/ **v.intr.** **1** errare, sbagliare **2** vagabondare
errand /'ɛr(ə)nd/ **s.** commissione *f.* ♦ **e. boy** fattorino
erratic /ɪ'rætɪk/ **agg.** **1** irregolare, incostante **2** eccentrico **3** (*geol.*) erratico
error /ɛrəʳ/ **s.** **1** errore *m.*, sbaglio *m.* **2** colpa *f.*
to erupt /ɪ'rʌpt/ **A** **v.intr.** **1** eruttare, entrare in eruzione **2** scoppiare **B** **v.tr.** eruttare
eruption /ɪ'rʌpʃ(ə)n/ **s.** **1** eruzione *f.* **2** scoppio *m.*
erythema /ˌɛrɪ'θiːmə/ **s.** eritema *m.*
to escalate /'ɛskəˌleɪt/ **v.tr. e intr.** intensificare, aumentare
escalation /ˌɛskə'leɪʃ(ə)n/ **s.** escalation *f. inv.*, intensificazione *f.*
escalator /'ɛskəleɪtəʳ/ **s.** scala *f.* mobile
escalope /'ɛskəlɒp/ **s.** scaloppina *f.*
escapade /ˌɛskə'peɪd/ **s.** scappatella *f.*
escape /ɪs'keɪp/ **s.** **1** fuga *f.*, evasione *f.* **2** scampo *m.* **3** scarico *m.*, scappamento *m.* **4** (*inform.*) escape *m. inv.*
to escape /ɪs'keɪp/ **v.intr.** **1** fuggire, sfuggire, evadere **2** scamparla **3** fuoriuscire
escapism /ɪs'keɪpɪz(ə)m/ **s.** evasione *f.* (dalla realtà)
escarpment /ɪs'kɑːpmənt/ **s.** scarpata *f.*
eschatological /ˌɛskətə'lɒdʒɪk(ə)l/ **agg.** escatologico
escort /'ɛskɔːt/ **s.** **1** scorta *f.* **2** accompagnatore *m.*, cavaliere *m.*
to escort /ɪs'kɔːt/ **v.tr.** scortare, accompagnare
Eskimo /'ɛskɪməʊ/ **agg. e s.** eschimese *m. e f.*
esoteric /ˌɛsəʊ'tɛrɪk/ **agg.** esoterico
especial /ɪs'pɛʃ(ə)l/ **agg.** speciale, particolare
espionage /ˌɛspɪə'nɑːʒ/ **s.** spionaggio *m.*
esplanade /ˌɛsplə'neɪd/ **s.** passeggiata *f.*, spianata *f.*
essay /'ɛseɪ/ **s.** **1** saggio *m.*, prova *f.*, tentativo *m.* **2** (*libro*) saggio *m.* **3** tema *m.*, composizione *f.*
essayist /'ɛseɪist/ **s.** saggista *m. e f.*
essence /'ɛsns/ **s.** essenza *f.*
essential /ɪ'sɛnʃ(ə)l/ **agg.** essenziale
essentially /ɪ'sɛnʃ(ə)lɪ/ **avv.** essenzialmente
to establish /ɪs'tæblɪʃ/ **A** **v.tr.** **1** stabilire, costituire, fondare, impiantare **2** insediare, nominare **3** stabilire, dimostrare **B** **v.intr.** installarsi
established /ɪ'stæblɪʃt/ **agg.** **1** istituito, fondato **2** provato, dimostrato **3** affermato, stabilito
establishment /ɪs'tæblɪʃmənt/ **s.** **1** istituzione *f.*, fondazione *f.* **2** azienda *f.*, impresa *f.* **3** establishment *m. inv.*, classe *f.* dirigente
estate /ɪs'teɪt/ **s.** **1** proprietà *f.*, tenuta *f.* **2** patrimonio *m.*, beni *m. pl.* **3** stato *m.*, condizione *f.* ♦ **(real) e. agency** agenzia immobiliare || **real e.** beni immobili
esteem /ɪs'tiːm/ **s.** stima *f.*
to esteem /ɪs'tiːm/ **v.tr.** stimare
estimate /'ɛstɪmeɪt/ **s.** **1** stima *f.*, valutazione *f.* **2** (*comm.*) preventivo *m.*
to estimate /'ɛstɪmeɪt/ **v.tr.** **1** stimare, valutare **2** preventivare
estimation /ˌɛstɪ'meɪʃ(ə)n/ **s.** **1** stima *f.*, valutazione *f.* **2** opinione *f.*
estimator /'ɛstɪmeɪtəʳ/ **s.** (*comm.*) estimatore *m.*
to estrange /ɪs'treɪn(d)ʒ/ **v.tr.** alienare, allontanare
estuary /'ɛstjʊərɪ/ **s.** estuario *m.*
etching /'ɛtʃɪŋ/ **s.** acquaforte *f.*
eternal /ɪ(ː)'tɜːnl/ **agg.** eterno
eternity /ɪ(ː)'tɜːnɪtɪ/ **s.** eternità *f.*
ether /'iːθəʳ/ **s.** etere *m.*
ethereal /ɪ(ː)'θɪərɪəl/ **agg.** etereo
ethical /'ɛθɪkl/ **agg.** etico
ethics /'ɛθɪks/ **s. pl.** (*v. al sing.*) etica *f.*
ethnic /'ɛθnɪk/ **agg.** etnico
ethnology /ɛθ'nɒlədʒɪ/ **s.** etnologia *f.*
etiquette /ɛtɪ'kɛt/ **s.** etichetta *f.*, galateo *m.*
Etruscan /ɪ'trʌskən/ **agg. e s.** etrusco *m.*
etymology /ˌɛtɪ'mɒlədʒɪ/ **s.** etimologia *f.*
euphemism /'juːfɪmɪz(ə)m/ **s.** eufemismo *m.*
euphemistic /ˌjuːfɪ'mɪstɪk/ **agg.** eufemistico
euphoria /jʊ(ː)'fɔːrɪə/ **s.** euforia *f.*
euro /jʊərəʊ/ **s.** euro *m. inv.*
European /ˌjʊərə'pɪ(ː)ən/ **agg. e s.** europeo *m.*
Europeanism /ˌjʊərə'pɪ(ː)ənɪz(ə)m/ **s.** europeismo *m.*
euthanasia /ˌjuːθə'neɪzjə/ **s.** eutanasia *f.*
to evacuate /ɪ'vækjʊeɪt/ **v.tr. e intr.** evacuare
to evade /ɪ'veɪd/ **v.tr.** evitare, eludere
to evaluate /ɪ'væljʊeɪt/ **v.tr.** valutare
evaluation /ɪˌvæljʊ'eɪʃ(ə)n/ **s.** valutazione *f.*
evangelical /ˌiːvæn'dʒɛlɪk(ə)l/ **agg.** evangelico
to evaporate /ɪ'væpəreɪt/ **v.intr.** evaporare
evaporation /ɪˌvæpə'reɪʃ(ə)n/ **s.** evaporazione *f.*
evasion /ɪ'veɪʒ(ə)n/ **s.** **1** evasione *f.* **2** pretesto *m.*, scappatoia *f.* ♦ **tax e.** evasione fiscale
evasive /ɪ'veɪsɪv/ **agg.** evasivo
eve /iːv/ **s.** vigilia *f.*
even /'iːv(ə)n/ **A** **agg.** **1** uguale, piano, uniforme **2** costante, regolare **3** pari, equo **4** (*mat.*) pari **B** **avv.** perfino, addirittura ♦ **e. if** anche se || **e. more** ancora di più || **e. so** ciò nonostante || **e. then** anche allora || **not e.** neppure
to even /'iːv(ə)n/ **v.tr.** **1** appianare, livellare **2** uguagliare ♦ **to e. out** distribuire equamente || **to e. up** pareggiare
evening /'iːvnɪŋ/ **s.** sera *f.*, serata *f.*
event /ɪ'vɛnt/ **s.** **1** caso *m.*, eventualità *f.* **2** avveni-

mento *m.*, fatto *m.* **3** (*sport*) prova *f.* ♦ **at all events, in any e.** in ogni caso || **in the e. of** in caso di

eventful /ɪ'vɛntfʊl/ **agg.** ricco di avvenimenti, movimentato

eventual /ɪ'vɛntjʊəl/ **agg.** finale, conclusivo

eventuality /ɪˌvɛntjʊ'ælɪtɪ/ **s.** eventualità *f.*, evenienza *f.*

eventually /ɪ'vɛntjʊəlɪ/ **avv.** alla fine, infine, col tempo

ever /'ɛvəʳ/ **avv.** **1** (*in frasi neg. e interr.*) mai **2** sempre ♦ **as e.** come sempre || **e. after** da allora || **e. since** sin da (quando), da allora in poi || **for e.** per sempre || **hardly e.** quasi mai

evergreen /'ɛvəgri:n/ **agg.** sempreverde

everlasting /ˌɛvə'lɑ:stɪŋ/ **agg.** perenne, eterno

every /'ɛvrɪ/ **agg.** ogni, ciascuno ♦ **e. bit** tutto, del tutto || **e. day** tutti i giorni || **e. one** ciascuno, ognuno || **e. other day** un giorno sì e uno no || **e. time** ogni volta || **in e. way** in tutto e per tutto

everybody /'ɛvrɪbɒdɪ/ **pron. indef.** ciascuno, ognuno, tutti

everyday /'ɛvrɪdeɪ/ **agg.** giornaliero, quotidiano, comune

everyone /'ɛvrɪwʌn/ **pron. indef.** ciascuno, ognuno, tutti

everything /'ɛvrɪθɪŋ/ **pron. indef.** tutto, ogni cosa

everywhere /'ɛvrɪwɛəʳ/ **avv.** dovunque, dappertutto

to evict /ɪ(:)'vɪkt/ **v.tr.** sfrattare

eviction /ɪ(:)'vɪkʃ(ə)n/ **s.** sfratto *m.*

evidence /'ɛvɪd(ə)ns/ **s.** **1** prova *f.*, dimostrazione *f.* **2** evidenza *f.* ♦ **to be called in e.** (*dir.*) essere chiamato a testimoniare

evident /'ɛvɪd(ə)nt/ **agg.** evidente

evil /'i:vl/ **A** **agg.** **1** cattivo, malvagio **2** spiacevole **B** **s.** **1** male *m.*, malvagità *f.* **2** danno *m.*

evocative /ɪ'vɒkətɪv/ **agg.** suggestivo

to evoke /ɪ'vəʊk/ **v.tr.** **1** evocare **2** suscitare

evolution /ˌi:və'lu:ʃ(ə)n/ **s.** evoluzione *f.*

evolutive /'ɛvəlʊ(:)tɪv/ **agg.** evolutivo

to evolve /ɪ'vɒlv/ **A** **v.tr.** evolvere, sviluppare **B** **v.intr.** evolversi, svilupparsi

ewe /ju:/ **s.** pecora *f.* femmina

to exacerbate /ɛks'æsə(:)beɪt/ **v.tr.** esacerbare, inasprire

exact /ɪg'zækt/ **agg.** esatto

to exact /ɪg'zækt/ **v.tr.** **1** esigere, estorcere **2** pretendere, richiedere

exacta /ɪg'zæktə/ **s.** accoppiata *f.*

exacting /ɪg'zæktɪŋ/ **agg.** **1** esigente **2** impegnativo

exactly /ɪg'zæktlɪ/ **avv.** esattamente, precisamente, proprio così

to exaggerate /ɪg'zædʒəreɪt/ **v.tr. e intr.** esagerare

exaggeration /ɪgˌzædʒə'reɪʃ(ə)n/ **s.** esagerazione *f.*

to exalt /ɪg'zɔ:lt/ **v.tr.** **1** innalzare, elevare **2** esaltare

exam /ɪg'zæm/ **s.** esame *m.*

examination /ɪgˌzæmɪ'neɪʃ(ə)n/ **s.** **1** esame *m.* **2** ispezione *f.*, verifica *f.* **3** (*med.*) controllo *m.*, visita *f.*

to examine /ɪg'zæmɪn/ **v.tr.** **1** esaminare, controllare **2** interrogare **3** (*med.*) visitare

example /ɪg'zɑ:mpl/ **s.** esempio *m.* ♦ **for e.** per esempio

to exasperate /ɪg'zɑ:sp(ə)reɪt/ **v.tr.** **1** esasperare **2** peggiorare, aggravare

exasperation /ɪgˌzɑ:spə'reɪʃ(ə)n/ **s.** **1** esasperazione *f.* **2** peggioramento *m.*, aggravamento *m.*

to excavate /'ɛkskəveɪt/ **v.tr.** scavare

excavation /ˌɛkskə'veɪʃ(ə)n/ **s.** scavo *m.*

excavator /'ɛkskəveɪtəʳ/ **s.** scavatrice *f.*

to exceed /ɪk'si:d/ **A** **v.tr.** eccedere, oltrepassare, superare **B** **v.intr.** eccedere, esagerare

to excel /ɪk'sɛl/ **A** **v.intr.** eccellere, primeggiare **B** **v.tr.** essere superiore a

excellence /'ɛksələns/ **s.** eccellenza *f.*

excellent /'ɛksələnt/ **agg.** eccellente, ottimo

except /ɪk'sɛpt/ **prep.** eccetto, escluso, fuorché ♦ **e. for** fatta eccezione per, salvo || **e. that** salvo che || **e. when** tranne quando

exception /ɪk'sɛpʃ(ə)n/ **s.** **1** eccezione *f.* **2** obiezione *f.*

exceptional /ɪk'sɛpʃənl/ **agg.** eccezionale

excerpt /'ɛksɜ:pt/ **s.** estratto *m.*, passo *m.* scelto

excess /ɪk'sɛs/ **A** **s.** **1** eccesso *m.*, abuso *m.* **2** eccedenza *f.* **B** **agg.** eccedente, in eccesso ♦ **e. fare** supplemento, soprattassa

excessive /ɪk'sɛsɪv/ **agg.** eccessivo

exchange /ɪks'tʃeɪn(d)ʒ/ **s.** **1** scambio *m.* **2** (*econ.*) cambio *m.* **3** Borsa *f.*, mercato *m.* **4** (*tel.*) centralino *m.* ♦ **in e.** in cambio || **e. rate** tasso di cambio || **e. value** controvalore || **Stock Exchange** Borsa valori

to exchange /ɪks'tʃeɪn(d)ʒ/ **v.tr.** **1** cambiare, scambiare, permutare **2** (*valuta*) cambiare

excise /ɛk'saɪz/ **s.** dazio *m.*, imposta *f.*

excitable /ɪk'saɪtəbl/ **agg.** eccitabile

to excite /ɪk'saɪt/ **v.tr.** **1** entusiasmare, eccitare **2** suscitare

excitement /ɪk'saɪtmənt/ **s.** entusiasmo *m.*, eccitazione *f.*

exciting /ɪk'saɪtɪŋ/ **agg.** entusiasmante, eccitante, emozionante, stimolante

to exclaim /ɪks'kleɪm/ **v.tr. e intr.** esclamare

exclamation /ˌɛksklə'meɪʃ(ə)n/ **s.** esclamazione *f.*, grido *m.* ♦ **e. mark, point** punto esclamativo

to exclude /ɪks'klu:d/ **v.tr.** escludere

exclusion /ɪks'klu:ʒ(ə)n/ **s.** esclusione *f.*

exclusive /ɪks'klu:sɪv/ **agg.** esclusivo ♦ **e. of** a esclusione di, escluso

to excommunicate /ˌɛkskə'mju:nɪkeɪt/ **v.tr.** scomunicare

excommunication /'ɛkskəˌmju:nɪ'keɪʃ(ə)n/ **s.** scomunica *f.*

to excoriate /ɛks'kɔ:rɪeɪt/ **v.tr.** escoriare, scorticare

excoriation /ɛksˌkɔ:rɪ'eɪʃ(ə)n/ **s.** escoriazione *f.*

excruciating /ɪks'krʊ(:)ʃɪeɪtɪŋ/ **agg.** straziante, atroce

to exculpate /'ɛkskʌlpeɪt/ **v.tr.** discolpare, scagionare

excursion /ɪks'kɜ:ʃ(ə)n/ **s.** escursione *f.*, gita *f.*

excursionist /ɪks'kɜːʃnɪst/ s. escursionista *m. e f.*, gitante *m. e f.*
excuse /ɪks'kjuːs/ s. **1** scusa *f.*, giustificazione *f.* **2** pretesto *m.*
to excuse /ɪks'kjuːz/ v.tr. **1** scusare, perdonare **2** giustificare **3** dispensare ♦ **e. me!** (mi) scusi!
to execute /'ɛksɪkjuːt/ v.tr. **1** giustiziare **2** eseguire, mettere in atto
execution /ˌɛksɪ'kjuːʃ(ə)n/ s. **1** esecuzione *f.* capitale **2** esecuzione *f.*
executioner /ˌɛksɪ'kjuːʃnəʳ/ s. boia *m.*
executive /ɪg'zɛkjʊtɪv/ **A** agg. **1** esecutivo **2** direttivo **B** s. **1** (potere) esecutivo *m.* **2** dirigente *m. e f.*, funzionario *m.*
exedra /ɛk'sɪ(ː)drə/ s. esedra *f.*
exemplary /ɪg'zɛmplərɪ/ agg. esemplare
exemplification /ɪgˌzɛmplɪfɪ'keɪʃ(ə)n/ s. esemplificazione *f.*
to exemplify /ɪg'zɛmplɪfaɪ/ v.tr. esemplificare
exempt /ɪg'zɛm(p)t/ agg. esente, dispensato
to exempt /ɪg'zɛm(p)t/ v.tr. esentare, dispensare
exemption /ɪg'zɛm(p)ʃ(ə)n/ s. esenzione *f.*, dispensa *f.*
exercise /'ɛksəsaɪz/ s. **1** esercizio *m.*, pratica *f.* **2** moto *m.*, esercizio *m.* fisico **3** esercizio *m.*, compito *m.*, esercitazione *f.* ♦ **e. book** quaderno
to exercise /'ɛksəsaɪz/ **A** v.tr. **1** esercitare, praticare **2** allenare **3** preoccupare **B** v.intr. esercitarsi, allenarsi
to exert /ɪg'zɜːt/ v.tr. impiegare, esercitare
exertion /ɪg'zɜːʃ(ə)n/ s. **1** esercizio *m.*, impiego *m.* **2** sforzo *m.*
exfoliant /ɛks'fəʊlɪənt/ s. esfoliante *m.*
exhalation /ˌɛks(h)ə'leɪʃ(ə)n/ s. esalazione *f.*
to exhale /ɛks'heɪl/ **A** v.tr. esalare, emanare **B** v.intr. espirare
exhaust /ɪg'zɔːst/ s. scarico *m.*, scappamento *m.* ♦ **e. pipe** tubo di scarico
to exhaust /ɪg'zɔːst/ v.tr. esaurire, consumare
exhausted /ɪg'zɒ(ː)stɪd/ agg. esausto, esaurito, scarico
exhausting /ɪg'zɒ(ː)stɪŋ/ agg. estenuante, massacrante
exhaustion /ɪg'zɔːstʃ(ə)n/ s. **1** esaurimento *m.* **2** spossatezza *f.*
exhaustive /ɪg'zɔːstɪv/ agg. esauriente
to exhibit /ɪg'zɪbɪt/ v.tr. esibire
exhibition /ˌɛksɪ'bɪʃ(ə)n/ s. esposizione *f.*, mostra *f.*
exhibitionism /ˌɛksɪ'bɪʃ(ə)nɪz(ə)m/ s. esibizionismo *m.*
exhilaration /ɪgˌzɪlə'reɪʃ(ə)n/ s. euforia *f.*
to exhort /ɪg'zɔːt/ v.tr. esortare
exhortation /ˌɛgzɔː'teɪʃ(ə)n/ s. esortazione *f.*
to exhume /ɛks'hjuːm/ v.tr. esumare
exiguous /ɛg'zɪgjʊəs/ agg. esiguo
exile /'ɛksaɪl/ s. **1** esilio *m.* **2** esule *m. e f.*, esiliato *m.*
to exile /'ɛksaɪl/ v.tr. esiliare
to exist /ɪg'zɪst/ v.intr. esistere
existence /ɪg'zɪst(ə)ns/ s. esistenza *f.*
existing /ɪg'zɪstɪŋ/ agg. esistente
exit /'ɛksɪt/ s. uscita *f.* ♦ **emergency e.** uscita di sicurezza
exodus /'ɛksədəs/ s. esodo *m.*
to exonerate /ɪg'zɒnəreɪt/ v.tr. **1** esonerare **2** discolpare
exorbitant /ɪg'zɔːbɪtənt/ agg. esorbitante
to exorcize /'ɛksɔːsaɪz/ v.tr. esorcizzare
exotic /ɛg'zɒtɪk/ agg. esotico
to expand /ɪks'pænd/ **A** v.tr. **1** espandere, dilatare **2** estendere, ingrandire **B** v.intr. **1** espandersi, dilatarsi **2** ingrandirsi, ampliarsi
expanse /ɪks'pæns/ s. **1** distesa *f.*, estensione *f.* **2** espansione *f.*
expansion /ɪks'pænʃ(ə)n/ s. **1** espansione *f.*, dilatazione *f.* **2** sviluppo *m.*, crescita *f.*
expansive /ɪks'pænsɪv/ agg. **1** espansibile, dilatabile **2** (*di persona*) espansivo
to expatriate /ɛks'pætrɪeɪt/ v.intr. espatriare
to expect /ɪks'pɛkt/ v.tr. **1** aspettare, aspettarsi, prevedere **2** esigere, pretendere **3** supporre
expectancy /ɪks'pɛkt(ə)nsɪ/ s. aspettativa *f.*, attesa *f.*
expectant /ɪks'pɛkt(ə)nt/ agg. speranzoso, in attesa ♦ **e. mother** gestante
expectation /ˌɛkspɛk'teɪʃ(ə)n/ s. aspettativa *f.*, attesa *f.*
expedience /ɪks'piːdjəns/ s. **1** opportunità *f.*, convenienza *f.* **2** opportunismo *m.*
expedient /ɪks'piːdjənt/ **A** agg. conveniente, opportuno **B** s. espediente *m.*, ripiego *m.*
expedition /ˌɛkspɪ'dɪʃ(ə)n/ s. spedizione *f.*
expeditious /ˌɛkspɪ'dɪʃəs/ agg. sbrigativo, veloce
to expel /ɪks'pɛl/ v.tr. **1** espellere, scacciare **2** emettere
to expend /ɪks'pɛnd/ v.tr. **1** spendere, impiegare **2** consumare
expendable /ɪks'pɛndəbl/ agg. **1** spendibile **2** sacrificabile
expenditure /ɪks'pɛndɪtʃəʳ/ s. **1** dispendio *m.*, consumo *m.* **2** spesa *f.*
expense /ɪks'pɛns/ s. **1** spesa *f.*, costo *m.* **2** al pl. spese *f. pl.*, indennità *f.*
expensive /ɪks'pɛnsɪv/ agg. costoso, caro
experience /ɪks'pɪərɪəns/ s. esperienza *f.*
to experience /ɪks'pɪərɪəns/ v.tr. sperimentare, provare
experiment /ɪks'pɛrɪmənt/ s. esperimento *m.*, prova *f.*
to experiment /ɪks'pɛrɪmɛnt/ v.intr. sperimentare, fare esperimenti
experimental /ɛksˌpɛrɪ'mɛntl/ agg. sperimentale
expert /'ɛkspɜːt/ **A** agg. esperto, competente **B** s. esperto *m.*, perito *m.*
expertise /ˌɛkspə(ː)'tɪ(ː)z/ s. **1** abilità *f.*, competenza *f.* **2** (*arte*) perizia *f.*
to expiate /'ɛkspɪeɪt/ v.tr. espiare

expiration /ˌɛkspɪ'reɪʃ(ə)n/ s. **1** espirazione *f.* **2** scadenza *f.*
to expire /ɪks'paɪəʳ/ **A** v.intr. **1** scadere, finire **2** morire, spirare **B** v.tr. espirare
expired /ɪks'paɪəʳd/ agg. scaduto
expiry /ɪks'paɪərɪ/ s. scadenza *f.*, termine *m.*
to explain /ɪks'pleɪn/ v.tr. spiegare, chiarire
explanation /ˌɛksplə'neɪʃ(ə)n/ s. spiegazione *f.*
explanatory /ɪks'plænət(ə)rɪ/ agg. esplicativo
explicative /ɛks'plɪkətɪv/ agg. esplicativo
explicit /ɪks'plɪsɪt/ agg. esplicito
to explode /ɪks'pləʊd/ **A** v.tr. **1** far esplodere **2** screditare, smontare **B** v.intr. esplodere, scoppiare
exploit /'ɛksplɔɪt/ s. impresa *f.*, prodezza *f.*
to exploit /ɪks'plɔɪt/ v.tr. sfruttare
exploitation /ˌɛksplɔɪ'teɪʃ(ə)n/ s. sfruttamento *m.*
exploiter /ɪks'plɔɪtəʳ/ s. sfruttatore *m.*
exploration /ˌɛksplɔː'reɪʃ(ə)n/ s. esplorazione *f.*
to explore /ɪks'plɔːʳ/ v.tr. **1** esplorare **2** analizzare, considerare
explorer /ɪks'plɔːrəʳ/ s. esploratore *m.*
explosion /ɪks'pləʊʒ(ə)n/ s. esplosione *f.*, scoppio *m.*
explosive /ɪks'pləʊsɪv/ agg. e s. esplosivo *m.*
exponent /ɛks'pəʊnənt/ s. esponente *m.* e *f.*
export /'ɛkspɔːt/ s. **1** esportazione *f.* **2** prodotto *m.* d'esportazione
to export /ɛks'pɔːt/ v.tr. esportare
exporter /ɛks'pɒ(ː)təʳ/ s. esportatore *m.*
to expose /ɪks'pəʊz/ v.tr. **1** esporre **2** svelare, smascherare
exposition /ˌɛkspə'zɪʃ(ə)n/ s. **1** esposizione *f.* **2** spiegazione *f.* **3** mostra *f.*
exposure /ɪks'pəʊʒəʳ/ s. **1** esposizione *f.* **2** mostra *f.* **3** (*fot.*) (tempo di) esposizione *f.* ♦ **e. meter** esposimetro
to expound /ɪks'paʊnd/ v.tr. esporre, spiegare
express /ɪks'prɛs/ **A** agg. **1** chiaro, esplicito **2** espresso, rapido **B** s. **1** (*corrispondenza*) espresso *m.* **2** (treno) espresso *m.*
to express /ɪks'prɛs/ v.tr. **1** esprimere **2** mandare per espresso
expression /ɪks'prɛʃ(ə)n/ s. espressione *f.*
expressionism /ɪks'prɛʃnɪz(ə)m/ s. espressionismo *m.*
expressive /ɪks'prɛsɪv/ agg. espressivo, significativo
expressly /ɪks'prɛslɪ/ avv. espressamente
expressway /ɪks'prɛsweɪ/ s. (*USA*) autostrada *f.*
expropriation /ɛksˌprəʊprɪ'eɪʃ(ə)n/ s. esproprio *m.*, espropriazione *f.*
expulsion /ɪks'pʌlʃ(ə)n/ s. espulsione *f.*
exquisite /'ɛkskwɪzɪt/ agg. squisito
extemporary /ɪks'tɛmp(ə)rərɪ/ agg. estemporaneo
to extend /ɪks'tɛnd/ **A** v.tr. **1** estendere, allargare, ampliare **2** prorogare, protrarre, prolungare **3** offrire, porgere **B** v.intr. **1** estendersi, allungarsi **2** protrarsi
extension /ɪks'tɛnʃ(ə)n/ s. **1** estensione *f.*, prolungamento *m.*, ampliamento *m.* **2** proroga *f.* **3** (*di edificio*) ampliamento *m.* **4** (*tel.*) interno *m.* **5** (*elettr.*) prolunga *f.*
extensive /ɪks'tɛnsɪv/ agg. **1** esteso, vasto **2** estensivo
extent /ɪks'tɛnt/ s. **1** estensione *f.*, ampiezza *f.* **2** limite *m.*, grado *m.* ♦ **to a large e.** in larga parte || **to the e. of** fino al punto di
to extenuate /ɛks'tɛnjʊeɪt/ v.tr. attenuare
exterior /ɛks'tɪərɪəʳ/ **A** agg. esterno, esteriore **B** s. **1** esterno *m.* **2** esteriorità *f.*
to exterminate /ɛks'tɜːmɪneɪt/ v.tr. sterminare, distruggere
extermination /ɛksˌtɜːmɪ'neɪʃ(ə)n/ s. sterminio *m.*, distruzione *f.*
external /ɛks'tɜːnl/ agg. **1** esterno, esteriore **2** estero **3** superficiale
extinct /ɪks'tɪŋkt/ agg. estinto
extinction /ɪks'tɪŋkʃ(ə)n/ s. estinzione *f.*
to extinguish /ɪks'tɪŋgwɪʃ/ v.tr. estinguere, spegnere
extinguisher /ɪks'tɪŋgʊɪʃəʳ/ s. estintore *m.*
to extirpate /'ɛkstɜːpeɪt/ v.tr. estirpare
to extol /ɪks'təʊl/ v.tr. esaltare
to extort /ɪks'tɔːt/ v.tr. estorcere
extortion /ɪks'tɔːʃən/ s. estorsione *f.*
extortionate /ɪks'tɔːʃnɪt/ agg. esorbitante
extra /'ɛkstrə/ **A** agg. aggiuntivo, supplementare **B** avv. extra, in più
extract /'ɛkstrækt/ s. **1** estratto *m.*, essenza *f.* **2** (*di libro*) estratto *m.*, brano *m.*
to extract /ɪks'trækt/ v.tr. estrarre
extractable /ɪks'træktəbl/ agg. estraibile
extraction /ɪks'trækʃ(ə)n/ s. estrazione *f.*
extradition /ˌɛkstrə'dɪʃ(ə)n/ s. estradizione *f.*
extrados /ɛks'treɪdəs/ s. estradosso *m.*
extramarital /ˌɛkstrə'mærɪtl/ agg. extraconiugale
extramural /ˌɛkstrə'mjʊər(ə)l/ agg. fuori dell'università
extraneous /ɛks'treɪnjəs/ agg. estraneo
extraordinary /ɪks'trɔːd(ə)n(ə)rɪ/ agg. straordinario, eccezionale
extraterrestrial /ˌɛkstrətɪ'rɛstrɪəl/ agg. e s. extraterrestre *m.* e *f.*
extravagance /ɪks'trævɪgəns/ s. **1** stravaganza *f.* **2** prodigalità *f.*
extravagant /ɪks'trævɪgənt/ agg. **1** stravagante **2** prodigo
extreme /ɪks'triːm/ **A** agg. **1** estremo, ultimo **2** eccezionale **B** s. estremo *m.*, estremità *f.* ♦ **e. sports** sport estremi
extremist /ɪks'triːmɪst/ **A** s. estremista *m.* e *f.* **B** agg. estremistico
extremity /ɪks'trɛmɪtɪ/ s. estremità *f.*
to extricate /'ɛkstrɪkeɪt/ v.tr. districare, sbrogliare
extrinsic /ɛks'trɪnsɪk/ agg. estrinseco
extrovert /ˌɛkstrə(ʊ)'vɜːt/ agg. e s. estroverso *m.*
extroverted /ˌɛkstrə(ʊ)'vɜːtɪd/ agg. estroverso
exuberant /ɪg'zjuːb(ə)r(ə)nt/ agg. esuberante

to exude /ɪg'zju:d/ **v.tr. e intr.** trasudare
to exult /ɪg'zʌlt/ **v.intr.** esultare
eye /aɪ/ **s. 1** occhio *m.* **2** sguardo *m.* **3** (*bot.*) gemma *f.* **4** occhiello *m.*, cruna *f.* ◆ **e. ball** bulbo oculare || **e.-opener** fatto rivelatore || **e. socket** orbita || **e. shadow** ombretto || **e. witness** testimone oculare
to eye /aɪ/ **v.tr.** adocchiare, guardare
eyebrow /'aɪbraʊ/ **s.** sopracciglio *m.*
eyedrops /'aɪdrɒps/ **s.** collirio *m.*
eyelash /'aɪlæʃ/ **s.** ciglio *m.*
eyelid /'aɪlɪd/ **s.** palpebra *f.*
eye-liner /'aɪˌlaɪnəʳ/ **s.** eye liner *m. inv.*
eyesight /'aɪsaɪt/ **s.** vista *f.*
eyewash /'aɪwɒʃ/ **s.** collirio *m.*

f, F

fable /'feɪbl/ **s. 1** favola *f.* **2** mito *m.*, leggenda *f.*
fabric /'fæbrɪk/ **s. 1** tessuto *m.*, stoffa *f.* **2** (*fig.*) struttura *f.*
to fabricate /'fæbrɪkeɪt/ **v.tr. 1** fabbricare, costruire **2** inventare, falsificare, contraffare
fabrication /ˌfæbrɪ'keɪʃ(ə)n/ **s. 1** fabbricazione *f.*, costruzione *f.* **2** falsificazione *f.*, contraffazione *f.*
fabulous /'fæbjʊləs/ **agg.** favoloso
façade /fə'sɑ:d/ **s.** facciata *f.*
face /feɪs/ **s. 1** faccia *f.*, volto *m.* **2** facciata *f.*, fronte *m.* ◆ **f. down** a faccia in giù || **f. mask** maschera di bellezza || **f. powder** cipria || **f. to f.** faccia a faccia || **in the f. of** di fronte a, a dispetto di || **on the f. of it** a prima vista
to face /feɪs/ **v.tr. 1** fronteggiare, essere di fronte a, essere volto a **2** affrontare, tener testa a **3** ricoprire
facet /'fæsɪt/ **s.** sfaccettatura *f.*
facetious /fə'si:ʃəs/ **agg.** faceto
facial /'feɪʃ(ə)l/ **agg.** facciale
facile /'fæsaɪl/ **agg. 1** facile **2** svelto, abile **3** superficiale
to facilitate /fə'sɪlɪteɪt/ **v.tr.** agevolare
facilitation /fəˌsɪlɪ'teɪʃ(ə)n/ **s.** facilitazione *f.*, agevolazione *f.*
facility /fə'sɪlɪtɪ/ **s. 1** facilitazione *f.*, agevolazione *f.* **2** **al pl.** strutture *f. pl.*, impianti *m. pl.*, attrezzature *f. pl.*, servizi *m. pl.*
facing /'feɪsɪŋ/ **A agg.** prospiciente **B s. 1** rivestimento *m.* **2** (*di indumenti*) risvolto *m.*
facsimile /fæk'sɪmɪlɪ/ **s.** facsimile *m. inv.*
fact /fækt/ **s. 1** fatto *m.*, avvenimento *m.* **2** realtà *f.*
factious /'fækʃəs/ **agg.** fazioso
factor /'fæktəʳ/ **s.** fattore *m.*, coefficiente *m.*
factoring /'fæktərɪŋ/ **s.** factoring *m. inv.*
factory /'fækt(ə)rɪ/ **s.** fabbrica *f.*, stabilimento *m.*, manifattura *f.*
factual /'fæktjʊəl/ **agg.** effettivo, reale
faculty /'fæk(ə)ltɪ/ **s.** facoltà *f.*
fad /fæd/ **s.** capriccio *m.*, mania *f.*
fade /feɪd/ **s.** (*cin.*) dissolvenza *f.*
to fade /feɪd/ **A v.intr. 1** avvizzire, appassire **2** scolorire, sbiadire **3** svanire **B v.tr. 1** far appassire **2** scolorire **3** (*cin., radio*) fare una dissolvenza ◆ **to f. in** (*cin., tv*) aprire in dissolvenza, (*radio*) aumentare di intensità || **to f. out** (*cin., tv*) chiudere in dissolvenza, (*radio*) diminuire di intensità
fading /'feɪdɪŋ/ **s. 1** appassimento *m.* **2** (*cin.*) dissolvenza *f.* **3** (*fig.*) tramonto *m.*
faeces /'fi:si:z/ **s. pl.** feci *f. pl.*
fag[1] /fæg/ **s.** (*fam.*) faticata *f.*, sgobbata *f.*
fag[2] /fæg/ **s.** (*pop.*) sigaretta *f.*, cicca *f.*
faience /faɪ'ɑ:(n)s/ **s.** ceramica *f.*, porcellana *f.*
fail /feɪl/ **s. 1** insuccesso *m.* **2** insufficienza *f.* ◆ **without f.** senza eccezioni, certamente
to fail /feɪl/ **A v.intr. 1** fallire, non riuscire **2** mancare, venir meno **3** essere respinto, essere bocciato **B v.tr. 1** bocciare, respingere **2** non superare
failing /'feɪlɪŋ/ **A agg.** debole, scarso **B s. 1** debolezza *f.*, difetto *m.* **2** mancanza *f.* **C prep.** in mancanza di
failure /'feɪljəʳ/ **s. 1** fallimento *m.*, insuccesso *m.* **2** mancanza *f.*, difetto *m.* **3** (*mecc.*) guasto *m.*
faint /feɪnt/ **A agg. 1** debole, esile, pallido **2** languido, fiacco **3** timido **4** vago **B s.** svenimento *m.*
to faint /feɪnt/ **v.intr.** svenire ◆ **to feel f.** sentirsi svenire
fair[1] /fɛəʳ/ **A agg. 1** giusto, leale, onesto **2** discreto, sufficiente **3** biondo, chiaro **4** sereno, propizio, favorevole **5** bello **B avv. 1** giustamente **2** correttamente, onestamente ◆ **f. trade, trading** commercio equo e solidale
fair[2] /fɛəʳ/ **s.** fiera *f.* ◆ **trade f.** fiera campionaria
fairly /'fɛəlɪ/ **avv. 1** discretamente, abbastanza **2** equamente, onestamente
fairness /'fɛənɪs/ **s. 1** bellezza *f.* **2** equità *f.*, imparzialità *f.* ◆ **in all f.** in tutta onestà
fair play /ˌfɛə'pleɪ/ **s.** fair play *m. inv.*, correttezza *f.*
fairy /'fɛərɪ/ **A agg.** fatato, magico **B s.** fata *f.* ◆ **f. tale** fiaba
faith /feɪθ/ **s.** fede *f.*
faithful /'feɪθf(ʊ)l/ **agg. 1** fedele, leale **2** accurato

faithfully /ˈfeɪθf(ʊ)lɪ/ avv. **1** fedelmente, lealmente **2** accuratamente ♦ **yours f.** cordiali saluti
faithfulness /ˈfeɪθf(ʊ)lnɪs/ s. **1** fedeltà *f.*, lealtà *f.* **2** esattezza *f.*
fake /feɪk/ **A** s. **1** impostore *m.* **2** falsificazione *f.*, falso *m.* **B** agg. falso
to fake /feɪk/ v.tr. **1** falsificare, contraffare **2** fingere
fakir /ˈfɑːkɪəʳ/ s. fachiro *m.*
falcon /ˈfɔːlkən/ s. falco *m.*, falcone *m.*
fall /fɔːl/ s. **1** caduta *f.*, crollo *m.* **2** discesa *f.*, pendio *m.* **3** spec. al pl. cascata *f.* **4** ribasso *m.*, diminuzione *f.* **5** (*USA*) autunno *m.* ♦ **f. off** contrazione, caduta ‖ **the Fall** il peccato originale
to fall /fɔːl/ (*pass.* **fell**, *p.p.* **fallen**) v.intr. **1** cadere, precipitare **2** diminuire **3** suddividersi **4** riversarsi, sfociare ♦ **to f. apart** cadere a pezzi ‖ **to f. asleep** addormentarsi ‖ **to f. back** indietreggiare, ritirarsi ‖ **to f. back on** ripiegare su, ricorrere a ‖ **to f. down** crollare ‖ **to f. for** prendere una cotta per ‖ **to f. ill** ammalarsi ‖ **to f. in** crollare ‖ **to f. in love** innamorarsi ‖ **to f. off** cadere, diminuire ‖ **to f. on** gettarsi su ‖ **to f. out** cadere, litigare ‖ **to f. through** fallire
fallacy /ˈfæləsɪ/ s. errore *m.*, credenza *f.* errata
fallen /ˈfɔːl(ə)n/ p.p. di **to fall**
falling /ˈfɔːlɪŋ/ agg. cadente
fallout /ˈfɔːlˌaʊt/ s. **1** ricaduta *f.* radioattiva **2** (*fig.*) conseguenza *f.*
fallow /ˈfæləʊ/ agg. incolto
false /fɔːls/ **A** agg. **1** falso, falsificato, posticcio **2** errato, sbagliato **3** illusorio **B** avv. falsamente, slealmente
falsification /ˌfɔːlsɪfɪˈkeɪʃ(ə)n/ s. falsificazione *f.*
falsifier /ˈfɔːlsɪfaɪəʳ/ s. falsario *m.*
to falsify /ˈfɔːlsɪfaɪ/ v.tr. falsificare, truccare
to falter /ˈfɔːltəʳ/ v.intr. **1** barcollare, esitare **2** balbettare
fame /feɪm/ s. fama *f.*, rinomanza *f.*
familiar /fəˈmɪljəʳ/ agg. **1** familiare **2** consueto, comune ♦ **to be f. with** conoscere bene
familiarity /fəˌmɪlɪˈærɪtɪ/ s. familiarità *f.*, intimità *f.*
to familiarize /fəˈmɪljəraɪz/ v.tr. rendere familiare ♦ **to f. oneself** familiarizzarsi
family /ˈfæmɪlɪ/ **A** s. **1** famiglia *f.* **2** gruppo *m.* **B** agg. attr. familiare ♦ **f. tree** albero genealogico ‖ **f. name** cognome
famine /ˈfæmɪn/ s. carestia *f.*
to famish /ˈfæmɪʃ/ **A** v.tr. affamare **B** v.intr. morire di fame
famished /ˈfæmɪʃd/ agg. affamato
famous /ˈfeɪməs/ agg. famoso
fan[1] /fæn/ s. **1** ventaglio *m.* **2** ventilatore *m.*, ventola *f.*
fan[2] /fæn/ s. fan *m. e f. inv.*, ammiratore *m.*
to fan /fæn/ **A** v.tr. **1** sventolare, fare vento **2** attizzare **B** v.intr. aprirsi a ventaglio
fanatic /fəˈnætɪk/ agg. **1** fanatico **2** tifoso
fanaticism /fəˈnætɪsɪz(ə)m/ s. fanatismo *m.*
fanciful /ˈfænsɪf(ʊ)l/ agg. fantastico, fantasioso, immaginario
fancy /ˈfænsɪ/ **A** s. **1** immaginazione *f.*, fantasia *f.* **2** capriccio *m.* **3** inclinazione *f.* **B** agg. attr. **1** elegante **2** speciale **3** stravagante, elaborato ♦ **f. dress** costume, maschera
to fancy /ˈfænsɪ/ **A** v.tr. **1** trovare attraente **2** immaginare, pensare **3** gradire, aver voglia di **B** v.intr. fantasticare ♦ **to f. oneself** avere un'alta opinione di sé ‖ **f. that!** figurati!
fang /fæŋ/ s. **1** zanna *f.* **2** (*spec. di serpente*) dente *m.*
fantastic /fænˈtæstɪk/ agg. fantastico
fantasy /ˈfæntəsɪ/ s. **1** fantasia *f.*, immaginazione *f.* **2** fantasticheria *f.*
far /fɑːʳ/ (*comp.* **farther**, **further**, *sup. rel.* **farthest**, **furthest**) **A** agg. lontano **B** avv. **1** lontano **2** assai, di gran lunga ♦ **as f. as** per quanto riguarda, fino a ‖ **by f.** di gran lunga ‖ **f. away** lontano, distante ‖ **f. from** lontano da ‖ **f. off** lontano, distante ‖ **f. reaching** di vasta portata ‖ **f. seeing** lungimirante ‖ **how f.?** quanto lontano?, fino a dove? ‖ **so f.** finora ‖ **the Far East** l'Estremo Oriente
faraway /ˈfɑːrəweɪ/ agg. **1** lontano, distante **2** assente
farce /fɑːs/ s. farsa *f.*
farcical /ˈfɑːsɪk(ə)l/ agg. farsesco
fare /fɛəʳ/ s. **1** (*mezzo di trasporto, taxi*) prezzo *m.* della corsa, tariffa *f.* **2** passeggero *m.* **3** cibo *m.*, vitto *m.*
farewell /ˌfɛəˈwɛl/ **A** s. commiato *m.*, addio *m.* **B** inter. addio!
farinaceous /ˌfærɪˈneɪʃəs/ agg. farinaceo
farm /fɑːm/ s. **1** podere *m.* **2** fattoria *f.*, cascina *f.* **3** allevamento *m.* ♦ **holiday f.** agriturismo
to farm /fɑːm/ v.tr. **1** coltivare **2** allevare ♦ **to f. out** dare in appalto
farmer /ˈfɑːməʳ/ s. **1** agricoltore *m.*, contadino *m.* **2** allevatore *m.*
farmhand /ˈfɑːmˌhænd/ s. bracciante *m.*
farmhouse /ˈfɑːmhaʊs/ s. fattoria *f.*, cascina *f.*
farming /ˈfɑːmɪŋ/ s. agricoltura *f.*, coltivazione *f.* ♦ **organic f.** agricoltura biologica
farrier /ˈfærɪəʳ/ s. maniscalco *m.*
farther /ˈfɑːðəʳ/ (*comp. di* **far**) **A** agg. **1** più lontano, più distante **2** addizionale **B** avv. **1** oltre, più lontano **2** in più
farthest /ˈfɑːðɪst/ (*sup. rel. di* **far**) **A** agg. il più lontano, il più distante **B** avv. il più lontano possibile
to fascinate /ˈfæsɪneɪt/ v.tr. affascinare
fascinating /ˈfæsɪneɪtɪŋ/ agg. affascinante
fascination /ˌfæsɪˈneɪʃ(ə)n/ s. fascino *m.*
Fascism /ˈfæʃɪz(ə)m/ s. fascismo *m.*
Fascist /ˈfæʃɪst/ agg. e s. fascista *m. e f.*
fashion /ˈfæʃ(ə)n/ s. **1** modo *m.*, maniera *f.* **2** moda *f.* ♦ **f. designer** stilista ‖ **in f.** alla moda ‖ **out of f.** fuori moda
fashionable /ˈfæʃ(ə)nəbl/ agg. alla moda
fast[1] /fɑːst/ **A** agg. **1** veloce, rapido **2** fisso, solido **B** avv. **1** velocemente, in fretta **2** saldamente, fermamente

fast[2] /fɑːst/ s. digiuno *m.*
to fast /fɑːst/ v.intr. digiunare
to fasten /ˈfɑːsn/ **A** v.tr. **1** attaccare, fissare **2** allacciare **B** v.intr. chiudersi, allacciarsi
fastening /ˈfɑːsnɪŋ/ s. chiusura *f.*
fastidious /fæsˈtɪdɪəs/ agg. meticoloso
fat /fæt/ **A** agg. **1** grasso, untuoso **2** adiposo **3** pingue, grasso, corpulento **B** s. grasso *m.*
fatal /ˈfeɪtl/ agg. **1** fatidico, fatale **2** disastroso
fatalist /ˈfeɪt(ə)lɪst/ s. fatalista *m. e f.*
fatality /fəˈtælɪtɪ/ s. **1** fatalità *f.* **2** morte *f.* violenta
fate /feɪt/ s. fato *m.*, sorte *f.*
fateful /ˈfeɪtf(ʊ)l/ agg. fatale, fatidico
father /ˈfɑːðəʳ/ s. padre *m.* ♦ **f.-in-law** suocero
fatherhood /ˈfɑːðəhʊd/ s. paternità *f.*
fatherly /ˈfɑːðəlɪ/ agg. paterno
fathom /ˈfæðəm/ s. (*misura*) braccio *m.*
fatigue /fəˈtiːg/ s. fatica *f.*, stanchezza *f.*
to fatten /ˈfætn/ v.tr. e intr. ingrassare
fatty /ˈfætɪ/ **A** agg. grasso, untuoso **B** s. (*fam.*) grassone *m.*, ciccione *m.*
fatuous /ˈfætjʊəs/ agg. fatuo
faucet /ˈfɔːsɪt/ s. (*USA*) rubinetto *m.*
fault /fɔːlt/ s. **1** difetto *m.* **2** colpa *f.* **3** mancanza *f.*, errore *m.* **4** (*sport*) fallo *m.* **5** (*geol.*) faglia *f.* ♦ **to a f.** fin troppo
faultless /ˈfɔːltlɪs/ agg. inappuntabile
faulty /ˈfɔːltɪ/ agg. **1** difettoso **2** scorretto
faun /fɔːn/ s. fauno *m.*
fauna /ˈfɔːnə/ s. fauna *f.*
favour /ˈfeɪvəʳ/ (*USA* **favor**) s. **1** favore *m.*, benevolenza *f.* **2** cortesia *f.* ♦ **to be in f. of** essere favorevole a
to favour /ˈfeɪvəʳ/ (*USA* **favor**) v.tr. favorire, proteggere
favourable /ˈfeɪv(ə)rəbl/ agg. favorevole, vantaggioso
favourite /ˈfeɪv(ə)rɪt/ agg. e s. preferito *m.*, favorito *m.*
favouritism /ˈfeɪv(ə)rɪtɪz(ə)m/ s. favoritismo *m.*
fawn /fɔːn/ s. daino *m.*, cerbiatto *m.*
fax /fæks/ s. fax *m. inv.* ♦ **by f.** via fax
to fax /fæks/ v.tr. trasmettere via fax
fear /fɪəʳ/ s. timore *m.*, spavento *m.*, paura *f.*
to fear /fɪəʳ/ v.tr. temere
fearful /ˈfɪəf(ʊ)l/ agg. **1** spaventoso **2** pauroso **3** spaventato
fearless /ˈfɪəlɪs/ agg. intrepido
feasible /ˈfiːzəbl/ agg. fattibile
feast /fiːst/ s. **1** festa *f.* **2** banchetto *m.*
to feast /fiːst/ v.intr. **1** banchettare **2** festeggiare
feat /fiːt/ s. prodezza *f.*, impresa *f.*
feather /ˈfeðəʳ/ s. penna *f.*, piuma *f.* ♦ **f. duster** piumino, piumino per spolverare
feature /ˈfiːtʃəʳ/ s. **1** sembianza *f.* **2** caratteristica *f.*, aspetto *m.* **3** (*tv, tip.*) numero *m.* principale, servizio *m.* speciale ♦ **f. film** lungometraggio
to feature /ˈfiːtʃəʳ/ v.tr. **1** rappresentare **2** avere come protagonista
February /ˈfebrʊərɪ/ s. febbraio *m.*
to fecundate /ˈfiːkəndeɪt/ v.tr. fecondare
fed /fed/ pass. e p.p. di **to feed** ♦ **f. up** (*fam.*) stufo
federal /ˈfedərəl/ agg. federale
federation /ˌfedəˈreɪʃ(ə)n/ s. federazione *f.*
fee /fiː/ s. **1** tassa *f.* **2** compenso *m.*, onorario *m.* ♦ **school fees** tasse scolastiche
feeble /ˈfiːbl/ agg. debole, fragile
to feed /fiːd/ (*pass. e p.p.* **fed**) v.tr. **1** cibare, nutrire, dare da mangiare a **2** imboccare **3** (*mecc.*) alimentare ♦ **to f. oneself** nutrirsi
feedback /ˈfiːdbæk/ s. retroazione *f.*, feedback *m. inv.*
feeder /ˈfiːdəʳ/ s. (*elettr.*) alimentatore *m.*
feeding /ˈfiːdɪŋ/ **A** agg. **1** nutriente **2** di alimentazione **B** s. nutrizione *f.*, alimentazione *f.* ♦ **f. bottle** biberon
feedstuff /ˈfiːdstʌf/ s. mangime *m.*
feel /fiːl/ s. **1** tatto *m.*, tocco *m.* **2** sensibilità *f.* **3** (*fig.*) atmosfera *f.*
to feel /fiːl/ (*pass. e p.p.* **felt**) **A** v.tr. **1** sentire, toccare, palpare **2** percepire, provare **3** ritenere **B** v.intr. **1** sentire, sentirsi **2** sembrare (al tatto) **3** (*impers.*) sembrare ♦ **to f. as if** avere l'impressione che ‖ **to f. blue** essere malinconico ‖ **to f. hungry** aver fame ‖ **to f. like** aver voglia di ‖ **to f. up to st.** sentirsi in grado di fare q.c.
feeler /ˈfiːləʳ/ s. **1** (*zool.*) antenna *f.* **2** sonda *f.*
feeling /ˈfiːlɪŋ/ s. sensazione *f.*, impressione *f.*
feet /fiːt/ pl. di **foot**
to feign /feɪn/ v.tr. fingere, dissimulare
feline /ˈfiːlaɪn/ agg. e s. felino *m.*
fell /fel/ pass. di **to fall**
to fell /fel/ v.tr. abbattere, atterrare
fellow /ˈfelə(ʊ)/ s. **1** individuo *m.*, tipo *m.* **2** compagno *m.* **3** (*di associazione, accademia*) membro *m.* ♦ **f. citizen** concittadino ‖ **f. countryman** connazionale
fellowship /ˈfelə(ʊ)ʃɪp/ s. **1** compagnia *f.*, amicizia *f.* **2** associazione *f.* **3** (*università*) borsa *f.* di studio
felony /ˈfelənɪ/ s. (*dir.*) crimine *m.*
felt[1] /felt/ s. feltro *m.*
felt[2] /felt/ pass. e p.p. di **to feel**
felt-tip pen /ˈfelttɪpˈpen/ s. pennarello *m.*
female /ˈfiːmeɪl/ **A** agg. femminile **B** s. femmina *f.*
feminine /ˈfemɪnɪn/ agg. femminile, femmineo
feminism /ˈfemɪnɪz(ə)m/ s. femminismo *m.*
femur /ˈfiːməʳ/ s. femore *m.*
fen /fen/ s. palude *f.*
fence /fens/ s. **1** palizzata *f.*, recinto *m.*, staccionata *f.* **2** scherma *f.* **3** ricettatore *m.* ♦ **to sit on the f.** essere indeciso
to fence /fens/ **A** v.tr. recingere **B** v.intr. **1** tirare di scherma **2** fare il ricettatore
fencing /ˈfensɪŋ/ s. scherma *f.*
to fend /fend/ **A** v.tr. difendere **B** v.intr. difendersi ♦ **to f. for oneself** arrangiarsi ‖ **to f. off** schivare

fender /ˈfɛndəʳ/ s. **1** parafuoco *m.* **2** (*naut.*) parabordo *m.* **3** (*USA*) paraurti *m. inv.*
fennel /ˈfɛnl/ s. finocchio *m.*
ferment /ˈfɜːmɛnt/ s. **1** fermento *m.* **2** fermentazione *f.*
to ferment /fə(ː)ˈmɛnt/ **A** v.tr. **1** far fermentare **2** fomentare **B** v.intr. **1** fermentare **2** essere in fermento
fermentation /ˌfɜːmɛnˈteɪʃ(ə)n/ s. fermentazione *f.*
fern /fɜːn/ s. felce *f.*
ferocious /fəˈrəʊʃəs/ agg. feroce
ferret /ˈfɛrɪt/ s. furetto *m.*
to ferret /ˈfɛrɪt/ v.tr. indagare ♦ **to f. out** scovare
ferrule /ˈfɛruːl/ s. puntale *m.*
ferry /ˈfɛrɪ/ s. traghetto *m.*
to ferry /ˈfɛrɪ/ v.tr. traghettare
ferryboat /ˈfɛrɪbəʊt/ s. traghetto *m.*
fertile /ˈfɜːtaɪl/ agg. fertile
fertilizer /ˈfɜːtɪlaɪzəʳ/ s. fertilizzante *m.*
to fester /ˈfɛstəʳ/ v.intr. **1** suppurare **2** (*fig.*) avvelenarsi
festival /ˈfɛstəv(ə)l/ s. festa *f.*, festival *m. inv.*
festive /ˈfɛstɪv/ agg. **1** festivo **2** festoso, gioioso
festivity /fɛsˈtɪvɪtɪ/ s. **1** festività *f.* **2** al pl. festeggiamenti *m. pl.*
to festoon /fɛsˈtuːn/ v.intr. ornare di festoni
to fetch /fɛtʃ/ v.tr. **1** andare a prendere **2** raggiungere (un certo prezzo)
fetching /ˈfɛtʃɪŋ/ agg. (*fam.*) attraente
fetish /ˈfɛːtɪʃ/ s. feticcio *m.*
fetishism /ˈfɛːtɪʃɪz(ə)m/ s. feticismo *m.*
fetus /ˈfiːtəs/ s. feto *m.*
feud /fjuːd/ s. **1** contesa *f.*, faida *f.* **2** feudo *m.*
feudal /ˈfjuːdl/ agg. feudale
feudalism /ˈfjuːdəlɪz(ə)m/ s. feudalesimo *m.*
fever /ˈfiːvəʳ/ s. febbre *f.* ♦ **hay f.** febbre da fieno
feverish /ˈfiːv(ə)rɪʃ/ agg. **1** febbricitante **2** febbrile
few /fjuː/ agg. e pron. pochi, alcuni ♦ **a f.** alcuni, qualche || **f. and far between** rari || **a good f.** un buon numero || **not a f.** non pochi
fiancé /fɪˈɑː(n)seɪ/ s. fidanzato *m.*
fiancée /fɪˈɑː(n)seɪ/ s. fidanzata *f.*
fib /fɪb/ s. (*fam.*) bugia *f.*
fibre /ˈfaɪbəʳ/ (*USA* **fiber**) s. fibra *f.* ♦ **f.-glass** fibra di vetro
fibula /ˈfɪbjʊlə/ s. **1** (*anat.*) perone *m.* **2** (*archeol.*) fibula *f.*
fickle /ˈfɪkl/ agg. incostante, mutevole
fiction /ˈfɪkʃ(ə)n/ s. **1** narrativa *f.* **2** finzione *f.*
fictitious /fɪkˈtɪʃəs/ agg. fittizio, immaginario
fiddle /ˈfɪdl/ s. **1** violino *m.* **2** (*fam.*) truffa *f.*
to fiddle /ˈfɪdl/ **A** v.intr. **1** (*fam.*) suonare il violino **2** gingillarsi **B** v.tr. (*fam.*) falsificare, contraffare ♦ **to f. with** maneggiare
fiddler /ˈfɪdləʳ/ s. violinista *m. e f.*
fidelity /fɪˈdɛlɪtɪ/ s. fedeltà *f.*
to fidget /ˈfɪdʒɪt/ **A** v.intr. agitarsi, dimenarsi **B** v.tr. infastidire
fief /fiːf/ s. feudo *m.*
field /fiːld/ s. **1** campo *m.*, terreno *m.* **2** settore *m.*
fieldwork /ˈfiːldwɜːk/ s. ricerca *f.* sul campo
fiend /fiːnd/ s. demonio *m.*
fierce /fɪəs/ agg. **1** feroce, violento **2** intenso
fiery /ˈfaɪərɪ/ agg. ardente, infocato
fifteen /fɪfˈtiːn/ agg. e s. quindici *m. inv.*
fifteenth /fɪfˈtiːnθ/ agg. e s. quindicesimo *m.*
fifth /fɪfθ/ agg. e s. quinto *m.*, la quinta parte *f.*
fiftieth /ˈfɪftɪɪθ/ agg. e s. cinquantesimo *m.*
fifty /ˈfɪftɪ/ agg. e s. cinquanta *m. inv.* ♦ **f.-f.** a metà
fig /fɪg/ s. fico *m.*
fight /faɪt/ s. **1** combattimento *m.* **2** zuffa *f.*, rissa *f.*
to fight /faɪt/ (*pass. e p.p.* **fought**) **A** v.intr. **1** combattere, lottare **2** fare a pugni, azzuffarsi **B** v.tr. combattere, opporsi a
fighter /ˈfaɪtəʳ/ s. **1** combattente *m. e f.* **2** aereo *m.* da caccia
fighter-bomber /ˈfaɪtəʳˈbɒməʳ/ s. cacciabombardiere *m.*
figment /ˈfɪgmənt/ s. finzione *f.*
figurative /ˈfɪgjʊrətɪv/ agg. **1** figurato **2** figurativo
figure /ˈfɪgəʳ/ s. **1** figura *f.*, immagine *f.* **2** figura *f.*, personaggio *m.* **3** cifra *f.*, numero *m.*
to figure /ˈfɪgəʳ/ **A** v.tr. **1** raffigurare **2** immaginare **B** v.intr. spiccare, figurare ♦ **to f. out** calcolare, capire
to filch /fɪltʃ/ v.tr. rubacchiare
file¹ /faɪl/ s. **1** archivio *m.*, schedario *m.* **2** (*inform.*) file *m. inv.*
file² /faɪl/ s. lima *f.* ♦ **f. dust** limatura
file³ /faɪl/ s. fila *f.*
to file¹ /faɪl/ v.tr. archiviare, schedare
to file² /faɪl/ v.tr. limare
to file³ /faɪl/ v.intr. marciare in fila
filibustering /ˈfɪlɪbʌstərɪn/ s. (*USA*) ostruzionismo *m.*
filiform /ˈfɪlɪfɔːm/ agg. filiforme
filigree /ˈfɪlɪgriː/ s. filigrana *f.*
fill /fɪl/ s. **1** sazietà *f.*, sufficienza *f.* **2** (*autom.*) pieno *m.*
to fill /fɪl/ **A** v.tr. **1** riempire, colmare **2** (*un dovere, una mansione*) adempiere, compiere **B** v.intr. riempirsi ♦ **to f. in** compilare (un modulo) || **to f. up** (*autom.*) fare il pieno
fillet /ˈfɪlɪt/ s. **1** nastro *m.* **2** (*cuc.*) filetto *m.*
filling /ˈfɪlɪŋ/ s. **1** riempimento *m.* **2** otturazione *f.* **3** ripieno *m.* **4** compilazione *f.* ♦ **f. station** stazione di servizio
film /fɪlm/ s. **1** pellicola *f.*, membrana *f.* **2** (*fot.*) pellicola *f.* **3** (*cin.*) film *m. inv.*
to film /fɪlm/ v.tr. filmare
filter /ˈfɪltəʳ/ s. filtro *m.*
to filter /ˈfɪltəʳ/ v.tr. e intr. filtrare
filth /fɪlθ/ s. porcheria *f.*, sporcizia *f.*
filthiness /ˈfɪlθɪnɪs/ s. sporcizia *f.*
filthy /ˈfɪlθɪ/ agg. lurido, sporco

fin /fɪn/ s. pinna *f.*
final /ˈfaɪnl/ **A** agg. **1** finale, ultimo **2** definitivo, conclusivo **B** s. **1** al pl. (*sport*) finali *f. pl.* **2** al pl. esami *m. pl.* finali
finalist /ˈfaɪnəlɪst/ s. finalista *m. e f.*
finalize /ˈfaɪnəlaɪz/ v.tr. **1** concludere, ultimare **2** definire
finally /ˈfaɪnəlɪ/ avv. infine, finalmente
finance /faɪˈnæns/ s. finanza *f.*
financial /faɪˈnænʃ(ə)l/ agg. finanziario
financier /faɪˈnænsɪəʳ/ s. **1** finanziere *m.* **2** finanziatore *m.*
financing /faɪˈnænsɪŋ/ s. finanziamento *m.*
find /faɪnd/ s. scoperta *f.*, trovata *f.*, ritrovamento *m.*
to find /faɪnd/ (*pass. e p.p.* **found**) v.tr. **1** trovare, ritrovare, rinvenire **2** pensare, ritenere **3** provare **4** (*dir.*) giudicare ◆ **all found** tutto compreso || **to f. out** scoprire, cogliere in fallo
finding /ˈfaɪndɪŋ/ s. **1** ritrovamento *m.*, scoperta *f.* **2** (*dir.*) verdetto *m.*, sentenza *f.* **3** al pl. conclusioni *f. pl.*
fine[1] /faɪn/ **A** agg. **1** bello, bravo, eccellente **2** fine, sottile, delicato **3** raffinato, pregiato **B** avv. **1** bene, benissimo **2** finemente ◆ **f. arts** belle arti || **to be f.** (*di persona*) star bene, (*di tempo*) far bello
fine[2] /faɪn/ s. multa *f.*, contravvenzione *f.*
to fine /faɪn/ v.tr. multare
finger /ˈfɪŋgəʳ/ s. dito *m.* ◆ **little f.** mignolo || **ring f.** anulare
to finger /ˈfɪŋgəʳ/ v.tr. palpare, toccare
fingernail /ˈfɪŋgəneɪl/ s. unghia *f.* (della mano)
fingerprint /ˈfɪŋgəˌprɪnt/ s. impronta *f.* digitale
fingertip /ˈfɪŋgətɪp/ s. punta *f.* del dito
finicky /ˈfɪnɪkɪ/ agg. esigente, pignolo
finish /ˈfɪnɪʃ/ s. **1** fine *f.*, finale *m.* **2** finitura *f.*
to finish /ˈfɪnɪʃ/ **A** v.tr. finire, rifinire **B** v.intr. cessare, terminare ◆ **to f. off** compiere, uccidere
finishing /ˈfɪnɪʃɪŋ/ agg. conclusivo ◆ **f. line** traguardo || **f. touch** ritocco
finite /ˈfaɪnaɪt/ agg. **1** circoscritto, limitato **2** (*mat., gramm.*) finito
Finlander /ˈfɪnləndəʳ/ s. finlandese *m. e f.*
Finn /fɪn/ s. finlandese *m. e f.*
Finnish /ˈfɪnɪʃ/ **A** agg. finlandese **B** s. (*lingua*) finlandese *m.*
fiord /fjɔːd/ s. fiordo *m.*
fir /fɜːʳ/ s. abete *m.*
fire /ˈfaɪəʳ/ s. **1** fuoco *m.* **2** incendio *m.* **3** sparo *m.*, tiro *m.* ◆ **f. brigade** pompieri, vigili del fuoco || **f. department** pompieri, vigili del fuoco || **f. engine** autopompa || **f. extinguisher** estintore || **f. station** caserma dei pompieri || **on f.** in fiamme
to fire /ˈfaɪəʳ/ v.tr. **1** sparare, scagliare **2** infiammare, dare fuoco a
firearm /ˈfaɪərɑːm/ s. arma *f.* da fuoco
firecracker /ˌfaɪəʳˈkrækəʳ/ s. petardo *m.*
firefly /ˈfaɪəflaɪ/ s. lucciola *f.*
fireguard /ˈfaɪəgɑːd/ s. parafuoco *m.*
fireman /ˈfaɪəmən/ (*pl.* **firemen**) s. pompiere *m.*
fireplace /ˈfaɪəpleɪs/ s. caminetto *m.*, camino *m.*
fireproof /ˈfaɪəpruːf/ agg. ignifugo
firewood /ˈfaɪəwʊd/ s. legna *f.* da ardere
fireworks /ˈfaɪəwɜːks/ s. pl. fuochi *m. pl.* d'artificio
firm[1] /fɜːm/ agg. fermo, saldo, solido
firm[2] /fɜːm/ s. azienda *f.*, ditta *f.* ◆ **f. name** ragione sociale
firmament /ˈfɜːməmənt/ s. firmamento *m.*
first /fɜːst/ **A** agg. num. ord. primo **B** avv. **1** per primo, innanzi tutto, prima **2** per la prima volta ◆ **at f.** dapprima || **at f. sight** a prima vista || **f. aid** pronto soccorso || **f. born** primogenito || **f. class** prima classe, prima qualità || **f. course** primo (piatto) || **f. floor** pianterreno || **f. fruits** primizie || **f.-hand** di prima mano || **f. lady** (*USA*) first lady, consorte del Presidente || **f. mate** (*naut.*) primo ufficiale || **f. name** nome, nome di battesimo || **f. night** (*teatro*) prima || **f. rate** eccellente, extra, ottimo
firstling /ˈfɜːstlɪŋ/ s. primizia *f.*
fiscal /ˈfɪsk(ə)l/ agg. fiscale
fish /fɪʃ/ s. pesce *m.* ◆ **f. breeding** piscicoltura || **f. farm** vivaio
to fish /fɪʃ/ v.tr. e intr. pescare
fishbone /ˈfɪʃbəʊn/ s. lisca *f.*
fisherman /ˈfɪʃəmən/ s. (*pl.* **fishermen**) pescatore *m.*
fishhook /ˈfɪʃhʊk/ s. amo *m.*
fishing /ˈfɪʃɪŋ/ s. pesca *f.* ◆ **f. boat** peschereccio || **f. line** lenza || **f. net** rete da pesca || **f. rod** canna da pesca
fishline /ˈfɪʃlaɪn/ s. lenza *f.*
fishmonger /ˈfɪʃˌmʌŋgəʳ/ s. pescivendolo *m.* ◆ **f.'s** pescheria
fishpond /ˈfɪʃˌpɒnd/ s. peschiera *f.*
fish-shop /ˈfɪʃˌʃɒp/ s. pescheria *f.*
fissure /ˈfɪʃəʳ/ s. fessura *f.*
fist /fɪst/ s. pugno *m.*
fistful /ˈfɪstfəl/ s. manciata *f.*, pugno *m.*
fit[1] /fɪt/ **A** agg. **1** adatto, conveniente **2** in forma, sano **3** pronto **B** s. **1** adattamento *m.* **2** misura *f.*, taglia *f.*
fit[2] /fɪt/ s. (*med.*) attacco *m.*, accesso *m.*
to fit /fɪt/ **A** v.tr. **1** adattarsi a **2** adattare, adeguare **3** preparare, munire **4** (*un vestito*) provare **B** v.intr. **1** calzare, andare bene **2** adattarsi ◆ **to f. in** infilare, inserirsi || **to f. in with** accordarsi || **to f. out** fornire di || **to f. up** installare
fitchew /ˈfɪtʃuː/ s. puzzola *f.*
fitful /ˈfɪtf(ʊ)l/ agg. irregolare, incostante
fitment /ˈfɪtmənt/ s. arredo *m.*
fitness /ˈfɪtnɪs/ s. **1** idoneità *f.* **2** buona salute *f.*, forma *f.* fisica
fitted /ˈfɪtɪd/ agg. **1** adatto **2** attrezzato **3** aderente **4** su misura ◆ **f. carpet** moquette
fitter /ˈfɪtəʳ/ s. (*mecc.*) aggiustatore *m.*
fitting /ˈfɪtɪŋ/ **A** agg. adatto, conveniente **B** s. **1** prova *f.* **2** misura *f.* **3** al pl. attrezzatura *f.*, equipaggiamento *m.*, accessori *m. pl.* ◆ **f. out** (*naut.*) allestimento, armamento || **f. room** camerino

five /faɪv/ **agg.** e **s.** cinque *m. inv.* ♦ **f. hundred** cinquecento
fix /fɪks/ **s.** **1** (*fam.*) pasticcio *m.* **2** (*pop.*) (*droga*) buco *m.*, pera *f.*
to fix /fɪks/ **v.tr.** **1** fissare, attaccare **2** stabilire **3** sistemare ♦ **to f. up** sistemare, aggiustare
fixation /fɪk'seɪʃ(ə)n/ **s.** fissazione *f.*
fixed /fɪkst/ **agg.** fisso
fixing /'fɪksɪŋ/ **s.** **1** (*fot.*) fissaggio *m.* **2** (*fin.*) quotazione *f.* ufficiale
fixture /'fɪkstʃəʳ/ **s.** **1** apparecchiatura *f.* **2** installazioni *f. pl.* fisse, impianto *m.*
fizz /fɪz/ **s.** **1** sibilo *m.* **2** effervescenza *f.* **3** bevanda *f.* gassata
to fizz /fɪz/ **v.intr.** frizzare, spumeggiare
to fizzle /'fɪzl/ **v.intr.** spumeggiare ♦ **to f. out** finire in nulla
fizzy /'fɪzɪ/ **agg.** effervescente, frizzante
fjord /fjɔːd/ **s.** fiordo *m.*
to flabbergast /'flæbəgɑːst/ **v.tr.** sbalordire
flabby /'flæbɪ/ **agg.** flaccido, molle
flag[1] /flæg/ **s.** bandiera *f.*, insegna *f.*
flag[2] /flæg/ **s.** pietra *f.* da lastrico
to flag[1] /flæg/ **v.tr.** imbandierare ♦ **to f. down** fare segno di fermarsi a un taxi
to flag[2] /flæg/ **v.tr.** lastricare
to flag[3] /flæg/ **v.intr.** (*fig.*) stancarsi, perdere entusiasmo
flagellation /ˌflædʒə'leɪʃ(ə)n/ **s.** flagellazione *f.*
flageolet /ˌflædʒə'lɛt/ **s.** zufolo *m.*
flagon /'flægən/ **s.** **1** caraffa *f.* **2** fiasco *m.*, bottiglione *m.*
flagship /'flægʃɪp/ **s.** nave *f.* ammiraglia
flair /flɛəʳ/ **s.** fiuto *m.*, intuito *m.*
flak /flæk/ **s.** **1** fuoco *m.* contraereo **2** (*fam.*) opposizione *f.*
flake /fleɪk/ **s.** **1** fiocco *m.* **2** scaglia *f.* ♦ **snow f.** fiocco di neve
to flake /fleɪk/ **v.intr.** sfaldarsi, squamarsi
flame /fleɪm/ **s.** fiamma *f.*
flamingo /flə'mɪŋgəʊ/ **s.** fenicottero *m.*
flammable /'flæməbl/ **agg.** infiammabile
flan /flæn/ **s.** (*cuc.*) flan *m. inv.*
flank /flæŋk/ **s.** fianco *m.*, fiancata *f.*
to flank /flæŋk/ **v.tr.** fiancheggiare
flannel /'flænl/ **s.** flanella *f.*
flap /flæp/ **s.** **1** falda *f.*, risvolto *m.* **2** (*aer.*) ipersostentatore *m.* **3** lembo *m.*, linguetta *f.* **4** colpo *m.* leggero ♦ **in a f.** nel panico
to flap /flæp/ **A** **v.tr.** agitare, battere **B** **v.intr.** sbattere
flare /flɛəʳ/ **s.** **1** fiammata *f.* **2** svasatura *f.*
to flare /flɛəʳ/ **v.intr.** **1** sfolgorare **2** allargarsi ♦ **to f. up** prendere fuoco, riprendere vigore
flash /flæʃ/ **s.** **1** bagliore *m.*, lampo *m.* **2** (*fot.*) flash *m. inv.* **3** notizia *f.* lampo
to flash /flæʃ/ **A** **v.intr.** lampeggiare, scintillare **B** **v.tr.** **1** proiettare, far balenare **2** trasmettere
flashback /'flæʃbæk/ **s.** flashback *m. inv.*
flashy /'flæʃɪ/ **agg.** sgargiante
flask /flɑːsk/ **s.** fiasco *m.*, fiaschetta *f.*
flat /flæt/ **A** **agg.** **1** piano, pianeggiante **2** netto **3** (*di pneumatico*) sgonfio **4** (*elettr.*) scarico **5** (*mus.*) bemolle **B** **s.** **1** appartamento *m.* **2** pianura *f.*
to flatten /'flætn/ **A** **v.tr.** **1** appiattire, spianare **2** abbattere, deprimere **B** **v.intr.** **1** appiattirsi, spianarsi **2** abbattersi, deprimersi
to flatter /'flætəʳ/ **v.tr.** lusingare
flattering /'flætərɪŋ/ **agg.** lusinghiero
flavour /'fleɪvəʳ/ (*USA* **flavor**) **s.** aroma *m.*, gusto *m.*
to flavour /'fleɪvəʳ/ (*USA* **to flavor**) **v.tr.** aromatizzare, insaporire, condire
flavouring /'fleɪvərɪŋ/ **s.** condimento *m.*, essenza *f.*
flavourless /'fleɪvəlɪs/ **agg.** insapore
flaw /flɔː/ **s.** imperfezione *f.*, difetto *m.*
flax /flæks/ **s.** lino *m.*
flaxen /'flæks(ə)n/ **agg.** **1** di lino **2** biondo chiaro
flea /fliː/ **s.** pulce *f.* ♦ **f. market** mercatino delle pulci || **f. shampoo** shampoo antipulci
fleck /flɛk/ **s.** **1** macchiolina *f.* **2** granello *m.*
fled /flɛd/ **pass. e p.p. di to flee**
to flee /fliː/ (*pass. e p.p.* **fled**) **A** **v.intr.** fuggire, scappare **B** **v.tr.** scappare da
fleece /fliːs/ **s.** vello *m.*
to fleece /fliːs/ **v.tr.** tosare
fleet /fliːt/ **s.** flotta *f.*
fleeting /'fliːtɪŋ/ **agg.** fugace
Fleming /'flɛmɪŋ/ **s.** fiammingo *m.*
Flemish /'flɛmɪʃ/ **agg.** e **s.** fiammingo *m.*
flesh /flɛʃ/ **s.** **1** carne *f.* **2** polpa *f.*
flew /fluː/ **pass. di to fly**
flex /flɛks/ **s.** (*elettr.*) cordone *m.*
to flex /flɛks/ **v.tr.** contrarre, flettere
flexibility /ˌflɛksə'bɪlɪtɪ/ **s.** flessibilità *f.*
flexible /'flɛksəbl/ **agg.** flessibile
flexuous /'flɛksjʊəs/ **agg.** flessuoso
flick /flɪk/ **s.** **1** colpo *m.* secco **2** buffetto *m.* **3** scatto *m.*
to flick /flɪk/ **A** **v.tr.** **1** colpire leggermente **2** far schioccare **B** **v.intr.** muoversi a scatti ♦ **to f. through** sfogliare
to flicker /'flɪkəʳ/ **v.intr.** tremolare, vacillare
flight /flaɪt/ **s.** **1** volo *m.* **2** stormo *m.* **3** traiettoria *f.* **4** fuga *f.* ♦ **f. attendant** assistente di volo, hostess, steward
flimsy /'flɪmzɪ/ **agg.** fragile
to flinch /flɪntʃ/ **v.intr.** ritirarsi, tirarsi indietro
to fling /flɪŋ/ (*pass. e p.p.* **flung**) **v.tr.** gettare, scagliare
flint /flɪnt/ **s.** **1** selce *f.* **2** (*di accendino*) pietrina *f.*
to flip /flɪp/ **A** **v.intr.** (*fam.*) perdere le staffe **B** **v.tr.** **1** (*una moneta*) lanciare **2** (*un interruttore*) girare, premere ♦ **to f. through** sfogliare
flip-flops /'flɪpflɒps/ **s. pl.** infradito *m. e f. inv.*
flippant /'flɪpənt/ **agg.** impertinente
flipper /'flɪpəʳ/ **s.** pinna *f.*
flirt /flɜːt/ **s.** (*di ragazza*) civetta *f.*

to flirt /flɜːt/ v.intr. flirtare
to flit /flɪt/ v.intr. svolazzare, volteggiare
float /fləʊt/ s. galleggiante *m.*
to float /fləʊt/ v.intr. **1** galleggiare **2** fluttuare
floating /ˈfləʊtɪŋ/ agg. **1** galleggiante **2** fluttuante **3** mobile
flock[1] /flɒk/ s. batuffolo *m.*
flock[2] /flɒk/ s. **1** gregge *m.* **2** stormo *m.* **3** stuolo *m.*
to flog /flɒg/ v.tr. frustare
flogging /ˈflɒgɪŋ/ s. fustigazione *f.*
flood /flʌd/ s. **1** alluvione *f.*, diluvio *m.* **2** piena *f.* **3** marea *f.*
to flood /flʌd/ **A** v.tr. allagare, inondare **B** v.intr. **1** (*di marea*) salire **2** straripare ♦ **to f. in** riversarsi
flooding /flʌdɪŋ/ agg. (*di carburatore*) ingolfato
floodlight /ˈflʌdlaɪt/ s. riflettore *m.*
floor /flɔːʳ/ s. **1** pavimento *m.* **2** piano *m.* **3** fondo *m.* ♦ **ground f.** pianterreno
to floor /flɔːʳ/ v.tr. pavimentare
flooring /ˈflɔːrɪŋ/ s. pavimentazione *f.*
flop /flɒp/ s. **1** tonfo *m.* **2** (*fam.*) fiasco *m.*, insuccesso *m.*
to flop /flɒp/ v.intr. **1** cadere pesantemente **2** fallire
floppy /ˈflɒpɪ/ agg. floscio ♦ **f. disk** floppy disk
flora /ˈflɔːrə/ s. flora *f.*
floral /ˈflɔːr(ə)l/ agg. floreale
floriculture /ˈflɔːrɪˌkʌltʃəʳ/ s. floricoltura *f.*
florid /ˈflɒrɪd/ agg. **1** florido **2** (*fig.*) fiorito
florist /ˈflɒrɪst/ s. fioraio *m.*
floss /flɒs/ s. **1** filo *m.* di seta **2** filo *m.* interdentale
flotilla /flə(ʊ)ˈtɪlə/ s. flottiglia *f.*
flounce /flaʊns/ s. **1** balzo *m.*, scatto *m.* **2** balza *f.*
to flounder /ˈflaʊndəʳ/ v.intr. **1** agitarsi, dibattersi, annaspare **2** (*fig.*) essere in difficoltà
flour /ˈflaʊəʳ/ s. farina *f.*
to flourish /ˈflʌrɪʃ/ v.intr. fiorire, prosperare
flourishing /ˈflʌrɪʃɪŋ/ agg. prosperoso, fiorente
flout /flaʊt/ s. burla *f.*
to flout /flaʊt/ v.tr. schernire, disprezzare
flow /fləʊ/ s. **1** flusso *m.*, corrente *f.* **2** portata *f.* ♦ **f. chart** diagramma di flusso
to flow /fləʊ/ v.intr. **1** fluire, scorrere **2** circolare **3** ricadere, scendere ♦ **to f. in** affluire || **to f. out** defluire
flower /ˈflaʊəʳ/ s. fiore *m.* ♦ **f. bed** aiuola || **f. box** fioriera
to flower /ˈflaʊəʳ/ v.intr. fiorire
flowering /ˈflaʊərɪŋ/ s. fioritura *f.*
flowing /ˈfləʊɪŋ/ agg. fluido, scorrevole
flown /fləʊn/ p.p. di **to fly**
flu /fluː/ s. influenza *f.*
to fluctuate /ˈflʌktjʊeɪt/ v.intr. fluttuare, oscillare
fluctuating /ˈflʌktʃʊətɪŋ/ agg. fluttuante, oscillante
fluctuation /ˌflʌktjʊˈeɪʃ(ə)n/ s. fluttuazione *f.*, oscillazione *f.*
fluency /ˈfluːənsɪ/ s. scorrevolezza *f.*, scioltezza *f.*, facilità *f.* (di parola)
fluent /ˈfluːənt/ agg. scorrevole, fluente ♦ **to speak f. English** parlare inglese correntemente
fluently /ˈfluːəntlɪ/ avv. correntemente
fluff /flʌf/ s. lanugine *f.*, peluria *f.*
fluid /ˈfluːɪd/ agg. e s. fluido *m.*
fluke /fluːk/ s. colpo *m.* di fortuna
flung /flʌŋ/ pass. e p.p. di **to fling**
fluorescent /flʊəˈrɛsənt/ agg. fluorescente
fluorine /ˈflʊəriːn/ s. fluoro *m.*
flurry /ˈflʌrɪ/ s. **1** raffica *f.* **2** (*di neve*) tempesta *f.*
flush /flʌʃ/ **A** agg. **1** abbondante, ben fornito **2** a livello **B** s. **1** getto *m.* **2** afflusso *m.* **3** rossore *m.* **4** rigoglio *m.*, vigore *m.*
to flush /flʌʃ/ **A** v.intr. **1** scorrere **2** arrossire **B** v.tr. sciacquare, lavare (con un getto d'acqua) ♦ **to f. the toilet** tirare lo sciacquone
to fluster /ˈflʌstəʳ/ v.tr. agitare, sconvolgere
flute /fluːt/ s. **1** flauto *m.* **2** (*arch.*) scanalatura *f.*
flutter /ˈflʌtəʳ/ s. **1** (*di ali*) battito *m.* **2** agitazione *f.* **3** vibrazione *f.*
to flutter /ˈflʌtəʳ/ **A** v.intr. **1** battere le ali **2** fluttuare **3** palpitare **4** agitarsi, tremare **B** v.tr. battere
flux /flʌks/ s. **1** flusso *m.* **2** mutamento *m.* continuo
fly[1] /flaɪ/ s. mosca *f.*
fly[2] /flaɪ/ s. **1** volo *m.* **2** (*di pantaloni*) patta *f.* ♦ **f. leaf** risguardo
to fly /flaɪ/ (*pass.* **flew**, *p.p.* **flown**) **A** v.intr. **1** volare, andare in aereo **2** fuggire **B** v.tr. **1** (*un aereo*) pilotare **2** (*in aereo*) trasportare **3** agitare **4** fuggire da ♦ **to f. across** trasvolare || **to f. off** decollare, fuggire
flying /ˈflaɪɪŋ/ agg. **1** volante **2** di volo, di aviazione **3** rapido ♦ **f. saucer** disco volante
flyover /ˈflaɪˌəʊvəʳ/ s. cavalcavia *m. inv.*
flywheel /ˈflaɪˌwiːl/ s. volano *m.*
foal /fəʊl/ s. puledro *m.*
foam /fəʊm/ s. schiuma *f.* ♦ **f. rubber** gommapiuma || **bath f.** bagnoschiuma
to foam /fəʊm/ v.intr. spumeggiare
foamy /ˈfəʊmɪ/ agg. schiumoso
to fob /fɒb/ v.tr. imbrogliare ♦ **to f. st. off on sb.** rifilare q.c. a qc.
focus /ˈfəʊkəs/ s. **1** (*fot.*) fuoco *m.* **2** focolaio *m.*, centro *m.* ♦ **in f.** a fuoco || **out of f.** sfocato
to focus /ˈfəʊkəs/ v.tr. **1** mettere a fuoco **2** far convergere ♦ **to f. on** fissare lo sguardo su
fodder /ˈfɒdəʳ/ s. foraggio *m.*, mangime *m.*
foe /fəʊ/ s. nemico *m.*
foetus /ˈfiːtəs/ s. feto *m.*
fog /fɒg/ s. nebbia *f.* ♦ **f. horn** corno da nebbia || **f. lamp** faro antinebbia, fendinebbia **f. light** faro antinebbia, fendinebbia
to fog /fɒg/ v.tr. annebbiare
foggy /ˈfɒgɪ/ agg. nebbioso
foil[1] /fɔɪl/ s. lamina *f.*, (*di stagnola*) foglio *m.*
foil[2] /fɔɪl/ s. (*sport*) fioretto *m.*
to foil[1] /fɔɪl/ v.tr. rivestire con lamina metallica
to foil[2] /fɔɪl/ v.tr. **1** (*tracce*) confondere **2** frustrare, far fallire

fold[1] /fəʊld/ s. **1** piega *f.* **2** incavo *m.*
fold[2] /fəʊld/ s. **1** ovile *m.* **2** gregge *m.*
to fold /fəʊld/ **A** v.tr. **1** piegare **2** avvolgere **3** stringere **B** v.intr. **1** piegarsi, chiudersi **2** chiudere, fallire
foldaway /'fəʊldəweɪ/ agg. a scomparsa
folder /'fəʊldəʳ/ s. cartelletta *f.*
folding /'fɒʊldɪŋ/ agg. pieghevole
foliage /'fəʊlɪɪdʒ/ s. fogliame *m.*
folk /fəʊk/ **A** s. **1** gente *f.*, popolo *m.* **2** persone *f. pl.* **B** agg. popolare, folcloristico ♦ **one's folks** i parenti, i familiari
folklore /'fəʊklɔːʳ/ s. folclore *m.*
to follow /'fɒləʊ/ **A** v.tr. **1** seguire **2** derivare da **B** v.intr. **1** seguire, venir dopo **2** derivare, conseguire ♦ **to f. on** perseverare || **to f. through** portare a termine || **to f. up** fare seguito a
follower /'fɒləʊəʳ/ s. seguace *m. e f.*, discepolo *m.*
following /'fɒləʊɪŋ/ **A** agg. seguente, successivo **B** s. seguito *m.*
folly /'fɒlɪ/ s. follia *f.*
fond /fɒnd/ agg. affezionato, appassionato ♦ **to be f. of** piacere, voler bene a
to fondle /'fɒndl/ v.tr. vezzeggiare, accarezzare
font[1] /fɒnt/ s. **1** fonte *m.* battesimale **2** acquasantiera *f.*
font[2] /fɒnt/ s. (*tip.*) font *m. inv.*
food /fuːd/ s. cibo *m.*, nutrimento *m.*, vitto *m.* ♦ **f. grinder** tritatutto || **sea f.** frutti di mare || **f. allergy** allergia alimentare
foodstuffs /'fuːdstʌfs/ s. pl. generi *m. pl.* alimentari, cibarie *f. pl.*
fool /fuːl/ s. sciocco *m.*, stupido *m.*
to fool /fuːl/ v.tr. ingannare ♦ **to f. around** fare lo sciocco
foolhardy /'fuːl,hɑːdɪ/ agg. avventato
foolish /'fuːlɪʃ/ agg. sciocco, balordo
foolishness /'fuːlɪʃnɪs/ s. stupidità *f.*
foolproof /'fuːlpruːf/ agg. **1** facilissimo, di semplice funzionamento **2** infallibile
foot /fʊt/ (*pl.* **feet**) s. **1** piede *m.* **2** zampa *f.* **3** (*arch.*) zoccolo *m.* ♦ **on f.** a piedi
football /'fʊtbɔːl/ s. **1** calcio *m.* **2** football *m.* americano **3** pallone *m.* da calcio o da rugby
footballer /'fʊtbɔːləʳ/ s. **1** calciatore *m.* **2** rugbista *m. e f.*
footboard /'fʊtbɔːd/ s. pedana *f.*
footbridge /'fʊtbrɪdʒ/ s. passerella *f.*
foothold /'fʊthəʊld/ s. appiglio *m.*, punto *m.* di appoggio
footing /'fʊtɪŋ/ s. posizione *f.*, appoggio *m.* ♦ **to lose one's f.** mettere un piede in fallo
footlights /'fʊtlaɪts/ s. pl. luci *f. pl.* della ribalta
footman /'fʊtmən/ (*pl.* **footmen**) s. valletto *m.*
footnote /'fʊtnəʊt/ s. nota *f.* a piè di pagina
footpath /'fʊtpɑːθ/ s. sentiero *m.*
footprint /'fʊtprɪnt/ s. orma *f.*
footstep /'fʊtstep/ s. **1** passo *m.* **2** orma *f.*
footwear /'fʊtweəʳ/ s. calzature *f. pl.*
fop /fɒp/ s. vanesio *m.*
foppish /'fɒpɪʃ/ agg. vanesio
for /fɔːʳ, fəʳ/ **A** prep. **1** (*scopo*) per, al fine di (ES: ***to dress f. lunch*** vestirsi per il pranzo) **2** (*causa*) per, a causa di (ES: ***he was convicted f. driving without licence*** fu condannato per aver guidato senza patente) **3** (*tempo*) per, durante, da (ES: ***I drove f. hours*** guidai per ore) **4** (*direzione*) per (ES: ***the bus f. Oxford*** l'autobus per Oxford) **5** (*termine*) per (ES: ***what can I do f. you?*** cosa posso fare per lei?) **6** (*prezzo*) per (ES: ***I got it f. five pounds*** l'ho avuto per cinque sterline) **7** al posto di, per conto di (ES: ***he spoke f. us*** parlò a nome nostro) **8** per quanto riguarda, come, in rapporto a (ES: ***it's very expensive f. a second-hand car*** è molto cara per essere una macchina di seconda mano) **9** malgrado (ES: ***f. all you say*** nonostante ciò che dici) **B** cong. dal momento che, poiché ♦ **that's f. you to decide** spetta a te, tocca a te decidere
forage /'fɒrɪdʒ/ s. foraggio *m.*
foray /'fɒreɪ/ s. incursione *f.*
forbade /fə'beɪd/ o **forbad** /fəŋbæd/ pass. di **to forbid**
to forbid /fə'bɪd/ (*pass.* **forbad(e)**, *p.p.* **forbidden**) v.tr. proibire, vietare
forbidden /fə'bɪdn/ p.p. di **to forbid**
forbidding /fə'bɪdɪŋ/ agg. ostile, minaccioso
force /fɔːs/ s. forza *f.* ♦ **in f.** in gran numero, in vigore
to force /fɔːs/ v.tr. forzare, costringere ♦ **to f. in** far entrare, conficcare || **to f. on** imporre a || **to f. out** spingere fuori || **to f. up** far salire
forced /fɔːst/ agg. forzato, costretto
forcedly /'fɔːsɪdlɪ/ avv. forzatamente
to force-feed /'fɔːsfiːd/ (*pass. e p.p.* **force-fed**) v.tr. sottoporre ad alimentazione forzata
forceful /'fɔːsf(ʊ)l/ agg. forte, vigoroso
forceps /'fɔːseps/ s. forcipe *m.*
forcibly /'fɔːsɪblɪ/ avv. con forza
ford /fɔːd/ s. guado *m.*
to ford /fɔːd/ v.tr. guadare
fore /fɔːʳ/ agg. **1** anteriore **2** (*naut.*) di prua
forearm /'fɔːrɑːm/ s. avambraccio *m.*
to forebode /fɔː'bəʊd/ v.tr. presagire
forecast /'fɔːkɑːst/ s. previsione *f.*
to forecast /'fɔːkɑːst/ (*pass. e p.p.* **forecast**, **forecasted**) v.tr. prevedere
forefather /'fɔː,fɑːðəʳ/ s. antenato *m.*, progenitore *m.*
forefinger /'fɔː,fɪŋgəʳ/ s. (dito) indice *m.*
forefront /'fɔː,frʌnt/ s. **1** parte *f.* anteriore **2** avanguardia *f.*
foregone /fɔː'gɔːn/ agg. previsto, scontato
foreground /'fɔːgraʊnd/ s. primo piano *m.*
forehead /'fɒrɪd/ s. fronte *f.*
foreign /'fɒrɪn/ agg. **1** straniero, estero **2** estraneo ♦ **f. office** ministero degli esteri
foreigner /'fɒrɪnəʳ/ s. straniero *m.*
foreman /'fɔːmən/ (*pl.* **foremen**) s. caposquadra *m.*
foremost /'fɔːməʊst/ **A** agg. principale, eminente **B**

avv. **1** in prima fila, davanti **2** anzitutto ♦ **first and f.** per prima cosa
forename /ˈfɔːneɪm/ s. nome *m.* (di battesimo)
forensic /fəˈrɛnsɪk/ agg. forense
forerunner /ˈfɔːˌrʌnəʳ/ s. precursore *m.*
to foresee /fɔːˈsiː/ (*pass.* **foresaw**, *p.p.* **foreseen**) v.tr. presagire, prevedere
to foreshadow /fɔːˈʃædəʊ/ v.tr. prefigurare
foreshortening /fɔːˈʃɔːt(ə)nɪŋ/ s. (*arte*) scorcio *m.*
foresight /ˈfɔːsaɪt/ s. **1** preveggenza *f.* **2** previdenza *f.*, lungimiranza *f.*
forest /ˈfɒrɪst/ s. foresta *f.*
to forestall /fɔːˈstɔːl/ v.tr. prevenire
forester /ˈfɒrɪstəʳ/ s. guardaboschi *m. e f. inv.*
foretaste /ˈfɔːˌteɪst/ s. anticipazione *f.*
to foretaste /ˈfɔːˌteɪst/ v.tr. pregustare
to foretell /fɔːˈtɛl/ (*pass. e p.p.* **foretold**) v.tr. predire
foretold /fɔːˈtəʊld/ pass. e p.p. di **to foretell**
forever /fəˈrɛvəʳ/ avv. sempre, per sempre
to forewarn /fɔːˈwɔːn/ v.tr. preavvisare
forewarning /fɔːˈwɔːnɪŋ/ s. preavviso *m.*
foreword /ˈfɔːwɜːd/ s. prefazione *f.*
forfeit /ˈfɔːfɪt/ s. **1** perdita *f.* **2** penale *f.*, penalità *f.* **3** (*nel gioco*) penitenza *f.*
to forfeit /ˈfɔːfɪt/ v.tr. e intr. **1** perdere **2** perdere per confisca
forgave /fəˈgeɪv/ pass. di **to forgive**
to forge /fɔːdʒ/ v.tr. **1** falsificare **2** forgiare ♦ **to f. ahead** avanzare con decisione, tirare avanti
forger /ˈfɔːdʒəʳ/ s. falsario *m.*
forgery /ˈfɔːdʒ(ə)rɪ/ s. **1** falsificazione *f.* **2** falso *m.*
to forget /fəˈgɛt/ (*pass.* **forgot**, *p.p.* **forgotten**) v.tr. e intr. dimenticare
forgetful /fəˈgɛtf(ʊ)l/ agg. immemore, dimentico
forgetfulness /fəˈgɛtf(ʊ)lnɪs/ s. dimenticanza *f.*
forget-me-not /fəˈgɛtmɪnɒt/ s. nontiscordardimé *m. inv.*
forgivable /fəˈgɪvəbl/ agg. perdonabile
to forgive /fəˈgɪv/ (*pass.* **forgave**, *p.p.* **forgiven**) v.tr. e intr. perdonare
forgiven /fəˈgɪvn/ p.p. di **to forgive**
forgiveness /fəˈgɪvnɪs/ s. perdono *m.*
to forgo /fɔːˈgəʊ/ (*pass.* **forwent**, *p.p.* **forgone**) v.tr. astenersi da, rinunciare a
forgot /fəˈgɒt/ pass. di **to forget**
forgotten /fəˈgɒtn/ p.p. di **to forget**
fork /fɔːk/ s. **1** forchetta *f.* **2** forca *f.*, forcone *m.* **3** bivio *m.*, biforcazione *f.*
to fork /fɔːk/ v.intr. biforcarsi ♦ **to f. out** sborsare
forlorn /fəˈlɔːn/ agg. **1** abbandonato, trascurato **2** misero **3** vano
form /fɔːm/ s. **1** forma *f.* **2** modulo *m.*, scheda *f.* **3** classe *f.* ♦ **bad f.** maleducazione
to form /fɔːm/ **A** v.tr. formare, comporre, costituire **B** v.intr. **1** formarsi, costituirsi **2** ordinarsi, disporsi
formal /ˈfɔːm(ə)l/ agg. **1** formale **2** simmetrico, regolare ♦ **f. dress** abito da cerimonia
formalism /ˈfɔːməlɪz(ə)m/ s. formalismo *m.*
formality /fɔːˈmælɪtɪ/ s. formalità *f.*
format /ˈfɔːmæt/ s. formato *m.*
to format /ˈfɔːmæt/ v.tr. (*inform.*) formattare
formation /fɔːˈmeɪʃ(ə)n/ s. formazione *f.*
formative /fɔːˈmətɪv/ agg. formativo
former /ˈfɔːməʳ/ agg. **1** anteriore, precedente **2** passato, ex ♦ **the f. ... the latter** quello... questo, (*di un elenco*) il primo... l'ultimo
formerly /ˈfɔːməlɪ/ avv. già, in passato
formidable /ˈfɔːm(ɪ)dəbl/ agg. formidabile
formula /ˈfɔːmjʊlə/ s. formula *f.*
formulary /ˈfɔːmjʊlərɪ/ s. formulario *m.*
fornix /ˈfɔːnɪks/ s. fornice *m.*
to forsake /fəˈseɪk/ (*pass.* **forsook**, *p.p.* **forsaken**) v.tr. abbandonare
forsaken /fəˈseɪk(ə)n/ p.p. di **to forsake**
forsook /fəˈsʊk/ pass. di **to forsake**
fort /fɔːt/ s. forte *m.*
forth /fɔːθ/ avv. avanti ♦ **and so f.** e così via
forthcoming /fɔːθˈkʌmɪŋ/ agg. **1** prossimo, venturo **2** in stampa **3** aperto, schietto
fortieth /ˈfɔːtɪɪθ/ agg. e s. quarantesimo *m.*
fortification /ˌfɔːtɪfɪˈkeɪʃ(ə)n/ s. fortificazione *f.*, rafforzamento *m.*
to fortify /ˈfɔːtɪfaɪ/ v.tr. fortificare
fortnight /ˈfɔːtnaɪt/ s. due settimane *f. pl.*, quindici giorni *m. pl.*
fortnightly /ˈfɔːtˌnaɪtlɪ/ agg. quindicinale, bimensile
fortress /ˈfɔːtrɪs/ s. fortezza *f.*, roccaforte *f.*
fortuitous /fɔːˈtjʊ(ː)ɪtəs/ agg. fortuito
fortunate /ˈfɔːtʃnɪt/ agg. **1** fortunato **2** fausto
fortune /ˈfɔːtʃ(ə)n/ s. fortuna *f.*, sorte *f.*
fortune-teller /ˌfɔːtʃ(ə)nˈtɛləʳ/ s. cartomante *m. e f.*, indovino *m.*
forty /ˈfɔːtɪ/ agg. num. card. e s. quaranta *m. inv.*
forum /ˈfɔːrəm/ s. **1** (*stor.*) foro *m.* **2** forum *m. inv.*
forward /ˈfɔːwəd/ **A** agg. **1** in avanti **2** in anticipo, precoce **3** sollecito **4** insolente **B** avv. avanti, in avanti ♦ **to go f.** progredire || **to look f. to** attendere con ansia, non vedere l'ora che
to forward /ˈfɔːwəd/ v.tr. **1** promuovere, appoggiare **2** inoltrare, inviare
forwarder /ˈfɔːwədəʳ/ s. spedizioniere *m.*
forwarding /ˈfɔːwədɪŋ/ s. (*comm.*) invio *m.*, spedizione *f.*
fossil /ˈfɒsɪl/ s. e agg. fossile *m.*
to fossilize /ˈfɒsɪlaɪz/ v.intr. fossilizzarsi
foster /ˈfɒstəʳ/ **A** s. **1** tutela *f.* **2** nutrimento *m.* **B** agg. adottivo ♦ **f. child** figlio adottivo || **f. parent** genitore adottivo
to foster /ˈfɒstəʳ/ v.tr. **1** allevare, nutrire **2** favorire
fought /fɔːt/ pass. e p.p. di **to fight**
foul /faʊl/ **A** agg. **1** brutto, cattivo, schifoso **2** scorretto, disonesto **3** osceno **B** s. (*sport*) fallo *m.*
found /faʊnd/ pass. e p.p. di **to find**
to found[1] /faʊnd/ v.tr. fondare, istituire

to found[2] /faʊnd/ v.tr. fondere
foundation /faʊn'deɪʃ(ə)n/ s. fondazione *f.*
founder /'faʊndə^r/ s. fondatore *m.*
founding /'faʊndɪŋ/ agg. fondatore ◆ **f. father** padre fondatore
foundry /'faʊndrɪ/ s. fonderia *f.*
fountain /'faʊntɪn/ s. fontana *f.* ◆ **f. pen** stilografica
four /fɔ:^r/ agg. num. card. e s. quattro *m. inv.* ◆ **f. hundred** quattrocento || **f. thousand** quattromila
fourteen /ˌfɔ:'ti:n/ agg. num. card. e s. quattordici *m. inv.*
fourteenth /ˌfɔ:'ti:nθ/ agg. num. ord. e s. quattordicesimo *m.*
fourth /fɔ:θ/ agg. num. ord. e s. quarto *m.*
fowl /faʊl/ s. **1** pollame *m.* **2** volatile *m.*
fox /fɒks/ s. volpe *f.*
to fox /fɒks/ v.tr. (*fam.*) ingannare
foyer /'fɔɪeɪ/ s. hall *f. inv.*
fraction /'frækʃ(ə)n/ s. frazione *f.*
to fractionalize /'frækʃ(ə)nəlɪz/ v.tr. frazionare
fracture /'fræktʃə^r/ s. frattura *f.*
fragile /'frædʒaɪl/ agg. fragile
fragment /'frægmənt/ s. frammento *m.*
fragmentary /'frægmənt(ə)rɪ/ agg. frammentario
fragrant /'freɪgrənt/ agg. fragrante, odoroso
frail /freɪl/ agg. fragile, debole
frame /freɪm/ s. **1** intelaiatura *f.*, armatura *f.* **2** cornice *f.* **3** struttura *f.* **4** ossatura *f.*, corpo *m.* **5** montatura *f.* ◆ **f. of mind** stato d'animo
to frame /freɪm/ v.tr. **1** formare, formulare **2** incorniciare, inquadrare **3** calunniare, incastrare
framework /'freɪmwɜ:k/ s. **1** intelaiatura *f.* **2** struttura *f.*
franchise /'fræn(t)ʃaɪz/ s. franchigia *f.*
Francophone /'fræŋko(ʊ)fəʊn/ agg. e s. francofono *m.*
frank /fræŋk/ agg. franco, aperto
to frank /fræŋk/ v.tr. (*corrispondenza*) affrancare
frankfurter /'fræŋkfɜtə^r/ s. würstel *m. inv.*
frantic /'fræntɪk/ agg. frenetico
fraternity /frə'tɜ:nɪtɪ/ s. **1** fraternità *f.*, fratellanza *f.* **2** confraternita *f.*
to fraternize /'frætənaɪz/ v.intr. fraternizzare
fraud /frɔ:d/ s. **1** frode *f.* **2** imbroglione *m.*
fraudulent /'frɔ:djʊlənt/ agg. fraudolento
fraught /frɔ:t/ agg. carico, denso, gravido
fray /freɪ/ s. mischia *f.*, baruffa *f.*
to fray /freɪ/ **A** v.tr. logorare, consumare **B** v.intr. consumarsi, logorarsi, sfilacciarsi
freak /fri:k/ s. **1** bizzarria *f.* **2** fenomeno *m.*, mostro *m.*
freckle /'frɛkl/ s. lentiggine *f.*
free /fri:/ **A** agg. **1** libero **2** indipendente **3** gratis, gratuito **4** esente **5** abbondante **6** sciolto **B** avv. **1** gratis, gratuitamente **2** liberamente ◆ **f. admission** entrata libera || **f. gift** omaggio || **f. kick** (*sport*) punizione || **f. gift** campione omaggio
to free /fri:/ v.tr. **1** liberare **2** esentare
freedom /'fri:dəm/ s. libertà *f.*
freelance /'fri:ˌlɑ:ns/ agg. indipendente, freelance
freely /'fri:lɪ/ avv. **1** liberamente **2** gratis, gratuitamente
freephone /'fri:fəʊn/ s. numero *m.* verde
to freeze /fri:z/ (*pass.* **froze**, *p.p.* **frozen**) v.tr. e intr. congelare
to freeze-dry /'fri:zˌdraɪ/ v.tr. liofilizzare
freezer /'fri:zə^r/ s. congelatore *m.*, freezer *m. inv.*
freezing /'fri:zɪŋ/ agg. ghiacciato ◆ **f.-point** punto di congelamento
freight /freɪt/ s. **1** trasporto *m.* **2** carico *m.* **3** noleggio *m.*
freighter /'freɪtə^r/ s. **1** nave *f.* da carico **2** aereo *m.* da trasporto **3** noleggiatore *m.*
French /frɛn(t)ʃ/ **A** agg. francese **B** e s. (*lingua*) francese *m.* ◆ **F. bean** fagiolino || **F. fries** (*USA*) patate fritte || **F. window** porta-finestra
Frenchman /'frɛn(t)ʃmən/ (*pl.* **Frenchmen**) s. francese *m.*
Frenchwoman /'frɛn(t)ʃˌwʊmən/ (*pl.* **Frenchwomen**) s. francese *f.*
frenzied /'frɛnzɪd/ agg. frenetico
frenzy /'frɛnzɪ/ s. frenesia *f.*
frequency /'fri:kwənsɪ/ s. frequenza *f.*
frequent /'fri:kwənt/ agg. frequente
to frequent /frɪ'kwənt/ v.tr. frequentare, praticare
frequently /'fri:kwəntlɪ/ avv. frequentemente
fresco /'frɛskəʊ/ s. affresco *m.*
to fresco /'frɛskəʊ/ v.tr. affrescare
fresh /frɛʃ/ agg. **1** fresco, recente, nuovo **2** sfacciato ◆ **f. water** acqua dolce
to freshen /'frɛʃn/ **A** v.tr. rinfrescare **B** v.intr. rinfrescarsi
fresher /'frɛʃə^r/ s. matricola *f.*
freshly /'frɛʃlɪ/ avv. di fresco, di recente, appena
freshness /'frɛʃnɪs/ s. freschezza *f.*
freshwater /'frɛʃˌwɔ:tə^r/ agg. d'acqua dolce
to fret /frɛt/ **A** v.tr. **1** consumare **2** affliggere, agitare **B** v.intr. **1** consumarsi **2** affliggersi, irritarsi
friable /'fraɪəbl/ agg. friabile
friar /'fraɪə^r/ s. frate *m.*
friction /'frɪkʃ(ə)n/ s. frizione *f.*
Friday /'fraɪdɪ/ s. venerdì *m.*
fridge /frɪdʒ/ s. frigorifero *m.*
fried /fraɪd/ p.p. di **to fry** fritto
friend /frɛnd/ s. amico *m.*
friendly /'frɛndlɪ/ **A** agg. amico, amichevole **B** s. (*sport*) amichevole *f.*
friendship /'frɛn(d)ʃɪp/ s. amicizia *f.*
frieze /fri:z/ s. fregio *m.*
fright /fraɪt/ s. paura *f.*, spavento *m.* ◆ **to take f. at st.** spaventarsi di q.c.
to frighten /'fraɪtn/ v.tr. impaurire, spaventare, atterrire
frightful /'fraɪtf(ʊ)l/ agg. spaventoso, tremendo
frigid /'frɪdʒɪd/ agg. **1** glaciale **2** frigido

frill /frɪl/ s. **1** gala *f.*, trina *f.* **2** al pl. fronzoli *m. pl.*
fringe /frɪn(d)ʒ/ s. **1** frangia *f.* **2** margine *m.*
frippery /ˈfrɪpərɪ/ s. fronzolo *m.*
to frisk /frɪsk/ v.tr. **1** perquisire **2** saltellare
frisky /ˈfrɪskɪ/ agg. vivace
fritter /ˈfrɪtəʳ/ s. frittella *f.*
frivolous /ˈfrɪvələs/ agg. frivolo
frizzy /ˈfrɪzɪ/ agg. crespo
fro /frəʊ/ avv. **to and f.** avanti e indietro
frock /frɒk/ s. **1** vestito *m.* **2** tonaca *f.*
frog /frɒg/ s. rana *f.*
frogman /ˈfrɒgmən/ s. sommozzatore *m.*
to frolic /ˈfrɒlɪk/ v.intr. **1** sgambettare **2** folleggiare
from /frɒm, frəm/ prep. **1** (*provenienza*) da (ES: ***a letter f. my mother*** una lettera da mia madre) **2** (*causa*) per, a causa di (ES: ***to speak f. experience*** parlare per esperienza) **3** (*tempo e luogo*) da (ES: ***f. May to August*** da maggio ad agosto; ***how far is it f. Rome to Naples?*** quanto c'è da Roma a Napoli?)
front /frʌnt/ **A** agg. attr. anteriore, frontale **B** s. **1** fronte *f.*, facciata *f.*, parte *f.* anteriore **2** (*mil.*) fronte *m.* **3** copertura *f.* ◆ **f. page** prima pagina || **in f. of** di fronte a || **sea f.** lungomare || **f. panel** frontalino
frontage /ˈfrʌntɪdʒ/ s. facciata *f.*
frontal /ˈfrʌntl/ agg. frontale
frontier /ˈfrʌntjəʳ/ s. frontiera *f.*
frontispiece /ˈfrʌntɪspiːs/ s. frontespizio *m.*
fronton /ˈfrʌntən/ s. frontone *m.*
frost /frɒst/ s. **1** gelo *m.* **2** brina *f.*
frostbite /frɒs(t)baɪt/ s. congelamento *m.*
froth /frɒθ/ s. schiuma *f.*, spuma *f.*
frothy /ˈfrɒθɪ/ agg. schiumoso, spumoso
to frown /fraʊn/ v.intr. aggrottare le ciglia
froze /ˈfrəʊz/ pass. di **to freeze**
frozen /ˈfrəʊzn/ **A** p.p. di **to freeze** **B** agg. **1** gelato, ghiacciato **2** congelato, surgelato
frugal /ˈfruːg(ə)l/ agg. frugale
fruit /fruːt/ s. **1** frutto *m.* **2** frutta *f.* ◆ **f. salad** macedonia
fruiterer /ˈfruːtərəʳ/ s. fruttivendolo *m.*
fruitful /ˈfruːtf(ʊ)l/ agg. fecondo, fertile
fruition /fruːˈɪʃ(ə)n/ s. **1** fruizione *f.*, godimento *m.* **2** realizzazione *f.*
to frustrate /frʌsˈtreɪt/ v.tr. frustrare, deludere
frustration /frʌsˈtreɪʃ(ə)n/ s. frustrazione *f.*
fry /fraɪ/ s. frittura *f.*, fritto *m.*
to fry /fraɪ/ v.tr. friggere
frying /ˈfraɪɪŋ/ agg. **f. pan** padella, padella per friggere
to fuck /fʌk/ v.tr. (*volg.*) scopare, trombare
fuel /fjʊəl/ s. combustibile *m.* ◆ **f. tank** serbatoio della benzina
to fuel /fjʊəl/ v.tr. **1** (*fig.*) alimentare **2** rifornire di carburante
fugitive /ˈfjuːdʒɪtɪv/ agg. e s. fuggiasco *m.*
fulcrum /ˈfʌlkrəm/ s. fulcro *m.*
to fulfil /fʊlˈfɪl/ (*USA* **to fulfill**) v.tr. **1** compiere, adempiere **2** esaudire, appagare
fulfilment /fʊlˈfɪlm(ə)nt/ (*USA* **fulfillment**) s. **1** adempimento *m.*, esecuzione *f.* **2** appagamento *m.*
full /fʊl/ **A** agg. **1** pieno, completo **2** intero **3** ampio, abbondante **B** avv. completamente, interamente ◆ **at f. speed** a tutta velocità || **f. age** maggiore età || **f. size** a grandezza naturale || **f. stop**(*segno ortografico*) punto || **f.-time** a tempo pieno || **f. up** sazio || **in f.** completamente
fully /fʊlɪ/ avv. interamente, del tutto
fulminant /ˈfʌlmɪnənt/ agg. fulminante
fulsome /ˈfʊlsəm/ agg. esagerato, eccessivo
to fumble /ˈfʌmbl/ v.intr. **1** armeggiare **2** brancolare
fume /fjuːm/ s. fumo *m.*, esalazione *f.*
to fume /fjuːm/ v.intr. **1** fumare, esalare vapore **2** essere furioso
fumigator /ˈfjuːmɪgeɪtəʳ/ s. zampirone *m.*
fun /fʌn/ s. divertimento *m.* ◆ **f. fair** luna park || **to have f.** divertirsi || **to make f. of sb.** prendersi gioco di qc.
function /ˈfʌŋkʃ(ə)n/ s. funzione *f.*
functional /ˈfʌŋkʃənl/ agg. funzionale
functionalism /ˈfʌŋkʃ(ə)nəlɪz(ə)m/ s. funzionalismo *m.*
functionality /ˌfʌŋkʃəˈnælɪtɪ/ s. funzionalità *f.*
functionary /ˈfʌŋ(k)ʃnərɪ/ s. funzionario *m.*
fund /fʌnd/ s. **1** fondo *m.*, cassa *f.* **2** al pl. fondi *m. pl.*, capitali *m. pl.*
fundamental /ˌfʌndəˈmentl/ agg. fondamentale, basilare
fundamentalism /ˌfʌndəˈmentəlɪzəm/ s. fondamentalismo *m.*
funeral /ˈfjuːn(ə)r(ə)l/ **A** agg. funebre, funerario **B** s. funerale *m.*
funerary /ˈfjuːnərərɪ/ agg. funerario
funereal /fjʊ(ː)ˈnɪərɪəl/ agg. funereo
fungicide /ˈfʌndʒɪsaɪd/ s. fungicida *m.*
fungus /ˈfʌŋgəs/ s. fungo *m.*
funicular /fjʊ(ː)ˈnɪkjʊləʳ/ s. funicolare *f.*
funk /fʌŋk/ s. (*fam.*) paura *f.*, fifa *f.*
funnel /ˈfʌnl/ s. **1** imbuto *m.* **2** ciminiera *f.*
funny /ˈfʌnɪ/ agg. **1** buffo, divertente **2** strano
fur /fɜːʳ/ s. pelo *m.*, pelliccia *f.* ◆ **f. coat** pelliccia
furious /ˈfjʊərɪəs/ agg. furioso
furlough /ˈfɜːləʊ/ s. (*mil.*) licenza *f.*
furnace /ˈfɜːnɪs/ s. fornace *f.*
to furnish /ˈfɜːnɪʃ/ v.tr. **1** ammobiliare **2** fornire
furnishing /ˈfɜːnɪʃɪŋ/ s. arredamento *m.*
furnishings /ˈfɜːnɪʃɪŋz/ s. pl. mobili *m. pl.*, arredamento *m.*
furniture /ˈfɜːnɪtʃəʳ/ s. arredamento *m.*
furrier /ˈfʌrɪəʳ/ s. pellicciaio *m.*
furrow /ˈfʌrəʊ/ s. solco *m.*
further /ˈfɜːðəʳ/ (*comp. di* **far**) **A** agg. **1** ulteriore **2** più lontano, altro **B** avv. **1** oltre **2** ulteriormente
furthermore /ˌfɜːðəˈmɔːʳ/ avv. per di più, inoltre

furthest /'fɜːðɪst/ (*sup. rel. di* **far**) **A** **agg.** il più lontano, il più remoto **B** avv. più lontano
fury /'fjʊərɪ/ s. furia *f.*
fuse /fjuːz/ s. **1** fusibile *m.* **2** miccia *f.*
to fuse /fjuːz/ v.tr. e intr. fondere
fuselage /fjuːzɪlɑːʒ/ s. fusoliera *f.*
fusible /'fjuːzəbl/ agg. fusibile
fusion /'fjuːz(ə)n/ s. fusione *f.*
fuss /fʌs/ s. **1** confusione *f.*, trambusto *m.* **2** smancerie *f. pl.*
to fuss /fʌs/ v.intr. agitarsi
fussiness /'fʌsɪnɪs/ s. agitazione *f.*
fussy /'fʌsɪ/ agg. **1** agitato **2** puntiglioso, esigente
fustian /'fʌstɪən/ s. fustagno *m.*
futility /fjʊ(ː)'tɪlɪtɪ/ s. futilità *f.*
future /'fjuːtʃəʳ/ agg. e s. futuro *m.* ♦ **in, for the f.** in futuro, d'ora innanzi
futurism /'fjuːtʃərɪz(ə)m/ s. futurismo *m.*
futuristic /'fjuːtʃərɪstɪk/ agg. **1** avveniristico **2** (*arte*) futuristico
fuzzy /'fʌzɪ/ agg. **1** crespo **2** (*fot.*) sfocato, indistinto

g, G

gab /gæb/ s. (*fam.*) chiacchiera *f.*, parlantina *f.*
to gabble /'gæbl/ v.tr. e intr. borbottare, farfugliare
gable /'geɪbl/ s. (*arch.*) timpano *m.*
gadfly /'gædflaɪ/ s. **1** (*zool.*) tafano *m.* **2** seccatore *m.*
gadget /'gædʒɪt/ s. aggeggio *m.*, congegno *m.*, dispositivo *m.*
Gaelic /'geɪlɪk/ agg. e s. (*lingua*) gaelico *m.*
gaff /gæf/ s. fiocina *f.*, arpione *m.*
gag /gæg/ s. **1** bavaglio *m.* **2** facezia *f.*, battuta *f.*
to gag /gæg/ **A** v.tr. imbavagliare **B** v.intr. avere conati di vomito
gaiety /'geɪətɪ/ s. allegria *f.*, gaiezza *f.*
gaily /'geɪlɪ/ avv. gaiamente, allegramente
gain /geɪn/ s. **1** guadagno *m.*, profitto *m.* **2** miglioramento *m.*, aumento *m.*
to gain /geɪn/ **A** v.tr. guadagnare, conseguire, ottenere **B** v.intr. **1** guadagnarci **2** progredire, aumentare, migliorare **3** (*di orologio*) andare avanti ♦ **to g. on** guadagnare terreno su
gait /geɪt/ s. andatura *f.*
galaxy /'gæləksɪ/ s. galassia *f.*
gale /geɪl/ s. **1** burrasca *f.*, vento *m.* forte **2** (*di risa*) scoppio *m.*
gall /gɔːl/ s. bile *f.*, fiele *m.* ♦ **g. bladder** cistifellea || **g.-stone** calcolo biliare
gallant /'gælənt/ agg. **1** coraggioso, valoroso **2** galante **3** sfarzoso
galleon /'gælɪən/ s. galeone *m.*
gallery /'gælərɪ/ s. **1** galleria *f.* **2** loggione *m.*
galley /'gælɪ/ s. **1** galea *f.* **2** (*naut.*) cucina *f.*
gallicism /'gælɪsɪz(ə)m/ s. gallicismo *m.*
gallon /'gælən/ s. gallone *m.*
gallop /'gæləp/ s. galoppo *m.*
to gallop /'gæləp/ v.intr. galoppare
gallows /'gæləʊz/ s. pl. forca *f.*, patibolo *m.*
galore /gə'lɔːʳ/ avv. in abbondanza, a iosa
to galvanize /'gælvənaɪz/ v.tr. galvanizzare
gamble /'gæmbl/ s. azzardo *m.*, rischio *m.*
to gamble /'gæmbl/ v.intr. giocare d'azzardo ♦ **to g. on** giocare su, puntare su
gambler /'gæmbləʳ/ s. giocatore *m.* d'azzardo
gambling /'gæmblɪŋ/ s. gioco *m.* d'azzardo
game /geɪm/ **A** s. **1** gioco *m.* **2** partita *f.*, mano *f.* **3** tranello *m.*, scherzo *m.* **4** selvaggina *f.* **B** agg. pronto ♦ **big g.** selvaggina grossa || **g.-licence** licenza di caccia
gamekeeper /'geɪmˌkiːpəʳ/ s. guardacaccia *m. inv.*
gammon /'gæmən/ s. **1** prosciutto *m.* affumicato **2** quarto *m.* di maiale
gamut /'gæmət/ s. gamma *f.*, serie *f.*
gang /gæŋ/ s. banda *f.*, squadra *f.*
gangrene /'gæŋgriːn/ s. cancrena *f.*
gangster /'gæŋstəʳ/ s. gangster *m.*, bandito *m.*
gangway /'gæŋweɪ/ s. **1** (*naut., aer.*) passerella *f.* **2** corridoio *m.*, corsia *f.*
gap /gæp/ s. **1** apertura *f.*, varco *m.* **2** divario *m.*, lacuna *f.*
to gape /geɪp/ v.intr. **1** spalancare la bocca, restare a bocca aperta **2** sbadigliare **3** aprirsi
garage /'gærɑːʒ/ s. garage *m. inv.*, autorimessa *f.*
garbage /'gɑːbɪdʒ/ s. immondizia *f.*, rifiuti *m. pl.* ♦ **g. can** pattumiera || **g. collector** netturbino
to garble /'gɑːbl/ v.tr. alterare, confondere
garden /'gɑːdn/ s. **1** giardino *m.* **2** orto *m.* ♦ **g. centre** vivaio || **roof g.** giardino pensile
gardener /'gɑːdnəʳ/ s. giardiniere *m.*
gardenia /gɑː'diːnjə/ s. gardenia *f.*
gardening /'gɑːdnɪŋ/ s. giardinaggio *m.*
gargle /'gɑːgl/ s. gargarismo *m.*
garish /'geərɪʃ/ agg. sgargiante, vistoso
garland /'gɑːlənd/ s. ghirlanda *f.*
garlic /'gɑːlɪk/ s. aglio *m.*
garment /'gɑːmənt/ s. indumento *m.*
garnish /'gɑːnɪʃ/ s. guarnizione *f.*

to garnish /'gɑːnɪʃ/ v.tr. guarnire
garrison /'gærɪsn/ s. guarnigione *f.*
to garrison /'gærɪsn/ v.tr. presidiare
garrulous /'gærʊləs/ agg. garrulo, loquace
garter /'gɑːtəʳ/ s. giarrettiera *f.* ♦ **g. belt** reggicalze
gas /gæs/ s. **1** gas *m. inv.* **2** (*USA*) benzina *f.* ♦ **g. mask** maschera antigas || **g. meter** contatore del gas || **g. ring** fornello || **g. station** (*USA*) distributore di benzina
gash /gæʃ/ s. sfregio *m.*
to gash /gæʃ/ v.tr. sfregiare
gasket /'gæskɪt/ s. (*mecc.*) guarnizione *f.*
gasoline /'gæsəliːn/ s. benzina *f.*
gasp /gɑːsp/ s. respiro *m.* affannoso
to gasp /gɑːsp/ v.intr. **1** boccheggiare, ansimare **2** restare senza fiato ♦ **to g. out** dire a fatica, dire ansimando
gassy /'gæsɪ/ agg. gassoso
gastric /'gæstrɪk/ agg. gastrico
gastritis /gæs'traɪtɪs/ s. gastrite *f.*
gastroenteric /ˌgæstro(ʊ)en'terɪk/ agg. gastroenterico
gastronomic /ˌgæstrə'nɒmɪk/ agg. gastronomico
gastronomy /gæs'trɒnəmɪ/ s. gastronomia *f.*
gate /geɪt/ s. **1** cancello *m.*, porta *f.* **2** (*aer.*) cancello *m.*, gate *m. inv.*
to gatecrash /'geɪtkræʃ/ v.intr. (*fam.*) partecipare senza invito, autoinvitarsi
gateway /'geɪtˌweɪ/ s. **1** entrata *f.*, ingresso *m.* **2** porta *f.*
to gather /'gæðəʳ/ **A** v.tr. **1** raccogliere, radunare **2** desumere, apprendere **3** increspare **B** v.intr. **1** raccogliersi, radunarsi **2** aumentare, gonfiarsi
gathering /'gæðərɪŋ/ s. raduno *m.*
gauche /gəʊʃ/ agg. goffo, maldestro
gaudy /'gɔːdɪ/ agg. sgargiante
gauge /geɪdʒ/ s. **1** calibro *m.*, manometro *m.*, misuratore *m.* **2** (*ferr.*) scartamento *m.*
to gauge /geɪdʒ/ v.tr. misurare
gaunt /gɔːnt/ agg. **1** scarno, macilento **2** desolato, arido
gauntlet /'gɔːntlɪt/ s. guanto *m.* di sfida
gauze /gɔːz/ s. garza *f.*
gave /geɪv/ pass. di **to give**
gay /geɪ/ agg. e s. gay *m. e f.*, omosessuale *m. e f.*
gaze /geɪz/ s. sguardo *m.* fisso
to gaze /geɪz/ v.intr. guardare fissamente ♦ **to g. at/on** fissare
gazebo /gə'ziːbəʊ/ s. gazebo *m. inv.*
gazelle /gə'zel/ s. gazzella *f.*
gazette /gə'zet/ s. gazzetta *f.*
gazetteer /ˌgæzɪ'tɪəʳ/ s. dizionario *m.* geografico
gear /gɪəʳ/ s. **1** meccanismo *m.*, ingranaggio *m.* **2** arnesi *m. pl.*, equipaggiamento *m.* **3** (*autom.*) cambio *m.* ♦ **g. box** scatola del cambio || **in g.** con la marcia ingranata
geese /giːs/ pl. di **goose**
gel /dʒel/ s. gel *m. inv.*
gelatin(e) /ˌdʒelə'tɪ(ː)n/ s. gelatina *f.*
to geld /geld/ v.tr. castrare
gem /dʒem/ s. gemma *f.*, pietra *f.* preziosa
gender /'dʒendəʳ/ s. (*gramm.*) genere *m.*
genealogy /ˌdʒiːnɪ'ælədʒɪ/ s. genealogia *f.*
general /'dʒen(ə)r(ə)l/ **A** agg. **1** generale, comune **2** generico **B** s. generale *m.* ♦ **g. delivery** fermo posta || **g. hospital** policlinico || **in g.** in genere
generality /ˌdʒenə'rælɪtɪ/ s. generalità *f.*
to generalize /'dʒen(ə)rəlaɪz/ v.tr. generalizzare
generally /'dʒen(ə)r(ə)lɪ/ avv. generalmente
to generate /'dʒenəreɪt/ v.tr. generare
generation /ˌdʒenə'reɪʃ(ə)n/ s. generazione *f.*
generational /ˌdʒenə'reɪʃ(ə)n(ə)l/ agg. generazionale
generator /'dʒenəreɪtəʳ/ s. generatore *m.*
generic /dʒɪ'nerɪk/ agg. generico
generosity /ˌdʒenə'rɒsɪtɪ/ s. generosità *f.*
generous /'dʒen(ə)rəs/ agg. **1** generoso **2** abbondante
genesis /'dʒenɪsɪs/ s. genesi *f.*
genetic /dʒɪ'netɪk/ agg. genetico
genetics /dʒɪ'netɪks/ s. pl. (*v. al sing.*) genetica *f.*
genial /'dʒiːnjəl/ agg. **1** cordiale, socievole **2** (*di clima*) benigno, mite
genie /'dʒiːnɪ/ s. genio *m.*
genitalia /ˌdʒenɪ'teɪljə/ s. pl. genitali *m. pl.*
genitals /'dʒenɪtlz/ s. pl. genitali *m. pl.*
genius /'dʒiːnjəs/ s. genio *m.*
genteel /dʒen'tiːl/ agg. garbato
gentle /'dʒentl/ agg. **1** gentile, garbato **2** delicato, lieve
gentleman /'dʒentlmən/ (*pl.* **gentlemen**) s. signore *m.*, gentiluomo *m.*
gently /'dʒentlɪ/ avv. delicatamente, dolcemente
gentry /'dʒentrɪ/ s. piccola nobiltà *f.*
genuine /'dʒenjʊɪn/ agg. genuino, autentico, doc
genuineness /'dʒenjʊɪnnɪs/ s. genuinità *f.*, autenticità *f.*
genus /'dʒiːnəs/ s. genere *m.*
geographic /dʒɪə'græfɪk/ agg. geografico
geography /dʒɪ'ɒgrəfɪ/ s. geografia *f.*
geology /dʒɪ'ɒlədʒɪ/ s. geologia *f.*
geometric(al) /dʒɪə'metrɪk((ə)l)/ agg. geometrico
geometry /dʒɪ'ɒmɪtrɪ/ s. geometria *f.*
geophysics /ˌdʒiːo(ʊ)'fɪzɪks/ s. pl. (*v. al sing.*) geofisica *f.*
geopolitics /ˌdʒiːo(ʊ)'pɒlɪtɪks/ s. pl. (*v. al sing.*) geopolitica *f.*
georgic /'dʒɔːdʒɪk/ agg. georgico
geothermal /ˌdʒiːo(ʊ)'θɜːm(ə)l/ agg. geotermico
geranium /dʒɪ'reɪnjəm/ s. geranio *m.*
geriatric /ˌdʒerɪ'ætrɪk/ agg. geriatrico
geriatrics /ˌdʒerɪ'ætrɪks/ s. pl. (*v. al sing.*) geriatria *f.*
germ /dʒɜːm/ s. germe *m.*
German /'dʒɜːmən/ agg. e s. tedesco *m.* ♦ **G. measles** rosolia
to germinate /'dʒɜːmɪneɪt/ v.intr. germogliare

gestation /dʒɛsˈteɪʃ(ə)n/ s. gestazione *f.*
gesture /ˈdʒɛstʃəʳ/ s. **1** gesto *m.*, atto *m.* **2** mimica *f.*
to get /gɛt/ (*pass.* **got**, *p.p.* **got**, *USA* **gotten**) **A** v.tr. **1** prendere **2** ottenere, procurarsi **3** afferrare, capire, cogliere **4** convincere, persuadere **5** mettere **6** portare, mandare, condurre **B** v.intr. **1** diventare, farsi **2** andare, arrivare **3** mettersi **4** (*nella costr. passiva*) essere, venire (ES: ***my father got dismissed last week*** mio padre è stato licenziato la settimana scorsa) ♦ **to g. about** circolare, diffondersi || **to g. ahead** avere successo || **to g. along** andare d'accordo || **to g. around** aggirare, superare || **to g. away** scappare || **to g. back** riavere || **to g. down** scendere || **to g. off** scendere || **to g. on** salire || **to g. over** superare || **to g. out** uscire || **to g. up** alzarsi, salire || **to have got** avere || **to have got to** dovere
getaway /ˈgɛtəweɪ/ s. fuga *f.*
ghastly /ˈgɑːstlɪ/ agg. **1** orribile, spaventoso **2** spettrale
gherkin /ˈgɜːkɪn/ s. cetriolino *m.*
ghetto /ˈgɛtəʊ/ s. ghetto *m.*
ghost /gəʊst/ s. fantasma *m.*, spirito *m.* ♦ **g. writer** chi scrive per conto di altri
giant /ˈdʒaɪənt/ agg. e s. gigante *m.*
gibberish /ˈgɪbərɪʃ/ s. borbottio *m.*
giblets /ˈdʒɪblɪts/ s. pl. frattaglie *f. pl.*
giddiness /ˈgɪdɪnɪs/ s. capogiro *m.*, vertigini *f. pl.*
giddy /ˈgɪdɪ/ agg. stordito ♦ **to be g.** avere le vertigini
gift /gɪft/ s. **1** dono *m.*, regalo *m.* **2** pregio *m.*, dote *f.*
gifted /ˈgɪftɪd/ agg. dotato, portato
gigantic /dʒaɪˈgæntɪk/ agg. gigantesco
gigantism /ˈdʒaɪgæn,tɪz(ə)m/ s. gigantismo *m.*
to giggle /ˈgɪgl/ v.intr. sghignazzare, ridere scioccamente
to gild /gɪld/ v.tr. indorare
gills /gɪlz/ s. pl. (*zool.*) branchie *f. pl.*
gilt /gɪlt/ **A** agg. dorato **B** s. doratura *f.*
gilthead /ˈgɪlt,hɛd/ s. orata *f.*
gimmick /ˈgɪmɪk/ s. (*fam.*) **1** trovata *f.*, trucco *m.* **2** aggeggio *m.*
gin /dʒɪn/ s. gin *m. inv.*
ginger /ˈdʒɪn(d)ʒəʳ/ s. zenzero *m.*
gingerly /ˈdʒɪn(d)ʒəlɪ/ avv. cautamente, con circospezione *m.*
gipsy /ˈdʒɪpsɪ/ s. gitano *m.*, zingaro *m.*
giraffe /dʒɪˈrɑːf/ s. giraffa *f.*
to gird /gɜːd/ (*pass. e p.p.* **girded**, **girt**) v.tr. cingere
girder /ˈgɜːdəʳ/ s. trave *f.*
girdle /ˈgɜːdl/ s. guaina *f.*, busto *m.*
girl /gɜːl/ s. **1** ragazza *f.* **2** bambina *f.* **3** figlia *f.* **4** fidanzata *f.*
girlfriend /ˈgɜːlfrɛnd/ s. ragazza *f.*, fidanzata *f.*
girlish /ˈgɜːlɪʃ/ agg. da ragazza
giro /ˈdʒaɪrəʊ/ s. giroconto *m.*, postagiro *m.*
girt /gɜːt/ pass. e p.p. di **to gird**
girth /gɜːθ/ s. giro *m.*, circonferenza *f.*
gist /dʒɪst/ s. essenza *f.*, succo *m.*
to give /gɪv/ (*pass.* **gave**, *p.p.* **given**) **A** v.tr. **1** dare, fornire **2** regalare **3** eseguire, rappresentare **4** dare come risultato **5** causare **B** v.intr. **1** cedere, piegarsi, addolcirsi **2** dare su, guardare su ♦ **to g. back** rendere || **to g. in** cedere || **to g. up** consegnare, rinunciare
giver /ˈgɪvəʳ/ s. donatore *m.*
glacial /ˈgleɪsjəl/ agg. glaciale
glacier /ˈglæsjəʳ/ s. ghiacciaio *m.*
glad /glæd/ agg. **1** felice, lieto **2** grato
glade /gleɪd/ s. radura *f.*
gladly /ˈglædlɪ/ avv. volentieri, con piacere
glamorous /ˈglæmərəs/ agg. attraente, affascinante
glamour /ˈglæməʳ/ s. fascino *m.*, seduzione *f.*, incanto *m.*
glance /glɑːns/ s. occhiata *f.*, sguardo *m.* ♦ **at a g.** al primo sguardo
to glance /glɑːns/ v.intr. **1** guardare brevemente **2** rimbalzare, deviare ♦ **to g. at** gettare uno sguardo su
gland /glænd/ s. ghiandola *f.*
glare /glɛəʳ/ s. **1** bagliore *m.*, riverbero *m.*, luce *f.* abbagliante **2** sguardo *m.* furioso
to glare /glɛəʳ/ v.intr. sfolgorare ♦ **to g. at** guardare di traverso
glaring /ˈglɛərɪŋ/ agg. **1** abbagliante **2** torvo **3** evidente, madornale
glass /glɑːs/ s. **1** vetro *m.* **2** bicchiere *m.* **3** al pl. occhiali *m. pl.* ♦ **sun-glasses** occhiali da sole
glasshouse /ˈglɑːshaʊs/ s. serra *f.*
glassware /ˈglɑːswɛəʳ/ s. cristalleria *f.*
glassworks /ˈglɑːswɜːks/ s. pl. (*v. al sing.*) vetreria *f.*
glaze /gleɪz/ s. **1** smalto *m.* **2** (*cuc.*) glassa *f.*
to glaze /gleɪz/ v.tr. **1** fornire di vetri **2** smaltare **3** (*cuc.*) glassare
glazier /ˈgleɪzjəʳ/ s. vetraio *m.*
gleam /gliːm/ v.intr. brillare, luccicare
to glean /gliːn/ v.tr. e intr. spigolare, racimolare
glee /gliː/ s. gioia *f.*
glib /glɪb/ agg. **1** loquace **2** spigliato
glide /glaɪd/ s. **1** scivolata *f.* **2** planata *f.*
to glide /glaɪd/ v.intr. **1** scivolare **2** fluire **3** planare
glider /ˈglaɪdəʳ/ s. aliante *m.*
gliding /ˈglaɪdɪŋ/ s. volo *m.* a vela
glimmer /ˈglɪməʳ/ s. barlume *m.*
glimpse /glɪm(p)s/ s. **1** occhiata *f.* di sfuggita **2** apparizione *f.*
to glint /glɪnt/ v.intr. brillare, luccicare
to glisten /ˈglɪsn/ v.intr. brillare, luccicare
to glitter /ˈglɪtəʳ/ v.intr. brillare, luccicare
to gloat /gləʊt/ v.intr. gongolare (malignamente)
global /ˈgləʊbl/ agg. globale
globalism /ˈgloʊbəlɪzəm/ s. globalizzazione *f.*
globalization /ˌgloʊbəlaɪˈzeɪʃ(ə)n/ s. globalizzazione *f.*
globe /gləʊb/ s. **1** globo *m.*, sfera *f.* **2** mappamondo *m.*
globe trotter /ˈgləʊb,trɒtəʳ/ s. giramondo *m. e f. inv.*

gloom /gluːm/ s. **1** oscurità *f.* **2** tristezza *f.*

gloomy /ˈgluːmɪ/ agg. **1** oscuro, cupo, lugubre **2** tetro, triste

glorious /ˈglɔːrɪəs/ agg. **1** glorioso **2** magnifico

glory /ˈglɔːrɪ/ s. **1** gloria *f.* **2** splendore *m.*

gloss[1] /glɒs/ s. **1** lucentezza *f.*, lustro *m.* **2** vernice *f.*, smalto *m.* ♦ **lip g.** lucidalabbra

gloss[2] /glɒs/ s. glossa *f.*, chiosa *f.*

to gloss[1] /glɒs/ v.tr. lucidare, lustrare ♦ **to g. over** glissare su, dissimulare

to gloss[2] /glɒs/ v.tr. glossare, chiosare

glossary /ˈglɒsərɪ/ s. glossario *m.*

glossy /ˈglɒsɪ/ agg. lucente, lucido

glove /glʌv/ s. guanto *m.*

to glow /gləʊ/ v.intr. ardere, fiammeggiare

to glower /ˈglaʊəʳ/ v.intr. guardare in cagnesco

glucose /ˈgluːkəʊs/ s. glucosio *m.*

glue /gluː/ s. colla *f.*

to glue /gluː/ v.tr. incollare

glum /glʌm/ agg. depresso, abbattuto

glut /glʌt/ s. eccesso *m.*, saturazione *f.*

to glut /glʌt/ v.tr. saziare, saturare

gluteus /gluːˈtiːəs/ s. gluteo *m.*

glutton /ˈglʌtn/ s. ghiottone *m.*

gluttonous /ˈglʌtnəs/ agg. ghiotto

glyc(a)emia /glaɪˈsiːmɪə/ s. glicemia *f.*

glycerin(e) /ˌglɪsəˈrɪ(ː)n/ s. glicerina *f.*

GMO /dʒiːemˈəʊ/ s. OGM *m. inv.*

gnarled /nɑːld/ agg. (*di legno*) nodoso

gnat /næt/ s. moscerino *m.*, zanzara *f.*

to gnaw /nɔː/ v.tr. e intr. rosicchiare

gnome /nəʊm/ s. gnomo *m.*

to go /gəʊ/ (*pass.* **went**, *p.p.* **gone**) v.intr. **1** andare, andarsene, viaggiare **2** (*seguito da agg.*) diventare (ES: ***to go mad*** diventare matto, impazzire) **3** andare, svolgersi **4** funzionare **5** (*seguito da participio pres.*) andare a (ES: ***to go swimming*** andare a fare una nuotata) ♦ **let's go!** andiamo! || **to be going to** (*seguito da infinito*) stare per, essere sul punto di || **to go away** andar via || **to go back** ritornare || **to go in** entrare || **to go on** continuare || **to go out** uscire || **to go through** esaminare, subire

to goad /gəʊd/ v.tr. incitare, spronare

go-ahead /ˈgo(ʊ)əhɛd/ **A** agg. intraprendente, audace **B** s. via *m.*, permesso *m.* di agire

goal /gəʊl/ s. **1** meta *f.*, scopo *m.* **2** (*sport*) goal *m. inv.*, rete *f.* ♦ **g. post** (*sport*) palo

goalkeeper /ˈgəʊlˌkɪ(ː)pəʳ/ s. (*sport*) portiere *m.*

goat /gəʊt/ s. capra *f.* ♦ **the Goat** Capricorno

to gobble /ˈgɒbl/ v.tr. ingoiare, trangugiare

go-between /ˈgəʊbɪˌtwiːn/ s. intermediario *m.*

goblet /ˈgɒblɪt/ s. calice *m.*

goblin /ˈgɒblɪn/ s. gnomo *m.*

god /gɒd/ s. dio *m.*

God /gɒd/ s. Dio *m.*

godchild /ˈgɒdtʃaɪld/ (*pl.* **godchildren**) s. figlioccio *m.*

goddaughter /ˈgɒdˌdɔːtəʳ/ s. figlioccia *f.*

goddess /ˈgɒdɪs/ s. dea *f.*

godfather /ˈgɒdˌfɑːðəʳ/ s. padrino *m.*

god-forsaken /ˈgɒdfəˌseɪkn/ agg. desolato, abbandonato

godhead /ˈgɒdhɛd/ s. divinità *f.*

godmother /ˈgɒdˌmʌðəʳ/ s. madrina *f.*

godson /ˈgɒdsʌn/ s. figlioccio *m.*

goggles /ˈgɒglz/ s. pl. occhiali *m. pl.* di protezione

go-go dancer /ˈgəʊgəʊˌdɑnsəʳ/ s. cubista *f.*

go-go girl /ˈgəʊgəʊˌgɜːl/ s. cubista *f.*

going /ˈgəʊɪŋ/ **A** agg. **1** corrente, in vigore **2** efficiente **3** di moda **4** disponibile **B** s. **1** andata *f.* **2** andatura *f.* **3** (*di strada, terreno*) stato *m.*, condizione *f.* ♦ **coming and g.** andirivieni

gold /gəʊld/ **A** s. oro *m.* **B** agg. aureo ♦ **fine g.** oro zecchino || **g.-mine** miniera || **g. plated** placcato in oro

golden /ˈgəʊld(ə)n/ agg. **1** dorato, d'oro **2** biondo

goldfish /ˈgəʊldfɪʃ/ s. pesce *m.* rosso

goldsmith /ˈgəʊldsmɪθ/ s. orafo *m.*

golf /gɒlf/ s. (*sport*) golf *m. inv.* ♦ **g. club** circolo del golf, bastone da golf || **g. course** campo da golf

golfer /ˈgɒlfəʳ/ s. giocatore *m.* di golf

gone /gɒn/ **A** p.p. di **to go** **B** agg. **1** andato, finito **2** debole, sfinito

gong /gɒŋ/ s. gong *m. inv.*

good /gʊd/ (*comp.* **better**, *sup. rel.* **best**) **A** agg. **1** buono, bravo, bello **2** piacevole, felice **B** s. **1** bene *m.*, beneficio *m.* **2** al pl. beni *m. pl.*, merce *f.* ♦ **as g. as** praticamente, come || **for g.** per sempre || **g. evening** buonasera || **Good Friday** Venerdì santo || **g. heavens** caspita, diamine || **g. looking** prestante, bello || **g. manners** buona educazione || **g. morning** buongiorno || **g. night** buonanotte || **goods train** treno merci || **to be g. at** essere bravo in

goodbye /gʊ(d)ˈbaɪ/ inter. addio, arrivederci

goodness /ˈgʊdnɪs/ s. bontà *f.*, cortesia *f.* ♦ **my g.!** mamma mia!, caspiterina!

goodwill /ˌgʊdˈwɪl/ s. benevolenza *f.*, amicizia *f.*

goose /guːs/ (*pl.* **geese**) s. oca *f.*

gooseberry /ˈgʊzb(ə)rɪ/ s. uva *f.* spina

gooseflesh /ˈguːsflɛʃ/ s. pelle *f.* d'oca

to gore /gɔːʳ/ v.tr. incornare

gorge /gɔːdʒ/ s. gola *f.*

to gorge /gɔːdʒ/ **A** v.tr. rimpinzare **B** v.intr. rimpinzarsi

gorgeous /ˈgɔːdʒəs/ agg. stupendo, magnifico

gorilla /gəˈrɪlə/ s. gorilla *m. inv.*

gorse /gɔːs/ s. ginestrone *m.*

gory /ˈgɒrɪ/ agg. insanguinato, sanguinoso

gosh /gɒʃ/ inter. perbacco!

gospel /ˈgɒsp(ə)l/ s. vangelo *m.*

gossip /ˈgɒsɪp/ s. **1** chiacchiera *f.*, pettegolezzo *m.* **2** pettegolo *m.*

to gossip /ˈgɒsɪp/ v.intr. **1** chiacchierare **2** spettegolare

gossiper /ˈgɒsɪpəʳ/ s. pettegolo *m.*

gossipy /ˈgɒsɪpɪ/ agg. pettegolo

got /gɒt/ pass. e p.p. di **to get**
Gothic /ˈgɒθɪk/ agg. gotico
gotten /ˈgɒtn/ p.p. di **to get** (*USA*)
gouache /gʊˈɑːʃ/ s. (*arte*) guazzo *m.*
gourmet /ˈgʊəmeɪ/ s. buongustaio *m.*
gout /gaʊt/ s. (*med.*) gotta *f.*
to govern /ˈgʌv(ə)n/ v.tr. **1** governare, dirigere **2** controllare
government /ˈgʌvnmənt/ s. governo *m.*, amministrazione *f.*
governor /ˈgʌvənəʳ/ s. governatore *m.*, amministratore *m.*
gown /gaʊn/ s. **1** toga *f.* **2** veste *f.* lunga
to grab /græb/ v.tr. afferrare, agguantare ♦ **to g. at** tentare di afferrare
grace /greɪs/ s. grazia *f.*
to grace /greɪs/ v.tr. **1** abbellire **2** onorare
graceful /ˈgreɪsf(ʊ)l/ agg. leggiadro, elegante
gracious /ˈgreɪʃəs/ agg. **1** benevolo **2** misericordioso
gradation /grəˈdeɪʃ(ə)n/ s. gradazione *f.*
grade /greɪd/ s. **1** grado *m.* **2** categoria *f.*, qualità *f.* **3** (*USA*) classe *f.*, anno *m.* (di scuola) **4** (*USA*) voto *m.* (scolastico) ♦ **g. school** scuola elementare
to grade /greɪd/ v.tr. classificare
gradient /ˈgreɪdjənt/ s. **1** pendenza *f.*, inclinazione *f.* **2** gradiente *m.*
gradual /ˈgrædjʊəl/ agg. graduale
gradually /ˈgrædjʊəlɪ/ avv. gradualmente
graduate /ˈgrædjʊət/ s. **1** laureato *m.* **2** (*USA*) diplomato *m.* ♦ **college g.** laureato
to graduate /ˈgrædjʊeɪt/ v.intr. **1** laurearsi **2** (*USA*) diplomarsi
graduation /ˌgrædjʊˈeɪʃ(ə)n/ s. **1** laurea *f.* **2** graduazione *f.* **3** scala *f.* graduata
graffito /grɑːˈfiːtəʊ/ (*pl.* **graffiti**) s. graffito *m.*
graft[1] /grɑːft/ s. **1** (*bot.*) innesto *m.* **2** (*med.*) trapianto *m.*
graft[2] /grɑːft/ s. corruzione *f.*, peculato *m.*
to graft[1] /grɑːft/ v.tr. **1** (*bot.*) innestare **2** (*med.*) trapiantare
to graft[2] /grɑːft/ v.tr. guadagnare con mezzi illeciti
grain /greɪn/ s. **1** grano *m.*, granello *m.* **2** grana *f.*, (*del legno*) venatura *f.*
gram[1] /græm/ s. grammo *m.*
gram[2] /græm/ s. (*bot.*) cece *m.*
grammar /ˈgræməʳ/ s. grammatica *f.* ♦ **g. school** liceo, (*USA*) scuola elementare
grammatical /grəˈmætɪk(ə)l/ agg. grammaticale
granary /ˈgrænərɪ/ s. granaio *m.*
grand /grænd/ agg. **1** grandioso, imponente **2** grande, importante **3** complessivo ♦ **g. duke** granduca || **g. piano** pianoforte a coda
grandchild /ˈgræn(d)tʃaɪld/ (*pl.* **grandchildren**) s. (*di nonni*) nipote *m.* e *f.*
granddaughter /ˈgrænˌdɔːtəʳ/ s. (*di nonni*) nipote *f.*
grandeur /ˈgræn(d)ʒəʳ/ s. grandiosità *f.*
grandfather /ˈgræn(d)ˌfɑːðəʳ/ s. nonno *m.*
grandma /ˈgrænmɑː/ s. (*fam.*) nonna *f.*
grandmother /ˈgrænˌmʌðəʳ/ s. nonna *f.*
grandnephew /ˈgræn(d)ˌnɛvjuː/ s. pronipote *m.* e *f.*
grandniece /ˈgræn(d)ˌniːs/ s. pronipote *m.* e *f.*
grandpa /ˈgrænpɑː/ s. (*fam.*) nonno *m.*
grandparent /ˈgræn(d)ˌpɛər(ə)nt/ s. nonno *m.*, nonna *f.*
grandson /ˈgræn(d)sʌn/ s. (*di nonni*) nipote *m.*
granite /ˈgrænɪt/ s. granito *m.*
granny /ˈgrænɪ/ s. (*fam.*) nonna *f.*
grant /grɑːnt/ s. **1** concessione *f.*, assegnazione *f.* **2** sussidio *m.*, sovvenzione *f.* **3** borsa *f.* di studio
to grant /grɑːnt/ v.tr. **1** accordare, concedere **2** accogliere, esaudire **3** attribuire ♦ **to take st. for granted** dare q.c. per scontato
granular /ˈgrænjʊləʳ/ agg. granulare
granulation /ˌgrænjʊˈleɪʃ(ə)n/ s. granulazione *f.*
granule /ˈgrænjuːl/ s. granello *m.*
grape /greɪp/ s. **1** acino *m.* **2** al pl. uva *f.*
grapefruit /ˈgreɪpfruːt/ s. pompelmo *m.* ♦ **pink g.** pompelmo rosa
graph /græf/ s. grafico *m.*, diagramma *m.*
graphic /ˈgræfɪk/ agg. **1** grafico **2** esplicito, crudo
graphically /ˈgræfɪkəlɪ/ avv. graficamente
graphics /ˈgræfɪks/ s. pl. (*v. al sing.*) grafica *f.*
to grapple /ˈgræpl/ v.tr. afferrare, agganciare ♦ **to g. with** lottare con, essere alle prese con
grasp /grɑːsp/ s. **1** presa *f.*, stretta *f.* **2** padronanza *f.*, controllo *m.* **3** comprensione *f.*
to grasp /grɑːsp/ v.tr. **1** afferrare, stringere **2** comprendere ♦ **to g. at** cercare di afferrare
grass /grɑːs/ s. erba *f.*
grasshopper /ˈgrɑːsˌhɒpəʳ/ s. cavalletta *f.*
grassland /ˈgrɑːslænd/ s. prateria *f.*
grate /greɪt/ s. grata *f.*
to grate /greɪt/ **A** v.tr. grattugiare **B** v.intr. cigolare, stridere
grateful /ˈgreɪtf(ʊ)l/ agg. grato
gratefully /ˈgreɪtf(ʊ)lɪ/ avv. con gratitudine
grater /ˈgreɪtəʳ/ s. grattugia *f.*
to gratify /ˈgrætɪfaɪ/ v.tr. gratificare, compiacere
grating[1] /ˈgreɪtɪŋ/ s. griglia *f.*, grata *f.*
grating[2] /ˈgreɪtɪŋ/ **A** agg. stridulo **B** s. stridore *m.*
gratis /ˈgreɪtɪs/ avv. gratis
gratitude /ˈgrætɪtjuːd/ s. gratitudine *f.*
gratuity /grəˈtjuːɪtɪ/ s. mancia *f.*
grave[1] /greɪv/ s. tomba *f.*
grave[2] /greɪv/ agg. grave, serio
gravel /ˈgræv(ə)l/ s. ghiaia *f.*
gravelly /ˈgrævəlɪ/ agg. ghiaioso
gravestone /ˈgreɪvstəʊn/ s. pietra *f.* tombale
graveyard /ˈgreɪvˌjɑːd/ s. cimitero *m.*
gravity /ˈgrævɪtɪ/ s. **1** gravità *f.*, peso *m.* **2** serietà *f.*, solennità *f.*
gravy /ˈgreɪvɪ/ s. sugo *m.* di carne ♦ **g. boat** salsiera
gray /greɪ/ agg. (*USA*) → ***grey***
graze /greɪz/ s. escoriazione *f.*

to graze[1] /greɪz/ v.tr. **1** sfiorare **2** scalfire, escoriare, graffiare
to graze[2] /greɪz/ v.intr. pascolare
grazing /'greɪzɪŋ/ s. pascolo *m.* ◆ **g. land** terreno da pascolo
grease /gri:s/ s. **1** grasso *m.* **2** brillantina *f.* ◆ **g.-proof paper** carta oleata
to grease /gri:z/ v.tr. ungere, ingrassare, lubrificare
greasing /'gri:sɪŋ/ s. ingrassaggio *m.*
greasy /'gri:sɪ/ agg. untuoso, grasso
great /greɪt/ agg. **1** grande, grosso **2** grandioso **3** insigne, celebre ◆ **Great Dane** alano
great-grandfather /ˌgreɪt'græn(d)ˌfɑ:ðəʳ/ s. bisnonno *m.*
great-grandmother /ˌgreɪt'græn(d)ˌmʌ:ðəʳ/ s. bisnonna *f.*
greatly /'greɪtlɪ/ avv. molto, grandemente
greatness /'greɪtnɪs/ s. grandezza *f.*
grecism /'gri:sɪz(ə)m/ s. grecismo *m.*
greediness /'gri:dɪnɪs/ s. **1** avidità *f.* **2** golosità *f.*
greedy /'gri:dɪ/ agg. **1** avido **2** goloso
Greek /gri:k/ agg. e s. greco *m.*
green /gri:n/ **A** agg. **1** verde **2** giovane, fresco **3** inesperto **B** s. **1** verde *m.* **2** prato *m.* **3** al pl. verdura *f.* **4** ambientalista *m. e f.*, ecologista *m. e f.*
greengrocer /'gri:nˌgrəʊsəʳ/ s. fruttivendolo *m.*
greenhouse /'gri:nhaʊs/ s. serra *f.* ◆ **g. effect** effetto serra
greenish /'gri:nɪʃ/ agg. verdastro, verdino
to greet /gri:t/ v.tr. salutare
greeting /'gri:tɪŋ/ s. **1** saluto *m.* **2** al pl. auguri *m. pl.*
gregarious /grɪ'gɛərɪəs/ agg. **1** gregario **2** socievole
gremlin /'grɛmlɪn/ s. folletto *m.*
grenade /grɪ'neɪd/ s. (*mil.*) granata *f.*
grew /gru:/ pass. di **to grow**
grey /greɪ/ agg. grigio ◆ **g.-haired** brizzolato
greyhound /'greɪhaʊnd/ s. levriero *m.*
grid /grɪd/ s. **1** grata *f.*, griglia *f.* **2** reticolo *m.*, rete *f.*
grief /gri:f/ s. afflizione *f.*, dolore *m.*
grievance /'gri:v(ə)ns/ s. lagnanza *f.*, reclamo *m.*
to grieve /gri:v/ **A** v.tr. addolorare, affliggere **B** v.intr. addolorarsi, affliggersi ◆ **to g. at/for sb.** rattristarsi per qc.
grievous /'gri:vəs/ agg. doloroso, atroce ◆ **g. bodily harm** grave danno fisico, aggressione
griffin /'grɪfɪn/ s. grifone *m.*
grill /grɪl/ s. **1** griglia *f.*, grata *f.* **2** grigliata *f.*
to grill /grɪl/ v.tr. cuocere alla griglia, grigliare
grille /grɪl/ s. grata *f.*, griglia *f.*
grilled /grɪld/ agg. alla griglia
grim /grɪm/ agg. **1** orribile, sinistro **2** spietato, feroce **3** risoluto **4** sgradevole, repellente
grimace /grɪ'meɪs/ s. smorfia *f.*
grime /graɪm/ s. sporcizia *f.*
grin /grɪn/ s. **1** sogghigno *m.* **2** sorriso *m.*
grind /graɪnd/ s. **1** cigolio *m.* **2** (*fam.*) sgobbata *f.*
to grind /graɪnd/ (*pass. e p.p.* **ground**) v.tr. **1** macinare, frantumare **2** arrotare, affilare **3** smerigliare
grinder /'graɪndəʳ/ s. **1** arrotino *m.* **2** macina *f.*, macinino *m.* **3** (*dente*) molare *m.*
grinding /'graɪndɪŋ/ s. macinazione *f.*
grip /grɪp/ s. **1** stretta *f.*, presa *f.* **2** impugnatura *f.* **3** (*USA*) borsa *f.* da viaggio ◆ **get a g.!** datti una regolata!
to grip /grɪp/ v.tr. **1** stringere, impugnare **2** avvincere
grisly /'grɪzlɪ/ agg. orrendo, macabro
gristle /'grɪsl/ s. cartilagine *f.*
grit /grɪt/ s. **1** ghiaia *f.*, pietrisco *m.* **2** coraggio *m.*
grizzled /'grɪzld/ agg. brizzolato
groan /grəʊn/ s. gemito *m.*
to groan /grəʊn/ v.intr. gemere
grocer /'grəʊsəʳ/ s. droghiere *m.* ◆ **g.'s shop** drogheria
grocery /'grəʊsərɪ/ s. **1** drogheria *f.* **2** al pl. (*USA*) generi *m. pl.* alimentari
groggy /'grɒgɪ/ agg. stordito, intontito
groin /grɔɪn/ s. inguine *m.*
groom /gru:m/ s. **1** stalliere *m.* **2** sposo *m.*
to groom /gru:m/ v.tr. **1** pettinare **2** strigliare **3** educare, istruire
groove /gru:v/ s. scanalatura *f.*, incavo *m.*
to grope /grəʊp/ v.intr. brancolare, andare a tentoni ◆ **to g. for st.** cercare q.c. a tentoni
gross /grəʊs/ agg. **1** grossolano, evidente **2** volgare, scurrile **3** complessivo, lordo
grotesque /grə(ʊ)'tɛsk/ agg. grottesco
grotto /'grɒtəʊ/ s. grotta *f.*
grotty /'grɒtɪ/ agg. orrendo
ground[1] /graʊnd/ **A** pass. e p.p. di **to grind** **B** agg. **1** macinato **2** levigato **3** arrotato
ground[2] /graʊnd/ **A** agg. **1** terrestre, di terra **2** del suolo **3** di base **B** s. **1** terreno *m.*, terra *f.* **2** campo *m.* **3** (*di mare, lago*) fondo *m.* **4** sfondo *m.* **5** motivo *m.*, ragione *f.* **6** (*elettr.*) massa *f.*, terra *f.* **7** al pl. sedimenti *m. pl.*, fondi *m. pl.* ◆ **g. floor** pianterreno
to ground /graʊnd/ v.intr. **1** fondarsi, basarsi **2** (*naut.*) incagliarsi
grounding /'graʊndɪŋ/ s. **1** basi *f. pl.*, fondamento *m.* **2** messa *f.* a terra
groundless /'graʊndlɪs/ agg. infondato
groundwork /'graʊndˌwɜ:k/ s. fondamento *m.*
group /gru:p/ s. gruppo *m.*
to group /gru:p/ **A** v.tr. raggruppare, radunare **B** v.intr. raggrupparsi, radunarsi
grouper /'gru:pəʳ/ s. cernia *f.*
grouse /graʊs/ s. gallo *m.* cedrone
grove /grəʊv/ s. boschetto *m.*
to grovel /'grɒvl/ v.intr. **1** strisciare per terra **2** umiliarsi **3** supplicare
to grow /grəʊ/ (*pass.* **grew**, *p.p.* **grown**) **A** v.intr. **1** crescere, aumentare **2** diventare **B** v.tr. coltivare ◆ **to g. old** invecchiare || **to g. rich** arricchirsi || **to g. up** diventare adulto, crescere

grower /'grəʊəʳ/ s. coltivatore *m.*
to growl /graʊl/ v.intr. ringhiare, grugnire
grown /grəʊn/ p.p. di **to grow**
growth /grəʊθ/ s. **1** crescita *f.*, sviluppo *m.* **2** produzione *f.* **3** escrescenza *f.*
grub /grʌb/ s. **1** larva *f.* **2** (*fam.*) cibo *m.*
grubby /'grʌbɪ/ agg. sporco
grudge /grʌdʒ/ s. rancore *m.*
gruelling /'grʊəlɪŋ/ agg. faticoso
gruesome /'gru:səm/ agg. orribile
gruff /grʌf/ agg. **1** rude, aspro **2** roco
to grumble /'grʌmbl/ v.intr. lamentarsi, brontolare
grumpy /'grʌmpɪ/ agg. scontroso
to grunt /grʌnt/ v.intr. grugnire, borbottare
guarantee /ˌgær(ə)n'tɪ/ s. garanzia *f.*
to guarantee /ˌgær(ə)n'tɪ/ v.tr. garantire
guaranty /'gær(ə)ntɪ/ s. garanzia *f.*
guard /gɑ:d/ s. **1** guardia *f.*, custodia *f.* **2** guardiano *m.* **3** capotreno *m.*
to guard /gɑ:d/ **A** v.tr. sorvegliare, proteggere **B** v.intr. stare in guardia ♦ **to g. against st.** guardarsi da q.c.
guardian /'gɑ:djən/ s. **1** guardiano *m.*, custode *m.* **2** tutore *m.*
Guelph /gwɛlf/ s. guelfo *m.*
guerilla /gə'rɪlə/ s. guerriglia *f.*
guess /gɛs/ s. congettura *f.* ♦ **to take a g.** provare a indovinare
to guess /gɛs/ v.tr. e intr. indovinare, azzeccare
guest /gɛst/ s. **1** ospite *m. e f.*, invitato *m.* **2** (*d'albergo*) cliente *m. e f.* ♦ **g.-house** pensione || **g.-room** stanza degli ospiti
to guffaw /gʌ'fɔ:/ v.intr. sghignazzare
guidance /'gaɪdəns/ s. guida *f.*
guide /gaɪd/ s. **1** guida *f.*, cicerone *m.* **2** guida *f.*, manuale *m.*
to guide /gaɪd/ v.tr. guidare
guideline /'gaɪdlaɪn/ s. direttiva *f.*, orientamento *m.*
guild /gɪld/ s. corporazione *f.*, gilda *f.*
guile /gaɪl/ s. astuzia *f.*, furberia *f.*
guillotine /ˌgɪlə'ti:n/ s. ghigliottina *f.*
guilt /gɪlt/ s. colpa *f.*, colpevolezza *f.*
guilty /'gɪltɪ/ agg. colpevole
guinea-pig /'gɪnɪpɪg/ s. cavia *f.*, porcellino *m.* d'India
guise /gaɪz/ s. **1** sembianza *f.* **2** maschera *f.*
guitar /gɪ'tɑ:ʳ/ s. chitarra *f.*
guitarist /gɪ'tɑ:rɪst/ s. chitarrista *m. e f.*
gulf /gʌlf/ s. **1** golfo *m.* **2** abisso *m.*
gull /gʌl/ s. gabbiano *m.*
gullet /'gʌlɪt/ s. gola *f.*
gully /'gʌlɪ/ s. **1** burrone *m.*, gola *f.* **2** calanco *m.* **3** canale *m.*
gulp /gʌlp/ s. **1** sorso *m.* **2** boccone *m.*
to gulp /gʌlp/ **A** v.intr. deglutire **B** v.tr. inghiottire, tracannare
gum /gʌm/ s. **1** gomma *f.* **2** colla *f.* **3** caramella *f.* gommosa **4** gengiva *f.*
gumption /'gʌm(p)ʃ(ə)n/ s. coraggio *m.*, intraprendenza *f.*
gun /gʌn/ s. **1** fucile *m.*, pistola *f.*, arma *f.* da fuoco **2** cannone *m.*
gunman /'gʌnmən/ (*pl.* **gunmen**) s. **1** bandito *m.* **2** pistolero *m.*
gunpoint /'gʌnˌpɔɪnt/ s. mira *f.* ♦ **at g.** sotto tiro
gunpowder /'gʌnˌpaʊdəʳ/ s. polvere *f.* da sparo
gunshot /'gʌnʃɒt/ s. sparo *m.*
to gurgle /'gɜ:gl/ v.intr. gorgogliare
guru /'gʊru:/ s. guru *m. inv.*
gush /gʌʃ/ s. zampillo *m.*
to gush /gʌʃ/ v.intr. **1** sgorgare **2** entusiasmarsi (esageratamente)
gushing /'gʌʃɪŋ/ agg. zampillante
gust /gʌst/ s. raffica *f.*
gusto /'gʌstəʊ/ s. **1** godimento *m.*, piacere *m.* **2** fervore *m.*
guts /gʌts/ s. pl. **1** budella *f. pl.* **2** (*fig.*) coraggio *m.*, fegato *m.*
gutter /'gʌtəʳ/ s. **1** grondaia *f.* **2** cunetta *f.* **3** canale *m.* di scolo
guttural /'gʌt(ə)r(ə)l/ agg. gutturale
guy /gaɪ/ s. (*USA, fam.*) individuo *m.*, tipo *m.*
to guzzle /'gʌzl/ v.intr. gozzovigliare
gym /dʒɪm/ s. **1** palestra *f.* **2** ginnastica *f.*
gymnasium /dʒɪm'neɪzjəm/ s. palestra *f.*
gymnast /'dʒɪmnæst/ s. ginnasta *m. e f.*
gymnastics /dʒɪm'næstɪks/ s. pl. (*v. al sing.*) ginnastica *f.*
gyn(a)ecologist /ˌgaɪnɪ'kɒlədʒɪst/ s. ginecologo *m.*
gynaecology /ˌgaɪnɪ'kɒlədʒɪ/ s. ginecologia *f.*
to gyrate /ˌdʒaɪ'reɪt/ v.intr. girare, turbinare
gyroscope /'dʒaɪərəskəʊp/ s. giroscopio *m.*

h, H

haberdasher /ˈhæbədæʃəʳ/ s. merciaio *m.*
haberdashery /ˈhæbədæʃərɪ/ s. merceria *f.*
habit /ˈhæbɪt/ s. **1** abitudine *f.* **2** temperamento *m.* **3** (*relig.*) abito *m.*, tonaca *f.*
habitat /ˈhæbɪtæt/ s. habitat *m. inv.*
habitual /həˈbɪtjʊəl/ agg. **1** abituale **2** inveterato
hack[1] /hæk/ s. **1** spacco *m.*, fenditura *f.* **2** ferita *f.* **3** piccone *m.*
hack[2] /hæk/ s. **1** scribacchino *m.* **2** (*zool.*) ronzino *m.*
to hack /hæk/ **A** v.tr. **1** fare a pezzi **2** tagliare, eliminare **B** v.intr. fare l'hacker
hacker /hækəʳ/ s. (*inform.*) hacker *m. inv.*, pirata *m.* informatico
hackneyed /ˈhæknɪd/ agg. trito, banale
had /hæd, həd, əd/ pass. e p.p. di **to have**
haemo- → ***hemo-***
hag /hæg/ s. befana *f.*, strega *f.*
haggard /ˈhægəd/ agg. smunto, sparuto
to haggle /ˈhægl/ v.intr. **1** mercanteggiare **2** cavillare
hagiography /ˌhægɪˈɒgrəfɪ/ s. agiografia *f.*
hail[1] /heɪl/ s. **1** grandine *f.* **2** gragnuola *f.*
hail[2] /heɪl/ inter. salve, salute
to hail[1] /heɪl/ **A** v.intr. grandinare **B** v.tr. scagliare, lanciare
to hail[2] /heɪl/ v.tr. **1** chiamare, salutare, acclamare **2** (*per fermare*) fare un cenno
hailstone /ˈheɪlˌstəʊn/ s. chicco *m.* di grandine
hailstorm /ˈheɪlˌstɔːm/ s. grandinata *f.*
hair /hɛəʳ/ s. **1** capelli *m. pl.*, chioma *f.* **2** capello *m.* **3** pelo *m.* **4** (*di animale*) pelo *m.*, mantello *m.* ♦ **h.-raising** orripilante || **h.-splitting** pedanteria
hairbrush /ˈhɛəbrʌʃ/ s. spazzola *f.* (per capelli)
hair-clip /ˈhɛəklɪp/ s. molletta *f.*
haircut /ˈhɛəkʌt/ s. taglio *m.* di capelli
hairdo /ˈhɛəduː/ s. pettinatura *f.*
hairdresser /ˈhɛəˌdresəʳ/ s. parrucchiere *m.*
hairdryer /ˈhɛəˌdraɪəʳ/ s. asciugacapelli *m. inv.*, fon *m. inv.*
hairgrip /ˈhɛəgrɪp/ s. molletta *f.*
hairless /ˈhɛəlɪs/ agg. **1** calvo **2** glabro
hairpin /ˈhɛəpɪn/ s. molletta *f.* ♦ **h. bend, turn** tornante
hairspray /ˈhɛəspreɪ/ s. lacca *f.*
hairstyle /ˈhɛəstaɪl/ s. acconciatura *f.*
hairy /ˈhɛərɪ/ agg. **1** peloso, irsuto **2** (*fam.*) pericoloso, difficoltoso
hake /heɪk/ s. nasello *m.*
half /hɑːf/ (*pl.* **halves**) **A** agg. mezzo **B** s. **1** metà *f.*, mezzo *m.* **2** (*sport*) tempo *m.* **C** avv. mezzo, a metà ♦ **h.-and-h.** metà e metà, a metà || **h. an hour** mezz'ora || **h. brother** fratellastro || **h. sister** sorellastra || **h.-mast** mezz'asta || **h. moon** mezzaluna || **h.-price** metà prezzo || **h. time** (*sport*) intervallo || **not h.** molto, veramente || **two and a h.** due e mezzo
half-baked /ˌhɑːfˈbeɪkt/ agg. **1** cotto a metà **2** (*fig.*) mal preparato, sciocco
half-hearted /ˌhɑːfˈhɑːtɪd/ agg. apatico, tiepido
halfway /ˌhɑːfˈweɪ/ agg. e avv. **1** a metà strada **2** con scarso entusiasmo
halibut /ˈhælɪbət/ s. ippoglosso *m.*
hall /hɔːl/ s. **1** sala *f.*, salone *m.* **2** vestibolo *m.* **3** palazzo *m.*, villa *f.* **4** corridoio *m.*
hallmark /ˈhɔːlˌmɑːk/ s. **1** marchio *m.* di garanzia **2** (*fig.*) caratteristica *f.*
hallo /həˈləʊ/ inter. **1** ciao, salve **2** (*al telefono*) pronto
hallucination /həˌluːsɪˈneɪʃ(ə)n/ s. allucinazione *f.*
hallway /ˈhɔːlweɪ/ s. (*USA*) corridoio *m.*, vestibolo *m.*
halo /ˈheɪləʊ/ s. **1** aureola *f.* **2** alone *m.*
halt /hɔːlt/ **A** s. sosta *f.*, fermata *f.* **B** inter. alt!
to halt /hɔːlt/ **A** v.tr. **1** fermare **2** (*mil.*) far fare tappa a **B** v.intr. fermarsi
to halve /hɑːv/ v.tr. dimezzare, fare a metà di
halves /hɑːvz/ pl. di **half**
halyard /ˈhæljəd/ s. (*naut.*) drizza *f.*
ham[1] /hæm/ s. prosciutto *m.*
ham[2] /hæm/ s. (*fam.*) radioamatore *m.*
hamburger /ˈhæmbɜːgəʳ/ s. hamburger *m. inv.*
hamlet /ˈhæmlɪt/ s. borgo *m.*
hammer /ˈhæməʳ/ s. **1** martello *m.* **2** maglio *m.* **3** martelletto *m.* ♦ **h. drill** martello pneumatico
to hammer /ˈhæməʳ/ v.tr. e intr. martellare, battere
hammering /ˈhæmərɪŋ/ s. martellamento *m.*
hammock /ˈhæmək/ s. amaca *f.*
hamper /ˈhæmpəʳ/ s. cesta *f.*, paniere *m.*
to hamper /ˈhæmpəʳ/ v.tr. impedire, ostacolare
hamster /ˈhæmstəʳ/ s. criceto *m.*
hand /hænd/ s. **1** mano *f.* **2** manovale *m.*, operaio *m.* **3** (*di orologio*) lancetta *f.* **4** grafia *f.*, firma *f.* **5** aiuto *m.* **6** (*nel gioco delle carte*) mano *f.* **7** (*di banane*) casco *m.* ♦ **at h.** a portata di mano || **by h.** a mano || **h. luggage** bagaglio a mano || **in h.** a disposizione, sotto controllo || **on h.** a disposizione
to hand /hænd/ v.tr. dare, porgere ♦ **to h. back** restituire || **to h. out** distribuire || **to h. over** consegnare
handbag /ˈhæn(d)bæg/ s. borsetta *f.*
handball /ˈhæn(d)bɔːl/ s. pallamano *f.*
handbook /ˈhæn(d)bʊk/ s. manuale *m.*
handbrake /ˈhæn(d)breɪk/ s. freno *m.* a mano
handcart /ˈhæn(d)kɑːt/ s. carretto *m.*
to handcuff /ˈhæn(d)kʌf/ v.tr. ammanettare
handcuffs /ˈhæn(d)kʌfs/ s. pl. manette *f. pl.*
handful /ˈhæn(d)fʊl/ s. manciata *f.*
handhold /ˈhændhəʊld/ s. appiglio *m.*
handicap /ˈhændɪkæp/ s. **1** (*med.*) handicap *m. inv.* **2** ostacolo *m.*, svantaggio *m.* **3** (*sport*) handicap *m. inv.*

to handicap /ˈhændɪkæp/ **v.tr.** **1** ostacolare **2** (*sport*) dare un handicap
handicraft /ˈhændɪkrɑːft/ **s.** **1** artigianato *m.*, lavoro *m.* artigianale **2** abilità *f.* manuale
handiwork /ˈhændɪwɜːk/ **s.** **1** lavoro *m.* manuale **2** operato *m.*
handkerchief /ˈhæŋkətʃɪf/ **s.** fazzoletto *m.*, fazzoletto *m.* di cotone
handle /ˈhændl/ **s.** **1** manico *m.*, maniglia *f.*, impugnatura *f.* **2** (*fig.*) appiglio *m.*, pretesto *m.*
to handle /ˈhændl/ **v.tr.** **1** maneggiare, manipolare **2** trattare, occuparsi di ♦ **h. with care** maneggiare con cura
handlebar /ˈhændlbɑːʳ/ **s. spec. al pl.** manubrio *m.* (di bicicletta)
handling /ˈhændlɪŋ/ **s.** trattamento *m.*
handmade /ˌhæn(d)ˈmeɪd/ **agg.** fatto a mano ♦ **h. article** manufatto
handout /ˈhændaʊt/ **s.** **1** sussidio *m.*, elemosina *f.* **2** volantino *m.* **3** dichiarazione *f.* (per la stampa)
handrail /ˈhændˌreɪl/ **s.** corrimano *m.*
handshake /ˈhændʃeɪk/ **s.** stretta *f.* di mano
handsome /ˈhænsəm/ **agg.** **1** bello, prestante **2** generoso **3** considerevole
handwork /ˈhændwɜːk/ **s.** → ***handiwork***
handwriting /ˈhændˌraɪtɪŋ/ **s.** scrittura *f.*, grafia *f.*
handy /ˈhændɪ/ **agg.** **1** abile **2** maneggevole, manovrabile **3** comodo, utile **4** vicino, sottomano ♦ **to come in h.** tornare utile
handyman /ˈhændɪmæn/ (*pl.* **handymen**) **s.** tuttofare *m. inv.*
to hang /hæŋ/ (*pass. e p.p.* **to hung**) **A** **v.tr.** **1** appendere, sospendere **2** impiccare **B** **v.intr.** pendere, penzolare ♦ **to h. about** ciondolare, perdere tempo || **to h. on** aggrapparsi, aspettare || **to h. up** riattaccare (il telefono)
hangar /ˈhæŋəʳ/ **s.** hangar *m. inv.*
hanger /ˈhæŋəʳ/ **s.** **1** gruccia *f.* **2** gancio *m.* ♦ **h.-on** scroccone
hang-glider /ˈhæŋˌglaɪdəʳ/ **s.** deltaplano *m.*
hanging /ˈhæŋɪŋ/ **A** **agg.** sospeso, pendente **B** **s.** impiccagione *f.*
hangover /ˈhæŋˌəʊvəʳ/ **s.** postumi *m. pl.* di sbornia
hang-up /ˈhæŋʌp/ **s.** **1** (*fam.*) problema *m.* **2** (*inform.*) sospensione *f.*
hank /hæŋk/ **s.** matassa *f.*
to hanker /ˈhæŋkəʳ/ **v.intr.** desiderare ardentemente
hanky /ˈhæŋkɪ/ **s.** fazzoletto *m.*, fazzoletto *m.* di cotone ♦ **h.-panky** inganno, intrallazzi
haphazard /ˌhæpˈhæzəd/ **A** **agg.** casuale, fortuito **B** **avv.** a casaccio
to happen /ˈhæp(ə)n/ **v.intr.** **1** accadere, succedere **2** (*costr. pers.*) capitare, accadere (ES: ***I happened to loose my way home*** mi capitò di perdere la strada di casa) ♦ **as it happens** per puro caso
happening /ˈhæpənɪn/ **s.** avvenimento *m.*
happiness /ˈhæpɪnəs/ **s.** felicità *f.*
happy /ˈhæpɪ/ **agg.** felice, contento
happy-go-lucky /ˈhæpɪgo(ʊ)ˌlʌkɪ/ **agg.** spensierato
harangue /həˈræŋ/ **s.** arringa *f.*
to harangue /həˈræŋ/ **v.tr.** arringare
to harass /ˈhærəs/ **v.tr.** molestare
harassment /ˈhærəsmənt/ **s.** molestia *f.*
harbour /ˈhɑːbəʳ/ (*USA* **harbor**) **s.** porto *m.* ♦ **h. master** capitano del porto || **h. office** capitaneria
to harbour /ˈhɑːbəʳ/ (*USA* **to harbor**) **v.tr.** accogliere, ospitare
hard /hɑːd/ **A** **agg.** **1** duro **2** severo, spietato **3** difficile, gravoso **4** accanito **5** (*di bevanda*) forte, (*di droga*) pesante **B** **avv.** **1** energicamente, con forza **2** duramente, con difficoltà ♦ **h. disk** disco rigido, disco fisso, hard disk || **h. luck** sfortuna || **h. of hearing** duro d'orecchi || **to be h. on sb.** trattare qc. duramente || **to drink h.** bere molto || **to follow h. on sb.** seguire qc. da vicino || **to look h. at sb.** guardare attentamente qc.
hardback /ˈhɑːdˌbæk/ **s.** libro *m.* rilegato
hardcover /ˈhɑːdkʌvəʳ/ **agg.** rilegato
to harden /ˈhɑːd(ə)n/ **v.tr.** indurire, rassodare, temprare
hardheaded /ˌhɑːdˈhɛdɪd/ **agg.** ostinato, determinato
hardly /ˈhɑːdlɪ/ **avv.** **1** appena, a malapena **2** quasi ♦ **h. ever** quasi mai
hardness /ˈhɑːdnɪs/ **s.** durezza *f.*
hardship /ˈhɑːdʃɪp/ **s.** privazione *f.*, stento *m.*
hard-up /ˌhɑːdˈʌp/ **agg.** (*fam.*) **1** al verde **2** bisognoso di
hardware /ˈhɑːdwɛəʳ/ **s.** **1** ferramenta *f.* **2** attrezzi *m. pl.* **3** (*mil.*) armamenti *m. pl.* **4** (*inform.*) hardware *m. inv.*
hardwearing /ˈhɑːdwɛərɪŋ/ **agg.** resistente
hardy /ˈhɑːdɪ/ **agg.** robusto, resistente
hare /hɛəʳ/ **s.** lepre *f.*
hare-brained /ˈhɛəʳbreɪnd/ **agg.** scervellato
harm /hɑːm/ **s.** danno *m.*
to harm /hɑːm/ **v.tr.** nuocere a, danneggiare
harmful /ˈhɑːmf(ʊ)l/ **agg.** nocivo
harmless /ˈhɑːmlɪs/ **agg.** innocuo, inoffensivo
harmonica /hɑːˈmɒnɪkə/ **s.** armonica *f.*
harmonious /hɑːˈməʊnjəs/ **agg.** armonioso, melodioso
harmony /ˈhɑːm(ə)nɪ/ **s.** armonia *f.*, accordo *m.*
harness /ˈhɑːnɪs/ **s.** **1** finimenti *m. pl.* **2** imbracatura *f.* ♦ **to work in h.** lavorare insieme, cooperare
to harness /ˈhɑːnɪs/ **v.tr.** **1** mettere i finimenti **2** imbrigliare
harp /hɑːp/ **s.** arpa *f.*
to harp /hɑːp/ **v.intr.** suonare l'arpa ♦ **to h. on** insistere noiosamente
harpoon /hɑːˈpuːn/ **s.** arpione *m.*, fiocina *f.*, rampone *m.*
harquebus /ˈhɑːkwɪbəs/ **s.** archibugio *m.*
harrowing /ˈhærəʊɪŋ/ **agg.** straziante
harsh /hɑːʃ/ **agg.** **1** aspro, ruvido **2** duro, severo **3** stridente, stridulo **4** (*di clima*) rigido

hart /hɑːt/ s. cervo *m.* maschio
harvest /ˈhɑːvɪst/ s. mietitura *f.*, raccolto *m.* ♦ **grape h.** vendemmia
to harvest /ˈhɑːvɪst/ v.tr. mietere, fare il raccolto
has /hæz, həz, əz/ 3ª p. sing. pres. di **to have**
to hash /hæʃ/ v.tr. **1** tritare, sminuzzare **2** pasticciare
hashish /ˈhæʃiːʃ/ s. hashish *m. inv.*
hassle /ˈhæsl/ s. (*fam.*) **1** problema *m.* **2** scocciatura *f.*
haste /heɪst/ s. fretta *f.*, premura *f.*
to hasten /ˈheɪsn/ **A** v.tr. affrettare, sollecitare **B** v.intr. affrettarsi, precipitarsi
hasty /ˈheɪstɪ/ agg. **1** frettoloso, affrettato **2** sconsiderato
hat /hæt/ s. cappello *m.* ♦ **top h.** cilindro
hatch /hætʃ/ s. **1** portello *m.* **2** (*naut.*) boccaporto *m.*
hatchet /hætʃɪt/ s. accetta *f.*
hate /heɪt/ s. odio *m.*
to hate /heɪt/ v.tr. odiare, detestare
hateful /ˈheɪtf(ʊ)l/ agg. odioso
hatred /ˈheɪtrɪd/ s. odio *m.*
haughty /ˈhɔːtɪ/ agg. arrogante, superbo
haul /hɔːl/ s. **1** tiro *m.* **2** raccolta *f.*, retata *f.* **3** bottino *m.*
to haul /hɔːl/ v.tr. **1** tirare, trainare **2** trasportare
haulage /ˈhɔːlɪdʒ/ s. trasporto *m.*
haulier /ˈhɔːljəʳ/ s. autotrasportatore *m.*
haunch /hɔːn(t)ʃ/ s. **1** anca *f.*, fianco *m.* **2** (*in macelleria*) coscia *f.*
to haunt /hɔːnt/ v.tr. **1** frequentare, bazzicare **2** (*di fantasmi*) infestare **3** perseguitare
to have /hæv, həv, əv/ (*pass. e p.p.* **had**) v.tr. **1** (*ausiliare*) avere, essere (ES: ***have you seen it?*** l'hai visto?; ***she has already been here*** è già stata qui) **2** avere, possedere **3** ottenere, ricevere **4** prendere, mangiare, bere **5** fare, compiere **6** dovere (ES: ***I h. to stay at home tonight*** devo stare a casa questa sera)
haven /ˈheɪvn/ s. **1** porto *m.* **2** rifugio *m.* ♦ **safe h.** paradiso fiscale
haversack /ˈhævəsæk/ s. bisaccia *f.*
havoc /ˈhævək/ s. rovina *f.*, distruzione *f.*
Hawaiian /həˈwaɪɪən/ s. hawaiano *m.*
hawk /hɔːk/ s. falco *m.*
hay /heɪ/ s. fieno *m.* ♦ **h. fever** febbre da fieno
hayloft /ˈheɪˌlɒft/ s. fienile *m.*
haystack /ˈheɪˌstæk/ s. pagliaio *m.*
haywire /ˈheɪwaɪəʳ/ agg. confuso ♦ **to go h.** impazzire
hazard /ˈhæzəd/ s. **1** azzardo *m.*, rischio *m.*, pericolo *m.* **2** caso *m.*, sorte *f.*
to hazard /ˈhæzəd/ v.tr. **1** azzardare **2** rischiare
hazardous /ˈhæzədəs/ agg. rischioso, pericoloso
haze /heɪz/ s. **1** foschia *f.* **2** confusione *f.* mentale
hazel /ˈheɪzl/ **A** s. (*bot.*) nocciolo *m.* **B** agg. (color) nocciola
hazelnut /ˈheɪzlnʌt/ s. nocciola *f.*
hazy /ˈheɪzɪ/ agg. **1** nebbioso **2** confuso, indistinto

he /hɪ(ː)/ pron. pers. 3ª p. m. sing. egli, lui
head /hɛd/ **A** s. **1** testa *f.* **2** capo *m.* **3** cervello *m.*, mente *f.* **4** al pl. (*di moneta*) testa *f.* **B** agg. principale, centrale ♦ **h. office** sede centrale
to head /hɛd/ v.tr. **1** dirigere, capeggiare **2** intestare, intitolare **3** affrontare ♦ **to h. for** essere diretto a || **to h. off** precedere
headache /ˈhɛdeɪk/ s. cefalea *f.*, mal *m.* di testa
headdress /ˈhɛddrɛs/ s. **1** copricapo *m.* **2** acconciatura *f.*
headfirst /ˌhɛdˈfɜːst/ avv. a capofitto
heading /ˈhɛdɪŋ/ s. intestazione *f.*, titolo *m.*
headland /ˈhɛdlənd/ s. promontorio *m.*
headlight /ˈhɛdlaɪt/ s. faro *m.*, fanale *m.*
headline /ˈhɛdlaɪn/ s. titolo *m.*
headlong /ˈhɛdlɒŋ/ avv. **1** a capofitto **2** precipitosamente
headmaster /ˌhɛdˈmɑːstəʳ/ s. (*di scuola*) direttore *m.*, preside *m.*
head-on /ˌhɛdˈɒn/ agg. frontale
headphones /ˈhɛdfəʊnz/ s. pl. auricolari *m. pl.*, cuffie *f. pl.*
headquarters /ˈhɛdˌkwɔːtəz/ s. pl. **1** quartier *m.* generale **2** sede *f.* centrale
headrest /ˈhɛdrɛst/ s. poggiatesta *m. inv.*
headscarf /ˈhɛdskɑːf/ s. foulard *m. inv.*
headset /ˈhɛdsɛt/ s. auricolari *m. pl.*, cuffie *f. pl.*
headstrong /ˈhɛdstrɒŋ/ agg. ostinato, testardo
headway /ˈhɛdweɪ/ s. **1** (*naut.*) abbrivio *m.* **2** (*fig.*) progresso *m.*
heady /ˈhɛdɪ/ agg. eccitante
to heal /hiːl/ **A** v.tr. curare **B** v.intr. guarire, rimarginarsi
healing /ˈhiːlɪŋ/ s. guarigione *f.*
health /hɛlθ/ s. salute *f.* ♦ **h. farm** clinica della salute || **h. food** cibo naturale || **public h. office** ufficio di igiene
healthy /ˈhɛlθɪ/ agg. **1** sano **2** salubre
heap /hiːp/ s. cumulo *m.*, mucchio *m.*
to heap /hiːp/ v.tr. **1** accumulare, ammassare **2** riempire
to hear /hɪəʳ/ (*pass. e p.p.* **heard**) **A** v.tr. **1** sentire, udire **2** venire a sapere **3** ascoltare **B** v.intr. sentire ♦ **to h. about/of** sentir parlare di
heard /hɜːd/ pass. e p.p. di **to hear**
hearing /ˈhɪərɪŋ/ s. **1** udito *m.* **2** udienza *f.* ♦ **h. aid** apparecchio acustico
hearsay /ˈhɪəseɪ/ s. diceria *f.* ♦ **by h.** per sentito dire
heart /hɑːt/ s. **1** cuore *m.* **2** (*fig.*) centro *m.*, nucleo *m.* **3** al pl. (*carte da gioco*) cuori *m. pl.* ♦ **by h.** a memoria || **h. attack** attacco di cuore, infarto || **h. broken** desolato, affranto || **to lose h.** scoraggiarsi || **to take h.** farsi coraggio || **to take st. to h.** prendere q.c. a cuore
heartbeat /ˈhɑːtˌbiːt/ s. battito *m.* del cuore
heartbreak /ˈhɑːtˌbreɪk/ s. crepacuore *m. inv.*
heartbreaking /ˈhɑːtˌbreɪkɪŋ/ agg. straziante
heartbroken /ˈhɑːtˌbrəʊk(ə)n/ agg. straziato, affranto

heartburn /ˈhɑːtˌbɜːn/ s. bruciore *m.* di stomaco
heartfelt /ˈhɑːtfɛlt/ agg. sincero
hearth /hɑːθ/ s. focolare *m.*
heartily /ˈhɑːtɪlɪ/ avv. **1** cordialmente, di cuore **2** vigorosamente **3** assai, abbondantemente
heartless /ˈhɑːtlɪs/ agg. insensibile, crudele
hearty /ˈhɑːtɪ/ agg. **1** cordiale, caloroso **2** robusto, vigoroso
heat /hiːt/ s. **1** caldo *m.*, calore *m.* **2** foga *f.*, impeto *m.* **3** fornello *m.*, fuoco *m.*, fiamma *f.* **4** (*sport*) batteria *f.*
to heat /hiːt/ v.tr. scaldare, riscaldare
heated /ˈhiːtɪd/ agg. **1** riscaldato **2** (*fig.*) appassionato, animato
heater /ˈhiːtəʳ/ s. calorifero *m.*, stufa *f.*, impianto *m.* di riscaldamento
heath /hiːθ/ s. **1** brughiera *f.* **2** erica *f.*
heathen /ˈhiːð(ə)n/ agg. e s. pagano *m.*
heathenism /ˈhiːðənɪz(ə)m/ s. paganesimo *m.*
heather /ˈhɛðəʳ/ s. erica *f.*
heating /ˈhiːtɪŋ/ s. riscaldamento *m.* ◆ **central h.** riscaldamento centralizzato
heatstroke /ˈhiːtstrəʊk/ s. colpo *m.* di calore
to heave /hiːv/ (*pass. e p.p.* **heaved**, **hove**) **A** v.tr. **1** sollevare, alzare **2** gettare, lanciare, tirare **3** emettere **B** v.intr. **1** sollevarsi, alzarsi **2** ansimare
heaven /ˈhɛvn/ s. cielo *m.*, paradiso *m.*
heavenly /ˈhɛvnlɪ/ agg. celeste, divino
heavily /ˈhɛvɪlɪ/ avv. **1** pesantemente **2** assai, molto **3** duramente, fortemente
heaviness /ˈhɛvɪnɪs/ s. pesantezza *f.*
heavy /ˈhɛvɪ/ agg. **1** pesante, gravoso **2** grande, forte, violento **3** triste, grave **4** plumbeo ◆ **h.-set** robusto, ben piantato
Hebraic /hɪ(ː)ˈbreɪik/ agg. ebraico
Hebrew /ˈhiːbruː/ agg. e s. ebreo *m.*
hecatomb /ˈhɛkətəʊm/ s. ecatombe *f.*
hectare /ˈhɛktɑːʳ/ s. ettaro *m.*
hectic /ˈhɛktɪk/ agg. febbrile, agitato
hedge /hɛdʒ/ s. **1** siepe *f.* **2** barriera *f.*
to hedge /hɛdʒ/ v.tr. **1** circondare con una siepe **2** (*una domanda*) evitare, eludere
hedgehog /ˈhɛdʒhɒg/ s. (*zool.*) riccio *m.*
hedonism /ˈhiːdənɪz(ə)m/ s. edonismo *m.*
heed /hiːd/ s. attenzione *f.*, cura *f.* ◆ **to give h. to** dare ascolto a
to heed /hiːd/ v.tr. fare attenzione a
heedless /ˈhiːdlɪs/ agg. sbadato, disattento
heel[1] /hiːl/ s. **1** calcagno *m.*, tallone *m.* **2** tacco *m.*
heel[2] /hiːl/ s. (*naut.*) sbandamento *m.*
to heel /hiːl/ v.intr. (*naut.*) sbandare
hefty /ˈhɛftɪ/ agg. (*fam.*) forte, robusto
hegemony /hɪ(ː)ˈgɛmənɪ/ s. egemonia *f.*
heifer /ˈhɛfəʳ/ s. giovenca *f.*
height /haɪt/ s. **1** altezza *f.* **2** altitudine *f.* **3** cima *f.*, apice *m.*
to heighten /ˈhaɪtn/ **A** v.tr. accrescere, innalzare **B** v.intr. aumentare, innalzarsi
heir /ɛəʳ/ s. erede *m.*
heiress /ˈɛərɪs/ s. erede *f.*
heirloom /ˈɛəluːm/ s. **1** (*dir.*) bene *m.* spettante all'erede **2** cimelio *m.* di famiglia
held /hɛld/ pass. e p.p. di **to hold**
helicopter /ˈhɛlɪkɒptəʳ/ s. elicottero *m.*
heliotherapy /ˌhiːlɪo(ʊ)ˈθɛrəpɪ/ s. elioterapia *f.*
heliport /ˈhɛlɪpɔːt/ s. eliporto *m.*
helium /ˈhiːljəm/ s. elio *m.*
hell /hɛl/ s. inferno *m.*
Hellenic /hɛˈliːnɪk/ agg. ellenico
Hellenistic /ˌhɛlɪˈnɪstɪk/ agg. ellenistico
hellish /ˈhɛlɪʃ/ agg. infernale
hello /hɛˈləʊ/ inter. **1** salve, ciao **2** (*al telefono*) pronto
helm /hɛlm/ s. timone *m.*
helmet /ˈhɛlmɪt/ s. **1** elmetto *m.* **2** casco *m.*
help /hɛlp/ s. **1** aiuto *m.*, assistenza *f.* **2** rimedio *m.* **3** persona *f.* di servizio
to help /hɛlp/ v.tr. **1** aiutare, assistere, soccorrere **2** contribuire a, favorire **3** (*a tavola*) servire, passare **4** (*preceduto da 'can', 'could'*) fare a meno di, evitare ◆ **I can't h. laughing** non posso fare a meno di ridere || **it can't be helped** non c'è niente da fare || **to h. oneself** servirsi (da solo)
helper /ˈhɛlpəʳ/ s. aiutante *m. e f.*
helpful /ˈhɛlpf(ʊ)l/ agg. **1** servizievole **2** utile, vantaggioso
helping /ˈhɛlpɪŋ/ s. (*di cibo*) porzione *f.*
helpless /ˈhɛlplɪs/ agg. **1** indifeso **2** debole, impotente
hem /hɛm/ s. orlo *m.*, bordo *m.*
to hem /hɛm/ v.tr. orlare ◆ **to h. in** circondare
hemisphere /ˈhɛmɪsfɪəʳ/ s. emisfero *m.*
hemophilia /ˌhiːməʊˈfiliə/ s. emofilia *f.*
hemorrhage /ˈhɛmərɪdʒ/ s. emorragia *f.*
hemorrhoids /ˈhem(ə)rɔɪdz/ s. emorroidi *f. pl.*
hemostatic /ˌhiːmo(ʊ)ˈstætɪk/ agg. e s. emostatico *m.*
hemp /hɛmp/ s. canapa *f.*
hen /hɛn/ s. **1** gallina *f.* **2** (*di volatili*) femmina *f.* ◆ **h. house** pollaio
hence /hɛns/ avv. **1** da questo momento, di qui a **2** quindi, perciò ◆ **a week h.** fra una settimana
henceforth /ˌhɛnsˈfɔːθ/ avv. d'ora innanzi
henchman /ˈhɛn(t)ʃmən/ (*pl.* **henchmen**) s. tirapiedi *m.*, scagnozzo *m.*
henna /ˈhɛnə/ s. henné *m. inv.*
henpecked /ˈhɛnpɛkt/ agg. bistrattato dalla moglie
hepatic /hɪˈpætɪk/ agg. epatico
hepatitis /ˌhɛpəˈtaɪtɪs/ s. epatite *f.*
her /hɛːʳ, (h)əʳ/ **A** pron. pers. 3ª p. sing. f. (*compl.*) lei, la, a lei, le **B** agg. poss. (*riferito a possessore f.*) suo, sua, suoi, sue
heraldic /hɛˈrældɪk/ agg. araldico
heraldry /ˈhɛr(ə)ldrɪ/ s. araldica *f.*
herb /hɜːb/ s. erba *f.* ◆ **h. tea** tisana
herbaceous /hɜːˈbeɪʃəs/ agg. erbaceo

herbalist /ˈhɜːb(ə)lɪst/ s. erborista *m. e f.* ♦ **h.'s shop** erboristeria
herbarium /hɜːˈbeərɪəm/ s. erbario *m.*
herbicide /ˈhɜːbɪˌsaɪd/ s. erbicida *m.*
herbivorous /hɜːˈbɪvərəs/ agg. erbivoro
herd /hɜːd/ s. **1** mandria *f.*, gregge *m.* **2** moltitudine *f.*
here /hɪəʳ/ avv. **1** qua, qui **2** ecco ♦ **h.!** (*rispondendo a un appello*) presente! || **h. and now** qui e ora || **h. I am** eccomi || **h. he is** eccolo qui || **near h.** qua vicino || **up h.** quassù
hereafter /ˌhɪərˈɑːftəʳ/ avv. in avvenire
hereby /ˌhɪəˈbaɪ/ avv. con ciò, con la presente, così
hereditary /hɪˈrɛdɪt(ə)rɪ/ agg. ereditario
heredity /hɪˈrɛdɪtɪ/ s. eredità *f.*
herein /ˌhɪərˈɪn/ avv. (*comm.*) qui accluso
heresy /ˈhɛrəsɪ/ s. eresia *f.*
heretic /hɛˈrətɪk/ agg. e s. eretico *m.*
heretical /hɪˈrɛtɪk(ə)l/ agg. eretico
herewith /ˌhɪəˈwɪð/ avv. qui accluso
heritage /ˈhɛrɪtɪdʒ/ s. **1** eredità *f.* **2** retaggio *m.* ♦ **World Heritage** patrimonio dell'umanità
hermaphrodite /hɜːˈmæfrədaɪt/ agg. e s. ermafrodita *m.*
hermetic /hɜːˈmɛtɪk/ agg. ermetico
hermit /ˈhɜːmɪt/ s. eremita *m.*
hermitage /ˈhɜːmɪtɪdʒ/ s. eremo *m.*
hernia /ˈhɜːnjə/ s. ernia *f.*
hero /ˈhɪərəʊ/ s. eroe *m.*
heroic /hɪˈro(ʊ)ɪk/ agg. eroico
heroin /ˈhɛro(ʊ)ɪn/ s. (*chim.*) eroina *f.*
heroine /ˈhɛro(ʊ)ɪn/ s. eroina *f.*
heron /ˈhɛr(ə)n/ s. airone *m.*
herpes /ˈhɜːpiːz/ s. herpes *m. inv.*
herring /ˈhɛrɪŋ/ s. aringa *f.*
hers /hɜːz/ pron. poss. 3ª p. sing. (*riferito a possessore f.*) suo, sua, suoi, sue
herself /hɜːˈsɛlf/ pron. 3ª p. sing. f. **1** (*rifl.*) se stessa, si **2** (*enf.*) ella stessa, lei stessa ♦ **she is not h. today** oggi non sembra nemmeno lei
hesitant /ˈhɛzɪt(ə)nt/ agg. esitante
to hesitate /ˈhɛzɪteɪt/ v.intr. esitare
hesitation /ˌhɛzɪˈteɪʃ(ə)n/ s. esitazione *f.*
heterodox /ˈhɛt(ə)rədɒks/ agg. eterodosso
heterogeneous /ˌhɛtəro(ʊ)ˈdʒiːnjəs/ agg. eterogeneo
heterosexual /ˌhɛtəro(ʊ)ˈsɛksjʊəl/ agg. eterosessuale
heuristic /hjʊ(ə)ˈrɪstɪk/ agg. euristico
to hew /hjuː/ (*pass.* **hewed**, *p.p.* **hewed**, **hewn**) v.tr. tagliare, spaccare, fendere ♦ **to h. out** sbozzare, scavare, scolpire
hexagon /hɛkˈsəgən/ s. esagono *m.*
hexagonal /hɛkˈsægənl/ agg. esagonale
heyday /ˈheɪdeɪ/ s. apice *m.*, apogeo *m.*
hi /haɪ/ inter. ciao, salve
hiatus /haɪˈeɪtəs/ s. **1** iato *m.* **2** lacuna *f.*
to hibernate /ˈhaɪbɜːneɪt/ v.intr. ibernare, andare in letargo
hiccup /ˈhɪkʌp/ s. singhiozzo *m.*
to hiccup /ˈhɪkʌp/ v.intr. avere il singhiozzo
hid /hɪd/ pass. e p.p. di **to hide**
hidden /ˈhɪdn/ **A** p.p. di **to hide** **B** agg. **1** nascosto, segreto **2** ignoto
hide[1] /haɪd/ s. pellame *m.*
hide[2] /haɪd/ s. nascondiglio *m.*
to hide /haɪd/ (*pass.* **hid**, *p.p.* **hid**, **hidden**) **A** v.tr. nascondere **B** v.intr. nascondersi ♦ **to h. st. from sb.** nascondere q.c. a qc.
hide-and-seek /ˌhaɪdən(d)ˈsiːk/ s. nascondino *m.*
hideaway /ˈhaɪdəˌweɪ/ s. nascondiglio *m.*
hideous /ˈhɪdɪəs/ agg. ripugnante, orribile
hiding[1] /ˈhaɪdɪŋ/ s. occultamento *m.* ♦ **h.-place** nascondiglio || **to be in h.** tenersi nascosto
hiding[2] /ˈhaɪdɪŋ/ s. (*fam.*) bastonatura *f.*
hierarchic /ˌhaɪəˈrɑːkɪk/ agg. gerarchico
hierarchy /ˈhaɪərɑːkɪ/ s. gerarchia *f.*
hieratic /ˌhaɪəˈrætɪk/ agg. ieratico
hieroglyph /ˈhaɪərəglɪf/ s. geroglifico *m.*
high /haɪ/ **A** agg. **1** alto, elevato **2** forte, intenso, acuto **3** caro, costoso **4** avanzato, inoltrato **B** avv. **1** alto, in alto **2** fortemente ♦ **h. chair** seggiolone || **h. class** di prim'ordine || **h. court** corte suprema || **h. school** scuola secondaria || **h. season** alta stagione || **h. spirits** buonumore || **h. street** strada principale || **h. relief** altorilievo
highbrow /ˈhaɪˌbraʊ/ s. (*fam.*) intellettuale *m. e f.*, (*spreg.*) intellettualoide *m. e f.*
high-handed /ˌhaɪˈhændɪd/ agg. prepotente
highlight /ˈhaɪlaɪt/ s. **1** momento *m.* culminante **2** al pl. colpi *m. pl.* di sole
to highlight /ˈhaɪlaɪt/ v.tr. mettere in luce, evidenziare
highly /ˈhaɪlɪ/ avv. estremamente, molto, assai ♦ **h.-strung** nervoso || **to think h. of** avere una buona opinione di
highness /ˈhaɪnɪs/ s. altezza *f.*, elevatezza *f.* ♦ **His, Her Royal Highness** Sua Altezza Reale
high-pitched /ˌhaɪˈpɪtʃt/ agg. **1** (*di suono*) acuto **2** (*di tetto*) spiovente
high-speed /ˌhaɪˈspiːd/ agg. ad alta velocità
high-tech /ˌhaɪˈtɛk/ **A** s. alta tecnologia *f.* **B** agg. tecnologicamente avanzato
highway /ˈhaɪweɪ/ s. strada *f.* di grande comunicazione ♦ **h. code** codice della strada
to hijack /ˈhaɪˌdʒækʳ/ v.tr. dirottare
hijacker /ˈhaɪˌdʒækəʳ/ s. dirottatore *m.*
hijacking /ˈhaɪˌdʒækɪŋ/ s. dirottamento *m.*
hike /haɪk/ s. **1** escursione *f.* a piedi **2** (*fam.*) (*di prezzi*) aumento *m.*, impennata *f.*
to hike /haɪk/ **A** v.intr. fare un'escursione a piedi **B** v.tr. aumentare
hiker /ˈhaɪkəʳ/ s. escursionista *m. e f.*
hilarious /hɪˈlɛərɪəs/ agg. allegro, divertente
hill /hɪl/ s. **1** colle *m.*, collina *f.* **2** pendio *m.*
hillock /ˈhɪlək/ s. poggio *m.*
hillside /ˈhɪlˌsaɪd/ s. pendio *m.*

hilly /'hılı/ agg. collinoso
hilt /hılt/ s. elsa *f.*
him /hım, ım/ pron. pers. 3ª p. sing. m. (*compl.*) lui, lo, gli
himself /hım'self/ pron. 3ª p. sing. m. **1** (*rifl.*) se stesso, si **2** (*enf.*) egli stesso, proprio lui ♦ **(all) by h.** da solo, da sé || **he is not h. today** oggi non è proprio in sé
hind /haınd/ agg. posteriore
to hinder /'hındəʳ/ v.tr. **1** impedire **2** inceppare, ostacolare
hindrance /'hındr(ə)ns/ s. impaccio *m.*, ostacolo *m.*, impedimento *m.*
hindsight /'haındsaıt/ s. senno *m.* di poi
Hindu /'hındʊ/ agg. e s. indù *m. e f.*
hinge /hın(d)ʒ/ s. cardine *m.*, cerniera *f.*
to hinge /hın(d)ʒ/ v.intr. girare sui cardini ♦ **to h. on, upon** dipendere da
hint /hınt/ s. **1** cenno *m.*, traccia *f.*, allusione *f.* **2** piccola quantità *f.* **3** consiglio *m.*, suggerimento *m.*
to hint /hınt/ **A** v.tr. accennare, suggerire, insinuare **B** v.intr. fare insinuazioni, alludere ♦ **to h. at st.** insinuare q.c., alludere a q.c.
hinterland /'hıntəlænd/ s. hinterland *m. inv.*, retroterra *m. inv.*
hip /hıp/ s. anca *f.*
hippo /'hıpəʊ/ s. ippopotamo *m.*
hippocampus /ˌhıpo(ʊ)'kæmpəs/ s. ippocampo *m.*
hippodrome /'hıpədrəʊm/ s. ippodromo *m.*
hippopotamus /ˌhıpə'pɒtəməs/ s. ippopotamo *m.*
hire /'haıəʳ/ s. **1** noleggio *m.*, affitto *m.* **2** salario *m.* ♦ **h. purchase** acquisto (o vendita) rateale
to hire /'haıəʳ/ v.tr. **1** noleggiare, affittare **2** assumere, dare lavoro a ♦ **hired killer** sicario
his /hız, ız/ agg. e pron. poss. 3ª p. sing. (*riferito a possessore m.*) suo, sua, suoi, sue
Hispanic /hıs'pænık/ agg. e s. ispanico *m.*
hiss /hıs/ s. sibilo *m.*, fischio *m.*
to hiss /hıs/ v.intr. sibilare, fischiare
historian /hıs'tɔːrı(ə)n/ s. storico *m.*
historic(al) /hıs'tɒrık((ə)l)/ agg. storico
historiography /hısˌtɔːrı'ɒgrəfı/ s. storiografia *f.*
history /'hıst(ə)rı/ s. storia *f.*
histrion /'hıstrıən/ s. istrione *m.*
hit /hıt/ s. **1** colpo *m.*, urto *m.* **2** successo *m.*
to hit /hıt/ (*pass. e p.p.* **hit**) **A** v.tr. **1** battere, colpire, picchiare **2** incontrare, trovare **3** raggiungere **B** v.intr. urtare, entrare in collisione ♦ **to h. it off with sb.** andare d'accordo con qc., divertirsi tanto con qc. || **to h. on** trovare per caso, scoprire, imbattersi in
hitch /hıtʃ/ s. **1** strattone *m.*, sobbalzo *m.*, strappo *m.* (*anche fig.*) **2** intoppo *m.*, difficoltà *f.*
to hitch /hıtʃ/ **A** v.tr. **1** muovere a strattoni **2** attaccare **B** v.intr. **1** muoversi a sbalzi **2** attaccarsi, impigliarsi **3** (*pop.*) fare l'autostop ♦ **to h. up** sollevare, tirare su || **to get hitched** (*fam.*) sposarsi
to hitchhike /'hıtʃhaık/ v.intr. fare l'autostop
hitchhiker /'hıtʃˌhaıkəʳ/ s. autostoppista *m. e f.*
hitchhiking /'hıtʃˌhaıkıŋ/ s. autostop *m. inv.*
hitherto /ˌhıðə'tuː/ avv. finora
HIV /ˌeıtʃaı'viː/ s. HIV *m. inv.*
hive /haıv/ s. alveare *m.*
to hive /haıv/ v.intr. **1** entrare nell'alveare **2** vivere in comunità ♦ **to h. off** separare, sciamare
hoard /hɔːd/ s. **1** gruzzolo *m.* **2** al pl. scorte *f. pl.*
to hoard /hɔːd/ v.tr. accumulare, ammassare, accaparrare
hoarding /'hɔːdıŋ/ s. **1** staccionata *f.* **2** tabellone *m.* pubblicitario
hoarfrost /'hɔːˌfrɒst/ s. brina *f.*
hoarse /hɔːs/ agg. rauco
hoarseness /'hɔːsnıs/ s. raucedine *f.*
hoax /həʊks/ s. beffa *f.*, truffa *f.*
hob /hɒb/ s. piastra *f.* (di fornello)
to hobble /'hɒbl/ v.intr. zoppicare
hobby /'hɒbı/ s. hobby *m. inv.*, passatempo *m.*
hobbyhorse /'hɒbıhɔːs/ s. **1** cavalluccio *m.* di legno **2** (*fig.*) chiodo *m.* fisso
hobo /'həʊbəʊ/ s. (*USA, pop.*) vagabondo *m.*
hockey /'hɒkı/ s. hockey *m. inv.* ♦ **ice h.** hockey su ghiaccio
hoe /həʊ/ s. zappa *f.*
to hoe /həʊ/ v.tr. zappare
hog /hɒg/ s. maiale *m.*
to hog /hɒg/ v.tr. (*fam.*) monopolizzare, impossessarsi di
hoist /hɔıst/ s. paranco *m.*
to hoist /hɔıst/ v.tr. issare, sollevare
hold[1] /həʊld/ s. **1** presa *f.* **2** ascendente *m.*, influenza *f.* **3** sostegno *m.* ♦ **on h.** (*al telefono*) in linea || **to catch h. over** afferrare || **to have a h. over** avere il controllo su || **to get h.** ottenere, contattare
hold[2] /həʊld/ s. (*naut.*) stiva *f.*
to hold /həʊld/ (*pass. e p.p.* **held**) **A** v.tr. **1** tenere, mantenere **2** contenere **3** possedere, detenere, occupare **4** trattenere, fermare **5** ritenere, pensare **B** v.intr. **1** durare, continuare, persistere **2** essere valido ♦ **to h. back** trattenere, tener nascosto || **to h. down** tener giù, trattenere || **to h. off** rimandare, tenere a bada || **to h. on** aspettare, restare aggrappato a, (*al telefono*) rimanere in linea || **to h. out** resistere, offrire || **to h. up** bloccare, rapinare
holdall /'həʊldɔːl/ s. sacca *f.* da viaggio
holder /'həʊldəʳ/ s. **1** detentore *m.*, titolare *m. e f.* **2** contenitore *m.*
holding /'həʊldıŋ/ s. **1** possesso *m.* **2** tenuta *f.*, proprietà *f.* **3** patrimonio *m.*, dotazione *f.* **4** al pl. (*econ.*) azioni *f. pl.*, pacchetto *m.* azionario ♦ **h. company** holding, società finanziaria
holdup /'həʊldʌp/ s. **1** rapina *f.* a mano armata **2** (*nel traffico*) intoppo *m.*, ingorgo *m.*
hole /həʊl/ s. **1** buco *m.*, foro *m.*, apertura *f.* **2** tana *f.* **3** (*golf*) buca *f.*
to hole /həʊl/ v.tr. bucare, forare

holiday /'hɒlədeɪ/ s. **1** festività *f.*, giorno *m.* festivo **2** vacanza *f.* ♦ **h. camp** villaggio turistico || **h. resort** luogo di villeggiatura || **h. village** villaggio turistico

holidaymaker /'hɒlədeɪ,meɪkər/ s. vacanziere *m.*, villeggiante *m. e f.*

holiness /'həʊlɪnɪs/ s. santità *f.*

hollow /'hɒləʊ/ **A** agg. **1** cavo, incavato, vuoto **2** (*di suono*) cupo, sordo **3** vacuo, vano **B** s. **1** cavità *f.*, buca *f.* **2** valletta *f.*, avvallamento *m.*

to hollow /'hɒləʊ/ v.tr. incavare, scavare

holly /'hɒlɪ/ s. agrifoglio *m.*

holm-oak /həʊm/ s. leccio *m.*

holocaust /'hɒləkɔːst/ s. olocausto *m.*

holster /'həʊlstər/ s. fondina *f.*

holy /'həʊlɪ/ agg. sacro, santo

homage /'hɒmɪdʒ/ s. omaggio *m.* ♦ **to pay h. to** rendere omaggio a

home /həʊm/ **A** s. **1** casa *f.*, dimora *f.*, abitazione *f.* **2** patria *f.* **3** asilo *m.*, ricovero *m.* **4** (*sport*) meta *f.*, traguardo *m.*, porta *f.* **B** agg. attr. **1** casalingo, domestico, familiare **2** nazionale ♦ **h. address** domicilio || **h. cooking** cucina casalinga || **h. fire** focolare domestico || **h. life** vita familiare || **h. page** home page, pagina iniziale

homeland /'həʊmlænd/ s. patria *f.*

homeless /'həʊmlɪs/ agg. senzatetto ♦ **a h. person** un senzatetto

homely /'həʊmlɪ/ agg. **1** semplice, modesto **2** casalingo **3** bruttino

homemade /,həʊm'meɪd/ agg. fatto in casa, artigianale

homeopathic /,həʊmɪo'pæθɪk/ agg. omeopatico

homeopathy /,həʊmɪ'ɒpəθɪ/ s. omeopatia *f.*

homesick /'həʊmsɪk/ agg. nostalgico ♦ **to be h.** avere nostalgia (di casa)

homesickness /'həʊmsɪknɪs/ s. nostalgia *f.* (di casa)

homestead /'həʊmstɛd/ s. fattoria *f.*, tenuta *f.*

hometown /'həʊmtaʊn/ s. luogo *m.* di nascita, città *f.* di origine

homeward /'həʊmwəd/ **A** avv. verso casa **B** agg. di ritorno

homework /'həʊmwɜːk/ s. compiti *m. pl.* a casa

homicide /'hɒmɪsaɪd/ s. **1** omicidio *m.* **2** omicida *m. e f.*

homoeopathic /,həʊmɪəʊ'pæθɪk/ agg. omeopatico

homoeopathy /,həʊmɪ'ɒpəθɪ/ s. omeopatia *f.*

homogeneity /,hɒmo(ʊ)dʒɛ'niːtɪ/ s. omogeneità *f.*

homogeneous /,hɒmo(ʊ)'dʒiːnjəs/ agg. omogeneo

homogenized /ho(ʊ)'mɒdʒənaɪzd/ agg. omogeneizzato

to homologate /hɒ'mɒləgeɪt/ v.tr. omologare

homology /hɒ'mɒlədʒɪ/ s. omologia *f.*

homonym /'hɒmənɪm/ s. omonimo *m.*

homonymous /hɒ'mɒnɪməs/ agg. omonimo

homosexual /,həʊmo(ʊ)'sɛksjʊəl/ agg. e s. omosessuale *m. e f.*

honest /'ɒnɪst/ agg. **1** onesto, sincero, leale **2** semplice, genuino

honestly /'ɒnɪstlɪ/ avv. onestamente, sinceramente

honesty /'ɒnɪstɪ/ s. onestà *f.*

honey /'hʌnɪ/ s. **1** miele *m.* **2** (*fam.*) dolcezza *f.*, tesoro *m.* ♦ **h.-bee** ape domestica

honeycomb /'hʌnɪkəʊm/ s. favo *m.*, nido *m.* d'ape

honeyed /'hʌnɪd/ agg. **1** dolce **2** mellifluo

honeymoon /'hʌnɪmuːn/ s. luna *f.* di miele

honeysuckle /'hʌnɪ,sʌkl/ s. caprifoglio *m.*

to honk /hɒŋk/ v.intr. suonare il clacson

honor /'ɒnər/ s. (*USA*) **1** onore *m.* **2** al pl. onorificenza *f.*

to honor /'ɒnər/ v.tr. (*USA*) onorare

honorary /'ɒn(ə)rərɪ/ agg. onorario

honour /'ɒnər/ s. **1** onore *m.* **2** al pl. onorificenza *f.*

to honour /'ɒnər/ v.tr. onorare

honourable /'ɒn(ə)rəbl/ agg. onorevole

hood /hʊd/ s. **1** cappuccio *m.* **2** cappa *f.* **3** capote *f. inv.* **4** (*USA*) cofano *m.*

hoodlum /'hʊdl(ə)m/ s. (*pop.*) teppista *m.*

to hoodwink /'hʊdwɪŋk/ v.tr. ingannare

hoof /huːf/ s. (*zool.*) zoccolo *m.*

hook /hʊk/ s. **1** gancio *m.*, uncino *m.* **2** amo *m.*

to hook /hʊk/ v.tr. **1** agganciare, uncinare **2** prendere all'amo

hooligan /'huːlɪgən/ s. teppista *m. e f.*

hooliganism /'huːlɪg(ə)nɪz(ə)m/ s. teppismo *m.*

hoop¹ /huːp/ s. urlo *m.*, grido *m.*

hoop² /huːp/ s. cerchio *m.*, cerchione *m.*

hoopoe /'huːpuː/ s. upupa *f.*

hooray /hʊ'reɪ/ inter. urrà!

hoot /huːt/ s. **1** (*di civetta*) grido *m.* **2** fischio *m.* **3** colpo *m.* di clacson **4** (*fam.*) spasso *m.*

to hoot /huːt/ v.intr. **1** gridare, urlare **2** fischiare **3** suonare il clacson ♦ **to h. at sb.** fischiare qc.

hoover /'huːvər/ s. aspirapolvere *m. inv.*

hop¹ /hɒp/ s. salto *m.*

hop² /hɒp/ s. (*bot.*) luppolo *m.*

to hop /hɒp/ v.intr. saltare, saltellare

hope /həʊp/ s. speranza *f.*

to hope /həʊp/ v.tr. e intr. sperare ♦ **I h. so** spero di sì || **I h. not** spero di no

hopeful /'həʊpf(ʊ)l/ agg. **1** pieno di speranza **2** promettente

hopeless /'həʊplɪs/ agg. disperato, senza speranza

horde /hɔːd/ s. orda *f.*

horizon /hə'raɪzn/ s. orizzonte *m.*

horizontal /,hɒrɪ'zɒntl/ agg. orizzontale

hormone /'hɔːməʊn/ s. ormone *m.*

horn /hɔːn/ s. **1** corno *m.* **2** clacson *m. inv.*

horned /'hɔːnd/ agg. cornuto

hornet /'hɔːnɪt/ s. calabrone *m.*

horoscope /'hɒrəskəʊp/ s. oroscopo *m.*

horrendous /hɒ'rɛndəs/ agg. orrendo

horrible /'hɒrəbl/ agg. orribile

horrid /ˈhɒrɪd/ **agg.** orrido
horror /ˈhɒrəʳ/ **s.** orrore *m.*
hors d'oeuvre /ˌɔːˈdɜːvrə/ **s.** antipasto *m.*
horse /hɔːs/ **s.** cavallo *m.* ◆ **h. racing** ippica
horseback /ˈhɔːsbæk/ **s.** dorso *m.* di cavallo ◆ **on h.** a cavallo || **h. ride** cavalcata || **h. riding** equitazione
horse-chestnut /ˌhɔːsˈtʃes(t)nʌt/ **s.** ippocastano *m.*
horse-fly /ˈhɔːsflaɪ/ **s.** tafano *m.*
horseman /ˈhɔːsmən/ (*pl.* **horsemen**) **s.** cavallerizzo *m.*
horsepower /ˈhɔːsˌpaʊəʳ/ **s.** cavallo *m.* (vapore)
horseradish /ˈhɔːsˌrædɪʃ/ **s.** rafano *m.*
horseshoe /ˈhɔːsˌʃuː/ **s.** ferro *m.* di cavallo
horsewoman /ˈhɔːsˌwʊmən/ (*pl.* **horsewomen**) **s.** amazzone *f.*
horticulture /ˈhɔːtɪkʌltʃəʳ/ **s.** orticoltura *f.*
hose /həʊz/ **s.** **1** tubo *m.*, manichetta *f.* **2** calze *f. pl.*
hosiery /ˈhəʊʒərɪ/ **s.** maglieria *f.*, calzetteria *f.*
hospice /ˈhɒspɪs/ **s.** ospizio *m.*
hospitable /ˈhɒspɪt(ə)bl/ **agg.** ospitale
hospital /ˈhɒspɪtl/ **s.** ospedale *m.*
hospitality /ˌhɒspɪˈtælɪtɪ/ **s.** ospitalità *f.*
to hospitalize /ˈhɒspɪtəlaɪz/ **v.tr.** ospedalizzare, ricoverare in ospedale
host[1] /həʊst/ **A** **agg.** ospite, che ospita **B** **s.** **1** ospite *m.*, padrone *m.* di casa **2** (*radio, tv*) presentatore *m.*, conduttore *m.*
host[2] /həʊst/ **s.** schiera *f.*, moltitudine *f.*
to host /həʊst/ **v.tr.** **1** ospitare **2** (*radio, tv*) presentare
hostage /ˈhɒstɪdʒ/ **s.** ostaggio *m.*
hostel /ˈhɒst(ə)l/ **s.** ostello *m.*
hostess /ˈhəʊstɪs/ **s.** **1** ospite *f.*, padrona *f.* di casa **2** hostess *f. inv.*, assistente *f.*
hostile /ˈhɒstaɪl/ **agg.** ostile, nemico
hostility /hɒsˈtɪlɪtɪ/ **s.** ostilità *f.*
hot /hɒt/ **agg.** **1** caldo, rovente, bollente **2** piccante, forte **3** violento, ardente, focoso **4** ancora caldo, fresco, recente ◆ **h. air** aria fritta || **h. air balloon** mongolfiera || **h. dog** hot dog || **h. pepper** peperoncino || **h. topic** questione scottante || **h. tempered** collerico || **to be h.** (*di persona*) aver caldo, (*di cosa*) essere caldo, (*del tempo*) far caldo
hotbed /ˈhɒtbed/ **s.** focolaio *m.*
hotchpotch /ˈhɒtʃpɒtʃ/ **s.** **1** stufato *m.* **2** guazzabuglio *m.*
hotel /ho(ʊ)ˈtel/ **s.** albergo *m.* ◆ **h. keeper** albergatore || **h. maid** cameriera
hot-headed /ˌhɒtˈhedɪd/ **agg.** focoso, impetuoso
hotplate /ˈhɒtpleɪt/ **s.** piastra *f.* (di fornello elettrico)
hound /haʊnd/ **s.** (*zool.*) segugio *m.*
to hound /haʊnd/ **v.tr.** **1** cacciare con i cani **2** (*fig.*) perseguitare
hour /ˈaʊəʳ/ **s.** **1** ora *f.* **2** al pl. orario *m.* ◆ **an h. ago** un'ora fa || **at 9 on the h.** alle 9 in punto || **half an h.** mezz'ora || **peak hours** ore di punta || **rush h.** ora di punta
hourly /ˈaʊəlɪ/ **A** **agg.** **1** orario **2** continuo **B** **avv.** **1** ogni ora **2** d'ora in ora, da un momento all'altro **3** continuamente
house /haʊs/ **s.** **1** casa *f.*, abitazione *f.* **2** (*pol.*) Camera *f.* **3** teatro *m.*, pubblico *m.* **4** casata *f.*, dinastia *f.* **5** albergo *m.*, pensione *f.* **6** ditta *f.* ◆ **full h.** (*teatro*) tutto esaurito
to house /haʊz/ **v.tr.** ospitare, alloggiare
houseboat /ˈhaʊsbəʊt/ **s.** houseboat *f. inv.*, casa *f.* galleggiante
housebound /ˈhaʊsbaʊnd/ **agg.** costretto a stare in casa
housebreaker /ˈhaʊsˌbreɪkəʳ/ **s.** scassinatore *m.*
housecoat /ˈhaʊsˌkəʊt/ **s.** vestaglia *f.*
housekeeper /ˈhaʊsˌkiːpəʳ/ **s.** **1** governante *f.* **2** massaia *f.*
housekeeping /ˈhaʊsˌkiːpɪŋ/ **s.** gestione *f.* della casa
housemaid /ˈhaʊsˌmeɪd/ **s.** domestica *f.*
housewife /ˈhaʊswaɪf/ (*pl.* **housewives**) **s.** casalinga *f.*
housework /ˈhaʊswɜːk/ **s.** lavori *m. pl.* di casa
housing /ˈhaʊzɪŋ/ **s.** **1** alloggio *m.*, abitazione *f.* **2** rifugio *m.*
hovel /ˈhɒv(ə)l/ **s.** baracca *f.*
to hover /ˈhɒvəʳ/ **v.intr.** librarsi, stare sospeso
hovercraft /ˈhɒvəˌkrɑːft/ **s.** hovercraft *m. inv.*
how /haʊ/ **avv.** **1** (*in frasi interr. ed escl.*) come, in che modo **2** quanto **3** in qualunque modo ◆ **h. about...?** che ne diresti di...? || **h.'s that?** come mai? || **h. far is it?** quanto dista? || **h. long** quanto tempo || **h. much** quanto || **h. many** quanti || **h. often** quante volte || **h. old are you?** quanti anni hai?
however /haʊˈevəʳ/ **A** **avv.** comunque, per quanto **B** **cong.** comunque, tuttavia
howl /haʊl/ **s.** urlo *m.*, ululato *m.*
to howl /haʊl/ **v.intr.** urlare, ululare
hub /hʌb/ **s.** **1** (*di ruota*) mozzo *m.* **2** (*fig.*) centro *m.* ◆ **h. airport** hub
hubbub /ˈhʌbʌb/ **s.** confusione *f.*, fracasso *m.*
hubcap /ˈhʌbkæp/ **s.** (*mecc.*) coprimozzo *m.*
huddle /ˈhʌdl/ **s.** calca *f.*, folla *f.*
to huddle /ˈhʌdl/ **A** **v.tr.** ammucchiare (alla rinfusa) **B** **v.intr.** accalcarsi, affollarsi
hue[1] /hjuː/ **s.** tinta *f.*
hue[2] /hjuː/ **s.** grido *m.* ◆ **h. and cry** clamore
huff /hʌf/ **s.** stizza *f.* ◆ **to be in a h.** essere stizzito
hug /hʌg/ **s.** abbraccio *m.*
to hug /hʌg/ **v.tr.** abbracciare
huge /hjuːdʒ/ **agg.** enorme, immenso
hull /hʌl/ **s.** **1** guscio *m.* **2** (*naut.*) scafo *m.*
to hull /hʌl/ **v.tr.** sgranare, sgusciare
hullo /həˈləʊ/ → ***hello***
hum /hʌm/ **s.** ronzio *m.*, mormorio *m.*
to hum /hʌm/ **A** **v.intr.** **1** ronzare, mormorare **2** canticchiare **B** **v.tr.** **1** canticchiare **2** borbottare
human /ˈhjuːmən/ **A** **agg.** umano **B** **s.** essere *m.* umano
humane /hjʊ(ː)ˈmeɪn/ **agg.** umano, umanitario

humanism /'hju:mənɪz(ə)m/ **s.** umanesimo *m.*
humanist /'hju:mənɪst/ **s.** umanista *m. e f.*
humanitarian /hjʊ(:),mænɪ'tɛərɪən/ **agg.** umanitario
humanity /hjʊ(:)'mænɪtɪ/ **s.** umanità *f.*
humble /'hʌmbl/ **agg.** umile, modesto
to humble /'hʌmbl/ **v.tr.** umiliare, avvilire
humbug /'hʌmbʌg/ **s.** falsità *f.*, fandonia *f.*, imbroglio *m.*
humdrum /'hʌmdrʌm/ **agg.** monotono, noioso
humerus /'hju:mərəs/ **s.** omero *m.*
humid /'hju:mɪd/ **agg.** umido
humidifier /hjʊ(:)'mɪdɪfaɪə^r/ **s.** umidificatore *m.*
to humidify /hjʊ(:)'mɪdɪfaɪ/ **v.tr.** umidificare
humidity /hjʊ(:)'mɪdɪtɪ/ **s.** umidità *f.*
to humiliate /hjʊ(:)'mɪlɪeɪt/ **v.tr.** umiliare
humiliating /hjʊ(:)'mɪlɪeɪtɪŋ/ **agg.** umiliante
humiliation /hjʊ(:),mɪlɪ'eɪʃ(ə)n/ **s.** umiliazione *f.*
humility /hjʊ(:)'mɪlɪtɪ/ **s.** umiltà *f.*
humor /'hju:mə^r/ **s.** → ***humour***
humorist /'hju:mərɪst/ **s.** umorista *m. e f.*
humorous /'hju:m(ə)r(ə)s/ **agg.** **1** umoristico, divertente **2** arguto, spiritoso
humour /'hju:mə^r/ (*USA* **humor**) **s.** **1** umore *m.*, disposizione *f.* d'animo **2** umorismo *m.*, senso *m.* dell'umorismo ♦ **to be out of h.** essere di cattivo umore
hump /hʌmp/ **s.** **1** gobba *f.* **2** collinetta *f.* **3** (*pop.*) periodo *m.* difficile, situazione *f.* difficile
humpbacked /'hʌmpbækt/ **agg.** gobbo, curvo ♦ **h. bridge** ponte a schiena d'asino
hunch /hʌn(t)ʃ/ **s.** **1** gobba *f.*, gibbosità *f.* **2** (*pop.*) sospetto *m.*, impressione *f.*
hunchbacked /'hʌn(t)ʃbækt/ **agg.** gobbo, gibboso
hundred /'hʌndrəd/ **agg. num. card. e s.** cento *m. inv.* ♦ **by hundreds** a centinaia
hundredth /'hʌndrədθ/ **agg. num. ord. e s.** centesimo *m.*
hung /hʌŋ/ **pass. e p.p. di to hang**
Hungarian /hʌŋ'gɛərɪən/ **agg. e s.** ungherese *m. e f.*
hunger /'hʌŋgə^r/ **s.** fame *f.* ♦ **h. strike** sciopero della fame
to hunger /'hʌŋgə^r/ **v.intr.** avere fame di, desiderare ardentemente
hungry /'hʌŋgrɪ/ **agg.** **1** affamato **2** avido, bramoso ♦ **to be h.** aver fame
hunk /hʌŋk/ **s.** (*fam.*) **1** pezzo *m.* **2** bel pezzo *m.* d'uomo
hunt /hʌnt/ **s.** caccia *f.*
to hunt /hʌnt/ **A** **v.tr.** **1** cacciare **2** perlustrare, battere **B** **v.intr.** **1** andare a caccia **2** cercare ♦ **to h. out** scovare
hunter /'hʌntə^r/ **s.** cacciatore *m.*
hunting /'hʌntɪŋ/ **s.** caccia *f.*
hurdle /'hɜ:dl/ **s.** **1** graticcio *m.*, barriera *f.* **2** (*sport*) ostacolo *m.*
to hurl /hɜ:l/ **v.tr.** lanciare, scagliare
hurrah /hʊ'rɑ:/ **inter.** evviva!
hurricane /'hʌrɪkən/ **s.** uragano *m.*
hurried /'hʌrɪd/ **agg.** frettoloso, affrettato
hurry /'hʌrɪ/ **s.** fretta *f.*, premura *f.* ♦ **to be in a h.** avere fretta
to hurry /'hʌrɪ/ **A** **v.tr.** **1** affrettare, sollecitare **2** spedire in fretta **B** **v.intr.** affrettarsi, sbrigarsi
hurt /hɜ:t/ **s.** **1** ferita *f.* **2** danno *m.* **3** offesa *f.*
to hurt /hɜ:t/ (*pass. e p.p.* **hurt**) **A** **v.tr.** **1** ferire, far male a **2** offendere **3** danneggiare **B** **v.intr.** **1** far male **2** stare male ♦ **to h. oneself** ferirsi, farsi male
hurtful /'hɜ:tf(ʊ)l/ **agg.** **1** nocivo, dannoso **2** offensivo
to hurtle /'hɜ:tl/ **v.intr.** sfrecciare, precipitarsi
husband /'hʌzbənd/ **s.** marito *m.*
hush /hʌʃ/ **s.** silenzio *m.*, quiete *f.*
to hush /hʌʃ/ **A** **v.tr.** zittire, calmare **B** **v.intr.** far silenzio, tacere ♦ **to h. up** mettere a tacere, stare zitto
husk /hʌsk/ **s.** buccia *f.*, guscio *m.*
husky /'hʌskɪ/ **agg.** **1** rauco, fioco **2** robusto, aitante
Husky /'hʌskɪ/ **s.** (*cane*) husky *m. inv.*
to hustle /'hʌsl/ **A** **v.tr.** **1** far fretta, incalzare **2** spingere, spintonare **B** **v.intr.** **1** affrettarsi **2** spingere
hut /hʌt/ **s.** capanna *f.*, baracca *f.*
hutch /hʌtʃ/ **s.** gabbia *f.*
hyacinth /'haɪəsɪnθ/ **s.** giacinto *m.*
hybrid /'haɪbrɪd/ **agg. e s.** ibrido *m.*
hydrant /'haɪdr(ə)nt/ **s.** idrante *m.*
hydraulic /haɪ'drɔ:lɪk/ **agg.** idraulico
hydraulics /haɪ'drɔ:lɪks/ **s. pl.** (*v. al sing.*) idraulica *f.*
hydrobiology /,haɪdro(ʊ)baɪ'ɒlədʒɪ/ **s.** idrobiologia *f.*
hydrocarbon /,haɪdro(ʊ)'kɑ:bən/ **s.** idrocarburo *m.*
hydroelectric /,haɪdrəʊɪ'lektrɪk/ **agg.** idroelettrico
hydrofoil /'haɪdrəfɔɪl/ **s.** aliscafo *m.*
hydrogen /'haɪdrədʒ(ə)n/ **s.** idrogeno *m.*
hydrography /haɪ'drɒgrəfɪ/ **s.** idrografia *f.*
hydromassage /,haɪdrəʊmə'sɑ:ʒ/ **s.** idromassaggio *m.*
hydrophobia /,haɪdrə'fəʊbjə/ **s.** idrofobia *f.*
hydroponics /,haɪdrəʊ'pɒnɪks/ **s.** idrocoltura *f.*
hydrostatic /,haɪdro(ʊ)'stætɪk/ **agg.** idrostatico
hydrothermal /,haɪdro(ʊ)'θɜ:m(ə)l/ **agg.** idrotermale
hyena /haɪ'i:nə/ **s.** iena *f.*
hygiene /'haɪdʒi:n/ **s.** igiene *f.*
hygienic /haɪ'dʒi:nɪk/ **agg.** igienico
hygrometer /haɪ'grɒmɪtə^r/ **s.** igrometro *m.*
hymn /hɪm/ **s.** inno *m.*
hype /haɪp/ **s.** **1** lancio *m.* pubblicitario **2** montatura *f.* giornalistica
hypercritical /,haɪpə'krɪtɪk(ə)l/ **agg.** ipercritico
hypermarket /'haɪpə,mɑ:kɪt/ **s.** ipermercato *m.*
hypermetropia /,haɪpə(:)mɪ'trəʊpɪə/ **s.** ipermetropia *f.*
hypertension /,haɪpə'tenʃ(ə)n/ **s.** ipertensione *f.*
hyphen /'haɪf(ə)n/ **s.** trattino *m.*
to hyphenate /'haɪfəneɪt/ **v.tr.** unire (o dividere) parole con il trattino
hypnotism /'hɪpnətɪz(ə)m/ **s.** ipnotismo *m.*
to hypnotize /'hɪpnətaɪz/ **v.tr.** ipnotizzare

hypoallergenic /ˌhaɪpəʊˌælə'dʒɛnɪk/ agg. ipoallergenico
hypocrisy /hɪ'pɒkrəsɪ/ s. ipocrisia *f.*
hypocrite /'hɪpəkrɪt/ s. ipocrita *m. e f.*
hypocritical /ˌhɪpə'krɪtɪk(ə)l/ agg. ipocrita
hypogeum /ˌhaɪpə'dʒiːəm/ s. ipogeo *m.*
hypothesis /haɪ'pɒθɪsɪs/ (*pl.* **hypotheses**) s. ipotesi *f. inv.*
hypothetic(al) /ˌhaɪpə(ʊ)'θɛtɪk((ə)l)/ agg. ipotetico
hysteria /hɪs'tɪərɪə/ s. isterismo *m.*
hysteric(al) /hɪs'tɛrɪk((ə)l)/ agg. isterico
hysterics /hɪs'tɛrɪks/ s. pl. crisi *f.* isterica

i, I

I /aɪ/ pron. pers. 1ª p. sing. io
ice /aɪs/ s. **1** ghiaccio *m.* **2** gelo *m.* ♦ **i. breaker** (nave) rompighiaccio || **i. cream** gelato || **i. crusher** tritaghiaccio || **i. cube** cubetto di ghiaccio || **i. lolly** ghiacciolo || **i. pack** pack, banchisa || **i. pick** (nave) rompighiaccio || **i. rink** pista da pattinaggio
to ice /aɪs/ **A** v.tr. **1** ghiacciare, congelare **2** (*cuc.*) glassare **B** v.intr. ghiacciare ♦ **to i. over/up** coprirsi di ghiaccio
iceberg /'aɪsbɜːg/ s. iceberg *m. inv.*
icebox /'aɪsbɒks/ s. **1** ghiacciaia *f.* **2** (*USA*) frigorifero *m.*
ice-cream /ˌaɪs'kriːm/ s. gelato *m.*
Icelander /'aɪsləndəʳ/ s. islandese *m. e f.*
Icelandic /aɪs'lændɪk/ agg. islandese
ice-skating /'aɪsˌskeɪtɪŋ/ s. pattinaggio *m.* su ghiaccio
ichthyic /'ɪkθɪk/ agg. ittico
ichthyology /ˌɪkθɪ'ɒlədʒɪ/ s. ittiologia *f.*
icicle /'aɪsɪkl/ s. ghiacciolo *m.*
icing /'aɪsɪŋ/ **A** agg. glassato **B** s. glassa *f.* ♦ **i. sugar** zucchero a velo
icon /'aɪkɒn/ s. icona *f.*
iconoclast /aɪ'kɒnəklæst/ agg. iconoclasta
iconographic /aɪˌkɒnə'græfɪk/ agg. iconografico
iconography /ˌaɪkə'nɒgrəfɪ/ s. iconografia *f.*
icy /'aɪsɪ/ agg. gelato, gelido
idea /aɪ'dɪə/ s. idea *f.*
ideal /aɪ'dɪəl/ agg. e s. ideale *m.*
idealism /aɪ'dɪəlɪz(ə)m/ s. idealismo *m.*
to idealize /aɪ'dɪəlaɪz/ v.tr. idealizzare
ideation /ˌaɪdɪ'eɪʃ(ə)n/ s. ideazione *f.*
identical /aɪ'dɛntɪk(ə)l/ agg. identico
identifiable /aɪˌdɛntɪ'faɪəbl/ agg. identificabile
identification /aɪˌdɛntɪfɪ'keɪʃ(ə)n/ s. **1** identificazione *f.*, riconoscimento *m.* **2** documento *m.* d'identità
to identify /aɪ'dɛntɪfaɪ/ v.tr. identificare
identikit /aɪ'dɛntɪkɪt/ s. identikit *m. inv.*
identity /aɪ'dɛntɪtɪ/ s. identità *f.* ♦ **i. card** documento d'identità
ideogram /'ɪdɪə(ʊ)græm/ s. ideogramma *m.*
ideological /ˌaɪdɪə'lɒdʒɪk(ə)l/ agg. ideologico
ideology /ˌaɪdɪ'ɒlədʒɪ/ s. ideologia *f.*
idiocy /'ɪdɪəsɪ/ s. idiozia *f.*
idiom /'ɪdɪəm/ s. **1** idioma *m.* **2** espressione *f.* idiomatica
idiosyncrasy /ˌɪdɪə'sɪŋkrəsɪ/ s. idiosincrasia *f.*
idiot /'ɪdɪət/ s. idiota *m. e f.*
idiotic /ˌɪdɪ'ɒtɪk/ agg. idiota
idle /'aɪdl/ agg. **1** pigro, ozioso, sfaccendato **2** inutile, vano
to idle /'aɪdl/ v.intr. **1** oziare **2** (*di motore*) girare al minimo ♦ **to i. away** sprecare
idleness /'aɪdlnɪs/ s. **1** pigrizia *f.*, ozio *m.* **2** inutilità *f.*
idler /'aɪdləʳ/ s. fannullone *m.*
idol /'aɪdl/ s. idolo *m.*
idolatry /aɪ'dɒlətrɪ/ s. idolatria *f.*
to idolize /'aɪdəlaɪz/ v.tr. idolatrare
idyllic /aɪ'dɪlɪk/ agg. idilliaco
if /ɪf/ cong. se, posto che, nel caso che, qualora, anche se ♦ **if ever** se mai || **if I were you** se fossi in te || **if not** altrimenti || **if possible** possibilmente || **if so** in tal caso
to ignite /ɪg'naɪt/ v.tr. infiammare, dare fuoco
ignition /ɪg'nɪʃ(ə)n/ s. accensione *f.* ♦ **i. key** (*autom.*) chiave dell'accensione
ignoble /ɪg'nəʊbl/ agg. ignobile
ignorance /'ɪgn(ə)r(ə)ns/ s. ignoranza *f.*
ignorant /'ɪgn(ə)r(ə)nt/ agg. ignorante ♦ **to be i. of** ignorare
to ignore /ɪg'nɔːʳ/ v.tr. ignorare, trascurare
ilex /'aɪlɛks/ s. leccio *m.*
ill /ɪl/ **A** agg. (*comp.* **worse**, *sup. rel.* **worst**) **1** malato **2** cattivo, dannoso, nocivo **3** sfavorevole, avverso **B** s. **1** male *m.* **2** malattia *f.* **3** al pl. avversità *f.* **C** avv. **1** male, malamente **2** a mala pena, a stento ♦ **i. at ease** a disagio || **to fall i.** ammalarsi || **to feel i.** sentirsi male || **to speak i. of sb.** parlare male di qc.
ill-advised /ˌɪləd'vaɪzd/ agg. sconsiderato
illation /ɪ'leɪʃ(ə)n/ s. illazione *f.*
ill-bred /ˌɪl'brɛd/ agg. maleducato
illegal /ɪ'liːg(ə)l/ agg. illegale
illegality /ˌɪlɪ(ː)'gælɪtɪ/ s. illegalità *f.*

illegible /ɪˈlɛdʒəbl/ agg. illeggibile
illegitimate /ˌɪlɪˈdʒɪtɪmɪt/ agg. illegittimo
ill-fated /ˌɪlˈfeɪtɪd/ agg. sfortunato
illicit /ɪˈlɪsɪt/ agg. illecito
illiterate /ɪˈlɪt(ə)rɪt/ agg. e s. **1** analfabeta *m. e f.* **2** ignorante *m. e f.*
ill-mannered /ˌɪlˈmænəd/ agg. maleducato
illness /ˈɪlnɪs/ s. malattia *f.*
illogical /ɪˈlɒdʒɪk(ə)l/ agg. illogico
ill-tempered /ˌɪlˈtɛmpəd/ agg. irascibile
ill-timed /ˌɪlˈtaɪmd/ agg. inopportuno
to ill-treat /ˌɪlˈtriːt/ v.tr. maltrattare
to illuminate /ɪˈljuːmɪneɪt/ v.tr. **1** illuminare, rischiarare **2** miniare
illumination /ɪˌljuːmɪˈneɪʃ(ə)n/ s. **1** illuminazione *f.* **2** (*decorazione*) miniatura *f.*
illusion /ɪˈluːʒ(ə)n/ s. illusione *f.*
to illustrate /ˈɪləstreɪt/ v.tr. illustrare
illustration /ˌɪləsˈtreɪʃ(ə)n/ s. illustrazione *f.*
image /ˈɪmɪdʒ/ s. immagine *f.*
imagery /ˈɪmɪdʒ(ə)rɪ/ s. **1** immagini *f. pl.* **2** linguaggio *m.* figurato
imaginary /ɪˈmædʒɪn(ə)rɪ/ agg. immaginario
imagination /ɪˌmædʒɪˈneɪʃ(ə)n/ s. immaginazione *f.*
imaginative /ɪˈmædʒ(ɪ)nətɪv/ agg. fantasioso
to imagine /ɪˈmædʒɪn/ **A** v.tr. **1** immaginare **2** supporre, credere **B** v.intr. fantasticare
imbalance /ɪmˈbæləns/ s. squilibrio *m.*
imbecile /ˈɪmbɪsaɪl/ agg. imbecille
to imbue /ɪmˈbjuː/ v.tr. impregnare, permeare
to imitate /ˈɪmɪteɪt/ v.tr. imitare
imitation /ˌɪmɪˈteɪʃ(ə)n/ s. imitazione *f.*
imitator /ˈɪmɪteɪtəʳ/ s. imitatore *m.*
immaculate /ɪˈmækjʊlɪt/ agg. **1** immacolato **2** impeccabile
immanent /ˈɪmənənt/ agg. immanente
immaterial /ˌɪməˈtɪərɪəl/ agg. **1** indifferente, irrilevante **2** immateriale
immature /ˌɪməˈtjʊəʳ/ agg. immaturo
immeasurable /ɪˈmɛʒ(ə)rəbl/ agg. incommensurabile
immediate /ɪˈmiːdjət/ agg. immediato
immediately /ɪˈmiːdjətlɪ/ avv. immediatamente, subito
immemorial /ˌɪmɪˈmɔːrɪəl/ agg. immemorabile
immense /ɪˈmɛns/ agg. immenso
immensity /ɪˈmɛnsɪtɪ/ s. immensità *f.*
to immerse /ɪˈmɜːs/ v.tr. immergere
immersion /ɪˈmɜːʃ(ə)n/ s. immersione *f.*
immigrant /ˈɪmɪgr(ə)nt/ agg. e s. immigrante *m. e f.*
to immigrate /ˈɪmɪgreɪt/ v.intr. immigrare
immigration /ˌɪmɪˈgreɪʃ(ə)n/ s. immigrazione *f.*
imminent /ˈɪmɪnənt/ agg. imminente
to immobilize /ɪˈməʊbɪlaɪz/ v.tr. immobilizzare
immoderate /ɪˈmɒd(ə)rɪt/ agg. smodato
immodest /ɪˈmɒdɪst/ agg. **1** immodesto **2** indecoroso
immoral /ɪˈmɒr(ə)l/ agg. immorale
immortal /ɪˈmɔːtl/ agg. e s. immortale *m. e f.*
immortality /ˌɪmɔːˈtælɪtɪ/ s. immortalità *f.*
to immortalize /ɪˈmɔːtəlaɪz/ v.tr. immortalare
immovable /ɪˈmuːvəbl/ agg. **1** immobile, immutabile **2** impassibile ♦ **i. estate** beni immobili
immune /ɪˈmjuːn/ agg. immune ♦ **i. system** sistema immunitario
immunity /ɪˈmjuːnɪtɪ/ s. immunità *f.*
to immunize /ˈɪmjʊ(ː)naɪz/ v.tr. immunizzare
immutable /ɪˈmjuːtəbl/ agg. immutabile
imp /ɪmp/ s. diavoletto *m.*, folletto *m.*
impact /ˈɪmpækt/ s. impatto *m.*
to impair /ɪmˈpɛəʳ/ v.tr. **1** indebolire **2** danneggiare
impairment /ɪmˈpɛəmənt/ s. **1** indebolimento *m.* **2** danneggiamento *m.*, menomazione *f.*
to impale /ɪmˈpeɪl/ v.tr. **1** impalare **2** immobilizzare con lo sguardo
impalpable /ɪmˈpælpəbl/ agg. impalpabile
to impart /ɪmˈpɑːt/ v.tr. **1** impartire **2** comunicare, rivelare **3** distribuire
impartial /ɪmˈpɑːʃ(ə)l/ agg. imparziale
impartiality /ɪmˌpɑːʃɪˈælɪtɪ/ s. imparzialità *f.*
impassable /ɪmˈpɑːsəbl/ agg. invalicabile, impraticabile
impasse /æmˈpɑːs/ s. impasse *f. inv.*
impassioned /ɪmˈpæʃ(ə)nd/ agg. appassionato
impassive /ɪmˈpæsɪv/ agg. impassibile
impatience /ɪmˈpeɪʃ(ə)ns/ s. **1** impazienza *f.* **2** intolleranza *f.*
impatient /ɪmˈpeɪʃ(ə)nt/ agg. **1** impaziente **2** intollerante
impeccable /ɪmˈpɛkəbl/ agg. impeccabile
to impede /ɪmˈpiːd/ v.tr. impedire, ostacolare
impediment /ɪmˈpɛdɪmənt/ s. impedimento *m.*, ostacolo *m.*
impeller /ɪmˈpɛləʳ/ s. **1** ventola *f.* **2** (*mecc.*) girante *f.*
impending /ɪmˈpɛndɪŋ/ agg. incombente, imminente
impenetrable /ɪmˈpɛnɪtrəbl/ agg. impenetrabile
imperative /ɪmˈpɛrətɪv/ **A** agg. **1** imperativo, imperioso, perentorio **2** (*gramm.*) imperativo **B** s. **1** imperativo *m.*, obbligo *m.* **2** (*gramm.*) imperativo *m.*
imperceptible /ˌɪmpəˈsɛptəbl/ agg. impercettibile
imperfect /ɪmˈpɜːfɪkt/ **A** agg. **1** imperfetto, difettoso **2** (*gramm.*) imperfetto **B** s. (*gramm.*) imperfetto *m.*
imperfection /ˌɪmpəˈfɛkʃ(ə)n/ s. imperfezione *f.*
imperial /ɪmˈpɪərɪəl/ agg. imperiale
imperialism /ɪmˈpɪərɪəlɪz(ə)m/ s. imperialismo *m.*
impersonal /ɪmˈpɜːsən(ə)l/ agg. impersonale
to impersonate /ɪmˈpɜːsəneɪt/ v.tr. **1** impersonare **2** spacciarsi per
impertinent /ɪmˈpɜːtɪnənt/ agg. impertinente
imperturbable /ˌɪmpə(ː)ˈtɜːbəbl/ agg. imperturbabile
impervious /ɪmˈpɜːvjəs/ agg. **1** impervio, inaccessibile **2** insensibile
impetuosity /ɪmˌpɛtjʊˈɒsɪtɪ/ s. impetuosità *f.*
impetuous /ɪmˈpɛtjʊəs/ agg. impetuoso
impetus /ˈɪmpɪtəs/ s. impeto *m.*, impulso *m.*

to impinge /ɪm'pɪn(d)ʒ/ **v.intr. 1** urtare contro **2** contrastare **3** violare
implacable /ɪm'plækəbl/ **agg.** implacabile
implement /'ɪmplɪmənt/ **s.** arnese *m.*, utensile *m.*, attrezzo *m.*
to implement /'ɪmplɪmənt/ **v.tr.** realizzare, compiere, implementare
to implicate /'ɪmplɪkeɪt/ **v.tr.** implicare
implication /ˌɪmplɪ'keɪʃ(ə)n/ **s. 1** implicazione *f.*, coinvolgimento *m.* **2** insinuazione *f.*
implicit /ɪm'plɪsɪt/ **agg. 1** implicito **2** completo, assoluto
implied /ɪm'plaɪd/ **agg.** implicito
to implore /ɪm'plɔːʳ/ **v.tr.** implorare, scongiurare, supplicare
impluvium /ɪm'pluːvjəm/ **s.** impluvio *m.*
to imply /ɪm'plaɪ/ **v.tr. 1** implicare, sottintendere **2** comportare
impolite /ˌɪmpə'laɪt/ **agg.** scortese
import /'ɪmpɔːt/ **s.** importazione *f.*
to import /ɪm'pɔːt/ **v.tr.** importare
importance /ɪm'pɔːt(ə)ns/ **s.** importanza *f.*
important /ɪm'pɔːtənt/ **agg.** importante
importation /ˌɪmpɔː'teɪʃ(ə)n/ **s.** importazione *f.*
importer /ɪm'pɔːtəʳ/ **s.** importatore *m.*
to importune /ɪm'pɔːtjuːn/ **v.tr.** importunare
to impose /ɪm'pəʊz/ **v.tr.** imporre ♦ **to i. on** approfittare di
imposing /ɪm'pəʊzɪŋ/ **agg.** imponente
imposition /ˌɪmpə'zɪʃ(ə)n/ **s.** imposizione *f.*
impossibility /ɪmˌpɒsə'bɪlɪtɪ/ **s.** impossibilità *f.*
impossible /ɪm'pɒsəbl/ **agg.** impossibile
imposture /ɪm'pɒstʃəʳ/ **s.** impostura *f.*, inganno *m.*
impotent /'ɪmpətənt/ **agg.** impotente
to impound /ɪm'paʊnd/ **v.tr.** confiscare, sequestrare
to impoverish /ɪm'pɒv(ə)rɪʃ/ **v.tr. 1** impoverire **2** indebolire
impracticable /ɪm'præktɪkəbl/ **agg. 1** impraticabile **2** inattuabile
impractical /ɪm'præktɪkl/ **agg.** non pratico
imprecation /ˌɪmprɪ'keɪʃ(ə)n/ **s.** imprecazione *f.*
impregnable /ɪm'prɛgnəbl/ **agg. 1** inespugnabile **2** (*fig.*) inoppugnabile
to impregnate /'ɪmprɛgneɪt/ **v.tr.** impregnare
to impress /ɪm'prɛs/ **v.tr. 1** imprimere **2** impressionare
impression /ɪm'prɛʃ(ə)n/ **s. 1** impressione *f.*, impronta *f.* **2** stampa *f.*, tiratura *f.* **3** (*fig.*) impressione *f.*, effetto *m.*
impressionism /ɪm'prɛʃnɪz(ə)m/ **s.** impressionismo *m.*
impressive /ɪm'prɛsɪv/ **agg.** che colpisce (favorevolmente), di grande effetto
imprint /'ɪmprɪnt/ **s. 1** impronta *f.*, impressione *f.* **2** sigla *f.*, marchio *m.*
to imprison /ɪm'prɪzn/ **v.tr.** imprigionare
imprisonment /ɪm'prɪznmənt/ **s.** prigionia *f.*, reclusione *f.*
improbable /ɪm'prɒbəbl/ **agg.** improbabile
improper /ɪm'prɒpəʳ/ **agg. 1** improprio **2** scorretto, sbagliato **3** sconveniente
to improve /ɪm'pruːv/ **A v.tr.** migliorare, perfezionare **B v.intr.** migliorare, perfezionarsi
improvement /ɪm'pruːvmənt/ **s.** miglioramento *m.*, perfezionamento *m.*, progresso *m.*
to improvise /'ɪmprəvaɪz/ **v.tr. e intr.** improvvisare
imprudence /ɪm'pruːd(ə)ns/ **s.** imprudenza *f.*, leggerezza *f.*
imprudent /ɪm'pruːdənt/ **agg.** imprudente
impudence /'ɪmpjʊd(ə)ns/ **s.** impudenza *f.*, sfacciataggine *f.*
impudent /'ɪmpjʊdənt/ **agg.** impudente, sfacciato
impulse /'ɪmpʌls/ **s.** impulso *m.*
impulsive /ɪm'pʌlsɪv/ **agg.** impulsivo
impure /ɪm'pjʊəʳ/ **agg.** impuro
impurity /ɪm'pjʊərɪtɪ/ **s.** impurità *f.*
in /ɪn/ **A prep. 1** (*stato in luogo, posizione, condizione*) in, a, dentro (ES: ***in Milan*** a Milano; ***in light of*** alla luce di) **2** (*tempo*) in, entro, durante, fra, di (ES: ***in spring*** in primavera; ***in the evening*** di sera) **3** (*limitazione, misura, modo*) in, di, su (ES: ***Italy is rich in monuments*** l'Italia è ricca di monumenti; ***one in a million*** uno su un milione) **4** (*seguito da un gerundio*) nell'atto di, in, *idiom.* (ES: ***in driving home*** nel tornare a casa, tornando a casa in auto) **B avv.** dentro, in casa
inability /ɪnə'bɪlɪtɪ/ **s.** inabilità *f.*, incapacità *f.*
inaccessible /ˌɪnæk'sɛsəbl/ **agg.** inaccessibile
inaccuracy /ɪn'ækjʊrəsɪ/ **s.** imprecisione *f.*, inesattezza *f.*
inaccurate /ɪn'ækjʊrɪt/ **agg.** impreciso, inesatto
inactive /ɪn'æktɪv/ **agg.** inattivo
inactivity /ˌɪnæk'tɪvɪtɪ/ **s.** inattività *f.*, inerzia *f.*
inadequate /ɪn'ædɪkwɪt/ **agg.** inadeguato
inadmissible /ˌɪnəd'mɪsəbl/ **agg.** inammissibile
inadvertence /ˌɪnəd'vɜːt(ə)ns/ **s.** sbadataggine *f.*, disattenzione *f.*
inadvertently /ˌɪnəd'vɜːt(ə)ntlɪ/ **avv.** inavvertitamente
inadvisable /ɪnəd'vaɪzəbl/ **agg.** sconsigliabile
inalienable /ɪn'eɪljənəbl/ **agg.** inalienabile
inane /ɪ'neɪn/ **agg.** vacuo, insensato
inanimate /ɪn'ænɪmɪt/ **agg.** inanimato
inappropriate /ˌɪnə'prəʊprɪɪt/ **agg.** non appropriato, inadeguato
inapt /ɪn'æpt/ **agg. 1** improprio, inadatto **2** incapace
inarticulate /ˌɪnɑː'tɪkjʊlɪt/ **agg. 1** inarticolato **2** che si esprime con difficoltà
inasmuch /ˌɪnəz'mʌtʃ/ **avv.** in quanto ♦ **i. as** visto che, in quanto che
inattentive /ˌɪnə'tɛntɪv/ **agg.** disattento
inaudible /ɪn'ɔːdəbl/ **agg.** impercettibile
inaugural /ɪ'nɔːgjʊr(ə)l/ **agg.** inaugurale
to inaugurate /ɪ'nɔːgjʊreɪt/ **v.tr.** inaugurare
inauguration /ɪˌnɔːgjʊ'reɪʃ(ə)n/ **s.** inaugurazione *f.*
inauspicious /ˌɪnɔːs'pɪʃəs/ **agg.** nefasto

inboard /ˈɪnˌbɔːd/ **agg. e avv.** entrobordo
inborn /ˌɪnˈbɔːn/ **agg.** innato
inbred /ˌɪnˈbrɛd/ **agg.** innato
incalculable /ɪnˈkælkjʊləbl/ **agg.** incalcolabile
incapable /ɪnˈkeɪpəbl/ **agg.** incapace
to incapacitate /ˌɪnkəˈpæsɪteɪt/ **v.tr. 1** rendere incapace **2** (*dir.*) dichiarare incapace
to incarnate /ˈɪnkɑːneɪt/ **v.tr.** incarnare
incense /ˈɪnsɛns/ **s.** incenso *m.*
to incense /ˈɪnsɛns/ **v.tr. 1** incensare **2** esasperare, provocare
incentive /ɪnˈsɛntɪv/ **s.** incentivo *m.*
incessant /ɪnˈsɛsnt/ **agg.** incessante
incest /ˈɪnsɛst/ **s.** incesto *m.*
inch /ɪn(t)ʃ/ **s.** (*misura*) pollice *m.*
to inch /ɪn(t)ʃ/ **v.tr.** muovere gradatamente ♦ **to i. forward** avanzare poco alla volta
incidence /ˈɪnsɪdəns/ **s.** incidenza *f.*
incident /ˈɪnsɪdənt/ **A agg. 1** inerente **2** incidente **B s.** incidente *m.*, caso *m.*
incidental /ˌɪnsɪˈdɛntl/ **agg. 1** incidentale, accessorio **2** casuale, accidentale
incidentally /ˌɪnsɪˈdɛntlɪ/ **avv.** incidentalmente, tra l'altro, tra parentesi
incision /ɪnˈsɪʒ(ə)n/ **s.** incisione *f.*
incisive /ɪnˈsaɪsɪv/ **agg.** incisivo
incisor /ɪnˈsaɪzə^r/ **s.** incisivo *m.*
to incite /ɪnˈsaɪt/ **v.tr.** incitare
incivility /ˌɪnsɪˈvɪlɪtɪ/ **s.** inciviltà *f.*
inclinable /ɪnˈklaɪnəbl/ **agg.** inclinabile
inclination /ˌɪnklɪˈneɪʃ(ə)n/ **s.** inclinazione *f.*, disposizione *f.*
incline /ɪnˈklaɪn/ **s.** pendenza *f.*
to incline /ɪnˈklaɪn/ **A v.tr.** inclinare **B v.intr.** tendere, propendere
to include /ɪnˈkluːd/ **v.tr.** includere, comprendere
inclusive /ɪnˈkluːsɪv/ **agg. 1** inclusivo, comprendente **2** complessivo
incoherent /ˌɪnko(ʊ)ˈhɪərənt/ **agg.** incoerente
income /ˈɪnkʌm/ **s.** reddito *m.*, entrata *f.* ♦ **i. tax** imposta sul reddito
incoming /ˈɪnˌkʌmɪŋ/ **agg. 1** entrante, subentrante **2** in arrivo **3** (*di marea*) montante
incomparable /ɪnˈkɒmp(ə)rəbl/ **agg.** incomparabile
incompetent /ɪnˈkɒmpɪt(ə)nt/ **agg.** incompetente, incapace
incomplete /ˌɪnkəmˈpliːt/ **agg.** incompleto
incomprehensible /ɪnˌkɒmprɪˈhɛnsəbl/ **agg.** incomprensibile
incomprehension /ɪnˌkɒmprɪˈhɛnʃ(ə)n/ **s.** incomprensione *f.*
inconceivable /ˌɪnkənˈsiːvəbl/ **agg.** inconcepibile
inconclusive /ˌɪnkənˈkluːsɪv/ **agg.** inconcludente
incongruous /ɪnˈkɒŋgrʊəs/ **agg.** incongruente
inconsequent /ɪnˈkɒnsɪkwənt/ **agg.** incongruente, illogico
inconsiderate /ˌɪnkənˈsɪd(ə)rɪt/ **agg.** sconsiderato, avventato
inconsistency /ˌɪnkənˈsɪst(ə)nsɪ/ **s.** incoerenza *f.*
inconsistent /ˌɪnkənˈsɪstənt/ **agg.** incoerente
inconspicuous /ˌɪnkənˈspɪkjʊəs/ **agg.** non appariscente
inconstant /ɪnˈkɒnstənt/ **agg.** incostante
inconvenience /ˌɪnkənˈviːnjəns/ **s.** disturbo *m.*, disagio *m.*
to inconvenience /ˌɪnkənˈviːnjəns/ **v.tr.** disturbare
inconvenient /ˌɪnkənˈviːnjənt/ **agg.** fastidioso, scomodo
to incorporate /ɪnˈkɔːpəreɪt/ **A v.tr. 1** incorporare **2** includere, comprendere **B v.intr.** incorporarsi, fondersi
incorrect /ˌɪnkəˈrɛkt/ **agg.** scorretto
incorrectness /ˌɪnkəˈrɛktnɪs/ **s.** scorrettezza *f.*
incorruptible /ˌɪnkəˈrʌptəbl/ **agg.** incorruttibile
increase /ˈɪnkriːs/ **s.** aumento *m.*, incremento *m.*
to increase /ɪnˈkriːs/ **A v.tr.** accrescere, aumentare **B v.intr.** crescere, ingrandirsi
increasing /ɪnˈkriːsɪŋ/ **agg.** crescente
incredible /ɪnˈkrɛdəbl/ **agg.** incredibile
incredulous /ɪnˈkrɛdjʊləs/ **agg.** incredulo
increment /ˈɪnkrɪmənt/ **s.** incremento *m.*
to incriminate /ɪnˈkrɪmɪneɪt/ **v.tr.** incriminare
incubation /ˌɪnkjʊˈbeɪʃ(ə)n/ **s.** incubazione *f.*
incubator /ˈɪnkjʊbeɪtə^r/ **s.** incubatrice *f.*
to inculcate /ˈɪnkʌlkeɪt/ **v.tr.** inculcare
incumbent /ɪnˈkʌmbənt/ **agg.** incombente
incunabulum /ˌɪnkjʊ(ː)ˈnæbjʊləm/ **s.** incunabolo *m.*
to incur /ɪnˈkɜː^r/ **v.tr. 1** incorrere in **2** esporsi a (un rischio) **3** attirarsi
incurable /ɪnˈkjʊərəbl/ **agg.** incurabile
indebted /ɪnˈdɛtɪd/ **agg. 1** indebitato **2** obbligato
indecent /ɪnˈdiːs(ə)nt/ **agg.** indecente
indecipherable /ˌɪndɪˈsaɪf(ə)rəbl/ **agg.** indecifrabile
indecision /ˌɪndɪˈsɪʒ(ə)n/ **s.** indecisione *f.*
indecisive /ˌɪndɪˈsaɪsɪv/ **agg. 1** indeciso **2** non decisivo
indeed /ɪnˈdiːd/ **A avv.** realmente, infatti, in verità **B inter.** davvero ♦ **no i.!** no davvero! || **yes i.!** certamente!
indefatigable /ˌɪndɪˈfætɪgəbl/ **agg.** instancabile
indefinable /ˌɪndɪˈfaɪnəbl/ **agg.** indefinibile
indefinite /ɪnˈdɛfɪnɪt/ **agg.** indefinito
indefinitely /ɪnˈdɛf(ə)nɪtlɪ/ **avv.** indefinitamente
indelible /ɪnˈdɛlɪbl/ **agg.** indelebile
indemnification /ɪnˌdɛmnɪfɪˈkeɪʃ(ə)n/ **s.** indennizzo *m.*
to indemnify /ɪnˈdɛmnɪfaɪ/ **v.tr.** indennizzare
indemnity /ɪnˈdɛmnɪtɪ/ **s. 1** indennità *f.* **2** assicurazione *f.*
to indent /ɪnˈdɛnt/ **A v.tr. 1** dentellare **2** frastagliare **3** ammaccare **4** (*un testo scritto*) rientrare **B v.intr.** essere frastagliato
independence /ˌɪndɪˈpɛndəns/ **s.** indipendenza *f.*

independent /ˌɪndɪˈpendənt/ **agg.** indipendente
indestructible /ˌɪndɪsˈtrʌktəbl/ **agg.** indistruttibile
indeterminate /ˌɪndɪˈtɜːmɪnɪt/ **agg.** indeterminato
indeterminateness /ˌɪndɪˈtɜːmɪnɪtnɪs/ **s.** indeterminatezza *f.*
index /ˈɪndɛks/ **s.** **1** indice *m.* **2** elenco *m.*, catalogo *m.* ♦ **i. finger** (dito) indice || **i. book** rubrica (telefonica)
Indian /ˈɪndjən/ **agg.** e **s.** indiano *m.*
to indicate /ˈɪndɪkeɪt/ **v.tr.** indicare, mostrare
indication /ˌɪndɪˈkeɪʃ(ə)n/ **s.** indicazione *f.*
indicative /ɪnˈdɪkətɪv/ **agg.** indicativo
indicator /ˈɪndɪkeɪtəʳ/ **s.** **1** indicatore *m.* **2** (*autom.*) freccia *f.*
indictment /ɪnˈdaɪtmənt/ **s.** (*dir.*) accusa *f.*
indifference /ɪnˈdɪfr(ə)ns/ **s.** indifferenza *f.*
indifferent /ɪnˈdɪfr(ə)nt/ **agg.** **1** indifferente **2** neutrale **3** mediocre
indigenous /ɪnˈdɪdʒɪnəs/ **agg.** indigeno
indigestible /ˌɪndɪˈdʒɛstəbl/ **agg.** indigesto
indigestion /ˌɪndɪˈdʒɛstʃ(ə)n/ **s.** **1** indigestione *f.* **2** cattiva gestione *f.*
indignant /ɪnˈdɪgnənt/ **agg.** indignato
indignation /ˌɪndɪgˈneɪʃ(ə)n/ **s.** indignazione *f.*, sdegno *m.*
indignity /ɪnˈdɪgnɪtɪ/ **s.** trattamento *m.* indegno, oltraggio *m.*
indigo /ˈɪndɪgəʊ/ **s.** indaco *m.*
indirect /ˌɪndɪˈrɛkt/ **agg.** indiretto
indiscreet /ˌɪndɪsˈkriːt/ **agg.** **1** indiscreto **2** sconsiderato
indiscriminate /ˌɪndɪsˈkrɪmɪnɪt/ **agg.** indiscriminato
indispensable /ˌɪndɪsˈpɛnsəbl/ **agg.** indispensabile
indisposition /ˌɪndɪspəˈzɪʃ(ə)n/ **s.** indisposizione *f.*
indisputable /ˌɪndɪsˈpjuːtəbl/ **agg.** indiscutibile
indissoluble /ˌɪndɪˈsɒljʊbl/ **agg.** indissolubile
indistinct /ˌɪndɪsˈtɪŋkt/ **agg.** indistinto
individual /ˌɪndɪˈvɪdjʊəl/ **A** **agg.** **1** individuale **2** particolare **B** **s.** individuo *m.*
individualism /ˌɪndɪˈvɪdjʊəlɪz(ə)m/ **s.** individualismo *m.*
individualist /ˌɪndɪˈvɪdjʊəlɪst/ **agg.** e **s.** individualista *m.* e *f.*
to individualize /ˌɪndɪˈvɪdjʊəlaɪz/ **v.tr.** individuare
individually /ˌɪndɪˈvɪdjʊəlɪ/ **avv.** individualmente
indivisible /ˌɪndɪˈvɪzəbl/ **agg.** indivisibile
indoctrination /ɪnˌdɒktrɪˈneɪʃ(ə)n/ **s.** indottrinamento *m.*
Indo-European /ˈɪndo(ʊ)ˌjʊərəˈpiːən/ **agg.** indoeuropeo
indolent /ˈɪndələnt/ **agg.** indolente
indoor /ˈɪndɔːʳ/ **agg.** interno, al coperto ♦ **i. plant** pianta da appartamento
indoors /ˌɪnˈdɔːz/ **avv.** in casa, all'interno, al coperto ♦ **to go i.** entrare in casa
to induce /ɪnˈdjuːs/ **v.tr.** **1** indurre, persuadere **2** provocare
inducement /ɪnˈdjuːsmənt/ **s.** incentivo *m.*, stimolo *m.*
to indulge /ɪnˈdʌldʒ/ **A** **v.tr.** **1** indulgere, abbandonarsi, concedersi il lusso **2** appagare, soddisfare **B** **v.intr.** concedersi, permettersi
indulgence /ɪnˈdʌldʒ(ə)ns/ **s.** **1** indulgenza *f.*, compiacenza *f.* **2** appagamento *m.*
indulgent /ɪnˈdʌldʒənt/ **agg.** indulgente
industrial /ɪnˈdʌstrɪəl/ **agg.** industriale ♦ **i. action** agitazione sindacale || **i. estate, park** zona industriale
industrialization /ɪnˌdʌstrɪəlaɪˈzeɪʃ(ə)n/ **s.** industrializzazione *f.*
industrious /ɪnˈdʌstrɪəs/ **agg.** industrioso, operoso
industry /ˈɪndəstrɪ/ **s.** **1** industria *f.* **2** industriosità *f.*, operosità *f.*
inebriate /ɪˈniːbrɪɪt/ **agg.** e **s.** ubriaco *m.*
inedible /ɪnˈɛdɪbl/ **agg.** immangiabile
ineffective /ˌɪnɪˈfɛktɪv/ **agg.** **1** inefficace **2** incapace, inefficiente
inefficiency /ˌɪnɪˈfɪʃ(ə)nsɪ/ **s.** inefficienza *f.*
inefficient /ˌɪnɪˈfɪʃ(ə)nt/ **agg.** inefficiente, inefficace
ineluctable /ˌɪnɪˈlʌktəbl/ **agg.** ineluttabile
inept /ɪˈnɛpt/ **agg.** inetto
inequality /ˌɪnɪ(ː)ˈkwɒlɪtɪ/ **s.** **1** ineguaglianza *f.* **2** irregolarità *f.*
inertia /ɪˈnɜːʃjə/ **s.** inerzia *f.*
inescapable /ˌɪnɪsˈkeɪpəbl/ **agg.** inevitabile
inessential /ˌɪnɪˈsɛnʃ(ə)l/ **agg.** non essenziale
inevitable /ɪnˈɛvɪtəbl/ **agg.** inevitabile
inexact /ˌɪnɪgˈzækt/ **agg.** inesatto
inexactitude /ˌɪnɪgˈzæktɪtjuːd/ **s.** inesattezza *f.*
inexcusable /ˌɪnɪksˈkjuːzəbl/ **agg.** imperdonabile
inexhaustible /ˌɪnɪgˈzɔːstəbl/ **agg.** inesauribile
inexistent /ˌɪnɪgˈzɪstənt/ **agg.** inesistente
inexpensive /ˌɪnɪksˈpɛnsɪv/ **agg.** economico, a buon mercato
inexperience /ˌɪnɪksˈpɪərɪəns/ **s.** inesperienza *f.*
inexperienced /ˌɪnɪksˈpɪərɪənst/ **agg.** inesperto
inexpert /ɪnˈɛkspɜːt/ **agg.** inesperto
inexplicable /ɪnˈɛksplɪkəbl/ **agg.** inesplicabile
inexpugnable /ˌɪnɪksˈpʌgnəbl/ **agg.** inespugnabile
infallible /ɪnˈfæləbl/ **agg.** infallibile
infamous /ˈɪnfəməs/ **agg.** infame
infancy /ˈɪnfənsɪ/ **s.** infanzia *f.*
infant /ˈɪnfənt/ **A** **agg.** infantile **B** **s.** infante *m.* e *f.*, neonato *m.*
infantile /ˈɪnfəntaɪl/ **agg.** infantile
infantry /ˈɪnf(ə)ntrɪ/ **s.** fanteria *f.*
infarct /ɪnˈfɑːkt/ **s.** infarto *m.*
infatuated /ɪnˈfætjʊeɪtɪd/ **agg.** infatuato
infatuation /ɪnˌfætjʊˈeɪʃ(ə)n/ **s.** infatuazione *f.*
to infect /ɪnˈfɛkt/ **v.tr.** infettare, contagiare
infected /ɪnˈfɛktɪd/ **agg.** infetto
infection /ɪnˈfɛkʃ(ə)n/ **s.** infezione *f.*
infectious /ɪnˈfɛkʃəs/ **agg.** infettivo, contagioso
to infer /ɪnˈfɜːʳ/ **v.tr.** **1** inferire, dedurre **2** insinuare
inference /ˈɪnf(ə)r(ə)ns/ **s.** inferenza *f.*, deduzione *f.*
inferior /ɪnˈfɪərɪəʳ/ **A** **agg.** **1** inferiore, subordinato **2** scadente **B** **s.** inferiore *m.* e *f.*, subalterno *m.*

inferiority /ɪnˌfɪərɪ'ɒrɪtɪ/ **s.** inferiorità *f.*
infernal /ɪn'fɜːnl/ **agg.** infernale
infertile /ɪn'fɜːtaɪl/ **agg.** infecondo, sterile
to infest /ɪn'fɛst/ **v.tr.** infestare
infighting /'ɪnˌfaɪtɪŋ/ **s. 1** lotta *f.* corpo a corpo **2** (*fig.*) lotta *f.* intestina
to infiltrate /'ɪnfɪltreɪt/ **A v.tr. 1** infiltrarsi in **2** infiltrare **B v.intr.** infiltrarsi, insinuarsi
infinite /'ɪnfɪnɪt/ **agg. e s.** infinito *m.*
infinitesimal /ˌɪnfɪnɪ'tɛsɪm(ə)l/ **agg.** infinitesimale
infinitive /ɪn'fɪnɪtɪv/ **agg. e s.** (*gramm.*) infinito *m.*
infinity /ɪn'fɪnɪtɪ/ **s. 1** infinità *f.* **2** (*mat.*) infinito *m.*
infirmary /ɪn'fɜːmərɪ/ **s.** infermeria *f.*
infirmity /ɪn'fɜːmɪtɪ/ **s. 1** infermità *f.* **2** debolezza *f.*
to inflame /ɪn'fleɪm/ **A v.tr.** infiammare **B v.intr.** infiammarsi
inflammable /ɪn'flæməbl/ **agg.** infiammabile
inflammation /ˌɪnflə'meɪʃ(ə)n/ **s.** infiammazione *f.*
inflatable /ɪn'fleɪtəbl/ **agg.** gonfiabile
to inflate /ɪn'fleɪt/ **A v.tr.** gonfiare **B v.intr.** gonfiarsi
inflated /ɪn'fleɪtɪd/ **agg. 1** gonfio **2** (*fig.*) ampolloso **3** (*econ.*) inflazionato
inflation /ɪn'fleɪʃ(ə)n/ **s.** inflazione *f.*
inflationary /ɪn'fleɪʃ(ə)n(ə)rɪ/ **agg.** inflazionistico
inflexible /ɪn'flɛksəbl/ **agg.** inflessibile
to inflict /ɪn'flɪkt/ **v.tr.** infliggere
inflow /'ɪnfləʊ/ **s.** afflusso *m.*
influence /'ɪnflʊəns/ **s.** influenza *f.*, influsso *m.*
to influence /'ɪnflʊəns/ **v.tr.** influenzare, influire su
influential /ˌɪnflʊ'ɛnʃ(ə)l/ **agg.** influente
influenza /ˌɪnflʊ'ɛnzə/ **s.** (*med.*) influenza *f.*
influx /'ɪnflʌks/ **s.** afflusso *m.*, affluenza *f.*
to inform /ɪn'fɔːm/ **A v.tr.** informare, far sapere a, avvertire **B v.intr.** dare informazioni
informal /ɪn'fɔːml/ **agg.** informale, non ufficiale
informally /ɪn'fɔːməlɪ/ **avv.** senza formalità
informant /ɪn'fɔːmənt/ **s.** informatore *m.*
informatics /ˌɪnfə'mætɪks/ **s. pl.** (*v. al sing.*) informatica *f.*
information /ˌɪnfə'meɪʃ(ə)n/ **s.** informazioni *f. pl.*
informative /ɪn'fɔːmətɪv/ **agg.** informativo
informer /ɪn'fɔːmər/ **s.** informatore *m.*
to infringe /ɪn'frɪn(d)ʒ/ **v.tr.** infrangere, contravvenire a
infringement /ɪn'frɪn(d)ʒmənt/ **s.** infrazione *f.*, trasgressione *f.*
to infuriate /ɪn'fjʊərɪeɪt/ **v.tr.** far infuriare
to infuse /ɪn'fjuːz/ **v.tr.** infondere
infusion /ɪn'fjuːʒ(ə)n/ **s.** infusione *f.*
ingenious /ɪn'dʒiːnjəs/ **agg. 1** ingegnoso **2** (*di persona*) geniale, ricco di inventiva
ingenuity /ˌɪn(d)ʒɪ'njuːɪtɪ/ **s.** ingegnosità *f.*
ingenuous /ɪn'dʒɛnjʊəs/ **agg. 1** ingenuo, semplice **2** sincero
ingenuousness /ɪn'dʒɛnjʊəsnɪs/ **s.** ingenuità *f.*
to ingest /ɪn'dʒɛst/ **v.tr.** ingerire
ingot /'ɪŋgət/ **s.** lingotto *m.*
ingrained /ɪn'greɪnd/ **agg.** radicato, inveterato
to ingratiate /ɪn'greɪʃɪeɪt/ **v.tr.** ingraziare ♦ **to i. oneself with sb.** ingraziarsi qc.
ingratitude /ɪn'grætɪtjuːd/ **s.** ingratitudine *f.*
ingredient /ɪn'griːdjənt/ **s.** ingrediente *m.*
to inhabit /ɪn'hæbɪt/ **v.tr.** abitare a/in
inhabitant /ɪn'hæbɪtənt/ **s.** abitante *m. e f.*
to inhale /ɪn'heɪl/ **v.tr.** inalare, inspirare
inherent /ɪn'hɪər(ə)nt/ **agg.** inerente, intrinseco
to inherit /ɪn'hɛrɪt/ **v.tr. e intr.** ereditare
inheritance /ɪn'hɛrɪtəns/ **s.** eredità *f.*
to inhibit /ɪn'hɪbɪt/ **v.tr. 1** inibire, reprimere **2** impedire
inhibition /ˌɪn(h)ɪ'bɪʃ(ə)n/ **s. 1** inibizione *f.* **2** divieto *m.*
inhospitable /ɪn'hɒspɪtəbl/ **agg.** inospitale
inhuman /ɪn'hjuːmən/ **agg.** inumano
inimitable /ɪ'nɪmɪtəbl/ **agg.** inimitabile
initial /ɪ'nɪʃ(ə)l/ **A agg.** iniziale **B s. 1** iniziale *f.* **2** al **pl.** sigla *f.*, iniziali *f. pl.*
to initial /ɪ'nɪʃ(ə)l/ **v.tr.** siglare
initiate /ɪ'nɪʃɪɪt/ **agg. e s.** iniziato *m.*
to initiate /ɪ'nɪʃɪeɪt/ **v.tr. 1** avviare, dare inizio **2** (*una persona*) iniziare
initiative /ɪ'nɪʃɪətɪv/ **s.** iniziativa *f.*
initiator /ɪ'nɪʃɪeɪtər/ **agg. e s.** iniziatore *m.*
to inject /ɪn'dʒɛkt/ **v.tr.** iniettare
injection /ɪn'dʒɛkʃ(ə)n/ **s.** iniezione *f.*
injector /ɪn'dʒɛktər/ **s.** iniettore *m.*
injunction /ɪn'dʒʌŋ(k)ʃ(ə)n/ **s.** ingiunzione *f.*
to injure /'ɪn(d)ʒər/ **v.tr. 1** ferire **2** danneggiare
injury /'ɪn(d)ʒərɪ/ **s. 1** ferita *f.*, lesione *f.* **2** danno *m.*
injustice /ɪn'dʒʌstɪs/ **s.** ingiustizia *f.*
ink /ɪŋk/ **s.** inchiostro *m.* ♦ **i.-jet printer** stampante a getto d'inchiostro
inkling /'ɪŋklɪŋ/ **s.** sentore *m.*, sospetto *m.*
inkpot /'ɪŋkpət/ **s.** calamaio *m.*
inland /'ɪnlənd/ **A s.** entroterra *m. inv.* **B agg.** interno **C avv.** all'interno, nell'entroterra
inlay /'ɪnleɪ/ **s.** intarsio *m.*
inlet /'ɪnlɛt/ **s. 1** insenatura *f.* **2** (*mecc.*) immissione *f.*
inmate /'ɪnmeɪt/ **s. 1** degente *m. e f.* **2** carcerato *m.*
inn /ɪn/ **s.** locanda *f.*, taverna *f.*
innate /ɪ'neɪt/ **agg.** innato
inner /'ɪnər/ **agg. 1** interno, interiore **2** segreto, intimo ♦ **i. city** centro (di grande città) || **i. tube** camera d'aria
innkeeper /'ɪnˌkiːpər/ **s.** locandiere *m.*
innocence /'ɪnəsəns/ **s.** innocenza *f.*
innocent /'ɪnəsənt/ **agg.** innocente
innocuous /ɪ'nɒkjʊəs/ **agg.** innocuo
to innovate /'ɪnə(ʊ)veɪt/ **v.tr.** innovare
innovator /'ɪnə(ʊ)veɪtər/ **s.** innovatore *m.*
innuendo /ˌɪnjʊ(ː)'ɛndəʊ/ (*pl.* **innuendo(e)s**) **s.** insinuazione *f.*
innumerable /ɪ'njuːm(ə)rəbl/ **agg.** innumerevole
to inoculate /ɪ'nɒkjʊleɪt/ **v.tr.** inoculare
inoffensive /ˌɪnə'fɛnsɪv/ **agg.** inoffensivo

inopportune /ɪn'ɒpətjuːn/ **agg.** inopportuno
inordinate /ɪ'nɔːdɪnɪt/ **agg.** smodato, eccessivo
inorganic /ˌɪnɔː'gænɪk/ **agg.** inorganico
in-patient /'ɪnˌpeɪʃ(ə)nt/ **s.** degente *m. e f.*
input /'ɪnpʊt/ **s.** **1** introduzione *f.*, immissione *f.*, input *m. inv.* **2** (*mecc.*) energia *f.* assorbita **3** (*inform.*) input *m. inv.*
inquest /'ɪnkwest/ **s.** inchiesta *f.*
to inquire /ɪn'kwaɪəʳ/ **A** **v.tr.** chiedere, domandare **B** **v.intr.** indagare, investigare ♦ **to i. about, for** informarsi su || **to i. into** investigare su || **to i. of** informarsi da
inquiry /ɪn'kwaɪərɪ/ **s.** **1** domanda *f.* **2** indagine *f.* ♦ **i. office** ufficio informazioni
inquisition /ˌɪnkwɪ'zɪʃ(ə)n/ **s.** investigazione *f.*
inquisitive /ɪn'kwɪzɪtɪv/ **agg.** curioso, indiscreto
inroad /'ɪnrəʊd/ **s.** **1** (*mil.*) incursione *f.* **2** intromissione *f.* ♦ **to make inroads into st.** (*fig.*) fare passi avanti nella realizzazione di q.c.
insane /ɪn'seɪn/ **agg.** folle, pazzo
insanity /ɪn'sænɪtɪ/ **s.** follia *f.*, pazzia *f.*
insatiable /ɪn'seɪʃjəbl/ **agg.** insaziabile
to inscribe /ɪn'skraɪb/ **v.tr.** **1** incidere, scolpire **2** (*mat.*) iscrivere **3** dedicare
inscription /ɪn'skrɪpʃ(ə)n/ **s.** **1** iscrizione *f.* **2** dedica *f.*
inscrutable /ɪn'skruːtəbl/ **agg.** imperscrutabile
insect /'ɪnsekt/ **s.** insetto *m.*
insecticide /ɪn'sektɪsaɪd/ **s.** insetticida *m.*
insecure /ˌɪnsɪ'kjʊəʳ/ **agg.** insicuro, malsicuro
insecurity /ˌɪnsɪ'kjʊərɪtɪ/ **s.** insicurezza *f.*
insemination /ɪnˌsemɪ'neɪʃ(ə)n/ **s.** inseminazione *f.*
insensibility /ɪnˌsensə'bɪlɪtɪ/ **s.** **1** insensibilità *f.* **2** incoscienza *f.* ♦ **in a state of i.** privo di sensi
insensible /ɪn'sensəbl/ **agg.** **1** insensibile **2** privo di sensi **3** inconsapevole
insensitive /ɪn'sensɪtɪv/ **agg.** insensibile
inseparable /ɪn'sep(ə)rəbl/ **agg.** inseparabile
to insert /ɪn'sɜːt/ **v.tr.** inserire
insertion /ɪn'sɜːʃ(ə)n/ **s.** inserzione *f.*
inshore /ˌɪn'ʃɔːʳ/ **A** **agg.** costiero **B** **avv.** verso la costa
inside /'ɪnsaɪd/ **A** **agg.** interno, interiore **B** **s.** interno *m.*, parte *f.* interna **C** **avv.** dentro, interiormente **D** **prep.** **1** dentro, all'interno di **2** entro ♦ **i. pocket** taschino
insidious /ɪn'sɪdɪəs/ **agg.** insidioso
insight /'ɪnsaɪt/ **s.** acume *m.*, intuito *m.*
insignificant /ˌɪnsɪg'nɪfɪkənt/ **agg.** insignificante
insincere /ˌɪnsɪn'sɪəʳ/ **agg.** insincero
to insinuate /ɪn'sɪnjʊeɪt/ **A** **v.tr.** **1** insinuare **2** introdurre **B** **v.intr.** fare insinuazioni ♦ **to i. oneself** insinuarsi
insipid /ɪn'sɪpɪd/ **agg.** insipido
to insist /ɪn'sɪst/ **A** **v.intr.** insistere **B** **v.tr.** sostenere, asserire
insistent /ɪn'sɪst(ə)nt/ **agg.** insistente
insolation /ˌɪnso(ʊ)'leɪʃ(ə)n/ **s.** insolazione *f.*
insole /'ɪnsəʊl/ **s.** soletta *f.*
insolence /'ɪns(ə)ləns/ **s.** insolenza *f.*
insolent /'ɪns(ə)lənt/ **agg.** insolente
insoluble /ɪn'sɒljʊbl/ **agg.** insolubile
insolvent /ɪn'sɒlv(ə)nt/ **agg.** insolvente
insomnia /ɪn'sɒmnɪə/ **s.** insonnia *f.*
to inspect /ɪn'spekt/ **v.tr.** ispezionare, controllare
inspection /ɪn'spekʃ(ə)n/ **s.** ispezione *f.*, controllo *m.*
inspector /ɪn'spektəʳ/ **s.** ispettore *m.*
inspiration /ˌɪnspə'reɪʃ(ə)n/ **s.** **1** (*med.*) inspirazione *f.* **2** ispirazione *f.*
to inspire /ɪn'spaɪəʳ/ **v.tr.** **1** (*med.*) inspirare **2** ispirare, infondere, suscitare
inspirer /ɪn'spaɪərəʳ/ **s.** ispiratore *m.*
to install /ɪn'stɔːl/ **v.tr.** **1** insediare **2** installare
installation /ˌɪnstə'leɪʃ(ə)n/ **s.** **1** insediamento *m.*, investitura *f.* **2** installazione *f.*
instalment /ɪn'stɔːlmənt/ (*USA* **installment**) **s.** **1** rata *f.* **2** puntata *f.*, parte *f.*, fascicolo *m.* **3** acconto *m.* ♦ **to pay by instalments** pagare a rate
instance /'ɪnstəns/ **s.** **1** esempio *m.* **2** caso *m.* ♦ **for i.** per esempio || **in the first i.** in primo luogo
instant /'ɪnstənt/ **A** **agg.** **1** urgente **2** immediato, istantaneo **3** corrente **B** **s.** istante *m.*
instantaneous /ˌɪnst(ə)n'teɪnjəs/ **agg.** istantaneo
instantly /'ɪnstəntlɪ/ **avv.** istantaneamente
instead /ɪn'sted/ **avv.** invece
instep /'ɪnˌstep/ **s.** collo *m.* del piede
to instil /ɪn'stɪl/ **v.tr.** instillare, infondere
instinct /'ɪnstɪŋkt/ **s.** istinto *m.*
instinctive /ɪn'stɪŋktɪv/ **agg.** istintivo
institute /'ɪnstɪtjuːt/ **s.** istituto *m.*
to institute /'ɪnstɪtjuːt/ **v.tr.** **1** istituire **2** iniziare **3** intentare
institution /ˌɪnstɪ'tjuːʃ(ə)n/ **s.** istituzione *f.*
institutional /ˌɪnstɪ'tjuːʃənl/ **agg.** istituzionale
to instruct /ɪn'strʌkt/ **v.tr.** **1** istruire, insegnare a **2** dare istruzioni, incaricare **3** informare ♦ **to i. sb. to do st.** dare ordini a qc. di fare q.c.
instruction /ɪn'strʌkʃ(ə)n/ **s.** **1** insegnamento *m.* **2** cultura *f.* **3** **al pl.** avvertenze *f.pl.*, istruzioni *f.pl.*
instructive /ɪn'strʌktɪv/ **agg.** istruttivo
instructor /ɪn'strʌktəʳ/ **s.** istruttore *m.*
instrument /'ɪnstrəmənt/ **s.** **1** strumento *m.*, apparecchio *m.* **2** (*mus.*) strumento *m.*
instrumental /ˌɪnstrə'ment(ə)l/ **agg.** **1** attivo, utile **2** strumentale
instrumentalist /ˌɪnstrə'ment(ə)lɪst/ **s.** (*mus.*) strumentista *m. e f.*
insubstantial /ˌɪnsəb'stænʃ(ə)l/ **agg.** **1** incorporeo **2** inconsistente
insufficient /ˌɪnsə'fɪʃ(ə)nt/ **agg.** insufficiente, inadeguato
insular /'ɪnsjʊləʳ/ **agg.** **1** insulare **2** gretto, di vedute ristrette
to insulate /'ɪnsjʊleɪt/ **v.tr.** isolare
insulated /'ɪnsjʊleɪtɪd/ **agg.** isolato
insulating /'ɪnsjʊleɪtɪŋ/ **agg.** isolante ♦ **i. tape** nastro isolante

insulation /ˌɪnsjʊ'leɪʃ(ə)n/ s. isolamento *m.*
insulin /'ɪnsjʊlɪn/ s. insulina *f.*
insult /'ɪnsʌlt/ s. insulto *m.*, offesa *f.*
to insult /ɪn'sʌlt/ v.tr. insultare, offendere
insulting /ɪn'sʌltɪŋ/ agg. ingiurioso, offensivo
insuperable /ɪn'sju:p(ə)rəbl/ agg. insuperabile
insurance /ɪn'ʃʊər(ə)ns/ s. assicurazione *f.* ♦ **i. agent** assicuratore || **i. policy** polizza di assicurazione || **life i.** assicurazione sulla vita
to insure /ɪn'ʃʊəʳ/ v.tr. assicurare
insurrection /ˌɪnsə'rɛkʃ(ə)n/ s. insurrezione *f.*, sommossa *f.*
intact /ɪn'tækt/ agg. intatto
intake /'ɪnteɪk/ s. **1** presa *f.*, immissione *f.* **2** quantità *f.* immessa
integral /'ɪntɪgr(ə)l/ agg. **1** integrale **2** integrante
to integrate /'ɪntɪgreɪt/ v.tr. **1** unire, incorporare **2** integrare
integrity /ɪn'tɛgrɪtɪ/ s. integrità *f.*
intellectual /ˌɪntɪ'lɛktjʊəl/ agg. e s. intellettuale *m.* e *f.*
intellectualism /ˌɪntɪ'lɛktjʊəlɪz(ə)m/ s. intellettualismo *m.*
intelligence /ɪn'tɛlɪdʒ(ə)ns/ s. **1** intelligenza *f.* **2** informazioni *f. pl.*, notizie *f. pl.*
intelligent /ɪn'tɛlɪdʒ(ə)nt/ agg. intelligente
intelligible /ɪn'tɛlɪdʒəbl/ agg. intelligibile
to intend /ɪn'tɛnd/ v.tr. **1** intendere, avere intenzione di **2** significare **3** destinare ♦ **to i. to do st.** avere intenzione di fare q.c.
intended /ɪn'tɛndɪd/ agg. **1** intenzionale, premeditato **2** designato
intense /ɪn'tɛns/ agg. intenso
to intensify /ɪn'tɛnsɪfaɪ/ v.tr. intensificare
intensity /ɪn'tɛnsɪtɪ/ s. intensità *f.*
intensive /ɪn'tɛnsɪv/ agg. intensivo, intenso ♦ **i. care unit** reparto di terapia intensiva
intent /ɪn'tɛnt/ **A** agg. **1** intento **2** deciso **B** s. intento *m.*, intenzione *f.*, scopo *m.* ♦ **to, for all intents and purposes** a tutti gli effetti || **to be i. to do, on doing st.** essere deciso a fare q.c.
intention /ɪn'tɛnʃ(ə)n/ s. intenzione *f.*, proposito *m.*
intentional /ɪn'tɛnʃənl/ agg. intenzionale
to inter /ɪn'tɜ:ʳ/ v.tr. sotterrare
to interact /ˌɪntər'ækt/ v.intr. interagire
interaction /ˌɪntər'ækʃ(ə)n/ s. interazione *f.*
interactive /ˌɪntər'æktɪv/ agg. interattivo
to intercept /ˌɪntə(:)'sɛpt/ v.tr. intercettare
intercession /ˌɪntə'sɛʃ(ə)n/ s. intercessione *f.*
interchange /'ɪntə(:)ˌtʃeɪn(d)ʒ/ s. **1** scambio *m.* **2** avvicendamento *m.* **3** svincolo *m.* (autostradale)
interchangeable /ˌɪntə(:)'tʃeɪn(d)ʒəbl/ agg. intercambiabile
intercolumn /ˌɪntə'kɒləm/ s. (*arch.*) intercolunnio *m.*
intercom /'ɪntəkɒm/ s. interfono *m.*
intercontinental /ˌɪntəˌkɒntɪ'nɛntl/ agg. intercontinentale
intercourse /'ɪntə(:)kɔ:s/ s. rapporto *m.* sessuale
interdisciplinary /ˌɪntə'dɪsɪplɪnərɪ/ agg. interdisciplinare
interest /'ɪntrɪst/ s. interesse *m.*
to interest /'ɪntrɪst/ v.tr. interessare
interested /'ɪntrɪstɪd/ agg. interessato
interesting /'ɪntrɪstɪŋ/ agg. interessante
interface /'ɪntəˌfeɪs/ s. interfaccia *f.* ♦ **user i.** (*inform.*) interfaccia utente
to interfere /ˌɪntə'fɪəʳ/ v.intr. interferire, intromettersi ♦ **to i. with** toccare, manomettere
interference /ˌɪntə'fɪər(ə)ns/ s. interferenza *f.*, ingerenza *f.*
interior /ɪn'tɪərɪəʳ/ **A** agg. interiore, interno **B** s. **1** interno *m.* **2** entroterra *m.* ♦ **i. decoration** arredamento di interni || **i. decorator** arredatore
to interlace /ˌɪntə(:)'leɪs/ **A** v.tr. allacciare **B** v.intr. allacciarsi
to interlock /ˌɪntə(:)'lɒk/ **A** v.tr. congiungere, unire, collegare **B** v.intr. **1** unirsi, congiungersi **2** essere collegato
interlocutor /ˌɪntə(:)'lɒkjʊtəʳ/ s. interlocutore *m.*
interloper /'ɪntə(:)ˌləʊpəʳ/ s. intruso *m.*
interlude /'ɪntə(:)lu:d/ s. interludio *m.*, intermezzo *m.*
intermediate /ˌɪntə(:)'mi:djət/ agg. intermedio
intermezzo /ˌɪntə(:)'mɛtsəʊ/ s. intermezzo *m.*
interminable /ɪn'tɜ:mɪnəbl/ agg. interminabile
intermission /ˌɪntə(:)'mɪʃ(ə)n/ s. interruzione *f.*, pausa *f.*
intermittent /ˌɪntə'mɪt(ə)nt/ agg. intermittente
intern /'ɪntɜ:n/ s. (medico) interno *m.*
to intern /ɪn'tɜ:n/ v.tr. internare
internal /ɪn'tɜ:nl/ agg. interno, interiore
international /ˌɪntə(:)'næʃənl/ agg. internazionale
Internet /'ɪntənɛt/ s. Internet *f. inv.* ♦ **via, by the I.** via Internet || **on the I.** su Internet
internship /ɪn'tɜ:nʃɪp/ s. stage *m. inv.*, tirocinio *m.*
interphone /'ɪntəfəʊn/ s. citofono *m.*
interplay /'ɪntə(:)ˌpleɪ/ s. interazione *f.*
to interpolate /ɪn'tɜ:pə(ʊ)leɪt/ v.tr. interpolare
to interpose /ˌɪntə(:)'pəʊz/ **A** v.tr. interporre, frapporre **B** v.intr. **1** interporsi, intromettersi **2** interferire
to interpret /ɪn'tɜ:prɪt/ **A** v.tr. interpretare **B** v.intr. fare da interprete
interpretation /ɪnˌtɜ:prɪ'teɪʃ(ə)n/ s. interpretazione *f.*
interpreter /ɪn'tɜ:prɪtəʳ/ s. interprete *m.* e *f.*
to interrelate /ˌɪntərɪ'leɪt/ v.tr. porre in relazione, collegare
to interrogate /ɪn'tɛrəgeɪt/ v.tr. interrogare
interrogation /ɪnˌtɛrə'geɪʃ(ə)n/ s. interrogazione *f.*, interrogatorio *m.*
interrogative /ˌɪntə'rɒgətɪv/ agg. interrogativo
to interrupt /ˌɪntə'rʌpt/ v.tr. interrompere
interruption /ˌɪntə'rʌpʃ(ə)n/ s. interruzione *f.*
intersection /ˌɪntə(:)'sɛkʃ(ə)n/ s. **1** intersezione *f.* **2** incrocio *m.*
to intersperse /ˌɪntə(:)'spɜ:s/ v.tr. cospargere
interstice /ɪn'tɜ:stɪs/ s. interstizio *m.*

to intertwine /ˌɪntə(ː)ˈtwaɪn/ **A** v.tr. intrecciare, attorcigliare **B** v.intr. intrecciarsi, attorcigliarsi
intertwinement /ˌɪntə(ː)ˈtwaɪnmənt/ s. intreccio *m.*
interurban /ˌɪntərˈɜːbən/ agg. interurbano
interval /ˈɪntəv(ə)l/ s. intervallo *m.*
to intervene /ˌɪntə(ː)ˈviːn/ v.intr. **1** intervenire **2** accadere **3** intercorrere, trascorrere
intervention /ˌɪntə(ː)ˈvɛnʃ(ə)n/ s. intervento *m.*
interview /ˈɪntəvjuː/ s. **1** intervista *f.* **2** colloquio *m.*, udienza *f.*
to interview /ˈɪntəvjuː/ v.tr. **1** intervistare **2** sottoporre a un colloquio
intestinal /ɪnˈtɛstɪnl/ agg. intestinale
intestine /ɪnˈtɛstɪn/ s. intestino *m.*
intimacy /ˈɪntɪməsɪ/ s. intimità *f.*
intimate /ˈɪntɪmɪt/ agg. **1** intimo, personale **2** profondo, completo
to intimate /ˈɪntɪmeɪt/ v.tr. **1** accennare, suggerire **2** (*dir.*) intimare, notificare
to intimidate /ɪnˈtɪmideɪt/ v.tr. intimidire, intimorire
into /ˈɪntʊ, ˈɪntə/ prep. in, dentro
intolerable /ɪnˈtɒl(ə)rəbl/ agg. intollerabile
intolerance /ɪnˈtɒlər(ə)ns/ s. intolleranza *f.*
intolerant /ɪnˈtɒlərənt/ agg. intollerante
intoxication /ɪnˌtɒksɪˈkeɪʃ(ə)n/ s. **1** intossicazione *f.* **2** ebbrezza *f.*
intractable /ɪnˈtræktəbl/ agg. intrattabile
intrados /ɪnˈtreɪdɒs/ s. intradosso *m.*
intranet /ˈɪntrənet/ s. Intranet *f. inv.*
intransigent /ɪnˈtrænsɪdʒ(ə)nt/ agg. e s. intransigente *m. e f.*
intransitive /ɪnˈtrænsɪtɪv/ agg. e s. intransitivo *m.*
intravenous /ˌɪntrəˈviːnəs/ agg. endovenoso
intricate /ˈɪntrɪkɪt/ agg. intricato, complicato
intrigue /ɪnˈtriːg/ s. intrigo *m.*
to intrigue /ɪnˈtriːg/ v.tr. **1** ottenere con intrighi **2** affascinare, interessare
intriguing /ɪnˈtriːgɪŋ/ agg. **1** intrigante **2** affascinante
intrinsic(al) /ɪnˈtrɪnsɪk((ə)l)/ agg. intrinseco
to introduce /ˌɪntrəˈdjuːs/ v.tr. **1** introdurre **2** presentare
introduction /ˌɪntrəˈdʌkʃ(ə)n/ s. **1** introduzione *f.* **2** presentazione *f.*
introductory /ˌɪntrəˈdʌkt(ə)rɪ/ agg. introduttivo, preliminare
introspective /ˌɪntrə(ʊ)ˈspɛktɪv/ agg. introspettivo
introvert /ˈɪntrə(ʊ)vɜːt/ agg. introverso
to intrude /ɪnˈtruːd/ **A** v.intr. intromettersi **B** v.tr. imporre
intruder /ɪnˈtruːdəʳ/ s. intruso *m.*
intrusion /ɪnˈtruːʒ(ə)n/ s. intrusione *f.*
intrusive /ɪnˈtruːsɪv/ agg. importuno
intuition /ˌɪntjʊ(ː)ˈɪʃ(ə)n/ s. intuizione *f.*
intuitive /ɪnˈtjʊ(ː)ɪtɪv/ agg. intuitivo
to inundate /ˈɪnʌndeɪt/ v.tr. inondare
inundation /ˌɪnʌnˈdeɪʃ(ə)n/ s. inondazione *f.*
inurement /ɪˈnjʊəmənt/ s. assuefazione *f.*, abitudine *f.*
to invade /ɪnˈveɪd/ v.tr. invadere
invader /ɪnˈveɪdəʳ/ s. invasore *m.*
invalid /ˈɪnvəliːd/ **A** agg. **1** invalido, infermo **2** non valido, nullo **B** s. invalido *m.*
invalidity /ˌɪnvəˈlɪdɪtɪ/ s. invalidità *f.*
invaluable /ɪnˈvæljʊəbl/ agg. inestimabile
invariable /ɪnˈvɛərɪəbl/ agg. invariabile
invasion /ɪnˈveɪʒ(ə)n/ s. invasione *f.*
to invent /ɪnˈvɛnt/ v.tr. inventare
invention /ɪnˈvɛnʃ(ə)n/ s. invenzione *f.*
inventiveness /ɪnˈvɛntɪvnɪs/ s. inventiva *f.*
inventor /ɪnˈvɛntəʳ/ s. inventore *m.*
inventory /ˈɪnvəntrɪ/ s. inventario *m.*
inversion /ɪnˈvɜːʃ(ə)n/ s. inversione *f.*
to invert /ɪnˈvɜːt/ v.tr. **1** invertire **2** capovolgere
invertebrate /ɪnˈvɜːtɪbrɪt/ agg. e s. invertebrato *m.*
inverted commas /ɪnˈvɜːtɪdˈkɒməz/ s. virgolette *f. pl.*
to invest /ɪnˈvɛst/ v.tr. e intr. investire
to investigate /ɪnˈvɛstɪgeɪt/ v.tr. e intr. investigare
investigation /ɪnˌvɛstɪˈgeɪʃ(ə)n/ s. indagine *f.*, investigazione *f.*
investment /ɪnˈvɛs(t)mənt/ s. investimento *m.*
investor /ɪnˈvɛstəʳ/ s. (*fin.*) investitore *m.*
invidious /ɪnˈvɪdɪəs/ agg. odioso, spiacevole
invigilation /ɪnˌvɪdʒɪˈleɪʃ(ə)n/ s. sorveglianza *f.*
to invigorate /ɪnˈvɪgəreɪt/ v.tr. rinvigorire, rinforzare
invincible /ɪnˈvɪnsəbl/ agg. invincibile
invisible /ɪnˈvɪzəbl/ agg. invisibile
invitation /ˌɪnvɪˈteɪʃ(ə)n/ s. invito *m.* ♦ **i. card** biglietto d'invito
to invite /ɪnˈvaɪt/ v.tr. **1** invitare **2** sollecitare, stimolare
inviting /ɪnˈvaɪtɪŋ/ agg. invitante, attraente
invoice /ˈɪnvɔɪs/ s. fattura *f.*
to invoice /ˈɪnvɔɪs/ v.tr. fatturare
involuntary /ɪnˈvɒlənt(ə)rɪ/ agg. involontario
involution /ˌɪnvəˈluːʃ(ə)n/ s. involuzione *f.*
to involve /ɪnˈvɒlv/ v.tr. **1** coinvolgere **2** comportare, richiedere **3** complicare
involved /ɪnˈvɒlvd/ agg. **1** coinvolto **2** complicato
inward /ˈɪnwəd/ agg. interno, interiore
inwards /ˈɪnwədz/ avv. **1** verso l'interno **2** in entrata
iodine /ˈaɪədiːn/ s. iodio *m.*
Ionian /aɪˈəʊnjən/ agg. (*geogr.*) Ionico
ionic /aɪˈɒnɪk/ agg. ionico
Iranian /ɪˈreɪnjən/ agg. e s. iraniano *m.*
Iraqi /ɪˈrɑːkɪ/ agg. e s. iracheno *m.*
irascible /ɪˈræsɪbl/ agg. irascibile
irate /aɪˈreɪt/ agg. irato
iris /ˈaɪərɪs/ s. **1** (*meteor., anat.*) iride *m.* **2** (*bot.*) iris *m.*
Irish /ˈaɪərɪʃ/ **A** agg. irlandese **B** s. (*lingua*) irlandese *m.*
Irishman /ˈaɪərɪʃmən/ (*pl.* **Irishmen**) s. irlandese *m.*

Irishwoman /ˈaɪərɪʃˌwʊmən/ (*pl.* **Irishwomen**) s. irlandese *f.*
to irk /ɜːk/ v.tr. affliggere, infastidire
irksome /ˈɜːksəm/ agg. fastidioso, seccante
iron /ˈaɪən/ **A** s. **1** ferro *m.* **2** ferro *m.* (da stiro) **B** agg. attr. **1** di ferro **2** relativo al ferro ♦ **steam i.** ferro a vapore
to iron /ˈaɪən/ v.tr. stirare ♦ **to i. out** appianare, risolvere
ironic(al) /aɪˈrɒnɪk((ə)l)/ agg. ironico
ironing /ˈaɪənɪŋ/ **A** s. stiratura *f.* **B** agg. da stiro ♦ **i. board** asse da stiro
ironmongery /ˈaɪənˌmʌŋg(ə)rɪ/ s. negozio *m.* di ferramenta
ironware /ˈaɪənˌweəʳ/ s. ferramenta *f. inv.*
irony /ˈaɪərənɪ/ s. ironia *f.*
irrational /ɪˈræʃənl/ **A** agg. irrazionale **B** s. numero *m.* irrazionale
irredentism /ˌɪrɪˈdɛntɪz(ə)m/ s. irredentismo *m.*
irregular /ɪˈrɛgjʊləʳ/ agg. irregolare
irrelevant /ɪˈrɛlɪvənt/ agg. non pertinente
irremediable /ˌɪrɪˈmiːdjəbl/ agg. irrimediabile
irreparable /ɪˈrɛp(ə)rəbl/ agg. irreparabile
irreplaceable /ˌɪrɪˈpleɪsəbl/ agg. insostituibile
irrepressible /ˌɪrɪˈprɛsəbl/ agg. irrefrenabile
irresistible /ˌɪrɪˈzɪstəbl/ agg. irresistibile
irrespective /ˌɪrɪsˈpɛktɪv/ agg. noncurante
irrespirable /ɪˈrɛspɪrəbl/ agg. irrespirabile
irresponsible /ˌɪrɪsˈpɒnsəbl/ agg. irresponsabile
to irrigate /ˈɪrɪgeɪt/ v.tr. irrigare
irrigation /ˌɪrɪˈgeɪʃ(ə)n/ s. irrigazione *f.*
irritable /ˈɪrɪtəbl/ agg. irritabile
to irritate /ˈɪrɪteɪt/ v.tr. irritare
irritating /ˈɪrɪteɪtɪŋ/ agg. irritante
irritation /ˌɪrɪˈteɪʃ(ə)n/ s. irritazione *f.*
irruption /ɪˈrʌpʃ(ə)n/ s. irruzione *f.*
Islamic /ɪzˈlæmɪk/ agg. islamico
Islamism /ˈɪzləmɪz(ə)m/ s. islamismo *m.*
island /ˈaɪlənd/ s. isola *f.*
islander /ˈaɪləndəʳ/ s. isolano *m.*
isle /aɪl/ s. isola *f.*
islet /ˈaɪlɪt/ s. isolotto *m.*
isobar /ˈaɪso(ʊ)bɑːʳ/ s. isobara *f.*
isobath /ˈaɪso(ʊ)bæθ/ s. isobata *f.*
to isolate /ˈaɪsəleɪt/ v.tr. isolare
isolated /ˈaɪsəleɪtɪd/ agg. isolato
isolation /ˌaɪsəˈleɪʃ(ə)n/ s. isolamento *m.*
Israeli /ɪzˈreɪlɪ/ agg. e s. israeliano *m.*
Israelite /ˈɪzrɪəlaɪt/ agg. e s. israelita *m.* e *f.*
issue /ˈɪʃjuː/ s. **1** questione *f.*, problema *m.* **2** emissione *f.* **3** pubblicazione *f.*, edizione *f.* **4** uscita *f.*, sbocco *m.*, fuoriuscita *f.*
to issue /ˈɪʃjuː/ **A** v.tr. **1** emettere **2** pubblicare **3** rilasciare **B** v.intr. scaturire, venir fuori ♦ **to i. in** concludersi || **to i. tickets** emettere biglietti
issuer /ˈɪʃjuːəʳ/ s. emittente *m.* e *f.*
isthmus /ˈɪsməs/ s. istmo *m.*
it /ɪt/ pron. neutro 3ª p. sing. **1** (*sogg.*) esso, essa, ciò (*spesso sottinteso*) (ES: ***at what time does it leave?*** a che ora parte?) **2** (*compl.*) lo, la, ciò, gli, le, ne, ci, sé (ES: ***I don't like it*** non mi piace) **3** (*sogg. di v. impers.*) *idiom.* (ES: ***it is snowing*** sta nevicando; ***it is midday*** è mezzogiorno) **4** (*prolettico*) *idiom.* (ES: ***it is obvious that...*** è ovvio che...)
Italian /ɪˈtæljən/ agg. e s. italiano *m.*
italics /ɪˈtælɪks/ s. pl. corsivo *m.*
itch /ɪtʃ/ s. **1** prurito *m.* **2** (*fig.*) voglia *f.*
to itch /ɪtʃ/ v.intr. prudere, sentire prurito ♦ **to i. to do st.** (*fig.*) avere voglia di fare q.c.
itchy /ˈɪtʃɪ/ agg. che prude, pruriginoso
item /ˈaɪtəm/ s. **1** (*comm.*) articolo *m.*, capo *m.* **2** elemento *m.* **3** notizia *f.*
to itemize /ˈaɪtəmaɪz/ v.tr. specificare, esporre in dettaglio
iterative /ˈɪtərətɪv/ agg. iterativo
itinerant /ɪˈtɪn(ə)rənt/ agg. ambulante
itinerary /aɪˈtɪn(ə)rərɪ/ s. itinerario *m.*
its /ɪts/ agg. poss. (*possessore neutro*) suo, sua, suoi, sue
itself /ɪtˈsɛlf/ pron. 3ª p. sing. neutro **1** (*rifl.*) si, sé, se stesso, se stessa **2** (*enf.*) stesso, stessa, in persona
ivory /ˈaɪv(ə)rɪ/ s. avorio *m.*
ivy /ˈaɪvɪ/ s. edera *f.*

j, J

jab /dʒæb/ s. **1** stilettata *f.*, stoccata *f.* **2** (*fam.*) frecciata *f.* **3** (*fam.*) iniezione *f.*
to jab /dʒæb/ v.tr. **1** conficcare **2** colpire
jack /dʒæk/ s. **1** (*fam.*) tipo *m.*, amico *m.* **2** boccino *m.* **3** (*mecc.*) cric *m.* **4** (*carte da gioco*) fante *m.* **5** (*zool.*) animale *m.* maschio
jackal /ˈdʒækɔːl/ s. sciacallo *m.*
jackass /ˈdʒækæs/ s. asino *m.*
jackdaw /ˈdʒækdɔː/ s. taccola *f.*
jacket /ˈdʒækɪt/ s. **1** giacca *f.*, giubbotto *m.* **2** rivestimento *m.* **3** copertina *f.*, sovraccoperta *f.* ◆ **blue j.** marinaio || **dinner j.** smoking || **life j.** giubbotto di salvataggio || **j. potato** patata cotta servita con la buccia || **jackets required** è richiesto l'abito scuro
jackknife /ˈdʒæknaɪf/ s. coltello *m.* a serramanico
Jacobin /ˈdʒækəbɪn/ agg. e s. giacobino *m.*
Jacuzzi /dʒəˈkuːzɪ/ s. idromassaggio *m.*
jade /dʒeɪd/ s. giada *f.*
jaded /ˈdʒeɪdɪd/ agg. disincantato
jag /dʒæg/ s. sporgenza *f.* appuntita, dente *m.* di sega
jagged /ˈdʒægɪd/ agg. frastagliato, dentellato
jaguar /ˈdʒægjuəʳ/ s. giaguaro *m.*
jail /dʒeɪl/ s. prigione *f.*
to jail /dʒeɪl/ v.tr. imprigionare
jailer /ˈdʒeɪləʳ/ s. carceriere *m.*, secondino *m.*
jam[1] /dʒæm/ s. **1** blocco *m.*, inceppamento *m.* **2** (*fam.*) pasticcio *m.*, guaio *m.* ◆ **traffic j.** ingorgo
jam[2] /dʒæm/ s. confettura *f.*, marmellata *f.*
to jam /dʒæm/ **A** v.tr. **1** comprimere, schiacciare **2** bloccare, inceppare, intasare **3** (*una trasmissione*) disturbare con interferenze **B** v.intr. **1** bloccarsi, incepparsi **2** (*mus.*) improvvisare
Jamaican /dʒ(ə)ˈmeɪkən/ agg. e s. giamaicano *m.*
jamb /dʒæm/ s. stipite *m.*
to jangle /ˈdʒæŋgl/ **A** v.intr. stridere **B** v.tr. far tintinnare
janitor /ˈdʒænɪtəʳ/ s. custode *m.* e *f.*
January /ˈdʒænjʊərɪ/ s. gennaio *m.*
Japanese /ˌdʒæpəˈniːz/ agg. e s. giapponese *m.* e *f.*
jar[1] /dʒɑːʳ/ s. barattolo *m.*, vasetto *m.*
jar[2] /dʒɑːʳ/ s. **1** vibrazione *f.* **2** colpo *m.*, urto *m.*
to jar /dʒɑːʳ/ v.intr. **1** scuotere, urtare **2** scioccare **3** essere in disaccordo
jargon /ˈdʒɑːgən/ s. gergo *m.*
jasmin(e) /ˈdʒæsmɪn/ s. gelsomino *m.*
jasper /ˈdʒæspəʳ/ s. diaspro *m.*
jaundice /ˈdʒɔːndɪs/ s. (*med.*) itterizia *f.*
jaunt /dʒɔːnt/ s. gita *f.*, passeggiata *f.*
jaunty /ˈdʒɔːntɪ/ agg. vivace, disinvolto
javelin /ˈdʒævlɪn/ s. giavellotto *m.*
jaw /dʒɔː/ s. mascella *f.*
jay /dʒeɪ/ s. **1** (*zool.*) ghiandaia *f.* **2** (*fam.*) chiacchierone *m.*
jazz /dʒæz/ s. jazz *m. inv.* ◆ **j. player** jazzista
jealous /ˈdʒeləs/ agg. **1** geloso **2** invidioso
jealousy /ˈdʒeləsɪ/ s. **1** gelosia *f.* **2** invidia *f.*
jeans /dʒiːnz/ s. pl. jeans *m. pl.*
jeep /dʒiːp/ s. jeep *f. inv.*
jeer /dʒɪəʳ/ s. beffa *f.*, presa *f.* in giro
to jeer /dʒɪəʳ/ v.intr. prendersi gioco
jelly /ˈdʒelɪ/ s. gelatina *f.*
jellyfish /ˈdʒelɪfɪʃ/ s. medusa *f.*
jeopardy /ˈdʒepədɪ/ s. pericolo *m.*, rischio *m.*, repentaglio *m.*
jerk /dʒɜːk/ s. **1** sobbalzo *m.* **2** strattone *m.* **3** (*fam.*) antipatico *m.*
to jerk /dʒɜːk/ **A** v.tr. strappare **B** v.intr. sobbalzare, contorcersi
jerry can /ˈdʒerɪkæn/ s. tanica *f.*
jersey /ˈdʒɜːzɪ/ s. **1** maglia *f.* **2** jersey *m. inv.*
jest /dʒest/ s. **1** scherzo *m.* **2** canzonatura *f.*
to jest /dʒest/ v.intr. **1** scherzare **2** farsi beffe
jester /ˈdʒestəʳ/ s. giullare *m.*, buffone *m.*
Jesuit /ˈdʒezjʊɪt/ **A** s. gesuita *m.* **B** agg. gesuitico
Jesus /ˈdʒiːzəs/ s. Gesù *m.*
jet /dʒet/ s. **1** getto *m.*, zampillo *m.* **2** jet *m. inv.*, aviogetto *m.* **3** (*mecc.*) ugello *m.* ◆ **j. lag** jetlag || **j. ski** acquascooter
jet-black /ˌdʒetˈblæk/ agg. nero lucente
to jettison /ˈdʒetɪsn/ v.tr. **1** gettare a mare **2** scaricare in volo **3** disfarsi di
jetty /ˈdʒetɪ/ s. molo *m.*
Jew /dʒuː/ s. ebreo *m.*
jewel /ˈdʒuːəl/ s. **1** gioiello *m.* **2** gemma *f.*
jeweller /ˈdʒuːələʳ/ s. gioielliere *m.* ◆ **j.'s shop** gioielleria
jewel(le)ry /ˈdʒuːəlrɪ/ s. **1** gioielleria *f.* **2** gioielli *m. pl.*
Jewess /ˈdʒuːɪs/ s. ebrea *f.*
Jewish /ˈdʒuːɪʃ/ agg. ebraico
jib /dʒɪb/ s. (*naut.*) fiocco *m.*
jibe /dʒɪb/ s. beffa *f.*
jiffy /ˈdʒɪfɪ/ s. (*fam.*) attimo *m.* ◆ **in a j.** in un attimo
jigsaw /ˈdʒɪgsɔː/ s. **1** sega *f.* per traforo **2** puzzle *m. inv.*
to jilt /dʒɪlt/ v.tr. piantare, lasciare
jingle /ˈdʒɪŋgl/ s. **1** tintinnio *m.* **2** cantilena *f.* **3** canzonetta *f.* pubblicitaria
to jingle /ˈdʒɪŋgl/ v.intr. tintinnare
jinx /dʒɪŋks/ s. **1** iettatura *f.* **2** iettatore *m.*
jitters /ˈdʒɪtəz/ s. pl. (*pop.*) nervosismo *m.* ◆ **to have the j.** avere i nervi a fior di pelle, essere agitato
job /dʒɒb/ s. **1** lavoro *m.*, impiego *m.*, occupazione *f.* **2** mansione *f.*, compito *m.* **3** (*fam.*) faccenda *f.* ◆ **j. center** ufficio di collocamento
jobless /ˈdʒɒblɪs/ agg. disoccupato

jockey /ˈdʒɒkɪ/ s. fantino *m.* ◆ **disc j.** disc-jockey, Dj
jocular /ˈdʒɒkjʊləʳ/ agg. giocoso, gioviale
to jog /dʒɒg/ **A** v.tr. **1** spingere, urtare **2** scuotere, sballottare **B** v.intr. **1** avanzare a scatti **2** fare jogging
jogging /ˈdʒɒgɪŋ/ s. jogging *m. inv.*, footing *m. inv.* ◆ **j. suit** tuta da ginnastica
to join /dʒɔɪn/ **A** v.tr. **1** unire, collegare **2** partecipare a **3** raggiungere **B** v.intr. **1** unirsi, congiungersi, confluire **2** essere contiguo ◆ **to j. in** prendere parte a || **to j. up** arruolarsi
joiner /ˈdʒɔɪnəʳ/ s. giuntatore *m.*
joint /dʒɔɪnt/ **A** agg. unito, congiunto **B** s. **1** giunzione *f.* **2** (*mecc.*) giunto *m.* **3** articolazione *f.*, giuntura *f.* **4** (*cuc.*) arrosto *m.* **5** (*fam.*) canna *f.*, spinello *m.* **6** (*pop.*) bettola *f.* ◆ **out of j.** sconnesso
to joint /dʒɔɪnt/ v.tr. **1** congiungere, unire **2** (*mecc.*) connettere
joist /ˈdʒɔɪst/ s. trave *f.*
joke /dʒəʊk/ s. **1** scherzo *m.* **2** barzelletta *f.* ◆ **in j.** per scherzo || **no j.** senza scherzi || **to play a j. on sb.** fare uno scherzo a qc. || **to take a j.** stare allo scherzo
to joke /dʒəʊk/ **A** v.intr. scherzare **B** v.tr. canzonare
joker /ˈdʒəʊkəʳ/ s. jolly *m. inv.*
jolly /ˈdʒɒlɪ/ **A** agg. gioviale, allegro **B** avv. **1** molto **2** certamente, proprio
jolt /dʒəʊlt/ s. sobbalzo *m.*
to jolt /dʒəʊlt/ **A** v.tr. scuotere, turbare **B** v.intr. sobbalzare
to jostle /ˈdʒɒsl/ **A** v.tr. spingere a gomitate **B** v.intr. urtarsi
jot /dʒɒt/ s. inezia *f.* ◆ **I don't care a j.** non me ne importa nulla
to jot /dʒɒt/ v.tr. annotare in fretta
journal /ˈdʒɜːnl/ s. **1** giornale *m.*, rivista *f.* **2** diario *m.*
journalism /ˈdʒɜːnəlɪz(ə)m/ s. giornalismo *m.*
journalist /ˈdʒɜːnəlɪst/ s. giornalista *m. e f.*
journey /ˈdʒɜːnɪ/ s. viaggio *m.*, tragitto *m.* ◆ **the j. out** il viaggio di andata || **the j. home** il viaggio di ritorno
to journey /ˈdʒɜːnɪ/ v.intr. viaggiare
jovial /ˈdʒəʊvjəl/ agg. gioviale
joy /dʒɔɪ/ s. gioia *f.*
joyful /ˈdʒɔɪf(ʊ)l/ agg. felice, allegro
joystick /ˈdʒɔɪstɪk/ s. joystick *m. inv.*
jubilant /ˈdʒuːbɪlənt/ agg. giubilante
jubilee /ˈdʒuːbɪliː/ s. **1** giubileo *m.* **2** anniversario *m.*
judge /dʒʌdʒ/ s. giudice *m. e f.*
to judge /dʒʌdʒ/ v.tr. e intr. giudicare
judgment /ˈdʒʌdʒmənt/ s. giudizio *m.*
judicial /dʒʊ(ː)ˈdɪʃ(ə)l/ agg. giudiziario
judiciary /dʒʊ(ː)ˈdɪʃɪərɪ/ **A** agg. giudiziario **B** s. magistratura *f.*
judo /ˈdʒuːdəʊ/ s. judo *m. inv.*
jug /dʒʌg/ s. brocca *f.*
juggle /ˈdʒʌgl/ s. gioco *m.* di prestigio
juggler /ˈdʒʌgləʳ/ s. giocoliere *m.*
juice /dʒuːs/ s. succo *m.*
juicy /ˈdʒuːsɪ/ agg. **1** succoso **2** interessante
July /dʒʊ(ː)ˈlaɪ/ s. luglio *m.*
jumble /ˈdʒʌmbl/ s. miscuglio *m.*
to jumble /ˈdʒʌmbl/ v.tr. e intr. mescolare, mescolarsi
jumbo /ˈdʒʌmbəʊ/ s. jumbo *m. inv.*
jump /dʒʌmp/ s. salto *m.*, balzo *m.*
to jump /dʒʌmp/ **A** v.intr. **1** saltare, balzare **2** trasalire **3** (*di prezzo, merce*) rincarare, avere un'impennata **B** v.tr. **1** saltare, scavalcare **2** far salire ◆ **to j. at** cogliere al volo || **to j. off** saltare giù
jumper[1] /ˈdʒʌmpəʳ/ s. **1** maglione *m.* **2** (*USA*) scamiciato *m.*
jumper[2] /ˈdʒʌmpəʳ/ s. (*elettr.*) **j. cables** cavi della batteria
jumpy /ˈdʒʌmpɪ/ agg. nervoso, agitato
junction /ˈdʒʌŋ(k)ʃ(ə)n/ s. **1** congiunzione *f.* **2** (*ferr., strada*) raccordo *m.* **3** (*elettr.*) giunzione *f.*
June /dʒuːn/ s. giugno *m.*
jungle /ˈdʒʌŋgl/ s. giungla *f.*
junior /ˈdʒuːnjəʳ/ agg. **1** inferiore **2** junior, il giovane, (*tra fratelli*) minore
juniper /ˈdʒuːnɪpəʳ/ s. ginepro *m.*
junk /dʒʌŋk/ s. **1** cianfrusaglie *f. pl.* **2** rottame *m.*
junkie /ˈdʒʌŋkɪ/ s. (*pop.*) drogato *m.*
Junoesque /ˌdʒuːno(ʊ)ˈɛsk/ agg. giunonico
juridical /dʒʊəˈrɪdɪk(ə)l/ agg. giuridico
jurisdictional /ˌdʒʊərɪsˈdɪkʃənl/ agg. giurisdizionale
jurisprudence /ˈdʒʊərɪsˌpruːdəns/ s. giurisprudenza *f.*
jurist /ˈdʒʊərɪst/ s. giurista *m. e f.*
juror /ˈdʒʊərəʳ/ s. giurato *m.*
jury /ˈdʒʊərɪ/ s. giuria *f.*
just /dʒʌst/ **A** agg. **1** giusto, onesto **2** legittimo, fondato **3** adeguato, meritato **B** avv. **1** appena **2** proprio **3** soltanto, semplicemente **4** esattamente, precisamente **5** a malapena ◆ **j. about** quasi || **j. after** subito dopo || **j. a minute** un minuto, un attimo || **j. in case** caso mai || **j. now** poco fa, in questo momento || **j. over** poco più || **j. so** proprio così || **j. then** proprio allora
justice /ˈdʒʌstɪs/ s. giustizia *f.*
justifiable /ˈdʒʌstɪfaɪəbl/ agg. giustificabile
justification /ˌdʒʌstɪfɪˈkeɪʃ(ə)n/ s. giustificazione *f.*
to justify /ˈdʒʌstɪfaɪ/ v.tr. **1** giustificare, scusare **2** motivare
jut /dʒʌt/ s. sporgenza *f.*
to jut /dʒʌt/ v.intr. sporgere, aggettare
jute /dʒuːt/ s. iuta *f.*
juvenile /ˈdʒuːvɪnaɪl/ **A** agg. **1** giovanile **2** immaturo **3** minorile **B** s. **1** giovane *m. e f.* **2** minorenne *m. e f.*
to juxtapose /ˈdʒʌkstəpəʊz/ v.tr. giustapporre
juxtaposition /ˌdʒʌkstəpəˈzɪʃ(ə)n/ s. giustapposizione *f.*

k, K

kaki /'kɑ(ː)kɪ/ s. cachi *m. inv.*
kale /keɪl/ s. ravizzone *m.*
kaleidoscope /kə'laɪdəskəʊp/ s. caleidoscopio *m.*
kangaroo /ˌkæŋgə'ruː/ s. canguro *m.*
kaolin /'kɛ(ɪ)əlɪn/ s. caolino *m.*
karate /kə'rɑːtɪ/ s. karatè *m. inv.*
kayak /'kaɪæk/ s. kayak *m. inv.*
keel /kiːl/ s. (*naut.*) chiglia *f.* ♦ **(on an) even k.** in equilibrio
keen /kiːn/ agg. **1** appassionato **2** forte, intenso **3** acuto, sottile, penetrante **4** aguzzo, affilato, tagliente ♦ **to be k. on st.** essere appassionato di q.c.
keep /kiːp/ s. **1** mantenimento *m.*, sostentamento *m.* **2** torrione *m.*, fortezza *f.* ♦ **for keeps** per sempre
to keep /kiːp/ (*pass. e p.p.* **kept**) **A** v.tr. **1** tenere, conservare **2** mantenere, sostentare, amministrare **3** trattenere, impedire **4** osservare, rispettare, attenersi a **B** v.intr. **1** mantenersi, restare, conservarsi **2** continuare, durare, perseverare ♦ **to k. away** tenere lontano || **to k. from** trattenersi da || **to k. in** stare in casa || **to k. off** stare lontano, evitare || **to k. on** tenere, continuare || **to k. out** tenere fuori, tenere alla larga || **to k. up** mantenere
keeper /'kiːpəʳ/ s. guardiano *m.*
keeping /'kiːpɪŋ/ s. **1** guardia *f.*, sorveglianza *f.* **2** accordo *m.* **3** conservazione *f.* ♦ **to be in k. with** essere in armonia con || **to be out of k. with** essere in disaccordo con
keepsake /'kiːpseɪk/ s. (*oggetto*) ricordo *m.*
kennel /'kɛnl/ s. **1** cuccia *f.* **2** canile *m.*, allevamento *m.*
Kenyan /'kiːnjən/ s. keniota *m. e f.*
kept /kɛpt/ pass. e p.p. di **to keep**
kerb /kɜːb/ s. orlo *m.* del marciapiede
kernel /'kɜːnl/ s. **1** nocciolo *m.*, gheriglio *m.* **2** (*fis.*) nucleo *m.*
kerosene /'kɛrəsiːn/ s. cherosene *m.*
ketch /kɛtʃ/ s. (*naut.*) ketch *m. inv.*
ketchup /'kɛtʃəp/ s. ketchup *m. inv.*
ketosis /'kiːtəʊsɪs/ s. (*med.*) acetone *m.*
kettle /'kɛtl/ s. bollitore *m.*
kettledrum /'kɛtldrʌm/ s. (*mus.*) timpano *m.*
key[1] /kiː/ **A** s. **1** chiave *f.* **2** tasto *m.*, pulsante *m.* **3** tonalità *f.* **B** agg. attr. chiave, importante ♦ **k. word** parola chiave
key[2] /kiː/ s. isoletta *f.*, isolotto *m.*
to key /kiː/ v.tr. **1** (*mecc.*) collegare con una chiavetta **2** graffiare con una chiave ♦ **to k. in** (*inform.*) digitare || **to k. up** eccitare, stimolare
keyboard /'kiːbɔːd/ s. tastiera *f.*
keyhole /'kiːhəʊl/ s. buco *m.* della serratura
keynote /'kiːnəʊt/ s. tema *m.* principale, idea *f.* fondamentale ♦ **k. address** intervento principale || **k. speaker** oratore principale
keystone /'kiːstəʊn/ s. chiave *f.* di volta
kick /kɪk/ s. **1** calcio *m.*, pedata *f.* **2** (*fam.*) divertimento *m.*, gusto *m.* **3** (*fam.*) energia *f.*, forza *f.* ♦ **corner k.** calcio d'angolo || **penalty k.** calcio di rigore
to kick /kɪk/ **A** v.tr. **1** dare calci a, spingere a calci **2** (*fam.*) liberarsi di **B** v.intr. **1** tirare calci **2** recalcitrare ♦ **to k. off** dare il calcio d'inizio || **to k. sb. out** buttare fuori qc. a calci
kid /kɪd/ s. **1** capretto *m.* **2** (*fam.*) bambino *m.*, ragazzo *m.*
to kid /kɪd/ v.tr. (*fam.*) prendere in giro
to kidnap /'kɪdnæp/ v.tr. rapire
kidnapper /'kɪdˌnæpəʳ/ s. rapitore *m.*
kidnapping /'kɪdˌnæpɪŋ/ s. rapimento *m.*
kidney /'kɪdnɪ/ s. **1** rene *m.* **2** rognone *m.* ♦ **k. machine** rene artificiale
kill /kɪl/ s. **1** cacciagione *f.*, preda *f.* **2** (*fig.*) uccisione *f.*
to kill /kɪl/ v.tr. **1** uccidere, ammazzare **2** distruggere, rovinare **3** respingere
killer /'kɪləʳ/ s. killer *m. inv.*, sicario *m.*
killing /'kɪlɪŋ/ **A** agg. **1** mortale **2** faticoso, massacrante **B** s. assassinio *m.*, uccisione *f.* ♦ **to make a k.** fare un sacco di soldi
killjoy /'kɪldʒɔɪ/ s. guastafeste *m. e f.*
kiln /kɪln/ s. fornace *f.*
kilo /'kɪləʊ/ s. chilo *m.*
kilogram /'kɪləgræm/ s. chilogrammo *m.*
kilogramme /'kɪləgræm/ s. chilogrammo *m.*
kilometer /'kɪləˌmiːtəʳ/ s. (*USA*) chilometro *m.*
kilometre /'kɪləˌmiːtəʳ/ s. chilometro *m.*
kilometric /ˌkɪlə(ʊ)'mɛtrɪk/ agg. chilometrico
kilt /kɪlt/ s. kilt *m. inv.*
kin /kɪn/ s. parenti *m. pl.*, congiunti *m. pl.*
kind /kaɪnd/ **A** agg. gentile, cortese **B** s. **1** genere *m.*, razza *f.* **2** tipo *m.*, varietà *f.*, categoria *f.* ♦ **a k. of** una specie di || **k. of** quasi, piuttosto || **in k.** nello stesso modo, con la stessa moneta || **to pay in k.** pagare in natura
kindergarten /'kɪndəˌgɑːtn/ s. asilo *m.*
kind-hearted /ˌkaɪnd'hɑːtɪd/ agg. di animo gentile
to kindle /'kɪndl/ **A** v.tr. **1** accendere, infiammare **2** suscitare **B** v.intr. prender fuoco, infiammarsi
kindly /'kaɪndlɪ/ avv. **1** gentilmente, per favore **2** benevolmente
kindness /'kaɪndnɪs/ s. gentilezza *f.*, cortesia *f.*
kindred /'kɪndrɪd/ **A** agg. **1** imparentato **2** affine **B** s. **1** (*v. al pl.*) parenti *m. pl.* **2** parentela *f.*
kinetic /kaɪ'nɛtɪk/ agg. cinetico
king /kɪŋ/ s. re *m. inv.*
kingdom /'kɪŋdəm/ s. regno *m.*
kingfisher /'kɪŋˌfɪʃəʳ/ s. martin pescatore *m.*

king-size(d) /ˈkɪŋsaɪz(d)/ agg. di taglia superiore al normale

kinky /ˈkɪŋkɪ/ agg. 1 ingarbugliato 2 ricciuto 3 (*sessualmente*) bizzarro, strano

kinship /ˈkɪnʃɪp/ s. 1 parentela *f.* 2 affinità *f.*

kinsman /ˈkɪnzmən/ (*pl.* **kinsmen**) s. consanguineo *m.*

kiosk /kɪˈɒsk/ s. chiosco *m.*, edicola *f.*

kiss /kɪs/ s. bacio *m.*

to kiss /kɪs/ A v.tr. baciare B v.intr. baciarsi ◆ **to k. st. goodbye** dire addio a q.c.

kit /kɪt/ s. 1 equipaggiamento *m.*, corredo *m.* 2 attrezzi *m. pl.* ◆ **travel k.**(*da uomo*) beauty case

kitchen /ˈkɪtʃɪn/ s. cucina *f.* ◆ **k. garden** orto

kitchenette /ˌkɪtʃɪˈnɛt/ s. angolo *m.* cottura

kite /kaɪt/ s. 1 (*zool.*) nibbio *m.* 2 aquilone *m.*

kith /kɪθ/ s. amici *m. pl.* ◆ **k. and kin** amici e parenti

kitten /ˈkɪtn/ s. gattino *m.*

kiwi fruit /ˈkiːwiːfruːt/ s. kiwi *m. inv.*

knack /næk/ s. abilità *f.*, destrezza *f.* ◆ **to have a k. for st.** avere la capacità di fare q.c.

knapsack /ˈnæpsæk/ s. zaino *m.*

to knead /niːd/ v.tr. impastare

kneading /ˈniːdɪŋ/ s. impastatura *f.* ◆ **k. trough** madia

knee /niː/ s. ginocchio *m.* ◆ **k. sock** calzettone

kneecap /ˈniːˌkæp/ s. rotula *f.*

to kneel /niːl/ (*pass. e p.p.* **knelt**) v.intr. inginocchiarsi

knew /njuː/ pass. di **to know**

knickers /ˈnɪkəz/ s. pl. 1 mutandine *f. pl.* 2 knickerbockers *m. pl.*

knickknack /ˈnɪknæk/ s. gingillo *m.*, soprammobile *m.*

knife /naɪf/ (*pl.* **knives**) s. coltello *m.*

to knife /naɪf/ v.tr. 1 accoltellare, pugnalare 2 tagliare

knight /naɪt/ s. 1 cavaliere *m.* 2 (*scacchi*) cavallo *m.*

to knit /nɪt/ (*pass. e p.p.* **knit, knitted**) A v.tr. 1 lavorare a maglia 2 (*fronte, ciglia*) corrugare, aggrottare 3 saldare, unire B v.intr. 1 sferruzzare 2 saldarsi, unirsi

knitting /ˈnɪtɪŋ/ s. lavoro *m.* a maglia ◆ **k. machine** macchina per maglieria || **k. needle** ferro da calza

knitwear /ˈnɪtwɛəʳ/ s. maglieria *f.*

knives /ˈnaɪvz/ pl. di **knife**

knob /nɒb/ s. 1 protuberanza *f.*, (*di legno*) nodo *m.* 2 manopola *f.*, pomello *m.*

knock /nɒk/ s. botta *f.*, colpo *m.*, percossa *f.*, bussata *f.*

to knock /nɒk/ A v.tr. 1 picchiare, battere 2 (*fam.*) criticare B v.intr. battere, bussare ◆ **to k. about** girovagare, bazzicare || **to k. at the door** bussare alla porta || **to k. down** abbattere || **to k. in** conficcare || **to k. off** buttare giù, smettere di lavorare || **to k. out** mettere k.o.

knocker /ˈnɒkəʳ/ s. battente *m.*

knockout /ˈnɒkˌaʊt/ A agg. che mette fuori combattimento B s. 1 knockout *m. inv.* 2 schianto *m.*

knoll /nəʊl/ s. poggio *m.*, collina *f.*

knot /nɒt/ s. 1 nodo *m.* 2 (*fig.*) legame *m.*, vincolo *m.* 3 (*fig.*) difficoltà *f.*, problema *m.* 4 capannello *m.*, mucchio *m.*

to knot /nɒt/ v.tr. annodare

knotty /ˈnɒtɪ/ agg. 1 nodoso 2 intricato

to know /nəʊ/ (*pass.* **knew**, *p.p.* **known**) v.tr. 1 conoscere, sapere 2 riconoscere, distinguere ◆ **to k. about** essere a conoscenza di || **you never k.** non si sa mai

know-all /ˈnəʊɔːl/ s. saccente *m. e f.*

know-how /ˈnəʊhaʊ/ s. conoscenze *f. pl.* tecniche, know-how *m. inv.*

knowing /ˈno(ʊ)ɪŋ/ agg. 1 informato 2 intelligente, abile 3 d'intesa

knowledge /ˈnɒlɪdʒ/ s. 1 conoscenza *f.* 2 sapere *m.*, scienza *f.*

knowledgeable /ˈnɒlɪdʒəbl/ agg. bene informato

known /nəʊn/ A p.p. di **to know** B agg. noto, conosciuto

knuckle /ˈnʌkl/ s. nocca *f.*

koala /ko(ʊ)ˈɑːlə/ s. koala *m. inv.*

Koran /kɔːˈrɑːn/ s. Corano *m.*

kudos /ˈkjuːdɒs/ s. (*fam.*) fama *f.*

Kurdish /ˈkɜːdɪʃ/ agg. curdo

l, L

lab /læb/ s. (*fam.*) laboratorio *m.*

label /ˈleɪbl/ s. etichetta *f.*, cartellino *m.*

to label /ˈleɪbl/ v.tr. 1 contrassegnare, etichettare 2 classificare

laboratory /ləˈbɒrət(ə)rɪ/ s. laboratorio *m.*

labour /ˈleɪbəʳ/ (*USA* **labor**) s. 1 lavoro *m.* 2 manodopera *f.* 3 doglie *f. pl.*, travaglio *m.* ◆ **hard l.** lavori forzati || **l. union** sindacato || **Labour party** partito laburista

to labour /ˈleɪbəʳ/ (*USA* **to labor**) v.intr. 1 lavorare, faticare 2 avere le doglie

laboured /ˈleɪbəd/ agg. 1 affannoso, affaticato 2 elaborato

labourer /ˈleɪbərəʳ/ s. manovale *m.*
labyrinth /ˈlæbərɪnθ/ s. labirinto *m.*
lace /leɪs/ s. **1** pizzo *m.* **2** laccio *m.*, stringa *f.*
to lace /leɪs/ v.tr. **1** allacciare **2** ornare di pizzi **3** (*una bevanda*) correggere **4** avvelenare ◆ **to l. up one's shoes** allacciarsi le scarpe
laceration /ˌlæsəˈreɪʃ(ə)n/ s. lacerazione *f.*
lack /læk/ s. mancanza *f.*, insufficienza *f.*
to lack /læk/ v.tr. **1** mancare di **2** aver bisogno di ◆ **to be lacking in st.** essere privo di q.c.
lackadaisical /ˌlækəˈdeɪzɪk(ə)l/ agg. apatico, indolente
lackey /ˈlækɪ/ s. **1** lacchè *m.* **2** leccapiedi *m. e f.*
laconic /ləˈkɒnɪk/ agg. laconico
lacquer /ˈlækəʳ/ s. lacca *f.*
to lacquer /ˈlækəʳ/ v.tr. laccare
lactose /ˈlæktəʊs/ s. lattosio *m.*
lad /læd/ s. ragazzo *m.*, giovanotto *m.*
ladder /ˈlædəʳ/ s. **1** scala *f.* a pioli **2** (*di calze*) smagliatura *f.* ◆ **double l.** scala a libro
to lade /leɪd/ (*p.p.* **laden**) v.tr. caricare
ladle /ˈleɪdl/ s. mestolo *m.*
lady /ˈleɪdɪ/ s. signora *f.* ◆ **l.-in-waiting** dama di corte || **Our Lady** la Madonna
ladybird /ˈleɪdɪbɜːd/ s. coccinella *f.*
ladybug /ˈleɪdɪbʌg/ s. coccinella *f.*
ladylike /ˈleɪdɪlaɪk/ agg. adatto a una signora, signorile
lag¹ /læg/ s. ritardo *m.*, intervallo *m.*
lag² /læg/ s. **1** doga *f.* **2** rivestimento *m.* (isolante)
to lag¹ /læg/ v.intr. ritardare, ristagnare
to lag² /læg/ v.tr. rivestire (con materiale isolante)
lager /ˈlɑːgəʳ/ s. birra *f.* chiara
lagoon /ləˈguːn/ s. laguna *f.*
laic /ˈleɪk/ s. laico *m.*
laicism /ˈleɪɪsɪz(ə)m/ s. laicismo *m.*
laid /leɪd/ pass. e p.p. di **to lay**
lain /leɪn/ p.p. di **to lie**
lair /lɛəʳ/ s. covo *m.*, tana *f.*
lake /leɪk/ s. lago *m.*
lakeside /ˈleɪksaɪd/ s. lungolago *m.*
lam /læm/ s. fuga *f.* ◆ **on the l.** in fuga
to lam /læm/ v.tr. (*fam.*) bastonare, colpire
lamb /læm/ s. agnello *m.* ◆ **l. chop** costata d'agnello
lame /leɪm/ agg. **1** zoppo, storpio **2** (*fig.*) zoppicante, difettoso **3** (*fam.*) ridicolo, misero
lament /ləˈmɛnt/ s. lamento *m.*
to lament /ləˈmɛnt/ **A** v.tr. lamentare **B** v.intr. lamentarsi
lamina /ˈlæmɪnə/ (*pl.* **laminae**) s. lamina *f.*
to laminate /ˈlæmɪneɪt/ v.tr. laminare
lamp /læmp/ s. **1** lampada *f.* **2** lampadina *f.* **3** lampione *m.* ◆ **l. post** lampione || **l. shade** paralume
lampoon /læmˈpuːn/ s. libello *m.* satirico
lance /lɑːns/ s. lancia *f.*
lancer /ˈlɑːnsəʳ/ s. lanciere *m.*
lancet /ˈlɑːnsɪt/ s. bisturi *m.* ◆ **l. arch** arco ogivale || **l. window** finestra ogivale
lancinating /ˈlɑːnsɪneɪtɪŋ/ agg. lancinante
land /lænd/ s. **1** terra *f.* **2** suolo *m.*, terreno *m.* **3** paese *m.*, contrada *f.* **4** proprietà *f.* ◆ **l. agent** agente immobiliare || **l. tax** imposta fondiaria
to land /lænd/ **A** v.intr. **1** sbarcare, approdare, atterrare **2** cadere **B** v.tr. **1** far approdare, far atterrare **2** sbarcare, scaricare **3** procurarsi **4** (*un colpo*) assestare ◆ **to l. up** andare a finire, approdare
landed /ˈlændɪd/ agg. fondiario
landing /ˈlændɪŋ/ s. **1** approdo *m.*, sbarco *m.*, atterraggio *m.* **2** pianerottolo *m.* ◆ **l. craft** mezzo da sbarco || **l. gear** carrello di atterraggio || **l. strip** pista di atterraggio
landlady /ˈlæn(d)ˌleɪdɪ/ s. **1** padrona *f.* di casa **2** affittacamere *f. inv.*
landline /ˈlæn(d)ˌlaɪn/ s. linea *f.* di terra
landlord /ˈlæn(d)lɔːd/ s. **1** padrone *m.* di casa **2** affittacamere *m. inv.*
landmark /ˈlæn(d)mɑːk/ **A** s. **1** punto *m.* di riferimento **2** pietra *f.* miliare **B** agg. storico, epocale
landowner /ˈlændˌəʊnəʳ/ s. proprietario *m.* terriero
landscape /ˈlændskeɪp/ s. paesaggio *m.*, panorama *m.*
landslide /ˈlæn(d)slaɪd/ s. frana *f.* ◆ **to win by a l.** riportare una vittoria schiacciante
landslip /ˈlæn(d)slɪp/ s. smottamento *m.*
lane /leɪn/ s. **1** sentiero *m.*, viottolo *m.*, vicolo *m.* **2** corsia *f.* **3** (*aer.*) rotta *f.*
language /ˈlæŋgwɪdʒ/ s. **1** lingua *f.* **2** linguaggio *m.* ◆ **bad l.** linguaggio volgare || **l. laboratory** laboratorio linguistico
languid /ˈlæŋgwɪd/ agg. languido
to languish /ˈlæŋgwɪʃ/ v.intr. languire
languor /ˈlæŋgəʳ/ s. languore *m.*
lank /læŋk/ agg. **1** smilzo, magro **2** (*di capelli*) liscio
lantern /ˈlæntən/ s. lanterna *f.*
lap¹ /læp/ s. **1** lembo *m.*, falda *f.* **2** grembo *m.* **3** (*di circuito*) giro *m.* **4** tappa *f.*
lap² /læp/ s. **1** leccata *f.* **2** sciabordio *m.*
to lap¹ /læp/ v.tr. **1** piegare (attorno), avvolgere **2** coccolare **3** (*sport*) doppiare, dare giri di distacco
to lap² /læp/ v.tr. e intr. **1** leccare, lappare **2** sciabordare ◆ **to l. up** bere, credere (ingenuamente) a
lapel /ləˈpɛl/ s. risvolto *m.*
lapidary /ˈlæpɪdərɪ/ agg. lapidario
to lapidate /ˈlæpɪdeɪt/ v.tr. lapidare
Laplander /ˈlæplændəʳ/ s. lappone *m. e f.*
Lappish /ˈlæpɪʃ/ **A** agg. lappone **B** s. (*lingua*) lappone *m.*
lapse /læps/ s. **1** errore *m.*, mancanza *f.*, scorrettezza *f.* **2** lasso *m.*, intervallo *m.* **3** (*dir.*) estinzione *f.* ◆ **l. of memory** vuoto di memoria || **l. of time** lasso di tempo
to lapse /læps/ v.intr. **1** cadere, scivolare **2** passare, trascorrere **3** (*dir.*) scadere, decadere
laptop /ˈlæptɒp/ s. portatile *m.*, computer *m.* portatile
larceny /ˈlɑːsɪnɪ/ s. (*dir.*) furto *m.*
larch /lɑːtʃ/ s. larice *m.*

lard /lɑːd/ s. lardo *m.*
larder /ˈlɑːdəʳ/ s. dispensa *f.*
large /lɑːdʒ/ agg. **1** grande, grosso **2** ampio, vasto, largo **3** abbondante ♦ **at l.** in generale, nell'insieme, in libertà || **l.-scale** su larga scala
large-hearted /ˌlɑːdʒˈhɑːtɪd/ agg. generoso
largely /ˈlɑːdʒlɪ/ avv. **1** in gran parte **2** soprattutto
largeness /ˈlɑːdʒnɪs/ s. larghezza *f.*, ampiezza *f.*, grandezza *f.*
largess(e) /lɑːˈdʒɛs/ s. liberalità *f.*, generosità *f.*
lark[1] /lɑːk/ s. allodola *f.*
lark[2] /lɑːk/ s. scherzo *m.*, beffa *f.*
larval /ˈlɑːv(ə)l/ agg. larvale
laryngitis /ˌlærɪnˈdʒaɪtɪs/ s. laringite *f.*
laryngologist /ˌlærɪnˈgɒlədʒɪst/ s. laringoiatra *m.* e *f.*
larynx /ˈlærɪŋks/ s. laringe *f.*
laser /ˈleɪzəʳ/ s. laser *m. inv.*
lash /læʃ/ s. **1** sferza *f.* **2** sferzata *f.*, frustata *f.* **3** (*dell'occhio*) ciglio *m.*
to lash /læʃ/ **A** v.tr. **1** sferzare, frustare **2** agitare **3** colpire violentemente **4** legare **5** criticare, sgridare **B** v.intr. **1** battere violentemente **2** (*di onde*) frangersi ♦ **to l. out at** assalire, attaccare, criticare
lass /læs/ s. ragazza *f.*
last /lɑːst/ (*sup. rel. di* **late**) **A** agg. **1** ultimo **2** scorso, più recente **3** finale, definitivo **B** avv. **1** per ultimo, ultimo **2** ultimamente **C** s. termine *m.* ♦ **at l.** alla fine, finalmente || **l. but one** penultimo || **l. name** cognome || **l. week** la settimana scorsa
to last /lɑːst/ v.intr. durare, resistere
lasting /ˈlɑːstɪŋ/ agg. duraturo, durevole
lastly /ˈlɑːstlɪ/ avv. da ultimo, per finire
latch /lætʃ/ s. chiavistello *m.*
late /leɪt/ (*comp.* **later**, **latter**, *sup.* **latest**, **last**) **A** agg. **1** tardi, in ritardo **2** tardo, inoltrato **3** tardivo **4** precedente, ex **5** defunto **B** avv. **1** tardi, in ritardo **2** recentemente ♦ **as l. as** fino a, non più tardi del || **of l.** da poco || **to be l.** essere in ritardo
latecomer /ˈleɪtˌkʌməʳ/ s. ritardatario *m.*
lately /ˈleɪtlɪ/ avv. recentemente
latent /ˈleɪt(ə)nt/ agg. latente
later /ˈleɪtəʳ/ (*comp. di* **late**) **A** agg. posteriore, ulteriore **B** avv. più tardi, dopo ♦ **l. on** poi, in seguito || **see you l.!** a più tardi!
lateral /ˈlæt(ə)r(ə)l/ agg. laterale
latest /ˈleɪtɪst/ (*sup. rel. di* **late**) agg. ultimo, recentissimo ♦ **at the l.** al più tardi
lathe /leɪð/ s. tornio *m.*
lather /ˈlɑːðəʳ/ s. schiuma *f.*
lathery /ˈlɑːðərɪ/ agg. schiumoso
Latin /ˈlætɪn/ agg. e s. latino *m.* ♦ **L. American** latinoamericano, sudamericano
Latinism /ˈlætɪnɪz(ə)m/ s. latinismo *m.*
Latinist /ˈlætɪnɪst/ s. latinista *m.* e *f.*
Latinity /ləˈtɪnɪtɪ/ s. latinità *f.*
latitude /ˈlætɪtjuːd/ s. latitudine *f.*
latter /ˈlætəʳ/ (*comp. di* **late**) **A** agg. secondo, ultimo **B** pron. il secondo, l'ultimo di due
lattice /ˈlætɪs/ s. grata *f.*, traliccio *m.*, reticolo *m.*
laudable /ˈlɔːdəbl/ agg. lodevole
laugh /lɑːf/ s. **1** riso *m.*, risata *f.* **2** divertimento *m.*, spasso *m.*
to laugh /lɑːf/ **A** v.intr. ridere **B** v.tr. deridere ♦ **to l. at** ridere di
laughable /ˈlɑːfəbl/ agg. ridicolo
laughing /ˈlɑːfɪŋ/ **A** agg. ridente, allegro **B** s. riso *m.*, risata *f.*
laughingstock /ˈlɑːfɪŋstɒk/ s. zimbello *m.*
laughter /ˈlɑːftəʳ/ s. risata *f.*
launch[1] /lɔːn(t)ʃ/ s. **1** varo *m.* **2** lancio *m.*
launch[2] /lɔːn(t)ʃ/ s. (*naut.*) lancia *f.*, scialuppa *f.*
to launch /lɔːn(t)ʃ/ **A** v.tr. **1** varare **2** lanciare **B** v.intr. lanciarsi, imbarcarsi in un'impresa ♦ **to l. into** lanciarsi in, imbarcarsi in
launching /lɔːn(t)ʃɪŋ/ s. **1** lancio *m.* **2** varo *m.* ♦ **l. pad** piattaforma di lancio
to launder /ˈlɔːndəʳ/ v.tr. lavare e stirare
launderette /ˌlɔːndəˈrɛt/ s. lavanderia *f.* automatica
laundry /ˈlɔːndrɪ/ s. **1** lavanderia *f.* **2** bucato *m.*
laurel /ˈlɒr(ə)l/ s. alloro *m.*
lava /ˈlɑːvə/ s. lava *f.*
lavage /ˈlævɪdʒ/ s. (*med.*) lavaggio *m.* ♦ **gastric l.** lavanda gastrica
lavatory /ˈlævət(ə)rɪ/ s. gabinetto *m.*
lavender /ˈlævɪndəʳ/ s. lavanda *f.*
lavish /ˈlævɪʃ/ agg. **1** generoso **2** eccessivo **3** sontuoso, sfarzoso
to lavish /ˈlævɪʃ/ v.tr. prodigare, profondere
law /lɔː/ s. **1** legge *f.* **2** diritto *m.*, giurisprudenza *f.* **3** giustizia *f.* ♦ **l. court** tribunale
law-abiding /ˈlɔːəˌbaɪdɪŋ/ agg. rispettoso della legge
lawful /ˈlɔːf(ʊ)l/ agg. lecito, legale
lawgiver /ˈlɔːˌgɪvəʳ/ s. legislatore *m.*
lawless /ˈlɔːlɪs/ agg. **1** senza legge **2** illegale
lawn /lɔːn/ s. prato *m.* ♦ **l.-mower** tosaerba, tagliaerba
lawsuit /ˈlɔːsjuːt/ s. causa *f.*, processo *m.*
lawyer /ˈlɔːjəʳ/ s. avvocato *m.*
lax /læks/ agg. **1** molle, rilassato **2** negligente, trascurato
laxative /ˈlæksətɪv/ agg. e s. lassativo *m.*
lay[1] /leɪ/ agg. **1** laico, secolare **2** profano
lay[2] /leɪ/ s. disposizione *f.*, configurazione *f.*
to lay /leɪ/ (*pass. e p.p.* **laid**) v.tr. **1** posare, collocare **2** (*uova*) deporre **3** disporre, preparare, ordire **4** abbattere **5** progettare, elaborare **6** sottoporre **7** ricoprire, rivestire **8** scommettere ♦ **to l. aside, by** mettere da parte || **to l. down** deporre, esporre, stabilire || **to l. off** smettere, licenziare || **to l. on** fornire, organizzare || **to l. out** preparare, distendere, tracciare, spendere || **to l. up** fare scorta di
layabout /ˈleɪəbaʊt/ s. sfaccendato *m.*
lay-by /ˈleɪbaɪ/ s. piazzola *f.* (di sosta)
layer /ˈlɛ(ɪ)əʳ/ s. strato *m.*
layman /ˈleɪmən/ (*pl.* **laymen**) s. **1** laico *m.* **2** profano *m.*, non competente *m.*

layout /ˈleɪaʊt/ s. **1** disposizione *f.* **2** tracciato *m.*, progetto *m.*, bozzetto *m.* **3** impaginazione *f.*, lay-out *m. inv.*
to laze /leɪz/ v.intr. oziare
laziness /ˈleɪzɪnɪs/ s. pigrizia *f.*
lazy /ˈleɪzɪ/ agg. pigro
lazybones /ˈleɪzɪbəʊnz/ s. scansafatiche *m. e f. inv.*, poltrone *m.*
lead[1] /lɛd/ s. **1** piombo *m.* **2** (*di matita*) mina *f.*
lead[2] /liːd/ s. **1** comando *m.*, guida *f.*, posizione *f.* di testa **2** vantaggio *m.* **3** guinzaglio *m.* **4** traccia *f.*, indizio *m.* **5** (*teatro*) parte *f.* principale **6** filo *m.* elettrico ♦ **to be in the l.** essere in testa, essere all'avanguardia
to lead /liːd/ (*pass. e p.p.* **led**) **A** v.tr. **1** condurre, guidare **2** indurre a **B** v.intr. **1** condurre, portare **2** essere in testa ♦ **to l. sb. astray** sviare qc., portare qc. sulla cattiva strada || **to l. off** cominciare || **to l. on** trascinare || **to l. up to** portare a
leaden /ˈlɛdn/ agg. plumbeo
leader /ˈliːdəʳ/ s. **1** leader *m. inv.*, capo *m.*, direttore *m.* **2** articolo *m.* di fondo
leadership /ˈliːdəʃɪp/ s. guida *f.*, direzione *f.*, comando *m.*
leading /ˈliːdɪŋ/ agg. principale, primo ♦ **l. actor** protagonista
leaf /liːf/ (*pl.* **leaves**) s. **1** foglia *f.*, fogliame *m.* **2** foglio *m.* ♦ **to come into l.** mettere le foglie
leaflet /ˈliːflɪt/ s. volantino *m.*
league /liːg/ s. **1** lega *f.*, associazione *f.* **2** (*sport*) federazione *f.* ♦ **to be in l. with sb.** essere in combutta con qc.
leak /liːk/ s. **1** falla *f.*, fessura *f.* **2** fuoriuscita *f.*, fuga *f.*
to leak /liːk/ **A** v.intr. **1** perdere, fare acqua **2** (*di liquido*) fuoriuscire **3** trapelare **B** v.tr. **1** (*liquido*) perdere **2** far trapelare
lean[1] /liːn/ s. inclinazione *f.*, pendenza *f.*
lean[2] /liːn/ agg. **1** magro **2** snello, agile **3** scarno **4** efficiente
to lean /liːn/ (*pass. e p.p.* **leaned**, **leant**) v.intr. **1** pendere, inclinarsi **2** appoggiarsi ♦ **to l. on** dipendere da || **to l. out** sporgersi || **to l. towards** tendere a
leaning /ˈliːnɪŋ/ **A** agg. pendente **B** s. propensione *f.*
leanness /ˈliːnnɪs/ s. magrezza *f.*
leant /lɛnt/ pass. e p.p. di **to lean**
leap /liːp/ s. **1** salto *m.*, balzo *m.* **2** cambiamento *m.* ♦ **l. year** anno bisestile
to leap /liːp/ (*pass. e p.p.* **leapt**, **leaped**) **A** v.intr. saltare, balzare, lanciarsi **B** v.tr. **1** saltare **2** far saltare ♦ **to l. up** balzare in piedi, sobbalzare
to learn /lɜːn/ (*pass. e p.p.* **learned**, **learnt**) **A** v.tr. imparare, studiare **B** v.intr. **1** imparare, istruirsi **2** venire a sapere
learned /ˈlɜːnɪd/ agg. colto, istruito
learner /ˈlɜːnəʳ/ s. allievo *m.*, apprendista *m. e f.*
learning /ˈlɜːnɪŋ/ s. **1** cultura *f.* **2** apprendimento *m.*
learnt /lɜːnt/ pass. e p.p. di **to learn**
lease /liːs/ s. contratto *m.* d'affitto
to lease /liːs/ v.tr. affittare
leash /liːʃ/ s. guinzaglio *m.*
least /liːst/ (*sup. di* **little**) **A** agg. il minimo, il più piccolo **B** avv. meno (di tutti), minimamente ♦ **at l.** almeno || **l. of all** tanto meno || **not in the l.** per nulla || **to say the l.** a dir poco
leather /ˈlɛðəʳ/ s. cuoio *m.*, pelle *f.* ♦ **l. goods** (articoli di) pelletteria || **l. goods shop** pelletteria || **shammy l.** pelle di camoscio
leatherwear /ˈlɛðəwɛəʳ/ s. (articoli di) pelletteria *f.*
leave /liːv/ s. **1** permesso *m.*, autorizzazione *f.* **2** congedo *m.*
to leave /liːv/ (*pass. e p.p.* **left**) **A** v.tr. **1** lasciare, abbandonare **2** partire da, andarsene da **3** consegnare, affidare **B** v.intr. partire, andarsene, uscire ♦ **to l. behind** dimenticare, lasciarsi alle spalle || **to l. off** smettere || **to l. out** tralasciare || **to be left** rimanere, avanzare
leaves /liːvz/ pl. di **leaf**
leaving /ˈliːvɪŋ/ s. **1** partenza *f.* **2** avanzi *m. pl.*
Lebanese /ˌlebəˈniːz/ s. libanese *m.*
lecherous /ˈlɛtʃ(ə)rəs/ agg. lascivo
lecture /ˈlɛktʃəʳ/ s. **1** conferenza *f.*, lezione *f.* **2** predica *f.*
to lecture /ˈlɛktʃəʳ/ **A** v.tr. **1** tenere una conferenza a, fare lezione a **2** fare una predica a **B** v.intr. tenere una conferenza, fare lezione
lecturer /ˈlɛktʃ(ə)rəʳ/ s. conferenziere *m.*, docente *m. e f.*
led /lɛd/ pass. e p.p. di **to lead**
ledge /lɛdʒ/ s. **1** sporgenza *f.*, ripiano *m.* **2** (*di montagna*) cornice *f.* ♦ **window l.** davanzale
ledger /ˈlɛdʒəʳ/ s. **1** libro *m.* mastro **2** pietra *f.* tombale
lee /liː/ **A** agg. sottovento **B** s. **1** (lato) sottovento *m.* **2** ridosso *m.*
leech /liːtʃ/ s. sanguisuga *f.*
leek /liːk/ s. (*bot.*) porro *m.*
to leer /lɪəʳ/ v.intr. dare occhiate maliziose
lees /liːz/ s. pl. sedimento *m.*, feccia *f.*
leeward /ˈliːwəd/ agg. e avv. sottovento
leeway /ˈliːweɪ/ s. **1** scarroccio *m.*, deriva *f.* **2** (*fig.*) margine *m.*
left[1] /lɛft/ **A** agg. **1** sinistro **2** di sinistra **B** s. sinistra *f.* **C** avv. a sinistra
left[2] /lɛft/ pass. e p.p. di **to leave**
left-hand /ˈlɛfthænd/ agg. di sinistra, a sinistra
left-handed /ˌlɛftˈhændɪd/ agg. mancino
leftovers /ˈlɛftəʊvəz/ s. pl. avanzi *m. pl.*
leg /lɛg/ s. **1** gamba *f.* **2** zampa *f.* **3** cosciotto *m.* **4** (*di viaggio*) tappa *f.*
legacy /ˈlɛgəsɪ/ s. legato *m.*, eredità *f.*
legal /ˈliːg(ə)l/ agg. legale
to legalize /ˈliːgəlaɪz/ v.tr. legalizzare
legend /ˈlɛdʒ(ə)nd/ s. leggenda *f.*
legendary /ˈlɛdʒ(ə)nd(ə)rɪ/ agg. leggendario
leggings /ˈlɛgɪŋz/ s. pl. fuseau *m. fr.*
legion /ˈliːdʒ(ə)n/ s. legione *f.*

legislation /ˌlɛdʒɪsˈleɪʃ(ə)n/ s. legislazione *f.*
legislative /ˈlɛdʒɪslətɪv/ agg. legislativo
legislature /ˈlɛdʒɪsleɪtʃəʳ/ s. corpo *m.* legislativo
legitimate /lɪˈdʒɪtɪmɪt/ agg. legittimo
to legitimate /lɪˈdʒɪtɪmeɪt/ v.tr. legittimare
legroom /ˈlɛgˌruːm/ s. spazio *m.* per le gambe
legume /ˈlɛgjʊ(ː)m/ s. legume *m.*
leisure /ˈlɛʒəʳ/ s. **1** tempo *m.* libero **2** agio *m.*, ozio *m.*
leisurely /ˈlɛʒəlɪ/ avv. con comodo
lemon /ˈlɛmən/ s. limone *m.*
lemonade /ˌlɛməˈneɪd/ s. gazzosa *f.*
to lend /lɛnd/ (*pass. e p.p.* **lent**) **A** v.tr. prestare **B** v.intr. concedere prestiti ♦ **lending library** biblioteca circolante || **to l. oneself to st.** prestarsi a q.c.
length /lɛŋθ/ s. **1** lunghezza *f.* **2** durata *f.* **3** pezzo *m.*, tratto *m.* ♦ **at l.** per esteso, alla fine || **l. and breadth** in lungo e in largo
to lengthen /ˈlɛŋθ(ə)n/ **A** v.tr. allungare **B** v.intr. allungarsi
lengthways /ˈlɛŋθweɪz/ avv. per il lungo
lengthy /ˈlɛŋθɪ/ agg. lungo, prolisso
leniency /ˈliːnjənsɪ/ s. mitezza *f.*, indulgenza *f.*
lenient /ˈliːnjənt/ agg. indulgente, mite
lenitive /ˈlɛnɪtɪv/ agg. lenitivo
lens /lɛnz/ s. **1** lente *f.* **2** (*fot.*) obiettivo *m.* ♦ **contact l.** lente a contatto
lent /lɛnt/ pass. e p.p. di **to lend**
Lent /lɛnt/ s. quaresima *f.*
lentil /ˈlɛntɪl/ s. lenticchia *f.*
leopard /ˈlɛpəd/ s. leopardo *m.*
leotard /ˈliːətɑːd/ s. body *m. inv.*
leper /ˈlɛpəʳ/ agg. lebbroso ♦ **l. hospital** lebbrosario
leprosy /ˈlɛprəsɪ/ s. lebbra *f.*
lesbian /ˈlɛzbɪən/ **A** agg. lesbico **B** s. lesbica *f.*
lesion /ˈliːʒ(ə)n/ s. lesione *f.*
less /lɛs/ (*comp. di* **little**) **A** agg. meno, minore **B** avv. meno, di meno **C** s. meno *m.* **D** prep. meno ♦ **l. and l.** sempre meno || **more or l.** più o meno || **none the l.** nondimeno
to lessen /ˈlɛsn/ v.tr. e intr. diminuire
lesser /ˈlɛsəʳ/ agg. minore
lesson /ˈlɛsn/ s. lezione *f.* ♦ **to teach sb. a l.** dare una lezione a qc.
lest /lɛst/ cong. **1** per paura che **2** in modo da non **3** nel caso che
let /lɛt/ s. affitto *m.*
to let /lɛt/ (*pass. e p.p.* **let**) v.tr. **1** lasciare, permettere, autorizzare **2** affittare ♦ **to l.** (*nei cartelli*) affittasi || **to l. down** abbassare, allungare, scontentare, deludere || **to l. in** lasciar entrare, ammettere || **to l. off** scaricare, lasciar andare, far uscire || **to l. on** far salire, rivelare || **to l. out** emettere, far uscire || **to l. up** rallentare, allentare || **let's go** andiamo || **l. it be** sia pure
lethal /ˈliːθ(ə)l/ agg. letale
lethargy /ˈlɛθədʒɪ/ s. **1** (*med.*) letargia *f.* **2** indolenza *f.*
letter /ˈlɛtəʳ/ s. lettera *f.* ♦ **capital l.** lettera maiuscola || **small l.** lettera minuscola || **l. box** buca delle lettere || **l. paper** carta da lettere || **registered l.** raccomandata
lettuce /ˈlɛtɪs/ s. lattuga *f.*
let-up /ˈlɛtˌʌp/ s. diminuzione *f.*
leuk(a)emia /ljuːˈkiːmɪə/ s. leucemia *f.*
levee /lɛvɪ/ s. argine *m.*
level /ˈlɛvl/ **A** agg. **1** livellato, piano **2** a livello, pari **3** equilibrato, regolare **B** s. **1** livello *m.* **2** superficie *f.* piana ♦ **l. crossing** passaggio a livello || **to be on the l. with sb.** essere onesto con qc.
to level /ˈlɛvl/ v.tr. livellare, pareggiare, uguagliare ♦ **to l. off** livellarsi
level-headed /ˌlɛvlˈhɛdɪd/ agg. equilibrato
lever /ˈliːvəʳ/ s. leva *f.*
leverage /ˈliːv(ə)rɪdʒ/ s. **1** azione *f.* di una leva **2** (*econ.*) leveraggio *m.* **3** influenza *f.*, autorità *f.*
levity /ˈlɛvɪtɪ/ s. frivolezza *f.*
levy /ˈlɛvɪ/ s. **1** (*mil.*) leva *f.* **2** imposta *f.*
to levy /ˈlɛvɪ/ v.tr. **1** (*mil.*) arruolare **2** tassare
lewd /luːd/ agg. osceno
lexical /ˈlɛksɪk(ə)l/ agg. lessicale
lexicon /ˈlɛksɪkən/ s. lessico *m.*, dizionario *m.*
liability /ˌlaɪəˈbɪlɪtɪ/ s. **1** (*dir.*) responsabilità *f.* **2** svantaggio *m.*, inconveniente *m.* **3** al pl. (*fin.*) passivo *m.*, debiti *m. pl.*
liable /ˈlaɪəbl/ agg. **1** (*dir.*) responsabile **2** soggetto, passibile
to liaise /lɪˈeɪz/ v.intr. fare da collegamento
liaison /lɪ(ː)ˈeɪzɒn/ s. **1** legame *m.*, relazione *f.* **2** collegamento *m.*
liar /ˈlaɪəʳ/ s. bugiardo *m.*
libel /ˈlaɪb(ə)l/ s. **1** libello *m.* **2** calunnia *f.*, diffamazione *f.* **3** affidavit *m. inv.*
to libel /ˈlaɪb(ə)l/ v.tr. diffamare
liberal /ˈlɪb(ə)r(ə)l/ agg. generoso, liberale
Liberal /ˈlɪb(ə)r(ə)l/ s. liberale *m. e f.*
liberalism /ˈlɪb(ə)rəlɪz(ə)m/ s. liberalismo *m.*
liberality /ˌlɪb(ə)ˈrælɪtɪ/ s. liberalità *f.*
liberalization /ˌlɪb(ə)rəlaɪˈzeɪʃ(ə)n/ s. liberalizzazione *f.*
to liberate /ˈlɪbəreɪt/ v.tr. liberare
libertine /ˈlɪbətiːn/ agg. e s. libertino *m.*
liberty /ˈlɪbətɪ/ s. libertà *f.*
Libra /ˈlɪbrə/ s. bilancia *f.*
librarian /laɪˈbrɛərɪən/ s. bibliotecario *m.*
library /ˈlaɪbrərɪ/ s. biblioteca *f.*
librettist /lɪˈbrɛtɪst/ s. librettista *m. e f.*
libretto /lɪˈbrɛtəʊ/ s. (*mus.*) libretto *m.*
Libyan /ˈlɪbiən/ s. libico *m.*
licence /ˈlaɪs(ə)ns/ (*USA* **license**) s. licenza *f.*, autorizzazione *f.*, patente *f.* ♦ **driving l.** patente di guida
licentious /laɪˈsɛnʃəs/ agg. licenzioso
licit /ˈlɪsɪt/ agg. lecito
lick /lɪk/ s. **1** leccata *f.* **2** piccola quantità *f.*
to lick /lɪk/ v.tr. leccare
licorice /ˈlɪkərɪs/ s. → ***liquorice***
lid /lɪd/ s. coperchio *m.*, copertura *f.*

lie[1] /laɪ/ **s.** **1** bugia *f.* **2** falsa credenza *f.*
lie[2] /laɪ/ **s.** posizione *f.*, disposizione *f.*, configurazione *f.*
to lie[1] /laɪ/ (*pass. e p.p.* **lied**, *p.pres.* **lying**) **v.intr.** mentire, ingannare
to lie[2] /laɪ/ (*pass.* **lay**, *p.p.* **lain**, *p. pr.* **lying**) **v.intr.** **1** giacere, star disteso, rimanere **2** trovarsi, essere situato **3** consistere **4** (*dir.*) essere ammissibile ♦ **to l. about** essere sparso qua e là, oziare || **to l. down** coricarsi, sdraiarsi || **to l. with** giacere con, spettare a
lieu /ljuː/ **s.** luogo *m.* ♦ **in l. of** in luogo di
lieutenant /lɛfˈtɛnənt/ **s.** tenente *m.*
life /laɪf/ (*pl.* **lives**) **s.** vita *f.* ♦ **l. annuity** vitalizio || **l. insurance** assicurazione sulla vita || **l. preserver** (giubbotto) salvagente || **l. sentence** ergastolo || **still l.** natura morta
lifebelt /ˈlaɪfbɛlt/ **s.** salvagente *m.*
lifeboat /ˈlaɪfbəʊt/ **s.** battello *m.* di salvataggio
lifeguard /ˈlaɪfgɑːd/ **s.** bagnino *m.*
lifeless /ˈlaɪflɪs/ **agg.** esanime, senza vita
lifelike /ˈlaɪflaɪk/ **agg.** realistico
lifelong /ˈlaɪflɒŋ/ **agg.** che dura tutta la vita
lifesize /ˈlaɪfsaɪz/ **agg.** a grandezza naturale
lifespan /ˈlaɪfspæn/ **s.** durata *f.* (media) della vita
lifestyle /ˈlaɪfstaɪl/ **s.** stile *m.* di vita
lifetime /ˈlaɪftaɪm/ **s.** (durata della) vita *f.*
lift /lɪft/ **s.** **1** ascensore *m.* **2** (*aer.*) portanza *f.* **3** (*su veicolo*) passaggio *m.*
to lift /lɪft/ **v.tr.** **1** sollevare, alzare **2** plagiare, copiare **3** abolire **4** (*pop.*) rubare ♦ **to l. off** decollare
light[1] /laɪt/ **A** **agg.** chiaro, luminoso **B** **s.** **1** luce *f.*, bagliore *m.* **2** lume *m.*, lampada *f.*, faro *m.* **3** **al pl.** semaforo *m.* **4** (*per accendere*) accendino *m.*, fuoco *m.* ♦ **l. pen** penna ottica || **l. year** anno luce || **parking lights** luci di posizione || **have you got a l.?** ha da accendere? || **l. bulb** lampadina
light[2] /laɪt/ **A** **agg.** **1** leggero, lieve **2** piacevole, divertente **3** moderato **4** agile, svelto **B** **avv.** leggermente, facilmente ♦ **l. blue** azzurro, celeste
to light /laɪt/ (*pass. e p.p.* **lighted**, **lit**) **v.tr.** **1** accendere **2** illuminare ♦ **to l. up** illuminare, (*sigaretta e sim.*) accendere
to lighten[1] /ˈlaɪtn/ **A** **v.tr.** illuminare **B** **v.intr.** illuminarsi
to lighten[2] /ˈlaɪtn/ **v.tr.** **1** alleggerire **2** mitigare
lighter /ˈlaɪtəʳ/ **s.** accendino *m.*
light-headed /ˌlaɪtˈhɛdɪd/ **agg.** **1** stordito **2** sventato
light-hearted /ˌlaɪtˈhɑːtɪd/ **agg.** allegro
lighthouse /ˈlaɪthaʊs/ **s.** faro *m.*
lighting /ˈlaɪtɪŋ/ **s.** illuminazione *f.*
lightness[1] /ˈlaɪtnɪs/ **s.** **1** luminosità *f.* **2** illuminazione *f.*
lightness[2] /ˈlaɪtnɪs/ **s.** **1** leggerezza *f.* **2** agilità *f.*
lightning /ˈlaɪtnɪŋ/ **s.** lampo *m.*, fulmine *m.* ♦ **l. conductor** (*USA* **l. rod**) parafulmine
like /laɪk/ **A** **agg.** simile, somigliante, uguale, stesso **B** **s.** (l')uguale *m.* **C** **prep.** come, alla maniera di, tipico di **D** **avv.** come dire, per così dire **E** **cong.** come, come se ♦ **as l. as not** probabilmente || **to be l.** assomigliare a || **l. so** così || **l. that** così || **l. this** così || **l. crazy** come un matto || **it's not l. him** non è da lui
to like /laɪk/ **v.tr.** (*costr. pers.*) **1** piacere, gradire, amare, aver voglia di **2** volere ♦ **as you l.** come vuoi || **to l. best** preferire || **would you l. some coffee?** vuoi del caffè?
likelihood /ˈlaɪklɪhʊd/ **s.** probabilità *f.*, verosimiglianza *f.*
likely /ˈlaɪklɪ/ **A** **agg.** probabile, verosimile **B** **avv.** probabilmente, verosimilmente
likeness /ˈlaɪknɪs/ **s.** somiglianza *f.*
likewise /ˈlaɪkwaɪz/ **avv.** similmente, allo stesso modo ♦ **to do l.** fare altrettanto
liking /ˈlaɪkɪŋ/ **s.** simpatia *f.*, predilezione *f.*, gradimento *m.*
lilac /ˈlaɪlək/ **A** **agg.** lilla **B** **s.** lillà *m.*
lily /ˈlɪlɪ/ **s.** giglio *m.* ♦ **l. of the valley** mughetto
limb /lɪm/ **s.** membro *m.*, arto *m.*
limber /ˈlɪmbəʳ/ **agg.** agile, flessibile
to limber /ˈlɪmbəʳ/ **v.tr.** rendere agile, rendere flessibile ♦ **to l. up** scaldarsi i muscoli
lime[1] /laɪm/ **s.** (*bot.*) tiglio *m.*
lime[2] /laɪm/ **s.** (*bot.*) lime *m. inv.*, limetta *f.*
lime[3] /laɪm/ **s.** calce *f.*
limelight /ˈlaɪmlaɪt/ **s.** (luci della) ribalta *f.*
limestone /ˈlaɪmstəʊn/ **s.** calcare *m.*
limit /ˈlɪmɪt/ **s.** limite *m.*
to limit /ˈlɪmɪt/ **v.tr.** limitare
limitation /ˌlɪmɪˈteɪʃ(ə)n/ **s.** limitazione *f.*
limited /ˈlɪmɪtɪd/ **agg.** limitato, ristretto ♦ **l. company** società a responsabilità limitata
limousine /ˈlɪmʊ(ː)ziːn/ **s.** limousine *f. inv.*
limp[1] /lɪmp/ **s.** andatura *f.* zoppicante ♦ **to have a l.** zoppicare
limp[2] /lɪmp/ **agg.** **1** floscio, flaccido **2** fiacco
to limp /lɪmp/ **v.intr.** zoppicare
limpet /ˈlɪmpɪt/ **s.** patella *f.*
limpid /ˈlɪmpɪd/ **agg.** limpido
linden /ˈlɪndən/ **s.** tiglio *m.*
line /laɪn/ **s.** **1** linea *f.* **2** riga *f.*, fila *f.* **3** fune *f.* **4** lenza *f.* **5** (linea di) confine *m.* **6** ruga *f.*, solco *m.* **7** verso *m.* ♦ **finishing l.** linea del traguardo || **in l. with** d'accordo con, allineato con || **new l.** (*dettando*) a capo || **shipping l.** compagnia di navigazione || **the Line** l'equatore
to line[1] /laɪn/ **v.tr.** **1** delineare, segnare **2** fiancheggiare ♦ **to l. up** allinearsi, mettersi in fila
to line[2] /laɪn/ **v.tr.** foderare, rivestire
linear /ˈlɪnɪəʳ/ **agg.** lineare
linearity /ˌlɪnɪˈærɪtɪ/ **s.** linearità *f.*
linen /ˈlɪnɪn/ **s.** **1** lino *m.*, tela *f.* di lino **2** biancheria *f.* ♦ **table l.** biancheria da tavola
liner /ˈlaɪnəʳ/ **s.** **1** nave *f.* di linea **2** aereo *m.* di linea
linesman /ˈlaɪnzmən/ (*pl.* **linesmen**) **s.** segnalinee *m. inv.*
line-up /ˈlaɪnʌp/ **s.** **1** allineamento *m.*, schieramento *m.* **2** (*sport*) formazione *f.* di gioco

to linger /ˈlɪŋgəʳ/ v.intr. 1 attardarsi 2 permanere
lingo /ˈlɪŋgəʊ/ (*pl.* **lingoes**) s. gergo *m.*, linguaggio *m.*
linguistic /lɪŋˈgwɪstɪk/ agg. linguistico
linguistics /lɪŋˈgwɪstɪks/ s. pl. (*v. al sing.*) linguistica *f.*
lining /ˈlaɪnɪŋ/ s. fodera *f.*, rivestimento *m.* ◆ **brake linings** pastiglie dei freni
link /lɪŋk/ s. 1 (*di catena*) anello *m.* 2 collegamento *m.*, legame *m.* 3 (*inform.*) link *m. inv.*
to link /lɪŋk/ v.tr. collegare, unire, congiungere
linoleum /lɪˈnəʊljəm/ s. linoleum *m. inv.*
lint /lɪnt/ s. garza *f.*
lintel /ˈlɪntl/ s. architrave *m.*
lion /ˈlaɪən/ s. leone *m.*
lioness /ˈlaɪənɪs/ s. leonessa *f.*
lip /lɪp/ s. 1 labbro *m.* 2 orlo *m.* ◆ **to pay, to give l. service** sostenere solo a parole
lipid /ˈlɪpɪd/ s. lipide *m.*
lipsalve /ˈlɪpsɑːv/ s. burrocacao *m.*
lipstick /ˈlɪpstɪk/ s. rossetto *m.*
to liquefy /ˈlɪkwɪfaɪ/ **A** v.tr. liquefare **B** v.intr. liquefare, liquefarsi
liqueur /lɪˈkjʊəʳ/ s. liquore *m.*
liquid /ˈlɪkwɪd/ agg. e s. liquido *m.* ◆ **l. crystals** cristalli liquidi || **l. soap** sapone liquido
to liquidate /ˈlɪkwɪdeɪt/ v.tr. liquidare
liquidation /ˌlɪkwɪˈdeɪʃ(ə)n/ s. liquidazione *f.*
liquidity /lɪˈkwɪdɪtɪ/ s. liquidità *f.*
liquor /ˈlɪkəʳ/ s. liquore *m.*
liquorice /ˈlɪkərɪs/ (*USA* **licorice**) s. liquirizia *f.*
to lisp /lɪsp/ v.intr. parlare con pronuncia blesa
list /lɪst/ s. 1 lista *f.*, elenco *m.* 2 catalogo *m.* 3 listino *m.* ◆ **mailing l.** indirizzario, mailing list || **waiting l.** lista d'attesa
to list /lɪst/ v.tr. 1 elencare, catalogare 2 mettere in listino
to listen /ˈlɪsn/ v.intr. ascoltare ◆ **to l. in** ascoltare un programma, origliare || **to l. to sb./st.** ascoltare qc./q.c.
listener /ˈlɪsnəʳ/ s. ascoltatore *m.*
listless /ˈlɪstlɪs/ agg. disattento, sbadato
lit /lɪt/ pass. e p.p. di **to light**
litany /ˈlɪtənɪ/ s. litania *f.*
liter /ˈliːtəʳ/ → ***litre***
literacy /ˈlɪt(ə)rəsɪ/ s. alfabetizzazione *f.*
literal /ˈlɪt(ə)r(ə)l/ agg. letterale
literally /ˈlɪt(ə)rəlɪ/ avv. letteralmente
literary /ˈlɪt(ə)rərɪ/ agg. letterario
literate /ˈlɪtərɪt/ agg. 1 che sa leggere e scrivere 2 colto, istruito
literature /ˈlɪt(ə)rɪtʃəʳ/ s. letteratura *f.*
lithe /laɪð/ agg. agile
lithium /ˈlɪθɪəm/ s. litio *m.* ◆ **l. battery** batteria al litio
lithograph /ˈlɪθəgrɑːf/ s. (*riproduzione*) litografia *f.*
lithography /lɪˈθɒgrəfɪ/ s. (*arte*) litografia *f.*
litigation /ˌlɪtɪˈgeɪʃ(ə)n/ s. (*dir.*) causa *f.*, vertenza *f.*
litre /ˈliːtəʳ/ (*USA* **liter**) s. litro *m.*
litter /ˈlɪtəʳ/ s. 1 rifiuti *m. pl.* 2 confusione *f.* 3 nidiata *f.* 4 lettiera *f.* per gatti ◆ **l. bin** cestino per i rifiuti
little /ˈlɪtl/ (*comp.* **less**, **lesser**, *sup.* **least**) **A** agg. 1 piccolo 2 corto, breve 3 poco **B** pron. indef. e s. poco *m.* **C** avv. 1 poco 2 (*con art. indeterm.*) piuttosto, alquanto ◆ **a l.** un po' (di) || **as l. as possible** il meno possibile || **l. by l.** poco a poco || **l. or nothing** poco o nulla
liturgic(al) /lɪˈtɜːdʒɪk((ə)l)/ agg. liturgico
liturgy /ˈlɪtədʒɪ/ s. liturgia *f.*
live /laɪv/ agg. 1 vivo 2 (*elettr.*) sotto tensione 3 (*di arma*) carico, (*di proiettile*) inesploso 4 dal vivo, in diretta
to live /lɪv/ **A** v.intr. 1 vivere 2 abitare, stare **B** v.tr. vivere ◆ **to l. down** far dimenticare || **to l. on st.** vivere di q.c. || **to l. up to** essere all'altezza di
livelihood /ˈlaɪvlɪhʊd/ s. mezzi *m. pl.* di sussistenza
liveliness /ˈlaɪvlɪnɪs/ s. vivacità *f.*
lively /ˈlaɪvlɪ/ agg. vivace, animato
to liven /ˈlaɪvn/ **A** v.tr. animare **B** v.intr. animarsi
liver /ˈlɪvəʳ/ s. fegato *m.*
livery[1] /ˈlɪvərɪ/ s. livrea *f.*
livery[2] /ˈlɪvərɪ/ agg. 1 malato di fegato 2 irritabile
lives /laɪvz/ pl. di **life**
livestock /ˈlaɪvstɒk/ s. bestiame *m.*
livid /ˈlɪvɪd/ agg. livido, paonazzo
living /ˈlɪvɪŋ/ **A** agg. 1 vivente, vivo 2 profondo, forte 3 di vita **B** s. mezzi *m. pl.* di sussistenza, vita *f.* ◆ **l. conditions** condizioni di vita || **l. standard** tenore di vita || **to earn a l.** guadagnarsi da vivere
living-room /ˈlɪvɪŋrʊm/ s. soggiorno *m.*
lizard /ˈlɪzəd/ s. lucertola *f.*
llama /ˈlɑːmə/ s. lama *m.*
load /ləʊd/ s. carico *m.*, peso *m.* ◆ **a l. of** un sacco di || **get a l. of this** senti un po', guarda un po'
to load /ləʊd/ v.tr. 1 caricare 2 appesantire, opprimere, gravare
loaded /ˈləʊdɪd/ agg. 1 carico, caricato 2 (*fam.*) ricco ◆ **a l. question** una domanda insidiosa
loaf /ləʊf/ (*pl.* **loaves**) s. pagnotta *f.*
to loaf /ləʊf/ v.intr. bighellonare
loan /ləʊn/ s. prestito *m.*
to loan /ləʊn/ v.tr. prestare
loath /ləʊθ/ agg. restio, riluttante
to loathe /ləʊð/ v.tr. detestare, odiare
loaves /ləʊvz/ pl. di **loaf**
lobby /ˈlɒbɪ/ s. 1 atrio *m.*, ridotto *m.*, vestibolo *m.* 2 lobby *f. inv.*, gruppo *m.* di pressione
lobster /ˈlɒbstəʳ/ s. aragosta *f.*
local /ˈləʊk(ə)l/ agg. locale
locality /lo(ʊ)ˈkælɪtɪ/ s. (*USA*) luogo *m.*, vicinanze *f. pl.*
to localize /ˈləʊkəlaɪz/ v.tr. localizzare
to locate /lo(ʊ)ˈkeɪt/ v.tr. 1 individuare, localizzare 2 situare
location /lo(ʊ)ˈkeɪʃ(ə)n/ s. 1 ubicazione *f.* 2 localizzazione *f.* 3 (*cin.*) (set) esterno *m.*
lock[1] /lɒk/ s. 1 serratura *f.* 2 chiusa *f.* 3 (*mecc.*) blocco *m.*

lock[2] /lɒk/ s. ciocca *f.*, ricciolo *m.*
to lock /lɒk/ v.tr. **1** chiudere (a chiave), serrare **2** mettere sotto chiave **3** bloccare ♦ **to l. in** rinchiudere || **to l. out** chiudere fuori || **to l. up** imprigionare, mettere sotto chiave
locker /ˈlɒkəʳ/ s. armadietto *m.*
locket /ˈlɒkɪt/ s. medaglione *m.*
locksmith /ˈlɒkˌsmɪθ/ s. fabbro *m.* ferraio
lockup /ˈlɒkʌp/ s. (*fam.*) guardina *f.*
locomotive /ˌləʊkəˈməʊtɪv/ s. locomotiva *f.*
locust /ˈləʊkəst/ s. locusta *f.*
lodge /lɒdʒ/ s. **1** casetta *f.* **2** portineria *f.* **3** padiglione *m.* di caccia **4** loggia *f.* (massonica) **5** tana *f.*
to lodge /lɒdʒ/ v.tr. **1** alloggiare, ospitare **2** assestare, piantare **3** (*dir.*) presentare
lodger /ˈlɒdʒəʳ/ s. pensionante *m.* e *f.*
lodging /ˈlɒdʒɪŋ/ s. **1** alloggio *m.* **2** al pl. appartamento *m.* in affitto, camera *f.* in affitto ♦ **board and l.** vitto e alloggio
loft /lɒft/ s. **1** soffitta *f.*, attico *m.* **2** (*sport*) loft *m. inv.*
lofty /ˈlɒftɪ/ agg. **1** alto, elevato **2** altero
log /lɒg/ s. **1** tronco *m.*, ceppo *m.* **2** (*naut.*) solcometro *m.* **3** (*naut.*) giornale *m.* di bordo, log *m. inv.*
logbook /lɒgbʊk/ s. **1** (*naut.*) giornale *m.* di bordo, log *m. inv.* **2** (*autom.*) libretto *m.* di circolazione
loggerhead /ˈlɒgəhɛd/ agg. zuccone, testa di legno ♦ **to be at loggerheads with sb.** essere ai ferri corti con qc.
loggia /ˈlɒdʒɪə/ s. (*arch.*) loggia *f.*
logic /ˈlɒdʒɪk/ s. logica *f.*
logical /ˈlɒdʒɪk(ə)l/ agg. logico
logically /ˈlɒdʒɪk(ə)lɪ/ avv. logicamente
logotype /ˈlɒgəʊtaɪp/ s. logo *m.*
lollipop /ˈlɒlɪpɒp/ s. lecca-lecca *m. inv.*
London /ˈlʌndən/ s. Londra
Londoner /ˈlʌndənəʳ/ s. londinese *m.* e *f.*
lone /ləʊn/ agg. solitario
loneliness /ˈləʊnlɪnɪs/ s. solitudine *f.*
lonely /ˈləʊnlɪ/ agg. **1** solo, solitario **2** isolato, poco frequentato
long /lɒŋ/ **A** agg. lungo **B** avv. a lungo, (per) molto (tempo) ♦ **as l. as** per tutto il tempo che, finché, se || **at l. last** finalmente || **before l.** tra poco || **how l.?** da quanto tempo?, per quanto tempo? || **l. after** molto dopo || **l. ago** molto tempo fa || **l. before** molto tempo prima || **no longer** non più || **l. since** da tempo
to long /lɒŋ/ v.intr. desiderare, avere molta voglia di
long-distance /ˌlɒŋˈdɪst(ə)ns/ agg. che copre una lunga distanza ♦ **l. call** telefonata interurbana
long-haired /ˌlɒŋˈhɛəd/ agg. dai capelli lunghi
longing /ˈlɒŋɪŋ/ s. voglia *f.*
longitude /ˈlɒn(d)ʒɪtjuːd/ s. longitudine *f.*
longitudinal /ˌlɒn(d)ʒɪˈtjuːdɪnl/ agg. longitudinale
long-life /ˈlɒŋlaɪf/ agg. di lunga durata
long-lived /ˈlɒŋlɪvd/ agg. durevole
long-range /ˌlɒŋˈreɪn(d)ʒ/ agg. a lungo raggio
long-sighted /ˌlɒŋˈsaɪtɪd/ agg. presbite
long-standing /ˌlɒŋˈstændɪŋ/ agg. di vecchia data
long-suffering /ˌlɒŋˈsʌf(ə)rɪŋ/ agg. paziente, tollerante
longways /ˈlɒŋweɪz/ avv. per il lungo
long-winded /ˌlɒŋˈwɪndɪd/ agg. prolisso
loo /luː/ s. (*fam.*) gabinetto *m.*
look /lʊk/ s. **1** sguardo *m.*, occhiata *f.* **2** aspetto *m.* **3** look *m. inv.*, stile *m.*
to look /lʊk/ **A** v.tr. guardare **B** v.intr. **1** guardare, dare un'occhiata a **2** parere, sembrare **3** (*di edificio*) dare su, essere esposto a ♦ **to l. after** curare, curarsi di || **to l. around** guardarsi intorno, dare un'occhiata || **to l. at** guardare, osservare || **to l. back** guardare indietro, ricordare || **to l. down on** guardare dall'alto in basso || **to l. for** cercare || **to l. forward to** non vedere l'ora di, pregustare || **to l. in on sb.** fare una visitina a qc. || **to l. like** assomigliare a || **to l. into** considerare || **to l. out** stare in guardia, scovare || **to l. round** guardarsi intorno, dare un'occhiata || **to l. up** alzare lo sguardo, cercare, consultare || **to l. up to** guardare con rispetto
lookout /ˈlʊkˌaʊt/ s. **1** guardia *f.*, vigilanza *f.* **2** posto *m.* di osservazione
loom /luːm/ s. telaio *m.*
to loom /luːm/ v.intr. profilarsi, apparire in lontananza
loony /ˈluːnɪ/ agg. e s. (*fam.*) pazzo *m.*
loop /luːp/ s. **1** cappio *m.* **2** anello *m.*, occhiello *m.* **3** ansa *f.* **4** (*inform.*) ciclo *m.*
loophole /ˈluːphəʊl/ s. **1** feritoia *f.* **2** (*fig.*) scappatoia *f.*
loose /luːs/ **A** agg. **1** sciolto, slegato **2** (*di vestito*) largo, ampio **3** sciolto, non confezionato **4** vago **B** s. libertà *f.*, libero sfogo *m.* ♦ **l. cash/change** spiccioli || **l. end** questione insoluta || **to be at a l. end** non saper che fare
to loose /luːs/ v.tr. **1** sciogliere, slacciare **2** liberare
to loosen /ˈluːsn/ v.tr. **1** sciogliere, slacciare, allentare **2** mitigare ♦ **to l. up** rilassarsi
loot /luːt/ s. refurtiva *f.*, bottino *m.*
to loot /luːt/ v.tr. saccheggiare
to lop[1] /lɒp/ v.tr. tagliare, potare
to lop[2] /lɒp/ v.intr. pendere, penzolare
lop-sided /ˌlɒpˈsaɪdɪd/ agg. sbilenco, asimmetrico
loquacious /lə(ʊ)ˈkweɪʃəs/ agg. loquace
lord /lɔːd/ s. **1** signore *m.*, capo *m.*, padrone *m.* **2** lord *m.* ♦ **The Lord** il Signore
lore /lɔːʳ/ s. tradizioni *f. pl.*
lorry /ˈlɒrɪ/ s. camion *m. inv.* ♦ **l. driver** camionista
to lose /luːz/ (*pass. e p.p.* **lost**) **A** v.tr. **1** perdere, smarrire **2** sprecare, sciupare **3** far perdere, sciupare **4** (*di orologio*) rimanere indietro **B** v.intr. **1** perdere **2** essere sconfitto **3** (*di orologio*) ritardare ♦ **to l. oneself** perdersi, smarrirsi
loser /ˈluːzəʳ/ s. perdente *m.* e *f.*
loss /lɒs/ s. **1** perdita *f.* **2** danno *m.*, svantaggio *m.* ♦ **to be at a l.** essere in perdita, essere perplesso
lost /lɒst/ **A** pass. e p.p. di **to lose** **B** agg. smarrito,

perduto ♦ **l. and found (office)** (ufficio) oggetti smarriti

lot /lɒt/ **s.** **1** gran quantità *f.*, mucchio *m.* **2** lotto *m.*, appezzamento *m.* **3** (*comm.*) lotto *m.*, partita *f.* **4** sorte *f.* ♦ **a l. of, lots of** molto, tanto, un mucchio di, un sacco di || **the l.** tutto, tutti

lotion /ˈləʊʃ(ə)n/ **s.** lozione *f.*

lottery /ˈlɒtərɪ/ **s.** lotteria *f.*

lotting /ˈlɒtɪŋ/ **s.** lottizzazione *f.*

loud /laʊd/ **A** **agg.** **1** forte, alto **2** sgargiante, vistoso **B** **avv.** forte, ad alta voce

loud-hailer /ˌlaʊdˈheɪləʳ/ **s.** megafono *m.*

loud-speaker /ˌlaʊdˈspiːkəʳ/ **s.** altoparlante *m.*

lounge /laʊn(d)ʒ/ **s.** **1** salone *m.*, salotto *m.* **2** sala *f.* (d'albergo) **3** (*aer.*) sala *f.* d'aspetto

to lounge /laʊn(d)ʒ/ **v.intr.** **1** bighellonare **2** poltrire

lounger /ˈlaʊn(d)ʒəʳ/ **s.** fannullone *m.*

louse /laʊs/ (*pl.* **lice**) **s.** pidocchio *m.*

lousy /ˈlaʊzɪ/ **agg.** **1** pidocchioso **2** schifoso

lout /laʊt/ **s.** villano *m.*

lovable /ˈlʌvəbl/ **agg.** amabile, carino

love /lʌv/ **s.** amore *m.* ♦ **l. affair** relazione (amorosa) || **l. life** vita sentimentale || **to fall in l. with sb.** innamorarsi di qc. || **to make l.** fare l'amore

to love /lʌv/ **v.tr.** **1** amare, voler bene a **2** provar piacere in (ES: ***I l. travelling*** mi piace viaggiare)

lovely /ˈlʌvlɪ/ **agg.** bello, piacevole, attraente

lover /ˈlʌvəʳ/ **s.** **1** innamorato *m.*, amante *m. e f.* **2** appassionato *m.*

loving /ˈlʌvɪŋ/ **agg.** **1** affettuoso, affezionato **2** d'amore, amoroso

low /ləʊ/ **A** **agg.** **1** basso **2** profondo **3** umile **4** abietto, volgare **5** scarso, povero di **B** **avv.** **1** in basso, giù **2** a voce bassa ♦ **l. beam headlights** anabbaglianti || **l.-fat** a basso contenuto di grassi || **l.-salt** iposodico || **l. season** bassa stagione

to low /ləʊ/ **v.intr.** muggire

lower /ˈlo(ʊ)əʳ/ **agg.** inferiore, minore ♦ **l. case** minuscolo

to lower /ˈlo(ʊ)əʳ/ **v.tr.** **1** abbassare **2** calare, far scendere **3** umiliare

lowland /ˈləʊlənd/ **s.** bassopiano *m.*, pianura *f.*

lowly /ˈləʊlɪ/ **A** **agg.** umile, modesto **B** **avv.** umilmente, modestamente

loyal /ˈlɔɪ(ə)l/ **agg.** leale

loyalty /ˈlɔɪ(ə)ltɪ/ **s.** lealtà *f.*

lozenge /ˈlɒzɪn(d)ʒ/ **s.** **1** losanga *f.* **2** pasticca *f.*, pastiglia *f.*

lubricant /ˈluːbrɪkənt/ **s.** lubrificante *m.*

to lubricate /ˈluːbrɪkeɪt/ **v.tr.** lubrificare

lubrication /ˌluːbrɪˈkeɪʃ(ə)n/ **s.** lubrificazione *f.*

lucid /ˈluːsɪd/ **agg.** lucido

lucidity /luːˈsɪdɪtɪ/ **s.** lucidità *f.*

luck /lʌk/ **s.** **1** sorte *f.*, destino *m.* **2** fortuna *f.* ♦ **bad l.** sfortuna || **good l.!** buona fortuna!

lucky /ˈlʌkɪ/ **agg.** fortunato

lucre /ˈluːkəʳ/ **s.** lucro *m.*

ludicrous /ˈluːdɪkrəs/ **agg.** ridicolo

to luff /lʌf/ **v.intr.** (*naut.*) orzare

to lug /lʌg/ **v.tr.** tirare, trascinare

luggage /ˈlʌgɪdʒ/ **s.** bagaglio *m.* ♦ **hand l.** bagaglio a mano || **left l. office** deposito bagagli || **l. van** bagagliaio

lukewarm /ˈluːkwɔːm/ **agg.** tiepido

lull /lʌl/ **s.** momento *m.* di quiete, stasi *f.*

to lull /lʌl/ **v.tr.** **1** cullare **2** calmare

lullaby /ˈlʌləbaɪ/ **s.** ninnananna *f.*

lumbago /lʌmˈbeɪgəʊ/ **s.** lombaggine *f.*

lumber /ˈlʌmbəʳ/ **s.** **1** (*USA*) legname *m.* **2** cianfrusaglie *f. pl.* ♦ **l. room** ripostiglio

lumberjack /ˈlʌmbəˌdʒæk/ **s.** **1** taglialegna *m. inv.* **2** (*USA*) commerciante *m. e f.* di legname

luminosity /ˌluːmɪˈnɒsɪtɪ/ **s.** luminosità *f.*

luminous /ˈluːmɪnəs/ **agg.** luminoso

lump /lʌmp/ **s.** **1** grumo *m.*, zolletta *f.* **2** gonfiore *m.*, protuberanza *f.* ♦ **l. sum** forfait

to lump /lʌmp/ **A** **v.tr.** ammucchiare, mettere insieme **B** **v.intr.** raggrumarsi

lunacy /ˈluːnəsɪ/ **s.** demenza *f.*

lunar /ˈluːnəʳ/ **agg.** lunare

lunatic /ˈluːnətɪk/ **agg. e s.** pazzo *m.*

lunch /lʌn(t)ʃ/ **s.** pranzo *m.* ♦ **l. time** ora di pranzo || **to have l.** pranzare

to lunch /lʌn(t)ʃ/ **v.intr.** pranzare

luncheon /ˈlʌn(t)ʃ(ə)n/ **s.** pranzo *m.*

lunette /luːˈnɛt/ **s.** lunetta *f.*

lung /lʌŋ/ **s.** polmone *m.*

to lunge /lʌndʒ/ **v.intr.** balzare in avanti

lurch /lɜːtʃ/ **s.** **to leave sb. in the l.** piantare in asso qc.

to lurch /lɜːtʃ/ **v.intr.** **1** (*naut.*) rollare, beccheggiare **2** barcollare **3** sobbalzare

lure /ljʊəʳ/ **s.** esca *f.*, richiamo *m.*

to lure /ljʊəʳ/ **v.tr.** adescare, allettare

lurid /ˈljʊərɪd/ **agg.** **1** fosco, livido **2** impressionante, sensazionale

to lurk /lɜːk/ **v.intr.** appostarsi, stare in agguato

luscious /ˈlʌʃəs/ **agg.** delizioso, succulento

lush /lʌʃ/ **agg.** lussureggiante

lust /lʌst/ **s.** **1** lussuria *f.* **2** brama *f.*, avidità *f.*

to lust /lʌst/ **v.intr.** **to l. after, for** bramare, desiderare

lustful /ˈlʌstf(ʊ)l/ **agg.** lussurioso

lustre /ˈlʌstəʳ/ **s.** lustro *m.*

lusty /ˈlʌstɪ/ **agg.** vigoroso

lute /luːt/ **s.** liuto *m.*

Lutheran /ˈluːθərən/ **s.** luterano *m.*

Lutheranism /ˈluːθ(ə)r(ə)nɪz(ə)m/ **s.** luteranesimo *m.*

lutist /ˈluːtɪst/ **s.** liutaio *m.*

luxuriant /lʌgˈzjʊərɪənt/ **agg.** lussureggiante, rigoglioso

luxurious /lʌgˈzjʊərɪəs/ **agg.** lussuoso

luxury /ˈlʌkʃ(ə)rɪ/ **s.** lusso *m.*

lycée /ˈliːseɪ/ **s.** liceo *m.*

lying[1] /ˈlaɪɪŋ/ **agg.** bugiardo

lying[2] /ˈlaɪɪŋ/ **agg.** giacente, che giace

lymph /lɪmf/ s. linfa *f.*
to lynch /lɪntʃ/ v.tr. linciare
lynching /ˈlɪn(t)ʃɪŋ/ s. linciaggio *m.*
lynx /lɪŋks/ s. lince *f.*
to lyophilize /laɪˈɒfɪlaɪz/ v.tr. liofilizzare
lyre /ˈlaɪəʳ/ s. (*mus.*) lira *f.*
lyric /ˈlɪrɪk/ **A** agg. lirico **B** s. **1** lirica *f.* **2** al pl. (*di canzone*) testo *m.*, parole *f. pl.*
lyricism /ˈlɪrɪsɪz(ə)m/ s. lirismo *m.*

m, M

ma /mɑː/ s. (*fam.*) mamma *f.*
mac /mæk/ s. (*fam.*) → ***mackintosh***
macabre /məˈkɑːbr/ agg. macabro
macaroni /ˌmækəˈrəʊnɪ/ s. pasta *f.*, maccheroni *m. pl.*
to macerate /ˈmæsəreɪt/ v.tr. macerare
machination /ˌmækɪˈneɪʃ(ə)n/ s. macchinazione *f.*, complotto *m.*
machine /məˈʃiːn/ s. macchina *f.* ♦ **answering m.** segreteria telefonica || **m. shop** officina meccanica
to machine /məˈʃiːn/ v.tr. **1** fare (a macchina) **2** stampare
machinegun /məˈʃiːngʌn/ s. mitragliatrice *f.*
machinery /məˈʃiːnərɪ/ s. **1** macchinario *m.* **2** meccanismo *m.* **3** (*fig.*) macchina *f.*, organizzazione *f.*
mackerel /ˈmækr(ə)l/ s. sgombro *m.* ♦ **m. sky** cielo a pecorelle
mackintosh /ˈmækɪntɒʃ/ s. impermeabile *m.*
macrobiotic /ˌmækrəʊbaɪˈɒtɪk/ agg. macrobiotico
macroscopic /ˌmækro(ʊ)ˈskɒpɪk/ agg. macroscopico
mad /mæd/ agg. **1** folle, matto **2** furioso, arrabbiato **3** maniaco, entusiasta ♦ **to be m. about** andar matto per
to mad /mæd/ v.intr. ammattire
madam /ˈmædəm/ s. (*al vocativo senza nome proprio*) signora *f.*
to madden /ˈmædn/ **A** v.tr. far impazzire **B** v.intr. impazzire
made /meɪd/ **A** pass. e p.p. di **to make** **B** agg. **1** fatto, fabbricato **2** adatto ♦ **m.-to-measure** fatto su misura || **m.-up** truccato, inventato
madhouse /ˈmædhaʊs/ s. manicomio *m.*
madly /ˈmædlɪ/ avv. follemente
madman /ˈmædmən/ (*pl.* **madmen**) s. pazzo *m.*
madness /ˈmædnɪs/ s. follia *f.*, pazzia *f.*
madrigal /ˈmædrɪg(ə)l/ s. madrigale *m.*
maecenas /mɪ(ː)ˈsiːnæs/ s. mecenate *m. e f.*
magazine /ˌmægəˈziːn/ s. **1** periodico *m.*, rivista *f.* **2** (*di arma*) caricatore *m.* **3** (*mil.*) magazzino *m.*
maggot /ˈmægət/ s. verme *m.*, larva *f.*
maggoty /ˈmægətɪ/ agg. bacato
magic /ˈmædʒɪk/ **A** s. magia *f.* **B** agg. magico
magical /ˈmædʒɪk(ə)l/ agg. magico
magician /məˈdʒɪʃ(ə)n/ s. mago *m.*
magistrate /ˈmædʒɪstrɪt/ s. magistrato *m.*, giudice *m.*
magnanimous /mægˈnænɪməs/ agg. magnanimo
magnate /ˈmægneɪt/ s. magnate *m.*
magnet /ˈmægnɪt/ s. magnete *m.*
magnetic /mægˈnɛtɪk/ agg. magnetico
magnetism /ˈmægnɪtɪz(ə)m/ s. magnetismo *m.*
magnificence /mægˈnɪfɪsns/ s. grandiosità *f.*, sfarzo *m.*
magnificent /mægˈnɪfɪs(ə)nt/ agg. magnifico, superbo
to magnify /ˈmægnɪfaɪ/ v.tr. ingrandire ♦ **magnifying glass** lente d'ingrandimento
magnitude /ˈmægnɪtjuːd/ s. **1** importanza *f.* **2** (*astr.*) magnitudine *f.*
magnolia /mægˈnəʊljə/ s. magnolia *f.*
magpie /ˈmægpaɪ/ s. gazza *f.*
mahogany /məˈhɒgənɪ/ s. mogano *m.*
maid /meɪd/ s. cameriera *f.*, donna *f.* di servizio
maiden /ˈmeɪdn/ **A** s. **1** (*letter.*) fanciulla *f.* **2** vergine *f.* **B** agg. **1** virginale **2** nubile **3** primo, inaugurale, da esordiente ♦ **m. name** cognome da ragazza
maidenhair /ˈmeɪdnˌhɛəʳ/ s. capelvenere *m.*
maidenhood /ˈmeɪdnhʊd/ s. (*di ragazza*) fanciullezza *f.*, verginità *f.*
mail /meɪl/ s. posta *f.* ♦ **by air m.** per posta aerea || **m. order** ordinazione per corrispondenza
to mail /meɪl/ v.tr. **1** mandare per posta **2** imbucare
mailbox /ˈmeɪlbɒks/ s. (*USA*) cassetta *f.* delle lettere
mailing /ˈmeɪlɪŋ/ s. mailing *m. inv.* ♦ **m. list** indirizzario, mailing list
mailman /ˈmeɪlmæn/ (*pl.* **mailmen**) s. postino *m.*
to maim /meɪm/ v.tr. mutilare, menomare
main /meɪn/ **A** agg. principale **B** s. **1** conduttura *f.* principale **2** al pl. (*elettr.*) rete *f.* d'alimentazione ♦ **in the m.** nel complesso || **m. road** strada maestra || **m. street** (*USA*) strada principale
mainframe /ˈmeɪnfreɪm/ s. (*inform.*) mainframe *m. inv.*
mainland /ˈmeɪnlənd/ **A** agg. continentale **B** s. terraferma *f.*, continente *m.*
mainly /ˈmeɪnlɪ/ avv. **1** principalmente **2** nel complesso
mainsail /ˈmeɪnseɪl/ s. (*naut.*) randa *f.*

mainstream /ˈmeɪnˌstriːm/ **A** agg. tradizionale **B** s. corrente *f.* principale
to maintain /meɪnˈteɪn/ v.tr. **1** mantenere, conservare **2** affermare **3** curare la manutenzione di, mantenere in efficienza **4** sostentare
maintenance /ˈmeɪntɪnəns/ s. **1** mantenimento *m.* **2** manutenzione *f.* **3** (*dir.*) alimenti *m. pl.* **4** sostentamento *m.*
maize /meɪz/ s. granturco *m.*, mais *m.*
majestic /məˈdʒɛstɪk/ agg. maestoso
majesty /ˈmædʒɪstɪ/ s. maestà *f.* ♦ **His/Her Majesty** Sua Maestà
majolica /məˈjɒlɪkə/ s. maiolica *f.*
major /ˈmeɪdʒəʳ/ **A** agg. maggiore, principale **B** s. **1** maggiorenne *m. e f.* **2** (*mil.*) maggiore *m.*
majority /məˈdʒɒrɪtɪ/ s. maggioranza *f.*
make /meɪk/ s. **1** fattura *f.*, forma *f.* **2** marca *f.*
to make /meɪk/ (*pass. e p.p.* **made**) v.tr. **1** fare, creare, costruire, comporre, preparare **2** far diventare **3** compiere, commettere **4** calcolare, assommare a **5** guadagnare ♦ **to m. for** dirigersi || **to m. of** capire || **to m. oneself understood** farsi capire || **to m. out** compilare, decifrare, cavarsela || **to m. st. do** far bastare q.c. || **to m. up** riconciliarsi, truccare, truccarsi, inventare, fare, confezionare
make-believe /ˈmeɪkbɪˌliːv/ s. finzione *f.*
maker /ˈmeɪkəʳ/ s. creatore *m.*, fabbricante *m.*
makeshift /ˈmeɪkʃɪft/ **A** agg. improvvisato, di fortuna **B** s. ripiego *m.*
make-up /ˈmeɪkʌp/ s. **1** trucco *m.* **2** composizione *f.*, formazione *f.* **3** disposizione *f.*, temperamento *m.* ♦ **m. artist** truccatore || **m. remover** struccante
making /ˈmeɪkɪŋ/ s. **1** fattura *f.*, confezione *f.* **2** sviluppo *m.*, formazione *f.* **3** al pl. occorrente *m.*, qualità *f. pl.* necessarie ♦ **in the m.** in via di formazione
maladjusted /ˌmæləˈdʒʌstɪd/ agg. disadattato
malaise /mæˈleɪz/ s. malessere *m.*
malaria /məˈlɛərɪə/ s. malaria *f.*
male /meɪl/ **A** agg. maschile, maschio **B** s. maschio *m.* ♦ **m. chauvinist** maschilista || **m. nurse** infermiere
malediction /ˌmælɪˈdɪkʃ(ə)n/ s. maledizione *f.*
malefic /məˈlɛfɪk/ agg. malefico
malevolent /məˈlɛvələnt/ agg. malevolo
malformation /ˈmælfɔːˈmeɪʃ(ə)n/ s. (*med.*) malformazione *f.*
malfunction /mælˈfʌŋkʃ(ə)n/ s. malfunzionamento *m.*
malice /ˈmælɪs/ s. **1** malizia *f.* **2** malevolenza *f.*, astio *m.* **3** (*dir.*) dolo *m.*
malicious /məˈlɪʃəs/ agg. **1** maligno, malizioso **2** (*dir.*) doloso
malign /məˈlaɪn/ agg. maligno
to malign /məˈlaɪn/ v.tr. malignare su, diffamare
malignant /məˈlɪgnənt/ agg. maligno
malignity /məˈlɪgnɪtɪ/ s. malignità *f.*
mall /mɔːl/ s. **1** viale *m.* **2** centro *m.* commerciale, area *f.* commerciale ♦ **pedestrian m.** viale pedonale
malleable /ˈmælɪəbl/ agg. malleabile
malleolus /məˈliːo(ʊ)ləs/ s. malleolo *m.*
mallet /ˈmælɪt/ s. maglio *m.*, mazza *f.*
mallow /ˈmæləʊ/ s. malva *f.*
malnutrition /ˌmælnjʊ(ː)ˈtrɪʃ(ə)n/ s. malnutrizione *f.*, denutrizione *f.*
malpractice /ˌmælˈpræktɪs/ s. azione *f.* illecita
malt /mɔːlt/ s. malto *m.*
to maltreat /mælˈtriːt/ v.tr. maltrattare
mammal /ˈmæm(ə)l/ s. mammifero *m.*
mammalian /mæˈmeɪljən/ agg. e s. mammifero *m.*
mammoth /ˈmæməθ/ **A** s. mammut *m. inv.* **B** agg. mastodontico
man /mæn/ (*pl.* **men**) s. **1** uomo *m.* **2** domestico *m.* **3** soldato *m.* **4** giocatore *m.* **5** marito *m.*, amante *m.* **6** (*gioco della dama*) pedina *f.* ♦ **m.-made** artificiale
to manage /ˈmænɪdʒ/ **A** v.tr. **1** amministrare, gestire **2** saper trattare **3** maneggiare, manovrare **B** v.intr. riuscire, cavarsela
manageable /ˈmænɪdʒəbl/ agg. **1** maneggevole **2** trattabile **3** agevole
management /ˈmænɪdʒmənt/ s. **1** amministrazione *f.*, direzione *f.*, gestione *f.* **2** (*v. al pl.*) i dirigenti *m. pl.*, la direzione *f.*
manager /ˈmænɪdʒəʳ/ s. **1** direttore *m.*, gestore *m.*, dirigente *m. e f.* **2** impresario *m.*, manager *m. inv.* ♦ **general m.** direttore generale
manageress /ˈmænɪdʒərɛs/ s. direttrice *f.*
managerial /ˌmænəˈdʒɪərɪəl/ agg. direttivo, manageriale
managing /ˈmænɪdʒɪŋ/ agg. dirigente, direttivo ♦ **m. director** amministratore delegato
mandarin /ˈmændərɪn/ s. mandarino *m.*
mandatory /ˈmændət(ə)rɪ/ **A** agg. obbligatorio **B** s. mandatario *m.*
mandible /ˈmændɪbl/ s. mandibola *f.*
mandolin(e) /ˌmændəˈliːn/ s. mandolino *m.*
mandrel /ˈmændr(ə)l/ s. mandrino *m.*
mane /meɪn/ s. criniera *f.*
manège /mæˈneɪʒ/ s. maneggio *m.*
maneuver /məˈnuːvəʳ/ s. (*USA*) manovra *f.*
to maneuver /məˈnuːvəʳ/ v.tr. e intr. (*USA*) manovrare
manful /ˈmænf(ʊ)l/ agg. valoroso
manger /ˈmeɪn(d)ʒəʳ/ s. mangiatoia *f.*
to mangle /ˈmæŋgl/ v.tr. straziare, mutilare
mango /ˈmæŋgəʊ/ s. mango *m.*
mangrove /ˈmæŋgrəʊv/ s. mangrovia *f.*
to manhandle /ˈmænˌhændl/ v.tr. **1** manovrare **2** (*fam.*) maltrattare
manhole /ˈmænhəʊl/ s. botola *f.* ♦ **m. cover** tombino
manhood /ˈmænhʊd/ s. virilità *f.*
manhunt /ˈmænhʌnt/ s. caccia *f.* all'uomo
mania /ˈmeɪnjə/ s. mania *f.*
maniac /ˈmeɪnɪæk/ agg. e s. maniaco *m.*
manicure /ˈmænɪkjʊəʳ/ s. manicure *f. inv.* ♦ **m. set** necessaire da unghie
manicurist /ˈmænɪkjʊəʳɪst/ s. manicure *f. e m.*
manifest /ˈmænɪfɛst/ agg. manifesto, palese

to manifest /'mænɪfɛst/ **A** v.tr. manifestare, mostrare **B** v.intr. manifestarsi, apparire
manifestation /,mænɪfɛs'teɪʃ(ə)n/ s. manifestazione *f.*
manifesto /,mænɪ'fɛstəʊ/ s. (*ideologico, politico*) manifesto *m.*
manifold /'mænɪfəʊld/ agg. molteplice, vario
to manipulate /mə'nɪpjʊleɪt/ v.tr. manipolare
manipulation /mə,nɪpjʊ'leɪʃ(ə)n/ s. manipolazione *f.*
mankind /mæn'kaɪnd/ s. genere *m.* umano
manliness /'mænlɪnɪs/ s. virilità *f.*
manly /'mænlɪ/ agg. maschio, virile
manna /'mænə/ s. manna *f.*
mannequin /'mænɪkɪn/ s. **1** manichino *m.* **2** indossatrice *f.*, modella *f.*
manner /'mænəʳ/ s. **1** modo *m.*, maniera *f.* **2** contegno *m.* **3** al pl. usanze *f. pl.* **4** specie *f.*, tipo *m.*, sorta *f.* ♦ **good/bad manners** buone/cattive maniere
mannerism /'mænərɪz(ə)m/ s. **1** affettazione *f.* **2** (*arte*) manierismo *m.*
manoeuvre /mə'nu:vəʳ/ (*USA* **maneuver**) s. manovra *f.*
to manoeuvre /mə'nu:vəʳ/ (*USA* **to maneuver**) v.tr. e intr. manovrare
manometer /mə'nɒmɪtəʳ/ s. manometro *m.*
manor /'mænəʳ/ s. proprietà *f.* terriera, feudo *m.* ♦ **m.-house** maniero, residenza di campagna
manpower /'mæn,paʊəʳ/ s. manodopera *f.*
mansard /'mænsɑ:d/ s. mansarda *f.*
manservant /'mæn,sɜ:v(ə)nt/ s. cameriere *m.*
mansion /'mænʃ(ə)n/ s. palazzo *m.* (signorile), dimora *f.* ♦ **m.-house** castello, residenza di campagna
manslaughter /'mæn,slɔ:təʳ/ s. (*dir.*) omicidio *m.* colposo
mantelpiece /'mæntl,pi:s/ s. mensola *f.* del caminetto
mantle /'mæntl/ s. mantello *m.*, manto *m.*
manual /'mænjʊəl/ agg. e s. manuale *m.* ♦ **m. dexterity** abilità manuale
manufacture /,mænjʊ'fæktʃəʳ/ s. manifattura *f.*, lavorazione *f.*, fabbricazione *f.*
to manufacture /,mænjʊ'fæktʃəʳ/ v.tr. fabbricare, confezionare, produrre
manufacturer /,mænjʊ'fæktʃərəʳ/ s. fabbricante *m.*, industriale *m.*
manufacturing /,mænjʊ'fæktʃərɪŋ/ **A** agg. **1** manifatturiero **2** industriale **B** s. fabbricazione *f.*, produzione *f.* ♦ **m. date** data di fabbricazione
manumission /,mænjʊ'mɪʃ(ə)n/ s. (*stor.*) manomissione *f.*
manure /mə'njʊəʳ/ s. concime *m.*, letame *m.*
to manure /mə'njʊəʳ/ v.tr. concimare
manuscript /'mænjʊskrɪpt/ s. manoscritto *m.*
many /'menɪ/ (*comp.* **more**, *sup.* **most**) **A** agg. molti, numerosi, un gran numero di **B** pron. molti **C** s. molti *m. pl.*, molte persone *f. pl.* ♦ **a great m.** moltissimi || **as m.** altrettanti || **how m.?** quanti? || **m. sided** multiforme || **too m.** troppi
map /mæp/ s. carta *f.* geografica, mappa *f.*
to map /mæp/ v.tr. rilevare una carta, fare una mappa ♦ **to m. out** progettare
maple /'meɪpl/ s. acero *m.* ♦ **m. syrup** sciroppo d'acero
to mar /mɑ:ʳ/ v.tr. danneggiare, rovinare
marathon /'mærəθ(ə)n/ s. maratona *f.*
to maraud /mə'rɔ:d/ v.tr. rubare, saccheggiare
marauder /mə'rɔ:dəʳ/ s. predone *m.*, predatore *m.*
marble /'mɑ:bl/ s. **1** marmo *m.* **2** bilia *f.* ♦ **m.-cutter** marmista || **m.-paper** carta marmorizzata
march /mɑ:tʃ/ s. marcia *f.*
to march /mɑ:tʃ/ v.intr. marciare
March /mɑ:tʃ/ s. marzo *m.*
mare /mɛəʳ/ s. cavalla *f.*, giumenta *f.*
margarine /,mɑ:dʒə'ri:n/ s. margarina *f.*
margin /'mɑ:dʒɪn/ s. margine *m.*
marginal /'mɑ:dʒɪn(ə)l/ agg. marginale
to marginalize /'mɑ:dʃɪnəlaɪz/ v.tr. emarginare
marigold /'mærɪgəʊld/ s. calendola *f.*
marina /mə'ri:nə/ s. porticciolo *m.* turistico, marina *m. inv.*
marine /mə'ri:n/ **A** agg. **1** marino, marittimo **2** navale **B** s. **1** marina *f.* **2** (*mil.*) marine *m.*
mariner /'mærɪnəʳ/ s. marinaio *m.*
marital /mə'raɪtl/ agg. maritale, coniugale
maritime /'mærɪtaɪm/ agg. marittimo
marjoram /'mɑ:dʒ(ə)rəm/ s. maggiorana *f.*
mark[1] /mɑ:k/ s. **1** segno *m.*, impronta *f.* **2** marca *f.*, marchio *m.* **3** voto *m.* **4** segno *m.* di interpunzione **5** macchia *f.*, voglia *f.* **6** bersaglio *m.* ♦ **exclamation m.** punto esclamativo || **question m.** punto interrogativo || **quotation marks** virgolette
mark[2] /mɑ:k/ s. (*moneta*) marco *m.*
to mark /mɑ:k/ v.tr. **1** segnare, marcare **2** contraddistinguere **3** dare un voto a ♦ **to m. down** (*prezzo*) ribassare || **to m. out** tracciare, delimitare
marked /mɑ:kt/ agg. **1** contrassegnato, marcato **2** considerevole, notevole
marker /'mɑ:kəʳ/ s. **1** segnapunti *m. inv.* **2** segnalibro *m.* **3** segnale *m.*
market /'mɑ:kɪt/ s. mercato *m.* ♦ **m. place** piazza del mercato || **m. price** prezzo di mercato || **m. research** ricerca di mercato || **to play the m.** giocare in Borsa
marketable /'mɑ:kɪtəbl/ agg. vendibile
marketing /'mɑ:kɪtɪŋ/ s. **1** commercializzazione *f.* **2** marketing *m. inv.*
marksman /'mɑ:ksmən/ (*pl.* **marksmen**) s. tiratore *m.* scelto
marmalade /'mɑ:məleɪd/ s. marmellata *f.* di agrumi
marmot /'mɑ:mət/ s. marmotta *f.*
maroon /mə'ru:n/ agg. e s. marrone *m.* rossiccio
marquee /mɑ:'ki:/ s. tendone *m.*
marquess /'mɑ:kwɪs/ s. marchese *m.*
marquis /'mɑ:kwɪs/ s. marchese *m.*
marriage /'mærɪdʒ/ s. matrimonio *m.* ♦ **m. licence** licenza di matrimonio || **to take in m.** prendere per marito (o per moglie)

married /ˈmærɪd/ **agg.** **1** sposato **2** coniugale ♦ **to get m.** sposarsi
marrow /ˈmærəʊ/ **s.** **1** (*anat.*) midollo *m.* **2** (*bot.*) zucca *f.* ♦ **m. squash** zucchina
marrowbone /ˈmærə(ʊ)bəʊn/ **s.** ossobuco *m.*
to marry /ˈmærɪ/ **A** **v.tr.** sposare **B** **v.intr.** sposarsi ♦ **to m. again** risposarsi
marsh /mɑːʃ/ **s.** acquitrino *m.*, palude *f.*
marshal /ˈmɑːʃ(ə)l/ **s.** **1** maresciallo *m.* **2** cerimoniere *m.* **3** (*USA*) sceriffo *m.*
to marshal /ˈmɑːʃ(ə)l/ **v.tr.** ordinare, schierare
marshmallow /mɑːʃmæləʊ/ **s.** caramella *f.* gommosa e spugnosa, marshmallow *m. inv.*
marshy /ˈmɑːʃɪ/ **agg.** paludoso
marsupium /mɑˈsuːpiəm/ **s.** marsupio *m.*
marten /ˈmɑːtɪn/ **s.** martora *f.*
martial /ˈmɑːʃ(ə)l/ **agg.** marziale ♦ **m. court** corte marziale || **m. law** legge marziale
Martian /ˈmɑːʃjən/ **agg. e s.** marziano *m.*
martyr /ˈmɑːtəʳ/ **s.** martire *m. e f.*
martyrdom /ˈmɑːtədəm/ **s.** martirio *m.*
marvel /ˈmɑːv(ə)l/ **s.** meraviglia *f.*
to marvel /ˈmɑːv(ə)l/ **v.intr.** meravigliarsi, stupirsi
marvellous /ˈmɑːvɪləs/ **agg.** meraviglioso, stupendo
Marxism /ˈmɑːksɪz(ə)m/ **s.** marxismo *m.*
Marxist /ˈmɑːksɪst/ **agg. e s.** marxista *m. e f.*
marzipan /ˌmɑːzɪˈpæn/ **s.** marzapane *m.*
mascara /mæsˈkɑːrə/ **s.** mascara *m. inv.*
mascot /ˈmæskət/ **s.** mascotte *f. inv.*
masculine /ˈmɑːskjʊlɪn/ **agg.** maschile, mascolino
mash /mæʃ/ **s.** **1** poltiglia *f.*, pastone *m.* **2** purè *m. inv.*
to mash /mæʃ/ **v.tr.** **1** schiacciare **2** macerare ♦ **mashed potatoes** purè di patate
masher /ˈmæʃəʳ/ **s.** passaverdure *m. inv.*
mask /mɑːsk/ **s.** maschera *f.*
to mask /mɑːsk/ **v.tr.** **1** mascherare **2** nascondere
masochism /ˈmæsəkɪz(ə)m/ **s.** masochismo *m.*
mason /ˈmeɪsn/ **s.** **1** muratore *m.* **2** massone *m.*
masonry /ˈmeɪs(ə)nrɪ/ **s.** **1** muratura *m.* **2** massoneria *f.*
masquerade /ˌmæskəˈreɪd/ **s.** **1** finzione *f.* **2** festa *f.* in maschera, ballo *m.* in maschera
to masquerade /ˌmæskəˈreɪd/ **v.intr.** **1** mascherarsi **2** fingersi, farsi passare per
mass[1] /mæs/ **A** **s.** **1** massa *f.*, quantità *f.* **2** folla *f.*, moltitudine *f.* **3** ammasso *m.* **4** (*fis.*) massa *f.* **B** **agg.** di massa ♦ **m. media** mezzi di comunicazione di massa, mass media
mass[2] /mæs/ **s.** (*relig.*) messa *f.* ♦ **to attend m.** andare a messa || **m. book** messale
to mass /mæs/ **A** **v.tr.** ammassare **B** **v.intr.** ammassarsi
massacre /ˈmæsəkəʳ/ **s.** massacro *m.*
massage /ˈmæsɑːʒ/ **s.** massaggio *m.*
to massage /ˈmæsɑːʒ/ **v.tr.** massaggiare
masseur /mæˈsəʳ/ **s.** massaggiatore *m.*
massif /ˈmæsiːf/ **s.** (*geogr.*) massiccio *m.*
massive /ˈmæsɪv/ **agg.** massiccio, imponente
mass-production /ˈmæsprəˌdʌkʃ(ə)n/ **s.** produzione *f.* in serie
mast /mɑːst/ **s.** (*naut.*) albero *m.*
master /ˈmɑːstəʳ/ **A** **s.** **1** padrone *m.*, datore *m.* di lavoro **2** maestro *m.* **3** insegnante *m.*, professore *m.* **4** capo *m.*, direttore *m.* **5** originale *m.* da riprodurre **B** **agg.** **1** padrone **2** principale **3** generale ♦ **m.'s (degree)** (*titolo accademico*) master
to master /ˈmɑːstəʳ/ **v.tr.** **1** perfezionare, conoscere a fondo **2** dominare **3** (*inform.*) masterizzare
masterly /ˈmɑːstəlɪ/ **agg.** magistrale
mastermind /ˈmɑːstəmaɪnd/ **s.** cervello *m.*, mente *f.* direttiva
masterpiece /ˈmɑːstəpiːs/ **s.** capolavoro *m.*
mastery /ˈmɑːst(ə)rɪ/ **s.** **1** dominio *m.*, padronanza *f.* **2** perizia *f.*, abilità *f.*
mastic /ˈmæstɪk/ **s.** mastice *m.*
to masticate /ˈmæstɪkeɪt/ **v.tr.** masticare
mastodontic /ˌmæstəˈdɒntɪk/ **agg.** mastodontico
masturbation /ˌmæstəˈbeɪʃ(ə)n/ **s.** masturbazione *f.*
mat[1] /mæt/ **s.** **1** stuoia *f.*, zerbino *m.* **2** sottopiatto *m.* **3** groviglio *m.*
mat[2] /mæt/ **agg.** opaco
match[1] /mætʃ/ **s.** **1** incontro *m.*, partita *f.* **2** compagno *m.*, (l')uguale *m.* **3** matrimonio *m.*, partito *m.* **4** coppia *f.*
match[2] /mætʃ/ **s.** fiammifero *m.*
to match /mætʃ/ **A** **v.tr.** **1** pareggiare, uguagliare **2** armonizzare, accompagnare **3** confrontare **4** accoppiare, unire in matrimonio **B** **v.intr.** **1** armonizzare, accordarsi, essere compatibile **2** competere, confrontarsi **3** combaciare
matching /ˈmætʃɪŋ/ **agg.** **1** intonato **2** equivalente
mate /meɪt/ **s.** **1** compagno *m.*, amico *m.* **2** coniuge *m. e f.* **3** aiutante *m. e f.* **4** (*naut.*) ufficiale *m.* in seconda
to mate /meɪt/ **A** **v.tr.** accoppiare **B** **v.intr.** accoppiarsi
material /məˈtɪərɪəl/ **A** **agg.** materiale **B** **s.** **1** materiale *m.*, sostanza *f.* **2** stoffa *f.* **3** **al pl.** occorrente *m.*, accessori *m. pl.*
materialism /məˈtɪərɪəlɪz(ə)m/ **s.** materialismo *m.*
maternal /məˈtɜːnl/ **agg.** materno
maternity /məˈtɜːnɪtɪ/ **s.** maternità *f.* ♦ **m. leave** congedo per maternità
math /mæθ/ **s.** (*USA, fam.*) matematica *f.*
mathematic(al) /ˌmæθɪˈmætɪk((ə)l)/ **agg.** matematico
mathematics /ˌmæθɪˈmætɪks/ **s. pl.** (*v. al sing.*) matematica *f.*
maths /mæθs/ **s. pl.** (*v. al sing.*) (*fam.*) matematica *f.*
matriarchal /ˌmeɪtrɪˈɑːk(ə)l/ **agg.** matriarcale
matriarchy /ˈmeɪtrɪɑ(ː)kɪ/ **s.** matriarcato *m.*
to matriculate /məˈtrɪkjʊleɪt/ **v.intr.** iscriversi all'università
matriculation /məˌtrɪkjʊˈleɪʃ(ə)n/ **s.** immatricolazione *f.*, iscrizione *f.* (all'università)
matrimonial /ˌmætrɪˈməʊnjəl/ **agg.** matrimoniale
matrimony /ˈmætrɪm(ə)nɪ/ **s.** matrimonio *m.*

matrix /'meɪtrɪks/ s. matrice *f.*
matron /'meɪtr(ə)n/ s. **1** matrona *f.* **2** capo infermiera *f.*
matted /'mætɪd/ agg. ingarbugliato
matter /'mætəʳ/ s. **1** affare *m.*, argomento *m.*, faccenda *f.* **2** importanza *f.* **3** materia *f.*, sostanza *f.*, contenuto *m.* ◆ **as a m. of fact** in verità || **no m.** non importa || **what's the m.?** che cosa c'è?
to matter /'mætəʳ/ v.intr. **1** interessare **2** avere importanza
matter-of-fact /,mæt(ə)rəv'fækt/ agg. prosaico, realistico
mattock /'mætək/ s. zappa *f.*
mattress /'mætrɪs/ s. materasso *m.*
maturation /,mætjʊə'reɪʃ(ə)n/ s. maturazione *f.*
mature /mə'tjʊəʳ/ agg. maturo
to mature /mə'tjʊəʳ/ **A** v.tr. **1** far maturare, far stagionare **2** completare **B** v.intr. **1** maturare **2** completarsi **3** (*fin.*) maturare, scadere
maturity /mə'tjʊərɪtɪ/ s. maturità *f.*
to maul /mɔːl/ v.tr. sbranare
mausoleum /,mɔːsə'lɪəm/ s. mausoleo *m.*
mauve /məʊv/ agg. e s. (color) malva *m.*
mawkish /'mɔːkɪʃ/ agg. sdolcinato
maxim /'mæksɪm/ s. massima *f.*
maximalism /'mæksɪməlɪz(ə)m/ s. massimalismo *m.*
maximum /'mæksɪməm/ agg. e s. massimo *m.* ◆ **to a, to the m.** al massimo
may /meɪ/ (*congiuntivo pass. e condiz.* **might**) v.difett. **1** (*permesso*) potere, essere permesso, essere lecito (ES: ***m. I speak?*** posso parlare?) **2** (*possibilità, probabilità*) potere, essere possibile, essere probabile (ES: ***it m. be true*** può essere vero; ***it might be very important*** potrebbe essere molto importante) **3** (*augurio, speranza, richiesta, rimprovero, ecc.*) potere (ES: ***m. you live in peace!*** che tu possa vivere in pace!)
May /meɪ/ s. maggio *m.* ◆ **M. Day** il primo maggio
maybe /'meɪbiː/ avv. forse, probabilmente, può darsi che
mayhem /'meɪhem/ s. confusione *f.*
mayonnaise /,meɪə'neɪz/ s. maionese *f.*
mayor /meəʳ/ s. sindaco *m.*
maze /meɪz/ s. dedalo *m.*, labirinto *m.* ◆ **to be in a m.** essere confuso
me /miː, mɪ/ pron. pers. 1ª p. sing. (*compl.*) me, mi ◆ **it's me** sono io
meadow /'medəʊ/ s. prato *m.*
meagre /'miːgəʳ/ (*USA* **meager**) agg. magro, smunto
meal[1] /miːl/ s. (*cuc.*) farina *f.*
meal[2] /miːl/ s. pasto *m.* ◆ **m. ticket** buono pasto
mealtime /'miːltaɪm/ s. ora *f.* dei pasti
mean[1] /miːn/ agg. **1** gretto, meschino, avaro **2** sgarbato **3** miserabile, mediocre, spregevole
mean[2] /miːn/ **A** agg. medio, intermedio **B** s. **1** mezzo *m.*, media *f.* **2** mezzo *m.*, strumento *m.*, maniera *f.* **3** al pl. mezzi *m. pl.* economici, risorse *f. pl.* ◆ **by all means** con ogni mezzo, assolutamente || **by means of** per mezzo di
to mean /miːn/ (*pass. e p.p.* **meant**) **A** v.tr. **1** significare, intendere **2** comportare, implicare **3** proporsi di, avere intenzione di **4** destinare, assegnare **B** v.intr. **1** voler dire, pensare **2** avere intenzione
meander /mɪ'ændəʳ/ s. meandro *m.*
meaning /'miːnɪŋ/ s. **1** significato *m.*, senso *m.* **2** pensiero *m.* **3** proposito *m.*
meaningful /'miːnɪŋfʊl/ agg. significativo
meaningless /'miːnɪŋlɪs/ agg. insignificante, senza senso
meant /ment/ pass. e p.p. di **to mean**
meantime /'miːn,taɪm/ avv. intanto, nel frattempo ◆ **in the m.** nel frattempo
meanwhile /,miːn'waɪl/ avv. intanto, nel frattempo
measles /'miːzlz/ s. pl. (*v. al sing.*) morbillo *m.*
measly /'miːzlɪ/ agg. (*fam.*) miserabile, meschino
measurable /'meʒ(ə)rəbl/ agg. misurabile
measure /'meʒəʳ/ s. **1** misura *f.*, dimensione *f.* **2** provvedimento *m.*
to measure /'meʒəʳ/ v.tr. e intr. misurare ◆ **to m. out** dosare
measurement /'meʒəmənt/ s. **1** misurazione *f.* **2** misura *f.*, dimensione *f.*
meat /miːt/ s. carne *f.* ◆ **m. ball** polpetta || **m. grinder** tritacarne || **m. skewer** spiedo
mechanic /mɪ'kænɪk/ s. meccanico *m.*
mechanical /mɪ'kænɪk(ə)l/ agg. meccanico
mechanics /mɪ'kænɪks/ s. pl. (*v. al sing.*) meccanica *f.*
mechanism /'mekənɪz(ə)m/ s. meccanismo *m.*
mechanization /,mekənaɪ'zeɪʃ(ə)n/ s. meccanizzazione *f.*
medal /'medl/ s. medaglia *f.*
medallion /mɪ'dæljən/ s. medaglione *m.*
to meddle /'medl/ v.intr. immischiarsi, interferire
media /'miːdjə/ s. pl. mezzi *m. pl.* di comunicazione di massa, media *m. pl.*
median /'miːdjən/ agg. medio, mediano ◆ **m. strip** (*USA*) spartitraffico
to mediate /'miːdɪeɪt/ v.tr. e intr. mediare
mediator /'miːdɪeɪtəʳ/ s. mediatore *m.*
medical /'medɪk(ə)l/ **A** agg. medico, sanitario **B** s. visita *f.* medica
medicament /me'dɪkəmənt/ s. medicinale *m.*, farmaco *m.*
to medicate /'medɪkeɪt/ v.tr. medicare
medicinal /me'dɪsɪnl/ agg. medicinale
medicine /'medɪs(ɪ)n/ s. medicina *f.*
medieval /,medɪ'iːv(ə)l/ agg. medievale
mediocre /'miːdɪəʊkəʳ/ agg. mediocre
mediocrity /,miːdɪ'ɒkrɪtɪ/ s. mediocrità *f.*
to meditate /'medɪteɪt/ v.tr. e intr. meditare
meditation /,medɪ'teɪʃ(ə)n/ s. meditazione *f.*
Mediterranean /,medɪtə'reɪnjən/ agg. mediterraneo
medium /'miːdjəm/ **A** agg. medio **B** s. **1** mezzo *m.*, strumento *m.* **2** ambiente *m.*, elemento *m.* **3** via *f.* di

mezzo ♦ **m.-wave** a onde medie || **a happy m.** il giusto mezzo, una via di mezzo
medlar /'medlǝʳ/ s. nespola *f.*
medley /'medlɪ/ s. mescolanza *f.*, misto *m.*
medusa /mɪ'dju:zǝ/ s. medusa *f.*
meek /mi:k/ agg. docile, mite, mansueto
to meet /mi:t/ (*pass. e p.p.* **met**) **A** v.tr. **1** incontrare, andare incontro a, incrociare **2** conoscere, fare la conoscenza di **3** soddisfare, corrispondere a, far fronte a **B** v.intr. **1** incontrarsi, riunirsi **2** conoscersi, far conoscenza ♦ **to m. sb. halfway** trovare un compromesso con qc. || **to m. with** incontrare || **nice to m. you** piacere!, piacere di conoscerti!
meeting /'mi:tɪŋ/ s. **1** riunione *f.*, convegno *m.*, meeting *m. inv.* **2** incontro *m.*
megalithic /ˌmegǝ'lɪθɪk/ agg. megalitico
megalomaniac /ˌmegǝlo(ʊ)'meɪnɪæk/ agg. e s. megalomane *m. e f.*
megaphone /'megǝfǝʊn/ s. megafono *m.*
megastore /'megǝstɔ:ʳ/ s. megastore *m. inv.*
melancholic /ˌmelǝn'kɒlɪk/ agg. malinconico
melancholy /'melǝnkǝlɪ/ **A** s. malinconia *f.* **B** agg. malinconico
mellow /'melǝʊ/ agg. **1** maturo, succoso **2** fertile, ricco **3** comprensivo, pacato **4** pastoso **5** (*di luce, suono, ecc.*) caldo
melodious /mɪ'lǝʊdjǝs/ agg. melodioso
melodramatic /ˌmelo(ʊ)drǝ'mætɪk/ agg. melodrammatico
melody /'melǝdɪ/ s. melodia *f.*
melon /'melǝn/ s. melone *m.*
to melt /melt/ **A** v.tr. fondere, liquefare, sciogliere **B** v.intr. fondere, fondersi, liquefare, liquefarsi, sciogliersi
melting /'meltɪŋ/ **A** agg. **1** fondente **2** struggente **B** s. fusione *f.* ♦ **m. pot** crogiolo
member /'membǝʳ/ s. **1** membro *m.*, socio *m.* **2** elemento *m.*
membership /'membǝʃɪp/ s. **1** l'insieme *m.* dei soci **2** condizione *f.* di socio
membrane /'membreɪn/ s. membrana *f.*
memo /'memǝʊ/ → ***memorandum***
memorable /'memǝrǝbl/ agg. memorabile
memorandum /ˌmemǝ'rændǝm/ s. promemoria *m. inv.*, appunto *m.*, comunicazione *f.* di servizio
memorial /mɪ'mɔ:rɪǝl/ **A** agg. commemorativo **B** s. **1** monumento *m.* commemorativo **2** al pl. memoriale *m.* ♦ **m. tablet** lapide
memory /'memǝrɪ/ s. **1** memoria *f.* **2** ricordo *m.*
men /men/ pl. di **man**
menace /'menǝs/ s. **1** minaccia *f.* **2** scocciatura *f.*
to menace /'menǝs/ v.tr. minacciare
menacing /'menǝsɪŋ/ agg. minaccioso
to mend /mend/ **A** v.tr. aggiustare, rammendare, rattoppare **B** v.intr. correggersi, aggiustarsi
mendable /'mendǝbl/ agg. aggiustabile, riparabile
mending /'mendɪŋ/ s. riparazione *f.*, rammendo *m.*
menial /'mi:njǝl/ agg. servile, umile
meningitis /ˌmenɪn'dʒaɪtɪs/ s. meningite *f.*
meninx /'menɪnks/ s. meninge *f.*
meniscus /mɪ'nɪskǝs/ s. menisco *m.*
menopause /'meno(ʊ)pɔ:z/ s. menopausa *f.*
menses /'mensi:z/ s. pl. mestruazioni *f. pl.*
menstruation /ˌmenstrʊ'eɪʃ(ǝ)n/ s. mestruazione *f.*
mental /'mentl/ agg. mentale ♦ **m. hospital** ospedale psichiatrico
mentality /men'tælɪtɪ/ s. mente *f.*, mentalità *f.*
menthol /'menθɒl/ s. mentolo *m.*
mention /'menʃ(ǝ)n/ s. menzione *f.*, citazione *f.*
to mention /'menʃ(ǝ)n/ v.tr. nominare, menzionare, citare ♦ **above-mentioned** sopracitato || **don't m. it!** non c'è di che!
menu /'menjʊ/ s. menu *m. inv.*
mercantile /'mɜ:k(ǝ)ntaɪl/ agg. mercantile
mercantilism /'me:kǝntɪlɪz(ǝ)m/ s. mercantilismo *m.*
mercenary /'mɜ:sɪn(ǝ)rɪ/ agg. e s. mercenario *m.*
merchandise /'mɜ:tʃ(ǝ)ndaɪz/ s. merce *f.*
merchant /'mɜ:tʃ(ǝ)nt/ **A** s. mercante *m.*, commerciante *m. e f.* **B** agg. mercantile ♦ **m. bank** banca di investimenti || **m. navy** marina mercantile
merciful /'mɜ:sɪf(ʊ)l/ agg. misericordioso, clemente, pietoso
merciless /'mɜ:sɪlɪs/ agg. spietato, crudele
mercury /'mɜ:kjʊrɪ/ s. mercurio *m.*
mercy /'mɜ:sɪ/ s. misericordia *f.*, pietà *f.*
mere /mɪǝʳ/ agg. mero, puro, semplice
merely /'mɪǝlɪ/ avv. semplicemente, soltanto, appena
to merge /mɜ:dʒ/ **A** v.tr. fondere, incorporare **B** v.intr. fondersi, incorporarsi, essere assorbito
merger /'mɜ:dʒǝʳ/ s. fusione *f.*
meridian /mǝ'rɪdɪǝn/ s. meridiano *m.*
meringue /mǝ'ræŋ/ s. meringa *f.*
merit /'merɪt/ s. merito *m.*, pregio *m.*
to merit /'merɪt/ v.tr. meritare
merlon /'mɜ:lǝn/ s. (*arch.*) merlo *m.*
mermaid /'mɜ:meɪd/ s. sirena *f.*
merry /'merɪ/ agg. allegro, giocoso ♦ **m. go-round** giostra || **m. Christmas!** buon Natale!
mesh /meʃ/ s. **1** (*di rete*) maglia *f.* **2** (*mecc.*) presa *f.* ♦ **in m.** inserito || **out of m.** disinserito
mess /mes/ s. **1** confusione *f.*, scompiglio *m.* **2** pasticcio *m.* **3** (*mil.*) mensa *f.*, rancio *m.* ♦ **to make a m. of st.** rovinare q.c. || **to get oneself in a m.** mettersi nei guai
to mess /mes/ v.intr. (*fam.*) perdere tempo ♦ **to m. about** far baccano || **to m. around** bighellonare || **to m. up** mettere in disordine, mandare a monte
message /'mesɪdʒ/ s. messaggio *m.*
messenger /'mesɪndʒǝʳ/ s. messaggero *m.*
Messianic /ˌmesi'ænɪk/ agg. messianico
messy /'mesɪ/ agg. disordinato, caotico
met /met/ pass. e p.p. di **to meet**
metal /'metl/ s. metallo *m.*
metallic /mɪ'tælɪk/ agg. metallico

metallurgic(al) /ˌmɛtəˈlɜːdʒɪk((ə)l)/ **agg.** metallurgico
metamorphism /ˌmɛtəˈmɔːfɪz(ə)m/ **s.** metamorfismo *m.*
metamorphosis /ˌmɛtəˈmɔːfəsɪs/ **s.** metamorfosi *f. inv.*
metaphor /ˈmɛtəfəʳ/ **s.** metafora *f.*
metaphoric(al) /ˌmɛtəˈfɒrɪk((ə)l)/ **agg.** metaforico
metaphysical /ˌmɛtəˈfɪzɪk(ə)l/ **agg.** metafisico
métayage /ˈmɛ(ɪ)təjɑːʒ/ **s.** mezzadria *f.*
to mete /miːt/ **v.tr.** (*letter.*) misurare ♦ **to m. out** assegnare, infliggere
meteor /ˈmiːtjəʳ/ **s.** meteora *f.*
meteorologic(al) /ˌmiːtjərəˈlɒdʒɪk((ə)l)/ **agg.** meteorologico
meteorology /ˌmiːtjəˈrɒlədʒɪ/ **s.** meteorologia *f.*
meter /ˈmiːtəʳ/ **s. 1** misuratore *m.*, contatore *m.* **2** (*fam.*) tassametro *m.* **3** (*USA*) → ***metre*** ♦ **parking m.** parchimetro
methane /ˈmɛθeɪn/ **s.** metano *m.*
method /ˈmɛθəd/ **s.** metodo *m.*
methodic(al) /mɪˈθɒdɪk((ə)l)/ **agg.** metodico
methodist /ˈmɛθədɪst/ **agg. e s.** metodista *m. e f.*
methodological /ˌmɛθədəˈlɒdʒɪk(ə)l/ **agg.** metodologico
meths /mɛθs/ **s.** alcol *m.* denaturato
meticulous /mɪˈtɪkjʊləs/ **agg.** meticoloso
metope /ˈmɛtəʊp/ **s.** metopa *f.*
metre /ˈmiːtəʳ/ (*USA* **meter**) **s.** metro *m.* ♦ **cubic m.** metro cubo || **square m.** metro quadrato
metric(al) /ˈmɛtrɪk(əl)/ **agg.** metrico
metropolis /məˈtrɒpəlɪs/ **s.** metropoli *f. inv.*
metropolitan /ˌmɛtrəˈpɒlɪt(ə)n/ **A** **agg.** metropolitano **B** **s. 1** abitante *m. e f.* di una metropoli **2** (*relig.*) metropolita *m.*
mettle /ˈmɛtl/ **s. 1** coraggio *m.* **2** carattere *m.*, temperamento *m.*
to mew /mjuː/ **v.intr.** miagolare
Mexican /ˈməksɪkən/ **agg. e s.** messicano *m.*
mezzanine /ˈmɛzəniːn/ **s.** mezzanino *m.*, ammezzato *m.*
to miaow /miːˈaʊ/ **v.intr.** miagolare
mice /maɪs/ **pl. di mouse**
microbe /ˈmaɪkrəʊb/ **s.** microbo *m.*
microchip /ˈmaɪkrəʊtʃɪp/ **s.** microchip *m. inv.*
microcosm /ˈmaɪkro(ʊ)kɒz(ə)m/ **s.** microcosmo *m.*
microfiber /ˈmaɪkrəʊˌfɪbəʳ/ **s.** (*USA*) microfibra *f.*
microfibre /ˈmaɪkrəʊˌfɪbəʳ/ **s.** microfibra *f.*
microfilm /ˈmaɪkro(ʊ)fɪlm/ **s.** microfilm *m. inv.*
microorganism /ˌmaɪkro(ʊ)ˈɔːgənɪz(ə)m/ **s.** microrganismo *m.*
microphone /ˈmaɪkrəfəʊn/ **s.** microfono *m.*
microscope /ˈmaɪkrəskəʊp/ **s.** microscopio *m.*
microwave /ˈmaɪkro(ʊ)weɪv/ **s.** microonda *f.* ♦ **m. oven** forno a microonde
mid /mɪd/ **agg.** medio, di mezzo ♦ **in m. winter** nel cuore dell'inverno
midday /ˈmɪddeɪ/ **s.** mezzogiorno *m.*
middle /mɪdl/ **A** **agg.** medio, di mezzo **B** **s.** mezzo *m.*, centro *m.* ♦ **m. age** mezza età || **Middle Ages** medioevo || **m. class** borghesia, ceto medio || **m. finger** (dito) medio || **m. name** secondo nome || **m.-of-the-road** moderato || **m. school** scuola media inferiore
middleman /ˈmɪdlmæn/ (*pl.* **middlemen**) **s.** mediatore *m.*, intermediario *m.*
middling /ˈmɪdlɪŋ/ **agg. 1** medio **2** mediocre
midge /mɪdʒ/ **s.** moscerino *m.*
midget /ˈmɪdʒɪt/ **A** **agg.** minuscolo **B** **s.** nano *m.*
midnight /ˈmɪdnaɪt/ **s.** mezzanotte *f.*
midriff /ˈmɪdrɪf/ **s.** (*anat.*) diaframma *m.*
midst /mɪdst/ **s.** mezzo *m.*, centro *m.*
midsummer /ˈmɪdˌsʌməʳ/ **s.** mezza estate *f.*
midway /ˌmɪdˈweɪ/ **agg. e avv.** a metà strada
midwife /ˈmɪdwaɪf/ (*pl.* **midwives**) **s.** levatrice *f.*, ostetrica *f.*
might /maɪt/ **s.** potenza *f.*, forza *f.*
mighty /ˈmaɪtɪ/ **A** **agg.** poderoso, forte **B** **avv.** estremamente
migraine /ˈmiːgreɪn/ **s.** emicrania *f.*
migrant /ˈmaɪgr(ə)nt/ **agg.** migratore, emigrante
to migrate /maɪˈgreɪt/ **v.intr.** migrare, emigrare
migration /maɪˈgreɪʃ(ə)n/ **s.** migrazione *f.*
migratory /ˈmaɪgrət(ə)rɪ/ **agg.** migratorio, migratore
mike /maɪk/ **s.** (*fam.*) microfono *m.*
mild /maɪld/ **agg. 1** mite, dolce **2** leggero
mildew /ˈmɪldjuː/ **s.** muffa *f.*
mile /maɪl/ **s.** miglio *m.* ♦ **nautical m.** miglio marino
mileage /ˈmaɪlɪdʒ/ **s.** distanza *f.* in miglia
mileometer /maɪˈlɒmɪtəʳ/ **s.** contamiglia *m. inv.*
milestone /ˈmaɪlˌstəʊn/ **s.** pietra *f.* miliare
militant /ˈmɪlɪtənt/ **agg. e s.** militante *m. e f.*
military /ˈmɪlɪt(ə)rɪ/ **s.** militare *m.*
to militate /ˈmɪlɪteɪt/ **v.intr.** militare ♦ **to m. against st.** opporsi a q.c.
milk /mɪlk/ **s.** latte *m.* ♦ **curdled m.** latte cagliato || **powdered m.** latte in polvere || **skimmed m.** latte scremato
to milk /mɪlk/ **A** **v.tr.** mungere **B** **v.intr.** produrre latte
milkman /ˈmɪlkmən/ **s.** lattaio *m.*
mill /mɪl/ **s. 1** mulino *m.* **2** fabbrica *f.*, opificio *m.* **3** macinino *m.* **4** (*mecc.*) fresa *f.*
to mill /mɪl/ **v.tr. 1** macinare, frantumare **2** (*mecc.*) fresare
milled /mɪld/ **agg. 1** macinato **2** (*mecc.*) fresato **3** (*di moneta*) zigrinato
millenary /mɪˈlɛnərɪ/ **A** **agg.** millenario **B** **s.** millennio *m.*
millennium /mɪˈlɛnɪəm/ **s.** millennio *m.*
millepede /ˈmɪlɪpiːd/ **s.** millepiedi *m. inv.*
miller /ˈmɪləʳ/ **s. 1** mugnaio *m.* **2** (*mecc.*) fresatrice *f.*
millesimal /mɪˈlɛsɪm(ə)l/ **agg. e s.** millesimo *m.*
millet /ˈmɪlɪt/ **s.** (*bot.*) miglio *m.*
milliard /ˈmɪljɑːd/ **s.** miliardo *m.*

milligram(me) /'mɪlɪgræm/ s. milligrammo *m.*
millimeter /'mɪlɪ,mi:tə^r/ s. millimetro *m.*
millimetre /'mɪlɪ,mi:tə^r/ s. millimetro *m.*
millinery /'mɪlɪn(ə)rɪ/ s. modisteria *f.*
million /'mɪljən/ s. milione *m.*
millionaire /,mɪljə'nɛə^r/ agg. e s. milionario *m.*
millstone /'mɪl,stəʊn/ s. macina *f.*
mime /maɪm/ s. mimo *m.*
to mime /maɪm/ v.tr. mimare
mimetic /mɪ'mɛtɪk/ agg. mimetico
mimic /'mɪmɪk/ **A** agg. **1** imitativo, mimetico **2** simulato **B** s. imitatore *m.*
to mimic /'mɪmɪk/ v.tr. **1** mimare **2** imitare, simulare
mimosa /mɪ'məʊzə/ s. mimosa *f.*
minaret /,mɪnə'rɛt/ s. minareto *m.*
mince /mɪns/ s. carne *f.* tritata
to mince /mɪns/ **A** v.tr. tritare, sminuzzare **B** v.intr. **1** parlare con affettazione **2** camminare a passettini
mincer /'mɪnsə^r/ s. tritacarne *m. inv.*
mind /maɪnd/ s. **1** mente *f.*, intelligenza *f.* **2** pensiero *m.* **3** opinione *f.*, parere *m.* **4** spirito *m.*, animo *m.* **5** memoria *f.* ♦ **to have in m.** avere in mente || **to lose one's m.** perdere la testa || **to make up one's m.** decidersi || **to my m.** secondo me
to mind /maɪnd/ v.tr. **1** badare a, occuparsi di **2** fare attenzione a **3** dispiacere, rincrescere ♦ **if you don't m.** se non le spiace || **m. the step!** attenzione al gradino!
minder /'maɪndə^r/ s. (*fam.*) guardia *f.* del corpo ♦ **child-m.** bambinaia
mindful /'maɪn(d)f(ʊ)l/ agg. attento, memore
mindless /'maɪndlɪs/ agg. **1** noioso, tedioso **2** irragionevole **3** noncurante
mine[1] /maɪn/ pron. poss. 1ª p. sing. il mio, la mia, i miei, le mie
mine[2] /maɪn/ s. **1** miniera *f.* **2** mina *f.*
to mine /maɪn/ v.tr. **1** estrarre, scavare **2** minare
minefield /'maɪn,fi:ld/ s. campo *m.* minato
miner /'maɪnə^r/ s. minatore *m.*
mineral /'mɪn(ə)r(ə)l/ agg. e s. minerale *m.*
mineralogy /,mɪnə'rælədʒɪ/ s. mineralogia *f.*
to mingle /'mɪŋgl/ **A** v.tr. mescolare **B** v.intr. mescolarsi
miniature /'mɪnjətʃə^r/ **A** s. miniatura *f.* **B** agg. in miniatura, in scala ridotta
miniaturist /'mɪnjətjʊərɪst/ s. miniaturista *m. e f.*
minibus /'mɪnɪbʌs/ s. pulmino *m.*, minibus *m.*
minim /'mɪnɪm/ s. (*mus.*) minima *f.*
to minimize /'mɪnɪmaɪz/ v.tr. minimizzare
minimum /'mɪnɪməm/ agg. e s. minimo *m.*
mining /'maɪnɪŋ/ s. estrazione *f.*, attività *f.* mineraria
miniskirt /'mɪnɪ,skɜ:t/ s. minigonna *f.*
minister /'mɪnɪstə^r/ s. ministro *m.*
to minister /'mɪnɪstə^r/ v.intr. **1** portare aiuto, provvedere **2** officiare
ministerial /,mɪnɪs'tɪərɪəl/ agg. ministeriale
ministry /'mɪnɪstrɪ/ s. ministero *m.*
minivan /'mɪnɪvæn/ s. (*autom.*) monovolume *f. inv.*
mink /'mɪŋk/ s. visone *m.*
minnow /'mɪnəʊ/ s. sanguinerola *f.*
minor /'maɪnə^r/ **A** agg. minore, meno importante **B** s. minorenne *m. e f.*
minority /maɪ'nɒrɪtɪ/ s. **1** minoranza *f.* **2** (*dir.*) minorità *f.*
minster /'mɪnstə^r/ s. chiesa *f.* abbaziale
minstrel /'mɪnstr(ə)l/ s. menestrello *m.*
mint[1] /mɪnt/ s. (*bot.*) menta *f.*
mint[2] /mɪnt/ s. zecca *f.*
to mint /mɪnt/ v.tr. coniare
minuet /,mɪnjʊ'ɛt/ s. minuetto *m.*
minus /'maɪnəs/ **A** agg. **1** meno **2** negativo **B** s. meno *m.* **C** prep. meno
minute[1] /'mɪnɪt/ s. **1** minuto *m.* **2** minuta *f.*, appunto *m.* **3** al pl. verbale *m.*
minute[2] /maɪ'nju:t/ agg. **1** minuto, minuscolo **2** minuzioso
to minute /'mɪnɪt/ v.tr. **1** verbalizzare **2** cronometrare
miracle /'mɪrəkl/ s. miracolo *m.*
miraculous /mɪ'rækjʊləs/ agg. miracoloso
mirage /'mɪrɑ:ʒ/ s. miraggio *m.*
mire /'maɪə^r/ s. melma *f.*
mirror /'mɪrə^r/ s. specchio *m.*
to mirror /'mɪrə^r/ v.tr. rispecchiare
mirth /mɜ:θ/ s. allegria *f.*, gioia *f.*
miry /'maɪərɪ/ agg. melmoso
misadventure /,mɪsəd'vɛntʃə^r/ s. disavventura *f.*, incidente *m.*
misanthrope /'mɪz(ə)nθrəʊp/ s. misantropo *m.*
misanthropic(al) /,mɪzən'θrɒpɪk((ə)l)/ agg. misantropico
to misapply /,mɪsə'plaɪ/ v.tr. usare erroneamente
misapprehension /,mɪsæprɪ'hɛnʃ(ə)n/ s. malinteso *m.*, equivoco *m.*
to misappropriate /,mɪsə'prəʊprɪeɪt/ v.tr. appropriarsi indebitamente di
misbecoming /,mɪsbɪ'kʌmɪŋ/ agg. inadatto, sconveniente
to misbehave /,mɪsbɪ'heɪv/ v.intr. comportarsi male
misbeliever /,mɪsbɪ'li:və^r/ s. miscredente *m. e f.*
miscarriage /'mɪskærɪdʒ/ s. **1** aborto *m.* **2** fallimento *m.* **3** (*di corrispondenza*) disguido *m.*, smarrimento *m.*
to miscarry /mɪs'kærɪ/ v.intr. **1** abortire **2** fallire **3** (*di corrispondenza*) smarrirsi
miscellaneous /,mɪsɪ'leɪnjəs/ agg. misto, eterogeneo
miscellany /mɪ'sɛlənɪ/ s. miscellanea *f.*
mischance /mɪs'tʃɑ:ns/ s. disgrazia *f.*, sfortuna *f.*
mischief /'mɪstʃɪf/ s. **1** danno *m.* **2** malizia *f.* **3** birichinata *f.*
misconception /,mɪskən'sɛpʃ(ə)n/ s. idea *f.* sbagliata
misconduct /mɪs'kɒndʌkt/ s. **1** cattiva condotta *f.* **2** cattiva amministrazione *f.*

misdeed /ˌmɪsˈdiːd/ s. misfatto *m.*
misdemeanour /ˌmɪsdɪˈmiːnəʳ/ s. infrazione *f.*
miser /ˈmaɪzəʳ/ s. tirchio *m.*
miserable /ˈmɪz(ə)r(ə)bl/ agg. **1** infelice, avvilito **2** deprimente, spiacevole **3** miserabile, misero ♦ **to feel m.** sentirsi depresso
miserly /ˈmaɪzəlɪ/ agg. taccagno
misery /ˈmɪzərɪ/ s. sofferenza *f.*, infelicità *f.*
to misfire /ˌmɪsˈfaɪəʳ/ s. **1** (*di arma*) far cilecca **2** (*autom.*) perdere colpi **3** (*fam.*) fallire
misfit /ˈmɪsfɪt/ s. disadattato *m.*
misfortune /mɪsˈfɔːtʃən/ s. sfortuna *f.*, disgrazia *f.*
misgiving /mɪsˈgɪvɪŋ/ s. timore *m.*, apprensione *f.*
misgovernment /ˌmɪsˈgʌvənmənt/ s. malgoverno *m.*
misguided /ˌmɪsˈgaɪdɪd/ agg. **1** malaccorto **2** fuorviato, sviato
to mishandle /ˌmɪsˈhændl/ v.tr. maltrattare
mishap /ˈmɪshæp/ s. contrattempo *m.*, disavventura *f.*
to misinterpret /ˌmɪsɪnˈtɜːprɪt/ v.tr. interpretare male, travisare
to misjudge /ˌmɪsˈdʒʌdʒ/ v.tr. giudicare male
to mislay /mɪsˈleɪ/ (*pass. e p.p.* **mislaid**) v.tr. smarrire (momentaneamente)
to mislead /mɪsˈliːd/ (*pass. e p.p.* **misled**) v.tr. **1** fuorviare, trarre in inganno **2** traviare
misleading /mɪsˈliːdɪŋ/ agg. ingannevole
to mismanage /ˌmɪsˈmænɪdʒ/ v.tr. amministrare male
misnomer /ˌmɪsˈnəʊməʳ/ s. **1** nome *m.* sbagliato **2** definizione *f.* non appropriata
misogynist /maɪˈsɒdʒɪnɪst/ s. misogino *m.*
to misplace /ˌmɪsˈpleɪs/ v.tr. collocare fuori posto
misprint /ˈmɪsˌprɪnt/ s. errore *m.* di stampa, refuso *m.*
miss[1] /mɪs/ s. **1** (*davanti al nome*) signorina *f.* **2** miss *f. inv.*
miss[2] /mɪs/ s. colpo *m.* mancato
to miss /mɪs/ **A** v.tr. **1** fallire, sbagliare, non colpire **2** lasciarsi sfuggire, mancare a, far tardi a **3** tralasciare **4** sentire la mancanza, notare l'assenza **B** v.intr. **1** fallire, sbagliare il colpo **2** mancare ♦ **to m. the train** perdere il treno
missal /ˈmɪs(ə)l/ s. messale *m.*
misshapen /ˌmɪsˈʃeɪp(ə)n/ agg. deforme, sformato
missile /ˈmɪsaɪl/ s. missile *m.*
missing /ˈmɪsɪŋ/ agg. **1** smarrito, mancante **2** disperso, scomparso ♦ **m. link** anello mancante || **m. person** disperso
mission /ˈmɪʃ(ə)n/ s. missione *f.*
missionary /ˈmɪʃənərɪ/ s. missionario *m.*
to misspend /ˌmɪsˈspend/ (*pass. e p.p.* **misspent**) v.tr. dissipare, sprecare
mist /mɪst/ s. **1** foschia *f.* **2** appannamento *m.*
to mist /mɪst/ **A** v.tr. annebbiare **B** v.intr. annebbiarsi
mistake /mɪsˈteɪk/ s. errore *m.*, sbaglio *m.* ♦ **to make a m.** sbagliare
to mistake /mɪsˈteɪk/ (*pass.* **mistook**, *p.p.* **mistaken**) v.tr. **1** fraintendere, equivocare **2** sbagliare **3** confondere
mistaken /mɪsˈteɪk(ə)n/ **A** p.p. di **to mistake** **B** agg. **1** in errore **2** erroneo ♦ **to be m.** sbagliarsi
mister /ˈmɪstəʳ/ s. (*davanti al nome*) signore
mistletoe /ˈmɪsltəʊ/ s. vischio *m.*
mistook /mɪsˈtʊk/ pass. di **to mistake**
mistreat /ˌmɪsˈtriːt/ v.tr. maltrattare
mistress /ˈmɪstrɪs, mɪsɪz/ s. **1** padrona *f.*, signora *f.* **2** insegnante *f.* **3** mantenuta *f.*
mistrust /ˌmɪsˈtrʌst/ s. sfiducia *f.*, diffidenza *f.*
to mistrust /ˌmɪsˈtrʌst/ v.tr. diffidare di
misty /ˈmɪstɪ/ agg. nebbioso
to misunderstand /ˌmɪsʌndəˈstænd/ (*pass. e p.p.* **misunderstood**) v.tr. **1** equivocare, fraintendere **2** non capire
misunderstanding /ˌmɪsʌndəˈstændɪŋ/ s. **1** equivoco *m.*, malinteso *m.* **2** disaccordo *m.*, incomprensione *f.*
misunderstood /ˌmɪsʌndəˈstʊd/ **A** pass. e p.p. di **to misunderstand** **B** agg. **1** malinterpretato, frainteso **2** incompreso
to misuse /ˌmɪsˈjuːz/ v.tr. fare cattivo uso di
mite[1] /maɪt/ s. **1** obolo *m.* **2** oggetto *m.* minuscolo **3** bimbo *m.*
mite[2] /maɪt/ s. (*zool.*) acaro *m.*
to mitigate /ˈmɪtɪgeɪt/ v.tr. mitigare
mitre /ˈmaɪtəʳ/ s. mitra *f.*
mitt(en) /mɪt(n)/ s. **1** (*guanto*) muffola *f.*, manopola *f.* **2** al pl. (*sport*) guantoni *m. pl.*
mix /mɪks/ s. mescolanza *f.*
to mix /mɪks/ **A** v.tr. mescolare **B** v.intr. mescolarsi ♦ **to m. up** mescolare, confondere, implicare
mixed /mɪkst/ agg. misto ♦ **m. up** implicato, confuso || **to get m. up** confondersi
mixer /ˈmɪksəʳ/ s. **1** frullatore *m.*, miscelatore *m.* **2** (*fam.*) persona *f.* socievole **3** bibita *f.* analcolica (per diluirne una alcolica) **4** (*elettron.*) mixer *m. inv.* ♦ **cement m.** betoniera
mixture /ˈmɪkstʃəʳ/ s. mescolanza *f.*, miscela *f.*
mix-up /ˈmɪksʌp/ s. (*fam.*) confusione *f.*, errore *m.*
mnemonic /niːˈmɒnɪk/ agg. mnemonico
moan /məʊn/ s. gemito *m.*, lamento *m.*
to moan /məʊn/ v.intr. gemere, lamentarsi
moat /məʊt/ s. fossato *m.*
mob /mɒb/ s. **1** folla *f.*, calca *f.* **2** massa *f.*, popolo *m.*
mobile /ˈməʊbaɪl/ agg. **1** mobile **2** instabile **3** (telefono) cellulare *m.*, telefonino *m.* ♦ **m. phone** telefono cellulare, telefonino
mobility /mə(ʊ)ˈbɪlɪtɪ/ s. mobilità *f.*
mobilization /ˌməʊbɪlaɪˈzeɪʃ(ə)n/ s. mobilitazione *f.*
moccassin /ˈmɒkəsɪn/ s. mocassino *m.*
mock /mɒk/ agg. **1** finto **2** scherzoso
to mock /mɒk/ v.tr. **1** deridere, burlarsi di **2** imitare
mockery /ˈmɒkərɪ/ s. **1** scherno *m.*, derisione *f.* **2** beffa *f.*
mock-up /ˈmɒkʌp/ s. (*tecnol.*) modello *m.*
modality /mə(ʊ)ˈdælɪtɪ/ s. modalità *f.*

mode /məʊd/ s. **1** modo *m.* **2** (*inform.*) modalità *f. inv.* ♦ **temporary m.** (*inform.*) modalità provvisoria
model /ˈmɒdl/ **A** agg. **1** modello, esemplare **2** in scala ridotta **B** s. **1** modello *m.* **2** (foto)modella *f.*, (foto)modello *m.*
to model /ˈmɒdl/ **A** v.tr. modellare, plasmare **B** v.intr. fare la modella/il modello
modem /ˈməʊdɛm/ s. modem *m. inv.*
moderate /ˈmɒd(ə)rɪt/ agg. moderato, modico, discreto
to moderate /ˈmɒdəreɪt/ v.tr. e intr. moderare, moderarsi
moderation /ˌmɒdəˈrɛʃ(ə)n/ s. moderazione *f.*
modern /ˈmɒdən/ agg. moderno
modernism /ˈmɒdənɪz(ə)m/ s. modernismo *m.*
modernity /mɒˈdɜːnɪtɪ/ s. modernità *f.*
to modernize /ˈmɒdənaɪz/ v.tr. modernizzare
modest /ˈmɒdɪst/ agg. modesto
modesty /ˈmɒdəstɪ/ s. modestia *f.*
modicum /ˈmɒdɪkəm/ s. piccola quantità *f.*, briciola *f.*
modifiable /ˈmɒdɪfaɪəbl/ agg. modificabile
modification /ˌmɒdɪfɪˈkeɪʃ(ə)n/ s. modifica *f.*, modificazione *f.*
to modify /ˈmɒdɪfaɪ/ v.tr. modificare
modular /ˈmɒdjʊləʳ/ agg. componibile, modulare
module /ˈmɒdjʊl/ s. modulo *m.*
moist /mɔɪst/ agg. umido
to moisten /ˈmɔɪsn/ **A** v.tr. inumidire **B** v.intr. inumidirsi
moisture /ˈmɔɪstʃəʳ/ s. umidità *f.*
to moisturize /ˈmɔɪstʃəraɪz/ v.tr. inumidire, (*la pelle*) idratare
moisturizing /ˈmɔɪstʃəraɪzɪŋ/ agg. idratante
molar /ˈməʊləʳ/ agg. e s. molare *m.*
mold /məʊld/ (*USA*) → ***mould***
mole¹ /məʊl/ s. neo *m.*
mole² /məʊl/ s. (*zool., fig.*) talpa *f.*
mole³ /məʊl/ s. (*naut.*) molo *m.*
molecule /ˈmɒlɪkjuːl/ s. molecola *f.*
to molest /mo(ʊ)ˈlɛst/ v.tr. molestare
to mollycoddle /ˈmɒlɪˌkɒdl/ v.tr. coccolare, viziare
molten /ˈməʊlt(ə)n/ agg. fuso
mom /mɒm/ s. (*USA, fam.*) mamma *f.*
moment /ˈməʊmənt/ s. **1** momento *m.* **2** importanza *f.* ♦ **at the m.** momentaneamente
momentary /ˈməʊmənt(ə)rɪ/ agg. momentaneo
momentous /mo(ʊ)ˈmɛntəs/ agg. molto importante
mommy /ˈmɑːmɪ/ s. mamma *f.*
monachism /ˈmɒnəkɪz(ə)m/ s. monachesimo *m.*
monarch /ˈmɒnək/ s. monarca *m.*
monarchic(al) /mɒˈnɑːkɪk((ə)l)/ agg. monarchico
monarchy /ˈmɒnəkɪ/ s. monarchia *f.*
monastery /ˈmɒnəst(ə)rɪ/ s. monastero *m.*
monastic /məˈnæstɪk/ agg. monastico
Monday /ˈmʌndɪ/ s. lunedì *m.*
monetary /ˈmʌnɪt(ə)rɪ/ agg. monetario
money /ˈmʌnɪ/ s. **1** denaro *m.*, soldi *m. pl.* **2** (*fin.*) moneta *f.*, valuta *f.* ♦ **for m.** in contanti || **m. box** salvadanaio || **m. changer** cambiavalute || **m. order** vaglia
mongrel /ˈmʌŋgr(ə)l/ s. (cane) meticcio *m.*
monitor /ˈmɒnɪtəʳ/ s. **1** dispositivo *m.* di controllo **2** (*inform.*) monitor *m. inv.*, video *m. inv.*
to monitor /ˈmɒnɪtəʳ/ v.tr. controllare, monitorare
monk /mʌŋk/ s. monaco *m.*
monkey /ˈmʌŋkɪ/ s. scimmia *f.* ♦ **m. business** imbrogli, scherzi
to monkey /ˈmʌŋkɪ/ v.tr. scimmiottare
monochrome /ˈmɒnəkrəʊm/ agg. monocromatico
monogamy /mɒˈnɒgəmɪ/ s. monogamia *f.*
monograph /ˈmɒnəgrɑːf/ s. monografia *f.*
monolithic /ˌmɒno(ʊ)ˈlɪθɪk/ agg. monolitico
monologue /ˈmɒnəlɒg/ s. monologo *m.*
monomaniac /ˌmɒno(ʊ)ˈmeɪnjæk/ agg. monomaniaco
monopoly /məˈnɒpəlɪ/ s. monopolio *m.*
monosyllable /ˈmɒnəˌsɪləbl/ s. monosillabo *m.*
monotheism /ˈmɒno(ʊ)θiːˌɪz(ə)m/ s. monoteismo *m.*
monotone /ˈmɒnətəʊn/ **A** agg. monotono **B** s. monotonia *f.*, tono *m.* uniforme
monotonous /məˈnɒt(ə)nəs/ agg. monotono, uniforme
monotony /məˈnɒt(ə)nɪ/ s. monotonia *f.*
monsoon /mɒnˈsuːn/ s. monsone *m.* ♦ **dry m.** monsone invernale || **wet m.** monsone estivo
monster /ˈmɒnstəʳ/ **A** s. mostro *m.* **B** agg. attr. colossale
monstrous /ˈmɒnstrəs/ agg. mostruoso
month /mʌnθ/ s. mese *m.*
monthly /ˈmʌnθlɪ/ **A** agg. e s. mensile *m.* **B** avv. mensilmente
monument /ˈmɒnjʊmənt/ s. monumento *m.*
monumental /ˌmɒnjʊˈmɛntl/ agg. monumentale
moo /muː/ s. muggito *m.*
to moo /muː/ v.intr. muggire
mood /muːd/ s. umore *m.*, stato *m.* d'animo
moody /ˈmuːdɪ/ agg. **1** di malumore **2** lunatico
moon /muːn/ s. luna *f.*
moonlight /ˈmuːnlaɪ/ s. chiaro *m.* di luna
to moonlight /ˈmuːnlaɪ/ v.intr. (*fam.*) fare un secondo lavoro di notte
moor /mʊəʳ/ s. brughiera *f.*
to moor /mʊəʳ/ **A** v.tr. ormeggiare **B** v.intr. ormeggiarsi
mooring /ˈmʊərɪŋ/ s. ormeggio *m.*
moose /muːs/ s. alce *m.* americano
mop /mɒp/ s. **1** spazzolone *m.* (per pavimenti) **2** (*fam.*) zazzera *f.*
to mop /mɒp/ v.tr. **1** pulire, lavare (con lo spazzolone) **2** asciugare, detergere ♦ **to m. up** asciugare, prosciugare
to mope /məʊp/ v.intr. essere depresso, essere imbronciato ♦ **to m. about st.** rimuginare su q.c.
moped /ˈməʊpɛd/ s. motorino *m.*
moquette /mɒˈkɛt/ s. moquette *f. inv.*
moraine /mɒˈreɪn/ s. morena *f.*

moral /ˈmɒr(ə)l/ **A** agg. **1** morale **2** onesto, virtuoso **B** s. **1** morale *f.* **2** al pl. moralità *f.*
morale /mɒˈrɑːl/ s. morale *m.*, stato *m.* d'animo
moralism /ˈmɒr(ə)lɪz(ə)m/ s. moralismo *m.*
moralist /ˈmɒrəlɪst/ s. moralista *m.* e *f.*
morality /məˈrælɪtɪ/ s. moralità *f.*
to moralize /ˈmɒrəlaɪz/ v.tr. moralizzare
morally /ˈmɒr(ə)lɪ/ avv. moralmente
morass /məˈræs/ s. acquitrino *m.*, palude *f.*
moray /ˈmɔːreɪ/ s. murena *f.* ♦ **m. eel** murena
morbid /ˈmɔːbɪd/ agg. morboso
more /mɔːʳ/ (*comp. di* **much, many**) **A** agg. più, di più, una maggior quantità di **B** avv. **1** maggiormente, più, di più **2** ancora **3** (*forma il comp. di agg. e avv.*) più (ES: ***m. beautiful*** più bello) **C** pron. indef. e s. più *m.*, una quantità *f.* maggiore ♦ **m. or less** più o meno, pressappoco || **once m.** ancora una volta || **no m.** non più, mai più
moreover /mɔːˈrəʊvəʳ/ avv. inoltre, peraltro
morgue /mɔːg/ s. obitorio *m.*
moribund /ˈmɒrɪbʌnd/ agg. e s. moribondo *m.*
morning /ˈmɔːnɪŋ/ s. mattino *m.* ♦ **in the m.** di mattina || **good m.** buon giorno || **m. performance** (*teatro*) matinée || **this m.** stamattina
Moroccan /məˈrɒkən/ agg. e s. marocchino *m.*
moron /ˈmɔːrɒn/ s. ritardato *m.* mentale
morose /məˈrəʊs/ agg. imbronciato, cupo
morphological /ˌmɔːfəˈlɒdʒɪk(ə)l/ agg. morfologico
morphology /mɔːˈfɒlədʒɪ/ s. morfologia *f.*
morsel /ˈmɔːs(ə)l/ s. boccone *m.*
mortal /ˈmɔːtl/ agg. e s. mortale *m.*
mortality /mɔːˈtælɪtɪ/ s. mortalità *f.*
mortar /ˈmɔːtəʳ/ s. mortaio *m.*
mortgage /ˈmɔːgɪdʒ/ s. ipoteca *f.* ♦ **m. loan** prestito ipotecario
to mortgage /ˈmɔːgɪdʒ/ v.tr. ipotecare
mortification /ˌmɔːtɪfɪˈkeɪʃ(ə)n/ s. mortificazione *f.*
to mortify /ˈmɔːtɪfaɪ/ v.tr. mortificare
mortuary /ˈmɔːtjʊərɪ/ s. obitorio *m.*, camera *f.* mortuaria
mosaic /məˈzeɪɪk/ s. mosaico *m.*
Moslem /ˈmɒzlem/ agg. e s. musulmano *m.*
mosque /mɒsk/ s. moschea *f.*
mosquito /məsˈkiːtəʊ/ s. zanzara *f.* ♦ **m. net** zanzariera
moss /mɒs/ s. muschio *m.*
most /məʊst/ (*sup. di* **much, many**) **A** agg. il più, la più, i più, le più, la maggior parte di **B** avv. **1** (*forma il sup. di agg. e avv.*) (ES: ***the m. beautiful woman*** la donna più bella) **2** estremamente **3** di più, maggiormente **C** pron. indef. e s. il massimo *m.*, la maggior parte *f.* ♦ **at (the) m.** tutt'al più, al massimo
mostly /ˈməʊstlɪ/ avv. soprattutto
motel /məʊˈtel/ s. motel *m. inv.*
moth /mɒθ/ s. **1** tarma *f.* **2** farfalla *f.* notturna ♦ **m. ball** (pallina di) naftalina || **m. killer** tarmicida
mother /ˈmʌðəʳ/ **A** s. madre *f.*, mamma *f.* **B** agg. attr. materno, madre ♦ **m. country** madrepatria || **m.-in-law** suocera || **m. land** madrepatria || **m.-of-pearl** madreperla || **m. to-be** futura mamma || **m. tongue** madrelingua
motherhood /ˈmʌðəhʊd/ s. maternità *f.*
motherland /ˈmʌðəlænd/ s. madrepatria *f.*
motherly /ˈmʌðəlɪ/ agg. materno
motif /mo(ʊ)ˈtiːf/ s. motivo *m.*, tema *m.*
motion /ˈməʊʃ(ə)n/ s. **1** movimento *m.*, moto *m.* **2** gesto *m.*, atto *m.* **3** mozione *f.* ♦ **m. picture** pellicola cinematografica, film
to motion /ˈməʊʃ(ə)n/ v.tr. fare cenno a
motionless /ˈməʊʃ(ə)nlɪs/ agg. immobile
to motivate /ˈməʊtɪveɪt/ v.tr. motivare
motive /ˈməʊtɪv/ s. motivo *m.*, movente *m.*
motocross /ˈməʊtəˌkrɒs/ s. motocross *m. inv.*
motor /ˈməʊtəʳ/ **A** s. motore *m.* **B** agg. **1** a motore, motoristico, automobilistico **2** motorio ♦ **m. bicycle** motocicletta, ciclomotore || **m. home** camper || **m. power** forza motrice || **m. scooter** motorino || **m. sled** motoslitta || **m. vehicle** automezzo, autoveicolo
motorbike /ˈməʊtəˌbaɪk/ s. motocicletta *f.*, ciclomotore *m.*
motorboat /ˈməʊtəbəʊt/ s. barca *f.* a motore, motoscafo *m.*
motorcycle /ˈməʊtəˌsaɪkl/ s. motocicletta *f.*
motorcycling /ˈməʊtəˌsaɪklɪŋ/ s. motociclismo *m.*
motorcyclist /ˈməʊtəˌsaɪklɪst/ s. motociclista *m.* e *f.*
motorist /ˈməʊtərɪst/ s. automobilista *m.* e *f.*
motorway /ˈməʊtəweɪ/ s. autostrada *f.*, superstrada *f.* ♦ **toll m.** autostrada a pedaggio
to mottle /ˈmɒtl/ v.tr. screziare, chiazzare
motto /ˈmɒtəʊ/ s. motto *m.*, massima *f.*
mould[1] /məʊld/ (*USA* **mold**) s. stampo *m.*, forma *f.*
mould[2] /məʊld/ s. (*bot.*) muffa *f.*
to mould /məʊld/ (*USA* **to mold**) v.tr. forgiare, modellare
moulding /ˈməʊldɪŋ/ s. **1** (*arch.*) cornice *f.*, modanatura *f.* **2** modellatura *f.* **3** (*tecnol.*) formatura *f.*
mouldy /ˈməʊldɪ/ agg. ammuffito
moult /məʊlt/ s. muta *f.*, (*di uccelli*) muda *f.*
mound /maʊnd/ s. **1** tumulo *m.* **2** cumulo *m.*
mount /maʊnt/ s. (*davanti al nome*) monte *m.*
to mount /maʊnt/ **A** v.tr. **1** salire su, ascendere a **2** montare, incastonare **3** mettere in scena **4** (*zootecnia*) montare **B** v.intr. **1** montare, salire **2** montare a cavallo ♦ **to m. up** aumentare
mountain /ˈmaʊntɪn/ **A** s. montagna *f.* **B** agg. attr. **1** montuoso **2** montano, di montagna ♦ **m. climber** alpinista || **m. pass** valico
mountaineer /ˌmaʊntɪˈnɪəʳ/ s. alpinista *m.* e *f.*
mountaineering /ˌmaʊntɪˈnɪərɪŋ/ s. alpinismo *m.*
mountainous /ˈmaʊntɪnəs/ agg. montagnoso
mountainside /ˈmaʊntɪnˌsaɪd/ s. versante *m.* (di montagna)
mountebank /ˈmaʊntɪbæŋk/ s. ciarlatano *m.*
mounting /ˈmaʊntɪŋ/ **A** agg. crescente **B** s. **1** montatura *f.*, montaggio *m.* **2** allestimento *m.* **3** salita *f.*, ascensione *f.*

to mourn /mɔːn/ **A** v.tr. lamentare, piangere **B** v.intr. essere in lutto, portare il lutto
mourner /ˈmɔːnəʳ/ s. chi è in lutto
mournful /ˈmɔːnf(ʊ)l/ agg. funebre, luttuoso
mourning /ˈmɔːnɪŋ/ s. lutto *m.*
mouse /maʊs/ s. **1** (*pl.* **mice**) topo *m.* **2** (*pl.* **mouses**) (*inform.*) mouse *m. inv.*
mousetrap /ˈmaʊsˌtræp/ s. trappola *f.* per topi
mousse /muːs/ s. mousse *f. inv.*
moustache /məsˈtɑːʃ/ s. baffi *m. pl.*
mouth /maʊθ/ s. **1** (*anat.*) bocca *f.* **2** imboccatura *f.*, apertura *f.* **3** foce *f.*
mouthful /ˈmaʊθfʊl/ s. boccone *m.*
mouthorgan /ˈmaʊθˌɔːgən/ s. armonica *f.* a bocca
mouthpiece /ˈmaʊθpiːs/ s. **1** bocchino *m.*, imboccatura *f.* **2** portavoce *m.* e *f. inv.* **3** boccaglio *m.*
mouthwash /ˈmaʊθˌwɒʃ/ s. collutorio *m.*
movable /ˈmuːvəbl/ agg. mobile
move /muːv/ s. **1** movimento *m.* **2** mossa *f.* **3** trasloco *m.*
to move /muːv/ **A** v.tr. **1** muovere, spostare **2** commuovere **3** proporre, chiedere **B** v.intr. **1** muoversi, spostarsi **2** traslocare **3** (*al gioco*) fare una mossa ♦ **to m. about** spostarsi, muoversi in continuazione || **to m. along** spostarsi in avanti || **to m. around** spostarsi, muoversi in continuazione || **to m. away** traslocare || **to m. in** andare ad abitare || **to m. out** sgombrare || **to m. over** spostarsi || **to m. up** fare carriera, aumentare
movement /ˈmuːvmənt/ s. movimento *m.*, gesto *m.*
movie /ˈmuːvɪ/ s. **1** film *m. inv.* **2** al pl. cinema *m.* ♦ **m. star** stella del cinema
moving /ˈmuːvɪŋ/ **A** agg. **1** commovente **2** mobile, in movimento **B** s. trasloco *m.* ♦ **m. walkway** tapis roulant
to mow /məʊ/ (*pass.* **mowed**, *p.p.* **mown**) v.tr. falciare, mietere
mower /ˈməʊəʳ/ s. falciatrice *f.*
MP /ˌemˈpiː/ s. parlamentare *m.* e *f.*
Mr /ˈmɪstəʳ/ s. (*davanti al nome*) signore *m.*
Mrs /ˈmɪsɪz/ s. (*davanti al nome*) signora *f.*
Ms /mɪz/ s. (*davanti al nome*) signora *f.*
much /mʌtʃ/ (*comp.* **more**, *sup.* **most**, *pl.* **many**) **A** agg. molto **B** avv. **1** molto, assai **2** più o meno **C** pron. indef. e s. molto *m.*, gran parte *f.* ♦ **as m. as** tanto quanto || **how m.** quanto || **not so m. ... as** non tanto... quanto || **so m.** (così) tanto || **too m.** troppo
muck /mʌk/ s. **1** letame *m.* **2** (*fam.*) porcheria *f.*
to muck /mʌk/ v.tr. **1** concimare **2** insozzare ♦ **to m. about, around** fare il cretino, perdere tempo || **to m. up** guastare, rovinare
mucosa /mjuːˈkəʊsə/ s. mucosa *f.*
mucous /ˈmjuːkəs/ agg. mucoso ♦ **m. membrane** (membrana) mucosa
mucus /ˈmjuːkəs/ s. muco *m.*
mud /mʌd/ s. fango *m.*, melma *f.* ♦ **m.(-bath) treatment** fangoterapia
to mud /mʌd/ v.tr. infangare
muddle /ˈmʌdl/ s. confusione *f.*, scompiglio *m.*
to muddle /ˈmʌdl/ v.tr. confondere, scompigliare
muddler /ˈmʌdləʳ/ agg. e s. confusionario *m.*
muddy /ˈmʌdɪ/ agg. limaccioso, torbido, fangoso
mudguard /ˈmʌdgɑːd/ s. parafango *m.*
to muffle /ˈmʌfl/ v.tr. **1** avvolgere, imbacuccare **2** attutire, smorzare
muffler /ˈmʌfləʳ/ s. **1** sciarpa *f.* **2** (*USA*) marmitta *f.*, silenziatore *m.*
mug /mʌg/ s. **1** boccale *m.*, tazzone *m.* **2** (*pop.*) muso *m.*, ceffo *m.* **3** (*fam.*) babbeo *m.*
to mug /mʌg/ v.tr. **1** aggredire, rapinare **2** (*fam.*) sgobbare
mugging /ˈmʌgɪŋ/ s. aggressione *f.*, rapina *f.*
muggy /ˈmʌgɪ/ agg. afoso, opprimente, umido
mulberry /ˈmʌlb(ə)rɪ/ s. **1** gelso *m.* **2** mora *f.* (di gelso)
mule /mjuːl/ s. mulo *m.* ♦ **m. track** mulattiera
to mull /mʌl/ v.tr. non riuscire in ♦ **to m. over st.** rimuginare q.c.
mullet /ˈmʌlɪt/ s. **1** triglia *f.* **2** muggine *m.*
multicolour /ˈmʌltɪˌkʌləʳ/ agg. multicolore
multicultural /ˌmʌltɪˈkʌltʃərəl/ agg. multiculturale
multiform /ˈmʌltɪfɔːm/ agg. multiforme
multimedia /ˌmʌltɪˈmiːdɪə/ **A** agg. multimediale **B** s. multimedia *m. inv.*
multimillionaire /ˌmʌltɪmɪljəˈnɛəʳ/ agg. e s. multimilionario *m.*
multinational /ˌmʌltɪˈnæʃənl/ agg. e s. multinazionale *f.* ♦ **m. company** multinazionale
multiple /ˈmʌltɪpl/ **A** agg. multiplo, molteplice **B** s. multiplo *m.*
multiplex /ˈmʌltɪplɛks/ s. cinema *m.* multisala
multiplication /ˌmʌltɪplɪˈkeɪʃ(ə)n/ s. moltiplicazione *f.*
to multiply /ˈmʌltɪplaɪ/ **A** v.tr. moltiplicare **B** v.intr. moltiplicarsi
multipurpose /ˌmʌltiˈpɜːpəs/ agg. multiuso, universale
multistorey /ˈmʌltɪstɔːrɪ/ **A** agg. attr. a più piani **B** s. autosilo *m. inv.*
multitude /ˈmʌltɪtjuːd/ s. moltitudine *f.*
multivitamin /mʌltɪˈvɪtəmɪn/ agg. multivitaminico
mum[1] /mʌm/ agg. (*fam.*) zitto ♦ **to keep m.** tacere || **m.'s the word!** acqua in bocca!
mum[2] /mʌm/ s. (*fam.*) mamma *f.*
to mumble /ˈmʌmbl/ v.tr. e intr. borbottare
mummy[1] /ˈmʌmɪ/ s. mummia *f.*
mummy[2] /ˈmʌmɪ/ s. (*fam.*) mamma *f.*
mumps /mʌmps/ s. parotite *f.*, orecchioni *m. pl.*
to munch /mʌn(t)ʃ/ v.tr. sgranocchiare
mundane /ˈmʌndeɪn/ agg. **1** mondano **2** banale
municipal /mjʊ(ː)ˈnɪsɪp(ə)l/ agg. municipale
municipality /mjʊ(ː)ˌnɪsɪˈpælɪtɪ/ s. municipio *m.*
munificence /mjʊ(ː)ˈnɪfɪsns/ s. munificenza *f.*
munitions /mjʊ(ː)ˈnɪʃ(ə)ns/ s. pl. munizioni *f. pl.*
mural /ˈmjʊər(ə)l/ s. murale *m.*, pittura *f.* murale
murder /ˈmɜːdəʳ/ s. assassinio *m.*

to murder /'mɜːdəʳ/ **v.tr.** assassinare
murderer /'mɜːdərəʳ/ **s.** assassino *m.*, omicida *m.* e *f.*
murderous /'mɜːd(ə)rəs/ **agg.** omicida
murky /'mɜːkɪ/ **agg.** oscuro, tenebroso
murmur /'mɜːməʳ/ **s. 1** mormorio *m.*, sussurro *m.* **2** (*med.*) soffio *m.*
to murmur /'mɜːməʳ/ **v.tr. e intr.** mormorare
murphy bed /'mɜːfɪbed/ **s.** letto *m.* a scomparsa
muscle /'mʌsl/ **s. 1** muscolo *m.* **2** (*fig.*) forza *f.*
to muscle /'mʌsl/ **v.intr.** penetrare a forza, farsi largo ♦ **to m. in** intromettersi
muscular /'mʌskjʊləʳ/ **agg. 1** muscolare **2** muscoloso
muse /mjuːz/ **s. 1** meditazione *f.* **2** musa *f.*
to muse /mjuːz/ **v.tr. e intr.** meditare, rimuginare
museum /mjʊ(ː)'zɪəm/ **s.** museo *m.*
mushroom /'mʌʃruːm/ **s.** fungo *m.*
to mushroom /'mʌʃruːm/ **v.intr. 1** raccogliere funghi **2** espandersi rapidamente
music /'mjuːzɪk/ **s.** musica *f.* ♦ **m. box** carillon || **m. stand** leggio
musical /'mjuːzɪk(ə)l/ **A agg. 1** musicale **2** appassionato di musica **B s.** musical *m. inv.*, commedia *f.* musicale
musicassette /'mjuːzɪkæˌset/ **s.** cassetta *f.*, musicassetta *f.*
musician /mjʊ(ː)'zɪʃ(ə)n/ **s.** musicista *m.* e *f.* ♦ **street m.** suonatore ambulante
musk /mʌsk/ **s.** (*in profumeria*) muschio *m.*
Muslim /'mʊslɪm/ **agg. e s.** musulmano *m.*
muslin /'mʌzlɪn/ **s.** mussola *f.*
mussel /'mʌsl/ **s.** cozza *f.*, mitilo *m.*
must[1] /mʌst, məst/ **A v.difett. 1** (*dovere, obbligo*) dovere (ES: ***you m. pay taxes*** devi pagare le tasse) **2** (*probabilità, supposizione*) dovere (ES: ***he m. be crazy*** deve essere pazzo) **B s.** ciò di cui non si può fare a meno, dovere *m.*, must *m. inv.*
must[2] /mʌst/ **s.** mosto *m.*
mustard /'mʌstəd/ **s.** senape *f.*
muster /'mʌstəʳ/ **s. 1** (*mil.*) adunata *f.* **2** riunione *f.*
to muster /'mʌstəʳ/ **A v.tr.** (*mil.*) radunare, chiamare a raccolta **B v.intr.** radunarsi
musty /'mʌstɪ/ **agg.** ammuffito, stantio
mute /mjuːt/ **agg. e s.** muto *m.*
muted /'mjuːtɪd/ **agg.** (*di suono*) smorzato
mutilation /ˌmjuːtɪ'leɪʃ(ə)n/ **s.** mutilazione *f.*
mutineer /ˌmjuːtɪ'nɪəʳ/ **s.** ammutinato *m.*
mutinous /'mjuːtɪnəs/ **agg.** ammutinato, ribelle, sovversivo
mutiny /'mjuːtɪnɪ/ **s.** ammutinamento *m.*, rivolta *f.*
to mutiny /'mjuːtɪnɪ/ **v.intr.** ammutinarsi, ribellarsi
mutism /'mjuːtɪz(ə)m/ **s.** mutismo *m.*
to mutter /'mʌtəʳ/ **v.tr. e intr.** borbottare
mutton /'mʌtn/ **s.** carne *f.* di montone
mutual /'mjuːtʃʊəl/ **agg.** mutuo, reciproco
muzzle /'mʌzl/ **s. 1** muso *m.* **2** museruola *f.* **3** (*di arma da fuoco*) bocca *f.*
to muzzle /'mʌzl/ **v.tr. 1** mettere la museruola a **2** (*fig.*) imbavagliare
my /maɪ/ **A agg. poss. 1ª p. sing.** mio, mia, miei, mie **B inter.** perbacco, accipicchia
Mycenaean /maɪ'sɪnːən/ **agg.** miceneo
myopic /maɪ'ɒpɪk/ **agg.** miope
myriad /'mɪrɪəd/ **s.** miriade *f.*
myself /maɪ'self/ **pron. 1ª p. sing. 1** (*rifl.*) mi, me, me stesso, me stessa **2** (*enf.*) io stesso, proprio io
mysterious /mɪs'tɪərɪəs/ **agg.** misterioso
mystery /'mɪst(ə)rɪ/ **s.** mistero *m.*
mystic /'mɪstɪk/ **s.** mistico *m.*
mystical /'mɪstɪk(ə)l/ **agg.** mistico
mysticism /'mɪstɪsɪz(ə)m/ **s.** misticismo *m.*
mystifier /'mɪstɪfaɪəʳ/ **s.** mistificatore *m.*
to mystify /'mɪstɪfaɪ/ **v.tr. 1** mistificare **2** confondere **3** rendere misterioso
mystique /mɪs'tiːk/ **s. 1** mistica *f.* **2** fascino *m.*
myth /mɪθ/ **s.** mito *m.*
mythical /'mɪθɪk(ə)l/ **agg.** mitico
to mythicize /'mɪθɪsaɪz/ **v.tr.** mitizzare
mythologic(al) /ˌmɪθə'lɒdʒɪk((ə)l)/ **agg.** mitologico
mythology /mɪ'θɒlədʒɪ/ **s.** mitologia *f.*
mythomaniac /ˌmɪθə'meɪnɪæk/ **agg. e s.** mitomane *m.* e *f.*

n, N

to nab /næb/ **v.tr.** (*pop.*) agguantare
nabob /'neɪbɒb/ **s.** nababbo *m.*
nacelle /nə'sel/ **s.** carlinga *f.*
naevus /'niːvəs/ **s.** neo *m.*
to nag /næg/ **A v.tr.** infastidire **B v.intr.** brontolare
nagging /'nægɪŋ/ **agg.** insistente, fastidioso
nail /neɪl/ **s. 1** unghia *f.*, (*di animale*) artiglio *m.* **2** chiodo *m.* ♦ **n. brush** spazzolino per unghie || **n. file** limetta || **n. polish** smalto per unghie || **n. polish remover** acetone (per smalto) || **n. varnish** smalto per unghie
to nail /neɪl/ **v.tr. 1** inchiodare **2** (*fam.*) acchiappare
naïve /nɑː'iːv/ **agg.** ingenuo, naïf
naïvety /nɑː'iːvtɪ/ **s.** ingenuità *f.*

naked /'neɪkɪd/ agg. nudo
name /neɪm/ s. nome *m.* ♦ **Christian n.** nome di battesimo || **family n.** cognome || **first n.** (*USA*) nome di battesimo || **full n.** nome e cognome || **my n. is...** mi chiamo... || **n. day** onomastico || **pen n.** pseudonimo || **what's your n. ?** come ti chiami?
to name /neɪm/ v.tr. **1** chiamare, dare un nome a **2** designare, nominare **3** fissare
namely /'neɪmlɪ/ cong. ossia, cioè
namesake /'neɪm,seɪk/ s. omonimo *m.*
nanny /'nænɪ/ s. (*fam.*) tata *f.*, bambinaia *f.*
nap[1] /næp/ s. pisolino *m.*, siesta *f.* ♦ **to take a n.** schiacciare un pisolino
nap[2] /næp/ s. peluria *f.*
to nap /næp/ v.intr. sonnecchiare
nape /neɪp/ s. nuca *f.*
naphta /'næfθə/ s. nafta *f.*
napkin /'næpkɪn/ s. **1** tovagliolo *m.* **2** pannolino *m.* **3** assorbente *m.* igienico
nappy /'næpɪ/ s. pannolino *m.* ♦ **n. rash** eritema da pannolino
narcissist /nɑː'sɪsɪst/ s. narcisista *m.* e *f.*
narcissus /nɑː'sɪsəs/ (*pl.* **narcissi**) s. narciso *m.*
narcosis /nɑː'kəʊsɪs/ s. narcosi *f.*
narcotic /nɑː'kɒtɪk/ agg. e s. narcotico *m.*
to narrate /næ'reɪt/ v.tr. narrare
narration /næ'reɪʃ(ə)n/ s. narrazione *f.*
narrative /'nærətɪv/ **A** agg. narrativo **B** s. narrazione *f.*
narrator /næ'reɪtəʳ/ s. narratore *m.*
narrow /'nærəʊ/ **A** agg. stretto, ristretto, limitato **B** s. stretto *m.*
to narrow /'nærəʊ/ **A** v.tr. **1** restringere **2** limitare **B** v.intr. stringersi
narrow-minded /,nærο(ʊ)'maɪndɪd/ agg. gretto
narthex /'nɑːθeks/ s. (*arch.*) nartece *m.*
nasal /'neɪz(ə)l/ agg. nasale
nasty /'nɑːstɪ/ agg. **1** cattivo, sgradevole **2** brutto, pericoloso **3** osceno, schifoso ♦ **n. smell** puzza
natality /neɪ'tælɪtɪ/ s. natalità *f.*
nation /'neɪʃ(ə)n/ s. nazione *f.*
national /'næʃənl/ **A** agg. nazionale **B** s. cittadino *m.* ♦ **n. team** (*sport*) nazionale
nationalism /'næʃnəlɪz(ə)m/ s. nazionalismo *m.*
nationality /,næʃə'nælɪtɪ/ s. nazionalità *f.*
to nationalize /'næʃ(ə)nəlaɪz/ v.tr. nazionalizzare
nationwide /'neɪʃ(ə)n,waɪd/ **A** agg. diffuso in tutta la nazione, di carattere nazionale **B** avv. per tutta la nazione
native /'neɪtɪv/ **A** agg. **1** nativo, natale **2** innato, naturale **3** indigeno, originario, locale **B** s. nativo *m.*, indigeno *m.* ♦ **n. country** patria || **n. land** patria || **n. language** lingua madre
nativity /nə'tɪvɪtɪ/ s. natività *f.* ♦ **n. scene** presepe, presepio
natural /'nætʃr(ə)l/ agg. **1** naturale, secondo natura **2** normale, ovvio **3** genuino, schietto, spontaneo **4** innato, connaturato
naturalism /'nætʃrəlɪz(ə)m/ s. naturalismo *m.*
naturalist /'nætʃrəlɪst/ s. naturalista *m.* e *f.*
to naturalize /'nætʃrəlaɪz/ v.tr. **1** naturalizzare **2** acclimatare
naturally /'nætʃrəlɪ/ avv. naturalmente
nature /'neɪtʃəʳ/ s. **1** natura *f.* **2** carattere *m.*, indole *f.*
naturism /'neɪtʃərɪz(ə)m/ s. naturismo *m.*
naturist /'neɪtʃərɪst/ s. naturista *m.* e *f.*
naught /nɔːt/ s. nulla *m.*
naughtiness /'nɔːtɪnɪs/ s. cattiveria *f.*
naughty /'nɔːtɪ/ agg. **1** (*di bambino*) cattivo, disubbidiente **2** indecente
nausea /'nɔːsjə/ s. nausea *f.*
to nauseate /'nɔːsɪeɪt/ v.tr. nauseare
nauseating /'nɔːsɪeɪtɪŋ/ agg. nauseante
nautical /'nɔːtɪk((ə)l)/ agg. nautico ♦ **n. mile** miglio marino || **n. almanac** effemeridi
naval /'neɪv(ə)l/ agg. navale, marittimo
nave /neɪv/ s. (*arch.*) navata *f.* centrale
navel /'neɪv(ə)l/ s. ombelico *m.*
navigability /,nævɪgə'bɪlɪtɪ/ s. navigabilità *f.*
navigable /'nævɪgəbl/ agg. navigabile
to navigate /'nævɪgeɪt/ **A** v.intr. navigare **B** v.tr. percorrere navigando, traversare
navigation /,nævɪ'geɪʃ(ə)n/ s. navigazione *f.*
navigator /'nævɪgeɪtəʳ/ s. **1** navigatore *m.*, ufficiale *m.* di rotta **2** (*inform.*) navigatore *m.*, browser *m. inv.* **3** (*autom.*) navigatore *m.*
navy /'neɪvɪ/ s. marina *f.* militare
Nazi /'nɑːtsɪ/ agg. e s. nazista *m.* e *f.*
Nazism /'nɑːtsɪz(ə)m/ s. nazismo *m.*
near /nɪəʳ/ **A** agg. **1** vicino, prossimo **2** affine, stretto **3** avaro, tirchio **4** a sinistra **5** quasi **B** avv. **1** vicino, presso **2** quasi **C** prep. vicino a, presso a ♦ **n. friend** amico intimo || **n. miss** mancato per poco || **n. sighted** miope
to near /nɪəʳ/ **A** v.tr. avvicinare **B** v.intr. avvicinarsi
nearby /'nɪəbaɪ/ **A** agg. vicino **B** avv. accanto, nelle vicinanze
nearly /'nɪəlɪ/ avv. quasi, per poco
nearside /'nɪə,saɪd/ agg. attr. di sinistra
nearsighted /'nɪəsaɪtɪd/ agg. miope
neat /niːt/ agg. **1** ordinato, pulito, lindo **2** ben fatto **3** splendido
nebula /'nebjʊlə/ s. nebulosa *f.*
nebulous /'nebjʊləs/ agg. nebuloso, vago, indistinto
necessarily /'nesɪs(ə)rɪlɪ/ avv. necessariamente
necessary /'neɪsɪs(ə)rɪ/ agg. necessario, inevitabile
necessity /nɪ'ses(ɪ)tɪ/ s. necessità *f.* ♦ **of n.** necessariamente
neck /nek/ s. **1** (*anat.*) collo *m.* **2** colletto *m.* **3** istmo *m.*
to neck /nek/ v.intr. (*fam.*) sbaciucchiarsi
necklace /'neklɪs/ s. collana *f.*
necklet /'neklɪt/ s. colletto *m.*
neckline /'neklaɪn/ s. scollatura *f.*
necktie /'nektaɪ/ s. (*USA*) cravatta *f.*
necrology /ne'krɒlədʒɪ/ s. necrologio *m.*

necropolis /nɛ'krɒpəlɪs/ s. necropoli *f.*
nectar /'nɛktəʳ/ s. nettare *m.*
nectarine /'nɛktəri:n/ s. pescanoce *f.*
need /ni:d/ s. **1** necessità *f.*, bisogno *m.*, esigenza *f.* **2** indigenza *f.*
to need /ni:d/ v.tr. (*costr. pers.*) **1** aver bisogno di, occorrere (ES: ***I don't n. your help*** non ho bisogno del tuo aiuto) **2** essere obbligato, dovere, occorrere (ES: ***I n. not go there*** non occorre che ci vada)
needle /'ni:dl/ s. ago *m.*
to needle /'ni:dl/ v.tr. **1** cucire **2** forare (con un ago) **3** punzecchiare
needless /'ni:dlɪs/ agg. inutile, superfluo
needlework /'ni:dlwɜ:k/ s. cucito *m.*, ricamo *m.*
needy /'ni:dɪ/ agg. bisognoso, povero
negation /nɪ'geɪʃ(ə)n/ s. negazione *f.*
negative /'nɛgətɪv/ **A** agg. negativo **B** s. **1** negazione *f.* **2** qualità *f.* negativa **3** (*fot.*) negativo *m.* **C** avv. no
neglect /nɪ'glɛkt/ s. trascuratezza *f.*, negligenza *f.*
to neglect /nɪ'glɛkt/ v.tr. trascurare
negligence /'nɛglɪdʒ(ə)ns/ s. negligenza *f.*
negligent /'nɛglɪdʒənt/ agg. negligente
negligible /'nɛglɪdʒəbl/ agg. trascurabile, insignificante
negotiable /nɪ'gəʊʃɪəbl/ agg. **1** negoziabile **2** (*di assegno*) trasferibile **3** transitabile
to negotiate /nɪ'gəʊʃɪeɪt/ **A** v.tr. **1** negoziare, trattare **2** (*banca*) trasferire **3** superare **B** v.intr. negoziare
negotiation /nɪ,gəʊʃɪ'eɪʃ(ə)n/ s. negoziato *m.*, trattativa *f.*
neigh /neɪ/ s. nitrito *m.*
to neigh /neɪ/ v.intr. nitrire
neighbour /'neɪbəʳ/ (*USA* **neighbor**) s. **1** vicino *m.* **2** prossimo *m.*
to neighbour /'neɪbəʳ/ (*USA* **to neighbor**) v.tr. e intr. confinare con
neighbourhood /'neɪbəhʊd/ (*USA* **neighborhood**) s. **1** quartiere *m.* **2** vicinato *m.* **3** dintorni *m. pl.*, vicinanze *f. pl.*
neighbourly /'neɪbəlɪ/ (*USA* **neighborly**) agg. cortese, cordiale
neither /'naɪðəʳ/ **A** agg. e pron. né l'uno né l'altro, nessuno dei due **B** avv. né **C** cong. neppure, nemmeno ♦ **n. … nor…** né… né…
neoclassic(al) /,ni:əʊ'klæsɪk((ə)l)/ agg. neoclassico
neoclassicism /,ni:o(ʊ)'klæsɪsɪz(ə)m/ s. neoclassicismo *m.*
Neolithic /,ni:o(ʊ)'lɪθɪk/ agg. neolitico
neologism /ni:'ɒlədʒɪz(ə)m/ s. neologismo *m.*
neon /'ni:ən/ s. neon *m. inv.*
neophyte /'ni:o(ʊ)faɪt/ s. neofita *m. e f.*
neorealism /,ni:o(ʊ)'ri:əlɪz(ə)m/ s. neorealismo *m.*
nephew /'nɛvjʊ(:)/ s. (*di zii*) nipote *m.*
nepotism /'nɛpətɪz(ə)m/ s. nepotismo *m.*
nervation /nə(:)'veɪʃ(ə)n/ s. (*bot.*) nervatura *f.*
nerve /nɜ:v/ s. **1** nervo *m.* **2** nerbo *m.*, forza *f.* **3** coraggio *m.*, sangue *m.* freddo **4** (*fam.*) impudenza *f.*, faccia *f.* tosta ♦ **to get on sb.'s nerves** dare sui nervi a qc. || **to have a fit of nerves** avere una crisi di nervi
nerve-racking /'nɜ:v,rækɪŋ/ agg. esasperante
nervous /'nɜ:vəs/ agg. agitato, inquieto
nervousness /'nɜ:vəsnɪs/ s. apprensione *f.*
nest /nɛst/ s. **1** nido *m.* **2** covo *m.*, tana *f.* ♦ **n. egg** gruzzolo
to nest /nɛst/ v.intr. **1** nidificare **2** annidarsi, inserirsi l'uno nell'altro
to nestle /'nɛsl/ v.intr. accoccolarsi
net[1] /nɛt/ agg. netto
net[2] /nɛt/ s. rete *f.*
netting /'nɛtɪŋ/ s. reticolato *m.*
nettle /'nɛtl/ s. ortica *f.* ♦ **n. rash** orticaria
network /'nɛtwɜ:k/ s. **1** rete *f.* **2** (*tv*) network *m. inv.* **3** (*inform.*) rete *f.*
to network /'nɛtwɜ:k/ v.tr. (*inform.*) mettere in rete, collegare in rete
neuralgia /njʊə'rældʒə/ s. nevralgia *f.*
neurologist /njʊə'rɒlədʒɪst/ s. neurologo *m.*
neurology /njʊə'rɒlədʒɪ/ s. neurologia *f.*
neuropsychiatrist /,njʊərəʊsaɪ'kaɪətrɪst/ s. neuropsichiatra *m. e f.*
neuropsychiatry /,njʊərəʊsaɪ'kaɪətrɪ/ s. neuropsichiatria *f.*
neurosis /njʊə'rəʊsɪs/ s. nevrosi *f.*
neurotic /njʊə'rɒtɪk/ agg. e s. nevrotico *m.*
neuter /'nju:təʳ/ agg. neutro
to neuter /'nju:təʳ/ v.tr. castrare
neutral /'nju:tr(ə)l/ agg. **1** neutrale **2** neutro **3** (*autom.*) in folle
neutrality /nju:'trælɪtɪ/ s. neutralità *f.*
to neutralize /'nju:trəlaɪz/ v.tr. neutralizzare
never /'nɛvəʳ/ avv. mai ♦ **n. again** mai più || **n. ending** incessante, infinito || **n. mind** non importa, pazienza || **well, I n.!** ma guarda un po'!, chi l'avrebbe detto! || **you n. know** non si sa mai
nevertheless /,nɛvəð(ə)'lɛs/ cong. tuttavia
new /nju:/ **A** agg. nuovo, novello, recente **B** avv. appena, di recente ♦ **New Age** new age || **brand n.** nuovo di zecca || **n. year's day** capodanno || **New Zealander** neozelandese
newborn /'nju:bɔ:n/ agg. appena nato, neonato ♦ **n. baby** neonato
newcomer /'nju:kʌməʳ/ s. nuovo venuto *m.*
newfangled /'nju:,fæŋgld/ agg. (*spreg.*) modernissimo
newly /'nju:lɪ/ avv. di recente ♦ **n.-weds** sposi (novelli)
news /nju:z/ s. pl. (*v. al sing.*) **1** notizie *f. pl.*, news *f. pl.* **2** notiziario *m.*, telegiornale *m.*, radiogiornale *m.* ♦ **a piece of n.** una notizia || **crime n.** cronaca nera || **n. agency** agenzia di stampa || **society n.** cronaca mondana
newsagent /'nju:z,eɪdʒ(ə)nt/ s. giornalaio *m.*
newsletter /'nju:zlɛtəʳ/ s. **1** notiziario *m.* **2** (*inform.*) newsletter *f. inv.*

newspaper /'njuːsˌpeɪpəʳ/ s. giornale *m.*
newsprint /'njuːzprɪnt/ s. carta *f.* da giornale
newsreader /'njuːzˌriːdəʳ/ s. (*tv, radio*) commentatore *m.*
newsreel /'njuːzˌriːl/ s. cinegiornale *m.*
newsstand /'njuːzstænd/ s. edicola *f.*
next /nɛkst/ **A** agg. **1** prossimo, vicino, contiguo **2** prossimo, venturo, futuro, seguente **B** avv. dopo, in seguito ◆ **n.-door** della porta accanto, vicino || **n. to** vicino a, presso || **n. week** la prossima settimana
nexus /'nɛksəs/ s. nesso *m.*
nib /nɪb/ s. pennino *m.*
to nibble /'nɪbl/ v.tr. rosicchiare
nice /naɪs/ agg. **1** piacevole, bello, simpatico, grazioso **2** buono
nicely /'naɪslɪ/ avv. **1** esattamente, bene **2** piacevolmente
niche /nɪtʃ/ s. nicchia *f.* ◆ **to find one's n.** trovare il proprio posto (nella vita)
nick /nɪk/ s. **1** tacca *f.*, intaglio *m.* **2** (*pop.*) prigione *f.* ◆ **in the n. of time** al momento opportuno
to nick /nɪk/ v.tr. **1** intagliare, intaccare **2** (*pop.*) afferrare, cogliere **3** (*pop.*) arrestare **4** (*pop.*) rubare
nickname /'nɪkneɪm/ s. soprannome *m.*
to nickname /'nɪkneɪm/ v.tr. soprannominare
nicotine /'nɪkətiːn/ s. nicotina *f.*
niece /niːs/ s. (*di zii*) nipote *f.*
nigger /'nɪgəʳ/ s. (*spreg.*) negro *m.*
to niggle /'nɪgl/ v.intr. **1** fare il pignolo, cavillare **2** molestare
niggling /'nɪglɪŋ/ agg. **1** pignolo, minuzioso **2** molesto **3** insignificante
nigh /naɪ/ **A** avv. vicino, accanto **B** prep. vicino a
night /naɪt/ s. notte *f.*, sera *f.*, serata *f.* ◆ **at n., by n.** di notte || **n. and day** giorno e notte || **good n.** buona notte || **last n.** ieri sera || **n. gown** camicia da notte || **n. porter** portiere di notte || **n. school** scuola serale || **n. time** ore notturne
nightclub /'naɪtklʌb/ s. night-club *m. inv.*, locale *m.* notturno
nightfall /'naɪtfɔːl/ s. crepuscolo *m.*
nightie /'naɪtɪ/ s. camicia *f.* da notte
nightingale /'naɪtɪŋgeɪl/ s. usignolo *m.*
nightlife /'naɪtlaɪf/ s. vita *f.* notturna
nightly /'naɪtlɪ/ **A** agg. notturno, di notte, serale, di ogni sera **B** avv. di notte, ogni notte, ogni sera
nightmare /'naɪtmɛəʳ/ s. incubo *m.*
nihilism /'naɪɪlɪz(ə)m/ s. nichilismo *m.*
nil /nɪl/ s. **1** niente *m.* **2** (*sport*) zero *m.* ◆ **n. all** zero a zero
nimble /'nɪmbl/ agg. agile, lesto
nimbleness /'nɪmblnɪs/ s. agilità *f.*
nine /naɪn/ agg. num. card. e s. nove *m. inv.*
nineteen /ˌnaɪn'tiːn/ agg. num. card. e s. diciannove *m. inv.*
nineteenth /ˌnaɪn'tiːnθ/ agg. num. ord. e s. diciannovesimo *m.*
ninetieth /'naɪntɪɪθ/ agg. num. ord. e s. novantesimo *m.*
ninety /'naɪntɪ/ agg. num. card. e s. novanta *m. inv.*
ninth /naɪnθ/ **A** agg. num. ord. nono **B** s. **1** nono *m.* **2** (*mus.*) nona *f.*
nip /nɪp/ s. **1** pizzicotto *m.*, morso *m.* **2** stretta *f.* **3** bicchierino *m.*, goccio *m.*
to nip /nɪp/ **A** v.tr. **1** pizzicare, mordere **2** rovinare, distruggere **B** v.intr. **1** dare pizzicotti, dare morsi **2** (*di freddo*) essere pungente, mordere **3** (*fam.*) muoversi velocemente ◆ **to n. off** filarsela
nipper /'nɪpəʳ/ s. **1** al pl. pinze *f. pl.*, tenaglie *f. pl.* **2** al pl. chela *f.* **3** (*fam.*) ragazzo *m.*
nipple /'nɪpl/ s. capezzolo *m.*
nitrogen /'naɪtrədʒən/ s. azoto *m.*
nitroglycerine /ˌnaɪtrəʊ'glɪs(ə)riːn/ s. nitroglicerina *f.*
no /nəʊ/ **A** agg. nessuno, nessuna **B** s. (*pl.* **noes**) no *m.*, rifiuto *m.*, negazione *f.* **C** avv. no, non ◆ **no one** nessuno || **no parking** divieto di parcheggio || **no smoking** vietato fumare
nobiliary /no(ʊ)'bɪljərɪ/ agg. nobiliare
nobility /no(ʊ)'bɪlɪtɪ/ s. nobiltà *f.*
noble /'nəʊbl/ agg. nobile
nobody /'nəʊbədɪ/ **A** pron. indef. nessuno **B** s. nullità *f.* ◆ **n. else** nessun altro
nocturnal /nɒk'tɜːnl/ agg. notturno
nod /nɒd/ s. cenno *m.* del capo
to nod /nɒd/ v.intr. **1** annuire, accennare col capo **2** ciondolare il capo, sonnecchiare ◆ **to n. off** addormentarsi
noise /nɔɪz/ s. rumore *m.*, chiasso *m.*, schiamazzo *m.*
to noise /nɔɪz/ v.tr. divulgare
noisy /'nɔɪzɪ/ agg. rumoroso, chiassoso
nomad /'nəʊmæd/ agg. e s. nomade *m.* e *f.*
nominal /'nɒmɪnl/ agg. nominale
nomination /ˌnɒmɪ'neɪʃ(ə)n/ s. incarico *m.*, nomina *f.*, designazione *f.*
nominative /'nɒm(ɪ)nətɪv/ agg. nominativo
nominee /ˌnɒmɪ'niː/ s. persona *f.* incaricata, candidato *m.*
non-acceptance /ˌnɒnək'sɛpt(ə)ns/ s. (*comm.*) mancata accettazione *f.*
non-addicting /ˌnɒnə'dɪktɪŋ/ agg. che non causa assuefazione
non-alcoholic /ˌnɒnˌælkə'hɒlɪk/ agg. analcolico
nonchalance /'nɒnʃ(ə)ləns/ s. noncuranza *f.*
non-compliance /ˌnɒnkəm'plaɪəns/ s. (*dir.*) inadempienza *f.*
nonconformism /ˌnɒnkən'fɔːmɪz(ə)m/ s. anticonformismo *m.*
non-denominational /ˌnɒndɪˌnɒmɪ'neɪ-ʃən(ə)l/ agg. aconfessionale
nondescript /'nɒndɪˌskrɪpt/ agg. non classificabile
non-drinker /ˌnɒn'drɪŋkəʳ/ s. astemio *m.*
none /nʌn/ **A** pron. indef. nessuno, nessuna, niente **B** avv. non, per niente, niente affatto
nonentity /nɒn'ɛntɪtɪ/ s. **1** inesistenza *f.* **2** nullità *f.*
nonetheless /ˌnɒnðə'lɛs/ avv. ciò nonostante

non-EU /ˌnɒniːˈjuː/ **agg.** extracomunitario
non-existent /ˌnɒnɪgˈzɪst(ə)nt/ **agg.** inesistente
nonplus /ˌnɒnˈplʌs/ **s.** imbarazzo *m.*, perplessità *f.*
to nonplus /ˌnɒnˈplʌs/ **v.tr.** imbarazzare, sconcertare
nonsense /ˈnɒns(ə)ns/ **s.** nonsenso *m.*, controsenso *m.*, sciocchezza *f.*
non-smoker /ˌnɒnˈsməʊkəʳ/ **s.** non fumatore *m.*
non-stop /ˌnɒnˈstɒp/ **A** **agg.** ininterrotto **B** **avv.** di continuo
non-violence /ˌnɒnˈvaɪələns/ **s.** nonviolenza *f.*
nook /nʊk/ **s.** cantuccio *m.*, angolino *m.*
noon /nuːn/ **s.** mezzogiorno *m.*
noose /nuːs/ **s.** cappio *m.*, laccio *m.*
to noose /nuːs/ **v.tr.** accalappiare
nor /nɔː, nəʳ/ **cong.** né, neanche ◆ **neither… n.** né… né
Nordic /ˈnɔːdɪk/ **agg. e s.** nordico *m.*
norm /nɔːm/ **s.** norma *f.*
normal /ˈnɔːm(ə)l/ **agg.** normale
normality /nɔːˈmælɪtɪ/ **s.** normalità *f.*
Norman /ˈnɔːmən/ **agg. e s.** normanno *m.*
north /nɔːθ/ **A** **agg.** del nord, settentrionale **B** **s.** nord *m.*, settentrione *m.* **C** **avv.** a nord, verso nord ◆ **the North Star** la stella polare
northerly /ˈnɔːðəlɪ/ **A** **agg.** settentrionale, del nord, dal nord **B** **avv.** verso nord, dal nord
northern /ˈnɔːð(ə)n/ **agg.** settentrionale, nordico
Norwegian /nɔːˈwiːdʒ(ə)n/ **agg. e s.** norvegese *m. e f.*
nose /nəʊz/ **s.** **1** naso *m.* **2** (*fig.*) odorato *m.*, fiuto *m.* **3** parte *f.* anteriore, muso *m.*
to nose /nəʊz/ **A** **v.tr.** fiutare, annusare **B** **v.intr.** farsi largo, avanzare con cautela ◆ **to n. about, around** ficcare il naso || **to n. out** scovare
nosedive /ˈnəʊzdaɪv/ **s.** (*aer.*) picchiata *f.*
nosey /ˈnəʊzɪ/ **agg.** **1** nasuto **2** (*fam.*) ficcanaso
nostalgia /nɒsˈtældʒɪə/ **s.** nostalgia *f.*
nostalgic /nɒsˈtældʒɪk/ **agg.** nostalgico
nostril /ˈnɒstrɪl/ **s.** narice *f.*
not /nɒt/ **avv.** non, no ◆ **I hope n.** spero di no || **n. at all** niente affatto, (*in risposta a 'grazie'*) prego! || **n. even** neanche, neppure
notable /ˈnəʊtəbl/ **A** **agg.** notevole, importante **B** **s.** notabile *m.*
notary /ˈnəʊtərɪ/ **s.** notaio *m.*
notation /nə(ʊ)ˈteɪʃ(ə)n/ **s.** notazione *f.*
notch /nɒtʃ/ **s.** tacca *f.*, incisione *f.*
to notch /nɒtʃ/ **v.tr.** intaccare
note /nəʊt/ **s.** **1** nota *f.*, annotazione *f.*, commento *m.* **2** (*mus.*) nota *f.* **3** comunicazione *f.* scritta, biglietto *m.* **4** tono *m.*, ombra *f.* **5** (*fin.*) titolo *m.* **6** (*comm.*) bolla *f.* **7** banconota *f.*
to note /nəʊt/ **v.tr.** **1** notare, osservare, constatare **2** prender nota, registrare
notebook /ˈnəʊtbʊk/ **s.** quaderno *m.*, taccuino *m.* ◆ **n. computer** computer portatile
noted /ˈnəʊtɪd/ **agg.** **1** degno di nota **2** noto, illustre
notepad /ˈnəʊtpæd/ **s.** bloc-notes *m. inv.*
notepaper /ˈnəʊtpeɪpəʳ/ **s.** carta *f.* da lettere
nothing /ˈnʌθɪŋ/ **A** **pron. indef.** niente, nulla **B** **s.** **1** niente *m.*, cosa *f.* da nulla **2** (*mat.*) zero *m.*
notice /ˈnəʊtɪs/ **s.** **1** avviso *m.*, annuncio *m.*, cartello *m.* **2** preavviso *m.*, disdetta *f.* **3** attenzione *f.*, cura *f.* ◆ **n. board** tabellone
to notice /ˈnəʊtɪs/ **v.tr.** **1** notare, osservare **2** fare attenzione a, occuparsi di
noticeable /ˈnəʊtɪsəbl/ **agg.** **1** notevole **2** evidente
notification /ˌnəʊtɪfɪˈkeɪʃ(ə)n/ **s.** notifica *f.*
to notify /ˈnəʊtɪfaɪ/ **v.tr.** notificare
notion /ˈnəʊʃ(ə)n/ **s.** nozione *f.*, idea *f.*, concetto *m.*
notoriety /ˌnəʊtəˈraɪətɪ/ **s.** notorietà *f.*
notorious /nə(ʊ)ˈtɔːrɪəs/ **agg.** famigerato
notwithstanding /ˌnɒtwɪθˈstændɪŋ/ **A** **prep.** nonostante **B** **avv.** tuttavia
nought /nɔːt/ **s.** zero *m.*, nulla *m.*
noun /naʊn/ **s.** nome *m.*, sostantivo *m.*
to nourish /ˈnʌrɪʃ/ **v.tr.** nutrire
nourishing /ˈnʌrɪʃɪŋ/ **agg.** nutriente
nourishment /ˈnʌrɪʃmənt/ **s.** nutrimento *m.*, alimento *m.*
novel[1] /ˈnɒv(ə)l/ **s.** romanzo *m.*
novel[2] /ˈnɒv(ə)l/ **agg.** nuovo
novelist /ˈnɒvəlɪst/ **s.** romanziere *m.*
novelty /ˈnɒv(ə)ltɪ/ **s.** novità *f.*
November /nə(ʊ)ˈvɛmbəʳ/ **s.** novembre *m.*
novice /ˈnɒvɪs/ **s.** **1** apprendista *m. e f.* **2** novizio *m.*
now /naʊ/ **A** **avv.** **1** adesso, ora **2** subito, immediatamente **B** **cong.** ora che ◆ **by n.** ormai || **from n. on** d'ora in poi || **just n.** proprio ora
nowadays /ˈnaʊədeɪz/ **avv.** oggigiorno, al giorno d'oggi
nowhere /ˈnəʊwɛəʳ/ **avv.** da nessuna parte
noxious /ˈnɒkʃəs/ **agg.** nocivo
nozzle /ˈnɒzl/ **s.** becco *m.*, beccuccio *m.*, ugello *m.*
nth /ɛnθ/ **agg.** (*fam.*) ennesimo ◆ **to the n. degree** all'ennesima potenza
nuance /njʊ(ː)ˈɑː(n)s/ **s.** sfumatura *f.*
nuclear /ˈnjuːklɪəʳ/ **agg.** nucleare
nucleus /ˈnjuːklɪəs/ (*pl.* **nuclei**) **s.** nucleo *m.*
nude /njuːd/ **agg. e s.** nudo *m.*
nudge /nʌdʒ/ **s.** gomitata *f.*
to nudge /nʌdʒ/ **v.tr.** dare una gomitata a
nudism /ˈnjuːdɪz(ə)m/ **s.** nudismo *m.*
nudist /ˈnjuːdɪst/ **s.** nudista *m. e f.*
nugget /ˈnʌgɪt/ **s.** pepita *f.*
nuisance /ˈnjuːsns/ **s.** noia *f.*, seccatura *f.*, fastidio *m.*
null /nʌl/ **agg.** nullo
numb /nʌm/ **agg.** intorpidito, intirizzito
number /ˈnʌmbəʳ/ **s.** numero *m.*
to number /ˈnʌmbəʳ/ **v.tr.** **1** numerare, contare **2** annoverare **3** ammontare a
numbering /ˈnʌmb(ə)rɪŋ/ **s.** numerazione *f.*
numberplate /ˈnʌmbəˌpleɪt/ **s.** (*autom.*) targa *f.*
numbness /ˈnʌmnɪs/ **s.** torpore *m.*

numeral /ˈnjuːm(ə)r(ə)l/ **A** agg. numerale **B** s. numero *m.*, cifra *f.*

numeration /ˌnjuːməˈreɪʃ(ə)n/ s. numerazione *f.*

numeric(al) /njʊ(ː)ˈmɛrɪk((ə)l)/ agg. numerico

numerous /ˈnjuːm(ə)rəs/ agg. numeroso

numismatics /ˌnjuːmɪzˈmætɪks/ s. pl. (*v. al sing.*) numismatica *f.*

nun /nʌn/ s. suora *f.* ♦ **cloistered n.** suora di clausura

nuptial /ˈnʌpʃ(ə)l/ agg. nuziale

nurse /nɜːs/ s. **1** balia *f.*, bambinaia *f.* **2** infermiera *f.*, infermiere *m.*

to nurse /nɜːs/ v.tr. **1** curare, assistere **2** allattare **3** allevare ♦ **nursing home** casa di cura

nursery /ˈnɜːsrɪ/ s. **1** stanza *f.* dei bambini **2** asilo *m.* **3** vivaio *m.* ♦ **n. school** scuola materna

nut /nʌt/ s. **1** noce *f.*, nocciola *f.* **2** (*fam.*) testa *f.* **3** (*fam.*) matto *m.* **4** (*mecc.*) dado *m.* ♦ **to go nuts** impazzire

nutcracker /ˈnʌtˌkrækəʳ/ s. schiaccianoci *m. inv.*

nutmeg /ˈnʌtmɛg/ s. noce *f.* moscata

nutritionist /njʊ(ː)ˈtrɪʃ(ə)nɪst/ s. dietologo *m.*

nutritious /njʊ(ː)ˈtrɪʃəs/ agg. nutriente

nutshell /ˈnʌtˌʃəl/ s. guscio *m.* di noce ♦ **in a n.** in poche parole

nylon /ˈnaɪlən/ s. **1** nailon *m. inv.*, nylon *m. inv.* **2** al pl. collant *m. inv.*, calze *f. pl.*

nymph /nɪmf/ s. ninfa *f.*

nymphaeum /nɪmˈfiːəm/ s. ninfeo *m.*

o, O

oak /əʊk/ s. quercia *f.*

oar /ɔːʳ/ s. remo *m.*

oarsman /ˈɔːzmən/ (*pl.* **oarsmen**) s. rematore *m.*

oasis /o(ʊ)ˈeɪsɪs/ (*pl.* **oases**) s. oasi *f. inv.*

oat /əʊt/ s. avena *f.*

oath /əʊθ/ s. **1** giuramento *m.* **2** imprecazione *f.*, bestemmia *f.*

oatmeal /ˈəʊtmiːl/ s. farina *f.* d'avena

oats /əʊts/ s. avena *f.*

obedience /əˈbiːdjəns/ s. ubbidienza *f.*

obedient /əˈbiːdjənt/ agg. ubbidiente

obelisk /ˈɒbɪlɪsk/ s. obelisco *m.*

obese /o(ʊ)ˈbiːs/ agg. obeso

obesity /o(ʊ)ˈbiːsɪtɪ/ s. obesità *f.*

to obey /əˈbeɪ/ v.tr. e intr. ubbidire

obituary /əˈbɪtjʊərɪ/ s. necrologio *m.*

object /ˈɒbdʒɪkt/ s. **1** oggetto *m.*, cosa *f.* **2** argomento *m.* **3** scopo *m.*, fine *m.* **4** (*gramm.*) oggetto *m.* ♦ **o. glass** obiettivo || **o. lesson** dimostrazione pratica

to object /əbˈdʒɛkt/ **A** v.tr. obiettare **B** v.intr. fare obiezioni, opporsi, disapprovare ♦ **to o. to do st.** rifiutarsi di fare q.c.

to objectify /ɒbˈdʒɛktɪfaɪ/ v.tr. oggettivare

objection /əbˈdʒɛkʃ(ə)n/ s. obiezione *f.*

objectionable /əbˈdʒɛkʃnəbl/ agg. **1** riprovevole **2** sgradevole

objective /ɒbˈkʒɛktɪv/ **A** agg. obiettivo, oggettivo **B** s. **1** obiettivo *m.* **2** caso *m.* oggettivo

objectivity /ˌɒbdʒɛkˈtɪvɪtɪ/ s. obiettività *f.*

obligation /ˌɒblɪˈgeɪʃ(ə)n/ s. obbligo *m.*, dovere *m.*, impegno *m.*

obligatory /ɒˈblɪgət(ə)rɪ/ agg. obbligatorio

to oblige /əˈblaɪdʒ/ v.tr. **1** obbligare **2** fare un favore a ♦ **to be obliged to do st.** dover fare q.c.

oblique /əˈbliːk/ agg. **1** obliquo, inclinato **2** asimmetrico **3** (*gramm.*) obliquo, indiretto

to obliterate /əˈblɪtəreɪt/ v.tr. **1** distruggere, cancellare **2** obliterare

oblivion /əˈblɪvɪən/ s. oblio *m.*

oblivious /əˈblɪvɪəs/ agg. ignaro, inconsapevole

oblong /ˈɒblɒŋ/ agg. oblungo

obnoxious /əbˈnɒkʃəs/ agg. odioso, sgradevole, ripugnante

oboe /ˈəʊbəʊ/ s. oboe *m.*

obscene /ɒbˈsiːn/ agg. osceno

obscenity /ɒbˈsiːnɪtɪ/ s. oscenità *f.*

obscurantism /ˌɒbskjʊəˈræntɪz(ə)m/ s. oscurantismo *m.*

obscure /əbˈskjʊəʳ/ agg. **1** oscuro, buio **2** sconosciuto

to obscure /əbˈskjʊəʳ/ v.tr. **1** oscurare **2** nascondere

obscurity /əbˈskjʊərɪtɪ/ s. oscurità *f.*

observance /əbˈzɜːv(ə)ns/ s. osservanza *f.*

observant /əbˈzɜːv(ə)nt/ agg. osservatore, perspicace

observation /ˌɒbzə(ː)ˈveɪʃ(ə)n/ s. osservazione *f.*

observatory /əbˈzɜːvətrɪ/ s. osservatorio *m.*

to observe /əbˈzɜːv/ **A** v.tr. **1** osservare, rispettare **2** onorare **3** notare **4** studiare attentamente **B** v.intr. osservare, commentare, fare osservazioni

observer /əbˈzɜːvəʳ/ s. osservatore *m.*

to obsess /əbˈsɛs/ v.tr. ossessionare

obsession /əbˈsɛʃ(ə)n/ s. ossessione *f.*, fissazione *f.*

obsessive /əbˈsɛsɪv/ agg. ossessivo

obsolescence /ˌɒbsəˈlɛsəns/ s. obsolescenza *f.*

obsolete /ˈɒbsəliːt/ agg. obsoleto

obstacle /'ɒbstəkl/ s. ostacolo *m.*
obstetrician /ˌɒbstɛ'trɪʃ(ə)n/ s. ostetrico *m.*
obstetrics /ˌɒbstɛ'trɪks/ s. ostetricia *f.*
obstinacy /'ɒbstɪnəsɪ/ s. ostinazione *f.*
obstinate /'ɒbstɪnɪt/ agg. ostinato
to obstruct /əb'strʌkt/ v.tr. **1** ostruire, otturare **2** impedire, ritardare
obstruction /əb'strʌkʃ(ə)n/ s. **1** ostruzione *f.* **2** ostacolo *m.*, impedimento *m.*
obstructionism /əb'strʌkʃənɪz(ə)m/ s. ostruzionismo *m.*
to obtain /əb'teɪn/ **A** v.tr. ottenere, raggiungere, conseguire **B** v.intr. essere in vigore, persistere
obtainable /əb'teɪnəbl/ agg. ottenibile, disponibile
obturator /'ɒbtjʊəˌreɪtəʳ/ s. otturatore *m.*
obtuse /əb'tjuːs/ agg. ottuso
to obviate /'ɒbvɪeɪt/ v.tr. ovviare a, risolvere
obvious /'ɒbvɪəs/ agg. ovvio, evidente
occasion /ə'keɪʒ(ə)n/ s. **1** occasione *f.*, opportunità *f.* **2** motivo *m.*, ragione *f.* **3** avvenimento *m.* ♦ **on o.** occasionalmente
occasional /ə'keɪʒənl/ agg. occasionale
occidental /ˌɒksɪ'dɛntl/ agg. e s. occidentale *m. e f.*
to occlude /ə'kluːd/ v.tr. occludere, ostruire
occlusion /ə'kluːʒ(ə)n/ s. occlusione *f.*
to occult /ɒ'kʌlt/ **A** v.tr. occultare **B** v.intr. occultarsi
occultism /'ɒk(ə)ltɪz(ə)m/ s. occultismo *m.*
occupation /ˌɒkjʊ'peɪʃ(ə)n/ s. **1** occupazione *f.* **2** professione *f.*
occupational /ˌɒkjuː'peɪʃ(ə)nl/ agg. professionale, occupazionale
to occupy /'ɒkjʊpaɪ/ v.tr. occupare ♦ **to o. oneself with** occuparsi di
to occur /ə'kɜːʳ/ v.intr. **1** accadere, succedere, capitare **2** venire in mente
occurrence /ə'kʌr(ə)ns/ s. **1** evento *m.*, avvenimento *m.* **2** il verificarsi ♦ **a thing of frequent o.** una cosa che capita spesso
ocean /'əʊʃ(ə)n/ s. oceano *m.*
oceangoing /'əʊʃ(ə)nˌgəʊɪŋ/ agg. d'alto mare
oceanic /ˌəʊʃɪ'ænɪk/ agg. oceanico
oceanography /ˌəʊʃ(ə)'nɒgrəfɪ/ s. oceanografia *f.*
ocelot /'əʊsɪlɒt/ s. ocelot *m. inv.*, ozelot *m. inv.*
ochre /'əʊkəʳ/ s. **1** ocra *f.* **2** (*colore*) ocra *m. inv.*
octagonal /ɒk'tægənl/ agg. ottagonale
octave /'ɒktɪv/ s. ottava *f.*
October /ɒk'təʊbəʳ/ s. ottobre *m.*
octopus /'ɒktəpəs/ s. polpo *m.*
ocular /'ɒkjʊləʳ/ agg. oculare
oculist /'ɒkjʊlɪst/ s. oculista *m. e f.*
OD /ˌəʊ'diː/ s. overdose *f.*
odd /ɒd/ agg. **1** dispari **2** scompagnato **3** occasionale, casuale **4** strano, bizzarro ♦ **o. jobs** lavori occasionali || **o.-job man** tuttofare || **one pound o.** una sterlina e rotti; **and some o.** e rotti
oddity /'ɒdɪtɪ/ s. stranezza *f.*, bizzarria *f.*
oddly /'ɒdlɪ/ avv. stranamente
oddments /'ɒdmənts/ s. pl. fondi *m. pl.* di magazzino, rimasugli *m. pl.*
odds /ɒdz/ s. pl. **1** disparità *f.*, differenza *f.* **2** disaccordo *m.* **3** vantaggio *m.* **4** probabilità *f.* **5** (*di scommessa*) quotazione *f.* ♦ **o. and ends** cianfrusaglie || **to be at o. with** essere in disaccordo con
odometer /o(ʊ)'dɒmɪtəʳ/ s. (*USA*) contachilometri *m. inv.*
odontologist /ˌɒdɒn'tɒlədʒɪst/ s. odontoiatra *m. e f.*
odontology /ˌɒdɒn'tɒlədʒɪ/ s. odontoiatria *f.*
odour /'əʊdəʳ/ (*USA* **odor**) s. **1** odore *m.* **2** profumo *m.* **3** tanfo *m.*
odourless /'əʊdəlɪs/ agg. inodore
odyssey /'ɒdɪsɪ/ s. odissea *f.*
oecumenical /ˌiːkjuː'mɛnɪk(ə)l/ agg. ecumenico
oedema /ɪ(ː)'diːmə/ s. edema *m.*
oenological /ˌiːno(ʊ)'lɒdʒɪk(ə)l/ agg. enologico
oenology /iː'nɒlədʒɪ/ s. enologia *f.*
of /ɒv, əv/ prep. **1** (*specificazione, denominazione, materia, qualità, causa ecc.*) di (ES: ***the piece of wood*** il pezzo di legno; ***to die of a broken heart*** morire di crepacuore; ***a cup of tea*** una tazza di tè) **2** da parte di (ES: ***it was very kind of you to write a letter*** è stato gentile da parte tua scrivere una lettera)
off /ɔːf/ **A** avv. **1** via, lontano, distante **2** (*di apparecchio*) non in funzione, spento **B** prep. **1** da, via da **2** in meno di **C** agg. **1** libero **2** laterale, secondario **3** non funzionante, spento, disinserito **4** (*di cibo*) guasto, avariato
offal /'ɒf(ə)l/ s. **1** frattaglie *f. pl.* **2** rifiuti *m. pl.*
offence /ə'fɛns/ s. **1** offesa *f.* **2** reato *m.* ♦ **to take o.** offendersi
to offend /ə'fɛnd/ **A** v.tr. offendere **B** v.intr. commettere reati
offender /ə'fɛndəʳ/ s. **1** colpevole *m. e f.* **2** delinquente *m. e f.*
offense /ə'fɛns/ s. (*USA*) **1** offesa *f.* **2** reato *m.* ♦ **to take o.** offendersi
offensive /ə'fɛnsɪv/ **A** agg. **1** offensivo **2** ripugnante **B** s. (*mil.*) offensiva *f.*
offer /'ɒfəʳ/ s. offerta *f.*
to offer /'ɒfəʳ/ **A** v.tr. offrire **B** v.intr. offrirsi
offerer /'ɒfərəʳ/ s. offerente *m. e f.*
offering /'ɒfərɪŋ/ s. offerta *f.*
offhand /ˌɔːf'hænd/ **A** agg. **1** improvvisato, estemporaneo **2** sbrigativo **B** avv. **1** lì per lì, su due piedi **2** senza cerimonie
office /'ɒfɪs/ s. **1** ufficio *m.* **2** ministero *m.* **3** funzione *f.*, carica *f.* **4** servizio *m.* ♦ **o. boy** fattorino || **o. hours** orario d'ufficio || **o.-worker** impiegato || **post o.** ufficio postale
officer /'ɒfɪsəʳ/ s. **1** (*mil.*) ufficiale *m.* **2** funzionario *m.* **3** agente *m. e f.* di polizia
official /ə'fɪʃ(ə)l/ **A** agg. ufficiale **B** s. funzionario *m.*, pubblico ufficiale *m. e f.*
officialdom /ə'fɪʃ(ə)ldəm/ s. burocrazia *f.*

officious /əˈfɪʃəs/ **agg.** **1** invadente, importuno **2** ufficioso

offing /ˈɒfɪŋ/ **s.** largo *m.*, mare *m.* aperto ♦ **in the o.** in vista, nell'aria

offset /ˈɔːfsɛt/ **s.** **1** germoglio *m.* **2** rampollo *m.* **3** deviazione *f.* **4** (*tip., inform.*) offset *m. inv.*

to offset /ˈɔːfsɛt/ (*pass. e p.p.* **offset**) **A** **v.tr.** **1** controbilanciare **2** deviare **B** **v.intr.** germogliare

offshoot /ˈɔːfʃuːt/ **s.** germoglio *m.*

offshore /ˈɔːfʃɔːʳ/ **agg.** **1** offshore, di mare aperto **2** (*econ.*) all'estero

offside /ˌɔːfˈsaɪd/ **A** **s.** **1** fuori gioco *m.* **2** parte *f.* destra **B** **avv. e agg.** **1** di fuori gioco, in fuori gioco **2** sulla parte destra

offspring /ˈɔːfsprɪŋ/ **s.** **1** discendenza *f.*, prole *f.* **2** frutto *m.*

offstage /ˌɔːfˈsteɪdʒ/ **agg. e avv.** fuori scena, dietro le quinte

off-the-rack /ˌɒfðəˈræk/ **agg.** (*USA, fam.*) di serie

off-the-record /ˌɒfðəˈrɛkɔːd/ **agg.** ufficioso, da non verbalizzare

off-the-wall /ˌɒfðəˈwɔːl/ **agg.** non convenzionale

off-white /ˌɔːfˈwaɪt/ **agg.** bianco sporco

often /ˈɔːfn/ **avv.** frequentemente, spesso ♦ **as o. as not** il più delle volte || **how o.?** ogni quanto tempo?, quante volte?

ogive /ˈəʊdʒaɪv/ **s.** ogiva *f.*

ogle /ˈəʊgl/ **s.** sguardo *m.* lascivo

to ogle /ˈəʊgl/ **v.tr. e intr.** adocchiare

oil /ɔɪl/ **s.** **1** olio *m.* **2** petrolio *m.*, nafta *f.* ♦ **in o.** sott'olio || **o. mill** frantoio || **o. tanker** petroliera || **o. well** pozzo petrolifero || **sun tan o.** olio solare

to oil /ɔɪl/ **v.tr.** lubrificare, oliare

oilcan /ˈɔɪlˌkæn/ **s.** oliatore *m.* (a mano)

oiler /ˈɔɪləʳ/ **s.** oliatore *m.*

oilfield /ˈɔɪlˌfiːld/ **s.** giacimento *m.* petrolifero

oily /ˈɔɪlɪ/ **agg.** oleoso, unto

ointment /ˈɔɪntmənt/ **s.** unguento *m.*, pomata *f.*

OK, **okay** /ˌəʊˈkeɪ/ **A** **agg.** che va bene, okay **B** **avv. e inter.** bene, tutto bene

old /əʊld/ **agg.** vecchio, antico ♦ **how o. are you?** quanti anni hai? || **o. age** vecchiaia || **o. fashioned** antiquato, fuori moda || **to be o. in** essere esperto in || **to grow o.** invecchiare

oleander /ˌəʊlɪˈændɛʳ/ **s.** oleandro *m.*

olfaction /ɒlˈfækʃən/ **s.** olfatto *m.*

oligarchy /ˈɒlɪgɑːkɪ/ **s.** oligarchia *f.*

olive /ˈɒlɪv/ **s.** oliva *f.* ♦ **o. tree** ulivo

Olympiad /o(ʊ)ˈlɪmpɪæd/ **s.** olimpiade *f.*

Olympian /o(ʊ)ˈlɪmpɪən/ **agg.** olimpico

Olympic /o(ʊ)ˈlɪmpɪk/ **agg.** olimpico ♦ **O. games** olimpiadi

Olympics /o(ʊ)ˈlɪmpɪks/ **s.** olimpiadi *f. pl.*

omelette /ˈɒmlɪt/ **s.** omelette *f. inv.*, frittata *f.*

omen /ˈəʊmən/ **s.** presagio *m.*

ominous /ˈɒmɪnəs/ **agg.** di malaugurio

omission /o(ʊ)ˈmɪʃ(ə)n/ **s.** omissione *f.*

to omit /o(ʊ)ˈmɪt/ **v.tr.** omettere

omnipotent /ɒmˈnɪpət(ə)nt/ **agg.** onnipotente

omnipresent /ˌɒmnɪˈprɛz(ə)nt/ **agg.** onnipresente

omnivorous /ɒmˈnɪv(ə)rəs/ **agg.** onnivoro

on /ɒn/ **A** **prep.** **1** (*posizione, luogo*) sopra, su, a (ES: ***a teapot on the table*** una teiera sul tavolo; ***to get on the bus*** salire sull'autobus) **2** (*argomento*) su, circa, di (ES: ***a book on the President's life*** un libro sulla vita del Presidente) **3** (*tempo*) di, in, a (ES: ***on Saturdays*** di sabato) **4** (*modo, mezzo, funzione, ecc.*) con, in, da, di (ES: ***on strike*** in sciopero; ***on principle*** per principio) **B** **avv.** **1** su, sopra, addosso **2** avanti, in avanti, in poi **3** in corso, in atto, (*di apparecchio*) in funzione

once /wʌns/ **A** **avv.** una volta, un tempo **B** **cong.** una volta che ♦ **at o.** subito || **all at o.** improvvisamente || **for o.** per una volta || **o. or twice** una o due volte || **o. upon a time there was...** c'era una volta...

oncologist /ɒŋˈkɒlədʒɪst/ **s.** oncologo *m.*

one /wʌn/ **A** **agg. num. card. e s.** uno *m.* **B** **agg.** **1** (*indef.*) uno, un certo (ES: ***o. Mr Jones*** un certo Mr Jones) **2** solo, unico, stesso (ES: ***that's the o. and only way to do it*** questo è l'unico modo per farlo) **C** **pron.** **1** (*indef.*) uno, una, l'uno, l'una, qualcuno (ES: ***o. by o.*** uno a uno; ***any o. of us*** uno qualunque di noi) **2** (*dimostr.*) questo, quello (ES: ***I don't like modern cars, I prefer old ones*** non mi piacciono le auto moderne, preferisco quelle antiche) ♦ **no o.** nessuno || **o. another** l'un l'altro || **o.'s** (il) proprio

one-man /ˌwʌnˈmæn/ **agg.** individuale ♦ **o. show** mostra personale

one-off /ˌwʌnˈɔːf/ **A** **s.** esemplare *m.* unico **B** **agg.** **1** che succede una volta sola **2** unico nel suo genere

onerous /ˈɒnərəs/ **agg.** oneroso

oneself /wʌnˈsɛlf/ **pron. rifl.** sé, se stesso ♦ **by o.** da solo

one-sided /ˌwʌnˈsaɪdɪd/ **agg.** **1** unilaterale **2** impari

one-to-one /ˌwʌntəˈwʌn/ **agg.** **1** biunivoco **2** tra due persone

one-way /ˌwʌnˈweɪ/ **agg.** **1** a senso unico **2** di sola andata

ongoing /ˈɒnˌgo(ʊ)ɪŋ/ **agg.** in corso, continuo

onion /ˈʌnjən/ **s.** cipolla *f.*

online /ɒnˈlaɪn/ **agg.** (*inform.*) in linea, on line, collegato

only /ˈəʊnlɪ/ **A** **agg.** solo, unico **B** **cong.** solo (che), ma **C** **avv.** solo, soltanto, unicamente ♦ **not o. ... but also** non solo... ma anche || **o. if** solamente se || **o. just** a malapena || **o. too** fin troppo

onset /ˈɒnsɛt/ **s.** **1** inizio *m.*, assalto *m.* **2** (*med.*) primi sintomi *m. pl.*

onshore /ˈɒnʃɔːʳ/ **A** **agg.** di terra, verso terra **B** **avv.** a terra, verso terra ♦ **o. wind** vento di mare

onslaught /ˈɒnslɔːt/ **s.** assalto *m.*

onto /ˈɒntʊ/ **prep.** su, sopra

onus /ˈəʊnəs/ **s.** onere *m.*

onward(s) /ˈɒnwəd(z)/ **avv.** avanti, in avanti, oltre

onyx /ˈɒnɪks/ **s.** onice *f.*

to ooze /uːz/ **v.intr.** colare, filtrare, stillare

opal /'əʊp(ə)l/ s. opale *m.*
opalescent /ˌəʊpə'lɛs(ə)nt/ agg. opalescente
opaque /o(ʊ)'peɪk/ agg. opaco
open /'əʊp(ə)n/ agg. **1** aperto **2** dischiuso, sbocciato **3** (aperto al) pubblico, disponibile, vacante **4** aperto, insoluto **5** manifesto, evidente ♦ **o. day** giorno di apertura
to open /'əʊp(ə)n/ **A** v.tr. **1** aprire **2** inaugurare **B** v.intr. **1** aprire, aprirsi **2** sbocciare **3** cominciare ♦ **to o. into, onto** aprirsi su ‖ **to o. out** aprire, allargarsi ‖ **to o. up** aprire (la porta), aprirsi
open-air /ˌəʊp(ə)n'ɛəʳ/ agg. all'aperto
opener /'əʊp(ə)nəʳ/ s. (*nei composti*) che apre ♦ **bottle-o.** apribottiglie ‖ **tin-o.** apriscatole
opening /'əʊp(ə)nɪŋ/ **A** agg. d'inizio, d'apertura **B** s. **1** apertura *f.*, inaugurazione *f.* **2** esordio *m.* **3** varco *m.* **4** opportunità *f.* ♦ **job o.** posto vacante
openly /'əʊp(ə)nlɪ/ avv. apertamente, francamente
open-minded /ˌəʊpn'maɪndɪd/ agg. di larghe vedute
opera /'ɒp(ə)rə/ s. opera *f.* (lirica) ♦ **comic o.** opera buffa
to operate /'ɒpəreɪt/ **A** v.intr. **1** operare, agire, avere effetto **2** funzionare **3** (*med.*) operare **B** v.tr. **1** produrre, provocare **2** far funzionare **3** (*med.*) operare **4** gestire
operatic /ˌɒpə'rætɪk/ agg. operistico, lirico
operating /'ɒpəreɪtɪŋ/ agg. **1** operativo **2** operante, attivo **3** di gestione ♦ **o. theatre** sala operatoria
operation /ˌɒpə'reɪʃ(ə)n/ s. **1** intervento *m.*, operazione *f.* **2** azione *f.*, effetto *m.* **3** funzionamento *m.*, funzione *f.* ♦ **to come into o.** entrare in vigore
operative /'ɒp(ə)rətɪv/ agg. operativo, efficace
operator /'ɒpəreɪtəʳ/ s. **1** operatore *m. e f.* **2** (*tel.*) centralinista *m. e f.*
operetta /ˌɒpə'rɛtə/ s. operetta *f.*
ophthalmic /ɒf'θælmɪk/ agg. oftalmico
ophthalmology /ˌɒfθæl'mɒlədʒɪ/ s. oftalmologia *f.*
opinion /ə'pɪnjən/ s. **1** opinione *f.*, parere *m.* **2** stima *f.* ♦ **in his/in my o.** secondo lui/secondo me ‖ **o. poll** sondaggio d'opinione
opinionated /ə'pɪnjəneɪtɪd/ agg. supponente, presuntuoso
opium /'əʊpjəm/ s. oppio *m.*
opponent /ə'pəʊnənt/ s. avversario *m.*
opportune /'ɒpətjuːn/ agg. opportuno, tempestivo
opportunism /ˌɒpə'tjuːnɪz(ə)m/ s. opportunismo *m.*
opportunist /ˌɒpə'tjʊ(ː)nɪst/ s. opportunista *m. e f.*
opportunity /ˌɒpə'tjuːnɪtɪ/ s. opportunità *f.*, occasione *f.*
to oppose /ə'pəʊz/ **A** v.tr. **1** opporsi a, contrastare, osteggiare **2** opporre, contrapporre **B** opporsi
opposed /ə'pəʊzd/ agg. **1** contrario, avverso **2** opposto ♦ **as o. to** in confronto a, rispetto a, invece di
opposite /'ɒpəzɪt/ **A** agg. **1** opposto, contrario **2** di fronte **B** s. opposto *m.*, contrario *m.* **C** avv. davanti, di fronte **D** prep. di fronte a
opposition /ˌɒpə'zɪʃ(ə)n/ s. opposizione *f.*
to oppress /ə'prɛs/ v.tr. opprimere
oppression /ə'prɛʃ(ə)n/ s. oppressione *f.*
oppressive /ə'prɛsɪv/ agg. **1** oppressivo **2** opprimente
oppressor /ə'prɛsəʳ/ s. oppressore *m.*
to opt /ɒpt/ v.intr. optare ♦ **to o. out** dissociarsi, distaccarsi
optic /'ɒptɪk/ agg. ottico
optical /'ɒptɪk(ə)l/ agg. ottico ♦ **o. fibre** fibra ottica
optician /ɒp'tɪʃ(ə)n/ s. ottico *m.*
optics /'ɒptɪks/ s. pl. (*v. al sing.*) ottica *f.*
optimal /'ɒptɪməl/ agg. ottimale
optimism /'ɒptɪmɪz(ə)m/ s. ottimismo *m.*
optimist /'ɒptɪmɪst/ s. ottimista *m. e f.*
optimistic /ˌɒptɪ'mɪstɪk/ agg. ottimistico
to optimize /'ɒptɪmaɪz/ **A** v.tr. ottimizzare **B** v.intr. essere ottimista
optimum /'ɒptɪmən/ **A** s. optimum *m.* **B** agg. ottimale
option /'ɒpʃ(ə)n/ s. scelta *f.*, opzione *f.*
optional /'ɒpʃənl/ agg. opzionale, facoltativo
opulence /'ɒpjʊləns/ s. opulenza *f.*
or /ɔːʳ, əʳ/ cong. o, oppure ♦ **either... or...** o... o... ‖ **or else** altrimenti
oracle /'ɒrəkl/ s. oracolo *m.*
oral /'ɔːr(ə)l/ agg. orale
orange /'ɒrɪn(d)ʒ/ **A** s. arancia *f.* **B** agg. arancione, arancio ♦ **o. juice** succo d'arancia ‖ **o. peel** scorza d'arancia ‖ **o. tree** arancio
orangeade /ˌɒrɪn(d)ʒ'eɪd/ s. aranciata *f.*
orator /'ɒrətəʳ/ s. oratore *m.*
oratory /'ɒrət(ə)rɪ/ s. **1** oratorio *m.* **2** oratoria *f.*
orbit /'ɔːbɪt/ s. orbita *f.*
to orbit /'ɔːbɪt/ **A** v.intr. orbitare **B** v.tr. orbitare intorno a
orchard /'ɔːtʃəd/ s. frutteto *m.*
orchestra /'ɔːkɪstrə/ s. orchestra *f.*
to orchestrate /'ɔːkɪstreɪt/ v.tr. orchestrare
orchid /'ɔːkɪd/ s. orchidea *f.*
to ordain /ɔː'deɪn/ v.tr. **1** (*relig.*) ordinare **2** decretare
ordeal /ɔː'diːl/ s. **1** (*stor.*) ordalia *f.* **2** prova *f.*
order /'ɔːdəʳ/ s. **1** ordine *m.* **2** successione *f.* **3** ordinamento *m.* **4** (*comm.*) commessa *f.* ♦ **mail o.** ordine per corrispondenza ‖ **out of o.** fuori servizio ‖ **postal o.** vaglia postale ‖ **telegraphic money o.** vaglia telegrafico
to order /'ɔːdəʳ/ v.tr. **1** ordinare, disporre **2** (*comm.*) commissionare ♦ **to o. away** mandare via ‖ **to o. out** espellere
orderly /'ɔːdəlɪ/ **A** agg. **1** ordinato, metodico **2** disciplinato **B** s. **1** (*mil.*) attendente *m.* **2** inserviente *m. e f.*
ordinal /'ɔːdɪnl/ agg. ordinale
ordinance /'ɔːdɪnəns/ s. ordinanza *f.*
ordinary /'ɔːdnrɪ/ agg. **1** ordinario, comune **2** mediocre, dozzinale
ordination /ˌɔːdɪ'neɪʃ(ə)n/ s. (*relig.*) ordinazione *f.*
ore /ɔːʳ/ s. minerale *m.* ♦ **o. district** distretto minerario

oregano /ˌɒrɪ'gɑːnəʊ/ s. origano *m.*
organ /'ɔːgən/ s. organo *m.*
organic /ɔː'gænɪk/ agg. organico
organism /'ɔːgənɪz(ə)m/ s. organismo *m.*
organization /ˌɔːgənaɪ'zeɪʃ(ə)n/ s. organizzazione *f.*, organismo *m.*
to organize /'ɔːgənaɪz/ **A** v.tr. organizzare **B** v.intr. organizzarsi
organizer /'ɔːgənaɪzəʳ/ s. agenda *f.* elettronica
orgasm /'ɔːgæz(ə)m/ s. orgasmo *m.*
orgy /'ɔːdʒɪ/ s. orgia *f.*
orient /'ɔːrɪənt/ agg. e s. oriente *m.*
to orient /'ɔːrɪˌənt/ v.tr. orientare
Oriental /ˌɔːrɪ'ɛntl/ agg. e s. orientale *m.* e *f.*
to orientate /'ɔːrɪɛnteɪt/ v.tr. orientare
orientation /ˌɔːrɪɛn'teɪʃ(ə)n/ s. orientamento *m.*
origin /'ɒrɪdʒɪn/ s. **1** origine *f.*, principio *m.* **2** nascita *f.*
original /ə'rɪdʒənl/ **A** agg. originale, originario **B** s. originale *m.*
originality /əˌrɪdʒɪ'nælɪtɪ/ s. originalità *f.*
to originate /ə'rɪdʒɪneɪt/ **A** v.tr. dare origine **B** v.intr. aver origine, nascere, provenire
ornament /'ɔːnəmənt/ s. **1** ornamento *m.* **2** (*mus.*) abbellimento *m.*
to ornament /'ɔːnəmɛnt/ v.tr. abbellire, adornare, ornare
ornamental /ˌɔːnə'mɛnt(ə)l/ agg. ornamentale
ornate /ɔː'neɪt/ agg. riccamente ornato
ornithology /ˌɔːnɪθɒlədʒɪ/ s. ornitologia *f.*
orography /ɒ'rɒgrəfɪ/ s. orografia *f.*
orphan /'ɔːf(ə)n/ agg. e s. orfano *m.*
orphanage /'ɔːfənɪdʒ/ s. orfanotrofio *m.*
orthodox /'ɔːθədɒks/ agg. ortodosso
orthodoxy /'ɔːθədɒksɪ/ s. ortodossia *f.*
orthogonal /ɔː'θɒgənl/ agg. ortogonale
orthography /ɒ(ː)'θɒgrəfɪ/ s. ortografia *f.*
orthopaedic /ˌɔːθəʊ'piːdɪk/ agg. ortopedico
orthopaedics /ˌɔːθəʊ'piːdɪks/ s. ortopedia *f.*
orthop(a)edist /ˌɔːθo(ʊ)'piːdɪst/ s. ortopedico *m.*
orthop(a)edy /ˌɔːθo(ʊ)'piːdɪ/ s. ortopedia *f.*
to oscillate /'ɒsɪleɪt/ v.intr. oscillare
oscillation /ˌɒsɪl'leɪʃ(ə)n/ s. oscillazione *f.*
osseous /'ɒsɪəs/ agg. osseo
ostensible /ɒs'tɛnsəbl/ agg. apparente, simulato
ostensibly /ɒs'tɛnsəblɪ/ avv. apparentemente
ostensory /ɒs'tɛnsərɪ/ s. ostensorio *m.*
ostentation /ˌɒstɛn'teɪʃ(ə)n/ s. ostentazione *f.*, esibizione *f.*
ostentatious /ˌɒstɛn'teɪʃəs/ agg. ostentato
ostrich /'ɒstrɪtʃ/ s. struzzo *m.*
other /'ʌðəʳ/ **A** agg. altro, diverso **B** pron. indef. (l')altro, (l')altra **C** avv. altrimenti, diversamente ♦ **any o.** qualche altro || **every o. day** un giorno sì e un giorno no || **none o. than** proprio, non altri che || **o. people** altri || **o.'s, o. people's** altrui || **o. than** tranne
otherwise /'ʌðəwaɪz/ **A** agg. diverso **B** avv. diversamente, altrimenti **C** cong. altrimenti, in caso contrario
otitis /o(ʊ)'taɪtɪs/ s. otite *f.*
otter /'ɒtəʳ/ s. lontra *f.*
Ottoman /'ɒtəmən/ agg. e s. ottomano *m.*
ought /ɔːt/ v.difett. (*consiglio, dovere, rimprovero, probabilità*) dovere (ES: ***you o. to do it*** dovresti farlo; ***he o. to have phoned me*** avrebbe dovuto telefonarmi)
ounce /aʊns/ s. oncia *f.*
our /'aʊəʳ/ agg. poss. 1ª p. pl. nostro, nostra, nostri, nostre
ours /'aʊəz/ pron. poss. 1ª p. pl. il nostro, la nostra, i nostri, le nostre
ourselves /ˌaʊə'sɛlvz/ pron. rifl. 1ª p. pl. noi stessi
to oust /aʊst/ v.tr. cacciare, espellere
out /aʊt/ **A** avv. **1** fuori, all'aperto, in fuori **2** spento, disattivato **3** finito, compiuto **4** passato di moda **B** prep. **o. of** **1** fuori, fuori da, da **2** a causa di, per **3** senza **4** su (ES: ***in one case o. of ten*** in un caso su dieci) ♦ **all o.** a tutta velocità || **o. here** qui fuori || **o. there** laggiù
out-and-out /'aʊtəndaʊt/ agg. completo, vero e proprio
outboard /'aʊtbɔːd/ agg. e avv. fuoribordo
outbreak /'aʊtbreɪk/ s. **1** scoppio *m.*, esplosione *f.* **2** eruzione *f.* **3** epidemia *f.* **4** sommossa *f.*
outburst /'aʊtbɜːst/ s. esplosione *f.*, scoppio *m.*
outcast /'aʊtkɑːst/ s. emarginato *m.*, reietto *m.*
outcome /'aʊtkʌm/ s. esito *m.*, risultato *m.*
outcry /'aʊtkraɪ/ s. **1** protesta *f.*, scalpore *m.* **2** grido *m.*
outdated /'aʊtdeɪtɪd/ agg. antiquato, sorpassato
to outdistance /ˌaʊt'dɪst(ə)ns/ v.tr. distanziare
to outdo /ˌaʊt'duː/ (*pass.* **outdid**, *p.p.* **outdone**) v.tr. sorpassare, far meglio di
outdoor /'aʊtdɔːʳ/ agg. esterno, all'aperto
outdoors /ˌaʊt'dɔːz/ **A** avv. all'aperto, all'aria aperta **B** s. l'aperto *m.*, l'esterno *m.*
outer /'aʊtəʳ/ agg. esteriore, esterno ♦ **o. space** spazio cosmico
outfit /'aʊtfɪt/ s. **1** equipaggiamento *m.*, attrezzatura *f.* **2** tenuta *f.* **3** completo *m.*, insieme *m.*
to outflank /ˌaʊt'flæŋk/ v.tr. aggirare
outgoing /'aʊtˌgəʊɪŋ/ **A** agg. **1** uscente, dimissionario **2** socievole, estroverso **B** s. **1** uscita *f.* **2** al pl. spese *f. pl.*
to outgrow /aʊt'grəʊ/ (*pass.* **outgrew**, *p.p.* **outgrown**) v.tr. **1** superare in statura **2** perdere, disfarsi di ♦ **to o. one's clothes** non entrare più nei propri vestiti
outing /'aʊtɪŋ/ s. gita *f.*, escursione *f.*
outlandish /aʊt'lændɪʃ/ agg. **1** straniero, esotico **2** strano, bizzarro
outlaw /'aʊtlɔː/ **A** s. fuorilegge *m.* e *f.*, criminale *m.* e *f.* **B** agg. illegale
to outlaw /'aʊtlɔː/ v.tr. bandire, proscrivere
outlay /'aʊtleɪ/ s. spesa *f.*

outlet /'aʊtlɛt/ s. **1** sbocco *m.*, sfogo *m.* **2** punto *m.* vendita, spaccio *m.* **3** presa *f.* elettrica
outline /'aʊtlaɪn/ s. **1** contorno *m.*, profilo *m.* **2** abbozzo *m.*, schema *m.*
to outline /'aʊtlaɪn/ v.tr. **1** tracciare il contorno di **2** delineare, abbozzare
to outlive /aʊt'lɪv/ v.tr. sopravvivere a
outlook /'aʊtlʊk/ s. **1** vista *f.*, veduta *f.* **2** prospettiva *f.* **3** (*fig.*) modo *m.* di vedere
outlying /'aʊt,laɪɪŋ/ agg. **1** esterno **2** remoto
to outmatch /aʊt'mætʃ/ v.tr. sorpassare
outmoded /aʊt'məʊdɪd/ agg. antiquato, passato di moda
to outnumber /aʊt'nʌmbəʳ/ v.tr. superare in numero
out-of-date /,aʊtəv'deɪt/ agg. **1** fuori moda **2** scaduto
out-of-the-way /,aʊtəvð(ə)'weɪ/ agg. **1** fuori mano **2** fuori del comune
outpost /'aʊtpəʊst/ s. avamposto *m.*
output /'aʊtpʊt/ s. **1** produzione *f.*, rendimento *m.* **2** (*inform.*) output *m. inv.*
outrage /'aʊtreɪdʒ/ s. **1** oltraggio *m.*, offesa *f.* **2** indignazione *f.*
to outrage /'aʊtreɪdʒ/ s. oltraggiare
outrageous /aʊt'reɪdʒəs/ agg. **1** oltraggioso, atroce **2** eccessivo, esorbitante
outright /aʊt'raɪt/ **A** agg. attr. **1** aperto, schietto, diretto **2** completo, integrale **3** immediato **B** avv. **1** apertamente, francamente **2** completamente **3** immediatamente, sul colpo
outside /'aʊtsaɪd/ **A** agg. **1** esterno, esteriore **2** estremo, massimo **B** s. **1** esterno *m.*, parte *f.* esterna **2** apparenza *f.*, aspetto *m.* esteriore **C** avv. **1** fuori, all'aperto **2** all'esterno **D** prep. **1** fuori di, all'esterno di **2** al di fuori, al di là **3** all'infuori di, eccetto
outsider /aʊt'saɪdəʳ/ s. outsider *m. inv.*
outsize /'aʊt,saɪz/ **A** agg. **1** molto grande **2** (*di abito*) di taglia forte **B** s. taglia *f.* forte
outskirts /'aʊtskɜːts/ s. pl. periferia *f.*, sobborghi *m. pl.*
outspoken /aʊt'spəʊk(ə)n/ agg. esplicito, schietto
outstanding /aʊt'stændɪŋ/ agg. **1** sporgente **2** notevole, rilevante **3** eccezionale **4** in arretrato, in sospeso, inevaso
outward /'aʊtwəd/ **A** agg. **1** esterno **2** esteriore **3** d'andata **B** s. aspetto *m.* esteriore **C** avv. al di fuori, esternamente
outwards /'aʊtwədz/ avv. in fuori
to outweigh /aʊt'weɪ/ v.tr. superare in peso o valore
to outwit /aʊt'wɪt/ v.tr. superare in astuzia
ouzel /'uːzl/ s. (*zool.*) merlo *m.*
oval /'əʊv(ə)l/ agg. ovale
ovary /'əʊvərɪ/ s. **1** ovaia *f.* **2** (*bot.*) ovario *m.*
oven /'ʌvn/ s. forno *m.*
ovenware /'ʌv(ə)nwɛəʳ/ s. stoviglie *f. pl.* da forno
over /'əʊvəʳ/ **A** agg. terminato, finito **B** avv. **1** al di sopra, di sopra **2** completamente, da cima a fondo **3** di più, troppo, in eccesso **C** prep. **1** sopra, su, al di sopra di **2** nei confronti di, riguardo a **3** durante, per **4** più di, oltre, al di là di ♦ **o. again** più volte, di nuovo, ripetutamente || **o. there** laggiù
over- pref. usato per formare superlativi (ES: ***overtired*** stanchissimo)
overall /'əʊvərɔːl/ **A** agg. complessivo **B** avv. complessivamente **C** s. **1** camice *m.* **2** al pl. tuta *f.* da lavoro
to overawe /,əʊvər'ɔː/ v.tr. intimidire
to overbalance /,əʊvə'bæləns/ **A** v.tr. **1** superare in peso **2** prevalere su **3** sbilanciare **B** v.intr. sbilanciarsi
overbearing /,əʊvə'bɛərɪŋ/ agg. arrogante, imperioso
overboard /'əʊvəbɔːd/ avv. fuori bordo
to overburden /,əʊvə'bɜːdn/ v.tr. sovraccaricare
overcast /'əʊvə,kɑːst/ agg. nuvoloso, coperto
overcharge /,əʊvə'tʃɑːdʒ/ s. **1** sovraccarico *m.* **2** sovrapprezzo *m.*
to overcharge /,əʊvə'tʃɑːdʒ/ v.tr. **1** far pagare troppo caro **2** sovraccaricare
overcoat /'əʊvəkəʊt/ s. soprabito *m.*
to overcome /,əʊvə'kʌm/ (*pass.* **overcame**, *p.p.* **overcome**) v.tr. superare, sopraffare
overcooked /,əʊvə'kʊkt/ agg. troppo cotto
overcrowded /,əʊvə'kraʊdɪd/ agg. sovraffollato
to overdo /,əʊvə'duː/ (*pass.* **overdid**, *p.p.* **overdone**) **A** v.tr. **1** eccedere in, esagerare **2** affaticare **3** far cuocere troppo **B** v.intr. esagerare
overdose /'əʊvədəʊs/ s. dose *f.* eccessiva, overdose *f. inv.*
overdraft /'əʊvədrɑːft/ s. (*banca*) scoperto *m.*
overdue /,əʊvə'djuː/ agg. **1** (*comm.*) scaduto **2** in ritardo **3** atteso, in attesa
to overestimate /,əʊvər'ɛstɪmeɪt/ v.tr. sopravvalutare
to overexpose /,əʊv(ə)rɪk'spəʊz/ v.tr. (*fot.*) sovraesporre
overflow /'əʊvəfləʊ/ s. **1** straripamento *m.*, inondazione *f.* **2** eccedenza *f.* **3** (*inform.*) overflow *m. inv.*
to overflow /,əʊvə'fləʊ/ v.intr. straripare, traboccare
overflowing /,əʊvə'fləʊɪŋ/ **A** agg. **1** straripante, traboccante **2** sovrabbondante **B** s. straripamento *m.*, inondazione *f.*
overhang /'əʊvəhæŋ/ s. **1** sporgenza *f.* **2** strapiombo *m.*
overhaul /'əʊvəhɔːl/ s. revisione *f.*
to overhaul /,əʊvə'hɔːl/ v.tr. **1** revisionare, verificare **2** esaminare, rivedere **3** sorpassare, superare
overhead /,əʊvə'hɛd/ **A** avv. in alto, di sopra **B** agg. **1** alto, sopraelevato, aereo **2** globale, generale **C** s. al pl. spese *f. pl.* generali
to overhear /,əʊvə'hɪəʳ/ (*pass. e p.p.* **overheard**) v.tr. udire per caso
to overheat /,əʊvə'hiːt/ v.tr. surriscaldare
overjoyed /,əʊvə'dʒɔɪd/ agg. felicissimo
overland /,əʊvə'lænd/ agg. e avv. via terra
to overlap /,əʊvə'læp/ v.intr. sovrapporsi, coincidere

to overlay /ˌəʊvəˈleɪ/ (*pass. e p.p.* **overlaid**) v.tr. **1** coprire, ricoprire **2** opprimere
overleaf /ˌəʊvəˈliːf/ avv. sul retro, a tergo
to overload /ˌəʊvəˈləʊd/ v.tr. sovraccaricare
to overlook /ˌəʊvəˈlʊk/ v.tr. **1** guardare dall'alto, dominare **2** trascurare, non rilevare, lasciarsi sfuggire **3** tollerare **4** sorvegliare
overnight /ˌəʊvəˈnaɪt/ **A** agg. **1** che si svolge di notte **2** per una notte **3** immediato **B** avv. **1** di notte, per la notte **2** improvvisamente
overpass /ˈəʊvəˌpɑːs/ s. cavalcavia *m. inv.*
to overpower /ˌəʊvəˈpaʊəʳ/ v.tr. sopraffare, opprimere
overpowering /ˌəʊvəˈpaʊərɪŋ/ agg. **1** opprimente **2** irresistibile
to overrate /ˌəʊvəˈreɪt/ v.tr. sopravvalutare
to override /ˌəʊvəˈraɪd/ (*pass.* **overrode**, *p.p.* **overridden**) v.tr. **1** passare sopra, non tener conto di **2** annullare
to overrule /ˌəʊvəˈruːl/ v.tr. **1** annullare, revocare **2** dominare
to overrun /ˌəʊvəˈrʌn/ (*pass.* **overran**, *p.p.* **overrun**) **A** v.tr. **1** invadere, devastare, infestare **2** sommergere **3** oltrepassare, superare **B** v.intr. **1** traboccare, straripare **2** protrarsi
overseas /ˌəʊvəˈsiː(z)/ **A** agg. estero, d'oltremare **B** avv. all'estero, oltremare
to overshadow /ˌəʊvəˈʃædəʊ/ v.tr. **1** ombreggiare, fare ombra su **2** (*fig.*) oscurare, eclissare
to overshoot /ˌəʊvəˈʃuːt/ (*pass. e p.p.* **overshot**) v.tr. **1** mancare il bersaglio **2** andare oltre ♦ **to o. the mark** passare la misura, passare il segno
oversight /ˈəʊvəsaɪt/ s. **1** disattenzione *f.*, svista *f.* **2** sorveglianza *f.*
to oversleep /ˌəʊvəˈsliːp/ v.intr. dormire troppo
to overstate /ˌəʊvəˈsteɪt/ v.tr. esagerare
to overstep /ˌəʊvəˈstɛp/ v.tr. oltrepassare
overt /ˈəʊvɜːt/ agg. chiaro, evidente
to overtake /ˌəʊvəˈteɪk/ (*pass.* **overtook**, *p.p.* **overtaken**) v.tr. **1** raggiungere, sorpassare **2** sorprendere
overtaking /ˌəʊvəˈteɪkɪŋ/ s. sorpasso *m.* ♦ **no o.** divieto di sorpasso
to overthrow /ˌəʊvəˈθrəʊ/ (*pass.* **overthrew**, *p.p.* **overthrown**) v.tr. rovesciare, abbattere
overtime /ˈəʊvətaɪm/ s. **1** (lavoro) straordinario *m.* **2** (*sport*) tempo *m.* supplementare
overturn /ˌəʊvəˈtɜːn/ s. ribaltamento *m.*
to overturn /ˌəʊvəˈtɜːn/ **A** v.tr. capovolgere, rovesciare **B** v.intr. ribaltarsi, capottarsi
to overvalue /ˌəʊvəˈvæljuː/ v.tr. sopravvalutare
overweight /ˈəʊvəweɪt/ agg. in sovrappeso
to overwhelm /ˌəʊvəˈwɛlm/ v.tr. **1** distruggere, sopraffare **2** seppellire, sommergere
overwhelming /ˌəʊvəˈwɛlmɪŋ/ agg. opprimente, travolgente
to overwork /ˌəʊvəˈwɜːk/ v.intr. lavorare troppo
overwrought /ˌəʊvəˈrɔːt/ agg. **1** nervoso, agitato **2** (*di stile*) ricercato
ovine /ˈəʊvaɪn/ agg. ovino
oviparous /ɒ(ʊ)ˈvɪpərəs/ s. oviparo *m.*
ovoid /ˈəʊvɔɪd/ agg. ovoidale
ovule /ˈɒvjuːl/ s. ovulo *m.*
ovum /ˈəʊvəm/ s. ovulo *m.*
to owe /əʊ/ **A** v.tr. dovere, essere debitore di **B** v.intr. essere indebitato ♦ **to o. sb. st.** dovere q.c. a qc.
owing /ˈɒ(ʊ)ɪŋ/ agg. attr. dovuto ♦ **o. to** a causa di
owl /aʊl/ s. gufo *m.*
own /əʊn/ **A** agg. proprio **B** s. il proprio *m.* ♦ **o. goal** autogol
to own /əʊn/ v.tr. **1** possedere, avere **2** ammettere, riconoscere ♦ **to o. up** confessare
owner /ˈəʊnəʳ/ s. proprietario *m.*, padrone *m.*
ownership /ˈəʊnəʃɪp/ s. proprietà *f.*
ox /ɒks/ (*pl.* **oxen**) s. bue *m.*
oxide /ˈɒksaɪd/ s. ossido *m.*
to oxidize /ˈɒksɪdaɪz/ **A** v.tr. ossidare **B** v.intr. ossidarsi
oxygen /ˈɒksɪdʒ(ə)n/ s. ossigeno *m.*
to oxygenate /ˈɒksɪdʒəneɪt/ v.tr. ossigenare
oyster /ˈɔɪstəʳ/ s. ostrica *f.*
ozone /ˈəʊzəʊn/ s. ozono *m.* ♦ **o. hole** buco dell'ozono

p, P

pa /pɑː/ s. (*fam.*) papà *m.*
pace /peɪs/ s. **1** passo *m.* **2** andatura *f.*, ritmo *m.* **3** ambio *m.*
to pace /peɪs/ **A** v.intr. andare al passo, camminare **B** v.tr. percorrere, misurare a passi
pacemaker /ˈpeɪsˌmeɪkəʳ/ s. **1** (*sport*) battistrada *m. e f. inv.*, lepre *f.* **2** (*med.*) pacemaker *m. inv.*
pachyderm /ˈpækɪdɜːm/ s. pachiderma *m.*
pacific /pəˈsɪfɪk/ agg. pacifico
pacification /ˌpæsɪfɪˈkeɪʃ(ə)n/ s. pacificazione *f.*
pacifier /ˈpæsɪfaɪəʳ/ s. succhiotto *m.*, ciuccio *m.*
pacifism /ˈpæsɪfɪz(ə)m/ s. pacifismo *m.*
pacifist /ˈpæsɪfɪst/ s. pacifista *m. e f.*
to pacify /ˈpæsɪfaɪ/ v.tr. pacificare

pack /pæk/ s. **1** pacco *m.*, pacchetto *m.*, imballaggio *m.* **2** carico *m.*, soma *f.* **3** zaino *m.* **4** muta *f.*, branco *m.* **5** (*di carte da gioco*) mazzo *m.* **6** ammasso *m.* ♦ **fanny/waist p.** marsupio || **p. ice** banchisa

to pack /pæk/ **A** v.tr. **1** imballare, impacchettare **2** pigiare, pressare, stipare **B** v.intr. **1** fare i bagagli **2** stiparsi, accalcarsi ♦ **to p. in** smettere || **to p. off** mandar via || **to p. up** fare le valigie, smettere di lavorare, (*di motore*) spegnersi

package /'pækɪdʒ/ s. **1** pacco *m.*, confezione *f.* **2** (*di proposte*) pacchetto *m.* ♦ **p. tour** viaggio organizzato

packet /'pækɪt/ s. pacchetto *m.*

packing /'pækɪŋ/ s. imballaggio *m.*

pact /pækt/ s. patto *m.*

pad /pæd/ s. **1** cuscinetto *m.*, imbottitura *f.* **2** tampone *m.* **3** blocco *m.* di carta **4** (*autom.*) pastiglia *f.* **5** piattaforma *f.*, (*di missile*) rampa *f.* **6** (*sport*) parastinchi *m. inv.* ♦ **mouse p.** tappetino per il mouse

to pad /pæd/ v.tr. **1** imbottire **2** (*fig.*) gonfiare

padded /'pædɪd/ agg. imbottito

padding /'pædɪŋ/ s. imbottitura *f.*

paddle /'pædl/ s. **1** pagaia *f.* **2** racchetta *f.* da ping pong **3** spatola *f.* **4** (*naut.*) (*di elica, ruota*) pala *f.* **5** paletta *f.* **6** (*zool.*) pinna *f.* ♦ **p. steamer** battello a ruota

to paddle[1] /'pædl/ v.intr. remare (con le pagaie)

to paddle[2] /'pædl/ v.intr. sguazzare ♦ **paddling pool** piscina per bambini

paddock /'pædək/ s. **1** (*per cavalli*) recinto *m.* **2** prato *m.* recintato

paddy /'pædɪ/ s. riso *m.*, (*non raffinato*) riso *m.* greggio, risone *m.* ♦ **p. field** risaia

padlock /'pædlɒk/ s. lucchetto *m.*

p(a)ediatrician /ˌpiːdɪæ'trɪʃ(ə)n/ s. pediatra *m. e f.*

p(a)ediatrics /ˌpiːdɪ'ætrɪks/ s. pl. (*v. al sing.*) pediatria *f.*

p(a)ediatrist /ˌpiːdɪ'ætrɪst/ s. pediatra *m. e f.*

p(a)edophilia /ˌpiːdəʊ'fɪlɪə/ s. pedofilia *f.*

pagan /'peɪgən/ agg. e s. pagano *m.*

paganism /'peɪgənɪz(ə)m/ s. paganesimo *m.*

page[1] /peɪdʒ/ s. pagina *f.*

page[2] /peɪdʒ/ s. **1** fattorino *m.* **2** paggio *m.*

pageant /'pædʒ(ə)nt/ s. **1** parata *f.* storica **2** pompa *f.*, sfarzo *m.*

pagoda /pə'gəʊdə/ s. pagoda *f.*

paid /peɪd/ pass. e p.p. di **to pay**

pail /peɪl/ s. secchio *m.*

pain /peɪn/ s. **1** dolore *m.*, male *m.* **2** pena *f.*, castigo *m.* **3** al pl. fatica *f.*, pena *f.* ♦ **p.-killer** antidolorifico

to pain /peɪn/ v.tr. addolorare

pained /peɪnd/ agg. addolorato, afflitto

painful /'peɪnf(ʊ)l/ agg. doloroso, penoso

painless /'peɪnlɪs/ agg. indolore

paint /peɪnt/ s. pittura *f.*, vernice *f.*, tinta *f.* ♦ **wet p.** vernice fresca

to paint /peɪnt/ v.tr. e intr. dipingere, pitturare, verniciare

paintbrush /'peɪntbrʌʃ/ s. pennello *m.*

painter /'peɪntəʳ/ s. **1** pittore *m.* **2** decoratore *m.*, imbianchino *m.*

painting /'peɪntɪŋ/ s. **1** pittura *f.*, verniciatura *f.* **2** dipinto *m.*, quadro *m.* **3** pittura *f.* (*arte*)

pair /peəʳ/ s. **1** paio *m.* **2** coppia *f.* ♦ **in pairs** a coppie

Pakistani /ˌpɑːkɪs'tɑːnɪ/ agg. e s. pachistano *m.*

pal /pæl/ s. (*fam.*) amico *m.*, compagno *m.*

palace /'pælɪs/ s. **1** palazzo *m.* **2** reggia *f.*

paladin /'pælədɪn/ s. paladino *m.*

palaeography /ˌpælɪ'ɒgrəfɪ/ s. paleografia *f.*

Palaeolithic /ˌpælɪə(ʊ)'lɪθɪk/ agg. e s. paleolitico *m.*

palafitte /'pæləfɪt/ s. palafitta *f.*

palatable /'pælətəbl/ agg. appetitoso, gustoso, gradevole

palate /'pælɪt/ s. palato *m.*

palatial /pə'leɪʃ(ə)l/ agg. sontuoso, lussuoso

palaver /pə'lɑːvəʳ/ s. **1** lunga discussione *f.* **2** chiacchiere *f. pl.*

pale[1] /peɪl/ agg. pallido, fioco, debole ♦ **p. ale** birra chiara

pale[2] /peɪl/ s. **1** palo *m.*, picchetto *m.* **2** (*fig.*) limite *m.* **3** (*stor.*) territorio *m.* ♦ **beyond the p.** oltre il limite

to pale /peɪl/ v.intr. impallidire ♦ **to p. in comparison to** impallidire al confronto di

Palestinian /ˌpælɪs'tɪnɪən/ agg. e s. palestinese *m. e f.*

palette /'pælɪt/ s. tavolozza *f.*

paling /'peɪlɪŋ/ s. palizzata *f.*

pall /pɔːl/ s. **1** drappo *m.* funebre **2** (*fig.*) cappa *f.*

pallet[1] /'pælɪt/ s. giaciglio *m.*

pallet[2] /'pælɪt/ s. **1** paletta *f.*, spatola *f.* **2** pallet *m. inv.*

palliative /'pælɪətɪv/ agg. e s. palliativo *m.*

pallid /'pælɪd/ agg. pallido, smunto

pallor /'pæləʳ/ s. pallore *m.*

palm[1] /pɑːm/ s. (*bot.*) palma *f.* ♦ **date p.** palma da datteri

palm[2] /pɑːm/ s. palmo *m.*

to palm /pɑːm/ v.tr. **1** maneggiare **2** nascondere (in mano) ♦ **to p. st. off on sb.** affibbiare q.c. a qc.

palmiped /'pælmɪped/ agg. e s. palmipede *m.*

palmist /'pɑːmɪst/ s. chiromante *m. e f.*

palmtop /'pɑːmtɒp/ s. palmare *m.*, computer *m.* palmare

palpable /'pælpəbl/ agg. palpabile, tangibile

to palpate /'pælpeɪt/ v.tr. palpare

palpitation /ˌpælpɪ'teɪʃ(ə)n/ s. palpitazione *f.*

paltry /'pɔːltrɪ/ agg. meschino, ridicolo

to pamper /'pæmpəʳ/ v.tr. viziare, vezzeggiare

pamphlet /'pæmflɪt/ s. opuscolo *m.*

pan /pæn/ s. padella *f.*, pentola *f.* ♦ **baking p.** teglia || **frying p.** padella (per friggere)

to pan /pæn/ **A** v.tr. **1** stroncare, criticare **2** (*minerali*) setacciare **B** v.intr. (*cin., tv*) fare una panoramica

pancake /'pænkeɪk/ s. frittella *f.*

pancreas /'pæŋkrɪəs/ s. pancreas *m. inv.*

panda /'pændə/ s. panda *m. inv.* ♦ **p. car** auto della polizia

pandemonium /ˌpændɪˈməʊnjəm/ s. pandemonio *m.*
to pander /ˈpændəʳ/ v.intr. fare il mezzano ◆ **to p. to** favorire, assecondare
pane /peɪn/ s. **1** (lastra di) vetro *m.* **2** pannello *m.*
panegyric /ˌpænɪˈdʒɪrɪk/ s. panegirico *m.*
panel /ˈpænl/ s. **1** pannello *m.*, quadro *m.*, riquadro *m.* **2** lista *f.*, elenco *m.* **3** gruppo *m.* di esperti, commissione *f.*, giuria *f.* ◆ **p. doctor** medico della mutua || **solar p.** pannello solare
panelling /ˈpænlɪŋ/ s. rivestimento *m.* a pannelli
pang /pæŋ/ s. dolore *m.* acuto, fitta *f.* ◆ **hunger pangs** morsi della fame
panic /ˈpænɪk/ **A** agg. panico, dettato dal panico **B** s. **1** panico *m.*, terrore *m.* **2** (*fam.*) fretta *f.* **3** (*fam.*) spasso *m.* ◆ **p.-stricken** in preda al panico
to panic /ˈpænɪk/ (*pass. e p.p.* **panicked**) **A** v.tr. gettare il panico tra **B** v.intr. essere in preda al panico
panicky /ˈpænɪkɪ/ agg. (*fam.*) in preda al panico
panicle /ˈpænɪkl/ s. pannocchia *f.*
panning /ˈpænɪŋ/ s. (*cin.*) panoramica *f.*
panorama /ˌpænəˈrɑːmə/ s. paesaggio *m.*
panoramic /ˌpænəˈræmɪk/ agg. panoramico
pansy /ˈpænzɪ/ s. viola *f.* del pensiero
to pant /pænt/ v.intr. ansimare, sbuffare
pantagruelian /ˌpæntəgruːˈɛlɪən/ agg. pantagruelico
pantheism /ˈpænθiːɪz(ə)m/ s. panteismo *m.*
panther /ˈpænθəʳ/ s. pantera *f.*
panties /ˈpæntɪz/ s. pl. (*da bambino o da donna*) mutandine *f. pl.*
pantihose /ˈpæntɪhəʊz/ s. (*USA*) collant *m. inv.*
pantomime /ˈpæntəmaɪm/ s. pantomima *f.*
pantry /ˈpæntrɪ/ s. dispensa *f.*
pants /pænts/ s. pl. **1** mutande *f. pl.* **2** (*USA*) pantaloni *m. pl.* ◆ **to scare the p. off** spaventare a morte
pap /pæp/ s. pappa *f.*
papa /pəˈpɑː/ s. (*fam.*) papà *m.*
papacy /ˈpeɪpəsɪ/ s. papato *m.*
papal /ˈpeɪp(ə)l/ agg. papale, pontificio
papaya /pəˈpaɪə/ s. papaia *f.*
paper /ˈpeɪpəʳ/ s. **1** carta *f.* **2** documento *m.* **3** prova *f.* scritta, composizione *f.* **4** saggio *m.*, relazione *f.* **5** giornale *m.* ◆ **morning p.** giornale del mattino || **p. money** cartamoneta || **sheet of p.** foglio di carta || **toilet p.** carta igienica || **writing p.** carta da lettere || **p. knife** tagliacarte || **p. mill** cartiera
to paper /ˈpeɪpəʳ/ v.tr. tappezzare
paperback /ˈpeɪpəbæk/ s. paperback *m. inv.*, libro *m.* in brossura, edizione *f.* economica
paperclip /ˈpeɪpəklɪp/ s. graffetta *f.*
paperweight /ˈpeɪpəweɪt/ s. fermacarte *m. inv.*
paperwork /ˈpeɪpəwɜːk/ s. lavoro *m.* d'ufficio
papier maché /ˌpæpjeɪˈmɑːʃeɪ/ s. cartapesta *f.*
papism /ˈpeɪpɪz(ə)m/ s. papismo *m.*
paprika /ˈpæprɪkə/ s. paprica *f.*, pepe *m.* rosso
papyrus /pəˈpaɪərəs/ s. papiro *m.*
par /pɑːʳ/ s. parità *f.*, pari *f.* ◆ **on a p. with** alla pari con || **up to p.** all'altezza
parable /ˈpærəbl/ s. (*racconto*) parabola *f.*
parabola /pəˈræbələ/ s. (*geom.*) parabola *f.*
parachute /ˈpærəʃuːt/ s. paracadute *m. inv.*
parachutist /ˈpærəˌʃuːtɪst/ s. paracadutista *m. e f.*
parade /pəˈreɪd/ s. **1** parata *f.*, mostra *f.* **2** sfilata *f.*, rivista *f.*
to parade /pəˈreɪd/ v.tr. **1** passare in rivista **2** ostentare, sfoggiare
paradise /ˈpærədaɪs/ s. paradiso *m.*
paradox /ˈpærədɒks/ s. paradosso *m.*
paradoxical /ˌpærəˈdɒksɪk(ə)l/ agg. paradossale
paraffin /ˈpærəfɪ(ː)n/ s. paraffina *f.*
paraglider /ˈpærəˌglaɪdəʳ/ s. parapendio *m. inv.*
paragliding /ˈpærəˌglaɪdɪŋ/ s. parapendio *m.*
paragon /ˈpærəgən/ s. esemplare *m.*, modello *m.*
paragraph /ˈpærəgrɑːf/ s. **1** paragrafo *m.* **2** capoverso *m.* **3** trafiletto *m.*
parallel /ˈpærəlɛl/ **A** agg. parallelo **B** s. **1** (*geom.*) parallela *f.* **2** (*geogr.*) parallelo *m.* ◆ **to have no p.** non avere uguali
parallelepiped /ˌpærəˌlɛlaɪˈpəpɛd/ s. parallelepipedo *m.*
parallelism /ˈpærəlɛlɪz(ə)m/ s. parallelismo *m.*
Paralympic /ˌpærəˈlɪmpɪk/ agg. paralimpico
to paralyse /ˈpærəlaɪz/ (*USA* **paralyze**) v.tr. paralizzare
paralysed /ˈpærəlaɪzd/ agg. paralizzato
paralysis /pəˈrælɪsɪs/ s. paralisi *f.*
paralytic /pəræˈlɪtɪk/ s. paralitico *m.*
parameter /pəˈræmɪtəʳ/ s. parametro *m.*
paramount /ˈpærəmaʊnt/ agg. supremo, primario
paranoia /ˌpærəˈnɒjə/ s. paranoia *f.*
paranoiac /ˌpærəˈnɔɪæk/ **A** agg. paranoide **B** s. paranoico *m.*
paranoid /ˈpærəˌnɔɪd/ **A** agg. paranoide **B** s. paranoico *m.*
paranormal /ˌpærəˈnɔːm(ə)l/ s. paranormale *m.*
parapet /ˈpærəpɪt/ s. parapetto *m.*
paraphernalia /ˌpærəfəˈneɪljə/ s. pl. **1** attrezzi *m. pl.*, accessori *m. pl.* **2** oggetti *m. pl.* personali
paraphrase /ˈpærəfreɪz/ s. parafrasi *f.*
parapsychology /ˌpærəsaɪˈkɒlədʒɪ/ s. parapsicologia *f.*
parasite /ˈpærəsaɪt/ s. parassita *m.*
parasitical /ˌpærəˈsɪtɪk(ə)l/ agg. parassita
parasol /ˈpærəˌsɒl/ s. parasole *m. inv.*
paratrooper /ˈpærəˌtruːpəʳ/ s. (*mil.*) paracadutista *m.*
parcel /ˈpɑːsl/ s. **1** pacco *m.*, pacchetto *m.* **2** (*comm.*) partita *f.* **3** lotto *m.*
to parcel /ˈpɑːsl/ v.tr. **1** impacchettare **2** spartire
to parch /pɑːtʃ/ v.tr. **1** essiccare **2** inaridire
parching /ˈpɑːtʃɪŋ/ agg. bruciante
parchment /ˈpɑːtʃmənt/ s. pergamena *f.*
pardon /ˈpɑːdn/ s. **1** perdono *m.*, scusa *f.* **2** (*dir.*) grazia *f.* ◆ **p.?** (*per invitare a ripetere*) scusi?, prego? || **I beg your p.!** mi scusi!
to pardon /ˈpɑːdn/ v.tr. **1** perdonare, scusare **2** (*dir.*) graziare

pardonable /ˈpɑːdnəbl/ **agg.** perdonabile
parent /ˈpɛər(ə)nt/ **s.** genitore *m.*
parenthesis /pəˈrɛnθɪsɪs/ (*pl.* **parentheses**) **s.** parentesi *f.*
paresis /pəˈriːsɪs/ **s.** paresi *f.*
parish /ˈpærɪʃ/ **s. 1** parrocchia *f.* **2** distretto *m.* rurale ♦ **p. priest** parroco
Parisian /pəˈrɪzjən/ **agg. e s.** parigino *m.*
parity /ˈpærɪtɪ/ **s.** parità *f.*
park /pɑːk/ **s.** parco *m.*
to park /pɑːk/ **v.tr. e intr.** parcheggiare
parking /ˈpɑːkɪŋ/ **s.** parcheggio *m.*, posteggio *m.* ♦ **no p.** divieto di sosta || **p. lot** parcheggio, posteggio || **p. meter** parchimetro || **p. place** posto macchina
parlance /ˈpɑːləns/ **s.** parlata *f.*, linguaggio *m.*
parliament /ˈpɑːləmənt/ **s.** parlamento *m.*
parliamentary /ˌpɑːləˈmɛnt(ə)rɪ/ **agg.** parlamentare
parlour /ˈpɑːləʳ/ (*USA* **parlor**) **s. 1** salotto *m.* **2** parlatorio *m.* **3** soggiorno *m.* ♦ **beauty p.** salone di bellezza
parochial /pəˈrəʊkjəl/ **agg. 1** parrocchiale **2** (*spreg.*) provinciale
parochialism /pəˈrəʊkjəlɪz(ə)m/ **s.** (*spreg.*) provincialismo *m.*
parody /ˈpærədɪ/ **s.** parodia *f.*
parole /pəˈrəʊl/ **s. 1** parola *f.* d'onore **2** parola *f.* d'ordine
paroxysmal /ˌpærəkˈsɪzməl/ **agg.** parossistico
parquet /ˈpɑːkeɪ/ **s.** parquet *m. inv.*
parricide /ˈpærɪsaɪd/ **s. 1** parricidio *m.* **2** parricida *m. e f.*
parrot /ˈpærət/ **s.** pappagallo *m.*
to parry /ˈpærɪ/ **v.tr.** parare, schivare
parsimonious /ˌpɑːsɪˈməʊnjəs/ **agg.** parsimonioso
parsley /ˈpɑːslɪ/ **s.** prezzemolo *m.*
parsnip /ˈpɑːsnɪp/ **s.** pastinaca *f.*
parson /ˈpɑːsn/ **s.** parroco *m.*
part /pɑːt/ **A agg.** parziale **B avv.** parzialmente **C s. 1** parte *f.* **2** (*mecc.*) pezzo *m.* **3** dispensa *f.*, fascicolo *m.* **4** (*USA*) scriminatura *f.* ♦ **for the most p.** per la maggior parte, in genere || **on my p.** da parte mia || **spare parts** pezzi di ricambio
to part /pɑːt/ **A v.tr.** dividere, separare **B v.intr. 1** dividersi, divergere **2** separarsi ♦ **to p. with st.** rinunciare a q.c.
to partake /pɑːˈteɪk/ (*pass.* **partook**, *p.p.* **partaken**) **v.intr.** prender parte
partial /ˈpɑːʃ(ə)l/ **agg.** parziale ♦ **p. infirmity, insanity** seminfermità
to participate /pɑːˈtɪsɪpeɪt/ **v.intr.** partecipare
participation /pɑːˌtɪsɪˈpeɪʃ(ə)n/ **s.** partecipazione *f.*
participle /ˈpɑːtsɪpl/ **s.** participio *m.*
particle /ˈpɑːtɪkl/ **s.** particella *f.*
particular /pəˈtɪkjʊləʳ/ **A agg. 1** particolare, speciale **2** preciso, accurato **3** esigente, meticoloso **B s. 1** particolare *m.* **2** ragguaglio *m.*, informazione *f.*
particularity /pəˌtɪkjʊˈlærɪtɪ/ **s.** particolarità *f.*
particularly /pəˈtɪkjʊləlɪ/ **avv.** in particolare

parting /ˈpɑːtɪŋ/ **s. 1** distacco *m.*, partenza *f.*, separazione *f.* **2** scriminatura *f.* ♦ **p. visit** visita di congedo
partisan /ˌpɑːtɪˈzæn/ **agg. e s.** partigiano *m.*
partition /pɑːˈtɪʃ(ə)n/ **s. 1** partizione *f.*, divisione *f.* **2** tramezzo *m.*
partly /ˈpɑːtlɪ/ **avv.** parzialmente
partner /ˈpɑːtnəʳ/ **s.** socio *m.*, compagno *m.*, partner *m. e f. inv.*
partnership /ˈpɑːtnəʃɪp/ **s.** società *f.*, associazione *f.*
partridge /ˈpɑːtrɪdʒ/ **s.** pernice *f.*
part-time /ˌpɑːtˈtaɪm/ **avv. e agg. inv.** part-time ♦ **p. job** (lavoro) part-time
party /ˈpɑːtɪ/ **s. 1** partito *m.*, fazione *f.* **2** gruppo *m.*, squadra *f.*, comitiva *f.* **3** festa *f.*, ricevimento *m.* **4** (*dir.*) parte *f.* (in causa) ♦ **p. dress** abito da sera || **p. pooper** guastafeste
pass[1] /pɑːs/ **s.** passo *m.*, valico *m.*
pass[2] /pɑːs/ **s. 1** passaggio *m.* **2** lasciapassare *m.*, permesso *m.* **3** biglietto *m.* gratuito **4** tessera *f.*, abbonamento *m.* ♦ **to make a p. at sb.** tentare un approccio con qc.
to pass /pɑːs/ **A v.tr. 1** passare, oltrepassare, superare **2** dare, porgere **3** promuovere **4** trascorrere **B v.intr. 1** passare, andare oltre **2** finire **3** trascorrere **4** accadere **5** essere promosso **6** rinunciare ♦ **to p. away** morire, mancare || **to p. by** passare vicino, trascurare || **to p. on st.** rinunciare a q.c. || **to p. over** trascurare, lasciarsi sfuggire
passable /ˈpɑːsəbl/ **agg. 1** transitabile **2** passabile
passage /ˈpæsɪdʒ/ **s. 1** passaggio *m.*, varco *m.* **2** corridoio *m.* **3** tragitto *m.*, traversata *f.* **4** brano *m.*
passbook /ˈpɑːsbʊk/ **s.** libretto *m.* di risparmio
passenger /ˈpæsɪn(d)ʒəʳ/ **s.** passeggero *m.*, viaggiatore *m.*
passer-by /ˌpɑːsəˈbaɪ/ (*pl.* **passers-by**) **s.** passante *m. e f.*
passing /ˈpɑːsɪŋ/ **A agg. 1** transitorio, passeggero, di passaggio **2** casuale, incidentale **B s. 1** passaggio *m.* **2** trapasso *m.*, morte *f.* ♦ **in p.** incidentalmente || **p. bell** campana a morto || **p. mark** sufficienza, voto sufficiente
passion /ˈpæʃ(ə)n/ **s.** passione *f.*
passional /ˈpæʃənl/ **agg.** passionale
passionate /ˈpæʃənɪt/ **agg.** appassionato
passionflower /ˈpæʃ(ə)nˌflaʊəʳ/ **s.** passiflora *f.*
passive /ˈpæsɪv/ **agg.** passivo
Passover /ˈpɑːsˌəʊvəʳ/ **s.** Pasqua *f.* ebraica
passport /ˈpɑːspɔːt/ **s.** passaporto *m.* ♦ **p. photo** fototessera
password /ˈpɑːsˌwɜːd/ **s. 1** parola *f.* d'ordine **2** (*inform.*) password *f. inv.*, codice *m.* d'accesso
past /pɑːst/ **A agg. 1** passato, trascorso **2** (*gramm.*) passato **B s.** passato *m.* **C avv.** presso, accanto, oltre **D prep.** dopo, oltre ♦ **p. perfect** piuccheperfetto || **to go p.** passare
pasta /ˈpæstə/ **s.** pasta *f.*, pastasciutta *f.*
paste /peɪst/ **s. 1** pasta *f.* **2** colla *f.*
pastel /pæsˈtel/ **s.** pastello *m.*

to pasteurize /ˈpæstəraɪz/ v.tr. pastorizzare
pastille /pæsˈtiːl/ s. pastiglia *f.*
pastime /ˈpɑːstaɪm/ s. passatempo *m.*
pastor /ˈpɑːstəʳ/ s. (*relig.*) pastore *m.*
pastoral /ˈpɑːst(ə)r(ə)l/ agg. pastorale
pastry /ˈpeɪstrɪ/ s. **1** pasta *f.* per dolci, impasto *m.* **2** pasticcino *m.* ◆ **p. shop** pasticceria || **puff p.** pasta sfoglia
pasture /ˈpɑːstʃəʳ/ s. pascolo *m.*
pasty[1] /ˈpeɪstɪ/ agg. pastoso
pasty[2] /ˈpæstɪ/ s. (*cuc.*) pasticcio *m.*, timballo *m.*
pat /pæt/ **A** s. **1** colpetto *m.*, pacca *f.* **2** pezzetto *m.* **B** agg. (troppo) semplice, scontato
to pat /pæt/ **A** v.tr. dare un buffetto, accarezzare **B** v.intr. tamburellare
patch /pætʃ/ s. **1** toppa *f.* **2** macchia *f.* **3** benda *f.* **4** (*fig.*) periodo *m.*, fase *f.*
to patch /pætʃ/ v.tr. rattoppare, aggiustare ◆ **to p. up** appianare
patchwork /ˈpætʃwɜːk/ s. patchwork *m. inv.*
patchy /ˈpætʃɪ/ agg. **1** rappezzato **2** chiazzato, a macchie **3** irregolare
pate /peɪt/ s. zucca *f.*, testa *f.*
paté /ˈpæteɪ/ s. paté *m. inv.*
patent /ˈpeɪt(ə)nt/ **A** agg. **1** manifesto, palese **2** patentato, brevettato **3** (*fam.*) ingegnoso **B** s. brevetto *m.*
to patent /ˈpeɪt(ə)nt/ v.tr. brevettare
paternal /pəˈtɜːnl/ agg. paterno
paternalism /pəˈtɜːn(ə)lɪz(ə)m/ s. paternalismo *m.*
paternity /pəˈtɜːnɪtɪ/ s. paternità *f.*
path /pɑːθ/ s. **1** sentiero *m.* **2** via *f.*, strada *f.* **3** traiettoria *f.* **4** (*inform.*) percorso *m.*, path *m. inv.*
pathetic /pəˈθɛtɪk/ agg. patetico
pathologic(al) /ˌpæθəˈlɒdʒɪk((ə)l)/ agg. patologico
pathology /pəˈθɒlədʒɪ/ s. patologia *f.*
pathos /ˈpeɪθɒs/ s. pathos *m.*
pathway /ˈpɑːθˌweɪ/ s. sentiero *m.*
patience /ˈpeɪʃ(ə)ns/ s. **1** pazienza *f.* **2** (*con le carte*) solitario *m.*
patient /ˈpeɪʃ(ə)nt/ agg. e s. paziente *m.* e *f.*
patina /ˈpætɪnə/ s. patina *f.*
patriarch /ˈpeɪtrɪɑːk/ s. patriarca *m.*
patriarchate /ˈpeɪtrɪɑːkɪt/ s. patriarcato *m.*
patrician /pəˈtrɪʃ(ə)n/ agg. e s. patrizio *m.*
patrimonial /ˌpætrɪˈməʊnjəl/ agg. patrimoniale
patrimony /ˈpætrɪmənɪ/ s. patrimonio *m.*
patriot /ˈpəɪtrɪət/ s. patriota *m.* e *f.*
patriotic /ˌpætrɪˈɒtɪk/ agg. patriottico
patriotism /ˈpætrɪətɪz(ə)m/ s. patriottismo *m.*
patrol /pəˈtrəʊl/ s. **1** pattuglia *f.*, ronda *f.* **2** perlustrazione *f.*, pattugliamento *m.* ◆ **p. boat** vedetta della guardia costiera || **p. car** auto della polizia || **to be on p.** essere di pattuglia
patron /ˈpeɪtr(ə)n/ s. **1** patrono *m.*, protettore *m.*, mecenate *m.* **2** cliente *m.* e *f.* (abituale)
patronage /ˈpætrənɪdʒ/ s. **1** patrocinio *m.*, mecenatismo *m.*, protezione *f.* **2** clientela *f.*
to patronize /ˈpætrənaɪz/ v.tr. **1** patrocinare **2** trattare con condiscendenza **3** essere cliente abituale di
patronymic /ˌpætrəˈnɪmɪk/ s. patronimico *m.*
patter /ˈpætəʳ/ s. **1** picchiettio *m.* **2** chiacchiera *f.*, parlantina *f.*
to patter /ˈpætəʳ/ v.intr. **1** picchiettare **2** sgambettare
pattern /ˈpætən/ s. **1** modello *m.*, campione *m.* **2** motivo *m.*, disegno *m.*
paunch /ˈpɔːn(t)ʃ/ s. pancione *m.*
pauper /ˈpɔːpəʳ/ s. povero *m.*
pause /pɔːz/ s. pausa *f.*, sosta *f.*, tregua *f.*
to pause /pɔːz/ v.intr. fare una pausa
to pave /peɪv/ v.tr. **1** (*una strada*) pavimentare, lastricare **2** (*fig.*) aprire la strada
pavement /ˈpeɪvmənt/ s. **1** selciato *m.* **2** marciapiede *m.*
pavilion /pəˈvɪljən/ s. padiglione *m.*
paving /ˈpeɪvɪŋ/ s. pavimentazione *f.*, selciato *m.*
paw /pɔː/ s. zampa *f.*
pawn[1] /pɔːn/ s. pegno *m.*, garanzia *f.*
pawn[2] /pɔːn/ s. pedina *f.*, (*scacchi*) pedone *m.*
to pawn /pɔːn/ v.tr. impegnare, dare in pegno
pay /peɪ/ s. paga *f.*, compenso *m.* ◆ **p. envelope** (*USA*) busta paga || **p. packet** busta paga || **in the p. of** al soldo di
to pay /peɪ/ (*pass. e p.p.* **paid**) **A** v.tr. **1** pagare, compensare **2** rendere, fruttare **3** fare, rendere **B** v.intr. **1** pagare **2** essere vantaggioso, convenire ◆ **to p. attention** prestare attenzione || **to p. back** ripagare || **to p. in** versare || **to p. off** saldare, liquidare, corrompere, comprare || **to p. out** sborsare, rimborsare || **to p. up** saldare
payable /ˈpeɪəbl/ agg. pagabile
pay-as-you-go /ˈpeɪæzjʊˌgəʊ/ agg. ricaricabile
payee /peɪˈiː/ s. beneficiario *m.*
payment /ˈpeɪmənt/ s. pagamento *m.* ◆ **p. in full** saldo || **terms of p.** condizioni di pagamento
payroll /ˈpeɪrəʊl/ s. libro *m.* paga
PC /ˌpiːˈsiː/ s. PC *m. inv.*
pea /piː/ s. pisello *m.*
peace /piːs/ s. pace *f.* ◆ **at p.** in pace
peaceful /ˈpiːsf(ʊ)l/ agg. pacifico, tranquillo
peach /piːtʃ/ s. (*frutto*) pesca *f.* ◆ **p. tree** pesco
peacock /piːkɒk/ s. pavone *m.*
peak /piːk/ **A** s. **1** vetta *f.*, picco *m.* **2** punta *f.* **3** visiera *f.* **4** massimo *m.* **B** agg. di punta, massimo ◆ **p. hours** ore di punta || **p. time** (*radio, tv*) fascia oraria di massimo ascolto
peal /piːl/ s. **1** scampanio *m.* **2** scoppio *m.*, scroscio *m.*
peanut /ˈpiːnʌt/ s. arachide *f.*
pear /pɛəʳ/ s. pera *f.* ◆ **p. tree** pero
pearl /pɜːl/ s. perla *f.*
pearly /ˈpɜːlɪ/ agg. perlaceo ◆ **p. whites** denti
peasant /ˈpɛz(ə)nt/ s. contadino *m.*

peat /piːt/ s. torba *f.*
pebble /ˈpɛbl/ s. ciottolo *m.*
peck /pɛk/ s. **1** beccata *f.*, colpo *m.* di becco **2** (*fam.*) bacetto *m.*
to peck /pɛk/ v.tr. e intr. beccare
peckish /ˈpɛkɪʃ/ agg. (*fam.*) con un languorino
peculiar /pɪˈkjuːlɪəʳ/ agg. **1** peculiare **2** strano, insolito
peculiarity /pɪˌkjuːlɪˈærɪtɪ/ s. **1** peculiarità *f.* **2** stranezza *f.*
pedagogy /ˈpɛdəgɒgɪ/ s. pedagogia *f.*
pedal /ˈpɛdl/ s. pedale *m.*
to pedal /ˈpɛdl/ v.intr. pedalare
pedant /ˈpɛd(ə)nt/ s. pedante *m.* e *f.*, pignolo *m.*
pedantic /pɪˈdæntɪk/ agg. pedante
pedantry /ˈpɛd(ə)ntrɪ/ s. pedanteria *f.*
to peddle /ˈpɛdl/ **A** v.intr. fare il venditore ambulante **B** v.tr. **1** (*di ambulante*) vendere al minuto **2** (*droga*) spacciare **3** (*idee*) diffondere, spargere
pedestal /ˈpɛdɪstl/ s. piedistallo *m.*
pedestrian /pɪˈdɛstrɪən/ **A** agg. **1** che va a piedi **2** pedestre **B** s. pedone *m.* ◆ **p. crossing** strisce pedonali, passaggio pedonale
pedicure /ˈpɛdɪkjʊəʳ/ s. pedicure *m.* e *f. inv.*
pedicurist /ˈpɛdɪkjʊəʳɪst/ s. pedicure *m.* e *f. inv.*
pedigree /ˈpɛdɪgriː/ s. **1** albero *m.* genealogico **2** lignaggio *m.* **3** pedigree *m. inv.*
pediment /ˈpɛdɪmənt/ s. (*arch.*) frontone *m.*
pee /piː/ s. (*fam.*) pipì *f.*
to pee /piː/ v.intr. (*fam.*) fare pipì
to peek /piːk/ v.intr. sbirciare
peel /piːl/ s. buccia *f.*, scorza *f.*
to peel /piːl/ **A** v.tr. pelare, sbucciare **B** v.intr. spellarsi, sbucciarsi, squamarsi
peep[1] /piːp/ s. sbirciata *f.*
peep[2] /piːp/ s. pigolio *m.*, squittio *m.*
to peep[1] /piːp/ v.intr. **1** sbirciare, occhieggiare **2** fare capolino, spuntare ◆ **to p. at st.** guardare furtivamente q.c.
to peep[2] /piːp/ v.intr. pigolare, squittire
peephole /ˈpiːpˌhəʊl/ s. spioncino *m.*
peer /pɪəʳ/ s. **1** pari *m.*, persona *f.* di pari rango **2** (*membro della Camera dei Lord*) Pari *m.*
to peer /pɪəʳ/ v.intr. **1** far capolino, spuntare **2** scrutare
peerless /ˈpɪəlɪs/ agg. impareggiabile
peeved /piːvd/ agg. (*fam.*) irritato
peevish /ˈpiːvɪʃ/ agg. irritabile, permaloso
peg /pɛg/ s. **1** piolo *m.*, picchetto *m.* **2** attaccapanni *m. inv.* **3** (*per bucato*) molletta *f.*
pejorative /pɪˈdʒɒrətɪv/ agg. peggiorativo
pelican /ˈpɛlɪkən/ s. pellicano *m.* ◆ **p. crossing** attraversamento pedonale con semaforo a controllo manuale
pellet /ˈpɛlɪt/ s. **1** pallina *f.* **2** pallottola *f.*
pelt[1] /pɛlt/ s. pelle *f.* non conciata
pelt[2] /pɛlt/ s. (*di proiettile, sasso e sim.*) colpo *m.* ◆ **at full p.** a tutta velocità
to pelt /pɛlt/ **A** v.tr. (*con proiettili, sassi e sim.*) colpire **B** v.intr. scrosciare, piovere a dirotto
pelvis /ˈpɛlvɪs/ s. pelvi *f.*, bacino *m.*
pen[1] /pɛn/ s. penna *f.* ◆ **ballpoint p.** penna a sfera || **fountain p.** stilografica || **quill p.** penna d'oca || **p. friend** amico di penna, corrispondente || **p. name** pseudonimo || **p. pal** amico di penna, corrispondente
pen[2] /pɛn/ s. (*per animali*) recinto *m.*
penal /ˈpiːnl/ agg. penale
to penalize /ˈpiːnəlaɪz/ v.tr. penalizzare
penalty /ˈpɛn(ə)ltɪ/ s. penalità *f.*, ammenda *f.*, punizione *f.* ◆ **p. kick** calcio di rigore
penance /ˈpɛnəns/ s. penitenza *f.*
pence /pɛns/ pl. di **penny**
pencil /ˈpɛnsl/ s. matita *f.* ◆ **p. case** portamatite || **p. sharpener** temperamatite
pendant /ˈpɛndənt/ s. pendente *m.*, ciondolo *m.*
pending /ˈpɛndɪŋ/ **A** agg. **1** pendente, in sospeso **2** imminente **B** prep. **1** durante **2** fino a, in attesa di
pendular /ˈpɛndjʊləʳ/ agg. pendolare
pendulum /ˈpɛndjʊləm/ s. pendolo *m.*
to penetrate /ˈpɛnɪtreɪt/ **A** v.tr. **1** penetrare **2** pervadere, permeare **3** comprendere, capire **B** v.intr. **1** penetrare, introdursi **2** capire
penetration /ˌpɛnɪˈtreɪʃ(ə)n/ s. penetrazione *f.*
penguin /ˈpɛŋgwɪn/ s. pinguino *m.*
penicillin /ˌpɛnɪˈsɪlɪn/ s. penicillina *f.*
peninsula /pɪˈnɪnsjʊlə/ s. penisola *f.*
peninsular /pɪˈnɪnsjʊləʳ/ agg. peninsulare
penis /ˈpiːnɪs/ s. pene *m.*
penitence /ˈpɛnɪt(ə)ns/ s. pentimento *m.*
penitent /ˈpɛnɪt(ə)nt/ agg. e s. penitente *m.* e *f.*
penitentiary /ˌpɛnɪˈtɛnʃərɪ/ s. (*USA*) penitenziario *m.*
penknife /ˈpɛnnaɪf/ s. temperino *m.*
pennant /ˈpɛnənt/ s. **1** gagliardetto *m.* **2** bandierina *f.*
penny /ˈpɛnɪ/ s. (*pl.* **pennies** o **pence**) **1** un centesimo *m.* di sterlina **2** (*USA*) centesimo *m.*
pensile /ˈpɛnsaɪl/ agg. pensile
pension /ˈpɛnʃ(ə)n/ s. pensione *f.*
pensioner /ˈpɛnʃənəʳ/ s. pensionato *m.*
pensive /ˈpɛnsɪv/ agg. pensieroso
pentagon /ˈpɛntəgən/ s. pentagono *m.*
pentagonal /pɛnˈtægənl/ agg. pentagonale
Pentecost /ˈpɛntɪkɒst/ s. pentecoste *f.*
penthouse /ˈpɛnthaʊs/ s. attico *m.*
pent-up /ˈpɛntˌʌp/ agg. **1** rinchiuso **2** represso
penultimate /pɪˈnʌltɪmɪt/ agg. penultimo
penury /ˈpɛnjʊrɪ/ s. penuria *f.*, miseria *f.*
peony /ˈpɪənɪ/ s. peonia *f.*
people /ˈpiːpl/ s. **1** popolo *m.*, gente *f.* **2** (*pl. collettivo*) persone *f. pl.*, folla *f.* ◆ **a lot of p.** un mucchio di gente || **p. say...** si dice...
to people /ˈpiːpl/ v.tr. popolare
pep /pɛp/ s. (*fam.*) energia *f.*, vigore *m.*
to pep /pɛp/ v.tr. (*fam.*) **to p. up** stimolare, vivacizzare

peplos /'pəpləs/ s. peplo *m.*
pepper /'pɛpəʳ/ s. **1** pepe *m.* **2** peperone *m.* ♦ **p. grinder, mill** macinapepe || **red p.** peperoncino
to pepper /'pɛpəʳ/ v.tr. **1** pepare **2** cospargere di **3** mitragliare, tempestare
peppermint /'pɛpəmɪnt/ s. **1** menta *f.* piperita **2** caramella *f.* di menta
peppery /'pəpərɪ/ agg. pepato
peppy /'pɛpɪ/ agg. (*fam.*) energico, vigoroso
per /pə(:)ʳ/ prep. **1** per, per mezzo di, attraverso **2** per, ogni, a ♦ **p. capita** pro capite || **p. cent** per cento || **p. hour** all'ora
to perceive /pə'si:v/ v.tr. **1** percepire **2** accorgersi
percent /pə'sɛnt/ agg. e s. percentuale *f.*
percentage /pə'sɛntɪdʒ/ s. percentuale *f.*
perceptible /pə'sɛptəbl/ agg. percettibile
perception /pə'sɛpʃ(ə)n/ s. percezione *f.*
perceptive /pə'sɛptɪv/ agg. percettivo
perch[1] /pɜ:tʃ/ s. **1** pertica *f.* **2** trespolo *m.*
perch[2] /pɜ:tʃ/ s. pesce *m.* persico
to perch /pɜ:tʃ/ v.intr. appollaiarsi
to percolate /'pɜ:kəleɪt/ v.tr. e intr. filtrare
percolator /'pɜ:kəleɪtəʳ/ s. **1** filtro *m.* **2** macchinetta *f.* per il caffè
percussion /pɜ:'kʌʃ(ə)n/ s. percussione *f.*
peregrination /ˌpɛrɪgrɪ'neɪʃ(ə)n/ s. peregrinazione *f.*
peremptory /pə'rɛm(p)t(ə)rɪ/ agg. perentorio
perennial /pə'rɛnjəl/ agg. perenne
perfect /'pɜ:fɪkt/ **A** agg. perfetto **B** s. (*gramm.*) perfetto *m.*
to perfect /'pɜ:fɛkt/ v.tr. perfezionare
perfecta /pɜ:'fɛktə/ s. accoppiata *f.*
perfection /pə'fɛkʃ(ə)n/ s. **1** perfezione *f.* **2** perfezionamento *m.*
perfectionism /pə'fɛkʃ(ə)nɪz(ə)m/ s. perfezionismo *m.*
perfectionist /pə'fɛkʃ(ə)nɪst/ s. perfezionista *m. e f.*
perfidious /pɜ:'fɪdɪəs/ agg. perfido
to perforate /pɜ:fəreɪt/ v.tr. perforare
perforation /ˌpɜ:fə'reɪʃ(ə)n/ s. perforazione *f.*, traforo *m.*
to perform /pə'fɔ:m/ **A** v.tr. **1** eseguire, compiere **2** (*teatro*) recitare, rappresentare **B** v.intr. **1** funzionare, comportarsi **2** (*teatro*) esibirsi, interpretare una parte
performance /pə'fɔ:məns/ s. **1** esecuzione *f.*, rappresentazione *f.*, spettacolo *m.* **2** prestazione *f.*, rendimento *m.*
performer /pə'fɔ:məʳ/ s. **1** artista *m. e f.*, attore *m.*, interprete *m. e f.* **2** esecutore *m.*
perfume /'pɜ:fju:m/ s. profumo *m.* ♦ **p. shop** profumeria
to perfume /pə'fju:m/ v.tr. profumare
perfumery /pə'fju:m(ə)rɪ/ s. profumeria *f.*
perfunctory /pə'fʌŋ(k)tərɪ/ agg. superficiale, trascurato
pergola /'pɜ:gələ/ s. pergola *f.*
perhaps /pə'hæps/ avv. forse, probabilmente
peril /'pɛrɪl/ s. pericolo *m.*
perimeter /pə'rɪmɪtəʳ/ s. perimetro *m.*
perimetric(al) /ˌpɛrɪ'mɛtrɪk((ə)l)/ agg. perimetrale
period /'pɪərɪəd/ **A** s. **1** periodo *m.*, epoca *f.* **2** (*gramm.*) frase *f.*, periodo *m.* **3** (*segno ortografico*) punto *m.* **4** mestruazioni *f. pl.* **B** agg. d'epoca, caratteristico di un periodo, in stile
periodical /ˌpɪərɪ'ɒdɪk(ə)l/ agg. e s. periodico *m.*
periodicity /ˌpɪərɪə'dɪsɪtɪ/ s. periodicità *f.*
peripheral /pə'rɪfərəl/ **A** agg. **1** periferico **2** marginale **B** s. (*inform.*) (unità) periferica *f.*
periphrasis /pə'rɪfrəsɪs/ s. perifrasi *f.*
periscope /'pɛrɪskəup/ s. periscopio *m.*
to perish /'pɛrɪʃ/ v.intr. **1** perire, morire **2** deperire, deteriorarsi
perishable /'pɛrɪʃəbl/ agg. deperibile, deteriorabile
peritonitis /ˌpɛrɪtə'naɪtɪs/ s. peritonite *f.*
perjury /'pɜ:dʒ(ə)rɪ/ s. spergiuro *m.*
to perk /pɜ:k/ v.intr. **to p. up** rianimarsi, riprendersi
perky /'pɜ:kɪ/ agg. **1** vivace, allegro **2** baldanzoso
perm /pɜ:m/ s. (*fam.*) permanente *f.*
permanent /'pɜ:mənənt/ agg. permanente, stabile ♦ **p. wave** (*per capelli*) permanente
permeable /'pɜ:mjəbl/ agg. permeabile
to permeate /'pɜ:mɪeɪt/ **A** v.tr. permeare **B** v.intr. diffondersi, penetrare
permissible /pə'mɪsəbl/ agg. ammissibile
permission /pə'mɪʃ(ə)n/ s. permesso *m.*
permissive /pə'mɪsɪv/ agg. **1** permissivo, tollerante **2** lecito
permit /'pɜ:mɪt/ s. permesso *m.*, autorizzazione *f.*
to permit /pə'mɪt/ v.tr. permettere, concedere
permutation /ˌpɜ:mju:'teɪʃ(ə)n/ s. permuta *f.*
pernicious /pɜ:'nɪʃəs/ agg. pernicioso
perpendicular /ˌpɜ:p(ə)n'dɪkjʊləʳ/ agg. e s. perpendicolare *f.*
perpetual /pə'pətjuəl/ agg. perpetuo
to perplex /pə'plɛks/ v.tr. **1** rendere perplesso **2** complicare
perplexed /pə'plɛkst/ agg. **1** perplesso **2** complicato
perplexity /pə'plɛksɪtɪ/ s. **1** perplessità *f.* **2** complicazione *f.*
to persecute /'pɜ:sɪkju:t/ v.tr. perseguitare, molestare
persecution /ˌpɜ:sɪ'kju:ʃ(ə)n/ s. persecuzione *f.*
perseverance /ˌpɜ:sɪ'vɪərəns/ s. perseveranza *f.*
to persevere /ˌpɜ:sɪ'vɪəʳ/ v.intr. perseverare ♦ **to p. in doing st.** insistere nel fare q.c.
Persian /'pɜ:ʃ(ə)n/ agg. e s. persiano *m.*
to persist /pə'sɪst/ v.intr. **1** persistere, continuare **2** ostinarsi
persistent /pə'sɪst(ə)nt/ agg. **1** persistente **2** insistente, tenace
person /'pɜ:sn/ s. persona *f.* ♦ **in p.** di persona, personalmente
personage /'pɜ:snɪdʒ/ s. personaggio *m.*
personal /'pɜ:snl/ agg. personale ♦ **p. assistant** segretario particolare || **p. best** record personale, mi-

gliore prestazione || **p. computer** PC, personal computer

personality /ˌpɜːsəˈnælɪtɪ/ s. **1** personalità *f.* **2** personaggio *m.*

to personalize /ˈpɜːs(ə)nəlaɪz/ v.tr. personalizzare

personification /pɜːˌsɒnɪfɪˈkeɪʃ(ə)n/ s. personificazione *f.*

to personify /pɜːˈsɒnɪfaɪ/ v.tr. personificare

personnel /ˌpɜːsəˈnɛl/ s. personale *m.*

perspective /pəˈspɛktɪv/ **A** agg. prospettico **B** s. prospettiva *f.*

perspicacity /ˌpɜːspɪˈkæsɪtɪ/ s. perspicacia *f.*, sagacia *f.*

perspiration /ˌpɜːspəˈreɪʃ(ə)n/ s. sudore *m.*, sudorazione *f.*

to perspire /pəˈspaɪəʳ/ v.intr. sudare

to persuade /pəˈsweɪd/ v.tr. persuadere

persuasion /pəˈsweɪʒ(ə)n/ s. persuasione *f.*, convincimento *m.*

persuasive /pəˈsweɪzɪv/ agg. persuasivo

pert /pɜːt/ agg. impertinente ◆ **a p. nose** un bel nasino

to pertain /pɜːˈteɪn/ v.intr. essere di pertinenza, spettare

pertinent /ˈpɜːtɪnənt/ agg. pertinente, relativo

to perturb /pəˈtɜːb/ v.tr. infastidire, irritare

perturbation /ˌpɜːtɜːˈbeɪʃ(ə)n/ s. **1** perturbazione *f.* **2** turbamento *m.*

to peruse /pəˈruːz/ v.tr. **1** leggere attentamente **2** esaminare

to pervade /pɜːˈveɪd/ v.tr. pervadere

pervasive /pɜːˈveɪsɪv/ agg. penetrante

perverse /pəˈvɜːs/ agg. perverso, iniquo

perversion /pəˈvɜːʃ(ə)n/ s. perversione *f.*

pervert /ˈpɜːvɜːt/ s. pervertito *m.*

to pervert /pəˈvɜːt/ v.tr. pervertire, corrompere

pessimism /ˈpɛsɪmɪz(ə)m/ s. pessimismo *m.*

pessimist /ˈpɛsɪmɪst/ s. pessimista *m. e f.*

pessimistic /ˌpɛsɪˈmɪstɪk/ agg. pessimistico

pest /pɛst/ s. **1** insetto *m.* nocivo **2** pianta *f.* infestante **3** persona *f.* fastidiosa

to pester /ˈpɛstəʳ/ v.tr. seccare, importunare

pestiferous /pɛsˈtɪf(ə)rəs/ agg. pestifero

pestilence /ˈpɛstɪləns/ s. pestilenza *f.*

pet /pɛt/ s. **1** animale *m.* domestico **2** beniamino *m.* ◆ **p. name** vezzeggiativo

to pet /pɛt/ **A** v.tr. **1** coccolare, vezzeggiare **2** (*fam.*) pomiciare con **B** v.intr. (*fam.*) pomiciare

petal /ˈpɛtl/ s. petalo *m.*

petard /pəˈtɑːd/ s. petardo *m.*

to peter /ˈpiːtəʳ/ v.intr. (*fam.*) **to p. out** esaurirsi, estinguersi

petition /pɪˈtɪʃən/ s. **1** petizione *f.*, supplica *f.* **2** (*dir.*) ricorso *m.*

petrified /ˈpɛtrɪfaɪd/ agg. **1** pietrificato **2** impietrito

to petrify /ˈpɛtrɪfaɪ/ v.intr. **1** pietrificarsi **2** impietrirsi

petrol /ˈpɛtr(ə)l/ s. benzina *f.* ◆ **p. station** stazione di servizio || **p. tank** serbatoio della benzina

petroleum /pɪˈtrəʊljəm/ s. petrolio *m.* ◆ **crude p.** petrolio grezzo

petticoat /ˈpɛtɪkəʊt/ s. sottoveste *f.*

pettifogger /ˈpɛtɪfɒgəʳ/ s. leguleio *m.*

petty /ˈpɛtɪ/ agg. **1** piccolo, insignificante **2** meschino **3** subalterno, subordinato ◆ **p. officer** sottufficiale di marina || **p. cash** piccola cassa

petulance /ˈpɛtjʊləns/ s. petulanza *f.*

petulant /ˈpɛtjʊlənt/ agg. petulante, irritabile

pew /pjuː/ s. (*di chiesa*) panca *f.*

pewter /ˈpjuːtəʳ/ s. peltro *m.*

phagocyte /fəˈgəʊsaɪt/ s. (*biol.*) fagocita *m.*

phalanstery /ˈfælənst(ə)rɪ/ s. falansterio *m.*

phalanx /ˈfælæŋks/ s. (*mil.*) falange *f.*

phallic /ˈfælɪk/ agg. fallico

phallus /ˈfæləs/ s. fallo *m.*

phantom /ˈfæntəm/ s. fantasma *m.*

Pharaoh /ˈfɛərəʊ/ s. faraone *m.*

pharaonic /fɛəˈrɒnɪk/ agg. faraonico

pharmaceutic(al) /ˌfɑːməˈsjuːtɪk((ə)l)/ **A** agg. farmaceutico **B** s. farmaco *m.*

pharmacist /ˈfɑːməsɪst/ s. farmacista *m. e f.*

pharmacy /ˈfɑːməsɪ/ s. farmacia *f.*

pharyngitis /ˌfærɪnˈdʒaɪtɪs/ s. faringite *f.*

pharynx /ˈfærɪŋks/ s. faringe *f.*

phase /feɪz/ s. fase *f.* ◆ **p. displacement** (*elettr.*) sfasamento || **out of p.** fuori fase, sfasato

pheasant /ˈfɛznt/ s. fagiano *m.*

phenomena /fɪˈnɒmɪnə/ pl. di **phenomenon**

phenomenal /fɪˈnɒmɪnl/ agg. fenomenale

phenomenon /fɪˈnɒmɪnən/ (*pl.* **phenomena**) s. fenomeno *m.*

phew /fjuː/ inter. uffa

phial /ˈfaɪəl/ s. fiala *f.*

philanthropic(al) /ˌfɪlənˈθrɒpɪk((ə)l)/ agg. filantropico

philanthropist /fɪˈlænθrəpɪst/ s. filantropo *m.*

philanthropy /fɪˈlænθrəpɪ/ s. filantropia *f.*

philatelic(al) /ˌfɪləˈtɛlɪk((ə)l)/ agg. filatelico

philately /fɪˈlætəlɪ/ s. filatelia *f.*

philharmonic /ˌfɪlɑːˈmɒnɪk/ agg. e s. filarmonica *f.*

Philippine /ˈfɪlɪpiːn/ agg. filippino

philology /fɪˈlɒlədʒɪ/ s. filologia *f.*

philosopher /fɪˈlɒsəfəʳ/ s. filosofo *m.*

philosophic(al) /ˌfɪləˈsɒfɪk((ə)l)/ agg. filosofico

philosophy /fɪˈlɒsəfɪ/ s. filosofia *f.*

phlebitis /flɪˈbaɪtɪs/ s. flebite *f.*

phleboclysis /ˈflɛbo(ʊ)ˌklaɪsɪs/ s. fleboclisi *f.*

phlegm /flɛm/ s. **1** (*med.*) muco *m.* **2** flemma *f.*, sangue *m.* freddo

phlegmatic /flɛgˈmætɪk/ agg. flemmatico

phlogosis /fləˈgəʊsɪs/ s. flogosi *f.*

phobia /ˈfəʊbjə/ s. fobia *f.*

Phoenician /fɪˈnɪʃ(ɪ)ən/ agg. e s. fenicio *m.*

phone /fəʊn/ s. telefono *m.* ◆ **p. book** elenco telefonico || **p. booth, box** cabina telefonica || **p. call** telefonata || **to be on the p.** essere al telefono || **mobile p.** (telefono) cellulare

to phone /fəʊn/ v.tr. e intr. telefonare ◆ **to p. back** richiamare || **to p. in** comunicare per telefono || **to p. sb. up** telefonare a qc.

phonecard /ˈfəʊŋkɑːd/ s. scheda *f.* telefonica

phonetic /fə(ʊ)ˈnɛtɪk/ agg. fonetico

phonetics /fə(ʊ)ˈnɛtɪks/ s. pl. (*v. al sing.*) fonetica *f.*

phoney /ˈfəʊnɪ/ **A** agg. (*fam.*) falso, fasullo **B** s. **1** cosa *f.* falsa **2** impostore *m.*

phosphorescent /ˌfɒsfəˈrɛsənt/ agg. fosforescente

phosphorus /ˈfɒsfərəs/ s. fosforo *m.*

photo /ˈfəʊtəʊ/ s. fotografia *f.*

photocell /ˈfəʊtəsɛl/ s. fotocellula *f.*

photocopier /ˈfəʊtə(ʊ)ˌkɒpɪəʳ/ s. fotocopiatrice *f.*

photocopy /ˈfəʊtə(ʊ)ˌkɒpɪ/ s. fotocopia *f.*

to photocopy /ˈfəʊtə(ʊ)ˌkɒpɪ/ v.tr. fotocopiare

photogenic /ˌfəʊtə(ʊ)ˈdʒɛnɪk/ agg. fotogenico

photograph /ˈfəʊtəgrɑːf/ s. fotografia *f.*

to photograph /ˈfəʊtəgrɑːf/ v.tr. fotografare

photographer /f(ə)ˈtɒgrəfəʳ/ s. fotografo *m.*

photographic /ˌfəʊtəˈgræfɪk/ agg. fotografico

photography /fəˈtɒgrəfɪ/ s. fotografia *f.*

photomontage /ˌfəʊtəʊmɒnˈtɑːʒ/ s. fotomontaggio *m.*

phrasal /ˈfreɪz(ə)l/ agg. di locuzione, di frase ◆ **p. verb** verbo fraseologico

phrase /freɪz/ s. **1** locuzione *f.*, espressione *f.*, frase *f.* fatta **2** (*mus.*) frase *f.* ◆ **p. book** manuale di conversazione || **turn of p.** modo di esprimersi

to phrase /freɪz/ v.tr. esprimere, dire, formulare

phraseological /ˌfreɪzɪəˈlɒdʒɪk(ə)l/ agg. fraseologico

physical /ˈfɪzɪk(ə)l/ agg. fisico

physician /fɪˈzɪʃ(ə)n/ s. medico *m.*

physics /ˈfɪzɪks/ s. pl. (*v. al sing.*) fisica *f.*

physiognomist /ˌfɪzɪˈɒnəmɪst/ s. fisionomista *m. e f.*

physiognomy /ˌfɪzɪˈɒnəmɪ/ s. fisionomia *f.*

physiologic /ˌfɪzɪəˈlɒdʒɪk/ agg. fisiologico

physiological /ˌfɪzɪəˈlɒdʒɪk(ə)l/ agg. fisiologico

physiology /ˌfɪzɪˈɒlədʒɪ/ s. fisiologia *f.*

physiotherapist /ˌfɪzɪə(ʊ)ˈθɛrəpɪst/ s. fisioterapista *m. e f.*

physiotherapy /ˌfɪzɪə(ʊ)ˈθɛrəpɪ/ s. fisioterapia *f.*

physique /fɪˈziːk/ s. fisico *m.*, corporatura *f.*

pianist /ˈpɪənɪst/ s. pianista *m. e f.*

piano /ˈpjænəʊ/ s. pianoforte *m.*

pick[1] /pɪk/ s. **1** piccone *m.* **2** strumento *m.* appuntito **3** (*mus.*) plettro *m.*

pick[2] /pɪk/ s. **1** scelta *f.* **2** parte *f.* migliore

to pick /pɪk/ **A** v.tr. **1** cogliere, raccogliere **2** togliere **3** scegliere **4** pulire, ripulire **5** rubare, borseggiare **B** v.intr. **1** picconare **2** mangiucchiare, piluccare ◆ **to p. at** sbocconcellare || **to p. on** prendersela con || **to p. out** scegliere, riconoscere || **to p. up** raccogliere, dare un passaggio, passare a prendere, imparare, acquistare, riprendersi

pickaxe /ˈpɪkæks/ s. piccone *m.*

picket /ˈpɪkɪt/ s. **1** piolo *m.*, picchetto *m.* **2** (*di scioperanti*) picchetto *m.*

to picket /ˈpɪkɪt/ v.tr. e intr. picchettare

pickle /ˈpɪkl/ s. **1** salamoia *f.* **2** sottaceti *m. pl.* ◆ **to be in a p.** essere nei pasticci

to pickle /ˈpɪkl/ v.tr. mettere sotto aceto, conservare in salamoia

pickpocket /ˈpɪkˌpɒkɪt/ s. borseggiatore *m.*

pick-up /ˈpɪkʌp/ s. **1** pick up *m. inv.* **2** ripresa *f.*, accelerazione *f.* ◆ **p. truck** pickup

picnic /ˈpɪknɪk/ s. picnic *m. inv.*

pictorial /pɪkˈtɔːrɪəl/ agg. **1** illustrato **2** pittorico

picture /ˈpɪktʃəʳ/ s. **1** quadro *m.*, immagine *f.*, illustrazione *f.*, disegno *m.* **2** fotogramma *m.*, fotografia *f.* **3** ritratto *m.* **4** descrizione *f.* **5** situazione *f.*, quadro *m.* **6** film *m. inv.*, cinema *m.* ◆ **p. book** libro illustrato || **p. card** figurina || **p. gallery** pinacoteca || **to be in the p.** essere informato, essere coinvolto

to picture /ˈpɪktʃəʳ/ v.tr. **1** dipingere, ritrarre, raffigurare **2** immaginare ◆ **to p. oneself** immaginarsi

picturesque /ˌpɪktʃəˈrɛsk/ agg. pittoresco

pie /paɪ/ s. **1** torta *f.* **2** tortino *m.*, pasticcio *m.* ◆ **apple p.** torta di mele || **p. chart** diagramma a torta

piece /piːs/ s. **1** pezzo *m.* **2** moneta *f.* ◆ **a p. of** un pezzo di, una parte di, (*seguito da s. non numerabile*) un, una || **a p. of news** una notizia || **a p. of advice** un consiglio || **in one p.** intero || **to give sb. a p. of one's mind** fare un discorsetto a qc.

to piece /piːs/ v.tr. **1** unire, connettere **2** rappezzare ◆ **to p. together** mettere insieme

piecemeal /ˈpiːsmiːl/ **A** agg. frammentario **B** avv. pezzo per pezzo, un po' alla volta

piecework /ˈpiːswɜːk/ s. lavoro *m.* a cottimo

pier /pɪəʳ/ s. **1** banchina *f.*, molo *m.* **2** (*di ponte*) pilone *m.*

to pierce /pɪəs/ v.tr. **1** forare, perforare **2** trafiggere ◆ **to p. through st.** penetrare attraverso q.c.

piercing /ˈpɪəsɪŋ/ agg. penetrante, acuto

pig /pɪg/ s. **1** maiale *m.*, porco *m.* **2** (*metall.*) pane *m.*, lingotto *m.* ◆ **Guinea p.** porcellino d'India || **suckling p.** maialino da latte

pigeon /ˈpɪdʒɪn/ s. piccione *m.* ◆ **carrier p.** piccione viaggiatore || **p. house** piccionaia

pigeonhole /ˈpɪdʒɪnhəʊl/ s. casella *f.*

to pigeonhole /ˈpɪdʒɪnhəʊl/ v.tr. classificare

piggery /ˈpɪgərɪ/ s. porcile *m.*, allevamento *m.* di suini

piggy /ˈpɪgɪ/ s. porcellino *m.*, maialino *m.* ◆ **p. bank** (*a forma di porcellino*) salvadanaio

pigheaded /ˌpɪgˈhɛdɪd/ agg. (*fam.*) caparbio

piglet /ˈpɪglɪt/ s. porcellino *m.*, maialino *m.*

pigment /ˈpɪgmənt/ s. pigmento *m.*

pigmentation /ˌpɪgmənˈteɪʃ(ə)n/ s. pigmentazione *f.*

pigmy /ˈpɪgmɪ/ s. pigmeo *m.*

pigpen /ˈpɪgpen/ s. (*USA*) porcile *m.*

pigskin /ˈpɪgskɪn/ s. (pelle di) cinghiale *m.*

pigsty /ˈpɪgstaɪ/ s. porcile *m.*

pigtail /ˈpɪgteɪl/ s. **1** codino *m.* di maiale **2** treccia *f.*

pike /paɪk/ s. luccio *m.*

pilchard /ˈpɪltʃəd/ s. sardina *f.*
pile[1] /paɪl/ s. **1** pila *f.*, catasta *f.*, mucchio *m.* **2** (*fig.*) grande quantità *f.* **3** (*fis.*) pila *f.*
pile[2] /paɪl/ s. palo *m.*, palafitta *f.*, pilone *m.*
pile[3] /paɪl/ s. (*di tessuto*) pelo *m.*
to pile /paɪl/ **A** v.tr. ammucchiare, accatastare **B** v.intr. ammucchiarsi, affollarsi ♦ **to p. on** esagerare, aumentare || **to p. up** accumularsi, (*di veicoli*) tamponarsi
piles /paɪlz/ s. pl. emorroidi *f. pl.*
pileup /ˈpaɪlʌp/ s. (*fam.*) tamponamento *m.* a catena
to pilfer /ˈpɪlfəʳ/ v.tr. e intr. rubacchiare
pilgrim /ˈpɪlgrɪm/ s. pellegrino *f.*
pilgrimage /ˈpɪlgrɪmɪdʒ/ s. pellegrinaggio *m.*
pill /pɪl/ s. pillola *f.*
pillage /ˈpɪlɪdʒ/ s. saccheggio *m.*
to pillage /ˈpɪlɪdʒ/ v.tr. e intr. saccheggiare
pillager /ˈpɪlɪdʒəʳ/ s. saccheggiatore *m.*
pillar /ˈpɪləʳ/ s. pilastro *m.*, colonna *f.* ♦ **p. box** buca delle lettere
pillion /ˈpɪljən/ s. sellino *m.* posteriore
to pillory /ˈpɪlərɪ/ v.tr. mettere alla berlina
pillow /ˈpɪləʊ/ s. guanciale *m.*, cuscino *m.* ♦ **p. case** federa
pilot /ˈpaɪlət/ **A** s. pilota *m.* **B** agg. pilota, sperimentale, di prova ♦ **p.'s licence** brevetto || **p. light** fiammella pilota, spia
to pilot /ˈpaɪlət/ v.tr. pilotare
pimp /pɪmp/ s. protettore *m.*, magnaccia *m.*
pimple /ˈpɪmpl/ s. pustola *f.*, foruncolo *m.*
pin /pɪn/ s. **1** spillo *m.* **2** spilla *f.* **3** perno *m.*, spinotto *m.* ♦ **safety p.** spilla da balia
to pin /pɪn/ v.tr. puntare con spilli, fissare ♦ **to p. down** costringere || **to p. up** appendere con spilli
PIN /pɪn/ s. PIN *m. inv.*
pinafore /ˈpɪnəfɔʳ/ s. grembiule *m.*, scamiciato *m.*
pinball /ˈpɪnbɔː/ s. flipper *m. inv.*
pincers /ˈpɪnsəz/ s. pl. pinze *f. pl.*, tenaglie *f. pl.*
pinch /pɪntʃ/ s. **1** pizzico *m.*, pizzicotto *m.* **2** (*di sale, tabacco*) presa *f.*, pizzico *m.* **3** stretta *f.*, morsa *f.*, angustia *f.* **4** momento *m.* critico
to pinch /pɪntʃ/ v.tr. **1** pizzicare **2** stringere **3** tormentare **4** lesinare **5** (*pop.*) rubare
pine /paɪn/ s. pino *m.* ♦ **p. cone** pigna || **p. nut** pinolo || **p. seed** pinolo || **p. wood** pineta
to pine /paɪn/ v.intr. **1** struggersi, tormentarsi **2** anelare ♦ **to p. after st.** desiderare ardentemente q.c. || **to p. away** consumarsi dal dolore
pineapple /ˈpaɪnˌæpl/ s. ananas *m. inv.*
ping /pɪŋ/ s. tintinnio *m.*, suono *m.* metallico
ping-pong /ˈpɪŋpɒŋ/ s. ping-pong *m. inv.*
pink /pɪŋk/ **A** agg. rosa **B** s. **1** (color) rosa *m.* **2** garofano *m.*
pinnacle /ˈpɪnəkl/ s. pinnacolo *m.*
to pinpoint /ˈpɪnˌpɔɪnt/ v.tr. localizzare, indicare con esattezza
pint /paɪnt/ s. pinta *f.*
pioneer /ˌpaɪəˈnɪəʳ/ s. pioniere *m.*
pious /ˈpaɪəs/ agg. **1** pio, devoto **2** ipocrita, bigotto
pip /pɪp/ s. (*di frutto*) seme *m.*
pipe /paɪp/ s. **1** tubo *m.*, condotto *m.*, conduttura *f.* **2** (*dell'organo*) canna *f.* **3** piffero *m.*, *al pl.* cornamusa *f.* **4** pipa *f.* ♦ **exhaust p.** tubo di scappamento || **p. dream** sogno irrealizzabile
to pipe /paɪp/ **A** v.intr. **1** suonare il piffero (o la cornamusa) **2** fischiare **3** parlare (o cantare) con voce acuta **B** v.tr. **1** convogliare con tubazioni **2** suonare (con il piffero, la cornamusa) **3** dire con voce acuta ♦ **to p. down** tacere, calmarsi || **to p. up** intromettersi nel discorso, saltare su (a dire)
pipeline /ˈpaɪpˌlaɪn/ s. conduttura *f.* ♦ **oil p.** oleodotto
piper /ˈpaɪpəʳ/ s. pifferaio *m.*, zampognaro *m.*
piping /ˈpaɪpɪŋ/ **A** s. tubazioni *f. pl.* **B** agg. acuto, penetrante ♦ **p. hot** bollente
pique /piːk/ s. ripicca *f.*, puntiglio *m.*
piracy /ˈpaɪərəsɪ/ s. pirateria *f.*
pirate /ˈpaɪərɪt/ agg. e s. pirata *m.*
pirogue /pɪˈrəʊg/ s. piroga *f.*
pisciculture /ˈpɪsɪkʌltʃəʳ/ s. piscicoltura *f.*
to piss /pɪs/ v.intr. (*volg.*) pisciare
pissed /pɪst/ agg. (*volg.*) **1** sbronzo **2** incazzato
pistachio /pɪsˈtɑːʃɪəʊ/ s. pistacchio *m.*
pistol /ˈpɪstl/ s. pistola *f.*
piston /ˈpɪstən/ s. pistone *m.*
pit[1] /pɪt/ s. **1** buca *f.*, fossa *f.* **2** cava *f.*, miniera *f.* **3** platea *f.*
pit[2] /pɪt/ s. nocciolo *m.*, seme *m.*
to pit /pɪt/ v.tr. **1** infossare **2** butterare **3** contrapporre ♦ **to p. against** aizzare contro, opporre
pitch[1] /pɪtʃ/ s. **1** lancio *m.* **2** (*di suono*) altezza *f.*, tono *m.* **3** grado *m.*, livello *m.* **4** (*arch.*) altezza *f.* di arco **5** (*di vite*) passo *m.* **6** (*di carattere tipografico*) passo *m.*, pitch *m. inv.* **7** (*naut.*) beccheggio *m.* **8** campo *m.* da gioco ♦ **sales p.** imbonimento
pitch[2] /pɪtʃ/ s. pece *f.*
to pitch /pɪtʃ/ **A** v.tr. **1** piantare, rizzare **2** lanciare **3** intonare, impostare **4** pavimentare **B** v.intr. **1** accamparsi **2** cadere, stramazzare **3** (*naut.*) beccheggiare ♦ **pitched battle** battaglia campale || **to p. in** darci dentro, aiutare
pitcher[1] /ˈpɪtʃəʳ/ s. brocca *f.*
pitcher[2] /ˈpɪtʃəʳ/ s. (*baseball*) lanciatore *m.*
pitchfork /ˈpɪtʃfɔːk/ s. forcone *m.*
piteous /ˈpɪtɪəs/ agg. pietoso, miserevole
pitfall /ˈpɪtfɔːl/ s. trappola *f.*
pith /pɪθ/ s. **1** midollo *m.* **2** (*bot.*) albedo *f.* **3** (*fig.*) essenza *f.*
pithy /ˈpɪθɪ/ agg. **1** conciso **2** sostanzioso
pitiful /ˈpɪtɪf(ʊ)l/ agg. pietoso
pitiless /ˈpɪtɪlɪs/ agg. spietato
pittance /ˈpɪt(ə)ns/ s. paga *f.* (esigua), miseria *f.*
pity /ˈpɪtɪ/ s. **1** pietà *f.*, compassione *f.* **2** peccato *m.* ♦ **what a p.!** che peccato!
to pity /ˈpɪtɪ/ v.tr. compatire
pivot /ˈpɪvət/ s. cardine *m.*, perno *m.*

to pivot /'pɪvət/ v.intr. ruotare ♦ **to p. on** dipendere da

pixie /'pɪksɪ/ s. fata *f.*, folletto *m.*

placard /'plækɑːd/ s. manifesto *m.*, cartellone *m.*

to placate /plə'keɪt/ v.tr. placare

place /pleɪs/ s. **1** località *f.*, luogo *m.*, posto *m.* **2** impiego *m.*, posizione *f.* **3** (*a sedere, a tavola*) posto *m.* **4** (*fam.*) casa *f.* ♦ **in p. of** invece di || **in the first p.** in primo luogo || **out of p.** fuori posto, inopportuno || **p. card** segnaposto

to place /pleɪs/ v.tr. **1** collocare, disporre, mettere **2** riconoscere, individuare **3** assegnare, sistemare ♦ **to be placed** piazzarsi || **to p. oneself** mettersi, porsi

placement /'pleɪsmənt/ s. collocamento *m.*

placid /'plæsɪd/ agg. placido

plagiarism /'pleɪdʒjərɪz(ə)m/ s. plagio *m.*

to plagiarize /'pleɪdʒjəraɪz/ v.tr. plagiare

plague /pleɪg/ s. **1** peste *f.* **2** (*fig.*) piaga *f.*, flagello *m.*

to plague /pleɪg/ v.tr. affliggere, tormentare

plaice /pleɪs/ s. passera *f.* di mare

plaid /plæd/ s. plaid *m. inv.*

plain /pleɪn/ **A** agg. **1** chiaro, evidente **2** semplice, liscio, non lavorato **3** bruttino **4** comune, ordinario **5** sincero, schietto **B** s. pianura *f.* **C** avv. **1** chiaramente, francamente **2** semplicemente ♦ **p. and simple** puro e semplice || **p. chocolate** cioccolato fondente, cioccolato amaro || **p.-clothes** in borghese || **p. cooking** cucina casalinga || **the p. truth** la pura verità

plaintiff /'pleɪntɪf/ s. (*dir.*) attore *m.*

plaintive /'pleɪntɪv/ agg. lamentoso

plait /plæt/ s. treccia *f.*

plan /plæn/ s. **1** piano *m.*, progetto *m.* **2** pianta *f.*

to plan /plæn/ **A** v.tr. **1** impostare, progettare, pianificare **2** fare il piano di **B** v.intr. fare progetti

plane[1] /pleɪn/ **A** agg. piano **B** s. **1** piano *m.* **2** livello *m.* **3** aereo *m.*

plane[2] /pleɪn/ s. (*bot.*) platano *m.*

plane[3] /pleɪn/ s. pialla *f.*

to plane[1] /pleɪn/ v.intr. planare

to plane[2] /pleɪn/ v.tr. piallare

planer /'pleɪnər/ s. piallatrice *f.*

planet /'plænɪt/ s. pianeta *m.*

planetarium /,plænɪ'teərɪəm/ s. planetario *m.*

planimetry /plæ'nɪmɪtrɪ/ s. planimetria *f.*

planisphere /'plænɪsfɪər/ s. planisfero *m.*

plank /plæŋk/ s. asse *f.*, tavola *f.*

planner /'plænər/ s. progettista *m.* e *f.*

planning /'plænɪŋ/ s. progettazione *f.*, pianificazione *f.* ♦ **p. permission** licenza edilizia

plant /plɑːnt/ s. **1** pianta *f.* **2** impianto *m.*, stabilimento *m.*

to plant /plɑːnt/ v.tr. **1** piantare **2** fissare, conficcare **3** collocare, mettere

plantation /plæn'teɪʃən/ s. piantagione *f.*

plaque /plɑːk/ s. placca *f.*

plasma /'plæzmə/ s. plasma *m.*

plaster /'plɑːstər/ s. **1** cerotto *m.* **2** stucco *m.*, intonaco *m.* ♦ **p. cast** (*med.*) gesso

to plaster /'plɑːstər/ v.tr. **1** intonacare, ingessare **2** spalmare abbondantemente **3** tappezzare

plastered /'plɑːstəd/ agg. **1** ricoperto **2** ubriaco **3** incollato

plastic /'plæstɪk/ **A** agg. plastico, malleabile **B** s. spec. al pl. plastica *f.* ♦ **p. surgery** chirurgia plastica

plasticity /plæs'tɪsɪtɪ/ s. plasticità *f.*

to plasticize /'plæstɪsaɪz/ v.tr. plastificare

plate /pleɪt/ s. **1** piatto *m.* **2** argenteria *f.*, vasellame *m.* **3** lamiera *f.*, lastra *f.*, lamina *f.*, piastra *f.* **4** (*autom.*) targa *f.* **5** (*tip.*) lastra *f.* **6** (*illustrazione*) tavola *f.* **7** (*premio per il vincitore*) coppa *f.* **8** dentiera *f.* ♦ **p. rack** scolapiatti

plateau /'plætəʊ/ s. altopiano *m.*

platform /'plætfɔːm/ s. **1** piattaforma *f.* **2** palco *m.*, impalcatura *f.* **3** (*ferr.*) marciapiede *m.* ♦ **p. roof** pensilina

platinum /'plætɪnəm/ s. platino *m.*

platitude /'plætɪtjuːd/ s. banalità *f.*

Platonic /plə'tɒnɪk/ agg. platonico

platonically /plə'tɒnɪkəlɪ/ avv. platonicamente

platoon /plə'tuːn/ s. plotone *m.*

platter /'plætər/ s. piatto *m.* da portata

plausible /'plɔːzəbl/ agg. plausibile

play /pleɪ/ s. **1** gioco *m.* **2** (*sport*) giocata *f.*, azione *f.* **3** (*teatro*) commedia *f.*, dramma *m.* **4** spettacolo *m.* teatrale ♦ **p. on words** gioco di parole

to play /pleɪ/ v.tr. e intr. **1** giocare **2** suonare **3** recitare, interpretare **4** agire, comportarsi ♦ **to p. around** scherzare || **to p. down** minimizzare || **to p. off** disputare lo spareggio || **to p. up** mettere in evidenza, tormentare || **to p. with** giocherellare con, considerare, scherzare con

playbill /'pleɪbɪl/ s. locandina *f.*

playboy /'pleɪbɔɪ/ s. playboy *m. inv.*

player /'pleɪər/ s. **1** giocatore *m.* **2** suonatore *m.* **3** (*mus., inform.*) lettore *m.* ♦ **DVD p.** lettore di DVD || **CD p.** lettore CD

playful /'pleɪf(ʊ)l/ agg. giocoso

playground /'pleɪgraʊnd/ s. **1** parco *m.* giochi **2** (*in una scuola*) cortile *m.*

playgroup /'pleɪ,gruːp/ s. riunione *f.* per bambini organizzata dai genitori

playing-card /'pleɪɪŋkɑːd/ s. carta *f.* da gioco

playing-field /'pleɪɪŋfiːld/ s. campo *m.* da gioco

playmate /'pleɪmeɪt/ s. compagno *m.* di gioco

play-off /'pleɪɔːf/ s. (*sport*) spareggio *m.*

playpen /'pleɪpen/ s. (*per bambini*) box *m. inv.*

plaything /'pleɪ,θɪŋ/ s. giocattolo *m.*

playtime /'pleɪ,taɪm/ s. ricreazione *f.*

playwright /'pleɪraɪt/ s. commediografo *m.*, drammaturgo *m.*

plea /pliː/ s. **1** richiesta *f.*, petizione *f.*, appello *m.* **2** (*dir.*) dichiarazione *f.*

to plead /pliːd/ v.tr. **1** chiedere, supplicare **2** patro-

cinare **3** (*dir.*) dichiararsi **4** addurre a giustificazione
pleasant /'plɛznt/ agg. piacevole, gradevole, ameno
please /pli:z/ inter. e avv. per favore, prego
to please /pli:z/ **A** v.tr. **1** piacere a, essere gradito a **2** volere, aver voglia di **B** v.intr. **1** piacere, volere **2** accontentare, soddisfare ◆ **p. yourself** fa' come vuoi
pleased /pli:zd/ agg. contento, compiaciuto ◆ **p. to meet you!** piacere!, piacere di conoscerla!
pleasing /'pli:zɪŋ/ agg. piacevole
pleasure /'plɘʒɘʳ/ s. piacere *m.*, godimento *m.*, divertimento *m.* ◆ **to take p.** compiacersi, divertirsi || **my p.** il piacere è mio
pleat /pli:t/ s. piega *f.*
pleb /plɛb/ s. (*stor.*) plebe *f.*
plectrum /'plɛktrɘm/ s. plettro *m.*
pledge /plɛdʒ/ s. **1** pegno *m.* **2** promessa *f.*
to pledge /plɛdʒ/ v.tr. **1** impegnare **2** promettere ◆ **to p. oneself to do st.** impegnarsi a fare q.c.
plentiful /'plɛntɪf(ʊ)l/ agg. abbondante
plenty /'plɛntɪ/ **A** agg. pred. abbondante, sufficiente **B** s. abbondanza *f.* **C** avv. abbondantemente, molto ◆ **p. of** molto, parecchio
pleonastic /ˌplɪɘ'næstɪk/ agg. pleonastico
pleurisy /'plʊɘrɪsɪ/ s. pleurite *f.*
pliable /'plaɪɘbl/ agg. pieghevole, flessibile
pliant /'plaɪɘnt/ agg. pieghevole, flessibile
pliers /'plaɪɘz/ s. pl. pinze *f. pl.*
plight /plaɪt/ s. condizione *f.* avversa
plimsolls /'plɪms(ɘ)lz/ s. pl. scarpe *f. pl.* da ginnastica
plinth /plɪnθ/ s. (*arch.*) plinto *m.*, base *f.*
to plod /plɒd/ v.intr. **1** arrancare **2** sgobbare
plonk /plɒŋk/ s. tonfo *m.*, rumore *m.* sordo
plot /plɒt/ s. **1** appezzamento *m.* di terreno **2** (*di libro*) intreccio *m.*, trama *f.* **3** macchinazione *f.*, complotto *m.*
to plot /plɒt/ v.tr. **1** rilevare, fare la pianta di **2** disegnare, tracciare **3** complottare, tramare
plotter /'plɒtɘʳ/ s. **1** cospiratore *m.* **2** (*inform.*) plotter *m. inv.*
plough /plaʊ/ (*USA* **plow**) s. aratro *m.*
to plough /plaʊ/ (*USA* **to plow**) **A** v.tr. arare, solcare **B** v.intr. **1** arare **2** farsi strada ◆ **to p. into** sbattere contro, andare addosso || **to p. through** avanzare attraverso
ploy /plɔɪ/ s. stratagemma *m.*
pluck /plʌk/ s. **1** strappo *m.* **2** al pl. frattaglie *f. pl.* **3** (*fig.*) coraggio *m.*, fegato *m.*
to pluck /plʌk/ v.tr. **1** strappare, cogliere **2** tirare **3** (*strumento musicale*) pizzicare **4** spennare
plug /plʌg/ s. **1** tappo *m.* **2** (*elettr.*) spina *f.* **3** (*mecc.*) candela *f.* **4** (*fam.*) annuncio *m.* pubblicitario
to plug /plʌg/ v.tr. **1** tappare, tamponare **2** pubblicizzare **3** (*pop.*) colpire ◆ **to p. away** sgobbare || **to p. in** attaccare (la spina)
plum /plʌm/ s. **1** prugna *f.*, susina *f.* **2** (*fig.*) cosa *f.* eccellente ◆ **p. tree** susino
plumb /plʌm/ **A** s. (filo a) piombo *m.*, piombino *m.* **B** agg. **1** a piombo **2** completo, assoluto **C** avv. **1** a piombo, verticalmente **2** esattamente
to plumb /plʌm/ v.tr. **1** mettere a piombo **2** scandagliare **3** (*fig.*) indagare, esaminare
plumber /'plʌmɘʳ/ s. idraulico *m.*
plumbing /'plʌmɪŋ/ s. **1** piombatura *f.* **2** impianto *m.* idraulico, tubazioni *f. pl.*
plume /plu:m/ s. penna *f.*, piuma *f.*
plummet /'plʌmɪt/ s. **1** filo *m.* a piombo **2** scandaglio *m.* **3** (*fig.*) caduta *f.* brusca
to plummet /'plʌmɪt/ v.intr. **1** cadere a piombo **2** precipitare
plump[1] /plʌmp/ agg. paffuto, grassottello
plump[2] /plʌmp/ **A** agg. **1** diretto, netto **2** a piombo **B** avv. **1** di peso **2** verticalmente **3** chiaramente
to plump[1] /plʌmp/ **A** v.tr. gonfiare **B** v.intr. gonfiarsi
to plump[2] /plʌmp/ v.intr. piombare, cadere ◆ **to p. for** scegliere, preferire, votare per
plunder /'plʌndɘʳ/ s. saccheggio *m.*
to plunder /'plʌndɘʳ/ v.tr. e intr. saccheggiare
plunge /plʌn(d)ʒ/ s. **1** tuffo *m.*, immersione *f.* **2** (*fam.*) speculazione *f.* avventata **3** (*econ.*) caduta *f.*, crollo *m.* ◆ **to take the p.** fare il grande passo, decidere di sposarsi
to plunge /plʌn(d)ʒ/ **A** v.tr. tuffare, immergere **B** v.intr. **1** tuffarsi, immergersi **2** precipitarsi **3** scommettere, rischiare
plunger /'plʌn(d)ʒɘʳ/ s. **1** stantuffo *m.* tuffante **2** sturalavandini *m. inv.*
pluperfect /plu:'pɜ:fɪkt/ agg. e s. (*gramm.*) piuccheperfetto *m.*
plural /'plʊɘr(ɘ)l/ agg. e s. plurale *m.*
pluralism /'plʊɘrɘlɪz(ɘ)m/ s. pluralismo *m.*
plurality /plʊɘ'rælɪtɪ/ s. pluralità *f.*
pluriannual /ˌplʊɘrɪ'ænjʊɘl/ agg. pluriennale
plus /plʌs/ **A** agg. **1** addizionale, in più **2** positivo **B** s. **1** (*mat.*) più *m.* **2** quantità *f.* in più, extra *m. inv.* **3** fattore *m.* positivo, vantaggio *m.* **C** prep. più ◆ **p. sizes** taglie forti
plush /plʌʃ/ **A** agg. lussuoso, elegante **B** s. felpa *f.*
plutocracy /plu:'tɒkrɘsɪ/ s. plutocrazia *f.*
pluvial /'plu:vjɘl/ agg. pluviale
ply /plaɪ/ s. **1** piega *f.* **2** capo *m.*, filo *m.*, trefolo *m.* **3** (*di legno, cartone*) strato *m.*
to ply /plaɪ/ **A** v.tr. **1** maneggiare, adoperare **2** attendere a, esercitare **3** (*con offerte, domande*) importunare **4** rimpinzare **B** v.intr. **1** lavorare assiduamente **2** (*naut.*) fare servizio di linea
plywood /'plaɪwʊd/ s. (legno) compensato *m.*
p.m. /ˌpi:'em/ agg. pomeridiano
pneumatic /nju:'mætɪk/ agg. e s. pneumatico *m.*
pneumonia /njʊ(:)'mɘʊnjɘ/ s. polmonite *f.*
to poach[1] /pɘʊtʃ/ v.tr. cuocere al vapore ◆ **poached eggs** uova affogate
to poach[2] /pɘʊtʃ/ v.tr. e intr. cacciare (o pescare) di frodo
poacher /'pɘʊtʃɘʳ/ s. bracconiere *m.*

pocket /'pɒkɪt/ **A** agg. tascabile **B** s. **1** tasca *f.* **2** cavità *f.*, sacca *f.* ♦ **p. money** mancetta, paghetta
to pocket /'pɒkɪt/ v.tr. **1** intascare **2** appropriarsi di **3** (*sport*) mandare in buca
pocketbook /'pɒkɪtbʊk/ s. **1** taccuino *m.*, agendina *f.* **2** (*USA*) portafoglio *m.* **3** (*USA*) borsetta *f.*
pocketknife /'pɒkɪtnaɪf/ s. temperino *m.*, coltellino *m.*
pod /pɒd/ s. baccello *m.*, guscio *m.*
podgy /'pɒdʒɪ/ agg. tozzo, grassoccio
podiatrist /pə'daɪətrɪst/ s. podologo *m.*
podium /'pəʊdɪəm/ s. podio *m.*
poem /'pə(ʊ)ɪm/ s. poesia *f.*, poema *m.*
poet /'pə(ʊ)ɪt/ s. poeta *m.*
poetic(al) /pə(ʊ)'ɛtɪk((ə)l)/ agg. poetico
poetics /pə(ʊ)'ɛtɪks/ s. pl. (*v. al sing.*) poetica *f.*
poetry /'pə(ʊ)ɪtrɪ/ s. poesia *f.*
poignant /'pɔɪnjənt/ agg. **1** straziante **2** mordace
point /pɔɪnt/ s. **1** punto *m.* **2** motivo *m.*, scopo *m.*, senso *m.* **3** punta *f.*, estremità *f.* **4** (*geogr.*) punta *f.*, promontorio *m.* **5** al pl. (*ferr.*) scambio *m.* ♦ **at all points** sotto ogni aspetto || **p. of view** punto di vista
to point /pɔɪnt/ v.tr. e intr. **1** indicare **2** appuntire, fare la punta a **3** puntare ♦ **to p. at** indicare || **to p. out** far notare, segnalare || **to p. to** indicare || **to p. up** mettere in evidenza
point-blank /,pɔɪnt'blæŋk/ **A** agg. **1** netto, secco **2** a bruciapelo **B** avv. **1** nettamente, chiaro e tondo **2** a bruciapelo
pointed /'pɔɪntɪd/ agg. **1** appuntito, aguzzo **2** (*fig.*) pungente, arguto **3** esplicito, intenzionale, mirato
pointer /'pɔɪntəʳ/ s. **1** indice *m.*, lancetta *f.* **2** bacchetta *f.* **3** (*inform.*) cursore *m.*, puntatore *m.* **4** (*zool.*) pointer *m. inv.* **5** (*fam.*) suggerimento *m.*, indicazione *f.*
pointillism /'pwæntɪlɪz(ə)m/ s. (*arte*) divisionismo *m.*
pointless /'pɔɪnt,lɪs/ agg. **1** spuntato, smussato **2** inutile, vano
poise /pɔɪz/ s. **1** equilibrio *m.*, stabilità *f.* **2** portamento *m.*
poison /'pɔɪzn/ s. veleno *m.*
to poison /'pɔɪzn/ v.tr. avvelenare
poisoning /'pɔɪznɪŋ/ s. avvelenamento *m.*
poisonous /'pɔɪznəs/ agg. velenoso
poke /pəʊk/ s. **1** colpo *m.* di punta **2** (*fam.*) prigione *f.*
to poke /pəʊk/ **A** v.tr. **1** colpire, urtare, spingere **2** infilare, conficcare **3** sporgere **4** attizzare (il fuoco) **B** v.intr. **1** dare un colpo, pungolare **2** sporgere **3** curiosare, immischiarsi, intromettersi ♦ **to p. about** frugare, curiosare
poker[1] /'pəʊkəʳ/ s. attizzatoio *m.*
poker[2] /'pəʊkəʳ/ s. (*gioco*) poker *m. inv.*
poky /'pəʊkɪ/ agg. **1** lento, pigro **2** angusto, misero
polar /'pəʊləʳ/ agg. polare
polarity /pə(ʊ)'lærɪtɪ/ s. polarità *f.*
to polarize /'pəʊləraɪz/ v.tr. polarizzare
pole[1] /pəʊl/ s. asta *f.*, palo *m.*
pole[2] /pəʊl/ s. polo *m.*
Pole /pəʊl/ s. polacco *m.*
polecat /'pəʊlkæt/ s. puzzola *f.*
polemic /pə'lɛmɪk/ **A** agg. polemico **B** s. polemica *f.*
police /pə'li:s/ s. polizia *f.* ♦ **p. dog** cane poliziotto || **p. station** stazione di polizia
policeman /pə'li:smən/ (*pl.* **policemen**) s. poliziotto *m.*
policewoman /pə'li:s,wʊmən/ (*pl.* **policewomen**) s. donna *f.* poliziotto
policy[1] /'pɒlɪsɪ/ s. politica *f.*, linea *f.* di condotta
policy[2] /'pɒlɪsɪ/ s. polizza *f.* (di assicurazione)
poliomyelitis /,pəʊlɪəʊ,maɪə'laɪtɪs/ s. poliomielite *f.*
polish /'pɒlɪʃ/ s. **1** lucentezza *f.* **2** lucidatura *f.* **3** lucido *m.*, cera *f.*, smalto *m.*
to polish /'pɒlɪʃ/ v.tr. **1** lucidare, levigare **2** raffinare, ingentilire ♦ **to p. off** sbrigare, finire, divorare
Polish /'pəʊlɪʃ/ agg. e s. (*lingua*) polacco *m.*
polished /'pɒlɪʃt/ agg. **1** lucido **2** raffinato
polisher /'pɒlɪʃəʳ/ s. lucidatrice *f.*
polite /pə'laɪt/ agg. **1** cortese, garbato **2** raffinato, elegante
politeness /pə'laɪtnɪs/ s. **1** cortesia *f.*, educazione *f.* **2** raffinatezza *f.*, eleganza *f.*
political /pə'lɪtɪk(ə)l/ agg. politico
politically /pə'lɪtɪk(ə)lɪ/ avv. politicamente ♦ **p. correct** politicamente corretto
politics /'pɒlɪtɪks/ s. pl. (*v. al sing.*) politica *f.* ♦ **home p.** politica interna || **foreign p.** politica estera
poll /pəʊl/ s. **1** votazione *f.*, elezione *f.* **2** scrutinio *m.*, voti *m. pl.* **3** seggio *m.* elettorale **4** sondaggio *m.*
to poll /pəʊl/ v.tr. **1** ottenere (voti) **2** scrutinare **3** sondare (l'opinione)
pollen /'pɒlɪn/ s. polline *m.*
pollination /,pɒlɪ'neɪʃ(ə)n/ s. impollinazione *f.*
polling /,pəʊlɪŋ/ **A** agg. votante, elettorale **B** s. votazione *f.* ♦ **p. booth** cabina elettorale || **p. day** giorno delle elezioni || **p. station** seggio elettorale
to pollute /pə'lu:t/ v.tr. inquinare
pollution /pə'lu:ʃ(ə)n/ s. inquinamento *m.* ♦ **noise p.** inquinamento acustico
polo /'pəʊləʊ/ s. (*sport*) polo *m.* ♦ **water p.** pallanuoto
polychromatic /,pɒlɪkrə(ʊ)'mætɪk/ agg. policromatico
polyclinic /,pɒlɪ'klɪnɪk/ s. policlinico *m.*
polyester /'pɒlɪ,ɛstə/ s. poliestere *m.*
polygamist /pɒ'lɪgəmɪst/ s. poligamo *m.*
polygamous /pɒ'lɪgəməs/ agg. poligamo
polygamy /pɒ'lɪgəmɪ/ s. poligamia *f.*
polyglot /'pɒlɪglɒt/ agg. e s. poliglotta *m. e f.*
polygon /'pɒlɪgən/ s. poligono *m.*
polygonal /pɒ'lɪgənl/ agg. poligonale
polyhedral /,pɒlɪ'hɛdrəl/ agg. poliedrico
polymer /'pɒlɪməʳ/ s. polimero *m.*
polymorphous /,pɒlɪ'mɔ:fəs/ agg. polimorfo
polyp /'pɒlɪp/ s. polipo *m.*
polyphonic /,pɒlɪ'fɒnɪk/ agg. polifonico
polyptych /'pɒlɪptɪk/ s. polittico *m.*
polystyrene /,pɒlɪ'staɪ(ə)ri:n/ s. polistirolo *m.*

polytechnic /ˌpɒlɪ'teknɪk/ **agg. e s.** politecnico *m.*
polytheism /'pɒlɪθiːɪz(ə)m/ **s.** politeismo *m.*
polyvalent /ˌpɒlɪ'veɪlənt/ **agg.** polivalente
pomegranate /'pɒmɪˌgrænɪt/ **s.** melagrana *f.*
pomp /pɒmp/ **s.** pompa *f.*, sfarzo *m.*
pompom /'pɒmpɒm/ **s.** pompon *m. inv.*
pompous /'pɒmpəs/ **agg.** pomposo
pond /pɒnd/ **s.** stagno *m.*, laghetto *m.*
to ponder /'pɒndəʳ/ **A** **v.tr.** ponderare, considerare **B** **v.intr.** meditare, riflettere
ponderous /'pɒnd(ə)rəs/ **agg.** ponderoso, pesante
pong /pɒŋ/ **s.** (*fam.*) puzzo *m.*
pontiff /'pɒntɪf/ **s.** pontefice *m.*
pontifical /pɒn'tɪfɪk(ə)l/ **agg.** pontificio
pontificate /pɒn'tɪfɪkɪt/ **s.** pontificato *m.*
pony /'pəʊnɪ/ **s.** pony *m. inv.* ◆ **p. tail** (pettinatura a) coda di cavallo || **p. trekking** trekking a cavallo
poo /puː/ **s.** (*fam.*) cacca *f.*
poodle /'puːdl/ **s.** (cane) barbone *m.*, barboncino *m.*
pool[1] /puːl/ **s.** **1** stagno *m.*, laghetto *m.* **2** pozza *f.* ◆ **swimming p.** piscina
pool[2] /puːl/ **s.** **1** (*nei giochi di carte*) piatto *m.* **2** biliardo *m.* **3** consorzio *m.*, pool *m. inv.* **4** al pl. totocalcio *m. inv.*
to pool /puːl/ **v.tr.** mettere in comune, consorziare, riunire
poop /puːp/ **s.** (*fam.*) cacca *f.*
poor /pʊəʳ/ **agg.** **1** povero, misero **2** scarso, insufficiente **3** scadente ◆ **p. figure** figuraccia
poorly /'pʊəlɪ/ **A** **avv.** malamente, scarsamente **B** **agg.** indisposto, malaticcio
pop[1] /pɒp/ **s.** **1** schiocco *m.*, botto *m.* **2** (*fam.*) bevanda *f.* gassata
pop[2] /pɒp/ **agg. e s.** (*mus.*) pop *m. inv.*
pop[3] /pɒp/ **s.** (*fam.*) papà *m.*
to pop /pɒp/ **A** **v.tr.** **1** far scoppiare, far schioccare **2** far fuoco con **3** (*granturco*) soffiare **4** ficcare, infilare (in fretta) **5** dare in pegno, impegnare **B** **v.intr.** **1** schioccare **2** scoppiare ◆ **to p. in** fare una capatina in || **to p. off** saltare via, andarsene in fretta || **to p. out** fare un salto fuori, fare capolino || **to p. up** balzar fuori, saltar su
popcorn /'pɒpkɔːn/ **s.** popcorn *m. inv.*
Pope /pəʊp/ **s.** papa *m.*
poplar /'pɒpləʳ/ **s.** pioppo *m.*
popper /'pɒpəʳ/ **s.** (bottone) automatico *m.*
poppy /'pɒpɪ/ **s.** papavero *m.*
populace /'pɒpjʊləs/ **s.** plebaglia *f.*
popular /'pɒpjʊləʳ/ **agg.** popolare
popularity /ˌpɒpjʊ'lærɪtɪ/ **s.** popolarità *f.*
to popularize /'pɒpjʊləraɪz/ **v.tr.** **1** rendere popolare **2** divulgare
to populate /'pɒpjʊleɪt/ **v.tr.** popolare
population /ˌpɒpjʊ'leɪʃ(ə)n/ **s.** popolazione *f.*
populism /'pɒpjʊlɪz(ə)m/ **s.** populismo *m.*
populous /'pɒpjʊles/ **agg.** popoloso
porcelain /'pɔːslɪn/ **s.** porcellana *f.*
porch /pɔːtʃ/ **s.** **1** portico *m.* **2** (*USA*) veranda *f.*
porcupine /'pɔːkjʊpaɪn/ **s.** porcospino *m.*
pore /pɔːʳ/ **s.** poro *m.*
to pore /pɔːʳ/ **v.intr.** esaminare attentamente, riflettere (su)
pork /pɔːk/ **s.** (carne di) maiale *m.* ◆ **p. chop** braciola di maiale || **p. rind** cotenna
porn /pɔːn/ **agg.** porno
porno /'pɔːnəʊ/ **agg.** porno
pornographic /ˌpɔːnə'græfɪk/ **agg.** pornografico
pornography /pɔː'nɒgrəfɪ/ **s.** pornografia *f.*
porphyry /'pɔːfɪrɪ/ **s.** porfido *m.*
porpoise /'pɔːpəs/ **s.** **1** focena *f.* **2** (*pop.*) delfino *m.*
porridge /'pɒrɪdʒ/ **s.** porridge *m. inv.*
port[1] /pɔːt/ **s.** porto *m.* ◆ **p. of call** scalo
port[2] /pɔːt/ **s.** (*naut.*) sinistra *f.*, fianco *m.* sinistro
port[3] /pɔːt/ **s.** (*naut.*) portello *m.*
portable /'pɔːtəbl/ **agg.** portatile
portal /'pɔːtl/ **s.** portale *m.*
portent /'pɔːtent/ **s.** **1** presagio *m.* (negativo) **2** portento *m.*
portentous /pɔː'tentəs/ **agg.** **1** funesto **2** prodigioso
porter[1] /'pɔːtəʳ/ **s.** portiere *m.*, portinaio *m.* ◆ **p.'s lodge** portineria, guardiola
porter[2] /'pɔːtəʳ/ **s.** facchino *m.*, portabagagli *m. inv.*
portfolio /pɔːt'fəʊljəʊ/ **s.** **1** cartella *f.* **2** portfolio *m. inv.* **3** (*fin.*) portafoglio *m.* (di attività)
porthole /'pɔːthəʊl/ **s.** oblò *m.*
portico /'pɔːtɪkəʊ/ **s.** loggiato *m.*, portico *m.*
portion /'pɔːʃ(ə)n/ **s.** porzione *f.*, quota *f.*
portly /'pɔːtlɪ/ **agg.** corpulento
portrait /'pɔːtrɪt/ **s.** ritratto *m.*
to portray /pɔː'treɪ/ **v.tr.** **1** ritrarre, fare il ritratto di **2** descrivere
Portuguese /ˌpɔːtjʊ'giːz/ **agg. e s.** portoghese *m. e f.*
pose /pəʊz/ **s.** posa *f.*
to pose /pəʊz/ **A** **v.intr.** **1** posare, mettersi in posa **2** atteggiarsi a, spacciarsi per **B** **v.tr.** **1** mettere in posa **2** (*un quesito*) porre, sollevare
posh /pɒʃ/ **agg.** (*fam.*) elegante
position /pə'zɪʃ(ə)n/ **s.** posizione *f.*
to position /pə'zɪʃ(ə)n/ **v.tr.** collocare, sistemare
positive /'pɒzɪtɪv/ **agg.** **1** positivo **2** preciso, assoluto, esplicito **3** certo, sicuro, convinto ◆ **HIV-p.** sieropositivo
positivism /'pɒzɪtɪvɪz(ə)m/ **s.** positivismo *m.*
posology /pɒ(ʊ)'sɒlədʒɪ/ **s.** posologia *f.*
to possess /pə'zes/ **v.tr.** possedere, avere
possession /pə'zeʃ(ə)n/ **s.** **1** possesso *m.* **2** al pl. proprietà *f. pl.*, beni *m. pl.*
possessive /pə'zesɪv/ **agg.** possessivo
possibility /ˌpɒsə'bɪlɪtɪ/ **s.** possibilità *f.*
possible /'pɒsəbl/ **agg.** possibile
possibly /'pɒsɪblɪ/ **avv.** **1** forse **2** in alcun modo
post[1] /pəʊst/ **s.** posta *f.* ◆ **p. office** ufficio postale
post[2] /pəʊst/ **s.** **1** palo *m.*, pilastro *m.* **2** (*sport*) traguardo *m.*

post[3] /pəʊst/ s. posto *m.*, postazione *f.*
to post[1] /pəʊst/ v.tr. imbucare, impostare ♦ **to p. up** informare, mettere al corrente
to post[2] /pəʊst/ v.tr. **1** affiggere **2** annunciare
postage /'pəʊstɪdʒ/ s. affrancatura *f.*
postal /'pəʊst(ə)l/ agg. postale ♦ **p. order** vaglia postale
postcard /'pəʊs(t)kɑːd/ s. cartolina *f.*
postcode /'pəʊs(t),kəʊd/ s. codice *m.* postale
to postdate /,pəʊst'deɪt/ v.tr. postdatare
poster /'pəʊstəʳ/ s. poster *m. inv.*, manifesto *m.*
posterior /pɒs'tɪərɪəʳ/ agg. posteriore
posterity /pɒs'terɪtɪ/ s. posterità *f.*
posthumous /'pɒstjʊməs/ agg. postumo
postman /'pəʊs(t)mən/ (*pl.* **postmen**) s. postino *m.*
postmark /'pəʊs(t)mɑːk/ s. timbro *m.* postale
post-modern /,pəʊs(t)'mɒdən/ agg. e s. postmoderno *m.*
postmortem /,pəʊs(t)'mɔːtəm/ **A** agg. post mortem **B** s. autopsia *f.*
to postpone /,pəʊs(t)'pəʊn/ v.tr. posporre, posticipare
postponement /pəʊs(t)'pəʊnmənt/ s. rinvio *m.*
postscript /'pəʊs,skrɪpt/ s. poscritto *m.*
postulate /'pɒstjʊlɪlt/ s. postulato *m.*
posture /'pɒstʃəʳ/ s. postura *f.*, posizione *f.*
to posture /'pɒstʃəʳ/ v.intr. atteggiarsi, ingannare
post-war /,pəʊst'wɔːʳ/ agg. postbellico
posy /'pəʊzɪ/ s. mazzolino *m.* di fiori
pot /pɒt/ s. **1** vaso *m.*, barattolo *m.* **2** pentola *f.* **3** teiera *f.*, caffettiera *f.* **4** (*fam.*) premio *m.* **5** (*pop.*) marijuana *f.* ♦ **to go to p.** (*fam.*) andare in rovina
potable /'pəʊtəbl/ agg. potabile
potato /p(ə)'teɪtəʊ/ (*pl.* **potatoes**) s. patata *f.*
potency /'pəʊt(ə)nsɪ/ s. efficacia *f.*
potent /'pəʊt(ə)nt/ agg. potente
potential /pə'tenʃ(ə)l/ agg. e s. potenziale *m.*
to potentiate /pə'tenʃ(ɪ)eɪt/ v.tr. potenziare
pot-herbs /'pɒthɜːbz/ s. pl. erbe *f. pl.* aromatiche
pothole /'pɒthəʊl/ s. **1** buca *f.* **2** caverna *f.*
potholing /'pɒthəʊlɪŋ/ s. (*fam.*) speleologia *f.*
potluck /,pɒt'lʌk/ s. **1** pasto *m.* alla buona **2** sorte *f.*
potroast /'pɒtrəʊst/ s. brasato *m.*
potted /'pɒtɪd/ agg. **1** (*di pianta*) in vaso **2** (*di cibo*) conservato, inscatolato **3** (*fig.*) condensato, abbreviato, riassunto
potter /'pɒtəʳ/ s. vasaio *m.*
to potter /'pɒtəʳ/ v.intr. lavoricchiare
pottery /'pɒtərɪ/ s. **1** ceramica *f.*, ceramiche *f. pl.* **2** arte *f.* della ceramica **3** fabbrica *f.* di ceramiche
potty /'pɒtɪ/ agg. **1** insignificante **2** pazzo, bizzarro
pouch /paʊtʃ/ s. **1** borsa *f.*, sacchetto *m.* **2** (*zool.*) marsupio *m.*
poultry /'pəʊltrɪ/ s. pollame *m.* ♦ **p. farming** pollicoltura
to pounce /paʊns/ v.intr. balzare addosso, avventarsi
pound[1] /paʊnd/ s. **1** libbra *f.* **2** sterlina *f.*
pound[2] /paʊnd/ s. ricovero *m.* per cani e gatti randagi
to pound /paʊnd/ v.tr. **1** triturare, frantumare **2** colpire, battere
to pour /pɔːʳ/ **A** v.tr. versare **B** v.intr. **1** riversarsi **2** piovere a dirotto ♦ **to p. down** piovere a dirotto || **to p. in** affluire || **to p. out** riversarsi fuori
pout /paʊt/ s. broncio *m.*
to pout /paʊt/ v.intr. fare il broncio
poverty /'pɒvətɪ/ s. miseria *f.*, povertà *f.* ♦ **p.-stricken** indigente, poverissimo
powder /'paʊdəʳ/ s. **1** polvere *f.* **2** cipria *f.* ♦ **bath p.** borotalco **p. puff** piumino per la cipria
to powder /'paʊdəʳ/ **A** v.tr. **1** spolverizzare **2** ridurre in polvere **3** incipriare **B** v.intr. **1** polverizzarsi **2** incipriarsi ♦ **powdered milk** latte in polvere
power /'paʊəʳ/ s. **1** potere *m.*, autorità *f.*, potenza *f.* facoltà *f.* **2** (*elettr.*) energia *f.*, forza *f.*, corrente *f.* **3** (*fam.*) quantità *f.*, mucchio *m.* **4** (*mat.*) potenza *f.* ♦ **p. boat** barca a motore || **p. cut** interruzione di corrente || **p. point** presa di corrente || **p. station** centrale elettrica || **p. steering** servosterzo
powerful /'paʊəf(ʊ)l/ agg. poderoso, potente
powerless /'paʊəlɪs/ agg. impotente
practicable /'præktɪkəbl/ agg. praticabile
practical /'præktɪk(ə)l/ agg. pratico
practicality /,præktɪ'kælɪtɪ/ s. praticità *f.*
practically /'præktɪkəlɪ/ avv. **1** praticamente **2** quasi
practice /'præktɪs/ s. **1** pratica *f.* **2** abitudine *f.*, prassi *f.* **3** esercizio *m.* della professione **4** (*sport*) allenamento *m.* **5** clientela *f.* ♦ **out of p.** fuori esercizio || **to get p.** impratichirsi
to practise /'præktɪs/ (*USA* **to practice**) **A** v.tr. **1** esercitarsi in, allenarsi in **2** professare, praticare **B** v.intr. esercitarsi, fare esercizi
practising /'præktɪsɪŋ/ agg. praticante
practitioner /præk'tɪʃnəʳ/ s. professionista *m. e f.* ♦ **general p.** medico generico
praetor /'priːtəʳ/ s. (*stor.*) pretore *m.*
pragmatic /præg'mætɪk/ agg. pragmatico
prairie /'preərɪ/ s. prateria *f.*
praise /preɪz/ s. elogio *m.*, lode *f.*
to praise /preɪz/ v.tr. elogiare, lodare
praiseworthy /'preɪz,wɜːðɪ/ agg. lodevole, encomiabile
pram[1] /præm/ s. carrozzina *f.* (per bambini)
pram[2] /præm/ s. (*naut.*) battellino *m.*
to prance /prɑːns/ v.intr. **1** (*di cavallo*) impennarsi **2** camminare impettito
prank /præŋk/ s. birichinata *f.*, burla *f.*
prawn /prɔːn/ s. gamberetto *m.*
praxis /'præksɪs/ s. prassi *f.*
to pray /preɪ/ v.tr. e intr. pregare
prayer /preəʳ/ s. **1** preghiera *f.* **2** possibilità *f.*
preach /priːtʃ/ s. predica *f.*
to preach /priːtʃ/ v.tr. e intr. predicare
preacher /'priːtʃəʳ/ s. predicatore *m.*
preaching /'priːtʃɪŋ/ s. predicazione *f.*

preamble /priːˈæmbl/ **s.** preambolo *m.*
precarious /prɪˈkɛərɪəs/ **agg.** precario
precariousness /prɪˈkɛərɪəsnɪs/ **s.** precarietà *f.*
precaution /prɪˈkɔːʃ(ə)n/ **s.** precauzione *f.*
to precede /prɪ(ː)ˈsiːd/ **v.tr. e intr.** precedere
precedence /ˈprɛsiːd(ə)ns/ **s.** precedenza *f.*, priorità *f.*
precedent /prɛˈsiːd(ə)nt/ **agg. e s.** precedente *m.*
preceding /prɪ(ː)ˈsiːdɪŋ/ **agg.** precedente
precept /ˈpriːsɛpt/ **s.** precetto *m.*
precinct /ˈpriːsɪŋ(k)t/ **s. 1** recinto *m.* **2** area *f.* delimitata **3** distretto *m.* **4 al pl.** vicinanze *f. pl.* ◆ **pedestrian p.** zona pedonale
preciosity /ˌprɛʃɪˈɒsɪtɪ/ **s.** preziosismo *m.*
precious /ˈprɛʃəs/ **agg. 1** prezioso **2** delizioso, carino ◆ **p. little** pochissimo
to precipitate /prɪˈsɪpɪteɪt/ **v.tr. e intr.** precipitare
precipitation /prɪˌsɪpɪˈteɪʃ(ə)n/ **s.** precipitazione *f.*
precipitous /prɪˈsɪpɪtəs/ **agg.** precipitoso
precise /prɪˈsaɪs/ **agg.** preciso
precisely /prɪˈsaɪslɪ/ **avv.** precisamente
precision /prɪˈsɪʒ(ə)n/ **s.** precisione *f.*
to preclude /prɪˈkluːd/ **v.tr.** precludere
precocious /prɪˈkəʊʃəs/ **agg.** precoce
preconception /ˌpriːkənˈsɛpʃ(ə)n/ **s.** preconcetto *m.*
precondition /ˌpriːkənˈdɪʃ(ə)n/ **s.** requisito *m.* indispensabile
precursor /priːˈkɜːsəʳ/ **s.** precursore *m.*
predator /ˈprɛdətəʳ/ **s.** predatore *m.*
predatory /ˈprɛdət(ə)rɪ/ **agg.** predatore
to predecease /ˌpriːdɪˈsiːs/ **v.tr.** premorire
predecessor /ˈpriːdɪsɛsəʳ/ **s.** predecessore *m.*
to predestinate /priːˈdɛstɪneɪt/ **v.tr.** predestinare
predestination /priːˌdɛstɪˈneɪʃ(ə)n/ **s.** predestinazione *f.*
to predetermine /ˌpriːdɪˈtɜːmɪn/ **v.tr.** predeterminare
predicament /prɪˈdɪkəmənt/ **s.** (brutto) frangente *m.*, situazione *f.* (difficile)
to predict /prɪˈdɪkt/ **v.tr.** predire
predictable /prɪˈdɪktəbl/ **agg.** prevedibile
prediction /prɪˈdɪkʃ(ə)n/ **s.** predizione *f.*, profezia *f.*
to predispose /ˌpriːdɪsˈpəʊz/ **v.tr.** predisporre
predominance /prɪˈdɒmɪnəns/ **s.** predominanza *f.*, prevalenza *f.*
predominant /prɪˈdɒmɪnənt/ **agg.** predominante, prevalente
to predominate /prɪˈdɒmɪneɪt/ **v.intr.** predominare, prevalere
pre-eminent /prɪˈɛmɪnənt/ **agg.** preminente
pre-empt /prɪ(ː)ˈɛm(p)t/ **v.tr. 1** acquistare con diritto di prelazione **2** pregiudicare, mandare a vuoto **3** impadronirsi di
to preen /priːn/ **v.tr.** (*di uccello*) lisciarsi col becco ◆ **to p. oneself** agghindarsi
to pre-exist /ˌpriːɪgˈzɪst/ **v.intr.** preesistere
pre-existent /ˌpriːɪgˈzɪst(ə)nt/ **agg.** preesistente
prefab /ˈpriːfæb/ **s.** (*fam.*) casa *f.* prefabbricata
preface /ˈprɛfɪs/ **s.** prefazione *f.*
prefecture /ˈpriːfɛktjʊəʳ/ **s.** prefettura *f.*
to prefer /prɪˈfɜːʳ/ **v.tr. 1** preferire **2** (*dir.*) presentare, avanzare
preferable /ˈprɛf(ə)rəbl/ **agg.** preferibile
preference /ˈprɛf(ə)r(ə)ns/ **s.** preferenza *f.*
preferential /ˌprɛfəˈrɛnʃ(ə)l/ **agg.** preferenziale
to prefigure /priːˈfɪgəʳ/ **v.tr.** prefigurare
prefix /ˈpriːfɪks/ **s.** prefisso *m.*
to prefix /priːˈfɪks/ **v.tr. 1** premettere **2** prefissare, mettere un prefisso a
pregnancy /ˈprɛgnənsɪ/ **s. 1** gestazione *f.*, gravidanza *f.* **2** pregnanza *f.* (di significato)
pregnant /ˈprɛgnənt/ **agg. 1** incinta **2** pregnante, significativo ◆ **p. pause** pausa carica di significato
prehistoric /ˌpriː(h)ɪsˈtɒrɪk/ **agg.** preistorico
prehistory /priːˈ(h)ɪst(ə)rɪ/ **s.** preistoria *f.*
prejudice /ˈprɛdʒʊdɪs/ **s. 1** pregiudizio *m.* **2** danno *m.*
to prejudice /ˈprɛdʒʊdɪs/ **v.tr.** pregiudicare
prejudiced /ˈprɛdʒʊdɪst/ **agg.** prevenuto ◆ **p. in favour of** (troppo) ben disposto nei confronti di
prelate /ˈprɛlɪt/ **s.** prelato *m.*
preliminary /prɪˈlɪm(ɪ)nərɪ/ **agg. e s.** preliminare *m.*
prelude /ˈprɛljuːd/ **s.** preludio *m.*
premarital /priːˈmærɪt(ə)l/ **agg.** prematrimoniale
premature /ˌprɛməˈtjʊəʳ/ **agg.** prematuro
premeditation /prɪ(ː)ˌmɛdɪˈteɪʃ(ə)n/ **s.** premeditazione *f.*
premier /ˈprɛmjəʳ/ **A agg.** primo, principale **B s.** premier *m. inv.*, primo ministro *m.*
première /ˈprɛmɪɛəʳ/ **s.** (*teatro*) prima *f.*
premise /ˈprɛmɪs/ **s. 1** premessa *f.* **2 al pl.** edificio *m.*, fabbricato *m.* ◆ **on the premises** all'interno
to premise /prɪˈmaɪz/ **v.tr. e intr.** premettere
premium /ˈpriːmjəm/ **A s.** premio *m.* **B agg.** eccellente, ottimo
premonition /ˌpriːməˈnɪʃ(ə)n/ **s.** premonizione *f.*
premonitory /prɪˈmɒnɪt(ə)rɪ/ **agg.** premonitore
preoccupation /priːˌɒkjʊˈpeɪʃ(ə)n/ **s. 1** preoccupazione *f.* **2** coinvolgimento *m.*
preoccupied /ˌpriːˈɒkjʊpaɪd/ **agg. 1** preoccupato **2** assorto
prepaid /ˌpriːˈpeɪd/ **agg.** pagato in anticipo, prepagato
preparation /ˌprɛpəˈreɪʃ(ə)n/ **s. 1** preparazione *f.* **2** (*med.*) preparato *m.* **3 al pl.** preparativi *m. pl.*
preparatory /prɪˈpærət(ə)rɪ/ **agg.** preparatorio
to prepare /prɪˈpɛəʳ/ **A v.tr.** preparare **B v.intr.** prepararsi
preponderant /prɪˈpɒnd(ə)r(ə)nt/ **agg.** preponderante
preposition /ˌprɛpəˈzɪʃ(ə)n/ **s.** preposizione *f.*
preposterous /prɪˈpɒst(ə)rəs/ **agg. 1** assurdo **2** ridicolo
Pre-Raphaelite /ˌpriːˈræfəlaɪt/ **agg. e s.** preraffaellita *m. e f.*
prerequisite /priːˈrɛkwɪzɪt/ **A agg.** necessario **B s.** requisito *m.* indispensabile

prerogative /prɪˈrɒgətɪv/ s. prerogativa *f.*
presage /ˈpresɪdʒ/ s. presagio *m.*
to presage /ˈpresɪdʒ/ v.tr. presagire
Presbyterian /ˌprezbɪˈtɪərɪən/ agg. e s. presbiteriano *m.*
presbytery /ˈprezbɪt(ə)rɪ/ s. presbiterio *m.*
to prescind /prɪˈsɪnd/ v.intr. prescindere
to prescribe /prɪsˈkraɪb/ v.tr. prescrivere
prescription /prɪsˈkrɪpʃ(ə)n/ s. **1** prescrizione *f.* **2** (*med.*) ricetta *f.* **3** medicina *f.* **4** (*fig.*) proposta *f.*, rimedio *m.*
presence /ˈprezns/ s. presenza *f.*
present[1] /ˈpreznt/ **A** agg. **1** presente **2** attuale, corrente **B** s. presente *m.* ♦ **at p.** al momento, temporaneamente || **to be p.** presenziare, assistere
present[2] /ˈpreznt/ s. regalo *m.*, dono *m.*
to present /prɪˈzent/ v.tr. **1** presentare **2** regalare ♦ **to p. sb. with st.** regalare q.c. a qc.
presentable /prɪˈzentəbl/ agg. presentabile
presentation /ˌprezenˈteɪʃ(ə)n/ s. **1** presentazione *f.* **2** rappresentazione *f.*
present-day /ˌprez(ə)ntˈdeɪ/ agg. attuale
presenter /prɪˈzentəʳ/ s. presentatore *m.*
presentiment /prɪˈzentɪmənt/ s. presentimento *m.*
presently /ˈprezntlɪ/ avv. **1** tra poco, a momenti **2** attualmente
preservation /ˌprezə(ː)ˈveɪʃ(ə)n/ s. preservazione *f.*, conservazione *f.*
preservative /prɪˈzɜːvətɪv/ s. conservante *m.*
preserve /prɪˈzɜːv/ s. **1** marmellata *f.*, conserva *f.* **2** (*di caccia, pesca*) riserva *f.*
to preserve /prɪˈzɜːv/ v.tr. **1** preservare, proteggere **2** mantenere, conservare **3** mettere in conserva
to preside /prɪˈzaɪd/ v.intr. presiedere
presidency /ˈprezɪd(ə)nsɪ/ s. presidenza *f.*
president /ˈprezɪd(ə)nt/ s. presidente *m.*
presidential /ˌprezɪˈdenʃ(ə)l/ agg. presidenziale
press /pres/ s. **1** stampa *f.* **2** pressione *f.*, stretta *f.* **3** pressa *f.*, torchio *m.* ♦ **p. conference** conferenza stampa
to press /pres/ **A** v.tr. **1** comprimere, premere, spremere **2** stringere, abbracciare **3** stirare **4** incalzare, insistere su **B** v.intr. **1** incalzare **2** affollarsi, premere ♦ **to p. on** insistere, fare pressione (su)
pressing /ˈpresɪŋ/ agg. urgente, incalzante
pressure /ˈpreʃəʳ/ s. pressione *f.* ♦ **blood p.** pressione sanguigna || **p. cooker** pentola a pressione || **p. gauge** manometro
to pressure /ˈpreʃəʳ/ v.tr. fare pressione su
to pressurize /ˈpreʃəraɪz/ v.tr. **1** fare pressione su **2** pressurizzare
prestige /presˈtiːʒ/ **A** agg. prestigioso **B** s. prestigio *m.*
prestigious /presˈtɪdʒəs/ agg. prestigioso
presumable /prɪˈzjuːməbl/ agg. presumibile
to presume /prɪˈzjuːm/ v.tr. presumere
presumption /prɪˈzʌm(p)ʃ(ə)n/ s. presunzione *f.*
presumptuous /prɪˈzʌm(p)tjʊəs/ agg. presuntuoso
to presuppose /ˌpriːsəˈpəʊz/ v.tr. presupporre
presupposition /ˌpriːsʌpəˈzɪʃ(ə)n/ s. presupposizione *f.*, presupposto *m.*
pretence /prɪˈtens/ (*USA* **pretense**) s. **1** finzione *f.*, simulazione *f.* **2** pretesa *f.* **3** pretesto *m.* ♦ **to make a p. of** far finta di || **under false pretences** con l'inganno
to pretend /prɪˈtend/ **A** v.tr. **1** fingere, simulare **2** pretendere **B** v.intr. **1** fingere **2** aspirare a
pretender /prɪˈtendəʳ/ s. **1** simulatore *m.* **2** pretendente *m. e f.*
pretension /prɪˈtenʃ(ə)n/ s. **1** pretesa *f.* **2** presunzione *f.*
pretentious /prɪˈtenʃəs/ agg. pretenzioso
pretext /ˈpriːtekst/ s. pretesto *m.*, scusa *f.*
pretty /ˈprɪtɪ/ **A** agg. **1** carino, grazioso, gradevole **2** bello **3** considerevole **B** avv. piuttosto, abbastanza
to prevail /prɪˈveɪl/ v.intr. **1** prevalere, avere la meglio su **2** predominare, essere diffuso ♦ **to p. on, upon sb. to do st.** convincere qc. a fare q.c.
prevailing /prɪˈveɪlɪŋ/ agg. prevalente, dominante
prevalence /ˈprevələns/ s. prevalenza *f.*
prevalent /ˈprevələnt/ agg. prevalente, comune
to prevaricate /prɪˈværɪkeɪt/ v.intr. **1** tergiversare **2** equivocare
to prevent /prɪˈvent/ v.tr. **1** impedire, ostacolare (ES: ***to p. sb. from doing st.*** impedire a qc. di fare q.c.) **2** evitare ♦ **to p. oneself** trattenersi
prevention /prɪˈvenʃ(ə)n/ s. prevenzione *f.*
preventive /prɪˈventɪv/ **A** agg. preventivo, profilattico **B** s. misura *f.* preventiva
preview /ˈpriːvjuː/ s. anteprima *f.*
previous /ˈpriːvjəs/ agg. **1** precedente, anteriore **2** (*fam.*) precipitoso, prematuro ♦ **p. to** prima di
previously /ˈpriːvjəslɪ/ avv. precedentemente, prima
prevision /prɪ(ː)ˈvɪʒ(ə)n/ s. previsione *f.*
pre-war /ˌpriːˈwɔːʳ/ agg. prebellico
prey /preɪ/ s. preda *f.*
to prey /preɪ/ v.intr. **1** (*di animale*) predare, cacciare **2** depredare, saccheggiare **3** tormentare
price /praɪs/ s. prezzo *m.* ♦ **p. list** listino prezzi || **at any p.** a tutti i costi || **list p.** prezzo di listino
to price /praɪs/ v.tr. **1** fissare il prezzo di **2** stimare, valutare
priceless /ˈpraɪslɪs/ agg. **1** inestimabile, d'incalcolabile valore **2** divertentissimo, impagabile
prick /prɪk/ s. **1** punta *f.*, aculeo *m.* **2** puntura *f.*
to prick /prɪk/ **A** v.tr. **1** pungere, punzecchiare **2** tormentare **3** bucherellare **4** (*le orecchie*) rizzare, aguzzare **B** v.intr. formicolare, pizzicare
prickle /ˈprɪkl/ s. **1** spina *f.*, pungiglione *m.* **2** pungolo *m.* **3** formicolio *m.*
prickly /ˈprɪklɪ/ agg. **1** spinoso, pungente **2** (*fig.*) permaloso ♦ **p. pear** fico d'India
pride /praɪd/ s. **1** orgoglio *m.*, superbia *f.* **2** colmo *m.*, pienezza *f.*
priest /priːst/ s. prete *m.*, sacerdote *m.*
priesthood /ˈpriːsthʊd/ s. sacerdozio *m.*

prig /prɪg/ s. **1** presuntuoso *m.* **2** ladro *m.*
prim /prɪm/ agg. affettato, cerimonioso
primal /'praɪm(ə)l/ agg. **1** primario, principale **2** originale, primitivo
primarily /'praɪm(ə)rɪlɪ/ avv. **1** principalmente, soprattutto **2** originalmente
primary /'praɪmərɪ/ **A** agg. **1** primo, primario, originario **2** principale, fondamentale **3** elementare, di base **B** s. **1** fondamento *m.*, elemento *m.* principale **2** elezioni *f. pl.* primarie **3** scuola *f.* elementare
prime /praɪm/ **A** agg. **1** primario, primo **2** di prima qualità **B** s. **1** principio *m.* **2** rigoglio *m.*, fiore *m.* **3** (minuto) primo *m.*
to prime /praɪm/ v.tr. **1** innescare, caricare **2** mettere al corrente
primeval /praɪ'mi:v(ə)l/ agg. primordiale, primitivo
primitive /'prɪmɪtɪv/ agg. primitivo
primordial /praɪ'mɔ:djəl/ agg. primordiale
primrose /'prɪmrəʊz/ s. primula *f.*
primula /'prɪmjələ/ s. primula *f.*
prince /prɪns/ s. principe *m.* ♦ **Prince Charming** il principe azzurro
princedom /'prɪnsdəm/ s. principato *m.*
princess /prɪn'sɛs/ s. principessa *f.*
principal /'prɪnsəp(ə)l/ **A** agg. principale **B** s. **1** capo *m.*, direttore *m.* **2** preside *m. e f.* **3** (*econ.*) capitale *m.*
principality /ˌprɪnsɪ'pælɪtɪ/ s. principato *m.*
principle /'prɪnsɪpl/ s. principio *m.*, regola *f.*, norma *f.* ♦ **in p.** in linea di principio ‖ **on p.** per principio
print /prɪnt/ s. **1** impronta *f.*, segno *m.* **2** stampa *f.* **3** tessuto *m.* stampato ♦ **in p.** disponibile ‖ **large-p.** in caratteri grandi ‖ **out of p.** (*di libro*) esaurito
to print /prɪnt/ v.tr. **1** stampare **2** imprimere
printed /'prɪntɪd/ agg. stampato, pubblicato ♦ **p. matter** stampe
printer /'prɪntəʳ/ s. **1** tipografo *m.* **2** stampante *f.* ♦ **laser p.** stampante laser
printing /'prɪntɪŋ/ s. **1** stampa *f.* **2** tiratura *f.* **3** pubblicazione *f.*
printout /'prɪntˌaʊt/ s. tabulato *m.*
prior /'praɪəʳ/ **A** agg. **1** precedente, anteriore **2** prioritario **B** s. priore *m.*
priority /praɪ'ɒrɪtɪ/ s. priorità *f.* ♦ **p. mail** posta prioritaria
prism /'prɪz(ə)m/ s. prisma *m.*
prison /'prɪzn/ s. prigione *f.*
prisoner /'prɪznəʳ/ s. prigioniero *m.*
pristine /'prɪstaɪn/ agg. **1** originario **2** puro, incontaminato
privacy /'praɪvəsɪ/ s. **1** intimità *f.*, vita *f.* privata, privacy *f. inv.* **2** riserbo *m.*
private /'praɪvɪt/ **A** agg. **1** privato **2** personale, riservato **3** isolato, solitario **B** s. soldato *m.* semplice ♦ **in p.** privatamente ‖ **p. eye** investigatore privato ‖ **p. parts** parti intime ‖ **p. property** proprietà privata
privet /'prɪvɪt/ s. ligustro *m.*
privilege /'prɪvɪlɪdʒ/ s. privilegio *m.*
to privilege /'prɪvɪlɪdʒ/ v.tr. privilegiare
privy /'prɪvɪ/ agg. privato, segreto ♦ **to be p. to st.** essere a conoscenza di q.c.
prize /praɪz/ **A** s. premio *m.* **B** agg. **1** premiato, da premio **2** dato come premio **3** a premi **4** (*fam.*) perfetto, classico ♦ **p. giving** premiazione
to prize[1] /praɪz/ v.tr. stimare, valutare
to prize[2] /praɪz/ v.tr. far leva su, forzare ♦ **to p. out** estorcere
pro[1] /prəʊ/ agg. e s. (*fam.*) professionista *m. e f.*
pro[2] /prəʊ/ s. pro *m. inv.*, vantaggio *m.* ♦ **the pros and cons** i pro e i contro
probability /ˌprɒbə'bɪlɪtɪ/ s. probabilità *f.* ♦ **in all p.** con tutta probabilità
probable /'prɒb(ə)bl/ agg. probabile
probation /prə'beɪʃ(ə)n/ s. **1** prova *f.*, esame *m.* **2** tirocinio *m.* **3** (*dir.*) sospensione *f.* condizionale della pena
probe /prəʊb/ s. **1** sonda *f.* **2** (*fig.*) indagine *f.*
to probe /prəʊb/ v.tr. sondare, indagare
problem /'prɒbləm/ s. problema *m.*
problematic(al) /ˌprɒblɪ'mætɪk((ə)l)/ agg. problematico
procedural /prə'si:dʒər(ə)l/ agg. procedurale
procedure /prə'si:dʒəʳ/ s. procedura *f.*, procedimento *m.*
to proceed /prə'si:d/ v.intr. **1** procedere, proseguire **2** agire **3** provenire
proceeding /prə'si:dɪŋ/ s. **1** procedimento *m.* **2** al pl. riunione *f.* **3** al pl. (*di convegno*) atti *m. pl.*
proceeds /'prəʊsi:dz/ s. pl. ricavo *m.*, profitto *m.*
process /'prəʊsɛs/ s. **1** andamento *m.*, procedimento *m.* **2** processo *m.*, sviluppo *m.* **3** elaborazione *f.* ♦ **p. cheese** formaggino
to process /'prəʊsɛs/ v.tr. **1** trattare, sottoporre a un processo **2** (*dir.*) procedere contro **3** (*inform.*) elaborare ♦ **p. cheese** formaggino
processing /'prəʊsɛsɪŋ/ s. **1** trattamento *m.*, lavorazione *f.* **2** (*inform.*) elaborazione *f.*
procession /prə'sɛʃ(ə)n/ s. processione *f.*, corteo *m.*
processor /'prəsɛsəʳ/ s. (*inform.*) processore *m.*
to proclaim /prə'kleɪm/ v.tr. proclamare
proclamation /ˌprɒklə'meɪʃ(ə)n/ s. proclamazione *f.*
to procreate /'prəʊkrɪeɪt/ v.tr. procreare, generare
to procure /prə'kjʊəʳ/ v.tr. procurare, procacciare
to prod /prɒd/ v.tr. e intr. pungolare, incitare
prodigal /'prɒdɪgəl/ **A** agg. prodigo **B** s. scialacquatore *m.*
prodigality /ˌprɒdɪ'gælɪtɪ/ s. prodigalità *f.*, generosità *f.*
prodigious /prə'dɪdʒəs/ agg. prodigioso
prodigy /'prɒdɪdʒɪ/ s. prodigio *m.*, portento *m.*
produce /'prɒdju:s/ s. **1** prodotto *m.*, risultato *m.* **2** produzione *f.* agricola
to produce /prə'dju:s/ v.tr. **1** produrre, fabbricare, generare **2** esibire, presentare
producer /prə'dju:səʳ/ s. produttore *m.*
product /'prɒdəkt/ s. prodotto *m.*
production /prə'dʌkʃ(ə)n/ s. produzione *f.*

productivity /ˌprɒdʌkˈtɪvɪtɪ/ s. produttività *f.*, rendimento *m.*
profane /prəˈfeɪn/ agg. **1** profano **2** empio
to profane /prəˈfeɪn/ v.tr. profanare
to profess /prəˈfɛs/ **A** v.tr. **1** professare, dichiarare **2** pretendere di, fingere di **3** esercitare **B** v.intr. esercitare una professione
profession /prəˈfɛʃ(ə)n/ s. professione *f.*
professional /prəˈfɛʃənl/ **A** agg. professionale **B** s. professionista *m. e f.*
professionalism /prəˈfɛʃnəlɪz(ə)m/ s. professionismo *m.*
professor /prəˈfɛsəʳ/ s. professore *m.* universitario
proficiency /prəˈfɪʃ(ə)nsɪ/ s. abilità *m.*, competenza *f.*, conoscenza *f.*
profile /ˈprəʊfaɪl/ s. profilo *m.*
profit /ˈprɒfɪt/ s. profitto *m.*, beneficio *m.*, guadagno *m.*
to profit /ˈprɒfɪt/ **A** v.tr. giovare a **B** v.intr. beneficiare, approfittare
profitability /ˌprɒfɪtəˈbɪlɪtɪ/ s. redditività *f.*
profitable /ˈprɒfɪtəbl/ agg. proficuo, redditizio
profound /prəˈfaʊnd/ agg. **1** profondo **2** intenso **3** assoluto
profuse /prəˈfjuːs/ agg. **1** profuso, abbondante **2** prodigo
profusion /prəˈfjuːʒ(ə)n/ s. **1** profusione *f.* **2** prodigalità *f.*
progenitor /pro(ʊ)ˈdʒɛnɪtəʳ/ s. progenitore *m.*
prognosis /prɒgˈnəʊsɪs/ s. prognosi *f.*
prognostic /prɒgˈnɒstɪk/ s. pronostico *m.*
program /ˈprəʊgræm/ s. (*USA*) programma *m.*
to program /ˈprəʊgræm/ v.tr. (*USA*) programmare
programme /ˈprəʊgræm/ s. programma *m.*
to programme /ˈprəʊgræm/ v.tr. programmare
programmer /ˈprəʊgræməʳ/ s. programmatore *m.*
programming /ˈprəʊgræmɪŋ/ s. programmazione *f.*
progress /ˈprəʊgrɛs/ s. **1** avanzamento *m.* **2** andamento *m.*, corso *m.* **3** progresso *m.*, sviluppo *m.* ♦ **works in p.** lavori in corso
to progress /prəˈgrɛs/ v.intr. progredire, avanzare
progression /prɛəˈgrɛʃ(ə)n/ s. progressione *f.*
progressive /prəˈgrɛsɪv/ agg. **1** progressivo **2** progressista
to prohibit /prəˈhɪbɪt/ v.tr. proibire
prohibition /ˌpro(ʊ)ɪˈbɪʃ(ə)n/ s. **1** proibizione *f.* **2** proibizionismo *m.*
prohibitive /prəˈhɪbɪtɪv/ agg. proibitivo
project /ˈprɒdʒɛkt/ s. progetto *m.*, piano *m.*
to project /prəˈdʒɛkt/ **A** v.tr. **1** proiettare **2** progettare **B** v.intr. sporgere, aggettare
projectile /prəˈdʒɛktaɪl/ **A** s. proiettile *m.* **B** agg. **1** propulsivo **2** proiettabile
projection /prəˈdʒɛkʃ(ə)n/ s. **1** proiezione *f.* **2** aggetto *m.*, sporgenza *f.*
projector /prəˈdʒəktəʳ/ s. proiettore *m.*
proletarian /ˌprəʊlɪˈtɛərɪən/ agg. e s. proletario *m.*
to proliferate /pro(ʊ)ˈlɪfəreɪt/ v.intr. proliferare
prolific /prəˈlɪfɪk/ agg. prolifico, fecondo
prolix /ˈprəʊlɪks/ agg. prolisso
prologue /ˈprəʊlɒg/ s. prologo *m.*
to prolong /prəˈlɒŋ/ v.tr. prolungare
prolongation /ˌprəʊlɒŋˈgeɪʃ(ə)n/ s. prolungamento *m.*
promenade /ˌprɒmɪˈnɑːd/ s. lungomare *m.*, passeggiata *f.*
prominence /ˈprɒmɪnəns/ s. **1** prominenza *f.*, sporgenza *f.* **2** importanza *f.*
prominent /ˈprɒmɪnənt/ agg. **1** prominente, sporgente **2** importante
promiscuity /ˌprɒmɪsˈkjʊ(ː)tɪ/ s. promiscuità *f.*
promiscuous /prəˈmɪskjʊəs/ agg. **1** promiscuo, confuso **2** casuale
promise /ˈprɒmɪs/ s. promessa *f.*
to promise /ˈprɒmɪs/ v.tr. e intr. promettere ♦ **to p. oneself st.** ripromettersi q.c.
promising /ˈprɒmɪsɪŋ/ agg. promettente
promontory /ˈprɒməntərɪ/ s. promontorio *m.*
to promote /prəˈməʊt/ v.tr. promuovere
promoter /prəˈməʊtəʳ/ s. promotore *m.*
promotion /prəˈməʊʃ(ə)n/ s. promozione *f.*
promotional /prəˈməʊʃənəl/ agg. promozionale
prompt /prɒm(p)t/ **A** agg. **1** pronto, sollecito **2** (*di pagamento*) in contanti, a pronti **B** s. **1** suggerimento *m.* **2** termine *m.* di pagamento **3** (***inform.***) prompt *m. inv.* **C** avv. in punto
to prompt /prɒm(p)t/ v.tr. **1** suggerire, consigliare **2** incitare
prompter /ˈprɒm(p)təʳ/ s. suggeritore *m.*
pronaos /pro(ʊ)ˈneɪɒs/ s. pronao *m.*
prone /prəʊn/ agg. **1** prono **2** disposto, incline
prong /prɒŋ/ s. **1** forca *f.* **2** rebbio *m.*
pronoun /ˈprəʊnaʊn/ s. pronome *m.*
to pronounce /prəˈnaʊns/ **A** v.tr. **1** pronunciare **2** dichiarare **B** v.intr. pronunciarsi, dichiararsi
pronunciation /prəˌnʌnsɪˈeɪʃ(ə)n/ s. pronuncia *f.*
proof /pruːf/ **A** s. **1** prova *f.*, dimostrazione *f.* **2** (***tip.***) bozza *f.* **3** (***fot.***) provino *m.* **B** agg. (*nei composti*) a prova di, resistente a ♦ **bullet-p.** antiproiettile
prop[1] /prɒp/ s. puntello *m.*, sostegno *m.*
prop[2] /prɒp/ s. (***teatro***) materiale *m.* di scena, attrezzeria *f.*
to prop /prɒp/ v.tr. **1** appoggiare, puntellare **2** sostenere
propaganda /ˌprɒpəˈgændə/ s. propaganda *f.*
to propagate /ˈprɒpəgeɪt/ **A** v.tr. propagare **B** v.intr. propagarsi
to propel /prəˈpɛl/ v.tr. muovere in avanti, spingere
propeller /prəˈpɛləʳ/ s. elica *f.*
proper /ˈprɒpəʳ/ agg. **1** proprio, particolare **2** appropriato, corretto **3** decoroso, rispettabile **4** propriamente detto, vero e proprio
properly /ˈprɒpəlɪ/ avv. **1** bene, opportunamente **2** convenientemente **3** propriamente
property /ˈprɒpətɪ/ s. **1** proprietà *f.* **2** beni *m.*, patrimonio *m.*
prophecy /ˈprɒfɪsɪ/ s. profezia *f.*

prophet /'prɒfɪt/ s. profeta *m.*
prophetic(al) /prə'fɛtɪk((ə)l)/ agg. profetico
prophylactic /ˌprɒfɪ'læktɪk/ **A** s. preservativo *m.* **B** agg. profilattico
prophylaxis /ˌprɒfɪ'læksɪs/ s. profilassi *f.*
to propitiate /prə'pɪʃɪeɪt/ v.tr. propiziare
propitious /prə'pɪʃəs/ agg. propizio
proportion /prə'pɔːʃ(ə)n/ s. proporzione *f.*
proportional /prə'pɔːʃənl/ agg. proporzionale
proportionate /prə'pɔːʃnɪt/ agg. proporzionato
proposal /prə'pəʊz(ə)l/ s. proposta *f.*
to propose /prə'pəʊz/ v.tr. e intr. **1** proporre, presentare **2** fare una proposta di matrimonio
proposition /ˌprɒpə'zɪʃ(ə)n/ s. **1** affermazione *f.* **2** proposizione *f.* **3** proposta *f.*
to proposition /ˌprɒpə'zɪʃ(ə)n/ v.tr. proporre a, fare una proposta a
proprietor /prə'praɪətəʳ/ s. proprietario *m.*, titolare *m. e f.*
propriety /prə'praɪətɪ/ s. **1** convenienza *f.*, proprietà *f.*, correttezza *f.* **2** decoro *m.*, decenza *f.* **3** al pl. convenienze *f. pl.* sociali
propulsion /prə'pʌlʃ(ə)n/ s. propulsione *f.*
propylaeum /ˌprɒpɪ'liːəm/ s. propileo *m.*
prose /prəʊz/ s. prosa *f.*
to prosecute /'prɒsɪkjuːt/ v.tr. **1** proseguire, portare avanti **2** (*dir.*) perseguire
prosecution /ˌprɒsɪ'kjuːʃ(ə)n/ s. **1** prosecuzione *f.* **2** (*dir.*) accusa *f.*, processo *m.*
prosecutor /'prɒsɪkjuːtəʳ/ s. **1** prosecutore *m.* **2** (*dir.*) accusatore *m.*, attore *m.*
prospect /'prɒspɛkt/ s. prospettiva *f.*
prospective /prəs'pɛktɪv/ agg. **1** futuro, concernente il futuro **2** probabile, potenziale
prospectus /prəs'pɛktəs/ s. prospetto *m.*, programma *m.*
to prosper /'prɒspəʳ/ v.intr. prosperare
prosperity /prɒs'pɛrɪtɪ/ s. prosperità *f.*
prosperous /'prɒsp(ə)rəs/ agg. prospero, favorevole
prosthesis /'prɒsθɪsɪs/ s. (*med.*) protesi *f.*
prostitute /'prɒstɪtjuːt/ s. prostituta *f.*
prostitution /'prɒstɪtjuːʃ(ə)n/ s. prostituzione *f.*
prostrate /prɒ'streɪt/ agg. prostrato, abbattuto
to prostrate /prɒ'streɪt/ v.tr. prostrare
prostyle /'prəʊstaɪl/ s. prostilo *m.*
protagonist /pro(ʊ)'tægənɪst/ s. protagonista *m. e f.*
to protect /prə'tɛkt/ v.tr. proteggere
protection /prə'tɛkʃ(ə)n/ s. protezione *f.*, difesa *f.*, riparo *m.*
protectionism /prə'tɛkʃənɪz(ə)m/ s. protezionismo *m.*
protective /prə'tɛktɪv/ agg. protettivo
protein /'prəʊtiːn/ s. proteina *f.*
protest /'prəʊtɛst/ s. **1** protesta *f.*, manifestazione *f.* **2** protesto *m.*
to protest /prə'tɛst/ **A** v.tr. **1** dichiarare, dimostrare **2** mandare in protesto **B** v.intr. **1** protestare, reclamare **2** fare una dichiarazione
Protestant /'prɒtɪst(ə)nt/ agg. e s. protestante *m. e f.*
Protestantism /'prɒtɪst(ə)ntɪz(ə)m/ s. protestantesimo *m.*
protester /prə'tɛstəʳ/ s. dimostrante *m. e f.*
protocol /'prəʊtəkɒl/ s. protocollo *m.*
protomartyr /'prəʊto(ʊ)ˌmɑːtəʳ/ s. protomartire *m.*
prototype /'prəʊtətaɪp/ s. prototipo *m.*
to protract /prə'trækt/ v.tr. protrarre
to protrude /prə'truːd/ v.tr. e intr. sporgere
protruding /prə'truːdɪŋ/ agg. sporgente
protuberance /prə'tjuːb(ə)r(ə)ns/ s. protuberanza *f.*
protuberant /prə'tjuːb(ə)r(ə)nt/ agg. sporgente
proud /praʊd/ agg. **1** orgoglioso, fiero **2** superbo
to prove /pruːv/ **A** v.tr. **1** provare, dimostrare **2** mettere alla prova **3** verificare **B** v.intr. risultare, rivelarsi
provenance /'prɒvɪnəns/ s. provenienza *f.*, origine *f.*
Provençal /ˌprɒvɑː(n)'sɑːl/ agg. e s. provenzale *m. e f.*
proverb /'prɒvɜːb/ s. proverbio *m.*
proverbial /prə'vɜːbjəl/ agg. proverbiale
to provide /prə'vaɪd/ **A** v.tr. provvedere, fornire, procurare **B** v.intr. **1** provvedere **2** premunirsi ◆ **to p. oneself with st.** fornirsi di q.c.
provided /prə'vaɪdɪd/ cong. purché, sempre che, a condizione che ◆ **p. that** purché, sempre che, a condizione che
providence /'prɒvɪd(ə)ns/ s. **1** previdenza *f.*, prudenza *f.* **2** provvidenza *f.*
provident /'prɒvɪd(ə)nt/ agg. previdente
providential /ˌprɒvɪ'dɛnʃ(ə)l/ agg. provvidenziale, opportuno
provider /prə'vaɪdəʳ/ s. **1** (*tel.*) gestore *m.* **2** fornitore *m.* (di un servizio) **3** (*inform.*) provider *m. inv.*
providing /prə'vaɪdɪŋ/ cong. purché
province /'prɒvɪns/ s. provincia *f.*
provincial /prə'vɪnʃ(ə)l/ agg. provinciale
provincialism /prə'vɪnʃəlɪz(ə)m/ s. provincialismo *m.*
provision /prə'vɪʒ(ə)n/ s. **1** provvedimento *m.*, preparativo *m.* **2** fornitura *f.* **3** al pl. provviste *f. pl.*, viveri *m. pl.* **4** riserva *f.* **5** (*dir.*) clausola *f.*
provisional /prə'vɪʒənl/ agg. provvisorio
proviso /prə'vaɪzəʊ/ s. (*dir.*) condizione *f.*
provocation /ˌprɒvə'keɪʃ(ə)n/ s. provocazione *f.*
provocative /prə'vɒkətɪv/ agg. provocante, stimolante
to provoke /prə'vəʊk/ v.tr. **1** provocare **2** irritare
provoking /prə'vəʊkɪŋ/ agg. **1** provocante **2** irritante
prow /praʊ/ s. prua *f.*
prowess /'praʊɪs/ s. prodezza *f.*, abilità *f.*
prowl /praʊl/ s. **on the p.** a caccia
to prowl /praʊl/ v.intr. muoversi furtivamente
prowler /'praʊləʳ/ s. **1** predatore *m.* **2** ladruncolo *m.*, malintenzionato *m.*
proximity /prɒk'sɪmɪtɪ/ s. prossimità *f.*, vicinanza *f.*
proxy /'prɒksɪ/ s. **1** procuratore *m.* **2** procura *f.* ◆ **by p.** per procura
prudence /'pruːd(ə)ns/ s. prudenza *f.*

prudent /ˈpruːd(ə)nt/ **agg.** prudente
prudish /ˈpruːdɪʃ/ **agg.** moralista, puritano
prune /pruːn/ **s.** prugna *f.* secca
to prune /pruːn/ **v.tr.** potare
to pry /praɪ/ **v.intr.** spiare, curiosare
psalm /sɑːm/ **s.** salmo *m.*
pseudonym /ˈsjuːdənɪm/ **s.** pseudonimo *m.*
psyche /ˈsaɪkɪ/ **s.** psiche *f.*
psychiatric(al) /ˌsaɪkɪˈætrɪk((ə)l)/ **agg.** psichiatrico
psychiatrist /saɪˈkaɪətrɪst/ **s.** psichiatra *m. e f.*
psychiatry /saɪˈkaɪətrɪ/ **s.** psichiatria *f.*
psychic(al) /ˈsaɪkɪk((ə)l)/ **agg. 1** psichico **2** medianico
psychoanalysis /ˌsaɪko(ʊ)əˈnæləsɪs/ **s.** psicoanalisi *f.*
psychoanalyst /ˌsaɪko(ʊ)ˈænəlɪst/ **s.** psicoanalista *m. e f.*
psychologic(al) /ˌsaɪkəˈlɒdʒɪk((ə)l)/ **agg.** psicologico
psychologist /saɪˈkɒlədʒɪst/ **s.** psicologo *m.*
psychology /saɪˈkɒlədʒɪ/ **s.** psicologia *f.*
psychopath /ˈsaɪko(ʊ)pæθ/ **s.** psicopatico *m.*
psychosis /saɪˈkəʊsɪs/ **s.** psicosi *f.*
pub /pʌb/ **s.** pub *m. inv.*
puberty /ˈpjuːbətɪ/ **s.** pubertà *f.*
pubic /ˈpjuːbɪk/ **agg.** pubico
pubis /ˈpjuːbɪs/ **s.** pube *m.*
public /ˈpʌblɪk/ **agg. e s.** pubblico *m.* ♦ **p. address system** altoparlante || **p. house** pub || **p. relations** relazioni pubbliche
publican /ˈpʌblɪkən/ **s.** gestore *m.* di pub
publication /ˌpʌblɪˈkeɪʃ(ə)n/ **s.** pubblicazione *f.*
publicity /pʌbˈlɪsɪtɪ/ **s.** pubblicità *f.*
to publicize /ˈpʌblɪsaɪz/ **v.tr.** pubblicizzare
to publish /ˈpʌblɪʃ/ **v.tr.** pubblicare
publisher /ˈpʌblɪʃəʳ/ **s.** editore *m.*
publishing /ˈpʌblɪʃɪŋ/ **s.** editoria *f.* ♦ **p. house** casa editrice
to pucker /ˈpʌkəʳ/ **v.tr.** corrugare, increspare ♦ **to p. up** protendere le labbra (per dare un bacio)
pudding /ˈpʊdɪŋ/ **s.** budino *m.*
puddle /ˈpʌdl/ **s.** pozzanghera *f.*
puff /pʌf/ **s.** soffio *m.*, sbuffo *m.* ♦ **p. pastry** pasta sfoglia
to puff /pʌf/ **v.intr. 1** soffiare, sbuffare **2** ansimare ♦ **to p. out** gonfiare, spegnere con un soffio || **to p. up** gonfiarsi || **puffed up** gonfio, tronfio, pieno di sé
puffy /ˈpʌfɪ/ **agg. 1** ansante **2** gonfio **3** paffuto
pull /pʊl/ **s. 1** strappo *m.*, tiro *m.* **2** boccata *f.*, sorso *m.* **3** maniglia *f.*, tirante *m.* **4** (*fig.*) influenza *f.*, ascendente *m.*
to pull /pʊl/ **A v.tr. 1** tirare, tendere **2** trascinare, trainare **3** estrarre, tirar fuori, cavare **4** attirare **B v.intr. 1** tirare **2** lasciarsi tirare, trascinarsi ♦ **to p. apart** fare a pezzi || **to p. back** ritirarsi || **to p. down** abbassare || **to p. in** accostarsi, entrare in || **to p. off** togliere, togliersi, portare a segno || **to p. st. off** farcela || **to p. on** indossare || **to p. out** uscire, partire, staccare, ritirarsi, rinunciare || **to p. over** accostare || **to p. through** farcela, riaversi || **to p. up** fermarsi, sradicare, strappare
pulley /ˈpʊlɪ/ **s.** puleggia *f.*
pullover /ˈpʊlˌəʊvəʳ/ **s.** pullover *m. inv.*
pulmonary /ˈpʌlmənərɪ/ **agg.** polmonare
pulp /pʌlp/ **s.** polpa *f.*
pulpit /ˈpʊlpɪt/ **s.** pulpito *m.*
to pulsate /pʌlˈseɪt/ **v.intr.** pulsare
pulsation /pʌlˈseɪʃ(ə)n/ **s.** pulsazione *f.*
pulse[1] /pʌls/ **s. 1** (*med.*) polso *m.*, battito *m.* **2** impulso *m.*
pulse[2] /pʌls/ **s.** (*bot., cuc.*) legume *m.*
to pulverize /ˈpʌlvəraɪz/ **A v.tr.** polverizzare **B v.intr.** polverizzarsi
puma /ˈpjuːmə/ **s.** puma *m.*
pumice /ˈpʌmɪs/ **s.** pomice *f.*
to pummel /ˈpʌml/ **v.tr.** prendere a pugni
pump /pʌmp/ **s. 1** pompa *f.* **2** distributore *m.* di benzina
to pump /pʌmp/ **v.tr.** pompare ♦ **to p. up** gonfiare
pumpkin /ˈpʌm(p)kɪn/ **s.** zucca *f.*
pun /pʌn/ **s.** gioco *m.* di parole
punch[1] /pʌn(t)ʃ/ **s.** pugno *m.*
punch[2] /pʌn(t)ʃ/ **s. 1** punzone *m.* **2** perforatrice *f.*
punch[3] /pʌn(t)ʃ/ **s.** ponce *m. inv.*, punch *m. inv.*
to punch[1] /pʌn(t)ʃ/ **v.tr.** dare un pugno a
to punch[2] /pʌn(t)ʃ/ **v.tr.** punzonare, perforare
punch-up /ˈpʌn(t)ʃʌʊp/ **s.** zuffa *f.*
punctual /ˈpʌŋ(k)tjʊəl/ **agg.** puntuale
punctuality /ˌpʌŋ(k)tjʊˈælɪtɪ/ **s.** puntualità *f.*
to punctuate /ˈpʌŋ(k)tjʊeɪt/ **v.tr. 1** punteggiare **2** mettere la punteggiatura a
punctuation /ˌpʌŋ(k)tjʊˈeɪʃ(ə)n/ **s.** punteggiatura *f.*
puncture /ˈpʌŋktʃəʳ/ **s. 1** (*di pneumatico*) foratura *f.* **2** puntura *f.* ♦ **to get a p.** bucare una gomma
pundit /ˈpʌndɪt/ **s.** sapientone *m.*
pungent /ˈpʌndʒ(ə)nt/ **agg.** pungente
to punish /ˈpʌnɪʃ/ **v.tr.** punire, infliggere una punizione a
punishment /ˈpʌnɪʃmənt/ **s.** punizione *f.*, castigo *m.*
punk /pʌŋk/ **agg. e s.** punk *m. inv.*
punt /pʌnt/ **s.** barchino *m.*
punter /ˈpʌntəʳ/ **s. 1** scommettitore *m.* **2** (*pop.*) cliente *m. e f.*
puny /ˈpjuːnɪ/ **agg.** gracile, sparuto
pup /pʌp/ **s.** cucciolo *m.*
pupil[1] /ˈpjuːpl/ **s.** allievo *m.*, scolaro *m.*
pupil[2] /ˈpjuːpl/ **s.** pupilla *f.*
puppet /ˈpʌpɪt/ **s.** burattino *m.*, fantoccio *m.*
puppeteer /ˌpʌpɪˈtɪəʳ/ **s.** burattinaio *m.*
puppy /ˈpʌpɪ/ **s.** cucciolo *m.*
purchase /ˈpɜːtʃəs/ **s. 1** acquisto *m.*, compera *f.* **2** (*spec. di immobili*) valore *m.* **3** paranco *m.*
to purchase /ˈpɜːtʃəs/ **v.tr. 1** acquistare, comprare **2** acquisire **3** sollevare (con paranco)
purchaser /ˈpɜːtʃəsəʳ/ **s.** acquirente *m. e f.*, compratore *m.*

purchasing /ˈpɜːtʃəsɪŋ/ s. acquisto *m.*
pure /pjʊəʳ/ agg. puro
purée /ˈpjʊəreɪ/ s. purè *m.*
purgative /ˈpɜːgətɪv/ agg. e s. purgante *m.*
purgatory /ˈpɜːgət(ə)rɪ/ s. purgatorio *m.*
purge /pɜːdʒ/ s. **1** purga *f.*, purgante *m.* **2** epurazione *f.*
to purge /pɜːdʒ/ v.tr. **1** purgare, purificare **2** epurare
purging /ˈpɜːdʒɪŋ/ s. purga *f.*, purificazione *f.*
to purify /ˈpjʊərɪfaɪ/ v.tr. purificare
purism /ˈpjʊərɪz(ə)m/ s. purismo *m.*
purist /ˈpjʊərɪst/ s. purista *m. e f.*
Puritan /ˈpjʊərɪt(ə)n/ agg. e s. puritano *m.*
Puritanism /ˈpjʊərɪt(ə)nɪz(ə)m/ s. puritanesimo *m.*
purity /ˈpjʊərɪtɪ/ s. purezza *f.*
to purloin /pɜːˈlɔɪn/ v.tr. trafugare, rubare
purple /ˈpɜːpl/ **A** agg. purpureo, violaceo **B** s. (*colore*) porpora *m.*, viola *m.*
to purport /ˈpɜːpɔːt/ v.tr. dare a intendere
purpose /ˈpɜːpəs/ s. **1** scopo *m.*, fine *m.*, intenzione *f.* **2** effetto *m.*, risultato *m.* **3** proposito *m.*, fermezza *f.* ♦ **on p.** di proposito, apposta || **to no p.** invano
purposeful /ˈpɜːpəsf(ʊ)l/ agg. **1** risoluto, determinato **2** intenzionale
purpura /ˈpɜːpjʊərə/ s. porpora *f.*
purr /pɜː/ s. **1** fusa *f. pl.* **2** ronzio *m.*
to purr /pɜː/ v.intr. **1** fare le fusa **2** ronzare
purse /pɜːs/ s. **1** borsellino *m.* **2** borsa *f.*
purser /ˈpɜːsəʳ/ s. commissario *m.* di bordo
pursuance /pəˈsjuːəns/ s. proseguimento *m.*
to pursue /pəˈsjuː/ v.tr. **1** inseguire **2** perseguire, aspirare a **3** proseguire, procedere
pursuit /pəˈsjuːt/ s. **1** inseguimento *m.*, ricerca *f.* **2** attività *f.* **3** passatempo *m.* ♦ **hot p.** tallonamento
pus /pʌs/ s. pus *m. inv.*
push /pʊʃ/ s. **1** spinta *f.* **2** pressione *f.* **3** sforzo *m.* **4** energia *f.* ♦ **p.-button** pulsante || **p. scooter** monopattino
to push /pʊʃ/ v.tr. **1** spingere, premere **2** fare pressione su, incitare **3** propagandare **4** (*pop.*) spacciare (droga) ♦ **to p. aside** scostare || **to p. back** respingere || **to p. forward** spingere innanzi, avanzare || **to p. in** spingere, premere || **to p. off** andar via || **to p. out** buttar fuori || **to p. up** far salire
pushchair /ˈpʊʃtʃɛəʳ/ s. passeggino *m.*
pusher /ˈpʊʃəʳ/ s. spacciatore *m.*
push-up bra /ˌpʊʃəpˈbrɑː/ s. (reggiseno) push-up *m. inv.*
pussycat /ˈpʊsɪkæt/ s. micio *m.*
to put /pʊt/ (*pass. e p.p.* **put**) **A** v.tr. **1** mettere, porre, collocare **2** apporre, applicare **3** esporre, presentare, esprimere **4** sottoporre **5** valutare, calcolare **6** piantare, conficcare **7** scommettere, puntare, investire **B** v.intr. (*naut.*) dirigersi, far rotta per ♦ **to p. away** mettere via, mettere da parte || **to p. back** riporre, posticipare, ritardare || **to p. by** risparmiare || **to p. down** posare, sopprimere, umiliare, annotare, attribuire || **to p. forward** proporre, suggerire, anticipare || **to p. in** inserire, intromettersi, presentare domanda || **to p. off** rinviare, impedire, dissuadere || **to p. on** indossare, accendere, metter su, mettere in scena || **to p. out** metter fuori, trasmettere, pubblicare, produrre, spegnere, offendere, disturbare || **to p. through** portare a compimento, far approvare, mettere in comunicazione || **to p. up** alzare, aumentare, affiggere, costruire, ospitare, conservare || **to p. up with** sopportare
putrefaction /ˌpjuːtrɪˈfækʃ(ə)n/ s. putrefazione *f.*, marciume *m.*
to putrefy /ˈpjuːtrɪfaɪ/ v.intr. imputridire
putty /ˈpʌtɪ/ s. stucco *m.*, mastice *m.*
to putty /ˈpʌtɪ/ v.tr. stuccare
puzzle /ˈpʌzl/ s. **1** rompicapo *m.*, enigma *m.* **2** confusione *f.* ♦ **crossword p.** parole incrociate
to puzzle /ˈpʌzl/ **A** v.tr. confondere **B** v.intr. essere perplesso ♦ **to p. out** decifrare
puzzling /ˈpʌzlɪŋ/ agg. sconcertante
pyjamas /pəˈdʒɑːməz/ s. pl. pigiama *m.*
pylon /ˈpaɪlən/ s. pilone *m.*
pyramid /ˈpɪrəmɪd/ s. piramide *f.*
pyramidal /pɪˈræmɪdl/ agg. piramidale
pyre /ˈpaɪəʳ/ s. pira *f.*
pyromaniac /ˌpaɪro(ʊ)ˈmeɪnjæk/ s. piromane *m. e f.*
pyrotechnic(al) /ˌpaɪro(ʊ)ˈtɛknɪk((ə)l)/ agg. pirotecnico
python /ˈpaɪθ(ə)n/ s. pitone *m.*

q, Q

quack /kwæk/ s. ciarlatano *m.*
to quack /kwæk/ v.intr. starnazzare
quadrangle /ˈkwɒˌdræŋgl/ s. **1** (*geom.*) quadrangolo *m.* **2** cortile *m.* quadrangolare interno
quadrangular /kwɒˈdræŋgjʊləʳ/ agg. quadrangolare
quadrant /ˈkwɒdr(ə)nt/ s. quadrante *m.*
quadrature /ˈkwɒdrətʃəʳ/ s. quadratura *f.*
quadrennial /kwɒˈdrɛnjəl/ agg. quadriennale
quadrilateral /ˌkwɒdrɪˈlæt(ə)r(ə)l/ agg. e s. quadrilatero *m.*

quadruped /'kwɒdrʊpɛd/ **agg.** e **s.** quadrupede *m.*
quadruple /'kwɒdrʊpl/ **agg.** e **s.** quadruplo *m.*
to quadruple /'kwɒdrʊpl/ **A** **v.tr.** quadruplicare **B** **v.intr.** quadruplicarsi
quagmire /'kwægmaɪəʳ/ **s.** pantano *m.*
quail /kweɪl/ **s.** quaglia *f.*
to quail /kweɪl/ **v.intr.** sgomentarsi, avvilirsi
quaint /kweɪnt/ **agg.** **1** pittoresco **2** bizzarro, curioso
quake /kweɪk/ **s.** **1** scossa *f.*, tremito *m.* **2** (*fam.*) terremoto *m.*
to quake /kweɪk/ **v.intr.** tremare
Quaker /'kweɪkəʳ/ **s.** quacchero *m.*
Quakeress /'kweɪkərɪs/ **s.** quacchera *f.*
qualifiable /'kwɒlɪfaɪəbl/ **agg.** qualificabile
qualification /ˌkwɒlɪfɪ'keɪʃ(ə)n/ **s.** **1** qualificazione *f.* **2** requisito *m.*, qualifica *f.*, titolo *m.* **3** restrizione *f.*
qualified /'kwɒlɪfaɪd/ **agg.** **1** qualificato, adatto, competente **2** condizionato, limitato **3** abilitato
to qualify /'kwɒlɪfaɪ/ **A** **v.tr.** **1** qualificare, definire **2** abilitare, autorizzare **3** modificare, limitare **B** **v.intr.** qualificarsi, abilitarsi
qualitative /'kwɒlɪtətɪv/ **agg.** qualitativo
quality /'kwɒlɪtɪ/ **s.** qualità *f.*
qualm /kwɔːm/ **s.** **1** rimorso *m.* **2** nausea *f.*
quandary /'kwɒndərɪ/ **s.** difficoltà *f.*, imbarazzo *m.*
quantic /'kwɒntɪk/ **agg.** quantico, quantistico
to quantify /'kwɒntɪfaɪ/ **v.tr.** quantificare
quantity /'kwɒntɪtɪ/ **s.** quantità *f.*, quantitativo *m.* ◆ **in q.** in abbondanza
quantum /'kwɒntəm/ (*pl.* **quanta**) **s.** (*fis.*) quanto *m.*
quarantine /'kwɒr(ə)ntiːn/ **s.** quarantena *f.*
quarrel /'kwɒr(ə)l/ **s.** disputa *f.*, litigio *m.*
to quarrel /'kwɒr(ə)l/ **v.intr.** bisticciare, litigare
quarrelsome /'kwɒr(ə)lsəm/ **agg.** litigioso, rissoso
quarry[1] /'kwɒrɪ/ **s.** **1** cava *f.* **2** (*fig.*) miniera *f.*, fonte *f.*
quarry[2] /'kwɒrɪ/ **s.** preda *f.*
quart /kwɔːt/ **s.** quarto *m.* di gallone
quarter /'kwɔːtəʳ/ **s.** **1** quarto *m.* **2** trimestre *m.* **3** (*USA*) quarto *m.* di dollaro **4** quartiere *m.*, rione *m.* **5** alloggio *m.*
to quarter /'kwɔːtəʳ/ **v.tr.** **1** dividere in quarti **2** squartare **3** alloggiare
quarterly /'kwɔːtəlɪ/ **A** **agg.** trimestrale **B** **s.** pubblicazione *f.* trimestrale **C** **avv.** trimestralmente
quartet /kwɔː'tɛt/ **s.** quartetto *m.* ◆ **string q.** quartetto d'archi
quartz /kwɔːts/ **s.** quarzo *m.*
to quash /kwɒʃ/ **v.tr.** **1** (*dir.*) annullare **2** sottomettere
quatrain /'kwɒtreɪn/ **s.** quartina *f.*
quatrefoil /'kætrəfɔɪl/ **s.** (*arch.*) quadrilobo *m.*
quaver /'kweɪvəʳ/ **s.** **1** trillo *m.* **2** tremolio *m.* **3** (*mus.*) croma *f.*
quay /kiː/ **s.** banchina *f.*, molo *m.*
queasy /'kwiːzɪ/ **agg.** **1** nauseato, nauseabondo **2** inquieto, agitato
queen /kwiːn/ **s.** regina *f.*
queer /kwɪəʳ/ **agg.** **1** strano, bizzarro **2** dubbio **3** (*fam.*) gay, omosessuale
to quell /kwɛl/ **v.tr.** **1** reprimere, domare **2** calmare
to quench /kwɛn(t)ʃ/ **v.tr.** estinguere, spegnere ◆ **q. one's thirst** dissetarsi
querulous /'kwɛrʊləs/ **agg.** querulo, lamentoso
query /'kwɪərɪ/ **s.** **1** domanda *f.*, quesito *m.* **2** (*inform.*) interrogazione *f.*, ricerca *f.*
to query /'kwɪərɪ/ **A** **v.tr.** **1** interrogare, indagare su **2** mettere in dubbio **B** **v.intr.** **1** fare domande **2** (*inform.*) interrogare, ricercare
quest /kwɛst/ **s.** ricerca *f.* ◆ **in q. of** in cerca di
question /'kwɛstʃ(ə)n/ **s.** **1** domanda *f.* **2** questione *f.*, problema *m.* ◆ **q. mark** punto interrogativo
to question /'kwɛstʃ(ə)n/ **v.tr.** **1** interrogare **2** dubitare di
questionable /'kwɛstʃənəbl/ **agg.** **1** dubbio, incerto **2** discutibile
questionnaire /ˌkwɛstɪə'nɛəʳ/ **s.** questionario *m.*
queue /kjuː/ **s.** **1** coda *f.* **2** fila *f.*
to queue /kjuː/ **v.intr.** fare la coda, fare la fila ◆ **to q. up** mettersi in coda
to quibble /'kwɪbl/ **v.intr.** cavillare
quick /kwɪk/ **A** **agg.** **1** svelto, veloce **2** pronto, acuto **3** suscettibile **B** **avv.** rapidamente **C** **s.** **1** carne *f.* viva **2** (*fig.*) punto *m.* vivo ◆ **to sting sb. to the q.** toccare qc. sul vivo
to quicken /'kwɪk(ə)n/ **A** **v.tr.** affrettare **B** **v.intr.** affrettarsi
quickly /'kwɪklɪ/ **avv.** in fretta, prontamente
quickness /'kwɪknɪs/ **s.** sveltezza *f.*
quicksand /'kwɪksænd/ **s.** sabbie *f. pl.* mobili
quicksilver /'kwɪkˌsɪlvəʳ/ **s.** mercurio *m.*, argento *m.* vivo
quick-witted /'kwɪkˌwɪtɪd/ **agg.** perspicace
quid /kwɪd/ **s.** (*fam.*) sterlina *f.*
quiet /'kwaɪət/ **A** **agg.** **1** quieto, tranquillo **2** modesto, semplice **3** segreto **B** **s.** quiete *f.*, tranquillità *f.* ◆ **on the q.** di nascosto
to quiet /'kwaɪət/ **A** **v.tr.** calmare **B** **v.intr.** calmarsi
to quieten /'kwaɪətn/ **A** **v.tr.** calmare **B** **v.intr.** calmarsi
quilt /kwɪlt/ **s.** trapunta *f.*, piumino *m.*
quince /kwɪns/ **s.** mela *f.* cotogna
quinine /kwɪ'niːn/ **s.** chinino *m.*
quinquennal /kwɪŋ'kwɛnɪəl/ **agg.** quinquennale
quintal /'kwɪntl/ **s.** quintale *m.*
quintet /kwɪn'tɛt/ **s.** quintetto *m.*
quintuple /'kwɪntjʊpl/ **agg.** e **s.** quintuplo *m.*
to quintuple /'kwɪntjʊpl/ **A** **v.tr.** quintuplicare **B** **v.intr.** quintuplicarsi
quip /kwɪp/ **s.** frizzo *m.*, battuta *f.*
quirk /kwɜːk/ **s.** **1** coincidenza *f.* **2** stranezza *f.*, ghiribizzo *m.*
to quit /kwɪt/ (*pass. e p.p.* **quitted** o **quit**) **A** **v.tr.** **1** abbandonare **2** smettere, cessare, lasciare **3** lasciar andare, mollare **B** **v.intr.** **1** andarsene **2** dimettersi **3** arrendersi

quite /kwaɪt/ avv. **1** proprio, del tutto, completamente **2** abbastanza, piuttosto **3** esattamente ◆ **q. a bit, q. a lot** (*di quantità*) abbastanza ‖ **q. a while** (*di tempo*) abbastanza ‖ **q. right** giustissimo ‖ **q. so** esatto, proprio così
quits /kwɪts/ avv. pari, alla pari ◆ **to call it q.** smetterla, farla finita
quittance /ˈkwɪt(ə)ns/ s. quietanza *f.*, ricevuta *f.*
quiver[1] /ˈkwɪvəʳ/ s. faretra *f.*
quiver[2] /ˈkwɪvəʳ/ s. tremito *m.*
to quiver /ˈkwɪvəʳ/ v.intr. fremere, tremare
quiz /kwɪz/ s. quiz *m. inv.*
quota /ˈkwəʊtə/ s. quota *f.*
quotation /kwo(ʊ)ˈteɪʃ(ə)n/ s. **1** citazione *f.* **2** (*Borsa*) quotazione *f.* **3** preventivo *m.* ◆ **q. marks** virgolette
quote /kwəʊt/ s. **1** citazione *f.* **2** al pl. virgolette *f. pl.* **3** preventivo *m.*
to quote /kwəʊt/ v.tr. **1** citare, riportare **2** mettere fra virgolette **3** (*Borsa*) quotare
quotient /ˈkwəʊʃ(ə)nt/ s. quoziente *m.*

r, R

rabbi /ˈræbaɪ/ s. rabbino *m.*
rabbinic(al) /ræˈbɪnɪk((ə)l)/ agg. rabbinico
rabbit /ˈræbɪt/ s. coniglio *m.*
rabble /ˈræbl/ s. (*spreg.*) folla *f.*, plebaglia *f.*
rabid /ˈræbɪd/ agg. **1** (*di animale*) rabbioso **2** furioso
rabies /ˈreɪbiːz/ s. (*med.*) rabbia *f.*, idrofobia *f.*
raccoon /rəˈkuːn/ → ***racoon***
race[1] /reɪs/ s. **1** gara *f.*, corsa *f.*, competizione *f.* **2** (*di astro*) corso *m.* **3** (*geogr.*) corrente *f.*
race[2] /reɪs/ s. **1** razza *f.* **2** categoria *f.*
to race /reɪs/ **A** v.intr. **1** gareggiare, correre **2** andare a tutta velocità **3** (*di motore*) imballarsi **B** v.tr. **1** gareggiare con **2** far correre **3** far girare a vuoto
racecourse /ˈreɪskɔːs/ s. ippodromo *m.*
racehorse /ˈreɪshɔːs/ s. cavallo *m.* da corsa
racer /ˈreɪsəʳ/ s. **1** corridore *m.* **2** cavallo *m.* da corsa **3** automobile *f.* da competizione **4** bicicletta *f.* da corsa
racetrack /ˈreɪstræk/ s. (*sport*) **1** pista *f.* **2** (*USA*) ippodromo *m.*
rachis /ˈreɪkɪs/ s. rachide *m.*
rachitic /ræˈkɪtɪk/ agg. rachitico
rachitis /ræˈkaɪtɪs/ s. rachitismo *m.*
racial /ˈreɪʃəl/ agg. razziale
racing /ˈreɪsɪŋ/ **A** agg. da corsa **B** s. corsa *f.*
racism /ˈreɪsɪz(ə)m/ s. razzismo *m.*
racist /ˈreɪsɪst/ agg. e s. razzista *m. e f.*
rack[1] /ræk/ s. **1** rastrelliera *f.* **2** cremagliera *f.* ◆ **luggage r.** portabagagli ‖ **plate r.** scolapiatti ‖ **ski r.** portasci ‖ **r. rail** rotaia a cremagliera
rack[2] /ræk/ s. (*strumento di tortura*) ruota *f.*
rack[3] /ræk/ s. (*cuc.*) costoletta *f.*
rack[4] /ræk/ s. rovina *f.*
to rack /ræk/ v.tr. **1** torturare **2** sforzare ◆ **to r. one's brains** scervellarsi
racket[1] /ˈrækɪt/ s. **1** baccano *m.*, fracasso *m.* **2** racket *m. inv.* **3** (*fam.*) attività *f.*, occupazione *f.*
racket[2] /ˈrækɪt/ s. racchetta *f.*
rackety /ˈrækɪtɪ/ agg. chiassoso, rumoroso
racoon /rəˈkuːn/ s. procione *m.*
racy /ˈreɪsɪ/ agg. **1** vivace, frizzante **2** salace, pungente
radar /ˈreɪdəʳ/ s. radar *m. inv.* ◆ **r. trap** autovelox
radial /ˈreɪdjəl/ agg. radiale
radiant /ˈreɪdjənt/ agg. **1** raggiante **2** radiante
to radiate /ˈreɪdɪeɪt/ **A** v.intr. diffondersi, irradiarsi **B** v.tr. emanare, irradiare
radiation /ˌreɪdɪˈeɪʃ(ə)n/ s. radiazione *f.*
radiator /ˈreɪdɪeɪtəʳ/ s. radiatore *m.*
radical /ˈrædɪk(ə)l/ agg. e s. radicale *m. e f.*
radicalism /ˈrædɪkəlɪz(ə)m/ s. radicalismo *m.*
radio /ˈreɪdɪəʊ/ **A** agg. radiofonico, (*nei composti*) radio- **B** s. radio *f.* ◆ **r. alarm** radiosveglia ‖ **r. amateur** radioamatore
radioactive /ˌreɪdɪo(ʊ)ˈæktɪv/ agg. radioattivo
radioactivity /ˌreɪdɪo(ʊ)ækˈtɪvɪtɪ/ s. radioattività *f.*
radiography /ˌreɪdɪˈɒgrəfɪ/ s. radiografia *f.*
radiologist /ˌreɪdɪˈɒlədʒɪst/ s. radiologo *m.*
radiology /ˌreɪdɪˈɒlədʒɪ/ s. radiologia *f.*
radiophone /ˈreɪdɪo(ʊ)fəʊn/ s. radiotelefono *m.*
radioscopy /ˌreɪdɪˈɒskəpɪ/ s. radioscopia *f.*
radish /ˈrædɪʃ/ s. **1** ravanello *m.* **2** rafano *m.*
radium /ˈreɪdjəm/ s. (*chim.*) radio *m.*
radius /ˈreɪdjəs/ (*pl.* **radii**) s. **1** raggio *m.* **2** (*anat.*) radio *m.*
raffle /ˈræfl/ s. riffa *f.*, lotteria *f.*
raft /rɑːft/ s. zattera *f.* ◆ **r. bridge** ponte galleggiante
rag /ræg/ s. **1** straccio *m.*, brandello *m.* **2** frammento *m.* **3** al pl. abiti *m. pl.* vecchi **4** (*fam.*) giornalaccio *m.* ◆ **r. doll** bambola di stoffa
rage /reɪdʒ/ s. **1** furia *f.*, rabbia *f.* **2** passione *f.*, mania *f.* ◆ **to be (all) the r.** essere di gran moda, fare furore

to rage /reɪdʒ/ **v.intr. 1** infuriarsi **2** imperversare, infierire
ragged /'rægɪd/ **agg. 1** lacero, cencioso **2** frastagliato **3** irsuto, ispido **4** imperfetto, rozzo **5** aspro, stridente
raging /'reɪdʒɪŋ/ **A agg. 1** infuriato **2** violento, furioso **B s.** furia *f.*, furore *m.*
ragman /'rægmən/ (*pl.* **ragmen**) **s.** straccivendolo *m.*
raid /reɪd/ **s.** incursione *f.*, irruzione *f.*
to raid /reɪd/ **v.tr. e intr.** assalire, fare un'incursione
rail /reɪl/ **s. 1** sbarra *f.* **2** ferrovia *f.* **3** corrimano *m.*, parapetto *m.*, ringhiera *f.*, (*naut.*) battagliola *f.* **4** rotaia *f.* ◆ **by r.** su rotaia, per ferrovia
railing /'reɪlɪŋ/ **s. 1** sbarra *f.* **2** al pl. cancellata *f.* **3** ringhiera *f.*, parapetto *m.*
railroad /'reɪlrəʊd/ **s.** (*USA*) ferrovia *f.*
railway /'reɪlweɪ/ **s.** ferrovia *f.* ◆ **r. bridge** ponte ferroviario || **r. station** stazione ferroviaria || **r. track** binario
railwayman /'reɪlweɪmən/ (*pl.* **railwaymen**) **s.** ferroviere *m.*
rain /reɪn/ **s.** pioggia *f.* ◆ **in the r.** sotto la pioggia || **r. pipe** grondaia
to rain /reɪn/ **v.intr. impers.** piovere ◆ **to r. down** riversarsi || **to be rained off, out** essere sospeso per la pioggia
rainbow /'reɪnbəʊ/ **s.** arcobaleno *m.*
raincoat /'reɪnkəʊt/ **s.** impermeabile *m.*
rainfall /'reɪnfɔːl/ **s. 1** pioggia *f.*, precipitazione *f.* **2** piovosità *f.*, quantità *f.* di pioggia
rainless /'reɪnlɪs/ **agg.** senza pioggia, secco, arido
rainproof /'reɪnpruːf/ **agg.** impermeabile
rainstorm /'reɪnstɔːm/ **s.** temporale *m.*
rainwater /'reɪnwɔːtəʳ/ **s.** acqua *f.* piovana
rainy /'reɪnɪ/ **agg.** piovoso
raise /reɪz/ **s.** aumento *m.*
to raise /reɪz/ **v.tr. 1** alzare, elevare, innalzare **2** sollevare, proporre, provocare **3** erigere **4** allevare **5** coltivare **6** (*denaro*) procurarsi, raccogliere **7** aumentare, far salire
raisin /'reɪzn/ **s.** uva *f.* passa
raising /'reɪzɪŋ/ **s. 1** sollevamento *m.*, aumento *m.* **2** allevamento *m.* **3** educazione *f.* **4** sopralzo *m.*
rake /reɪk/ **s.** rastrello *m.*
to rake /reɪk/ **v.tr. 1** rastrellare **2** raschiare, grattare **3** frugare, setacciare ◆ **to r. in** fare soldi a palate
raked /reɪkt/ **agg.** in pendenza
rally /'rælɪ/ **s. 1** comizio *m.*, riunione *f.*, adunata *f.* **2** ripresa *f.*, recupero *m.* **3** (*sport*) rally *m. inv.* **4** (*nel tennis e sim.*) scambio *m.* di colpi
to rally /'rælɪ/ **A v.tr. 1** raccogliere, chiamare a raccolta, riunire **2** rianimare **B v.intr. 1** raccogliersi, radunarsi **2** rianimarsi, riaversi ◆ **to r. round** venire in aiuto di, stringersi intorno a
ram /ræm/ **s. 1** montone *m.*, ariete *m.* **2** rostro *m.*
to ram /ræm/ **v.tr. 1** speronare **2** conficcare
RAM /ræm/ **s.** RAM *f. inv.*
ramble /'ræmbl/ **s.** escursione *f.*, camminata *f.*
to ramble /'ræmbl/ **v.intr. 1** gironzolare **2** divagare
rambler /'ræmbləʳ/ **s. 1** escursionista *m. e f.* **2** rosa *f.* rampicante
rambling /'ræmblɪŋ/ **agg. 1** errante, girovago **2** incoerente, sconnesso **3** (*bot.*) rampicante **4** (*di edificio*) irregolare
ramification /ˌræmɪfɪ'keɪʃ(ə)n/ **s.** diramazione *f.*
ramp /ræmp/ **s.** rampa *f.*
to rampage /ræm'peɪdʒ/ **v.intr.** scatenarsi
rampant /'ræmpənt/ **agg.** dilagante
rampart /'ræmpɑːt/ **s.** bastione *m.*
ramshackle /'ræmˌʃækl/ **agg.** decrepito, sgangherato
ran /ræn/ **pass. di to run**
ranch /rɑːntʃ/ **s.** ranch *m. inv.*
rancid /'rænsɪd/ **agg.** rancido
rancour /'ræŋkəʳ/ (*USA* **rancor**) **s.** rancore *m.*
random /'rændəm/ **agg. 1** casuale **2** irregolare ◆ **at r.** a caso
randy /'rændɪ/ **agg.** (*fam.*) lascivo
rang /ræŋ/ **pass. di to ring**
range /reɪn(d)ʒ/ **s. 1** (*di monti*) catena *f.*, fila *f.* **2** portata *f.*, gittata *f.* **3** raggio *m.* d'azione **4** gamma *f.*, serie *f.* **5** escursione *f.*, gradazione *f.*, variazione *f.*, intervallo *m.* **6** (*mus.*) estensione *f.* **7** (*di terreno*) distesa *f.* **8** piano *m.* cottura **9** poligono *m.* di tiro
to range /reɪn(d)ʒ/ **A v.tr. 1** disporre, allineare, schierare **2** classificare **3** percorrere, vagare per **B v.intr. 1** oscillare, variare **2** estendersi **3** avere una portata di **4** girovagare
ranger /'reɪn(d)ʒəʳ/ **s. 1** guardia *f.* forestale **2** poliziotto *m.* a cavallo
rank[1] /ræŋk/ **s. 1** fila *f.*, schiera *f.* **2** rango *m.*, grado *m.* **3** posteggio *m.* di taxi
rank[2] /ræŋk/ **agg. 1** rigoglioso, lussureggiante **2** rozzo **3** puzzolente, rancido **4** vero e proprio, bell'e buono
to rank /ræŋk/ **v.tr. 1** classificare **2** considerare, giudicare ◆ **to r. with** allinearsi, essere alla pari con
to rankle /'ræŋkl/ **v.intr.** bruciare, far soffrire
to ransack /'rænsæk/ **v.tr. 1** frugare **2** saccheggiare, svaligiare
ransom /'rænsəm/ **s.** riscatto *m.*
to ransom /'rænsəm/ **v.tr.** riscattare
to rant /rænt/ **v.intr.** sbraitare
ranunculus /rə'nʌŋkjʊləs/ **s.** ranuncolo *m.*
rap /ræp/ **s. 1** colpo *m.*, colpetto *m.* **2** rimprovero *m.* **3** (*mus.*) rap *m.*
to rap /ræp/ **v.tr. e intr. 1** picchiare, bussare **2** criticare, rimproverare **3** (*mus.*) rappare
rapacious /rə'peɪʃəs/ **agg.** rapace
rape[1] /reɪp/ **s. 1** stupro *m.* **2** (*letter.*) ratto *m.*
rape[2] /reɪp/ **s.** (*bot.*) **1** ravizzone *m.* **2** colza *f.*
to rape /reɪp/ **v.tr.** stuprare, violentare
rapid /'ræpɪd/ **A agg.** rapido **B s. al pl.** rapide *f. pl.*
rapidity /rə'pɪdɪtɪ/ **s.** rapidità *f.*
rapist /'reɪpɪst/ **s.** stupratore *m.*
rapture /'ræptʃəʳ/ **s.** rapimento *m.*, estasi *f.*
rare[1] /rɛəʳ/ **agg. 1** raro, singolare **2** rarefatto

rare[2] /rɛəʳ/ **agg.** poco cotto, al sangue
rarely /'rɛəlɪ/ **avv.** **1** raramente **2** ottimamente
rareness /'rɛənɪs/ **s.** rarità *f.*
rarity /'rɛərɪtɪ/ **s.** rarità *f.*
rascal /'rɑːsk(ə)l/ **s.** mascalzone *m.*
rash[1] /ræʃ/ **agg.** imprudente, precipitoso
rash[2] /ræʃ/ **s.** (*med.*) eruzione *f.*, esantema *m.* ♦ **a r. of** una sequela di, una sfilza di
rasher /'ræʃəʳ/ **s.** fetta *f.* di lardo (o prosciutto o pancetta)
rashness /'ræʃnɪs/ **s.** imprudenza *f.*
rasp /rɑːsp/ **s.** raspa *f.*
to rasp /rɑːsp/ **v.tr. e intr.** raspare
raspberry /'rɑːzb(ə)rɪ/ **s.** lampone *m.*
rasping /'rɑːspɪŋ/ **agg.** stridente
rat /ræt/ **s.** ratto *m.*, topo *m.* ♦ **r. poison** topicida || **r. trap** trappola per topi
ratable /'reɪtəbl/ **agg.** imponibile
rate /reɪt/ **s.** **1** ammontare *m.*, indice *m.*, percentuale *f.* **2** velocità *f.*, ritmo *m.*, passo *m.* **3** tariffa *f.*, prezzo *m.* **4** (*fin.*) saggio *m.*, tasso *m.* **5** tassa *f.*, contributo *m.* ♦ **at any r.** ad ogni modo || **at this r.** di questo passo || **exchange r.** tasso di cambio
to rate /reɪt/ **v.tr.** **1** valutare, stimare **2** giudicare, considerare **3** annoverare **4** tassare
rather /'rɑːðəʳ/ **avv.** **1** abbastanza, piuttosto **2** di preferenza, piuttosto che **3** (*fam.*) certamente, eccome ♦ **or r.** ovvero, o meglio || **I would r.** preferirei
ratification /ˌrætɪfɪ'keɪʃ(ə)n/ **s.** ratifica *f.*
to ratify /'rætɪfaɪ/ **v.tr.** ratificare
rating /'reɪtɪŋ/ **s.** **1** valutazione *f.*, qualifica *f.* **2** categoria *f.*, (*naut.*) rating *m. inv.* **3** (*fin.*) rating *m. inv.*
ratio /'reɪʃɪəʊ/ **s.** proporzione *f.*, rapporto *m.*
ration /'ræʃ(ə)n/ **s.** razione *f.*
rational /'ræʃənl/ **agg.** razionale
rationale /ræʃə'nɑːl/ **s.** ragione *f.* fondamentale
rationalism /'ræʃnəlɪz(ə)m/ **s.** razionalismo *m.*
rationalistic /ˌræʃnə'lɪstɪk/ **agg.** razionalistico
to rationalize /'ræʃnəlaɪz/ **v.tr.** razionalizzare
rattle /'rætl/ **s.** **1** sonaglio *m.* **2** rumore *m.* secco
to rattle /'rætl/ **v.intr.** **1** sbatacchiare, tintinnare, picchiettare, fare un rumore secco **2** turbare, preoccupare ♦ **to r. around in** occupare uno spazio troppo grande || **to r. off** ripetere a memoria, ripetere meccanicamente
rattlesnake /'rætlsneɪk/ **s.** serpente *m.* a sonagli
raucous /'rɔːkəs/ **agg.** rauco, cupo
ravage /'rævɪdʒ/ **s.** **1** rovina *f.* **2 al pl.** danni *m. pl.*
to ravage /'rævɪdʒ/ **v.tr.** devastare
to rave /reɪv/ **v.intr.** **1** delirare **2** andare in estasi **3** (*di mare*) infuriare
raven /'reɪvn/ **s.** corvo *m.*
ravenous /'rævɪnəs/ **agg.** famelico, ingordo
ravine /rə'viːn/ **s.** burrone *m.*
raving /'reɪvɪŋ/ **A** **agg.** **1** delirante, furioso **2** eccezionale **B** **s.** delirio *m.*
to ravish /'rævɪʃ/ **v.tr.** rapire
ravishing /'rævɪʃɪŋ/ **agg.** affascinante, incantevole
raw /rɔː/ **agg.** **1** crudo **2** greggio **3** inesperto **4** aperto, vivo **5** (*di clima*) freddo ♦ **r. deal** trattamento ingiusto || **r. materials** materie prime || **in the r.** allo stato naturale
ray /reɪ/ **s.** raggio *m.*
to raze /reɪz/ **v.tr.** radere al suolo, abbattere
razor /'reɪzəʳ/ **s.** rasoio *m.* ♦ **r. blade** lametta || **r.-sharp** affilato
re /riː/ **prep.** in relazione a, a proposito di
reach /riːtʃ/ **s.** **1** distanza *f.*, portata *f.* **2** possibilità *f.*, campo *m.* d'azione **3** tratto *m.* di fiume, braccio *m.* di mare (navigabile)
to reach /riːtʃ/ **A** **v.tr.** **1** giungere a, raggiungere **2** allungare, porgere **3** stendere **4** toccare **B** **v.intr.** **1** estendersi, allungarsi **2** stendere il braccio, allungare la mano
to react /rɪ(ː)'ækt/ **v.intr.** reagire
reaction /rɪ(ː)'ækʃ(ə)n/ **s.** reazione *f.*
reactivity /ˌriːæk'tɪvɪtɪ/ **s.** reattività *f.*
reactor /riː'æktəʳ/ **s.** reattore *m.*
to read /riːd/ (*pass. e p.p.* **read**) **v.tr.** **1** leggere **2** (*di strumento*) segnare, indicare **3** interpretare, capire ♦ **to r. between the lines** leggere tra le righe || **to r. into st.** leggere tra le righe di qc || **to r. out** leggere ad alta voce || **to r. sb. the riot act** fare la predica a qc. || **to r. through** leggere da cima a fondo
readable /'riːdəbl/ **agg.** leggibile
reader /'riːdəʳ/ **s.** **1** lettore *m.* **2** libro *m.* di lettura
reading /'riːdɪŋ/ **s.** **1** lettura *f.* **2** indicazione *f.* **3** interpretazione *f.*
to readjust /ˌriːə'dʒʌst/ **v.tr.** riaggiustare
ready /'rɛdɪ/ **agg.** **1** pronto, preparato **2** disposto **3** svelto ♦ **to get r.** prepararsi || **to make r.** preparare
ready-made /ˌrɛdɪ'meɪd/ **agg.** confezionato, preconfezionato
to reaffirm /ˌriːə'fɜːm/ **v.tr.** riaffermare
reagent /riː'eɪdʒənt/ **s.** reagente *m.*
real /rɪəl/ **agg.** **1** reale, effettivo **2** (*dir.*) immobile, immobiliare ♦ **r. estate** beni immobili
realism /'rɪəlɪz(ə)m/ **s.** realismo *m.*
realist /'rɪəlɪst/ **s.** realista *m. e f.*
realistic /rɪə'lɪstɪk/ **agg.** realistico
reality /riː'ælɪtɪ/ **s.** realtà *f.*
realization /ˌrɪəlaɪ'zeɪʃ(ə)n/ **s.** **1** comprensione *f.*, percezione *f.* **2** realizzazione *f.* **3** (*econ.*) realizzo *m.*
to realize /'rɪəlaɪz/ **v.tr.** **1** capire, accorgersi **2** realizzare, effettuare
really /'rɪəlɪ/ **avv.** davvero, effettivamente, veramente, proprio
realm /rɛlm/ **s.** (*letter.*) regno *m.*, reame *m.*
realtor /'riːəltɔːʳ/ **s.** (*USA*) agente *m. e f.* immobiliare
ream /riːm/ **s.** risma *f.* (di carta)
to reanimate /ˌriː'ænɪmeɪt/ **v.tr.** rianimare
to reap /riːp/ **v.tr.** **1** mietere **2** raccogliere
to reappear /ˌriːə'pɪəʳ/ **v.intr.** riapparire
reappointment /ˌriːə'pɔɪntmənt/ **s.** **1** reintegrazione *f.* **2** rielezione *f.*
rear /rɪəʳ/ **A** **agg.** posteriore **B** **s.** **1** parte *f.* poste-

riore, retro *m.* **2** retroguardia *f.* **3** (*fam.*) sedere *m.* ♦ **r.-view mirror** specchietto (retrovisore) || **r. window** lunotto

to rear /'rɪəʳ/ **A** **v.tr.** **1** alzare, sollevare **2** crescere, allevare, coltivare **B** **v.intr.** innalzarsi ♦ **to r. up** impennarsi

to rearrange /ˌriːə'reɪn(d)ʒ/ **v.tr.** riordinare

rearrangement /riːə'reɪn(d)ʒmənt/ **s.** riordinamento *m.*

reason /'riːz(ə)n/ **s.** **1** ragione *f.*, motivo *m.* **2** ragione *f.*, intelletto *m.*, raziocinio *m.*

to reason /'riːzn/ **A** **v.intr.** ragionare **B** **v.tr.** **1** valutare, calcolare **2** convincere

reasonable /'riːznəbl/ **agg.** ragionevole

reasoning /'riːznɪŋ/ **s.** ragionamento *m.*

to reassure /ˌriːə'ʃʊəʳ/ **v.tr.** rassicurare

rebate /'riːbeɪt/ **s.** **1** rimborso *m.* **2** riduzione *f.*

to rebate /rɪ'beɪt/ **v.tr.** **1** rimborsare **2** ridurre, ribassare

rebel /'rɛbl/ **s.** ribelle *m.*

to rebel /rɪ'bɛl/ **v.intr.** ribellarsi

rebellion /rɪ'bɛljən/ **s.** ribellione *f.*

rebellious /rɪ'bɛljəs/ **agg.** ribelle

to reboot /riː'buːt/ **v.tr.** (*inform.*) riavviare

rebound /'riːbaʊnd/ **s.** rimbalzo *m.*

to rebound /'rɪbaʊnd/ **v.intr.** **1** rimbalzare **2** ripercuotersi

rebuff /rɪ'bʌf/ **s.** (secco) rifiuto *m.*

to rebuild /ˌriː'bɪld/ **v.tr.** ricostruire

rebuke /rɪ'bjuːk/ **s.** rimprovero *m.*

to rebuke /rɪ'bjuːk/ **v.tr.** rimproverare, sgridare

rebus /'riːbəs/ **s.** rebus *m. inv.*

to rebut /rɪ'bʌt/ **v.tr.** rifiutare, confutare

recall /rɪ'kɔːl/ **s.** **1** richiamo *m.* **2** ricordo *m.*

to recall /rɪ'kɔːl/ **v.tr.** **1** richiamare **2** rievocare, richiamare alla mente **3** ricordarsi **4** (*dir.*) revocare

to recant /rɪ'kænt/ **v.tr.** **1** ritrattare **2** abiurare

to recapitulate /ˌriːkə'pɪtjʊleɪt/ **v.tr. e intr.** ricapitolare

recapitulation /ˌriːkəˌpɪtjʊ'leɪʃ(ə)n/ **s.** ricapitolazione *f.*, riepilogo *m.*

to recede /rɪ'siːd/ **v.intr.** **1** ritirarsi, allontanarsi **2** calare, svanire

receipt /rɪ'siːt/ **s.** **1** ricevimento *m.* **2** ricevuta *f.*, quietanza *f.* **3** scontrino *m.* **4** **al pl.** entrate *f. pl.*

to receive /rɪ'siːv/ **v.tr.** ricevere, accogliere

receiver /rɪ'siːvəʳ/ **s.** **1** destinatario *m.* **2** (*del telefono*) ricevitore *m.* **3** apparecchio *m.* ricevente **4** ricettatore *m.* **5** (*dir.*) curatore *m.* fallimentare

recent /'riːsnt/ **agg.** recente

reception /rɪ'sɛpʃ(ə)n/ **s.** **1** ricevimento *m.* **2** ricezione *f.* **3** accoglienza *f.* **4** accettazione *f.*, reception *f. inv.*

receptive /rɪ'sɛptɪv/ **agg.** ricettivo

recess /rɪ'sɛs/ **s.** **1** intervallo *m.*, vacanza *f.* **2** rientranza *f.*, nicchia *f.* **3** recesso *m.*

recession /rɪ'sɛʃ(ə)n/ **s.** **1** (*econ.*) recessione *f.* **2** ritiro *m.*, arretramento *m.*

recharge /riː'tʃɑːdʒ/ **s.** ricarica *f.*

to recharge /riː'tʃɑːdʒ/ **v.tr.** ricaricare

rechargeable /riː'tʃɑːdʒəbl/ **agg.** ricaricabile

recidivism /rɪ'sɪdɪvɪz(ə)m/ **s.** recidiva *f.*

recipe /'rɛsɪpɪ/ **s.** (*cuc.*) ricetta *f.* ♦ **r. book** ricettario

recipient /rɪ'sɪpɪənt/ **s.** ricevente *m. e f.*, destinatario *m.*

reciprocal /rɪ'sɪprək(ə)l/ **agg.** reciproco

recital /rɪ'saɪtl/ **s.** recital *m. inv.*

recitation /ˌrɛsɪ'teɪʃ(ə)n/ **s.** recitazione *f.*

to recite /rɪ'saɪt/ **v.tr.** **1** recitare, declamare **2** enumerare

reckless /'rɛklɪs/ **agg.** spericolato

to reckon /'rɛk(ə)n/ **v.tr.** **1** calcolare, computare **2** considerare, stimare **3** (*fam.*) credere, supporre ♦ **to r. on** fare conto su || **to r. with/without** fare i conti con/senza

reckoning /'rɛkənɪŋ/ **s.** **1** conto *m.*, calcolo *m.* **2** (*fig.*) resa *f.* dei conti

to reclaim /rɪ'kleɪm/ **v.tr.** **1** reclamare, rivendicare **2** redimere, riabilitare **3** bonificare **4** ricuperare

reclamation /ˌrɛklə'meɪʃ(ə)n/ **s.** **1** rivendicazione *f.* **2** ricupero *m.*, ritiro *m.* **3** bonifica *f.*

to recline /rɪ'klaɪn/ **A** **v.tr.** reclinare **B** **v.intr.** appoggiarsi, adagiarsi

recognition /ˌrɛkəg'nɪʃ(ə)n/ **s.** riconoscimento *m.*

recognizable /'rɛkəgnaɪzəbl/ **agg.** riconoscibile

to recognize /'rɛkəgnaɪz/ **v.tr.** **1** riconoscere, distinguere **2** ammettere **3** approvare, accogliere

recoil /rɪ'kɔɪl/ **s.** **1** balzo *m.* indietro **2** (*mecc.*) contraccolpo *m.*, rinculo *m.*

to recoil /rɪ'kɔɪl/ **v.intr.** **1** indietreggiare, retrocedere **2** rinculare

to recollect[1] /ˌriːkə'lɛkt/ **v.tr.** raccogliere, radunare, rimettere insieme

to recollect[2] /ˌrɛkə'lɛkt/ **A** **v.tr.** ricordare **B** **v.intr.** ricordarsi

recollection /ˌrɛkə'lɛkʃ(ə)n/ **s.** ricordo *m.*

to recommence /ˌriːkə'mɛns/ **v.tr. e intr.** ricominciare

to recommend /ˌrɛkə'mɛnd/ **v.tr.** raccomandare, consigliare

recommendation /ˌrɛkəmɛn'deɪʃ(ə)n/ **s.** raccomandazione *f.*

recompense /'rɛkəmpɛns/ **s.** ricompensa *f.*, compenso *m.*

to recompense /'rɛkəmpɛns/ **v.tr.** ricompensare

to reconcile /'rɛkənˌsaɪl/ **v.tr.** riconciliare, conciliare ♦ **to r. oneself** rassegnarsi

reconciliation /ˌrɛkənsɪlɪ'eɪʃ(ə)n/ **s.** **1** riconciliazione *f.* **2** conciliazione *f.*, composizione *f.*

to recondition /ˌriːkən'dɪʃ(ə)n/ **v.tr.** ripristinare, revisionare

reconnaissance /rɪ'kɒnɪs(ə)ns/ **s.** perlustrazione *f.*, ricognizione *f.*

to reconnoitre /ˌrɛkə'nɔɪtəʳ/ **v.tr.** perlustrare

to reconsider /ˌriːkən'sɪdəʳ/ **v.tr.** riconsiderare, riesaminare

to reconstruct /ˌrɪkənsˈtrʌkt/ v.tr. ricostruire

record /ˈrɛkɔːd/ s. **1** documento *m.*, registrazione *f.*, nota *f.*, verbale *m.*, testimonianza *f.* **2** al pl. atto *m.* pubblico **3** archivio *m.* **4** (*inform.*) record *m. inv.* **5** (*sport*) record *m. inv.*, primato *m.* **6** disco *m.* di vinile ♦ **r. holder** detentore di primato || **r. library** discoteca || **r. player** giradischi || **criminal r.** fedina penale

to record /rɪˈkɔːd/ v.tr. **1** registrare, prender nota di, verbalizzare **2** documentare, testimoniare **3** incidere, registrare

recorded /rɪˈkɔːdɪd/ agg. registrato ♦ **r. delivery** raccomandata con ricevuta di ritorno

recorder /rɪˈkɔːdəʳ/ s. registratore *m.*

recording /rɪˈkɔːdɪŋ/ s. registrazione *f.*, incisione *f.*

to recount[1] /rɪˈkaʊnt/ v.tr. raccontare dettagliatamente

to recount[2] /riːˈkaʊnt/ v.tr. contare di nuovo

to recoup /rɪˈkuːp/ v.tr. **1** rimborsare, risarcire **2** ricuperare

recourse /rɪˈkɔːs/ s. ricorso *m.* ♦ **to have r. to** fare ricorso a

to recover /riːˈkʌvəʳ/ **A** v.tr. riacquistare, ricuperare, ritrovare **B** v.intr. ristabilirsi, riprendersi, guarire

recovery /rɪˈkʌvərɪ/ s. **1** ricupero *m.* **2** guarigione *f.*

recreation /ˌrɛkrɪˈeɪʃən/ s. ricreazione *f.*, divertimento *m.*

recreational /ˌrɛkrɪˈeɪʃənl/ agg. ricreativo

recreative /ˈrɛkrɪɛtɪv/ agg. ricreativo

recrimination /rɛˌkrɪmɪˈneɪʃ(ə)n/ s. recriminazione *f.*

recruit /rɪˈkruːt/ s. **1** (*mil.*) recluta *f.* **2** principiante *m.* e *f.*, novellino *m.*

to recruit /rɪˈkruːt/ v.tr. **1** (*mil.*) reclutare **2** procurarsi l'appoggio (o l'aiuto) di

rectangle /ˈrɛkˌtæŋgl/ s. rettangolo *m.*

rectangular /rɛkˈtæŋgjʊləʳ/ agg. rettangolare

rectification /ˌrɛktɪfɪˈkeɪʃ(ə)n/ s. rettifica *f.*

to rectify /ˈrɛktɪfaɪ/ v.tr. rettificare

rectilinear /ˌrɛktɪˈlɪnɪəʳ/ agg. rettilineo

rector /ˈrɛktəʳ/ s. rettore *m.*

rectorate /ˈrɛktərət/ s. rettorato *m.*

rectory /ˈrɛkt(ə)rɪ/ s. canonica *f.*, presbiterio *m.*

to recuperate /rɪˈkjuːp(ə)reɪt/ **A** v.tr. ricuperare, riguadagnare **B** v.intr. **1** ristabilirsi, riprendersi **2** rifarsi

to recur /rɪˈkɜːʳ/ v.intr. **1** ritornare, ricorrere **2** ritornare in mente

recurrence /rɪˈkʌr(ə)ns/ s. ricorso *m.*, riapparizione *f.*, ricorrenza *f.*

recurrent /rɪˈkʌr(ə)nt/ agg. ricorrente

to recuse /rɪˈkjuːz/ v.tr. ricusare

recyclable /riːˈsaɪkləbl/ agg. riciclabile

to recycle /riːˈsaɪkl/ v.tr. riciclare

red /rɛd/ agg. e s. rosso *m.* ♦ **to be in the r.** essere in rosso

redcurrant /ˌrɛdˈkʌrənt/ s. ribes *m.* rosso

to redden /ˈrɛdn/ **A** v.intr. arrossire **B** v.tr. **1** arrossare **2** far arrossire

reddish /ˈrɛdɪʃ/ agg. rossiccio

to redeem /rɪˈdiːm/ v.tr. **1** riscattare **2** redimere, salvare **3** compensare

redeemer /rɪˈdiːməʳ/ s. redentore *m.*

redemption /rɪˈdɛm(p)ʃ(ə)n/ s. **1** redenzione *f.* **2** (*fin.*) riscatto *m.*, rimborso *m.*

to redeploy /ˌriːdɪˈplɔɪ/ v.tr. reimpiegare, riorganizzare

red-haired /ˌrɛdˈhɛəd/ agg. dai capelli rossi

red-handed /ˌrɛdˈhændɪd/ agg. con le mani nel sacco, in flagrante

redhead /ˈrɛdhɛd/ s. persona *f.* dai capelli rossi

red-hot /ˌrɛdˈhɒt/ agg. **1** rovente **2** appassionato

to rediscover /ˌriːdɪsˈkʌvəʳ/ v.tr. riscoprire, ritrovare

to redo /riːˈduː/ (*pass.* **redid**, *p.p.* **redone**) v.tr. rifare

redolent /ˈrɛdəʊlənt/ agg. **1** fragrante **2** suggestivo

to redouble /rɪˈdʌbl/ v.tr. e intr. raddoppiare

redress /rɪˈdrɛs/ s. riparazione *f.*, risarcimento *m.*

redskin /ˈrɛdˌskɪn/ s. pellerossa *m.* e *f.*

red tape /ˌrɛdˈteɪp/ s. burocrazia *f.*

to reduce /rɪˈdjuːs/ v.tr. ridurre

reduction /rɪˈdʌkʃ(ə)n/ s. riduzione *f.*

redundancy /rɪˈdʌndənsɪ/ s. **1** sovrabbondanza *f.*, eccedenza *f.* **2** licenziamento *m.* per esubero di personale **3** ridondanza *f.*

redundant /rɪˈdʌndənt/ agg. **1** eccedente, esuberante **2** ridondante ♦ **to be made r.** essere licenziato per esubero di personale

redwood /ˈrɛdwʊd/ s. sequoia *f.*

reed /riːd/ s. **1** canna *f.* **2** (*mus.*) ancia *f.* ♦ **r.-pipe** zampogna

reef[1] /riːf/ s. scogliera *f.*, banco *m.* ♦ **barrier r.** barriera corallina

reef[2] /riːf/ s. (*naut.*) terzarolo *m.*

reefer /ˈriːfəʳ/ s. (*fam.*) **1** frigo *m.* **2** canna *f.*, spinello *m.*

to reek /riːk/ v.intr. puzzare

reel /riːl/ s. **1** rocchetto *m.*, bobina *f.* **2** (*pesca*) mulinello *m.* **3** (*cin.*) pizza *f.*

to reel[1] /riːl/ v.tr. avvolgere, arrotolare ♦ **to r. in** tirare su col mulinello || **to r. off** dipanare

to reel[2] /riːl/ v.intr. **1** barcollare, vacillare **2** avere il capogiro **3** girare, turbinare

to re-elect /ˌriːɪˈlɛkt/ v.tr. rieleggere

re-election /ˌriːɪˈlɛkʃ(ə)n/ s. rielezione *f.*

to re-enter /riːˈɛntəʳ/ v.intr. rientrare

ref /rɛf/ s. (*fam.*) arbitro *m.*

refection /rɪˈfɛkʃ(ə)n/ s. refezione *f.*

refectory /rɪˈfɛkt(ə)rɪ/ s. refettorio *m.*

to refer /rɪˈfɜːʳ/ **A** v.tr. **1** indirizzare, rinviare **2** inoltrare **B** v.intr. **1** riferirsi, riguardare, fare riferimento **2** ricorrere

referee /ˌrɛfəˈriː/ s. **1** arbitro *m.* **2** garante *m.*, referenza *f.*

to referee /ˌrɛfəˈriː/ v.tr. arbitrare

reference /ˈrɛfr(ə)ns/ s. **1** riferimento *m.*, rapporto *m.*, relazione *f.* **2** allusione *f.*, accenno *m.* **3** consultazione *f.* **4** referenza *f.*, raccomandazione *f.*

referendum /ˌrɛfəˈrɛndəm/ s. referendum *m. inv.*
refill /ˈriːfɪl/ s. **1** ricambio *m.*, ricarica *f.* **2** (*a tavola*) secondo giro *m.*
to refill /riːˈfɪl/ v.tr. riempire di nuovo, ricaricare
to refine /rɪˈfaɪn/ v.tr. raffinare
refined /rɪˈfaɪnd/ agg. raffinato
refinement /rɪˈfaɪnmənt/ s. **1** raffinazione *f.* **2** raffinatezza *f.*
refinery /rɪˈfaɪnərɪ/ s. raffineria *f.*
to reflect /rɪˈflɛkt/ **A** v.tr. riflettere, rispecchiare **B** v.intr. **1** riflettersi **2** riflettere, meditare
reflection /rɪˈflɛkʃ(ə)n/ s. **1** riflessione *f.*, riflesso *m.* **2** ripercussione *f.* **3** meditazione *f.*, considerazione *f.* **4** critica *f.*
reflex /ˈriːflɛks/ agg. e s. riflesso *m.* ♦ **r. camera** macchina fotografica reflex
reflexive /rɪˈflɛksɪv/ agg. riflessivo
reforestation /ˌriːfɒrɪsˈteɪʃ(ə)n/ s. rimboschimento *m.*
reform /rɪˈfɔːm/ s. riforma *f.*
to reform /rɪˈfɔːm/ v.tr. riformare
Reformation /ˌrɛfəˈmeɪʃ(ə)n/ s. (*stor.*) riforma *f.*
reformatory /rɪˈfɔːmət(ə)rɪ/ s. riformatorio *m.*
refraction /rɪˈfrækʃ(ə)n/ s. rifrazione *f.*
refrain /rɪˈfreɪn/ s. ritornello *m.*
to refrain /rɪˈfreɪn/ v.intr. trattenersi, astenersi
to refresh /rɪˈfrɛʃ/ **A** v.tr. **1** rinfrescare, ristorare, rianimare **2** ricaricare, rifornire **B** v.intr. rinfrescarsi, ristorarsi, rianimarsi
refreshing /rɪˈfrɛʃɪŋ/ agg. rinfrescante, ristoratore
refreshment /rɪˈfrɛʃmənt/ s. **1** ristoro *m.* **2** al pl. rinfresco *m.*, spuntino *m.*
to refrigerate /rɪˈfrɪdʒəreɪt/ v.tr. refrigerare
refrigerator /rɪˈfrɪdʒəreɪtəʳ/ s. frigorifero *m.*
to refuel /riːˈfjʊəl/ **A** v.tr. rifornire di carburante **B** v.intr. fare rifornimento
refuge /ˈrɛfjuːdʒ/ s. rifugio *m.* ♦ **to take r.** rifugiarsi
refugee /ˌrɛfjuːˈdʒiː/ s. rifugiato *m.*, profugo *m.*
refund /ˈriːfʌnd/ s. rimborso *m.*
to refund /riːˈfʌnd/ v.tr. rimborsare
to refurbish /ˌriːˈfɜːbɪʃ/ v.tr. rinnovare
refusal /rɪˈfjuːz(ə)l/ s. **1** rifiuto *m.* **2** (*dir.*) diritto *m.* di opzione
refuse /rɪˈfjuːs/ **A** agg. di scarto **B** s. rifiuti *m. pl.*, immondizia *f.*
to refuse /rɪˈfjuːz/ **A** v.tr. rifiutare **B** v.intr. rifiutarsi
to refute /rɪˈfjuːt/ v.tr. confutare
to regain /rɪˈgeɪn/ v.tr. riguadagnare
regal /ˈriːg(ə)l/ agg. regale, regio
regard /rɪˈgɑːd/ s. **1** riguardo *m.*, considerazione *f.* **2** stima *f.*, ammirazione *f.* **3** al pl. (*nelle formule di cortesia*) saluti *m. pl.* ♦ **in r. to, with** circa, riguardo a, in merito a
to regard /rɪˈgɑːd/ v.tr. **1** considerare, giudicare **2** stimare **3** riguardare, concernere ♦ **as regards, regarding** per quanto riguarda
regardless /rɪˈgɑːdlɪs/ agg. incurante ♦ **r. of** a dispetto di
regatta /rɪˈgætə/ s. regata *f.*
regency /ˈriːdʒ(ə)nsɪ/ s. reggenza *f.*
to regenerate /rɪˈdʒɛnəreɪt/ **A** v.tr. rigenerare **B** v.intr. rigenerarsi
regent /ˈriːdʒ(ə)nt/ s. reggente *m. e f.*
regime /reɪˈʒiːm/ s. regime *m.*
regiment /ˈrɛdʒɪmənt/ s. reggimento *m.*
region /ˈriːdʒ(ə)n/ s. regione *f.*
regional /ˈriːdʒənl/ agg. regionale
register /ˈrɛdʒɪstəʳ/ s. **1** registro *m.* **2** lista *f.* elettorale
to register /ˈrɛdʒɪstəʳ/ **A** v.tr. **1** registrare, iscrivere, immatricolare **2** (*corrispondenza*) raccomandare **3** (*di strumento*) segnare **B** v.intr. iscriversi, registrarsi
registered /ˈrɛdʒɪstəd/ agg. registrato, immatricolato ♦ **r. letter** raccomandata || **r. trademark** marchio registrato
registration /ˌrɛdʒɪsˈtreɪʃ(ə)n/ s. registrazione *f.*, iscrizione *f.* ♦ **r. number** numero di targa
registry /ˈrɛdʒɪstrɪ/ s. **1** registrazione *f.* **2** archivio *m.*, ufficio *m.* di registrazione ♦ **r. office** anagrafe
regnant /ˈrɛgnənt/ agg. regnante
regress /ˈriːgrɛs/ s. regresso *m.*
regression /rɪˈgrɛʃ(ə)n/ s. regressione *f.*
regret /rɪˈgrɛt/ s. rimpianto *m.*, rincrescimento *m.*
to regret /rɪˈgrɛt/ v.tr. **1** rammaricarsi di **2** rimpiangere
regretfully /rɪˈgrɛtf(ʊ)lɪ/ avv. con rincrescimento, purtroppo
regrettable /rɪˈgrɛtəbl/ agg. spiacevole, deplorevole
regular /ˈrɛgjʊləʳ/ **A** agg. **1** regolare **2** normale, standard **B** s. **1** soldato *m.* regolare **2** cliente *m. e f.* abituale
regularly /ˈrɛgjʊləlɪ/ avv. regolarmente
to regulate /ˈrɛgjʊleɪt/ v.tr. regolare
regulation /ˌrɛgjʊˈleɪʃ(ə)n/ s. **1** regolazione *f.* **2** ordinamento *m.*, regolamento *m.*
to rehabilitate /ˌriːəˈbɪlɪteɪt/ v.tr. riabilitare
rehabilitation /ˌriːəˌbɪlɪˈteɪʃ(ə)n/ s. riabilitazione *f.*
rehearsal /rɪˈhɜːs(ə)l/ s. (*teatro*) prova *f.*
to rehearse /rɪˈhɜːs/ v.tr. (*teatro*) provare, fare le prove di
reign /reɪn/ s. regno *m.*
to reign /reɪn/ v.intr. regnare
to reimburse /ˌriːɪmˈbɜːs/ v.tr. rimborsare
reimbursement /ˌriːɪmˈbɜːsmənt/ s. rimborso *m.*, risarcimento *m.*
rein /reɪn/ s. briglia *f.*
reincarnation /ˌriːɪnkɑːˈneɪʃ(ə)n/ s. reincarnazione *f.*
reindeer /ˈreɪndɪəʳ/ s. renna *f.*
to reinforce /ˌriːɪnˈfɔːs/ v.tr. rinforzare
reinforcement /ˌriːɪnˈfɔːsmənt/ s. **1** rinforzo *m.*, rafforzamento *m.* **2** al pl. (*mil.*) rinforzi *m. pl.*
to reinstate /ˌriːɪnˈsteɪt/ v.tr. ristabilire, reintegrare
to reiterate /riːˈɪtəreɪt/ v.tr. reiterare
reject /ˈriːdʒɛkt/ s. scarto *m.*
to reject /rɪˈdʒɛkt/ v.tr. **1** rifiutare, respingere **2** scartare **3** (*med.*) rigettare

rejection /rɪ'dʒɛkʃ(ə)n/ s. **1** scarto *m.* **2** rifiuto *m.* **3** (*med.*) rigetto *m.*
to rejoice /rɪ'dʒɔɪs/ v.intr. rallegrarsi
to rejoin /riː'dʒɔɪn/ **A** v.tr. ricongiungere **B** v.intr. ricongiungersi
to rejuvenate /rɪ'dʒuːvɪneɪt/ v.tr. e intr. ringiovanire
relapse /rɪ'læps/ s. ricaduta *f.*
to relapse /rɪ'læps/ v.intr. **1** ricadere **2** (*med.*) avere una ricaduta
to relate /rɪ'leɪt/ **A** v.tr. **1** riferire, raccontare **2** collegare, mettere in relazione **B** v.intr. **1** riferirsi a, concernere **2** simpatizzare, stabilire un rapporto
related /rɪ'leɪtɪd/ agg. **1** imparentato **2** connesso
relation /rɪ'leɪʃ(ə)n/ s. **1** racconto *m.*, relazione *f.* **2** rapporto *m.* **3** parente *m. e f.*
relationship /rɪ'leɪʃ(ə)nʃɪp/ s. **1** relazione *f.*, rapporto *m.* **2** parentela *f.*
relative /'rɛlətɪv/ **A** agg. relativo **B** s. parente *m. e f.*
relativism /'rɛlətɪvɪz(ə)m/ s. relativismo *m.*
relativity /ˌrɛlə'tɪvɪtɪ/ s. relatività *f.*
to relax /rɪ'læks/ **A** v.tr. **1** rilassare, distendere **2** allentare, mitigare **B** v.intr. **1** rilassarsi, riposarsi **2** attenuarsi
relaxation /ˌriːlæk'seɪʃ(ə)n/ s. **1** rilassamento *m.* **2** riposo *m.*, svago *m.*, relax *m. inv.* **3** mitigazione *f.*, attenuazione *f.*
relay /'riːleɪ/ s. **1** (corsa a) staffetta *f.* **2** squadra *f.* di turno **3** (*elettr.*) relè *m.*
to relay /rɪ'leɪ/ v.tr. **1** fornire **2** trasmettere **3** riferire
release /rɪ'liːs/ s. **1** rilascio *m.*, scarcerazione *f.* **2** quietanza *f.*, remissione *f.* **3** (*di film, disco*) distribuzione *f.* **4** (*inform.*) versione *f.* **5** (*mecc.*) rilascio *m.*, scatto *m.* **6** emissione *f.*
to release /rɪ'liːs/ v.tr. **1** liberare, scarcerare **2** distribuire, diffondere **3** sganciare, sbloccare **4** emettere **5** scaricare ♦ **to r. on bail** rilasciare su cauzione
to relegate /'rɛlɪgeɪt/ v.tr. relegare
to relent /rɪ'lɛnt/ v.intr. placarsi, addolcirsi
relentless /rɪ'lɛntlɪs/ agg. implacabile, inesorabile
relevant /'rɛlɪvənt/ agg. relativo, pertinente, specifico
reliability /rɪˌlaɪə'bɪlɪtɪ/ s. affidabilità *f.*
reliable /rɪ'laɪəbl/ agg. affidabile, fidato
reliance /rɪ'laɪəns/ s. fiducia *f.*
reliant /rɪ'laɪənt/ agg. fiducioso
relic /'rɛlɪk/ s. **1** reliquia *f.* **2** cimelio *m.* **3** al pl. resti *m. pl.* mortali
relief[1] /rɪ'liːf/ s. **1** sollievo *m.* **2** aiuto *m.*, soccorso *m.* **3** cambio *m.*, sostituto *m.*
relief[2] /rɪ'liːf/ s. (*arte*) rilievo *m.*
to relieve /rɪ'liːv/ v.tr. **1** alleviare **2** soccorrere **3** alleggerire **4** dare il cambio, sostituire
reliever /rɪ'liːvəʳ/ s. soccorritore *m.*
religion /rɪ'lɪdʒ(ə)n/ s. religione *f.*
religious /rɪ'lɪdʒəs/ agg. religioso
to relinquish /rɪ'lɪŋkwɪʃ/ v.tr. abbandonare, rinunciare a
reliquary /'rɛlɪkwərɪ/ s. reliquiario *m.*
relish /'rɛlɪʃ/ s. **1** gusto *m.*, attrattiva *f.* **2** condimento *m.*, salsa *f.*
to relish /'rɛlɪʃ/ v.tr. gustare, assaporare
to reload /ˌriː'ləʊd/ v.tr. ricaricare
to relocate /ˌriːləʊ'keɪt/ **A** v.tr. trasferire **B** v.intr. trasferirsi
reluctance /rɪ'lʌktəns/ s. riluttanza *f.*
reluctant /rɪ'lʌktənt/ agg. riluttante, restio
to rely /rɪ'laɪ/ v.intr. **1** fare affidamento, fidarsi **2** dipendere
to remain /rɪ'meɪn/ v.intr. rimanere
remainder /rɪ'meɪndəʳ/ s. **1** resto *m.*, residuo *m.* **2** persone *f. pl.* rimanenti **3** rimanenza *f.* **4** (*mat.*) resto *m.*
remains /rɪ'meɪnz/ s. pl. rovine *f. pl.*, resti *m. pl.*
remake /'riːmeɪk/ s. (*cin.*) remake *m. inv.*
to remake /riː'meɪk/ (*pass. e p.p.* **remade**) v.tr. rifare
remark /rɪ'mɑːk/ s. osservazione *f.*, commento *m.*, nota *f.*
to remark /rɪ'mɑːk/ s. osservare, rimarcare
remarkable /rɪ'mɑːkəbl/ agg. notevole
to remarry /riː'mærɪ/ **A** v.tr. risposare **B** v.intr. risposarsi
remedial /rɪ'miːdjəl/ agg. **1** riparatore **2** (*med.*) correttivo **3** (*scuola*) di recupero
remedy /'rɛmɪdɪ/ s. rimedio *m.*
to remedy /'rɛmɪdɪ/ v.intr. rimediare
to remember /rɪ'mɛmbəʳ/ v.tr. e intr. ricordare, ricordarsi
remembrance /rɪ'mɛmbr(ə)ns/ s. ricordo *m.*, memoria *f.*
to remind /rɪ'maɪnd/ v.tr. ricordare a, rammentare a, far ricordare
reminder /rɪ'maɪndəʳ/ s. **1** promemoria *m. inv.* **2** ricordo *m.*, memoria *f.*
to reminisce /ˌrɛmɪ'nɪs/ v.intr. abbandonarsi ai ricordi
reminiscence /ˌrɛmɪ'nɪsns/ s. reminiscenza *f.*
reminiscent /ˌrɛmɪ'nɪsnt/ agg. **1** evocativo, che richiama alla mente **2** che si abbandona ai ricordi
remiss /rɪ'mɪs/ agg. negligente
remission /rɪ'mɪʃ(ə)n/ s. **1** remissione *f.* **2** diminuzione *f.*, sconto *m.* di pena
to remit /rɪ'mɪt/ v.tr. **1** rimettere, condonare **2** allentare, placare **3** diminuire, ridurre **4** (*denaro*) rimettere, inviare **5** sospendere, differire, annullare
remittance /rɪ'mɪt(ə)ns/ s. rimessa *f.*
remnant /'rɛmnənt/ s. **1** avanzo *m.*, resto *m.* **2** scampolo *m.*
to remonstrate /'rɛmənstreɪt/ v.intr. protestare, fare delle rimostranze
remorse /rɪ'mɔːs/ s. rimorso *m.*
remorseless /rɪ'mɔːslɪs/ agg. **1** spietato, senza pietà **2** inesorabile
remote /rɪ'məʊt/ agg. **1** remoto, lontano **2** estraneo, distaccato **3** comandato a distanza ♦ **r. control** telecomando

removable /rɪ'mu:vəbl/ agg. rimovibile
removal /rɪ'mu:vəl/ s. **1** rimozione *f.*, allontanamento *m.* **2** soppressione *f.*, destituzione *f.* **3** asportazione *f.* **4** trasferimento *m.*, trasloco *m.*
to remove /rɪ'mu:v/ v.tr. **1** rimuovere, togliere, spostare **2** destituire **3** sopprimere, eliminare **4** trasferire
to remunerate /rɪ'mju:nəreɪt/ v.tr. rimunerare
remuneration /rɪˌmju:nə'reɪʃ(ə)n/ s. rimunerazione *f.*
Renaissance /rə'neɪs(ə)ns/ s. rinascimento *m.*
to rend /rɛnd/ (*pass. e p.p.* **rent**) v.tr. spaccare, strappare, fendere
to render /'rɛndəʳ/ v.tr. rendere
rendering /'rɛnd(ə)rɪŋ/ s. **1** traduzione *f.* **2** interpretazione *f.*, esecuzione *f.*
renegade /'rɛnɪgeɪd/ s. rinnegato *m.*
to renew /rɪ'nju:/ v.tr. **1** rinnovare **2** ripristinare
renewal /rɪ'nju:əl/ s. **1** rinnovo *m.* **2** ripresa *f.*
rennet /'rɛnɪt/ s. caglio *m.*
to renounce /rɪ'naʊns/ v.tr. **1** rinunciare a **2** rinnegare
to renovate /'rɛnəveɪt/ v.tr. rinnovare, ristrutturare
renovation /ˌrɛnə'veɪʃ(ə)n/ s. rinnovamento *m.*, ristrutturazione *f.*
renown /rɪ'naʊn/ s. rinomanza *f.*, fama *f.*
renowned /rɪ'naʊnd/ agg. rinomato
rent[1] /rɛnt/ s. affitto *m.*, nolo *m.*
rent[2] /rɛnt/ **A** pass. e p.p. di **to rend** **B** agg. strappato **C** s. strappo *m.*
to rent /rɛnt/ v.tr. affittare
rentable /'rɛntəbl/ agg. affittabile
rental /'rɛntl/ s. canone *m.* (di affitto), (prezzo del) noleggio *m.*
renunciation /rɪˌnʌnsɪ'eɪʃ(ə)n/ s. rinuncia *f.*
to rep /rɛp/ v.intr. (*fam.*) fare il rappresentante
to repaint /ri:'peɪnt/ v.tr. ridipingere, riverniciare
repair /rɪ'pɛəʳ/ s. **1** riparazione *f.* **2** condizione *f.*, stato *m.* ♦ **in good/bad r.** in buono/cattivo stato
to repair /rɪ'pɛəʳ/ v.tr. riparare, aggiustare
repairable /rɪ'pɛərəbl/ agg. riparabile
to repatriate /ri:'pætrɪeɪt/ v.intr. rimpatriare
repatriation /ri:ˌpætrɪ'eɪʃ(ə)n/ s. rimpatrio *m.*
to repay /rɪ'peɪ/ (*pass. e p.p.* **repaid**) v.tr. ripagare, restituire, risarcire
repayable /ri:'pɛ(ɪ)əbl/ agg. rimborsabile
repayment /rɪ'peɪmənt/ s. **1** rimborso *m.* **2** ricompensa *f.*
repeal /rɪ'pi:l/ s. abrogazione *f.*, revoca *f.*
to repeal /rɪ'pi:l/ v.tr. abrogare, revocare
repeat /rɪ'pi:t/ s. **1** ripetizione *f.* **2** replica *f.*
to repeat /rɪ'pi:t/ v.tr. ripetere
to repel /rɪ'pɛl/ v.tr. **1** respingere **2** ripugnare
repellent /rɪ'pɛlənt/ **A** agg. repellente, ripugnante **B** s. sostanza *f.* repellente
to repent /rɪ'pɛnt/ v.intr. pentirsi
repentance /rɪ'pɛntəns/ s. pentimento *m.*
repercussion /ˌri:pə'kʌʃ(ə)n/ s. ripercussione *f.*
repertoire /'rɛpətwɑ:ʳ/ s. repertorio *m.*
repertory /'rɛpət(ə)rɪ/ s. repertorio *m.*
repetition /ˌrɛpɪ'tɪʃ(ə)n/ s. ripetizione *f.*
repetitive /rɪ'pɛtɪtɪv/ agg. ripetitivo
to replace /rɪ'pleɪs/ v.tr. **1** rimpiazzare, sostituire **2** riporre
replaceable /rɪ'pleɪsəbl/ agg. sostituibile
replacement /rɪ'pleɪsmənt/ s. **1** sostituzione *f.*, rimpiazzo *m.* **2** sostituto *m.* **3** (pezzo di) ricambio *m.*
replay /'ri:pleɪ/ s. **1** (*sport*) partita *f.* ripetuta **2** (*tv*) replay *m. inv.*
to replenish /rɪ'plɛnɪʃ/ v.tr. riempire, rifornire
replete /rɪ'pli:t/ agg. **1** pieno, zeppo **2** sazio
replica /'rɛplɪkə/ s. **1** (*di opera d'arte*) copia *f.*, riproduzione *f.* **2** duplicato *m.*
reply /rɪ'plaɪ/ s. **1** risposta *f.* **2** (*dir.*) replica *f.*
to reply /rɪ'plaɪ/ v.tr. rispondere, replicare
to repopulate /ˌri:'pɒpjʊleɪt/ v.tr. ripopolare
report /rɪ'pɔ:t/ s. **1** rapporto *m.*, relazione *f.*, resoconto *m.* **2** cronaca *f.* **3** pagella *f.* **4** verbale *m.* **5** rimbombo *m.*, detonazione *f.*
to report /rɪ'pɔ:t/ **A** v.tr. riportare, riferire **B** v.intr. **1** fare rapporto **2** fare il cronista
reportedly /rɪ'pɔ:tɪdlɪ/ avv. a quel che si dice
reporter /rɪ'pɔ:təʳ/ s. cronista *m. e f.*
reprehensible /ˌrɛprɪ'hɛnsəbl/ agg. riprovevole
to represent /ˌrɛprɪ'zɛnt/ v.tr. rappresentare
representation /ˌrɛprɪzɛn'teɪʃ(ə)n/ s. **1** rappresentazione *f.* **2** rappresentanza *f.* **3** rimostranza *f.*, protesta *f.*
representative /ˌrɛprɪ'zɛntətɪv/ **A** agg. rappresentativo **B** s. **1** esempio *m.* tipico **2** rappresentante *m. e f.*
to repress /rɪ'prɛs/ v.tr. reprimere
repression /rɪ'prɛʃ(ə)n/ s. repressione *f.*
reprieve /rɪ'pri:v/ s. **1** dilazione *f.* **2** sospensione *f.* (di condanna a morte)
reprimand /'rɛprɪmɑ:nd/ s. rimprovero *m.*
to reprimand /'rɛprɪmɑ:nd/ v.tr. rimproverare
reprint /'ri:ˌprɪnt/ s. ristampa *f.*
to reprint /ri:'prɪnt/ v.tr. ristampare
reprisal /rɪ'praɪz(ə)l/ s. rappresaglia *f.*
reproach /rɪ'prəʊtʃ/ s. **1** rimprovero *m.* **2** disonore *m.*, discredito *m.* ♦ **to be beyond r.** essere irreprensibile
to reproach /rɪ'prəʊtʃ/ v.tr. rimproverare, rinfacciare
to reproduce /ˌri:prə'dju:s/ **A** v.tr. riprodurre **B** v.intr. riprodursi
reproducible /ˌri:prə'dju:səbl/ agg. riproducibile
reproduction /ˌri:prə'dʌkʃ(ə)n/ s. **1** riproduzione *f.*, generazione *f.* **2** copia *f.*
reproof /rɪ'pru:f/ s. rimprovero *m.*, biasimo *m.*
to reprove /rɪ'pru:v/ v.tr. rimproverare, biasimare
reptant /'rɛptənt/ agg. **1** (*zool.*) strisciante **2** (*bot.*) rampicante
reptile /'rɛptaɪl/ s. rettile *m.*
republic /rɪ'pʌblɪk/ s. repubblica *f.*
republican /rɪ'pʌblɪkən/ agg. e s. repubblicano *m.*

to repudiate /rɪ'pjuːdɪeɪt/ v.tr. **1** respingere, negare **2** rifiutare **3** ripudiare
repulse /rɪ'pʌls/ s. **1** ripulsa *f.*, rifiuto *m.* **2** sconfitta *f.*, scacco *m.*
to repulse /rɪ'pʌls/ v.tr. **1** respingere **2** disgustare
repulsive /rɪ'pʌlsɪv/ agg. ripulsivo
reputable /'rɛpjʊtəbl/ agg. rispettabile
reputation /ˌrɛpjuː'teɪʃ(ə)n/ s. reputazione *f.*, fama *f.*
repute /rɪ'pjuːt/ s. reputazione *f.*
to repute /rɪ'pjuːt/ v.tr. reputare, considerare
request /rɪ'kwɛst/ s. domanda *f.*, richiesta *f.* ♦ **r. stop** fermata a richiesta || **on r.** su richiesta
to request /rɪ'kwɛst/ v.tr. richiedere
to require /rɪ'kwaɪəʳ/ v.tr. **1** richiedere, esigere **2** aver bisogno di
required /rɪ'kwaɪəd/ agg. richiesto, obbligatorio, occorrente
requirement /rɪ'kwaɪəmənt/ s. **1** richiesta *f.*, esigenza *f.*, necessità *f.*, bisogno *m.* **2** requisito *m.*
requisite /'rɛkwɪzɪt/ **A** agg. richiesto **B** s. requisito *m.*
requisition /ˌrɛkwɪ'zɪʃ(ə)n/ s. **1** (*mil.*) requisizione *f.* **2** istanza *f.*
to requisition /ˌrɛkwɪ'zɪʃ(ə)n/ v.tr. **1** (*mil.*) requisire **2** fare richiesta di
resale /'riːseɪl/ s. rivendita *f.*
to rescind /rɪ'sɪnd/ v.tr. rescindere
rescue /'rɛskjuː/ s. salvataggio *m.*, soccorso *m.*
to rescue /'rɛskjuː/ v.tr. **1** salvare **2** liberare
rescuer /'rɛskjʊəʳ/ s. soccorritore *m.*
research /rɪ'sɜːtʃ/ s. ricerca *f.*, indagine *f.*
to research /rɪ'sɜːtʃ/ v.intr. fare ricerche
researcher /rɪ'sɜːtʃəʳ/ s. ricercatore *m.*
resemblance /rɪ'zɛmbləns/ s. somiglianza *f.*
to resemble /rɪ'zɛmbl/ v.tr. somigliare a
to resent /rɪ'zɛnt/ v.tr. risentirsi per
resentful /rɪ'zɛntf(ʊ)l/ agg. risentito, offeso
resentment /rɪ'zɛntmənt/ s. risentimento *m.*
reservation /ˌrɛzə'veɪʃ(ə)n/ s. **1** riserva *f.*, restrizione *f.* **2** prenotazione *f.* **3** scorta *f.*, provvista *f.* **4** riserva *f.*, area *f.* protetta
reserve /rɪ'zɜːv/ s. **1** riserva *f.* **2** riserbo *m.*
to reserve /rɪ'zɜːv/ v.tr. **1** conservare, riservare **2** prenotare **3** riservarsi
reserved /rɪ'zɜːvd/ agg. **1** riservato, prenotato **2** riservato, timido
reservoir /'rɛzəvwɑːʳ/ s. **1** cisterna *f.*, serbatoio *m.* **2** giacimento *m.* petrolifero **3** (*fig.*) riserva *f.*
to reset /riː'sɛt/ (*pass. e p.p.* **reset**) v.tr. **1** rimettere a posto, risistemare **2** regolare **3** (*inform.*) eseguire un reset, resettare
to reshuffle /riː'ʃʌfl/ v.tr. **1** rimescolare le carte **2** (*pol.*) rimaneggiare, rimpastare
to reside /rɪ'zaɪd/ v.intr. risiedere
residence /'rɛzɪd(ə)ns/ s. **1** residenza *f.*, soggiorno *m.* **2** dimora *f.* ♦ **r. permit** permesso di soggiorno
resident /'rɛzɪd(ə)nt/ **A** agg. **1** residente, locale **2** interno **B** s. residente *m. e f.*
residential /ˌrɛzɪ'dɛnʃ(ə)l/ agg. residenziale
residue /'rɛzɪdjuː/ s. residuo *m.*
to resign /rɪ'zaɪn/ **A** v.tr. **1** dimettersi da, abbandonare **2** consegnare, affidare **B** v.intr. dimettersi ♦ **to r. oneself** rassegnarsi
resignation /ˌrɛzɪg'neɪʃ(ə)n/ s. **1** dimissioni *f. pl.* **2** rassegnazione *f.*
resigned /rɪ'zaɪnd/ agg. rassegnato
resilience /rɪ'zɪlɪəns/ s. **1** elasticità *f.* **2** capacità *f.* di ricupero
resilient /rɪ'zɪlɪənt/ agg. **1** elastico, resistente **2** che ha capacità di ricupero
resin /'rɛzɪn/ s. resina *f.*
to resist /rɪ'zɪst/ v.intr. resistere a, opporsi a
resistance /rɪ'zɪst(ə)ns/ s. resistenza *f.*
to resole /riː'səʊl/ v.tr. risuolare
resolute /'rɛzəluːt/ agg. deciso, determinato
resolution /ˌrɛzə'luːʃ(ə)n/ s. **1** risolutezza *f.* **2** risoluzione *f.* **3** soluzione *f.*
to resolve /rɪ'zɒlv/ v.tr. **1** risolvere **2** decidere ♦ **to r. into** trasformarsi, diventare
resonance /'rɛzənəns/ s. risonanza *f.*
resonant /'rɛzənənt/ agg. risonante, sonoro
resort /rɪ'zɔːt/ s. **1** luogo *m.* di soggiorno, stazione *f.* di villeggiatura **2** villaggio *m.* turistico **3** ricorso *m.* **4** risorsa *f.*
to resort /rɪ'zɔːt/ v.intr. ricorrere
to resound /rɪ'zaʊnd/ v.intr. risonare, echeggiare
resounding /rɪ'zaʊndɪŋ/ agg. **1** risonante **2** (*fig.*) clamoroso, strepitoso
resource /rɪ'sɔːs/ s. risorsa *f.*
resourceful /rɪ'sɔːsf(ʊ)l/ agg. pieno di risorse
respect /rɪ'spɛkt/ s. rispetto *m.* ♦ **in r. of** riguardo a || **with r. to** in riferimento a
to respect /rɪ'spɛkt/ v.tr. rispettare
respectability /rɪˌspɛktə'bɪlɪtɪ/ s. rispettabilità *f.*
respectable /rɪ'spɛktəbl/ agg. rispettabile
respectful /rɪ'spɛktf(ʊ)l/ agg. rispettoso
respective /rɪ'spɛktɪv/ agg. rispettivo
respiration /ˌrɛspə'reɪʃ(ə)n/ s. respirazione *f.*
respite /'rɛspaɪt/ s. pausa *f.*, tregua *f.*, respiro *m.*
resplendent /rɪ'splɛndənt/ agg. risplendente
to respond /rɪ'spɒnd/ v.intr. rispondere
response /rɪ'spɒns/ s. responso *m.*
responsibility /rɪˌspɒnsə'bɪlɪtɪ/ s. responsabilità *f.*
responsible /rɪ'spɒnsəbl/ agg. **1** responsabile **2** di responsabilità
responsive /rɪ'spɒnsɪv/ agg. **1** di risposta **2** che reagisce, reattivo
rest[1] /rɛst/ s. **1** riposo *m.* **2** sosta *f.*, pausa *f.* **3** sostegno *m.*, appoggio *m.* **4** (*mus.*) pausa *f.* ♦ **r. home** casa di riposo
rest[2] /rɛst/ s. resto *m.*
to rest[1] /rɛst/ **A** v.tr. **1** far riposare **2** appoggiare **B** v.intr. **1** riposarsi **2** appoggiarsi
to rest[2] /rɛst/ v.intr. restare, rimanere, stare ♦ **to r. with** spettare a
to restart /riː'stɑːt/ **A** v.tr. **1** ricominciare **2** rimet-

tere in moto **3** (*inform.*) riavviare **B** v.intr. **1** ricominciare **2** ripartire

restaurant /'rɛst(ə)rɒŋt/ s. ristorante *m.*

restful /'rɛstf(ʊ)l/ agg. riposante

restitution /ˌrɛstɪ'tjuːʃ(ə)n/ s. restituzione *f.*

restive /'rɛstɪv/ agg. **1** recalcitrante, restio **2** irrequieto

restless /'rɛstlɪs/ agg. **1** irrequieto **2** incessante

to restock /riː'stɒk/ v.tr. rifornire

restoration /ˌrɛstə'reɪʃ(ə)n/ s. **1** restituzione *f.* **2** restauro *m.* **3** (*stor.*) restaurazione *f.*

to restore /rɪ'stɔːʳ/ v.tr. **1** restituire **2** restaurare, ripristinare **3** reintegrare **4** risanare

restorer /rɪ'stɔːrəʳ/ s. restauratore *m.*

to restrain /rɪ'streɪn/ v.tr. **1** contenere, reprimere, trattenere **2** imprigionare

restrained /rɪ'streɪnd/ agg. riservato, controllato

restraint /rɪ'streɪnt/ s. **1** limitazione *f.*, restrizione *f.* **2** riserbo *m.*, controllo *m.* **3** detenzione *f.*

to restrict /rɪ'strɪkt/ v.tr. restringere, limitare

restriction /rɪ'strɪkʃ(ə)n/ s. restrizione *f.*, limitazione *f.*

restrictive /rɪ'strɪktɪv/ agg. restrittivo

restroom /'rɛstrʊm/ s. (*USA*) toilette *f. inv.*

to restructure /ˌriː'strʌktʃəʳ/ v.tr. ristrutturare

result /rɪ'zʌlt/ s. risultato *m.*

to result /rɪ'zʌlt/ v.intr. **1** risultare, derivare **2** risolversi

to resume /rɪ'zjuːm/ v.tr. riprendere, ricominciare

résumé /'rɛzjuːmeɪ/ s. **1** riassunto *m.* **2** (*USA*) curriculum *m.*

resumption /rɪ'zʌm(p)ʃ(ə)n/ s. ripresa *f.*

resurgence /rɪ'sɜːdʒ(ə)ns/ s. rinascita *f.*

resurrection /ˌrɛzə'rɛkʃ(ə)n/ s. resurrezione *f.*

to resuscitate /rɪ'sʌsɪteɪt/ **A** v.tr. (*med.*) rianimare **B** v.intr. (*med.*) rianimarsi

resuscitation /rɪˌsʌsɪ'teɪʃ(ə)n/ s. (*med.*) rianimazione *f.*

retail /'riːteɪl/ **A** s. (vendita al) dettaglio *m.* **B** agg. al dettaglio ♦ **r. shop** rivendita, rivenditore

to retail /'riːteɪl/ v.tr. rivendere

retailer /riː'teɪləʳ/ s. dettagliante *m.*, rivenditore *m.*

to retain /rɪ'teɪn/ v.tr. **1** trattenere, ritenere **2** conservare

to retaliate /rɪ'tælɪeɪt/ v.intr. rivalersi, far rappresaglie

retaliation /rɪˌtælɪ'eɪʃ(ə)n/ s. rappresaglia *f.*

to retard /rɪ'tɑːd/ v.tr. e intr. ritardare

retardation /ˌriːtɑː'deɪʃ(ə)n/ s. ritardo *m.*

to retch /riːtʃ/ v.intr. avere conati di vomito

reticence /'rɛtɪs(ə)ns/ s. reticenza *f.*

retina /'rɛtɪnə/ s. (*anat.*) retina *f.*

to retire /rɪ'taɪəʳ/ v.intr. **1** ritirarsi **2** andare in pensione

retired /rɪ'taɪəd/ agg. a riposo, pensionato

retirement /rɪ'taɪəmənt/ s. **1** pensionamento *m.* **2** isolamento *m.*

retiring /rɪ'taɪərɪŋ/ agg. **1** riservato **2** uscente, che si ritira

to retort /rɪ'tɔːt/ v.tr. **1** ritorcere **2** ribattere

to retouch /ˌriː'tʌtʃ/ v.tr. ritoccare

to retrace /rɪ'treɪs/ v.tr. **1** rintracciare **2** ripercorrere ♦ **to r. one's steps** ritornare sui propri passi

to retract /rɪ'trækt/ v.tr. **1** ritirare, tirare indietro **2** ritrattare

retractive /rɪ'træktɪv/ agg. retrattile

to retrain /riː'treɪn/ v.tr. riqualificare

retreat /rɪ'triːt/ s. ritirata *f.*

to retreat /rɪ'triːt/ v.intr. **1** ritirarsi **2** battere in ritirata

retribution /ˌrɛtrɪ'bjuːʃ(ə)n/ s. **1** castigo *m.* **2** ricompensa *f.*

retrieval /rɪ'triːvl/ s. **1** ricupero *m.*, ripristino *m.* **2** riparazione *f.*

to retrieve /rɪ'triːv/ v.tr. **1** ricuperare **2** riparare, rimediare a **3** salvare **4** (*di cane da caccia*) riportare **5** (*inform.*) recuperare

retriever /rɪ'triːvəʳ/ s. cane *m.* da riporto

retrograde /'rɛtro(ʊ)greɪd/ agg. retrogrado

retrospect /'rɛtro(ʊ)spɛkt/ s. esame *m.* retrospettivo

retrospective /ˌrɛtro(ʊ)'spɛktɪv/ **A** agg. **1** retrospettivo **2** retroattivo **B** s. retrospettiva *f.*

return /rɪ'tɜːn/ s. **1** ritorno *m.* **2** resa *f.*, restituzione *f.* **3** profitto *m.* **4** rapporto *m.*, rendiconto *m.* **5** (*di elezione*) risultato *m.* **6** (*sport*) rimando *m.*, risposta *f.* ♦ **by r. (of mail)** a giro di posta || **in r. for** in cambio di || **r. match** rivincita || **r. ticket** biglietto di andata e ritorno

to return /rɪ'tɜːn/ **A** v.intr. **1** ritornare **2** replicare, ribattere **B** v.tr. **1** restituire, ridare **2** rimettere **3** ricambiare, contraccambiare **4** rendere, produrre **5** eleggere **6** (*sport*) rinviare

reunion /riː'juːnjən/ s. riunione *f.*

to reunite /ˌriːjuː'naɪt/ v.tr. riunire

rev /rɛv/ s. (*fam.*) (*di motore*) giro *m.* ♦ **r. counter** contagiri

revaluation /riːˌvæljʊ'eɪʃ(ə)n/ s. rivalutazione *f.*

to revalue /riː'væljʊ/ v.tr. rivalutare

to revamp /riː'væmp/ v.tr. rimodernare

to reveal /rɪ'viːl/ v.tr. rivelare

to revel /'rɛvl/ v.intr. divertirsi ♦ **to r. in** godere di

revelation /ˌrɛvɪ'leɪʃ(ə)n/ s. rivelazione *f.*

revelry /'rɛvlrɪ/ s. baldoria *f.*

revenge /rɪ'vɛn(d)ʒ/ s. **1** vendetta *f.* **2** rivincita *f.* ♦ **to give sb. his r.** dare la rivincita a qc.

to revenge /rɪ'vɛn(d)ʒ/ **A** v.tr. vendicare **B** v.intr. vendicarsi

revenue /'rɛvɪnjuː/ s. **1** reddito *m.* **2** fisco *m.*

to reverberate /rɪ'vɜːb(ə)reɪt/ v.tr. e intr. **1** riverberare, riverberarsi **2** riecheggiare

reverberation /rɪˌvɜːbə'reɪʃ(ə)n/ s. riverbero *m.*

to revere /rɪ'vɪəʳ/ v.tr. venerare

reverence /'rɛv(ə)r(ə)ns/ s. riverenza *f.*

reverend /'rɛv(ə)r(ə)nd/ agg. reverendo

reversal /rɪ'vɜːs(ə)l/ s. inversione *f.*, rovesciamento *m.*

reverse /rɪ'vɜːs/ **A** agg. rovescio, inverso **B** s. **1** rovescio *m.*, inverso *m.* **2** (*di fortuna*) rovescio *m.* **3** (*autom.*) retromarcia *f.* ◆ **r. charge call** telefonata a carico del destinatario || **r. gear** retromarcia

to reverse /rɪ'vɜːs/ **A** v.tr. **1** rovesciare, invertire **2** far andare in senso contrario **3** (*dir.*) revocare **B** v.intr. **1** funzionare in senso contrario **2** (*autom.*) fare retromarcia

reversibility /rɪˌvɜːsə'bɪlɪtɪ/ s. reversibilità *f.*

reversible /rɪ'vɜːsəbl/ agg. reversibile

to revert /rɪ'vɜːt/ v.intr. ritornare

review /rɪ'vjuː/ s. **1** rivista *f.*, parata *f.* **2** revisione *f.*, esame *m.*, analisi *f.* **3** rivista *f.*, periodico *m.* **4** recensione *f.*

to review /rɪ'vjuː/ v.tr. **1** passare in rassegna **2** rivedere, riesaminare **3** recensire

reviewer /rɪ'vjʊəʳ/ s. recensore *m.*

to revile /rɪ'vaɪl/ v.tr. ingiuriare

revisal /rɪ'vaɪz(ə)l/ s. revisione *f.*

to revise /rɪ'vaɪz/ v.tr. **1** rivedere, correggere **2** modificare **3** (*la lezione*) ripassare

reviser /rɪ'vaɪzəʳ/ s. revisore *m.*

revision /rɪ'vɪʒ(ə)n/ s. revisione *f.*

revisionist /rɪ'vɪʒ(ə)nɪst/ agg. e s. revisionista *m. e f.*

to revisit /riː'vɪzɪt/ v.tr. rivisitare

to revitalize /riː'vaɪtəlaɪz/ v.tr. rivitalizzare

revival /rɪ'vaɪv(ə)l/ s. **1** revival *m. inv.*, ripresa *f.* **2** rinascita *f.*

to revive /rɪ'vaɪv/ **A** v.tr. **1** rianimare, ravvivare **2** far rivivere **3** rimettere in uso **B** v.intr. **1** rianimarsi, riprendersi **2** rivivere, tornare in vita

revocation /ˌrevə'keɪʃ(ə)n/ s. revoca *f.*

to revoke /rɪ'vəʊk/ v.tr. revocare

revolt /rɪ'vəʊlt/ s. rivolta *f.*, sommossa *f.*

to revolt /rɪ'vəʊlt/ **A** v.intr. **1** rivoltarsi, ribellarsi **2** provare disgusto **B** v.tr. disgustare

revolution /ˌrevə'luːʃ(ə)n/ s. **1** rivoluzione *f.* **2** giro *m.*, rotazione *f.*

revolutionary /ˌrevə'luːʃnərɪ/ agg. e s. rivoluzionario *m.*

to revolve /rɪ'vɒlv/ v.intr. ruotare

revolver /rɪ'vɒlvəʳ/ s. rivoltella *f.*

revolving /rɪ'vɒlvɪŋ/ agg. girevole

revue /rɪ'vjuː/ s. (*teatro*) rivista *f.*

reward /rɪ'wɔːd/ s. **1** ricompensa *f.*, premio *m.* **2** taglia *f.*

to reward /rɪ'wɔːd/ v.tr. ricompensare, premiare

rewarding /rɪ'wɔːdɪŋ/ agg. gratificante

to rewind /riː'waɪnd/ (*pass. e p.p.* **rewound**) v.tr. (*una cassetta*) riavvolgere

to reword /riː'wɜːd/ v.tr. esprimere con altre parole

to rewrite /riː'raɪt/ v.tr. riscrivere

rhapsodist /'ræpsədɪst/ s. rapsodo *m.*

rhapsody /'ræpsədɪ/ s. rapsodia *f.*

rhetoric /'retərɪk/ s. retorica *f.*

rhetorical /rɪ'tɒrɪk(ə)l/ agg. retorico

rheumatism /'ruːmətɪz(ə)m/ s. reumatismo *m.*

rhinoceros /raɪ'nɒs(ə)rəs/ s. rinoceronte *m.*

rhododendron /ˌrəʊdə'dendr(ə)n/ s. rododendro *m.*

rhomboidal /rɒm'bɔɪdl/ agg. romboidale

rhombus /'rɒmbəs/ s. rombo *m.*

rhubarb /'ruːbɑːb/ s. rabarbaro *m.*

rhyme /raɪm/ s. rima *f.*

rhythm /'rɪð(ə)m/ s. ritmo *m.*

rhythmic(al) /'rɪðmɪk((ə)l)/ agg. ritmico

rib /rɪb/ s. **1** costola *f.* **2** costoletta *f.* **3** nervatura *f.* ◆ **r. cage** cassa toracica

to rib /rɪb/ v.tr. **1** rinforzare con nervature **2** (*a maglia*) lavorare a coste **3** (*fam.*) prendere in giro

ribbon /'rɪbən/ s. nastro *m.* ◆ **in ribbons** a brandelli

rice /raɪs/ s. riso *m.* ◆ **r. field** risaia

rich /rɪtʃ/ agg. ricco ◆ **r. in** ricco di

riches /'rɪtʃɪz/ s. pl. ricchezze *f. pl.*

richly /'rɪtʃlɪ/ avv. **1** riccamente **2** pienamente, abbondantemente

richness /'rɪtʃnɪs/ s. ricchezza *f.*

rickets /'rɪkɪts/ s. rachitismo *m.*

rickety /'rɪkɪtɪ/ agg. **1** rachitico **2** traballante

rickshaw /'rɪkʃɔː/ s. risciò *m.*

to rid /rɪd/ (*pass.* **rid**, **ridded**, *p.p.* **rid**) v.tr. liberare, sbarazzare ◆ **to get r. of st.** sbarazzarsi di q.c.

ridden /'rɪdn/ p.p. di **to ride**

riddle[1] /'rɪdl/ s. indovinello *m.*, rompicapo *m.*, enigma *m.*

riddle[2] /'rɪdl/ s. setaccio *m.*

to riddle[1] /'rɪdl/ **A** v.tr. (*un enigma*) risolvere **B** v.intr. **1** parlare per enigmi **2** proporre indovinelli

to riddle[2] /'rɪdl/ v.tr. **1** setacciare, vagliare **2** crivellare

ride /raɪd/ s. **1** cavalcata *f.* **2** (*su un veicolo*) giro *m.*, corsa *f.* **3** tragitto *m.* **4** (*per cavalli*) pista *f.*, sentiero *m.*

to ride /raɪd/ (*pass.* **rode**, *p.p.* **ridden**) **A** v.intr. **1** andare a cavallo, cavalcare **2** (*in bicicletta, moto ecc.*) andare, (*su un veicolo*) viaggiare **3** (*di fantino*) pesare **4** (*naut.*) galleggiare, fluttuare **B** v.tr. **1** cavalcare, montare **2** percorrere **3** opprimere ◆ **to r. a bike** andare in bicicletta || **to r. at anchor** stare alla fonda

rider /'raɪdəʳ/ s. **1** cavaliere *m.*, fantino *m.* **2** ciclista *m. e f.*, motociclista *m. e f.*, (*su un veicolo*) viaggiatore *m.*

ridge /rɪdʒ/ s. **1** cresta *f.*, cima *f.*, colmo *m.* **2** (*geogr.*) catena *f.*, dorsale *f.*

ridicule /'rɪdɪkjuːl/ s. ridicolo *m.*, derisione *f.*

to ridicule /'rɪdɪkjuːl/ v.tr. ridicolizzare

ridiculous /rɪ'dɪkjʊləs/ agg. ridicolo, assurdo

riding /'raɪdɪŋ/ s. equitazione *f.*

rife /raɪf/ agg. pred. **1** comune, diffuso **2** ricco, abbondante ◆ **to be r. with** abbondare di

riffraff /'rɪfræf/ s. (*fam.*) gentaglia *f.*, marmaglia *f.*

rifle /'raɪfl/ s. **1** fucile *m.*, carabina *f.* **2** al pl. fucilieri *m. pl.* ◆ **r. range** poligono di tiro

to rifle /'raɪfl/ **A** v.tr. saccheggiare, depredare, svaligiare **B** v.intr. frugare

rift /rɪft/ s. **1** crepaccio *m.*, fenditura *f.* **2** (*fig.*) rottura *f.*, dissenso *m.* ♦ **r. valley** fossa tettonica

rig /rɪg/ s. **1** (*naut.*) attrezzatura *f.* **2** tenuta *f.*, abbigliamento *m.* **3** impianto *m.*, installazione *f.* **4** piattaforma *f.* di trivellazione **5** camion *m.*

to rig[1] /rɪg/ v.tr. **1** (*naut.*) attrezzare **2** allestire, sistemare **3** vestire ♦ **to be rigged out as** vestirsi da || **to r. up** montare

to rig[2] /rɪg/ v.tr. truccare, manipolare

rigging /ˈrɪgɪŋ/ s. (*naut.*) attrezzatura *f.*, sartiame *m.*

right /raɪt/ **A** agg. **1** giusto, retto, onesto **2** esatto, corretto **3** adatto, appropriato, conveniente **4** (*geom.*) retto **5** destro **6** sano, che sta bene **7** (*pol.*) di destra **B** s. **1** (il) giusto *m.*, (il) bene *m.* **2** diritto *m.*, facoltà *f.* **3** destra *f.*, lato *m.* destro, mano *f.* destra **4** (*di tessuto*) diritto *m.* **C** avv. **1** bene, giustamente, esattamente **2** direttamente, dritto **3** a destra **4** subito, immediatamente **5** del tutto, completamente ♦ **on, to the r.** a destra || **r. of way** (*tra veicoli*) (diritto di) precedenza || **r. on** senza interruzione || **to be r.** avere ragione

right-about /ˈraɪtəbaʊt/ s. dietrofront *m. inv.*

righteous /ˈraɪtʃəs/ agg. retto, virtuoso

rightful /ˈraɪtf(ʊ)l/ agg. **1** legittimo **2** giusto, equo

right-hand /ˈraɪthænd/ agg. **1** destro **2** fatto con la destra **3** da usare con la destra ♦ **r. man** (*fig.*) braccio destro

rigid /ˈrɪdʒɪd/ agg. rigido

rigidity /rɪˈdʒɪdɪtɪ/ s. rigidità *f.*

rigmarole /ˈrɪgm(ə)rəʊl/ s. tiritera *f.*

rigorous /ˈrɪg(ə)rəs/ agg. rigido, rigoroso

rigour /ˈrɪgə^{r}/ s. rigore *m.*

to rile /raɪl/ v.tr. (*fam.*) irritare

rim /rɪm/ s. **1** bordo *m.*, ciglio *m.* **2** (*autom.*) cerchione *m.* **3** (*di occhiali*) montatura *f.*

rime /raɪm/ s. brina *f.*

rind /raɪnd/ s. **1** buccia *f.*, scorza *f.* **2** cotenna *f.*

ring[1] /rɪŋ/ s. **1** anello *m.*, cerchio *m.* **2** recinto *m.*, pista *f.* **3** quadrato *m.*, ring *m.* **4** associazione *f.* (illegale), banda *f.* ♦ **r. finger** anulare || **r. road** circonvallazione || **electric/gas r.** fornello elettrico/a gas

ring[2] /rɪŋ/ s. **1** squillo *m.*, scampanellata *f.* **2** (*fam.*) telefonata *f.*

to ring[1] /rɪŋ/ v.tr. accerchiare, circondare, cingere

to ring[2] /rɪŋ/ (*pass.* **rang**, *p.p.* **rung**) **A** v.tr. **1** suonare **2** telefonare **B** v.intr. **1** suonare, squillare **2** risuonare **3** telefonare ♦ **to r. around** fare un giro di telefonate || **to r. back** richiamare || **to r. in** telefonare || **to r. off** metter giù (il telefono) || **to r. up** telefonare

ringing /ˈrɪŋɪŋ/ **A** agg. **1** sonoro **2** (*fig.*) altisonante **B** s. **1** suono *m.*, scampanellio *m.* **2** (*tel.*) suoneria *f.* (di cellulare)

ringleader /ˈrɪŋˌliːdə^{r}/ s. capobanda *m. inv.*

ringlet /ˈrɪŋlɪt/ s. ricciolo *m.*

rink /rɪŋk/ s. pista *f.* per pattinaggio

rinse /rɪns/ s. risciacquo *m.*

to rinse /rɪns/ v.tr. sciacquare

riot /ˈraɪət/ s. **1** tumulto *m.*, sommossa *f.* **2** fracasso *m.*, frastuono *m.* **3** orgia *f.*, sfrenatezza *f.* **4** profusione *f.*

to riot /ˈraɪət/ v.intr. **1** tumultuare, insorgere **2** gozzovigliare

riotous /ˈraɪətəs/ agg. **1** sedizioso, tumultuante **2** dissoluto

rip /rɪp/ s. strappo *m.*

to rip /rɪp/ v.tr. strappare

ripe /raɪp/ agg. **1** maturo **2** stagionato **3** (*fig.*) pronto

to ripen /ˈraɪp(ə)n/ v.tr. e intr. **1** maturare **2** stagionare

ripeness /ˈraɪpnɪs/ s. maturità *f.*

ripple /ˈrɪpl/ s. **1** increspatura *f.*, ondulazione *f.* **2** mormorio *m.*

to ripple /ˈrɪpl/ v.intr. **1** incresparsi, ondularsi **2** gorgogliare, mormorare

rise /raɪz/ s. **1** altura *f.*, rialzo *m.* **2** salita *f.*, ascesa *f.* **3** aumento *m.*, crescita *f.*, rialzo *m.* **4** progresso *m.*, avanzamento *m.*, promozione *f.* **5** innalzamento *m.* di livello, ascesa *f.* **6** origine *f.* ♦ **to give r. to** dare origine a

to rise /raɪz/ (*pass.* **rose**, *p.p.* **risen**) v.intr. **1** alzarsi, sorgere, levarsi, spuntare **2** crescere, aumentare **3** ergersi **4** insorgere, sollevarsi, ribellarsi **5** provenire, aver origine

rising /ˈraɪzɪŋ/ **A** agg. **1** sorgente, nascente **2** crescente **3** ascendente **4** promettente **B** s. **1** rivolta *f.*, sommossa *f.* **2** salita *f.*, ascesa *f.* **3** crescita *f.* **4** miglioramento *m.*

risk /rɪsk/ s. rischio *m.* ♦ **at one's own r.** a proprio rischio e pericolo

to risk /rɪsk/ v.tr. e intr. rischiare

risky /ˈrɪskɪ/ agg. rischioso

risqué /ˌriːsˈkeɪ/ agg. osé

rissole /ˈrɪsəʊl/ s. polpetta *f.*

rite /raɪt/ s. rito *m.*

ritual /ˈrɪtjʊəl/ agg. e s. rituale *m.*

rival /ˈraɪv(ə)l/ agg. e s. rivale *m.* e *f.*

to rival /ˈraɪv(ə)l/ v.tr. rivaleggiare con

rivalry /ˈraɪv(ə)lrɪ/ s. rivalità *f.*, concorrenza *f.*

to rive /raɪv/ (*pass.* **rived**, *p.p.* **riven**) v.tr. strappare, spezzare

river /ˈrɪvə^{r}/ s. fiume *m.* ♦ **down r.** a valle || **up r.** a monte || **r.-bank** sponda || **r.-bed** alveo

rivet /ˈrɪvɪt/ s. rivetto *m.*

to rivet /ˈrɪvɪt/ v.tr. **1** inchiodare, rivettare **2** (*fig.*) fissare **3** affascinare

road /rəʊd/ s. **1** strada *f.*, via *f.* **2** cammino *m.*, percorso *m.* **3** (*naut.*) rada *f.* ♦ **main/side r.** strada principale/secondaria || **one-way r.** senso unico || **uneven r.** strada dissestata || **r. hog** pirata della strada, autista sconsiderato || **r. map** carta stradale || **r. sign** segnale stradale

roadbed /ˈrəʊdbed/ s. massicciata *f.*

roadblock /ˈrəʊdblɒk/ s. blocco *m.* stradale

roadside /ˈrəʊdsaɪd/ s. bordo *m.* della strada

roadway /ˈrəʊdweɪ/ s. carreggiata *f.*

roadworthy /'rəʊd,wɜːðɪ/ **agg.** (*autom.*) in grado di tenere la strada

to roam /rəʊm/ **v.intr.** vagare

roaming range /,rəʊmɪŋ'reɪndʒ/ **s.** (*di telefono cellulare*) campo *m.*, copertura *f.*

roar /rɔːʳ/ **s.** **1** ruggito *m.* **2** mugghio *m.*, rombo *m.*, urlo *m.* **3** scoppio *m.*, scroscio *m.*

to roar /rɔːʳ/ **v.intr.** **1** ruggire **2** rumoreggiare, mugghiare, urlare

roast /rəʊst/ **agg. e s.** arrosto *m.*

to roast /rəʊst/ **v.tr.** **1** arrostire **2** tostare

to rob /rɒb/ **v.tr.** derubare, rapinare

robber /'rɒbəʳ/ **s.** ladro *m.*, rapinatore *m.*

robbery /'rɒbərɪ/ **s.** rapina *f.*

robe /rəʊb/ **s.** **1** toga *f.* **2** accappatoio *m.*

robin /'rɒbɪn/ **s.** pettirosso *m.*

robot /'rəʊbɒt/ **s.** robot *m. inv.*

robotics /rəʊ'bɒtɪks/ **s. pl.** (*v. al sing.*) robotica *f.*

robust /rə'bʌst/ **agg.** robusto, forte

rock[1] /rɒk/ **s.** **1** roccia *f.* **2** macigno *m.*, masso *m.* **3** scoglio *m.*, scogliera *f.* **4** rocca *f.*, rupe *f.* ♦ **on the rocks** con ghiaccio, in difficoltà || **r.-bottom** fondo, punto più basso || **r. climber** rocciatore || **r. crystal** cristallo di rocca || **r. garden** giardino roccioso || **r. goat** stambecco

rock[2] /rɒk/ **s.** (*mus.*) rock *m. inv.*

to rock[1] /rɒk/ **A** **v.tr.** **1** dondolare **2** scuotere **B** **v.intr.** dondolarsi, oscillare

to rock[2] /rɒk/ **v.intr.** **1** suonare il rock and roll **2** (*USA*) essere eccellente, piacere

rocket /'rɒkɪt/ **s.** razzo *m.*

rocking /'rɒkɪŋ/ **agg.** **1** a dondolo **2** oscillante ♦ **r. chair** sedia a dondolo || **r. horse** cavallo a dondolo

rocky[1] /'rɒkɪ/ **agg.** **1** roccioso, sassoso **2** duro come la roccia **3** saldo, irremovibile

rocky[2] /'rɒkɪ/ **agg.** **1** malfermo, traballante, incerto **2** difficile, turbolento

rococo /rə'kəʊkəʊ/ **agg. e s.** rococò *m.*

rod /rɒd/ **s.** **1** verga *f.*, bacchetta *f.* **2** asta *f.*, barra *f.* ♦ **fishing r.** canna da pesca || **hot r.** macchina truccata

rode /rəʊd/ **pass. di to ride**

rodent /'rəʊd(ə)nt/ **agg. e s.** roditore *m.*

rodeo /ro(ʊ)'deɪo(ʊ)/ **s.** rodeo *m.*

roe[1] /rəʊ/ **s.** (*zool.*) capriolo *m.* ♦ **r. deer** capriolo

roe[2] /rəʊ/ **s.** uova *f. pl.* di pesce

rogue /rəʊg/ **s.** furfante *m.*, imbroglione *m.*

role /rəʊl/ **s.** ruolo *m.*

roll /rəʊl/ **s.** **1** rotolo *m.*, rullo *m.*, rullino *m.* **2** panino *m.* **3** ruolo *m.*, registro *m.* **4** (*naut., aer.*) rollio *m.* **5** ondeggiamento *m.* **6** (*di tamburo*) rullo *m.* ♦ **r. bar** roll bar || **r. call** appello

to roll /rəʊl/ **A** **v.intr.** **1** rotolare, rotolarsi **2** ruotare **3** arrotolarsi, avvolgersi **4** ondeggiare **5** (*di tamburo*) rullare **6** (*naut., aer.*) rollare **B** **v.tr.** **1** far rotolare **2** far ruotare, roteare **3** avvolgere, arrotolare, (*fam.*) (*una sigaretta*) rollare **4** (*con rullo e sim.*) spianare ♦ **to r. down** srotolare || **to r. in** arrivare in gran quantità || **to r. over** rivoltare, rivoltarsi || **to r. up** arrotolare, arrivare

rolled /'rəʊld/ **agg.** **1** arrotolato **2** laminato

roller /'rəʊləʳ/ **s.** **1** rullo *m.*, rotella *f.*, cilindro *m.* **2** rullo *m.* compressore **3** bigodino *m.* ♦ **r. coaster** montagne russe || **r. skates** pattini a rotelle

rollerblades /'rəʊləbleɪdz/ **s.** pattini *m. pl.* in linea, rollerblades *m. pl.*

rolling /'rəʊlɪŋ/ **A** **agg.** **1** rotolante **2** rotante, girevole **3** oscillante **4** ondulato **5** rimbombante **B** **s.** rotolamento *m.* ♦ **r. mill** laminatoio || **r. pin** matterello

ROM /rɒm/ **s.** ROM *f. inv.*

Roman /'rəʊmən/ **agg. e s.** romano *m.* ♦ **R. numeral** numero romano

romance /rə'mæns/ **s.** **1** (*letter.*) romanzo *m.* cavalleresco, racconto *m.* fantastico **2** avventura *f.* romanzesca **3** avventura *f.* sentimentale, idillio *m.* **4** (*mus.*) romanza *f.*

Romance /rə'mæns/ **agg.** romanzo

Romanesque /,rəʊmə'nɛsk/ **agg.** romanico

Romanian /rəʌ'meɪnɪən/ **s.** rumeno *m.*

romantic /rə'mæntɪk/ **agg.** **1** romantico **2** romanzesco

Romanticism /rə'mæntɪsɪz(ə)m/ **s.** romanticismo *m.*

romp /rɒmp/ **s.** gioco *m.* chiassoso

rompers /'rɒmpəz/ **s. pl.** pagliaccetto *m.*

rood /ruːd/ **s.** croce *f.*, crocifisso *m.*

roof /ruːf/ **s.** **1** tetto *m.*, soffitto *m.* **2** volta *f.* **3** (*anat.*) palato *m.* ♦ **r. garden** giardino pensile || **r. rack** portapacchi

to roof /ruːf/ **v.tr.** coprire con un tetto

rook[1] /rʊk/ **s.** **1** corvo *m.* **2** (*fam.*) truffatore *m.*

rook[2] /rʊk/ **s.** (*scacchi*) torre *f.*

room /ruːm/ **s.** **1** camera *f.*, stanza *f.*, locale *m.* **2** ambiente *m.*, spazio *m.* **3** (*fig.*) possibilità *f.* **4** alloggio *m.*

to room /ruːm/ **v.tr. e intr.** (*USA*) alloggiare

roomy /'ruːmɪ/ **agg.** spazioso

to roost /ruːst/ **v.intr.** appollaiarsi

rooster /'ruːstəʳ/ **s.** (*USA*) gallo *m.*

root /ruːt/ **s.** radice *f.*

to root[1] /ruːt/ **v.intr.** attecchire, radicarsi ♦ **to r. out, up** sradicare

to root[2] /ruːt/ **v.intr.** **1** grufolare **2** frugare ♦ **to r. for** fare il tifo per

rope /rəʊp/ **s.** corda *f.*, fune *f.*, cima *f.* ♦ **r. ladder** scala di corda || **on the ropes** alle corde

to rope /rəʊp/ **v.tr.** legare con corde ♦ **to r. in, off** cintare con corde

rosary /'rəʊzərɪ/ **s.** rosario *m.*

rose[1] /rəʊz/ **agg. e s.** rosa *f.* ♦ **r. bud** bocciolo di rosa || **r. window** rosone

rose[2] /rəʊz/ **pass. di to rise**

rosé /rəʊ'zeɪ/ **s.** (vino) rosé *m.*, rosato *m.*

rosemary /'rəʊzm(ə)rɪ/ **s.** rosmarino *m.*

rosette /ro(ʊ)'zɛt/ **s.** rosetta *f.*, coccarda *f.*

roster /'rɒstəʳ/ **s.** **1** elenco *m.*, lista *f.* **2** ruolino *m.*

rostrum /'rɒstrəm/ **s.** rostro *m.*

rosy /ˈrəʊzɪ/ **agg.** roseo
rot /rɒt/ **s. 1** putrefazione *f.*, marciume *m.* **2** rovina *f.* **3** (*fam.*) sciocchezze *f. pl.*
to rot /rɒt/ **v.intr.** imputridire, marcire
rota /ˈrəʊtə/ **s.** tabella *f.* dei turni
rotary /ˈrəʊtərɪ/ **agg.** rotante, rotatorio
to rotate /ro(ʊ)ˈteɪt/ **v.tr. e intr.** ruotare
rotation /ro(ʊ)ˈteɪʃ(ə)n/ **s.** rotazione *f.*
rotisserie /rəʊˈtɪsərɪ/ **s.** rosticceria *f.*
rotor /ˈrəʊtəʳ/ **s.** girante *f.*, rotore *m.*
rotten /ˈrɒtn/ **agg. 1** marcio, putrido **2** corrotto **3** sgradevole ♦ **to feel r.** sentirsi male
rotula /ˈrɒtjʊlə/ **s.** rotula *f.*
rotundity /ro(ʊ)ˈtʌndɪtɪ/ **s.** rotondità *f.*
rouge /ruːʒ/ **s.** rossetto *m.*
rough /rʌf/ **A agg. 1** ruvido, irregolare, scabro **2** tempestoso, burrascoso, agitato **3** grezzo, greggio **4** rozzo, grossolano, sgarbato **5** approssimativo **6** disagevole, scomodo, difficile **7** aspro **B s. 1** terreno *m.* accidentato **2** teppista *m. e f.* **C avv. 1** rudemente **2** semplicemente ♦ **r. and ready** alla buona || **r. copy** brutta copia || **r. luck** sfortuna || **r. road** strada accidentata || **to have a r. time** passarsela male
to rough /rʌf/ **v.tr. to r. it** vivere senza comodità
roughage /ˈrʌfɪdʒ/ **s.** crusca *f.* di cereali
roughcast /ˈrʌfkɑːst/ **s.** intonaco *m.* rustico
roulette /ruːˈlɛt/ **s.** roulette *f. inv.*
Roumanian /ruːˈmeɪnjən/ **agg. e s.** romeno *m.*
round /raʊnd/ **A agg. 1** rotondo, circolare, rotondeggiante **2** completo, intero **3** (*di suono, voce*) pieno, sonoro **B avv.** intorno, in giro **C prep.** intorno a, nelle vicinanze di, circa **D s. 1** cerchio *m.*, tondo *m.*, sfera *f.* **2** giro *m.* **3** ciclo *m.*, turno *m.*, round *m. inv.* **4** colpo *m.*, scarica *f.*, proiettile *m.* ♦ **r. table** tavola rotonda || **r.-the-clock** ventiquattr'ore su ventiquattro || **r. trip** viaggio di andata e ritorno
to round /raʊnd/ **A v.tr. 1** arrotondare **2** girare **3** accerchiare **B v.intr. 1** arrotondarsi **2** girare, girarsi, voltarsi ♦ **to r. down** arrotondare (per difetto) || **to r. up** riunire, arrotondare (per eccesso)
roundabout /ˈraʊndəbaʊt/ **A agg.** indiretto **B s. 1** rotatoria *f.*, isola *f.* rotazionale **2** giostra *f.*
roundish /ˈraʊndɪʃ/ **agg.** tondeggiante
roundly /ˈraʊndlɪ/ **avv. 1** completamente **2** francamente, esplicitamente
roundness /ˈraʊndnɪs/ **s.** rotondità *f.*
roundup /ˈraʊndʌp/ **s. 1** riunione *f.*, raccolta *f.* **2** retata *f.* **3** (*tv, radio*) sommario *m.*
to rouse /raʊz/ **v.tr. 1** svegliare **2** (*selvaggina*) stanare **3** suscitare, provocare
rout /raʊt/ **s.** rotta *f.*, disfatta *f.*
to rout /raʊt/ **v.tr.** sconfiggere
route /ruːt/ **s.** itinerario *m.*, percorso *m.*, rotta *f.*
routine /ruːˈtiːn/ **s. 1** routine *f. inv.* **2** (*teatro*) numero *m.*
to rove /rəʊv/ **v.intr.** vagabondare, vagare
row[1] /rəʊ/ **s.** fila *f.*, riga *f.* ♦ **r. houses** villette a schiera
row[2] /raʊ/ **s.** (*fam.*) **1** tafferuglio *m.*, zuffa *f.* **2** baccano *m.*
row[3] /rəʊ/ **s.** remata *f.*, vogata *f.*
to row[1] /rəʊ/ **A v.intr.** remare, vogare **B v.tr.** trasportare in barca a remi
to row[2] /raʊ/ **A v.tr.** (*fam.*) sgridare **B v.intr.** litigare, azzuffarsi
rowboat /ˈrəʊbəʊt/ **s.** barca *f.* a remi
rowdy /ˈraʊdɪ/ **agg. 1** rumoroso, chiassoso **2** litigioso, turbolento
rower /ˈro(ʊ)əʳ/ **s.** rematore *m.*, vogatore *m.*
rowing /ˈrəʊɪŋ/ **s.** canottaggio *m.*
royal /ˈrɔɪ(ə)l/ **agg.** reale ♦ **r. palace** reggia
royalty /ˈrɔɪ(ə)ltɪ/ **s. 1** regalità *f.*, dignità *f.* regale **2** la famiglia *f.* reale **3 al pl.** diritti *m. pl.* d'autore
rub /rʌb/ **s. 1** sfregamento *m.*, massaggio *m.* **2** (*del terreno*) asperità *f.* **3** difficoltà *f.*
to rub /rʌb/ **v.tr. 1** fregare, strofinare **2** lucidare ♦ **to r. in** far penetrare sfregando || **to r. off, out** cancellare, togliere sfregando
rubber /ˈrʌbəʳ/ **s.** gomma *f.* ♦ **r. band** elastico || **r. boat, dinghy** gommone, canotto
rubbing /ˈrʌbɪŋ/ **s.** sfregamento *m.*, frizione *f.*
rubbish /ˈrʌbɪʃ/ **s. 1** immondizia *f.*, spazzatura *f.* **2** macerie *f. pl.* **3** sciocchezze *f. pl.* ♦ **r. bin** pattumiera
rubble /ˈrʌbl/ **s. 1** macerie *f. pl.* **2** pietrisco *m.* **3** detrito *m.*
rubella /ruːˈbɛlə/ **s.** rosolia *f.*
ruby /ˈruːbɪ/ **s. 1** (*miner.*) rubino *m.* **2** (*colore*) rosso *m.* vivo
ruck /rʌk/ **s.** mucchio *m.*
rucksack /rʌksæk/ **s.** zaino *m.*
rudder /ˈrʌdəʳ/ **s.** timone *m.*
ruddy /ˈrʌdɪ/ **agg.** rubicondo
rude /ruːd/ **agg. 1** maleducato, villano **2** primitivo, grezzo **3** volgare, osceno
rudeness /ˈruːdnɪs/ **s.** maleducazione *f.*
rudiment /ˈruːdɪmənt/ **s.** rudimento *m.*
rudimentary /ˌruːdɪˈmɛnt(ə)rɪ/ **agg.** rudimentale
rueful /ˈruːf(ʊ)l/ **agg.** dolente, rammaricato
ruffian /ˈrʌfjən/ **s.** furfante *m.*
to ruffle /ˈrʌfl/ **A v.tr. 1** increspare **2** arruffare, scompigliare **3** agitare, turbare **B v.intr. 1** incresparsi **2** arruffarsi **3** agitarsi, turbarsi
rug /rʌg/ **s. 1** coperta *f.* **2** tappeto *m.*, tappetino *m.* **3** (*fam.*) parrucchino *m.*
rugby /ˈrʌgbɪ/ **s.** rugby *m.*
rugged /ˈrʌgɪd/ **agg. 1** ruvido, aspro, irregolare **2** rozzo, rude **3** ispido, irsuto **4** duro, rigido
rugger /ˈrʌgəʳ/ **s.** (*fam.*) rugby *m.*
rugosity /rʊˈgɒsɪtɪ/ **s.** (*bot.*) rugosità *f.*
ruin /rʊɪn/ **s.** rovina *f.*
to ruin /rʊɪn/ **v.tr.** rovinare
ruinous /ˈruːɪnəs/ **agg. 1** rovinoso **2** in rovina
rule /ruːl/ **s. 1** regola *f.*, regolamento *m.*, norma *f.* **2** governo *m.*, dominazione *f.* **3** riga *f.* (da disegno)
to rule /ruːl/ **A v.tr. 1** governare, dominare **2** gui-

dare, regolare **3** (*dir.*) dichiarare **B** v.intr. **1** governare **2** predominare ♦ **to r. out** escludere
ruler /'ru:lə^r/ s. **1** governante *m.*, sovrano *m.* **2** riga *f.* (da disegno)
ruling /'ru:lɪŋ/ **A** agg. **1** dirigente, che governa **2** dominante **B** s. (*dir.*) decisione *f.*
rum /rʌm/ s. rum *m. inv.*
rumble /'rʌmbl/ s. rimbombo *m.*, rombo *m.*, borbottio *m.*
to rumble /'rʌmbl/ v.intr. rimbombare, rumoreggiare
ruminant /'ru:mɪnənt/ agg. e s. ruminante *m.*
to rummage /'rʌmɪdʒ/ v.tr. e intr. frugare, perquisire
rummy /'rʌmɪ/ s. ramino *m.*
rumour /'ru:mə^r/ (*USA* **rumor**) s. diceria *f.*, voce *f.*
rump /rʌmp/ s. (*di animale*) posteriore *m.*, groppa *f.* ♦ **r. steak** bistecca di scamone
rumpus /'rʌmpəs/ s. (*fam.*) chiasso *m.*, cagnara *f.*
run /rʌn/ s. **1** corsa *f.* **2** tragitto *m.*, percorso *m.* **3** breve viaggio *m.*, giro *m.* **4** corso *m.*, andamento *m.*, direzione *f.* **5** serie *f.*, sequenza *f.* **6** classe *f.*, categoria *f.* **7** adito *m.*, libero accesso *m.* **8** (*per animali*) recinto *m.* **9** (*sci*) pista *f.* **10** (*di libro*) tiratura *f.* ♦ **at a r.** di corsa || **in the long r.** a lungo andare || **in the short r.** a breve scadenza || **on the r.** in fuga
to run /rʌn/ (*pass.* **ran**, *p.p.* **run**) **A** v.intr. **1** correre **2** fuggire **3** (*di veicoli*) passare, partire, fare servizio **4** andare, scorrere, estendersi **5** diventare **6** funzionare **7** essere in vigore, avere validità **8** presentarsi candidato **9** colare **B** v.tr. **1** correre, far correre **2** dirigere, amministrare, gestire **3** far funzionare **4** seguire **5** passare, far scorrere ♦ **to r. about** correre qua e là || **to r. across** imbattersi in, trovare || **to r. along** andar via || **to r. away** fuggire || **to r. down** scaricare, (*di batteria*) scaricarsi, (*con un'auto*) investire, indebolire || **to r. in** rodare || **to r. into** imbattersi, sbattere contro || **to r. off** scappare, duplicare || **to r. out** esaurirsi, scadere || **to r. over** traboccare, investire || **to r. through** dare una scorsa, sperperare || **to r. to** rivolgersi a, arrivare a || **to r. up** issare, accumulare
runaway /'rʌnəweɪ/ s. fuggiasco *m.*
rung[1] /rʌŋ/ p.p. di **to ring**
rung[2] /rʌŋ/ s. piolo *m.*
runner /'rʌnə^r/ s. **1** corridore *m.* **2** fattorino *m.* **3** contrabbandiere *m.* **4** (*di slitta*) pattino *m.* **5** viticcio *m.* ♦ **r. bean** fagiolo rampicante || **r.-up** secondo classificato
running /'rʌnɪŋ/ **A** agg. **1** in corsa, da corsa **2** corrente **3** continuo, consecutivo **4** funzionante **B** s. **1** corsa *f.* **2** marcia *f.*, funzionamento *m.* **3** gestione *f.*, direzione *f.* ♦ **r.-in** rodaggio
runny /'rʌnɪ/ agg. **1** liquefatto **2** che cola
run-of-the-mill /ˌrʌnəvðə'mɪl/ agg. ordinario, comune
run-up /'rʌnˌʌp/ s. rincorsa *f.*
runway /'rʌnweɪ/ s. (*aer.*) pista *f.*
rupture /'rʌptʃə^r/ s. **1** rottura *f.* **2** (*med.*) ernia *f.*
rural /'rʊər(ə)l/ agg. campestre, rurale
ruse /ru:z/ s. stratagemma *m.*
rush[1] /rʌʃ/ s. **1** assalto *m.*, corsa *f.* precipitosa **2** furia *f.*, fretta *f.* **3** afflusso *m.*
rush[2] /rʌʃ/ s. (*bot.*) giunco *m.*
to rush /rʌʃ/ **A** v.intr. **1** precipitarsi **2** affrettarsi **B** v.tr. **1** spingere, far fretta **2** spedire velocemente **3** affrettare, accelerare **4** prendere d'assalto
Russian /'rʌʃ(ə)n/ agg. e s. russo *m.*
rust /rʌst/ s. ruggine *f.*
to rust /rʌst/ **A** v.tr. arrugginire **B** v.intr. arrugginirsi
rustic /'rʌstɪk/ agg. rustico
rustle /'rʌsl/ s. fruscio *m.*
to rustle /'rʌsl/ v.intr. frusciare, stormire
rustproof /'rʌstpru:f/ agg. antiruggine, inossidabile
rusty[1] /'rʌstɪ/ agg. arrugginito
rusty[2] /'rʌstɪ/ agg. arrabbiato
rut[1] /rʌt/ s. solco *m.*, carreggiata *f.* ♦ **to get into a r.** farsi prendere dal tran tran
rut[2] /rʌt/ s. (*di animali*) fregola *f.*
ruthless /'ru:θlɪs/ agg. spietato
rye /raɪ/ s. segale *f.*

s, S

sabbatical /sə'bætɪk(ə)l/ agg. sabbatico
sable /'seɪbl/ s. zibellino *m.*
sabotage /'sæbətɑ:ʒ/ s. sabotaggio *m.*
to sabotage /'sæbətɑ:ʒ/ v.tr. sabotare
sabre /'seɪbə^r/ s. sciabola *f.*
saccharin(e) /'sækərɪn/ **A** s. saccarina *f.* **B** agg. sdolcinato
saccharose /'sækərəʊs/ s. saccarosio *m.*
sachet /'sæʃeɪ/ s. sacchetto *m.*, bustina *f.*
sack[1] /sæk/ s. sacco *m.* ♦ **to get the s.** (*fam.*) essere licenziato || **to hit the s.** andare a dormire
sack[2] /sæk/ s. saccheggio *m.*
to sack[1] /sæk/ v.tr. **1** insaccare **2** (*fam.*) licenziare ♦ **to s. out** dormire
to sack[2] /sæk/ v.tr. saccheggiare
sacker /'sækə^r/ s. saccheggiatore *m.*

sacking /'sækɪŋ/ s. **1** tela *f.* da sacco **2** (*fam.*) licenziamento *m.*
sacrament /'sækrəmənt/ s. sacramento *m.*
sacrarium /sə'kreərɪəm/ s. sacrario *m.*
sacred /'seɪkrɪd/ agg. sacro
sacrifice /'sækrɪfaɪs/ s. sacrificio *m.*
to sacrifice /'sækrɪfaɪs/ v.tr. sacrificare
sacrilege /'sækrɪlɪdʒ/ s. sacrilegio *m.*
sad /sæd/ agg. **1** triste, addolorato **2** (*di colore*) spento **3** (*fam.*) pietoso, misero, meschino
to sadden /'sædn/ v.tr. rattristare
saddle /'sædl/ s. sella *f.*
to saddle /'sædl/ v.tr. **1** sellare **2** gravare
saddlebag /'sædl,bæg/ s. **1** bisaccia *f.* **2** (*per bicicletta e sim.*) borsa *f.*
sadism /'seɪdɪz(ə)m/ s. sadismo *m.*
sadist /'seɪdɪst/ s. sadico *m.*
sadistic /sə'dɪstɪk/ agg. sadico
sadness /'sædnɪs/ s. tristezza *f.*
sadomasochism /,seɪdəʊ'mæsəkɪz(ə)m/ s. sadomasochismo *m.*
safari /sə'fɑːrɪ/ s. safari *m. inv.*
safe /seɪf/ **A** agg. **1** sicuro, al sicuro, protetto **2** salvo, illeso **3** cauto, prudente **B** s. cassaforte *f.* ♦ **s. and sound** sano e salvo || **s.-deposit box** cassetta di sicurezza || **s. room** camera blindata
safe-conduct /,seɪf'kɒndəkt/ s. salvacondotto *m.*
safeguard /'seɪfgɑːd/ s. salvaguardia *f.*
to safeguard /'seɪfgɑːd/ v.tr. salvaguardare
safe-keeping /,seɪf'kiːpɪŋ/ s. custodia *f.*
safety /'seɪftɪ/ s. **1** salvezza *f.*, sicurezza *f.* **2** (*mecc.*) sicura *f.* ♦ **s. belt** cintura di sicurezza || **s. catch, lock** sicura, arresto di sicurezza || **s. pin** spilla di sicurezza
saffron /'sæfr(ə)n/ s. zafferano *m.*
to sag /sæg/ v.intr. **1** incurvarsi, abbassarsi **2** diminuire, attenuarsi
saga /'sɑːgə/ s. saga *f.*
sage[1] /seɪdʒ/ s. (*bot.*) salvia *f.*
sage[2] /seɪdʒ/ agg. e s. saggio *m.*, savio *m.*
said /sed/ pass. e p.p. di **to say**
sail /seɪl/ s. vela *f.*, velatura *f.* ♦ **s. maker** velaio
to sail /seɪl/ **A** v.intr. **1** navigare, navigare a vela **2** salpare **3** volare, sorvolare **B** v.tr. **1** (*una barca a vela*) condurre **2** percorrere navigando ♦ **to s. into sb.** inveire contro qc.
sailer /'seɪləʳ/ s. veliero *m.*
sailing /'seɪlɪŋ/ s. **1** navigazione *f.* **2** (*sport*) vela *f.* ♦ **s. boat** barca a vela || **s. ship** veliero
sailor /'seɪləʳ/ s. marinaio *m.*, navigante *m.*
saint /seɪnt/ agg. e s. santo *m.*
sake /seɪk/ s. interesse *m.*, beneficio *m.*, vantaggio *m.* ♦ **for the s. of** per amore di
salad /'sæləd/ s. insalata *f.* ♦ **s. bowl** insalatiera || **s. dressing** condimento per l'insalata
salami /sə'lɑːmɪ/ s. salame *m.*
salary /'sælərɪ/ s. stipendio *m.*
sale /seɪl/ s. **1** vendita *f.* **2** spec. al pl. liquidazione *f.*, svendita *f.*, saldo *m.* ♦ **sales clerk** commesso, commessa || **for/on s.** in vendita
saleable /'seɪləbl/ agg. vendibile
salesman /'seɪlzmən/ (*pl.* **salesmen**) s. commesso *m.*, venditore *m.*
saleswoman /'seɪlz,wʊmən/ (*pl.* **saleswomen**) s. commessa *f.*, venditrice *f.*
saline /'seɪlaɪn/ agg. salino
saliva /sə'laɪvə/ s. saliva *f.*
sallow /'sæləʊ/ agg. giallastro
salmi /'sælmɪ(ː)/ s. salmì *m.*
salmon /'sæmən/ s. salmone *m.* ♦ **s. trout** trota salmonata || **smoked s.** salmone affumicato
salmonellosis /,sælmənə'ləʊsɪs/ s. salmonellosi *f.*
salon /sæ'lɒn/ s. **1** sala *f.* (da ricevimenti) **2** negozio *m.*, salone *m.* **3** (*letterario*) salotto *m.* ♦ **beauty s.** salone di bellezza
saloon /sə'luːn/ s. **1** salone *m.*, sala *f.* **2** (*USA*) saloon *m. inv.* **3** (*autom.*) berlina *f.*
salt /sɔːlt/ **A** s. sale *m.* **B** agg. attr. **1** salato **2** conservato sotto sale ♦ **s. lake** lago salato || **s. pit** salina
to salt /sɔːlt/ v.tr. salare ♦ **to s. away** mettere sotto sale
saltcellar /'sɔːlt,seləʳ/ s. saliera *f.*
saltless /'sɔːltlɪs/ agg. insipido
saltwater /'sɔːlt,wɒtəʳ/ agg. attr. d'acqua salata, di mare
salty /'sɔːltɪ/ agg. salato
salubrious /sə'luːbrɪəs/ agg. salubre, sano
salubrity /sə'luːbrɪtɪ/ s. salubrità *f.*
salutary /'sæljʊt(ə)rɪ/ agg. salutare
salutation /,sælju(ː)'teɪʃ(ə)n/ s. saluto *m.*
salute /sə'luːt/ s. saluto *m.*
to salute /sə'luːt/ v.tr. **1** salutare **2** rendere gli onori a
salvage /'sælvɪdʒ/ s. **1** salvataggio *m.*, ricupero *m.* **2** merci *f. pl.* ricuperate
to salvage /'sælvɪdʒ/ v.tr. salvare, ricuperare
salvation /sæl'veɪʃ(ə)n/ s. salvezza *f.*
same /seɪm/ **A** agg. stesso, medesimo **B** pron. lo stesso, la stessa cosa **C** avv. allo stesso modo ♦ **all the s.** lo stesso, ugualmente || **much the s.** quasi lo stesso || **s. here** anche da parte mia || **s. to you** altrettanto
sample /'sɑːmpl/ s. campione *m.*, modello *m.*, esemplare *m.*
to sample /'sɑːmpl/ v.tr. **1** assaggiare **2** campionare
sanatorium /,sænə'tɔːrɪəm/ s. sanatorio *m.*
to sanctify /'sæŋ(k)tɪfaɪ/ v.tr. santificare, consacrare
sanctimonious /,sæŋ(k)tɪ'məʊnjəs/ agg. bigotto
sanction /'sæŋ(k)ʃ(ə)n/ s. **1** autorizzazione *f.* **2** ratifica *f.* **3** sanzione *f.*
to sanction /'sæŋ(k)ʃ(ə)n/ v.tr. **1** autorizzare **2** ratificare, sancire **3** sanzionare
sanctity /'sæŋ(k)tɪtɪ/ s. santità *f.*
sanctuary /'sæŋ(k)tjʊərɪ/ s. **1** santuario *m.* **2** rifugio *m.* **3** riserva *f.* naturale
sand /sænd/ s. **1** sabbia *f.* **2** al pl. spiaggia *f.* ♦ **s. bath** sabbiatura || **s. glass** clessidra

to sand /sænd/ v.tr. **1** coprire di sabbia **2** insabbiare **3** sabbiare, smerigliare
sandal /'sændl/ s. sandalo *m.*
sandbar /'sæn(d)bɑːʳ/ s. barra *f.* di sabbia
sandcastle /'sæn(d),kɑːsl/ s. castello *m.* di sabbia
sandpaper /'sæn(d),peɪpəʳ/ s. carta *f.* vetrata
sandstone /'sæn(d)stəʊn/ s. arenaria *f.*
sandwich /'sænwɪdʒ/ s. sandwich *m. inv.*, tramezzino *m.*
to sandwich /'sænwɪdʒ/ v.tr. incuneare, mettere in mezzo
sandy /'sændɪ/ agg. **1** sabbioso **2** di color sabbia **3** (*di capelli*) biondo rossiccio
sane /seɪn/ agg. **1** sano di mente **2** sensato
sang /sæŋ/ pass. di **to sing**
sanitary /'sænɪt(ə)rɪ/ agg. **1** sanitario **2** igienico ♦ **s. towel, napkin** assorbente igienico
sanitation /,sænɪ'teɪʃən/ s. impianti *m. pl.* igienici, fognature *f. pl.*
sanity /'sænɪtɪ/ s. **1** salute *f.* mentale **2** buon senso *m.*
sank /sæŋk/ pass. di **to sink**
sap /sæp/ s. linfa *f.*
to sap[1] /sæp/ v.tr. essiccare
to sap[2] /sæp/ **A** v.intr. scavare trincee **B** v.tr. **1** scavare, scalzare **2** fiaccare, indebolire
sapid /'sæpɪd/ agg. sapido
sapling /'sæplɪŋ/ s. alberello *m.*
to saponify /sə'pɒnɪfaɪ/ v.tr. saponificare
sapphire /'sæfaɪəʳ/ s. zaffiro *m.*
sarcasm /'sɑːkæz(ə)m/ s. sarcasmo *m.*
sarcastic /sɑː'kæstɪk/ agg. sarcastico
sarcophagus /sɑː'kɒfəgəs/ s. sarcofago *m.*
sardine /sɑː'diːn/ s. sardina *f.*
Sardinian /sɑː'dɪnjən/ agg. e s. sardo *m.*
sash[1] /sæʃ/ s. fascia *f.*, scialle *m.*
sash[2] /sæʃ/ s. (*di finestra*) telaio *m.* scorrevole ♦ **s. window** finestra a ghigliottina
sat /sæt/ pass. e p.p. di **to sit**
satanic(al) /sə'tænɪk((ə)l)/ agg. satanico
satchel /'sætʃ(ə)l/ s. cartella *f.*
satellite /'sætəlaɪt/ s. satellite *m.*
to satiate /'seɪʃɪeɪt/ v.tr. saziare
satin /'sætɪn/ s. raso *m.*
satire /'sætaɪəʳ/ s. satira *f.*
satiric(al) /sə'tɪrɪk((ə)l)/ agg. satirico
satisfaction /,sætɪs'fækʃ(ə)n/ s. soddisfazione *f.*
satisfactory /,sætɪs'fækt(ə)rɪ/ agg. soddisfacente, esauriente
to satisfy /'sætɪsfaɪ/ v.tr. **1** soddisfare, appagare **2** convincere, persuadere **3** (*comm.*) pagare
satisfying /'sætɪsfaɪɪŋ/ agg. soddisfacente
to saturate /'sætʃəreɪt/ v.tr. **1** saturare **2** impregnare
saturation /,sætʃə'reɪʃ(ə)n/ s. saturazione *f.*
Saturday /'sætədɪ/ s. sabato *m.*
satyr /'sætəʳ/ s. satiro *m.*
sauce /sɔːs/ s. **1** salsa *f.*, sugo *m.* **2** (*fam.*) impertinenza *f.*, faccia *f.* tosta ♦ **s.-boat** salsiera
saucepan /'sɔːspən/ s. casseruola *f.*, tegame *m.*
saucer /'sɔːsəʳ/ s. piattino *m.*
saucy /'sɔːsɪ/ agg. (*fam.*) impertinente
Saudi /'saʊdɪ/ agg. e s. saudita *m.* e *f.*
sauna /'sɔːnə/ s. sauna *f.*
to saunter /'sɔːntəʳ/ v.intr. gironzolare
sausage /'sɒsɪdʒ/ s. salsiccia *f.*
savage /'sævɪdʒ/ **A** agg. **1** selvaggio, primitivo **2** feroce, crudele **3** non coltivato **B** s. **1** selvaggio *m.* **2** bestia *f.*, individuo *m.* brutale
to savage /'sævɪdʒ/ v.tr. assalire con violenza
savanna(h) /sə'vænə/ s. savana *f.*
save /seɪv/ **A** prep. eccetto, salvo, tranne **B** s. (*sport*) parata *f.*
to save /seɪv/ **A** v.tr. **1** salvare, preservare **2** conservare, mettere da parte, risparmiare **3** (*inform.*) salvare **B** v.intr. **1** risparmiare **2** (*sport*) parare
saver /'seɪvəʳ/ s. risparmiatore *m.*
saving /'seɪvɪŋ/ **A** agg. **1** che salva **2** che fa risparmiare **3** protettivo **B** s. **1** salvezza *f.* **2** economia *f.*, *al pl.* risparmi *m. pl.* **C** prep. e cong. eccetto, tranne ♦ **savings bank** cassa di risparmio || **the s. grace** l'unica buona qualità
saviour /'seɪvjəʳ/ (*USA* **savior**) s. salvatore *m.*
savour /'seɪvəʳ/ (*USA* **savor**) s. sapore *m.*
to savour /'seɪvəʳ/ (*USA* **to savor**) v.tr. gustare, assaporare ♦ **to s. of** sapere di
savoury /'seɪv(ə)rɪ/ agg. **1** saporito, appetitoso **2** salato **3** edificante
savoy /sə'vɔɪ/ s. verza *f.*
saw[1] /sɔː/ s. sega *f.*
saw[2] /sɔː/ pass. di **to see**
to saw /sɔː/ (*pass.* **sawed**, *p.p.* **sawn**, **sawed**) v.tr. segare
sawdust /'sɔːdʌst/ s. segatura *f.*
sawmill /'sɔːmɪl/ s. segheria *f.*
sawn /sɔːn/ p.p. di **to saw**
sax /sæks/ s. sassofono *m.*, sax *m. inv.*
Saxon /'sæksən/ agg. e s. sassone *m.* e *f.*
saxophone /'sæksəfəʊn/ s. sassofono *m.*
saxophonist /sæk'sɒfənɪst/ s. sassofonista *m.* e *f.*
say /seɪ/ **A** s. detto *m.*, parola *f.*, voce *f.* **B** inter. ascolta! ♦ **to have a s. in the matter** aver voce in capitolo || **to have one's s.** dire la propria
to say /seɪ/ (*pass. e p.p.* **said**) v.tr. e intr. dire
saying /'seɪɪŋ/ s. detto *m.*, proverbio *m.*
scab /skæb/ s. **1** (*di ferita*) crosta *f.* **2** scabbia *f.*, rogna *f.* **3** (*fam.*) crumiro *m.*
scabies /'skeɪbiːz/ s. scabbia *f.*, rogna *f.*
scabrous /'skeɪbrəs/ agg. scabroso
scaffold /'skæf(ə)ld/ s. **1** impalcatura *f.*, ponteggio *m.* **2** patibolo *m.*
scald /skɔːld/ s. scottatura *f.*
to scald /skɔːld/ v.tr. scottare, ustionare
scalding /'skɔːldɪŋ/ **A** agg. bollente **B** s. scottatura *f.*, ustione *f.*
scale[1] /skeɪl/ s. **1** piatto *m.* di bilancia **2** al pl. bilancia *f.*

scale[2] /skeɪl/ s. **1** scaglia *f.*, squama *f.* **2** incrostazione *f.*
scale[3] /skeɪl/ s. **1** scala *f.*, gradazione *f.* **2** (*mus.*) scala *f.*
to scale[1] /skeɪl/ v.tr. pesare, soppesare
to scale[2] /skeɪl/ v.tr. **1** squamare **2** scrostare ◆ **to s. off** scrostarsi
to scale[3] /skeɪl/ **A** v.tr. **1** scalare, arrampicarsi su **2** graduare **B** v.intr. arrampicarsi ◆ **to s. down** diminuire progressivamente || **to s. up** aumentare progressivamente
scallion /ˈskæljən/ s. scalogno *m.*
scallop /ˈskɒləp/ s. **1** (*zool.*) pettine *m.* **2** conchiglia *f.* di pettine **3** smerlo *m.*
scalp /skælp/ s. scalpo *m.*
scalpel /ˈskælp(ə)l/ s. scalpello *m.*, bisturi *m. inv.*
to scan /skæn/ v.tr. **1** esaminare, scrutare **2** analizzare **3** scandire **4** (*inform.*) scannerare
scandal /ˈskændl/ s. **1** scandalo *m.* **2** maldicenza *f.* ◆ **to talk s. about sb.** sparlare di qc.
to scandalize /ˈskændəlaɪz/ v.tr. scandalizzare
scandalmonger /ˈskændlˌmʌŋgəʳ/ s. maldicente *m. e f.*
scandalous /ˈskændələs/ agg. scandaloso
Scandinavian /ˌskændɪˈneɪvjən/ agg. e s. scandinavo *m.*
scant /skænt/ agg. scarso, insufficiente
scanty /ˈskæntɪ/ agg. scarso, insufficiente
scapegoat /ˈskeɪpgəʊt/ s. capro *m.* espiatorio
scapula /ˈskæpjʊlə/ s. scapola *f.*
scar /skɑːʳ/ s. cicatrice *f.*, sfregio *m.*
to scar /skɑːʳ/ s. sfregiare, deturpare
scarce /skɛəs/ agg. **1** scarso **2** raro, introvabile ◆ **to make oneself s.** squagliarsela
scarcely /ˈskɛəslɪ/ avv. appena, a malapena
scarcity /ˈskɛəsɪtɪ/ s. **1** scarsezza *f.* **2** rarità *f.*
scare /skɛəʳ/ s. **1** terrore *m.*, spavento *m.* **2** allarme *m.*
to scare /skɛəʳ/ v.tr. spaventare, atterrire
scarecrow /ˈskɛəkrəʊ/ s. spaventapasseri *m. inv.*
scarf /skɑːf/ s. **1** sciarpa *f.* **2** foulard *m. inv.*
to scarify /ˈskɛərɪfaɪ/ v.tr. scarificare
scarlatina /ˌskɑːlətiːnə/ s. scarlattina *f.*
scarlet /ˈskɑːlɪt/ agg. scarlatto ◆ **s. fever** scarlattina
scarred /skɑːd/ agg. sfregiato
scary /ˈskærɪ/ agg. pauroso, terrificante
to scat /skæt/ v.intr. (*fam.*) **1** svignarsela **2** (*mus.*) cantare in scat
scathing /ˈskeɪðɪŋ/ agg. aspro, pungente
to scatter /ˈskætəʳ/ **A** v.tr. **1** spargere, cospargere **2** disperdere **B** v.intr. **1** spargersi, sparpagliarsi **2** disperdersi
scatterbrain /ˈskætəbreɪn/ s. sbadato *m.*
to scavenge /ˈskævɪn(d)ʒ/ v.tr. **1** pulire dai rifiuti **2** frugare tra i rifiuti **3** scovare
scenario /sɪˈnɑːrɪəʊ/ s. **1** scenario *m.* **2** (*cin.*) sceneggiatura *f.*
scene /siːn/ s. **1** scena *f.* **2** scenata *f.* ◆ **s. painter** scenografo
scenery /ˈsiːnərɪ/ s. **1** (*teatro*) scena *f.*, scenario *m.* **2** veduta *f.*, ambiente *m.*
scenic /ˈsiːnɪk/ agg. **1** scenico **2** panoramico, pittoresco
scenographer /sɪˈnɒgrəfəʳ/ s. scenografo *m.*
scenographic /ˌsiːnə(ʊ)ˈgræfɪk/ agg. scenografico
scenography /sɪˈnɒgrəfɪ/ s. scenografia *f.*
scent /sɛnt/ s. **1** odore *m.*, profumo *m.* **2** (*miscela*) profumo *m.* **3** pista *f.*, scia *f.*
to scent /sɛnt/ v.tr. **1** fiutare **2** (*fig.*) subodorare **3** profumare
sceptical /ˈskɛptɪk(ə)l/ agg. scettico
scepticism /ˈskɛptɪsɪz(ə)m/ s. scetticismo *m.*
sceptre /ˈsɛptəʳ/ s. scettro *m.*
schedule /ˈʃɛdjuːl/ s. **1** tabella *f.*, elenco *m.* **2** programma *m.*, piano *m.*, orario *m.*
to schedule /ˈʃɛdjuːl/ v.tr. **1** elencare, includere in una lista **2** programmare
scheduled /ˈʃɛdjuːld/ agg. programmato ◆ **s. flight** volo di linea
schematic /skɪˈmætɪk/ agg. schematico
scheme /skiːm/ s. **1** schema *m.*, progetto *m.* **2** disposizione *f.*, sistema *m.* **3** intrigo *m.*
to scheme /skiːm/ v.tr. e intr. **1** pianificare **2** complottare
scheming /ˈskiːmɪŋ/ agg. intrigante
schism /ˈsɪz(ə)m/ s. scisma *m.*
schizophrenia /ˌskɪtsə(ʊ)ˈfriːnjə/ s. schizofrenia *f.*
schizophrenic /ˌskɪtsə(ʊ)ˈfrɛnɪk/ agg. e s. schizofrenico *m.*
scholar /ˈskɒləʳ/ s. **1** studioso *m.*, erudito *m.* **2** borsista *m. e f.*
scholarship /ˈskɒləʃɪp/ s. **1** dottrina *f.* **2** borsa *f.* di studio
scholastic /skəˈlæstɪk/ agg. **1** scolastico **2** accademico
school /skuːl/ s. scuola *f.* ◆ **s. age** età scolare || **s.-days** giorni di scuola || **s.-friend** compagno di scuola
schoolboy /ˈskuːlbɔɪ/ s. scolaro *m.*
schoolgirl /ˈskuːlgɜːl/ s. scolara *f.*
schoolroom /ˈskuːlrʊm/ s. aula *f.*
schoolteacher /ˈskuːlˌtiːtʃəʳ/ s. insegnante *m. e f.*
schooner /ˈskuːnəʳ/ s. goletta *f.*
sciatica /saɪˈætɪkə/ s. sciatica *f.*
science /ˈsaɪəns/ s. scienza *f.* ◆ **s. fiction** fantascienza
scientific /ˌsaɪənˈtɪfɪk/ agg. scientifico
scientist /ˈsaɪəntɪst/ s. scienziato *m.*
scintigraphy /sɪnˈtɪgrəfɪ/ s. scintigrafia *f.*
scissors /ˈsɪzəz/ s. pl. forbici *f. pl.*
sclerosis /sklɪəˈrəʊsɪs/ s. sclerosi *f.*
scoff /skɒf/ s. beffa *f.*
to scoff[1] /skɒf/ v.intr. farsi beffe
to scoff[2] /skɒf/ v.tr. (*fam.*) ingozzarsi
to scold /skəʊld/ v.tr. rimproverare, sgridare
scolding /ˈskəʊldɪŋ/ s. rimprovero *m.*
scoliosis /ˌskɒlɪˈəʊsɪs/ s. scoliosi *f.*
scoop /skuːp/ s. **1** cucchiaio *m.*, mestolo *m.*, paletta *f.*

2 cucchiaiata *f.*, mestolata *f.*, palettata *f.* **3** scoop *m. inv.*
to scoop /sku:p/ **v.tr. 1** (*con mestolo e sim.*) tirare su, raccogliere **2** cavare **3** battere con uno scoop
scooter /ˈsku:tə^r^/ **s. 1** monopattino *m.* **2** scooter *m. inv.* ◆ **water s.** acquascooter
scope /skəʊp/ **s. 1** possibilità *f.*, opportunità *f.* **2** portata *f.* **3** ambito *m.*
scorch /skɔ:tʃ/ **s.** bruciatura *f.*, scottatura *f.*
to scorch /skɔ:tʃ/ **v.tr. 1** bruciacchiare, scottare **2** inaridire, seccare
score /skɔ:^r^/ **s. 1** linea *f.*, segno *m.*, tratto *m.* **2** punto *m.*, punteggio *m.*, votazione *f.* **3** (*mus.*) spartito *m.*, partitura *f.* **4** (*mus., cin.*) colonna *f.* sonora **5** (*fam.*) realtà *f.* dei fatti, situazione *f.* **6** ventina *f.* **7 al pl.** grande quantità *f.* **8** (*fam.*) bottino *m.* **9** acquisto *m.* di droga, roba *f.* ◆ **half a s.** una decina || **on the s. of** a causa di || **scores of** un mucchio di || **to keep the s.** segnare i punti
to score /skɔ:^r^/ **v.tr. 1** segnare, marcare **2** (*sport*) segnare, fare (un punto) **3** ottenere, riportare **4** (*mus.*) orchestrare ◆ **to s. out** cancellare
scoreboard /ˈskɔ:bɔ:d/ **s.** tabellone *m.* segnapunti
scorekeeper /ˈskɔ:ˌki:pə^r^/ **s.** segnapunti *m. e f. inv.*
scoria /ˈskɔ:rɪə/ **s.** scoria *f.*
scorn /skɔ:n/ **s.** disprezzo *m.*
to scorn /skɔ:n/ **v.tr.** disprezzare
scornful /skɔ:nf(ʊ)l/ **agg.** sprezzante
Scorpio /ˈskɔ:pɪəʊ/ **s.** (*astr.*) Scorpione *m.*
scorpion /ˈskɔ:pjən/ **s.** scorpione *m.*
Scot /skɒt/ **s.** scozzese *m. e f.*
to scotch[1] /skɒtʃ/ **v.tr. 1** colpire **2** mettere a tacere, rendere innocuo
to scotch[2] /skɒtʃ/ **v.tr. 1** bloccare (con una zeppa) **2** impedire, ostacolare
Scotch /skɒtʃ/ **A agg.** scozzese **B s. 1 the S.** gli scozzesi *m. pl.* **2** scotch *m. inv.*, whisky *m. inv.* scozzese
Scots /skɒts/ **A agg.** scozzese **B s.** (*lingua*) scozzese *m.*
Scotsman /ˈskɒtsmən/ (*pl.* **Scotsmen**) **s.** scozzese *m.*
Scottish /ˈskɒtɪʃ/ **agg.** (*di cose*) scozzese
scoundrel /ˈskaʊndr(ə)l/ **s.** mascalzone *m.*
to scour[1] /ˈskaʊə^r^/ **v.tr. 1** pulire strofinando **2** sgombrare
to scour[2] /ˈskaʊə^r^/ **v.tr. 1** percorrere **2** perlustrare
scourge /skɜ:dʒ/ **s. 1** frusta *f.* **2** flagello *m.*
to scourge /skɜ:dʒ/ **v.tr. 1** frustare **2** affliggere
scout /skaʊt/ **s. 1** esploratore *m.* **2** scout *m. e f. inv.* **3** aereo *m.* da ricognizione, (nave) vedetta *f.* **4** talent scout *m. e f. inv.*
to scout /skaʊt/ **v.intr.** andare in esplorazione ◆ **to s. around for** andare in cerca di
scouting /ˈskaʊtɪŋ/ **s. 1** esplorazione *f.* **2** scoutismo *m.*
scowl /skaʊl/ **s.** cipiglio *m.*, sguardo *m.* minaccioso
to scowl /skaʊl/ **v.intr.** accigliarsi
to scrabble /ˈskræbl/ **v.intr. 1** raspare, grattare **2** frugare, rovistare
scraggy /ˈskrægɪ/ **agg.** scheletrico
to scram /skræm/ **v.intr.** (*pop.*) tagliare la corda, scappare, battersela
scramble /ˈskræmbl/ **s. 1** arrampicata *f.* **2** gara *f.* **3** mischia *f.*
to scramble /ˈskræmbl/ **A v.intr. 1** arrampicarsi **2** affrettarsi **3** accapigliarsi **B v.tr. 1** mescolare **2** (*cuc.*) strapazzare **3** (*tv, radio*) codificare, criptare
scrambled /ˈskræmbld/ **agg. s. eggs** uova strapazzate
scrap[1] /skræp/ **s. 1** pezzo *m.*, frammento *m.* **2** avanzo *m.*, scarto *m.*, (*di giornale*) ritaglio *m.* **3** rottame *m.* ◆ **s. metal** ferraglia
scrap[2] /skræp/ **s.** (*fam.*) bisticcio *m.*
to scrap[1] /skræp/ **v.tr. 1** smantellare, demolire **2** scartare
to scrap[2] /skræp/ **v.intr.** (*fam.*) bisticciare
scrape /skreɪp/ **s. 1** graffio *m.*, scorticatura *f.* **2** raschiatura *f.* **3** stridore *m.* **4** (*fam.*) guaio *m.*, impiccio *m.*
to scrape /skreɪp/ **v.tr. 1** raschiare, grattare **2** scorticare **3** raggranellare ◆ **to s. along** tirare avanti || **to s. by** cavarsela || **to s. through** farcela a malapena || **to s. together** raggranellare
scraper /skreɪpə^r^/ **s.** raschietto *m.*
scrap-heap /ˈskræpˌhi:p/ **s.** mucchio *m.* di rifiuti
scraping /ˈskreɪpɪŋ/ **s.** raschiatura *f.*, scrostatura *f.*
scrappy /ˈskræpɪ/ **agg. 1** frammentario, sconnesso **2** (*fam.*) litigioso
scratch /skrætʃ/ **A agg.** raffazzonato, raccogliticcio **B s. 1** graffio *m.* **2** sgorbio *m.* **3** grattata *f.* **4** linea *f.* di partenza ◆ **from s.** dal nulla, da zero
to scratch /skrætʃ/ **v.tr. 1** graffiare **2** grattare
scrawl /skrɔ:l/ **s.** scarabocchio *m.*
to scrawl /skrɔ:l/ **v.tr. e intr.** scarabocchiare
scrawly /ˈskrɔ:lɪ/ **agg.** pieno di scarabocchi
scrawny /ˈskrɔ:nɪ/ **agg.** magro, ossuto
scream /skri:m/ **s. 1** grido *m.* **2** (*fig.*) spasso *m.*
to scream /skri:m/ **v.tr. e intr.** gridare
to screech /skri:tʃ/ **v.intr. 1** gridare **2** stridere
screen /skri:n/ **s. 1** cortina *f.*, riparo *m.*, paravento *m.* **2** schermo *m.*, video *m. inv.* **3** vaglio *m.* ◆ **s.-saver** salvaschermo || **the big s.** il grande schermo, il cinema || **wide s.** schermo gigante
to screen /skri:n/ **v.tr. 1** riparare, proteggere **2** schermare **3** setacciare, selezionare **4** (*cin.*) proiettare
screening /ˈskri:nɪŋ/ **s. 1** schermatura *f.* **2** proiezione *f.* **3** selezione *f.* **4** (*med.*) controllo *m.*
screenplay /ˈskri:nˌpleɪ/ **s.** sceneggiatura *f.*
screenwriter /ˈskri:nˌraɪtə^r^/ **s.** sceneggiatore *m.*
screw /skru:/ **s. 1** (*mecc.*) vite *f.* **2** giro *m.* (di vite) **3** elica *f.* ◆ **s. thread** filettatura
to screw /skru:/ **v.tr. 1** avvitare **2** torcere, accartocciare ◆ **to s. up** accartocciare, rovinare
screwdriver /ˈskru:ˌdraɪvə^r^/ **s.** cacciavite *m. inv.*
scribble /ˈskrɪbl/ **s.** scarabocchio *m.*
to scribble /ˈskrɪbl/ **v.tr. e intr.** scarabocchiare
script /skrɪpt/ **s. 1** testo *m.* **2** manoscritto *m.* **3** (*cin.*)

copione *m.* **4** esame *m.* scritto ♦ **s. writer** sceneggiatore

scripture /ˈskrɪptʃəʳ/ s. **1** (la Sacra) Scrittura *f.* **2** versetto *m.*

scroll /skrəʊl/ s. **1** (*di carta*) rotolo *m.* **2** (*arch.*) voluta *f.*

to scrounge /ˈskraʊn(d)ʒ/ v.tr. scroccare

scrub[1] /skrʌb/ s. **1** boscaglia *f.* **2** (*fam.*) buono *m.* a nulla

scrub[2] /skrʌb/ s. spazzolata *f.*, pulitura *f.*

to scrub /skrʌb/ v.tr. **1** pulire sfregando **2** annullare

scruff /skrʌf/ s. collottola *f.*

scruffy /ˈskrʌfɪ/ agg. (*fam.*) trasandato

scrum(mage) /ˈskrʌm(ɪdʒ)/ s. (*sport*) mischia *f.*

scruple /ˈskruːpl/ s. scrupolo *m.*

scrupulous /ˈskruːpjʊləs/ agg. scrupoloso

scrutiny /ˈskruːtɪnɪ/ s. esame *m.* minuzioso

scuba /ˈskjuːbə/ s. autorespiratore *m.*

to scuff /skʌf/ v.tr. **1** (*i piedi*) strascicare **2** (*le scarpe*) consumare

scuffle /ˈskʌfl/ s. mischia *f.*, tafferuglio *m.*

to scuffle /ˈskʌfl/ v.intr. azzuffarsi

sculptor /ˈskʌlptəʳ/ s. scultore *m.*

sculptural /ˈskʌlptʃ(ə)r(ə)l/ agg. scultoreo

sculpture /ˈskʌlptʃəʳ/ s. scultura *f.*

to sculpture /ˈskʌlptʃəʳ/ v.tr. scolpire

scum /skʌm/ s. **1** schiuma *f.* superficiale **2** (*fig.*) feccia *f.*

scurrilous /ˈskʌrɪləs/ agg. scurrile

to scurry /ˈskʌrɪ/ v.intr. andare velocemente

scurvy /ˈskɜːvɪ/ s. scorbuto *m.*

to scuttle /ˈskʌtl/ v.intr. correr via

scythe /saɪð/ s. falce *f.*

sea /siː/ s. mare *m.* ♦ **s. level** livello del mare || **s. mile** miglio marino || **s. quake** maremoto || **s. storm** mareggiata || **s. urchin** riccio di mare

seabird /ˈsiːbɜːd/ s. uccello *m.* marino

seaboard /ˈsiːbɔːd/ s. costa *f.*, litorale *m.*

seafood /ˈsiːfuːd/ s. frutti *m. pl.* di mare

seafront /ˈsiːfrʌnt/ s. lungomare *m.*

seagull /ˈsiːgʌl/ s. gabbiano *m.*

seahorse /ˈsiːˌhɔːs/ s. ippocampo *m.*

seal[1] /siːl/ s. (*zool.*) foca *f.*

seal[2] /siːl/ s. sigillo *m.*

to seal /siːl/ v.tr. sigillare ♦ **to s. off an area** isolare una zona

seam /siːm/ s. **1** cucitura *f.*, giuntura *f.* **2** (*miner.*) filone *m.*, strato *m.*

seaman /ˈsiːmən/ (*pl.* **seamen**) s. marinaio *m.*

seamy /ˈsiːmɪ/ agg. **1** provvisto di cuciture **2** squallido

seaplane /ˈsiːˌpleɪn/ s. idrovolante *m.*

search /sɜːtʃ/ s. **1** ricerca *f.* **2** perquisizione *f.* ♦ **s. engine** motore di ricerca || **s. warrant** mandato di perquisizione

to search /sɜːtʃ/ **A** v.tr. **1** perquisire, perlustrare **2** frugare, rovistare **B** v.intr. andare in cerca di ♦ **to s. about** frugare || **to s. out** scovare || **to s. through** frugare

searcher /ˈsɜːtʃəʳ/ s. cercatore *m.*

searching /ˈsɜːtʃɪŋ/ **A** agg. **1** penetrante, scrutatore **2** approfondito, minuzioso **B** s. **1** esame *m.*, indagine *f.* **2** perlustrazione *f.*

searchlight /ˈsɜːtʃˌlaɪt/ s. riflettore *m.*

seashore /ˈsiːʃɔːʳ/ s. spiaggia *f.*, lido *m.*

seasickness /ˈsiːˌsɪknɪs/ s. mal *m.* di mare

seaside /ˈsiːˌsaɪd/ s. spiaggia *f.*, lido *m.* ♦ **s. resort** stazione balneare || **to go to the s.** andare al mare

season /ˈsiːzn/ s. **1** stagione *f.* **2** epoca *f.*, tempo *m.* ♦ **high/low s.** alta/bassa stagione || **out of s.** fuori stagione || **s. ticket** abbonamento (stagionale) || **off s.** fuori stagione

to season /ˈsiːzn/ v.tr. **1** condire, insaporire **2** stagionare, far maturare

seasonal /ˈsiːzənl/ agg. stagionale

seasoned /ˈsiːzənd/ agg. **1** stagionato **2** condito **3** abituato, esperto

seasoning /ˈsiːznɪŋ/ s. **1** condimento *m.* **2** stagionatura *f.*

seat /siːt/ s. **1** sedile *m.*, sedia *f.*, posto *m.* (a sedere) **2** seggio *m.* **3** didietro *m.*, fondo *m.* **4** sede *f.* ♦ **s. belt** cintura di sicurezza

to seat /siːt/ v.tr. **1** far sedere **2** insediare, collocare **3** (*posti a sedere*) disporre di

seawards /ˈsiːwədz/ avv. verso il mare

seaweed /ˈsiːwiːd/ s. alga *f.* marina

sebaceous /sɪˈbeɪʃəs/ agg. sebaceo

secession /sɪˈsɛʃ(ə)n/ s. secessione *f.*

secessionism /sɪˈsɛʃnɪz(ə)m/ s. secessionismo *m.*

to seclude /sɪˈkluːd/ v.tr. isolare, appartare

secluded /sɪˈkluːdɪd/ agg. isolato, appartato

seclusion /sɪˈkluːʒ(ə)n/ s. **1** isolamento *m.* **2** clausura *f.*

second /ˈsɛk(ə)nd/ **A** agg. **1** secondo **2** secondario, inferiore **3** nuovo, altro **B** s. **1** secondo *m.* **2** (minuto) secondo *m.* **C** avv. secondariamente ♦ **s. born** secondogenito || **s.-class** di seconda classe, di qualità scadente || **s.-hand** usato, di seconda mano || **s.-rate** scadente || **s. thoughts** ripensamento

to second[1] /ˈsɛk(ə)nd/ v.tr. assecondare, favorire

to second[2] /ˈsɛk(ə)nd/ v.tr. distaccare, destinare ad altro incarico

secondary /ˈsɛk(ə)nd(ə)rɪ/ agg. secondario

seconder /sɪˈk(ə)ndəʳ/ s. sostenitore *m.*

secondly /ˈsɛk(ə)ndlɪ/ avv. in secondo luogo

secrecy /ˈsiːkrɪsɪ/ s. segretezza *f.*

secret /ˈsiːkrɪt/ agg. e s. segreto *m.* ♦ **to keep a s.** mantenere un segreto

secretariat /ˌsɛkrəˈtɛərɪət/ s. segretariato *m.*

secretary /ˈsɛkrətrɪ/ s. segretario *m.*, segretaria *f.*

to secrete /sɪˈkriːt/ v.tr. secernere

secretion /sɪˈkriːʃ(ə)n/ s. secrezione *f.*

secretive /sɪˈkriːtɪv/ agg. riservato, segreto

sect /sɛkt/ s. setta *f.*

sectarian /sɛkˈtɛərɪən/ s. settario *m.*

section /'sɛkʃ(ə)n/ s. **1** sezione *f.*, porzione *f.*, parte *f.* **2** paragrafo *m.* **3** (*geom.*) sezione *f.*
sector /'sɛktəʳ/ s. settore *m.*
secular /'sɛkjʊləʳ/ agg. secolare, laico
secure /sɪ'kjuːəʳ/ agg. **1** sicuro, certo **2** (*dir.*) garantito **3** saldo, ben fissato
to secure /sɪ'kjʊəʳ/ v.tr. **1** assicurare, difendere **2** (*dir.*) garantire **3** assicurare, fissare **4** assicurarsi, ottenere, procurarsi
security /sɪ'kjʊərɪtɪ/ s. **1** sicurezza *f.*, certezza *f.* **2** protezione *f.*, difesa *f.* **3** garanzia *f.*, cauzione *f.* ♦ **social s.** previdenza sociale
sedan /sɪ'dæn/ s. **1** (*USA*) berlina *f.* **2** portantina *f.*
sedate /sɪ'deɪt/ agg. calmo, posato
sedative /'sɛdətɪv/ agg. e s. sedativo *m.*
sedentary /'sɛdnt(ə)rɪ/ agg. sedentario
sediment /'sɛdɪmənt/ s. sedimento *m.*
sedition /sɪ'dɪʃ(ə)n/ s. sedizione *f.*
to seduce /sɪ'djuːs/ v.tr. sedurre, corrompere
seducer /sɪ'djuːsəʳ/ s. seduttore *m.*
seduction /sɪ'dʌkʃ(ə)n/ s. seduzione *f.*
seductive /sɪ'dʌktɪv/ agg. seducente
to see /siː/ (*pass.* **saw**, *p.p.* **seen**) **A** v.tr. **1** vedere **2** capire, rendersi conto di **3** esaminare, osservare **4** visitare **5** accompagnare **B** v.intr. **1** vedere, vederci **2** capire, accorgersi **3** pensare **4** fare in modo ♦ **s. you (later)** ci vediamo (più tardi) || **to s. about** occuparsi di || **to s. off** salutare (alla partenza) || **to s. out** accompagnare alla porta || **to s. to** occuparsi di
seed /siːd/ s. seme *m.*, semenza *f.*
seeding /'siːdɪŋ/ s. semina *f.*
seedling /'siːdlɪŋ/ s. piantina *f.*
to seek /siːk/ (*pass. e p.p.* **sought**) v.tr. **1** cercare **2** chiedere **3** tentare di ♦ **to s. out** scovare
to seem /siːm/ v.intr. sembrare, parere
seemingly /'siːmɪŋlɪ/ avv. apparentemente
seen /siːn/ p.p. di **to see**
to seep /siːp/ v.intr. gocciolare, filtrare
seer /'siːəʳ/ s. veggente *m.* e *f.*
seesaw /'siːˌsɔː/ **A** agg. ondeggiante **B** s. altalena *f.*
to seethe /siːð/ v.intr. **1** ribollire **2** fremere di rabbia
see-through /'siːθruː/ agg. (*di indumento*) trasparente
segment /'sɛgmənt/ s. segmento *m.*
to segregate /'sɛgrɪgeɪt/ v.tr. segregare
segregation /ˌsɛgrɪ'geɪʃ(ə)n/ s. segregazione *f.*
seismic(al) /'saɪzmɪk((ə)l)/ agg. sismico
seismologist /saɪz'mɒlədʒɪst/ s. sismologo *m.*
to seize /siːz/ v.tr. **1** afferrare, impadronirsi di **2** (*dir.*) confiscare ♦ **to s. on** appigliarsi a || **to s. up** grippare, bloccarsi
seizure /'siːʒəʳ/ s. **1** presa *f.*, conquista *f.*, cattura *f.* **2** (*dir.*) confisca *f.* **3** (*med.*) attacco *m.* **4** (*mecc.*) grippaggio *m.*
seldom /'sɛldəm/ avv. raramente
select /sɪ'lɛkt/ agg. scelto, selezionato
to select /sɪ'lɛkt/ v.tr. scegliere, selezionare
selection /sɪ'lɛkʃ(ə)n/ s. scelta *f.*, selezione *f.*
selective /sɪ'lɛktɪv/ agg. selettivo
self /sɛlf/ (*pl.* **selves**) s. l'io *m.*, l'individuo *m.* ♦ **one's better s.** la parte migliore di sé
self- /sɛlf/ pref. da sé, automatico, auto- ♦ **s.-acting** automatico || **s.-centred** egocentrico || **s.-confidence** fiducia in sé || **s.-consistent** coerente || **s.-control** autocontrollo || **s.-defence** autodifesa || **s.-employed** che lavora in proprio || **s.-explanatory** che si spiega da sé || **s.-government** autogoverno || **s.-installing** (*inform.*) autoinstallante || **s.-interest** interesse personale || **s.-made** che si è fatto da sé || **s.-portrait** autoritratto || **s.-respect** amor proprio || **s.-same** esattamente lo stesso, identico || **s.-sticking** autoadesivo || **s.-sufficient** autosufficiente || **s.-taught** autodidatta || **s.-willed** ostinato
to sell /sɛl/ (*pass. e p.p.* **sold**) v.tr. vendere ♦ **to s. off** svendere || **to be sold out** essere esaurito
seller /'sɛləʳ/ s. venditore *m.*
selling /'sɛlɪŋ/ s. vendita *f.* ♦ **s. off** svendita
selves /sɛlvz/ pl. di **self**
semaphore /'sɛməfɔːʳ/ s. **1** sistema *m.* di segnalazione con bandierine **2** (*ferr.*) semaforo *m.*
semblance /'sɛmbləns/ s. **1** apparenza *f.* **2** somiglianza *f.*
semen /'siːmən/ s. sperma *m.*
semester /sɪ'mɛstəʳ/ s. semestre *m.*
semiaxis /ˌsɛmɪ'æksɪs/ s. semiasse *m.*
semicircle /'sɛmɪˌsɜːkəl/ s. semicerchio *m.*
semicircular /ˌsɛmɪ'sɜːkjʊləʳ/ agg. semicircolare
semicolon /ˌsɛmɪ'kəʊlən/ s. punto e virgola *m.*
semiconductor /ˌsɛmɪkən'dʌktəʳ/ s. semiconduttore *m.*
semi-detached /ˌsɛmɪdɪ'tætʃt/ agg. bifamiliare ♦ **s. house** villetta bifamiliare
semifinal /ˌsɛmɪ'faɪnl/ s. semifinale *f.*
seminar /'sɛmɪnɑːʳ/ s. seminario *m.*
seminarist /'sɛmɪnərɪst/ s. (*relig.*) seminarista *m.*
seminary /'sɛmɪnərɪ/ s. (*relig.*) seminario *m.*
semolina /ˌsɛmə'liːnə/ s. semolino *m.*
senate /'sɛnɪt/ s. senato *m.*
senator /'sɛnətəʳ/ s. senatore *m.*
to send /sɛnd/ (*pass. e p.p.* **sent**) v.tr. mandare, inviare, spedire ♦ **to s. away** scacciare || **to s. away for** ordinare per posta || **to s. back** restituire || **to s. for** mandare a chiamare || **to s. off** spedire || **to s. out** distribuire, far circolare || **to s. up** far salire, prendere in giro
sender /'sɛndəʳ/ s. mittente *m.* e *f.*
send-off /'sɛndˌɔːf/ s. festa *f.* di commiato
senile /'siːnaɪl/ agg. senile
senility /sɪ'nɪlɪtɪ/ s. senilità *f.*
senior /'siːnɪəʳ/ agg. **1** più vecchio, più anziano **2** (abbr. **sen.**, **sr.**) (*di parentela*) senior
seniority /ˌsiːnɪ'ɒrɪtɪ/ s. anzianità *f.*
sensation /sɛn'seɪʃ(ə)n/ s. sensazione *f.*
sensational /sɛn'seɪʃənl/ agg. sensazionale
sense /sɛns/ s. **1** senso *m.* **2** sensazione *f.* **3** significato *m.* **4** opinione *f.* comune, buonsenso *m.*

sensibility /ˌsensɪˈbɪlɪtɪ/ s. sensibilità *f.*
sensible /ˈsensəbl/ agg. **1** sensato, ragionevole **2** sensibile, percepibile
sensitive /ˈsensɪtɪv/ agg. **1** sensibile **2** permaloso, suscettibile
sensor /ˈsensəʳ/ s. sensore *m.*
sensual /ˈsensjʊəl/ agg. sensuale
sensuality /ˌsensjʊˈælɪtɪ/ s. sensualità *f.*
sensuous /ˈsensjʊəs/ agg. sensuale, voluttuoso
sent /sent/ pass. e p.p. di **to send**
sentence /ˈsentəns/ s. **1** sentenza *f.*, condanna *f.* **2** (*gramm.*) frase *f.*
to sentence /ˈsentəns/ v.tr. pronunciare una sentenza, condannare
sentiment /ˈsentɪmənt/ s. **1** sentimento *m.* **2** opinione *f.*
sentimental /ˌsentɪˈmentl/ agg. sentimentale
sentry /ˈsentrɪ/ s. sentinella *f.* ♦ **s. box** garitta
separate /ˈseprɪt/ **A** agg. **1** separato, staccato **2** distinto **B** s. al pl. (*di abiti*) coordinati *m. pl.*
to separate /ˈsepəreɪt/ **A** v.tr. separare **B** v.intr. separarsi
separation /ˌsepəˈreɪʃ(ə)n/ s. separazione *f.*
separator /ˈsepəreɪtəʳ/ s. separatore *m.*
sepia /ˈsiːpjə/ s. nero *m.* di seppia
September /səpˈtembəʳ/ s. settembre *m.*
septic /ˈseptɪk/ agg. settico ♦ **to go s.** infettarsi
septic(a)emia /ˌseptɪˈsiːmjə/ s. setticemia *f.*
septum /ˈseptəm/ s. setto *m.*
sepulchral /sɪˈpʌlkr(ə)l/ agg. sepolcrale
sepulchre /ˈsep(ə)lkəʳ/ s. sepolcro *m.*
sepulture /ˈsep(ə)ltʃəʳ/ s. sepoltura *f.*
sequel /ˈsiːkw(ə)l/ s. **1** seguito *m.* **2** effetto *m.*
sequence /ˈsiːkwəns/ s. sequenza *f.*, successione *f.*, serie *f.*
to sequestrate /sɪˈkwestreɪt/ v.tr. sequestrare
sequestration /ˌsiːkwesˈtreɪʃ(ə)n/ s. sequestro *m.*
sequin /ˈsiːkwɪn/ s. lustrino *m.*
Serbian /ˈsɜːbiən/ s. serbo *m.*
serene /sɪˈriːn/ agg. sereno
serenity /sɪˈrenɪtɪ/ s. serenità *f.*
sergeant /ˈsɑːdʒ(ə)nt/ s. **1** sergente *m.* **2** (*di polizia*) brigadiere *m.*
serial /ˈsɪərɪəl/ **A** agg. **1** seriale, in serie **2** a puntate, a fascicoli **B** s. **1** sceneggiato *m.*, serial *m. inv.* **2** romanzo *m.* a puntate
to serialize /ˈsɪərɪəlaɪz/ v.tr. pubblicare (o trasmettere) a puntate
series /ˈsɪəriːz/ s. serie *f. inv.* ♦ **in s.** in serie
serious /ˈsɪərɪəs/ agg. **1** serio **2** grave
seriousness /ˈsɪərɪəsnɪs/ s. **1** serietà *f.* **2** gravità *f.*
sermon /ˈsɜːmən/ s. sermone *m.*
to sermonize /ˈsɜːmənaɪz/ v.intr. **1** predicare **2** fare la predica
serotherapy /ˌsɪəro(ʊ)ˈθerəpɪ/ s. sieroterapia *f.*
serpent /ˈsɜːp(ə)nt/ s. serpente *m.*
serpentine /ˈsɜːp(ə)ntaɪn/ **A** agg. serpentino, serpeggiante **B** s. serpentina *f.*
serrate /ˈserɪt/ agg. dentellato, seghettato
serrated /seˈreɪtɪd/ agg. → ***serrate***
serum /ˈsɪərəm/ s. siero *m.*
servant /ˈsɜːv(ə)nt/ s. **1** domestico *m.*, cameriere *m.* **2** (*fig.*) servitore *m.* **3** impiegato *m.* ♦ **civil s.** statale, dipendente pubblico
to serve /sɜːv/ **A** v.tr. **1** servire, offrire **2** essere al servizio di **3** essere utile a **4** espiare, scontare **B** v.intr. **1** prestare servizio **2** servire, essere utile **3** (*sport*) servire ♦ **to s. up** distribuire, servire
server /ˈsɜːvəʳ/ s. (*inform.*) server *m. inv.*
service /ˈsɜːvɪs/ s. **1** servizio *m.*, prestazione *f.* **2** favore *m.* **3** al pl. servizi *m. pl.* **4** assistenza *f.*, manutenzione *f.* **5** (*di posate*) servizio *m.* **6** (*mil.*) arma *f.*, corpo *m.*, forze *f. pl.* armate ♦ **s. charge** (*al ristorante*) servizio ‖ **s. station** stazione di servizio
to service /ˈsɜːvɪs/ v.tr. **1** revisionare **2** fornire
serviceable /ˈsɜːvɪsəbl/ agg. **1** utile, pratico **2** resistente
serviette /ˌsɜːvɪˈet/ s. tovagliolo *m.*
servile /ˈsɜːvaɪl/ agg. servile
servo-brake /ˈsɜːvəˌbreɪk/ s. servofreno *m.*
servo-control /ˈsɜːvo(ʊ)kənˌtrəʊl/ s. servocomando *m.*
servo-mechanism /ˈsɜːvo(ʊ)ˌmekənɪz(ə)m/ s. servomeccanismo *m.*
servomotor /ˈsɜːvo(ʊ)ˌməʊtəʳ/ s. servomotore *m.*
sesame /ˈsesəmɪ/ s. sesamo *m.*
session /ˈseʃ(ə)n/ s. **1** sessione *f.*, seduta *f.* **2** anno *m.* accademico
set /set/ **A** agg. **1** fisso, saldo, stabilito **2** posto, collocato **3** studiato, preparato **4** pronto **B** s. **1** complesso *m.*, insieme *m.*, assortimento *m.* **2** collezione *f.*, serie *f.* **3** (*di posate, biancheria, ecc.*) set *m. inv.* **4** (*di persone*) gruppo *m.* **5** (*radio, tv*) apparecchio *m.* **6** (*sport*) set *m. inv.* **7** posizione *f.* **8** messa *f.* in piega **9** (*cin., teatro*) set *m. inv.*, scene *f. pl.* **10** tendenza *f.*, direzione *f.* **11** (*bot.*) pianticella *f.* **12** (*mat.*) insieme *m.* ♦ **s. designer** scenografo
to set /set/ (*pass. e p.p.* **set**) **A** v.tr. **1** mettere, porre, disporre, collocare **2** piantare, conficcare **3** regolare, registrare, mettere a punto, preparare **4** assegnare **5** fissare, stabilire **6** indurire, rendere solido **7** incastonare, montare **8** (*inform.*) impostare **B** v.intr. **1** tramontare **2** indurirsi, solidificarsi **3** volgersi, muoversi ♦ **to s. about** accingersi a ‖ **to s. against** mettere contro ‖ **to s. aside** mettere da parte, lasciare da parte ‖ **to s. back** bloccare, ritardare, mettere indietro ‖ **to s. in** cominciare ‖ **to s. off** far scoppiare, far risaltare, partire ‖ **to s. out** partire, disporre, esporre ‖ **to s. up** installare, impostare, settare, costituire, causare, fornire
setback /ˈsetˌbæk/ s. ostacolo *m.*, intoppo *m.*
set-down /ˈsetˌdaʊn/ s. rimbrotto *m.*
settee /seˈtiː/ s. divano *m.*
setting /ˈsetɪŋ/ s. **1** collocazione *f.*, installazione *f.*, sistemazione *f.* **2** incastonatura *f.* **3** regolazione *f.*,

messa *f.* a punto **4** messa *f.* in scena, ambientazione *f.* **5** tramonto *m.* **6** (*a tavola*) coperto *m.*
settle /'setl/ s. cassapanca *f.*
to settle /'setl/ **A** v.tr. **1** decidere, fissare, stabilire, risolvere, definire **2** pagare, saldare **3** sistemare, aggiustare **4** calmare **B** v.intr. **1** sistemarsi, accomodarsi **2** stabilirsi, insediarsi **3** calmarsi, ricomporsi **4** depositarsi, decantare, sedimentare **5** abbassarsi, assestarsi ♦ **to s. down** adagiarsi, calmarsi, stabilirsi, stabilizzarsi || **to s. in** sistemarsi || **to s. up** saldare (il conto)
settlement /'setlmənt/ s. **1** sistemazione *f.*, accordo *m.*, soluzione *f.* **2** saldo *m.*, liquidazione *f.* **3** insediamento *m.*, colonizzazione *f.*, colonia *f.*
settler /'setləʳ/ s. **1** colonizzatore *m.* **2** (*fam.*) argomento *m.* decisivo
set-up /'set,ʌp/ s. **1** organizzazione *f.*, sistemazione *f.* **2** situazione *f.* **3** (*inform.*) set-up *m. inv.*
seven /'sevn/ agg. num. card. e s. sette *m. inv.*
seventeen /,sevn'ti:n/ agg. num. card. e s. diciassette *m. inv.*
seventeenth /,sevn'ti:nθ/ agg. num. ord. e s. diciassettesimo *m.*
seventh /'sevnθ/ agg. num. ord. e s. settimo *m.*
seventhieth /'sevntiiθ/ agg. num. ord. e s. settantesimo *m.*
seventy /'sevnti/ agg. num. card. e s. settanta *m. inv.*
several /'sevr(ə)l/ agg. e pron. parecchi, diversi, alcuni
severance /'sev(ə)r(ə)ns/ s. separazione *f.*, rottura *f.* ♦ **s. pay** liquidazione
severe /si'viəʳ/ agg. **1** severo, rigoroso **2** rigido, duro **3** acuto, violento **4** difficile, arduo
severity /si'veriti/ s. **1** severità *f.*, rigore *m.* **2** gravità *f.* **3** difficoltà *f.*
to sew /səʊ/ (*pass.* **sewed**, *p.p.* **sewn**) v.tr. cucire ♦ **to s. up** rammendare
sewage /'sju:idʒ/ s. acque *f. pl.* di scolo
sewer /'sju:əʳ/ s. fogna *f.*
sewing /'so(ʊ)iŋ/ s. **1** cucitura *f.* **2** cucito *m.* ♦ **s. machine** macchina per cucire
sewn /səʊn/ p.p. di **to sew**
sex /seks/ **A** s. sesso *m.* **B** agg. attr. sessuale ♦ **to have s. with** avere rapporti sessuali con
sexism /'seksiz(ə)m/ s. discriminazione *f.* sessuale
sexist /'seksist/ agg. sessista
sexologist /,sek'nlədʒist/ s. sessuologo *m.*
sexology /,sek'nlədʒi/ s. sessuologia *f.*
sextant /'sekst(ə)nt/ s. sestante *m.*
sexual /'seksjʊəl/ agg. sessuale ♦ **s. harassment** molestie sessuali
sexuality /,seksjʊ'æliti/ s. sessualità *f.*
sexy /'seksi/ agg. (*fam.*) sexy
shabby /'ʃæbi/ agg. **1** malmesso, trasandato **2** meschino
shack /ʃæk/ s. capanna *f.*
shackles /'ʃæklz/ s. pl. ferri *m. pl.*, catene *f. pl.*
shade /ʃeid/ s. **1** ombra *f.* **2** sfumatura *f.*
to shade /ʃeid/ v.tr. **1** ombreggiare **2** sfumare
shading /'ʃeidiŋ/ s. **1** ombreggiatura *f.* **2** sfumatura *f.* **3** protezione *f.* (dalla luce)
shadow /'ʃædəʊ/ s. **1** ombra *f.* **2** spettro *m.* **3** segno *m.*, traccia *f.* **4** pedinatore *m.*
to shadow /'ʃædəʊ/ v.tr. **1** ombreggiare **2** oscurare **3** pedinare
shadowy /'ʃædo(ʊ)i/ agg. **1** ombroso, ombreggiato **2** indistinto **3** irreale
shady /'ʃeidi/ agg. **1** ombroso, ombreggiato **2** equivoco, losco
shaft /ʃɑ:ft/ s. **1** asta *f.*, palo *m.*, stanga *f.* **2** freccia *f.*, strale *m.* **3** fusto *m.*, gambo *m.* **4** (*mecc.*) albero *m.* **5** (*miniera*) pozzo *m.*
shaggy /'ʃægi/ agg. irsuto, ispido, peloso
shake /ʃeik/ s. **1** scossa *f.*, scossone *m.* **2** tremito *m.* **3** frappé *m. inv.*, frullato *m.*
to shake /ʃeik/ (*pass.* **shook**, *p.p.* **shaken**) **A** v.tr. **1** agitare, scuotere **2** impressionare **3** (*fam.*) liberarsi di **B** v.intr. **1** scuotersi, agitarsi **2** barcollare, traballare ♦ **to s. down** ambientarsi, adattarsi, estorcere, frugare || **to s. hands with sb.** stringere la mano a qc. || **to s. off** scuotersi di dosso, liberarsi di || **to s. up** scuotere
shaking /'ʃeikiŋ/ **A** agg. **1** che scuote, che agita **2** tremante, traballante **B** s. **1** scossone *m.* **2** tremore *m.*
shaky /'ʃeiki/ agg. malfermo, traballante
shall /ʃæl, ʃəl/ (*pass.* **should**) v.difett. **1** (*ausiliare per la formazione del futuro*) (ES: ***we s. be in London tomorrow*** saremo a Londra domani) **2** (*in frasi interr.*) dovere (ES: ***s. I close the door?*** devo chiudere la porta?)
shallop /'ʃæləp/ s. scialuppa *f.*
shallow /'ʃæləʊ/ agg. **1** basso, poco profondo **2** (*fig.*) superficiale
sham /ʃæm/ **A** agg. falso, simulato **B** s. **1** finzione *f.*, imitazione *f.* **2** impostore *m.*
shambles /'ʃæmblz/ s. pl. **1** caos *m.*, confusione *f.*, rovina *f.* **2** macello *m.* **3** carneficina *f.*
shame /ʃeim/ s. **1** vergogna *f.* **2** peccato *m.*
to shame /ʃeim/ v.tr. **1** far vergognare **2** disonorare
shamefaced /'ʃeim,feist/ agg. vergognoso, imbarazzato
shameful /'ʃeimf(ʊ)l/ agg. vergognoso
shameless /'ʃeimlis/ agg. svergognato
shammy /'ʃæmi/ s. pelle *f.* di daino
shampoo /ʃæm'pu:/ s. shampoo *m. inv.*
shamrock /'ʃæmrnk/ s. trifoglio *m.*
shank /ʃæŋk/ s. stinco *m.*
shanty /'ʃænti/ s. baracca *f.* ♦ **s. town** bidonville
shape /ʃeip/ s. **1** forma *f.*, foggia *f.*, sagoma *f.*, modello *m.* **2** condizione *f.*, forma *f.* fisica ♦ **to be in s.** essere in forma || **to be out of s.** essere fuori forma
to shape /ʃeip/ **A** v.tr. **1** formare, modellare, plasmare **2** adattare **B** v.intr. prendere forma, concretarsi ♦ **to s. up** procedere, darsi da fare

shaped /ʃeɪpt/ **agg.** (*nei composti*) a forma di ♦ **leaf-s.** a forma di foglia
shapeless /ˈʃeɪplɪs/ **agg.** informe
shapely /ˈʃeɪplɪ/ **agg.** armonioso, ben proporzionato
share /ʃɛəʳ/ **s. 1** parte *f.*, porzione *f.*, quota *f.* **2** (*fin.*) azione *f.*
to share /ʃɛəʳ/ **A v.tr. 1** dividere, distribuire **2** condividere, avere in comune **B v.intr.** partecipare ♦ **to s. out** distribuire
sharecropping /ˈʃɛəˌkrɒpɪŋ/ **s.** mezzadria *f.*
shareholder /ˈʃɛəˌhəʊldəʳ/ **s.** azionista *m. e f.*
sharing /ˈʃɛərɪŋ/ **s. 1** divisione *f.*, distribuzione *f.* **2** (*econ.*) partecipazione *f.*
shark /ʃɑːk/ **s.** squalo *m.*
sharp /ʃɑːp/ **A agg. 1** affilato, acuminato, tagliente **2** (*fig.*) acuto, sveglio, pungente **3** netto, chiaro, marcato **4** secco, brusco, improvviso **5** scaltro, disonesto, privo di scrupoli **6** energico, forte **7** (*mus.*) diesis **B avv. 1** esattamente, in punto **2** bruscamente
to sharpen /ˈʃɑːp(ə)n/ **v.tr.** affilare, aguzzare, appuntire
sharp-eyed /ˈʃɑːpˌaɪd/ **agg. 1** dalla vista acuta **2** perspicace
to shatter /ˈʃætəʳ/ **A v.tr. 1** frantumare, infrangere **2** rovinare **B v.intr.** frantumarsi, andare in pezzi
shave /ʃeɪv/ **s.** rasatura *f.*
to shave /ʃeɪv/ **A v.tr. 1** radere, rasare, sbarbare **2** tagliare, affettare **3** rasentare **4** ridurre leggermente **B v.intr.** radersi
shaver /ˈʃeɪvəʳ/ **s. 1** rasoio *m.* (elettrico) **2** barbiere *m.*
shaving /ˈʃeɪvɪŋ/ **s.** rasatura *f.* ♦ **s. brush** pennello da barba || **s. foam** schiuma da barba
shawl /ʃɔːl/ **s.** scialle *m.*
she /ʃiː/ **A pron. pers. 3ª p. sing. f.** ella, lei **B s.** femmina *f.*
sheaf /ʃiːf/ (*pl.* **sheaves**) **s. 1** covone *m.* **2** fascio *m.*
to shear /ʃɪəʳ/ (*pass.* **sheared**, *p.p.* **shorn**, **sheared**) **v.tr. 1** tosare **2** tagliare, recidere
shears /ʃɪəʳz/ **s. pl.** cesoie *f. pl.*
sheath /ʃiːθ/ **s.** guaina *f.*, fodero *m.*
sheaves /ʃiːvz/ **pl. di sheaf**
shed /ʃɛd/ **s.** capannone *m.*
to shed /ʃɛd/ (*pass. e p.p.* **shed**) **v.tr. 1** spargere, versare **2** perdere, lasciar cadere **3** diffondere, emanare
sheen /ʃiːn/ **s.** lucentezza *f.*
sheep /ʃiːp/ **s.** pecora *f.*
sheepdog /ˈʃiːpdɒg/ **s.** cane *m.* da pastore
sheepfold /ˈʃiːpfəʊld/ **s.** ovile *m.*
sheepish /ˈʃiːpɪʃ/ **agg. 1** imbarazzato, vergognoso **2** mite, timido
sheer /ʃɪəʳ/ **A agg. 1** vero e proprio, non mitigato **2** (*di liquidi*) puro, non diluito **3** perpendicolare, a picco **4** sottile, diafano **B avv. 1** completamente, del tutto **2** a picco
sheet /ʃiːt/ **s. 1** lenzuolo *m.* **2** foglio *m.*, lamina *f.* **3** lamiera *f.*, lastra *f.* **4** (*naut.*) scotta *f.*
sheik(h) /ʃeɪk/ **s.** sceicco *m.*
shelf /ʃɛlf/ **s.** mensola *f.*, scaffale *m.*
shell /ʃɛl/ **s. 1** guscio *m.*, conchiglia *f.* **2** carcassa *f.*, ossatura *f.*, struttura *f.* **3** apparenza *f.* **4** schema *m.*, schizzo *m.* **5** proiettile *m.*, granata *f.*
to shell /ʃɛl/ **v.tr. 1** sgusciare, sgranare **2** bombardare
shellfish /ˈʃɛlˌfɪʃ/ **s.** mollusco *m.*, crostaceo *m.*
shelter /ˈʃɛltəʳ/ **s.** riparo *m.*, rifugio *m.*
to shelter /ˈʃɛltəʳ/ **A v.tr.** riparare, proteggere **B v.intr.** ripararsi, rifugiarsi
to shelve /ʃɛlv/ **v.tr.** accantonare, rimandare
shepherd /ˈʃɛpəd/ **s.** pastore *m.*
to shepherd /ˈʃɛpəd/ **v.tr.** guidare, custodire
sheriff /ˈʃɛrɪf/ **s.** sceriffo *m.*
sherry /ˈʃɛrɪ/ **s.** sherry *m. inv.*
shield /ʃiːld/ **s. 1** scudo *m.* **2** riparo *m.*, protezione *f.*
to shield /ʃiːld/ **v.tr. 1** proteggere, riparare **2** schermare
shift /ʃɪft/ **s. 1** cambiamento *m.*, spostamento *m.*, avvicendamento *m.*, salto *m.* **2** turno *m.* **3** (*inform.*) spostamento *m.*, scorrimento *m.* ♦ **s. work** lavoro a turni || **to make s.** ingegnarsi
to shift /ʃɪft/ **A v.tr. 1** spostare, trasferire, cambiare **2** rimuovere **B v.intr. 1** spostarsi, trasferirsi, muoversi **2** ingegnarsi **3** (*USA, autom.*) cambiare marcia
shiftless /ˈʃɪftlɪs/ **agg.** incapace, inefficiente
shifty /ˈʃɪftɪ/ **agg.** sfuggente, ambiguo
shilling /ˈʃɪlɪŋ/ **s.** scellino *m.*
to shilly-shally /ˈʃɪlɪˌʃælɪ/ **v.intr.** (*fam.*) esitare
to shimmer /ˈʃɪməʳ/ **v.intr.** brillare, luccicare
shin /ʃɪn/ **s.** stinco *m.* ♦ **s.-bone** tibia
shine /ʃaɪn/ **s. 1** splendore *m.*, lucentezza *f.* **2** lucidata *f.*
to shine /ʃaɪn/ (*pass. e p.p.* **shone**) **A v.intr.** brillare, risplendere **B v.tr. 1** far luce su **2** (*pass. e p.p.* **shined**) lucidare, lustrare
shingle[1] /ˈʃɪŋgl/ **s.** ciottoli *m. pl.*
shingle[2] /ˈʃɪŋgl/ **s.** (*edil.*) scandola *f.*
shingles /ˈʃɪŋglz/ **s. pl.** (*v. al sing.*) (*med.*) herpes *m. inv.* zoster
shining /ˈʃaɪnɪŋ/ **agg.** fulgido, lucente, luminoso
shiny /ˈʃaɪnɪ/ **agg.** brillante, lucente
ship /ʃɪp/ **s.** nave *f.* ♦ **s.'s chandler** fornitore navale
to ship /ʃɪp/ **A v.tr. 1** imbarcare **2** trasportare, spedire **B v.intr.** imbarcarsi
shipbuilder /ˈʃɪpˌbɪldəʳ/ **s.** costruttore *m.* navale
shipmaster /ˈʃɪpˌmɑːstəʳ/ **s.** capitano *m.*
shipment /ˈʃɪpmənt/ **s. 1** carico *m.* **2** imbarco *m.*, spedizione *f.*
shipowner /ˈʃɪpəʊnəʳ/ **s.** armatore *m.*
shipping /ˈʃɪpɪŋ/ **s. 1** imbarco *m.*, spedizione *f.* **2** naviglio *m.*, navigazione *f.* ♦ **s. agent** spedizioniere marittimo
shipshape /ˈʃɪpʃeɪp/ **A agg.** ordinato **B avv.** in perfetto ordine
shipwreck /ˈʃɪpˌrɛk/ **s. 1** naufragio *m.* **2** relitto *m.*
to shipwreck /ˈʃɪpˌrɛk/ **A v.intr.** naufragare **B v.tr.** far naufragare

shipyard /ˈʃɪpjɑːd/ s. cantiere *m.* navale
shire /ˈʃaɪəʳ/ s. contea *f.* (inglese)
to shirk /ʃɜːk/ v.tr. evitare, sottrarsi a
shirt /ʃɜːt/ s. camicia *f.*, camicetta *f.* ◆ **keep your s. on!** calmati! || **to lose one's s.** rimetterci la camicia, rovinarsi
shit /ʃɪt/ s. (*volg.*) merda *f.*
shiver /ˈʃɪvəʳ/ s. brivido *m.*
to shiver /ˈʃɪvəʳ/ v.intr. rabbrividire
shivering /ˈʃɪvərɪŋ/ agg. tremante
shoal[1] /ʃəʊl/ s. bassofondo *m.*, secca *f.*
shoal[2] /ʃəʊl/ s. **1** (*di pesci*) banco *m.* **2** (*fig.*) moltitudine *f.*
shock /ʃɒk/ s. **1** colpo *m.*, collisione *f.* **2** scossa *f.* **3** (*med.*) collasso *m.*, shock *m. inv.* ◆ **s. absorber** ammortizzatore
to shock /ʃɒk/ **A** v.tr. **1** colpire, scuotere **2** scandalizzare **B** v.intr. **1** scontrarsi **2** provocare scandalo
shocking /ˈʃɒkɪŋ/ agg. **1** vistoso **2** scioccante, scandaloso
shoe /ʃuː/ s. **1** scarpa *f.* **2** ferro *m.* di cavallo ◆ **s. factory** calzaturificio || **s. lace** stringa || **s. rack** scarpiera || **s. repairer** calzolaio || **s. shop** calzoleria
shoehorn /ˈʃuːhɔːn/ s. calzascarpe *m. inv.*
shoemaker /ˈʃuːˌmeɪkəʳ/ s. calzolaio *m.* ◆ **s.'s shop** calzoleria
shoeshine /ˈʃuːʃaɪn/ s. lustrascarpe *m.* e *f. inv.*
shone /ʃɒn/ pass. e p.p. di **to shine**
shoo /ʃuː/ inter. sciò
shook /ʃʊk/ pass. di **to shake**
shoot /ʃuːt/ s. **1** germoglio *m.* **2** battuta *f.* di caccia
to shoot /ʃuːt/ (*pass. e p.p.* **shot**) **A** v.tr. **1** sparare a **2** lanciare, gettare **3** filmare, riprendere **B** v.intr. **1** sparare, tirare **2** andare a caccia **3** (*cin.*) girare **4** passare velocemente, sfrecciare **5** germogliare ◆ **to s. at** mirare a || **to s. down** abbattere || **to s. up** balzare fuori, salire alle stelle
shooting /ˈʃuːtɪŋ/ s. **1** sparatoria *f.* **2** caccia *f.* ◆ **s. box** casino di caccia || **s. range** tiro a segno
shop /ʃɒp/ s. **1** bottega *f.*, negozio *m.* **2** officina *f.*, laboratorio *m.* ◆ **s. assistant, clerk** commesso || **s. lifter** taccheggiatore || **s. lifting** taccheggio || **s. window** vetrina
to shop /ʃɒp/ v.intr. fare acquisti
shopkeeper /ˈʃɒpˌkiːpəʳ/ s. negoziante *m.* e *f.*
shopper /ˈʃɒpəʳ/ s. acquirente *m.* e *f.*
shopping /ˈʃɒpɪŋ/ s. **1** compere *f. pl.*, acquisti *m. pl.*, shopping *m. inv.* **2** spesa *f.* ◆ **s. centre, mall** centro commerciale, area commerciale
shore[1] /ʃɔːʳ/ s. (*geogr.*) riva *f.*, sponda *f.*, spiaggia *f.*, lido *m.* ◆ **on s.** a terra
shore[2] /ʃɔːʳ/ s. puntello *m.*
to shore /ʃɔːʳ/ v.tr. puntellare
shorn /ʃɔːn/ p.p. di **to shear**
short /ʃɔːt/ **A** agg. **1** corto, breve **2** basso, piccolo **3** scarso, insufficiente **4** brusco, rude **5** friabile **B** s. **1** (sillaba) breve *f.* **2** (*cin.*) cortometraggio *m.* **3** al pl. pantaloni *m. pl.* corti, shorts *m. pl.* **C** avv. **1** bruscamente, improvvisamente **2** brevemente ◆ **in s.** in breve || **s. cut** scorciatoia || **s. lived** momentaneo, caduco || **s. of** all'infuori di || **s. pastry** pasta frolla || **s. sighted** miope || **s. story** racconto || **s. tempered** irascibile || **s.-wave** a onde corte || **to fall s. of st.** non raggiungere q.c., essere inadeguato a q.c. || **to run s. of** essere a corto di
shortage /ˈʃɔːtɪdʒ/ s. mancanza *f.*, scarsità *f.*
shortbread /ˈʃɔːtbred/ s. biscotto *m.* di pasta frolla
short-circuit /ˌʃɔːtˈsɜːkɪt/ s. cortocircuito *m.*
shortcoming /ˈʃɔːtkˌʌmɪŋ/ s. **1** mancanza *f.*, deficienza *f.* **2** difetto *m.*
to shorten /ˈʃɔːtn/ v.tr. accorciare, ridurre
shortfall /ˈʃɔːtfɔːl/ s. **1** diminuzione *f.* **2** (*econ.*) deficit *m. inv.*
shorthand /ˈʃɔːthænd/ s. stenografia *f.*
shortly /ˈʃɔːtlɪ/ avv. **1** presto, in breve tempo **2** bruscamente
shot[1] /ʃɒt/ s. **1** sparo *m.*, colpo *m.* **2** (*sport*) tiro *m.* **3** tiratore *m.* (scelto) **4** pallottola *f.*, proiettile *m.* **5** (*atletica*) peso *m.* **6** (*fam.*) prova *f.*, tentativo *m.* **7** (*fam.*) foto *f.* **8** iniezione *f.* **9** (*fam.*) sorso *m.*, goccio *m.* ◆ **s. put** lancio del peso
shot[2] /ʃɒt/ pass. e p.p. di **to shoot**
shotgun /ˈʃɒtgʌn/ s. fucile *m.* da caccia, schioppo *m.*
should /ʃʊd, ʃəd/ (*pass. di* **shall**) v.difett. **1** (*ausiliare per la formazione del condizionale*) (ES: ***I s. eat it if I were not on a diet*** lo mangerei se non fossi a dieta) **2** (*indica suggerimento o probabilità*) dovere (ES: ***you s. pay your debts*** dovresti pagare i tuoi debiti; ***if the weather s. get worse*** se il tempo dovesse peggiorare) **3** (*ausiliare per la formazione del congiuntivo*) (ES: ***it's wonderful that you s. come*** è stupendo che tu venga)
shoulder /ˈʃəʊldəʳ/ s. **1** spalla *f.* **2** (*di strada*) bordo *m.* ◆ **hard s.** corsia d'emergenza || **s. bag** borsa a tracolla || **s. blade** scapola || **s. strap** spallina || **s. pad** spallina imbottita
to shoulder /ˈʃəʊldəʳ/ v.tr. **1** portare sulle spalle **2** addossarsi
shout /ʃaʊt/ s. grido *m.*, urlo *m.*
to shout /ʃaʊt/ v.tr. e intr. gridare, urlare ◆ **to s. sb. down** far tacere qc. gridando
shouting /ˈʃaʊtɪŋ/ s. grida *f. pl.*
shove /ʃʌv/ s. spinta *f.*
to shove /ʃʌv/ **A** v.tr. **1** spingere **2** (*fam.*) ficcare, mettere **3** respingere **B** v.intr. **1** farsi largo a spinte **2** spostarsi ◆ **to s. off** scostarsi da terra, andarsene
shovel /ˈʃʌvl/ s. **1** pala *f.*, badile *m.* **2** paletta *f.*
to shovel /ˈʃʌvl/ v.tr. spalare
show /ʃəʊ/ s. **1** mostra *f.*, esposizione *f.* **2** dimostrazione *f.*, manifestazione *f.* **3** apparenza *f.*, parvenza *f.* **4** spettacolo *m.* **5** (*fam.*) affare *m.*, faccenda *f.*
to show /ʃəʊ/ (*pass.* **showed**, *p.p.* **shown**) **A** v.tr. **1** mostrare, esporre, esibire **2** indicare, rappresentare **3** provare, rivelare **4** accompagnare **5** (*spettacoli, film*) presentare, dare **B** v.intr. apparire, vedersi ◆ **to s. in** introdurre || **to s. off** mettere in risalto, ostentare || **to s. oneself** mostrarsi || **to s. out**

accompagnare all'uscita || **to s. up** mettere in luce, farsi vivo, presentarsi, farsi vedere
showcase /'ʃəʊkeɪs/ s. bacheca *f.*
shower /'ʃaʊəʳ/ s. **1** acquazzone *m.*, scroscio *m.* **2** (*fig.*) pioggia *f.*, scarica *f.*, nugolo *m.* **3** doccia *f.* ♦ **to take a s.** fare la doccia || **s. cream** docciaschiuma || **s. stall** box doccia || **sun s.** doccia solare
to shower /'ʃaʊəʳ/ **A** v.tr. **1** far cadere, versare **2** inondare di **B** v.intr. **1** diluviare **2** fare la doccia
showing /'ʃo(ʊ)ɪŋ/ s. rappresentazione *f.*, spettacolo *m.*
shown /ʃəʊn/ p.p. di **to show**
showpiece /'ʃəʊpi:s/ s. **1** pezzo *m.* forte **2** oggetto *m.* da esposizione
showroom /'ʃəʊru:m/ s. sala *f.* da esposizione, showroom *m. inv.*
showy /'ʃo(ʊ)ɪ/ agg. appariscente, vistoso
shrank /ʃræŋk/ pass. di **to shrink**
shred /ʃrɛd/ s. brandello *m.*, frammento *m.*
to shred /ʃrɛd/ v.tr. lacerare, ridurre a brandelli
shrewd /ʃru:d/ agg. accorto, sagace
shriek /ʃri:k/ s. **1** grido *m.*, strillo *m.* **2** fischio *m.*
to shriek /ʃri:k/ v.intr. gridare, strillare
shrill /ʃrɪl/ agg. stridulo, acuto
shrimp /ʃrɪmp/ s. gamberetto *m.*
shrine /ʃraɪn/ s. **1** reliquiario *m.* **2** santuario *m.*
shrink /ʃrɪŋk/ s. (*pop.*) strizzacervelli *m. e f.*
to shrink /ʃrɪŋk/ (*pass.* **shrank**, *p.p.* **shrunk**) **A** v.intr. **1** restringersi, ritirarsi **2** indietreggiare, tirarsi indietro, rifuggire **B** v.tr. far restringere, accorciare
shrinkage /'ʃrɪŋkɪdʒ/ s. contrazione *f.*, restringimento *m.*
shrinkproof /'ʃrɪŋkpru:f/ agg. che non si ritira, irrestringibile
to shrivel /'ʃrɪvl/ v.intr. raggrinzirsi
shroud /ʃraʊd/ s. **1** sudario *m.* **2** (*fig.*) velo *m.* **3** (*naut.*) sartia *f.*
to shroud /ʃraʊd/ v.tr. **1** avvolgere nel sudario **2** velare, nascondere
Shrove Tuesday /ˌʃrəʊv'tju:zdɪ/ s. martedì *m.* grasso
shrub /ʃrʌb/ s. arbusto *m.*
shrubbery /'ʃrʌbərɪ/ s. **1** boschetto *m.* **2** arbusti *m. pl.*
to shrug /ʃrʌg/ v.intr. scrollare le spalle ♦ **to s. off** passare sopra a
shrunk /ʃrʌŋk/ p.p. di **to shrink**
shuck /ʃʌk/ s. **1** guscio *m.*, baccello *m.* **2** conchiglia *f.*
shudder /'ʃʌdəʳ/ s. brivido *m.*
to shudder /'ʃʌdəʳ/ v.intr. rabbrividire
to shuffle /'ʃʌfl/ v.tr. **1** rimescolare **2** trascinare, strascicare ♦ **to s. off** sottrarsi a
to shun /ʃʌn/ v.tr. evitare, schivare
to shunt /ʃʌnt/ v.tr. **1** deviare **2** smistare **3** accantonare
shunting /'ʃʌntɪŋ/ s. **1** (*elettr.*) derivazione *f.* **2** smistamento *m.*
shut /ʃʌt/ agg. chiuso
to shut /ʃʌt/ (*pass. e p.p.* **shut**) v.tr. e intr. chiudere, chiudersi ♦ **to s. down** chiudere i battenti, (*inform.*) spegnere || **to s. off** chiudere, bloccare || **to s. out** escludere || **to s. up** serrare, rinchiudere, mettere a tacere || **s. up!** stai zitto!, chiudi il becco!
shutter /'ʃʌtəʳ/ s. **1** persiana *f.*, saracinesca *f.* **2** (*fot.*) otturatore *m.*
shuttle /'ʃʌtl/ s. **1** servizio *m.* pendolare **2** navetta *f.*
shy /ʃaɪ/ agg. **1** timido, pauroso **2** diffidente
shyness /'ʃaɪnɪs/ s. timidezza *f.*
sibling /'sɪblɪŋ/ s. spec. al pl. fratello *m.*, sorella *f.*
sick /sɪk/ agg. **1** malato, indisposto **2** che ha la nausea **3** (*fig.*) nauseante, perverso ♦ **s. leave** (congedo per) malattia || **to be s.** avere nausea, stare per vomitare || **to fall/get s.** ammalarsi || **to feel s.** avere la nausea
sickbay /'sɪkbeɪ/ s. infermeria *f.*
to sicken /'sɪkn/ **A** v.tr. **1** nauseare, disgustare **2** far ammalare **B** v.intr. **1** ammalarsi **2** essere nauseato, essere disgustato **3** annoiarsi
sickening /'sɪknɪŋ/ agg. nauseabondo
sickle /'sɪkl/ s. falce *f.*
sickly /'sɪklɪ/ agg. **1** malaticcio **2** pallido **3** malsano, nauseabondo
sickness /'sɪknɪs/ s. **1** malattia *f.* **2** nausea *f.*, vomito *m.*
side /saɪd/ **A** s. **1** lato *m.*, fianco *m.*, fiancata *f.* **2** sponda *f.*, margine *m.* **3** parte *f.*, lato *m.* **4** partito *m.*, fazione *f.*, squadra *f.* **B** agg. **1** laterale **2** secondario ♦ **from s. to s.** da una parte all'altra || **on the other s.** d'altra parte || **s. by s.** fianco a fianco || **s. effect** effetto collaterale || **s. glance** occhiata in tralice
to side /saɪd/ v.intr. parteggiare
sideboard /'saɪdbɔ:d/ s. credenza *f.*
sideboards /'saɪdbɔ:dz/ s. pl. basette *f. pl.*
sidecar /'saɪdkɑ:/ s. sidecar *m. inv.*
sidelight /'saɪdlaɪt/ s. (*autom.*) luce *f.* di posizione
sideline /'saɪdlaɪn/ s. **1** attività *f.* secondaria **2** (*sport*) linea *f.* laterale
sidelong /'saɪdlɒŋ/ **A** agg. obliquo **B** avv. obliquamente
sideslip /'saɪdslɪp/ s. slittamento *m.*, sbandata *f.*
to sidestep /'saɪdstɛp/ v.tr. scansare
sidewalk /'saɪdˌwɔ:k/ s. (*USA*) marciapiede *m.*
sideways /'saɪdˌweɪz/ avv. lateralmente, obliquamente
siding /'saɪdɪŋ/ s. **1** (*ferr.*) binario *m.* di raccordo **2** (*edil.*) rivestimento *m.* esterno
to sidle /'saɪdl/ v.intr. muoversi furtivamente
siege /si:dʒ/ s. assedio *m.*
sieve /sɪv/ s. setaccio *m.*
to sieve /sɪv/ v.tr. setacciare
to sift /sɪft/ v.tr. **1** setacciare **2** vagliare
sigh /saɪ/ s. sospiro *m.*
to sigh /saɪ/ v.intr. sospirare
sight /saɪt/ s. **1** vista *f.* **2** visione *f.*, veduta *f.* **3** mira *f.* **4** giudizio *m.*, opinione *f.* **5** al pl. cose *f. pl.* da vedere, curiosità *f. pl.*
to sight /saɪt/ v.tr. **1** avvistare **2** (*naut.*) traguardare **3** prendere la mira con, mirare a

sightseeing /'saɪt,siːɪŋ/ s. giro *m.* turistico
sign /saɪn/ s. **1** segno *m.*, cenno *m.*, gesto *m.* **2** indizio *m.*, traccia *f.* **3** insegna *f.*, segnale *m.* **4** (*mat., astr.*) segno *m.* ◆ **s. language** linguaggio dei sordomuti
to sign /saɪn/ v.tr. **1** firmare, sottoscrivere **2** arruolare, ingaggiare ◆ **to s. away** (*una proprietà firmando un documento*) cedere || **to s. on** arruolarsi, sottoscrivere un impegno || **to s. over** (*una proprietà firmando un documento*) cedere || **to s. up** arruolarsi, iscriversi
signal /'sɪgnl/ s. segnale *m.* ◆ **warning s.** segnale d'allarme
to signal /'sɪgnl/ v.tr. e intr. segnalare
signature /'sɪgnɪtʃəʳ/ s. firma *f.* ◆ **s. tune** sigla musicale
signboard /'saɪnbɔːd/ s. cartello *m.*, insegna *f.*
signet /'sɪgnɪt/ s. sigillo *m.*
significance /sɪg'nɪfɪkəns/ s. **1** significato *m.* **2** importanza *f.*
significant /sɪg'nɪfɪkənt/ agg. **1** significativo, espressivo **2** importante
to signify /'sɪgnɪfaɪ/ **A** v.tr. **1** significare, voler dire **2** manifestare **B** v.intr. essere significativo, avere importanza
signpost /'saɪn,pəʊst/ s. cartello *m.* indicatore
silence /'saɪləns/ s. silenzio *m.*
to silence /'saɪləns/ v.tr. far tacere
silencer /'saɪlənsəʳ/ s. silenziatore *m.*
silent /'saɪlənt/ agg. **1** silenzioso **2** muto
silhouette /,sɪlʊ(ː)'ɛt/ s. silhouette *f. inv.*, sagoma *f.* ◆ **in s.** in controluce
silicon /'sɪlɪkən/ s. silicio *m.*
silicone /'sɪlɪkəʊn/ s. silicone *m.*
silk /sɪlk/ s. seta *f.*
silky /'sɪlkɪ/ agg. **1** di seta, serico **2** morbido, lucente
sill /sɪl/ s. **1** soglia *f.* **2** davanzale *m.*
silly /'sɪlɪ/ agg. sciocco
silo /'saɪləʊ/ (*pl.* **silos**) s. silo *m.*
silt /sɪlt/ s. limo *m.*
silvan /'sɪlvən/ agg. silvestre
silver /'sɪlvəʳ/ **A** s. **1** argento *m.* **2** argenteria *f.* **B** agg. attr. d'argento ◆ **s. fox** volpe argentata || **s. wedding** nozze d'argento
to silver-plate /'sɪlvə,pleɪt/ v.tr. placcare d'argento
silverware /'sɪlvəwɛəʳ/ s. argenteria *f.*
SIM /sɪm/ s. SIM *f. inv.*
similar /'sɪmɪləʳ/ agg. simile
similarity /,sɪmɪ'lærɪtɪ/ s. somiglianza *f.*
simile /'sɪmɪlɪ/ s. similitudine *f.*
similitude /sɪ'mɪlɪtjuːd/ s. similitudine *f.*
to simmer /'sɪməʳ/ v.tr. far bollire lentamente ◆ **to s. down** calmarsi
to simper /'sɪmpəʳ/ v.intr. sorridere in modo falso
simple /'sɪmpl/ agg. semplice
simplicity /sɪm'plɪsɪtɪ/ s. semplicità *f.*
to simplify /'sɪmplɪfaɪ/ v.tr. semplificare
simply /'sɪmplɪ/ avv. semplicemente
to simulate /'sɪmjʊleɪt/ v.tr. simulare
simulation /,sɪmjʊ'leɪʃ(ə)n/ s. simulazione *f.*
simultaneous /,sɪm(ə)l'teɪnjəs/ agg. simultaneo
sin /sɪn/ s. peccato *m.*, colpa *f.*
to sin /sɪn/ v.intr. peccare
since /sɪns/ **A** avv. da allora **B** prep. da **C** cong. **1** da quando **2** poiché, siccome
sincere /sɪn'sɪəʳ/ agg. sincero
sincerely /sɪn'sɪəlɪ/ avv. sinceramente ◆ **yours s.** (*nelle lettere*) cordiali saluti, cordialmente vostro
sincerity /sɪn'sɛrɪtɪ/ s. sincerità *f.*
sine /saɪn/ s. (*mat.*) seno *m.*
sinew /'sɪnjuː/ s. tendine *m.*
sinewy /'sɪnjuːɪ/ agg. **1** muscoloso **2** (*fig.*) forte
sinful /'sɪnf(ʊ)l/ agg. peccaminoso
to sing /sɪŋ/ (*pass.* **sang**, *p.p.* **sung**) v.tr. e intr. cantare
to singe /'sɪn(d)ʒ/ **A** v.tr. bruciacchiare **B** v.intr. bruciacchiarsi
singer /'sɪŋəʳ/ s. cantante *m. e f.*
singing /'sɪŋɪŋ/ s. canto *m.*
single /'sɪŋgl/ **A** agg. **1** singolo, semplice, individuale **2** celibe, nubile **3** sincero, leale **B** s. **1** singolo *m.* **2** single *m. e f. inv.* **3** (camera) singola *f.* **4** biglietto *m.* di sola andata ◆ **s. file** fila indiana || **s. dose** monodose
to single /'sɪŋgl/ v.tr. scegliere ◆ **to s. out** selezionare
single-handed /,sɪŋgl'hændɪd/ **A** agg. **1** con una mano sola **2** da solo **B** avv. da solo, senza aiuto
singly /'sɪŋglɪ/ avv. **1** singolarmente **2** senza aiuto
singsong /'sɪŋ,sɒŋ/ s. cantilena *f.*
singular /'sɪŋgjʊləʳ/ agg. e s. singolare *m.*
sinister /'sɪnɪstəʳ/ agg. **1** sinistro, funesto **2** infame
sink /sɪŋk/ s. lavandino *m.*
to sink /sɪŋk/ (*pass.* **sank**, *p.p.* **sunk**) **A** v.intr. **1** affondare **2** sprofondare **3** abbassarsi, calare **4** cadere **5** penetrare, filtrare **6** incavarsi, infossarsi **B** v.tr. **1** affondare **2** abbassare, far calare **3** scavare, perforare **4** (*denaro*) investire ◆ **to s. in** penetrare, essere recepito
sinner /'sɪnəʳ/ s. peccatore *m.*
sinus /'saɪnəs/ s. (*anat.*) seno *m.*, cavità *f.*
sinusitis /,saɪnə'saɪtɪs/ s. sinusite *f.*
sip /sɪp/ s. sorso *m.*
to sip /sɪp/ v.tr. e intr. sorseggiare
siphon /'saɪf(ə)n/ s. sifone *m.*
sir /sɜːʳ/ s. **1** (*al vocativo, senza nome proprio*) signore *m.* **2** sir *m. inv.*
siren /'saɪərɪn/ s. sirena *f.*
sirloin /'sɜːlɔɪn/ s. lombo *m.* di manzo, controfiletto *m.*
sissy /'sɪsɪ/ s. (*fam.*) effemminato *m.*, femminuccia *f.*
sister /'sɪstəʳ/ s. **1** sorella *f.* **2** suora *f.* **3** (infermiera) caposala *f.* ◆ **s.-in-law** cognata
to sit /sɪt/ (*pass. e p.p.* **sat**) v.intr. **1** sedere, stare seduto **2** essere in seduta **3** posare **4** (*di uccelli*) covare **5** (*di abiti*) cadere ◆ **to s. down** mettersi a sedere, accomodarsi || **to s. for** sostenere (un esame) || **to s. in on** partecipare a || **to s. up** tirarsi su a sedere, stare alzato

site /saɪt/ s. **1** sito *m.*, luogo *m.* **2** (*inform.*) sito *m.* (Internet)
sitting /ˈsɪtɪŋ/ s. **1** seduta *f.* **2** sessione *f.*, udienza *f.* **3** turno *m.* ♦ **s. room** salotto
situated /ˈsɪtjʊeɪtɪd/ agg. situato, posto
situation /ˌsɪtjʊˈeɪʃ(ə)n/ s. **1** situazione *f.*, posizione *f.* **2** impiego *m.*
six /sɪks/ agg. num. card. e s. sei *m. inv.*
sixteen /ˌsɪksˈtiːn/ agg. num. card. e s. sedici *m. inv.*
sixteenth /ˌsɪksˈtiːnθ/ agg. num. ord. e s. sedicesimo *m.*
sixth /sɪksθ/ agg. num. ord. e s. sesto *m.*
sixtieth /ˈsɪkstɪɪθ/ agg. num. ord. e s. sessantesimo *m.*
sixty /ˈsɪkstɪ/ agg. num. card. e s. sessanta *m. inv.*
sizable /ˈsaɪzəbl/ agg. considerevole
size[1] /saɪz/ s. **1** dimensione *f.*, grandezza *f.* **2** misura *f.*, taglia *f.*, formato *m.*
size[2] /saɪz/ s. colla *f.*, appretto *m.*
to size /saɪz/ s. classificare secondo la misura ♦ **to s. up** valutare
skate[1] /skeɪt/ s. pattino *m.*
skate[2] /skeɪt/ s. (*zool.*) razza *f.*
to skate /skeɪt/ v.intr. pattinare
skateboard /ˈskeɪtbɔːd/ s. skateboard *m. inv.*
skater /skeɪtəʳ/ s. pattinatore *m.*
skating /ˈskeɪtɪŋ/ s. pattinaggio *m.* ♦ **figure s.** pattinaggio artistico || **roller s.** pattinaggio a rotelle || **s. rink** pista di pattinaggio
skein /skeɪn/ s. matassa *f.*
skeletal /ˈskɛlɪtəl/ agg. ridotto (all'essenziale)
skeleton /ˈskɛlɪtn/ s. **1** scheletro *m.* **2** ossatura *f.* **3** schema *m.*, abbozzo *m.*
sketch /skɛtʃ/ s. **1** schizzo *m.*, abbozzo *m.* **2** scenetta *f.*, sketch *m. inv.*
sketchy /ˈskɛtʃɪ/ agg. abbozzato, approssimativo
skewer /ˈskjʊəʳ/ s. spiedo *m.*
ski /skiː/ s. sci *m. inv.* ♦ **s. boot** scarpone da sci || **s. jump** salto dal trampolino (con gli sci) || **s. lift** skilift, sciovia || **s. pass** skipass || **s. pole** racchetta da sci || **s. rack** portascì || **s. slope** pista da sci || **s. stick** racchetta da sci || **s. wax** sciolina || **water s.** sci nautico
to ski /skiː/ v.intr. sciare
skid /skɪd/ s. **1** slittamento *m.*, slittata *f.* **2** (*autom.*) derapata *f.*
to skid /skɪd/ v.intr. scivolare, slittare
skier /ˈskiːəʳ/ s. sciatore *m.*
skiing /ˈskiːɪŋ/ s. (*sport*) sci *m.*
skilful /ˈskɪlf(ʊ)l/ agg. abile, destro
skill /skɪl/ s. destrezza *f.*, maestria *f.*
skilled /skɪld/ agg. esperto, qualificato
to skim /skɪm/ v.tr. **1** schiumare, scremare **2** sfiorare **3** scorrere, sfogliare
skimmed /skɪmd/ agg. scremato ♦ **s. milk** latte scremato
to skimp /skɪmp/ **A** v.tr. fare economia **B** v.intr. **1** lesinare **2** fare economie
skimpy /ˈskɪmpɪ/ agg. scarso, misero
skin /skɪn/ s. **1** pelle *f.* **2** buccia *f.*, scorza *f.*
to skin /skɪn/ v.tr. spellare, sbucciare
skin-deep /ˌskɪnˈdiːp/ agg. superficiale
to skin-dive /ˈskɪndaɪv/ v.intr. immergersi in apnea (o con autorespiratore senza muta)
skinhead /ˈskɪnhɛd/ s. naziskin *m. e f. inv.*, skinhead *m. e f. inv.*
skinny /ˈskɪnɪ/ agg. macilento
skin-tight /ˌskɪnˈtaɪt/ agg. aderente
skip /skɪp/ s. **1** salto *m.* **2** omissione *f.*
to skip /skɪp/ v.tr. e intr. saltare
skipper /ˈskɪpəʳ/ s. **1** (*naut.*) skipper *m. e f. inv.*, comandante *m.* **2** (*sport*) capitano *m.*
skirmish /ˈskɜːmɪʃ/ s. scaramuccia *f.*
skirt /skɜːt/ s. **1** gonna *f.* **2** lembo *m.*, margine *m.* ♦ **wraparound s.** gonna pareo
to skirt /skɜːt/ v.tr. **1** costeggiare, fiancheggiare **2** (*fig.*) evitare
skit /skɪt/ s. scenetta *f.*, parodia *f.*
skittish /ˈskɪtɪʃ/ agg. **1** vivace, volubile **2** (*di cavallo*) ombroso **3** pieno di paure
skittle /ˈskɪtl/ s. birillo *m.*
to skive /skaɪv/ v.intr. (*fam.*) fare il lavativo, gingillarsi
to skulk /skʌlk/ v.intr. **1** muoversi furtivamente **2** nascondersi
skull /skʌl/ s. cranio *m.*, teschio *m.*
skunk /skʌŋk/ s. moffetta *f.*
sky /skaɪ/ s. cielo *m.* ♦ **s. diving** paracadutismo (sportivo)
to skyjack /ˈskaɪdʒæk/ v.tr. dirottare
skyjacker /ˈskaɪdʒækəʳ/ s. dirottatore *m.*
skylark /ˈskaɪlɑːk/ s. allodola *f.*
skylight /ˈskaɪlaɪt/ s. lucernario *m.*
skyscraper /ˈskaɪˌskreɪpəʳ/ s. grattacielo *m.*
slab /slæb/ s. **1** lastra *f.*, piastra *f.* **2** fetta *f.*
slack /slæk/ **A** agg. **1** lento, allentato **2** pigro, indolente **3** fiacco **B** s. **1** rilassamento *m.* **2** periodo *m.* morto **3** al pl. pantaloni *m. pl.* **4** (*mecc.*) gioco *m.*
to slacken /ˈslæk(ə)n/ **A** v.tr. **1** allentare, mollare **2** diminuire **B** v.intr. **1** rilassarsi, rallentare il ritmo **2** ridursi
slag /slæg/ s. scoria *f.*
slain /sleɪn/ p.p. di **to slay**
slam /slæm/ s. **1** colpo *m.* violento **2** sbatacchiamento *m.* ♦ **s. dunk** (*sport*) schiacciata
to slam /slæm/ **A** v.tr. **1** sbattere, chiudere violentemente **2** scaraventare **3** (*fam.*) criticare **B** v.intr. (*di porta*) sbattere ♦ **to s. dunk** (*sport*) fare una schiacciata
slander /ˈslɑːndəʳ/ s. calunnia *f.*, diffamazione *f.*
to slander /ˈslɑːndəʳ/ s. calunniare, diffamare
slang /slæŋ/ s. gergo *m.*, slang *m. inv.*
slant /slɑːnt/ s. **1** inclinazione *f.*, pendenza *f.*, pendio *m.* **2** angolazione *f.*
to slant /slɑːnt/ **A** v.intr. **1** pendere, inclinarsi **2** propendere **B** v.tr. **1** deviare **2** presentare in maniera tendenziosa
slanting /ˈslɑːntɪŋ/ agg. obliquo, inclinato

slap /slæp/ **A** s. ceffone *m.*, sberla *f.* **B** avv. **1** improvvisamente **2** in pieno ◆ **s.-bang** di colpo
to slap /slæp/ v.tr. **1** schiaffeggiare **2** sbattere
slapdash /'slæpdæʃ/ **A** agg. precipitoso, affrettato **B** avv. frettolosamente
slap-up /'slæpʌp/ agg. (*fam.*) eccellente
slash /slæʃ/ s. **1** taglio *m.*, squarcio *m.* **2** frustata *f.* **3** (*segno grafico*) barra *f.*, slash *m. inv.*
to slash /slæʃ/ v.tr. **1** tagliare, squarciare **2** frustare **3** ridurre drasticamente **4** criticare, stroncare
slat /slæt/ s. assicella *f.*, stecca *f.*
slate /sleɪt/ s. **1** ardesia *f.* **2** tegola *f.* d'ardesia
to slate /sleɪt/ v.tr. (*fam.*) **1** criticare, stroncare **2** rimproverare
slating /'sleɪtɪŋ/ s. stroncatura *f.*
slaughter /'slɔːtəʳ/ s. massacro *m.*, strage *f.* ◆ **s. house** mattatoio
to slaughter /'slɔːtəʳ/ v.tr. **1** massacrare **2** (*bestiame*) macellare
Slav /slɑːv/ s. slavo *m.*
slave /sleɪv/ agg. e s. schiavo *m.*
slavery /'sleɪvərɪ/ s. schiavitù *f.*
Slavic /'slɑːvɪk/ agg. e s. slavo *m.*
slavish /'sleɪvɪʃ/ agg. servile
to slay /sleɪ/ (*pass.* **slew**, *p.p.* **slain**) v.tr. (*letter.*) ammazzare
sleazy /'sliːzɪ/ agg. squallido
sled /slɛd/ s. slitta *f.*
sledge /slɛdʒ/ s. slitta *f.*
sledgehammer /'slɛdʒˌhæməʳ/ s. mazza *f.*, maglio *m.*
sleek /sliːk/ agg. **1** liscio, lucido **2** mellifluo **3** di lusso, elegante
sleep /sliːp/ s. **1** sonno *m.* **2** dormita *f.* ◆ **sound s.** sonno profondo || **to go to s.** addormentarsi
to sleep /sliːp/ (*pass. e p.p.* **slept**) v.intr. dormire ◆ **to s. in** dormire fino a tardi
sleeper /'sliːpəʳ/ s. **1** dormiglione *m.* **2** (*ferr.*) traversina *f.* **3** (*ferr.*) vagone letto *m.*
sleepiness /'sliːpɪnɪs/ s. sonnolenza *f.*
sleeping /'sliːpɪŋ/ agg. addormentato ◆ **s. bag** sacco a pelo || **s. car** vagone letto || **s. draught, pill** sonnifero
sleepless /'sliːplɪs/ agg. insonne
sleeplessness /'sliːplɪsnɪs/ s. insonnia *f.*
sleepwalker /'sliːpˌwɔːkəʳ/ s. sonnambulo *m.*
sleepy /'sliːpɪ/ agg. assonnato ◆ **s. head** dormiglione
sleet /sliːt/ s. nevischio *m.*
sleeve /sliːv/ s. **1** manica *f.* **2** copertina *f.*, custodia *f.*
sleigh /sleɪ/ s. slitta *f.*
sleight /slaɪt/ s. abilità *f.* ◆ **s. of hand** gioco di prestigio
slender /'slɛndəʳ/ agg. **1** esile, snello **2** scarso, tenue
slept /slɛpt/ pass. e p.p. di **to sleep**
slew /sluː/ pass. di **to slay**
slice /slaɪs/ s. fetta *f.*, trancio *m.* ◆ **by the s.** al trancio
to slice /slaɪs/ v.tr. affettare, tagliare
slick /slɪk/ **A** agg. **1** liscio, sdrucciolevole **2** astuto **3** untuoso, viscido **4** (*di pneumatici*) slick **B** s. **oil s.** chiazza *f.* di petrolio
slide /slaɪd/ s. **1** scivolata *f.*, scivolone *m.* **2** scivolo *m.* **3** (*mecc.*) guida *f.*, cursore *m.* **4** (*per microscopio*) vetrino *m.* **5** diapositiva *f.* ◆ **s. fastener** chiusura lampo
to slide /slaɪd/ (*pass. e p.p.* **slid**) v.intr. scivolare
sliding /'slaɪdɪŋ/ agg. scorrevole, mobile ◆ **s. scale** (*econ.*) scala mobile
slight /slaɪt/ **A** agg. **1** esile, smilzo, minuto **2** leggero, lieve **3** insignificante **B** s. **1** affronto *m.*, mancanza *f.* di riguardo **2** trascuratezza *f.*
to slight /slaɪt/ v.tr. **1** disprezzare **2** trascurare
slightly /'slaɪtlɪ/ avv. **1** leggermente, un poco **2** scarsamente
slim /slɪm/ agg. magro, snello
to slim /slɪm/ v.intr. dimagrire ◆ **to be slimming** snellire || **to s. down** dimagrire
slime /slaɪm/ s. limo *m.*, melma *f.*
slimming /'slɪmɪŋ/ agg. dimagrante
slimy /'slaɪmɪ/ agg. **1** fangoso **2** viscido
sling /slɪŋ/ s. **1** fionda *f.* **2** imbracatura *f.* ◆ **baby s.** marsupio
to sling /slɪŋ/ (*pass. e p.p.* **slung**) v.tr. **1** lanciare, scagliare **2** sospendere, imbracare **3** portare a tracolla
slip /slɪp/ s. **1** scivolone *m.* **2** errore *m.*, svista *f.* **3** tagliando *m.*, scontrino *m.* **4** striscia *f.* **5** sottoveste *f.* ◆ **s.-road** rampa di accesso (a un'autostrada) || **pillow s.** federa
to slip /slɪp/ **A** v.intr. **1** scivolare **2** sgusciare, sgattaiolare **3** decadere, peggiorare **B** v.tr. **1** far scivolare, infilare **2** sciogliere, liberare **3** sottrarsi a ◆ **to let s.** lasciarsi scappare || **to s. away** svignarsela || **to s. up** sbagliare
slipper /'slɪpəʳ/ s. pantofola *f.*, ciabatta *f.*
slippery /'slɪp(ə)rɪ/ agg. scivoloso, sdrucciolevole, viscido
slipshod /'slɪpʃɒd/ agg. trasandato
slip-up /'slɪpʌp/ s. (*fam.*) sbaglio *m.*
slipway /'slɪpweɪ/ s. (*naut.*) scalo *m.*
slit /slɪt/ s. fenditura *f.*, fessura *f.*, spacco *m.*
to slit /slɪt/ (*pass. e p.p.* **slit**) v.tr. tagliare, fendere
to slither /'slɪðəʳ/ v.intr. scivolare
sliver /'slɪvəʳ/ s. scheggia *f.*, frammento *m.*
slob /slɒb/ s. (*pop.*) zoticone *m.*
to slog /slɒg/ v.intr. **1** colpire con violenza **2** sgobbare **3** procedere a fatica
slogan /'sləʊgən/ s. slogan *m. inv.*
to slop /slɒp/ **A** v.tr. **1** versare, rovesciare **2** schizzare **B** v.intr. **1** traboccare **2** sguazzare
slope /sləʊp/ s. **1** pendio *m.*, scarpata *f.* **2** inclinazione *f.*, pendenza *f.*
to slope /sləʊp/ v.intr. pendere, essere inclinato ◆ **to s. off** svignarsela
sloppy /'slɒpɪ/ agg. **1** fangoso, umido **2** trascurato, sciatto
slot /slɒt/ s. **1** fessura *f.*, apertura *f.* **2** scanalatura *f.*
to slot /slɒt/ v.tr. **1** introdurre, inserire (in una fessura) **2** scanalare

sloth /sləʊθ/ s. pigrizia *f.*
to slouch /slaʊtʃ/ v.intr. trascinarsi, ciondolare ◆ **to s. about** gironzolare
slow /sləʊ/ **A** agg. **1** lento **2** tardo, ottuso **3** monotono, noioso **4** indietro, in ritardo **B** avv. lentamente, piano ◆ **s. fever** acetonemia, chetonemia, acetone || **in s. motion** al rallentatore
to slow /sləʊ/ v.tr. e intr. rallentare
slowness /ˈsləʊnɪs/ s. lentezza *f.*
sludge /slʌdʒ/ s. fango *m.*
slug[1] /slʌg/ s. (*zool.*) lumaca *f.*
slug[2] /slʌg/ s. **1** pallottola *f.*, proiettile *m.* **2** gettone *m.*
to slug /slʌg/ v.tr. colpire con forza
sluggish /ˈslʌgɪʃ/ agg. indolente, pigro
sluice /slu:s/ s. chiusa *f.*
slum /slʌm/ s. **1** catapecchia *f.* **2** al pl. bassifondi *m. pl.*
slumber /ˈslʌmbəʳ/ s. sonno *m.*
slump /slʌmp/ s. **1** crollo *m.*, caduta *f.* **2** (*econ.*) recessione *f.*
to slump /slʌmp/ v.intr. crollare
slung /slʌŋ/ pass. e p.p. di **to sling**
slur /slɜ:ʳ/ s. **1** affronto *m.*, accusa *f.* **2** pronuncia *f.* indistinta **3** (*mus.*) legatura *f.*
to slurp /slɜ:p/ v.tr. e intr. trangugiare
slush /slʌʃ/ s. fanghiglia *f.* ◆ **s. fund** (*comm.*) fondi neri
slut /slʌt/ s. **1** sciattona *f.* **2** sgualdrina *f.*
sly /slaɪ/ agg. furbo, scaltro
smack[1] /smæk/ s. aroma *m.*, gusto *m.*
smack[2] /smæk/ s. **1** schiaffo *m.* **2** (*di bacio, frusta*) schiocco *m.* **3** bacio *m.* con lo schiocco
to smack[1] /smæk/ v.intr. sapere di
to smack[2] /smæk/ v.tr. **1** schioccare **2** schiaffeggiare
small /smɔ:l/ agg. piccolo ◆ **s. change** spiccioli || **s. hours** ore piccole || **s. talk** chiacchiere
smallpox /ˈsmɔ:lpɒks/ s. vaiolo *m.*
smart /smɑ:t/ agg. **1** elegante, alla moda **2** intelligente, sveglio **3** forte, acuto, aspro ◆ **s. card** smart card || **the s. set** il bel mondo
to smart /smɑ:t/ v.intr. bruciare, far male
to smarten up /ˈsmɑ:tnʌp/ **A** v.tr. **1** abbellire **2** ravvivare **B** v.intr. farsi bello
smash /smæʃ/ s. **1** scontro *m.*, collisione *f.* **2** tracollo *m.*, rovina *f.* **3** (*fam.*) grande successo *m.* **4** (*tennis*) smash *m. inv.*
to smash /smæʃ/ **A** v.tr. **1** fracassare, schiantare **2** sconfiggere, stroncare **3** (*tennis*) schiacciare, smashare **B** v.intr. frantumarsi, schiantarsi
smashing /ˈsmæʃɪŋ/ agg. (*fam.*) formidabile
smash-up /ˈsmæʃˌʌp/ s. **1** scontro *m.*, incidente *m.* stradale **2** rovina *f.*
smattering /ˈsmæt(ə)rɪŋ/ s. infarinatura *f.*, conoscenza *f.* superficiale
smell /smel/ s. **1** odorato *m.* **2** odore *m.*
to smell /smel/ (*pass. e p.p.* **smelt**) **A** v.tr. annusare, fiutare **B** v.intr. **1** odorare **2** aver profumo **3** puzzare
smile /smaɪl/ s. sorriso *m.*
to smile /smaɪl/ v.intr. sorridere
smiling /ˈsmaɪlɪŋ/ agg. sorridente
smirk /smɜ:k/ s. sorriso *m.* furbo, sorriso *m.* compiaciuto
smith /smɪθ/ s. fabbro *m.*
smithery /ˈsmɪθərɪ/ s. fucina *f.*
smock /smɒk/ s. grembiule *m.*
smog /smɒg/ s. smog *m. inv.*
smoke /sməʊk/ s. fumo *m.*
to smoke /sməʊk/ **A** v.tr. **1** fumare **2** affumicare **B** v.intr. fumare
smoker /ˈsməʊkəʳ/ s. **1** fumatore *m.* **2** scompartimento *m.* per fumatori
smoking /ˈsməʊkɪŋ/ s. fumo *m.* ◆ **no s.** vietato fumare
smoky /ˈsməʊkɪ/ agg. fumoso
smooth /smu:ð/ agg. **1** liscio, levigato **2** omogeneo, ben amalgamato **3** amabile **4** affabile **5** facile
to smooth /smu:ð/ v.tr. **1** lisciare, levigare **2** appianare
smoothness /ˈsmu:ðnɪs/ s. **1** levigatezza *f.* **2** dolcezza *f.*
to smother /ˈsmʌðəʳ/ v.tr. soffocare, reprimere
to smoulder /ˈsməʊldəʳ/ (*USA* **to smolder**) v.intr. covare sotto la cenere
smudge /smʌdʒ/ s. **1** macchia *f.*, sbavatura *f.* **2** (*USA*) fumo *m.* denso
to smudge /smʌdʒ/ v.tr. macchiare, imbrattare
smug /smʌg/ agg. compiaciuto
to smuggle /ˈsmʌgl/ v.tr. contrabbandare
smuggler /ˈsmʌgləʳ/ s. contrabbandiere *m.*
smuggling /ˈsmʌglɪŋ/ s. contrabbando *m.*
smut /smʌt/ s. **1** fuliggine *f.* **2** (*fam.*) oscenità *f.*
snack /snæk/ s. spuntino *m.*, snack *m. inv.*
snag /snæg/ s. **1** filo *m.* tirato **2** impedimento *m.*, ostacolo *m.*
snail /sneɪl/ s. lumaca *f.*, chiocciola *f.*
snake /sneɪk/ s. serpente *m.*
snap /snæp/ **A** s. **1** scatto *m.*, schiocco *m.*, schianto *m.* **2** fermaglio *m.* **3** (*fot.*) istantanea *f.* **B** agg. **1** improvviso **2** a scatto
to snap /snæp/ **A** v.tr. **1** spezzare **2** schioccare, far scattare **3** addentare **4** fare una foto a **B** v.intr. **1** spezzarsi **2** scattare, schioccare **3** parlare in modo brusco ◆ **to s. at** addentare, parlare con asprezza || **to s. up** prendere al volo
snappy /ˈsnæpɪ/ agg. **1** brusco, aspro **2** brillante **3** alla moda ◆ **make it s.!** sbrigati!
snapshot /ˈsnæpʃɒt/ s. (*fot.*) istantanea *f.*
snare /sneəʳ/ s. tranello *m.*, trappola *f.*
to snarl /snɑ:l/ v.intr. ringhiare
snarling /ˈsnɑ:lɪŋ/ agg. ringhioso
snatch /snætʃ/ s. **1** strappo *m.*, strattone *m.* **2** (*pop.*) scippo *m.* **3** frammento *m.*
to snatch /snætʃ/ v.tr. **1** afferrare, strappare **2** scippare, rubare
sneer /snɪəʳ/ s. sogghigno *m.*
to sneer /snɪəʳ/ v.intr. sogghignare
sneeze /sni:z/ s. starnuto *m.*
to sneeze /sni:z/ v.intr. starnutire

to sniff /snɪf/ **A** v.tr. annusare, fiutare **B** v.intr. tirare su con il naso
to snigger /'snɪgəʳ/ v.intr. ridacchiare
snip /snɪp/ s. **1** forbiciata *f.* **2** ritaglio *m.*, pezzetto *m.* **3** scampolo *m.* **4** (*fam.*) affare *m.*, occasione *f.*
to snip /snɪp/ v.tr. tagliare con le forbici
snipe /snaɪp/ s. beccaccino *m.*
sniper /'snaɪpəʳ/ s. franco tiratore *m.*
snippet /'snɪpɪt/ s. frammento *m.*
snivelling /'snɪvlɪŋ/ agg. piagnucoloso
snob /snɒb/ s. snob *m. e f. inv.*
snobbery /'snɒbərɪ/ s. snobismo *m.*
snobbish /'snɒbɪʃ/ agg. snobistico, snob
to snoop /snuːp/ v.intr. curiosare
snooty /'snuːtɪ/ agg. borioso
snooze /snuːz/ s. pisolino *m.*, dormitina *f.*
to snooze /snuːz/ v.intr. sonnecchiare
to snore /snɔːʳ/ v.intr. russare
snorkel /'snɔːk(ə)l/ s. boccaglio *m.*
snorkeling /'snɔːk(ə)lɪŋ/ s. snorkeling *m. inv.*
snort /snɔːt/ s. sbuffo *m.*
to snort /snɔːt/ v.intr. sbuffare
snout /snaʊt/ s. muso *m.*, grugno *m.*
snow /snəʊ/ s. neve *f.*
to snow /snəʊ/ v.intr. nevicare
snowball /'snəʊbɔːl/ s. palla *f.* di neve
snowboard /'snəʊbɔːd/ s. snowboard *m. inv.*
snowbound /'snəʊbaʊnd/ agg. bloccato dalla neve
snowdrift /'snəʊdrɪft/ s. cumulo *m.* di neve
snowdrop /'snəʊdrɒp/ s. bucaneve *m.*
snowfall /'snəʊfɔːl/ s. nevicata *f.*
snowflake /'snəʊfleɪk/ s. fiocco *m.* di neve
snowman /'snəʊmæn/ (*pl.* **snowmen**) s. pupazzo *m.* di neve
snowplough /'snəʊˌplaʊ/ (*USA* **snowplow**) s. spazzaneve *m. inv.*
snowshoe /'snəʊʃuː/ s. racchetta *f.* da neve
snowslide /'snəʊslaɪd/ s. slavina *f.*
snowstorm /'snəʊstɔːm/ s. bufera *f.* di neve
snowy /'snə(ʊ)ɪ/ agg. **1** nevoso **2** candido
snub¹ /snʌb/ s. affronto *m.*
snub² /snʌb/ agg. camuso
to snub /snʌb/ v.tr. **1** rimproverare, umiliare **2** snobbare
snuff /snʌf/ s. tabacco *m.* da fiuto
snug /snʌg/ agg. **1** comodo, accogliente **2** (*di abito*) aderente
to snuggle /'snʌgl/ v.intr. rannicchiarsi
so /səʊ/ **A** avv. **1** così, tanto, talmente **2** allora, così **3** molto **B** cong. perciò, così ♦ **and so on** e così via || **or so** all'incirca || **so as** così da || **so much** (così) tanto || **so many** (così) tanti || **so far** finora || **so long!** a presto! || **so what?** e allora?
to soak /səʊk/ **A** v.tr. **1** immergere, mettere a bagno **2** (*fam.*) fare pagare troppo **B** v.intr. **1** inzupparsi **2** penetrare ♦ **to s. up** assorbire
soap /səʊp/ s. sapone *m.* ♦ **s. dish** portasapone || **s. flakes** sapone in scaglie || **s. powder** detersivo in polvere
to soap /səʊp/ v.tr. insaponare
soapy /'səʊpɪ/ agg. insaponato, saponoso
to soar /sɔːʳ/ v.intr. **1** alzarsi in volo **2** (*aer.*) veleggiare **3** elevarsi, svettare **4** aumentare vertiginosamente, salire alle stelle
sob /sɒb/ s. singhiozzo *m.*
to sob /sɒb/ v.intr. singhiozzare, piangere
sober /'səʊbəʳ/ agg. **1** sobrio, non ubriaco **2** moderato, equilibrato
to sober /'səʊbəʳ/ **A** v.tr. calmare, moderare **B** v.intr. calmarsi, rinsavire ♦ **to s. up** fare passare la sbornia, smaltire la sbornia
so-called /ˌsəʊ'kɔːld/ agg. cosiddetto
soccer /'sɒkəʳ/ s. (*sport*) calcio *m.* ♦ **s. player** calciatore
sociable /'səʊʃɛbl/ agg. socievole
social /'səʊʃəl/ agg. **1** sociale **2** socievole ♦ **s. climber** arrivista || **s. democracy** socialdemocrazia || **s. security** previdenza sociale || **s. worker** assistente sociale
socialism /'səʊʃəlɪz(ə)m/ s. socialismo *m.*
socialist /'səʊʃəlɪst/ agg. e s. socialista *m. e f.*
to socialize /'səʊʃəlaɪz/ v.tr. e intr. socializzare
society /sə'saɪətɪ/ s. società *f.*
sociologist /ˌsəʊsɪ'ɒlədʒɪst/ s. sociologo *m.*
sociology /ˌsəʊsɪ'ɒlədʒɪ/ s. sociologia *f.*
sock /sɒk/ s. calza *f.* (*da uomo*), calzino *m.*
socket /'sɒkɪt/ s. **1** cavità *f.*, incavo *m.* **2** presa *f.* di corrente **3** (*elettron.*) zoccolo *m.* ♦ **eye s.** orbita (oculare)
sod¹ /sɒd/ s. zolla *f.*
sod² /sɒd/ s. (*spreg.*) canaglia *f.*
sodium /'səʊdjəm/ s. sodio *m.*
sofa /'səʊfə/ s. sofà *m. inv.*
soft /sɒft/ agg. **1** molle, morbido, tenero **2** leggero, delicato **3** sommesso, tenue **4** gentile, amabile **5** (*fam.*) facile **6** leggero, non alcolico ♦ **s. drink** bevanda analcolica
to soften /'sɒfn/ **A** v.tr. **1** ammorbidire **2** abbassare, mitigare, attenuare **B** v.intr. **1** ammorbidirsi **2** addolcirsi, intenerirsi **3** placarsi ♦ **to s. up** indebolire
softness /'sɒftnɪs/ s. **1** mollezza *f.*, morbidezza *f.* **2** mitezza *f.*, dolcezza *f.*
to soft-soap /'sɒftˌsəʊp/ v.tr. (*fam.*) adulare, lisciare
software /'sɒftwɛəʳ/ s. software *m. inv.*
soggy /'sɒgɪ/ agg. fradicio, inzuppato
soil¹ /sɔɪl/ s. suolo *m.*, terreno *m.*
soil² /sɔɪl/ s. **1** sporco *m.*, sudiciume *m.* **2** concime *m.*
to soil /sɔɪl/ v.tr. imbrattare, sporcare
soiled /sɔɪld/ agg. sporco, macchiato
solace /'sɒləs/ s. conforto *m.*, consolazione *f.*
solar /'səʊləʳ/ agg. solare
sold /səʊld/ pass. e p.p. di **to sell** ♦ **s. out** (*di merce*) esaurito
to solder /'sɒldəʳ/ v.tr. saldare

soldier /'səʊldʒəʳ/ s. soldato *m.*
soldierly /'səʊldʒəlɪ/ agg. militaresco
sole[1] /səʊl/ agg. unico, singolo
sole[2] /səʊl/ s. **1** suola *f.* **2** (*del piede*) pianta *f.* **3** base *f.*, fondo *m.*
sole[3] /səʊl/ s. (*zool.*) sogliola *f.*
to sole /səʊl/ v.tr. risuolare
solely /'səʊllɪ/ avv. solamente, unicamente
solemn /'sɒləm/ agg. solenne
solemnity /sə'lɛmnɪtɪ/ s. solennità *f.*
solfeggio /sɒl'fɛdʒɪəʊ/ s. solfeggio *m.*
to solicit /sə'lɪsɪt/ v.tr. **1** sollecitare **2** adescare **3** istigare
solicitation /səˌlɪsɪ'teɪʃ(ə)n/ s. **1** sollecitazione *f.* **2** adescamento *m.* **3** istigazione *f.*
solicitor /sə'lɪsɪtəʳ/ s. procuratore *m.* legale
solicitous /sə'lɪsɪtəs/ agg. premuroso
solid /'sɒlɪd/ **A** agg. **1** solido **2** compatto, uniforme **3** pieno, massiccio **B** s. solido *m.*, sostanza *f.* solida
solidarity /ˌsɒlɪ'dærɪtɪ/ s. solidarietà *f.*
solidity /sə'lɪdɪtɪ/ s. solidità *f.*
soliloquy /sə'lɪləkwɪ/ s. monologo *m.*
solitaire /ˌsɒlɪ'tɛəʳ/ s. solitario *m.*
solitary /'sɒlɪt(ə)rɪ/ agg. solitario ♦ **s. confinement** cella d'isolamento
solitude /'sɒlɪtjuːd/ s. solitudine *f.*
to solmizate /'sɒlmɪzeɪt/ v.tr. e intr. (*mus.*) solfeggiare
solo /'səʊləʊ/ s. (*mus.*) assolo *m.*
soloist /'səʊlo(ʊ)ɪst/ s. solista *m.* e *f.*
solstice /'sɒlstɪs/ s. solstizio *m.*
soluble /'sɒljʊbl/ agg. solubile
solution /sə'luːʃ(ə)n/ s. soluzione *f.*
to solve /sɒlv/ v.tr. risolvere
solvent /'sɒlv(ə)nt/ **A** agg. **1** (*comm.*) solvibile **2** (*chim.*) solvente **B** s. solvente *m.*
sombre /'sɒmbəʳ/ (*USA* **somber**) agg. **1** scuro **2** cupo, malinconico
some /sʌm, səm/ **A** agg. **1** (*con valore partitivo*) del, dello, dei, della, delle, un po' di (ES: ***would you like s. tea?*** gradisci del tè?) **2** alcuni, alcune, qualche (ES: ***s. years ago*** alcuni anni fa) **3** un, una, un certo, una certa, qualche (ES: ***s. time or other*** una volta o l'altra) **B** pron. indef. alcuni, alcune, qualcuno, qualcuna, un po', ne (ES: ***would you like s. biscuits? I already had s.*** vuoi dei biscotti? ne ho già presi) **C** avv. **1** circa **2** (*fam.*) un po', piuttosto
somebody /'sʌmbədɪ/ pron. indef. qualcuno
someday /'sʌmdeɪ/ avv. un giorno o l'altro
somehow /'sʌmhaʊ/ avv. in qualche modo, in un modo o nell'altro
someone /'sʌmwʌn/ pron. indef. qualcuno
someplace /'sʌmpleɪs/ avv. (*USA*) da qualche parte
somersault /'sʌməsɔːlt/ s. **1** capriola *f.* **2** salto *m.* mortale
something /'sʌmθɪŋ/ pron. indef. qualcosa
sometime /'sʌmtaɪm/ **A** agg. attr. di un tempo, precedente, ex, già **B** avv. un giorno o l'altro
sometimes /'sʌmtaɪmz/ avv. qualche volta, talvolta
somewhat /'sʌmwɒt/ avv. piuttosto, un po'
somewhere /'sʌmwɛəʳ/ avv. da qualche parte ♦ **s. else** da qualche altra parte
son /sʌn/ s. figlio *m.* ♦ **s.-in-law** genero
song /sɒŋ/ s. canto *m.*, canzone *f.* ♦ **s.-bird** uccello canoro || **s.-book** canzoniere
sonic /'sɒnɪk/ agg. sonico
sonnet /'sɒnɪt/ s. sonetto *m.*
sonneteer /ˌsɒnɪ'tɪəʳ/ s. scrittore *m.* di sonetti
sonny /'sʌnɪ/ s. (*fam.*) ragazzo *m.* mio, figlio *m.* mio
sonority /sə'nɒrɪtɪ/ s. sonorità *f.*
sonorous /sə'nɔːrəs/ agg. sonoro
soon /suːn/ avv. **1** presto, fra breve, fra poco **2** piuttosto ♦ **as s. as (possible)** non appena (possibile) || **sooner or later** prima o poi
soot /sʊt/ s. fuliggine *f.*
to soothe /suːð/ v.tr. consolare, calmare
to sophisticate /sə'fɪstɪkeɪt/ v.tr. sofisticare, adulterare
sophisticated /sə'fɪstɪkeɪtɪd/ agg. **1** sofisticato, raffinato **2** adulterato
soppy /'sɒpɪ/ agg. (*fam.*) **1** fradicio **2** sentimentale
soprano /sə'prɑːnəʊ/ s. soprano *m.*
sorbet /'sɔːbət/ s. sorbetto *m.*
sorcerer /'sɔːs(ə)rəʳ/ s. stregone *m.*, mago *m.*
sorceress /'sɔːs(ə)rɪs/ s. strega *f.*, maga *f.*
sorcery /'sɔːs(ə)rɪ/ s. stregoneria *f.*
sordid /'sɔːdɪd/ agg. sordido
sore /sɔːʳ/ **A** agg. **1** dolorante, che fa male **2** addolorato **3** (*fam.*) irritato **B** s. piaga *f.*, infiammazione *f.* ♦ **to have a s. throat** avere mal di gola
sorely /'sɔːlɪ/ avv. grandemente, molto
sorrow /'sɒrəʊ/ s. dolore *m.*, pena *f.*
sorrowful /'sɒrəf(ʊ)l/ agg. **1** addolorato, afflitto **2** doloroso
sorry /'sɒrɪ/ **A** agg. **1** spiacente, dolente **2** pentito, rammaricato **3** meschino, miserabile **B** inter. **1** scusi, scusate, scusa **2** prego?, come? ♦ **I'm s.** mi dispiace
sort /sɔːt/ s. **1** genere *m.*, qualità *f.*, tipo *m.* **2** ordinamento *m.* ♦ **a s. of** una specie di
to sort /sɔːt/ v.tr. **1** classificare, selezionare, smistare **2** (*inform.*) ordinare
sorting /'sɔːtɪŋ/ s. **1** classificazione *f.* **2** smistamento *m.* **3** (*inform.*) ordinamento *m.*
so-so /'səʊsəʊ/ agg. e avv. così così
sought /sɔːt/ pass. e p.p. di **to seek**
soul /səʊl/ s. anima *f.*
soulful /səʊlf(ʊ)l/ agg. **1** (*spreg.*) sentimentale **2** appassionato
sound[1] /saʊnd/ **A** agg. **1** sano, in buono stato **2** solido, valido, efficace **3** attendibile **4** completo, totale, profondo **B** avv. **1** profondamente **2** completamente
sound[2] /saʊnd/ s. **1** suono *m.* **2** rumore *m.* **3** tono *m.* **4** audio *m. inv.* ♦ **s. effects** effetti sonori
sound[3] /saʊnd/ s. scandaglio *m.*, sonda *f.*

sound[4] /saʊnd/ s. (*geogr.*) braccio *m.* di mare, stretto *m.*

to sound[1] /saʊnd/ **A** v.intr. **1** suonare, risuonare **2** sembrare **B** v.tr. **1** suonare, far risuonare **2** far risapere, proclamare **3** auscultare ♦ **to s. like** assomigliare a

to sound[2] /saʊnd/ v.tr. (*naut.*) scandagliare, sondare ♦ **to s. out** tastare il terreno su

sounding /ˈsaʊndɪŋ/ s. **1** scandaglio *m.* **2** al pl. bassi fondali *m. pl.* **3** (*fig.*) sondaggio *m.*

soundness /ˈsaʊndnɪs/ s. **1** vigore *m.*, buona condizione *f.* **2** solidità *f.*

soundproof /ˈsaʊnd,pruf/ agg. insonorizzato

soundtrack /ˈsaʊndtræk/ s. colonna *f.* sonora

soup /suːp/ s. minestra *f.*, zuppa *f.* ♦ **to be in the s.** trovarsi nei pasticci || **s. tureen** zuppiera

sour /ˈsaʊəʳ/ agg. **1** acidulo, aspro **2** bisbetico, inacidito ♦ **s. orange** arancia amara || **s. cherry** amarena

to sour /ˈsaʊəʳ/ **A** v.tr. inacidire **B** v.intr. inacidire, inacidirsi

source /sɔːs/ s. sorgente *f.*, fonte *f.*

soutane /suːˈtɑːn/ s. tonaca *f.*

south /saʊθ/ **A** s. sud *m. inv.*, meridione *m.* **B** agg. del sud, meridionale **C** avv. a sud, da sud ♦ **South African** sudafricano || **South American** sudamericano

southeast /,saʊθˈiːst/ **A** s. sud-est *m. inv.* **B** agg. di sud-est, sud-orientale

southerly /ˈsʌðəlɪ/ **A** agg. **1** meridionale **2** proveniente da sud **B** avv. verso sud, da sud

southern /ˈsʌðən/ agg. meridionale

southwards /ˈsaʊθwədz/ avv. verso sud

southwest /,saʊθˈwɛst/ **A** s. sud-ovest *m. inv.* **B** agg. di sud-ovest, sud-occidentale

souvenir /ˈsuːvənɪəʳ/ s. souvenir *m. inv.*

sovereign /ˈsɒvrɪn/ s. **1** sovrano *m.* **2** (*moneta*) sovrana *f.*

soviet /ˈsəʊvɪɛt/ **A** s. soviet *m. inv.* **B** agg. sovietico

sow /saʊ/ s. scrofa *f.*

to sow /səʊ/ (*pass.* **sowed**, *p.p.* **sowed**, **sown**) v.tr. seminare

sowing /ˈso(ʊ)ɪŋ/ s. semina *f.*

sown /səʊn/ p.p. di **to sow**

soy(a) /sɔɪ(ə)/ s. soia *f.* ♦ **s. sauce** salsa di soia

soy(a)bean /ˈsɔɪəbiːn/ s. soia *f.*

spa /spɑː/ s. terme *f. pl.*

space /speɪs/ **A** s. spazio *m.* **B** agg. attr. spaziale

to space /speɪs/ v.tr. spaziare, distanziare

space-bar /ˈspeɪsbɑːʳ/ s. barra *f.* spaziatrice

spaceman /ˈspeɪsmən/ (*pl.* **spacemen**) s. astronauta *m.*

spaceship /ˈspeɪsʃɪp/ s. astronave *f.*

spacing /ˈspeɪsɪŋ/ s. spaziatura *f.*

spacious /ˈspeɪʃəs/ agg. spazioso

spade /speɪd/ s. **1** vanga *f.* **2** (*carte da gioco*) picche *m. inv.*

to spade /speɪd/ v.tr. vangare

span /spæn/ s. **1** spanna *f.*, palmo *m.* **2** intervallo *m.*, durata *f.* **3** larghezza *f.*, apertura *f.* **4** (*aer.*) apertura *f.* alare **5** (*arch.*) campata *f.*

Spaniard /ˈspænjəd/ s. spagnolo *m.*

Spanish /ˈspænɪʃ/ **A** agg. spagnolo **B** s. (*lingua*) spagnolo *m.*

to spank /spæŋk/ v.tr. sculacciare

spanking /ˈspæŋkɪŋ/ agg. (*fam.*) magnifico, ottimo

spanner /ˈspænəʳ/ s. (*mecc.*) chiave *f.*

spare /spɛəʳ/ **A** agg. **1** di scorta, di ricambio **2** disponibile, libero, in più **3** scarno, sparuto **4** frugale, misero **B** s. (pezzo di) ricambio *m.* ♦ **s. part** ricambio || **s. time** tempo libero || **s. tyre, wheel** ruota di scorta

to spare /spɛəʳ/ v.tr. **1** risparmiare, fare a meno di **2** dare, dedicare **3** evitare, risparmiarsi

spark /spɑːk/ s. scintilla *f.* ♦ **s. plug** candela (d'accensione)

to spark /spɑːk/ v.intr. fare scintille

sparking /ˈspɑːkɪŋ/ agg. **s. plug** candela (d'accensione)

to sparkle /ˈspɑːkl/ v.intr. **1** scintillare **2** spumeggiare

sparkling /ˈspɑːklɪŋ/ agg. **1** scintillante **2** spumante, effervescente ♦ **s. water** acqua gassata || **s. wine** spumante

sparrow /ˈspærəʊ/ s. passero *m.* ♦ **s. hawk** sparviero

sparse /spɑːs/ agg. sparso, rado

spasm /ˈspæz(ə)m/ s. spasmo *m.*, accesso *m.*

spasmodic(al) /spæzˈmɒdɪk((ə)l)/ agg. spasmodico

spastic /ˈspæstɪk/ agg. e s. spastico *m.*

spat /spæt/ pass. e p.p. di **to spit**

spate /speɪt/ s. **1** piena *f.* **2** grande quantità *f.*

spatter /ˈspætəʳ/ s. schizzo *m.*

to spatter /ˈspætəʳ/ v.tr. schizzare

spawn /spɔːn/ s. (*di pesci, molluschi*) uova *f. pl.*

to speak /spiːk/ (*pass.* **spoke**, *p.p.* **spoken**) **A** v.intr. parlare **B** v.tr. **1** dire, esprimere **2** (*una lingua*) parlare ♦ **to s. about** parlare di || **to s. up** parlare a voce alta, parlare chiaro

speaker /ˈspiːkəʳ/ s. **1** oratore *m.* **2** speaker *m. inv.*, annunciatore *m.* **3** altoparlante *m.*

speakerphone /ˈspiːkəʳfəʊn/ s. (*tel.*) vivavoce *m. inv.*

spear /spɪəʳ/ s. **1** lancia *f.* **2** fiocina *f.*

to spear /spɪəʳ/ v.tr. **1** colpire (con una lancia), trafiggere **2** fiocinare

spearhead /ˈspɪəhɛd/ s. **1** punta *f.* di lancia **2** avanguardia *f.*

to spearhead /ˈspɪəhɛd/ v.tr. essere alla testa di

special /ˈspɛʃ(ə)l/ agg. speciale, particolare

specialist /ˈspɛʃəlɪst/ s. specialista *m.* e *f.*

speciality /,spɛʃɪˈælɪtɪ/ s. specialità *f.*

specialization /,spɛʃəlaɪˈzeɪʃ(ə)n/ s. specializzazione *f.*

to specialize /ˈspɛʃəlaɪz/ **A** v.tr. specializzare **B** v.intr. specializzarsi

specialized /ˈspɛʃəlaɪzd/ agg. specializzato

specially /ˈspɛʃəlɪ/ avv. **1** specialmente **2** appositamente

species /ˈspiːʃiːz/ s. specie *f. inv.*

specific /spɪ'sɪfɪk/ **A** agg. specifico, peculiare **B** s. **1** rimedio *m.* specifico **2** dettaglio *m.*
to specify /'spesɪfaɪ/ v.tr. specificare
specimen /'spesɪmɪn/ s. **1** esemplare *m.*, campione *m.* **2** (*editoria*) specimen *m. inv.*
speck /spek/ s. **1** macchiolina *f.* **2** granello *m.*
to speckle /'spekl/ v.tr. macchiettare, punteggiare
specs /speks/ s. pl. (*fam.*) occhiali *m. pl.*
spectacle /'spektəkl/ s. **1** spettacolo *m.* **2** al pl. occhiali *m. pl.*
spectacular /spek'tækjʊləʳ/ agg. spettacolare
spectator /spek'teɪtəʳ/ s. spettatore *m.*
spectre /'spektəʳ/ (*USA* **specter**) s. spettro *m.*
spectrum /'spektrəm/ (*pl.* **spectra**) s. (*fis.*) spettro *m.*
specular /'spekjʊləʳ/ agg. speculare
to speculate /'spekjʊleɪt/ v.intr. **1** meditare, fare congetture **2** speculare
speculation /ˌspekjʊ'leɪʃ(ə)n/ s. speculazione *f.*
speech /spiːtʃ/ s. **1** linguaggio *m.*, parola *f.* **2** lingua *f.*, parlata *f.* **3** discorso *m.* ♦ **s. therapist** logopedista || **s. therapy** logopedia
speechless /'spiːtʃlɪs/ agg. **1** ammutolito, muto, senza parole **2** attonito
speed /spiːd/ s. **1** velocità *f.*, rapidità *f.* **2** (*autom.*) marcia *f.* ♦ **s. limit** limite di velocità || **s. trap** autovelox
to speed /spiːd/ (*pass. e p.p.* **sped**, **speeded**) v.intr. **1** andare a tutta velocità **2** affrettarsi ♦ **to s. up** accelerare
speeding /'spiːdɪŋ/ s. eccesso *m.* di velocità
speedometer /spɪ'dɒmɪtəʳ/ s. tachimetro *m.*
speedway /'spiːdweɪ/ s. **1** (*USA*) autostrada *f.* **2** (*per corse motociclistiche*) pista *f.*
speedy /'spiːdɪ/ agg. veloce, rapido
spel(a)eologist /ˌspiːlɪ'ɒlədʒɪst/ s. speleologo *m.*
spel(a)eology /ˌspiːlɪ'ɒlədʒɪ/ s. speleologia *f.*
spell[1] /spel/ s. incantesimo *m.*
spell[2] /spel/ s. **1** turno *m.* di lavoro **2** periodo *m.*, intervallo *m.*
to spell /spel/ (*pass. e p.p.* **spelt**, **spelled**) v.tr. **1** fare lo spelling di **2** (*fam.*) significare ♦ **how do you s. it?** come si scrive?, mi fai lo spelling?
spellbound /'spelbaʊnd/ agg. incantato
spelling /'spelɪŋ/ s. **1** spelling *m. inv.*, compitazione *f.* **2** ortografia *f.* ♦ **s. book** abbecedario
spelt /spelt/ pass. e p.p. di **to spell**
to spend /spend/ (*pass. e p.p.* **spent**) **A** v.tr. **1** spendere **2** dedicare **3** trascorrere, passare **B** v.intr. **1** spendere (denaro) **2** esaurirsi
spendthrift /'spen(d)θrɪft/ s. spendaccione *m.*
spent /spent/ pass. e p.p. di **to spend**
sperm /spɜːm/ s. sperma *m.*
to spew /spjuː/ v.tr. e intr. vomitare, eruttare, sgorgare
sphere /sfɪəʳ/ s. sfera *f.*
sphinx /sfɪŋks/ s. sfinge *f.*
spice /spaɪs/ s. **1** spezie *f. pl.*, droga *f.* **2** aroma *m.*, gusto *m.*
to spice /spaɪs/ v.tr. aromatizzare
spick-and-span /'spɪkən'spæn/ agg. lindo, splendente
spicy /'spaɪsɪ/ agg. aromatico, piccante
spider /'spaɪdəʳ/ s. ragno *m.*
spike /spaɪk/ s. punta *f.*, chiodo *m.*
to spill /spɪl/ (*pass. e p.p.* **spilt**, **spilled**) **A** v.tr. **1** versare, rovesciare **2** far cadere **B** v.intr. versarsi, rovesciarsi ♦ **to s. over** traboccare
spin /spɪn/ s. **1** rotazione *f.* **2** (*aer.*) avvitamento *m.* **3** (*fam.*) giretto *m.*
to spin /spɪn/ (*pass. e p.p.* **spun**) **A** v.tr. **1** filare **2** far girare **B** v.intr. girare, ruotare ♦ **to s. out** prolungare
spinach /'spɪnɪdʒ/ s. spinacio *m.*
spinal /'spaɪnl/ agg. spinale ♦ **s. cord** midollo spinale
spindle /'spɪndl/ s. **1** fuso *m.* **2** (*mecc.*) mandrino *m.*
spindly /'spɪndlɪ/ agg. affusolato
spine /spaɪn/ s. **1** spina *f.* **2** spina *f.* dorsale **3** (*di libro*) dorso *m.*
spinet /spɪ'net/ s. spinetta *f.*
spinning /'spɪnɪŋ/ **A** agg. girevole **B** s. **1** filatura *f.* **2** (*sport*) spinning *m. inv.* ♦ **s. top** trottola
spinster /'spɪnstəʳ/ s. zitella *f.*
spiral /'spaɪər(ə)l/ s. spirale *f.* ♦ **s. staircase** scala a chiocciola
spire[1] /'spaɪəʳ/ s. (*arch.*) guglia *f.*
spire[2] /'spaɪəʳ/ s. spira *f.*
spirit /'spɪrɪt/ s. **1** spirito *m.* **2** al pl. liquori *m. pl.* **3** al pl. umore *m.*
spirited /'spɪrɪtɪd/ agg. vivace, vigoroso
spirit-level /'spɪrɪtˌlevl/ s. livella *f.* a bolla
spiritual /'spɪrɪtjʊəl/ **A** agg. spirituale **B** s. spiritual *m. inv.*
spiritualism /'spɪrɪtjʊəlɪz(ə)m/ s. **1** spiritualismo *m.* **2** spiritismo *m.*
spit[1] /spɪt/ s. (*cuc.*) spiedo *m.*
spit[2] /spɪt/ s. sputo *m.*, saliva *f.*
to spit /spɪt/ (*pass. e p.p.* **spat**) **A** v.intr. **1** sputare **2** spruzzare **3** scoppiettare **B** v.tr. **1** sputare **2** spruzzare
spite /spaɪt/ s. dispetto *m.*, ripicca *f.* ♦ **in s. of** nonostante || **out of s.** per dispetto
to spite /spaɪt/ v.tr. fare un dispetto a, contrariare
spittle /'spɪtl/ s. sputo *m.*, saliva *f.*
splash /splæʃ/ s. **1** schizzo *m.*, spruzzo *m.* **2** tonfo *m.* **3** macchia *f.* **4** colpo *m.*, sensazione *f.*
to splash /splæʃ/ **A** v.tr. **1** schizzare, spruzzare **2** scialacquare **3** (*fam.*)(*a notizia*) dare grande risalto **B** v.intr. **1** schizzare **2** sguazzare
spleen /spliːn/ s. **1** milza *f.* **2** malumore *m.* **3** malinconia *f.*
splendid /'splendɪd/ agg. splendido
splendour /'splendəʳ/ s. splendore *m.*
spline /splaɪn/ s. linguetta *f.*
splinter /'splɪntəʳ/ s. scheggia *f.*
to splinter /'splɪntəʳ/ **A** v.tr. scheggiare **B** v.intr. scheggiarsi

split /splɪt/ s. **1** fessura *f.*, crepa *f.* **2** rottura *f.*, scissione *f.*, divisione *f.*

to split /splɪt/ (*pass. e p.p.* **split**) **A** v.tr. **1** fendere, spaccare **2** dividere, scindere **3** strappare, lacerare **B** v.intr. **1** fendersi, spaccarsi **2** dividersi, separarsi **3** strapparsi, lacerarsi ♦ **to s. up** dividersi, suddividere

splitting /ˈsplɪtɪŋ/ s. **1** spaccatura *f.* **2** suddivisione *f.*

to splutter /ˈsplʌtəʳ/ v.tr. e intr. farfugliare

spoil /spɔɪl/ s. spoglie *f. pl.*, bottino *m.*

to spoil /spɔɪl/ (*pass. e p.p.* **spoilt**, **spoiled**) **A** v.tr. **1** guastare, rovinare **2** viziare **B** v.intr. guastarsi, andare a male

spoilsport /ˈspɔɪlˌspɔːt/ s. guastafeste *m. e f.*

spoilt /spɔɪlt/ pass. e p.p. di **to spoil**

spoke[1] /spəʊk/ s. **1** (*di ruota*) raggio *m.* **2** (*di scala*) piolo *m.*

spoke[2] /spəʊk/ pass. di **to speak**

spoken /spəʊk(ə)n/ p.p. di **to speak**

spokesman /ˈspəʊksmən/ (*pl.* **spokesmen**) s. portavoce *m. inv.*

spokeswoman /ˈspəʊksˌwʊmən/ (*pl.* **spokeswomen**) s. portavoce *f. inv.*

sponge /spʌn(d)ʒ/ s. spugna *f.* ♦ **s. cake** pan di Spagna || **s. cloth** tessuto di spugna

to sponge /spʌn(d)ʒ/ v.tr. **1** pulire con una spugna, passare una spugna su **2** (*fam.*) scroccare

sponsor /ˈspɒnsəʳ/ s. **1** (*dir.*) garante *m. e f.* **2** sponsor *m. inv.*

to sponsor /ˈspɒnsəʳ/ v.tr. sponsorizzare

sponsorship /ˈspɒnsəʃɪp/ s. sponsorizzazione *f.*

spontaneity /ˌspɒntəˈniːɪtɪ/ s. spontaneità *f.*

spontaneous /spɒnˈteɪnjəs/ agg. spontaneo

spook /spuːk/ s. (*fam.*) spettro *m.*

spooky /ˈspuːkɪ/ agg. (*fam.*) sinistro, pauroso

spool /spuːl/ s. bobina *f.*

spoon /spuːn/ s. cucchiaio *m.*

spoonful /ˈspuːnf(ʊ)l/ s. cucchiaiata *f.*

sporadic /spəˈrædɪk/ agg. sporadico

sport /spɔːt/ s. **1** sport *m. inv.* **2** al pl. gare *f. pl.* sportive **3** persona *f.* sportiva

sporting /ˈspɔːtɪŋ/ agg. sportivo

sports /spɔːts/ agg. **1** sportivo, dello sport **2** (*di abbigliamento*) sportivo, casual

sportswear /ˈspɔːtswɛəʳ/ s. abbigliamento *m.* sportivo

spot /spɒt/ s. **1** posto *m.*, punto *m.* **2** chiazza *f.*, macchia *f.*, pallino *m.* **3** brufolo *m.* **4** piccola quantità *f.*, goccio *m.* **5** spot *m. inv.*, annuncio *m.* pubblicitario ♦ **on the s.** subito

to spot /spɒt/ v.tr. **1** macchiare, punteggiare **2** individuare, riconoscere

spotless /ˈspɒtlɪs/ agg. immacolato

spotlight /ˈspɒtˌlaɪt/ s. **1** proiettore *m.*, riflettore *m.* **2** (*fig.*) ribalta *f.*

spotted /ˈspɒtɪd/ agg. **1** chiazzato, maculato **2** a pallini

spouse /spaʊz/ s. sposa *f.*, coniuge *m.*, consorte *m. e f.*

spout /spaʊt/ s. **1** beccuccio *m.* **2** tubo *m.* di scarico **3** getto *m.*, zampillo *m.*

to spout /spaʊt/ v.intr. scaturire, zampillare

sprain /spreɪn/ s. distorsione *f.*, slogatura *f.*

to sprain /spreɪn/ v.tr. slogarsi

sprang /spræŋ/ pass. di **to spring**

to sprawl /sprɔːl/ v.intr. **1** adagiarsi, distendersi **2** estendersi irregolarmente

spray[1] /spreɪ/ s. (*bot.*) ramoscello *m.*

spray[2] /spreɪ/ s. **1** spruzzo *m.* **2** spray *m. inv.*

to spray /spreɪ/ v.tr. spruzzare, vaporizzare

spread /sprɛd/ s. **1** diffusione *f.*, propagazione *f.* **2** apertura *f.*, ampiezza *f.* **3** (*fam.*) banchetto *m.* **4** (*cuc.*) pasta *f.* (da spalmare)

to spread /sprɛd/ (*pass. e p.p.* **spread**) **A** v.tr. **1** stendere, spiegare **2** spargere, diffondere, propagare **3** distribuire, dividere **4** spalmare **B** v.intr. **1** tendersi, estendersi **2** spargersi, diffondersi, propagarsi ♦ **to s. out** sparpagliarsi

spreadsheet /ˈsprɛdʃiːt/ s. (*inform.*) foglio *m.* elettronico

spree /spriː/ s. baldoria *f.*

sprightly /ˈspraɪtlɪ/ agg. allegro, vivace

spring /sprɪŋ/ s. **1** salto *m.*, balzo *m.* **2** sorgente *f.*, fonte *f.* **3** origine *f.*, motivo *m.* **4** primavera *f.* **5** molla *f.* ♦ **hot springs** sorgente termale || **s. board** trampolino || **s.-cleaning** pulizie di primavera || **s. water** acqua di sorgente

to spring /sprɪŋ/ (*pass.* **sprang**, *p.p.* **sprung**) **A** v.intr. **1** saltare, balzare **2** derivare, provenire **3** sgorgare, zampillare **B** v.tr. **1** saltare **2** far scattare, azionare ♦ **to s. up** saltar su, spuntare

springtime /ˈsprɪŋˌtaɪm/ s. primavera *f.*

sprinkle /ˈsprɪŋkl/ s. spruzzo *m.*

to sprinkle /ˈsprɪŋkl/ v.tr. spruzzare

sprinkler /ˈsprɪŋkləʳ/ s. spruzzatore *m.*

sprint /sprɪnt/ s. scatto *m.*, volata *f.*, sprint *m. inv.*

to sprint /sprɪnt/ v.intr. scattare

sprinter /ˈsprɪntəʳ/ s. scattista *m. e f.*, velocista *m. e f.*

sprite /spraɪt/ s. folletto *m.*

sprout /spraʊt/ s. germoglio *m.* ♦ **Brussels sprouts** cavolini di Bruxelles

to sprout /spraʊt/ v.intr. germogliare, spuntare

spruce[1] /spruːs/ agg. azzimato

spruce[2] /spruːs/ s. (*bot.*) abete *m.* (rosso)

sprung /sprʌŋ/ p.p. di **to spring**

spry /spraɪ/ agg. attivo, energico

spun /spʌn/ pass. e p.p. di **to spin**

spur /spɜːʳ/ s. **1** sperone *m.* **2** pungolo *m.*, incentivo *m.*

to spur /spɜːʳ/ v.tr. spronare, incitare

spurious /ˈspjʊərɪəs/ agg. spurio

to spurn /spɜːn/ v.tr. rifiutare, respingere

spurt /spɜːt/ s. **1** getto *m.*, zampillo *m.* **2** scatto *m.*

to spurt /spɜːt/ v.intr. **1** sprizzare, zampillare **2** scattare

spy /spaɪ/ s. spia *f.*

to spy /spaɪ/ **A** v.intr. fare la spia **B** v.tr. notare

spying /ˈspaɪɪŋ/ s. spionaggio *m.*

squabble /ˈskwɒbl/ s. diverbio *m.*, litigio *m.*
to squabble /ˈskwɒbl/ v.intr. litigare
squad /skwɒd/ s. squadra *f.*
squadron /ˈskwɒdr(ə)n/ s. (*mil.*) squadrone *m.*, squadriglia *f.*
squalid /ˈskwɒlɪd/ agg. squallido
squall[1] /skwɔːl/ s. grido *m.*
squall[2] /skwɔːl/ s. (*meteor.*) bufera *f.*
squalor /ˈskwɒləʳ/ s. squallore *m.*
to squander /ˈskwɒndəʳ/ v.tr. dilapidare, dissipare
square /skwɛəʳ/ **A** agg. **1** quadrato **2** (*mat.*) al quadrato **3** tarchiato, tozzo **4** sistemato, in ordine **5** giusto, onesto **6** (*sport*) pari **7** (*fam.*) abbondante, sostanzioso **8** (*fam.*) antiquato, tradizionalista **B** s. **1** quadrato *m.* **2** piazza *f.* **3** squadra *f.* (da disegno) **4** casella *f.*, riquadro *m.* **C** avv. **1** ad angolo retto, a squadra **2** esattamente ◆ **s. root** radice quadrata
to square /skwɛəʳ/ v.tr. **1** quadrare, squadrare **2** regolare, pareggiare **3** (*mat.*) elevare al quadrato
squash[1] /skwɒʃ/ s. **1** spremuta *f.* **2** (*sport*) squash *m. inv.*
squash[2] /skwɒʃ/ s. (*bot.*) zucca *f.*
to squash /skwɒʃ/ v.tr. schiacciare, spremere
squat /skwɒt/ agg. **1** tozzo, tarchiato **2** accovacciato
to squat /skwɒt/ v.intr. **1** accovacciarsi **2** occupare abusivamente
to squawk /skwɔːk/ v.intr. emettere strida rauche
to squeak /skwiːk/ v.intr. squittire, stridere
to squeal /skwiːl/ v.intr. strillare
squeamish /ˈskwiːmɪʃ/ agg. schifiltoso
squeeze /skwiːz/ s. **1** compressione *f.*, stretta *f.* **2** calca *f.* **3** spremitura *f.*
to squeeze /skwiːz/ v.tr. **1** spremere, comprimere **2** stringere **3** infilare **4** estorcere
to squelch /skwɛl(t)ʃ/ **A** v.tr. **1** schiacciare **2** soffocare **B** v.intr. sguazzare, fare cic ciac
squid /skwɪd/ s. calamaro *m.*
squiggle /ˈskwɪg(ə)l/ s. ghirigoro *m.*
squint /skwɪnt/ **A** agg. strabico **B** s. strabismo *m.*
squire /ˈskwaɪəʳ/ s. **1** gentiluomo *m.* **2** (*stor.*) scudiero *m.*
to squirm /skwɜːm/ v.intr. **1** contorcersi **2** essere imbarazzato
squirrel /ˈskwɪr(ə)l/ s. scoiattolo *m.*
squirt /skwɜːt/ s. schizzo *m.*, zampillo *m.*
to squirt /skwɜːt/ v.tr. schizzare
stab /stæb/ s. **1** pugnalata *f.*, coltellata *f.* **2** fitta *f.* **3** tentativo *m.*
to stab /stæb/ v.tr. pugnalare
stability /stəˈbɪlɪtɪ/ s. stabilità *f.*
stable /ˈsteɪbl/ s. scuderia *f.*, stalla *f.*
stack /stæk/ s. **1** catasta *f.* **2** mucchio *m.*, grande quantità *f.*
to stack /stæk/ v.tr. accatastare, ammucchiare, ammassare
stadium /ˈsteɪdjəm/ s. stadio *m.*
staff /stɑːf/ s. personale *m.*, staff *m. inv.*
to staff /stɑːf/ v.tr. fornire di personale
stag /stæg/ s. cervo *m.* ◆ **s. night, party** festa di addio al celibato
stage /steɪdʒ/ s. **1** palcoscenico *m.* **2** scena *f.*, teatro *m.* **3** stadio *m.*, fase *f.*, periodo *m.* **4** tappa *f.* **5** impalcatura *f.*
to stage /steɪdʒ/ v.tr. inscenare, rappresentare
to stagger /ˈstægəʳ/ **A** v.intr. barcollare **B** v.tr. **1** far barcollare **2** impressionare, sconcertare **3** scaglionare
staggering /ˈstæg(ə)rɪŋ/ agg. **1** barcollante **2** sbalorditivo
stagnant /ˈstægnənt/ agg. stagnante
to stagnate /ˈstægneɪt/ v.intr. ristagnare
stagy /ˈsteɪdʒɪ/ agg. teatrale, esagerato
staid /steɪd/ agg. serio, contegnoso
stain /steɪn/ s. **1** macchia *f.* **2** colorante *m.* ◆ **s. remover** smacchiatore
to stain /steɪn/ v.tr. **1** macchiare, sporcare **2** colorare
stainless /ˈsteɪnlɪs/ agg. **1** immacolato **2** che non stinge **3** inossidabile ◆ **s. steel** acciaio inox
stair /stɛəʳ/ s. **1** gradino *m.*, scalino *m.* **2** al pl. scala *f.*
staircase /ˈstɛəkeɪs/ s. scala *f.*
stake /steɪk/ s. **1** palo *m.*, piolo *m.* **2** puntata *f.*, scommessa *f.* **3** (*fig.*) interesse *m.* **4** al pl. premio *m.*
to stake /steɪk/ v.tr. **1** recintare con pali **2** puntare, scommettere, rischiare
stalactite /ˈstæləktaɪt/ s. stalattite *f.*
stalagmite /ˈstæləgmaɪt/ s. stalagmite *f.*
stale /steɪl/ agg. **1** stantio, vecchio, raffermo **2** caduto in prescrizione
stalemate /ˈsteɪlˌmeɪt/ s. stallo *m.*, punto *m.* morto
stalk /stɔːk/ s. gambo *m.*, stelo *m.*
stall /stɔːl/ s. **1** stalla *f.*, box *m. inv.* **2** chiosco *m.*, edicola *f.* **3** bancarella *f.* **4** (*teatro*) al pl. platea *f.*
to stall /stɔːl/ v.intr. **1** (*aer.*) andare in stallo **2** (*di motore*) spegnersi, bloccarsi **3** (*fam.*) tirare per le lunghe
stallion /ˈstæljən/ s. stallone *m.*
stalwart /ˈstɔːlwət/ agg. **1** forte, robusto **2** coraggioso
stamina /ˈstæmɪnə/ s. vigore *m.*, capacità *f.* di resistenza
stammer /ˈstæməʳ/ s. balbuzie *f.*
to stammer /ˈstæməʳ/ v.intr. balbettare
stamp /stæmp/ s. **1** bollo *m.*, francobollo *m.* **2** marchio *m.*, timbro *m.* **3** (*fig.*) impronta *f.*
to stamp /stæmp/ **A** v.tr. **1** timbrare, marchiare, marcare **2** affrancare **3** caratterizzare **4** frantumare **B** v.intr. pestare i piedi
stamping /ˈstæmpɪŋ/ s. affrancatura *f.*, stampigliatura *f.*
stand /stænd/ s. **1** resistenza *f.* risoluta **2** atteggiamento *m.*, posizione *f.* **3** palco *m.*, podio *m.*, tribuna *f.* **4** al pl. banco *m.*, bancarella *f.* **5** (*di taxi*) posteggio *m.* **6** (*fiere*) stand *m. inv.*
to stand /stænd/ (*pass. e p.p.* **stood**) **A** v.intr. **1** stare in piedi **2** stare, trovarsi **3** resistere, durare **4** rista-

gnare, depositarsi **B** v.tr. **1** mettere (*in piedi*), collocare **2** sopportare, resistere a **3** sostenere **4** sostenere le spese di ♦ **to s. by** stare vicino, tenersi pronto || **to s. down** ritirarsi || **to s. for** stare per, significare || **to s. in for sb.** fare da controfigura a qc. || **to s. out** distinguersi || **to s. up** alzarsi in piedi || **to s. up for st.** battersi per q.c. || **to s. up to sb.** tener testa a qc.

standard /'stændəd/ **A** agg. **1** standard, comune, regolare **2** di base, fondamentale **B** s. **1** stendardo *m.* **2** standard *m. inv.*, modello *m.*, norma *f.* **3** livello *m.*, tenore *m.* **4** base *f.*, sostegno *m.* ♦ **s. bearer** alfiere, portabandiera

standardization /ˌstændədaɪ'zeɪʃ(ə)n/ s. standardizzazione *f.*

to standardize /'stændədaɪz/ v.tr. standardizzare, normalizzare, unificare

stand-by /'stæn(d)baɪ/ s. scorta *f.*, riserva *f.*

stand-in /'stændˌɪn/ s. **1** sostituto *m.* **2** controfigura *f.*

standing /'stændɪŋ/ **A** agg. **1** eretto, in piedi **2** fisso, stabile, permanente **3** fermo, inattivo **B** s. **1** posizione *f.*, condizione *f.* **2** durata *f.* ♦ **s. price** prezzo fisso || **s. room** posti in piedi

standoffish /ˌstænd'ɒfɪʃ/ agg. riservato, scostante

standpoint /'stændpɔɪnt/ s. punto *m.* di vista

standstill /'stændstɪl/ s. arresto *m.*, stasi *f.*, punto *m.* morto

stank /stæŋk/ pass. di **to stink**

stanza /'stænzə/ s. strofa *f.*

staple[1] /'steɪpl/ s. **1** (*mecc.*) forcella *f.* **2** graffetta *f.*

staple[2] /'steɪpl/ **A** agg. di base, di prima necessità **B** s. prodotto *m.* principale, alimento *m.* principale

to staple /'steɪpl/ v.tr. graffettare

star /stɑːʳ/ s. **1** stella *f.*, astro *m.* **2** (*fig.*) stella *f.*, celebrità *f.*

to star /stɑːʳ/ v.intr. **1** (*in un film*) essere il protagonista **2** avere come interpreti principali

starboard /'stɑːbəd/ s. (*naut.*) dritta *f.*

starch /stɑːtʃ/ s. amido *m.*

to starch /stɑːtʃ/ v.tr. inamidare

starchy /'stɑːtʃɪ/ agg. amidaceo, farinaceo

stardom /'stɑːdəm/ s. celebrità *f.*

stardust /'stɑːdʌst/ s. polvere *f.* di stelle

stare /stɛəʳ/ s. sguardo *m.* fisso

to stare /stɛəʳ/ v.tr. fissare, guardare fisso

starfish /'stɑːfɪʃ/ s. stella *f.* di mare

stark /stɑːk/ agg. **1** desolato **2** assoluto, completo

starling /'stɑːlɪŋ/ s. (*zool.*) storno *m.*

starry /'stɑːrɪ/ agg. stellato

start /stɑːt/ s. **1** inizio *m.*, avvio *m.*, partenza *f.* **2** balzo *m.*, sobbalzo *m.* **3** vantaggio *m.* **4** (*mecc.*) avviamento *m.* **5** (*inform.*) avvio *m.*

to start /stɑːt/ **A** v.intr. **1** balzare, sobbalzare **2** partire, avviarsi **3** cominciare, mettersi a **B** v.tr. **1** cominciare, avviare **2** mettere in moto ♦ **to s. doing st.** cominciare a fare q.c.

starter /'stɑːtəʳ/ s. **1** iniziatore *m.* **2** (*sport*) partente *m.* e *f.* **3** (*sport*) starter *m. inv.* **4** antipasto *m.* **5** motorino *m.* d'avviamento, starter *m. inv.*

starting /'stɑːtɪŋ/ s. **1** inizio *m.* **2** avviamento *m.*

to startle /'stɑːtl/ v.tr. far trasalire, spaventare

starvation /stɑː'veɪʃ(ə)n/ s. inedia *f.*, fame *f.*

to starve /stɑːv/ **A** v.intr. morire di fame **B** v.tr. far morire di fame

state /steɪt/ **A** s. **1** stato *m.*, condizione *f.*, situazione *f.* **2** stato *m.*, nazione *f.* **B** agg. attr. **1** statale **2** di gala

to state /steɪt/ v.tr. **1** dichiarare, affermare **2** stabilire

stately /'steɪtlɪ/ agg. grandioso

statement /'steɪtmənt/ s. **1** dichiarazione *f.* **2** rapporto *m.* ♦ **s. of account** estratto conto

statesman /'steɪtsmən/ (*pl.* **statesmen**) s. statista *m.*

static /'stætɪk/ **A** agg. statico **B** s. **1** scarica *f.* statica **2** al pl. (*v. al sing.*) statica *f.*

station /'steɪʃ(ə)n/ s. stazione *f.* ♦ **s. master** capostazione

to station /'steɪʃ(ə)n/ v.tr. collocare, appostare

stationary /'steɪʃn(ə)rɪ/ agg. stazionario, fermo

stationer /'steɪʃnəʳ/ s. cartolaio *m.*

stationery /'steɪʃn(ə)rɪ/ s. cartoleria *f.* ♦ **s. shop** cartoleria

statistics /stə'tɪstɪks/ s. pl. (*v. al sing.*) statistica *f.*

statue /'stætjuː/ s. statua *f.*

status /'steɪtəs/ s. **1** condizione *f.* sociale, posizione *f.* **2** stato *m.* giuridico

statute /'stætjuːt/ s. legge *f.*, statuto *m.*

statutory /'stætjʊt(ə)rɪ/ agg. prescritto dalla legge

staunch /stɔːn(t)ʃ/ agg. **1** fedele, devoto **2** solido, resistente

stave /steɪv/ s. **1** doga *f.* **2** pentagramma *m.* **3** strofa *f.*

to stave /steɪv/ (*pass. e p.p.* **stove**, **staved**) **A** v.tr. **1** costruire con doghe **2** sfondare **B** v.intr. sfondarsi ♦ **to s. off** sfuggire a

stay[1] /steɪ/ s. soggiorno *m.*, permanenza *f.*

stay[2] /steɪ/ s. (*naut.*) strallo *m.*

to stay /steɪ/ **A** v.intr. stare, rimanere, trattenersi, soggiornare **B** v.tr. **1** sopportare **2** differire ♦ **to s. in** stare in casa || **to s. on** trattenersi || **to s. up** stare alzato

stay-ups /steɪ'ʌps/ s. (calze) autoreggenti *f. pl.*

stead /stɛd/ s. **1** posto *m.*, vece *f.* **2** vantaggio *m.* ♦ **in my s.** in mia vece || **to stand sb. in good s.** tornare utile a qc.

steadfast /'stɛdfəst/ agg. costante, risoluto

steadily /'stɛdɪlɪ/ avv. **1** fermamente **2** costantemente

steady /'stɛdɪ/ agg. **1** fermo, fisso, stabile **2** costante, regolare **3** serio, posato ♦ **to go s.** (*fam.*) fare coppia fissa

to steady /'stɛdɪ/ **A** v.tr. consolidare, rinforzare **B** v.intr. consolidarsi, rafforzarsi

steak /steɪk/ s. **1** bistecca *f.* **2** fetta *f.* ♦ **grilled s.** bistecca ai ferri || **rare/well-done s.** bistecca al sangue/ben cotta

to steal /sti:l/ (*pass.* **stole**, *p.p.* **stolen**) **A** v.tr. rubare **B** v.intr. **1** rubare **2** muoversi furtivamente
stealth /stɛlθ/ s. **by s.** di nascosto
stealthy /ˈstɛlθɪ/ agg. furtivo
steam /sti:m/ s. vapore *m.* ♦ **s.-engine** macchina a vapore
to steam /sti:m/ **A** v.tr. **1** esporre al vapore, vaporizzare **2** cuocere a vapore **B** v.intr. **1** emettere vapore, fumare **2** funzionare a vapore
steamer /ˈsti:məʳ/ s. battello *m.* a vapore
steamy /ˈsti:mɪ/ agg. **1** coperto di vapore, appannato **2** che esala vapore **3** (*fam.*) sensuale, erotico
steel /sti:l/ s. acciaio *m.*
steelworks /ˈsti:lwɜ:ks/ s. pl. acciaieria *f.*
steep /sti:p/ agg. **1** ripido, scosceso **2** (*fam.*) esorbitante, eccessivo
to steep /sti:p/ v.tr. **1** bagnare, immergere, tuffare **2** impregnare
steeple /ˈsti:pl/ s. **1** campanile *m.* **2** guglia *f.*
steer /stɪəʳ/ s. manzo *m.*
to steer /stɪəʳ/ **A** v.tr. **1** guidare, governare, pilotare **2** dirigere, indirizzare **B** v.intr. **1** timonare **2** governare, manovrare **3** dirigersi
steering /ˈstɪərɪŋ/ s. sterzo *m.* ♦ **s. gear** sterzo || **s. lock** bloccasterzo || **s. wheel** volante, ruota del timone
steersman /ˈstɪəzmən/ (*pl.* **steersmen**) s. timoniere *m.*
stele /ˈsti:lɪ/ s. stele *f.*
stem /stɛm/ s. gambo *m.*, stelo *m.*
to stem[1] /stɛm/ v.tr. arginare, frenare
to stem[2] /stɛm/ v.intr. derivare, scaturire
stench /stɛn(t)ʃ/ s. puzzo *m.*
stencil /ˈstɛnsl/ s. stampino *m.*, matrice *f.*
stenography /stɛˈnɒgrəfɪ/ s. stenografia *f.*
step /stɛp/ s. **1** passo *m.*, andatura *f.* **2** orma *f.*, impronta *f.* **3** (*fig.*) provvedimento *m.*, misura *f.*, mossa *f.* **4** gradino *m.*, scalino *m.* **5** al pl. scalinata *f.* **6** (*mus.*) grado *m.*
to step /stɛp/ v.intr. **1** fare un passo, andare, venire **2** misurare a passi **3** mettere i piedi su ♦ **to s. down** discendere || **to s. off** scendere da || **to s. up** farsi avanti, aumentare
stepbrother /ˈstɛpˌbrʌðəʳ/ s. fratellastro *m.*
stepdaughter /ˈstɛpˌdɔ:təʳ/ s. figliastra *f.*
stepfather /ˈstɛpˌfɑ:ðəʳ/ s. patrigno *m.*
stepladder /ˈstɛpˌlædəʳ/ s. scaletta *f.*
stepmother /ˈstɛpˌmʌðəʳ/ s. matrigna *f.*
steppe /stɛp/ s. steppa *f.*
stepsister /ˈstɛpˌsɪstəʳ/ s. sorellastra *f.*
stepson /ˈstɛpˌsʌn/ s. figliastro *m.*
stereo /ˈstɛrɪəʊ/ **A** s. stereo *m. inv.*, impianto *m.* stereo **B** agg. stereo, stereofonico
sterile /ˈstɛraɪl/ agg. sterile
sterility /stɛˈrɪlɪtɪ/ s. sterilità *f.*
sterilization /ˌstɛrɪlaɪˈzeɪʃ(ə)n/ s. sterilizzazione *f.*
to sterilize /ˈstɛrɪlaɪz/ v.tr. sterilizzare
sterilizer /ˈstɛrɪlaɪzəʳ/ s. sterilizzatore *m.*
sterling /ˈstɜ:lɪŋ/ **A** agg. genuino **B** s. sterlina *f.*
stern[1] /stɜ:n/ agg. severo, rigido
stern[2] /stɜ:n/ s. (*naut.*) poppa *f.*
stew /stju:/ s. stufato *m.*
to stew /stju:/ v.tr. e intr. stufare
steward /stjʊəd/ s. **1** assistente *m.* di volo, steward *m. inv.* **2** (*naut.*) dispensiere *m.*
stick /stɪk/ s. **1** bastone *m.*, bastoncino *m.*, bacchetta *f.* **2** barra *f.*, stecca *f.* **3** gambo *m.*
to stick /stɪk/ (*pass. e p.p.* **stuck**) **A** v.tr. **1** conficcare, infilare **2** attaccare, incollare **3** (*fam.*) sopportare **B** v.intr. **1** conficcarsi **2** attaccarsi, appiccicarsi **3** incepparsi, bloccarsi ♦ **to s. out** sporgere || **to s. to** restare fedele a || **to s. up** attaccare, rapinare || **to s. up for** sostenere, difendere
sticker /ˈstɪkəʳ/ s. cartellino *m.* adesivo, sticker *m. inv.*
sticking /ˈstɪkɪŋ/ agg. appiccicoso, adesivo ♦ **s. plaster** cerotto
sticky /ˈstɪkɪ/ agg. **1** appiccicoso, adesivo **2** (*fam.*) delicato, difficile
stiff /stɪf/ **A** agg. **1** duro, rigido **2** indolenzito **3** freddo, austero **4** difficile, faticoso **5** (*di prezzo*) alto **6** (*di bevanda*) forte **B** avv. completamente ♦ **bored s.** annoiato a morte || **s. neck** torcicollo
to stiffen /ˈstɪfn/ **A** v.tr. irrigidire, indurire **B** v.intr. **1** indurirsi, irrigidirsi **2** diventare più difficile
stiffening /ˈstɪfnɪŋ/ s. irrigidimento *m.*
to stifle /ˈstaɪfl/ v.tr. e intr. soffocare
stifling /ˈstaɪflɪŋ/ agg. soffocante
to stigmatize /ˈstɪgmətaɪz/ v.tr. stigmatizzare
stile /staɪl/ s. scaletta *f.*
stiletto /stɪˈlɛtəʊ/ s. stiletto *m.*, punteruolo *m.* ♦ **s. heel** tacco a spillo
still[1] /stɪl/ agg. **1** tranquillo, calmo **2** immobile, fermo ♦ **s. life** natura morta
still[2] /stɪl/ avv. **1** ancora, tuttora **2** (*davanti a comp.*) anche, ancora **3** pure, tuttavia
stillborn /ˈstɪlbɔ:n/ agg. **1** nato morto **2** fallito
stillness /ˈstɪlnɪs/ s. tranquillità *f.*
stilt /stɪlt/ s. **1** trampolo *m.* **2** (*edil.*) palo *m.*
to stimulate /ˈstɪmjʊleɪt/ v.tr. incentivare, stimolare
stimulus /ˈstɪmjʊləs/ (*pl.* **stimuli**) s. stimolo *m.*
sting /stɪŋ/ s. **1** pungiglione *m.*, aculeo *m.* **2** puntura *f.* **3** morso *m.*
to sting /stɪŋ/ (*pass. e p.p.* **stung**) v.tr. **1** pungere **2** offendere, tormentare **3** incitare
stingy /ˈstɪndʒɪ/ agg. avaro, taccagno
stink /stɪŋk/ s. puzzo *m.*
to stink /stɪŋk/ (*pass.* **stank**, **stunk**, *p.p.* **stunk**) v.intr. puzzare
stinking /ˈstɪŋkɪŋ/ agg. **1** puzzolente, maleodorante **2** disgustoso
stint /stɪnt/ s. **1** compito *m.*, lavoro *m.* **2** limite *m.*
to stint /stɪnt/ v.tr. lesinare
to stipulate /ˈstɪpjʊleɪt/ v.tr. stipulare, pattuire, convenire
stir /stɜ:ʳ/ s. **1** rimescolata *f.* **2** confusione *f.*, trambusto *m.*

to stir /stɜːʳ/ **A** v.tr. **1** agitare, mescolare **2** eccitare, incitare **B** v.intr. **1** agitarsi **2** alzarsi, essere attivo
stirrup /ˈstɪrəp/ s. staffa *f.*
stitch /stɪtʃ/ s. **1** punto *m.* **2** maglia *f.* **3** fitta *f.*
to stitch /stɪtʃ/ v.tr. e intr. cucire
stoat /stəʊt/ s. ermellino *m.*
stock /stɒk/ **A** s. **1** assortimento *m.*, riserva *f.*, scorta *f.*, stock *m. inv.* **2** (*fin.*) azione *f.*, titolo *m.* **3** ceppo *m.*, tronco *m.* **4** base *f.*, sostegno *m.* **5** bestiame *m.* **6** razza *f.*, schiatta *f.* **7** materia *f.* prima **8** brodo *m.* **B** agg. comune, usuale ♦ **out of s.** esaurito || **s. cube** dado da brodo || **s. exchange** borsa valori || **s. farm** allevamento || **s. market** mercato azionario || **to take s.** fare l'inventario, valutare attentamente
to stock /stɒk/ **A** v.tr. **1** fornire, approvvigionare **2** tenere in magazzino **B** v.intr. **1** fare scorta (di merci) **2** germogliare ♦ **to s. up** fare provviste
stockbroker /ˈstɒkˌbrəʊkəʳ/ s. agente *m.* e *f.* di cambio
stockfish /ˈstɒkˌfɪʃ/ s. stoccafisso *m.*
stockings /ˈstɒkɪŋz/ s. pl. calze *f. pl.*, collant *m. pl.*
stockist /ˈstɒkɪst/ s. grossista *m.* e *f.*, fornitore *m.*
stockpile /ˈstɒkpaɪl/ s. scorta *f.*
stocktaking /ˈstɒkteɪkɪŋ/ s. inventario *m.*
stocky /ˈstɒkɪ/ agg. tarchiato
stodgy /ˈstɒdʒɪ/ agg. **1** pesante, indigesto **2** noioso **3** gretto, provinciale
to stoke /stəʊk/ v.tr. attizzare, alimentare
stole[1] /stəʊl/ s. stola *f.*
stole[2] /stəʊl/ pass. di **to steal**
stolen /ˈstəʊl(ə)n/ p.p. di **to steal**
stolid /ˈstɒlɪd/ agg. imperturbabile, flemmatico
stomach /ˈstʌmək/ s. stomaco *m.*, pancia *f.* ♦ **s.-ache** mal di pancia
to stomach /ˈstʌmək/ v.tr. **1** digerire **2** tollerare
stone /stəʊn/ **A** s. **1** pietra *f.*, masso *m.*, sasso *m.*, ciottolo *m.* **2** nocciolo *m.* **3** (*med.*) calcolo *m.* **B** avv. completamente ♦ **Stone Age** età della pietra || **s.-cold** gelido
to stone /stəʊn/ v.tr. **1** lapidare **2** pavimentare **3** snocciolare
stood /stʊd/ pass. e p.p. di **to stand**
stool /stuːl/ s. sgabello *m.*
stoop[1] /stuːp/ s. curvatura *f.*, inclinazione *f.*
stoop[2] /stuːp/ s. (*USA, edil.*) veranda *f.*
to stoop /stuːp/ v.intr. **1** chinarsi, piegarsi **2** accondiscendere
stop /stɒp/ s. **1** arresto *m.*, fermata *f.*, sosta *f.* **2** segno *m.* di punteggiatura, punto *m.* **3** dispositivo *m.* di arresto ♦ **s. press** notizie dell'ultima ora
to stop /stɒp/ **A** v.tr. **1** arrestare, fermare **2** interrompere, bloccare **3** tamponare **B** v.intr. **1** fermarsi, smettere, cessare **2** fare una fermata, fermarsi ♦ **to s. off** fare una sosta || **to s. up** intasare, ostruire
stopover /ˈstɒpˌəʊvəʳ/ s. fermata *f.*, scalo *m.*
stoppage /ˈstɒpɪdʒ/ s. **1** interruzione *f.*, sosta *f.* **2** ostruzione *f.*, intasamento *m.* ♦ **traffic, circulation s.** blocco della circolazione
stopper /ˈstɒpəʳ/ s. tappo *m.*, turacciolo *m.*
stopwatch /ˈstɒpwɒtʃ/ s. cronografo *m.*
storage /ˈstɔːrɪdʒ/ s. **1** immagazzinamento *m.* **2** magazzino *m.* **3** (*di batteria*) carica *f.* **4** (*inform.*) memoria *f.*
store /stɔːʳ/ s. **1** scorta *f.*, provvista *f.* **2** deposito *m.*, magazzino *m.* **3** negozio *m.* **4** al pl. depositi *m. pl.* di magazzino ♦ **in s.** in vista, in serbo || **department s.** grande magazzino || **s. room** dispensa, ripostiglio, sgabuzzino
to store /stɔːʳ/ v.tr. **1** immagazzinare, accumulare **2** fornire, provvedere **3** (*inform.*) memorizzare
storey /ˈstɔːrɪ/ s. (*di casa*) piano *m.*
stork /stɔːk/ s. cicogna *f.*
storm /stɔːm/ s. **1** tempesta *f.*, burrasca *f.*, uragano *m.* **2** assalto *m.*
to storm /stɔːm/ **A** v.intr. **1** infuriare, scatenarsi **2** precipitarsi **B** v.tr. assalire
stormy /ˈstɔːmɪ/ agg. tempestoso
story /ˈstɔːrɪ/ s. storia *f.*, racconto *m.*, narrazione *f.* ♦ **s. teller** narratore, bugiardo
stout /staʊt/ **A** agg. **1** forte, robusto **2** corpulento **3** coraggioso **B** s. birra *f.* scura
stove[1] /stəʊv/ s. **1** stufa *f.* **2** fornello *m.*
stove[2] /stəʊv/ pass. e p.p. di **to stave**
to stow /stəʊ/ v.tr. mettere via, stivare ♦ **to s. away** fare il clandestino
strabismus /strəˈbɪzməs/ s. strabismo *m.*
to straddle /ˈstrædl/ v.intr. **1** stare a cavalcioni **2** esitare, essere titubante
to straggle /ˈstrægl/ v.intr. **1** disperdersi, sbandarsi **2** girovagare
straggly /ˈstræglɪ/ agg. sparpagliato
straight /streɪt/ **A** agg. **1** diritto, ritto, eretto **2** giusto, onesto **3** franco, leale **4** in ordine, a posto **5** puro, liscio **6** eterosessuale **B** avv. **1** diritto, in linea retta **2** direttamente **3** francamente **4** onestamente ♦ **s. ahead** sempre dritto || **s. away** subito, senza esitazioni || **s. off** subito, senza esitazioni || **s. on** sempre dritto
to straightaway /ˈstreɪtəweɪ/ avv. immediatamente
to straighten /ˈstreɪtn/ **A** v.tr. raddrizzare **B** v.intr. raddrizzarsi ♦ **to s. out** mettere a posto
straightforward /ˌstreɪtˈfɔːwəd/ agg. **1** diritto **2** retto, onesto **3** semplice, chiaro
strain /streɪn/ s. **1** sforzo *m.*, tensione *f.* **2** preoccupazione *f.* **3** (*med.*) strappo *m.* muscolare, distorsione *f.* **4** (*tecnol.*) sollecitazione *f.*
to strain /streɪn/ v.tr. **1** tendere, sforzare **2** affaticare **3** distorcere **4** abusare di **5** filtrare, colare
strained /streɪnd/ agg. **1** teso, difficile **2** sforzato **3** affaticato, indebolito
strainer /ˈstreɪnəʳ/ s. colino *m.*, filtro *m.*
strait /streɪt/ s. **1** (*geogr.*) stretto *m.* **2** al pl. ristrettezze *f. pl.*, difficoltà *f. pl.*
straitjacket /ˈstreɪtˌdʒækɪt/ s. camicia *f.* di forza
strand /strænd/ s. **1** filo *m.*, trefolo *m.* **2** (*di capelli*) ciocca *f.*

to strand /strænd/ **v.intr.** arenarsi, incagliarsi
strange /streɪn(d)ʒ/ **agg. 1** strano, bizzarro **2** estraneo, sconosciuto **3** inspiegabile
stranger /ˈstreɪn(d)ʒəʳ/ **s.** sconosciuto *m.*
to strangle /ˈstræŋgl/ **v.tr.** strangolare, strozzare
strap /stræp/ **s. 1** cinghia *f.*, cinturino *m.* **2** spallina *f.*, bretella *f.*
strapping /ˈstræpɪŋ/ **agg.** robusto, ben piantato
strategic(al) /strəˈtiːdʒɪk((ə)l)/ **agg.** strategico
strategics /strəˈtiːdʒɪks/ **s. pl.** (*v. al sing.*) strategia *f.*
strategy /ˈstrætɪdʒɪ/ **s.** strategia *f.*
to stratify /ˈstrætɪfaɪ/ **A** **v.tr.** stratificare **B** **v.intr.** stratificarsi
stratosphere /ˈstrætə(ʊ)sfɪəʳ/ **s.** stratosfera *f.*
stratum /ˈstrɑːtəm/ (*pl.* **strata**) **s.** strato *m.*
straw /strɔː/ **s. 1** paglia *f.* **2** cannuccia *f.*
strawberry /ˈstrɔːb(ə)rɪ/ **s.** fragola *f.*
stray /streɪ/ **A** **agg. 1** smarrito, randagio **2** isolato, sparso **3** vagante **B** **s.** randagio *m.*
to stray /streɪ/ **v.intr. 1** vagare, vagabondare **2** deviare, divagare **3** essere infedele a
streak /striːk/ **s. 1** striscia *f.*, riga *f.* **2** vena *f.*, filone *m.* **3** traccia *f.*, tocco *m.* **4** (*di capelli*) mèche *f. inv.*
to streak /striːk/ **A** **v.tr.** venare, screziare **B** **v.intr. 1** andare come un lampo **2** (*fam.*) fare lo streaking
stream /striːm/ **s. 1** corso *m.* d'acqua, ruscello *m.*, torrente *m.* **2** corrente *f.* **3** (*fig.*) fiumana *f.*, flusso *m.*, fiotto *m.*
to stream /striːm/ **v.intr. 1** scorrere, fluire **2** fluttuare, ondeggiare
streamer /ˈstriːməʳ/ **s. 1** stella *f.* filante **2** aurora *f.* boreale **3** (*naut.*) fiamma *f.* **4** (*su giornale*) titolone *m.*
streamlined /ˈstriːmlaɪnd/ **agg.** aerodinamico, affusolato
street /striːt/ **s.** strada *f.*, via *f.* ◆ **s. lamp** lampione || **s. sweeper** spazzino
streetcar /ˈstriːtkɑːʳ/ **s.** tram *m. inv.*
streetwalker /ˈstriːtwɔːkəʳ/ **s.** prostituta *f.*, lucciola *f.*
strength /streŋθ/ **s.** forza *f.*, energia *f.*, potenza *f.*
to strengthen /ˈstreŋθ(ə)n/ **v.tr.** fortificare, potenziare, rinforzare
strenuous /ˈstrenjʊəs/ **agg. 1** strenuo, energico, attivo **2** faticoso, arduo
stress /stres/ **s. 1** spinta *f.*, pressione *f.* **2** tensione *f.*, stress *m. inv.* **3** (*mecc.*) sforzo *m.*, sollecitazione *f.* **4** accento *m.*
to stress /stres/ **v.tr. 1** forzare **2** accentuare **3** accentare
stretch /stretʃ/ **s. 1** stiramento *m.*, allungamento *m.*, tensione *f.* **2** distesa *f.*, estensione *f.*
to stretch /stretʃ/ **A** **v.tr. 1** tendere, distendere, tirare, allungare **2** forzare **B** **v.intr. 1** stendersi, distendersi, allungarsi **2** fare stretching ◆ **to s. out** tendere, allungare
stretcher /ˈstretʃəʳ/ **s.** barella *f.*
stretching /ˈstretʃɪŋ/ **s. 1** stiramento *m.*, allungamento *m.* **2** (*sport*) stretching *m. inv.*
to strew /struː/ (*pass.* **strewed**, *p.p.* **strewn**, **strewed**) **v.tr.** spargere, cospargere
stricken /ˈstrɪk(ə)n/ **agg.** colpito
strict /strɪkt/ **agg. 1** severo, rigoroso **2** stretto, preciso
strictness /ˈstrɪk(t)nɪs/ **s. 1** severità *f.*, rigore *m.* **2** precisione *f.*
to stride /straɪd/ (*pass.* **strode**, *p.p.* **stridden**) **v.intr.** camminare a gran passi
strife /straɪf/ **s.** conflitto *m.*
strike /straɪk/ **s. 1** sciopero *m.* **2** (*mil.*) attacco *m.* **3** (*di giacimento*) scoperta *f.* **4** colpo *m.* di fortuna
to strike /straɪk/ (*pass.* **struck**, *p.p.* **struck**, **stricken**) **A** **v.tr. 1** battere, colpire **2** impressionare, trovare, scoprire **3** coniare **B** **v.intr. 1** battere, urtare **2** battere le ore **3** penetrare, infiltrarsi **4** attecchire **5** scioperare ◆ **to s. at** cercare di colpire || **to s. down** abbattere || **to s. off** mozzare, cancellare, radiare || **to s. out** fallire || **to s. up** attaccare (a suonare)
striking /ˈstraɪkɪŋ/ **agg.** impressionante
string /strɪŋ/ **s. 1** stringa *f.*, legaccio *m.* **2** corda *f.*, spago *m.* **3** (*mus.*) corda *f.* **4** serie *f.*, sfilza *f.*, catena *f.* ◆ **s. bean** fagiolino
to string /strɪŋ/ (*pass. e p.p.* **strung**) **v.tr. 1** legare con corde **2** incordare **3** infilare ◆ **to s. out** disporre in fila || **to s. up** appendere
stringed /strɪŋd/ **agg.** (*mus.*) a corda
stringent /ˈstrɪn(d)ʒənt/ **agg. 1** rigoroso **2** impellente
strip /strɪp/ **s.** striscia *f.* ◆ **s. cartoon** fumetto
to strip /strɪp/ **A** **v.tr. 1** strappare, togliere **2** denudare, spogliare **3** smontare, smantellare **B** **v.intr. 1** spogliarsi, svestirsi **2** (*mecc.*) spanarsi
stripe /straɪp/ **s. 1** striscia *f.* **2** (*mil.*) gallone *m.*
striped /straɪpt/ **agg. 1** a strisce, a righe **2** (*mil.*) gallonato
stripper /ˈstrɪpəʳ/ **s.** spogliarellista *m. e f.*
striptease /ˈstrɪpˌtiːz/ **s.** spogliarello *m.*
to strive /straɪv/ (*pass.* **strove**, *p.p.* **striven**) **v.intr.** sforzarsi, lottare
strode /strəʊd/ **pass. di to stride**
stroke /strəʊk/ **s. 1** colpo *m.*, percossa *f.* **2** (*nuoto*) bracciata *f.*, (*canottaggio*) vogata *f.*, (*golf*) colpo *m.*, tiro *m.* **3** tocco *m.*, tratto *m.* **4** (*med.*) colpo *m.* apoplettico
to stroke[1] /strəʊk/ **v.tr.** lisciare, accarezzare
to stroke[2] /strəʊk/ **v.intr.** (*naut.*) vogare
stroll /strəʊl/ **s.** passeggiata *f.*
to stroll /strəʊl/ **v.intr.** passeggiare
stroller /ˈstrəʊləʳ/ **s.** passeggino *m.*
strong /strɒŋ/ **agg. 1** forte, robusto **2** energico, vigoroso **3** efficace **4** considerevole ◆ **s. room** camera blindata
strongbox /ˈstrɒŋbɒks/ **s.** cassaforte *f.*
stronghold /ˈstrɒŋhəʊld/ **s.** roccaforte *f.*
strongly /ˈstrɒŋlɪ/ **avv. 1** molto, fortemente, vivamente **2** solidamente
strophe /ˈstrəʊfɪ/ **s.** strofa *f.*
strove /strəʊv/ **pass. di to strive**

structural /ˈstrʌktʃ(ə)r(ə)l/ agg. strutturale
structuralism /ˈstrʌktʃ(ə)r(ə)lɪz(ə)m/ s. strutturalismo *m.*
structure /ˈstrʌktʃəʳ/ s. struttura *f.*
struggle /ˈstrʌgl/ s. lotta *f.*
to struggle /ˈstrʌgl/ v.intr. lottare, sforzarsi
to strum /strʌm/ v.tr. e intr. strimpellare
strung /strʌŋ/ pass. e p.p. di **to string**
strut /strʌt/ s. puntone *m.*
to strut /strʌt/ v.intr. incedere impettito, pavoneggiarsi
stub /stʌb/ s. **1** troncone *m.*, ceppo *m.* **2** matrice *f.*, talloncino *m.*
to stub /stʌb/ v.tr. **1** estirpare, sradicare **2** urtare ♦ **to s. out a cigarette** spegnere una sigaretta
stubble /ˈstʌbl/ s. **1** stoppia *f.* **2** barba *f.* corta e ispida **3** capelli *m. pl.* a spazzola
stubborn /ˈstʌbən/ agg. ostinato, testardo
stubbornness /ˈstʌbənnɪs/ s. ostinazione *f.*, testardaggine *f.*
stucco /ˈstʌkəʊ/ s. stucco *m.*
stuck /stʌk/ **A** pass. e p.p. di **to stick** **B** agg. **1** bloccato **2** incollato **3** (*fam.*) nei guai ♦ **s.-up** presuntuoso
stud[1] /stʌd/ s. **1** bottoncino *m.* **2** borchia *f.* **3** perno *m.*
stud[2] /stʌd/ s. **1** scuderia *f.* **2** stallone *m.* **3** (*fig.*) stallone *m.*, fico *m.*
student /ˈstjuːd(ə)nt/ s. studente *m.*
studio /ˈstjuːdɪəʊ/ (*pl.* **studios**) s. **1** (*d'artista*) studio *m.* **2** (*cin., tv*) teatro *m.* di posa, studio *m.* **3** (*USA*) monolocale *m.*
studious /ˈstjuːdjəs/ agg. **1** studioso **2** studiato
study /ˈstʌdɪ/ s. studio *m.*
to study /ˈstʌdɪ/ **A** v.tr. **1** studiare **2** esaminare **B** v.intr. studiare
stuff /stʌf/ s. **1** materiale *m.*, sostanza *f.* **2** cosa *f.*, roba *f.*
to stuff /stʌf/ v.tr. **1** riempire, imbottire **2** (*cuc.*) farcire **3** impagliare, imbalsamare **4** rimpinzare
stuffing /ˈstʌfɪŋ/ s. **1** imbottitura *f.* **2** (*cuc.*) ripieno *m.* ♦ **s. box** premistoppa
stuffy /ˈstʌfɪ/ agg. **1** soffocante, senz'aria **2** ottuso
to stumble /ˈstʌmbl/ v.intr. **1** inciampare **2** impappinarsi **3** fare un passo falso
stumbling-block /ˈstʌmblɪŋblɒk/ s. ostacolo *m.*, impedimento *m.*
stump /stʌmp/ s. **1** ceppo *m.* **2** moncone *m.* **3** matrice *f.*
to stun /stʌn/ v.tr. **1** stordire **2** sbalordire
stung /stʌŋ/ pass. e p.p. di **to sting**
stunk /stʌŋk/ pass. e p.p. di **to stink**
stunning /ˈstʌnɪŋ/ agg. **1** assordante **2** (*fam.*) stupendo, splendido
stunt /stʌnt/ s. **1** acrobazia *f.* **2** bravata *f.*, esibizione *f.* **3** trovata *f.* pubblicitaria ♦ **s. man** cascatore, stuntman
stunted /ˈstʌntɪd/ agg. stentato, striminzito
to stupefy /ˈstjuːpɪfaɪ/ v.tr. **1** instupidire, stordire **2** stupefare
stupendous /stjuːˈpɛndəs/ agg. stupendo
stupid /ˈstjuːpɪd/ agg. stupido, cretino
stupidity /stjuːˈpɪdɪtɪ/ s. stupidità *f.*
sturdy /ˈstɜːdɪ/ agg. robusto, forte
sturgeon /ˈstɜːdʒ(ə)n/ s. storione *m.*
stutter /ˈstʌtəʳ/ s. balbuzie *f.*
to stutter /ˈstʌtəʳ/ v.intr. balbettare
sty[1] /staɪ/ s. porcile *m.*
sty[2] /staɪ/ s. (*med.*) orzaiolo *m.*
style /staɪl/ s. stile *m.*
stylish /ˈstaɪlɪʃ/ agg. elegante, alla moda
stylist /ˈstaɪlɪst/ s. stilista *m. e f.*
stylobate /ˈstaɪləbeɪt/ s. stilobate *m.*
stylus /ˈstaɪləs/ (*pl.* **styli** o **styluses**) s. stilo *m.*
suave /swɑːv/ agg. **1** soave **2** affabile, garbato
subaqueous /sʌbˈeɪkwɪəs/ agg. subacqueo
sub-brand /sʌbˈbrænd/ s. sottomarca *f.*
subconscious /sʌbˈkɒnʃəs/ agg. e s. subconscio *m.*
subcutaneous /ˌsʌbkjuːˈteɪnjəs/ agg. sottocutaneo
to subdivide /ˌsʌbdɪˈvaɪd/ **A** v.tr. suddividere **B** v.intr. suddividersi
to subdue /səbˈdjuː/ v.tr. **1** sottomettere, dominare **2** attenuare
subject /ˈsʌbdʒɪkt/ **A** agg. soggetto, sottoposto **B** s. **1** tema *m.*, soggetto *m.*, argomento *m.*, materia *f.* **2** (*gramm.*) soggetto *m.* **3** cittadino *m.*, suddito *m.* **4** esemplare *m.*, soggetto *m.* ♦ **s. matter** argomento, soggetto
to subject /səbˈdʒɛkt/ v.tr. **1** assoggettare **2** esporre, sottoporre
subjective /sʌbˈdʒɛktɪv/ agg. soggettivo
subjunctive /səbˈdʒʌŋ(k)tɪv/ agg. e s. (*gramm.*) congiuntivo *m.*
to sublet /sʌbˈlɛt/ (*pass. e p.p.* **sublet**) v.tr. subaffittare
sublime /səˈblaɪm/ agg. sublime, eccelso
submarine /ˈsʌbməriːn/ **A** agg. sottomarino, subacqueo **B** s. sottomarino *m.*
to submerge /səbˈmɜːdʒ/ **A** v.tr. immergere **B** v.intr. immergersi
submersion /səbˈmɜːʃ(ə)n/ s. immersione *f.*
submission /səbˈmɪʃ(ə)n/ s. **1** sottomissione *f.* **2** (*di domanda*) presentazione *f.*
to submit /səbˈmɪt/ **A** v.tr. sottoporre, presentare **B** v.intr. sottomettersi, arrendersi
subnormal /sʌbˈnɔːm(ə)l/ agg. subnormale
subordinate /səˈbɔːdɪnɪt/ agg. e s. subordinato *m.*
to subordinate /səˈbɔːdɪneɪt/ v.tr. subordinare
subpoena /səbˈpiːnə/ s. (*dir.*) citazione *f.* in giudizio
to subscribe /səbˈskraɪb/ **A** v.tr. **1** sottoscrivere, firmare **2** contribuire con **B** v.intr. **1** sottoscrivere **2** approvare, aderire **3** abbonarsi
subscriber /səbˈskraɪbəʳ/ agg. e s. abbonato *m.*
subscription /səbˈskrɪpʃ(ə)n/ s. **1** sottoscrizione *f.* **2** abbonamento *m.* ♦ **to discontinue a s.** disdire un abbonamento || **to take out a s.** abbonarsi
subsequent /ˈsʌbsɪkwənt/ agg. successivo, seguente
to subside /səbˈsaɪd/ v.intr. **1** calare, abbassarsi **2** calmarsi, placarsi **3** lasciarsi cadere

subsidence /səb'saɪd(ə)ns/ s. abbassamento *m.*, cedimento *m.*
subsidiary /səb'sɪdjərɪ/ **A** agg. sussidiario, ausiliario, accessorio **B** s. (società) consociata *f.*
to subsidize /'sʌbsɪdaɪz/ v.tr. sovvenzionare
subsidy /'sʌbsɪdɪ/ s. sussidio *m.*
subsistence /səb'sɪst(ə)ns/ s. sussistenza *f.*, mantenimento *m.*
substance /'sʌbst(ə)ns/ s. sostanza *f.*
substantial /səb'stænʃ(ə)l/ agg. **1** sostanzioso, solido **2** sostanziale, notevole
substantive /'sʌbst(ə)ntɪv/ s. sostantivo *m.*
substitute /'sʌbstɪtju:t/ s. **1** sostituto *m.*, delegato *m.* **2** surrogato *m.* **3** (*sport*) riserva *f.* **4** supplente *m. e f.*
to substitute /'sʌbstɪtju:t/ v.tr. sostituire, rimpiazzare, fare il supplente
substitution /,sʌbstɪ'tju:ʃ(ə)n/ s. sostituzione *f.*
subterfuge /'sʌbtəfju:dʒ/ s. sotterfugio *m.*
subterranean /,sʌbtə'reɪnjən/ agg. sotterraneo
to subtilize /'sʌtɪlaɪz/ v.tr. e intr. sottilizzare
subtitle /'sʌbtaɪtl/ s. sottotitolo *m.*
subtle /'sʌtl/ agg. **1** sottile, impercettibile **2** astuto, scaltro
to subtract /səb'trækt/ v.tr. sottrarre
subtraction /səb'trækʃ(ə)n/ s. sottrazione *f.*
suburb /'sʌbɜ:b/ s. sobborgo *m.*, periferia *f.*
suburban /sə'bɜ:b(ə)n/ agg. suburbano, periferico
suburbia /sə'bɜ:bɪə/ s. sobborghi *m. pl.*
subvention /səb'venʃ(ə)n/ s. sovvenzione *f.*
subversive /sʌb'vɜ:sɪv/ agg. sovversivo
subway /'sʌbweɪ/ s. **1** sottopassaggio *m.* **2** (*USA*) metropolitana *f.*
to succeed /sək'si:d/ **A** v.intr. **1** riuscire, aver successo **2** succedere, seguire a **B** v.tr. succedere a, subentrare a
succeeding /sək'si:dɪŋ/ agg. successivo, seguente
success /sək'ses/ s. successo *m.*
successful /sək'sesf(ʊ)l/ agg. riuscito, di successo
succession /sək'seʃ(ə)n/ s. successione *f.*
successive /sək'sesɪv/ agg. successivo
successor /sək'sesəʳ/ s. successore *m.*
to succumb /sə'kʌm/ v.intr. soccombere
such /sʌtʃ, sətʃ/ **A** agg. **1** tale, simile **2** così tanto **B** pron. tale, tali, questo, questa, questi, queste **C** avv. così, talmente, tanto ♦ **and s.** e così via, e simili || **as s.** come tale || **s. as** come, quale || **s. that** tale che
to suck /sʌk/ **A** v.tr. succhiare **B** v.intr. **1** succhiare **2** fare schifo, essere schifoso
sucker /'sʌkəʳ/ s. **1** ventosa *f.* **2** (*fam.*) babbeo *m.*
to suckle /'sʌkl/ v.tr. allattare
suction /'sʌkʃ(ə)n/ s. **1** suzione *f.* **2** (*mecc.*) aspirazione *f.*
sudden /'sʌdn/ agg. improvviso ♦ **all of a s.** improvvisamente
suds /sʌdz/ s. pl. schiuma *f.* (di sapone)
to sue /sju:/ v.tr. querelare, citare in giudizio
suede /sweɪd/ s. pelle *f.* scamosciata
suet /sjʊɪt/ s. sugna *f.*
to suffer /'sʌfəʳ/ **A** v.tr. **1** soffrire, patire **2** sopportare **B** v.intr. soffrire
sufferer /'sʌf(ə)rəʳ/ s. sofferente *m. e f.*
suffering /'sʌf(ə)rɪŋ/ s. sofferenza *f.*
to suffice /sə'faɪs/ v.tr. e intr. bastare
sufficient /s(ə)'fɪʃ(ə)nt/ agg. sufficiente, bastante
to suffocate /'sʌfəkeɪt/ v.tr. e intr. soffocare
suffocation /,sʌfə'keɪʃ(ə)n/ s. soffocamento *m.*
suffrage /'sʌfrɪdʒ/ s. suffragio *m.*
to suffuse /sə'fju:z/ v.tr. soffondere, pervadere
sugar /'ʃʊgəʳ/ s. zucchero *m.* ♦ **cane s.** zucchero di canna || **lump s.** zucchero in zollette || **powdered s.** zucchero a velo || **s. basin** zuccheriera || **s. beet** barbabietola da zucchero || **s. bowl** zuccheriera
to sugar /'ʃʊgəʳ/ v.tr. zuccherare
sugared /'ʃʊgəd/ agg. zuccherato ♦ **s. almond** confetto
sugary /'ʃʊgərɪ/ agg. **1** zuccherino **2** mellifluo
to suggest /sə'dʒest/ v.tr. **1** suggerire, proporre **2** indicare, far pensare a **3** sostenere
suggestible /sə'dʒestəbl/ agg. suggestionabile
suggestion /sə'dʒestʃ(ə)n/ s. **1** suggerimento *m.* **2** indizio *m.*, traccia *f.* **3** suggestione *f.*
suggestive /sə'dʒestɪv/ agg. **1** suggestivo, evocativo **2** indicativo **3** provocante, sconveniente
suicide /'sjʊɪsaɪd/ s. **1** suicidio *m.* **2** suicida *m. e f.*
suit /sju:t/ s. **1** abito *m.* (*da uomo*), completo *m.* **2** (*di carte da gioco*) seme *m.* **3** (*dir.*) causa *f.* ♦ **bathing s.** costume da bagno
to suit /sju:t/ **A** v.tr. adattarsi a, soddisfare **B** v.intr. convenire, andare bene
suitable /'sju:təbl/ agg. adatto, appropriato
suitcase /'sju:tkeɪs/ s. valigia *f.*
suite /swi:t/ s. **1** appartamento *m.* **2** (*mus.*) suite *f.*
suitor /'sju:təʳ/ s. pretendente *m.*
to sulk /sʌlk/ v.intr. essere imbronciato
sulky /'sʌlkɪ/ agg. imbronciato
sullen /'sʌlən/ agg. accigliato, scostante
to sully /'sʌlɪ/ v.tr. macchiare, deturpare
sulphate /'sʌlfeɪt/ (*USA* **sulfate**) s. solfato *m.*
sulphur /'sʌlfəʳ/ (*USA* **sulfur**) s. zolfo *m.*
sultan /'sʌlt(ə)n/ s. sultano *m.*
sultana /sʌl'tɑ:nə/ s. uvetta *f.* sultanina
sultanate /'sʌltənɪt/ s. sultanato *m.*
sultriness /'sʌltrɪnɪs/ s. afa *f.*
sultry /'sʌltrɪ/ agg. **1** afoso, soffocante **2** appassionato
sum /sʌm/ s. **1** somma *f.*, addizione *f.* **2** (*di denaro*) somma *f.*, quantità *f.*
to sum /sʌm/ v.tr. e intr. sommare ♦ **to s. up** ricapitolare, riassumere
to summarize /'sʌməraɪz/ v.tr. ricapitolare, riassumere
summary /'sʌmərɪ/ s. compendio *m.*, riassunto *m.*
summer /'sʌməʳ/ **A** s. estate *f.* **B** agg. estivo ♦ **s. house** casa di campagna, padiglione || **s. time** ora legale

summertime /ˈsʌmətaɪm/ s. estate *f.*
summit /ˈsʌmɪt/ s. **1** sommità *f.*, vertice *m.* **2** (*pol.*) summit *m. inv.*, incontro *m.* al vertice
to summon /ˈsʌmən/ v.tr. **1** citare in giudizio **2** convocare ♦ **to s. up** chiamare a raccolta, farsi coraggio
summons /ˈsʌmənz/ s. **1** convocazione *f.* **2** (*dir.*) citazione *f.*, ordine *m.* di comparizione
sump /sʌmp/ s. **1** pozzo *m.* nero **2** (*mecc.*) coppa *f.*
sumptuous /ˈsʌm(p)tjʊəs/ agg. sontuoso
sun /sʌn/ s. sole *m.* ♦ **s. lamp** lampada abbronzante
to sunbathe /ˈsʌnbeɪð/ v.intr. prendere il sole
sunbed /ˈsʌnbɛd/ s. lettino *m.* abbronzante, solarium *m. inv.*
sunburn /ˈsʌnbɜːn/ s. scottatura *f.*
sunburnt /ˈsʌnbɜːnt/ agg. scottato dal sole
Sunday /ˈsʌndɪ/ s. domenica *f.*
sundial /ˈsʌndaɪ(ə)l/ s. meridiana *f.*
sundown /ˈsʌndaʊn/ s. tramonto *m.*
sundries /ˈsʌndrɪz/ s. pl. **1** oggetti *m. pl.* vari, cianfrusaglie *f. pl.* **2** spese *f. pl.* varie
sundry /ˈsʌndrɪ/ agg. diversi, vari
sunflower /ˈsʌnˌflaʊəʳ/ s. girasole *m.*
sung /sʌŋ/ p.p. di **to sing**
sunk /sʌŋk/ p.p. di **to sink**
sunlight /ˈsʌnlaɪt/ s. luce *f.* solare, sole *m.*
sunny /ˈsʌnɪ/ agg. **1** soleggiato **2** solare, allegro
sunrise /ˈsʌnraɪz/ s. alba *f.*, sorgere *m.* del sole
sunset /ˈsʌnsɛt/ s. tramonto *m.*
sunshade /ˈsʌnˌʃeɪd/ s. parasole *m. inv.*
sunshine /ˈsʌnˌʃaɪn/ s. (luce del) sole *m.*
sunstroke /ˈsʌnˌstrəʊk/ s. insolazione *f.*
suntan /ˈsʌnˌtæn/ s. abbronzatura *f.*
super /ˈsjuːpəʳ/ agg. (*fam.*) ottimo, eccellente, di prim'ordine
superannuation /ˌsjuːpəˌrænjʊˈeɪʃ(ə)n/ s. collocamento *m.* a riposo, pensione *f.*
superb /sjuːˈpɜːb/ agg. superbo, magnifico
supercilious /ˌsjuːpəˈsɪlɪəs/ agg. altezzoso
superconductivity /ˈsjuːpəˌkɒndʌkˈtɪvɪtɪ/ s. superconduttività *f.*
superficial /ˌsjuːpəˈfɪʃ(ə)l/ agg. superficiale
superfluous /sjʊ(ː)ˈpɜːflʊəs/ agg. superfluo
superhuman /ˌsjuːpəˈhjuːmən/ agg. sovrumano
to superimpose /ˌsjuːp(ə)rɪmˈpəʊz/ v.tr. sovrapporre
to superintend /ˌsjuːp(ə)rɪnˈtɛnd/ v.tr. e intr. soprintendere
superior /sjuːˈpɪərɪəʳ/ agg. e s. superiore *m.*
superiority /sjuːˌpɪərɪˈɒrɪtɪ/ s. superiorità *f.*
superlative /sjuːˈpɜːlətɪv/ agg. e s. superlativo *m.*
supermarket /ˈsjuːpəˌmɑːkɪt/ s. supermercato *m.*, supermarket *m. inv.*
supernatural /ˌsjuːpəˈnætʃr(ə)l/ agg. e s. soprannaturale *m.*
superpower /ˈsjuːpəˌpaʊəʳ/ s. superpotenza *f.*
to supersede /ˌsjʊ(ː)pəˈsiːd/ v.tr. soppiantare, rimpiazzare
superstition /ˌsjuːpəˈstɪʃ(ə)n/ s. superstizione *f.*
superstitious /ˌsjuːpəˈstɪʃəs/ agg. superstizioso
supertanker /ˈsjuːpəˌtænkəʳ/ s. superpetroliera *f.*
to supervene /ˌsjuːpəˈviːn/ v.intr. sopraggiungere
to supervise /ˈsjuːpəvaɪz/ v.tr. sovrintendere, dirigere
supervision /ˌsjuːpəˈvɪʒ(ə)n/ s. supervisione *f.*
supervisor /ˈsjuːpəvaɪzəʳ/ s. sorvegliante *m.* e *f.*, supervisore *m.*
supine /sjuːˈpaɪn/ agg. supino
supper /ˈsʌpəʳ/ s. cena *f.*
to supplant /səˈplɑːnt/ v.tr. soppiantare, scavalcare
supple /ˈsʌpl/ agg. **1** flessibile **2** agile
supplement /ˈsʌplɪmənt/ s. supplemento *m.*
to supplement /ˈsʌplɪˌmənt/ v.tr. completare, integrare
supplementary /ˌsʌplɪˈmɛnt(ə)rɪ/ agg. supplementare, integrativo
supplier /səˈplaɪəʳ/ s. fornitore *m.*
supply /səˈplaɪ/ s. **1** rifornimento *m.*, provvista *f.*, scorta *f.* **2** (*econ.*) offerta *f.* **3** al pl. viveri *m. pl.* **4** al pl. sussidi *m. pl.* ♦ **s. teacher** supplente
to supply /səˈplaɪ/ v.tr. **1** fornire, provvedere **2** soddisfare **3** supplire
support /səˈpɔːt/ s. supporto *m.*, sostegno *m.*
to support /səˈpɔːt/ v.tr. sostenere
supporter /səˈpɔːtəʳ/ s. sostenitore *m.*, tifoso *m.*
to suppose /səˈpəʊz/ v.tr. supporre
supposedly /səˈpəʊzɪdlɪ/ avv. **1** presumibilmente **2** apparentemente
supposition /ˌsʌpəˈzɪʃ(ə)n/ s. supposizione *f.*
suppository /səˈpɒzɪt(ə)rɪ/ s. supposta *f.*
to suppress /səˈprɛs/ v.tr. sopprimere
supremacy /sjʊˈprɛməsɪ/ s. supremazia *f.*
supreme /sjʊ(ː)ˈpriːm/ agg. supremo
surcharge /ˈsɜːtʃɑːdʒ/ s. **1** sovraccarico *m.* **2** soprattassa *f.*, maggiorazione *f.* **3** sovrapprezzo *m.*
to surcharge /sɜːˈtʃɑːdʒ/ v.tr. **1** sovraccaricare **2** applicare una sovrattassa (o un sovrapprezzo) a
sure /ʃʊəʳ/ **A** agg. sicuro **B** avv. certamente, sicuramente, davvero
surely /ˈʃʊəlɪ/ avv. certamente
surety /ˈʃʊətɪ/ s. (*dir.*) garanzia *f.*
surf /sɜːf/ s. **1** cresta *f.* dell'onda **2** al pl. frangenti *m. pl.*
to surf /sɜːf/ v.intr. **1** praticare il surf **2** (*inform.*) navigare
surface /ˈsɜːfɪs/ s. superficie *f.*
to surface /ˈsɜːfɪs/ **A** v.tr. **1** far emergere **2** spianare, pavimentare **B** v.intr. venire in superficie, emergere
surfboard /ˈsɜːfˌbɔːd/ s. (tavola da) surf *m. inv.*
surfeit /ˈsɜːfɪt/ s. **1** eccesso *m.* **2** sazietà *f.*
surfing /ˈsɜːfɪŋ/ s. surf *m. inv.*
surge /sɜːdʒ/ s. **1** ondata *f.* **2** slancio *m.*, impeto *m.*
to surge /sɜːdʒ/ v.intr. **1** ondeggiare, fluttuare **2** gonfiarsi, aumentare, sollevarsi
surgeon /ˈsɜːdʒ(ə)n/ s. chirurgo *m.*

surgery /'sɜːdʒ(ə)rɪ/ s. **1** chirurgia *f.* **2** ambulatorio *m.* ♦ **s. hours** orario delle visite
surgical /'sɜːdʒɪk(ə)l/ agg. **1** chirurgico **2** ortopedico
surly /'sɜːlɪ/ agg. burbero, scontroso
surname /'sɜːneɪm/ s. cognome *m.*
to surpass /sɜː'pɑːs/ v.tr. superare
surplus /'sɜːpləs/ **A** agg. eccedente **B** s. eccedenza *f.*, sovrappiù *m. inv.*, surplus *m. inv.* ♦ **s. value** plusvalore
surprise /sə'praɪz/ s. sorpresa *f.*
to surprise /sə'praɪz/ v.tr. sorprendere
surprising /sə'praɪzɪŋ/ agg. sorprendente
surrealism /sə'rɪəlɪz(ə)m/ s. surrealismo *m.*
surrealist /sə'rɪəlɪst/ s. surrealista *m. e f.*
surrender /sə'rɛndəʳ/ s. **1** resa *f.*, capitolazione *f.* **2** cessione *f.*
to surrender /sə'rɛndəʳ/ **A** v.tr. **1** cedere, consegnare **2** rinunciare a **B** v.intr. arrendersi, capitolare
surreptitious /ˌsʌrəp'tɪʃəs/ agg. **1** clandestino, furtivo **2** (*dir.*) surrettizio
surrogate /'sʌrəgɪt/ s. sostituto *m.*, surrogato *m.*
to surround /sə'raʊnd/ v.tr. circondare
surrounding /sə'raʊndɪŋ/ **A** agg. circostante **B** s. al pl. **1** dintorni *m. pl.* **2** condizioni *f. pl.* ambientali
surveillance /sɜː'veɪləns/ s. sorveglianza *f.*
survey /'sɜːveɪ/ s. **1** esame *m.*, indagine *f.*, rassegna *f.* **2** perizia *f.*, verifica *f.*, valutazione *f.* **3** rilevamento *m.*
to survey /sɜː'veɪ/ v.tr. **1** osservare, esaminare **2** ispezionare, sorvegliare, visitare **3** valutare, fare la perizia di **4** rilevare
surveyor /sɜː'veɪəʳ/ s. ispettore *m.*, sovraintendente *m.*
survival /sə'vaɪv(ə)l/ s. sopravvivenza *f.*
to survive /sə'vaɪv/ v.tr. e intr. sopravvivere (a)
survivor /sə'vaɪvəʳ/ s. superstite *m. e f.*
susceptible /sə'sɛptəbl/ agg. **1** sensibile **2** suscettibile, permaloso
suspect /sʌs'pɛkt/ **A** agg. sospetto **B** s. persona *f.* sospetta
to suspect /'səspɛkt/ v.tr. e intr. sospettare
to suspend /səs'pɛnd/ v.tr. **1** sospendere, differire **2** appendere ♦ **to be suspended from** essere sospeso da
suspender /səs'pɛndəʳ/ s. **1** giarrettiera *f.* **2** al pl. (*USA*) bretelle *f. pl.* ♦ **s. belt** reggicalze
suspense /səs'pɛns/ s. suspense *f. inv.*
suspension /səs'pɛnʃ(ə)n/ s. sospensione *f.*
suspicion /səs'pɪʃ(ə)n/ s. sospetto *m.*
suspicious /səs'pɪʃəs/ agg. **1** sospettoso **2** sospetto
to sustain /səs'teɪn/ v.tr. **1** sostenere, sopportare, reggere **2** (*dir.*) appoggiare, accogliere **3** confermare
sustenance /'sʌstɪnəns/ s. sostentamento *m.*
sutler /'sʌtləʳ/ s. vivandiere *m.*
suture /'suːtʃəʳ/ s. sutura *f.*
to suture /'suːtʃəʳ/ v.tr. suturare
swab /swɒb/ s. (*med.*) tampone *m.*
to swagger /'swægəʳ/ v.intr. pavoneggiarsi
swallow[1] /'swɒləʊ/ s. (*zool.*) rondine *f.*
swallow[2] /'swɒləʊ/ s. **1** deglutizione *f.* **2** boccone *m.* **3** sorso *m.*
to swallow /'swɒləʊ/ v.tr. e intr. deglutire, inghiottire
swam /swæm/ pass. di **to swim**
swamp /swɒmp/ s. palude *f.*
to swamp /swɒmp/ v.tr. inondare
swampy /'swɒmpɪ/ agg. paludoso
swan /swɒn/ s. cigno *m.*
to swap /swɒp/ v.tr. barattare, scambiare
swarm /swɔːm/ s. sciame *m.*
to swarm /swɔːm/ v.intr. sciamare, brulicare
swarthy /'swɔːðɪ/ agg. bruno, scuro
swastika /'swæstɪkə/ s. svastica *f.*
to swat /swɒt/ v.tr. colpire, schiacciare
swatch /swɒtʃ/ s. campione *m.* (di stoffa)
to sway /sweɪ/ **A** v.tr. **1** far oscillare, far ondeggiare **2** dominare, governare **3** influenzare **B** v.intr. oscillare, ondeggiare
to swear /swɛəʳ/ (*pass.* **swore**, *p.p.* **sworn**) v.tr. e intr. **1** giurare **2** imprecare, bestemmiare
swearword /'swɛəwɜːd/ s. parolaccia *f.*, imprecazione *f.*, bestemmia *f.*
sweat /swɛt/ s. **1** sudore *m.* **2** sudata *f.*, faticata *f.*
to sweat /swɛt/ **A** v.intr. **1** sudare **2** sgobbare **B** v.tr. **1** sudare, trasudare **2** bagnare **3** sfruttare
sweater /'swətəʳ/ s. maglione *m.*
sweatshirt /'swətʃɜːt/ s. felpa *f.*
sweaty /'swɛtɪ/ agg. sudato
Swede /swiːd/ s. svedese *m. e f.*
Swedish /'swiːdɪʃ/ agg. svedese
sweep /swiːp/ s. **1** scopata *f.*, spazzata *f.* **2** movimento *m.* ampio **3** ambito *m.*, portata *f.* **4** distesa *f.*, tratto *m.* **5** spazzacamino *m.*
to sweep /swiːp/ (*pass. e p.p.* **swept**) **A** v.tr. **1** scopare, spazzare **2** percorrere, sfiorare **3** spaziare su **B** v.intr. **1** incedere maestosamente **2** estendersi ♦ **to s. away** spazzar via, eliminare
sweeping /'swiːpɪŋ/ **A** agg. **1** ampio, vasto **2** completo, assoluto **3** impetuoso **B** s. al pl. rifiuti *m. pl.*
sweet /swiːt/ **A** agg. **1** dolce **2** piacevole **3** profumato **4** (*fam.*) carino **B** s. **1** caramella *f.* **2** dolce *m.* **3** dolcezza *f.*
to sweeten /'swiːtn/ v.tr. **1** zuccherare **2** addolcire
sweetener /'swiːt(ə)nəʳ/ s. dolcificante *m.*
sweetheart /'swiːthɑːt/ s. innamorato *m.*
sweetish /'swiːtɪʃ/ agg. dolciastro
sweetness /'swiːtnɪs/ s. **1** dolcezza *f.* **2** aroma *f.*, fragranza *f.*
swell /swɛl/ **A** s. **1** rigonfiamento *m.* **2** (*naut.*) mare *m.* lungo **3** (*mus.*) crescendo *m.* **B** agg. **1** elegante **2** (*fam.*) magnifico
to swell /swɛl/ (*pass.* **swelled**, *p.p.* **swollen**, **swelled**) **A** v.intr. **1** dilatarsi, gonfiarsi **2** aumentare, crescere **B** v.tr. **1** gonfiare, dilatare **2** aumentare
swelling /'swɛlɪŋ/ s. gonfiore *m.*, rigonfiamento *m.*

sweltering /ˈswɛltərɪŋ/ **agg.** soffocante
swept /swɛpt/ **pass. e p.p. di to sweep**
to swerve /swɜːv/ **v.intr.** deviare, sterzare
swift[1] /swɪft/ **agg.** rapido, veloce
swift[2] /swɪft/ **s.** (*zool.*) rondone *m.*
swig /swɪg/ **s.** sorsata *f.*
to swig /swɪg/ **v.tr.** tracannare
swim /swɪm/ **s.** nuotata *f.*
to swim /swɪm/ (*pass.* **swam**, *p.p.* **swum**) **A** **v.intr.** **1** nuotare **2** essere inondato, essere coperto **3** vacillare, ondeggiare **B** **v.tr.** attraversare a nuoto
swimmer /ˈswɪməʳ/ **s.** nuotatore *m.*
swimming /ˈswɪmɪŋ/ **s.** nuoto *m.* ♦ **s. pool** piscina
swimsuit /ˈswɪmˌsjuːt/ **s.** costume *m.* da bagno
swindle /ˈswɪndl/ **s.** truffa *f.*, imbroglio *m.*
to swindle /ˈswɪndl/ **v.tr.** truffare, raggirare
swindler /ˈswɪndləʳ/ **s.** imbroglione *m.*
swine /swaɪn/ **s. inv.** porco *m.*
swing /swɪŋ/ **s.** **1** oscillazione *f.* **2** (*mus.*) ritmo *m.* **3** altalena *f.* **4** cambiamento *m.* (di opinione) **5** (*mus.*) swing *m. inv.* ♦ **in full s.** in piena attività
to swing /swɪŋ/ (*pass. e p.p.* **swung**) **A** **v.tr.** **1** dondolare, far oscillare **2** agitare, roteare **B** **v.intr.** **1** dondolare, oscillare **2** ruotare, girare **3** girarsi, voltarsi
swingeing /ˈswɪn(d)ʒɪŋ/ **agg.** (*fam.*) **1** violento, duro **2** enorme
swinging /ˈswɪŋɪŋ/ **A** **s.** oscillazione *f.* **B** **agg.** **1** oscillante, orientabile **2** veloce **3** cadenzato, ritmico
to swipe /swaɪp/ **v.tr.** (*fam.*) **1** colpire **2** rubare
to swirl /swɜːl/ **v.intr.** turbinare
to swish /swɪʃ/ **v.intr.** frusciare, sibilare
Swiss /swɪs/ **agg. e s.** svizzero *m.*
switch /swɪtʃ/ **s.** **1** frusta *f.* **2** cambiamento *m.* **3** interruttore *m.* **4** (*ferr.*) scambio *m.*
to switch /swɪtʃ/ **v.tr.** **1** frustare **2** agitare **3** deviare, smistare **4** scambiare **5** (*elettr.*) commutare ♦ **to s. off** spegnere || **to s. on** accendere
switchboard /ˈswɪtʃbɔːd/ **s.** centralino *m.*
to swivel /ˈswɪvl/ **v.intr.** ruotare, fare perno
swollen /ˈswəʊl(ə)n/ **A** **p.p. di to swell** **B** **agg.** gonfio
to swoon /swuːn/ **v.intr.** svenire
to swoop /swuːp/ **v.intr.** avventarsi, piombare ♦ **to s. up** afferrare al volo || **in, at one fell s.** in un colpo solo
sword /sɔːd/ **s.** spada *f.*
swordfish /ˈsɔːdfɪʃ/ **s.** pescespada *m.*
swore /swɔːʳ/ **pass. di to swear**
sworn /swɔːn/ **p.p. di to swear**
to swot /swɒt/ **v.intr.** sgobbare (sui libri)
swum /swʌm/ **p.p. di to swim**
swung /swʌŋ/ **pass. e p.p. di to swing**
syllable /ˈsɪləbl/ **s.** sillaba *f.*
symbiosis /ˌsɪmbɪˈəʊsɪs/ **s.** simbiosi *f.*
symbol /ˈsɪmb(ə)l/ **s.** simbolo *m.*
symbolic(al) /sɪmˈbɒlɪk((ə)l)/ **agg.** simbolico
symbolist /ˈsɪmbəlɪst/ **s.** simbolista *m. e f.*
to symbolize /sɪmbəˈlaɪz/ **v.tr.** simboleggiare
symmetric(al) /sɪˈmɛtrɪk((ə)l)/ **agg.** simmetrico
symmetry /ˈsɪmɪtrɪ/ **s.** simmetria *f.*
sympathetic /ˌsɪmpəˈθɛtɪk/ **agg.** **1** comprensivo **2** congeniale **3** (*anat.*) simpatico
to sympathize /ˈsɪmpəθaɪz/ **v.intr.** **1** mostrare comprensione **2** simpatizzare
sympathizer /ˈsɪmpəθaɪzəʳ/ **s.** simpatizzante *m. e f.*
sympathy /ˈsɪmpəθɪ/ **s.** **1** comprensione *f.*, partecipazione *f.* **2** simpatia *f.* **3** condoglianza *f.*
symphonic /sɪmˈfɒnɪk/ **agg.** sinfonico
symphony /ˈsɪmfənɪ/ **s.** sinfonia *f.*
symptom /ˈsɪm(p)təm/ **s.** sintomo *m.*
symptomatology /ˌsɪm(p)təməˈtɒlədʒɪ/ **s.** sintomatologia *f.*
synagogue /ˌsɪnəgɒg/ **s.** sinagoga *f.*
synchrony /ˈsɪŋkrənɪ/ **s.** sincronia *f.*
syndicalist /ˈsɪndɪkəlɪst/ **s.** sindacalista *m. e f.*
syndicate /ˈsɪndɪkɪt/ **s.** sindacato *m.*
syndrome /ˈsɪndrəʊm/ **s.** sindrome *f.*
synonym /ˈsɪnənɪm/ **s.** sinonimo *m.*
synonymous /sɪˈnɒnɪməs/ **agg.** sinonimo
synopsis /sɪˈnɒpsɪs/ **s.** sinossi *f.*
syntax /ˈsɪntæks/ **s.** sintassi *f.*
synthesis /ˈsɪnθəsɪs/ (*pl.* **syntheses**) **s.** sintesi *f.*
synthetic(al) /sɪnˈθɛtɪk((ə)l)/ **agg.** sintetico
to synthetize /ˈsɪnθətaɪz/ **v.tr.** sintetizzare
syphilis /ˈsɪfɪlɪs/ **s.** sifilide *f.*
syringe /ˈsɪrɪn(d)ʒ/ **s.** siringa *f.*
syrup /ˈsɪrəp/ **s.** sciroppo *m.*
system /ˈsɪstɪm/ **s.** **1** sistema *m.*, metodo *m.* **2** sistema *m.*, apparato *m.*, impianto *m.* **3** rete *f.* **4** organismo *m.*
systole /sɪstəlɪ/ **s.** sistole *f.*

t, T

ta /tɑː/ inter. (*fam.*) grazie ♦ **ta-ta** ciao ciao
tab /tæb/ s. **1** linguetta *f.* **2** etichetta *f.*
tabby /'tæbɪ/ agg. tigrato, a strisce ♦ **t. cat** gatto soriano
tabernacle /'tæbə(:)nækl/ s. tabernacolo *m.*
table /'teɪbl/ s. **1** tavolo *m.*, tavola *f.* **2** tavolata *f.* **3** tabella *f.*, elenco *m.* **4** tavoletta *f.*, lastra *f.* ♦ **t. of contents** indice || **t. tennis** ping-pong || **to set/to clear the t.** apparecchiare/sparecchiare la tavola || **to turn the tables** rovesciare la situazione
tablecloth /'teɪblklɒθ/ s. tovaglia *f.*
tablemat /'teɪbl,mæt/ s. sottopiatto *m.*
tablespoon /'teɪbl,spuːn/ s. cucchiaio *m.* da tavola
tablet /'tæblɪt/ s. **1** compressa *f.*, pastiglia *f.* **2** targa *f.*, tavoletta *f.*
tabloid /'tæblɔɪd/ **A** agg. conciso, ridotto **B** s. **1** compressa *f.* **2** (giornale) tabloid *m. inv.*
taboo /tə'buː/ s. tabù *m.*
to tabulate /'tæbjʊleɪt/ v.tr. disporre in tabelle
tachycardia /,tækɪ'kɑːdɪəʳ/ s. tachicardia *f.*
tacit /'tæsɪt/ agg. tacito
taciturn /'tæsɪtɜːn/ agg. taciturno
tack /tæk/ s. **1** bulletta *f.*, chiodino *m.* **2** imbastitura *f.* **3** linea *f.* di condotta
to tack /tæk/ **A** v.tr. **1** imbullettare, inchiodare **2** imbastire **B** v.intr. (*naut.*) bordeggiare
tackle /'tækl/ s. **1** attrezzatura *f.* **2** paranco *m.*
to tackle /'tækl/ v.tr. **1** affrontare **2** afferrare **3** (*sport*) caricare, placcare, contrastare
tacky /'tækɪ/ agg. appiccicaticcio
tact /tækt/ s. tatto *m.*
tactful /'tæktf(ʊ)l/ agg. pieno di tatto
tactical /'tæctɪk(ə)l/ agg. tattico
tactics /'tæktɪks/ s. pl. tattica *f.*
tactless /tæktlɪs/ agg. che manca di tatto
tadpole /'tædpəʊl/ s. girino *m.*
taenia /'tiːnjə/ s. tenia *f.*
tag /tæg/ s. **1** cartellino *m.*, etichetta *f.* **2** appendice *f.*, estremità *f.* **3** puntale *m.* **4** frase *f.* fatta
to tag /tæg/ v.tr. **1** (*con cartellino, etichetta*) contrassegnare **2** aggiungere **3** seguire da vicino ♦ **to t. along** aggregarsi, accodarsi
tail /teɪl/ s. coda *f.* ♦ **t. end** parte finale || **t. lamp** luce posteriore, fanalino
to tail /teɪl/ v.tr. **1** essere in coda a **2** seguire, pedinare ♦ **to t. away** assottigliarsi, disperdersi || **to t. back** incolonnarsi || **to t. off** assottigliarsi, disperdersi
tailback /'teɪlbæk/ s. (*di veicoli*) incolonnamento *m.*
tailcoat /'teɪl,kəʊt/ s. frac *m. inv.*
tailor /'teɪləʳ/ s. sarto *m.* ♦ **t.-made** fatto su misura || **t.'s shop** sartoria
tailoring /'teɪlərɪŋ/ s. sartoria *f.*
to taint /teɪnt/ v.tr. corrompere, guastare
to take /teɪk/ (*pass.* **took**, *p.p.* **taken**) **A** v.tr. **1** prendere, afferrare, cogliere, conquistare **2** comprendere **3** condurre, portar via, accompagnare **4** attirare, affascinare, colpire **5** impiegare, metterci, richiedere (ES: ***it takes two hours*** ci vogliono due ore) **6** (*cin., tv*) riprendere, girare **7** contenere **B** v.intr. far presa, attecchire ♦ **t. it easy!** calma! || **to t. after** assomigliare a || **to t. away** allontanare, rimuovere, asportare || **to t. back** riportare, ritirare || **to t. down** smantellare, registrare || **to t. in** accogliere, ospitare, comprendere, imbrogliare || **to t. off** decollare, staccare, togliere || **to t. on** imbarcare, assumere, sfidare || **to t. out** portare fuori, emettere, sottoscrivere, uscire con || **to t. over** subentrare, prendere il sopravvento || **to t. part (in)** presenziare || **to t. place** accadere || **to t. to** darsi a || **to t. up** sollevare, iniziare, occupare
take-away /'teɪkəweɪ/ agg. da asporto
take-off /'teɪk,ɔːf/ s. decollo *m.*
take-over /'teɪk,əʊvəʳ/ s. (*di società*) acquisizione *f.*
taking /'teɪkɪŋ/ **A** agg. affascinante **B** s. **1** presa *f.* **2** al pl. incasso *m.*
talc /tælk/ s. talco *m.*
talcum /'tælkəm/ s. talco *m.* ♦ **t. powder** borotalco
tale /teɪl/ s. racconto *m.*, novella *f.*
talent /'tælənt/ s. talento *m.*
talisman /'tælɪzmən/ s. talismano *m.*
talk /tɔːk/ s. **1** colloquio *m.*, discorso *m.* **2** chiacchiere *f. pl.* **3** al pl. negoziati *m. pl.*
to talk /tɔːk/ v.intr. **1** parlare, conversare **2** chiacchierare ♦ **to t. about** fare pettegolezzi su || **to t. back** ribattere (con arroganza) || **to t. out of** dissuadere da
talktime /'tɔːktaɪm/ s. (*tel.*) autonomia *f.* di conversazione
tall /tɔːl/ agg. **1** (*di statura*) alto **2** (*fam.*) incredibile
tally /'tælɪ/ s. **1** conteggio *m.* **2** tacca *f.*, contrassegno *m.* **3** cartellino *m.*
to tally /'tælɪ/ **A** v.tr. **1** contare, fare il conto di, calcolare **2** registrare **B** v.intr. corrispondere
talon /'tælən/ s. artiglio *m.*
tamarind /'tæmərɪnd/ s. tamarindo *m.*
tambour /'tæmbʊəʳ/ s. (*arch.*) tamburo *m.*
tambourine /,tæmbə'riːn/ s. tamburello *m.*
tame /teɪm/ agg. **1** addomesticato **2** docile, mansueto **3** non rissoso, non polemico
to tame /teɪm/ v.tr. addomesticare, domare
tamer /'teɪməʳ/ s. domatore *m.*
to tamper /'tæmpəʳ/ v.intr. manomettere
tampon /'tæmpən/ s. tampone *m.*
to tampon /'tæmpən/ v.tr. tamponare
tamponage /'tæmpənɪdʒ/ s. tamponamento *m.*

tan /tæn/ **A** **agg.** marrone rossiccio **B** **s.** **1** abbronzatura *f.* **2** concia *f.*
to tan /tæn/ **A** **v.tr.** **1** (*pelli*) conciare **2** abbronzare **B** **v.intr.** abbronzarsi
tandem /ˈtændəm/ **s.** tandem *m. inv.*
tang /tæŋ/ **s.** **1** sapore *m.* piccante **2** punta *f.*, traccia *f.*
tangent /ˈtæn(d)ʒ(ə)nt/ **agg.** e **s.** tangente *f.*
tangerine /ˌtæn(d)ʒəˈriːn/ **s.** mandarino *m.*
tangle /ˈtæŋgl/ **s.** **1** groviglio *m.* **2** (*fig.*) imbroglio *m.*
to tangle /ˈtæŋgl/ **v.tr.** **1** aggrovigliare **2** (*fig.*) imbrogliare
tango /ˈtæŋgəʊ/ **s.** tango *m.*
tank /tæŋk/ **s.** **1** serbatoio *m.*, bidone *m.* **2** carro *m.* armato ◆ **t. top** canottiera || **t. truck** autobotte
tanker /ˈtæŋkəʳ/ **s.** **1** autobotte *f.* **2** (*naut.*) petroliera *f.*
tanning /ˈtænɪŋ/ **s.** **1** abbronzatura *f.* **2** concia *f.* ◆ **t. bed** (*USA*) lettino abbronzante, solarium
to tantalize /ˈtæntəlaɪz/ **v.tr.** tormentare
tantalizing /ˈtæntəlaɪzɪŋ/ **agg.** allettante
tantamount /ˈtæntəmaʊnt/ **agg. pred.** equivalente
tantrum /ˈtæntrəm/ **s.** bizza *f.*, stizza *f.*
tap[1] /tæp/ **s.** **1** rubinetto *m.* **2** spina *f.* ◆ **on t.** alla spina, a disposizione
tap[2] /tæp/ **s.** colpetto *m.* ◆ **t. dance** tip tap
to tap[1] /tæp/ **v.tr.** **1** spillare **2** incidere **3** (*tel.*) intercettare
to tap[2] /tæp/ **A** **v.intr.** picchiettare, bussare **B** **v.tr.** battere leggermente
tape /teɪp/ **s.** nastro *m.* ◆ **t. player** mangianastri || **t. recorder** registratore
to tape /teɪp/ **v.tr.** **1** registrare (su nastro magnetico) **2** sigillare (con nastro adesivo)
taper /ˈteɪpəʳ/ **s.** **1** candelina *f.*, lumicino *m.* **2** assottigliamento *m.*, rastremazione *f.*
tapestry /ˈtæpɪstrɪ/ **s.** **1** arazzo *m.* **2** tappezzeria *f.*
tapeworm /ˈteɪpˌwɜːm/ **s.** tenia *f.*
tapir /ˈteɪpəʳ/ **s.** tapiro *m.*
tar /tɑːʳ/ **s.** catrame *m.*
tare /tɛəʳ/ **s.** tara *f.*
target /ˈtɑːgɪt/ **s.** **1** bersaglio *m.* **2** obiettivo *m.*
tariff /ˈtærɪf/ **s.** tariffa *f.*
to tarnish /ˈtɑːnɪʃ/ **v.tr.** **1** appannare, offuscare **2** macchiare
tarot /ˈtærəʊ/ **s.** tarocco *m.*
tarpaulin /tɑːˈpɔːlɪn/ **s.** telone *m.* impermeabile, incerata *f.*
tarragon /ˈtærəgən/ **s.** dragoncello *m.*
tarsia /ˈtɑːsɪə/ **s.** tarsia *f.*
tart[1] /tɑːt/ **agg.** aspro, acido
tart[2] /tɑːt/ **s.** torta *f.* (*di frutta*), crostata *f.*
tart[3] /tɑːt/ **s.** (*fam.*) sgualdrina *f.*
tartan /ˈtɑːt(ə)n/ **s.** tartan *m. inv.*
tartar /ˈtɑːtəʳ/ **s.** tartaro *m.*
task /tɑːsk/ **s.** compito *m.*, mansione *f.* ◆ **t. force** unità operativa, squadra speciale
tassel /ˈtæs(ə)l/ **s.** nappa *f.*, pennacchio *m.*
taste /teɪst/ **s.** **1** gusto *m.*, sapore *m.* **2** assaggio *m.* **3** propensione *f.*, inclinazione *f.* **4** buon gusto *m.*
to taste /teɪst/ **A** **v.tr.** **1** sentire (il sapore di), assaggiare **2** gustare, provare **B** **v.intr.** sapere di, avere sapore di
tasteful /ˈteɪstf(ʊ)l/ **agg.** raffinato
tasteless /ˈteɪstlɪs/ **agg.** insapore, insipido
tasting /ˈteɪstɪŋ/ **s.** assaggio *m.*, degustazione *f.*
tasty /ˈteɪstɪ/ **agg.** gustoso, saporito
tatter /ˈtætəʳ/ **s.** straccio *m.*, brandello *m.* ◆ **in tatters** stracciato, distrutto
tattle /ˈtætl/ **s.** chiacchiere *f. pl.*
tattoo[1] /təˈtuː/ **s.** tatuaggio *m.*
tattoo[2] /təˈtuː/ **s.** **1** (*mil.*) ritirata *f.* **2** parata *f.* militare
to tattoo /təˈtuː/ **v.tr.** tatuare
taught /tɔːt/ **pass.** e **p.p.** di **to teach**
taunt /tɔːnt/ **s.** scherno *m.*
tauromachy /tɔːˈrɒməkɪ/ **s.** tauromachia *f.*
Taurus /ˈtɔːrəs/ **s.** (*astr.*) toro *m.*
taut /tɔːt/ **agg.** **1** teso, tirato **2** stiracchiato, conciso **3** pulito, in ordine
tavern /ˈtævən/ **s.** taverna *f.*
tax /tæks/ **A** **agg. attr.** fiscale, di imposta **B** **s.** **1** tassa *f.* **2** peso *m.*, onere *m.* ◆ **income t.** imposta sul reddito || **inheritance t.** tassa di successione || **t. allowance** detrazione fiscale || **t. disc** bollo di circolazione || **t. dodger** evasore fiscale || **t.-free** esentasse || **t. return** dichiarazione dei redditi || **t. stamp** bollo
to tax /tæks/ **v.tr.** **1** tassare **2** mettere alla prova
taxable /ˈtæksəbl/ **agg.** tassabile
taxation /tækˈseɪʃ(ə)n/ **s.** tassazione *f.*
taxi /ˈtæksɪ/ **s.** taxi *m. inv.* ◆ **t. driver** tassista || **t. rank** (*USA* **t. stand**) posteggio dei taxi
taximeter /ˈtæksɪˌmiːtəʳ/ **s.** tassametro *m.*
taxpayer /ˈtæksˌpeɪəʳ/ **s.** contribuente *m.* e *f.*
tea /tiː/ **s.** tè *m. inv.* ◆ **t. set** servizio da tè || **t. towel** strofinaccio
teabag /ˈtiːbæg/ **s.** bustina *f.* di tè
to teach /tiːtʃ/ (*pass.* e *p.p.* **taught**) **v.tr.** e **intr.** insegnare
teacher /ˈtiːtʃəʳ/ **s.** insegnante *m.* e *f.*, docente *m.* e *f.*, professore *m.*, maestro *m.*
teaching /ˈtiːtʃɪŋ/ **s.** insegnamento *m.*
teacup /ˈtiːkʌp/ **s.** tazza *f.* da tè
teak /tiːk/ **s.** tek *m. inv.*
team /tiːm/ **s.** squadra *f.*, team *m. inv.* ◆ **t. work** lavoro d'équipe
teapot /ˈtiːpɒt/ **s.** teiera *f.*
tear[1] /tɪəʳ/ **s.** lacrima *f.*
tear[2] /tɛəʳ/ **s.** spacco *m.*, lacerazione *f.*
to tear /tɛəʳ/ (*pass.* **tore**, *p.p.* **torn**) **A** **v.tr.** **1** lacerare, strappare **2** (*fig.*) dilaniare **B** **v.intr.** **1** lacerarsi, strapparsi **2** correre a gran velocità ◆ **to t. off** staccare || **to t. up** fare a pezzi
tearful /ˈtɪəf(ʊ)l/ **agg.** lacrimoso, piangente
tearoom /ˈtiːruːm/ **s.** sala *f.* da tè
to tease /tiːz/ **v.tr.** canzonare, molestare, fare dispetti a

teaspoon /'ti:spu:n/ s. cucchiaino *m.*
teatime /'ti:taɪm/ s. ora *f.* del tè
technical /'tɛknɪk(ə)l/ agg. tecnico
technician /tɛk'nɪʃ(ə)n/ s. tecnico *m.*
technique /tɛk'ni:k/ s. tecnica *f.*
technological /ˌtɛknə'lɒdʒɪkl/ agg. tecnologico
technology /tɛk'nɒlədʒɪ/ s. tecnologia *f.*
teddy bear /'tɛdɪˌbɛəʳ/ s. orsacchiotto *m.* di peluche
tedious /'ti:djəs/ agg. noioso, tedioso, uggioso
to teem /ti:m/ v.intr. **1** abbondare, brulicare **2** diluviare
teenage /'ti:nˌeɪdʒ/ agg. da adolescente, per teenager
teen-ager /'ti:nˌeɪdʒəʳ/ s. adolescente *m. e f.*
teens /ti:nz/ s. pl. adolescenza *f.*
to teeter /'ti:təʳ/ v.intr. traballare
teeth /ti:θ/ pl. di **tooth**
to teethe /ti:ð/ v.intr. mettere i denti
teething /'ti:ðɪŋ/ s. dentizione *f.* ♦ **t. ring** dentaruolo || **t. troubles** (*fig.*) difficoltà iniziali
teetotal /tɪ':təʊtl/ agg. astemio
teetotaller /tɪ':təʊtləʳ/ s. astemio *m.*
telecamera /ˌtɛlɪ'kæmərə/ s. telecamera *f.*
teleconference /'tɛlɪˌkɒnfərəns/ s. teleconferenza *f.*
telecontrol /ˌtɛlɪkən'trəʊl/ s. telecomando *m.*
telegram /'tɛlɪgræm/ s. telegramma *m.*
telegraph /'tɛlɪgrɑ:f/ s. telegrafo *m.*
telematic /ˌtɛlɪ'mætɪk/ agg. telematico
telematics /ˌtɛlɪ'mætɪks/ s. pl. (*v. al sing.*) telematica *f.*
telepathy /tɪ'lɛpəθɪ/ s. telepatia *f.*
telephone /'tɛlɪfəʊn/ s. telefono *m.* ♦ **t. book** elenco telefonico || **t. booth** cabina telefonica || **t. directory** elenco telefonico || **t. exchange** centralino || **t. number** numero di telefono || **t. services** telefonia
to telephone /'tɛlɪfəʊn/ v.tr. e intr. telefonare
telephony /tɪ'lɛfənɪ/ s. telefonia *f.* ♦ **cellular t.** telefonia cellulare
telescope /'tɛlɪskəʊp/ s. telescopio *m.*
television /'tɛlɪˌvɪʒ(ə)n/ s. televisione *f.* ♦ **t. set** televisore
telex /'tɛlɛks/ s. telex *m. inv.*
to tell /tɛl/ (*pass. e p.p.* **told**) **A** v.tr. **1** dire, raccontare **2** rivelare, divulgare **3** distinguere, riconoscere **B** v.intr. avere effetto, farsi sentire ♦ **to t. off** rimproverare
teller /'tɛləʳ/ s. (*banca*) cassiere *m.*
telling /'tɛlɪŋ/ agg. espressivo
telly /'tɛlɪ/ s. (*fam.*) televisione *f.*, tivù *f.*
temerity /tɪ'mɛrɪtɪ/ s. temerarietà *f.*
temper /'tɛmpəʳ/ s. **1** carattere *m.*, umore *m.* **2** malumore *m.*, collera *f.* **3** calma *f.*, sangue *m.* freddo
to temper /'tɛmpəʳ/ v.tr. temperare, moderare
tempera /'tɛmpərə/ s. tempera *f.*
temperament /'tɛmp(ə)rəmənt/ s. temperamento *m.*
temperamental /ˌtɛmp(ə)rə'mɛntl/ agg. **1** capriccioso, instabile **2** relativo al temperamento
temperate /'tɛmp(ə)rɪt/ agg. temperato
temperature /'tɛmprɪtʃəʳ/ s. **1** temperatura *f.* **2** febbre *f.*
tempest /'tɛmpɪst/ s. tempesta *f.*
Templar /'tɛmpləʳ/ s. templare *m.*
template /'tɛmplɪt/ s. sagoma *f.*
temple[1] /'tɛmpl/ s. tempio *m.*
temple[2] /'tɛmpl/ s. (*anat.*) tempia *f.*
temporary /'tɛmp(ə)rərɪ/ agg. temporaneo, provvisorio ♦ **t. work** lavoro interinale
to tempt /tɛm(p)t/ v.tr. tentare, allettare
temptation /tɛm(p)'teɪʃ(ə)n/ s. tentazione *f.*
tempting /'tɛm(p)tɪŋ/ agg. invitante, allettante
ten /tɛn/ agg. num. card. e s. dieci *m. inv.*
tenacious /tɪ'neɪʃəs/ agg. tenace
tenacity /tɪ'næsɪtɪ/ s. tenacia *f.*
tenancy /'tɛnənsɪ/ s. locazione *f.*, affitto *m.*
tenant /'tɛnənt/ s. inquilino *m.*
tench /tɛnʃ/ s. tinca *f.*
to tend[1] /tɛnd/ v.tr. badare a
to tend[2] /tɛnd/ v.intr. tendere
tendency /'tɛndənsɪ/ s. tendenza *f.*
tendentious /tɛn'dɛnʃəs/ agg. tendenzioso
tender[1] /'tɛndəʳ/ agg. **1** tenero, molle, morbido **2** delicato
tender[2] /'tɛndəʳ/ s. **1** guardiano *m.* **2** (*naut.*) tender *m. inv.*
tender[3] /'tɛndəʳ/ s. **1** (*comm.*) offerta *f.* **2** valuta *f.*, moneta *f.*
to tender /'tɛndəʳ/ v.tr. offrire
tenderness /'tɛndənɪs/ s. tenerezza *f.*
tendon /'tɛndən/ s. tendine *m.*
tenement /'tɛnɪmənt/ s. **1** appartamento *m.* **2** caseggiato *m.*
tenet /'tɛnɪt/ s. principio *m.*, credo *m.*
tennis /'tɛnɪs/ s. tennis *m.*
tenor /'tɛnəʳ/ s. (*mus.*) tenore *m.*
tenpin /'tɛnpɪn/ s. **1** birillo *m.* **2** al pl. (*v. al sing.*) (*USA*) bowling *m.*
tense[1] /tɛns/ agg. teso, tirato
tense[2] /tɛns/ s. (*gramm.*) tempo *m.*
tension /'tɛnʃ(ə)n/ s. tensione *f.*
tent /tɛnt/ s. tenda *f.*, tendone *m.* ♦ **t.-peg** picchetto per tenda
to tent /tɛnt/ v.intr. mettere le tende,attendarsi
tentative /'tɛntətɪv/ agg. sperimentale, provvisorio
tenth /tɛnθ/ agg. num. ord. e s. decimo *m.*
tenuous /'tɛnjʊəs/ agg. tenue
tenure /'tɛnjʊəʳ/ s. (*dir.*) possesso *m.*
tepid /'tɛpɪd/ agg. tiepido
term /tɜ:m/ s. **1** termine *m.* **2** (*a scuola*) trimestre *m.* **3** (*dir.*) sessione *f.* **4** al pl. condizioni *f. pl.*
to term /tɜ:m/ v.tr. definire
terminal /'tɜ:mɪnl/ **A** agg. terminale, finale **B** s. **1** terminale *m.*, estremità *f.* **2** capolinea *m. inv.*, (*aer.*) terminal *m. inv.* **3** (*elettr.*) morsetto *m.* **4** (*inform.*) terminale *m.*
to terminate /'tɜ:mɪneɪt/ v.tr. terminare, porre fine a

terminology /ˌtɜːmɪˈnɒlədʒɪ/ s. terminologia *f.*
terminus /ˈtɜːmɪnəs/ s. capolinea *m. inv.*
termite /ˈtɜːmaɪt/ s. termite *f.*
terrace /ˈterəs/ s. **1** terrazzo *m.*, terrapieno *m.* **2** terrazza *f.* **3** case *f. pl.* a schiera
terracotta /ˌterəˈkɒtə/ s. terracotta *f.*
terrain /ˈtereɪn/ s. terreno *m.*
terrestrial /tɪˈrestrɪəl/ agg. terrestre
terrible /ˈterəbl/ agg. terribile, tremendo
terrier /ˈterɪəʳ/ s. terrier *m. inv.*
terrific /təˈrɪfɪk/ agg. fantastico, straordinario
to terrify /ˈterɪfaɪ/ v.tr. terrorizzare
territorial /ˌterɪˈtɔːrɪəl/ agg. territoriale
territory /ˈterɪt(ə)rɪ/ s. territorio *m.*
terror /ˈterəʳ/ s. **1** terrore *m.* **2** (*fam.*) (*di bambino*) peste *f.*
terrorism /ˈterərɪz(ə)m/ s. terrorismo *m.*
terrorist /ˈterərɪst/ s. terrorista *m. e f.*
terse /tɜːs/ agg. conciso
tertiary /ˈtɜːʃərɪ/ s. terziario *m.*
test /test/ s. esame *m.*, prova *f.*, test *m. inv.* ♦ **t. pilot** pilota collaudatore || **t. tube** provetta
to test /test/ v.tr. esaminare, analizzare, collaudare, sperimentare, testare
testament /ˈtestəmənt/ s. testamento *m.*
testator /tesˈteɪtəʳ/ s. testatore *m.*
testicle /ˈtestɪkl/ s. testicolo *m.*
to testify /ˈtestɪfaɪ/ v.tr. e intr. **1** testimoniare **2** dimostrare
testimony /ˈtestɪmənɪ/ s. testimonianza *f.*
testis /ˈtestɪs/ (*pl.* **testes**) s. testicolo *m.*
testy /ˈtestɪ/ agg. permaloso
tetanus /ˈtetənəs/ s. tetano *m.* ♦ **t. injection** antitetanica
tether /ˈteðəʳ/ s. **1** pastoia *f.*, catena *f.* **2** (*fig.*) campo *m.*, portata *f.*
text /tekst/ s. testo *m.* ♦ **t. message** SMS, messaggino
textbook /ˈteks(t)bʊk/ s. manuale *m.*
textile /ˈtekstaɪl/ agg. tessile
texture /ˈtekstʃəʳ/ s. **1** trama *f.* **2** struttura *f.*
than /ðæn/ cong. **1** (*comparativo*) che, di, di quello che (ES: ***you are younger t. I am*** sei più giovane di me) **2** (*dopo 'other', 'else', 'rather', 'sooner'*) che (ES: ***no other t.*** nient'altro che; ***rather t.*** piuttosto che) **3** (*correlativo di 'hardly', 'scarcely'*) quando, che (ES: ***hardly was your mother gone t. you began crying*** tua madre era appena uscita che già iniziavi a piangere)
to thank /θæŋk/ v.tr. ringraziare ♦ **t. you** grazie!
thankful /ˈθæŋkf(ʊ)l/ agg. riconoscente
thankfulness /ˈθæŋkf(ʊ)lnɪs/ s. riconoscenza *f.*
thanks /θæŋks/ **A** s. pl. ringraziamenti *m. pl.* **B** inter. grazie ♦ **t. to** grazie a
that /ðæt/ (*pl.* **those**) **A** agg. dimostr. quello, quella (ES: ***t. pen*** quella penna) **B** pron. dimostr. quello, quella, questo, questa, ciò (ES: ***who's t.?*** chi è quello?; ***what's t.*** cos'è quello?) **C** pron. rel. **1** che, il quale, la quale, i quali, le quali (ES: ***the book t. I read*** il libro che ho letto) **2** in cui, che (ES: ***the day t. Kennedy was murdered*** il giorno in cui Kennedy venne assassinato) **D** cong. che (ES: ***it was so cold t. we decided to stay at home*** faceva così freddo che decidemmo di stare a casa) ♦ **t.'s enough!** basta! || **t. is** cioè || **t.'s right!** giusto!, esatto! || **t. way** così
thatch /θætʃ/ s. paglia *f.* (per ricoprire i tetti)
to thatch /θætʃ/ v.tr. ricoprire di paglia e canne
thaw /θɔː/ s. disgelo *m.*
to thaw /θɔː/ v.tr. sgelare, scongelare
the /ðiː/ art. determ. il, lo, la, i, gli, le
theatre /ˈθɪətəʳ/ (*USA* **theater**) s. teatro *m.*
theatrical /θɪˈætrɪk(ə)l/ agg. **1** teatrale **2** melodrammatico
theft /θeft/ s. furto *m.*
their /ðeəʳ/ agg. poss. il loro, la loro, i loro, le loro
theirs /ðeəz/ pron. poss. il loro, la loro, i loro, le loro
them /ðem, ðəm/ pron. pers. 3ª p. pl. (*compl.*) li, le, loro
theme /θiːm/ s. tema *m.* ♦ **t. park** parco divertimenti || **water t. park** acquapark || **t. song** tema musicale
themselves /ðəmˈselvz/ pron. 3ª p. pl. **1** (*rifl.*) se stessi, se stesse, sé, si **2** (*enf.*) essi stessi, esse stesse, proprio loro
then /ðen/ **A** avv. **1** allora, a quel tempo **2** dopo, poi **3** allora, in tal caso **4** anche, poi **B** cong. dunque, allora ♦ **before t.** prima di allora || **by t.** a quel punto, ormai || **now and t.** di tanto in tanto || **what t.?** e allora?
theologian /θɪəˈləʊdʒjən/ s. teologo *m.*
theology /θɪˈɒlədʒɪ/ s. teologia *f.*
theorem /ˈθɪərəm/ s. teorema *m.*
theory /ˈθɪərɪ/ s. teoria *f.*
therapeutic(al) /ˌθerəˈpjuːtɪk((ə)l)/ agg. terapeutico
therapy /ˈθerəpɪ/ s. terapia *f.*
there /ðeəʳ/ **A** avv. **1** là, lì (ES: ***where is it? it is t.*** dov'è? là) **2** ci, vi (ES: ***t. is an apple on the table*** c'è una mela sul tavolo) **B** inter. ecco!
thereabout(s) /ˈðeərəˌbaʊt(s)/ avv. **1** nei pressi **2** all'incirca
thereafter /ˌðeərˈɑːftəʳ/ avv. da allora in poi, quindi
thereby /ˌðeəˈbaɪ/ avv. con ciò, per mezzo di ciò
therefore /ˈðeəfɔːʳ/ avv. dunque, perciò, quindi
thermae /ˈθɜːmɪ/ s. pl. (*archeol.*) terme *f. pl.*
thermal /ˈθɜːm(ə)l/ agg. termale ♦ **t. baths** terme, stabilimenti termali
thermic /ˈθɜːmɪk/ agg. termico
thermodynamics /ˌθɜːmə(ʊ)daɪˈnæmɪks/ s. pl. (*v. al sing.*) termodinamica *f.*
thermometer /θəˈmɒmɪtəʳ/ s. termometro *m.*
thermos (bottle) /ˈθɜːmɒs(bɒtl)/ s. thermos *m. inv.*
thermostat /ˈθɜːmə(ʊ)stæt/ s. termostato *m.*
thesaurus /θɪˈsɔːrəs/ s. dizionario *m.* dei sinonimi
these /ðiːz/ pl. di **this**
thesis /ˈθiːsɪs/ (*pl.* **theses**) s. tesi *f.*
they /ðeɪ/ pron. pers. 3ª p. pl. essi, esse, loro ♦ **t. say** si dice
thick /θɪk/ **A** agg. **1** spesso, denso, folto **2** ottuso **B** s. il folto *m.* **C** avv. **1** fittamente **2** a strati spessi

to thicken /'θɪk(ə)n/ **A** v.tr. addensare, ispessire, infoltire **B** v.intr. **1** addensarsi, ispessirsi, infoltirsi **2** (*del tempo*) offuscarsi
thicket /'θɪkɪt/ s. boscaglia *f.*
thickness /'θɪknɪs/ s. **1** densità *f.* **2** spessore *m.*
thickset /ˌθɪk'sɛt/ agg. **1** fitto, folto **2** tarchiato
thief /θiːf/ (*pl.* **thieves**) s. ladro *m.*
thigh /θaɪ/ s. coscia *f.* ♦ **t. bone** femore
thigh-highs /'θaɪˌhaɪz/ s. pl. (calze) autoreggenti *f. pl.*
thimble /'θɪmbl/ s. ditale *m.*
thin /θɪn/ agg. **1** sottile, fine **2** magro **3** rado, poco denso **4** diluito
to thin /θɪn/ **A** v.tr. **1** assottigliare **2** diradare, sfoltire **3** diluire **B** v.intr. **1** assottigliarsi **2** diradarsi, sfoltirsi
thing /θɪŋ/ s. cosa *f.*
thingummy /θɪŋəmɪ/ s. coso *m.*
to think /θɪŋk/ (*pass. e p.p.* **thought**) v.tr. e intr. pensare ♦ **to t. about** pensare a || **to t. out** meditare su, escogitare || **to t. over** riflettere || **to t. up** trovare, inventare
thinker /'θɪŋkəʳ/ s. pensatore *m.*
thinness /'θɪnnɪs/ s. **1** finezza *f.* **2** magrezza *f.*
third /θɜːd/ **A** agg. num. ord. terzo **B** s. **1** terzo *m.* **2** (*mus.*) terza *f.* **3** (*autom.*) terza *f.* (marcia) ♦ **t.-rate** di terz'ordine, scadente
thirdly /θɜːdlɪ/ avv. in terzo luogo
thirst /θɜːst/ s. sete *f.*
thirsty /'θɜːstɪ/ agg. assetato
thirteen /ˌθɜː'tiːn/ agg. num. card. e s. tredici *m. inv.*
thirteenth /ˌθɜː'tiːnθ/ agg. num. ord. e s. tredicesimo *m.*
thirtieth /'θɜːtɪɪθ/ agg. num. ord. e s. trentesimo *m.*
thirty /'θɜːtɪ/ agg. num. card. e s. trenta *m. inv.*
this /ðɪs/ (*pl.* **these**) **A** agg. dimostr. questo, questa **B** pron. dimostr. questo, questa, costui, ciò **C** avv. (*fam.*) così ♦ **t. evening** stasera || **t. morning** stamattina || **t. night** stanotte || **t. time** stavolta
thistle /'θɪsl/ s. cardo *m.*
thong /θɒŋ/ s. **1** cinghia *f.* **2** al pl. infradito *m. e f. inv.*
thorax /'θɔːræks/ s. torace *m.*
thorn /θɔːn/ s. spina *f.*
thorough /'θʌrə/ agg. **1** minuzioso, profondo **2** completo, assoluto
thoroughbred /'θʌrəbrɛd/ agg. e s. purosangue *m. e f. inv.*
thoroughfare /'θʌrəfɛəʳ/ s. strada *f.* di transito ♦ **no t.** divieto di transito
thoroughly /'θʌrəlɪ/ avv. completamente
those /ðəʊz/ pl. di **that**
though /ðəʊ/ **A** cong. sebbene, benché, malgrado **B** avv. comunque
thought¹ /θɔːt/ s. pensiero *m.*
thought² /θɔːt/ pass. e p.p. di **to think**
thoughtful /'θɔːtf(ʊ)l/ agg. **1** pensieroso **2** premuroso, pieno di attenzioni
thoughtless /'θɔːtlɪs/ agg. **1** sconsiderato **2** noncurante
thousand /'θaʊz(ə)nd/ **A** agg. num. card. mille **B** s. migliaio *m.* ♦ **by thousands, by the t.** a migliaia
to thrash /θræʃ/ **A** v.tr. battere, percuotere **B** v.intr. muoversi ♦ **to t. about** dimenarsi || **to t. out** chiarire, definire
thread /θrɛd/ s. **1** filo *m.* **2** (*mecc.*) filetto *m.*, filettatura *f.*
to thread /θrɛd/ v.tr. **1** infilare **2** (*mecc.*) filettare
threadbare /'θrɛdbɛəʳ/ agg. consumato, logoro
threat /θrɛt/ s. minaccia *f.*
to threaten /'θrɛtn/ v.tr. e intr. minacciare
threatening /'θrɛtnɪŋ/ agg. minaccioso
three /θriː/ agg. num. card. e s. tre *m. inv.*
three-dimensional /ˌθrɪdɪ'mɛnʃənl/ agg. tridimensionale
threshing /'θrɛʃɪŋ/ s. trebbiatura *f.* ♦ **t. floor** aia || **t. machine** trebbiatrice
threshold /'θrɛʃ(h)əʊld/ s. soglia *f.*
threw /θruː/ pass. di **to throw**
thrifty /'θrɪftɪ/ agg. parsimonioso
thrill /θrɪl/ s. brivido *m.*
to thrill /θrɪl/ **A** v.tr. eccitare, commuovere **B** v.intr. fremere, rabbrividire, eccitarsi
thriller /'θrɪləʳ/ s. thriller *m. inv.*
thrilling /'θrɪlɪŋ/ agg. elettrizzante, eccitante, sensazionale
to thrive /θraɪv/ (*pass.* **throve**, *p.p.* **thriven**) v.intr. **1** prosperare, aver fortuna **2** crescere rigogliosamente
throat /θrəʊt/ s. gola *f.*
throb /θrɒb/ s. **1** battito *m.*, pulsazione *f.* **2** fremito *m.*
to throb /θrɒb/ v.intr. **1** battere, pulsare **2** fremere
throes /θrəʊz/ s. pl. **1** doglie *f. pl.* **2** spasimi *m. pl.*
thrombosis /θrɒm'bəʊsɪs/ s. trombosi *f.*
throne /θrəʊn/ s. trono *m.*
throng /θrɒŋ/ s. folla *f.*, ressa *f.*
to throng /θrɒŋ/ **A** v.tr. affollare **B** v.intr. affollarsi
throttle /'θrɒtl/ s. gola *f.* ♦ **t. valve** valvola a farfalla
to throttle /'θrɒtl/ v.tr. strangolare
through¹ /θruː/ **A** avv. **1** attraverso, da parte a parte **2** da cima a fondo **3** direttamente **B** prep. **1** (*moto per luogo*) attraverso, per **2** (*tempo*) durante, per la durata di, per **3** (*mezzo*) mediante, per mezzo di **4** (*causa*) a causa di, per
through² /θruː/ agg. **1** finito, chiuso **2** diretto
throughout /θruː'aʊt/ **A** avv. da parte a parte, dal principio alla fine, completamente **B** prep. in tutto, per tutto, durante tutto
throve /θrəʊv/ pass. di **to thrive**
throw /θrəʊ/ s. lancio *m.*, tiro *m.*
to throw /θrəʊ/ (*pass.* **threw**, *p.p.* **thrown**) v.tr. **1** buttare, lanciare, scagliare **2** abbattere, disarcionare **3** confondere, imbarazzare ♦ **to t. away** gettare via || **to t. off** togliersi, disfarsi di || **to t. out** buttar via, respingere || **to t. up** abbandonare, vomitare
thrush /θrʌʃ/ s. tordo *m.*
thrust /θrʌst/ s. spinta *f.*
to thrust /θrʌst/ (*pass. e p.p.* **thrust**) **A** v.tr. **1** spin-

gere, ficcare **2** conficcare, piantare **B** v.intr. **1** ficcarsi, infilarsi, farsi largo **2** spingersi ◆ **to t. through** trafiggere

thud /θʌd/ s. tonfo *m.*

thumb /θʌmb/ s. pollice *m.*

to thumb /θʌmb/ v.tr. **1** (*pagine*) sfogliare **2** lasciare ditate su **3** strimpellare ◆ **to t. a lift** fare l'autostop

thumbtack /'θʌmtæk/ s. (*USA*) puntina *f.* da disegno

thump /θʌmp/ s. **1** botta *f.*, colpo *m.* **2** tonfo *m.*

to thump /θʌmp/ **A** v.tr. battere, picchiare **B** v.intr. **1** menare colpi **2** cadere con un tonfo

thunder /'θʌndəʳ/ s. tuono *m.*

to thunder /'θʌndəʳ/ v.intr. tuonare

thunderbolt /'θʌndəˌbəult/ s. fulmine *m.*

thunderclap /'θʌndəˌklæp/ s. (rombo di) tuono *m.*

thunderstorm /'θʌndəˌstɔː/ s. temporale *m.*

thundery /'θʌndərɪ/ agg. tempestoso, temporalesco

Thursday /'θɜːzdɪ/ s. giovedì *m.*

thus /ðʌs/ avv. **1** così, pertanto, quindi **2** fino a questo punto ◆ **t. far** fin qui, finora

to thwart /θwɔːt/ v.tr. ostacolare

thyme /taɪm/ s. (*bot.*) timo *m.*

thymus /'θaɪməs/ s. (*anat.*) timo *m.*

thyroid /'θaɪrɔɪd/ s. tiroide *f.*

tiara /tɪ'ɑːrə/ s. tiara *f.*

tibia /'tɪbɪə/ s. tibia *f.*

tick[1] /tɪk/ s. (*zool.*) zecca *f.*

tick[2] /tɪk/ s. **1** ticchettio *m.*, tic tac *m. inv.* **2** attimo *m.* **3** visto *m.*, segno *m.*

to tick /tɪk/ **A** v.intr. **1** ticchettare, fare tic tac **2** funzionare **B** v.tr. segnare, spuntare ◆ **to t. off** sgridare, fare arrabbiare, infastidire || **to t. over** perdere colpi, tirare avanti

ticket /'tɪkɪt/ s. **1** biglietto *m.*, tessera *f.* **2** scontrino *m.*, cartellino *m.* ◆ **one-way t.** biglietto di sola andata || **return t.** biglietto di andata e ritorno || **t. clerk** (*in stazione*) bigliettaio || **t. collector** (*sul treno*) bigliettaio, (*sui mezzi pubblici*) controllore || **t. office** biglietteria || **t. window** sportello della biglietteria

to tickle /'tɪkl/ v.tr. **1** solleticare **2** stuzzicare, stimolare

ticklish /'tɪklɪʃ/ agg. **1** che soffre il solletico **2** delicato

tidal /'taɪdl/ agg. di marea

tiddlywinks /'tɪdlɪwɪŋks/ s. pl. (*v. al sing.*) gioco *m.* delle pulci

tide /taɪd/ s. **1** marea *f.* **2** corso *m.*, corrente *f.* ◆ **high/low t.** alta/bassa marea

to tide /taɪd/ v.intr. navigare con la marea ◆ **to t. over** aiutare a superare

tidy /'taɪdɪ/ agg. ordinato, pulito

to tidy /'taɪdɪ/ v.tr. riordinare ◆ **to t. out** sgombrare || **to t. up** riordinare

tie /taɪ/ s. **1** laccio *m.*, stringa *f.* **2** cravatta *f.* **3** legame *m.*, vincolo *m.* **4** (*sport*) pareggio *m.*, spareggio *m.*

to tie /taɪ/ **A** v.tr. **1** legare, annodare **2** pareggiare, uguagliare **B** v.intr. **1** essere allacciato **2** pareggiare ◆ **to t. down** legare, vincolare || **to t. up** legare, collegare, impegnare, vincolare

tier /tɪəʳ/ s. **1** fila *f.* **2** ordine *m.* **3** strato *m.* **4** al pl. gradinata *f.*

tiger /'taɪgəʳ/ s. tigre *f.*

tight /taɪt/ **A** agg. **1** teso, tirato **2** stretto, aderente **3** fermo, saldo, ben fissato **4** ermetico, stagno **5** severo, fermo, difficile **6** scarso **7** avaro, tirchio **8** (*fam.*) sbronzo **B** avv. **1** strettamente **2** fermamente **3** completamente

to tighten /'taɪtn/ v.tr. **1** stringere, serrare **2** tendere, tirare

tightfisted /ˌtaɪt'fɪstɪd/ agg. avaro, tirchio

tightly /'taɪtlɪ/ avv. strettamente

tightrope /'taɪtˌrəup/ s. (*di funambolo*) fune *f.*

tights /taɪts/ s. pl. **1** collant *m. inv.* **2** calzamaglia *f.*

tile /taɪl/ s. **1** piastrella *f.* **2** tegola *f.*

till[1] /tɪl/ **A** cong. finché, fino a che non **B** prep. fino a ◆ **not t.** non prima di || **t. now** finora

till[2] /tɪl/ s. cassa *f.* ◆ **cash t.** registratore di cassa

to till /tɪl/ v.tr. coltivare, arare, dissodare

tiller /'tɪləʳ/ s. (*naut.*) barra *f.* del timone

tilt[1] /tɪlt/ s. copertone *m.*, telone *m.*

tilt[2] /tɪlt/ s. **1** inclinazione *f.*, pendenza *f.* **2** (*stor.*) torneo *m.*, giostra *f.* ◆ **at full t.** a tutta forza

to tilt /tɪlt/ **A** v.intr. **1** inclinarsi, piegarsi **2** (*stor.*) giostrare **B** v.tr. inclinare, piegare ◆ **to t. up** rovesciare

timbal /'tɪmb(ə)l/ s. (*mus.*) timballo *m.*, timpano *m.*

timber /'tɪmbəʳ/ s. legname *m.*

timbre /'tɪmbəʳ/ s. (*di voce*) timbro *m.*

time /taɪm/ s. **1** tempo *m.* **2** momento *m.*, ora *f.* **3** periodo *m.*, epoca *f.* **4** volta *f.* **5** ora *f.*, orario *m.* (ES: *what t. is it?* che ora è?) ◆ **at any t.** in qualunque momento || **at no t.** mai, in nessuna occasione || **at the same t.** contemporaneamente, nello stesso momento || **at times** talvolta, a volte || **from t. to t.** di tanto in tanto || **in good t.** per tempo || **next t.** la prossima volta || **on t.** puntuale, in orario || **opening t.** ora d'apertura || **t. bomb** bomba a orologeria || **t. off** periodo di permesso, periodo di riposo

to time /taɪm/ v.tr. **1** fare al momento giusto **2** determinare i tempi, l'orario **3** sincronizzare **4** cronometrare

timeless /'taɪmlɪs/ agg. senza tempo, eterno

timeliness /'taɪmlɪnɪs/ s. tempestività *f.*

timely /'taɪmlɪ/ agg. tempestivo

timer /'taɪməʳ/ s. **1** cronometro *m.* **2** timer *m. inv.*

timetable /'taɪmteɪbl/ s. (*ferr.*) orario *m.*

timid /'tɪmɪd/ agg. timido, timoroso

timing /'taɪmɪŋ/ s. **1** sincronizzazione *f.* **2** tempismo *m.*

tin /tɪn/ s. **1** (*chim.*) stagno *m.* **2** latta *f.*, lamiera *f.* **3** lattina *f.*, barattolo *m.* ◆ **t. opener** apriscatole

to tin /tɪn/ v.tr. inscatolare

tinfoil /'tɪnfɔɪl/ s. stagnola *f.*

tinge /tɪn(d)ʒ/ s. **1** sfumatura *f.* **2** (*fig.*) traccia *f.*

to tinge /tɪn(d)ʒ/ v.tr. sfumare

to tingle /'tɪŋgl/ v.intr. pizzicare, formicolare

to tinker /'tɪŋkəʳ/ v.tr. rabberciare, rattoppare ◆ **to t. with** riparare alla meglio

to tinkle /'tɪŋkl/ v.intr. tintinnare
tinned /tɪnd/ agg. in scatola
tinning /'tɪnɪŋ/ s. **1** stagnatura *f.* **2** inscatolamento *m.*
tint /tɪnt/ s. colore *m.*, sfumatura *f.*
tiny /'taɪnɪ/ agg. minuscolo, piccino
tip[1] /tɪp/ s. punta *f.*, estremità *f.*
tip[2] /tɪp/ s. **1** inclinazione *f.* **2** deposito *m.*, discarica *f.*
tip[3] /tɪp/ s. colpetto *m.*, tocco *m.*
tip[4] /tɪp/ s. **1** mancia *f.* **2** informazione *f.* riservata, soffiata *f.*
to tip[1] /tɪp/ v.tr. versare, rovesciare, scaricare ◆ **to t. up** ribaltare
to tip[2] /tɪp/ v.tr. colpire leggermente
to tip[3] /tɪp/ v.tr. **1** dare la mancia a **2** avvertire, informare ◆ **to t. off** passare una soffiata
tipsy /'tɪpsɪ/ agg. (*fam.*) brillo
tiptoe /'tɪptəʊ/ avv. **on t.** in punta di piedi
tiptop /ˌtɪp'tɒp/ agg. (*fam.*) eccellente
tire /taɪəʳ/ s. (*USA*) → ***tyre***
to tire /taɪəʳ/ **A** v.tr. stancare **B** v.intr. stancarsi
tired /'taɪəd/ agg. **1** stanco **2** annoiato, infastidito ◆ **to get t.** stancarsi, affaticarsi
tiredness /'taɪədnɪs/ s. stanchezza *f.*
tireless /'taɪəlɪs/ agg. infaticabile
tiresome /'taɪəsəm/ agg. noioso, seccante
tiring /'taɪərɪŋ/ agg. faticoso
tissue /'tɪsjuː/ s. **1** tessuto *m.* **2** fazzoletto *m.* di carta ◆ **t. paper** carta velina
titbit /'tɪtbɪt/ s. **1** golosità *f.*, leccornia *f.* **2** notizia *f.* ghiotta
title /'taɪtl/ s. titolo *m.* ◆ **t. deed** titolo di proprietà ‖ **t. page** frontespizio
to titter /'tɪtəʳ/ v.intr. ridacchiare
to[1] /tuː, tʊ, tə/ prep. **1** (*termine, destinazione*) a, verso, per (ES: ***I will send a letter to you*** ti manderò una lettera) **2** (*moto a luogo*) in, a, verso (ES: ***to go to school*** andare a scuola) **3** (*confronto, relazione, preferenza*) a, in confronto a, per (ES: ***three sets to one*** tre set a uno)
to[2] /tuː, tʊ, tə/ particella preposta all'inf. del v. **1** (*idiom.*) (ES: ***to be*** essere; ***I want to stay*** voglio rimanere) **2** di, da, per, a (ES: ***is there anything to do?*** c'è qualcosa da fare?)
toad /təʊd/ s. rospo *m.*
toadstool /'təʊdstuːl/ s. fungo *m.* velenoso
toast[1] /təʊst/ s. (*cuc.*) pane *m.* tostato
toast[2] /təʊst/ s. brindisi *m. inv.*
to toast[1] /təʊst/ v.tr. (*cuc.*) abbrustolire, tostare
to toast[2] /təʊst/ v.intr. brindare
toaster /'təʊstəʳ/ s. tostapane *m. inv.*
tobacco /tə'bækəʊ/ s. tabacco *m.*
tobacconist /tə'bækənɪst/ s. tabaccaio *m.* ◆ **t.'s (shop)** tabaccheria
today /tə'deɪ/ s. e avv. oggi *m. inv.*
to toddle /'tɒdl/ v.intr. trotterellare, zampettare
toddler /'tɒdləʳ/ s. bambino *m.* ai primi passi
toe /təʊ/ s. **1** (*del piede*) dito *m.* **2** punta *f.* ◆ **big t.** alluce ‖ **little t.** mignolo del piede
toenail /'təʊneɪl/ s. (*del piede*) unghia *f.*
toffee /'tɒfɪ/ s. caramella *f.* morbida, toffee *f.* e *m. inv.*
tofu /'təʊfuː/ s. tofu *m. inv.*
toga /'təʊgə/ s. toga *f.*
together /tə'geðəʳ/ avv. **1** insieme **2** contemporaneamente
toil /tɔɪl/ s. fatica *f.*
to toil /tɔɪl/ v.intr. affaticarsi
toilet /'tɔɪlɪt/ s. **1** gabinetto *m.*, toilette *f. inv.* **2** toletta *f.* ◆ **t. bowl** (tazza del) water ‖ **t. case** necessaire ‖ **t. paper** carta igienica ‖ **t. roll** rotolo di carta igienica
token /'tə(ʊ)k(ə)n/ s. **1** segno *m.*, simbolo *m.* **2** pegno *m.* **3** contrassegno *m.*, gettone *m.* **4** buono *m.*
told /təʊld/ pass. e p.p. di **to tell**
tolerable /'tɒlərəbl/ agg. **1** tollerabile **2** passabile
tolerance /'tɒlər(ə)ns/ s. tolleranza *f.*
tolerant /'tɒlər(ə)nt/ agg. tollerante
to tolerate /'tɒləreɪt/ v.tr. tollerare
toll[1] /təʊl/ s. **1** pedaggio *m.* **2** tributo *m.*, costo *m.* ◆ **t.-free number** (*USA*) numero verde
toll[2] /təʊl/ s. rintocco *m.*
to toll /təʊl/ v.intr. rintoccare
tollbooth /'təʊlbuːð/ s. casello *m.*
tomato /tə'mɑːtəʊ/ s. pomodoro *m.*
tomb /tuːm/ s. tomba *f.*, sepolcro *m.*
tombola /'tɒmbələ/ s. tombola *f.*
tomboy /'tɒmbɔɪ/ s. maschiaccio *m.*
tombstone /'tuːmˌstəʊn/ s. lapide *f.*
tomcat /'tɒmˌkæt/ s. **1** gatto *m.* maschio **2** donnaiolo *m.*
tome /təʊm/ s. tomo *m.*
tomfoolery /ˌtɒm'fuːlərɪ/ s. scemenza *f.*
tomography /tə'mɒgrəfɪ/ s. tomografia *f.*
tomorrow /tə'mɒrə(ʊ)/ s. e avv. domani *m. inv.* ◆ **the day after t.** dopodomani
ton /tʌn/ s. tonnellata *f.*
tonality /tə(ʊ)'nælɪtɪ/ s. tonalità *f.*
tone /təʊn/ s. tono *m.*
to tone /təʊn/ **A** v.tr. dare il tono a, intonare **B** v.intr. intonarsi ◆ **to t. down** attenuare ‖ **to t. up** tonificare
toner /'təʊnəʳ/ s. **1** toner *m. inv.* **2** tonico *m.*
tongs /tɒŋz/ s. pl. pinze *f. pl.*
tongue /tʌŋ/ s. lingua *f.* ◆ **t. twister** scioglilingua
tonic /'tɒnɪk/ **A** agg. tonico, tonificante **B** s. **1** tonico *m.*, ricostituente *m.* **2** (*mus.*) tonica *f.* ◆ **t. water** acqua tonica
tonight /tə'naɪt/ **A** avv. stasera, stanotte **B** s. questa sera *f.*, questa notte *f.*
tonnage /'tʌnɪdʒ/ s. tonnellaggio *m.*
tonsil /'tɒnsl/ s. tonsilla *f.*
tonsillitis /ˌtɒnsɪ'laɪtɪs/ s. tonsillite *f.*
too /tuː/ avv. **1** anche, pure **2** per di più, per giunta **3** troppo ◆ **t. bad** che peccato! ‖ **t. many** troppi ‖ **t. much** troppo
took /tʊk/ pass. di **to take**
tool /tuːl/ s. attrezzo *m.*, strumento *m.*, utensile *m.*

toolbox /'tu:lbɒks/ s. cassetta *f.* portautensili
toot /tu:t/ s. **1** colpo *m.* di clacson **2** (*USA*) sniffata *f.*
tooth /tu:θ/ (*pl.* **teeth**) s. dente *m.*
toothache /'tu:θˌeɪk/ s. mal *m.* di denti
toothbrush /'tu:θbrʌʃ/ s. spazzolino *m.* da denti
toothpaste /'tu:θpeɪst/ s. dentifricio *m.*
toothpick /'tu:θpɪk/ s. stuzzicadenti *m. inv.*
top[1] /tɒp/ **A** s. **1** cima *f.*, vetta *f.*, sommità *f.* **2** parte *f.* superiore **3** tappo *m.*, coperchio *m.* **B** agg. attr. superiore, massimo, il più alto ◆ **t. floor** ultimo piano || **t. level** massimo livello
top[2] /tɒp/ s. trottola *f.*
topaz /'təʊpæz/ s. topazio *m.*
topic /'tɒpɪk/ s. argomento *m.*, tema *m.*
topical /'tɒpɪk(ə)l/ agg. d'attualità
topmost /'tɒpməʊst/ agg. il più elevato
topography /tə'pɒgrəfɪ/ s. topografia *f.*
toponym /'tɒpənɪm/ s. toponimo *m.*
to topple /'tɒpl/ **A** v.intr. **1** crollare, cadere **2** traballare, vacillare **B** v.tr. far cadere, rovesciare
top-secret /ˌtɒp'si:krɪt/ agg. segretissimo, top-secret
topsy-turvy /ˌtɒpsɪ'tɜ:vɪ/ avv. e agg. sottosopra
torch /tɔ:tʃ/ s. **1** torcia *f.*, fiaccola *f.* **2** torcia *f.* elettrica, pila *f.* tascabile
tore /tɔ:r/ pass. di **to tear**
torment /tɔ:'mɛnt/ s. tormento *m.*
to torment /tɒ'mɛnt/ v.tr. tormentare
torn /tɔ:n/ p.p. di **to tear**
tornado /tɔ:'neɪdəʊ/ s. tornado *m. inv.*
torpedo /tɔ:'pi:dəʊ/ s. **1** (*zool.*) torpedine *f.* **2** siluro *m.*
to torpedo /tɔ:'pi:dəʊ/ v.tr. silurare
torpor /'tɔ:pər/ s. torpore *m.*
torrent /'tɒr(ə)nt/ s. torrente *m.*
torrential /tɒ'rɛnʃ(ə)l/ agg. torrenziale
torrid /'tɒrɪd/ agg. torrido
torsion /'tɔ:ʃ(ə)n/ s. torsione *f.*
tortoise /'tɔ:təs/ s. testuggine *f.*
tortoiseshell /'tɔ:təsʃɛl/ agg. di tartaruga
tortuous /'tɔ:tjʊəs/ agg. tortuoso
torture /'tɔ:tʃər/ s. tortura *f.*
to torture /'tɔ:tʃər/ v.tr. torturare
Tory /'tɔ:rɪ/ agg. e s. conservatore *m.*
to toss /tɒs/ **A** v.tr. **1** gettare, lanciare **2** sballottare, scuotere **B** v.intr. **1** lanciare una moneta, fare a testa o croce **2** agitarsi ◆ **to t. off** tracannare
tot /tɒt/ s. **1** (*fam.*) bambino *m.* **2** sorso *m.*, goccio *m.*
total /'təʊtl/ agg. e s. totale *m.*
to total /'təʊtl/ v.tr. sommare, ammontare a
totem /'təʊtəm/ s. totem *m. inv.*
to totter /'tɒtər/ v.intr. barcollare, vacillare
tottery /'tɒtərɪ/ agg. barcollante, vacillante
touch /tʌtʃ/ s. **1** tocco *m.*, colpetto *m.* **2** tatto *m.* **3** contatto *m.*, relazione *f.* **4** tocco *m.*, modo *m.*, impronta *f.* **5** pizzico *m.*, piccola quantità *f.* ◆ **to keep in t.** tenersi in contatto **t. up** ritocco
to touch /tʌtʃ/ **A** v.tr. **1** toccare **2** riguardare, concernere **3** raggiungere **4** essere in contatto con **5** commuovere **B** v.intr. toccarsi ◆ **to t. at a port** fare scalo in un porto || **to t. down** atterrare || **to t. on** sfiorare || **to t. up** ritoccare
touch-and-go /ˌtʌtʃən'gəʊ/ agg. incerto, rischioso
touched /tʌtʃt/ agg. commosso
touching /'tʌtʃɪŋ/ agg. toccante
touch-up /'tʌtʃʌp/ s. rifinitura *f.*, ritocco *m.*
touchy /'tʌtʃɪ/ agg. permaloso
tough /tʌf/ agg. **1** duro, coriaceo **2** forte, robusto **3** difficile
to toughen /'tʌfn/ **A** v.tr. indurire **B** v.intr. indurire, indurirsi
toughness /'tʌfnɪs/ s. durezza *f.*
toupee /'tu:peɪ/ s. toupet *m. inv.*
tour /tʊər/ s. **1** giro *m.*, viaggio *m.*, escursione *f.* **2** tournée *f. inv.* ◆ **package t.** viaggio tutto compreso || **t. operator** operatore turistico, tour operator
to tour /tʊər/ v.intr. viaggiare, girare
touring /'tʊərɪŋ/ **A** agg. turistico **B** s. turismo *m.*, escursionismo *m.*
tourism /'tʊərɪz(ə)m/ s. turismo *m.*
tourist /'tʊərɪst/ **A** s. turista *m. e f.* **B** agg. turistico ◆ **t. class** classe turistica || **t. office** ufficio turistico
tournament /'tʊənəmənt/ s. torneo *m.*
to tousle /'taʊzl/ v.tr. scompigliare
tout /taʊt/ s. bagarino *m.*
to tout /taʊt/ v.intr. **1** fare il procacciatore, cercare clienti **2** fare bagarinaggio
tow /təʊ/ s. rimorchio *m.* ◆ **t. truck** carro attrezzi
to tow /təʊ/ v.tr. rimorchiare, trainare
toward(s) /tə'wɔ:d(z)/ prep. **1** verso, in direzione di **2** nei confronti di **3** verso, circa **4** in previsione di
towel /'taʊəl/ s. asciugamano *m.* ◆ **t. rack** portasciugamani
tower /'taʊər/ s. **1** torre *f.* **2** (*inform.*) tower *f. inv.* ◆ **t. block** palazzo a molti piani
towering /'taʊərɪŋ/ agg. torreggiante, imponente
town /taʊn/ s. **1** città *f.* **2** cittadinanza *f.* ◆ **t. council** consiglio comunale || **t. hall** municipio || **t. planner** urbanista || **t. planning** urbanistica
toxic /'tɒksɪk/ agg. tossico
toxin /'tɒksɪn/ s. tossina *f.*
toy /tɔɪ/ s. giocattolo *m.* ◆ **t. soldier** soldatino
to toy /tɔɪ/ v.intr. giocherellare, trastullarsi
trace /treɪs/ s. **1** traccia *f.*, orma *f.* **2** residuo *m.* **3** tracciato *m.*
to trace /treɪs/ v.tr. **1** tracciare **2** seguire le tracce di **3** rintracciare
trachea /trə'kɪ(:)ə/ s. trachea *f.*
tracing /'treɪsɪŋ/ s. tracciato *m.*
track /træk/ s. **1** traccia *f.*, impronta *f.* **2** pista *f.*, sentiero *m.* **3** binario *m.* ◆ **to be on the right t.** essere sulla strada giusta
to track /træk/ v.tr. **1** inseguire **2** (*un sentiero*) percorrere, (*una pista*) seguire ◆ **to t. down** scovare || **to t. out** rintracciare
trackball /'trækbɔ:l/ s. trackball *f. inv.*
tracksuit /'træksu:t/ s. tuta *f.* (sportiva)

tract[1] /trækt/ s. **1** tratto *m.*, distesa *f.* **2** (*anat.*) tratto *m.*
tract[2] /trækt/ s. trattato *m.*, opuscolo *m.*
tractable /'træktəbl/ agg. trattabile
traction /'trækʃ(ə)n/ s. trazione *f.*
tractor /'træktəʳ/ s. trattore *m.*
trade /treɪd/ **A** s. **1** commercio *m.*, scambio *m.* **2** industria *f.*, settore *m.* **3** mestiere *m.*, occupazione *f.* **B** agg. attr. commerciale ♦ **building t.** industria edilizia || **free t.** libero scambio || **t. center** emporio || **t. mark** marchio registrato || **t. name** nome depositato || **t. union** sindacato || **t. unionist** sindacalista || **t. winds** alisei
to trade /treɪd/ **A** v.tr. **1** scambiare **2** commerciare **B** v.intr. trafficare, commerciare ♦ **to t. in** dare in permuta || **to t. off** controbilanciare
trader /'treɪdəʳ/ s. commerciante *m. e f.*, mercante *m.*
tradition /trə'dɪʃ(ə)n/ s. tradizione *f.*
traditional /trə'dɪʃənl/ agg. tradizionale
traffic /'træfɪk/ s. **1** traffico *m.* **2** circolazione *f.* ♦ **t. divider** spartitraffico || **t. jam** ingorgo stradale || **t. light** semaforo || **telephone t.** traffico telefonico
tragedy /'trædʒɪdɪ/ s. dramma *m.*, tragedia *f.*
tragic /'trædʒɪk/ agg. tragico
tragicomic(al) /ˌtrædʒɪ'kɒmɪk((ə)l)/ agg. tragicomico
trail /treɪl/ s. **1** traccia *f.*, orma *f.* **2** pista *f.* **3** scia *f.*
to trail /treɪl/ **A** v.tr. **1** trascinare, tirarsi dietro **2** inseguire **B** v.intr. **1** strisciare **2** seguire le tracce **3** (*di pianta*) arrampicarsi
trailer /'treɪləʳ/ s. **1** rimorchio *m.* **2** (*USA*) roulotte *f. inv.* **3** (*cin.*) trailer *m. inv.*
train /treɪn/ s. **1** treno *m.* **2** strascico *m.*, coda *f.*, scia *f.* **3** corteo *m.* **4** serie *f.*, successione *f.* ♦ **express, fast t.** espresso || **slow t.** locale || **through t.** diretto
to train /treɪn/ **A** v.tr. **1** allenare, addestrare **2** formare **3** puntare, orientare **B** v.intr. esercitarsi, allenarsi
trained /treɪnd/ agg. **1** esperto, qualificato **2** ammaestrato
trainee /treɪ'niː/ s. apprendista *m. e f.*
trainer /'treɪnəʳ/ s. **1** allenatore *m.*, istruttore *m.* **2** al pl. scarpe *f. pl.* da ginnastica
training /'treɪnɪŋ/ s. **1** allenamento *m.*, preparazione *f.* **2** formazione *f.* **3** apprendistato *m.*
trait /treɪ/ s. tratto *m.* saliente
traitor /'treɪtəʳ/ s. traditore *m.*
trajectory /trə'dʒɛkt(ə)rɪ/ s. traiettoria *f.*
tram /træm/ s. tram *m. inv.*
tramp /træmp/ s. **1** vagabondo *m.* **2** scarpinata *f.* **3** (*fam.*) sgualdrina *f.*
to tramp /træmp/ v.intr. scarpinare, camminare pesantemente
to trample /'træmpl/ v.tr. camminare su, calpestare
tranquil /'træŋkwɪl/ agg. tranquillo
tranquillity /træŋ'kwɪlɪtɪ/ s. tranquillità *f.*
tranquillizer /'træŋkwɪlaɪzəʳ/ s. tranquillante *m.*, calmante *m.*
to transact /træn'zækt/ v.tr. trattare
transaction /træn'zækʃ(ə)n/ s. transazione *f.*
transatlantic /ˌtrænzət'læntɪk/ agg. transatlantico ♦ **t. liner** transatlantico
to transcribe /træns'kraɪb/ v.tr. trascrivere
transcript /'trænskrɪpt/ s. trascrizione *f.*
transcription /træns'krɪpʃ(ə)n/ s. trascrizione *f.*
transept /'trænsɛpt/ s. transetto *m.*
transfer /'trænsfɜːʳ/ s. trasferimento *m.*
to transfer /træns'fɜːʳ/ v.tr. trasferire
to transform /træns'fɔːm/ **A** v.tr. trasformare **B** v.intr. trasformarsi
transformer /træns'fɔːməʳ/ s. trasformatore *m.*
transfusion /træns'fjuːʒ(ə)n/ s. trasfusione *f.*
transgenic /træns'dʒɛnɪk/ agg. transgenico
transgression /træns'grɛʃ(ə)n/ s. trasgressione *f.*
transiency /'trænzɪənsɪ/ s. transitorietà *f.*
transient /'trænzɪənt/ agg. transitorio
transistor /træn'sɪstəʳ/ s. transistor *m. inv.*
transit /'trænsɪt/ s. transito *m.*, passaggio *m.*
transitive /'trænsɪtɪv/ agg. (*gramm.*) transitivo
transitory /'trænsɪt(ə)rɪ/ agg. passeggero
to translate /træns'leɪt/ v.tr. tradurre
translation /træns'leɪʃ(ə)n/ s. traduzione *f.*
translator /træns'leɪtəʳ/ s. traduttore *m.*
transliteration /'trænzlɪtə'reɪʃ(ə)n/ s. traslitterazione *f.*
transmission /trænz'mɪʃ(ə)n/ s. trasmissione *f.*
to transmit /trænz'mɪt/ v.tr. trasmettere
transmitter /trænz'mɪtəʳ/ s. trasmettitore *m.*
transparency /træns'pɛərənsɪ/ s. **1** trasparenza *f.* **2** diapositiva *f.*
transparent /træns'pɛər(ə)nt/ agg. trasparente
transpiration /ˌtrænspɪ'reɪʃ(ə)n/ s. traspirazione *f.*
to transpire /træns'paɪəʳ/ v.intr. **1** traspirare **2** trapelare **3** (*fam.*) accadere
transplant /'trænsplɑːnt/ s. trapianto *m.*
to transplant /træns'plɑːnt/ v.tr. trapiantare
transplantation /ˌtrænsplɑːn'teɪʃ(ə)n/ s. trapianto *m.*
transport /'trænspɔːt/ s. **1** trasporto *m.* **2** mezzo *m.* di trasporto
to transport /træns'pɔːt/ v.tr. trasportare
transportable /træns'pɔːtəbl/ agg. trasportabile
transporter /træns'pɔːtəʳ/ s. trasportatore *m.*
transsexual /træn'sɛkʃʊəl/ agg. e s. transessuale *m. e f.*
transversal /trænz'vɜːs(ə)l/ agg. trasversale
transvestite /trænz'vɛstaɪt/ s. travestito *m.*
trap /træp/ s. **1** trappola *f.* **2** tranello *m.* **3** (*fam.*) bocca *f.*
to trap /træp/ v.tr. prendere in trappola, intrappolare
trap-door /'træpdɔːʳ/ s. botola *f.*
trapeze /trə'piːz/ s. trapezio *m.*
trapezium /trə'piːzɪəm/ (*pl.* **trapezia**) s. (*geom.*) trapezio *m.*
trappings /'træpɪŋz/ s. pl. **1** bardatura *f.* **2** ornamenti *m. pl.*
traps /træps/ s. pl. (*fam.*) bagaglio *m.*

trapshooting /'træp,ʃu:tɪŋ/ s. tiro *m.* al piattello
trash /træʃ/ s. **1** ciarpame *m.*, robaccia *f.* **2** (*USA*) immondizie *f. pl.* **3** porcheria *f.* **4** sciocchezza *f.* ♦ **t. can** (*USA*) pattumiera
trauma /'trɔ:mə/ s. trauma *m.*
traumatic /trɔ:'mætɪk/ agg. traumatico
traumatologist /trɔ:mə'tɒlədʒɪst/ s. traumatologo *m.*
travel /'trævl/ s. il viaggiare, viaggi *m. pl.* ♦ **t. agency** agenzia di viaggi
to travel /'trævl/ **A** v.intr. viaggiare **B** v.tr. attraversare, percorrere
traveller /'trævlə^r/ s. viaggiatore *m.* ♦ **t.'s cheque** traveller's chèque
travelling /'trævlɪŋ/ agg. **1** viaggiante **2** da viaggio, di viaggio ♦ **t. allowance** (indennità di) trasferta
travertine /'trævə(:)tɪn/ s. travertino *m.*
travesty /'trævɪstɪ/ s. parodia *f.*, travestimento *m.*
to trawl /trɔ:l/ v.tr. e intr. pescare a strascico
tray /treɪ/ s. **1** vassoio *m.* **2** bacinella *f.*
treacherous /'tretʃ(ə)rəs/ agg. sleale, infido
treachery /'tretʃ(ə)rɪ/ s. tradimento *m.*, slealtà *f.*
treacle /'tri:kl/ s. melassa *f.*
tread /tred/ s. **1** passo *m.* **2** (*di scalino*) pedata *f.* **3** battistrada *m. inv.*
to tread /tred/ (*pass.* **trod**, *p.p.* **trodden**) **A** v.tr. **1** calpestare **2** percorrere **B** v.intr. camminare, procedere
treason /'tri:z(ə)n/ s. tradimento *m.*
treasure /'treʒə^r/ s. tesoro *m.*
to treasure /'treʒə^r/ v.tr. **1** tenere in gran conto, apprezzare molto **2** ricordare con tenerezza **3** accumulare
treasurer /'treʒ(ə)rə^r/ s. tesoriere *m.*
treat /tri:t/ s. **1** intrattenimento *m.*, festa *f.* **2** piacere, gioia ♦ **it's my t.** offro io
to treat /tri:t/ **A** v.tr. **1** trattare **2** curare **3** offrire **B** v.intr. **1** trattare, negoziare **2** trattare, discutere ♦ **to t. sb. to st.** offrire q.c. a qc.
treatable /'tri:təbl/ agg. trattabile
treatise /'tri:tɪz/ s. trattato *m.*
treatment /'tri:tmənt/ s. trattamento *m.*, cura *f.*
treaty /'tri:tɪ/ s. trattato *m.*, accordo *m.*
treble /'trebl/ agg. e s. triplo *m.*
to treble /'trebl/ **A** v.tr. triplicare **B** v.intr. triplicarsi
tree /tri:/ s. albero *m.*, arbusto *m.*
trefoil /'trefɔɪl/ s. trifoglio *m.*
trek /trek/ s. **1** migrazione *f.*, spedizione *f.* **2** percorso *m.* accidentato **3** trekking *m. inv.*
to trek /trek/ v.intr. **1** emigrare **2** fare escursioni, fare trekking
trekking /'trekɪŋ/ s. trekking *m. inv.*
trellis /'trelɪs/ s. traliccio *m.*
tremble /'trembl/ s. tremito *m.*
to tremble /'trembl/ v.intr. tremare
trembling /'tremblɪŋ/ **A** agg. tremante **B** s. tremito *m.*
tremendous /trɪ'mendəs/ agg. formidabile, straordinario
tremor /'tremə^r/ s. **1** tremore *m.*, tremito *m.* **2** (*di terremoto*) scossa *f.*
trench /tren(t)ʃ/ s. **1** fosso *m.* **2** trincea *f.*
trend /trend/ s. **1** direzione *f.* **2** andamento *m.*, orientamento *m.* **3** moda *f.*, tendenza *f.*
trendy /'trendɪ/ agg. di moda
trepidation /,trepɪ'deɪʃ(ə)n/ s. trepidazione *f.*
to trespass /'trespəs/ v.intr. **1** trasgredire **2** introdursi abusivamente
trestle /'tresl/ s. **1** cavalletto *m.* **2** traliccio *m.*
trial /'traɪ(ə)l/ s. **1** (*dir.*) giudizio *m.*, processo *m.* **2** esperimento *m.*, prova *f.* **3** collaudo *m.* **4** sofferenza *f.*, fastidio *m.*
triangle /'traɪæŋgl/ s. triangolo *m.*
triangular /traɪ'æŋgjʊlə^r/ agg. triangolare
triangulation /traɪ,æŋgjʊ'leɪʃ(ə)n/ s. triangolazione *f.*
tribe /traɪb/ s. tribù *f. inv.*
tribunal /traɪ'bju:nl/ s. tribunale *m.*
tribune /'trɪbju:n/ s. tribuna *f.*
tributary /'trɪbjʊt(ə)rɪ/ agg. e s. tributario *m.*, affluente *m.*
trice /traɪs/ s. attimo *m.*
trichologist /trɪ'kɒlədʒɪst/ s. tricologo *m.*
trichology /trɪ'kɒlədʒɪ/ s. tricologia *f.*
trick /trɪk/ s. **1** trucco *m.*, stratagemma *m.* **2** scherzo *m.*, raggiro *m.*, inganno *m.* ♦ **card t.** gioco di prestigio con le carte
to trick /trɪk/ v.tr. ingannare, raggirare
trickery /'trɪkərɪ/ s. inganno *m.*
to trickle /'trɪkl/ v.intr. gocciolare
tricky /'trɪkɪ/ agg. **1** scaltro **2** complicato
tricolour /'trɪkələ^r/ agg. e s. tricolore *m.*
tricycle /'traɪsɪkl/ s. triciclo *m.*
tridimensional /,traɪdɪ'menʃənl/ agg. tridimensionale
trifle /'traɪfl/ s. inezia *f.*, sciocchezza *f.*
to trifle /'traɪfl/ v.intr. scherzare
trifling /'traɪflɪŋ/ agg. irrilevante
trigger /'trɪgə^r/ s. grilletto *m.*
triglyph /'traɪglɪf/ s. triglifo *m.*
trill /trɪl/ s. trillo *m.*
trim /trɪm/ **A** agg. **1** ordinato **2** svelto **B** s. **1** ordine *m.*, disposizione *f.* **2** assetto *m.* **3** taglio *m.*, spuntata *f.*
to trim /trɪm/ v.tr. **1** ordinare **2** regolare **3** potare **4** spuntare **5** guarnire
trimester /traɪ'mestə^r/ s. trimestre *m.*
trimming /'trɪmɪŋ/ s. guarnizione *f.*
trinity /'trɪnɪtɪ/ s. trinità *f.*
trinket /'trɪŋkɪt/ s. gingillo *m.*, ciondolo *m.*
trio /'tri:əʊ/ s. trio *m.*
trip /trɪp/ s. **1** gita *f.*, viaggio *m.*, escursione *f.* **2** passo *m.* falso, sgambetto *m.* **3** viaggio *m.*, trip *m. inv.* **4** (*fam.*) sballo *m.*
to trip /trɪp/ **A** v.intr. **1** inciampare **2** fare un passo falso **3** farsi un trip **B** v.tr. far inciampare, fare lo sgambetto

tripe /traɪp/ s. **1** trippa *f.* **2** (*fam.*) sciocchezze *f. pl.*
triple /'trɪpl/ agg. triplo
triplicate /'trɪplɪkɪt/ **A** agg. triplo **B** s. triplice copia *f.*
to triplicate /'trɪplɪkeɪt/ v.tr. triplicare
tripod /'traɪpɒd/ s. treppiedi *m. inv.*
triptych /'trɪptɪk/ s. trittico *m.*
trite /traɪt/ agg. trito, banale
triumph /'traɪəmf/ s. trionfo *m.*
to triumph /'traɪəmf/ v.intr. trionfare
triumphal /traɪ'ʌmf(ə)l/ agg. trionfale
trivial /'trɪvɪəl/ agg. insignificante, banale
trod /trɒd/ pass. di **to tread**
trodden /'trɒdn/ p.p. di **to tread**
troglodyte /'trɒglədaɪt/ s. troglodita *m. e f.*
trolley /'trɒlɪ/ s. carrello *m.* ◆ **t. car** tram || **t.-bus** filobus
trombone /trɒm'bəʊn/ s. trombone *m.*
troop /tru:p/ s. **1** truppa *f.*, gruppo *m.* **2** squadrone *m.* di cavalleria **3** al pl. truppe *f. pl.*
to troop /tru:p/ **A** v.intr. adunarsi, ammassarsi, schierarsi **B** v.tr. adunare, schierare
trophy /'trəʊfɪ/ s. trofeo *m.*, cimelio *m.*
tropic /'trɒpɪk/ s. tropico *m.*
tropical /'trɒpɪk(ə)l/ agg. tropicale
trot /trɒt/ s. trotto *m.*
to trot /trɒt/ v.intr. trottare
trotter /'trɒtəʳ/ s. trottatore *m.*
trouble /'trʌbl/ s. **1** guaio *m.*, pasticcio *m.* **2** disturbo *m.*, seccatura *f.* **3** difficoltà *f.*, preoccupazione *f.*, pena *f.* **4** (*tecnol.*) guasto *m.*, anomalia *f.* ◆ **to get out of t.** tirarsi fuori dai guai || **t. shooting** ricerca ed eliminazione dei guasti
to trouble /'trʌbl/ **A** v.tr. **1** disturbare **2** affliggere **B** v.intr. **1** disturbarsi **2** preoccuparsi, affliggersi
troubled /'trʌbld/ agg. agitato, preoccupato
troublemaker /'trʌbl,meɪkəʳ/ s. attaccabrighe *m. e f. inv.*
troublesome /'trʌblsəm/ agg. fastidioso
trousers /'traʊzəz/ s. pl. pantaloni *m. pl.*
trout /traʊt/ s. trota *f.*
trowel /'traʊ(ə)l/ s. **1** cazzuola *f.* **2** (*per giardino*) paletta *f.*
truant /'tru:ənt/ agg. e s. che (o chi) marina la scuola ◆ **to play t.** marinare (la scuola)
truce /tru:s/ s. tregua *f.*
truck[1] /trʌk/ s. camion *m. inv.* ◆ **t. driver** camionista
truck[2] /trʌk/ s. **1** scambio *m.* **2** rapporto *m.*, relazione *f.*
to trudge /trʌdʒ/ v.intr. trascinarsi a fatica
true /tru:/ **A** agg. **1** vero, esatto **2** reale, autentico **3** preciso, accurato **4** puro, genuino **B** avv. esattamente, precisamente ◆ **t.-to-life** realistico
truffle /'trʌfl/ s. tartufo *m.*
truly /'tru:lɪ/ avv. **1** veramente **2** sinceramente
trumpet /'trʌmpɪt/ s. tromba *f.* ◆ **t. player** trombettista
truncheon /'trʌn(t)ʃ(ə)n/ s. sfollagente *m. inv.*
trunk /trʌŋk/ s. **1** tronco *m.*, busto *m.* **2** (*d'albero*) tronco *m.* **3** proboscide *f.* **4** tratto *m.* **5** baule *m.* **6** al pl. calzoni *m. pl.* corti **7** (*USA, autom.*) bagagliaio *m.*
truss /trʌs/ s. **1** travatura *f.* **2** fascio *m.* **3** (*med.*) cinto *m.* erniario
trust /trʌst/ s. **1** fiducia *f.*, fede *f.* **2** credito *m.* **3** amministrazione *f.* fiduciaria **4** trust *m. inv.*
to trust /trʌst/ **A** v.tr. **1** fidarsi di, aver fiducia in **2** sperare **3** far credito a **B** v.intr. **1** fidarsi, confidare **2** sperare **3** far credito
trustee /trʌs'ti:/ s. **1** amministratore *m.* fiduciario, curatore *m.* **2** amministratore *m.*
trustful /'trʌstf(ʊ)l/ agg. fiducioso
trustworthy /'trʌst,wɜ:ðɪ/ agg. fidato
truth /tru:θ/ s. verità *f.*
truthful /'tru:θf(ʊ)l/ s. **1** vero **2** sincero
try /traɪ/ s. prova *f.*, tentativo *m.*
to try /traɪ/ **A** v.tr. **1** provare, tentare **2** assaggiare **3** mettere alla prova **4** collaudare **5** (*dir.*) processare, giudicare **B** v.intr. provare, tentare ◆ **to t. for** cercare di ottenere || **to t. on** provare, provare a indossare || **to t. out** collaudare
trying /'traɪɪŋ/ agg. duro, difficile
tsar /tsɑ:ʳ/ s. zar *m. inv.*
tsarina /tsɑ'ri:nə/ s. zarina *f.*
T-shirt /'ti:ʃɜ:t/ s. maglietta *f.*, tee shirt *f. inv.*
tub /tʌb/ s. **1** tinozza *f.* **2** (*USA*) vasca *f.* da bagno
tuba /'tju:bə/ s. tuba *f.*
tubby /'tʌbɪ/ agg. grasso, obeso
tube /tju:b/ s. **1** tubo *m.* **2** tubetto *m.*, provetta *f.* **3** (*fam.*) metropolitana *f.* ◆ **inner t.** camera d'aria
tuber /'tju:bəʳ/ s. tubero *m.*
tuberculosis /tjʊ(:),bɜ:kjʊ'ləʊsɪs/ s. tubercolosi *f.*
tubular /'tju:bjʊləʳ/ agg. tubolare
tuck /tʌk/ s. **1** piega *f.* **2** (*pop.*) dolci *m. pl.*, merendine *f. pl.*
to tuck /tʌk/ v.tr. **1** piegare **2** riporre **3** mettere, infilare ◆ **to t. away** riporre, nascondere || **to t. in** rimboccare || **to t. into** ingozzarsi || **to t. up** rimboccare
Tuesday /'tju:zdɪ/ s. martedì *m.* ◆ **Shrove T.** martedì grasso
tufa /'tju:fə/ s. tufo *m.*
tuft /tʌft/ s. ciuffo *m.*
tug /tʌg/ s. **1** strappo *m.*, tirata *f.* **2** (*naut.*) rimorchiatore *m.* ◆ **t.-of-war** tiro alla fune
to tug /tʌg/ v.tr. **1** tirare, strappare **2** (*naut.*) rimorchiare
tuition /tjʊ(:)'ɪʃ(ə)n/ s. **1** istruzione *f.* **2** tasse *f. pl.* scolastiche
tulip /'tju:lɪp/ s. tulipano *m.*
tumble /'tʌmbl/ s. **1** capitombolo *m.* **2** crollo *m.*, caduta *f.*
to tumble /'tʌmbl/ v.intr. **1** ruzzolare, cascare **2** agitarsi **3** gettarsi, precipitarsi ◆ **to t. down** crollare
tumbler /'tʌmbləʳ/ s. **1** acrobata *m. e f.* **2** bicchiere *m.* senza piede, tumbler *m.*
tumefaction /,tju:mɪ'fækʃ(ə)n/ s. tumefazione *f.*

tummy /ˈtʌmɪ/ s. (*fam.*) pancia *f.*
tumour /ˈtjuːməʳ/ (*USA* **tumor**) s. tumore *m.*
tumulus /ˈtjuːmjʊləs/ (*pl.* **tumuli**) s. tumulo *m.*
tun /tʌn/ s. tino *m.*
tuna (fish) /ˈtjuːnə(ˌfɪʃ)/ s. tonno *m.*
tundra /ˈtʌndrə/ s. tundra *f.*
tune /tjuːn/ s. **1** tono *m.* **2** melodia *f.*, aria *f.* **3** (*radio, tv*) sintonia *f.* ◆ **in t.** intonato || **out of t.** stonato
to tune /tjuːn/ v.tr. **1** accordare **2** mettere a punto **3** sintonizzare ◆ **to t. in** sintonizzarsi || **to t. up** accordarsi, armonizzarsi
tuneful /ˈtjuːnf(ʊ)l/ agg. armonioso
tuner /ˈtjuːnəʳ/ s. **1** accordatore *m.* **2** sintonizzatore *m.*
tunic /ˈtjuːnɪk/ s. tunica *f.*
tunnel /ˈtʌnl/ s. tunnel *m. inv.*, galleria *f.*
tunny /ˈtʌnɪ/ s. tonno *m.*
turban /ˈtɜːbən/ s. turbante *m.*
turbine /ˈtɜːbɪn/ s. turbina *f.*
turbulence /ˈtɜːbjʊləns/ s. turbolenza *f.*
turbulent /ˈtɜːbjʊlənt/ agg. turbolento, agitato
turd /tɜd/ s. (*volg.*) stronzo *m.*
tureen /təˈriːn/ s. zuppiera *f.*
turf /tɜːf/ s. zolla *f.*, tappeto *m.* erboso
Turk /tɜːk/ s. turco *m.*
turkey /ˈtɜːkɪ/ s. tacchino *m.*
Turkish /ˈtɜːkɪʃ/ **A** agg. turco **B** s. (*lingua*) turco *m.*
turmoil /ˈtɜːmɔɪl/ s. tumulto *m.*, agitazione *f.*
turn /tɜːn/ s. **1** giro *m.* **2** curva *f.*, svolta *f.*, cambiamento *m.* di direzione **3** turno *m.* **4** attitudine *f.*, disposizione *f.* **5** numero *m.*, esibizione *f.* ◆ **in t.** a turno || **t.-off** svincolo || **t.-out** partecipazione
to turn /tɜːn/ **A** v.tr. **1** girare, curvare, voltare **2** rivolgere, dirigere **3** rovesciare **B** v.intr. **1** girare, girarsi **2** dirigersi, rivolgersi **3** trasformarsi, diventare **4** andare a male ◆ **to t. about** fare dietrofront || **to t. against** rivoltarsi contro || **to t. away** girarsi, respingere || **to t. back** tornare indietro || **to t. down** abbassare, ripiegare || **to t. from** distogliere, sviare || **to t. in** restituire, ripiegarsi, andare a letto || **to t. into** trasformarsi in, diventare || **to t. off** spegnere || **to t. on** accendere, eccitare || **to t. out** spegnere, mettere alla porta, rovesciare || **to t. over** girarsi, cappottare || **to t. up** saltar fuori, sopraggiungere, rialzare
turning /ˈtɜːnɪŋ/ s. **1** giro *m.* **2** curva *f.*, svolta *f.* **3** sterzata *f.*
turnip /ˈtɜːnɪp/ s. rapa *f.* ◆ **t. tops** cime di rapa
turnover /ˈtɜːnˌəʊvəʳ/ s. **1** rovesciamento *m.* **2** giro *m.* d'affari **3** turnover *m. inv.*, ricambio *m.*
turnstile /ˈtɜːnˌstaɪl/ s. tornello *m.*
turntable /ˈtɜːnˌteɪbl/ s. (*di giradischi*) piatto *m.*
turpentine /ˈtɜːp(ə)ntaɪn/ s. trementina *f.*
turquoise /ˈtɜːkwɑːz/ s. turchese *m.*
turret /ˈtʌrɪt/ s. torretta *f.*
turtle /ˈtɜːtl/ s. tartaruga *f.*
turtledove /ˈtɜːtldʌv/ s. tortora *f.*
tusk /tʌsk/ s. zanna *f.*
tussle /ˈtʌsl/ s. rissa *f.*
tutelage /ˈtjuːt(ə)lɪdʒ/ s. tutela *f.*
tutor /ˈtjuːtəʳ/ s. **1** precettore *m.* **2** professore *m.*, assistente *m. e f.*, tutor *m. e f. inv.*
tutorial /tjuːˈtɔːrɪəl/ s. seminario *m.*
tutoring /tjuːˈtɔːrɪŋ/ s. ripetizione *f.*
tutu /ˈtuːtuː/ s. tutù *m. inv.*
TV /tiːˈviː/ s. TV *f. inv.*, televisione *f.*
twang /twæŋ/ s. **1** vibrazione *f.* **2** suono *m.* nasale
tweed /twiːd/ s. tweed *m. inv.*
tweezers /ˈtwiːzəz/ s. pl. pinzette *f. pl.*
twelfth /twɛlfθ/ agg. num. ord. e s. dodicesimo *m.*
twelve /twɛlv/ agg. num. card. e s. dodici *m. inv.*
twentieth /ˈtwɛntɪɪθ/ agg. num. ord. e s. ventesimo *m.*
twenty /ˈtwɛntɪ/ agg. num. card. e s. venti *m. inv.*
twice /twaɪs/ avv. due volte
to twiddle /ˈtwɪdl/ **A** v.tr. far girare tra le dita **B** v.intr. giocherellare
twig /twɪg/ s. ramoscello *m.*
to twig /twɪg/ v.tr. capire, afferrare
twilight /ˈtwaɪlaɪt/ s. crepuscolo *m.*
twin /twɪn/ agg. e s. gemello *m.* ◆ **t. birth** parto gemellare || **t. beds** letti gemelli
twine /twaɪn/ s. **1** spago *m.* **2** garbuglio *m.*
to twine /twaɪn/ **A** v.tr. torcere **B** v.intr. attorcigliarsi
twinge /twɪn(d)ʒ/ s. **1** fitta *f.* **2** rimorso *m.*
to twinkle /ˈtwɪŋkl/ v.intr. brillare, scintillare
twinkling /ˈtwɪŋklɪŋ/ s. scintillio *m.*
twinning /ˈtwɪnɪŋ/ s. gemellaggio *m.*
twirl /twɜːl/ s. giravolta *f.*
to twirl /twɜːl/ v.tr. e intr. roteare
twist /twɪst/ s. **1** torsione *f.*, storta *f.* **2** curva *f.*, tornante *m.* **3** spira *f.*, spirale *f.* **4** (*tess.*) filo *m.* ritorto, treccia *f.* **5** variazione *f.*, cambiamento *m.* **6** colpo *m.* di scena
to twist /twɪst/ **A** v.tr. **1** torcere, distorcere **2** intrecciare, attorcigliare **B** v.intr. **1** intrecciarsi, attorcigliarsi **2** torcersi **3** serpeggiare
twisted /ˈtwɪstɪd/ agg. **1** torto, ritorto **2** contorto **3** (*fig.*) perverso
twit /twɪt/ s. **1** presa *f.* in giro **2** (*fam.*) cretino *m.*
twitch /twɪtʃ/ s. **1** contrazione *f.* **2** strattone *m.*
twittering /ˈtwɪtərɪŋ/ s. cinguettio *m.*
two /tuː/ agg. num. card. e s. due *m. inv.*
twofold /ˈtuːfəʊld/ agg. **1** doppio **2** duplice
twosome /ˈtuːsəm/ **A** agg. per due, in coppia **B** s. coppia *f.*
two-way /ˈtuːweɪ/ agg. a doppio senso
tycoon /taɪˈkuːn/ s. magnate *m.*
tympanum /ˈtɪmpənəm/ s. timpano *m.*
type /taɪp/ s. **1** tipo *m.*, modello *m.*, esemplare *m.* **2** tipo *m.*, specie *f. inv.*, genere *m.* **3** (*tip.*) carattere *m.*
to type /taɪp/ v.tr. battere (*su tastiera*), dattilografare
typescript /ˈtaɪpˌskrɪpt/ s. dattiloscritto *m.*

typesetting /ˈtaɪpˌsetɪŋ/ **s.** composizione *f.* tipografica
typewriter /ˈtaɪpˌraɪtəʳ/ **s.** macchina *f.* per scrivere
typhoon /taɪˈfuːn/ **s.** tifone *m.*
typhus /ˈtaɪfəs/ **s.** (*med.*) tifo *m.*
typical /ˈtɪpɪk(ə)l/ **agg.** tipico
to typify /ˈtɪpɪfaɪ/ **v.tr.** impersonare, simboleggiare
typing /ˈtaɪpɪŋ/ **s.** dattilografia *f.*
typist /ˈtaɪpɪst/ **s.** dattilografo *m.*
typographer /taɪˈpɒgrəfəʳ/ **s.** tipografo *m.*
typography /taɪˈpɒgrəfɪ/ **s.** tipografia *f.*
typology /taɪˈpɒlədʒɪ/ **s.** tipologia *f.*
tyrant /ˈtaɪər(ə)nt/ **s.** tiranno *m.*
tyre /ˈtaɪəʳ/ **s.** pneumatico *m.*, gomma *f.* ♦ **flat t.** gomma a terra || **t. repairer** gommista || **t. rim** cerchione || **t. tread** battistrada
tzigane /tsɪˈgɑːn/ **s.** zigano *m.*

u, U

ubiquitous /jʊ(ː)ˈbɪkwɪtəs/ **agg.** onnipresente
udder /ˈʌdəʳ/ **s.** (*zool.*) mammella *f.*
UFO /ˈjuːfəʊ/ **s.** ufo *m. inv.*
ugh /ʊh/ **inter.** puh!
ugly /ˈʌglɪ/ **agg.** **1** brutto, sgradevole **2** minaccioso
ulcer /ˈʌlsəʳ/ **s.** ulcera *f.*
ulna /ˈʌlnə/ **s.** ulna *f.*
ulterior /ʌlˈtɪərɪəʳ/ **agg.** **1** ulteriore, successivo **2** segreto, nascosto
ultimate /ˈʌltɪmɪt/ **agg.** **1** ultimo, estremo **2** definitivo **3** massimo, supremo
ultimately /ˈʌltɪmɪtlɪ/ **avv.** **1** in definitiva **2** alla fine, infine
ultrasound /ˌʌltrəˈsaʊnd/ **s.** ultrasuono *m.*
ultraviolet /ˌʌltrəˈvaɪəlɪt/ **agg. e s.** ultravioletto *m.*
umbilical /ʌmˈbɪlɪk(ə)l/ **agg.** ombelicale ♦ **u. cord** cordone ombelicale
umbrella /ʌmˈbrɛlə/ **s.** ombrello *m.* ♦ **u. stand** portaombrelli
umpire /ˈʌmpaɪəʳ/ **s.** arbitro *m.*
to umpire /ˈʌmpaɪəʳ/ **v.tr. e intr.** arbitrare
umpteen /ˈʌm(p)tiːn/ **agg.** (*fam.*) molti
umpteenth /ˈʌm(p)tiːnθ/ **agg.** (*fam.*) ennesimo
unable /ʌnˈeɪbl/ **agg.** incapace, impossibilitato, inadatto
unabridged /ˌʌnəˈbrɪdʒd/ **agg.** (*di edizione*) non abbreviato, integrale
unacceptable /ˌʌnəkˈsɛptəbl/ **agg.** inaccettabile
unaccompanied /ˌʌnəˈkʌmp(ə)nɪd/ **agg.** **1** solo, non accompagnato **2** (*mus.*) senza accompagnamento
unaccountable /ˌʌnəˈkaʊntəbl/ **agg.** **1** inesplicabile **2** irresponsabile
unaccustomed /ˌʌnəˈkʌstəmd/ **agg.** **1** insolito **2** non abituato
unacquainted /ˌʌnəˈkweɪntɪd/ **agg.** non pratico, non abituato
unaesthetic /ˌʌnɛsˈθɛtɪk/ **agg.** antiestetico
unaffected /ˌʌnəˈfɛktɪd/ **agg.** **1** spontaneo, sincero **2** non soggetto
unaided /ˌʌnˈeɪdɪd/ **agg.** senza aiuto
unalterable /ʌnˈɔːlt(ə)rəbl/ **agg.** inalterabile
unanimity /ˌjuːnəˈnɪmɪtɪ/ **s.** unanimità *f.*
unanimous /juːˈnænɪməs/ **agg.** unanime
unanswerable /ʌnˈɑːns(ə)rəbl/ **agg.** incontestabile, irrefutabile
unapproachable /ˌʌnəˈprəʊtʃəbl/ **agg.** inavvicinabile
unapt /ʌnˈæpt/ **agg.** non adatto
to unarm /ʌnˈɑːm/ **v.tr.** disarmare
unarmed /ʌnˈɑːmd/ **agg.** disarmato, inerme
unashamed /ˌʌnəˈʃeɪmd/ **agg.** **1** spudorato **2** che non si vergogna, svergognato
unassuming /ˌʌnəˈsjuːmɪŋ/ **agg.** senza pretese
unattached /ˌʌnəˈtætʃt/ **agg.** **1** libero, indipendente **2** senza legami (sentimentali)
unattainable /ˌʌnəˈteɪnəbl/ **agg.** irraggiungibile
unattended /ˌʌnəˈtɛndɪd/ **agg.** incustodito
unattractive /ˌʌnəˈtræktɪv/ **agg.** poco attraente
unauthorized /ʌnˈɔːθəraɪzd/ **agg.** non autorizzato
unavailable /ˌʌnəˈveɪləbl/ **agg.** non disponibile
unavoidable /ˌʌnəˈvɔɪdəbl/ **agg.** inevitabile
unaware /ˌʌnəˈwɛəʳ/ **agg.** ignaro
unawares /ˌʌnəˈwɛəz/ **avv.** **1** inavvertitamente, inconsapevolmente **2** di sorpresa
unbalanced /ʌnˈbælənst/ **agg.** squilibrato
unbearable /ʌnˈbɛərəbl/ **agg.** insopportabile
unbeatable /ʌnˈbiːtəbl/ **agg.** imbattibile
unbelievable /ˌʌnbɪˈliːvəbl/ **agg.** incredibile
to unbend /ʌnˈbɛnd/ (*pass. e p.p.* **unbent**) **A** **v.tr.** **1** raddrizzare **2** (*naut.*) stendere, sciogliere **3** distendere, rilassare **B** **v.intr.** **1** raddrizzarsi **2** distendersi, rilassarsi
unbias(s)ed /ʌnˈbaɪəst/ **agg.** imparziale
to unblock /ʌnˈblɔk/ **v.tr.** **1** sbloccare **2** sturare
unborn /ʌnˈbɔːn/ **agg.** non ancora nato, futuro
unbreakable /ʌnˈbreɪkəbl/ **agg.** infrangibile
unbreathable /ʌnˈbriːðəbl/ **agg.** irrespirabile
unbroken /ʌnˈbrəʊk(ə)n/ **agg.** **1** intatto **2** ininterrotto **3** imbattuto

to unbutton /ʌn'bʌtn/ **A** v.tr. sbottonare **B** v.intr. sbottonarsi
uncalled /ʌn'kɔ:ld/ agg. non chiamato, non invitato ◆ **u.-for** superfluo, fuori luogo
uncanny /ʌn'kænɪ/ agg. misterioso
unceasing /ʌn'si:sɪŋ/ agg. incessante
uncertain /ʌn'sɜ:tn/ agg. incerto
uncertainty /ʌn'sɜ:t(ə)ntɪ/ s. incertezza *f.*
to unchain /ʌn'tʃeɪn/ v.tr. sciogliere, scatenare
unchanged /ʌn'tʃeɪn(d)ʒd/ agg. immutato
unchanging /ʌn'tʃeɪn(d)ʒɪŋ/ agg. immutabile
unchecked /ʌn'tʃɛkt/ agg. **1** sfrenato **2** non verificato
uncivil /ʌn'sɪvl/ agg. incivile
uncle /'ʌŋkl/ s. zio *m.*
unclean /'ʌŋkli:n/ agg. immondo, sporco
unclear /'ʌŋklɪəʳ/ agg. non chiaro, incerto
uncomfortable /ʌn'kʌmf(ə)təbl/ agg. **1** scomodo **2** spiacevole
uncommon /ʌn'kɒmən/ agg. insolito
uncompromising /ʌn'kɒmprə,maɪzɪŋ/ agg. intransigente
unconcerned /,ʌnkən'sɜ:nd/ agg. **1** indifferente **2** non preoccupato
unconditional /,ʌnkən'dɪʃənl/ agg. incondizionato
unconscious /ʌn'kɒnʃəs/ **A** agg. **1** inconscio **2** incosciente **B** s. inconscio *m.*
unconstitutional /,ʌnkɒnstɪ'tju:ʃənl/ agg. anticostituzionale
uncontrollable /,ʌnkən'trəʊləbl/ agg. incontrollabile
unconventional /,ʌnkən'vɛnʃənl/ agg. non convenzionale
uncooked /,ʌn'kʊkt/ agg. non cotto, crudo
to uncork /ʌn'kɔ:k/ v.tr. stappare
uncouth /ʌn'ku:θ/ agg. rozzo
to uncover /ʌn'kʌvəʳ/ v.tr. **1** scoprire **2** rivelare
undamaged /ʌn'dæmɪdʒd/ agg. non danneggiato
undated /ʌn'deɪtɪd/ agg. non datato
undaunted /ʌn'dɔ:ntɪd/ agg. imperterrito
undecided /,ʌndɪ'saɪdɪd/ agg. indeciso, incerto
undeniable /,ʌndɪ'naɪəbl/ agg. innegabile
under /'ʌndəʳ/ **A** prep. **1** sotto **2** in, in corso di **3** meno di, per meno di **B** avv. sotto, al di sotto
underage /,ʌndə'reɪdʒ/ agg. minorenne
undercarriage /'ʌndə,kærɪdʒ/ s. **1** carrello *m.* d'atterraggio **2** (*autom.*) telaio *m.*
to undercharge /,ʌndə'tʃɑ:dʒ/ v.tr. far pagare meno
underclothing /'ʌndə,kləʊðɪŋ/ s. biancheria *f.* intima
undercover /,ʌndə'kʌvəʳ/ **A** agg. segreto **B** avv. sotto copertura, segretamente
undercurrent /'ʌndə,kʌrənt/ s. **1** corrente *f.* sottomarina **2** tendenza *f.* occulta
to undercut /'ʌndə,kʌt/ (*pass. e p.p.* **undercut**) v.tr. **1** colpire dal basso **2** tagliare dal basso **3** vendere a prezzo inferiore
underdeveloped /,ʌndədɪ'vɛləpd/ agg. sottosviluppato, arretrato
underdevelopment /,ʌndədɪ'vɛləpmənt/ s. sottosviluppo *m.*
underdone /,ʌndə'dʌn/ agg. poco cotto, al sangue
to underestimate /,ʌndər'ɛstɪmeɪt/ v.tr. sottovalutare
underfed /,ʌndə'fɛd/ agg. denutrito
to undergo /,ʌndə'gəʊ/ (*pass.* **underwent**, *p.p.* **undergone**) v.tr. patire, subire
undergraduate /,ʌndə'grædjʊɪt/ s. studente *m.* universitario
underground /,ʌndə'graʊnd/ **A** agg. sotterraneo **B** s. **1** sottosuolo *m.* **2** metropolitana *f.* **3** movimento *m.* clandestino **C** avv. **1** sottoterra **2** segretamente, clandestinamente
undergrowth /'ʌndəgrəʊθ/ s. sottobosco *m.*
underhand /'ʌndəhænd/ agg. nascosto, clandestino
to underlie /,ʌndə'laɪ/ (*pass.* **underlay**, *p.p.* **underlain**) **A** v.tr. **1** stare sotto a **2** essere alla base di **B** v.intr. essere sottostante
to underline /,ʌndə'laɪn/ v.tr. **1** sottolineare **2** evidenziare
underlying /,ʌndə'laɪɪŋ/ agg. sottostante
to undermine /,ʌndə'maɪn/ v.tr. **1** minare **2** indebolire
underneath /,ʌndə'ni:θ/ **A** avv. sotto, disotto **B** prep. sotto, al di sotto di **C** agg. pred. inferiore
underpaid /'ʌndə,peɪd/ **A** pass. e p.p. di **to underpay** **B** agg. sottopagato
underpants /'ʌndəpænts/ s. pl. mutande *f. pl.* da uomo
underpass /'ʌndəpɑ:s/ s. sottopassaggio *m.*
to underrate /,ʌndə'reɪt/ v.tr. sottostimare
to underscore /,ʌndə'skɔ:ʳ/ v.tr. sottolineare
undershirt /'ʌndəʃɜ:t/ s. maglietta *f.* (intima)
underside /'ʌndəsaɪd/ s. parte *f.* inferiore
to undersign /'ʌndə,saɪn/ v.tr. sottoscrivere
underskirt /,ʌndə'skɜ:t/ s. sottogonna *f.*
to understand /,ʌndə'stænd/ (*pass. e p.p.* **understood**) **A** v.tr. **1** capire, comprendere, intendere **2** venire a sapere, apprendere **3** interpretare **4** sottintendere **B** v.intr. **1** capire, rendersi conto **2** intendersi
understandable /,ʌndə'stændəbl/ agg. comprensibile
understanding /,ʌndə'stændɪŋ/ **A** agg. comprensivo **B** s. **1** intelligenza *f.*, comprensione *f.* **2** accordo *m.*
to understate /,ʌndə'steɪt/ v.tr. sottovalutare, attenuare
understood /,ʌndə'stʊd/ **A** pass. e p.p. di **to understand** **B** agg. sottinteso
understudy /'ʌndə,stʌdɪ/ s. (*teatro*) sostituto *m.*
to undertake /,ʌndə'teɪk/ (*pass.* **undertook**, *p.p.* **undertaken**) **A** v.tr. **1** intraprendere **2** assumersi l'impegno di **B** v.intr. garantire
undertaking /,ʌndə'teɪkɪŋ/ s. **1** impresa *f.* **2** impegno *m.*
undertone /'ʌndə,təʊn/ s. **1** tono *m.* sommesso **2** senso *m.* occulto
undertook /,ʌndə'tʊk/ pass. di **to undertake**

undertow /ˌʌndəˈtəʊ/ s. risacca *f.*
to undervalue /ʌndəˈvælju:/ v.tr. sottovalutare
underwater /ˌʌndəˈwɔ:təʳ/ **A** agg. subacqueo **B** avv. sott'acqua
underwear /ˈʌndəweəʳ/ s. biancheria *f.* intima
underwood /ˈʌndəwʊd/ s. sottobosco *m.*
underworld /ˈʌndəwɜ:ld/ s. malavita *f.*
underwriting /ˈʌndəˌraɪtɪŋ/ s. sottoscrizione *f.*
undeserved /ˌʌndɪˈzɜ:vd/ agg. immeritato
undesirable /ˌʌndɪˈzaɪərəbl/ agg. indesiderabile, sgradito
undid /ʌnˈdɪd/ pass. di **to undo**
undies /ˈʌndɪz/ s. pl. (*fam.*) biancheria *f.* intima da donna
undifferentiated /ʌnˌdɪfəˈrenʃɪeɪtɪd/ agg. indifferenziato
undisturbed /ˌʌndɪsˈtɜ:bd/ agg. indisturbato
to undo /ʌnˈdu:/ (*pass.* **undid**, *p.p.* **undone**) v.tr. **1** disfare, annullare **2** sciogliere, sbrogliare **3** rovinare
undoing /ʌnˈdu:ɪŋ/ s. rovina *f.*
undone /ʌnˈdʌn/ **A** p.p. di **to undo** **B** agg. **1** disfatto **2** incompiuto
undoubted /ʌnˈdaʊtɪd/ agg. indubbio, sicuro
to undress /ʌnˈdres/ v.intr. denudarsi, spogliarsi
undrinkable /ʌnˈdrɪŋkəbl/ agg. imbevibile, non potabile
undue /ʌnˈdju:/ agg. **1** indebito **2** eccessivo
undulating /ˈʌndjʊleɪtɪŋ/ agg. **1** ondulato **2** ondeggiante
undulation /ˌʌndjʊˈleɪʃ(ə)n/ s. ondulazione *f.*
undulatory /ˈʌndjʊlətərɪ/ agg. **1** ondulato **2** ondulatorio
unduly /ˌʌnˈdju:lɪ/ avv. **1** eccessivamente **2** indebitamente, ingiustamente
to unearth /ʌnˈɜ:θ/ v.tr. **1** dissotterrare **2** scoprire
unearthly /ʌnˈɜ:θlɪ/ agg. **1** non terreno, soprannaturale **2** sinistro, misterioso **3** impossibile, assurdo
uneasiness /ʌnˈi:zɪnɪs/ s. disagio *m.*, inquietudine *f.*
uneasy /ʌnˈi:zɪ/ agg. inquieto, preoccupato
uneatable /ʌnˈi:təbl/ agg. immangiabile
uneconomic(al) /ˌʌni:kəˈnɒmɪk((ə)l)/ agg. antieconomico
uneducated /ʌnˈedjʊkeɪtɪd/ agg. ignorante, privo di istruzione
unemployed /ˌʌnɪmˈplɔɪd/ agg. e s. disoccupato *m.*
unemployment /ˌʌnɪmˈplɔɪmənt/ s. disoccupazione *f.*
unending /ʌnˈendɪŋ/ agg. senza fine
unequal /ʌnˈi:kw(ə)l/ agg. disuguale
unequalled /ʌnˈi:kw(ə)ld/ agg. incomparabile
unerring /ʌnˈɜ:rɪŋ/ agg. infallibile
uneven /ʌnˈi:v(ə)n/ agg. irregolare, ineguale
uneveness /ʌnˈi:v(ə)nɪs/ s. disuguaglianza *f.*
unexceptionable /ˌʌnɪkˈsepʃnəbl/ agg. ineccepibile
unexpected /ˌʌnɪksˈpektɪd/ agg. imprevisto, improvviso, inatteso
unexplored /ˌʌnɪksˈplɔ:d/ agg. inesplorato
unfailing /ʌnˈfeɪlɪŋ/ agg. **1** infallibile **2** sicuro, fidato **3** inesauribile
unfair /ʌnˈfeəʳ/ agg. ingiusto, sleale
unfairness /ʌnˈfeənəs/ s. ingiustizia *f.*
unfaithful /ʌnˈfeɪθf(ʊ)l/ agg. infedele
unfamiliar /ˌʌnfəˈmɪljəʳ/ agg. poco familiare, sconosciuto
unfashionable /ʌnˈfæʃnəbl/ agg. fuori moda
to unfasten /ʌnˈfɑ:sn/ v.tr. slegare, slacciare
unfavourable /ʌnˈfeɪv(ə)rəbl/ (*USA* **unfavorable**) agg. sfavorevole
unfeeling /ʌnˈfi:lɪŋ/ agg. insensibile
unfinished /ʌnˈfɪnɪʃt/ agg. incompiuto
unfit /ʌnˈfɪt/ agg. **1** inadatto, incapace **2** inabile
to unfold /ʌnˈfəʊld/ **A** v.tr. **1** schiudere, spiegare **2** rivelare **B** v.intr. **1** aprirsi, schiudersi **2** rivelarsi
unforeseen /ˌʌnfɔ:ˈsi:n/ agg. imprevisto
unforgettable /ˌʌnfəˈgetəbl/ agg. indimenticabile
unforgivable /ˌʌnfəˈgɪvəbl/ agg. imperdonabile
unfortunate /ʌnˈfɔ:tʃ(ə)nɪt/ agg. sfortunato
unfounded /ʌnˈfaʊndɪd/ agg. infondato
to unfreeze /ʌnˈfri:z/ v.tr. scongelare
unfriendly /ʌnˈfrendlɪ/ agg. poco amichevole, scostante
unfruitful /ʌnˈfru:tf(ʊ)l/ agg. infruttuoso
unfulfilled /ˌʌnfʊlˈfɪld/ agg. incompiuto, inappagato
ungainly /ʌnˈgeɪnlɪ/ agg. **1** goffo **2** maldestro
ungodly /ʌnˈgɒdlɪ/ agg. assurdo, impossibile
ungrateful /ʌnˈgreɪtf(ʊ)l/ agg. ingrato
ungratefulness /ʌnˈgreɪtf(ʊ)lnɪs/ s. ingratitudine *f.*
unhappiness /ʌnˈhæpɪnɪs/ s. infelicità *f.*
unhappy /ʌnˈhæpɪ/ agg. infelice
unharmed /ʌnˈhɑ:md/ agg. illeso, incolume
unhealthy /ʌnˈhelθɪ/ agg. **1** malsano **2** malaticcio
unheard /ʌnˈhɜ:d/ agg. inascoltato ♦ **u.-of** inaudito, incredibile
to unhinge /ʌnˈhɪn(d)ʒ/ v.tr. scardinare
to unhook /ʌnˈhʊk/ v.tr. sganciare
unhurt /ʌnˈhɜ:t/ agg. incolume
unification /ˌju:nɪfɪˈkeɪʃ(ə)n/ s. unificazione *f.*
uniform /ˈju:nɪfɔ:m/ **A** agg. uniforme **B** s. uniforme *f.*, divisa *f.*
uniformity /ˌju:nɪˈfɔ:mɪtɪ/ s. uniformità *f.*
to unify /ˈju:nɪfaɪ/ v.tr. unificare
unimaginable /ˌʌnɪˈmædʒ(ɪ)nəbl/ agg. inimmaginabile
uninhabitable /ˌʌnɪnˈhæbɪtəbl/ agg. inabitabile
uninhabited /ˌʌnɪnˈhæbɪtɪd/ agg. disabitato
uninjured /ʌnˈɪn(d)ʒəd/ agg. illeso
to uninstall /ˌʌnɪnˈstɔ:l/ v.tr. (*inform.*) disinstallare
unintelligible /ˌʌnɪnˈtelɪdʒəbl/ agg. incomprensibile
unintentional /ˌʌnɪnˈtenʃ(ə)nl/ agg. involontario
uninterrupted /ˌʌnɪntəˈrʌptɪd/ agg. ininterrotto, incessante
union /ˈju:njən/ s. **1** unione *f.* **2** associazione *f.*, lega *f.*, consorzio *m.* **3** sindacato *m.*
unique /ju:ˈni:k/ agg. unico, eccezionale

unit /ˈjuːnɪt/ s. **1** unità *f.* **2** complesso *m.*, gruppo *m.* **3** (*mil.*) reparto *m.*
unitary /ˈjuːnɪtərɪ/ agg. unitario
to unite /juːˈnaɪt/ v.tr. e intr. unire, unirsi
united /juːˈnaɪtɪd/ agg. unito, congiunto
unity /ˈjuːnɪtɪ/ s. **1** unità *f.* **2** accordo *m.*
universal /ˌjuːnɪˈvɜːs(ə)l/ agg. universale
universe /ˈjuːnɪvɜːs/ s. universo *m.*
university /ˌjuːnɪˈvɜːsɪtɪ/ s. università *f.*
univocal /ˌjuːnɪˈvəʊk(ə)l/ agg. univoco
unjust /ʌnˈdʒʌst/ agg. ingiusto
unkempt /ʌnˈkɛm(p)t/ agg. **1** spettinato **2** sciatto
unkind /ʌnˈkaɪnd/ agg. **1** scortese **2** crudele
unkindness /ʌnˈkaɪn(d)nɪs/ s. **1** scortesia *f.* **2** crudeltà *f.*
unknown /ʌnˈnəʊn/ **A** agg. sconosciuto **B** s. (*mat.*) incognita *f.*
to unlace /ʌnˈleɪs/ v.tr. slacciare
unlawful /ʌnˈlɔːf(ʊ)l/ agg. abusivo, illegale
unleaded /ʌnˈlɛdɪd/ agg. (*di benzina*) senza piombo, verde
to unleash /ʌnˈliːʃ/ v.tr. sguinzagliare
unless /ənˈlɛs/ cong. eccetto che, a meno che, se non
unlike /ʌnˈlaɪk/ **A** agg. pred. diverso **B** prep. diversamente da, a differenza di
unlikely /ʌnˈlaɪklɪ/ avv. improbabile
unlimited /ʌnˈlɪmɪtɪd/ agg. illimitato
unlined /ʌnˈlaɪnd/ agg. sfoderato
to unload /ʌnˈləʊd/ v.tr. **1** scaricare **2** disfarsi di
unloaded /ʌnˈləʊdɪd/ agg. scarico
unloading /ʌnˈləʊdɪŋ/ s. scarico *m.*
to unlock /ʌnˈlɒk/ v.tr. **1** aprire **2** rivelare
unlucky /ʌnˈlʌkɪ/ agg. **1** sfortunato **2** di cattivo augurio
to unmake /ʌnˈmeɪk/ (*pass. e p.p.* **unmade**) v.tr. disfare
unmarried /ʌnˈmærɪd/ agg. non sposato, libero
to unmask /ʌnˈmɑːsk/ v.tr. smascherare
unmatched /ʌnˈmætʃt/ agg. **1** impareggiabile **2** scompagnato
unmistakable /ˌʌnmɪsˈteɪkəbl/ agg. inconfondibile
to unnail /ʌnˈneɪl/ v.tr. schiodare
unnatural /ʌnˈnætʃr(ə)l/ agg. innaturale
unnecessary /ʌnˈnɛsɪs(ə)rɪ/ agg. non necessario, superfluo
unnoticed /ʌnˈnəʊtɪst/ agg. inosservato
unobtainable /ˌʌnəbˈteɪnəbl/ agg. non ottenibile
unobtrusive /ˌʌnəbˈtruːsɪv/ agg. discreto, riservato
unofficial /ˌʌnəˈfɪʃ(ə)l/ agg. non ufficiale
to unpack /ʌnˈpæk/ v.tr. **1** (*valigie*) disfare **2** sballare
unpaid /ʌnˈpeɪd/ agg. non pagato
unpalatable /ʌnˈpælətəbl/ agg. sgradevole
to unpeg /ʌnˈpɛg/ v.tr. scongelare
unpleasant /ʌnˈplɛznt/ agg. antipatico, sgradevole
to unplug /ʌnˈplʌg/ v.tr. togliere la spina a, staccare
unpopular /ʌnˈpɒpjʊləʳ/ agg. impopolare
unprecedented /ʌnˈprɛsɪd(ə)ntɪd/ agg. senza precedenti, inaudito
unpredictable /ˌʌnprɪˈdɪktəbl/ agg. imprevedibile
unprepared /ˌʌnprɪˈpɛəd/ agg. impreparato
unprofessional /ˌʌnprəˈfɛʃ(ə)nl/ agg. poco professionale
unprotected /ˌʌnprəˈtɛktɪd/ agg. indifeso
unprovided /ˌʌnprəˈvaɪdɪd/ agg. sprovvisto
unpublished /ʌnˈpʌblɪʃt/ agg. inedito
unqualified /ʌnˈkwɒlɪfaɪd/ agg. **1** incompetente **2** non abilitato, non qualificato **3** assoluto, categorico
unquestionable /ʌnˈkwɛstʃ(ə)nəbl/ agg. indiscutibile
to unravel /ʌnˈræv(ə)l/ v.tr. districare, sbrogliare
unreal /ʌnˈrɪəl/ agg. irreale
unrealistic /ˌʌnrɪəˈlɪstɪk/ agg. non realistico
unreality /ˌʌnrɪˈælɪtɪ/ s. irrealtà *f.*
unreasonable /ʌnˈriːz(ə)nəbl/ agg. irragionevole
unrelated /ˌʌnrɪˈleɪtɪd/ agg. senza rapporti
unrelenting /ˌʌnrɪˈlɛntɪŋ/ agg. inesorabile
unreliable /ˌʌnrɪˈlaɪəbl/ agg. inaffidabile, inattendibile
unremitting /ˌʌnrɪˈmɪtɪŋ/ agg. incessante
unrest /ʌnˈrɛst/ s. agitazione *f.*
unrestricted /ˌʌnrɪsˈtrɪktɪd/ agg. illimitato, senza limiti
unripe /ʌnˈraɪp/ agg. acerbo, non maturo
to unrivet /ʌnˈrɪvɪt/ v.tr. schiodare
to unroll /ʌnˈrəʊl/ v.tr. srotolare
unruly /ʌnˈruːlɪ/ agg. indisciplinato
unsafe /ʌnˈseɪf/ agg. pericoloso, malsicuro
unsaid /ʌnˈsɛd/ pass. e p.p. di **to unsay**
unsaleable /ʌnˈseɪləbl/ agg. invendibile
unsatisfactory /ˌʌnsætɪsˈfækt(ə)rɪ/ agg. insoddisfacente
unsavoury /ʌnˈseɪv(ə)rɪ/ agg. **1** scipito **2** disgustoso
to unsay /ʌnˈseɪ/ (*pass. e p.p.* **unsaid**) v.tr. ritrattare, negare
unscathed /ʌnˈskeɪðd/ agg. illeso
to unscrew /ʌnˈskruː/ v.tr. svitare
unscrupulous /ʌnˈskruːpjʊləs/ agg. senza scrupoli
unseasoned /ʌnˈsiːznd/ agg. scondito
unseizable /ʌnˈsiːzəbl/ agg. inafferrabile
unselfish /ʌnˈsɛlfɪʃ/ agg. altruista, generoso
unsettled /ʌnˈsɛtld/ agg. **1** disordinato, sconvolto **2** indeciso, incerto **3** non saldato, non pagato
unshakable /ʌnˈʃeɪkəbl/ agg. irremovibile
to unsheathe /ʌnˈʃiːð/ v.tr. sfoderare
unsightly /ʌnˈsaɪtlɪ/ agg. brutto, sgradevole
unskilfulness /ʌnˈskɪlf(ʊ)lnɪs/ s. imperizia *f.*
unskilled /ʌnˈskɪld/ agg. inesperto
unsound /ʌnˈsaʊnd/ agg. malsano
unspeakable /ʌnˈspiːkəbl/ agg. indicibile
unstable /ʌnˈsteɪbl/ agg. instabile
unsteady /ʌnˈstɛdɪ/ agg. malfermo
to unstick /ʌnˈstɪk/ (*pass. e p.p.* **unstuck**) v.tr. scollare, staccare
to unstitch /ʌnˈstɪtʃ/ v.tr. scucire

unsuccessful /ˌʌns(ə)k'sɛsf(ʊ)l/ **agg.** fallito, sfortunato
unsuitable /ʌn'sju:təbl/ **agg.** **1** inadatto **2** inopportuno
unsure /ʌn'ʃʊəʳ/ **agg.** incerto
unsuspected /ˌʌnsəs'pɛktɪd/ **agg.** insospettato
unsympathetic /ˌʌnsɪmpə'θɛtɪk/ **agg.** antipatico
untapped /ʌn'tæpt/ **agg.** non sfruttato
untenable /ʌn'tɛnəbl/ **agg.** insostenibile
unthinkable /ʌn'θɪŋkəbl/ **agg.** impensabile
untidiness /ʌn'taɪdɪnɪs/ **s.** disordine *m.*
untidy /ʌn'taɪdɪ/ **agg.** disordinato
to untie /ʌn'taɪ/ **v.tr.** **1** slegare **2** risolvere
until /ən'tɪl/ **A** **prep.** fino a, fino al momento di **B** **cong.** finché non, fino a quando
untimely /ʌn'taɪmlɪ/ **agg.** inopportuno
untiring /ʌn'taɪərɪŋ/ **agg.** instancabile
untold /ʌn'təʊld/ **agg.** **1** taciuto **2** innumerevole
untouchable /ʌn'tʌtʃəbl/ **agg.** intangibile, intoccabile
untoward /ʌn'to(ʊ)əd/ **agg.** **1** scomodo **2** sconveniente
untranslatable /ˌʌntræns'leɪtəbl/ **agg.** intraducibile
unusable /ʌn'ju:zəbl/ **agg.** inutilizzabile
unused /ʌn'ju:zd/ **agg.** **1** non usato **2** non abituato
unusual /ʌn'ju:ʒʊəl/ **agg.** inconsueto, insolito
to unveil /ʌn'veɪl/ **v.tr.** svelare
unwanted /ʌn'wɒntɪd/ **agg.** non desiderato
unwavering /ʌn'weɪv(ə)rɪŋ/ **agg.** incrollabile
unwelcome /ʌn'wɛlkəm/ **agg.** sgradito
unwell /ʌn'wɛl/ **agg. pred.** indisposto
unwieldy /ʌn'wi:ldɪ/ **agg.** **1** ingombrante **2** impacciato
unwilling /ʌn'wɪlɪŋ/ **agg.** riluttante, non disposto
unwillingly /ʌn'wɪlɪŋlɪ/ **avv.** controvoglia, malvolentieri
to unwind /ʌn'waɪnd/ (*pass. e p.p.* **unwound**) **A** **v.tr.** dipanare, srotolare, sbrogliare **B** **v.intr.** **1** srotolarsi **2** (*fam.*) rilassarsi
unwise /ʌn'waɪz/ **agg.** malaccorto
unwitting /ʌn'wɪtɪŋ/ **agg.** involontario, inconsapevole
unworkable /ʌn'wɜ:kəbl/ **agg.** inattuabile
unworthy /ʌn'wɜ:ðɪ/ **agg.** immeritevole, indegno
to unwrap /ʌn'ræp/ **v.tr.** scartare, disfare
up /ʌp/ **A** **avv.** **1** su, in alto **2** più avanti, oltre **3** completamente **B** **prep.** su, su per **C** **agg.** **1** alzato **2** finito, compiuto **3** ascendente ♦ **up against** di fronte a || **up here** quassù || **up there** lassù || **up to** fino a || **up to now** finora || **it's up to you** decidi tu
upbringing /'ʌpˌbrɪŋɪŋ/ **s.** educazione *f.* (di bambini)
to update /ʌp'deɪt/ **v.tr.** aggiornare
updating /ʌp'deɪtɪŋ/ **s.** aggiornamento *m.*
upgrade /'ʌpgreɪd/ **A** **s.** salita *f.*, pendenza *f.* **B** **agg. e avv.** in salita
to upgrade /ˌʌp'greɪd/ **v.tr.** **1** promuovere **2** incrementare **3** (*inform.*) aggiornare
upgrading /ˌʌp'greɪdɪŋ/ **s.** aggiornamento *m.*
upheaval /ʌp'hi:v(ə)l/ **s.** **1** (*geol.*) sollevamento *m.* **2** agitazione *f.*
upheld /ʌp'hɛld/ **pass. e p.p. di to uphold**
uphill /ˌʌp'hɪl/ **A** **agg.** **1** in salita **2** faticoso **B** **s.** salita *f.* **C** **avv.** in salita
to uphold /ʌp'həʊld/ (*pass. e p.p.* **upheld**) **v.tr.** sostenere, sorreggere
upholstery /ʌp'həʊlstərɪ/ **s.** tappezzeria *f.*
upkeep /'ʌpki:p/ **s.** manutenzione *f.*
upon /ə'pɒn/ **prep.** sopra, su
upper /'ʌpəʳ/ **A** **agg.** superiore, più alto **B** **s.** **1** parte *f.* superiore **2** tomaia *f.* **3** **al pl.** stimolanti *m. pl.* ♦ **u. case** maiuscolo
uppermost /'ʌpəməʊst/ **A** **agg.** **1** il più alto **2** principale, predominante **B** **avv.** al di sopra, per prima cosa
upright /'ʌpˌraɪt/ **agg.** **1** dritto, eretto, verticale **2** integro, onesto
uprising /'ʌpˌraɪzɪŋ/ **s.** sollevazione *f.*
uproar /'ʌpˌrɔ:ʳ/ **s.** pandemonio *m.*, tumulto *m.*
to uproot /ʌp'ru:t/ **v.tr.** sradicare
upset /ʌp'sɛt/ **A** **agg.** **1** capovolto **2** agitato, sconvolto **B** **s.** **1** capovolgimento *m.* **2** turbamento *m.*
to upset /ʌp'sɛt/ (*pass. e p.p.* **upset**) **A** **v.tr.** **1** capovolgere **2** agitare, sconvolgere **B** **v.intr.** capovolgersi
upsetting /ʌp'sɛtɪŋ/ **agg.** sconvolgente
upshot /'ʌpʃɒt/ **s.** conclusione *f.*, risultato *m.*
upside /'ʌpsaɪd/ **A** **avv.** di sopra **B** **s.** lato *m.* positivo, aspetto *m.* positivo ♦ **u. down** sottosopra, alla rovescia
upstairs /ˌʌp'stɛəz/ **avv.** al piano superiore
upstream /ˌʌp'stri:m/ **agg. e avv.** **1** a monte **2** contro corrente
uptake /'ʌpteɪk/ **s.** comprensione *f.*, comprendonio *m.*
up-to-date /ˌʌptə'deɪt/ **agg.** aggiornato
upturn /'ʌptɜ:n/ **s.** ripresa *f.*, rialzo *m.*
upward /'ʌpwəd/ **A** **agg.** ascendente **B** **avv.** **1** in su, in alto **2** oltre
upwards /'ʌpwədz/ **avv.** in su, in alto
uranium /jʊ'reɪnjəm/ **s.** uranio *m.*
urban /'ɜ:bən/ **agg.** urbano, cittadino
urbane /ɜ:'beɪn/ **agg.** urbano, cortese
urbanist /'ɜ:bənɪst/ **s.** urbanista *m. e f.*
urbanization /ˌɜ:bənaɪ'zeɪʃ(ə)n/ **s.** urbanizzazione *f.*
urchin /'ɜ:tʃɪn/ **s.** **1** monello *m.* **2** (*fam.*) riccio *m.*, porcospino *m.*
urea /'jʊərɪə/ **s.** urea *f.*
urethra /jʊə'ri:θrə/ **s.** uretra *f.*
urge /ɜ:dʒ/ **s.** impulso *m.*, stimolo *m.*
to urge /ɜ:dʒ/ **v.tr.** **1** spingere, sollecitare **2** raccomandare
urgency /'ɜ:dʒ(ə)nsɪ/ **s.** **1** urgenza *f.* **2** insistenza *f.*
urgent /'ɜ:dʒ(ə)nt/ **agg.** **1** urgente **2** insistente
urine /'jʊərɪn/ **s.** urina *f.*
urn /ɜ:n/ **s.** urna *f.*
urography /jʊə'rɒgrəfɪ/ **s.** urografia *f.*

urologist /jʊəˈrɒlədʒɪst/ s. urologo *m.*
urology /jʊəˈrɒlədʒɪ/ s. urologia *f.*
urticant /ˌɜːtɪˈkənt/ agg. urticante
urticaria /ˌɜːtɪˈkɛərɪə/ s. orticaria *f.*
us /ʌs/ pron. pers. 1ª p. pl. (*compl.*) noi, ci
usable /ˈjuːzəbl/ agg. utile, utilizzabile
usage /ˈjuːzɪdʒ/ s. **1** uso *m.*, applicazione *f.* **2** usanza *f.*
use /juːs/ s. **1** uso *m.*, utilizzo *m.*, impiego *m.* **2** utilità *f.* **3** usanza *f.* ♦ **to be of u.** servire || **out of u.** fuori uso
to use /juːz/ v.tr. usare ♦ **to u. up** esaurire, consumare
used /juːzd/ agg. **1** usato **2** abituato
useful /ˈjuːsf(ʊ)l/ agg. utile
usefulness /ˈjuːsf(ʊ)lnɪs/ s. utilità *f.*
useless /ˈjuːslɪs/ agg. inutile
user /ˈjuːzəʳ/ s. utente *m.* e *f.* ♦ **u.-friendly** facile da usare
usher /ˈʌʃəʳ/ s. usciere *m.*
to usher /ˈʌʃəʳ/ v.tr. fare strada a
usherette /ˌʌʃəˈrɛt/ s. (*cin.*) maschera *f.*
usual /ˈjuːʒʊəl/ agg. consueto, solito ♦ **as u.** come al solito
usually /ˈjuːʒʊəlɪ/ avv. abitualmente, solitamente
usufruct /ˈjuːsjuːfrʌkt/ s. usufrutto *m.*
utensil /juːˈtɛnsl/ s. utensile *m.*
uterus /ˈjuːtərəs/ s. utero *m.*
utility /juːˈtɪlɪtɪ/ s. **1** utilità *f.* **2** al pl. servizi *m. pl.* pubblici **3** (*inform.*) utility *f. inv.* ♦ **u. car** utilitaria
utilization /ˌjuːtɪlaɪˈzeɪʃ(ə)n/ s. utilizzo *m.*
to utilize /ˈjuːtɪlaɪz/ v.tr. utilizzare
utmost /ˈʌtməʊst/ **A** agg. **1** estremo **2** massimo **B** s. limite *m.* estremo, massimo *m.* ♦ **to the u.** a oltranza || **to try one's u.** fare del proprio meglio
utopia /juːˈtəʊpjə/ s. utopia *f.*
utopian /jʊˈtəʊpjən/ s. utopista *m.* e *f.*
utter /ˈʌtəʳ/ agg. completo, totale
to utter /ˈʌtəʳ/ v.tr. **1** emettere **2** pronunciare
utterer /ˈʌt(ə)rəʳ/ s. spacciatore *m.* (di banconote false)
utterly /ˈʌtəlɪ/ avv. completamente
U-turn /ˈjuːtɜːn/ s. inversione *f.* a U
uxoricide /ʌkˈsɔːrɪsaɪd/ s. uxoricida *m.* e *f.*

v, V

vacancy /ˈveɪk(ə)nsɪ/ s. **1** vacanza *f.*, l'essere vacante **2** posto *m.* libero ♦ **no vacancies** completo
vacant /ˈveɪk(ə)nt/ agg. **1** vacante, libero, disponibile **2** vacuo
to vacate /vəˈkeɪt/ v.tr. sgombrare
vacation /vəˈkeɪʃ(ə)n/ s. vacanza *f.*, ferie *f. pl.*
to vaccinate /ˈvæksɪneɪt/ **A** v.tr. vaccinare **B** v.intr. fare una vaccinazione
vaccination /ˌvæksɪˈneɪʃ(ə)n/ s. vaccinazione *f.*
vaccine /ˈvæksiːn/ s. vaccino *m.*
vacuum /ˈvækjʊəm/ s. vuoto *m.* ♦ **v. cleaner** aspirapolvere || **v.-packed** confezionato sottovuoto || **in a v.** sottovuoto
vagina /vəˈdʒaɪnə/ s. vagina *f.*
vaginitis /ˌvædʒɪˈnaɪtɪs/ s. vaginite *f.*
vagrant /ˈveɪgr(ə)nt/ agg. e s. vagabondo *m.*
vague /veɪg/ agg. **1** vago, indistinto **2** incerto
vain /veɪn/ agg. **1** vano, inutile **2** vanitoso
valediction /ˌvælɪˈdɪkʃ(ə)n/ s. commiato *m.*
valentine /ˈvæləntaɪn/ s. biglietto *m.* di S. Valentino
valerian /vəˈlɪərɪən/ s. valeriana *f.*
valet /ˈvælɪt/ s. valletto *m.*, cameriere *m.* (personale)
valiancy /ˈvæljənsɪ/ s. valore *m.*
valiant /ˈvæljənt/ agg. valoroso
valid /ˈvælɪd/ agg. valido, valevole
to validate /ˈvælɪdeɪt/ v.tr. **1** convalidare, rendere valido **2** abilitare
validity /vəˈlɪdɪtɪ/ s. validità *f.*
valley /ˈvælɪ/ s. vallata *f.*, valle *f.*
valour /ˈvæləʳ/ s. valore *m.*
valuable /ˈvæljʊəbl/ **A** agg. pregevole, prezioso **B** s. al pl. oggetti *m. pl.* di valore
valuation /ˌvæljʊˈeɪʃ(ə)n/ s. valutazione *f.*, stima *f.*
value /ˈvæljuː/ s. **1** valore *m.* **2** pregio *m.* ♦ **v.-added tax** imposta sul valore aggiunto
to value /ˈvæljuː/ v.tr. **1** valutare, stimare **2** apprezzare, tenere in gran conto
valued /ˈvæljuːd/ agg. **1** valutato, stimato **2** apprezzato, pregiato
valve /vælv/ s. valvola *f.*
vampire /ˈvæmpaɪəʳ/ s. vampiro *m.*
van /væn/ s. **1** furgone *m.* **2** vagone *m.*
vandal /ˈvænd(ə)l/ s. vandalo *m.*
vandalic /vænˈdælɪk/ agg. vandalico
vandalism /ˈvændælɪz(ə)m/ s. vandalismo *m.*
vandalistic /ˌvændəˈlɪstɪk/ agg. vandalico
vane /veɪn/ s. **1** banderuola *f.* **2** pala *f.*, paletta *f.*
vanguard /ˈvængɑːd/ s. avanguardia *f.*
vanilla /vəˈnɪlə/ s. vaniglia *f.*
to vanish /ˈvænɪʃ/ v.intr. sparire, svanire
vanity /ˈvænɪtɪ/ s. vanità *f.*

to vanquish /ˈvæŋkwɪʃ/ **v.tr.** debellare
vantage /ˈvɑːntɪdʒ/ **s.** vantaggio *m.*
vaporization /ˌveɪpəraɪˈzeɪʃ(ə)n/ **s.** vaporizzazione *f.*
vaporizer /ˈveɪpəraɪzəʳ/ **s.** vaporizzatore *m.*
vapour /ˈveɪpəʳ/ (*USA* **vapor**) **s.** vapore *m.*
variable /ˈvɛərɪəbl/ **agg.** variabile, mutevole
variance /ˈvɛərɪəns/ **s. 1** variazione *f.* **2** divergenza *f.*, disaccordo *m.* **3** varianza *f.*
variation /ˌvɛərɪˈeɪʃ(ə)n/ **s.** variazione *f.*
varicella /ˌværɪˈsɛlə/ **s.** varicella *f.*
varicose /ˈværɪkəʊs/ **agg.** varicoso
varied /ˈvɛərɪd/ **agg.** vario, variato
variegated /ˈvɛərɪgeɪtɪd/ **agg.** variegato
variety /vəˈraɪətɪ/ **s.** varietà *f.*
various /ˈvɛərɪəs/ **agg.** (*con s. pl.*) vari, diversi, parecchi
varix /ˈvɛərɪks/ **s.** varice *f.*
varnish /ˈvɑːnɪʃ/ **s.** vernice *f.*
to varnish /ˈvɑːnɪʃ/ **v.tr.** verniciare
to vary /ˈvɛərɪ/ **A v.tr.** variare, cambiare **B v.intr.** differire
vascular /ˈvæskjʊləʳ/ **agg.** vascolare
vase /vɑːz/ **s.** vaso *m.*
vasectomy /vəˈsɛktəmɪ/ **s.** vasectomia *f.*
vaseline /ˈvæsɪliːn/ **s.** vaselina *f.*
vast /vɑːst/ **agg.** vasto
vat /væt/ **s.** tino *m.*
VAT /væt/ **s.** IVA *f.*
vaudeville /ˈvəʊdəvɪl/ **s. 1** vaudeville *m. inv.* **2** (*USA*) varietà *m. inv.*
vault[1] /vɔːlt/ **s. 1** (*arch.*) volta *f.* **2** cripta *f.*, sotterraneo *m.* ◆ **barrel v.** volta a botte
vault[2] /vɔːlt/ **s.** volteggio *m.* ◆ **pole v.** salto con l'asta
to vault /vɔːlt/ **v.intr.** volteggiare, saltare
vaulting /ˈvɔːltɪŋ/ **A agg.** che salta **B s.** volteggio *m.*
to vaunt /vɔːnt/ **A v.tr.** vantare **B v.intr.** vantarsi
veal /viːl/ **s.** (*cuc.*) vitello *m.*
vector /ˈvɛktəʳ/ **s.** vettore *m.*
veer /vɪəʳ/ **s.** virata *f.*
to veer /vɪəʳ/ **v.intr.** virare
vegetable /ˈvɛdʒɪtəbl/ **A agg.** vegetale **B s. 1** vegetale *m.* **2** ortaggio *m.* **3** *al pl.* verdure *f. pl.*
vegetal /ˈvɛdʒɪtl/ **agg.** vegetale, vegetativo
vegetarian /ˌvɛdʒɪˈtɛərɪən/ **agg. e s.** vegetariano *m.*
vegetation /ˌvɛdʒɪˈteɪʃ(ə)n/ **s.** vegetazione *f.*
vehemence /ˈviːɪməns/ **s.** veemenza *f.*
vehement /ˈviːɪmənt/ **agg.** veemente
vehicle /ˈviːɪkl/ **s.** veicolo *m.*
veil /veɪl/ **s.** velo *m.*
to veil /veɪl/ **v.tr.** velare, coprire
vein /veɪn/ **s. 1** (*anat.*) vena *f.* **2** venatura *f.*, nervatura *f.*
velocity /vɪˈlɒsɪtɪ/ **s.** velocità *f.*
velodrome /ˈvelədrəʊm/ **s.** velodromo *m.*
velvet /ˈvɛlvɪt/ **s.** velluto *m.*
venal /ˈviːnl/ **agg.** venale
vendor /ˈvɛndɔːʳ/ **s.** venditore *m.*
veneer /vɪˈnɪəʳ/ **s.** impiallacciatura *f.*
to venerate /ˈvɛnəreɪt/ **v.tr.** venerare
venereal /vɪˈnɪərɪəl/ **agg.** venereo
Venetian /vɪˈniːʃ(ə)n/ **agg. e s.** veneziano *m.* ◆ **V. blind** (tenda alla) veneziana
vengeance /ˈvɛn(d)ʒəns/ **s.** vendetta *f.* ◆ **with a v.** a tutta forza, più forte che mai
venison /ˈvɛnzn/ **s.** (*cuc.*) (carne di) cervo *m.*
venom /ˈvɛnəm/ **s.** veleno *m.*
venomous /ˈvɛnəməs/ **agg.** velenoso
vent /vɛnt/ **s. 1** foro *m.*, orifizio *m.*, apertura *f.* **2** sfogo *m.*
to vent /vɛnt/ **v.tr. 1** scaricare, svuotare **2** sfogare
to ventilate /ˈvɛntɪleɪt/ **v.tr. 1** ventilare **2** (*med.*) ossigenare
ventilation /ˌvɛntɪˈleɪʃ(ə)n/ **s. 1** ventilazione *f.*, aerazione *f.* **2** (*med.*) ossigenazione *f.*
ventilator /ˈvɛntɪleɪtəʳ/ **s.** ventilatore *m.*
ventriloquist /vɛnˈtrɪləkwɪst/ **s.** ventriloquo *m.*
venture /ˈvɛntʃəʳ/ **s. 1** avventura *f.*, impresa *f.* **2** (*econ.*) attività *f.* imprenditoriale
to venture /ˈvɛntʃəʳ/ **A v.tr. 1** rischiare, arrischiare **2** osare **B v.intr.** avventurarsi, arrischiarsi
venue /ˈvɛnjuː/ **s. 1** luogo *m.* di convegno **2** (*dir.*) sede *f.* di processo
veranda(h) /vəˈrændə/ **s.** veranda *f.*
verb /vɜːb/ **s.** verbo *m.*
verbal /ˈvɜːb(ə)l/ **agg.** verbale
verbena /vɜːˈbiːnə/ **s.** verbena *f.*
verdant /ˈvɜːd(ə)nt/ **agg.** verdeggiante
verdict /ˈvɜːdɪkt/ **s.** verdetto *m.*
verge /vɜːdʒ/ **s. 1** limite *m.*, orlo *m.*, margine *m.* **2** verga *f.* **3** (*arch.*) fusto *m.* ◆ **on the v. of** sul punto di
to verge /vɜːdʒ/ **v.intr. 1** declinare, volgere **2** tendere, inclinare
verifiable /ˈvɛrɪfaɪəbl/ **agg.** verificabile
to verify /ˈvɛrɪfaɪ/ **v.tr.** verificare
verisimilitude /ˌvɛrɪsɪˈmɪlɪtjuːd/ **s.** verosimiglianza *f.*
verism /ˈvɪərɪz(ə)m/ **s.** verismo *m.*
verist /ˈvɪərɪst/ **s.** verista *m. e f.*
veritable /ˈvɛrɪtəbl/ **agg.** vero, genuino
vermifuge /ˈvɜːmɪˌfjuːdʒ/ **s.** vermifugo *m.*
vermilion /vəˈmɪljən/ **agg.** vermiglio
vermin /ˈvɜːmɪn/ **s. 1** animali *m. pl.* nocivi, insetti *m. pl.* parassiti **2** feccia *f.* della società
vernacular /vəˈnækjʊləʳ/ **A agg.** indigeno, locale **B s.** vernacolo *m.*, parlata *f.* locale
verruca /vɛˈruːkə/ **s.** verruca *f.*
versant /ˈvɜːs(ə)nt/ **s.** versante *m.*
versatile /ˈvɜːsətaɪl/ **agg.** versatile
verse /vɜːs/ **s.** verso *m.*, versetto *m.*
versed /vɜːst/ **agg.** versato, pratico, ferrato
to versify /ˈvɜːsɪfaɪ/ **v.intr.** verseggiare
version /ˈvɜːʃ(ə)n/ **s.** versione *f.*
versus /ˈvɜːsəs/ **prep.** contro
vertebra /ˈvɜːtɪbrə/ **s.** vertebra *f.*

vertebral /ˈvɜːtɪbr(ə)l/ agg. vertebrale
vertebrate /ˈvɜːtɪbrɪt/ agg. e s. vertebrato *m.*
vertex /ˈvɜːtɛks/ s. (*geom.*) vertice *m.*
vertical /ˈvɜːtɪk(ə)l/ agg. verticale
vertiginous /vɜːˈtɪdʒɪnəs/ agg. **1** vertiginoso **2** che soffre di vertigini
vertigo /ˈvɜːtɪgəʊ/ s. vertigine *f.*
vervain /ˈvɜːveɪn/ s. verbena *f.*
verve /vɛəv/ s. verve *f. inv.*, brio *m.*
very /ˈvɛrɪ/ **A** agg. (*enf.*) proprio, esatto, assoluto, vero e proprio **B** avv. molto, assai
vesper /ˈvɛspəʳ/ s. vespro *m.*
vessel /ˈvɛsl/ s. **1** nave *f.*, vascello *m.* **2** recipiente *m.* **3** (*anat.*) vaso *m.*
vest /vɛst/ s. **1** canottiera *f.*, maglietta *f.* intima **2** (*USA*) panciotto *m.*, gilet *m. inv.* ◆ **bulletproof v.** giubbotto antiproiettile || **life v.** giubbotto di salvataggio
vested /ˈvɛstɪd/ agg. (*dir.*) acquisito
vestibule /ˈvɛstɪbjuːl/ s. vestibolo *m.*
vestige /ˈvɛstɪdʒ/ s. vestigio *m.*
vet /vɛt/ s. (*fam.*) veterinario *m.*
veteran /ˈvɛt(ə)r(ə)n/ **A** agg. veterano **B** s. veterano *m.*, reduce *m. e f.*
veterinarian /ˌvɛt(ə)rɪˈnɛərɪən/ s. veterinario *m.*
veterinary /ˈvɛt(ə)rɪn(ə)rɪ/ agg. veterinario ◆ **v. surgeon** (medico) veterinario
veto /ˈviːtəʊ/ s. veto *m.*
to veto /ˈviːtəʊ/ v.tr. mettere il veto a
to vex /vɛks/ v.tr. **1** vessare, opprimere **2** irritare, contrariare
vexation /vɛkˈseɪʃ(ə)n/ s. **1** vessazione *f.* **2** fastidio *m.*, irritazione *f.*
via /ˈvaɪə/ prep. per, attraverso, via
viable /ˈvaɪəbl/ agg. **1** vitale **2** autosufficiente **3** praticabile, attuabile
viaduct /ˈvaɪədʌkt/ s. viadotto *m.*
vibrant /ˈvaɪbr(ə)nt/ agg. **1** vibrante **2** vivace
to vibrate /vaɪˈbreɪt/ v.intr. **1** vibrare **2** risuonare
vibration /vaɪˈbreɪʃ(ə)n/ s. vibrazione *f.*
vicar /ˈvɪkəʳ/ s. **1** curato *m.* **2** vicario *m.*
vicarage /ˈvɪkərɪdʒ/ s. canonica *f.*
vicarious /vaɪˈkɛərɪəs/ agg. **1** vicario, sostituto **2** indiretto
vice[1] /vaɪs/ s. **1** immoralità *f.* **2** vizio *m.* **3** difetto *m.*
vice[2] /vaɪs/ s. (*mecc.*) morsa *f.*
vice[3] /vaɪs/ **A** s. vice *m. e f.* **B** prep. al posto di
vice-president /ˌvaɪsˈprɛzɪd(ə)nt/ s. vicepresidente *m.*
viceroy /ˈvaɪsrɔɪ/ s. viceré *m.*
vice versa /ˌvaɪsɪˈvɜːsɜː/ avv. viceversa
vicinity /vɪˈsɪnɪtɪ/ s. **1** vicinanza *f.* **2** vicinanze *f. pl.*, dintorni *m. pl.* ◆ **in the v. of** nelle vicinanze di, che si aggira su
vicious /ˈvɪʃəs/ agg. **1** cattivo, malvagio **2** pericoloso, feroce, ombroso **3** vizioso
vicissitude /vɪˈsɪsɪtjuːd/ s. vicissitudine *f.*, vicenda *f.*
victim /ˈvɪktɪm/ s. vittima *f.*
victor /vɪkˈtəʳ/ s. vincitore *m.*
Victorian /vɪkˈtɔːrɪən/ agg. vittoriano
victorious /vɪkˈtɔːrɪəs/ agg. vittorioso
victory /ˈvɪkt(ə)rɪ/ s. vittoria *f.*
victuals /ˈvɪtlz/ s. pl. vettovaglie *f. pl.*
vicugna /vɪˈkjuːnə/ o **vicuña** s. vigogna *f.*
video /ˈvɪdɪəʊ/ **A** agg. video **B** s. **1** videoregistrazione *f.* **2** videocassetta *f.* **3** videoregistratore *m.* ◆ **v. camera** videocamera || **v. recorder** videoregistratore
videogame /ˌvɪdɪəʊˈgeɪm/ s. videogioco *m.*
videotape /ˈvɪdɪəʊteɪp/ s. videocassetta *f.* ◆ **v. recorder** videoregistratore
to vie /vaɪ/ v.intr. gareggiare, competere
Vietnamese /ˌvjɛtnəˈmiːz/ agg. e s. vietnamita *m. e f.*
view /vjuː/ s. **1** vista *f.*, veduta *f.*, visione *f.* **2** vista *f.*, panorama *m.* **3** opinione *f.*, giudizio *m.* **4** intento *m.*, mira *f.*, scopo *m.* **5** rassegna *f.*, mostra *f.* ◆ **in my v.** secondo il mio punto di vista || **in v.** in vista || **in v. of** in considerazione di || **on v.** in mostra
to view /vjuː/ v.tr. **1** guardare, osservare **2** esaminare, ispezionare **3** considerare
viewer /ˈvjuːəʳ/ s. **1** spettatore *m.* **2** ispettore *m.*
viewfinder /ˈvjuːˌfaɪndəʳ/ s. (*fot.*) mirino *m.*
viewpoint /ˈvjuːpɔɪnt/ s. punto *m.* di vista
vigil /ˈvɪdʒɪl/ s. veglia *f.*
vigilance /ˈvɪdʒɪləns/ s. vigilanza *f.*, cautela *f.*
vigilant /ˈvɪdʒɪlənt/ agg. vigile
vignette /vɪˈnjɛt/ s. vignetta *f.*
vigorous /ˈvɪg(ə)rəs/ agg. vigoroso
vigour /ˈvɪgəʳ/ s. vigore *m.*
vile /vaɪl/ agg. **1** vile, abietto **2** (*fam.*) pessimo, disgustoso
villa /ˈvɪlə/ s. villa *f.*
village /ˈvɪlɪdʒ/ s. villaggio *m.*, paese *m.*, borgo *m.*
villain /ˈvɪlən/ s. furfante *m. e f.*, canaglia *f.*
to vindicate /ˈvɪndɪkeɪt/ v.tr. **1** rivendicare **2** difendere, giustificare
vindictive /vɪnˈdɪktɪv/ s. vendicativo
vine /vaɪn/ s. **1** (*bot.*) vite *f.*, vitigno *m.* **2** pianta *f.* rampicante
vinegar /ˈvɪnɪgəʳ/ s. aceto *m.*
vineyard /ˈvɪnjəd/ s. vigna *f.*, vigneto *m.*
vintage /ˈvɪntɪdʒ/ **A** s. **1** vendemmia *f.* **2** annata *f.*, raccolto *m.* **B** agg. attr. d'annata, pregiato ◆ **v. car** auto d'epoca
vinyl /ˈvaɪnɪl/ s. vinile *m.*
viola /ˈvaɪələ/ s. (*mus.*, *bot.*) viola *f.*
to violate /ˈvaɪəleɪt/ v.tr. **1** violare, infrangere **2** violentare
violence /ˈvaɪələns/ s. violenza *f.*
violent /ˈvaɪələnt/ agg. violento
violet /ˈvaɪəlɪt/ s. violetta *f.*
violin /ˌvaɪəˈlɪn/ s. violino *m.*
violinist /ˈvaɪəlɪnɪst/ s. violinista *m. e f.*
violoncellist /ˌvaɪələnˈtʃɛlɪst/ s. violoncellista *m. e f.*
violoncello /ˌvaɪələnˈtʃɛləʊ/ s. violoncello *m.*

viper /ˈvaɪpəʳ/ s. vipera *f.*
viral /ˈvaɪrəl/ agg. virale
virgin /ˈvɜːdʒɪn/ agg. e s. vergine *f.*
virginity /vɛːˈdʒnɪtɪ/ s. verginità *f.*
Virgo /ˈvɜːgəʊ/ s. (*astr.*) vergine *f.*
virile /vɪˈraɪl/ agg. virile
virility /vɪˈrɪlɪtɪ/ s. virilità *f.*
virtual /ˈvɜːtjʊəl/ agg. virtuale ◆ **v. reality** realtà virtuale
virtue /ˈvɜːtjuː/ s. **1** virtù *f.* **2** vantaggio *m.*, merito *m.*
virtuoso /ˌvɜːtjʊˈəʊzəʊ/ s. (*mus.*) virtuoso *m.*
virtuous /ˈvɜːtjʊəs/ agg. virtuoso
virus /ˈvaɪrəs/ s. (*med., inform.*) virus *m. inv.*
visa /ˈviːzə/ s. visto *m.* ◆ **entry v.** visto d'ingresso
to visa /ˈviːzə/ v.tr. vistare
viscid /ˈvɪsɪd/ agg. viscido
viscount /ˈvaɪkaʊnt/ s. visconte *m.*
viscountess /ˈvaɪkaʊntɪs/ s. viscontessa *f.*
visibility /ˌvɪzɪˈbɪlɪtɪ/ s. visibilità *f.* ◆ **poor v.** visibilità scarsa
visible /ˈvɪzəbl/ agg. visibile
vision /ˈvɪʒ(ə)n/ s. **1** vista *f.*, capacità *f.* visiva **2** visione *f.*
visionary /ˈvɪʒənərɪ/ agg. e s. visionario *m.*
visit /ˈvɪzɪt/ s. visita *f.*
to visit /ˈvɪzɪt/ v.tr. visitare, fare visita a, andare a trovare
visitor /ˈvɪzɪtəʳ/ s. **1** visitatore *m.*, ospite *m.* e *f.* **2** ispettore *m.*
visor /ˈvaɪzəʳ/ s. visiera *f.*
vista /ˈvɪstə/ s. **1** vista *f.*, veduta *f.*, prospettiva *f.* **2** al pl. ricordi *m. pl.*, memorie *f. pl.*
visual /ˈvɪzjʊəl/ agg. visuale, visivo
to visualize /ˈvɪzjʊəlaɪz/ v.tr. **1** immaginare **2** visualizzare
vital /ˈvaɪtl/ agg. vitale
vitality /vaɪˈtælɪtɪ/ s. vitalità *f.*
vitamin /ˈvɪtəmɪn/ s. vitamina *f.* ◆ **v. deficiency** mancanza di vitamine
vitreous /ˈvɪtrɪəs/ agg. vitreo
to vitrify /ˈvɪtrɪfaɪ/ **A** v.tr. vetrificare **B** v.intr. vetrificarsi
vivacious /vɪˈveɪʃəs/ agg. vivace
vivarium /vaɪˈvɛərɪəm/ s. vivaio *m.* di pesci
vivid /ˈvɪvɪd/ agg. vivido, vivo
vivisection /ˌvɪvɪˈsɛkʃ(ə)n/ s. vivisezione *f.*
V-neck /ˈviːnɛk/ s. scollatura *f.* a V
vocabulary /vəˈkæbjʊlərɪ/ s. lessico *m.*, vocabolario *m.*
vocal /ˈvəʊk(ə)l/ agg. vocale
vocalic /vo(ʊ)ˈkælɪk/ agg. vocalico
vocalization /ˌvəʊkəlaɪˈzeɪʃ(ə)n/ s. vocalizzazione *f.*
vocation /vo(ʊ)ˈkeɪʃ(ə)n/ s. **1** vocazione *f.* **2** professione *f.*
vocational /vo(ʊ)ˈkeɪʃ(ə)nl/ agg. professionale
vociferous /vo(ʊ)ˈsɪf(ə)rəs/ agg. vociferante
vodka /ˈvɒdkə/ s. vodka *f. inv.*
vogue /vəʊg/ s. voga *f.*, moda *f.*
voice /vɔɪs/ s. voce *f.* ◆ **v. mail** (*tel.*) casella vocale
to voice /vɔɪs/ v.tr. esprimere, dare voce a
void /vɔɪd/ **A** agg. **1** vuoto **2** (*dir.*) invalido, nullo **B** s. vuoto *m.*
volatile /ˈvɒlətaɪl/ agg. **1** volatile **2** volubile
volcanic /vɒlˈkænɪk/ agg. vulcanico
volcano /vɒlˈkeɪnəʊ/ s. vulcano *m.*
volley /ˈvɒlɪ/ s. **1** raffica *f.*, scarica *f.* **2** (*sport*) (*nel calcio*) tiro *m.* al volo, (*nel tennis*) volée *f. inv.*
volleyball /ˈvɒlɪbɔːl/ s. pallavolo *f.*
volt /vəʊlt/ s. volt *m. inv.*
voltage /ˈvəʊltɪdʒ/ s. voltaggio *m.*
voluble /ˈvɒljʊbl/ agg. **1** loquace **2** (*bot.*) volubile
volume /ˈvɒljʊm/ s. volume *m.*
voluminous /vəˈljuːmɪnəs/ agg. voluminoso
voluntary /ˈvɒlənt(ə)rɪ/ agg. volontario ◆ **v. work** volontariato
volunteer /ˌvɒlənˈtɪəʳ/ **A** agg. **1** volontario **2** (*bot.*) spontaneo **B** s. volontario *m.*
to volunteer /ˌvɒlənˈtɪəʳ/ v.intr. **1** arruolarsi volontario **2** offrirsi volontariamente
voluptuous /vəˈlʌptjʊəs/ agg. voluttuoso
volute /vəˈljuːt/ s. voluta *f.*
vomit /ˈvɒmɪt/ s. vomito *m.*
to vomit /ˈvɒmɪt/ v.tr. e intr. vomitare
vortex /ˈvɔːtɛks/ s. vortice *m.*
vote /vəʊt/ s. voto *m.*
to vote /vəʊt/ v.tr. e intr. votare ◆ **to v. down** respingere (con votazione) || **to v. in** eleggere || **to v. out** destituire (con votazione)
voter /ˈvəʊtəʳ/ s. elettore *m.*
voting /ˈvəʊtɪŋ/ s. votazione *f.*
votive /ˈvəʊtɪv/ agg. votivo
to vouch /vaʊtʃ/ v.intr. garantire
voucher /ˈvaʊtʃəʳ/ s. **1** (*dir.*) garante *m.* **2** documento *m.* giustificativo **3** buono *m.*, voucher *m. inv.*
vow /vaʊ/ s. voto *m.*, promessa *f.* solenne
to vow /vaʊ/ v.tr. **1** fare voto di, promettere solennemente **2** votare, consacrare
vowel /ˈvaʊ(ə)l/ s. vocale *f.*
voyage /vɔɪdʒ/ s. viaggio *m.*, traversata *f.*
voyager /ˈvɔɪədʒəʳ/ s. viaggiatore *m.*, passeggero *m.*
vs. /ˈvɜːsəs/ prep. contro
vulgar /ˈvʌlgəʳ/ agg. volgare
vulgarity /vʌlˈgærɪtɪ/ s. volgarità *f.*
vulnerable /ˈvʌln(ə)rəbl/ agg. vulnerabile
vulture /ˈvʌltʃəʳ/ s. avvoltoio *m.*

w, W

wad /wɒd/ s. **1** batuffolo *m.*, tampone *m.* **2** rotolo *m.*, fascio *m.*
to wad /wɒd/ v.tr. **1** fare un batuffolo **2** imbottire, ovattare
to waddle /ˈwɒdl/ v.intr. camminare ondeggiando
to wade /weɪd/ **A** v.intr. **1** passare a guado **2** procedere a stento **B** v.tr. guadare

wader /ˈweɪdəʳ/ s. **1** (*zool.*) trampoliere *m.* **2** al pl. stivaloni *m. pl.* impermeabili
wading-bird /ˈweɪdɪŋˌbɜːd/ s. (*zool.*) trampoliere *m.*
wafer /ˈweɪfəʳ/ s. **1** cialda *f.* **2** (*inform.*) wafer *m. inv.*
to waffle /ˈwɒfl/ v.intr. (*fam.*) cianciare, sbrodolare
to waft /wɑːft/ **A** v.tr. spargere, diffondere **B** v.intr. spandersi, diffondersi
to wag /wæg/ **A** v.tr. scuotere, agitare, dimenare **B** v.intr. scuotersi, agitarsi, dimenarsi
wage /weɪdʒ/ s. paga *f.*, salario *m.*
to wage /weɪdʒ/ v.tr. intraprendere, condurre ♦ **to w. war** muovere guerra
to wager /weɪdʒəʳ/ v.tr. scommettere
to waggle /ˈwægl/ (*fam.*) **A** v.tr. agitare, dimenare, scuotere **B** v.intr. agitarsi
wag(g)on /ˈwægən/ s. **1** carro *m.* **2** vagone *m.*
wail /weɪl/ s. gemito *m.*, lamento *m.*
to wail /weɪl/ v.intr. gemere, lamentarsi
waist /weɪst/ s. **1** vita *f.*, cintola *f.* **2** strozzatura *f.* ♦ **w. pack** marsupio
waistcoat /ˈweɪskəʊt/ s. panciotto *m.*
waistline /ˈweɪstlaɪn/ s. giro *m.* vita
wait /weɪt/ s. attesa *f.*
to wait /weɪt/ **A** v.intr. **1** aspettare **2** rimanere in sospeso **3** (*a tavola*) servire **B** v.tr. **1** aspettare **2** ritardare, rinviare ♦ **to w. and see** stare a vedere || **to w. behind** rimanere, fermarsi || **to w. for sb.** aspettare qc. || **to w. on** servire || **to w. tables** fare il cameriere || **to w. up** rimanere alzato
waiter /ˈweɪtəʳ/ s. cameriere *m.*
waiting /ˈweɪtɪŋ/ s. **1** attesa *f.* **2** servizio *m.* ♦ **no w.** divieto di sosta || **w. list** lista di attesa || **w. room** sala d'aspetto
waitress /ˈweɪtrɪs/ s. cameriera *f.*
to waive /weɪv/ v.tr. rinunciare a
wake[1] /weɪk/ s. **1** veglia *f.* **2** vigilia *f.* ♦ **w.-up** sveglia
wake[2] /weɪk/ s. scia *f.*
to wake /weɪk/ (*pass.* **woke**, **waked**, *p.p.* **waked**, **woke**, **woken**) **A** v.intr. **1** svegliarsi, destarsi **2** fare la veglia **B** v.tr. **1** svegliare **2** ridestare, rianimare **3** vegliare
to waken /ˈweɪk(ə)n/ **A** v.tr. svegliare **B** v.intr. svegliarsi
walk /wɔːk/ s. **1** camminata *f.*, passeggiata *f.* **2** percorso *m.* **3** andatura *f.*, passo *m.* **4** sentiero *m.*, viale *m.*
to walk /wɔːk/ **A** v.intr. camminare, passeggiare **B** v.tr. **1** percorrere a piedi **2** far camminare **3** accompagnare ♦ **to w. away from** uscire incolume da, distanziare || **to w. in** entrare || **to w. out** uscire, scioperare, abbandonare per protesta || **to w. out on** piantare in asso || **to w. over** sconfiggere, sbaragliare || **to w. up** salire (a piedi)
walker /ˈwɔːkəʳ/ s. **1** camminatore *m.* **2** pedone *m.* **3** (*sport*) podista *m. e f.*
walkie-talkie /ˌwɔːkɪˈtɔːkɪ/ s. walkie-talkie *m. inv.*
walking /ˈwɔːkɪŋ/ **A** agg. **1** che cammina, ambulante **2** da passeggio **3** a piedi **B** s. il camminare ♦ **w. stick** bastone da passeggio || **w. tour** escursione a piedi
walk-on /ˈwɔːkˌɒn/ s. (*cin., teatro*) comparsa *f.*, figurante *m. e f.*
walkout /ˈwɔːkˌaʊt/ s. (*fam.*) sciopero *m.*
walkway /ˈwɔːkweɪ/ s. passaggio *m.* pedonale
wall /wɔːl/ s. **1** muro *m.*, parete *f.* **2** al pl. mura *f. pl.*
to wall /wɔːl/ v.tr. cintare, cingere di mura
wallet /ˈwɒlɪt/ s. portafoglio *m.*
wallflower /ˈwɔːlˌflaʊəʳ/ s. violacciocca *f.* ♦ **to be a w.** (*fam.*) fare da tappezzeria
wallop /ˈwɒləp/ s. (*fam.*) bastonata *f.*, percossa *f.*
to wallop /ˈwɒləp/ s. (*fam.*) percuotere
to wallow /ˈwɒləʊ/ v.intr. sguazzare, voltolarsi
wallpaper /ˈwɔːlˌpeɪpəʳ/ s. carta *f.* da parati, tappezzeria *f.*
wally /ˈwɒlɪ/ agg. (*fam.*) scemo
walnut /ˈwɔːlnət/ s. **1** noce *m.* **2** (*frutto*) noce *f.*
walrus /ˈwɔːlrəs/ s. tricheco *m.*
waltz /wɔːls/ s. valzer *m. inv.*
to waltz /wɔːls/ v.intr. ballare il valzer
wan /wɒn/ agg. pallido, esangue
wand /wɒnd/ s. bacchetta *f.*
to wander /ˈwɒndəʳ/ **A** v.intr. **1** vagare, girovagare **2** deviare, scostarsi **3** delirare **B** v.tr. vagare per
wandering /ˈwɒnd(ə)rɪŋ/ **A** agg. **1** errante, nomade **2** tortuoso, serpeggiante **B** s. **1** vagabondaggio *m.*, peregrinazione *f.* **2** smarrimento *m.* **3** vaneggiamento *m.*
wane /weɪn/ s. declino *m.*
to wane /weɪn/ v.intr. calare, declinare
wangle /ˈwæŋgl/ s. (*pop.*) imbroglio *m.*
to wangle /ˈwæŋgl/ v.tr. (*pop.*) procurarsi con l'inganno
want /wɒnt/ s. **1** bisogno *m.*, necessità *f.* **2** mancanza *f.*, scarsità *f.* **3** indigenza *f.* ♦ **for w. of st.** per mancanza di q.c.
to want /wɒnt/ **A** v.tr. **1** volere, desiderare **2** aver bisogno di **3** ricercare **B** v.intr. mancare ♦ **to w. for** esser privo di || **what do you w.?** cosa ti serve?, cosa

vuoi? **you don't w. to know** è meglio che tu non lo sappia

wanted /ˈwɒntɪd/ agg. **1** (*dir.*) ricercato **2** richiesto **3** (*negli annunci*) cercasi

wanting /ˈwɒntɪŋ/ agg. mancante, carente

wanton /ˈwɒntən/ agg. **1** sfrenato, sregolato **2** arbitrario, immotivato **3** licenzioso, scostumato

war /wɔːʳ/ **A** s. guerra *f.* **B** agg. attr. bellico, di guerra ♦ **to be at w. with** essere in guerra con || **to wage w. upon** muovere guerra a

ward /wɔːd/ s. **1** (*dir.*) tutela *f.*, custodia *f.* **2** (*dir.*) persona *f.* sotto tutela, pupillo *m.* **3** reparto *m.*, corsia *f.* **4** circoscrizione *f.*

warden /ˈwɔːdn/ s. **1** guardiano *m.* **2** sovrintendente *m.* e *f.*, direttore *m.*

warder /ˈwɔːdəʳ/ s. carceriere *m.*

wardrobe /ˈwɔːdrəʊb/ s. **1** guardaroba *m. inv.*, armadio *m.* **2** vestiario *m.*

ware /wɛəʳ/ s. al pl. articoli *m. pl.*, merce *f.*

warehouse /ˈwɛəhaʊs/ s. magazzino *m.*

warfare /ˈwɔːfɛəʳ/ s. guerra *f.*

warhead /ˈwɔːhɛd/ s. (*mil.*) testata *f.*

warlike /ˈwɔːlaɪk/ agg. bellico, guerriero

warm /wɔːm/ agg. **1** caldo **2** caloroso, cordiale ♦ **to be w.** avere caldo, far caldo

to warm /wɔːm/ **A** v.tr. **1** scaldare, riscaldare **2** animare **B** v.intr. **1** scaldarsi, riscaldarsi **2** animarsi

warm-blooded /ˌwɔːmˈblʌdɪd/ agg. a sangue caldo

warm-hearted /ˌwɔːmˈhɑːtɪd/ agg. affettuoso

warmonger /ˈwɔːˌmʌŋgəʳ/ s. guerrafondaio *m.*

warmth /wɔːmθ/ s. calore *m.*

warm up /ˈwɔːmʌp/ s. riscaldamento *m.*

to warn /wɔːn/ v.tr. **1** avvertire, ammonire **2** (*dir.*) diffidare

warning /ˈwɔːnɪŋ/ **A** agg. **1** di avvertimento **2** ammonitore **B** s. **1** avvertimento *m.*, preavviso *m.* **2** avviso *m.*, allarme *m.* **3** (*dir.*) diffida *f.* ♦ **w. light** spia luminosa

warp /wɔːp/ s. **1** ordito *m.* **2** curvatura *f.*, deformazione *f.*

to warp /wɔːp/ **A** v.tr. curvare, distorcere, deformare **B** v.intr. curvarsi, distorcersi, deformarsi

warrant /ˈwɒr(ə)nt/ s. mandato *m.*, ordine *m.* ♦ **search w.** mandato di perquisizione

to warrant /ˈwɒr(ə)nt/ v.tr. **1** garantire **2** autorizzare

warranty /ˈwɒr(ə)ntɪ/ s. garanzia *f.*

warren /ˈwɒrɪn/ s. conigliera *f.*

warrior /ˈwɒrɪəʳ/ s. guerriero *m.*

warship /ˈwɔːʃɪp/ s. nave *f.* da guerra

wart /wɔːt/ s. verruca *f.* ♦ **warts and all** con tutti i difetti, nonostante i difetti

wartime /ˈwɔːtaɪm/ s. tempo *m.* di guerra

wary /ˈwɛərɪ/ agg. cauto, diffidente

was /wɒz, wəz/ 1ª e 3ª p. sing. pass. di **to be**

wash /wɒʃ/ s. **1** lavaggio *m.*, lavata *f.* **2** bucato *m.* **3** sciabordio *m.* **4** (*di nave*) scia *f.*

to wash /wɒʃ/ **A** v.tr. **1** lavare **2** bagnare, spruzzare **B** v.intr. lavarsi ♦ **to w. away** togliere lavando || **to w. down** lavare con un getto d'acqua || **to w. off** togliere lavando || **to w. up** lavare i piatti, lavarsi le mani e la faccia

washable /ˈwɒʃəbl/ agg. lavabile

washbasin /ˈwɒʃˌbeɪsn/ s. lavandino *m.*

washer /ˈwɒʃəʳ/ s. (*mecc.*) rondella *f.*

washing /ˈwɒʃɪŋ/ s. **1** lavaggio *m.* **2** bucato *m.* ♦ **w. machine** lavatrice || **w. powder** detersivo in polvere

washout /ˌwɒʃˈaʊt/ s. (*fam.*) fiasco *m.*, fallimento *m.*

washroom /ˈwɒʃruːm/ s. gabinetto *m.*

wasp /wɒsp/ s. vespa *f.*

wastage /ˈweɪstɪdʒ/ s. **1** spreco *m.* **2** scarti *m. pl.* **3** diminuzione *f.*, calo *m.*

waste /weɪst/ **A** agg. **1** deserto, incolto **2** di scarto, di rifiuto **3** di scarico, di scolo **B** s. **1** perdita *f.*, spreco *m.* **2** scarto *m.*, rifiuti *m. pl.*, scorie *f. pl.* **3** terreno *m.* incolto, deserto *m.* ♦ **radioactive w.** scorie radioattive || **w. pipes** tubazioni di scarico

to waste /weɪst/ **A** v.tr. **1** sciupare, sprecare, dissipare **2** devastare, rovinare **B** v.intr. consumarsi, logorarsi ♦ **to w. away** deperire

wasteful /ˈweɪstf(ʊ)l/ agg. **1** sprecone **2** dispendioso **3** superfluo

wasteland /ˈweɪstˌlænd/ s. deserto *m.*

wastepaper /ˈweɪstˌpeɪpəʳ/ s. carta *f.* straccia ♦ **w. basket** cestino per la carta straccia

watch /wɒtʃ/ s. **1** orologio *m.* (da polso) **2** guardia *f.*, ronda *f.*, sorveglianza *f.* **3** (*naut.*) turno *m.* di guardia, quarto *m.*

to watch /wɒtʃ/ **A** v.tr. **1** osservare, guardare **2** sorvegliare, badare a, fare attenzione a **B** v.intr. **1** stare a guardare, osservare **2** stare in guardia, vigilare ♦ **to w. out** stare in guardia || **to w. over** vegliare su

watchdog /ˈwɒtʃdɒg/ s. cane *m.* da guardia

watchful /ˈwɒtʃf(ʊ)l/ agg. vigile

watchmaker /ˈwɒtʃˌmeɪkəʳ/ s. orologiaio *m.*

watchman /ˈwɒtʃmən/ (*pl.* **watchmen**) s. sorvegliante *m.*, guardiano *m.*

watchstrap /ˈwɒtʃˌstræp/ s. cinturino *m.* (dell'orologio)

water /ˈwɔːtəʳ/ s. acqua *f.* ♦ **drinking w.** acqua potabile || **high/low w.** alta/bassa marea || **mineral w.** acqua minerale || **plain w.** (*USA*) acqua naturale || **running w.** acqua corrente || **shallow w.** bassofondo || **w. bottle** bottiglia dell'acqua, borraccia || **w. cannon** idrante || **w. gate** chiusa || **w. heater** scaldabagno || **w. lily** ninfea || **w. polo** pallanuoto || **w. skiing** sci nautico

to water /ˈwɔːtəʳ/ **A** v.tr. **1** annaffiare, irrigare **2** annacquare **3** abbeverare **B** v.intr. **1** abbeverarsi **2** rifornirsi d'acqua **3** lacrimare ♦ **to w. down** allungare, diluire

watercolour /ˈwɔːtəˌkʌləʳ/ s. acquerello *m.*

watercolourist /ˈwɔːtəˌkʌlərɪst/ s. acquerellista *m.* e *f.*

watercraft /ˈwɔːtəkræft/ s. (*naut.*) piccolo natante *m.* ♦ **personal w.** acquascooter

waterfall /ˈwɔːtəfɔːl/ s. cascata *f.*

watering /'wɔːtərɪŋ/ s. **1** annaffiamento *m.*, irrigazione *f.* **2** diluizione *f.* **3** rifornimento *m.* d'acqua ♦ **w. can** annaffiatoio
waterline /'wɔːtəlaɪn/ s. (*naut.*) linea *f.* di galleggiamento
to waterlog /'wɔːtərlɒg/ v.tr. impregnare, imbevere
watermark /'wɔːtəmɑːk/ s. filigrana *f.*
watermelon /'wɔːtəˌmɛlən/ s. cocomero *m.*, anguria *f.*
waterproof /'wɔːtəpruːf/ agg. impermeabile
water-repellent /'wɔːtərɪˌpɛlənt/ agg. idrorepellente
watershed /'wɔːtəʃəd/ s. spartiacque *m. inv.*
watertight /'wɔːtətaɪt/ agg. stagno, a tenuta d'acqua
waterway /'wɔːtəweɪ/ s. canale *m.*, via *f.* d'acqua
waterworks /'wɔːtəwɜːks/ s. pl. acquedotto *m.*, impianto *m.* idrico
watery /'wɔːtərɪ/ agg. **1** acquoso **2** lacrimoso **3** insipido **4** slavato
watt /wɒt/ s. watt *m. inv.*
wave /weɪv/ s. **1** onda *f.*, ondata *f.* **2** ondulazione *f.* **3** cenno *m.*, gesto *m.*
to wave /weɪv/ **A** v.intr. **1** ondeggiare, sventolare **2** fare un cenno (con la mano) **3** essere ondulato **B** v.tr. **1** agitare, brandire, sventolare **2** fare segno di **3** ondulare
wavefront /'weɪvfrʌnt/ s. fronte *m.* d'onda
wavelength /'weɪvlɛŋ(k)θ/ s. lunghezza *f.* d'onda
to waver /'weɪvəʳ/ v.intr. **1** oscillare, vacillare **2** esitare, tentennare
wavy /'weɪvɪ/ agg. **1** ondulato **2** ondeggiante
wax /wæks/ s. cera *f.*
to wax[1] /wæks/ v.tr. dare la cera a
to wax[2] /wæks/ v.intr. **1** (*della luna*) crescere **2** divenire, farsi
waxwork /'wæksˌwɜːk/ s. **1** modello *m.* di cera, statua *f.* di cera **2** al pl. museo *m.* delle cere
way /weɪ/ s. **1** via *f.*, strada *f.*, passaggio *m.*, percorso *m.*, cammino *m.* **2** maniera *f.*, modo *m.* **3** direzione *f.*, lato *m.* **4** abitudine *f.* **5** punto *m.* di vista, aspetto *m.* **6** condizione *f.*, stato *m.* ♦ **by the w.** a proposito, incidentalmente || **by w. of** via, passando per, a titolo di || **out of the w.** remoto, lontano || **in the wrong w.** in senso contrario || **to take st. the wrong w.** offendersi || **w. in** entrata || **w. out** uscita
wayfarer /'weɪˌfɛərəʳ/ s. viandante *m. e f.*
to waylay /weɪ'leɪ/ (*pass. e p.p.* **waylaid**) v.tr. tendere un agguato a, attendere al varco
wayward /'weɪwəd/ agg. **1** caparbio **2** capriccioso
we /wɪ(ː)/ pron. pers. 1ª p. pl. noi
weak /wiːk/ agg. **1** debole **2** diluito, leggero **3** tenue
to weaken /'wiːk(ə)n/ **A** v.tr. indebolire **B** v.intr. indebolirsi
weakness /'wiːknɪs/ s. **1** debolezza *f.* **2** lato *m.* debole
wealth /wɛlθ/ s. **1** ricchezza *f.* **2** abbondanza *f.*
wealthy /'wɛlθɪ/ agg. ricco
to wean /wiːn/ v.tr. **1** svezzare **2** disabituare
weaning /'wiːnɪŋ/ s. svezzamento *m.*
weapon /'wɛpən/ s. arma *f.*
wear /wɛəʳ/ s. **1** uso *m.* **2** consumo *m.*, logorio *m.* **3** durata *f.*, resistenza *f.* all'uso **4** abbigliamento *m.*
to wear /wɛəʳ/ (*pass.* **wore**, *p.p.* **worn**) **A** v.tr. **1** indossare, portare **2** consumare **B** v.intr. **1** consumarsi, logorarsi **2** durare ♦ **to w. away** consumare, logorare || **to w. down** consumare, logorare, fiaccare || **to w. off** consumarsi, sparire lentamente || **to w. out** logorare, esaurire
weariness /'wɪərɪnɪs/ s. stanchezza *f.*, fiacca *f.*
weary /'wɪərɪ/ agg. **1** stanco **2** annoiato **3** stancante, estenuante
to weary /'wɪərɪ/ **A** v.tr. stancare **B** v.intr. stancarsi
weasel /'wɪzl/ s. donnola *f.*
weather /'wɛðəʳ/ **A** s. tempo *m.* (atmosferico) **B** agg. attr. del tempo, meteorologico ♦ **bad/fine w.** tempo cattivo/buono || **w. forecast** previsioni del tempo
to weather /'wɛðəʳ/ v.tr. **1** alterare, consumare **2** esporre all'aria **3** superare **4** (*naut.*) doppiare
weather-beaten /'wɛðəˌbiːtn/ agg. esposto alle intemperie
weathercock /'wɛðəkɒk/ s. banderuola *f.*
to weave /wiːv/ (*pass.* **wove**, *p.p.* **woven**) v.tr. **1** tessere **2** intrecciare, ordire
weaver /'wiːvəʳ/ s. tessitore *m.*
weaving /'wiːvɪŋ/ s. tessitura *f.*
web /wɛb/ s. **1** tela *f.*, trama *f.* **2** ragnatela *f.* **3** (*inform.*) Rete *f.*, Web *m. inv.* ♦ **w. page** (*inform.*) pagina web
webcam /'wɛbkæm/ s. webcam *f. inv.*
to wed /wɛd/ (*pass. e p.p.* **wedded**) **A** v.tr. sposare **B** v.intr. sposarsi
wedding /'wɛdɪŋ/ s. matrimonio *m.*, nozze *f. pl.* ♦ **w. dress** abito da sposa || **w. list** lista nozze || **w. ring** fede, vera
wedge /wɛdʒ/ s. zeppa *f.*
Wednesday /'wɛnzdɪ/ s. mercoledì *m.*
wee /wiː/ agg. (*fam.*) minuscolo
weed /wiːd/ s. erbaccia *f.*
weed-killer /'wiːdˌkɪlə/ s. diserbante *m.*
weedy /'wiːdɪ/ agg. **1** coperto di erbacce **2** allampanato
week /wiːk/ s. settimana *f.* ♦ **last w.** la settimana scorsa || **next w.** la settimana prossima
weekday /'wiːkdeɪ/ s. giorno *m.* feriale
weekend /ˌwiːk'ɛnd/ s. weekend *m. inv.*, fine settimana *m. inv.*
weekly /'wiːklɪ/ **A** agg. e s. settimanale *m.* **B** avv. settimanalmente
to weep /wiːp/ (*pass. e p.p.* **wept**) v.tr. e intr. **1** piangere **2** stillare, trasudare
weeping /'wiːpɪŋ/ **A** agg. **1** piangente **2** trasudante **B** s. pianto *m.* ♦ **w. willow** salice piangente
weft /wɛft/ s. (*tess.*) trama *f.*
to weigh /weɪ/ **A** v.tr. **1** pesare **2** soppesare, valutare **B** v.intr. **1** pesare **2** incidere, avere peso ♦ **to w. anchor** salpare || **to w. down** piegare || **to w. in** pesarsi || **to w. up** soppesare
weight /weɪt/ s. peso *m.* ♦ **net/gross w.** peso netto/

lordo || **to lose w.** dimagrire || **to put on w.** ingrassare || **w. lifting** sollevamento pesi
weighting /'weɪtɪŋ/ s. aggiunta *f.*, maggiorazione *f.*
weighty /'weɪtɪ/ agg. pesante, gravoso
weir /wɪəʳ/ s. chiusa *f.*, sbarramento *m.*
weird /wɪəd/ agg. **1** soprannaturale, magico **2** strano
welcome /'wɛlkəm/ **A** agg. gradito **B** s. benvenuto *m.*, accoglienza *f.* **C** inter. benvenuto ◆ **you're w.!** prego!
to welcome /'wɛlkəm/ v.tr. **1** accogliere, dare il benvenuto **2** accettare, gradire
weld /wɛld/ s. saldatura *f.*
to weld /wɛld/ **A** v.tr. saldare **B** v.intr. saldarsi
welder /'wɛldəʳ/ s. saldatore *m.*, saldatrice *f.*
welding /'wɛldɪŋ/ s. saldatura *f.*
welfare /'wɛlfɛəʳ/ s. **1** benessere *m.*, prosperità *f.* **2** sussidio *m.* ◆ **w. scheme** piano assistenziale || **w. state** stato sociale || **w. work** assistenza sociale
well[1] /wɛl/ s. **1** pozzo *m.* **2** fonte *f.*, sorgente *f.* **3** tromba *f.* delle scale
well[2] /wɛl/ (*comp.* **better**, *sup.* **best**) **A** avv. bene **B** agg. **1** sano **2** opportuno, consigliabile **3** bello, buono **C** inter. dunque, ebbene, allora ◆ **as w.** anche || **as w. as** come pure || **very w.** ottimamente, va bene || **w. done!** ben fatto!, bravo!
well-advised /ˌwɛləd'vaɪzd/ agg. saggio
well-behaved /ˌwɛlbɪ'heɪvd/ agg. beneducato
well-being /'wɛlˌbiːɪŋ/ s. benessere *m.*
well-done /ˌwɛl'dʌn/ agg. **1** (*cuc.*) ben cotto **2** ben fatto
well-dressed /ˌwɛl'drɛst/ agg. ben vestito
well-heeled /ˌwɛl'hiːld/ agg. (*fam.*) ricco
well-known /ˌwɛl'nəʊn/ agg. noto
well-mannered /ˌwɛl'mænəd/ agg. educato, garbato
well-meaning /ˌwɛl'miːnɪŋ/ agg. ben intenzionato
well-nigh /'wɛlnaɪ/ avv. quasi
well-off /ˌwɛl'ɔːf/ agg. **1** benestante **2** ben fornito
well-read /ˌwɛl'rɛd/ agg. colto
well-timed /ˌwɛl'taɪmd/ agg. tempestivo
well-to-do /ˌwɛltə'duː/ agg. (*fam.*) ricco
well-wisher /ˌwɛl'wɪʃəʳ/ s. fautore *m.*
Welsh /wɛlʃ/ agg. e s. gallese *m.* e *f.*
went /wɛnt/ pass. di **to go**
wept /wɛpt/ pass. e p.p. di **to weep**
were /wɜːʳ, wəʳ/ **A** 2ª p. sing. e 1ª, 2ª, 3ª p. pl. pass. di **to be** **B** congiuntivo pass. di **to be**
west /wɛst/ **A** s. ovest *m.*, occidente *m.*, ponente *m.* **B** agg. occidentale **C** avv. verso ovest, da ovest
westerly /'wɛstəlɪ/ agg. occidentale, da ovest
western /'wɛstən/ **A** agg. occidentale, dell'ovest **B** s. western *m. inv.*
westwards /'wɛstwədz/ **A** agg. occidentale **B** avv. verso occidente
wet /wɛt/ **A** agg. **1** bagnato, umido, fradicio **2** piovoso **3** (*di vernice*) non asciutto, fresco **B** s. umidità *f.*, pioggia *f.* ◆ **w. blanket** (*fam.*) guastafeste || **w. dock** darsena || **w. suit** muta (da sub)
to wet /wɛt/ (*pass. e p.p.* **wet**, **wetted**) v.tr. bagnare, inumidire, inzuppare
to whack /wæk/ v.tr. battere, picchiare
whale /weɪl/ s. balena *f.*
whaler /'weɪləʳ/ s. **1** baleniere *m.* **2** baleniera *f.*
whaling /'weɪlɪŋ/ s. caccia *f.* alla balena
wharf /wɔːf/ s. pontile *m.*, banchina *f.*
what /wɒt/ **A** agg. **1** (*interr.*) quale?, quali?, che? **2** (*rel.*) quello che, quella che, quelli che, quelle che **3** (*escl.*) che! **B** pron. **1** (*interr.*) che?, che cosa?, quale? **2** (*rel.*) ciò che **3** (*escl.*) quanto!, come! **C** inter. come! ◆ **w. for?** perché? || **w. a lot (of)...** quanti...! || **w. is more** peraltro
whatever /wɒt'ɛvəʳ/ **A** agg. indef. **1** qualunque, qualsiasi **2** (*enf.*) alcuno, di sorta, affatto **B** pron. indef. qualunque cosa, qualsiasi cosa, ciò che, quello che
wheat /wiːt/ s. frumento *m.*, grano *m.*
to wheedle /'wiːdl/ v.tr. **1** adulare **2** ottenere con lusinghe
wheel /wiːl/ s. **1** ruota *f.* **2** volante *m.*, ruota *f.* del timone ◆ **spare w.** ruota di scorta || **w. clamp** ceppo per auto in sosta vietata
to wheel /wiːl/ **A** v.tr. **1** spingere, tirare **2** far girare, roteare **B** v.intr. **1** girare, ruotare, roteare **2** girarsi **3** fare un voltafaccia ◆ **to w. and deal** mercanteggiare
wheelbarrow /'wiːlˌbærəʊ/ s. carriola *f.*
wheelchair /'wiːlˌtʃɛəʳ/ s. sedia *f.* a rotelle
to wheeze /wiːz/ v.intr. ansimare
when /wɛn/ **A** avv. **1** (*interr.*) quando? **2** (*rel.*) in cui **B** cong. **1** quando, nel momento in cui **2** sebbene **3** quando, qualora
whenever /wɛn'ɛvəʳ/ avv. e cong. **1** ogni qualvolta, ogni volta che, quando **2** una volta che, quando
where /wɛəʳ/ **A** avv. **1** (*interr.*) dove? **2** dove, nel luogo in cui **B** cong. dove
whereabout(s) /ˌwɛərə'baʊt(s)/ **A** avv. (*interr.*) dove?, da che parte? **B** s. luogo *m.* dove q.c. o qc. si trova
whereas /wɛər'æz/ cong. mentre, laddove
whereby /wɛə'baɪ/ avv. **1** (*interr.*) come?, in che modo? per mezzo di che cosa? **2** (*rel.*) con cui, per mezzo di cui, per cui
whereupon /ˌwɛərə'pɒn/ cong. dopo di che, al che
wherever /wɛər'ɛvəʳ/ **A** avv. **1** (*interr.*) dove (mai)? **2** in qualsiasi posto **B** cong. dovunque
wherewithal /'wɛəwɪðɔːl/ s. l'occorrente *m.*, mezzi *m. pl.*
to whet /wɛt/ v.tr. **1** affilare **2** aguzzare, stimolare
whether /'wɛðəʳ/ cong. **1** (*dubitativo*) se **2** (*avversativo*) **w. ... or** o... o
whey /weɪ/ s. siero *m.* (del latte)
which /wɪtʃ/ **A** agg. **1** (*interr.*) quale?, quali? **2** (*rel.*) il quale, la quale, i quali, le quali **B** pron. **1** (*interr.*) chi?, quale?, quali? **2** (*rel.*) il quale, la quale, i quali, le quali, che

whichever /wɪtʃ'ɛvəʳ/ **A** **agg. indef.** qualunque, qualsiasi **B** **pron. indef.** chiunque, qualunque cosa
whiff /wɪf/ **s.** **1** soffio *m.*, sbuffo *m.* **2** zaffata *f.*
while /waɪl/ **A** **cong.** **1** mentre, intanto che **2** sebbene, quantunque **3** (*avversativo*) mentre **B** **s.** momento *m.*
to while /waɪl/ **v.tr.** **to w. away** ingannare il tempo
whim /wɪm/ **s.** capriccio *m.*
whimper /'wɪmpəʳ/ **s.** **1** piagnucolio *m.* **2** pigolio *m.* **3** (*di cani*) uggiolio *m.*
to whimper /'wɪmpəʳ/ **v.intr.** **1** piagnucolare **2** pigolare **3** (*di cani*) uggiolare
whimsical /'wɪmzɪk(ə)l/ **agg.** stravagante, capriccioso
whine /waɪn/ **s.** **1** uggiolio *m.* **2** gemito *m.*, lamento *m.* **3** piagnucolio *m.*
to whine /waɪn/ **v.intr.** **1** uggiolare **2** gemere, lamentarsi **3** piagnucolare
whinny /'wɪnɪ/ **s.** nitrito *m.*
to whinny /'wɪnɪ/ **v.intr.** nitrire
whip /wɪp/ **s.** frusta *f.*
to whip /wɪp/ **v.tr.** **1** frustare, battere **2** (*cuc.*) sbattere, montare, frullare ♦ **whipped cream** panna montata
whirl /wɜːl/ **s.** **1** vortice *m.* **2** turbinio *m.*
to whirl /wɜːl/ **v.tr.** mulinare, turbinare
whirlpool /'wɜːlpuːl/ **s.** vortice *m.*, mulinello *m.*
whirlwind /'wɜːlwɪnd/ **s.** tromba *f.* d'aria
to whirr /wɜːʳ/ **v.intr.** **1** ronzare **2** rombare
whisk /wɪsk/ **s.** (*cuc.*) frusta *f.*, frullino *m.*
to whisk /wɪsk/ **v.tr.** (*cuc.*) frullare, sbattere
whisker /'wɪskəʳ/ **s.** **1** basetta *f.* **2** baffo *f.* di gatto
whisky /'wɪskɪ/ (*USA, Irlanda* **whiskey**) **s.** whisky *m. inv.*
whisper /'wɪspəʳ/ **s.** bisbiglio *m.*, sussurro *m.*
to whisper /'wɪspəʳ/ **v.tr.** bisbigliare, sussurrare
whistle /'wɪsl/ **s.** **1** fischio *m.* **2** fischietto *m.*
to whistle /'wɪsl/ **v.tr. e intr.** fischiare
white /waɪt/ **agg. e s.** bianco *m.* ♦ **w. coat** camice || **w. collar** colletto bianco || **w. hot** incandescente
to whiten /'waɪt(ə)n/ **v.tr.** imbiancare
whiteness /'waɪtnɪs/ **s.** **1** bianchezza *f.* **2** pallore *m.*
whitewash /'waɪtwɒʃ/ **s.** (bianco di) calce *f.*
to whitewash /'waɪtwɒʃ/ **v.tr.** imbiancare
Whitsunday /ˌwɪt'sʌndɪ/ **s.** pentecoste *f.*
to whittle /'wɪtl/ **v.tr.** tagliuzzare ♦ **to w. away, down** ridurre
whiz(z) /wɪz/ **s.** **1** ronzio *m.* **2** (*fam.*) genio *m.*, mago *m.*
who /huː, hʊ/ **pron. sogg.** **1** (*interr.*) chi? **2** (*rel.*) chi, che, il quale, la quale, i quali, le quali ♦ **w. knows** chissà
whoever /huː'ɛvəʳ/ **pron.** **1** (*rel. indef.*) chiunque, chi **2** (*interr.*) chi mai?
whole /həʊl/ **A** **agg.** **1** intero, tutto **2** integro, incolume **B** **s.** il complesso *m.*, l'insieme *m.*, il tutto *m.*
wholefood /'həʊlfuːd/ **s.** cibo *m.* integrale
whole-hearted /ˌhəʊl'hɑːtɪd/ **agg.** cordiale, generoso
wholemeal /'həʊlmiːl/ **agg.** integrale
wholesale /'həʊlseɪl/ **A** **agg.** all'ingrosso **B** **s.** vendita *f.* all'ingrosso
wholesaler /'həʊlˌseɪləʳ/ **s.** grossista *m. e f.*
wholesome /'həʊlsəm/ **agg.** **1** salubre, salutare **2** retto, puro
wholly /'həʊllɪ/ **avv.** completamente
whom /huːm/ **pron. compl. ogg. e ind.** **1** (*interr.*) chi? **2** (*rel.*) che, il quale, la quale, i quali, le quali
whooping-cough /'huːpɪŋkɒf/ **s.** pertosse *f.*
whore /hɔːʳ/ **s.** (*volg.*) puttana *f.*
whose /huːz/ **pron.** **1** (*interr.*) di chi? **2** (*rel.*) di cui, del quale, della quale, dei quali, delle quali
why /waɪ/ **A** **avv.** **1** (*interr.*) perché **2** (*rel.*) per cui **B** **cong.** perché, per quale ragione **C** **inter.** ma come!, ma via!
wick /wɪk/ **s.** stoppino *m.*
wicked /'wɪkɪd/ **agg.** **1** cattivo **2** peccaminoso
wickedness /'wɪkɪdnɪs/ **s.** cattiveria *f.*
wicker /'wɪkəʳ/ **A** **s.** vimine *m.* **B** **agg. attr.** di vimini
wide /waɪd/ **A** **agg.** **1** ampio, largo **2** spalancato **3** lontano, fuori segno **B** **avv.** **1** largamente, in largo **2** completamente **3** fuori segno, a vuoto ♦ **w. angle** grandangolo
wide-awake /ˌwaɪdə'weɪk/ **agg.** perfettamente sveglio
widely /'waɪdlɪ/ **avv.** ampiamente, molto
to widen /'waɪdn/ **A** **v.tr.** allargare **B** **v.intr.** allargarsi
widescreen /'waɪdskriːn/ **s.** **1** schermo *m.* gigante, schermo *m.* panoramico **2** maxischermo *m.*
widespread /'waɪdsprɛd/ **agg.** diffuso
widget /'wɪdʒət/ **s.** (*USA*) aggeggio *m.*
widow /'wɪdəʊ/ **s.** vedova *f.*
widower /'wɪdo(ʊ)əʳ/ **s.** vedovo *m.*
width /wɪdθ/ **s.** ampiezza *f.*, larghezza *f.*
to wield /wiːld/ **v.tr.** **1** brandire **2** esercitare
wiener /'wiːnəʳ/ **s.** (*USA*) **1** würstel *m. inv.* **2** hot dog *m. inv.*
wife /waɪf/ **s.** moglie *f.*
wig /wɪg/ **s.** parrucca *f.*
to wiggle /'wɪgl/ **A** **v.tr.** dimenare **B** **v.intr.** dimenarsi
wild /waɪld/ **A** **agg.** **1** feroce, selvaggio **2** selvatico **3** incolto **4** scompigliato, disordinato **5** agitato, tempestoso **6** furibondo, pazzo **7** (*fam.*) strepitoso, eccellente **B** **s.** regione *f.* selvaggia **C** **avv.** senza freno, all'impazzata
wilderness /'wɪldənɪs/ **s.** **1** deserto *m.* **2** regione *f.* selvaggia **3** riserva *f.* naturale
wildlife /'waɪldlaɪf/ **s.** natura *f.*
wildly /'waɪldlɪ/ **avv.** **1** selvaggiamente **2** violentemente **3** follemente
wilful /'wɪlf(ʊ)l/ **agg.** **1** caparbio **2** premeditato
wilfulness /'wɪlf(ʊ)lnɪs/ **s.** **1** caparbietà *f.* **2** premeditazione *f.*
will[1] /wɪl/ **v.difett.** **1** (*ausiliare per la formazione del futuro semplice o volitivo*) (ES: ***he w. be here by***

eight o'clock sarà qui per le otto) **2** volere, desiderare (ES: ***w. you have some more coffee?*** vuoi dell'altro caffè?)
will² /wɪl/ **s.** **1** volere *m.*, volontà *f.* **2** testamento *m.*
to will /wɪl/ **v.tr.** **1** volere **2** costringere **3** lasciare (per testamento)
willing /ˈwɪlɪŋ/ **agg.** volenteroso
willingly /ˈwɪlɪŋlɪ/ **avv.** volentieri
willow /ˈwɪləʊ/ **s.** salice *m.* ♦ **weeping w.** salice piangente
willpower /ˈwɪlpaʊəʳ/ **s.** forza *f.* di volontà
willy-nilly /ˌwɪlɪˈnɪlɪ/ **avv.** volente o nolente
to wilt /wɪlt/ **v.intr.** appassire
wily /ˈwaɪlɪ/ **agg.** astuto
win /wɪn/ **s.** vincita *f.*, vittoria *f.*
to win /wɪn/ (*pass. e p.p.* **won**) **v.tr.** **1** vincere, battere **2** ottenere **3** persuadere ♦ **to w. out** trionfare || **to w. over** persuadere
winch /wɪntʃ/ **s.** verricello *m.*
wind /wɪnd/ **s.** **1** vento *m.* **2** respiro *m.*, fiato *m.* **3** sentore *m.* ♦ **w. instrument** strumento a fiato
to wind¹ /wɪnd/ **v.tr.** **1** arieggiare **2** fiutare **3** sfiatare
to wind² /waɪnd/ (*pass. e p.p.* **wound**) **A** **v.tr.** **1** avvolgere, attorcigliare **2** caricare, girare **B** **v.intr.** **1** serpeggiare **2** avvolgersi, attorcigliarsi ♦ **to w. up** avvolgere, arrotolare, (*orologio*) caricare, concludere
windfall /ˈwɪn(d)fɔːl/ **s.** guadagno *m.* inatteso
winding /ˈwaɪndɪŋ/ **A** **agg.** **1** sinuoso, tortuoso **2** a chiocciola **B** **s.** **1** al pl. sinuosità *f. pl.* **2** meandro *m.*
windmill /ˈwɪn(d)mɪl/ **s.** **1** mulino *m.* a vento **2** mulinello *m.*, girandola *f.*
window /ˈwɪndəʊ/ **s.** **1** (*edil.*, *inform.*) finestra *f.* **2** vetrina *f.* **3** sportello *m.* ♦ **w. pane** vetro (di finestra)
windowsill /ˈwɪndəʊsɪl/ **s.** davanzale *m.*
windpipe /ˈwɪn(d)paɪp/ **s.** trachea *f.*
windscreen /ˈwɪn(d)ˌskriːn/ **s.** parabrezza *m. inv.* ♦ **w. wiper** tergicristallo
windshield /ˈwɪndˌʃiːld/ **s.** (*USA*) parabrezza *m. inv.* ♦ **rear-w.** lunotto
windsurf /ˈwɪndsɜːf/ **s.** windsurf *m. inv.*
windy /ˈwɪndɪ/ **agg.** ventoso
wine /waɪn/ **s.** vino *m.* ♦ **sparkling w.** spumante, vino frizzante || **table w.** vino da tavola || **w. bar** enoteca, wine bar || **w. cellar** cantina || **w. grower** viticoltore
wing /wɪŋ/ **s.** **1** ala *f.* **2** (*di porta*) battente *m.* **3** al pl. (*teatro*) quinte *f. pl.*
to wink /wɪŋk/ **v.intr.** **1** ammiccare **2** lampeggiare
winner /ˈwɪnəʳ/ **s.** vincitore *m.*
winning /ˈwɪnɪŋ/ **A** **agg.** **1** vincente **2** avvincente **B** **s.** al pl. vincite *f. pl.* (al gioco)
winter /ˈwɪntəʳ/ **A** **s.** inverno *m.* **B** **agg. attr.** invernale
to winter /ˈwɪntəʳ/ **v.intr.** svernare
wintry /ˈwɪntrɪ/ **agg.** **1** invernale **2** (*fig.*) freddo
to wipe /waɪp/ **v.tr.** strofinare, asciugare, pulire ♦ **to w. off** cancellare || **to w. out** cancellare, estinguere, annullare || **to w. up** asciugare (con uno straccio)
wire /ˈwaɪəʳ/ **s.** **1** filo *m.* (metallico, elettrico), cavo *m.* **2** (*fam.*) telegramma *m.* **3** bonifico *m.*
wireless /ˈwaɪəlɪs/ **agg.** senza fili
wiring /ˈwaɪərɪŋ/ **s.** (*elettr.*) impianto *m.*
wisdom /ˈwɪzdəm/ **s.** saggezza *f.* ♦ **w. tooth** dente del giudizio
wise /waɪz/ **agg.** saggio
wisecrack /ˈwaɪzkræk/ **s.** (*fam.*) spiritosaggine *f.*
wish /wɪʃ/ **s.** **1** desiderio *m.* **2** augurio *m.* ♦ **best wishes** i migliori auguri
to wish /wɪʃ/ **v.tr.** **1** desiderare **2** augurare
wishy-washy /ˈwɪʃɪˌwɒʃɪ/ **agg.** **1** brodoso, annacquato **2** insipido
wisp /wɪsp/ **s.** ciuffo *m.*, fascio *m.*
wistaria, wisteria /wɪsˈteərɪə/ **s.** glicine *m.*
wistful /ˈwɪstf(ʊ)l/ **agg.** **1** desideroso **2** meditabondo
wit /wɪt/ **s.** **1** brio *m.*, spirito *m.* **2** persona *f.* arguta
witch /wɪtʃ/ **s.** strega *f.*
witchcraft /ˈwɪtʃkrɑːft/ **s.** stregoneria *f.*
with /wɪð/ **prep.** **1** (*compagnia*) con, insieme a **2** (*mezzo, modo*) con, per mezzo di **3** (*causa*) per, di, con, a causa di **4** riguardo a, quanto a
to withdraw /wɪðˈdrɔː/ (*pass.* **withdrew**, *p.p.* **withdrawn**) **A** **v.tr.** **1** tirare indietro **2** ritirare, prelevare **3** ritrattare **B** **v.intr.** **1** ritirarsi, allontanarsi, indietreggiare **2** ritrattare
withdrawal /wɪðˈdrɔː(ə)l/ **s.** **1** ritirata *f.*, ritiro *m.* **2** revoca *f.*, rinuncia *f.* **3** prelievo *m.* **4** ritrattazione *f.*
to wither /ˈwɪðəʳ/ **v.intr.** appassire
to withhold /wɪðˈhəʊld/ (*pass. e p.p.* **withheld**) **v.tr.** **1** trattenere, rifiutare **2** nascondere
within /wɪˈðɪn/ **A** **prep.** **1** dentro, entro, al di qua di **2** nel giro di **B** **avv.** **1** all'interno, dentro **2** in casa
without /wɪˈðaʊt/ **prep.** senza
to withstand /wɪðˈstænd/ (*pass. e p.p.* **withstood**) **v.tr.** resistere a
witness /ˈwɪtnɪs/ **s.** testimone *m. e f.*
to witness /ˈwɪtnɪs/ **A** **v.tr.** **1** testimoniare **2** essere testimone di **B** **v.intr.** testimoniare
witticism /ˈwɪtɪsɪz(ə)m/ **s.** spiritosaggine *f.*
witty /ˈwɪtɪ/ **agg.** spiritoso, intelligente
wizard /ˈwɪzəd/ **s.** mago *m.*
to wobble /ˈwɒbl/ **v.intr.** **1** oscillare, vacillare **2** esitare, titubare
woe /wəʊ/ **A** **s.** **1** dolore *m.* **2** calamità *f.* **B** **inter.** guai!
woke /wəʊk/ **pass. e p.p. di to wake**
woken /wəʊk(ə)n/ **pass. e p.p. di to wake**
wolf /wʊlf/ **s.** lupo *m.*
woman /ˈwʊmən/ (*pl.* **women**) **s.** donna *f.*
womanly /ˈwʊmənlɪ/ **agg.** femminile
womb /wuːm/ **s.** **1** utero *m.* **2** (*fig.*) grembo *m.*
won /wʌn/ **pass. e p.p. di to win**
wonder /ˈwʌndəʳ/ **s.** **1** meraviglia *f.*, prodigio *m.* **2** stupore *m.*
to wonder /ˈwʌndəʳ/ **v.intr.** **1** meravigliarsi (di) **2** domandarsi
wonderful /ˈwʌndəf(ʊ)l/ **agg.** meraviglioso

to woo /wuː/ v.tr. sollecitare, cercare
wood /wʊd/ s. **1** bosco *m.* **2** legna *f.*, legno *m.*, legname *m.* ♦ **w. carver** intagliatore
woodcock /ˈwʊdkɒk/ s. beccaccia *f.*
woodcut /ˈwʊdkʌt/ s. incisione *f.* (su legno)
wooded /ˈwʊdɪd/ agg. boscoso
wooden /ˈwʊdn/ agg. **1** di legno **2** rigido
woodman /ˈwʊdmən/ (*pl.* **woodmen**) s. boscaiolo *m.*
woodpecker /ˈwʊdˌpekəʳ/ s. picchio *m.*
woodwind /ˈwʊdwɪnd/ s. (*mus.*) legni *m. pl.*
woodworm /ˈwʊdwɜːm/ s. tarlo *m.*
woody /ˈwʊdɪ/ agg. boscoso
wool /wʊl/ s. lana *f.*
woollen /ˈwʊlən/ (*USA* **woolen**) **A** agg. di lana **B** s. articolo *m.* di lana
word /wɜːd/ s. **1** parola *f.*, vocabolo *m.* **2** notizia *f.*, informazione *f.* **3** parola *f.* d'ordine **4** ordine *m.*, comando *m.* ♦ **w. processing** elaborazione di testi
to word /wɜːd/ v.tr. esprimere, formulare
wording /ˈwɜːdɪŋ/ s. **1** espressione *f.*, formulazione *f.* **2** dicitura *f.*
wore /wɜːʳ/ pass. di **to wear**
work /wɜːk/ s. **1** lavoro *m.* **2** opera *f.* **3** al pl. (*v. al sing.*) officina *f.*, fabbrica *f.* **4** al pl. meccanismo *m.* ♦ **out of w.** disoccupato
to work /wɜːk/ **A** v.intr. **1** lavorare **2** funzionare, essere efficace **3** penetrare con difficoltà **4** contrarsi **B** v.tr. **1** lavorare, plasmare **2** far lavorare **3** far funzionare, manovrare, condurre **4** operare, causare, provocare **5** sfruttare ♦ **to w. in** introdurre, inserire || **to w. off** sbrigare, eliminare || **to w. out** elaborare, risolvere, calcolare, allenarsi || **to w. up** suscitare, elaborare, sviluppare
workable /ˈwɜːkəbl/ agg. **1** lavorabile, sfruttabile **2** realizzabile
workaday /ˈwɜːkədeɪ/ agg. **1** comune, ordinario **2** noioso
workaholic /ˌwɜːkəˈhɒlɪk/ s. (*fam.*) maniaco *m.* del lavoro
worker /ˈwɜːkəʳ/ s. lavoratore *m.*, operaio *m.*
working /ˈwɜːkɪŋ/ **A** agg. **1** attivo, laborioso **2** funzionante **3** di lavoro, da lavoro **B** s. **1** lavoro *m.*, lavorazione *f.* **2** funzionamento *m.* **3** al pl. meccanismo *m.* ♦ **w. class** classe operaia || **w. day** giorno lavorativo || **w. order** efficienza
workman /ˈwɜːkmən/ (*pl.* **workmen**) s. operaio *m.*
workmanship /ˈwɜːkmənʃɪp/ s. **1** abilità *f.* tecnica **2** fattura *f.*, esecuzione *f.*
workroom /ˈwɜːkruːm/ s. laboratorio *m.*
worksheet /ˈwɜːkʃiːt/ s. foglio *m.* di lavoro
workshop /ˈwɜːkʃɒp/ s. **1** laboratorio *m.*, officina *f.* **2** workshop *m. inv.*, laboratorio *m.*
workstation /ˈwɜːkˌsteɪʃn/ s. (*inform.*) stazione *f.* di lavoro, postazione *f.*
world /wɜːld/ **A** s. mondo *m.* **B** agg. attr. mondiale, del mondo
worldly /ˈwɜːldlɪ/ agg. mondano, terreno
worldwide /ˌwɜːldˈwaɪd/ **A** agg. mondiale, universale **B** avv. in tutto il mondo
worm /wɜːm/ s. verme *m.* ♦ **w. eaten** bacato, decrepito
worn /wɔːn/ **A** p.p. di **to wear** **B** agg. **1** consumato **2** indebolito ♦ **w. out** esausto, logoro, trito e ritrito
worried /ˈwʌrɪd/ agg. preoccupato
worry /ˈwʌrɪ/ s. **1** preoccupazione *f.*, inquietudine *f.* **2** fastidio *m.*, guaio *m.*
to worry /ˈwʌrɪ/ **A** v.tr. **1** infastidire, seccare **2** preoccupare, affliggere **3** azzannare, dilaniare **B** v.intr. preoccuparsi, affliggersi
worrying /ˈwʌrɪɪŋ/ agg. **1** inquietante, preoccupante **2** molesto
worse /wɜːs/ **A** agg. **1** (*comp. di* **bad**) peggio, peggiore **2** (*comp. di* **ill**) peggio, peggiorato **B** s. il peggio *m.* **C** avv. peggio ♦ **to get w.** peggiorare
to worsen /ˈwɜːsn/ v.tr. e intr. peggiorare
worship /ˈwɜːʃɪp/ s. **1** culto *m.*, venerazione *f.* **2** (*titolo*) eccellenza *f.*, eminenza *f.*
to worship /ˈwɜːʃɪp/ v.tr. adorare, venerare
worst /wɜːst/ **A** agg. (*sup. di* **bad, ill**) (il) peggiore **B** s. il peggio *m.* **C** avv. peggio, nel modo peggiore ♦ **at w.** al peggio
worth /wɜːθ/ **A** agg. pred. **1** che vale, di valore, del valore di **2** degno, meritevole **B** s. valore *m.* ♦ **to be w.** meritare, valere || **to be w. it** valere la pena
worthless /ˈwɜːθlɪs/ agg. **1** di nessun valore **2** indegno, immeritevole
worthwhile /ˌwɜːθˈwaɪl/ agg. utile, che vale la pena
worthy /ˈwɜːðɪ/ **A** agg. **1** meritevole, degno **2** (*ironico*) rispettabile **B** s. notabile *m.*
would /wʊd, wəd/ v.difett. **1** (*ausiliare per la formazione del condiz. pres. e pass.*) (ES: ***I w. buy it, if I had enough money*** lo comprerei, se avessi abbastanza denaro) **2** volere, avere intenzione di (*passato e condizionale*) (ES: ***I w. not stay*** non volli rimanere; ***w. you be so kind to give me a pen?*** mi daresti una penna per favore?) **3** volere (*imperfetto cong.*) (ES: ***I could do it, if I w.*** potrei farlo se volessi) **4** (*idiom., indica consuetudine*) (ES: ***he w. sleep in*** dormiva sempre fino a tardi)
wound¹ /wuːnd/ s. ferita *f.*
wound² /waʊnd/ pass. e p.p. di **to wind**
to wound /wuːnd/ v.tr. ferire
wove /wəʊv/ pass. di **to weave**
woven /ˈwəʊvn/ p.p. di **to weave**
wrangle /ˈræŋgl/ s. litigio *m.*
wrap /ræp/ s. scialle *m.*
to wrap /ræp/ v.tr. **1** avvolgere, fasciare **2** impacchettare, incartare
wrapper /ˈræpəʳ/ s. involucro *m.*, copertina *f.*
wrapping /ˈræpɪŋ/ s. confezione *f.*, involucro *m.* ♦ **w. paper** carta da pacchi
wrath /rɔːθ/ s. rabbia *f.*
wrathful /ˈrɔːθf(ʊ)l/ agg. furibondo
to wreak /riːk/ v.tr. **1** sfogare **2** provocare
wreath /riːθ/ s. ghirlanda *f.*

wreck /rɛk/ s. **1** naufragio *m.*, disastro *m.* **2** relitto *m.*
to wreck /rɛk/ **A** v.tr. **1** far naufragare **2** rovinare, distruggere **B** v.intr. **1** naufragare **2** andare in pezzi
wreckage /ˈrɛkɪdʒ/ s. relitti *m. pl.*, rottami *m. pl.*, macerie *f. pl.*
wren /rɛn/ s. scricciolo *m.*
wrench /rɛn(t)ʃ/ s. **1** strappo *m.*, torsione *f.* **2** (*med.*) strappo *m.* muscolare **3** (*USA*) (*mecc.*) chiave *f.*
to wrench /rɛn(t)ʃ/ v.tr. strappare, torcere
wrestle /ˈrɛsl/ s. (*sport*) lotta *f.*
to wrestle /ˈrɛsl/ v.intr. (*sport*) lottare
wrestler /ˈrɛsləʳ/ s. (*sport*) lottatore *m.*
wrestling /ˈrɛslɪŋ/ s. (*sport*) lotta *f.*
wretched /ˈrɛtʃɪd/ agg. **1** disgraziato, infelice **2** miserabile **3** orrendo, pessimo
to wriggle /ˈrɪgl/ v.intr. **1** contorcersi, dimenarsi **2** essere evasivo
to wring /rɪŋ/ (*pass. e p.p.* **wrung**) **A** v.tr. **1** torcere, strizzare **2** stringere con forza **3** estorcere **B** v.intr. contorcersi
wrinkle /ˈrɪŋkl/ s. **1** ruga *f.* **2** piega *f.*
to wrinkle /ˈrɪŋkl/ v.tr. corrugare, raggrinzire
wrist /rɪst/ s. polso *m.*
to write /raɪt/ (*pass.* **wrote**, *p.p.* **written**) **A** v.tr. **1** scrivere **2** redigere, compilare **B** v.intr. **1** scrivere **2** fare lo scrittore ♦ **to w. down** prendere nota || **to w. in** inserire (in uno scritto) || **to w. off** cancellare, annullare || **to w. out** trascrivere, compilare || **to w. up** riscrivere, recensire
writer /ˈraɪtəʳ/ s. scrittore *m.*
to writhe /raɪð/ v.intr. contorcersi
writing /ˈraɪtɪŋ/ s. **1** scrittura *f.*, calligrafia *f.* **2** documento *m.* scritto, scritta *f.* **3** al pl. scritti *m. pl.* ♦ **w.-book** quaderno || **w. pad** blocco || **w. paper** carta da lettera
written /ˈrɪtn/ p.p. di **to write**
wrong /rɒŋ/ **A** agg. **1** sbagliato, scorretto **2** inopportuno, sconveniente **3** illegittimo **4** difettoso, guasto **B** s. **1** ingiustizia *f.*, torto *m.*, danno *m.* **2** male *m.*, peccato *m.* **C** avv. **1** erroneamente, male **2** impropriamente ♦ **to be w.** sbagliarsi
to wrong /rɒŋ/ v.tr. far torto a
wrongful /ˈrɒŋf(ʊ)l/ agg. **1** ingiusto, iniquo **2** illegittimo
wrongly /ˈrɒŋlɪ/ avv. **1** male, erroneamente **2** a torto
wrote /rəʊt/ pass. di **to write**
wrought /rɔːt/ agg. lavorato, battuto
wrung /rʌŋ/ pass. e p.p. di **to wring**
wry /raɪ/ agg. storto, obliquo
wryneck /ˈraɪnɛk/ s. torcicollo *m.*

x, X

xenon /ˈzɛnɒn/ s. xeno *m.*
xenophile /ˌzɛnəˈfaɪl/ s. esterofilo *m.*
xenophobe /ˌzɛnəˈfəʊb/ s. xenofobo *m.*
xenophobia /ˌzɛnəˈfəʊbjə/ s. xenofobia *f.*
xenophobic /ˌzɛnəˈfəʊbjk/ agg. xenofobo
xerography /zɪˈrogrəfɪ/ s. xerografia *f.*
Xmas /ˈkrɪsməs/ s. (abbr. *fam.* di **Christmas**) Natale *m.*
X-ray /ˈɛksˌreɪ/ s. **1** raggi X *m. pl.* **2** radiografia *f.*
xylography /zaɪˈlɒgrəfɪ/ s. xilografia *f.*
xylophone /ˈzaɪləfəʊn/ s. xilofono *m.*

y, Y

yacht /jɒt/ **s.** yacht *m. inv.*
yachting /ˈjɒtɪŋ/ **s.** navigazione *f.* da diporto, yachting *m. inv.*
yank /jæŋk/ **s.** (*fam.*) strattone *m.*
Yankee /ˈjæŋkɪ/ **s.** (*fam.*) **1** yankee *m. e f. inv.* **2** (*degli USA*) americano *m.*
yard[1] /jɑːd/ **s.** iarda *f.*
yard[2] /jɑːd/ **s. 1** cortile *m.*, recinto *m.* **2** (*ferr.*) scalo *m.* **3** cantiere *m.*
yarn /jɑːn/ **s. 1** filo *m.*, filato *m.* **2** (*fig.*) racconto *m.*, storia *f.*
yawn /jɔːn/ **s.** sbadiglio *m.*
to yawn /jɔːn/ **v.intr.** sbadigliare
yeah /jɛə/ **avv.** (*fam.*) sì
year /jɜːʳ, jɪəʳ/ **s. 1** anno *m.*, annata *f.* **2 al pl.** anni *m. pl.*, età *f.* ◆ **leap y.** anno bisestile || **y. book** annuario || **y. by y.** ogni anno, anno dopo anno
yearly /ˈjɜːlɪ/ **A agg.** annuale, annuo **B avv.** annualmente
to yearn /jɜːn/ **v.intr.** agognare
yeast /jiːst/ **s.** lievito *m.*
yell /jɛl/ **s.** urlo *m.*
to yell /jɛl/ **v.tr. e intr.** urlare
yellow /ˈjɛləʊ/ **agg. e s.** giallo *m.*
yelp /jɛlp/ **s.** guaito *m.*
to yelp /jɛlp/ **v.intr. 1** guaire **2** urlare per il dolore
yeoman /ˈjəʊmən/ (*pl.* **yeomen**) **s.** (*stor.*) piccolo proprietario *m.* terriero
yes /jɛs/ **A avv. 1** sì, certo **2** davvero?, ah sì? **B inter.** non solo, anzi **C s.** sì *m. inv.*, risposta *f.* affermativa
yesterday /ˈjɛstədɪ/ **avv. e s.** ieri *m. inv.* ◆ **the day before y.** ieri l'altro
yet /jɛt/ **A cong.** ma, però, tuttavia **B avv. 1** ancora, finora, tuttora **2** ancora, già ◆ **and y.** eppure || **as y.** finora || **just y.** proprio ora || **not y.** (e) neppure || **y. once** ancora una volta
yew /juː/ **s.** (*bot.*) tasso *m.*
yield /jiːld/ **s. 1** prodotto *m.*, raccolto *m.* **2** produzione *f.*, rendimento *m.* **3** rendita *f.* **4** (*USA*) diritto *m.* di precedenza
to yield /jiːld/ **A v.tr. 1** produrre, fruttare, rendere **2** concedere, dare **B v.intr. 1** fruttare **2** sottomettersi **3** (*USA*) dare la precedenza
yoga /ˈjəʊgə/ **s.** yoga *m. inv.*
yoghurt /ˈjɒgɜːt/ **s.** yogurt *m. inv.*
yoke /jəʊk/ **s.** giogo *m.*
to yoke /jəʊk/ **v.tr.** aggiogare
yolk /jəʊk/ **s.** tuorlo *m.*
yonder /ˈjɒndəʳ/ **avv.** lassù
you /jʊ(ː)/ **pron. pers. 2ª p. sing. e pl. 1** tu, te, ti, voi, ve, vi **2** (*con valore impers.*) se, si (ES: ***y. never can be sure!*** non si può mai essere sicuri!)
young /jʌŋ/ **A agg.** giovane **B s. al pl. 1** i giovani *m. pl.* **2** (*di animale*) i piccoli *m. pl.* ◆ **y. lady** signorina
youngster /ˈjʌŋstəʳ/ **s.** giovanotto *m.*, giovincello *m.*
your /jɔːʳ/ **agg. poss. 2ª p. sing. e pl. 1** tuo, tua, tuoi, tue, vostro, vostra, vostri, vostre, Suo, Sua, Suoi, Sue, Loro **2** (*con valore indef.*) proprio
yours /jɔːz/ **pron. poss. 2ª p. sing. e pl.** il tuo, la tua, i tuoi, le tue, il vostro, la vostra, i vostri, le vostre, il Suo, la Sua, i Suoi, le Sue, il Loro, la Loro, i Loro, le Loro
yourself /jɔːˈsɛlf/ (*pl.* **yourselves**) **pron. 2ª p. sing. 1** (*rifl.*) ti, te, te stesso, si, sé, Lei stesso, Lei stessa **2** (*enf.*) tu stesso, tu stessa, Lei stesso, Lei stessa (ES: ***you have done it y.*** lo hai fatto tu stesso)
youth /juːθ/ **s. 1** gioventù *f.*, giovinezza *f.* **2** i giovani *m. pl.* **3** giovane *m.* ◆ **y. hostel** ostello della gioventù
youthful /ˈjuːθf(ʊ)l/ **agg. 1** giovane **2** giovanile
yucca /ˈjʌkə/ **s.** yucca *f.*
Yugoslav /ˈjuːgəʊslɑːv/ **s.** iugoslavo *m.*
yummy /ˈjʌmɪ/ **agg.** (*fam.*) delizioso, buonissimo
yuppie /ˈjʌpɪ/ **s.** yuppie *m. e f. inv.*

z, Z

zany /ˈzeɪnɪ/ **A** s. buffone *m.* **B** agg. buffonesco
to zap /zæp/ **A** v.tr. (*fam.*) eliminare, cancellare **B** v.intr. sfrecciare
zeal /ziːl/ s. zelo *m.*
zebra /ˈziːbrə/ s. zebra *f.* ♦ **z. crossing** passaggio pedonale, strisce (pedonali)
zebrine /ˈziːbraɪn/ agg. zebrato
zebu /ˈziːbuː/ s. zebù *m. inv.*
zed /zɛd/ s. zeta *f. inv.*
zee /ziː/ s. (*USA*) zeta *f. inv.*
zenith /ˈzɛnɪθ/ s. zenit *m.*
zero /ˈzɪərəʊ/ s. zero *m.*
to zero /ˈzɪərəʊ/ v.tr. azzerare
zest /zɛst/ s. **1** aroma *m.*, gusto *m.* **2** (*di arancio, limone*) scorza *f.* **3** entusiasmo *m.*, interesse *m.*
zibeline /ˈzɪbəlɪn/ s. zibellino *m.*
zigzag /ˈzɪgzæg/ **A** s. zigzag *m. inv.* **B** agg. a zigzag
to zigzag /ˈzɪgzæg/ v.intr. andare a zigzag, zigzagare
zinc /zɪŋk/ s. zinco *m.*
zing /zɪŋ/ s. (*fam.*) **1** sibilo *m.* **2** brio *m.*
Zionism /ˈzaɪənɪz(ə)m/ s. sionismo *m.*
Zionist /ˈzaɪənɪst/ s. sionista *m. e f.*
zip /zɪp/ s. **1** cerniera *f.*, chiusura *f.* lampo **2** (*fam.*) fischio *m.*, sibilo *m.* ♦ **z. fastener** (chiusura) lampo, zip, cerniera || **z. code** (*USA*) codice postale
to zip /zɪp/ **A** v.tr. **1** aprire (o chiudere) con una cerniera lampo **2** trasportare velocemente **3** (*inform.*) zippare **B** v.intr. **1** aprire (o chiudere) una cerniera lampo **2** sfrecciare **3** fischiare, sibilare
zipper /ˈzɪpəʳ/ s. (*USA*) zip *f. inv.*, cerniera *f.* lampo
zircon /ˈzɜːkɒn/ s. zircone *m.*
zodiac /ˈzəʊdɪæk/ s. zodiaco *m.*
zodiacal /zo(ʊ)ˈdaɪək(ə)l/ agg. zodiacale
zombie /ˈzɒmbɪ/ s. zombie *m. e f. inv.*
zone /zəʊn/ s. zona *f.*
zoo /zuː/ s. zoo *m. inv.*
zoologist /zo(ʊ)ˈɒlədʒɪst/ s. zoologo *m.*
zoology /zo(ʊ)ˈɒlədʒɪ/ s. zoologia *f.*
zoom /zuːm/ s. **1** rombo *m.* **2** (*cin., tv*) zoomata *f.* ♦ **z. lens** zoom
to zoom /zuːm/ v.intr. zumare
zootechnical /ˌzo(ʊ)əˈtɛknɪk(ə)l/ agg. zootecnico
zootechnics /ˌzo(ʊ)əˈtɛknɪks/ s. pl. (*v. al sing.*) zootecnia *f.*
zootechny /ˌzo(ʊ)əˈtɛknɪ/ s. zootecnia *f.*
zucchini /zuːˈkiːnɪ/ s. (*USA*) zucchina *f.*
zygoma /zaɪˈgəʊmə/ s. zigomo *m.*
zyme /zaɪm/ s. enzima *m.*

ITALIANO-INGLESE
ITALIAN-ENGLISH

a, A

a o **ad** prep. **1** (*stato in luogo*) at, in (ES: ***essere a casa*** to be at home; ***abitare a Londra*** to live in London) **2** (*moto a luogo, direzione*) to, at, in (ES: ***andare a teatro/a Londra*** to go to the theatre/to London) **3** (*termine*) to (ES: ***dai questo libro a Paolo*** give this book to Paul) **4** (*tempo*) at, in (ES: ***a mezzanotte*** at midnight; ***a maggio*** in May) **5** (*mezzo*) by, in (ES: ***scritto a mano*** written by hand; ***dipinto all'acquerello*** painted in watercolours) **6** (*scopo, vantaggio, danno*) to, for (ES: ***a proprio rischio*** at one's own risk) **7** (*distributivo*) a, by, at (ES: ***due volte al giorno*** twice a day; ***a uno a uno*** one by one)

àbaco s.m. (*arch.*) abacus

abàte s.m. abbot

abbacchiàto agg. (*fam.*) depressed

abbagliànte agg. dazzling ♦ **(luci) abbaglianti** (*autom.*) high-beams, (*USA*) brights

abbagliàre v.tr. to dazzle

abbàglio s.m. blunder

abbaiàre v.intr. to bark

abbandonàre **A** v.tr. **1** to abandon, to desert, to leave, to forsake **2** (*rinunciare a*) to renounce, to give up **B** v.rifl. to let oneself go

abbandóno s.m. **1** abandonment **2** (*trascuratezza*) neglect

abbassaménto s.m. lowering

abbassàre **A** v.tr. **1** to lower **2** (*ridurre*) to reduce **3** (*far scendere*) to let down **B** v.rifl. **1** (*chinarsi*) to stoop **2** (*diminuire*) to lower **3** (*fig.*) to lower oneself **4** (*di vento, temperatura ecc.*) to drop

abbastànza avv. **1** (*a sufficienza*) enough **2** (*alquanto*) quite, rather ♦ **averne a. di qc.** to have had enough of sb.

abbàttere **A** v.tr. **1** (*atterrare*) to knock down **2** (*demolire*) to demolish, to put down **B** v.rifl. **1** (*cadere*) to fall **2** (*scoraggiarsi*) to lose heart

abbazìa s.f. abbey

abbellìre v.tr. to embellish, to adorn

abbeveràre v.tr. to water

abbiccì s.m. ABC, (*USA*) ABCs (*anche fig.*) ♦ **essere all'a.** to be a beginner

abbiènte agg. well-to-do

abbigliaménto s.m. clothes *pl.*, clothing ♦ **negozio d'a.** clothes shop

abbinàre v.tr. to couple, to combine

abbiòcco s.m. fit of drowiness (ES: ***mi è venuto l'a.*** I feel drowsy)

abboccàre v.intr. **1** to bite **2** (*fig.*) to rise to the bait

abboccàto agg. sweetish, medium sweet, demi-sec

abbonaménto s.m. **1** (*trasporti, teatro*) season ticket, pass **2** (*a giornale*) subscription

abbonàrsi v.rifl. **1** (*trasporti, teatro*) to get a season ticket, to have a pass **2** (*giornale*) to subscribe, to take out a subscription

abbonàto agg. e s.m. **1** (*trasporti, teatro*) season ticket holder, pass holder **2** (*giornale*) subscriber

abbondànte agg. abundant, plentiful

abbondànza s.f. abundance, plenty

abbondàre v.intr. **1** to be plentiful, to abound **2** (*avere in gran quantità*) to be rich (in)

abbordàre v.tr. (*farsi incontro a una persona*) to approach, to chat up

abbottonàre v.tr. to button up

abbottonàto agg. **1** buttoned up **2** (*fig.*) reserved

abbozzàre v.tr. to sketch, to outline ♦ **a. un sorriso** to make a half-smile

abbòzzo s.m. sketch, outline

abbracciàre **A** v.tr. **1** to embrace, to hug **2** (*comprendere*) to enclose, to include **B** v.rifl. rec. to embrace each other

abbràccio s.m. embrace, hug

abbreviàre v.tr. to shorten, to cut short, to abbreviate

abbreviazióne s.f. abbreviation

abbronzàre **A** v.tr. to tan **B** v.rifl. to get brown, to get (a) tan

abbronzàto agg. tanned

abbronzatùra s.f. tan

abbrustolìre v.tr. (*pane*) to toast, (*caffè, carne*) to roast

abbuffàrsi v.rifl. to stuff oneself

abdicàre v.intr. to abdicate

abdicazióne s.f. abdication

aberrànte agg. aberrant

aberrazióne s.f. aberration

abéte s.m. fir

abiètto agg. despicable, base

àbile agg. **1** able, capable **2** (*idoneo*) fit

abilità s.f. **1** ability **2** (*astuzia*) skill, cleverness

abilitàre v.tr. **1** to qualify **2** (*rendere operativo*) to activate

abilitàto agg. qualified

abìsso s.m. abyss, gulf

abitàcolo s.m. cockpit, cabin

abitànte s.m. e f. inhabitant

abitàre **A** v.intr. to live, to reside **B** v.tr. to inhabit, to live in

abitazióne s.f. residence, house

àbito s.m. (*da uomo*) suit, (*da donna*) dress

abituàle agg. habitual, usual ♦ **cliente a.** regular customer

abitualménte avv. usually, regularly

abituàre **A** v.tr. to accustom **B** v.rifl. to get used (to), to get accustomed (to), to accustom oneself (to)

abitùdine s.f. habit, custom ♦ **come d'a.** as usual

abolìre v.tr. to abolish, to suppress

abolizióne s.f. abolition, suppression

abolizionìsmo s.m. abolitionism
abominévole agg. abominable
aborìgeno agg. e s.m. aboriginal, native
aborrìre v.tr. to abhor
abortìre v.intr. to miscarry, (*volontariamente*) to abort
abòrto s.m. miscarriage, (*volontario*) abortion
abrasióne s.f. abrasion
abrogàre v.tr. to abrogate, to cancel, to repeal
abrogazióne s.f. **1** abrogation, repeal **2** (*annullamento*) annulment
ABS s.m. (*autom.*) ABS-system, anti-lock braking system
àbside s.f. (*arch.*) apse
abusàre v.intr. **1** to abuse, to misuse **2** (*approfittare*) to take advantage (of)
abusivaménte avv. illegally, unlawfully
abusìvo agg. abusive, unlawful, unauthorized
abùso s.m. abuse ♦ **a. sessuale** sexual abuse
acàcia s.f. acacia
acànto s.m. acanthus
àcca s.f. aitch
accadèmia s.f. academy
accadèmico agg. academic
accadére v.intr. to happen, to occur
accalappiacàni s.m. e f. inv. dog-catcher
accalappiàre v.tr. to catch
accalcàrsi v.intr. pron. to crowd
accaldàrsi v.intr. pron. to get hot, to get overheated
accaloràrsi v.rifl. to get excited
accampaménto s.m. camp
accampàre **A** v.tr. **1** to camp **2** (*fig.*) to advance **B** v.rifl. to camp
accaniménto s.m. **1** fury **2** (*ostinazione*) obstinacy
accanìrsi v.intr. pron. **1** to rage **2** (*ostinarsi*) to persist (in)
accanìto agg. **1** relentless, pitiless **2** (*ostinato*) obstinate, dogged ♦ **fumatore a.** inveterate smoker
accànto **A** avv. nearby **B** agg. next **C** prep. **a. a** near, by, next to, close to
accantonàre v.tr. to set aside
accaparràre v.tr. to corner, to buy up
accapigliàrsi v.rifl. rec. to come to blows
accappatóio s.m. bathrobe
accarezzàre v.tr. to caress, to stroke
accartocciàre v.tr. to crumple up
accasàre **A** v.tr. to marry **B** v.intr. pron. to get married
accasciàre **A** v.tr. to prostrate **B** v.intr. pron. **1** to fall, to collapse **2** (*fig.*) to lose heart
accattóne s.m. beggar
accavallàre **A** v.tr. **1** (*incrociare*) to cross **2** (*sovrapporre*) to overlap **3** (*lavoro a maglia*) to cross over **B** v.intr. pron. to overlap, to pile up
accecàre **A** v.tr. to blind **B** v.intr. pron. e rifl. to become blind
accèdere v.intr. to enter ♦ **a. a Internet** to access Internet
acceleràre **A** v.tr. to speed up, to quicken **B** v.intr. to accelerate
acceleratóre s.m. accelerator
accelerazióne s.f. acceleration
accèndere v.tr. **1** to light **2** (*interruttore, radio ecc.*) to switch on, to turn on
accendìno s.m. lighter
accendisìgari s.m. inv. lighter, cigar lighter
accendisìgaro s.m. lighter, cigar lighter
accennàre **A** v.intr. **1** (*fare cenno*) to beckon, (*col capo*) to nod, to sign **2** (*alludere a*) to hint **3** (*dare segno di*) to show signs **B** v.tr. to outline
accénno s.m. **1** (*cenno*) sign, nod **2** (*allusione*) hint
accensióne s.f. **1** lighting **2** (*autom.*) ignition
accentàre v.tr. to accent, to accentuate
accènto s.m. accent, stress
accentràre v.tr. to centralize
accentuàre v.tr. **1** to stress **2** (*enfatizzare*) to accentuate, to emphasize
accerchiàre v.tr. to encircle, to surround
accertàre v.tr. **1** to ascertain **2** (*verificare*) to control, to check
accéso agg. **1** alight (*pred.*), lit, lit up **2** (*in funzione*) on **3** (*di colore*) bright
accessìbile agg. **1** accessible **2** (*persona*) approachable **3** (*prezzo*) reasonable, affordable **4** (*inform.*) user-friendly
accèsso s.m. **1** access, admittance, entry **2** (*med.*) fit, attack, access ♦ **a. a Internet** Internet access
accessòrio **A** agg. accessory, secondary **B** s.m. accessory
accétta s.f. hatchet
accettàbile agg. acceptable
accettàre v.tr. to accept, to agree to
accettazióne s.f. **1** acceptance **2** (*ufficio*) reception
accezióne s.f. meaning
acchiappàre v.tr. to catch
acciàcco s.m. ailment
acciaierìa s.f. steelworks
acciàio s.m. steel ♦ **a. inossidabile** stainless steel
accidentàle agg. accidental
accidentàto agg. (*di strada, terreno*) uneven, bumpy
accidènte s.m. **1** accident **2** (*fam.*) (*colpo*) fit
accidènti inter. damn!
accigliàto agg. frowning
accìngersi v.rifl. to set about, to get ready
acciottolàto s.m. cobbled paving
acciuffàre v.tr. to seize, to catch
acciùga s.f. anchovy
acclamàre v.tr. to acclaim
acclimatàre **A** v.tr. to acclimatize **B** v.rifl. to become acclimatized, to get acclimatized
acclùdere v.tr. to enclose
acclùso agg. enclosed

accoccolàrsi v.rifl. to crouch
accogliènte agg. **1** welcoming, hospitable **2** (*comodo*) comfortable, cosy
accogliènza s.f. reception, welcome
accògliere v.tr. **1** (*ricevere*) to receive, to welcome **2** (*accettare*) to accept, to agree to **3** (*esaudire*) to grant
accollàto agg. high-necked
accoltellàre v.tr. to stab, to knife
accomiatàre **A** v.tr. to dismiss **B** v.rifl. to take leave (of)
accomodaménto s.m. agreement, settlement
accomodànte agg. obliging, accommodating
accomodàre **A** v.tr. **1** (*riparare*) to repair **2** (*sistemare*) to settle **B** v.rifl. **1** (*sedersi*) to sit down, to take a seat **2** (*entrare*) to come in ♦ **si accomodi!** (*si sieda*) take a seat!, (*entri*) come in!
accompagnaménto s.m. **1** (*seguito*) retinue **2** (*mus.*) accompaniment
accompagnàre v.tr. **1** to take to, to see to, (*in auto*) to drive **2** (*mus.*) to accompany
accompagnatóre s.m. **1** companion **2** (*mus.*) accompanist ♦ **a. turistico** tourist guide
accomunàre v.tr. to join
acconciatùra s.f. hairstyle
accondiscéndere v.intr. to consent, to agree
acconsentìre v.intr. to consent, to assent
accontentàre **A** v.tr. to satisfy **B** v.rifl. to be satisfied (with), to be content (with)
accónto s.m. advance, part payment ♦ **in a.** in advance
accoppiaménto s.m. **1** coupling, matching **2** (*mecc.*) connection **3** (*di animali*) mating
accoppiàre **A** v.tr. **1** to couple **2** (*unire*) to join **B** v.rifl. **1** (*accordarsi*) to match **2** (*di animali*) to mate
accoppiàta s.f. **1** (*nell'ippica*) exacta, perfecta **2** (*est.*) (*rif. a persone*) couple ♦ **un'a. vincente** a winning team
accorciàre **A** v.tr. to shorten **B** v.intr. pron. to shorten, to become shorten
accordàre **A** v.tr. **1** (*concedere*) to grant **2** (*gramm.*) to make agree **3** (*mus.*) to tune up **B** v.rifl. rec. to reach an agreement **C** v.intr. pron. (*armonizzarsi*) to match
accòrdo s.m. **1** (*intesa*) agreement, consent **2** (*patto*) arrangement, agreement **3** (*mus.*) chord ♦ **andare d'a. con qc.** to get on well with sb. || **essere d'a.** to agree
accòrgersi v.intr. pron. **1** (*notare*) to notice **2** (*rendersi conto*) to realize, to become aware (of)
accorgiménto s.m. **1** (*accortezza*) shrewdness **2** (*espediente*) trick, device
accórrere v.intr. to run, to rush
accòrto agg. shrewd
accostàre **A** v.tr. **1** to draw near **2** (*porta, finestra*) to set ajar **3** (*persone*) to approach **B** v.rifl. to go near
accovacciàrsi v.rifl. to crouch, to squat, to squat down
accozzàglia s.f. rabble, jumble
accreditàre v.tr. **1** (*una somma*) to credit **2** (*una notizia*) to confirm **3** (*diplomazia*) to accredit
accréscere v.tr. e intr. pron. to increase
accrescitìvo agg. e s.m. (*gramm.*) augmentative
accucciàrsi v.rifl. to squat (down), to crouch (down)
accudìre v.tr. e intr. to look after, to attend to
accumulàre v.tr. e intr. pron. to accumulate, to pile up
accumulatóre s.m. accumulator
accuratézza s.f. accuracy, care
accuràto agg. accurate, careful
accùsa s.f. accusation, charge
accusàre v.tr. to accuse, to charge ♦ **a. ricevuta** (*comm.*) to acknowledge receipt
accusatìvo agg. e s.m. (*gramm.*) accusative
accusàto agg. e s.m. (*dir.*) accused
accusatóre s.m. (*dir.*) accuser, prosecutor
acèfalo agg. acephalous
acèrbo agg. **1** unripe, green **2** (*aspro*) sour, sharp
àcero s.m. maple
acéto s.m. vinegar
acetóne s.m. **1** nail-polish remover **2** (*med.*) slow fever, ketosis
àcido **A** s.m. acid **B** agg. acid(ic)
acìdulo agg. acidulous
àcino s.m. grape
àcne s.f. acne
aconfessionàle agg. non-denominational, undenominational
àcqua s.f. water ♦ **a. dolce** fresh water || **a. minerale** mineral water || **è a. passata** that's ancient story || **a. piovana** rainwater || **a. potabile** drinkable water || **a. non potabile** non-drinkable water || **sott'a.** underwater
acquafòrte s.f. etching
acquamarìna s.f. aquamarine
acquapàrk s.m. inv. water theme park
acquaràgia s.f. turpentine
acquàrio s.m. **1** aquarium **2** (*astr.*) Aquarius
acquasànta s.f. holy water
acquasantièra s.f. stoup
acquascooter s.m. inv. water scooter, jet ski
acquàtico agg. aquatic
acquavìte s.f. brandy, aquavitae
acquazzóne s.m. downpour
acquedótto s.m. aqueduct, waterworks
àcqueo agg. water (*attr.*), aqueous
acquerellìsta s.m. e f. watercolourist
acquerèllo s.m. watercolour
acquirènte s.m. e f. purchaser, buyer, shopper
acquisìre v.tr. to acquire
acquisizióne s.f. acquisition
acquistàre v.tr. **1** (*comprare*) to buy, to purchase **2** (*ottenere*) to acquire, to gain, to obtain, to get

acquìsto s.m. **1** purchase, buy **2** (*acquisizione*) acquisition ♦ **andare a fare acquisti** to go shopping
acquitrìno s.m. bog, marsh, swamp
acquolìna s.f. drizzle ♦ **ho l'a. in bocca** my mouth is watering || **far venire l'a. in bocca a qc.** to make sb.'s mouth water
acquóso agg. watery
àcre agg. acrid, pungent
acrìlico agg. acrylic
acrìtico agg. uncritical
acròbata s.m. e f. acrobat
acrobazìa s.f. acrobatics *pl.* (*v. al sing. o al pl.*)
acròpoli s.f. inv. acropolis
acrotèrio s.m. acroterium
acuìre v.tr. to sharpen, to whet
acùleo s.m. **1** (*bot.*) prickle **2** (*zool.*) sting
acùme s.m. acumen, perspicacity
acùstica s.f. acoustics *pl.* (*v. al sing.*)
acùstico agg. acoustic ♦ **apparecchio a.** hearing aid
acùto **A** agg. **1** acute, sharp **2** (*intenso*) intense **3** (*perspicace*) sharp, subtle **4** (*mus.*) high **B** s.m. (*mus.*) high note
ad prep. → ***a***
adagiàre **A** v.tr. to lay down **B** v.rifl. **1** to lie down **2** (*fig.*) to subside, to sink
adàgio[1] **A** avv. slowly **B** s.m. inv. (*mus.*) adagio
adàgio[2] s.m. adage, proverb
adattaménto s.m. adaptation
adattàre **A** v.tr. to fit, to adapt, to adjust **B** v.rifl. to adapt oneself, to fit oneself **C** v.intr. pron. to suit, to be suitable
adàtto agg. fit, suited, suitable, right
addebitàre v.tr. to debit, to charge
addébito s.m. debit, charge
addensàre **A** v.tr. to thicken **B** v.rifl. **1** to thicken **2** (*ammassarsi*) to gather, to crowd
addentàre v.tr. to bite
addentràrsi v.rifl. to penetrate, to go into
addestraménto s.m. training
addestràre v.tr. e rifl. to train
addétto **A** agg. assigned (to) **B** s.m. **1** (*impiegato*) employee **2** (*mil.*) (*ambasciata*) attaché ♦ **a. stampa** press agent
addiàccio s.m. **1** (*per animali*) pen **2** (*mil.*) bivouac ♦ **dormire all'a.** to sleep in the open
addiètro avv. before, ago
addìo **A** s.m. **1** goodbye **2** (*letter.*) farewell **B** inter. goodbye, byebye
addirittùra avv. **1** (*direttamente*) directly, straight away **2** (*persino*) even **3** (*assolutamente*) absolutely
addìrsi v.rifl. to become, to suit
additàre v.tr. **1** to point at **2** (*esporre*) to point out
additìvo agg. e s.m. additive
addizionàre v.tr. to add (up), to sum (up)
addizióne s.f. addition
addobbàre v.tr. to adorn, to decorate
addòbbo s.m. decoration, ornament
addolcìre **A** v.tr. **1** to sweeten **2** (*fig.*) to soften **B** v.intr. pron. to soften, to become milder
addoloràre **A** v.tr. to pain, to grieve **B** v.intr. pron. to grieve, to be sorry
addoloràto agg. **1** (*triste*) sad, grieved **2** (*dispiaciuto*) sorry
addòme s.m. abdomen
addomesticàre v.tr. to domesticate, to tame
addomesticàto agg. tamed
addominàle **A** agg. abdominal **B** s.m. abdominal, abdominal muscle
addormentàre **A** v.tr. **1** to send to sleep **2** (*anestetizzare*) to anaesthetize **3** (*intorpidire*) to deaden **B** v.intr. pron. to fall asleep
addormentàto agg. **1** sleeping, asleep (*pred.*) **2** (*assonnato*) sleepy **3** (*fig.*) slow
addossàre **A** v.tr. **1** (*appoggiare*) to lean **2** (*una colpa*) to charge with **B** v.rifl. **1** to lean **2** (*prendere su di sé*) to take upon oneself
addòsso **A** avv. on **B** prep. **a. a** **1** on **2** (*vicino*) close to ♦ **mettere le mani a. a qc.** to lay hands on sb., to get one's hands on sb. || **mettersi q.c. a.** to put st. on
addùrre v.tr. to adduce, to advance
adeguàre **A** v.tr. to conform, to adapt **B** v.rifl. to conform oneself
adeguàto agg. **1** (*sufficiente, proporzionato*) adequate **2** (*consono*) properly
adémpiere v.tr. e intr. to fulfil, to accomplish, to carry out
adèpto s.m. initiate
aderènte agg. **1** adherent, sticking **2** (*di vestito*) tight, close-fitting
aderìre v.intr. **1** (*attaccarsi*) to adhere, to stick **2** (*acconsentire*) to assent, (*a un invito*) to accept, (*a una richiesta*) to comply with **3** (*associarsi*) to join
adescaménto s.m. enticement, allurement
adescàre v.tr. to entice, to allure
adesióne s.f. **1** adhesion, adherence **2** (*fig.*) assent, agreement
adesìvo agg. e s.m. adhesive
adèsso avv. now ♦ **da a. in poi** from now on || **per a.** right now, for now || **proprio a.** just now
adiacènte agg. adjacent, adjoining
adibìre v.tr. to use as, to assign
adiràrsi v.intr. pron. to get angry
àdito s.m. access, entrance
adocchiàre v.tr. to eye
adolescènte s.m. e f. adolescent, teenager
adolescènza s.f. adolescence, teens *pl.*
adoperàre v.tr. to use, to employ
adoràre v.tr. to adore, to worship
adornàre v.tr. to adorn, to decorate
adottàre v.tr. to adopt ♦ **a. qc. a distanza** to sponsor sb.
adottàto agg. adopted
adottìvo agg. adoptive, adopted
adozióne s.f. adoption

adulàre **v.tr.** to flatter
adulazióne **s.f.** adulation, flattery
adulteràre **v.tr.** to adulterate
adultèrio **s.m.** adultery
adùlto **A** **agg.** **1** adult, grown-up **2** (*bot., zool.*) fully-grown **B** **s.m.** grown-up, adult
adunànza **s.f.** meeting, assembly
adunàre **v.tr. e intr. pron.** to assemble, to gather
adunàta **s.f.** assembly, (*mil.*) muster
adùnco **agg.** hooked
aeràre **v.tr.** to air, to ventilate
aerazióne **s.f.** aeration, ventilation
aèreo **A** **agg.** air, aerial **B** **s.m.** plane
aeròbica **s.f.** aerobics *pl.* (*v. al sing.*)
aeròbico **agg.** aerobic
aerodinàmica **s.f.** aerodynamics *pl.* (*v. al sing.*)
aerodinàmico **agg.** aerodynamic
aerofotografìa **s.f.** aerial photography
aeromodèllo **s.m.** model aircraft
aeronàutica **s.f.** aeronautics *pl.* (*v. al sing.*)
aeronàutico **agg.** aeronautic(al)
aeroplàno **s.m.** aircraft, aeroplane, plane, (*USA*) airplane
aeropòrto **s.m.** airport
aerosòl **s.m. inv.** aerosol
aerospaziàle **agg.** aerospace
aerovìa **s.f.** airway
àfa **s.f.** mugginess
affàbile **agg.** affable
affaccendàrsi **v.rifl.** to busy oneself
affacciàrsi **v.rifl.** to appear
affamàre **v.tr.** to starve
affamàto **agg.** hungry, starving
affannàrsi **v.intr. pron.** **1** to worry **2** (*darsi da fare*) to busy oneself
affannàto **agg.** **1** (*di respiro*) breathless **2** (*agitato*) troubled
affànno **s.m.** **1** breathlessness **2** (*fig.*) worry, anxiety
affàre **s.m.** **1** affair, matter **2** (*comm.*) business, transaction, (*vantaggioso*) bargain **3** (*fam.*) (*aggeggio*) thing ♦ **concludere un a.** to strike a bargain || **fare affari** to do business || **viaggiare per affari** to travel on business
affascinànte **agg.** charming, fascinating
affascinàre **v.tr.** to charm, to fascinate
affaticàre **A** **v.tr.** to tire **B** **v.rifl.** to tire oneself, to get tired
affàtto **avv.** **1** quite, completely, entirely **2** (*in frasi neg.*) at all ♦ **niente a.** not at all
affermàre **A** **v.tr.** to assert, to affirm, to state **B** **v.rifl.** to impose oneself, to make a name for oneself
affermatìvo **agg.** affirmative
affermazióne **s.f.** **1** affirmation, assertion **2** (*successo*) achievement
afferràre **v.tr.** to seize, to grasp, to catch
affettàre[1] **v.tr.** (*tagliare a fette*) to slice
affettàre[2] **v.tr.** (*ostentare*) to affect
affettàto[1] **s.m.** (*salumi*) sliced salami
affettàto[2] **agg.** (*ostentato*) affected
affettìvo **agg.** affective
affètto **s.m.** **1** affection, love **2** (*med.*) disease, affection
affettuosaménte **avv.** affectionately, lovingly
affettuóso **agg.** loving, affectionate, fond
affezionàrsi **v.rifl.** to grow fond (of)
affezionàto **agg.** affectionate, fond
affezióne **s.f.** affection, attachment ♦ **prezzo d'a.** fancy price
affiancàre **v.tr.** **1** to place side by side, to put beside **2** (*aiutare*) to help, to support
affiatàrsi **v.rifl.** to get on well
affibbiàre **v.tr.** **1** (*fig.*) (*dare*) to give **2** (*fig*) (*rifilare q.c. di sgradito*) to saddle with
affidàbile **agg.** reliable
affidaménto **s.m.** trust, confidence ♦ **fare a. su qc.** to rely (up)on sb.
affidàre **A** **v.tr.** **1** to entrust, to confide **2** (*dir.*) to grant **B** **v.rifl.** to rely (up) on
affievolìre **A** **v.tr.** to weaken **B** **v.intr. pron.** to weaken, to grow weak
affìggere **v.tr.** to post up, to stick up
affilàre **v.tr.** to sharpen
affilàto **agg.** **1** sharp **2** (*fig.*) thin
affiliàre **A** **v.tr.** to affiliate **B** **v.rifl.** to affiliate (with), to become a member (of)
affinàre **v.tr.** to improve, to refine
affinché **cong.** so that, in order that
affìne **agg.** similar, analogous
affinità **s.f.** affinity
affioràre **v.intr.** **1** to surface **2** (*fig.*) to emerge, to appear
affissióne **s.f.** bill-posting ♦ **a. abusiva** flyposting || **divieto d'a.** post no bills
affittacàmere **s.m. e f. inv.** landlord *m.*, landlady *f.*
affittàre **v.tr.** **1** (*dare in affitto*) to let, to rent, to lease (out), (*a noleggio*) to hire (out) **2** (*prendere in affitto*) to rent, (*a noleggio*) to hire ♦ **affittasi** to let, (*USA*) for rent
affìtto **s.m.** rent, (*contratto*) lease
afflìggere **A** **v.tr.** to afflict, to distress **B** **v.rifl.** to grieve, to worry
afflizióne **s.f.** affliction, distress
afflosciàrsi **v.intr. pron.** to wilt, to sag
affluènte **s.m.** affluent, tributary
affluènza **s.f.** **1** flow **2** (*di persone*) crowd
affluìre **v.intr.** **1** to flow **2** (*di persone*) to crowd
afflùsso **s.m.** **1** flow **2** (*econ.*) inflow, influx
affogàre **A** **v.tr.** **1** to drown **2** (*cuc.*) to poach **B** **v.intr.** to drown
affogàto **agg.** drowned ♦ **uova affogate** poached eggs
affollaménto **s.m.** crowding, over-crowding
affollàre **v.tr. e intr. pron.** to crowd

affollàto agg. crowded
affondàre v.tr. e intr. to sink
affrancàre **A** v.tr. **1** to free, to release **2** (*corrispondenza*) to stamp, to frank **B** v.rifl. to free oneself
affrancatùra s.f. (*posta*) stamping, postage
affrànto agg. **1** broken-hearted, disheartened **2** (*distrutto*) worn out
affrescàre v.tr. to fresco
affrésco s.m. fresco
affrettàre **A** v.tr. **1** to hasten, to hurry **2** (*anticipare*) to anticipate **B** v.rifl. to hurry, to make hasten ♦ **a. il passo** to quicken one's pace
affrontàre **A** v.tr. **1** (*mettersi davanti*) to face, to confront **2** (*fig.*) (*sostenere q.c. di difficile*) to tackle, to deal with **B** v.rifl. rec. to come to blows
affrónto s.m. affront, insult
affumicàre v.tr. **1** (*riempire di fumo*) to fill with smoke **2** (*annerire di fumo*) to blacken with smoke **3** (*alimenti*) to smoke, to cure
affumicàto agg. (*di alimenti*) smoked, cured
affusolàto agg. tapered, tapering
àfono agg. voiceless, (*rauco*) hoarse
afóso agg. muggy
africàno agg. e s.m. African
afrodisìaco agg. e s.m. aphrodisiac
àfta s.f. aphtha
àgave s.f. agave
agènda s.f. diary ♦ **a. elettronica** organizer
agènte s.m. e f. agent ♦ **a. di cambio** stockbroker || **a. immobiliare** estate agent, realtor || **a. investigativo** detective || **a. di polizia** policeman, policewoman
agenzìa s.f. **1** agency **2** (*succursale*) branch ♦ **a. di pubblicità** advertising agency || **a. di viaggi** travel agency, travel bureau || **a. immobiliare** estate agency
agevolàre v.tr. to facilitate
agevolazióne s.f. facilitation, facility
agévole agg. easy
agganciàre v.tr. **1** to hook **2** (*ferr.*) to couple
aggàncio s.m. **1** (*l'agganciare*) hooking, fastening **2** (*fig.*) (*collegamento*) relationship, link **3** spec. al pl. (*fig.*) (*conoscenze*) connections, contacts (ES: ***avere dei buoni agganci*** to have good connections)
aggéggio s.m. gadget, device, contraption
aggettìvo s.m. adjective
agghiacciànte agg. chilling, dreadful
agghindàre v.tr. e rifl. to deck (oneself) out
aggiornaménto s.m. **1** updating **2** (*rinvio*) adjournment **3** (*inform.*) updating, upgrading ♦ **corso di a.** refresher course
aggiornàre **A** v.tr. **1** to update, to bring up to date **2** (*rinviare*) to adjourn **B** v.rifl. to keep oneself up to date
aggiornàto agg. up-to-date
aggiràre **A** v.tr. **1** to go round, to avoid **2** (*mil.*) to outflank **B** v.intr. pron. **1** to wander about, to go about **2** (*approssimarsi*) to be around, to be about
aggiudicàre v.tr. **1** to award **2** (*asta*) to knock down **3** (*aggiudicarsi*) to win
aggiùngere **A** v.tr. to add **B** v.intr. pron. to join, to be added
aggiùnta s.f. addition
aggiùnto agg. **1** added **2** (*di persona che aiuta*) assistant **3** (*di oggetto*) extra, additional
aggiustàre **A** v.tr. **1** (*riparare*) to mend, to repair, to fix **2** (*sistemare*) to adjust **B** v.intr. pron. to come out right **C** v.rifl. to make do
agglomeràto s.m. agglomerate
aggrappàrsi v.rifl. to cling
aggravàre **A** v.tr. to make worse, to worsen **B** v.intr. pron. to become worse
aggraziàto agg. graceful
aggredìre v.tr. to attack, to assault
aggregàre **A** v.tr. to aggregate **B** v.rifl. to join
aggressióne s.f. attack, assault
aggressività s.f. aggressiveness
aggressìvo agg. aggressive
aggressóre s.m. aggressor
aggrottàre v.tr. to wrinkle ♦ **a. la fronte/le sopracciglia** to frown, to knit one's brows
aggrovigliàre **A** v.tr. to tangle **B** v.rifl. to get entangled
agguantàre v.tr. to seize, to catch
agguàto s.m. ambush ♦ **in a.** looming, on the horizon
agguerrìto agg. **1** well-trained **2** (*est.*) (*ben preparato*) expert **3** (*est.*) (*valoroso*) brave
agiàto agg. well-to-do
àgile agg. agile, nimble
agilità s.f. agility, nimbleness
àgio s.m. **1** comfort, ease **2** (*opportunità*) chance, time ♦ **sentirsi a proprio a.** to be at one's ease
agiografìa s.f. hagiography
agìre v.intr. **1** to act **2** (*comportarsi*) to behave **3** (*influenzare*) to act, to influence **4** (*funzionare*) to work
agitàre **A** v.tr. **1** to agitate, to shake **2** (*fig.*) to upset **B** v.intr. pron. **1** to toss (about) **2** (*turbarsi*) to get excited, to become upset
agitazióne s.f. agitation, unrest
àglio s.m. garlic
agnellìno s.m. lamb (*anche fig.*)
agnèllo s.m. lamb
agnòstico agg. agnostic
àgo s.m. needle
agonìa s.f. death throes *pl.*, agony
agonìstico agg. agonistic, competitive
agonizzàre v.intr. to be on one's death bed
agopuntùra s.f. acupuncture
agósto s.m. August
agrària s.f. agriculture
agràrio agg. agricultural, agrarian
agrìcolo agg. agricultural
agricoltóre s.m. farmer

agricoltùra s.f. agriculture, farming ♦ **a. biologica** organic farming
agrifòglio s.m. holly
agriturìsmo s.m. **1** holiday farm, farmhouse holiday **2** (*ristorante*) farmhouse restaurant
àgro agg. **1** sour, bitter **2** (*fig.*) sharp
agrodólce agg. bitter-sweet, sweet-and-sour
agrùme s.m. **1** (*albero*) citrus tree **2** (*frutto*) citrus, citrus fruit.
aguzzàre v.tr. to sharpen
agùzzo agg. sharp
àia s.f. threshing-floor, farmyard
AIDS s.m. (*med.*) AIDS, Aids
airbàg s.m. inv. air bag, airbag ♦ **a. laterale** side airbag || **a. lato passeggero** passenger airbag
airóne s.m. heron
aiuòla s.f. flowerbed
aiutànte s.m. e f. assistant ♦ **a. di campo** aide-de-camp
aiutàre **A** v.tr. **1** to help, to assist, to aid **2** (*favorire*) to stimulate **B** v.rifl. to help oneself **C** v.rifl. rec. to help each other
aiùto s.m. **1** help, aid, assistance **2** (*persona*) helper, assistant ♦ **a.!** help! || **chiedere a.** to call for help
aizzàre v.tr. to incite
àla s.f. wing
alabàstro s.m. alabaster
alàno s.m. (*zool.*) Great Dane
alàre[1] agg. wing (*attr.*)
alàre[2] s.m. (*di caminetto*) firedog, andiron
àlba s.f. dawn
albanése **A** agg. Albanian **B** s.m. e f. (*abitante*) Albanian **C** s.m. (*lingua*) Albanian
àlbatro s.m. albatross
albeggiàre v.intr. to dawn
albergatóre s.m. hotel keeper
alberghièro agg. hotel (*attr.*)
albèrgo s.m. hotel
àlbero s.m. **1** tree **2** (*naut.*) mast **3** (*mecc.*) shaft
albicòcca s.f. apricot
àlbo s.m. roll, register
àlbum s.m. album ♦ **a. da disegno** sketchbook
albùme s.m. albumen
alcalìno agg. alkaline
àlce s.m. e f. elk ♦ **a. americano** moose
alchimìa s.f. alchemy
àlcol s.m. alcohol
alcòlico **A** agg. alcoholic **B** s.m. alcoholic drink ♦ **gli alcolici** alcohol beverages, wines and spirits
alcolìsmo s.m. alcoholism
alcolizzàto agg. e s.m. alcoholic
alcùno **A** agg. indef. **1** (*in frasi afferm. o interr. con risposta afferm.*) some, a few (ES: ***alcuni anni fa*** some years ago) **2** (*in frasi neg., interr., dubit.*) any, no (ES: ***senza a. dubbio*** without any doubt; ***in garage non c'era alcuna macchina*** no car was in the garage) **B** pron. indef. **1** (*in frasi afferm. o interr. con risposta positiva*) some, a few, some people (ES: ***alcuni pensano che pioverà*** some people think that it will rain) **2** (*in frasi neg., interr., dubit.: persone*) anyone, anybody, no one, nobody, (*cose*) any, none (ES: ***non vidi a.*** I didn't see anyone, I saw no one)
aldilà s.m. afterlife, other world
alesàggio s.m. (*mecc.*) bore
alétta s.f. fin, flap
alettóne s.m. aileron
alfabètico agg. alphabetical
alfabèto s.m. alphabet
alfière s.m. **1** (*mil.*) ensign **2** (*fig.*) standard bearer **3** (*scacchi*) bishop
àlga s.f. **1** alga **2** (*di mare*) seaweed
àlgebra s.f. algebra
aliànte s.m. glider
àlibi s.m. alibi
alìce s.f. anchovy
alienàre v.tr. to alienate
alienazióne s.f. alienation
alièno **A** agg. averse (to), opposed (to) **B** s.m. alien
alimentàre[1] agg. alimentary, food (*attr.*)
alimentàre[2] v.tr. **1** to feed, to nourish **2** (*fig.*) (*mantenere in vita*) to feed **3** (*est.*) (*fornire*) to feed, to supply
alimentàri s.m. pl. foodstuffs
alimentatóre s.m. feeder, power source
alimentazióne s.f. feeding
aliménto s.m. **1** food, nourishment **2** al pl. (*dir.*) maintenance *sing.*, alimony *sing.*
alìquota s.f. **1** share, quote **2** (*tasse*) rate
aliscàfo s.m. hydrofoil
alisèi s.m. pl. trade winds, trades
àlito s.m. breath
allacciàre v.tr. **1** to lace (up), to tie, to fasten **2** (*abbottonare*) to button up
allagaménto s.m. flooding
allagàre v.tr. to flood, to inundate
allargaménto s.m. enlargement
allargàre **A** v.tr. **1** to widen, to enlarge **2** (*estendere*) to extend, to spread **3** (*un vestito*) to let out **B** v.intr. pron. **1** to become wide **2** (*estendersi*) to extend, to grow
allarmànte agg. frightening, worrying
allarmàre **A** v.tr. to alarm **B** v.rifl. to become alarmed, to worry
allàrme s.m. alarm
allarmìsmo s.m. alarmism
allattaménto s.m. feeding ♦ **a. al seno** breast-feeding
allattàre v.tr. to nurse, to suckle ♦ **a. al seno** to breast-feed || **a. artificialmente** to bottle-feed
alleànza s.f. alliance
alleàrsi v.rifl. to form an alliance
alleàto **A** agg. allied **B** s.m. ally
allegàre v.tr. to enclose, to append, to attach

allegàto s.m. **1** enclosure **2** (*inform.*) attachment
alleggerìre v.tr. to lighten, to relieve
allegorìa s.f. allegory
allegrìa s.f. mirth, cheerfulness
allégro agg. **1** cheerful, merry **2** (*di colore*) bright
allenaménto s.m. training
allenàre v.tr. e rifl. to train
allenatóre s.m. trainer, coach
allentàre **A** v.tr. to slacken, to loosen **B** v.intr. pron. to loosen, to become slack
allergìa s.f. allergy ◆ **a. alimentare** food allergy
allèrgico agg. allergic
allestìre v.tr. **1** to prepare **2** (*teatro*) to stage **3** (*naut.*) to fit out
allettàre v.tr. to attract, to tempt
allevaménto s.m. **1** (*di bambini*) upbringing **2** (*di animali*) breeding **3** (*luogo*) farm
allevàre v.tr. **1** (*bambini*) to bring up, to rear **2** (*animali*) to breed
allevatòre s.m. breeder, farmer
alleviàre v.tr. to relieve, to alleviate
allibìre v.intr. to be astounded
allibratóre s.m. bookmaker
allietàre **A** v.tr. to cheer up, to gladden **B** v.rifl. to rejoice, to become cheerful
allièvo s.m. **1** pupil, student **2** (*mil.*) cadet
alligatóre s.m. alligator
allineàre **A** v.tr. to line up, to align **B** v.rifl. to fall into line (with)
allòcco s.m. **1** (*zool.*) tawny owl **2** (*fig.*) fool
allocuzióne s.f. allocution
allòdola s.f. skylark, meadow
alloggiàre **A** v.tr. to lodge, to put up **B** v.intr. to lodge, to live
allòggio s.m. **1** lodging, accommodation house **2** (*appartamento*) flat, (*USA*) apartment ◆ **vitto e a.** board and lodging, (*USA*) room and board
allontanaménto s.m. removal
allontanàre **A** v.tr. **1** to remove, to put away **2** (*mandare via*) to turn away, to send away **B** v.intr. pron. to go away, to go off, to depart
allóra avv. **1** (*in quel momento*) then **2** (*in quel tempo*) at that time, in those days **3** (*in tal caso*) then, in that case **4** (*quindi*) therefore, so ◆ **da a. in poi** from then on || **e a.?** so what?
allòro s.m. laurel
àlluce s.m. big toe
allucinànte agg. (*fig.*) incredible
allucinazióne s.f. hallucination
allùdere v.intr. to allude, to refer
allumìnio s.m. aluminium, (*USA*) aluminum
allungaménto s.m. **1** (*l'allungare*) lengthening **2** (*estensione*) extension
allungàre **A** v.tr. **1** to lengthen, to prolong, to extend **2** (*stendere*) to stretch out **3** (*porgere*) to pass **4** (*annacquare*) to water down **B** v.intr. pron. to lengthen
allusióne s.f. allusion
alluvionàle agg. alluvial
alluvióne s.f. flood, alluvion
alméno avv. at least
àlpe s.f. mountain ◆ **le Alpi** the Alps
alpinìsmo s.m. alpinism, mountaineering
alpinìsta s.m. e f. alpinist, mountain-climber
alpìno agg. alpine ◆ **sci a.** downhill skiing
alquànto **A** agg. indef. **1** (*un po'*) some, a certain amount of **2** al pl. several, a few **B** pron. indef. **1** some, a certain amount **2** al pl. some, several, a few **C** avv. a little, rather, somewhat
àlt inter. halt, stop
altaléna s.f. (*appesa*) swing, (*in bilico*) seesaw
altàre s.m. altar
alteràre **A** v.tr. **1** to alter, to change **2** (*falsificare*) to falsify, to forge **B** v.rifl. **1** to alter, to change **2** (*turbarsi*) to lose one's temper, to get angry **3** (*deteriorarsi*) to go bad, to go sour
altèrco s.m. wrangle, altercation
alternànza s.f. alternation
alternàre v.tr. e intr. pron. to alternate
alternatìva s.f. **1** (*scelta*) alternative **2** (*alternanza*) alternation
alternatìvo agg. alternative
alternàto agg. alternating, alternate(d)
alternatóre s.m. (*elettr.*) alternator
altèrno agg. alternate
altézza s.f. **1** height **2** (*statura*) height, stature **3** (*di stoffa*) width **4** (*profondità*) depth **5** (*di suono*) pitch **6** (*titolo*) Highness ◆ **essere all'a. di q.c.** to be up to st., to be equal to st.
altezzóso agg. haughty
altìccio agg. tipsy
altitùdine s.f. altitude, height
àlto **A** agg. **1** high **2** (*di statura*) tall **3** (*profondo*) deep **4** (*di stoffa*) wide **5** (*di suono*) high, loud **6** (*geogr.*) upper **7** (*fig.*) high, noble **B** s.m. top, height **C** avv. high, up
altoparlànte s.m. loudspeaker
altopiàno s.m. plateau, upland, tableland
altorilièvo s.m. alto-rilievo, high relief
altrettànto **A** agg. indef. as much (... as), (*pl.*) as many (... as), (*in frasi neg.*) so much (... as), (*pl.*) so many (... as) **B** pron. indef. **1** (*correlativo*) as much (... as), (*pl.*) as many (... as) **2** (*la stessa cosa*) the same **C** avv. **1** (*con agg. e avv.*) as (... as), (*in frasi neg.*) so (... as) **2** (*con verbi*) as much (as)
àltri pron. indef. sing. someone else, (*in frasi neg.*) anyone else
altriménti avv. e cong. otherwise
àltro **A** agg. indef. **1** other, (*un altro*) another, (*in più*) more, further (ES: ***l'altra automobile*** the other car; ***un'altra automobile*** another car; ***vuoi a. caffè?*** would you like more coffee?; ***ho bisogno di altre notizie*** I need further news) **2** (*con agg., avv. e pron. interr. o indef.*) else (ES: ***qualcun a.*** somebody else; ***nessun a.*** nobody else; ***in nessun a. luogo*** nowhere else) **3** (*diverso*) different (ES: ***que-***

sta è un'altra cosa that's a different thing) **B** **pron. indef. 1** (the) other, (*un altro*) another (one), (*in più*) more, (*pl.*) others, other people (ES: ***una volta o l'altra*** some time or other; ***tutti gli altri sono già qui*** all the others are already here) **2** (*altra cosa*) something else, (*in frasi neg. e interr.*) anything else (ES: ***parliamo d'a.*** let's talk of something else; ***serve a.?*** anything else?) **3** (*l'un l'altro*) one another, each other ♦ **l'a. ieri** the day before yesterday

altroché escl. **1** (*certamente*) certainly **2** (*rispondendo a domande negative*) yes indeed

altrónde avv. nella loc. **d'a.** on the other hand, however

altróve avv. somewhere else, elsewhere

altrùi agg. poss. inv. other's, other people's, someone else's

altruìsmo s.m. altruism, unselfishness

altruìsta s.m. e f. altruist

altùra s.f. **1** high ground **2** (*naut.*) high sea, deep sea

alùnno s.m. pupil

alveàre s.m. hive

àlveo s.m. river bed

alzàre **A** v.tr. **1** to lift up, to raise **2** (*il volume*) to turn up **3** (*costruire*) to build, to erect **B** v.intr. pron. **1** (*crescere, salire*) to raise **2** (*dal letto*) to get up **3** (*in piedi*) to stand up

amàbile agg. **1** lovable **2** (*di vino*) sweet

amàca s.f. hammock

amalgamàre v.tr. e intr. pron. to amalgamate

amànte **A** agg. fond, keen **B** s.m. e f. lover

amàre v.tr. **1** to love **2** (*piacere*) to be fond of, to like

amareggiàto agg. embittered

amarèna s.f. sour cherry

amarézza s.f. bitterness

amàro **A** agg. **1** bitter **2** (*senza zucchero*) without sugar, unsweetened, bitter **B** s.m. **1** (*sapore*) bitter taste **2** (*liquore*) bitters *pl.*

amàto agg. loved, beloved

ambasciàta s.f. embassy

ambasciatóre s.m. ambassador

ambedùe agg. e pron. both

ambientàle agg. environmental

ambientalìsta s.m. e f. environmentalist

ambientàre **A** v.tr. **1** to acclimatize **2** (*fig.*) to set **B** v.rifl. to get acclimatized, to adapt

ambiènte s.m. **1** environment, habitat **2** (*fig.*) environment, circle, milieu, setting **3** (*stanza*) room

ambiguità s.f. ambiguity

ambìguo agg. ambiguous

ambìre v.tr. e intr. to aspire (to), to long (for)

àmbito s.m. ambit

ambizióne s.f. ambition

ambizióso agg. ambitious

àmbo **A** agg. both **B** s.m. (*lotto*) double

àmbra s.f. amber ♦ **a. grigia** ambergris || **a. nera** jet

ambulànte agg. itinerant ♦ **venditore a.** street vendor

ambulànza s.f. ambulance

ambulatòrio s.m. surgery, (*di pronto soccorso*) first-aid station

àmen escl. **1** (*finale di preghiera*) amen, so be it **2** (*fam.*) (*va bene*) amen

amenità s.f. **1** pleasantness **2** (*facezia*) pleasantry, joke

amèno agg. **1** pleasant, agreeable **2** (*divertente*) funny

amenorrèa s.f. amenorrhea

americàno agg. e s.m. American

ametìsta s.f. amethyst

amiànto s.m. amiant(h)us

amichévole agg. friendly

amicìzia s.f. friendship

amìco **A** agg. friendly **B** s.m. friend ♦ **a. del cuore** bosom friend, dear friend

àmido s.m. starch

ammaccàre v.tr. **1** to dent **2** (*di frutta*) to bruise

ammaccatùra s.f. **1** dent **2** (*di frutta*) bruise

ammaestràre v.tr. to train

ammainàre v.tr. to lower, to put down, to strike the sails

ammalàrsi v.intr. pron. to fall ill

ammalàto **A** agg. ill, sick **B** s.m. sick person

ammaliàre v.tr. to charm

ammànco s.m. shortage, deficit

ammanettàre v.tr. to handcuff

ammassàre **A** v.tr. to amass, to pile up **B** v.intr. pron. to crowd together, to gather together

ammàsso s.m. heap, pile

ammattìre v.intr. to go mad

ammazzàre **A** v.tr. to kill, (*assassinare*) to murder **B** v.rifl. to kill oneself

ammènda s.f. **1** amends *pl.* **2** (*multa*) fine

ammésso agg. **1** admitted **2** (*permesso*) allowed ♦ **a. che** granted that

amméttere v.tr. **1** (*accettare, introdurre*) to admit **2** (*riconoscere*) to admit, to concede, to acknowledge **3** (*supporre*) to suppose

ammezzàto s.m. mezzanine

ammiccàre v.intr. to wink

amministràre v.tr. **1** to manage, to direct, to run **2** (*dir., relig.*) to administer

amministratìvo agg. administrative

amministratóre s.m. manager, director ♦ **a. delegato** managing director

amministrazióne s.f. administration, management

ammiragliàto s.m. admiralty

ammiràglio s.m. admiral

ammiràre v.tr. to admire

ammiratóre s.m. admirer, fan

ammirazióne s.f. admiration

ammissìbile agg. admissible

ammissióne s.f. admission

ammobiliàre v.tr. to furnish

ammobiliàto agg. furnished

ammòllo s.m. soaking
ammonìaca s.f. ammonia
ammoniménto s.m. **1** (*rimprovero*) admonition, admonishment **2** (*avvertimento*) warning
ammonìre v.tr. **1** (*rimproverare*) to admonish **2** (*avvertire*) to warn
ammonizióne s.f. admonition, rebuke ◆ **prendere un'a.** to get a yellow card
ammontàre[1] v.intr. to amount, to come to
ammontàre[2] s.m. amount, sum
ammorbidìre v.tr. to soften
ammortizzàre v.tr. **1** (*mecc.*) to dampen **2** (*econ.*) to amortize, to depreciate
ammortizzatóre s.m. (*mecc.*) shock absorber, damper
ammucchiàre v.tr. to pile up
ammuffìre v.intr. e intr. pron. to grow musty
ammuffìto agg. mouldy, (*USA*) moldy
ammutinaménto s.m. mutiny
ammutinàrsi v.intr. pron. to mutiny
ammutolìre v.intr. to be struck dumb
amnesìa s.f. amnesia
amnistìa s.f. amnesty
àmo s.m. fish-hook
amoràle agg. amoral
amóre s.m. **1** love **2** (*persona amata*) beloved, love, darling **3** (*desiderio*) desire ◆ **a. proprio** self-respect
amorévole agg. loving
amòrfo agg. amorphous
amoróso agg. amorous
amperòmetro s.m. amperometer, ammeter
ampiézza s.f. **1** width, wideness **2** (*abbondanza*) ampleness
àmpio agg. **1** wide, large, spacious **2** (*abbondante*) abundant
amplèsso s.m. **1** embrace **2** (*rapporto sessuale*) sexual intercourse
ampliaménto s.m. **1** widening, extension **2** (*edil.*) extension **3** (*allargamento*) enlargement (*anche pol.*)
ampliàre v.tr. to amplify, to extend
amplificàre v.tr. **1** to amplify **2** (*esagerare*) to magnify, to extol
amplificatóre s.m. amplifier
amputàre v.tr. to amputate
amulèto s.m. amulet
anabbagliànte **A** agg. dipped **B** s.m. low-beam headlight, dipped headlight
anacronìsmo s.m. anachronism
anacronìstico agg. anachronistic
anàgrafe s.f. registry office
anagràmma s.m. anagram
analcòlico **A** agg. non-alcoholic, soft **B** s.m. soft drink
analfabèta agg., s.m. e f. illiterate
analgèsico agg. e s.m. analgesic
anàlisi s.f. analysis, test ◆ **a. del sangue** blood test
analìsta s.m. e f. analyst
analizzàre v.tr. to analyse
analogìa s.f. analogy
anàlogo agg. analogous
ànanas s.m. pineapple
anarchìa s.f. anarchy
anàrchico **A** agg. anarchic, anarchical **B** s.m. anarchist
anatomìa s.f. anatomy
ànatra s.f. duck
ànca s.f. hip
ancèlla s.f. maid
ànche avv. **1** (*pure*) also, too, as well **2** (*davanti a comp.*) even, still **3** (*persino*) even ◆ **a. se** even if
àncora[1] s.f. (*naut.*) anchor
ancóra[2] avv. **1** still **2** (*in frasi neg.*) yet **3** (*di nuovo*) again **4** (*di più*) more
ancoràggio s.m. anchorage, berth
ancoràre v.tr. e rifl. to anchor, to drop anchor
andaménto s.m. **1** (*tendenza*) trend **2** (*corso*) course, state
andàre **A** v.intr. **1** to go, (*a piedi*) to walk, (*in auto*) to drive **2** (*essere, stare di salute, procedere*) to be, to get on **3** (*funzionare*) to work, to run **4** (*piacere*) to like, to feel like **5** (*convenire, andar bene*) to suit, (*di misura*) to fit, (*armonizzare*) to match **6** (*essere di moda*) to be in **7** (*in funzione dell'aus. 'essere'*) to be, to get (ES: ***se non vado errato*** if I'm not mistaken) **8** (*dover essere*) to have to be, must be (ES: ***questa macchina va riparata*** this car must be repaired) **B** v.intr. pron. to go (away)
andàta s.f. going ◆ **biglietto di a.** single ticket, one-way ticket
andàto agg. gone
andatùra s.f. **1** gait **2** (*velocità*) pace
andirivièni s.m. inv. coming and going
andróne s.m. entrance-hall
anèddoto s.m. anecdote
anelàre v.intr. **1** to pant **2** (*desiderare*) to long for
anèllo s.m. **1** ring **2** (*di catena*) link
anemìa s.f. an(a)emia
anèmico agg. e s.m. an(a)emic
anemòmetro s.m. anemometer
anèmone s.m. anemone
anestesìa s.f. an(a)esthesia
anestètico s.m. an(a)esthetic
anestetizzàre v.tr. to an(a)esthetize
aneurìsma s.m. aneurism
anfetamìna s.f. amphetamine
anfìbio **A** agg. amphibious **B** s.m. **1** amphibian **2** al pl. (*scarpe*) army boots *pl.*
anfiteàtro s.m. amphitheatre
ànfora s.f. amphora
angèlico agg. angelic(al)
àngelo s.m. angel
angìna s.f. angina
anglicanésimo s.m. Anglicanism

anglicàno agg. e s.m. Anglican
anglicìsmo s.m. Anglicism
anglosàssone agg., s.m. e f. Anglo-Saxon
angolàre agg. angular
angolazióne s.f. angle
àngolo s.m. **1** (*mat., fis.*) angle **2** corner ◆ **a. cottura** kitchenette
àngora s.f. angora
angòscia s.f. anguish, anxiety
angosciàre **A** v.tr. to torment, to distress **B** v.rifl. to worry
anguìlla s.f. eel
angùria s.f. watermelon
angustiàre **A** v.tr. to torment **B** v.rifl. to worry
angùsto agg. narrow
ànice s.m. anise
ànima s.f. **1** soul **2** (*parte centrale*) core, centre
animàle agg. e s.m. animal
animalìsta s.m. e f. animalist
animàre **A** v.tr. to give life to, to animate **B** v.intr. pron. to become animated
animàto agg. **1** (*vivente*) animated, living **2** (*vivace*) animated, lively ◆ **cartoni animati** cartoons
animatóre s.m. **1** life and soul (ES: ***è l'a. della festa*** he is the life and soul of the party) **2** (*cin.*) (*di cartoni animati*) animator ◆ **a. di villaggio turistico** entertainment officer
animazióne s.f. animation ◆ **cinema d'a.** cartoon cinema
ànimo s.m. **1** (*mente*) mind **2** (*intenzione*) intention, thoughts *pl.* **3** (*coraggio*) courage, heart **4** (*indole*) disposition, character, nature
annacquàre v.tr. to water, to water down, to dilute
annaffiàre v.tr. to water
annaffiatóio s.m. watering can
annaspàre v.intr. to grope
annàta s.f. **1** year **2** (*raccolto*) vintage **3** (*di periodici*) volume
annebbiàre **A** v.tr. **1** to fog, to obscure **2** (*fig.*) to cloud **B** v.intr. pron. to become foggy, to grow dim
annegaménto s.m. drowning
annegàre v.tr. e intr. to drown
annerìre v.tr. e intr. pron. to blacken
annèttere v.tr. **1** to annex **2** (*accludere*) to enclose **3** (*attribuire*) to attach
annichilìre v.tr. to annihilate
annidàrsi v.rifl. **1** to nest **2** (*nascondersi*) to hide
annientàre v.tr. to annihilate, to destroy
anniversàrio s.m. anniversary
ànno s.m. year ◆ **l'a. prossimo** next year || **l'a. scorso** last year
annodàre v.tr. to knot, to tie (in knots)
annoiàre **A** v.tr. to annoy, to bore **B** v.intr. pron. to be bored, to get bored
annotàre v.tr. **1** (*corredare di note*) to annotate **2** (*prender nota*) to note
annotazióne s.f. annotation, note
annoveràre v.tr. to count, to number
annuàle agg. **1** annual, yearly **2** (*che dura un anno*) year's
annualménte avv. annually, yearly
annuàrio s.m. yearbook
annuìre v.intr. to nod
annullaménto s.m. annulment, cancellation
annullàre v.tr. to annul, to cancel
annunciàre v.tr. to announce
annunciatóre s.m. announcer, (*di telegiornale*) anchorman
annùncio s.m. **1** announcement **2** (*pubblicitario*) advertisement, ad
ànnuo agg. annual, yearly
annusàre v.tr. to smell, to sniff
annuvolàrsi v.intr. pron. to cloud over, to get cloudy
àno s.m. anus
anomalìa s.f. anomaly
anòmalo agg. anomalous
anònimo agg. anonymous
anoressìa s.f. anorexia
anormàle agg. abnormal
ànsa s.f. **1** (*manico*) handle **2** (*di fiume*) loop
ànsia s.f. anxiety
ansietà s.f. anxiety
ansimàre v.intr. to pant, to huff and pant
ansiolìtico s.m. tranquillizer
ansióso agg. anxious
ànta s.f. **1** (*di armadio*) door **2** (*imposta*) shutter
antagonìsmo s.m. antagonism
antagonìsta s.m. e f. antagonist, opponent
antàrtico agg. antarctic
antecedènte agg. preceding, previous
antefàtto s.m. previous history
antenàto s.m. ancestor, forefather
anténna s.f. **1** (*radio, tv*) aerial, (*USA*) antenna, (*tel.*) mobile-phone aerial, (*USA*) mobile phone-antenna **2** (*zool.*) antenna, feeler ◆ **a. parabolica** dish aerial || **a. satellitare** dish, satellite dish
anteprìma s.f. preview ◆ **a. di stampa** print preview
anterióre agg. **1** (*che è davanti*) front **2** (*nel tempo*) former, preceding, previous
antiaèreo agg. anti-aircraft
antiallèrgico s.m. antiallergic
antiatòmico agg. anti-atomic
antibiòtico s.m. antibiotic ◆ **a. a largo spettro** broad spectrum antibiotic
anticaménte avv. in ancient times, formerly
anticàmera s.f. anteroom, antechamber
antichità s.f. antiquity
anticiclóne s.m. anticyclone
anticipàre **A** v.tr. **1** to anticipate **2** (*denaro*) to advance **3** (*notizie*) to disclose, to divulge **4** (*prevenire*) to anticipate, to forestall **B** v.intr. to come early, to be ahead of time
anticipàto agg. **1** in advance **2** (*med.*) (*prematuro*) premature **3** (*previsto*) foreseen

anticipazióne s.f. 1 (*informazione non ufficiale*) advance news 2 (*avvisaglia*) foretaste
antìcipo s.m. anticipation, advance
anticlericàle agg., s.m. e f. anticlerical
antìco agg. 1 ancient 2 (*vecchio*) old, antique
anticoncezionàle agg. e s.m. contraceptive
anticonformìsmo s.m. nonconformism
anticonformìsta s.m. e f. nonconformist
anticòrpo s.m. antibody
anticostituzionàle agg. anticonstitutional, unconstitutional
anticrittogàmico s.m. fungicide
antidolorìfico agg. e s.m. analgesic
antìdoto s.m. antidote
antiemorràgico agg. e s.m. antihemorrhagic
antiestètico agg. unaesthetic
antifascìsta agg., s.m. e f. antifascist
antifecondatìvo agg. e s.m. contraceptive
antifùrto **A** s.m. inv. antitheft device **B** agg. inv. antitheft ♦ **a. satellitare** satellite security system
antigèlo s.m. inv. antifreeze
antiglobalizzazióne s.f. antiglobalization
antìlope s.f. antelope
antimàfia agg. inv. antimafia
antincèndio agg. anti-fire, firefighting
antinevràlgico agg. antineuralgic
antinfiammatòrio agg. e s.m. anti-inflammatory
antinfluenzàle s.m. 1 anti-flu drug 2 (*vaccino*) flu vaccine
antinucleàre agg. antinuclear
antioràrio agg. counterclockwise, anticlockwise
antipàsto s.m. hors d'oeuvre, appetizer, starter
antipatìa s.f. antipathy, dislike
antipàtico **A** agg. unpleasant, disagreeable **B** s.m. disagreeable person
antiproièttile agg. bullet-proof
antipùlci agg. inv. flea (*attr.*)
antiquariàto s.m. antique market ♦ **mobili d'a.** antique furniture
antiquàrio **A** agg. antiquarian **B** s.m. antique dealer
antiquàto agg. antiquated
antiràbbico agg. antirabies, rabies (*attr.*)
antireumàtico agg. e s.m. antirheumatic
antirùggine agg. inv. antirust, rustproof
antiscìvolo agg. non-slip
antisemitìsmo s.m. anti-Semitism
antisèttico agg. antiseptic
antisìsmico agg. aseismic
antistamìnico **A** agg. antihistaminic **B** s.m. antihistamine
antitetànica s.f. tetanus injection
antitetànico agg. antitetanus
antologìa s.f. anthology
antonomàsia s.f. antonomasia
antropologìa s.f. anthropology
antropològico agg. anthropological
antropòlogo s.m. anthropologist
antropomòrfo agg. anthropomorphous
anulàre **A** agg. ring-like **B** s.m. ring finger
ànzi cong. 1 (*al contrario*) on the contrary 2 (*rafforzativo*) rather 3 (*o meglio*) even better, or better still
anzianità s.f. seniority
anziàno **A** agg. 1 elderly, old 2 (*di grado*) senior **B** s.m. elderly person
anziché cong. 1 (*piuttosto che*) rather than 2 (*invece di*) instead of
anzitùtto avv. first of all
apatìa s.f. apathy
àpe s.f. bee
aperitìvo s.m. aperitif
apèrto agg. open ♦ **all'aria aperta** in the open air
apertùra s.f. opening
àpice s.m. apex
apicoltùra s.f. apiculture
apnèa s.f. apn(o)ea
apòcrifo agg. apocryphal
apòlide agg., s.m. e f. stateless (person)
apologìa s.f. apology
apoplessìa s.f. apoplexy
apòstolo s.m. apostle
apòstrofo s.m. apostrophe
appagàre **A** v.tr. to satisfy, to fulfil **B** v.rifl. to be satisfied
appàlto s.m. contract ♦ **dare in a.** to farm out
appannàre **A** v.tr. to mist, to tarnish **B** v.intr. pron. 1 to mist up 2 (*vista*) to grow dim
apparàto s.m. 1 (*tecnol.*) machinery, equipment 2 (*anat.*) apparatus, system
apparecchiàre v.tr. to prepare, (*la tavola*) to lay the table
apparecchiatùra s.f. equipment
apparécchio s.m. 1 apparatus, set 2 (*aeroplano*) aircraft
apparènte agg. apparent
apparenteménte avv. apparently
apparènza s.f. appearance
apparìre v.intr. 1 to appear 2 (*sembrare*) to seem, to look
appariscènte agg. striking
apparizióne s.f. 1 apparition 2 (*comparsa*) appearance
appartaménto s.m. flat, (*USA*) apartment
appartàrsi v.rifl. to withdraw, to keep apart
appartenènza s.f. membership
appartenére v.intr. to belong (to)
appassionàre **A** v.tr. to thrill, to move **B** v.intr. pron. to become fond of
appassionàto agg. 1 impassioned, passionate 2 (*amante*) keen (on)
appassìre v.intr. e intr. pron. to wither
appassìto agg. withered
appellàrsi v.intr. pron. to appeal

appèllo s.m. **1** (*dir.*) appeal **2** (*chiamata*) roll-call **3** (*invocazione*) call ♦ **fare l'a.** to call the roll
appéna **A** avv. **1** (*a stento*) hardly, scarcely **2** (*soltanto*) only **3** (*da poco tempo*) (only) just **B** cong. as soon as ♦ **non a. ...** no sooner... than
appèndere v.tr. to hang
appendiàbiti s.m. inv. coat stand, (*a muro*) coat hooks
appendìce s.f. appendix ♦ **romanzo d'a.** serial
appendicìte s.f. appendicitis
appesantìre **A** v.tr. to make heavy **B** v.intr. pron. to grow stout
appetìto s.m. appetite
appetitóso agg. appetizing
appianàre **A** v.tr. (*fig.*) to smooth away **B** v.intr. pron. to be resolved
appiattìre v.tr. e intr. pron. to flatten
appiccicàre **A** v.tr. to stick **B** v.intr. to be sticky
appiccicóso agg. sticky, (*di persona*) clinging
appièno avv. fully, completely
appìglio s.m. **1** hold **2** (*fig.*) pretext
appisolàrsi v.intr. pron. to doze off
applaudìre v.tr. e intr. to applaud, to clap, to cheer
applàuso s.m. applause, cheers *pl.*
applicàre **A** v.tr. **1** to apply **2** (*dir.*) to enforce **B** v.rifl. to apply oneself
applicàto agg. **1** (*di scienza, arte*) applied **2** (*cucito*) sewn on
applicazióne s.f. **1** application **2** (*dir.*) enforcement
appoggiàre **A** v.tr. **1** to lean, to lay **2** (*sostenere*) to support **B** v.rifl. **1** to lean **2** (*fig.*) to rely
appoggiatèsta s.m. inv. headrest
appòggio s.m. support
appollaiàrsi v.rifl. to perch
appórre v.tr. to affix
appositaménte avv. expressly, on purpose
appòsito agg. **1** special **2** (*adatto*) proper
appòsta avv. **1** (*deliberatamente*) on purpose, intentionally **2** (*con uno scopo preciso*) specially, expressly
appostàre **A** v.tr. to lie in wait for **B** v.rifl. to lie in ambush, to lie in wait
apprèndere v.tr. **1** to learn **2** (*venire a sapere*) to hear
apprendiménto s.m. learning
apprendìsta s.m. e f. apprentice
apprensióne s.f. apprehension, anxiety
apprensìvo agg. apprehensive, anxious
apprèsso avv. **1** (*vicino*) near, close **2** (*dietro*) behind **3** (*in seguito*) after, later, below
apprètto s.m. starch, size
apprezzàbile agg. appreciable
apprezzaménto s.m. **1** appreciation **2** (*giudizio*) opinion
apprezzàre v.tr. to appreciate
appròccio s.m. approach
approdàre v.intr. **1** (*naut.*) to dock, to land **2** (*riuscire*) to come to
appròdo s.m. landing, docking
approfittàre v.intr. e intr. pron. **1** to profit by, to take advantage of **2** (*abusare*) to impose on
approfondiménto s.m. **1** (*indagine*) in-depth study **2** (*tv*) special report
approfondìre v.tr. **1** to deepen **2** (*fig.*) to study in deep
approfondìto agg. (*fig.*) thorough, exhaustive
appropriàto agg. appropriate, suitable
approssimàrsi v.rifl. e intr. pron. to approach, to come near
approssimatìvo agg. **1** approximate, rough **2** (*impreciso*) imprecise, superficial
approssimazióne s.f. approximation
approvàre v.tr. to approve
approvazióne s.f. approval
approvvigionaménto s.m. **1** supplying **2** al pl. (*provviste*) provisions *pl.*, supplies *pl.*
appuntaménto s.m. appointment, date ♦ **a. al buio** blind date
appùnto[1] s.m. **1** note, record **2** (*osservazione*) remark
appùnto[2] avv. exactly, just
appuràre v.tr. **1** to ascertain **2** (*verificare*) to verify, to check
apribottìglie s.m. inv. bottle-opener
aprìle s.m. April
aprìre **A** v.tr. **1** to open **2** (*acqua, gas*) to turn on **3** (*cominciare*) to begin, to open **B** v.intr. e intr. pron. **1** to open **2** (*sbocciare*) to bloom
apriscàtole s.m. inv. tin-opener, can-opener
àptero agg. apterous
aquagym s.f. inv. aquarobics, aquaerobics
àquila s.f. eagle
aquilóne s.m. kite
àra[1] s.f. (*di tempio*) altar
àra[2] s.f. (*misura*) are
arabésco s.m. arabesque
aràbico agg. Arabic, Arabian
àrabo agg. e s.m. Arab, Arabian
aràchide s.f. peanut
aragósta s.f. lobster, crayfish
aràldica s.f. heraldry
aràldico agg. heraldic
arància s.f. orange
aranciàta s.f. orangeade
aràncio s.m. orange (tree)
arancióne agg. orange
aràre v.tr. to plough, (*USA*) to plow
aràtro s.m. plough, (*USA*) plow
aràzzo s.m. tapestry
arbitràre v.tr. **1** (*dir.*) to arbitrate **2** (*sport*) to referee, (*baseball*) to umpire
arbitràrio agg. arbitrary
arbìtrio s.m. **1** will **2** (*abuso*) abuse

àrbitro s.m. **1** (*dir.*) arbitrator **2** (*sport*) referee, (*di baseball*) umpire
arbòreo agg. arboreal
arboricoltùra s.f. arboriculture
arbùsto s.m. shrub
àrca s.f. ark
arcàdico agg. Arcadian
arcàico agg. archaic
arcàngelo s.m. archangel
arcàno agg. arcane, mysterious
arcàta s.f. **1** arch **2** (*serie di archi*) arcade
archeologìa s.f. archaeology
archeològico agg. archaeologic
archeòlogo s.m. archaeologist
archètipo s.m. archetype
archétto s.m. (*mus.*) bow
archibùgio s.m. harquebus
architétto s.m. architect
architettònico agg. architectonic, architectural
architettùra s.f. architecture
architràve s.m. architrave
archìvio s.m. archives *pl.*, file
archivòlto s.m. archivolt
arcière s.m. archer, bowman
arcìgno agg. surly
arcipèlago s.m. archipelago
arcivéscovo s.m. archbishop
àrco s.m. **1** (*arch., anat.*) arch **2** (*arma*) bow (*anche mus.*) **3** (*fis., geom.*) arc **4** (*fig.*) space
arcobaléno s.m. rainbow
ardènte agg. burning
àrdere v.tr. e intr. to burn
ardèsia s.f. slate
ardìre v.intr. to dare
ardóre s.m. ardour
àrduo agg. arduous
àrea s.f. area
aréna[1] s.f. (*sabbia*) sand
arèna[2] s.f. (*arch.*) arena
arenàrsi v.intr. pron. to strand
arenìle s.m. sandy shore
àrgano s.m. windlass, winch
argentàto agg. **1** (*color argento*) silvery, silver (*attr.*) **2** (*rivestito d'argento*) silver-plated
argenterìa s.f. silverware
argènto s.m. silver
argìlla s.f. clay
arginàre v.tr. **1** to embank, to dyke **2** (*fig.*) to contain
àrgine s.m. bank, embankment, (*diga*) dyke
argoménto s.m. **1** (*tema*) subject, matter, topic **2** (*prova*) argument
arguìre v.tr. to deduce
argùto agg. quick-witted, witty
argùzia s.f. **1** wit **2** (*motto*) witty remark
ària s.f. **1** air **2** (*aspetto*) look, (*espressione*) expression **3** (*mus.*) tune, air, (*di opera*) aria ♦ **a. condizionata** air conditioned || **camera d'a.** inner tube || **darsi delle arie** to give oneself airs
aridità s.f. **1** dryness **2** (*fig.*) unfeelingness, hard-heartedness
àrido agg. dry, arid
arieggiàre v.tr. to air, to ventilate
ariète s.m. **1** ram **2** (*astr.*) Aries
arìnga s.f. herring
arióso agg. airy
aristocràtico **A** agg. aristocratic(al) **B** s.m. aristocrat
aristocrazìa s.f. aristocracy
aritmètica s.f. arithmetic
aritmètico agg. arithmetic, arithmetical
arlecchìno agg. e s.m. harlequin
àrma s.f. **1** arm, weapon **2** (*mil.*) force ♦ **porto d'armi** firearm licence
armàdio s.m. cupboard, (*guardaroba*) wardrobe
armamentàrio s.m. instruments *pl.*
armaménto s.m. **1** armament, arming **2** (*naut.*) rigging, equipment
armàre **A** v.tr. **1** to arm **2** (*naut.*) to rig, to fit out **B** v.rifl. to arm oneself
armàta s.f. army
armàto agg. **1** armed **2** (*edil.*) reinforced
armatóre s.m. shipowner
armatùra s.f. **1** (*mil.*) armour **2** (*telaio*) framework
armeggiàre v.intr. **1** (*affaccendarsi*) to bustle, to fuss **2** (*tramare*) to intrigue
armerìa s.f. armoury
armistìzio s.m. armistice
armonìa s.f. harmony
armònico agg. harmonic
armonióso agg. harmonious
armonizzàre v.tr. e intr. pron. to harmonize
arnése s.m. **1** (*attrezzo*) tool, implement **2** (*aggeggio*) gadget, contraption, thing
àrnia s.f. hive
aròma s.m. **1** aroma, fragrance **2** (*cuc.*) spice
aromàtico agg. aromatic
àrpa s.f. harp
arpìa s.f. harpy
arpióne s.m. harpoon
arrabbiàrsi v.intr. pron. to get angry
arrabbiàto agg. angry
arraffàre v.tr. to snatch
arrampicàrsi v.intr. pron. to scramble (up), to climb (up)
arrampicàta s.f. climb
arrancàre v.intr. to hobble, to trudge
arrangiàre **A** v.tr. to arrange **B** v.intr. pron. **1** to manage, to do the best one can **2** (*accordarsi*) to come to an agreement
arrecàre v.tr. **1** (*portare*) to bring **2** (*causare*) to cause
arredaménto s.m. **1** furnishing, fitting out, interior decoration **2** (*mobili*) furniture, furnishings *pl.*

arredàre v.tr. to furnish
arredatóre s.m. interior decorator
arrèdo s.m. furnishings *pl.*, furniture
arrèndersi v.rifl. **1** to surrender **2** (*fig.*) to give up
arrestàre **A** v.tr. **1** (*fermare*) to stop, to halt **2** (*trarre in arresto*) to arrest **B** v.rifl. to stop, to pause
arrèsto s.m. **1** (*fermata*) stop, halt, arrest **2** (*dir., mil.*) arrest
arretràre **A** v.tr. to withdraw **B** v.intr. to draw back
arretràto **A** agg. **1** behind, back, rear **2** (*sottosviluppato*) backward, underdeveloped **B** s.m. arrear ♦ **in a.** in arrears ‖ **essere in a.** to be behind (schedule) ‖ **numero a.** back issue
arricchiménto s.m. enrichment (*anche fig.*)
arricchìre **A** v.tr. to enrich **B** v.rifl. e intr. pron. to become rich, to grow rich
arricciàre **A** v.tr. to curl **B** v.intr. pron. to become curly ♦ **a. il naso** to turn up one's nose
arrìnga s.f. **1** (*discorso*) harangue **2** (*dir.*) pleading
arrivàre v.intr. **1** to arrive (at, in), to get (to), to reach, to come (to) **2** (*giungere a*) to go as far as, to go so far as, to be reduced to **3** (*riuscire*) to manage, to be able **4** (*avere successo*) to attain success **5** (*accadere*) to happen
arrivàto agg. successful
arrivedérci inter. goodbye, see you soon, see you later
arrivìsta s.m. e f. social climber
arrìvo s.m. **1** arrival **2** (*sport*) finish, finishing line
arrogànte agg. arrogant
arrossaménto s.m. reddening
arrossìre v.intr. to blush
arrostìre v.tr. to roast, (*su graticola*) to broil, to grill
arròsto agg. e s.m. roast
arrotàre v.tr. to sharpen
arrotolàre v.tr. to roll up
arrotondàre v.tr. **1** to round **2** (*fig.*) to round off
arrovellàrsi v.rifl. to strive, to work oneself up into a rage ♦ **a. il cervello** to rack one's brains
arrugginìre v.tr., intr. e intr. pron. to rust
arruolàre **A** v.tr. to recruit, to enlist **B** v.rifl. to join up, to enlist
arsenàle s.m. **1** (*naut.*) shipyard, dockyard **2** (*mil.*) arsenal
àrso agg. **1** (*bruciato*) burnt **2** (*riarso*) dry
arsùra s.f. **1** (*caldo*) scorching heat **2** (*sete*) burning thirst
àrte s.f. art ♦ **belle arti** fine arts
artefàtto agg. adulterated
artéfice s.m. artificer, craftsman
artèria s.f. artery
arterioscleròsi s.f. arteriosclerosis
arterióso agg. arterial
àrtico agg. arctic
articolàre[1] agg. (*anat.*) articular
articolàre[2] **A** v.tr. **1** to articulate **2** (*proferire*) to utter **3** (*fig.*) to subdivide **B** v.rifl. **1** to articulate **2** (*fig.*) to be divided (into)
articolazióne s.f. articulation
artìcolo s.m. **1** (*gramm.*) article **2** (*di giornale*) article **3** (*comm.*) item, article
artificiàle agg. artificial
artifìcio s.m. artifice, device, stratagem ♦ **fuochi d'a.** fireworks
artigianàle agg. **1** handicraft (*attr.*), craft (*attr.*) **2** (*fatto in casa*) home-made **3** (*est.*) (*alla buona*) amateurish
artigianàto s.m. handicraft, (*prodotti*) handicrafts
artigiàno s.m. artisan, craftsman
artiglierìa s.f. artillery
artìglio s.m. claw
artìsta s.m. e f. artist
artìstico agg. artistic
àrto s.m. **1** (*anat.*) limb **2** (*zool.*) arm
artrìte s.f. arthritis
artròsi s.f. arthrosis
arzìllo agg. lively, sprightly
ascèlla s.f. armpit
ascendènte **A** agg. ascendant, rising **B** s.m. **1** (*influenza*) ascendency, influence **2** (*astr.*) ascendant **3** (*antenato*) ancestor
ascensióne s.f. ascension, ascent
ascensóre s.m. lift, (*USA*) elevator
ascésa s.f. ascent
ascèsso s.m. abscess
ascetìsmo s.m. asceticism
àscia s.f. axe
asciugacapélli s.m. inv. hairdryer
asciugamàno s.m. towel
asciugàre **A** v.tr. to dry, to wipe **B** v.rifl. to dry oneself, to wipe oneself **C** v.intr. pron. to dry up, to get dry
asciugatùra s.f. drying
asciùtto agg. **1** dry **2** (*brusco*) brusque, curt **3** (*magro*) thin
ascoltàre v.tr. **1** to listen to **2** (*dare retta*) to pay attention to
ascoltatóre s.m. listener, *pl.* audience
ascólto s.m. listening ♦ **stare in a.** to be listening
asfaltàre v.tr. to asphalt
asfàlto s.m. asphalt
asfissiàre **A** v.tr. **1** to asphyxiate, to suffocate **2** (*fig.*) to bore **B** v.intr. to suffocate
asiàtico agg. e s.m. Asiatic, Asian
asìlo s.m. **1** (*d'infanzia*) nursery school, (*USA*) kindergarten **2** (*rifugio*) shelter, asylum
asimmètrico agg. asymmetric
àsino s.m. ass, donkey
àsma s.f. asthma
asmàtico agg. e s.m. asthmatic
àsola s.f. buttonhole
aspàrago s.m. asparagus, (*pop.*) sparrow-grass
aspartàme s.m. aspartame

aspettàre v.tr. **1** to wait for, to await, to expect, to be looking forward **2** (*prevedere*) to expect ♦ **a. un bambino** to expect a baby || **aspetta e spera!** that'll be the day
aspettatìva s.f. **1** (*attesa*) wait **2** (*speranza*) expectation, hope **3** (*congedo*) leave (of absence)
aspètto s.m. **1** appearance, look, aspect **2** (*punto di vista*) side, point of view
aspirànte **A** agg. **1** aspiring **2** (*mecc.*) suction (*attr.*) **B** s.m. aspirant, applicant, candidate
aspirapólvere s.m. inv. vacuum cleaner, hoover
aspiràre **A** v.tr. **1** to breathe in, to inhale **2** (*mecc.*) to create suction, to suction **3** (*fonetica*) to aspirate **B** v.intr. to aspire
aspiratóre s.m. aspirator
aspirìna s.f. aspirin
asportàre v.tr. to remove, to carry away, to take away
àspro agg. **1** sour, tart **2** (*fig.*) harsh, rough
assaggiàre v.tr. to taste, to try
assàggio s.m. **1** tasting **2** (*piccola quantità*) taste **3** (*campione*) sample
assài avv. **1** (*molto*) much, very **2** (*a sufficienza*) enough **3** (*in funzione di agg.*) a lot of, many
assalìre v.tr. to assail, to attack
assaltàre v.tr. to assault, to attack
assàlto s.m. assault, attack ♦ **prendere d'a. un negozio** to raid a shop
assaporàre v.tr. to taste (*anche fig.*)
assassinàre v.tr. to murder, to assassinate
assassìnio s.m. murder, assassination
assassìno **A** agg. murderous, killer (*attr.*) **B** s.m. murderer, killer, assassin
àsse[1] s.f. board
àsse[2] s.m. **1** (*scient.*) axis **2** (*mecc.*) axle
assecondàre v.tr. **1** to support, to back up **2** (*accontentare*) to comply (with) **3** (*seguire*) to follow
assediàre v.tr. to besiege
assèdio s.m. siege
assegnàre v.tr. to assign, to allot, to award
asségno s.m. **1** (*banca*) cheque, (*USA*) check **2** (*contributo*) allowance ♦ **a. in bianco** blank cheque || **a. a vuoto** uncovered cheque, bad cheque
assemblèa s.f. assembly, meeting
assènso s.m. assent
assentàrsi v.intr. pron. to go away, to absent oneself
assènte **A** agg. absent **B** s.m. e f. absentee
assènza s.f. absence
assessóre s.m. councillor, (*USA*) councilor
assestàre **A** v.tr. **1** to arrange, to settle **2** (*un colpo*) to deal **B** v.rifl. to settle (down)
assetàto agg. thirsty
assètto s.m. **1** order, arrangement, disposition **2** (*naut., aer.*) trim
assicuràre **A** v.tr. **1** (*garantire, mettere al sicuro*) to assure, to secure, to ensure, to guarantee **2** (*fissare*) to fasten, to secure **3** (*fare un'assicurazione*) to insure **B** v.rifl. **1** (*accertarsi*) to make sure **2** (*legarsi*) to fasten oneself **3** (*fare un'assicurazione*) to insure oneself, to take out an insurance
assicuratóre **A** agg. insurance (*attr.*), insuring **B** s.m. insurance agent
assicurazióne s.f. **1** assurance **2** (*dir.*) insurance ♦ **a. sulla vita** life insurance || **a. contro l'incendio** fire insurance
assideraménto s.m. frostbite
assìduo agg. assiduous
assième avv. → ***insieme***
assillàre v.tr. to pester, to bother
assistènte s.m. e f. assistant ♦ **a. sociale** social worker
assistènza s.f. **1** (*presenza*) presence, attendance **2** (*aiuto*) help, assistance, aid **3** (*comm.*) service **4** (*beneficenza*) welfare
assìstere **A** v.tr. **1** to assist, to help **2** (*curare*) to treat, to look after **B** v.intr. to be present, to attend
àsso s.m. ace
associàre **A** v.tr. **1** to associate, to combine **2** (*fare socio*) to take into partnership **B** v.rifl. **1** to join **2** (*diventare membro*) to become a member **3** (*diventare socio*) to enter into partnership
associazióne s.f. association
assoggettàre v.tr. to subject, to subdue
assolàto agg. sunny
assoldàre v.tr. to recruit, to engage
assólo s.m. solo
assolutaménte avv. absolutely
assolùto agg. absolute
assoluzióne s.f. **1** (*dir.*) acquittal, discharge **2** (*relig.*) absolution
assòlvere v.tr. **1** (*dir.*) to acquit, to discharge **2** (*relig.*) to absolve **3** (*compiere*) to accomplish, to perform
assomigliàre **A** v.intr. to resemble, to be like **B** v.rifl. rec. to resemble each other, to be alike
assonnàto agg. sleepy
assopìrsi v.intr. pron. **1** to doze off **2** (*calmarsi*) to cool down
assorbènte agg. e s.m. absorbent ♦ **a. igienico** sanitary towel, sanitary napkin
assorbiménto s.m. absorption
assorbìre v.tr. to absorb
assordànte agg. deafening
assordàre v.tr. to deafen
assortiménto s.m. assortment
assortìto agg. **1** assorted **2** (*accoppiato*) matched
assòrto agg. absorbed, engrossed
assottigliàre **A** v.tr. **1** to thin, to make thin **2** (*ridurre*) to reduce, to diminish **B** v.intr. pron. **1** to grow thin **2** (*ridursi*) to diminish, to be reduced
assuefàre **A** v.tr. to accustom **B** v.rifl. to get accustomed, to accustom oneself, to get used
assuefazióne s.f. **1** habit, inurement **2** (*med.*) tolerance, (*dipendenza*) addiction
assùmere v.tr. **1** to assume, to put on **2** (*impegno, responsabilità*) to undertake, to take upon oneself

3 (*in servizio*) to engage, to take on, to employ **4** (*ingerire*) to take, to consume
assùnto[1] **A** agg. **1** (*preso su di sé*) taken, overtaken **2** (*in servizio*) hired **B** s.m. employee
assùnto[2] s.m. assumption, proposition
assunzióne s.f. **1** assumption **2** (*ingaggio*) hiring, recruiting **3** (*relig.*) Assumption
assurdità s.f. absurdity
assùrdo **A** agg. absurd **B** s.m. absurdity
àsta s.f. **1** pole, mast **2** (*tecnol.*) rod, bar **3** (*comm.*) auction ♦ **a mezz'a.** at half-mast || **salto con l'a.** pole-jumping || **vendere all'a.** to auction
astèmio **A** agg. teetotal **B** s.m. teetotaller
astenérsi v.rifl. to abstain, to refrain
asterìsco s.m. asterisk
àstice s.m. lobster
asticèlla s.f. **1** little bar **2** (*sport*) (*per salto in alto*) crossbar
astigmàtico agg. astigmatic
astinènza s.f. abstinence
àstio s.m. rancour
astràgalo s.m. **1** (*anat., bot.*) astragalus **2** (*arch.*) astragal
astrattìsmo s.m. abstractionism
astrattìsta s.m. e f. abstractionist, abstract artist
astràtto agg. e s.m. abstract
astringènte agg. e s.m. astringent
àstro s.m. **1** star, celestial body **2** (*fig.*) star
astrofìsica s.f. astrophysics *pl.* (*v. al sing.*)
astrolàbio s.m. astrolabe
astrologìa s.f. astrology
astrològico agg. astrological
astròlogo s.m. astrologer
astronàuta s.m. e f. astronaut
astronàutico agg. astronautical
astronàve s.f. spaceship
astronomìa s.f. astronomy
astronòmico agg. astronomical
astrònomo s.m. astronomer
astùccio s.m. **1** case, box **2** (*per penne*) pencil case
astùto agg. astute, shrewd, cunning
astùzia s.f. **1** astuteness, shrewdness **2** (*azione*) trick, stratagem
atàvico agg. ancestral, atavistic, atavic
ateìsmo s.m. atheism
atenèo s.m. university
àteo **A** agg. atheistic **B** s.m. atheist
atìpico agg. atypic(al)
atlànte s.m. atlas
atlàntico agg. Atlantic
atlèta s.m. e f. athlete
atlètica s.f. athletics *pl.* (*v. al sing.*)
atlètico agg. athletic
atmosfèra s.f. atmosphere
atmosfèrico agg. atmospheric(al)
atòllo s.m. atoll
atòmico agg. atomic
àtomo s.m. atom
àtrio s.m. **1** entrance hall, lobby **2** (*anat.*) atrium
atróce agg. atrocious, terrible
attaccabrìghe s.m. e f. inv. troublemaker
attaccaménto s.m. attachment
attaccànte s.m. (*sport*) forward
attaccapànni s.m. inv. **1** (*appendino*) peg, hook **2** (*per più indumenti*) coat stand, (*a muro*) coat hooks
attaccàre **A** v.tr. **1** (*unire*) to attach, to fasten, to tie **2** (*appiccicare*) to stick, to glue **3** (*appendere*) to hang **4** (*assalire*) to attack, to assail **5** (*iniziare*) to begin, to start **6** (*contagiare*) to infect, to pass on **B** v.intr. **1** (*aderire*) to stick **2** (*far presa*) to catch on **C** v.rifl. **1** (*appigliarsi*) to cling **2** (*affezionarsi*) to become attached ♦ **a. a suonare** to strike up
attaccàto agg. **1** attached **2** (*appeso*) hanged **3** (*fig.*) attached, devoted
attàcco s.m. **1** (*mil.*) attack, assault **2** (*med.*) attack, fit **3** (*punto di unione*) junction, connection **4** (*avvio*) opening, beginning **5** (*fig.*) attack **6** (*per sci*) ski fastening, binding
atteggiaménto s.m. attitude, stance, approach
atteggiàrsi v.rifl. to set oneself up, to play
attempàto agg. elderly
attendàrsi v.intr. pron. to camp
attèndere **A** v.tr. to wait for, to await **B** v.intr. **1** (*aspettare*) to wait **2** (*dedicarsi*) to attend
attendìbile agg. reliable
attenérsi v.rifl. to keep to
attentaménte avv. attentively, carefully
attentàre v.intr. to attempt, to make an attempt
attentàto s.m. attempt, outrage
attènto agg. attentive, careful ♦ **a.!** watch out!, be careful!
attenuànte **A** agg. extenuating **B** s.f. extenuating circumstance
attenuàre v.tr. **1** to attenuate, to mitigate **2** (*diminuire la gravità di*) to extenuate
attenzióne s.f. **1** attention, care **2** al pl. (*premure*) kindness ♦ **a.!** take care!, be careful! || **fare a.** to take care, to be careful, to look out || **prestare a. a qc.** to pay attention to sb.
atterràggio s.m. landing ♦ **pista d'a.** landing strip
atterràre **A** v.tr. to knock down **B** v.intr. to land
atterrìre **A** v.tr. to terrify **B** v.intr. pron. to be terrified
attésa s.f. **1** wait, waiting **2** al pl. (*aspettativa*) expectation ♦ **lista d'a.** waiting list
attéso agg. **1** waited for, awaited **2** (*desiderato*) longed for
attestàto s.m. **1** certificate **2** (*prova*) proof, (*segno*) sign
àttico s.m. **1** (*piano abitabile*) penthouse **2** (*parte di edificio*) attic
attìguo agg. adjoining, adjacent, next (to)
attillàto agg. close-fitting, tight
àttimo s.m. instant, moment
attinènte agg. relating, concerning

attìngere v.tr. **1** to draw **2** (*fig.*) (*ricavare*) to get
attiràre v.tr. to attract, to draw
attitùdine s.f. aptitude
attivàre v.tr. to activate, to start up
attività s.f. **1** activity **2** (*lavoro*) occupation, job
attìvo **A** agg. active **B** s.m. **1** (*comm.*) assets *pl.* **2** (*gramm.*) active form
attizzàre v.tr. to poke
àtto s.m. **1** act, action, deed **2** (*atteggiamento*) attitude, (*gesto*) gesture, (*segno*) sign **3** (*teatro*) act **4** (*attestato*) certificate, document, (*dir.*) deed **5** al pl. (*di congresso, assemblea*) proceedings *pl.*, records *pl.* ♦ **all'a. del pagamento/della consegna** on payment/delivery || **a. di vendita** bill of sale || **mettere in a. q.c.** to carry out st.
attònito agg. astonished, amazed
attorcigliàre v.tr. e rifl. to twist, to twine
attóre s.m. actor
attórno **A** avv. about, around, round **B** prep. **a. a** about, around, round
attraccàre v.tr. e intr. to moore, to berth, to dock
attràcco s.m. mooring, berthing, docking
attraènte agg. attractive
attràrre v.tr. to attract
attrattìva s.f. attraction
attraversaménto s.m. crossing ♦ **a. pedonale** pedestrian crossing
attraversàre v.tr. to cross, to go through
attravèrso **A** avv. through **B** prep. **1** through, across **2** (*tempo*) over
attrazióne s.f. attraction
attrezzàre v.tr. **1** to equip, to fit out **2** (*naut.*) to rig
attrezzàto agg. equipped
attrezzatùra s.f. **1** equipment, outfit **2** (*naut.*) rigging
attrézzo s.m. tool, implement
attribuìbile agg. attributable
attribuìre v.tr. **1** to attribute, to ascribe **2** (*assegnare*) to assign, to award
attribùto s.m. attribute
attrìce s.f. actress
attrìto s.m. friction
attuàle agg. **1** present, current **2** (*di attualità*) topical
attualità s.f. **1** topicality, up-to-dateness **2** al pl. (*fatti recenti*) current events *pl.*, up-to-date news
attualménte avv. at present
attuàre **A** v.tr. to carry out, to put into effect **B** v.intr. pron. to come true
attutìre **A** v.tr. to appease, to deaden **B** v.intr. pron. to become appeased, to calm down, to become deadened
audàce agg. **1** bold, audacious **2** (*arrischiato*) risky, rash **3** (*provocante*) daring, bold
audàcia s.f. audacity, daring, boldness
àudio s.m. inv. sound, audio
audioguìda s.f. audioguide
audiovisìvo agg. audiovisual
audizióne s.f. (*teatro*) audition
àuge nella loc. **essere in a.** to enjoy great favour
auguràre v.tr. to wish
augùrio s.m. **1** wish **2** (*presagio*) omen ♦ **i migliori auguri** best wishes
àula s.f. **1** hall, room **2** (*di tribunale*) courtroom **3** (*di scuola*) classroom
àulico agg. **1** aulic **2** (*solenne*) solemn, stately
aumentàre **A** v.tr. to increase, to raise, to augment **B** v.intr. to increase, to grow, to rise
auménto s.m. **1** increase, addition **2** (*rialzo*) rise
àureo agg. **1** (*d'oro*) gold (*attr.*) **2** (*fig.*) (*dorato*) golden
aurèola s.f. halo
auricolàre **A** agg. auricular, ear (*attr.*) **B** s.m. earphone
aurìga s.m. charioteer
auròra s.f. dawn ♦ **a. boreale** aurora borealis
ausiliàre agg. auxiliary
ausiliàrio agg. auxiliary
auspicàbile agg. desirable
auspìcio s.m. **1** auspice, omen **2** (*protezione*) patronage
austerità s.f. austerity
austèro agg. austere
austràle agg. austral
australiàno agg. e s.m. Australian
austrìaco agg. e s.m. Austrian
autenticàre v.tr. to authenticate
autenticità s.f. authenticity
autèntico agg. authentic, genuine
autìsta s.m. e f. driver, (*privato*) chauffeur
àuto abbr. di → ***automobile***
autoabbronzànte agg. self-tanning
autoadesìvo agg. self-adhesive
autoambulànza s.f. ambulance
autobiografìa s.f. autobiography
autobiogràfico agg. autobiographic(al)
autoblìndo s.m. armoured car
autobótte s.f. tanker, tank lorry, (*USA*) tank truck
àutobus s.m. inv. bus ♦ **a. a due piani** double-decker (bus)
autocàrro s.m. lorry, (*USA*) truck
autodidàtta s.m. e f. self-taught person, autodidact
autodifésa s.f. self-defence
autòdromo s.m. autodrome, circuit
autofilettànte agg. self-threading
autofurgóne s.m. van
autogòl s.m. inv. own-goal
autogonfiàbile agg. self-inflating
autògrafo **A** agg. autographical **B** s.m. autograph
autogrìll s.m. inv. motorway restaurant
autogrù s.f. breakdown lorry, (*USA*) tow truck
autoinstallànte agg. (*inform.*) self-installing
autolìnea s.f. bus-line
autòma s.m. automaton
automàtico agg. automatic

automazióne s.f. automation
automèzzo s.m. motor vehicle
automòbile s.f. car
automobilìsta s.m. e f. (car) driver, motorist
automobilìstico agg. motor (*attr.*)
autonoléggio s.m. car hire, car rental
autonomìa s.f. **1** autonomy, self-government **2** (*fig.*) freedom, independence **3** (*aer., naut.*) range ◆ **a. di conversazione** (*tel.*) talktime || **a. in standby** standby time
autònomo agg. autonomous
autopilòta s.m. autopilot
autopsìa s.f. autopsy
autoràdio s.f. inv. car radio
autóre s.m. author
autoreggènti s.f. pl. stay-ups *pl.*, thigh-highs *pl.*
autorespiratóre s.m. aqualung, scuba
autorévole agg. authoritative
autoricàmbio s.m. car accessory, (*USA*) auto accessory
autoriméssa s.f. garage
autorità s.f. authority
autoritarìsmo s.m. authoritarianism
autoritràtto s.m. self-portrait
autorizzàre v.tr. to authorize
autorizzazióne s.f. **1** authorization, warrant **2** (*documento*) permit
autoscàtto s.m. self-timer
autoscuòla s.f. driving school
autostòp s.m. inv. hitchhiking ◆ **fare l'a.** to hitchhike
autostoppìsta s.m. e f. hitchhiker
autostràda s.f. motorway, (*USA*) speedway, expressway
autostradàle agg. motorway (*attr.*)
autosufficiènte agg. self-sufficient
autotrèno s.m. lorry with trailer, (*USA*) trailer truck
autoveìcolo s.m. motor vehicle
autovèlox s.m. inv. speed trap, radar trap
autovettùra s.f. motor car
autunnàle agg. autumnal
autùnno s.m. autumn, (*USA*) fall
avambràccio s.m. forearm
avampósto s.m. outpost
avanguàrdia s.f. vanguard, avant-garde
avànti avv. **1** (*di luogo*) forward, ahead, in front **2** (*di tempo*) before, forward, on ◆ **a.!** come in! || **a. e indietro** to and fro || **d'ora in a.** from now on
avantrèno s.m. forecarriage
avanzaménto s.m. **1** advancement, progress **2** (*promozione*) promotion
avanzàre **A** v.tr. to advance, to put forward, to present **B** v.intr. **1** to advance, to go forward **2** (*restare*) to be left
avanzàta s.f. advance
avanzàto[1] agg. advanced, modern
avanzàto[2] agg. left
avànzo s.m. remainder, (*di cibo*) left-overs *pl.*
avarìa s.f. breakdown, damage
avarìzia s.f. meanness
avàro agg. mean, miserly, stingy
avéna s.f. oats *pl.*
avére **A** v.aus. to have **B** v.tr. **1** (*possedere, tenere*) to have (got) **2** (*indossare*) to have on, to wear **3** (*ottenere, prendere, ricevere*) to get **4** (*provare, sentire*) to feel **5** **a. da** (*dovere*) to have to ◆ **a. fame/sete** to be hungry/thirsty || **quanti ne abbiamo oggi?** what's the date today?
aviazióne s.f. aviation, (*arma*) Air Force
avicoltùra s.f. aviculture
avidità s.f. avidity
àvido agg. avid
avifàuna s.f. avifauna
àvo s.m. **1** (*nonno*) grandfather **2** al pl. ancestors *pl.*
avocàdo s.m. inv. avocado
avòrio s.m. ivory
avvallaménto s.m. sinking, subsidence
avvaloràre v.tr. to support
avvampàre v.intr. to flare up
avvantaggiàre **A** v.tr. to favour, to benefit **B** v.rifl. to take advantage
avvelenaménto s.m. poisoning
avvelenàre v.tr. to poison
avvenènte agg. attractive, charming
avveniménto s.m. event
avvenìre[1] s.m. future
avvenìre[2] v.intr. to happen
avvenirìstico agg. futuristic
avventàrsi v.rifl. to rush, to throw oneself
avventàto agg. rash, reckless
avventìzio agg. **1** temporary, occasional **2** (*bot., dir.*) adventitious
avvènto s.m. advent, coming
avventùra s.f. **1** adventure **2** (*sentimentale*) affair, fling (*fam.*)
avventuràrsi v.rifl. to venture
avventurièro s.m. adventurer
avventuróso agg. adventurous
avveràrsi v.intr. pron. to come true
avvèrbio s.m. adverb
avversàrio **A** agg. opposing **B** s.m. opponent, adversary
avversióne s.f. aversion, dislike
avversità s.f. adversity
avvèrso agg. **1** (*contrario*) adverse, unfavourable, hostile **2** (*che sente avversione*) averse
avvertènza s.f. **1** (*attenzione, cura*) care, caution **2** (*avvertimento*) warning **3** al pl. (*istruzioni*) instructions *pl.*, directions *pl.* **4** (*prefazione*) preface, foreword
avvertiménto s.m. warning
avvertìre v.tr. **1** (*avvisare*) to inform, to advise, to point out **2** (*ammonire*) to warn **3** (*percepire*) to feel
avvézzo agg. accustomed, used

avviaménto s.m. start, starting
avviàre **A** v.tr. **1** (*indirizzare*) to direct **2** (*iniziare*) to begin, to start up **3** (*metter in moto*) to start up **B** v.intr. pron. to set out
avvicendàre v.tr. e rifl. rec. to alternate
avvicinaménto s.m. approach
avvicinàre **A** v.tr. **1** to bring near **2** (*una persona*) to approach **B** v.intr. pron. to come near, to approach
avvilìre **A** v.tr. **1** (*scoraggiare*) to dishearten **2** (*degradare*) to degrade **B** v.intr. pron. **1** (*scoraggiarsi*) to lose heart, to be disheartened **2** (*degradarsi*) to degrade oneself
avvincènte agg. engaging, charming
avvìncere v.tr. to attract, to charm
avvìo s.m. **1** beginning, start **2** (*inform.*) start
avvisàre v.tr. to inform, to advise
avvìso s.m. **1** announcement, notice **2** (*avvertimento*) warning **3** (*opinione*) opinion ♦ **a. di chiamata** call waiting service
avvistàre v.tr. to sight
avvitàre v.tr. to screw
avvizzìre v.intr. to wither
avvocàto s.m. lawyer
avvòlgere v.tr. **1** to wrap up **2** (*arrotolare*) to wind, to roll up
avvoltóio s.m. vulture
azalèa s.f. azalea
aziènda s.f. firm, business, company ♦ **a. agricola** farm
aziendàle agg. company (*attr.*), business (*attr.*)
azionàre v.tr. to operate, to set in motion, to drive
azióne s.f. **1** action, (*atto*) act **2** (*fin.*) share, stock
azionìsta s.m. e f. shareholder, stockholder
azòto s.m. azote
azzannàre v.tr. to snap, to savage
azzardàre **A** v.tr. to hazard, to risk **B** v.intr. pron. to dare, to risk
azzàrdo s.m. hazard, risk ♦ **gioco d'a.** game of chance
azzeccàre v.tr. **1** (*centrare*) to hit, to strike **2** (*indovinare*) to guess
azzeràre v.tr. to set to zero
azzoppàrsi v.intr. pron. to become lame
azzuffàrsi v.rifl. e rifl. rec. to come to blows
azzùrro agg. e s.m. blue

b, B

babbèo s.m. fool, simpleton
bàbbo s.m. father, dad, daddy
babbùccia s.f. slipper
babilonése agg., s.m. e f. Babylonian
baby-sìtter s.f. e m. inv. baby-sitter ♦ **fare la/il b.-s.** to baby-sit
babysitteràggio s.m. baby-sitting
bacàto agg. **1** worm-eaten, maggoty **2** (*marcio*) rotten
bàcca s.f. berry
baccalà s.m. dried salted cod
baccàno s.m. row, clamour, noise
baccèllo s.m. pod
bacchétta s.f. **1** stick, rod **2** (*di direttore d'orchestra*) baton ♦ **b. magica** magic wand
bacchettóne s.m. bigot
bachèca s.f. notice board
baciàre **A** v.tr. to kiss **B** v.rifl. rec. to kiss each other
bacìllo s.m. bacillus
bacinèlla s.f. basin
bacìno s.m. **1** basin **2** (*anat.*) pelvis **3** (*naut.*) dock **4** (*geol.*) field
bàcio s.m. kiss
bàckup s.m. inv. (*inform.*) backup
bàco s.m. worm ♦ **b. da seta** silkworm
bacùcco agg. decrepit
badàre v.intr. **1** (*fare attenzione*) to be careful, to pay attention, to mind **2** (*prendersi cura*) to look after
badìa s.f. abbey
badìle s.m. shovel
bàffo s.m. **1** al pl. (*di persona*) moustache **2** al pl. (*di animale*) whiskers *pl.* **3** (*sbavatura*) smear
bagagliàio s.m. **1** (*ferr.*) luggage van **2** (*autom.*) boot, (*USA*) trunk
bagàglio s.m. luggage, baggage ♦ **b. a mano** hand-luggage, carry-on luggage || **deposito bagagli** left-luggage office, checkroom || **fare/disfare i bagagli** to pack/to unpack
bagarìno s.m. tout, (*USA*) scalper
baglióre s.m. flash, glare
bagnànte s.m. e f. bather
bagnàre **A** v.tr. **1** to wet, (*immergere*) to dip, (*inzuppare*) to soak, (*inumidire*) to moisten, to dampen, (*spruzzare*) to sprinkle **2** (*annaffiare*) to water **3** (*di fiume*) to flow through, (*di mare*) to wash **B** v.rifl. **1** to get wet **2** (*fare il bagno*) to bathe
bagnàto agg. wet
bagnìno s.m. bathing-attendant, life-guard

bàgno s.m. **1** bath, (*in mare*) bathe **2** (*stanza*) bathroom, toilet ♦ **fare il b.** (*in vasca*) to take a bath, (*al mare*) to go swimming || **mettere a b.** to soak
bagnomarìa s.m. inv. bain-marie
bagnoschiùma s.m. inv. bubble bath, bath foam
bàia s.f. bay
baionétta s.f. bayonet
balaùstra s.f. balustrade
balbettàre v.tr. e intr. to stammer, to stutter
balbuziènte s.m. e f. stammerer, stutterer
balconàta s.f. balcony
balconcìno s.m. half-cup ♦ **reggiseno a b.** half-cup bra
balcóne s.m. balcony
baldacchìno s.m. baldachin, canopy
baldànza s.f. self-confidence, boldness
baldòria s.f. merrymaking, good time
baléna s.f. whale ♦ **caccia alla b.** whaling
balenàre v.intr. **1** (*impers.*) to lighten **2** (*apparire all'improvviso*) to flash ♦ **mi è balenata un'idea** an idea flashed through my mind
balenièra s.f. whaling ship, whaler
baléno s.m. lightning, flash ♦ **in un b.** in a flash
balèstra s.f. **1** crossbow **2** (*mecc.*) leaf spring
bàlia[1] s.f. wet nurse
balìa[2] nella loc. avv. **in b. di qc./q.c.** to be at the mercy of sb./st.
bàlla s.f. **1** bale **2** (*fam.*) (*frottola*) baloney, nonsense
ballàre v.tr. e intr. to dance
ballàta s.f. ballad
ballerìna s.f. dancer, (*classica*) ballerina, ballet dancer
ballerìno s.m. dancer, (*classico*) ballet dancer
ballétto s.m. ballet
bàllo s.m. **1** dance, dancing **2** (*festa*) ball ♦ **corpo di b.** corps de ballet || **essere in b.** to be involved in st., to be at stake || **b. liscio** ballroom dancing
ballottàggio s.m. second ballot
balneàre agg. bathing, seaside (*attr.*)
balòcco s.m. toy
balórdo agg. stupid, foolish
balsàmico agg. balsamic
bàlsamo s.m. **1** balm, balsam **2** (*per capelli*) conditioner
baluàrdo s.m. bulwark
bàlza s.f. **1** crag **2** (*di vestito*) frill
balzàre v.intr. to leap, to jump, to bounce
bàlzo s.m. leap, jump, bound
bambàgia s.f. cotton wool
bambìna s.f. child, baby-girl, little girl
bambinàia s.f. nursemaid, (*fam.*) nanny
bambìno s.m. child, baby, little boy, kid
bàmbola s.f. doll
bambù s.m. bamboo
banàle agg. **1** banal, commonplace, trivial **2** (*di poco valore*) trivial, with little value
banalità s.f. banality
banàna s.f. banana
bànca s.f. bank ♦ **a mezzo b.** by banker || **b. dati** data bank || **conto in b.** bank account
bancarèlla s.f. stall
bancàrio **A** agg. banking, bank (*attr.*) **B** s.m. bank clerk, bank teller ♦ **assegno b.** cheque
bancarótta s.f. bankruptcy ♦ **fare b.** to go bankrupt
banchétto s.m. banquet
banchière s.m. banker
banchìna s.f. **1** (*naut.*) quay, wharf, pier **2** (*ferr.*) platform **3** (*strada*) shoulder, verge
banchìsa s.f. ice pack
bànco s.m. **1** (*panca*) bench, (*di scuola*) desk, (*di chiesa*) pew **2** (*di negozio*) counter, (*di mercato*) stall, stand **3** (*geogr.*) bank **4** (*banca*) bank **5** (*gioco*) bank ♦ **b. di corallo** coral reef || **b. da lavoro** table, work bench || **b. di sabbia** sandbar || **tenere b.** to be the centre of attention
bàncomat s.m. inv. cash dispenser, ATM
banconòta s.f. banknote, (*USA*) bill
bànda[1] s.f. **1** (*di armati*) band, gang **2** (*di suonatori*) band
bànda[2] s.f. **1** (*striscia*) band, stripe **2** (*fis., elettr.*) band
banderuòla s.f. weathercock, vane
bandièra s.f. flag, banner
bandierìna s.f. **1** little flag **2** (*sport*) flag
bandìre v.tr. **1** to proclaim, (*un concorso*) to advertise **2** (*esiliare*) to exile, to banish **3** (*metter da parte*) to dispense with
bandìto s.m. bandit, outlaw
banditóre s.m. **1** (*stor.*) (public) crier **2** (*asta*) auctioneer
bàndo s.m. **1** ban **2** (*esilio*) banishment **3** (*annuncio pubblico*) proclamation, announcement
bàndolo s.m. end of a skein ♦ **trovare il b. della matassa** to find a solution
bar s.m. inv. bar, coffee house
baràcca s.f. **1** hut, shed, hovel **2** (*oggetto*) junk ♦ **mandare avanti la b.** to keep things going
baraccóne s.m. booth
baraónda s.f. hubbub
baràre v.intr. to cheat
bàratro s.m. chasm
barattàre v.tr. to barter, to swap
baràtto s.m. barter, exchange
baràttolo s.m. jar, pot, (*di latta*) tin, can
bàrba s.f. **1** beard **2** (*fam.*) (*noia*) bore ♦ **b. e capelli** shave and haircut || **che b.!** what a bore! || **farsi la b.** to shave || **in b. a** in spite of
barbabiètola s.f. beetroot ♦ **b. da zucchero** sugar beet
barbacàne s.m. barbican
barbàrico agg. barbaric, barbarian
barbàrie s.f. inv. **1** barbarism **2** spec. al pl. (*est.*) (*ferocia*) cruelty, act of cruelty
bàrbaro **A** agg. barbarous, barbaric **B** s.m. barbarian

barbecue s.m. inv. barbecue
barbière s.m. barber, (*negozio*) barber's shop
barbitùrico s.m. barbiturate
barbóne s.m. **1** (*barba*) long beard **2** (*vagabondo*) tramp **3** (*zool.*) poodle
barbóso agg. (*fam.*) boring
barbùto agg. bearded
bàrca s.f. boat ♦ **b. a motore** motor boat || **b. a remi** row boat || **b. a vela** sailboat
barcaiòlo s.m. boatman
barcollàre v.intr. to stagger
barèlla s.f. stretcher
barellière s.m. stretcher-bearer
barìle s.m. barrel, cask
barìsta s.m. e f. barman *m.*, barmaid *f.*, (*gestore*) barkeeper
barìtono agg. e s.m. baritone
barlùme s.m. glimmer, gleam ♦ **un b. di speranza** a ray of hope
bàro s.m. cardsharper
baròcco agg. e s.m. Baroque
baròmetro s.m. barometer
barόne s.m. baron
baronéssa s.f. baroness
bàrra s.f. **1** bar **2** (*naut.*) helm, tiller **3** (*segno*) stroke **4** (*inform.*) bar ♦ **b. degli strumenti** (*inform.*) toolbar
barràto agg. barred, crossed
barrétta s.f. small bar (ES: ***una b. di cioccolato*** a small bar of chocolate)
barricàre v.tr. e rifl. to barricade (oneself)
barricàta s.f. barricade
barrièra s.f. barrier ♦ **barriere architettoniche** architectural barriers
barùffa s.f. brawl, quarrel
barzellétta s.f. joke
basàre **A** v.tr. to base, to found **B** v.rifl. to base oneself, to be founded
bàsco **A** agg. Basque **B** s.m. **1** Basque **2** (*copricapo*) beret
bàse **A** s.f. **1** base **2** (*fig.*) basis **B** agg. basic, base (*attr.*)
basétta s.f. sideburns *pl.*
basilàre agg. basic, fundamental
basìlica s.f. basilica
basìlico s.m. basil
bàsso **A** agg. **1** low **2** (*di statura*) short **3** (*di spessore*) thin **4** (*di acqua*) shallow **5** (*di suono*) low, soft **6** (*geogr.*) southern, lower **B** s.m. **1** lower part, bottom **2** (*mus.*) bass
bassofóndo s.m. **1** (*naut.*) shallow(s), shoal **2** al pl. (*fig.*) slums *pl.*
bassopiàno s.m. lowland
bassorilièvo s.m. bas-relief, basso-relievo
bàsta inter. (that's) enough!, that will do!
bastànte agg. sufficient, enough
bastàrdo agg. **1** bastard, illegitimate **2** (*bot., zool.*) crossbred
bastàre v.intr. **1** to be sufficient, to be enough, to suffice **2** (*durare*) to last ♦ **basta e avanza** it's more than enough || **quanto basta** (*cuc.*) to taste
bastiménto s.m. vessel, ship
bastióne s.m. bastion, rampart
bàsto s.m. pack-saddle
bastonàre v.tr. **1** to beat, to thrash **2** (*fig.*) (*sconfiggere*) to thrash
bastonàta s.f. blow (*anche fig.*)
bastoncìno s.m. rod, small stick ♦ **b. da sci** ski pole
bastóne s.m. stick
batòsta s.f. blow
battage s.m. inv. campaign
battàglia s.f. battle, fight, struggle
battaglièro agg. **1** warlike **2** (*fig.*) combative
battaglióne s.m. battalion
battèllo s.m. boat ♦ **b. a vapore** steamer || **b. di salvataggio** lifeboat
battènte s.m. (*di porta*) leaf, (*di finestra*) shutter
bàttere **A** v.tr. **1** to beat, to strike, to hit **2** (*sconfiggere*) to beat, to overcome **3** (*moneta*) to mint **4** (*bandiera*) to fly **B** v.intr. **1** to beat, to knock **2** (*pulsare*) to beat **3** (*prostituirsi*) to walk the streets **C** v.intr. pron. to fight, (*in duello*) to duel ♦ **b. a macchina** to type
batterìa s.f. **1** (*elettr., tel.*) battery **2** (*mus.*) drums *pl.* ♦ **b. in dotazione** battery included || **b. al litio** lithium battery
battèrio s.m. bacterium
battesimàle agg. baptismal ♦ **fonte b.** christening font
battésimo s.m. baptism ♦ **nome di b.** first name, Christian name
battezzàre v.tr. **1** to baptize, to christen **2** (*soprannominare*) to nickname
battezzàto agg. **1** baptized **2** (*denominato*) called, named
batticuòre s.m. palpitations *pl.*
battimàni s.m. inv. (hand-)clapping, applause
battipànni s.m. inv. carpet beater
battistèro s.m. baptistery
battistràda s.m. inv. **1** outrider **2** (*di pneumatico*) tread (ES: ***b. liscio*** smooth tread)
battitappéto s.m. carpet cleaner
bàttito s.m. **1** beating, beat **2** (*cardiaco*) heartbeat, pulsation **3** (*d'ali*) wingbeat
battùta s.f. **1** blow, beat, beating **2** (*tip.*) stroke, character **3** (*mus.*) beat, bar, measure **4** (*teatro*) cue **5** (*frase spiritosa*) quip, joke **6** (*tennis*) service **7** (*rastrellamento*) round-up ♦ **b. di caccia** hunting
batùffolo s.m. flock, wad
baùle s.m. **1** trunk **2** (*autom.*) boot, (*USA*) trunk
bàva s.f. slaver, dribble ♦ **avere la b. alla bocca** to be foaming at the mouth || **b. di vento** breath
bavaglìno s.m. bib
bavàglio s.m. gag
bàvero s.m. collar
bazzècola s.f. trifle

bazzicàre v.tr. e intr. to frequent, to hang round
beach volley s.m. inv. beach volley
beàto agg. **1** (*relig.*) blessed **2** (*felice*) happy, blissful ♦ **b. te!** lucky you!
beauty case s.m. inv. (*da donna*) vanity case, (*da uomo*) travel kit
beauty farm s.f. inv. beauty farm
bebè s.m. baby
beccàccia s.f. woodcock
beccaccìno s.m. snipe
beccàre **A** v.tr. **1** to peck **2** (*fam.*) (*buscare*) to catch, to get **B** v.rifl. rec. **1** to peck each other **2** (*litigare*) to squabble
beccheggiàre v.intr. to pitch
becchìno s.m. gravedigger
bécco[1] s.m. **1** beak **2** (*di bricco*) lip, spout **3** (*di bruciatore*) burner ♦ **chiudi il b.!** shut up!
bécco[2] s.m. (*zool.*) (*maschio della capra*) billy goat
bed and breakfast s.m. inv. bed and breakfast, B&B
befàna s.f. **1** Befana, (*Epifania*) Epiphany **2** (*donna vecchia e brutta*) hag
bèffa s.f. **1** joke, cheat **2** (*scherno*) mockery
beffàrdo agg. mocking
beffàre **A** v.tr. to mock **B** v.rifl. to scoff at, to make fun of
bèga s.f. **1** quarrel, dispute **2** (*problema*) trouble, problem
begònia s.f. begonia
beige agg. e s.m. inv. beige
belàre v.intr. to bleat, to baa
bèlga agg., s.m. e f. Belgian
bèlla s.f. **1** (*donna bella*) beauty, belle **2** (*fidanzata*) girlfriend **3** (*sport*) decider, play-off, (*a carte*) final game **4** (*bella copia*) fair copy
bellézza s.f. beauty, loveliness, good looks *pl.*, (*di uomo*) handsomeness
bèllico agg. war (*attr.*)
bellicóso agg. warlike, combative
bèllo **A** agg. **1** beautiful, fine, lovely **2** (*di uomo*) handsome, good-looking **3** (*di tempo*) fine, nice, good **4** (*elegante*) smart **5** (*gentile*) fine, kind **6** (*piacevole*) nice, pleasant **B** s.m. **1** the beautiful, beauty **2** (*tempo*) fine weather **3** (*innamorato*) boyfriend
bélva s.f. wild beast ♦ **diventare una b.** to go wild
belvedére s.m. **1** (*arch.*) belvedere **2** (*luogo panoramico*) viewpoint
benché cong. although, though ♦ **il b. minimo dubbio** the slightest doubt
bènda s.f. bandage
bendàggio s.m. bandaging, bandage
bendàre v.tr. **1** to bandage, to dress **2** (*gli occhi*) to blindfold
bène **A** s.m. **1** good **2** (*affetto*) fondness, love **3** (*dono*) gift, blessing **4** al pl. goods *pl.*, property **B** avv. **1** well **2** (*per bene, completamente*) properly, thoroughly **3** (*rafforzativo*) very, really, quite ♦ **ti voglio b.** I love you
benedettìno agg. e s.m. Benedictine
benedétto agg. blessed
benedìre v.tr. to bless
benedizióne s.f. blessing, benediction
beneducàto agg. well-mannered, polite
benefattóre s.m. benefactor
beneficènza s.f. charity ♦ **istituto di b.** charitable institution || **spettacolo di b.** benefit performance
beneficiàre **A** v.tr. to benefit **B** v.intr. to profit, to benefit from, to take advantage of
beneficiàrio s.m. beneficiary
benefìcio s.m. benefit, advantage ♦ **con b. di inventario** with reservation
benèfico agg. **1** beneficent, charitable **2** (*vantaggioso*) beneficial
benemerènza s.f. merit
benemèrito agg. meritorious, well-deserving
benèssere s.m. **1** wellbeing **2** (*prosperità*) wealth, affluence
benestànte agg. well-to-do, well-off
benestàre s.m. approval
benèvolo agg. benevolent, (*gentile*) kind
beniamìno s.m. pet
benìgno agg. benign
benintéso avv. of course
benìssimo avv. very well
bensì cong. but
bentornàto agg. welcome back
benvenùto agg., s.m. e inter. welcome ♦ **dare il b. a qc.** to welcome sb.
benvìsto agg. liked, well-thought-of
benzìna s.f. petrol, (*USA*) gas, gasoline ♦ **fare b.** to get petrol, to get gas, to fill up || **b. senza piombo, verde** unleaded petrol
benzinàio s.m. petrol pump attendant, (*USA*) gas station attendant
bére v.tr. e intr. to drink
berlìna[1] s.f. (*pena*) pillory ♦ **messo alla b.** held up to ridicule
berlìna[2] s.f. **1** (*carrozza*) berlin **2** (*autom.*) saloon, limousine, (*USA*) sedan
bermùda s.m. pl. Bermuda shorts, Bermudas
bernòccolo s.m. **1** bump **2** (*fig.*) (*inclinazione*) bent, flair
berrétto s.m. cap
bersagliàre v.tr. to bombard
bersàglio s.m. target, butt ♦ **tiro al b.** target-shooting
bestémmia s.f. **1** blasphemy, (*imprecazione*) curse, swearword **2** (*sproposito*) nonsense
bestemmiàre v.intr. to curse, to swear
béstia s.f. beast ♦ **b. da soma** pack animal || **andare in b.** to go wild
bestiàle agg. **1** bestial, beastly **2** (*fam.*) (*incredibile*) terrible, incredible
bestiàme s.m. livestock, cattle
bestiàrio s.m. bestiary

béttola s.f. tavern
betùlla s.f. birch
bevànda s.f. drink, beverage
bevìbile agg. drinkable
bevitóre s.m. drinker
bevùta s.f. drink
biàda s.f. fodder
biancherìa s.f. linen ♦ **b. intima** underwear
biànco A agg. **1** white **2** (*non scritto*) blank B s.m. **1** white **2** (*uomo bianco*) white man ♦ **di punto in b.** all of a sudden || **in b.** (*non scritto*) blank, (*senza grassi*) plain, unseasoned, (*insonne*) sleepless || **andare in b.** to come to nothing, to be a flop
biasimàre v.tr. to blame, to reprove
biàsimo s.m. blame, reproof
Bìbbia s.f. Bible (*anche fig.*)
biberòn s.m. inv. feeding bottle, (baby's) bottle
bìbita s.f. (soft) drink
bìblico agg. biblical
biblìòfilo s.m. bibliophile
bibliografìa s.f. bibliography
bibliotèca s.f. library
bibliotecàrio s.m. librarian
bicarbonàto s.m. bicarbonate
bicchière s.m. glass ♦ **b. di carta** paper cup
bicchierìno s.m. liqueur glass
biciclétta s.f. bicycle, bike ♦ **andare in b.** to ride a bicycle, to cycle
bicìpite s.m. biceps
bicolóre agg. two-coloured, bicoloured
bidè s.m. bidet
bidèllo s.m. school caretaker
bidonàre v.tr. (*fam.*) to swindle, to cheat
bidóne s.m. **1** tank, drum, bin **2** (*fam.*) (*imbroglio*) swindle ♦ **b. per il riciclaggio del vetro** glass recycling bin
biennàle A agg. **1** (*che dura due anni*) two-year **2** (*ogni due anni*) biennial **3** (*bot.*) biennial B s.f. biennial exhibition
biènnio s.m. period of two years, two years *pl.*
biètola s.f. chard
bifamiliàre agg. semi-detached ♦ **villetta b.** semi-detached house, (*USA*) duplex
bifocàle agg. bifocal
biforcàrsi v.intr. pron. to fork, to branch off
biforcazióne s.f. fork, branching off
bigamìa s.f. bigamy
bìgamo s.m. bigamist
bighellonàre v.intr. to lounge about, to loiter, to loaf (about)
bigiotterìa s.f. trinkets *pl.*, costume jewellery
bigliettàio s.m. (*in stazione*) ticket clerk, (*in treno*) ticket collector, (*su autobus*) conductor
biglietterìa s.f. ticket office, booking office, (*teatro*) box office
bigliétto s.m. **1** (*breve scritto*) note **2** (*contrassegno*) ticket **3** (*cartoncino*) card **4** (*banconota*) note, (*USA*) bill ♦ **b. d'andata e ritorno** return ticket, roundtrip ticket || **b. di sola andata** single ticket, one-way ticket || **b. da visita** business card
bignè s.m. inv. cream puff
bigodìno s.m. curler
bigòtto s.m. bigot
bikìni s.m. inv. bikini
bilància s.f. **1** balance, scales *pl.* **2** (*astr.*) the Scales *pl.*, Libra
bilanciàre A v.tr. **1** to balance **2** (*soppesare*) to weigh (up) B v.rifl. rec. to balance out
bilanciàto agg. balanced
bilàncio s.m. balance, budget
bìle s.f. **1** bile **2** (*collera*) anger, rage
biliàrdo s.m. billiards *pl.* (*v. al sing.*) ♦ **tavolo da b.** billiard table
bilìngue agg., s.m. e f. bilingual
bilinguìsmo s.m. bilingualism
bilocàle s.m. two-roomed flat, two-roomer
bìmbo s.m. child, baby, kid
bimensìle A agg. fortnightly, (*USA*) bimonthly B s.m. fortnightly magazine, (*USA*) semimonthly
bimestràle agg. **1** (once) every two months, bimestral **2** (*che dura due mesi*) bimestrial, two-month
bimotóre agg. twin-engined
binàrio s.m. **1** (railway) track, line **2** (*marciapiede*) platform
binòcolo s.m. binoculars *pl.*
biochìmica s.f. biochemistry
biodegradàbile agg. biodegradable
biofìsica s.f. biophysics *pl.* (*v. al sing.*)
biografìa s.f. biography
biogràfico agg. biographical
biologìa s.f. biology
biològico agg. biological
biòlogo s.m. biologist
biónda s.f. **1** (*birra chiara*) light ale, lager **2** (*pop.*) (*sigaretta*) smoke
bióndo A agg. fair, blond (*f.* blonde), golden B s.m. blond colour, fair colour ♦ **b. cenere** ash-blond
biopsìa s.f. biopsy
bioterrorìsmo s.m. bioterrorism
birbànte s.m. rogue, (*ironico*) scamp
birìllo s.m. skittle
bìro s.f. inv. biro, ballpoint pen
bìrra s.f. beer, ale ♦ **b. alla spina** draught beer || **b. chiara/scura** lager/stout
birrerìa s.f. beer house
bis s.m. inv. **1** (*teatro*) encore **2** (*cibo*) second helping
bisbètico agg. crabbed, shrewish
bisbigliàre v.tr. to whisper
bìsca s.f. gambling house
bìscia s.f. snake
biscòtto s.m. biscuit, (*USA*) cookie
bisessuàle agg., s.m. e f. bisexual
bisestìle agg. bissextile ♦ **anno b.** leap year

bisettimanàle agg. twice-weekly, (*USA*) semi-weekly, biweekly
bislàcco agg. eccentric, odd
bislùngo agg. oblong
bisnònna s.f. great-grandmother
bisnònno s.m. great-grandfather
bisognàre v.intr. impers. to be necessary, to have to, must
bisógno s.m. **1** need, necessity **2** (*mancanza*) lack ◆ **aver b. di q.c.** to need st. || **in caso di b.** if necessary
bisognóso agg. needy, poor
bistécca s.f. steak ◆ **b. ai ferri** grilled steak || **b. al sangue** rare steak || **b. ben cotta** well-done steak
bistecchièra s.f. grill
bisticciàre v.intr. e rifl. rec. to quarrel, to bicker, to squabble
bistìccio s.m. **1** quarrel, bicker, squabble **2** (*di parole*) pun
bìsturi s.m. lancet, bistoury, scalpel
bisùnto agg. greasy
bìtta s.f. bollard, bitt
bivàcco s.m. bivouac, camp
bìvio s.m. crossroads, fork
bizantìno agg. Byzantine
bìzza s.f. tantrum, caprice
bizzàrro agg. strange, odd, bizarre
bizzèffe nella loc. avv. **a b.** abundantly, in great quantity
blackout s.m. inv. blackout (*anche fig.*)
blandìre v.tr. to blandish, to soothe
blàndo agg. bland, soft, gentle
blasfèmo **A** agg. blasphemous **B** s.m. blasphemer
blasóne s.m. coat of arms
blateràre v.tr. e intr. to blether, to chatter
blèso agg. lisping
blindàto agg. armoured, bullet-proof
blitz s.m. inv. raid
bloccàre **A** v.tr. **1** to block, to stop **2** (*mecc.*) to lock, to stall **3** (*mil.*) to blockade **B** v.intr. pron. to jam, to stick **C** v.rifl. to stop, to get stuck
bloccastèrzo s.m. steering lock
blòcco[1] s.m. **1** (*atto di bloccare*) block, stoppage, halt **2** (*mil.*) blockade **3** (*econ.*) freeze ◆ **b. della circolazione** traffic stoppage, circulation stoppage || **posto di b.** road block
blòcco[2] s.m. **1** (*pezzo*) block **2** (*comm.*) bulk, lump **3** (*di fogli*) pad
bloc-notes s.m. inv. notepad, notebook
blu agg. e s.m. (dark) blue
blue-jeans s.m. pl. blue jeans
bluff s.m. inv. bluff (*anche fig.*)
bluffàre v.intr. to bluff (*anche fig.*)
blùsa s.f. blouse
bòa[1] s.m. (*zool.*) boa
bòa[2] s.f. (*naut.*) buoy
boàto s.m. rumble, roar
bòb s.m. inv. **1** (*attrezzo*) bobsleigh, (*USA*) bobsled, (*fam.*) bob **2** (*disciplina*) bobsleigh
bobìna s.f. spool, (*elettr.*) coil
bócca s.f. mouth ◆ **a b. aperta** open-mouthed || **di b. buona** easily satisfied || **in b. al lupo!** break a leg!
boccàccia s.f. grimace
boccàglio s.m. mouthpiece
boccàle s.m. jug, mug, (*di birra*) tankard
boccapòrto s.m. hatch
boccàta s.f. **1** mouthful **2** (*di fumo*) puff ◆ **prendere una b. d'aria** to take a breath of fresh air
boccétta s.f. small bottle
boccheggiàre v.intr. to gasp
bocchettóne s.m. pipe union
bocchìno s.m. **1** (*per sigaretta*) cigarette holder **2** (*di pipa e strumenti musicali*) mouthpiece
bòccia s.f. bowl ◆ **giocare a bocce** to play bowls, to play bocce
bocciàre v.tr. **1** (*respingere*) to reject **2** (*agli esami*) to fail **3** (*a bocce*) to hit
bocciàto agg. **1** rejected **2** (*agli esami*) failed (ES: ***essere b.*** to fail)
boccìno s.m. jack
bocciòlo s.m. bud
boccóne s.m. mouthful, morsel, bite
boccóni avv. face downwards
bòdy s.m. inv. body suit
bòga s.f. (*zool.*) boce
bòia s.m. executioner, hangman
boiàta s.f. rubbish
boicottàre v.tr. to boycott
bòlide s.m. **1** bolide **2** (*autom.*) fast car ◆ **come un b.** like a rocket
bolìna s.f. close-hauling ◆ **navigare di b.** to sail close-hauled
bólla[1] s.f. bubble
bólla[2] s.f. (*comm.*) bill, note
bollàre v.tr. **1** to stamp **2** (*fig.*) to brand
bollènte agg. boiling, hot
bollétta s.f. bill, note ◆ **essere in b.** to be broke
bollettìno s.m. **1** (*comunicato*) report, bulletin **2** (*pubblicazione*) news, list, gazette **3** (*modulo*) note, bill, form ◆ **b. meteorologico** weather report
bollìre v.tr. e intr. to boil
bollìto **A** agg. boiled **B** s.m. boiled meat
bollitóre s.m. kettle, boiler
bóllo s.m. **1** stamp **2** (*sigillo*) seal ◆ **b. di circolazione** road tax (stamp)
bolognése nella loc. avv. **alla b.** bolognese, Bolognese
bòma s.m. boom
bómba s.f. bomb
bombardaménto s.m. bombing, bombardment
bombardàre v.tr. **1** to bomb **2** (*fis., fig.*) to bombard
bombardière s.m. bomber
bombétta s.f. bowler (hat)
bómbola s.f. bottle, bomb, cylinder

bomboléttas s.f. spray
bombonièra s.f. bonbonnière, fancy sweet-box
bomprèsso s.m. bowsprit
bonàccia s.f. dead calm
bonàrio agg. kind, good-natured
bonìfica s.f. reclamation, drainage
bonificàre v.tr. to reclaim, to drain
bonìfico s.m. (*banca*) money transfer
bontà s.f. 1 goodness, kindness 2 (*buona qualità*) excellence, good quality 3 (*di cibo*) tastiness
boom s.m. inv. boom
borbottàre v.tr. to mumble, to grumble, to mutter
bòrchia s.f. 1 stud 2 (*autom.*) boss
bordèllo s.m. brothel
bórdo s.m. 1 hem, border, edge 2 (*naut.*) board ♦ **a b.** aboard, on board
borgàta s.f. village
borghése A agg. 1 middle-class (*attr.*), bourgeois 2 (*civile*) civilian B s.m. middle-class person ♦ **in b.** in civilian dress, in mufti
borghesìa s.f. bourgeoisie, middle class(es)
bórgo s.m. village
bòria s.f. arrogance, haughtiness
borotàlco s.m. talcum powder
borràccia s.f. water-bottle
bórsa[1] s.f. 1 bag, (*borsetta*) handbag 2 al pl. (*occhiaie*) bags *pl.* ♦ **b. da viaggio** travelling bag || **b. della spesa** shopping bag || **b. di studio** scholarship
bórsa[2] s.f. (*Borsa valori*) (Stock) Exchange
borsaiòlo s.m. pickpocket
borsanéra s.f. black market
borseggiatóre s.m. pickpocket
borsellìno s.m. 1 (*portamonete*) purse, change purse 2 (*portafoglio*) wallet
borsétta s.f. handbag
boscàglia s.f. brush, scrub
boscaiòlo s.m. woodman
boschìvo agg. wooded, woody
bòsco s.m. wood
boscóso agg. woody, wooded
bòssolo s.m. (cartridge) case
botànica s.f. botany
botànico A agg. botanic(al) B s.m. botanist ♦ **orto b.** botanic garden
bòtola s.f. trapdoor
bòtta s.f. 1 blow 2 (*rumore*) crash 3 (*fig.*) blow, shock ♦ **b. di fortuna** stroke of luck || **botte da orbi** free-for-all
bótte s.f. barrel, cask ♦ **volta a b.** barrel-vault
bottéga s.f. 1 (*negozio*) shop, store 2 (*laboratorio*) workshop, studio
bottegàio s.m. shopkeeper, storekeeper
botteghìno s.m. ticket office, (*teatro*) box office
bottìglia s.f. bottle ♦ **vino in b.** bottled wine
bottìno s.m. booty, loot
bòtto s.m. bang, shot ♦ **di b.** suddenly
bottóne s.m. button ♦ **b. automatico** press stud
boutique s.f. inv. boutique
bovìno A agg. bovine B s.m. al pl. cattle *pl.* ♦ **carne bovina** beef
box s.m. inv. 1 (*garage*) garage 2 (*per cavalli*) box 3 (*per auto da corsa*) pit 4 (*per bambini*) playpen ♦ **b. doccia** shower stall
boxe s.f. (*sport*) boxing
boxer s.m. pl. boxer shorts
boy scout s.m. e f. inv. boy scout (*anche est.*)
bòzza s.f. draft, (*tip.*) proof
bozzèllo s.m. block
bozzétto s.m. sketch
bòzzolo s.m. 1 cocoon 2 (*fig.*) shell
braccàre v.tr. to hunt (down)
braccétto nella loc. avv. **a b.** arm in arm
bracciàle s.m. armlet, bracelet
braccialétto s.m. bracelet
bracciànte s.m. (day-)labourer, worker ♦ **b. agricolo** farmhand
bracciàta s.f. 1 armful 2 (*nuoto*) stroke
bràccio s.m. 1 arm 2 al pl. f. (*manodopera*) hands *pl.*, labourers *pl.* 3 (*di edificio*) wing 4 (*di fiume*) arm, (*di mare*) strait 5 (*di gru*) jib, (*di bilancia*) beam 6 (*misura*) fathom, ell ♦ **in b.** in one's arms
bracciòlo s.m. arm
bràcco s.m. hound
bracconière s.m. poacher
bràce s.f. embers *pl.* ♦ **cuocere alla b.** to barbecue
bracière s.m. brazier
braciòla s.f. chop
bradisìsmo s.m. bradyseism
bramàre v.tr. to desire, to long for
brànca s.f. branch
brànchia s.f. gill
brànco s.m. 1 (*mandria*) herd, (*di lupi*) pack, (*di pecore, uccelli*) flock, (*di pesci*) shoal 2 (*spreg.*) (*banda*) gang, pack
brancolàre v.intr. to grope
brànda s.f. camp bed
brandèllo s.m. shred, scrap
brandìre v.tr. to brandish
bràno s.m. 1 piece (ES: *b. musicale* piece of music) 2 (*di testo*) passage
branzìno s.m. bass
brasàto A agg. braised B s.m. braised meat
brasiliàno agg. e s.m. Brazilian
bravàta s.f. boasting
bràvo agg. 1 (*abile*) clever, skilful, capable, fine, good 2 (*buono*) good ♦ **b.!** bravo!, well done!
bravùra s.f. cleverness, skill
bréccia s.f. breach, gap ♦ **fare b. nel cuore di qc.** to find a way into sb.'s heart
bretèlla s.f. brace, (*USA*) suspender
brève agg. short, brief ♦ **in b.** briefly || **tra b.** shortly
brevettàre v.tr. to patent
brevétto s.m. 1 patent 2 (*di pilota*) pilot's licence
brézza s.f. breeze

brìcco s.m. pot, jug
briccóne s.m. rascal, rogue
brìciola s.f. crumb ♦ **ridurre in briciole** to crumble, to break to bits
brìciolo s.m. bit
brìga s.f. trouble ♦ **attaccar b.** to start a quarrel
brigànte s.m. bandit, brigand
brigàre v.intr. to intrigue
brigàta s.f. **1** (*mil.*) brigade **2** (*compagnia*) party, company
brigatìsta s.m. e f. terrorist
brìglia s.f. **1** bridle **2** al pl. (*fig.*) reins *pl.* ♦ **a b. sciolta** at full speed
brillànte **A** agg. bright, brilliant **B** s.m. brilliant
brillàre **A** v.intr. **1** to shine, to glitter, to twinkle, to sparkle **2** (*distinguersi*) to shine **B** v.tr. (*una mina*) to set off
brìllo agg. (*fam.*) tipsy, drunk
brìna s.f. frost, hoarfrost
brindàre v.intr. to toast, to drink a toast ♦ **b. alla salute di qc.** to drink to sb.'s health
brìndisi s.m. toast ♦ **fare un b.** to drink a toast, to make a toast
brìo s.m. liveliness, (*fam.*) go ♦ **con b.** with spirit
brioche s.f. inv. **1** brioche **2** (*cornetto*) croissant
britànnico agg. British
brìvido s.m. shiver, shudder ♦ **far venire i brividi a qc.** to give sb. the chills
brizzolàto agg. greying, grey-haired
bròcca s.f. pitcher, jug
broccàto s.m. brocade
bròccolo s.m. broccoli
bròdo s.m. broth, (*minestra*) soup
brodóso agg. watery, thin
bròglio s.m. fraud
bronchìte s.f. bronchitis
bróncio s.m. pout ♦ **tenere il b.** to sulk, to pout
brónco s.m. bronchus
broncopolmonìte s.f. bronchopneumonia
brontolàre v.tr. e intr. to grumble, to mutter
bronzìna s.f. bush, bushing
brónzo s.m. bronze
browser s.m. inv. (*inform.*) browser
brucàre v.tr. to browse on, to nibble at
bruciacchiàre v.tr. to scorch
bruciànte agg. **1** burning **2** (*rapido*) dashing
bruciapélo nella loc. avv. **a b.** point-blank
bruciàre **A** v.tr. **1** to burn **2** (*incendiare*) to set fire to, to burn down **B** v.intr. **1** to burn, to blaze **2** (*causare bruciore*) to smart, to sting **3** (*scottare, provare un sentimento intenso*) to be burning **C** v.rifl. to burn oneself **D** v.intr. pron. to burn out
bruciàto **A** agg. burnt **B** s.m. **1** (*gusto*) burnt taste **2** (*odore*) smell of burning ♦ **sento puzza di b.** there is something fishy in it
bruciatóre s.m. burner
bruciatùra s.f. burning, burn
brucióre s.m. burning ♦ **b. di stomaco** heartburn
brùco s.m. caterpillar
brùfolo s.m. pimple
brughièra s.f. moor, heath
brulicàre v.intr. to swarm
brùllo agg. bare, bleak
brùma s.f. fog, mist
brùno agg. brown, dark
brùsco agg. **1** sharp, brusque **2** (*improvviso*) abrupt
brusìo s.m. buzz, buzzing
brutàle agg. brutal
brùto agg. e s.m. brute
brùtta s.f. rough copy
bruttézza s.f. ugliness
brùtto **A** agg. **1** ugly, nasty **2** (*cattivo, sfavorevole, sgradevole*) bad, nasty, unpleasant **B** s.m. **1** ugliness **2** (*persona brutta*) ugly person ♦ **brutta copia** rough copy || **brutta figura** poor figure || **b. tempo** bad weather || **b. voto** bad mark, bad grade
bruttùra s.f. ugly thing
bùca s.f. hole, pit ♦ **b. delle lettere** letter box, (*USA*) mailbox
bucanéve s.m. inv. snowdrop
bucàre **A** v.tr. **1** to hole **2** (*pneumatico*) to puncture **3** (*pungere*) to prick **B** v.rifl. e intr. pron. **1** to have a puncture **2** (*pungersi*) to prick oneself **3** (*drogarsi*) to shoot up
bucàto s.m. washing, laundry ♦ **fare il b.** to do the washing || **fresco di b.** freshly-laundered
bùccia s.f. **1** peel, rind, skin **2** (*di legumi*) pod, husk, (*USA*) shuck ♦ **pelle a b. d'arancia** orange-peel skin
bucherellàre v.tr. to riddle
bùco s.m. hole ♦ **b. dell'ozono** ozone hole
bucòlico agg. bucolic
buddìsmo s.m. Buddhism
budèllo s.m. **1** bowel, gut **2** (*per corde*) (cat)gut **3** (*vicolo*) alley
budìno s.m. pudding
bùe s.m. **1** ox **2** (*cuc.*) beef
bùfalo s.m. buffalo
bufèra s.f. storm ♦ **b. di neve** blizzard || **b. di vento** windstorm, gale
buffet s.m. inv. buffet
bùffo agg. **1** funny, droll **2** (*teatro*) comic, buffo
buffonàta s.f. buffoonery, tomfoolery
buffóne s.m. buffoon, fool, joker
buggeràre v.tr. to trick, to cheat
bugìa[1] s.f. lie, fib
bugìa[2] s.f. (*per candela*) candleholder
bugiàrdo **A** agg. lying **B** s.m. liar, fibber, storyteller
bugigàttolo s.m. poky little room, closet
bugnàto s.m. ashlar
bùio **A** agg. dark **B** s.m. darkness, dark
bùlbo s.m. bulb ♦ **b. oculare** eyeball
bùlgaro agg. e s.m. Bulgarian
bullóne s.m. bolt
bungalow s.m. inv. bungalow

bungee jumping s.m. inv. bungee jumping
bunker s.m. inv. bunker
buonaféde s.f. **1** good faith (ES: ***essere in b.*** to be in good faith) **2** (*ingenuità*) candour
buonanòtte s.f. e inter. good night
buonaséra s.f. e inter. good evening
buongiórno s.m. e inter. good morning
buongustàio s.m. gourmet
buongùsto s.m. good taste
buòno[1] **A** agg. **1** good, kind **2** (*di tempo*) fine, good **3** (*pregevole*) good, fine, first-rate **4** (*piacevole*) fine, nice, lovely **5** (*in esclamazioni*) good, happy, nice **B** s.m. **1** (the) good **2** (*persona buona*) good person ♦ **in b. stato** in good repair
buòno[2] s.m. **1** (*tagliando*) voucher, coupon **2** (*fin.*) bill, bond
buonsènso s.m. common sense
buontempóne s.m. jovial person
buonumóre s.m. high spirits *pl.*, good mood
burattinàio s.m. puppeteer
burattìno s.m. puppet
bùrbero agg. surly, gruff
bùrla s.f. joke, trick
burlàre **A** v.tr. to make a joke on, to play a trick on **B** v.intr. pron. to make fun of
burlésco agg. burlesque
burocràtico agg. bureaucratic
burocrazìa s.f. bureaucracy
burràsca s.f. storm, tempest, (*di vento*) gale
bùrro s.m. butter ♦ **b. di cacao** cacao butter
burróne s.m. ravine
bus s.m. inv. bus
buscàre v.tr. to get, to catch
bussàre v.intr. to knock, to tap
bùssola s.f. compass
bùsta s.f. **1** envelope **2** (*astuccio*) case
bustarèlla s.f. bribe
bùsto s.m. **1** (*arte*) bust **2** (*indumento*) corset
buttafuòri s.m. inv. bouncer, (*GB, pop.*) chucker-out
buttàre **A** v.tr. **1** (*lanciare*) to throw, to fling, to cast **2** (*gettare via*) to throw away, to waste **B** v.intr. (*di pianta*) to put out, to sprout **C** v.rifl. to throw oneself ♦ **b. giù** (*abbattere*) to knock down, to demolish, (*ingoiare*) to gulp down, to swallow, (*abbozzare*) to scribble, to rough out
bùzzo s.m. (*fam.*) potbelly
by-pass s.m. inv. bypass
bypassàre v.tr. to bypass

c, C

càbala s.f. cab(b)ala
cabalìstico agg. cab(b)alistic
cabìna s.f. **1** box, booth, hut **2** (*al mare*) bathing hut **3** (*naut.*) cabin **4** (*di ascensore, funivia*) cage ♦ **c. di pilotaggio** cockpit || **c. telefonica** telephone booth, telephone box
cabinàto s.m. (cabin) cruiser
cabinovìa s.f. cableway
cablàre v.tr. to cable
cabotàggio s.m. coasting trade
cacào s.m. **1** (*bot.*) cacao **2** (*prodotto*) cocoa
càcca s.f. poo, poop
càccia[1] s.f. **1** hunting, hunt, (*con fucile*) shooting **2** (*inseguimento*) chase ♦ **c. alla volpe** fox hunting || **c. al tesoro** treasure hunt || **c. grossa** big game hunting || **licenza di c.** game licence || **riserva di c.** game preserve, game reserve
càccia[2] s.m. (*aer.*) fighter ♦ **pilota di c.** fighter pilot
cacciabombardière s.m. (*aer.*) fighter-bomber
cacciagióne s.f. game
cacciàre **A** v.tr. **1** to hunt, to shoot **2** (*inseguire*) to chase **3** (*scacciare*) to drive away, to chase away, to throw out **4** (*fam.*) (*ficcare, mettere*) to thrust, to put, to stick **5** (*fam.*) (*emettere, tirare fuori*) to let out, to take out **B** v.rifl. **1** (*ficcarsi*) to plunge **2** (*andare a finire*) to get to ♦ **cacciarsi nei guai** to get into a mess
cacciatóre s.m. hunter, chaser
cacciavìte s.m. inv. screwdriver
cachemire s.m. inv. cashmere
càcio s.m. cheese
càctus s.m. inv. cactus
cadaùno agg. e pron. indef. each
cadàvere s.m. (dead) body, corpse
cadènte agg. **1** falling **2** (*di edificio*) crumbling, tumbledown **3** (*di persona*) decrepit ♦ **stella c.** shooting star
cadènza s.f. **1** cadence, rhythm **2** (*accento*) intonation **3** (*mus.*) cadenza, run
cadére v.intr. to fall, to drop
cadétto **A** agg. cadet (*attr.*) (ES: ***il figlio c.*** the cadet son) **B** s.m. cadet
cadùta s.f. **1** fall, drop **2** (*perdita*) loss **3** (*comm.*) drop, fall **4** (*di aereo*) crash ♦ **c. massi** falling rocks
cadùto agg. fallen
caffè s.m. **1** coffee **2** (*bar*) coffee house, coffee shop,

café ♦ **c. ristretto** strong coffee || **c. lungo** weak coffee || **c. solubile** instant coffee

caffeìna s.f. caffeine

caffellàtte s.m. inv. white coffee

caffettièra s.f. **1** coffeepot **2** (*macchinetta*) coffee-maker

cafóne s.m. boor

cagionàre v.tr. to cause

cagionévole agg. weak, sickly

cagliàre v.intr. e rifl. to curdle

càglio s.m. rennet

càgna s.f. bitch (*anche fig., spreg.*)

cagnésco agg. surly ♦ **guardare qc. in c.** to scowl at sb.

càla s.f. (*geogr.*) creek, cove

calabróne s.m. hornet

calamàio s.m. inkpot

calamàro s.m. squid

calamìta s.f. magnet

calamità s.f. calamity, disaster

calànco s.m. gully

calàre **A** v.tr. **1** to lower, to let down, to drop **2** (*a maglia*) to cast off **B** v.intr. **1** (*scendere*) to go down, to come down, to fall **2** (*tramontare*) to set **3** (*diminuire*) to fall, to ebb, to drop, (*di peso*) to lose weight **C** v.rifl. to let oneself down

càlca s.f. throng, crowd

calcàgno s.m. heel ♦ **alle calcagna di qc.** at sb.'s heels

calcàre[1] s.m. limestone

calcàre[2] v.tr. **1** (*calpestare*) to tread **2** (*premere*) to press, to press down **3** (*sottolineare*) to emphasize ♦ **c. la mano** to overdo

calcàreo agg. calcareous

càlce s.f. lime

calcestrùzzo s.m. concrete

calciàre v.tr. to kick

calciatóre s.m. footballer, (*USA*) soccer player

calcinàccio s.m. rubble

càlcio[1] s.m. (*chim.*) calcium

càlcio[2] s.m. **1** kick **2** (*sport*) football, (*USA*) soccer ♦ **c. d'angolo** corner || **c. di punizione** free kick || **c. di rigore** penalty || **partita di c.** football match

càlcio[3] s.m. (*di arma*) stock, butt

càlco s.m. **1** mould, cast **2** (*copia*) copy

calcolàre v.tr. **1** to calculate, to compute, to reckon **2** (*valutare*) to estimate, to evaluate **3** (*includere nel calcolo*) to count in, to include

calcolatóre s.m. computer

calcolatrìce s.f. calculator

càlcolo s.m. **1** calculation, reckoning, computation **2** (*mat.*) calcolus **3** (*med.*) calculus, stone

caldàia s.f. boiler

caldaménte avv. warmly, heartily

caldarròsta s.f. roast chestnut

caldeggiàre v.tr. to support (warmly)

càldo **A** agg. **1** warm, hot **2** (*fig.*) warm, ardent, fervent **B** s.m. heat, hot weather ♦ **fa c.** it's hot || **ho c.** I feel hot

caleidoscòpio s.m. kaleidoscope

calendàrio s.m. calendar

càlibro s.m. **1** (*di arma*) calibre, (*USA*) caliber **2** (*strumento*) gauge, callipers *pl.* **3** (*fig.*) calibre, (*USA*) caliber

càlice s.m. **1** goblet, calice **2** (*bot.*) calyx

calìgine s.f. haze

call center s.m. inv. call center

calligrafìa s.f. handwriting

calligràfico agg. calligraphic

callìsta s.m. e f. chiropodist

càllo s.m. corn, (*osseo*) callus

càlma s.f. calm ♦ **perdere la c.** to lose one's temper

calmànte **A** agg. calming **B** s.m. sedative

calmàre **A** v.tr. **1** to calm (down), to appease **2** (*lenire*) to soothe **B** v.intr. pron. **1** to calm down **2** (*placarsi*) to abate

calmière s.m. ceiling (price)

càlmo agg. calm

càlo s.m. fall, drop, loss

calóre s.m. heat, warmth ♦ **colpo di c.** heatstroke

calorìa s.f. calorie

calòrico agg. caloric, calorie (*attr.*)

calorìfero s.m. radiator

calorosaménte avv. warmly, heartily

calorόso agg. warm, hearty

calòtta s.f. cap

calpestàre v.tr. to trample on, to tread upon ♦ **è vietato c. l'erba** keep off the grass

calpestìo s.m. stamping

calùnnia s.f. slander

calùra s.f. great heat

calvàrio s.m. **1** (*relig.*) calvary **2** (*fig.*) ordeal, trial

calvinìsmo s.m. Calvinism

calvinìsta agg., s.m. e f. Calvinist

calvìzie s.f. inv. baldness

càlvo agg. bald

càlza s.f. **1** (*da donna*) stocking, (*da uomo*) sock **2** (*lavoro a maglia*) knitting

calzamàglia s.f. tights *pl.*

calzàre **A** v.tr. **1** (*mettere ai piedi*) to put on **2** (*indossare*) to wear **B** v.intr. to fit

calzascàrpe s.m. inv. shoehorn

calzatùra s.f. footwear ♦ **negozio di calzature** shoe shop

calzaturifìcio s.m. shoe factory

calzettóne s.m. knee sock

calzìno s.m. sock

calzolàio s.m. shoemaker, shoe repairer

calzolerìa s.f. shoemaker's shop, (*vendita*) shoe shop

calzoncìni s.m. pl. shorts *pl.*

calzóne s.m. **1** al pl. trousers *pl.*, (*USA*) pants *pl.* **2** (*tipo di pizza*) calzone

camaleónte s.m. chameleon

cambiàle s.f. bill
cambiaménto s.m. change
cambiàre **A** v.tr. e intr. to change **B** v.rifl. to change (one's clothes)
cambiavalùte s.m. e f. inv. money-changer
càmbio s.m. **1** change **2** (*scambio*) exchange **3** (*modifica*) alteration **4** (*econ.*) exchange, change **5** (*autom.*) gear ♦ **in c.** in exchange
cambùsa s.f. storeroom, galley
camèlia s.f. camellia
càmera s.f. **1** room **2** (*pol.*) Chamber, House **3** (*tecnol.*) chamber ♦ **c. a due letti** twin-bedded room || **c. ammobiliata** furnished room || **c. da letto** bedroom || **c. d'aria** inner tube || **si affittano camere** rooms to let
cameràta[1] s.f. dormitory
cameràta[2] s.m. companion
camerièra s.f. **1** (*al ristorante*) waitress, (*in albergo*) chambermaid, hotel maid **2** (*domestica*) (house)maid
camerière s.m. **1** (*al ristorante*) waiter **2** (*domestico*) manservant, butler
camerìno s.m. dressing room
càmice s.m. white coat
camicétta s.f. blouse, shirt
camìcia s.f. shirt ♦ **c. da notte** nightgown
caminétto s.m. fireplace
camìno s.m. **1** (*canna fumaria*) chimney **2** (*caminetto*) fireplace
càmion s.m. inv. lorry, (*USA*) truck ♦ **c. con rimorchio** lorry with trailer, (*USA*) trailer truck
camioncìno s.m. van, pick-up
camionìsta s.m. e f. lorry driver, (*USA*) truck driver
cammèllo s.m. camel ♦ **cappotto di c.** camel-hair coat || **color c.** camel-coloured
cammèo s.m. cameo
camminàre v.intr. **1** to walk, to go on foot **2** (*funzionare*) to work
camminàta s.f. **1** walk **2** (*andatura*) gait
cammìno s.m. **1** way, journey **2** (*itinerario*) route, path
camomìlla s.f. camomile (tea)
camòrra s.f. **1** camorra **2** (*est.*) gang
camòscio s.m. chamois ♦ **pelle di c.** shammy leather
campàgna s.f. **1** country, countryside **2** (*tenuta*) estate, property **3** (*mil.*) campaign **4** (*pubblicitaria*) campaign
campagnòlo **A** agg. country (*attr.*) **B** s.m. countryman
campàle agg. field (*attr.*)
campàna s.f. bell ♦ **c. di vetro** ball jar
campanàrio agg. bell (*attr.*)
campanèlla s.f. bell
campanèllo s.m. bell
campanìle s.m. bell tower, belfry
campanilìsmo s.m. parochialism
campàre v.intr. to live, to get by
campàta s.f. span, bay
campeggiàre v.intr. **1** to camp **2** (*risaltare*) to stand out
campeggiatóre s.m. camper
campéggio s.m. **1** (*il campeggiare*) camping **2** (*luogo*) campsite
campèstre agg. rural, country (*attr.*) ♦ **corsa c.** cross-country race
campionàrio **A** agg. sample (*attr.*), trade (*attr.*) **B** s.m. (set of) samples *pl.* ♦ **c. di tessuti** pattern book
campionàto s.m. championship
campióne agg. e s.m. **1** (*sport*) champion **2** (*esemplare*) sample
càmpo s.m. **1** field **2** (*mil.*) camp **3** (*sport*) field, ground, pitch **4** (*tel.*) roaming area, roaming range ♦ **non c'è c.** to be out of roaming range
camposànto s.m. cemetery, graveyard
camuffàre **A** v.tr. to disguise **B** v.rifl. to disguise oneself, to dress as
camùso agg. snub
canadése agg., s.m. e f. Canadian
canàglia s.f. scoundrel, rascal
canàle s.m. **1** canal **2** (*di mare*) channel **3** (*radio, tv*) channel **4** (*anat., biol.*) canal, duct
canalizzazióne s.f. canalization
cànapa s.f. hemp ♦ **c. indiana** cannabis
canarìno s.m. canary
canàsta s.f. canasta
cancellàre **A** v.tr. **1** to delete, (*con la gomma*) to erase, to rub out, (*con un frego*) to strike out, to cross out, (*con straccio, cancellino*) to wipe out **2** (*disdire, annullare*) to cancel **3** (*fig.*) to wipe out, to efface **B** v.intr. pron. to fade
cancellàta s.f. railing
cancellazióne s.f. cancellation, annulment
cancellerìa s.f. **1** (*pol.*) chancellery **2** (*articoli di cartoleria*) stationery
cancellière s.m. **1** (*pol.*) Chancellor **2** (*dir.*) registrar
cancèllo s.m. gate
cancerògeno agg. carcinogenic
cancrèna s.f. gangrene
càncro s.m. cancer
candéggio s.m. bleach
candéla s.f. **1** candle **2** (*autom.*) spark plug
candelàbro s.m. candelabrum
candelière s.m. candlestick, candelabrum
candidàto s.m. candidate
candidatùra s.f. candidature
càndido agg. **1** (snow-)white **2** (*innocente*) pure, innocent **3** (*sincero*) candid **4** (*ingenuo*) ingenuous
candìto s.m. candied fruit
càne s.m. dog ♦ **freddo c.** biting cold || **neanche un c.** there was not a soul || **c. poliziotto** police dog
canèstro s.m. basket
cànfora s.f. camphor
cangiànte agg. changing
cangùro s.m. kangaroo
canìle s.m. kennels *pl.*

canìno agg. e s.m. canine
cànna s.f. **1** reed, cane **2** (*bastone*) stick, cane **3** (*da pesca*) rod **4** (*di fucile*) barrel **5** (*di organo*) pipe **6** (*di bicicletta*) crossbar **7** (*spinello*) joint, reefer ◆ **c. da zucchero** sugar cane || **farsi una c.** to smoke a joint || **c. fumaria** chimney flue
cannèlla s.f. (*bot., cuc.*) cinnamon
cannéto s.m. cane thicket
cannìbale s.m. e f. cannibal
cannibalìsmo s.m. cannibalism
cannocchiàle s.m. spyglass, telescope
cannonàta s.f. **1** (*sparo*) gun **2** (*rimbombo dello sparo*) gunshot **3** (*fig.*) smasher
cannóne s.m. gun
cannùccia s.f. straw
canòa s.f. canoe
cànone s.m. **1** (*regola*) canon, rule **2** (*somma da pagare*) rent, fee **3** (*mus., relig.*) canon
canònica s.f. vicarage
canònico **A** agg. canonical **B** s.m. canon
canòro agg. singing, song (*attr.*)
canottàggio s.m. rowing, canoe racing
canottièra s.f. **1** (*intima*) vest **2** (*maglietta*) top, tank top
canòtto s.m. dinghy, small boat, (*di gomma*) rubber boat
canovàccio s.m. **1** (*per piatti*) dish cloth **2** (*per ricamo*) canvas **3** (*trama*) plot **4** (*schema*) sketch
cantànte s.m. e f. singer
cantàre **A** v.tr. to sing **B** v.intr. **1** to sing **2** (*del gallo*) to crow **3** (*fam.*) (*tradire*) to squeal
cantàta s.f. (*mus.*) cantata
cantautóre s.m. singer-songwriter
canticchiàre v.tr. e intr. to sing softly, to hum
cantière s.m. yard ◆ **c. edile** construction site || **c. navale** shipyard
cantilèna s.f. singsong
cantìna s.f. cellar
cànto s.m. **1** (*il cantare*) singing **2** (*componimento*) song, (*liturgico*) chant
cantonàta s.f. **1** corner **2** (*fig.*) blunder
cantóne s.m. **1** (*angolo*) corner **2** (*Svizzera*) canton
cantùccio s.m. nook
canzonàre v.tr. to make fun of, to tease
canzóne s.f. song
càos s.m. chaos
caòtico agg. chaotic
capàce agg. **1** able, capable **2** (*esperto*) skilful, clever **3** (*ampio*) large, spacious, capacious
capacità s.f. **1** (*abilità*) ability, capability, skill, cleverness **2** (*capienza*) capacity **3** (*dir.*) capacity **4** (*econ.*) power, capacity ◆ **c. di memoria** (*inform.*) storage capacity
capacitàre **A** v.tr. to persuade **B** v.rifl. to make out, to realize
capànna s.f. hut, cabin
capannèllo s.m. knot (of people)
capànno s.m. hut
capannóne s.m. **1** shed, warehouse **2** (*fienile*) barn, granary **3** (*aer.*) hanger
capàrbio agg. stubborn
capàrra s.f. deposit
capéllo s.m. hair ◆ **avere i capelli castani** to have brown hair
capezzàle s.m. bolster
capézzolo s.m. (*anat.*) nipple, (*zool.*) dug
capiènza s.f. capacity
capigliatùra s.f. hair
capillàre **A** agg. **1** capillary **2** (*fig.*) detailed **3** (*diffuso*) widespread, diffused **B** s.m. capillary (vessel)
capìre v.tr. to understand, to make out, to realize
capitàle[1] **A** agg. capital **B** s.f. capital (city)
capitàle[2] s.m. (*econ.*) capital ◆ **c. azionario** share capital
capitalìsmo s.m. capitalism
capitalìsta agg., s.m. e f. capitalist
capitanerìa s.f. harbour office
capitàno s.m. captain
capitàre v.intr. **1** (*accadere*) to happen, to occur **2** (*giungere*) to come, to turn up
capitèllo s.m. (*arch.*) capital
capitolàre v.intr. to capitulate
capìtolo s.m. chapter
capitómbolo s.m. tumble
càpo s.m. **1** (*testa*) head **2** (*estremità*) top, end, head **3** (*chi comanda*) boss, chief, leader **4** (*geogr.*) cape **5** (*di bestiame*) animal, head **6** (*di vestiario*) article ◆ **a c.** (*dettando*) new line || **da c.** over again
capodànno s.m. New Year's Day
capofamìglia s.m. e f. head of a family
capofìtto nella loc. avv. **a c.** headlong, headfirst, head downwards
capogìro s.m. giddiness
capolavóro s.m. masterpiece
capolìnea s.m. terminus
capolìno nella loc. **fare c.** to peep (in, out)
capoluògo s.m. chief town
caporàle s.m. corporal
caposcuòla s.m. e f. leader of a movement
capostazióne s.m. e f. stationmaster
capostìpite s.m. e f. **1** founder of a family **2** (*est.*) ancestor
capotàvola nella loc. **a c.** at the head of the table
capotrèno s.m. guard, (*USA*) conductor
capouffìcio s.m. e f. head clerk, (*fam.*) boss
capovòlgere **A** v.tr. **1** to turn upside down, to overturn **2** (*fig.*) to invert, to reverse **B** v.intr. pron. **1** to overturn, to capsize **2** (*fig.*) to be reversed
capovolgiménto s.m. **1** overturning **2** (*fig.*) upset
càppa s.f. **1** (*mantello*) mantle, cloak **2** (*di camino*) cowl, (*di cucina*) hood **3** (*naut.*) cope
cappèlla[1] s.f. **1** chapel **2** (*mus.*) choir
cappèlla[2] s.f. (*di fungo*) cap
cappellàno s.m. chaplain
cappèllo s.m. hat ◆ **c. a cilindro** top hat

càppero s.m. caper ♦ **capperi!** good heavens!
cappóne s.m. capon
cappottàre v.intr. to overturn
cappòtto s.m. (over)coat
cappuccìno[1] s.m. (*relig.*) Capuchin
cappuccìno[2] s.m. (*bevanda*) cappuccino
cappùccio s.m. hood, (*di penna*) cap
càpra s.f. goat
caprétto s.m. kid
caprìccio s.m. whim, caprice, fancy ♦ **fare i capricci** to be naughty
capricciόso agg. whimsical, capricious, (*di bambino*) naughty
Capricòrno s.m. (*astr.*) Capricorn
capriòla s.f. somersault ♦ **fare capriole** to somersault
capriòlo s.m. roe (deer)
càpro s.m. he-goat ♦ **c. espiatorio** scapegoat
càpsula s.f. **1** capsule **2** (*di dente*) crown
captàre v.tr. **1** (*radio*) to pick up **2** (*intercettare*) to tap
carabìna s.f. rifle
carabinière s.m. carabiniere ♦ **fare il c.** (*fig.*) to be bossy
caràffa s.f. carafe, decanter
caramèlla s.f. sweet, candy
caràto s.m. carat
caràttere s.m. **1** character, temper **2** (*caratteristica*) feature, characteristic **3** (*tip.*) type, character
caratterìstica s.f. characteristic, feature
caratterìstico agg. characteristic, typical
caratterizzàre v.tr. to characterize
carboidràto s.m. carbohydrate
carbóne s.m. coal
carbonizzàre v.tr. e intr. pron. **1** to carbonize, to char **2** (*bruciare*) to burn
carburànte s.m. fuel
carburatóre s.m. carburettor, (*USA*) carburetor ♦ **c. ingolfato** flooded carburettor
carcàssa s.f. **1** carcass **2** (*spreg.*) wreck
carceràrio agg. prison (*attr.*)
carceràto s.m. prisoner
càrcere s.m. jail, prison
carcerière s.m. jailor, warder
carciòfo s.m. artichoke
cardìaco agg. cardiac, heart (*attr.*) ♦ **attacco c.** heart attack || **insufficienza cardiaca** cardiac failure || **trapianto c.** heart transplant
cardinàle agg. e s.m. cardinal ♦ **punti cardinali** cardinal points
cardinalìzio agg. cardinal (*attr.*)
càrdine s.m. **1** hinge, pivot **2** (*fig.*) foundation
cardiocircolatòrio agg. cardiovascular
cardiologìa s.f. cardiology
cardiòlogo s.m. cardiologist
cardiopàtico agg. e s.m. cardiopath
càrdo s.m. thistle
carèna s.f. (*naut.*) hull
carènte agg. lacking, deficient
carènza s.f. **1** (*mancanza*) lack, want, deficiency **2** (*scarsità*) scarcity, shortage
carestìa s.f. famine
carézza s.f. caress
cariàtide s.f. (*arch.*) caryatid
cariàto agg. decayed
càrica s.f. **1** (*ufficio, dignità*) office, position **2** (*mil., elettr.*) charge **3** (*di orologio*) winding
caricabatterìe s.m. inv. battery charger ♦ **c. per auto** in-car charger || **c. da viaggio** travel charger
caricàre v.tr. **1** to load up **2** (*di merce, passeggeri*) to take on, to load **3** (*riempire*) to fill **4** (*gravare*) to burden, to overload **5** (*mil., elettr.*) to charge **6** (*orologio*) to wind up
caricatùra s.f. caricature
càrico **A** agg. **1** loaded, laden **2** (*elettr.*) charged **3** (*riempito*) filled **B** s.m. **1** (*merce*) load, cargo, freight **2** (*fig.*) burden, weight ♦ **a c. di** charged to, at expense of || **essere a c. di qc.** to be dependent on sb.
càrie s.f. inv. decay, caries, cavity
carìno agg. pretty, nice, cute
carìsma s.m. charisma
carismàtico agg. charismatic
carità s.f. **1** charity **2** (*elemosina*) alms *pl.* **3** (*favore*) favour
carlìnga s.f. nacelle
carnagióne s.f. complexion
càrne s.f. **1** flesh **2** (*alimento*) meat
carnéfice s.m. executioner
carneficìna s.f. slaughter, massacre
carnevàle s.m. carnival
carnìvoro **A** agg. carnivorous **B** s.m. carnivore
carnóso agg. plump, fleshy
càro agg. **1** dear, charming **2** (*costoso*) expensive, costly
carógna s.f. **1** carrion **2** (*fig.*) swine
caròta s.f. carrot
carovàna s.f. caravan, convoy
carovìta s.m. inv. high cost of living
carpentière s.m. carpenter
carpìre v.tr. to extort, to cheat, to do out of
carpóni avv. on all fours
carràbile agg. suitable for vehicles ♦ **passo c.** (*avviso*) driveway
carreggiàta s.f. carriageway, roadway, track
carrellàta s.f. **1** (*cin., tv*) tracking shot, dolly shot **2** (*fig.*) roundup
carrèllo s.m. **1** trolley, truck **2** (*aer.*) undercarriage **3** (*supermercato*) cart
carrétta s.f. **1** trap **2** (*est.*) (*veicolo malridotto*) jalopy
carrétto s.m. cart, handcart
carrièra s.f. career ♦ **di gran c.** at full speed
carriòla s.f. wheelbarrow

càrro s.m. car, wagon ♦ **c. armato** tank
carròzza s.f. carriage, coach
carrozzèlla s.f. **1** (*di piazza*) cab **2** (*sedia a rotelle*) wheelchair
carrozzerìa s.f. **1** (*autom.*) bodywork, body **2** (*officina*) body shop
carrozzière s.m. body repairer
carrozzìna s.f. pram, (*USA*) baby carriage
carrùcola s.f. pulley
càrta s.f. **1** paper **2** (*documento*) card, paper, document **3** (*da gioco*) (playing) card **4** (*geografica*) map, chart **5** (*statuto*) charter ♦ **c. da lettere** writing paper || **c. di credito** credit card || **c. d'identità** identity card || **c. d'imbarco** boarding card || **c. igienica** toilet paper || **c. SIM** SIM card
cartàccia s.f. waste paper
cartàceo agg. paper (*attr.*)
cartamonéta s.f. paper money
cartapésta s.f. papier-mâché
cartéggio s.m. correspondence
cartèlla s.f. **1** (*di cartone*) folder, file, (*per disegni, foto*) portfolio **2** (*valigetta*) briefcase, (*per scuola*) satchel **3** (*pagina*) page, sheet **4** (*fin.*) bond
cartellìno s.m. **1** label, tag, ticket **2** (*di presenza*) time card
cartèllo s.m. **1** sign-board, sign, notice **2** (*pubblicitario*) poster **3** (*stradale*) road sign
cartellóne s.m. poster, board
càrter s.m. inv. **1** (*di bicicletta*) guard, chain-guard **2** (*autom.*) case
cartièra s.f. paper mill
cartilàgine s.f. cartilage
cartìna s.f. **1** (*mappa*) map **2** (*per sigarette*) cigarette paper
cartòccio s.m. paper bag, cornet ♦ **al c.** in tinfoil
cartografìa s.f. cartography
cartogràfico agg. cartographic
cartolàio s.m. stationer
cartolerìa s.f. stationery shop
cartolìna s.f. card, postcard
cartomànte s.m. e f. fortune-teller
cartomanzìa s.f. cartomancy
cartóne s.m. **1** cardboard **2** (*scatola*) carton, box ♦ **cartoni animati** cartoons
cartùccia s.f. cartridge
carving s.m. inv. **1** (*stile di discesa*) carving **2** (*tipo di sci*) carver, carving ski
càsa s.f. **1** house, (*la propria abitazione*) home, (*appartamento*) flat **2** (*famiglia*) house, family **3** (*comm.*) house, firm, company ♦ **c. colonica** farmhouse || **c. da gioco** gambling house || **c. di riposo** rest home || **seconda c.** holiday home
casàcca s.f. **1** (*abito lungo*) tunic **2** (*sport*) jersey
casalìnga s.f. housewife
casalìngo agg. **1** (*di casa*) homely, domestic **2** (*che ama la casa*) home-loving **3** (*fatto in casa*) homemade **4** (*semplice*) plain, homely
casàto s.m. family, lineage
cascàre v.intr. to fall, to tumble
cascàta s.f. waterfall
cascìna s.f. farmhouse, dairy farm
càsco s.m. **1** helmet **2** (*di parrucchiere*) hair dryer **3** (*di banane*) bunch
caseggiàto s.m. block (of flats)
caseifìcio s.m. dairy
casèlla s.f. **1** (*di schedario*) pigeon-hole **2** (*riquadro*) square ♦ **c. postale** P.O. box || **c. di posta elettronica** e-mail account || **c. vocale** voice mail
casèllo s.m. (*di autostrada*) tollbooth
casèrma s.f. barracks *pl.*
casinìsta s.m. e f. (*fam.*) bungler
casìno s.m. **1** (*da caccia*) shooting lodge **2** (*bordello*) brothel **3** (*fam.*) (*chiasso*) row, mess
casinò s.m. inv. casino
càso s.m. **1** chance **2** (*fatto, vicenda*) case, event, affair **3** (*eventualità*) case ♦ **in c. contrario** otherwise || **in ogni c.** in any case || **per c.** by chance || **si dà il c. che...** it so happens that...
casolàre s.m. homestead, cottage
casomài **A** cong. in the event, if **B** avv. in case
càspita inter. good heavens!
càssa s.f. **1** case, chest, box **2** (*di negozio*) cash desk, counter **3** (*banca*) bank **4** (*bara*) coffin ♦ **c. continua** night safe || **registratore di c.** cash register
cassafòrte s.f. safe, strongbox
cassaintegràto s.m. redundant worker, laid-off worker
cassapànca s.f. chest, settle
casseruòla s.f. saucepan
cassétta s.f. **1** box **2** (*mus.*) cassette, tape ♦ **c. degli attrezzi** toolbox || **c. delle lettere** letterbox, (*USA*) mailbox || **film di c.** commercial film
cassétto s.m. drawer
cassière s.m. cashier
cassonétto s.m. **1** (*per persiane*) box, box shutter **2** (*per rifiuti*) rubbish bin, (*USA*) trash can
càsta s.f. caste
castàgna s.f. chestnut
castàgno s.m. chestnut
castàno agg. light brown, chestnut brown
castellàno s.m. lord of a castle
castèllo s.m. castle ♦ **letto a c.** bunk bed
castigàre v.tr. to punish
castigàto agg. chaste, decent
castìgo s.m. punishment
castità s.f. chastity
càsto agg. chaste, pure
castòro s.m. beaver
castràre v.tr. to castrate, to geld
casuàle agg. random, casual
casualménte avv. by chance, accidentally
cataclìsma s.m. cataclysm
catacómba s.f. catacomb
catalizzàto agg. catalyst-fitted ♦ **auto catalizzata** catalyzed car

catalogàre v.tr. to catalogue
catàlogo s.m. catalogue, (*USA*) catalog
catamaràno s.m. catamaran
catapécchia s.f. hovel, slum
catarifrangènte s.m. reflector
catàrro s.m. catarrh
catàsta s.f. stack, pile
catàsto s.m. land register
catàstrofe s.f. catastrophe, disaster
catastròfico agg. catastrophic
catechìsmo s.m. catechism
categorìa s.f. category ♦ **di prima c.** first-class
categòrico agg. categorical
caténa s.f. chain
catenàccio s.m. bolt
catenìna s.f. thin necklace
cateràtta s.f. cataract
catìno s.m. basin
catòrcio s.m. (*fig., fam.*) crock
catràme s.m. tar
càttedra s.f. **1** desk **2** (*posto di insegnante*) teaching post, (*all'università*) chair **3** (*seggio*) chair
cattedràle s.f. cathedral
cattedràtico s.m. professor
cattivèria s.f. **1** meanness, spite, (*di bambino*) naughtiness **2** (*azione*) wicked action
cattività s.f. captivity
cattìvo agg. **1** bad **2** (*sgradevole*) nasty, bad **3** (*di tempo*) bad, (*di mare*) rough **4** (*malvagio*) wicked **5** (*di bambino*) naughty ♦ **in c. stato** in bad repair
cattolicésimo s.m. Catholicism
cattòlico agg. e s.m. Catholic
cattùra s.f. capture, (*arresto*) arrest
catturàre v.tr. to capture, to seize, to arrest
caucciù s.m. caoutchouc, India rubber
càusa s.f. **1** cause **2** (*dir.*) suit, case ♦ **a c. di** because of, owing to || **c. civile** civil suit || **c. penale** criminal case || **far c. a qc.** to sue sb.
causàle **A** agg. causal **B** s.f. cause, reason
causàre v.tr. to cause, to bring about
càustico agg. caustic
cautèla s.f. caution
cautelàrsi v.rifl. to take precautions
càuto agg. cautious, careful
cauzióne s.f. **1** security, deposit, caution (money) **2** (*dir.*) bail ♦ **essere rilasciato su c.** to be released on bail
càva s.f. quarry, pit
cavalcàre v.tr. e intr. to ride (horseback)
cavalcàta s.f. (horseback) ride
cavalcavìa s.m. inv. flyover, overpass
cavalcióni nella loc. avv. **a c.** astride
cavalière s.m. **1** (*chi cavalca*) rider **2** (*stor.*) knight **3** (*mil.*) cavalryman **4** (*chi accompagna una donna*) escort, partner
cavallerésco agg. chivalrous
cavallerìa s.f. **1** (*mil.*) cavalry **2** (*stor.*) chivalry **3** (*comportamento*) chivalry, gallantry
cavallerìzzo s.m. horseman
cavallétta s.f. grasshopper
cavallétto s.m. **1** trestle **2** (*per pittore*) easel **3** (*fot.*) tripod
cavàllo s.m. **1** horse **2** (*scacchi*) knight **3** (*cavallo vapore*) horsepower **4** (*di pantaloni*) crotch ♦ **andare a c.** to ride (horseback)
cavallóne s.m. breaker
cavàre v.tr. **1** (*tirare fuori*) to take out, to draw, to pull out **2** (*togliere*) to take off, to remove **3** (*ricavare*) to get, to obtain **4** (*cavarsela*) to get off
cavatàppi s.m. inv. corkscrew
càvea s.f. cavea
cavèrna s.f. cave, cavern
càvia s.f. guinea pig
caviàle s.m. caviar
cavìglia s.f. ankle
caviglièra s.f. anklet
cavìllo s.m. cavil
cavità s.f. cavity, hollow
càvo[1] **A** agg. hollow **B** s.m. cavity, hollow ♦ **c. orale** buccal cavity
càvo[2] s.m. **1** (*elettr.*) cable **2** (*fune*) rope ♦ **cavi della batteria** jumper cables
cavolfióre s.m. cauliflower
cavolìni di Bruxelles s.m. pl. Brussels sprouts *pl.*
càvolo s.m. cabbage
cazzàta s.f. **1** piece of bullshit, piece of shit (ES: ***dici un sacco di cazzate*** you're talking a load of bullshit) **2** (*errore*) cock-up, balls-up **3** (*cosa facile*) piece of cake **4** (*cosa di poca importanza*) no great shakes.
càzzo **A** s.m. dick **B** inter. shit!
cazzòtto s.m. punch
cazzuòla s.f. trowel
CD s.m. inv. CD, compact disc
cd-rom s.m. inv. CD-ROM
ce **A** particella pron. to us, us (ES: ***perché non ce l'hai detto prima?*** why didn't you tell us before?) **B** avv. there (ES: ***quanti gatti ci sono? ce n'è uno*** how many cats are there? there is one)
céce s.m. chickpea
cecità s.f. blindness
cèco agg. e s.m. Czech
cèdere **A** v.tr. **1** (*dare*) to give **2** (*trasferire*) to hand over, to transfer **3** (*vendere*) to sell **4** (*consegnare*) to surrender, (*con trattato*) to cede **B** v.intr. **1** (*arrendersi*) to surrender, to yield **2** (*sprofondare, rompersi*) to give way
cedévole agg. **1** yielding **2** (*di terreno*) soft
cèdola s.f. coupon
cédro s.m. **1** (*agrume*) citron **2** (*albero*) cedar
cèduo agg. **bosco c.** coppice
cefalèa s.f. cephalalgy, headache
cèffo s.m. (*spreg.*) mug
ceffóne s.m. slap, cuff

celàre **A** **v.tr.** to conceal, to hide **B** **v.rifl.** to hide oneself, to conceal oneself, to be hidden
celebèrrimo **agg.** very famous
celebrànte **s.m.** celebrant
celebràre **v.tr.** to celebrate
celebrazióne **s.f.** celebration
cèlebre **agg.** famous, renowned
celebrità **s.f.** celebrity
cèlere **agg.** swift, quick
celèste **A** **agg.** **1** (*del cielo*) heavenly, celestial **2** (*colore*) light blue **B** **s.m.** light blue
cèlibe **agg.** single, unmarried
cèlla **s.f.** cell ♦ **c. frigorifera** cold store, walk-in freezer
cèllula **s.f.** cell
cellulàre **A** **agg.** cellular **B** **s.m.** (*tel.*) mobile phone, cellular phone
cellulìte **s.f.** **1** (*accumulo*) cellulite **2** (*infiammazione*) cellulitis
cèltico **agg.** e **s.m.** Celtic
cementàre **v.tr.** e **intr. pron.** to cement
ceménto **s.m.** cement
céna **s.f.** dinner, supper
cenàre **v.intr.** to have dinner, to have supper, to dine
céncio **s.m.** rag
cencióso **agg.** ragged
cénere **s.f.** ash(es) ♦ **color c.** ashy
cénno **s.m.** **1** sign, gesture, (*con il capo*) nod, (*con la mano*) wave **2** (*allusione*) hint, mention **3** (*breve notizia*) notice, note **4** **al pl.** (*breve trattato*) outline
censiménto **s.m.** census
censóre **s.m.** censor
censùra **s.f.** censorship
censuràre **v.tr.** **1** to censor **2** (*fig.*) to blame
centàuro **s.m.** **1** centaur **2** (*motociclista*) motorcyclist
centenàrio **A** **agg.** **1** (*che ha cento anni*) hundred-year-old, (*di persona*) centennial **2** (*che ricorre ogni cento anni*) centenary **B** **s.m.** **1** (*anniversario*) centenary **2** (*persona*) centenarian
centesimàle **agg.** centesimal
centèsimo **A** **agg. num. ord.** hundredth **B** **s.m.** **1** (*la centesima parte*) (the, a) hundredth **2** (*moneta*) cent, penny
centìgrado **agg.** centigrade
centìmetro **s.m.** centimetre, (*USA*) centimeter
centinàio **s.m.** hundred ♦ **a centinaia** by hundreds
cènto **agg. num. card.** e **s.m.** (a, one) hundred ♦ **per c.** per cent
centotrédici **s.m. inv.** **1** emergency police telephone number **2** (*est.*) emergency squad
centràggio **s.m.** cent(e)ring
centràle **A** **agg.** central **B** **s.f.** plant, station
centralinìsta **s.m.** e **f.** operator
centralìno **s.m.** (*tel.*) exchange, (*di albergo*) switchboard
centralizzàre **v.tr.** to centralize
centràre **v.tr.** **1** (*colpire al centro*) to hit the centre of **2** (*mettere al centro*) to centre **3** (*fig.*) to grasp fully
centravànti **s.m. inv.** centre forward
centrìfuga **s.f.** **1** centrifuge **2** (*della lavatrice*) spin-dry
centrìfugo **agg.** centrifugal
centrìpeto **agg.** centripetal
cèntro **s.m.** **1** centre, (*USA*) center **2** (*città*) town, (*USA*) downtown ♦ **andare in c.** to go into town, (*USA*) to go downtown || **c. commerciale** shopping centre, mall
centrocàmpo **s.m.** centre field
céppo **s.m.** **1** (*d'albero*) stump, (*da ardere*) log **2** (*mecc.*) stock
céra[1] **s.f.** wax ♦ **c. vergine** beewax || **museo delle cere** waxworks
céra[2] **s.f.** (*aspetto*) air, look
ceràmica **s.f.** ceramics *pl.* (*v. al sing.*), pottery
ceramìsta **s.m.** e **f.** ceramist
cerbiàtto **s.m.** fawn
cérca **s.f.** search
cercàre **A** **v.tr.** **1** to look for, to search for, to seek **2** (*richiedere*) to ask for, to want **3** (*consultando*) to look up **B** **v.intr.** to try
cérchia **s.f.** circle
cérchio **s.m.** **1** circle, ring, round **2** (*di ruota*) rim **3** (*di botte*) hoop
cerchióne **s.m.** rim
cereàle **s.m.** cereal
cerimònia **s.f.** ceremony ♦ **senza cerimonie** without ceremony
cerìno **s.m.** (wax) match
cèrnia **s.f.** grouper
cernièra **s.f.** hinge ♦ **c. lampo** zip, zipper
cèrnita **s.f.** selection
céro **s.m.** candle
ceròtto **s.m.** plaster
certaménte **avv.** certainly, surely, of course
certézza **s.f.** certainty
certificàre **v.tr.** to certify
certificàto **A** **s.m.** certificate **B** **agg.** certified
cèrto[1] **A** **agg. indef.** **1** certain (ES: ***un c. giorno*** a certain day) **2** (*qualche, un po' di*) some (ES: ***dopo un c. tempo*** after some time) **3** (*di tale genere*) such (ES: ***certe persone*** such people) **B** **pron. indef. al pl.** some (people)
cèrto[2] **A** **agg.** certain, sure **B** **avv.** certainly, of course
certósa **s.f.** Chartreuse
cervellétto **s.m.** cerebellum
cervèllo **s.m.** **1** brain **2** (*fig.*) brain, mind ♦ **lambiccarsi il c.** to rack one's brains || **senza c.** brainless
cervicàle **agg.** cervical
cèrvo **s.m.** deer
cesellàre **v.tr.** **1** to chisel **2** (*fig.*) to polish
cesèllo **s.m.** chisel
cesóia **s.f.** shears *pl.*

cespùglio s.m. bush
cessàre v.tr. e intr. to cease, to stop
cessióne s.f. assignment
cèsso s.m. (*fam.*) bog
césta s.f. basket
cestìno s.m. basket ◆ **c. per i rifiuti** litterbin, wastebasket
césto s.m. basket
cèto s.m. class
cetriolìno s.m. gherkin
cetriòlo s.m. cucumber
chadòr s.m. inv. chador, chuddar
champagne s.m. inv. champagne
chat s.f. inv. chat ◆ **c. line** chat line
chattàre v.intr. to chat
che[1] **A** agg. interr. **1** (*riferito a un numero indefinito di cose o persone*) what (ES: ***c. città preferisci?*** what town do you like best?) **2** (*riferito a un numero limitato di cose o persone*) which (ES: ***c. città della Francia preferisci?*** which French town do you like best?) **B** pron. interr. what (ES: ***c. stai facendo?*** what are you doing?)
che[2] **A** agg. escl. **1** (*quale*) what (ES: ***c. festa noiosa!*** what a boring party!) **2** (*come*) how (ES: ***c. strano!*** how strange!) **B** pron. escl. what (ES: ***c. dici!*** what are you saying!)
che[3] pron. rel. **1** (*sogg. riferito a persona*) who, that, (*sogg. riferito a cose o animali*) which, that (ES: ***il ragazzo c. cadde dal tetto*** the boy who fell off the roof; ***l'albero c. cresce in giardino*** the tree which grows in the garden) **2** (*ogg. riferito a persona*) whom, who, that, (*ogg. riferito a cose o animali*) which, that (*spesso sottinteso*) (ES: ***il ragazzo c. ho visto questa mattina*** the boy (whom) I've seen this morning; **il libro c. vedi** the book (which) you see) **3** (*in cui, quando, con cui, per cui*) in which, on which, when (*spesso sottinteso*) (ES: ***l'anno c. andammo in Italia*** the year (when) we went to Italy) **4** (*la qual cosa, il che*) which (ES: ***mio fratello non può venire, il c. è un vero peccato*** my brother cannot come, which is a real pity) **5** (*correl. di stesso, medesimo*) as, that
che[4] pron. indef. (*qualcosa*) something (ES: ***c'è un c. di strano in quella casa*** there's something strange about that house)
che[5] cong. **1** (*dichiarativa dopo i verbi che esprimono opinione, sentimento ecc.*) that (*spesso sottinteso*) (ES: ***mi dispiace c. tu non riesca a dormire*** I'm sorry (that) you can't sleep) **2** (*dichiarativa dopo i verbi che esprimono volontà o comando o dopo loc. impers.*) *idiom.* (ES: ***vorrei c. tu non venissi*** I wish you wouldn't come) **3** (*consecutiva*) that (ES: ***ti sei svegliato così tardi c. hai perso l'autobus*** you woke up so late that you missed the bus) **4** (*finale*) that (*spesso sottinteso*) (ES: ***bada c. non ti caschi*** be careful (that) you don't drop it) **5** (*comparativa*) than (ES: ***più c. mai*** more than ever) **6** (*temporale*) when, since, for, after (ES: ***arrivai c. tutto era già finito*** everything was already over when I got there) **7** (*eccettuativa*) only, but (ES: ***non fa altro c. dormire*** he does nothing but sleep) **8** (*disgiuntiva*) whether (ES: ***c. tu venga o no*** whether you come or not)
chetichèlla nella loc. avv. **alla c.** secretly ◆ **entrare/uscire alla c.** to slip in/away
chi[1] pron. rel. **1** (*colui, colei che*) who, the person (man, boy ecc.) who, (*coloro che*) who, those who (ES: ***non conosco c. ha scritto quel libro*** I don't know who wrote that book) **2** (*chiunque*) whoever, anyone who (ES: ***c. vuole entrare deve suonare due volte il campanello*** anyone who wants to come in must ring the bell twice) **3** (*qualcuno che*) someone who, somebody who, (*in frasi neg.*) no one who, nobody who, anyone who, anybody who (ES: ***c'è c. mi aiuterà*** there's someone who will help me; ***non trovo c. mi dia retta*** I don't find anyone who pays attention to me) **4** (*chi... chi*) some... some, someone... someone (ES: ***c. viene, c. va*** some come, some go)
chi[2] pron. interr. **1** (*sogg.*) who (ES: ***c. è?*** who is it?) **2** (*ogg. e compl. ind.*) whom, who (ES: ***a c. scrivi?*** who are you writing to?)
chiàcchiera s.f. **1** chat, talk **2** (*pettegolezzo*) gossip, (*notizia infondata*) rumor
chiacchieràre v.intr. **1** to chat, to talk **2** (*spettegolare*) to gossip
chiacchieràta s.f. chat, talk
chiacchieróne s.m. **1** chatterer **2** (*pettegolo*) gossiper
chiamàre **A** v.tr. **1** to call **2** (*al telefono*) to phone, to ring up **3** (*dare nome*) to name **B** v.intr. pron. to be called ◆ **come ti chiami?** what is your name?
chiamàta s.f. call ◆ **c. alle armi** call-up
chiaraménte avv. clearly
chiarézza s.f. clearness, clarity ◆ **fare c. su q.c.** to shed light on st.
chiariménto s.m. explanation
chiarìre **A** v.tr. to clear up, to explain **B** v.intr. pron. to become clear
chiàro **A** agg. **1** clear **2** (*di colore*) light **3** (*luminoso*) bright **4** (*evidente*) clear, evident **B** avv. **1** clearly **2** (*con franchezza*) frankly
chiaroscùro s.m. chiaroscuro, light and shade
chiaroveggènte agg., s.m. e f. clairvoyant
chiàsso s.m. uproar, noise
chiassóso agg. **1** rowdy, noisy **2** (*fig.*) gaudy
chiàve s.f. **1** key **2** (*mecc.*) spanner, (*USA*) wrench **3** (*mus.*) clef
chiavistèllo s.m. bolt
chiàzza s.f. spot, stain ◆ **a chiazze** patchy
chic agg. inv. stylish
chìcco s.m. (*di cereale*) grain, (*di caffè*) coffeebean, (*d'uva*) grape ◆ **c. di grandine** hailstone
chièdere **A** v.tr. **1** (*per sapere*) to ask **2** (*per avere*) to ask for **3** (*come prezzo*) to charge **4** (*richiedere*) to demand, to require **B** v.intr. pron. to wonder
chièrico s.m. cleric

chièsa s.f. church
chìglia s.f. keel
chìlo s.m. kilo
chilogràmmo s.m. kilogram(me)
chilomètrico agg. kilometric
chilòmetro s.m. kilometre, (*USA*) kilometer
chìmica s.f. chemistry
chìmico **A** agg. chemical **B** s.m. chemist
chìna s.f. **1** slope **2** (*inchiostro*) Indian ink
chinàre **A** v.tr. to bend, to bow, to lower **B** v.rifl. to stoop, to bend down
chincaglierìa s.f. trinkets *pl.*, fancy goods *pl.*
chiòccia s.f. brooding hen
chiòcciola s.f. **1** snail **2** (*inform.*) at ♦ **scala a c.** winding staircase, spiral stairs
chiòdo s.m. **1** nail, (*da roccia*) piton, (*da scarpe*) hobnail **2** (*fig.*) (*idea fissa*) fixed idea ♦ **c. di garofano** clove
chiòma s.f. **1** hair **2** (*di albero*) foliage
chiòsco s.m. kiosk, stall, stand
chiòstro s.m. cloister
chip s.m. inv. (*elettron.*) chip
chiromànte s.m. e f. chiromancer
chirurgìa s.f. surgery
chirùrgico agg. surgical (*anche fig.*)
chirùrgo s.m. surgeon
chissà avv. **1** who knows, I wonder **2** (*forse*) perhaps, maybe
chitàrra s.f. guitar
chitarrìsta s.m. e f. guitarist
chiùdere **A** v.tr. **1** to shut, to close **2** (*recingere*) to enclose **3** (*concludere*) to conclude, to end **4** (*rinchiudere*) to shut up **5** (*spegnere*) to turn off, to switch **B** v.intr. to close **C** v.rifl. e intr. pron. **1** to close **2** (*concentrarsi*) to withdraw ♦ **c. un occhio su** to turn a blind eye to
chiùnque **A** pron. indef. anyone, anybody (ES: ***c. è capace di farlo*** anybody can do it) **B** pron. rel. indef. **1** (*sogg.*) whoever, (*compl.*) who(m)ever, anyone, anybody (ES: ***c. telefoni, digli che sono uscito*** whoever calls, tell him I'm out; ***c. tu conosca, ignoralo*** ignore anyone you know) **2** (*seguito da part.*) whichever (ES: ***c. di loro arrivi, fallo sedere*** whichever of them comes, let him sit down)
chiùsa s.f. lock
chiùso agg. **1** closed, shut **2** (*racchiuso*) enclosed **3** (*di persona*) reserved, closed
chiusùra s.f. **1** closing, shutting **2** (*fine*) end, close **3** (*allacciatura*) fastening **4** (*serratura*) lock ♦ **c. centralizzata** (remote) central locking || **c. lampo** zip
ci[1] **A** pron. pers. 1ª p. pl. **1** (*compl. ogg.*) us, (*compl. di termine*) (to) us (ES: ***non ci hanno chiamato*** they didn't call us) **2** (*riflessivo*) ourselves (*spesso sottinteso*) (ES: ***non ci siamo vestiti come dovremmo*** we did't dress ourselves as we should) **3** (*reciproco*) each other, one another (ES: ***ci vediamo ogni domenica*** we see each other every Sunday) **B** pron. dimostr. this, that, it (ES: ***non ci credo*** I don't believe it)
ci[2] avv. **1** (*qui*) here, (*là*) there, (*per questo luogo*) through (ES: ***ci vado sempre*** I always go there) **2** (*con il v. essere*) there (ES: ***c'è*** there is; ***ci sono*** there are)
ciabàtta s.f. **1** slipper, mule **2** (*pane*) flat loaf of bread
ciàlda s.f. wafer
ciambèlla s.f. **1** (*dolce*) bun, doughnut **2** (*salvagente*) life buoy, life saver
cianfrusàglia s.f. junk, knick-knacks *pl.*
ciào inter. **1** (*incontrandosi*) hello, (*USA*) hi **2** (*accomiatandosi*) bye-bye, so long, cheerio
ciarlatàno s.m. charlatan, quack
ciascùno **A** agg. indef. **1** (*ogni*) every **2** (*distributivo*) each **B** pron. indef. **1** (*ognuno*) everybody, everyone **2** (*distributivo*) each (one)
cibàre **A** v.tr. to feed, to nourish **B** v.rifl. to feed, to eat
cìbo s.m. food
cicàla s.f. cicada
cicalìno s.m. beeper
cicatrìce s.f. scar
cìcca[1] s.f. (*di sigaretta*) cigarette end
cìcca[2] s.f. chewing gum, gum
cicchétto s.m. (*pop.*) nip
cìccia s.f. (*fam.*) flesh
ciccióne s.m. (*fam.*) fatty
ciceróne s.m. guide, cicerone
cìclico agg. cyclic
ciclìsmo s.m. cycling
ciclìsta s.m. e f. **1** cyclist **2** (*chi ripara biciclette*) bicycle repairer
cìclo s.m. cycle
ciclomotóre s.m. motor-bicycle, moped
ciclóne s.m. cyclone
ciclòpico agg. cyclopean
cicógna s.f. stork
cicòria s.f. chicory
cièco agg. blind ♦ **vicolo c.** blind alley
cièlo s.m. sky, (*letter.*) heaven
cìfra s.f. **1** figure, digit, numeral, number **2** (*somma*) amount **3** (*monogramma*) cipher, monogram
cìglio s.m. **1** al pl. eyelashes *pl.* **2** (*bordo*) edge, brink, border ♦ **senza batter c.** without flinching, without batting and eye
cìgno s.m. swan
cigolàre v.intr. to creak, to squeak
cigolìo s.m. creaking, squeaking
cilécca nella loc. **fare c.** (*fig.*) to be no-go, to fail
ciliègia s.f. cherry
ciliègio s.m. cherry
cilindràta s.f. (piston) displacement ♦ **auto di grossa c.** high-powered car
cilìndrico agg. cylindrical
cilìndro s.m. **1** cylinder **2** (*cappello*) top hat

cìma s.f. **1** top, peak, summit **2** (*naut.*) line, rope **3** (*fig.*) genious
cimèlio s.m. relic, antique
cìmice s.f. bug
ciminièra s.f. chimney
cimiteriàle agg. cemeterial
cimitèro s.m. graveyard, cemetery, (*presso una chiesa*) churchyard
cimùrro s.m. distemper
cinàbro s.m. cinnabar
cincìn inter. cheers
cineamatóre s.m. amateur film-maker
cìnema s.m. inv. cinema, films *pl.* ♦ **c. multisala** multiplex
cinematogràfico agg. cinematographic, film (*attr.*)
cineprésa s.f. (cine) camera
cineràrio agg. cinerary
cinése agg., s.m. e f. Chinese
cinètico agg. kinetic
cìngere v.tr. **1** to gird **2** (*circondare*) to encircle, to surround
cìnghia s.f. strap, belt
cinghiàle s.m. (wild) boar
cinguettàre v.intr. to chirp, to twitter
cinguettìo s.m. chirping, twittering
cìnico **A** agg. cynical **B** s.m. cynic
cinìsmo s.m. cynicism
cinòfilo s.m. canophilist, dog lover ♦ **unità cinofila** dog unit
cinquànta agg. num. card. e s.m. inv. fifty
cinquantèsimo agg. num. ord. e s.m. fiftieth
cinquantìna s.f. about fifty
cìnque agg. num. card. e s.m. inv. five
cinquecentésco agg. sixteenth-century (*attr.*)
cinquecènto agg. num. card. e s.m. inv. five hundred
cìnta s.f. **1** (*cerchia di mura*) walls *pl.* **2** (*di giardino, terreno*) wall
cintùra s.f. belt ♦ **c. di sicurezza** safety belt, seat belt
cinturìno s.m. strap
ciò pron. dimostr. this, that, it ♦ **c. che** what || **c. nonostante** in spite of this, nevertheless || **con tutto c.** for all that
ciòcca s.f. lock
cioccolàta s.f. chocolate ♦ **c. calda** hot chocolate || **c. al latte/fondente** milk/dark chocolate
cioccolatìno s.m. chocolate
cioccolàto s.m. → ***cioccolata***
cioè avv. **1** that is, i.e. (*id est*), namely **2** (*con valore di rettifica*) better, or rather ♦ **c.?** what do you mean?, which is?
ciondolàre v.intr. **1** to dangle **2** (*bighellonare*) to lounge about
cióndolo s.m. pendant
ciononostànte avv. nevertheless, in spite of this
ciòtola s.f. bowl
ciòttolo s.m. **1** pebble, cobble **2** (*per pavimentazione*) cobblestone
cipìglio s.m. scowl, frown
cipólla s.f. onion
cìppo s.m. cippus
ciprèsso s.m. cypress
cìpria s.f. (face) powder
cìrca **A** avv. about, approximately **B** prep. with regard to, about, concerning
cìrco s.m. circus
circolànte agg. circulating ♦ **biblioteca c.** lending library || **moneta c.** currency
circolàre[1] **A** agg. circular **B** s.f. circular (letter)
circolàre[2] v.intr. to circulate
circolazióne s.f. **1** circulation **2** (*traffico*) traffic
cìrcolo s.m. **1** circle **2** (*associazione*) club ♦ **entrare in c.** to enter the bloodstream
circoncisióne s.f. circumcision
circondàre **A** v.tr. to surround, to encircle **B** v.rifl. to surround oneself
circonferènza s.f. circumference
circonvallazióne s.f. ring road
circoscrìvere v.tr. to circumscribe
circoscrizióne s.f. district ♦ **c. elettorale** constituency
circospètto agg. circumspect, cautious
circostànte agg. surrounding
circostànza s.f. circumstance
circùito s.m. **1** circuit **2** (*percorso*) track, course
cistercènse agg. Cistercian
cistèrna s.f. cistern, tank ♦ **nave c.** tanker
cìsti s.f. cyst
citàre v.tr. **1** to cite, to mention **2** (*da un libro, da un discorso*) to quote **3** (*dir.*) to summon, (*fare causa*) to sue
citazióne s.f. **1** citation, mention **2** (*da un libro, da un discorso*) quotation **3** (*dir.*) summons
citòfono s.m. entry phone
città s.f. town, (*importante*) city ♦ **c. d'arte** city of art
cittadèlla s.f. citadel
cittadinànza s.f. **1** nationality, citizenship **2** (*popolazione di città*) citizens *pl.*
cittadìno **A** agg. town (*attr.*), city (*attr.*) **B** s.m. citizen
ciucciàre v.tr. to suck
ciùccio s.m. pacifier
ciùco s.m. ass, donkey
ciùffo s.m. bangs *pl.*, tuft
civétta s.f. **1** (*zool.*) owl **2** (*fig.*) coquette ♦ **far la c.** to flirt, to play coquette
cìvico agg. civic
civìle agg. civil
civilizzazióne s.f. civilization
civiltà s.f. **1** civilization, culture **2** (*cortesia*) civility
clàcson s.m. inv. horn (ES: ***suonare il c.*** to blow the horn)
clamóre s.m. outcry
clamoróso agg. clamorous
clandestìno **A** agg. clandestine **B** s.m. stowaway

clarinétto s.m. clarinet
clàsse s.f. class
classicìsmo s.m. classicism
classicìsta s.m. e f. classicist
classicità s.f. classical antiquity
clàssico **A** agg. classic(al) **B** s.m. classic
classìfica s.f. classification, results *pl.*
classificàre **A** v.tr. to classify **B** v.rifl. to come, to be placed
classificazióne s.f. **1** classification **2** (*valutazione*) evaluation
classìsta agg. class (*attr.*), class-conscious
clàusola s.f. clause
claustrofobìa s.f. claustrophobia
clausùra s.f. seclusion ♦ **suora di c.** cloistered nun
clàva s.f. club
clavicémbalo s.m. harpsichord
clavìcola s.f. clavicle
clemènte agg. **1** (*di persona*) clement, lenient, merciful **2** (*di tempo*) mild
clemènza s.f. **1** (*di persona*) clemency, leniency, mercifulness **2** (*di clima*) mildness **3** (*dir.*) mercy
cleptòmane agg., s.m. e f. kleptomaniac
clericàle agg. clerical
clèro s.m. clergy
clessìdra s.f. (*a sabbia*) sandglass, (*ad acqua*) clepsydra
cliccàre v.intr. e tr. to click (ES: ***c. su un'icona*** to click an icon)
cliènte s.m. e f. (*di negozio*) customer, (*di albergo*) guest, (*di professionista*) client
clientèla s.f. clientele, customers *pl.*
clìma s.m. climate
climàtico agg. climatic ♦ **stazione climatica** health resort
climatizzàto agg. air-conditioned
climatizzatóre s.m. air-conditioning unit
climatizzazióne s.f. air-conditioning
clìnica s.f. clinic
clìnico agg. clinical
clistère s.m. (*med.*) enema
clòro s.m. chlorine
clorofìlla s.f. chlorophyl
clown s.m. e f. inv. clown
club s.m. inv. club
coabitàre v.intr. to cohabitate, to live together
coabitazióne s.f. cohabitation, house-sharing
coagulàre v.intr. e intr. pron. to coagulate
coalizióne s.f. coalition, alliance
coàtto agg. forced
coautóre s.m. coauthor
cocaìna s.f. cocaine
cocainòmane s.m. e f. cocaine addict
coccinèlla s.f. ladybird, ladybug
còccio s.m. **1** earthenware **2** (*frammento*) fragment (of pottery) ♦ **di c.** (*fig.*) stubborn, obstinate
cocciùto agg. stubborn
còcco s.m. coconut
coccodrìllo s.m. crocodile
coccolàre v.tr. to cuddle
cocènte agg. burning, scorching
cocktail s.m. inv. cocktail (*anche fig.*)
cocómero s.m. watermelon
cocùzzolo s.m. top, summit
códa s.f. **1** tail **2** (*fila*) queue, line ♦ **fare la c.** to queue up
codàrdo s.m. coward
codésto agg. e pron. dimostr. that
còdice s.m. **1** code **2** (*manoscritto*) codex ♦ **c. a barre** bar code
codìfica s.f. codification
codificàre v.tr. (*inform.*) to encode
coefficiènte s.m. coefficient, factor
coerènte agg. coherent, consistent
coerènza s.f. coherence, consistency
coesistènte agg. coexistent
coetàneo agg. e s.m. contemporary
coèvo agg. coeval, contemporary
còfano s.m. (*autom.*) bonnet, (*USA*) hood
cògliere v.tr. **1** to pick, to gather **2** (*sorprendere*) to catch **3** (*colpire*) to hit, to get **4** (*capire*) to understand
coglióne s.m. **1** (*volg.*) ball **2** (*volg.*) (*sciocco*) ass, asshole
cognàta s.f. sister-in-law
cognàto s.m. brother-in-law
cognizióne s.f. knowledge ♦ **perdere la c. del tempo** to lose all sense of time
cognóme s.m. surname, family name, last name
coincidènza s.f. **1** coincidence **2** (*mezzi di trasporto*) connection
coincìdere v.intr. to coincide
coinvòlgere v.tr. to involve
coinvolgiménto s.m. involvement
colabròdo s.m. colander
colapàsta s.m. inv. colander
colàre **A** v.tr. **1** (*filtrare*) to strain, to filter, to drain **2** (*fondere*) to cast **B** v.intr. to drip ♦ **c. a picco** to sink
colàta s.f. **1** (*metall.*) casting **2** (*geol.*) flow
colazióne s.f. (*del mattino*) breakfast, (*di mezzogiorno*) lunch
colèi pron. dimostr. f. sing. she, the (who)
colèra s.m. cholera
colesteròlo s.m. cholesterol
còlica s.f. colic
colìno s.m. strainer
còlla s.f. glue, paste
collaboràre v.intr. to collaborate, to cooperate
collaboratóre s.m. collaborator
collaborazióne s.f. **1** collaboration, cooperation **2** (*a giornale*) contribution
collàna s.f. **1** necklace **2** (*raccolta*) collection
collant s.m. inv. tights *pl.*, stockings *pl.*, (*USA*) nylons *pl.*

collàre s.m. collar ♦ **c. antipulci** flea collar
collàsso s.m. collapse, breakdown
collaudàre v.tr. to test, to try out
collàudo s.m. test
còlle s.m. hill
collèga s.m. e f. colleague
collegaménto s.m. connection, link
collegàre **A** v.tr. to connect, to join, to link **B** v.rifl. **1** to join, to link up **2** (*mettersi in collegamento*) to get in touch, to link up
collegàto agg. connected, linked
collegiàta s.f. collegiate church
collègio s.m. **1** (*organo consultivo*) board **2** (*consesso*) college **3** (*convitto*) boarding school **4** (*elettorale*) constituency
còllera s.f. anger, fury ♦ **andare in c.** to get angry, to fly into a rage
collèrico agg. irascible, hot-tempered
collètta s.f. collection
collettivaménte avv. collectively
collettività s.f. collectivity, community
collettìvo **A** agg. collective, general, joint **B** s.m. collective
collétto s.m. collar
collezionàre v.tr. to collect
collezióne s.f. collection
collezionìsta s.m. e f. collector
collimàre v.intr. to correspond, to coincide
collìna s.f. hill
collinóso agg. hilly
collìrio s.m. eyewash, eyedrops *pl.*
collisióne s.f. collision
còllo^1 s.m. **1** neck **2** (*colletto*) collar
còllo^2 s.m. (*pacco*) parcel, item
collocaménto s.m. **1** (*disposizione*) placing, disposal **2** (*impiego*) employment
collocàre **A** v.tr. **1** to place, to put, to set **2** (*prodotti*) to sell **B** v.rifl. e intr. pron. **1** to place oneself **2** (*trovare lavoro*) to find employement
collòquio s.m. talk, meeting, (*di lavoro*) interview
collutòrio s.m. mouthwash
colmàre v.tr. **1** to fill up **2** (*fig.*) to fill, to load
cólmo **A** agg. full, brimful **B** s.m. **1** top, summit **2** (*fig.*) height, peak ♦ **questo è il c.!** this beats all!
colómba s.f. dove
colómbo s.m. pigeon
còlon s.m. colon
colònia s.f. **1** colony **2** (*di vacanze*) summer camp ♦ **c. penale** penal settlement
coloniàle agg. colonial ♦ **generi coloniali** groceries
colonialìsta s.m. e f. colonialist
colonizzàre v.tr. to colonize
colónna s.f. column ♦ **c. vertebrale** backbone
colonnàto s.m. colonnade
colonnèllo s.m. colonel
coloránte s.m. dye ♦ **c. alimentare** food dye
coloràre **A** v.tr. to colour, (*USA*) to color, (*tingere*) to tinge, to dye **B** v.intr. pron. to colour, (*USA*) to color, to tinge, to turn
coloràto agg. coloured, (*USA*) colored, stained
colóre s.m. colour, (*USA*) color
colorìto **A** agg. **1** coloured, (*USA*) colored, (*di viso*) rosy **2** (*fig.*) colourful, (*USA*) colorful **B** s.m. **1** (*carnagione*) complexion **2** (*fig.*) vivacity
colóro pron. dimostr. m. e f. pl. they, those people ♦ **c. che** they who
colossàle agg. colossal, giant
colòsso s.m. colossus
cólpa s.f. **1** fault, wrong, (*peccato*) sin **2** (*colpevolezza*) guilt, guiltiness **3** (*responsabilità*) blame **4** (*dir.*) negligence ♦ **dare la c. a qc.** to lay the blame on sb. || **per c. di** because of
colpévole **A** agg. guilty, culpable **B** s.m. e f. culprit, offender
colpìre v.tr. **1** to hit, to strike **2** (*con arma da fuoco*) to shoot **3** (*fig.*) to strike **4** (*danneggiare*) to damage
cólpo s.m. **1** blow, stroke **2** (*d'arma da fuoco*) shot **3** (*rumore*) bang **4** (*giornalistico*) scoop **5** (*rapina*) robbery **6** (*fig.*) shock, blow ♦ **c. di sole** sunstroke || **colpi di sole/luna** highlights/lowlights || **c. di stato** coup d'état || **c. di telefono** ring || **far c.** to make a sensation
coltellàta s.f. stab
coltèllo s.m. knife
coltivàbile agg. cultivable
coltivàre v.tr. to cultivate, to till, to farm
coltivatóre s.m. tiller, farmer, grower
coltivazióne s.f. cultivation, growing, farming
cólto agg. cultured, well-educated
cóltre s.f. blanket
coltùra s.f. **1** cultivation, farming, growing **2** (*biol.*) culture
colùi pron. dimostr. m. sing. he, the man, the one ♦ **c. che** the man who, the one who
còma s.m. inv. coma
comandaménto s.m. (*relig.*) commandment
comandànte s.m. commander, master
comandàre **A** v.tr. **1** to order, to command **2** (*mil.*) to be in command of **3** (*mecc.*) to control, to drive **4** (*richiedere*) to demand, to require **B** v.intr. to be in charge, to be in command
comàndo s.m. **1** (*ordine*) order, command **2** (*autorità*) command **3** (*sede del comandante*) headquarters *pl.* **4** (*tecnol.*) control, drive **5** (*sport*) lead
combaciàre v.intr. to meet, to join, to correspond
combàttere v.tr. e intr. to fight, to combat
combattiménto s.m. fight, combat ♦ **mettere fuori c.** to knock out
combinàre **A** v.tr. **1** to combine, to match **2** (*organizzare, concludere*) to conclude, to arrange, to settle **3** (*fam.*) (*fare*) to do, to make **B** v.intr. to agree **C** v.rifl. e intr. pron. **1** (*accordarsi*) to agree **2** (*conciarsi*) to get oneself up **3** (*chim.*) to combine
combinàto agg. **1** combined, matched **2** (*organizzato*) arranged **3** (*truccato*) rigged

combinazióne s.f. **1** combination **2** (*coincidenza*) chance, coincidence
combustìbile **A** agg. combustible **B** s.m. fuel
cóme **A** avv. **1** (*in frasi interr.*) how (ES: *c. stai?* how are you?), (*quanto bene*) what... like (ES: **com'è il tempo?** what's the weather like?) **2** (*che cosa*) what **3** (*in frasi escl.*) how **4** (*il modo in cui*) how, the way, (*nel modo in cui*) as **5** (*comp.*) as (so)... as **6** (*in qualità di*) as **7** (*a somiglianza*) like **8** (*in correlazione con 'così', 'tanto'*) as, both... and, as well as **B** cong. **1** (*non appena*) as, as soon as **2** (*dichiarativa*) that ♦ **c. dici?** pardon? || **c. no!** of course!, why not? || **c. se** as if, as though || **c. si dice in inglese...?** what's the English for...?
cométa s.f. comet
comfort s.m. inv. comfort
còmica s.f. (*cin.*) comedy
comicità s.f. comicality, funniness
còmico **A** agg. **1** comical, funny **2** (*teatro*) comic **B** s.m. **1** (*comicità*) funniness, comicality **2** (*attore*) comic, comedian
comìgnolo s.m. chimney-pot
cominciàre v.tr. e intr. to begin, to start
comitàto s.m. committee, board
comitìva s.f. party, group
comìzio s.m. meeting
commèdia s.f. **1** comedy, play **2** (*fig.*) sham, pretence
commediògrafo s.m. playwright
commemoràre v.tr. to commemorate
commemorazióne s.f. commemoration
commensàle s.m. e f. table companion
commentàre v.tr. to comment on
commentatóre s.m. commentator
comménto s.m. comment, commentary
commerciàle **A** agg. commercial, trade (*attr.*), business (*attr.*) **B** s.m. salesman
commercialìsta s.m. e f. chartered accountant
commerciànte s.m. e f. trader, dealer, (*negoziante*) shopkeeper
commerciàre v.tr. e intr. to trade, to deal (in)
commèrcio s.m. trade ♦ **c. all'ingrosso/al minuto** wholesale/retail trade || **fuori c.** not for sale, (*esaurito*) out of stock || **c. equo e solidale** fair trade, fair trading
comméssa s.f. **1** (*ordine*) order, job **2** (*venditrice*) (female) shop assistant, (*USA*) salesclerk
comméssо s.m. (male) shop assistant, (*USA*) salesclerk ♦ **c. viaggiatore** salesman
commestìbile agg. eatable, edible
comméttere v.tr. to commit
commiàto s.m. leave-taking
comminàre v.tr. to threaten, to inflict
commiseràre **A** v.tr. to commiserate, to pity **B** v.rifl. to feel sorry for oneself
commissariàto s.m. (*di polizia*) police station
commissàrio s.m. commissary
commissionàrio agg. commission (*attr.*)
commissióne s.f. **1** errand **2** (*incarico*) commission **3** (*compenso*) commission, fee **4** (*comitato*) committee, board, commission ♦ **fare le commissioni** to do the shopping
committènte s.m. e f. customer, buyer, client
commòsso agg. moved, touched
commovènte agg. moving, touching
commozióne s.f. emotion, commotion ♦ **c. cerebrale** concussion
commuòvere **A** v.tr. to move, to touch **B** v.intr. pron. to be moved
comò s.m. chest of drawers
comodìno s.m. bedside table
comodità s.f. **1** comfort **2** (*opportunità*) convenience
còmodo[1] agg. **1** (*confortevole*) comfortable **2** (*opportuno*) convenient **3** (*maneggevole*) handy
còmodo[2] s.m. comfort, convenience
compact disc s.m. inv. compact disc
compaesàno s.m. fellow countryman
compàgine s.f. structure, team
compagnìa s.f. **1** company **2** (*gruppo di persone*) group, party, gathering **3** (*società*) company, (*USA*) corporation ♦ **essere di c.** to be companionable
compàgno s.m. **1** companion, (*fam.*) chum, mate **2** (*convivente*) partner ♦ **c. di giochi** playfellow || **c. di scuola** schoolmate
comparàbile agg. comparable
comparàre v.tr. to compare
comparatìvo agg. e s.m. comparative
comparìre v.intr. to appear
compàrsa s.f. **1** appearance **2** (*teatro, cin.*) walk-on, extra
compartecipazióne s.f. **1** sharing **2** (*parte*) share
compartiménto s.m. compartment
compassàto agg. stiff
compassióne s.f. compassion, pity
compàsso s.m. compasses *pl.*
compatìbile agg. **1** (*inform.*) compatible **2** (*scusabile*) excusable
compatibilménte avv. compatibly
compatìre v.tr. **1** (*compiangere*) to pity, to be sorry for **2** (*scusare*) to forgive
compàtto agg. compact
compèndio s.m. outline, summary, digest
compensàre **A** v.tr. **1** (*controbilanciare*) to compensate for **2** (*supplire a*) to make up for, to compensate **3** (*ricompensare*) to reward **4** (*pagare*) to pay **5** (*risarcire*) to indemnify **B** v.rifl. rec. to compensate each other
compènso s.m. **1** compensation **2** (*retribuzione*) remuneration, payment **3** (*ricompensa*) reward ♦ **in c.** in return
cómpera s.f. purchase ♦ **fare compere** to go shopping
competènte agg. competent
competènza s.f. **1** competence **2** al pl. (*onorario*) fee

compètere v.intr. **1** (*gareggiare*) to compete **2** (*spettare*) to be due
competitività s.f. competitiveness
competitivo agg. competitive
competizióne s.f. competition ♦ **da c.** racing
compiacènte agg. obliging
compiacènza s.f. **1** courtesy, kindness **2** (*compiacimento*) pleasure, satisfaction
compiacére **A** v.tr. to please, to gratify **B** v.intr. pron. **1** to be pleased (with) **2** (*congratularsi*) to congratulate
compiàngere **A** v.tr. to pity, to be sorry for **B** v.rifl. to feel sorry for oneself
cómpiere **A** v.tr. **1** (*finire*) to finish, to complete **2** (*effettuare*) to do, to perform, to accomplish, to achieve, to carry out **3** (*adempiere*) to fulfil, (*USA*) to fulfill **4** (*gli anni*) to turn **B** v.intr. pron. **1** to end **2** (*avverarsi*) to come true ♦ **quando compi gli anni?** when is your birthday?
compilàre v.tr. **1** to compile **2** (*modulo*) to fill out, to fill in
compilazióne s.f. compilation, (*di modulo*) filling in
compiménto s.m. fulfilment, (*USA*) fulfillment
compitàre v.tr. to spell (out)
cómpito[1] s.m. **1** task, duty, job **2** (*di scuola*) exercise, (*a casa*) homework
compìto[2] agg. polite
compiùto agg. finished, done
compleànno s.m. birthday ♦ **buon c.!** happy birthday!
complementàre agg. complementary
compleménto s.m. **1** complement **2** (*mil.*) reserve
complessàto agg. full of complexes
complessità s.f. complexity
complessìvo agg. total, overall (*attr.*), comprehensive
complèsso **A** agg. complex **B** s.m. **1** (*totalità*) whole **2** (*serie*) combination, set **3** (*impresa*) group, plant **4** (*mus.*) ensemble, band **5** (*psic.*) complex
completàre v.tr. to complete, (*un modulo*) to fill in, to fill out
complèto **A** agg. **1** complete, full, whole **2** (*totale*) complete, absolute, total **3** (*pieno*) full up **B** s.m. **1** set, outfit **2** (*abbigliamento*) suit, outfit, set ♦ **al c.** full (up)
complicàre **A** v.tr. to complicate **B** v.intr. pron. to get complicated, to thicken
complicàto agg. complicated, difficult
complicazióne s.f. complication
còmplice s.m. e f. accomplice, party
complicità s.f. **1** (*dir.*) complicity **2** (*fig.*) (*aiuto*) help **3** (*fig.*) (*intesa*) sympathy
complimentàrsi v.intr. pron. to congratulate
compliménto s.m. **1** compliment **2** al pl. (*cortesia eccessiva*) ceremony **3** al pl. (*congratulazioni*) congratulations *pl.*
complòtto s.m. conspiracy
componènte **A** agg. component **B** s.m. e f. **1** (*persona*) member **2** (*cosa*) component
componìbile agg. modular
componiménto s.m. composition
compórre v.tr. **1** to compose, to make up, to arrange **2** (*musica*) to compose **3** (*conciliare*) to settle **4** (*tip.*) to set **5** (*numero telefonico*) to dial
comportaménto s.m. behaviour, (*USA*) behavior
comportàre **A** v.tr. to involve, to require **B** v.intr. pron. to behave, to act
compòsito agg. composite
compositóre s.m. composer
composizióne s.f. **1** composition **2** (*conciliazione*) settlement **3** (*tip.*) setting
compósta s.f. (*cuc.*) stewed fruit, compote
compostézza s.f. composure, moderation
compósto **A** agg. **1** compound **2** (*formato da*) made up of **3** (*ordinato*) tidy **4** (*calmo*) composed, calm **B** s.m. mixture, compound
compràre v.tr. **1** to buy, to purchase **2** (*corrompere*) to bribe
compratóre s.m. **1** buyer, purchaser **2** (*dir.*) vendee
comprèndere v.tr. **1** to comprise, to include **2** (*capire*) to understand, to realize
comprensìbile agg. understandable
comprensióne s.f. **1** comprehension, understanding **2** (*simpatia*) sympathy
comprensìvo agg. **1** inclusive, comprehensive **2** (*che prova comprensione*) sympathetic, understanding
compréso agg. **1** (*incluso*) included (*pred.*), inclusive **2** (*capito*) understood **3** (*assorto*) filled with ♦ **tutto c.** all-inclusive
comprèssa s.f. tablet
compressióne s.f. compression
compressóre s.m. compressor
comprìmere v.tr. to compress
comproméssо s.m. **1** compromise **2** (*dir.*) preliminary agreement
comprométtere v.tr. to compromise
comproprietà s.f. joint ownership
comproprietàrio s.m. joint owner
comprovàre v.tr. to prove
computàre v.tr. to calculate
computer s.m. inv. computer ♦ **c. portatile** laptop
computisterìa s.f. bookkeeping
còmputo s.m. calculation
comunàle agg. **1** municipal, town (*attr.*) **2** (*stor.*) communal
comùne[1] **A** agg. **1** common, general **2** (*ordinario*) ordinary **B** s.m. common run ♦ **fuori del c.** unusual, uncommon
comùne[2] s.m. **1** municipality, town council **2** (*stor.*) commune
comuneménte avv. commonly, generally
comunicàre v.tr. e intr. to communicate
comunicàto s.m. announcement, bulletin ♦ **c. stampa** press release

comunicazióne s.f. **1** communication **2** (*tel.*) telephone call, (*linea telefonica*) telephone line **3** (*comunicato*) announcement, (*messaggio*) message, (*relazione*) report
comunióne s.f. **1** communion **2** (*dir.*) community
comunìsmo s.m. communism
comunìsta agg., s.m. e f. communist
comunità s.f. community
comunitàrio agg. **1** community (*attr.*) **2** (*dell'Unione europea*) EU, of the European Union
comùnque **A** avv. **1** (*tuttavia*) but, all the same **2** (*in ogni caso*) however, anyhow, in any case **B** cong. however, whatever
cón prep. **1** (*compagnia, unione, comparazione, relazione*) with (ES: ***sono c. lei*** I'm with her; ***paragonare un colore c. l'altro*** to compare one colour with the other) **2** (*mezzo, strumento*) with, by (ES: ***scrivere c. la matita*** to write with a pencil; ***andare c. l'autobus*** to go by bus) **3** (*maniera*) with (ES: ***trattare c. cura*** to handle with care) **4** (*per indicare una caratteristica*) with (ES: ***un uomo c. gli occhi azzurri*** a man with blue eyes) **5** (*con valore temporale*) with, at, on, in (ES: ***c. la sua partenza*** on his departure) **6** (*verso*) to (ES: ***essere scortese c. qc.*** to be impolite to sb.) **7** (*contro*) against, with (ES: ***scontrarsi c. la polizia*** to clash with the police) **8** (*avversativo, concessivo*) with, for (ES: ***c. tutti i suoi soldi, lo detesto*** for all his money, I hate him) **9** (*consecutivo*) to (ES: ***c. nostro profondo rammarico*** to our great regret)
conàto s.m. **1** (*di vomito*) retching **2** (*sforzo*) effort
cónca s.f. basin
concatenazióne s.f. concatenation, link
còncavo agg. concave
concèdere v.tr. **1** to grant, to allow, to concede **2** (*permettere*) to allow **3** (*ammettere*) to admit ♦ **concedersi un lusso** to treat oneself
concentraménto s.m. concentration
concentràre **A** v.tr. to concentrate **B** v.rifl. **1** (*riunirsi*) to concentrate, to gather **2** (*fig.*) to concentrate
concentràto **A** agg. concentrated **B** s.m. **1** (*conserva alimentare*) concentrate **2** (*fig.*) heap
concentrazióne s.f. concentration
concèntrico agg. concentric
concepìbile agg. conceivable
concepiménto s.m. conception
concepìre v.tr. **1** (*generare*) to conceive **2** (*immaginare, escogitare*) to imagine, to contrive **3** (*nutrire*) to entertain **4** (*comprendere*) to understand
concèrnere v.tr. to concern, to regard ♦ **per quanto concerne** as regards
concertàre v.tr. **1** (*mus.*) to harmonize **2** (*fig.*) to plan, to arrange
concertìsta s.m. e f. concert player
concèrto s.m. **1** concert **2** (*composizione*) concerto
concessionàrio s.m. concessionaire, agent ♦ **c. d'auto** car distributor
concessióne s.f. **1** concession **2** permission **3** (*dir.*) (*autorizzazione*) franchise
concètto s.m. concept, idea
concettuàle agg. conceptual
concezióne s.f. conception
conchìglia s.f. shell
cóncia s.f. (*di pelli*) tanning, (*di tabacco*) curing
conciàre **A** v.tr. **1** (*trattare*) to treat, (*pelli*) to tan, (*tabacco*) to cure **2** (*maltrattare*) to ill-treat, to beat up **3** (*sporcare*) to dirty, to soil **B** v.rifl. **1** (*sporcarsi*) to get dirty **2** (*vestirsi*) to get oneself up
conciliànte agg. accommodating
conciliàre v.tr. **1** to reconcile, to conciliate **2** (*favorire*) to induce ♦ **c. una contravvenzione** to settle a fine
concìlio s.m. council
concìme s.m. manure, dung
concisióne s.f. concision
concìso agg. concise
concitàto agg. excited
concittadìno s.m. fellow citizen
conclùdere **A** v.tr. **1** to conclude, to end, to finish **2** (*dedurre*) to conclude, to infer **3** (*combinare*) to do **B** v.intr. pron. to end up, to conclude
conclusióne s.f. conclusion ♦ **in c.** in short
conclusìvo agg. conclusive
concomitànte agg. concomitant
concordànza s.f. **1** concordance, agreement **2** (*gramm.*) concord
concordàre **A** v.tr. **1** to agree, to arrange **2** (*mettere d'accordo*) to reconcile **3** (*gramm.*) to make agree **B** v.intr. to agree
concordàto s.m. **1** (*dir.*) composition, arrangement **2** (*relig.*) concordat
concòrde agg. in agreement
concorrènte **A** s.m. e f. **1** (*comm., sport*) competitor **2** (*candidato*) candidate, applicant **B** agg. **1** concurrent **2** (*rivale*) competing, rival
concorrènza s.f. competition ♦ **fare c. a** to compete with
concórrere v.intr. **1** (*contribuire*) to contribute, to concur **2** (*partecipare*) to share in, to take part in **3** (*competere*) to compete
concórso s.m. **1** (*competizione*) competition, contest **2** (*partecipazione*) contribution **3** (*dir.*) complicity
concretézza s.f. concreteness
concrèto agg. concrete
concussióne s.f. extortion
condànna s.f. **1** (*dir.*) conviction **2** (*pena*) punishment **3** (*est.*) (*disapprovazione*) condemnation
condannàre v.tr. **1** (*dir.*) to convict, to sentence **2** (*est.*) to condemn
condannàto **A** agg. convicted **B** s.m. convict
condènsa s.f. condensate
condensàre v.tr. e intr. pron. to condense
condensazióne s.f. condensation, condensing
condiménto s.m. **1** flavouring, seasoning, (*per in-*

salata) dressing **2** (*sostanza*) condiment, dressing, sauce
condìre v.tr. to flavour, to season, (*insalata*) to dress
condiscendènza s.f. **1** (*degnazione*) condescension **2** (*remissività*) compliance
condivìdere v.tr. to share
condizionàle agg. e s.m. conditional
condizionaménto s.m. conditioning
condizionàre v.tr. to condition
condizionatóre s.m. (air-)conditioner
condizióne s.f. condition ♦ **a c. che** provided that || **senza condizioni** unconditional
condogliànza s.f. condolence ♦ **fare le condoglianze a qc.** to offer sb. one's condolences
condomìnio s.m. **1** joint ownership **2** (*edificio*) condominium
condonàre v.tr. to remit, to condone, to forgive
condóno s.m. remission, pardon
condótta s.f. **1** (*comportamento*) conduct, behaviour, (*USA*) behavior **2** (*conduzione*) conduct, direction **3** (*tubazione*) pipe
condottièro s.m. leader
condótto s.m. duct, pipe
conducènte s.m. driver
condùrre **A** v.tr. **1** (*guidare*) to lead, to conduct, (*veicolo*) to drive **2** (*accompagnare*) to take, to bring **3** (*gestire*) to manage **4** (*effettuare*) to carry out, to conduct **5** (*tv*) to anchor **B** v.intr. to conduct
conduttùra s.f. piping ♦ **c. dell'acqua** water mains
confàrsi v.intr. pron. to suit, to fit, to become
confederazióne s.f. confederation
conferènza s.f. **1** lecture **2** (*riunione*) conference ♦ **c. stampa** press conference
conferenzière s.m. lecturer, speaker
conferìre **A** v.tr. to confer, to give, to award **B** v.intr. to confer with
conférma s.f. confirmation
confermàre **A** v.tr. to confirm **B** v.rifl. to prove oneself
confessàre v.tr. e intr. pron. to confess
confessionàle agg. e s.m. confessional
confessióne s.f. confession
confessóre s.m. confessor
confetterìa s.f. confectionery, (*negozio*) sweet shop
confètto s.m. **1** sugared almond **2** (*pastiglia*) pill
confettùra s.f. jam
confezionàre v.tr. **1** to make up, to manufacture **2** (*pacco*) to pack, to wrap up
confezióne s.f. **1** (*di abiti*) manufacture, tailoring, dressmaking **2** al pl. (*abiti*) clothes *pl.* **3** (*imballaggio*) wrapping, packing **4** (*pacco*) package ♦ **c. regalo** gift wrapping
conficcàre **A** v.tr. to hammer in **B** v.rifl. to stick
confidàre **A** v.tr. to confide **B** v.intr. to confide, to trust, to rely on **C** v.rifl. to confide in
confidènte s.m. e f. **1** (*amico*) confidant *m.*, confidante *f.* **2** (*informatore*) informer
confidènza s.f. **1** confidence, trust **2** (*cosa confidata*) confidence, secret **3** (*familiarità*) intimacy ♦ **dare c.** to be familiar (with) || **in c.** confidentially
confidenziàle agg. **1** confidential **2** (*cordiale*) friendly, familiar
configuràre **A** v.tr. **1** to shape **2** (*inform.*) to configure, to set up **B** v.intr. pron. to take shape, to assume a form
confinànte agg. neighbouring, (*USA*) neighboring, bordering
confinàre **A** v.tr. to confine **B** v.intr. to border on, to adjoin
confìne s.m. border, boundary
confìno s.m. internment
confìsca s.f. confiscation
confiscàre v.tr. to confiscate
conflìtto s.m. conflict
confluènza s.f. confluence
confluìre v.intr. **1** to flow, to meet **2** (*fig.*) to converge
confóndere **A** v.tr. **1** (*mescolare*) to confuse, to mix up **2** (*scambiare*) to mistake **3** (*disorientare*) to confuse, to embarrass **B** v.rifl. e intr. pron. **1** to get mixed up, to become confuse **2** (*mescolarsi*) to mix, to merge
conformàre **A** v.tr. to conform, to adapt **B** v.rifl. to conform to, to comply with
conformeménte avv. according to
conformìsmo s.m. conformism
conformìsta agg., s.m. e f. conformist
confortàre **A** v.tr. **1** (*consolare*) to comfort, to console **2** (*incoraggiare*) to encourage **3** (*sostenere*) to support **B** v.rifl. to take comfort
confortévole agg. **1** (*che conforta*) comforting **2** (*comodo*) comfortable
confòrto s.m. **1** comfort, consolation **2** (*incoraggiamento*) encouragement **3** (*sostegno*) support
confrontàre v.tr. to compare, to confront
confrónto s.m. comparison ♦ **in c. a** in comparison with || **mettere a c.** to compare || **nei confronti di** towards || **senza confronti** beyond compare
confusionàrio **A** agg. muddling **B** s.m. muddler
confusióne s.f. **1** muddle, confusion, mess **2** (*rumore*) row, noise **3** (*imbarazzo*) confusion, embarrassment
confùso agg. **1** confused **2** (*imbarazzato*) embarassed **3** (*mescolato*) mingled
confutàre v.tr. to refute
congedàre **A** v.tr. **1** to take leave of, to dismiss **2** (*mil.*) to discharge **B** v.rifl. **1** to take one's leave of **2** (*mil.*) to be discharged
congèdo s.m. **1** leave **2** (*mil.*) discharge ♦ **in c.** on leave, (*in pensione*) retired
congegnàre v.tr. to contrive
congégno s.m. device
congelàre v.tr. e intr. pron. to freeze
congelatóre s.m. freezer
congestióne s.f. congestion
congettùra s.f. conjecture

congetturàre v.tr. to conjecture
congiùngere A v.tr. **1** to join **2** (*collegare*) to connect, to join up **B** v.rifl. e rifl. rec. to join
congiuntivìte s.f. conjunctivitis
congiuntìvo agg. e s.m. (*gramm.*) subjunctive
congiùnto s.m. relative
congiuntùra s.f. **1** (*giuntura*) joint **2** (*circostanza*) circumstance, situation **3** (*econ.*) conjuncture, situation, (*tendenza*) trend
congiunzióne s.f. **1** connection **2** (*gramm.*) conjunction
congiùra s.f. conspiracy, plot
congiuràre v.intr. to conspire
conglobàre v.tr. to combine, to consolidate
congratulàrsi v.intr. pron. to congratulate
congratulazióni s.f. pl. congratulations *pl.*
congregazióne s.f. congregation
congrèsso s.m. congress
congruènza s.f. congruency
conguàglio s.m. balance, adjustment
coniàre v.tr. to coin
cònico agg. conic(al)
conìfera s.f. conifer
conìglio s.m. **1** rabbit **2** (*fig.*) coward
coniugàle agg. conjugal, marriage (*attr.*)
coniugàre v.tr. **1** to conjugate **2** (*fig.*) to combine
coniugàto agg. married
coniugazióne s.f. conjugation
còniuge s.m. consort, partner
connaturàto agg. ingrained
connazionàle s.m. e f. compatriot
connessióne s.f. connection ♦ **c. a Internet** Internet connection
connèttere A v.tr. to connect, to link **B** v.intr. to think straight **C** v.intr. pron. **1** to be connected **2** (*inform.*) to log-in
connivènte agg. conniving
connotàto s.m. spec. al pl. description ♦ **cambiare i connotati a qc.** to smash sb.'s face
còno s.m. cone ♦ **c. gelato** ice-cream cone
conoscènte s.m. e f. acquaintance
conoscènza s.f. **1** (*sapere*) knowledge **2** (*il conoscere una persona e la persona conosciuta*) acquaintance **3** (*coscienza*) consciousness **4** al pl. connections *pl.* ♦ **essere a c. di q.c.** to know (of) st.
conóscere A v.tr. **1** to know **2** (*incontrare*) to meet **3** (*fare esperienza*) to experience **4** (*riconoscere*) to recognize **B** v.rifl. rec. **1** to know each other **2** (*fare conoscenza*) to meet ♦ **far c. qc. a qc.** to introduce sb. to sb.
conoscitóre s.m. connoisseur
conosciùto agg. well-known, famous
conquìsta s.f. conquest
conquistàre v.tr. **1** to conquer **2** (*fig.*) to win **3** (*sedurre*) to conquer
consacràre A v.tr. to consecrate **B** v.rifl. to devote oneself
consanguìneo A agg. consanguineous, akin (*pred.*) **B** s.m. kinsman
consapévole agg. conscious, aware (*pred.*)
consapevolézza s.f. consciousness, awareness
cònscio agg. conscious, aware (*pred.*)
consecutìvo agg. **1** consecutive, in a row **2** (*seguente*) following **3** (*gramm.*) consecutive
conségna s.f. **1** delivery **2** (*custodia*) consignment **3** (*mil.*) orders *pl.* ♦ **c. a domicilio** home delivery || **pagamento alla c.** cash on delivery
consegnàre v.tr. to deliver, to hand over, to consign
conseguènte agg. consequent
conseguènza s.f. consequence
conseguìre A v.tr. to reach, to achieve, to obtain **B** v.intr. to result ♦ **ne consegue che** it follows that
consènso s.m. consent
consensuàle agg. consensual
consentìre A v.intr. **1** (*essere d'accordo*) to agree **2** (*acconsentire*) to consent, to assent **B** v.tr. to allow
consèrva s.f. preserve ♦ **c. di pomodoro** tomato purée
conservànte s.m. preservative
conservàre A v.tr. to keep, to preserve **B** v.intr. pron. to keep, to remain
conservatóre agg. e s.m. conservative
conservatòrio s.m. conservatoire, (*USA*) conservatory
conservazióne s.f. conservation, preservation
consideràre A v.tr. **1** to consider, to think of **2** (*stimare*) to think highly of **B** v.rifl. to consider oneself
considerazióne s.f. **1** consideration **2** (*stima*) regard, respect
considerévole agg. considerable
consigliàbile agg. advisable
consigliàre A v.tr. to advise, to counsel **B** v.intr. pron. to ask advice, to consult
consiglière s.m. **1** adviser, counsellor **2** (*membro di consiglio*) councillor
consìglio s.m. **1** advice, counsel **2** (*organo collegiale*) council, board
consistènte agg. substantial, solid
consistènza s.f. **1** consistency, solidity **2** (*fondatezza*) foundation, validity
consìstere v.intr. to consist
consociàto agg. e s.m. associate
consolàre[1] A v.tr. to console, to soothe, to comfort **B** v.rifl. **1** to take comfort **2** (*rallegrarsi*) to cheer up
consolàre[2] agg. consular
consolàto s.m. consulate
consolazióne s.f. **1** consolation, comfort **2** (*gioia*) joy
cònsole s.m. consul
consolidàre v.tr. e intr. pron. to consolidate
consonànte agg. e s.f. consonant
cònsono agg. consonant, in accordance with
consòrte s.m. e f. consort
consorterìa s.f. faction, clique

consòrzio s.m. association, (*d'imprese*) syndicate
constàre **A** v.intr. (*essere composto*) to consist, to be made up **B** v.intr. impers. (*risultare*) to appear, to be proved
constatàre v.tr. **1** to ascertain **2** (*notare*) to note, to observe
constatazióne s.f. **1** ascertainment **2** (*osservazione*) observation ♦ **c. amichevole** agreed statement
consuèto agg. usual, customary
consuetùdine s.f. custom, habit
consulènte agg., s.m. e f. consultant
consulènza s.f. advice
consultàre **A** v.tr. to consult **B** v.intr. pron. to confer, to consult **C** v.rifl. rec. to consult together, to confer
consultazióne s.f. consultation
consultìvo agg. advisory
consumàre **A** v.tr. **1** to consume, to use up, (*vestiti*) to wear **2** (*dissipare*) to waste **3** (*usare*) to consume, to use **4** (*assumere: mangiando*) to eat, (*bevendo*) to drink **5** (*compiere*) to commit, to consumate **B** v.intr. pron. to consume, to wear out ♦ **(da) consumarsi preferibilmente entro...** best before...
consumatóre s.m. consumer
consumazióne s.f. **1** consumption **2** (*al bar*) order **3** (*compimento*) consummation
consùmo s.m. consumption
consuntìvo **A** agg. final **B** s.m. final balance, survey
contàbile s.m. e f. bookkeeper, accountant
contabilità s.f. bookkeeping, accounting
contachilòmetri s.m. mileometer, (*USA*) odometer
contadìno **A** agg. rural, country (*attr.*) **B** s.m. farmer, countryman, peasant
contagiàre **A** v.tr. to infect **B** v.intr. pron. to get infected
contàgio s.m. contagion, infection
contagióso agg. contagious, infectious
contagìri s.m. inv. tachometer, rev counter, revolution counter
contagócce s.m. inv. dropper ♦ **col c.** in dribs and drabs
container s.m. inv. container
contaminàre v.tr. to contaminate, (*inquinare*) to pollute
contaminazióne s.f. contamination, (*inquinamento*) pollution
contànte **A** agg. cash (*attr.*) **B** s.m. cash
contàre **A** v.tr. **1** to count **2** (*annoverare*) to have **3** (*fam.*) (*raccontare*) to tell **B** v.intr. **1** (*sperare*) to expect **2** (*fare assegnamento*) to count, to depend **3** (*valere*) to mean
contatóre s.m. meter, counter
contattàre v.tr. to contact
contàtto s.m. contact
cónte s.m. count, earl
contèa s.f. (*titolo*) earldom, (*territorio*) county, -shire ♦ **la c. di Devon** Devonshire
conteggiàre v.tr. **1** to calculate **2** (*far pagare*) to charge, to put on the bill
contéggio s.m. count
contégno s.m. **1** (*comportamento*) behaviour, (*USA*) behavior **2** (*atteggiamento controllato*) self-control
contemplàre v.tr. **1** to admire, to contemplate **2** (*prevedere*) to provide for
contemplatìvo agg. contemplative
contemporaneaménte avv. at the same time
contemporàneo agg. e s.m. contemporary
contèndere **A** v.tr. to contend for, to contest **B** v.intr. to quarrel, to contest **C** v.rifl. rec. to contend for
contenére **A** v.tr. **1** to contain, to hold **2** (*frenare*) to contain, to control **B** v.rifl. to contain oneself
contenitóre s.m. container
contentàre **A** v.tr. to satisfy, to please **B** v.intr. pron. to be content, to be pleased
contentézza s.f. contentment, satisfaction, joy
contènto agg. pleased, happy, glad
contenùto s.m. **1** contents *pl.* **2** (*argomento*) content, subject
contésa s.f. **1** contest, contention **2** (*gara*) competition
contéssa s.f. countess
contestàre v.tr. **1** (*negare*) to contest, to deny **2** (*notificare*) to notify **3** (*opporsi a*) to contest, to challenge, to dispute
contestazióne s.f. **1** dispute, controversy **2** (*notifica*) notification **3** (*protesta*) protest
contèsto s.m. context
contìguo agg. contiguous, adjoining
continentàle agg. continental
continènte s.m. continent
continènza s.f. continence
contingènte **A** agg. contingent **B** s.m. **1** (*mil.*) contingent **2** (*econ.*) quota, share
contingènza s.f. circumstance ♦ **indennità di c.** cost-of-living allowance
continuaménte avv. **1** (*ininterrottamente*) continuously, non-stop **2** (*frequentemente*) continually
continuàre v.tr. e intr. to go on, to continue, to keep on
continuazióne s.f. continuation ♦ **in c.** over and over again, continuously
continuità s.f. continuity
contìnuo agg. **1** continuous, non-stop **2** (*frequente*) continual
cónto s.m. **1** (*calcolo*) calculation **2** (*econ., banca*) account **3** (*al ristorante*) bill **4** (*considerazione*) esteem, regard ♦ **fare c. di** to imagine, (*avere lo scopo di*) to intend || **fare c. su q.c./qc.** to rely on st./sb. || **per c. mio** as for me || **rendersi c. di q.c.** to realize st.
contòrcere v.tr. e rifl. to twist
contorciménto s.m. twisting

contornàre **A** v.tr. **1** to surround **2** to border **B** v.rifl. to surround oneself
contórno s.m. **1** contour, outline, edge **2** (*cuc.*) side dish
contòrto agg. **1** twisted **2** (*fig.*) involved, tortuous
contrabbandàre v.tr. to smuggle
contrabbandière s.m. smuggler
contrabbàndo s.m. smuggling ♦ **di c.** smuggled, contraband
contrabbàsso s.m. double bass
contraccambiàre v.tr. to return, to repay
contraccettìvo agg. e s.m. contraceptive
contraccólpo s.m. **1** rebound, recoil **2** (*fig.*) reaction, consequence
contraddìre **A** v.tr. e intr. to contradict **B** v.rifl. to contradict oneself
contraddistìnguere **A** v.tr. to mark **B** v.intr. pron. to stand out, to be characterised by
contraddittòrio **A** agg. contradictory **B** s.m. (*dir.*) cross-examination
contraddizióne s.f. contradiction
contraèreo agg. anti-aircraft
contraffàre v.tr. **1** (*simulare*) to counterfeit, to imitate, to simulate **2** (*falsificare*) to counterfeit, to falsify, to forge
contraffazióne s.f. **1** counterfeit **2** (*falsificazione*) forgery
contrappéso s.m. counterbalance
contrappórre **A** v.tr. to oppose, to counter **B** v.rifl. to oppose, to set oneself against
contrapposizióne s.f. contrast, opposition, contraposition
contrariaménte avv. **1** (*in modo contrario*) contrarily, contrary to **2** (*al contrario*) on the contrary
contrariàre v.tr. **1** to oppose **2** (*irritare*) to vex, to irritate
contrarietà s.f. **1** (*opposizione*) contrariety, opposition, aversion **2** (*avversità*) misfortune, trouble, problem
contràrio **A** agg. **1** contrary, opposite **2** (*sfavorevole*) unfavourable, (*USA*) unfavorable **3** (*riluttante*) unwilling **B** s.m. contrary, opposite ♦ **al c.** on the contrary, (*a ritroso*) backwards, (*a rovescio*) inside out
contràrre v.tr. e intr. pron. to contract ♦ **c. una malattia** to get, to catch an illness
contrassegnàre v.tr. to mark
contrasségno[1] s.m. mark
contrasségno[2] avv. cash on delivery
contrastàre **A** v.tr. to oppose, to resist **B** v.intr. to be in contrast, to contrast
contràsto s.m. **1** contrast **2** (*litigio*) quarrel, argument
contrattaccàre v.tr. e intr. to counterattack
contrattàcco s.m. counterattack
contrattàre v.tr. to bargain over, to negotiate
contrattèmpo s.m. mishap, hitch
contràtto s.m. agreement, contract
contrattuàle agg. contractual
contravvenzióne s.f. **1** infringement, violation **2** (*multa*) fine
contrazióne s.f. contraction
contribuènte s.m. e f. taxpayer
contribuìre v.intr. to contribute
contribùto s.m. **1** contribution **2** (*sovvenzione*) grant ♦ **pagare i contributi** to pay contributions
cóntro **A** prep. **1** against **2** (*dir., sport*) versus **B** avv. against ♦ **il pro e il c.** the pros and cons
controbàttere v.tr. to refute, to rebut
controffensìva s.f. counteroffensive, counterattack
controfigùra s.f. double
controindicazióne s.f. contraindication
controllàre **A** v.tr. **1** to check, to control **2** (*conti*) to audit **B** v.rifl. to control oneself
controllàto agg. **1** controlled **2** (*fig.*) (*padrone di sé*) self-controlled
contròllo s.m. **1** check, inspection **2** (*dei conti*) audit **3** (*dominio, padronanza*) control ♦ **c. di sé** self-control
controllóre s.m. **1** controller **2** (*mezzi di trasporto*) ticket collector ♦ **c. di volo** air-traffic controller
controlùce **A** s.f. backlight **B** avv. against the light
contromàno avv. in the wrong direction
contromàrca s.f. check, token
contropàrte s.f. **1** counterpart **2** (*dir.*) opposing party
contropiède s.m. counterattack
controproducènte agg. counterproductive
contrórdine s.m. counterorder, countermand
controrifórma s.f. Counter-Reformation
controsènso s.m. contradiction, nonsense
controspionàggio s.m. counterespionage
controvalóre s.m. **1** equivalent **2** (*banca*) exchange value
controvèrsia s.f. controversy
controvèrso agg. controversial
controvòglia avv. unwillingly
contumàcia s.f. (*dir.*) contumacy, default
contusióne s.f. bruise
contùso agg. bruised
convalescènte agg., s.m. e f. convalescent
convalescènza s.f. convalescence
convalidàre v.tr. **1** to validate, to confirm **2** (*rafforzare*) to corroborate
convégno s.m. meeting, congress
convenévoli s.m. pl. compliments *pl.*, regards *pl.*
conveniènte agg. **1** (*adatto*) fitting, suitable **2** (*prezzo*) reasonable, (*di articolo*) cheap **3** (*vantaggioso*) profitable
conveniènza s.f. **1** appropriateness, suitability **2** (*vantaggio*) advantage, gain **3** (*di prezzo*) cheapness
convenìre v.intr. **1** (*impers.*) to be better, to suit **2** (*concordare*) to agree **3** (*essere vantaggioso*) to be worth

convènto s.m. convent
convenzionàle agg. **1** agreed, prearranged **2** (*tradizionale*) conventional
convenzióne s.f. convention
convergènza s.f. **1** convergence **2** (*fig.*) meeting
convèrgere v.intr. to converge
conversàre v.intr. to talk, to converse
conversazióne s.f. conversation, talk
conversióne s.f. conversion
convertìre **A** v.tr. to convert **B** v.rifl. e intr. pron. to be converted
convèsso agg. convex
convezióne s.f. convection
convincènte agg. convincing
convìncere **A** v.tr. to convince **B** v.rifl. to convince oneself
convìnto agg. convinced
convinzióne s.f. conviction
convìtto s.m. boarding school
convivènte s.m. e f. cohabitant
convivènza s.f. cohabitation
convìvere v.intr. to cohabit, to live together
convocàre v.tr. to call, to convene, to summon
convocazióne s.f. convocation
convogliàre v.tr. **1** (*trasportare*) to carry **2** (*indirizzare*) to direct
convòglio s.m. **1** convoy **2** (*ferr.*) train
convulsióne s.f. fit, convulsion
convùlso agg. **1** convulsive **2** (*frenetico*) feverish
cooperàre v.intr. to cooperate, to collaborate
cooperatìva s.f. cooperative
cooperazióne s.f. cooperation
coordinaménto s.m. coordination
coordinàre v.tr. to coordinate
coordinàta s.f. coordinate
coordinatóre s.m. coordinator
copèrchio s.m. cover, lid, cap
copèrta s.f. **1** blanket, cover, rug **2** (*naut.*) deck
copertìna s.f. cover, (*USA*) (book) jacket
copèrto[1] agg. **1** covered **2** (*del cielo*) overcast **3** (*vestito*) clothed **4** (*nascosto*) hidden ◆ **al c.** indoors
copèrto[2] s.m. **1** (*posto a tavola*) place **2** (*prezzo*) cover charge
copertóne s.m. (*autom.*) tyre, (*USA*) tire
copertùra s.f. **1** cover, covering **2** (*tel.*) roaming area, roaming range
còpia s.f. copy ◆ **c. di backup** backup copy
copiàre v.tr. to copy
copióne[1] s.m. (*cin., teatro*) script
copióne[2] s.m. (*fam.*) copycat
copisterìa s.f. typing office
còppa s.f. cup ◆ **c. dell'olio** oil sump
còppia s.f. couple, pair ◆ **a coppie** in pairs
coprifuòco s.m. curfew
coprilètto s.m. inv. bedspread, bedcover
copripiumìno s.m. duvet cover
copripiumóne s.m. duvet cover
coprìre **A** v.tr. **1** to cover **2** (*occupare*) to hold **B** v.rifl. to cover oneself, to wrap up **C** v.intr. pron. **1** to be covered **2** (*rannuvolarsi*) to become overcast
coràggio s.m. **1** courage, bravery **2** (*impudenza*) nerve, cheek ◆ **c.!** come on!, cheer up!
coraggióso agg. courageous, brave
coràle agg. choral
corallìno agg. coral (*attr.*)
coràllo s.m. coral ◆ **banco di c.** coral reef
Coràno s.m. Koran
coràzza s.f. **1** (*mil.*) armour, (*stor.*) cuirass **2** (*zool.*) carapace, shell
corazzàta s.f. battleship
corazzàto agg. armoured
còrda s.f. **1** rope, cord **2** (*mus.*) string **3** (*anat.*) cord ◆ **c. vocale** vocal cord || **mettere alle corde** to get on the ropes || **tagliare la c.** (*fig.*) to slip away
cordiàle agg. **1** cordial, warm **2** (*profondo*) hearty ◆ **cordiali saluti** best wishes
cordialità s.f. cordiality
cordialménte avv. **1** cordially, warmly **2** (*profondamente*) heartily
cordless s.m. inv. (*tel.*) cordless (telephone)
cordòglio s.m. grief, condolence
cordóne s.m. **1** cord, string **2** (*fig.*) cordon ◆ **c. ombelicale** umbilical cord
coreografìa s.f. choreography
coriàceo agg. tough, coriaceous
coriàndolo s.m. **1** (*bot.*) coriander **2** al pl. confetti
coricàre **A** v.tr. **1** to lay down **2** (*mettere a letto*) to put to bed **B** v.rifl. **1** to lie down **2** (*andare a letto*) to go to bed
corìnzio agg. Corinthian
corìsta s.m. e f. chorister
cormoràno s.m. cormorant
cornàcchia s.f. crow
cornamùsa s.f. bagpipes *pl.*
còrnea s.f. cornea
cornétta s.f. **1** (*mus.*) cornet **2** (*tel.*) receiver
cornétto s.m. **1** croissant **2** (*gelato*) cone **3** al pl. (*fagiolini*) French beams *pl.*
cornìce s.f. **1** frame **2** (*arch.*) cornice **3** (*scenario*) setting
cornicióne s.m. cornice, moulding
còrno s.m. horn ◆ **fare le corna** to be unfaithful, to cheat
cornucòpia s.f. cornucopia
cornùto **A** agg. horned, with horns **B** s.m. **1** (*tradito*) cuckold **2** (*pop.*) bastard, bugger
còro s.m. chorus, choir
coròlla s.f. corolla
coróna s.f. **1** crown **2** (*di fiori*) wreath
coronàre v.tr. **1** to crown **2** (*circondare*) to surround **3** (*realizzare*) to realize, to crown
còrpo s.m. **1** body **2** (*personale, organico*) corps, staff
corporàle agg. corporal, bodily
corporatùra s.f. build

corporazióne s.f. **1** corporation **2** (*stor.*) guild
corpulènto agg. stout
corpùscolo s.m. corpuscle
corredàre v.tr. **1** to equip, to furnish **2** (*accludere*) to attach, to enclose
corredìno s.m. layette, body's outfit
corrèdo s.m. **1** equipment, kit, set **2** (*di sposa*) trousseau
corrèggere **A** v.tr. to correct **B** v.rifl. to correct oneself
correlazióne s.f. correlation
corrènte **A** agg. **1** (*che scorre*) running, flowing **2** (*scorrevole*) fluent **3** (*attuale*) current, present **4** (*di moneta*) current **5** (*comune*) common, current **6** (*ordinario*) common, ordinary **B** s.f. **1** current, draught, (*USA*) draft **2** (*flusso*) stream, flow ♦ **essere al c.** to be informed || **mettere al c.** to inform
correntemènte avv. **1** fluently **2** (*comunemente*) currently
córrere **A** v.intr. **1** to run **2** (*precipitarsi*) to rush **3** (*di veicolo*) to speed along **4** (*gareggiare*) to race **5** (*circolare*) to go round, to circulate **B** v.tr. **1** (*sport*) to run, to take part in **2** (*affrontare*) to run ♦ **c. dietro a qc.** to chase after sb. || **lasciar c.** to let things go
corrètto agg. **1** correct, right **2** (*onesto*) honest **3** (*educato*) polite **4** (*di caffè*) laced
correzióne s.f. correction
corridóio s.m. passage, corridor
corridóre s.m. runner, (*sport*) racer
corrièra s.f. coach
corrière s.m. **1** courier, messenger **2** (*chi trasporta merci*) carrier ♦ **c. espresso** (*azienda*) courier company, (*servizio*) express courier
corrimàno s.m. handrail
corrispettìvo **A** agg. corresponding **B** s.m. consideration, compensation
corrispondènte **A** agg. corresponding **B** s.m. e f. correspondent
corrispondènza s.f. correspondence
corrispóndere **A** v.tr. **1** (*pagare*) to pay **2** (*ricambiare*) to return **B** v.intr. **1** to correspond **2** (*coincidere*) to coincide **3** (*essere equivalente*) to be equivalent of **4** (*essere all'altezza*) to meet, to fulfil, (*USA*) to fulfill
corroboràre v.tr. to corroborate
corródere v.tr. e intr. pron. to corrode
corrómpere **A** v.tr. to corrupt, (*con denaro*) to bribe **B** v.intr. pron. e rifl. **1** to become corrupted **2** (*putrefarsi*) to rot, to taint, to putrefy
corrosióne s.f. corrosion
corrosìvo agg. e s.m. corrosive
corrótto agg. corrupt
corrugàre v.tr. e intr. pron. to wrinkle, to corrugate ♦ **c. la fronte** to frown
corruzióne s.f. corruption, (*con denaro*) bribery
córsa s.f. **1** run **2** (*gara*) race **3** (*di mezzo di trasporto*) trip, journey **4** (*mecc.*) stroke ♦ **di c.** in a hurry
corsìa s.f. **1** (*pista, strada*) lane **2** (*ospedale*) ward
corsìvo s.m. **1** (*scrittura*) cursive **2** (*tip.*) italics *pl.*
córso s.m. **1** course **2** (*econ.*) course, (*prezzo*) rate, (*circolazione*) circulation **3** (*di fiume*) flow
córte s.f. court
cortéccia s.f. bark
corteggiàre v.tr. to court
cortèo s.m. procession
cortése agg. kind, polite, courteous
cortesìa s.f. **1** kindness, courtesy, politeness **2** (*favore*) favour, (*USA*) favor
cortigiàno **A** agg. court (*attr.*) **B** s.m. courtier
cortìle s.m. courtyard
cortìna s.f. curtain
cortisóne s.m. cortisone
córto agg. short ♦ **a c. di q.c.** short of st.
cortocircùito s.m. short circuit
còrvo s.m. raven, crow
còsa s.f. **1** thing **2** (*faccenda*) matter **3** (*che cosa*) what ♦ **qualche c.** anything, something
còscia s.f. thigh, (*di animale*) leg
cosciènte agg. conscious (*pred.*)
cosciènza s.f. **1** conscience **2** (*consapevolezza*) awareness **3** (*responsabilità*) conscientiousness **4** (*sensi*) consciousness
coscienzióso agg. conscientious, scrupulous
cosciòtto s.m. leg
così **A** avv. **1** (*in questo modo*) like this, this way **2** (*in quel modo*) like that, that way **3** (*in tal modo*) so, thus **4** (*come segue*) as follows **5** (*tanto*) so, such as **6** (*altrettanto*) so, the same **B** cong. (*perciò*) so, (*dunque*) then **C** agg. (*tale, siffatto*) such, like that ♦ **c. ... come** as... as || **c. ... da, che** so... that, so... as
cosicché cong. **1** (*in modo che*) so that **2** (*perciò*) so
cosiddétto agg. so-called
cosmètico agg. e s.m. cosmetic
còsmico agg. cosmic
còsmo s.m. cosmos
cosmopolìta agg. cosmopolitan
còso s.m. (*fam.*) thing, thingummy, thingamabob
cospàrgere v.tr. to strew, to scatter, (*liquido*) to sprinkle
cospètto s.m. presence ♦ **al c. di qc.** into sb.'s presence, before sb.
cospìcuo agg. conspicuous
cospiràre v.intr. to conspire
cospiratóre s.m. conspirator
cospirazióne s.f. conspiracy
còsta s.f. **1** coast, coastline, (*litorale*) shore **2** (*anat.*) rib **3** (*di libro*) back ♦ **velluto a coste** cord, corduroy
costànte agg. e s.f. constant
costànza s.f. constancy
costàre v.tr. e intr. to cost ♦ **c. molto/poco** to be expensive/cheap || **quanto costa?** how much is it?
costàta s.f. chop
costeggiàre v.tr. **1** (*naut.*) to coast, to hug, to run

along **2** (*a terra*) to skirt, (*in macchina*) to drive along
costèi pron. dimostr. f. sing. (*sogg.*) she, (*compl.*) her, (*spreg.*) this woman, that woman
costellazióne s.f. constellation
costernazióne s.f. consternation, dismay
costièro agg. coastal
costipazióne s.f. **1** constipation **2** (*raffreddore*) (bad) cold
costituìre **A** v.tr. **1** (*fondare*) to constitute, to set up **2** (*formare, comporre*) to constitute, to form, to make up **3** (*rappresentare*) to be **B** v.rifl. **1** (*dir.*) to give oneself up **2** (*nominarsi*) to constitute oneself **3** (*formarsi*) to become, to set oneself up
costituzionàle agg. constitutional
costituzióne s.f. **1** (*di stato*) constitution **2** (*il costituire*) establishment, setting up ♦ **c. fisica** frame, constitution
còsto s.m. cost, (*prezzo*) price, (*spesa*) expense
còstola s.f. rib
costolétta s.f. cutlet
costóro pron. dimostr. m. e f. pl. (*sogg.*) they, (*compl.*) them, (*spreg.*) these people, those people
costóso agg. dear, expensive
costrìngere v.tr. to force, to compel
costrizióne s.f. constraint, compulsion
costruìre v.tr. to build, to construct
costruttìvo agg. **1** building **2** (*fig.*) useful, constructive
costruzióne s.f. **1** construction, building **2** (*edificio*) building
costùi pron. dimostr. m. sing. (*sogg.*) he, (*compl.*) him, (*spreg.*) this man, that man
costùme s.m. **1** (*usanza*) custom, usage, habit **2** (*vestito*) costume **3** (*da bagno*) bathing costume, bathing suit ♦ **di facili costumi** of loose morals
coténna s.f. pigskin, (*del lardo*) pork rind
cotógna s.f. quince
cotolétta s.f. cutlet, chop
cotóne s.m. cotton ♦ **di c.** cotton (*attr.*)
còtta s.f. (*fam.*) crush
còttimo s.m. piecework ♦ **lavorare a c.** to do piecework
còtto agg. **1** cooked, done **2** (*fig.*) (*innamorato*) in love **3** (*fig.*) (*stremato*) exhausted
cottùra s.f. cooking, (*al forno*) baking
covàre **A** v.tr. **1** to brood, to hatch **2** (*fig.*) to brood over, to nurse **3** (*una malattia*) to come down with **B** v.intr. to smoulder
cover s.f. inv. **1** (*mus.*) cover **2** (*tel.*) cell phone cover
cóvo s.m. den
covóne s.m. sheaf
còzza s.f. mussel
cozzàre v.intr. **1** to butt, to crash into, to bang against, (*di veicolo*) to collide **2** (*fig.*) to collide, to clash
crac s.m. inv. crash, collapse
cràmpo s.m. cramp
crànico agg. cranial ♦ **trauma c.** head injury
crànio s.m. skull, cranium
cratère s.m. crater
cravàtta s.f. tie
creàre **A** v.tr. **1** to create **2** (*causare*) to produce, to cause **3** (*costituire*) to form, to set up **B** v.intr. pron. to be created
creatività s.f. creativity
creàto s.m. creation
creatóre **A** agg. creating **B** s.m. creator
creatùra s.f. creature
creazióne s.f. creation
credènte s.m. e f. believer
credènza[1] s.f. belief
credènza[2] s.f. (*mobile*) sideboard, buffet, credenza, (*in cucina*) kitchen cupboard
credenziàli s.f. pl. credentials *pl.*
crédere **A** v.intr. to believe **B** v.tr. **1** (*credere vero*) to believe **2** (*pensare*) to think, to suppose **C** v.rifl. to consider oneself
credìbile agg. credible, believable
crédito s.m. **1** credit **2** (*reputazione*) esteem, reputation
creditóre agg. e s.m. creditor
crèdo s.m. creed
crèma s.f. cream
cremàre v.tr. to cremate
cremazióne s.f. cremation
crèmisi agg. e s.m. inv. crimson
cremóso agg. creamy
crèn s.m. inv. horseradish
crèpa s.f. **1** crack, crevice **2** (*fig.*) rift
crepàccio s.m. cleft, (*di ghiacciaio*) crevasse
crepacuòre s.m. heartbreak
crepàre **A** v.intr. (*fam.*) **1** to die of, to burst (ES: ***c. dal ridere*** to die of laughing) **2** (*morire*) to snuff it **B** v.intr. pron. to crack
crêpe s.f. inv. crêpe, crepe
creperìa s.f. crêpe shop
crepitàre v.intr. to crackle, to pop
crepuscolàre agg. twilight (*attr.*), crepuscular
crepùscolo s.m. twilight
crescèndo s.m. crescendo
créscere **A** v.intr. **1** to grow (up) **2** (*aumentare*) to increase, to rise **B** v.tr. (*allevare*) to bring up
créscita s.f. **1** growth **2** (*aumento*) growth, increase, rise
crèsima s.f. confirmation
créspo **A** agg. curly, frizzy **B** s.m. (*tess.*) crêpe
crésta s.f. crest
créta s.f. clay
cretinàta s.f. silly thing
cretìno **A** agg. stupid **B** s.m. jerk
cric s.m. jack
crìcca s.f. gang
criminàle agg., s.m. e f. criminal

criminalità s.f. **1** criminality **2** (*attività illegali*) crime
crìmine s.m. crime
crinàle s.m. ridge
crìne s.m. horsehair
crinièra s.f. mane
crìpta s.f. crypt
crìptico agg. cryptic
crisantèmo s.m. chrysanthemum
crìsi s.f. **1** crisis **2** (*med.*) attack, fit
cristallerìa s.f. crystalware, glassware
cristallìno **A** agg. crystalline **B** s.m. (*anat.*) crystalline lens
cristallizzàre v.intr. e intr. pron. to crystallize
cristàllo s.m. crystal ♦ **cristalli liquidi** liquid crystals
cristianésimo s.m. Christianity
cristianità s.f. Christendom
cristiàno agg. e s.m. Christian
Crìsto s.m. Christ
critèrio s.m. **1** criterion, standard, principle **2** (*buon senso*) common sense
crìtica s.f. **1** criticism **2** (*saggio critico*) critical essay, (*recensione*) review **3** (*insieme dei critici*) critics *pl.*
criticàbile agg. criticizable
criticàre v.tr. to criticize
crìtico **A** agg. **1** critical **2** (*di crisi*) crucial **B** s.m. critic, reviewer
crivellàre v.tr. to riddle
crivèllo s.m. riddle
croccànte agg. crisp, crunchy
crocchétta s.f. croquette
cróce s.f. **1** cross **2** (*tormento*) trial, affliction ♦ **fare una c. su q.c.** to give st. up || **mettere in c. qc.** to pester sb.
crocerossìna s.f. Red Cross nurse
crocevìa s.m. inv. crossroads
crocièra s.f. cruise
crocifìggere v.tr. to crucify
crocifissióne s.f. crucifixion
crocifìsso s.m. crucifix
crogiolàrsi v.rifl. to bask
crogiòlo s.m. melting pot
crollàre v.intr. **1** to collapse, to fall, to fall down, to crumble **2** (*lasciarsi cadere*) to flop down, to slump
cròllo s.m. **1** collapse **2** (*fig.*) downfall, ruin **3** (*econ.*) collapse, fall, drop
cromàtico agg. chromatic
cromatùra s.f. chromium-plating
cròmo s.m. chromium
cromosòma s.m. chromosome
crònaca s.f. **1** chronicle **2** (*di giornale*) news **3** (*resoconto*) description, (*radio, tv*) commentary ♦ **c. mondana** society news || **c. nera** crime news
crònico agg. chronic
cronìsta s.m. e f. **1** (*stor.*) chronicler **2** (*di giornale*) reporter **3** (*radio, tv*) commentator
cronistòria s.f. chronicle
cronologìa s.f. chronology
cronològico agg. chronologic
cronometràre v.tr. to time
cronòmetro s.m. chronometer, timer
cròsta s.f. crust ♦ **c. di formaggio** cheese rind
crostàceo s.m. crustacean
crostàta s.f. tart
crostìno s.m. crouton
crucciàre **A** v.tr. to trouble, to worry **B** v.intr. pron. to worry
crùccio s.m. worry, trouble
crucifórme agg. **1** cruciform **2** (*bot.*) cruciate
crucivèrba s.m. inv. crossword puzzle
crudèle agg. cruel
crudeltà s.f. cruelty
crùdo agg. **1** raw, (*poco cotto*) underdone **2** (*aspro*) harsh, crude
crumìro s.m. blackleg, scab
crùsca s.f. bran
cruscòtto s.m. (*autom.*) **1** dashboard **2** (*aer.*) instrument panel
cùbico agg. cubic
cubìsmo s.m. cubism
cubìsta s.f. go-go girl, go-go dancer
cùbo **A** agg. cubic **B** s.m. cube
cuccàgna s.f. good time ♦ **albero della c.** greasy pole
cuccétta s.f. **1** (*ferr.*) couchette **2** (*naut.*) berth
cucchiaiàta s.f. spoonful
cucchiaìno s.m. teaspoon
cucchiàio s.m. spoon
cùccia s.f. kennel, (*USA*) doghouse
cùcciolo s.m. cub, (*di cane*) pup, (*di gatto*) kitten
cucìna s.f. **1** kitchen **2** (*il cucinare*) cooking, cuisine **3** (*apparecchio*) stove, cooker ♦ **c. casalinga** home-cooking || **c. vegetariana** vegetarian food
cucinàre v.tr. to cook ♦ **c. al forno** to bake
cucìre v.tr. to sew, to stitch ♦ **c. a macchina** to machine || **cucirsi la bocca** to button one's lips
cucìto agg. e s.m. sewing
cucitùra s.f. seam
cucù s.m. cuckoo
cucùlo s.m. cuckoo
cucùzzolo s.m. → ***cocuzzolo***
cùffia s.f. **1** cap, bonnet **2** (*auricolare*) headphones *pl.*
cuffiétte s.f. pl. headphones *pl.*, earphones *pl.*
cugìno s.m. cousin
cùi pron. rel. m. e f. sing. e pl. **1** (*compl. ind.*) who(m) (*persone*), which (*cose e animali; spesso sottinteso*) (ES: ***la persona c. scrissi*** the person to whom I wrote) **2** (*possessivo*) whose (*persone*), of which, whose (*cose e animali*) (ES: ***la persona di c. ho scritto l'indirizzo*** the person whose address I wrote) ♦ **in c.** (*dove*) where, (*quando*) when
culinàrio agg. culinary
cùlla s.f. cradle

cullàre v.tr. to rock, to cradle
culminàre v.intr. to culminate
cùlmine s.m. top
cùlo s.m. (*fam., volg.*) arse, bum, (*USA*) ass, butt ◆ **avere c.** to luck out || **prendere per il c. qc.** to mess around with sb., to get sb.'s arse
cùlto s.m. **1** cult, worship **2** (*fede religiosa*) religion
cultùra s.f. culture, (*conoscenze*) learning, education
culturàle agg. cultural
cumulativo agg. cumulative, inclusive
cùmulo s.m. **1** heap, pile **2** (*meteor.*) cumulus
cuneifórme agg. cuneiform
cùneo s.m. wedge
cunìcolo s.m. tunnel
cuòcere v.tr. e intr. to cook, (*alla griglia*) to grill, (*al forno*) to bake, to roast
cuòco s.m. cook
cuòio s.m. leather ◆ **articoli di c.** leather goods || **c. capelluto** scalp || **c. conciato** dressed leather, tanned leather
cuòre s.m. heart ◆ **di c.** heartily || **nel c. della notte** in the middle of the night
cupidìgia s.f. cupidity, greed
cùpo agg. **1** dark, obscure **2** (*suono, colore*) deep **3** (*triste*) gloomy
cùpola s.f. dome
cùra s.f. **1** care **2** (*med.*) treatment ◆ **a c. di** (*libro*) edited by || **casa di c.** nursing home
curàbile agg. curable
curàre **A** v.tr. **1** to take care of, to look after **2** (*med.*) to treat, to cure **3** (*fare in modo*) to make sure, to see to **4** (*un libro*) to edit **B** v.rifl. to take care of oneself, to follow a treatment
curàto s.m. curate
curatóre s.m. **1** (*dir.*) curator **2** (*di libro*) editor
cùria s.f. curia
curiosàre v.intr. to pry, to nose about, to browse around
curiosità s.f. curiosity ◆ **per c.** out of curiosity
curióso agg. curious, (*strano*) odd, funny
cursóre s.m. cursor
cùrva s.f. curve, bend ◆ **fare una c.** to turn
curvàre **A** v.tr., intr. e intr. pron. to bend, to curve **B** v.rifl. to bend down
curvilìneo agg. curvilinear
cùrvo agg. **1** curved **2** (*piegato*) bent
cuscinétto s.m. **1** pad **2** (*mecc.*) bearing ◆ **c. a sfere** ball bearing
cuscìno s.m. cushion, (*guanciale*) pillow
cùspide s.f. cusp
custòde s.m. e f. **1** keeper, custodian, guardian **2** (*portiere*) doorkeeper
custòdia s.f. **1** custody, care **2** (*astuccio*) case, (*per telefono cellulare*) cell phone holder
custodìre v.tr. **1** (*conservare*) to keep, to preserve **2** (*aver cura*) to take care of, to look after
cutàneo agg. cutaneous, skin (*attr.*)
cùte s.f. cutis, skin
cutìcola s.f. cuticle
cyclètte s.f. inv. stationary bike

d, D

da prep. **1** (*moto da luogo, provenienza, separazione*) from (ES: ***arrivo da Londra*** I'm coming from London; ***separarsi da qc.*** to part from sb.) **2** (*lontananza*) from (ES: ***essere assente da scuola*** to be absent from school) **3** (*moto a luogo*) to (ES: ***sono andato da mia madre*** I've been to my mother's) **4** (*stato in luogo*) at (ES: ***dove sei? sono dal panettiere*** where are you? I'm at the baker's) **5** (*moto per luogo*) through (ES: ***entrare dalla finestra*** to go in through the window) **6** (*agente, causa efficiente*) by (ES: ***il granaio fu distrutto da un incendio*** the barn was destroyed by a fire) **7** (*causa*) for, with (ES: ***sta piangendo dal dolore*** he's crying for pain; ***tremare dal freddo*** to shiver with cold) **8** (*durata nel tempo*) for (ES: ***aspetto da un mese*** I've been waiting for a month) **9** (*decorrenza: riferito al pass.*) since, (*riferito al pres. e fut.*) (as) from (ES: ***aspetto dal mese scorso*** I've been waiting since last month, ***da oggi in poi*** from today onwards) **10** (*modo*) like (ES: ***comportarsi da uomo*** to behave like a man) **11** (*condizione*) as (ES: ***da bambino*** as a child) **12** (*uso, scopo*) *forme aggettivali* (ES: ***occhiali da sole*** sun glasses; ***rete da pesca*** fishing net) ◆ **non avere niente da fare** to have nothing to do || **tanto da** (*consec.*) so much as (to), (*a sufficienza*) enough (to) || **un francobollo da 1 euro** a 1 euro stamp
dabbène agg. respectable, honest
daccàpo avv. **1** (*di nuovo*) over again **2** (*dall'inizio*) from the beginning
dadaìsmo s.m. Dadaism
dàdo s.m. **1** die (*pl.* dice) **2** (*mecc.*) nut **3** (*da brodo*) cube
daffàre s.m. work
dài inter. come on!
dàino s.m. fallow deer

daltònico agg. colour-blind
d'altrónde avv. on the other hand
dàma s.f. **1** lady **2** (*nel ballo*) partner **3** (*gioco*) draughts *pl.*, (*USA*) checkers *pl.*
damàsco s.m. damask
damigèlla s.f. bridesmaid
damigiàna s.f. demijohn
danése **A** agg. Danish **B** s.m. e f. Dane **C** s.m. (*lingua*) Danish
dannàre **A** v.tr. **1** to damn **2** (*far dannare*) to drive mad **B** v.rifl. **1** to be damned **2** (*affannarsi*) to strive hard
dannàto agg. damned
dannazióne s.f. damnation
danneggiàre v.tr. **1** to damage **2** (*sciupare*) to spoil **3** (*menomare*) to injure **4** (*nuocere*) to harm
dànno s.m. damage, harm, injury
dannóso agg. harmful
dànza s.f. dance, (*il danzare*) dancing
danzàre v.tr. e intr. to dance
danzatóre s.m. dancer
dappertùtto avv. everywhere
dapprìma avv. at first
dàrdo s.m. dart
dàre[1] **A** v.tr. **1** to give **2** (*porgere*) to pass **3** (*concedere*) to grant, to give **4** (*rappresentare*) to put on **5** (*produrre*) to yield, to bear **B** v.intr. **1** (*colpire, urtare*) to hit, to bump **2** (*di porta, finestra*) to look on to, to lead into **C** v.rifl. to devote oneself
dàre[2] s.m. (*econ.*) debit
dàrsena s.f. wet dock
dàta s.f. date
datàre v.tr. e intr. to date
datàto agg. **1** dated **2** (*passato*) old-fashioned, dated
dàto[1] agg. given, stated ◆ **d. che** since, as
dàto[2] s.m. **1** datum, information **2** al pl. (*inform.*) data *pl.* ◆ **d. di fatto** fact
dàttero s.m. date
dattilografàre v.tr. to type
dattilògrafo s.m. typist
davànti **A** avv. in front **B** agg. e s.m. front (*attr.*) **C** prep. **d. a** **1** in front of, opposite **2** (*innanzi, prima*) before
davanzàle s.m. windowsill
davvéro avv. really, indeed
dàzio s.m. duty ◆ **esente da d.** duty free
dèa s.f. goddess
deambulatòrio s.m. (*arch.*) ambulatory
debellàre v.tr. to wipe out
debilitàre v.tr. e intr. pron. to weaken
débito[1] s.m. **1** debt **2** (*comm.*) debit ◆ **essere in d. con qc.** to be indebted to sb.
débito[2] agg. due, proper
debitóre s.m. debtor ◆ **essere d. di q.c. a qc.** to owe sb. st.
débole **A** agg. weak, faint, feeble **B** s.m. **1** (*punto debole*) weak point **2** (*inclinazione*) weakness
debolézza s.f. weakness
debuttàre v.intr. to make one's debut
debùtto s.m. debut
dècade s.f. (*dieci anni*) decade, ten years *pl.*, (*dieci giorni*) ten days *pl.*
decadènte agg. decadent
decadentìsmo s.m. decadentism
decadènza s.f. **1** decay, decline **2** (*letter.*) decadence **3** (*dir.*) loss
decadére v.intr. to decay, to decline
decadùto agg. impoverished
decaffeinàto agg. decaffeinated
decàlogo s.m. **1** (*relig.*) decalogue **2** (*est.*) handbook
decàno s.m. doyen, dean
decapitàre v.tr. to behead, to decapitate
decappottàbile agg. e s.f. convertible
decedùto agg. deceased, dead
decelerazióne s.f. deceleration
decennàle agg. e s.m. decennial
decènnio s.m. decade, decennium
decènte agg. **1** (*decoroso*) decent, proper, decorous **2** (*accettabile*) acceptable, reasonable, quite good
decentraménto s.m. **1** decentralization **2** (*pol.*) devolution
decènza s.f. decency
decèsso s.m. death
decìdere **A** v.tr. e intr. to decide **B** v.intr. pron. to make up one's mind
decìduo agg. deciduous
decifràre v.tr. to decipher, to decode
decìlitro s.m. decilitre, (*USA*) deciliter
decimàle agg. e s.m. decimal
decimàre v.tr. to decimate
dècimo agg. num. ord. e s.m. tenth
decìna s.f. **1** (*dieci*) ten, half-a-score **2** (*circa dieci*) about ten
decisaménte avv. **1** decidedly, definitely **2** (*risolutamente*) resolutely
decisióne s.f. decision
decisionìsta s.m. e f. decision-maker
decisìvo agg. decisive, conclusive
decìso agg. **1** decided, firm, resolute **2** (*definito*) definite
declamàre v.tr. e intr. to declaim
declassàre v.tr. to declass, to degrade
declinàre **A** v.tr. (*gramm.*) to decline **B** v.intr. **1** (*tramontare*) to set **2** (*venir meno*) to decline, to wane **3** (*degradare*) to slope down
declinazióne s.f. **1** (*gramm.*) declension **2** (*fis.*) declination
declìno s.m. decline
declìvio s.m. slope
decoder s.m. inv. decoder
decodificàre v.tr. to decode
decollàre v.intr. to take off

decòllo s.m. take-off
decoloràre v.tr. to decolorate, to bleach
decolorazióne s.f. decoloration, bleaching
decompórre **A** v.tr. **1** to decompose **2** (*chim.*) to dissociate **B** v.intr. pron. **1** to decompose **2** (*putrefarsi*) to rot, to decay
decomposizióne s.f. decomposition
decongestionàre v.tr. to decongest
decontaminàre v.tr. to decontaminate
decoràre v.tr. to decorate
decoratìvo agg. decorative
decoratóre s.m. decorator
decorazióne s.f. decoration
decòro s.m. **1** (*dignità*) decorum, dignity **2** (*lustro*) honour **3** (*ornamento*) decor, décor
decoróso agg. decorous
decórrere v.intr. **1** (*trascorrere*) to elapse **2** (*avere inizio*) to start, to run, (*avere effetto*) to become effective ♦ **a d. da** starting from
decòtto s.m. decoction
decrèpito agg. decrepit
decrescènte agg. decreasing
decréscere v.intr. to decrease, to diminish
decretàre v.tr. **1** to decree **2** (*tributare*) to confer
decréto s.m. decree
decurtàre v.tr. to curtail, to reduce
dèdalo s.m. maze
dèdica s.f. dedication
dedicàre **A** v.tr. **1** to dedicate **2** (*intitolare alla memoria*) to name after **B** v.rifl. to devote oneself
dedicàto agg. dedicated (*anche inform., tecnol.*)
dèdito agg. **1** devoted, dedicated **2** (*a vizio*) addicted
deducìbile agg. **1** deducible **2** (*defalcabile*) deductible
dedùrre v.tr. **1** to deduce **2** (*defalcare*) to deduct
deduzióne s.f. deduction
dee-jay s.m. inv. DJ, disk-jockey
defalcàre v.tr. to deduct
deferìre v.tr. to refer
defezióne s.f. defection, desertion
deficiènte **A** agg. **1** (*insufficiente*) insufficient **2** (*med.*) mentally deficient **B** s.m. e f. **1** mentally deficient person **2** (*stupido*) idiot
dèficit s.m. inv. deficit ♦ **essere in d.** to have a deficit
deficitàrio agg. **1** showing a deficit **2** (*fig.*) insufficient
definìre v.tr. **1** to define **2** (*determinare*) to determine, to fix **3** (*risolvere*) to settle
definitivaménte avv. definitively
definitìvo agg. definitive, final
definizióne s.f. **1** definition **2** (*risoluzione*) settlement
deflagrazióne s.f. deflagration
deflèttere v.intr. **1** to deflect, to deviate **2** (*cedere*) to yield
deflettóre s.m. deflector
defluìre v.intr. to flow
deflùsso s.m. downflow, outflow, (*di marea*) ebb
deformàre **A** v.tr. **1** to deform **2** (*alterare*) to distort, to warp **B** v.intr. pron. to get deformed, to lose one's shape
deformazióne s.f. deformation ♦ **d. professionale** bias
defórme agg. deformed
deformità s.f. **1** deformity **2** (*med.*) deformation
defraudàre v.tr. to defraud, to cheat
defùnto **A** agg. dead, late (*attr.*) **B** s.m. dead, deceased
degeneràre v.intr. to degenerate
degenerazióne s.f. degeneration
degènere agg. degenerate
degènte s.m. e f. patient
deglutìre v.tr. to swallow
degnàre **A** v.tr. to think worthy **B** v.intr. pron. to deign, to condescend ♦ **d. qc. di uno sguardo** to deign to look at sb., to notice sb.
dégno agg. worthy
degradànte agg. degrading
degradàre **A** v.tr. **1** to demote **2** (*fig.*) to degrade **B** v.rifl. to degrade oneself **C** v.intr. pron. to deteriorate
degràdo s.m. decay, deterioration
degustàre v.tr. to taste
degustazióne s.f. tasting
delatóre s.m. informer
delazióne s.f. delation
dèlega s.f. **1** delegation **2** (*procura*) proxy
delegàre v.tr. to delegate
delegàto **A** agg. delegated **B** s.m. delegate
delegazióne s.f. delegation
deletèrio agg. deleterious, harmful
delfìno s.m. dolphin
deliberàre v.tr. **1** to deliberate **2** (*decidere*) to decide
deliberataménte avv. deliberately
delicataménte avv. gently
delicatézza s.f. **1** delicacy **2** (*cura*) care
delicàto agg. delicate
delimitàre v.tr. to delimit
delimitazióne s.f. delimitation
delineàre **A** v.tr. to outline **B** v.intr. pron. to loom, to take shape
delinquènte agg., s.m. e f. **1** criminal, delinquent **2** (*fig., fam.*) rogue
delinquènza s.f. delinquency, criminality
deliràre v.intr. to rave
delìrio s.m. delirium, raving
delìtto s.m. **1** crime **2** (*omicidio*) murder
delìzia s.f. delight
delizióso agg. delightful, (*di sapore, odore*) delicious
dèlta s.m. inv. delta

deltaplàno s.m. **1** (*sport*) hang-gliding **2** (*attrezzo*) hang-glider
delucidazióne s.f. elucidation
delùdere v.tr. to disappoint
delusióne s.f. disappointment
demagogìa s.f. demagogy
demagògico agg. demagogic(al)
demaniàle agg. State (*attr.*)
demànio s.m. State property
demènte **A** agg. **1** (*med.*) demented **2** (*est.*) insane, mad **B** s.m. e f. **1** (*med.*) dement **2** (*est.*) lunatic
demènza s.f. **1** (*med.*) dementia **2** (*est.*) insanity
demenziàle agg. **1** (*med.*) demential **2** (*est.*) crazy
demistificazióne s.f. demystification
democràtico **A** agg. democratic **B** s.m. democrat
democrazìa s.f. democracy
demografìa s.f. demography
demogràfico agg. demographic
demolìre v.tr. to demolish
demolizióne s.f. demolition
dèmone s.m. **1** d(a)emon **2** (*diavolo*) devil
demònio s.m. devil, demon
demonizzàre v.tr. to demonize
demoralizzàre **A** v.tr. to demoralize **B** v.intr. pron. to lose heart
demotivàre **A** v.tr. to demotivate **B** v.intr. pron. to become demotivated
denàro s.m. **1** money **2** al pl. (*carte da gioco*) diamonds *pl.*
denatalità s.f. fall in the birthrate
denaturàto agg. denatured
denigràre v.tr. to denigrate, to run down
denominàre **A** v.tr. to name, to call **B** v.intr. pron. to be named
denominazióne s.f. denomination, name
denotàre v.tr. to denote, to indicate
densità s.f. density, thickness
dènso agg. **1** dense, thick **2** (*pieno di*) full
dentàle agg. dental
dènte s.m. **1** tooth **2** (*di forchetta*) prong, tine ◆ **al d.** slightly underdone || **d. cariato** decayed tooth || **spazzolino da denti** tooth-brush
dentellàto agg. indented
dentièra s.f. denture, false teeth *pl.*
dentifrìcio s.m. toothpaste
dentìsta s.m. e f. dentist
déntro **A** avv. **1** in, inside **2** (*interiormente*) inwardly **3** (*all'interno*) indoors **B** prep. **1** in, inside **2** (*entro*) within **3** (*con v. di moto*) into ◆ **qui d.** inside here
denudàre **A** v.tr. to strip, to denude **B** v.rifl. to strip (off), to undress
denùncia s.f. **1** accusation, complaint **2** (*dichiarazione*) declaration, report
denunciàre v.tr. **1** (*dir.*) to denounce **2** (*manifestare*) to denote, to reveal **3** (*dichiarare*) to declare
denutrìto agg. underfed
denutrizióne s.f. malnutrition
deodorànte agg. e s.m. deodorant
depennàre v.tr. to cross out, to strike out
deperìbile agg. perishable
deperìre v.intr. **1** to waste away, to decline **2** (*di pianta*) to wither **3** (*di cose*) to perish, to decay
depilàre v.tr. to depilate
depilatòrio agg. depilatory
depilazióne s.f. depilation ◆ **d. definitiva** permanent hair removal
dépliant s.m. inv. brochure, leaflet
deploràre v.tr. to deplore
deplorévole agg. deplorable
depórre **A** v.tr. **1** to lay (down), to put down **2** (*da una carica*) to remove, to depose **3** (*depositare*) to deposit **4** (*rinunciare*) to give up, to renounce **B** v.intr. (*dir.*) to depose, to give evidence
deportàre v.tr. to deport
depositàre **A** v.tr. **1** to deposit **2** (*metter giù*) to put down **3** (*immagazzinare*) to store **4** (*un marchio*) to register **B** v.intr. pron. to settle, to deposit
depòsito s.m. **1** deposit **2** (*magazzino*) warehouse, (*mil.*) depot ◆ **d. bagagli** left-luggage (office), checkroom, (*USA*) baggage check
deposizióne s.f. **1** deposition **2** (*da una carica*) removal
depravàto agg. depraved
depravazióne s.f. depravity
deprecàbile agg. deprecable, disgraceful
deprecàre v.tr. to deprecate
depredàre v.tr. to plunder, to pillage
depressióne s.f. depression
deprèsso agg. depressed
deprezzaménto s.m. depreciation
deprezzàre v.tr. to depreciate
deprimènte agg. depressing
deprìmere **A** v.tr. to depress **B** v.intr. pron. to get depressed, to lose heart
depuràre v.tr. to depurate
depuratóre s.m. purifier, depurator
deputàto s.m. deputy
deragliaménto s.m. derailment
deragliàre v.intr. to go off the rails ◆ **far d.** to derail
derattizzazióne s.f. deratization
derìdere v.tr. to deride, to mock
derisióne s.f. derision
derìva s.f. **1** drift **2** (*parte di imbarcazione*) keel ◆ **andare alla d.** to drift
derivàre **A** v.intr. **1** (*provenire*) to derive, to come, to originate from **2** (*scaturire*) to rise **3** (*andare alla deriva*) to drift **B** v.tr. **1** to derive **2** (*fiume, canale*) to divert
derivazióne s.f. **1** derivation **2** (*elettr.*) shunt
dermatìte s.f. dermatitis
dermatologìa s.f. dermatology
dermatòlogo s.m. dermatologist
dermoprotettìvo agg. skin-protecting

dèroga s.f. derogation
derràta s.f. **1** al pl. victuals *pl.*, foodstuffs *pl.* **2** (*merci*) goods *pl.*, commodity
derubàre v.tr. to steal, to rob
descrittìvo agg. descriptive
descrìvere v.tr. to describe
descrizióne s.f. description
desèrtico agg. desert (*attr.*), waste (*attr.*)
desèrto **A** agg. **1** desert (*attr.*) **2** (*abbandonato*) deserted, (*vuoto*) empty **B** s.m. **1** desert **2** (*fig.*) wilderness, wasteland
desideràre v.tr. **1** to want, to desire, to wish **2** (*richiedere*) to want **3** (*sessualmente*) to desire
desidèrio s.m. wish, desire
desideróso agg. longing for
design s.m. inv. design
designàre v.tr. to designate
desinènza s.f. (*gramm.*) ending
desìstere v.intr. to desist, to give up
desktop s.m. inv. (*inform.*) desktop
desolànte agg. distressing
desolàto agg. **1** desolate **2** (*sconsolato*) disconsolate, sorrowful **3** (*spiacente*) sorry
desolazióne s.f. desolation
dessert s.m. inv. dessert
destàre v.tr. e intr. pron. to wake (up), to awake
destinàre v.tr. **1** to destine **2** (*assegnare*) to assign **3** (*nominare*) to appoint **4** (*stabilire*) to fix **5** (*riservare, dedicare*) to intend, to devote
destinatàrio s.m. receiver, (*di lettera*) addressee
destinazióne s.f. destination
destìno s.m. destiny
destituìre v.tr. to dismiss
destituìto agg. **1** (*rimosso*) dismissed **2** (*privo*) devoid, destitute
désto agg. awake
dèstra s.f. **1** (*mano*) right hand **2** (*parte*) right (side) **3** (*pol.*) Right ♦ **a d.** on the right
destreggiàrsi v.intr. pron. to manage
destrézza s.f. skill, dexterity
dèstro **A** agg. **1** right, right-hand (*attr.*) **2** (*abile*) clever **B** s.m. **1** (*opportunità*) chance **2** (*pugno*) right
desùmere v.tr. to infer, to deduce
deteinàto agg. decaffeinated
detenére v.tr. **1** to hold **2** (*dir.*) to possess **3** (*in prigione*) to detain, to hold in custody
detenùto s.m. prisoner, convict
detenzióne s.f. **1** (*possesso*) possession **2** (*imprigionamento*) detention, imprisonment
detergènte agg. e s.m. detergent
deterioràbile agg. perishable
deterioràre **A** v.tr. to deteriorate, to damage **B** v.intr. pron. to deteriorate, to go bad
determinànte agg. decisive
determinàre v.tr. **1** to determine **2** (*causare*) to produce
determinàto agg. **1** (*definito*) determinate, definite **2** (*particolare*) certain **3** (*deciso*) resolute, determined
determinazióne s.f. **1** calculation, reckoning **2** (*fermezza*) determination
detersìvo s.m. detergent
detestàre v.tr. to detest, to hate
detraìbile agg. deductible
detràrre v.tr. e intr. to deduct, to detract
detrazióne s.f. deduction ♦ **d. fiscale** tax allowance
detrìto s.m. debris, rubble
dettagliànte s.m. e f. retailer
dettagliataménte avv. in detail
dettagliàto agg. detailed
dettàglio s.m. detail, particular ♦ **al d.** (at) retail
dettàre v.tr. to dictate
dettàto s.m. dictation
dettatùra s.f. dictation
détto **A** agg. **1** (*chiamato*) called, named, (*soprannominato*) nicknamed **2** (*sopraddetto*) said, aforesaid **B** s.m. saying
deturpàre v.tr. to disfigure, to sully
devastàre v.tr. to devastate, to ravage
deviàre **A** v.intr. to deviate, to swerve **B** v.tr. to divert
deviazióne s.f. **1** deviation, deflection **2** (*stradale*) detour
devòlvere v.tr. to devolve, to assign
devòto agg. **1** (*relig.*) devotional, pious **2** (*affezionato*) devoted, sincere
devozióne s.f. devotion
di prep. **1** (*specificazione, denominazione, abbondanza, privazione, quantità ecc.*) of (ES: ***il senso dell'umorismo*** a sense of humour; ***la città di Oxford*** the city of Oxford, ***un chilo di pane*** a kilo of bread) **2** (*possesso*) of, *genitivo sassone* (ES: ***la coda del cane*** the dog's tail) **3** (*partitivo*) some, any (ES: ***vuoi ancora del caffè?*** would you like any more coffee?) **4** (*appartenenza*) by (ES: ***una poesia di Leopardi*** a poem by Leopardi) **5** (*condizione, qualità*) at, in, by (ES: ***conoscere di nome*** to know by name) **6** (*argomento*) about, of (ES: ***so molte cose di lui*** I know a lot about him) **7** (*dopo un comp.*) than, (*dopo un sup.*) of, in (ES: ***meglio di te*** better than you; ***il fiume più lungo del mondo*** the longest river in the world) **8** (*materia, età, valore, misura*) of (*spesso idiom.*) (ES: ***un tavolo di legno*** a wooden table; ***un conto di dieci sterline*** a ten-pound bill) **9** (*causa*) of, for, with (ES: ***tremare di paura*** to tremble with fear; ***piangere di dolore*** to cry for pain) **10** (*mezzo, strumento*) with, on (ES: ***ungere di burro*** to grease with butter) **11** (*moto da luogo, allontanamento, separazione, origine, provenienza*) from, out of (ES: ***venire dall'ufficio*** to come from the office; ***venire dalla Francia*** to come from France) **12** (*tempo*) in, at, on (ES: ***di sera*** in the evening; ***di domenica*** on Sundays) **13** (*con v. all'infinito*) *idiom.* (ES: ***credo di essere proprio stanco*** I think I'm really tired) **14** (*con altra prep.*) *idiom.* (ES: ***dopo di te*** after you)

diabète s.m. diabetes
diabètico agg. e s.m. diabetic
diabòlico agg. **1** diabolic **2** (*che tormenta*) devilish
diàcono s.m. deacon
diadèma s.m. diadem
diaframma s.m. **1** diaphragm **2** (*fig.*) screen
diàgnosi s.f. diagnosis
diagnosticàre v.tr. to diagnose
diagonàle agg. diagonal
diagràmma s.m. diagram, chart
dialettàle agg. dialectal
dialèttico agg. dialectic(al)
dialètto s.m. dialect
diàlisi s.f. dialysis
dialogàre v.intr. to converse, to talk together
diàlogo s.m. dialogue
diamànte s.m. diamond
diametralménte avv. diametrically
diàmetro s.m. diameter
diàmine inter. good heavens!
diapositìva s.f. slide
diàrio s.m. diary, journal ♦ **d. di bordo** log
diarrèa s.f. diarr(ho)ea
diàvolo s.m. devil
dibàttere **A** v.tr. to debate, to discuss **B** v.rifl. to struggle
dibàttito s.m. **1** debate, discussion **2** (*disputa*) controversy
dicastèro s.m. ministry
dicèmbre s.m. December
dicerìa s.f. rumour, gossip
dichiaràre **A** v.tr. to declare, (*affermare*) to state **B** v.rifl. to declare oneself
dichiarazióne s.f. declaration, statement
diciannòve agg. num. card. e s.m. inv. nineteen
diciassètte agg. num. card. e s.m. inv. seventeen
diciòtto agg. num. card. e s.m. inv. eighteen
didascalìa s.f. caption, legend
didascàlico agg. didactic
didàttica s.f. didactics *pl.* (*v. al sing.*)
didàttico agg. didactic, educational
didiètro **A** avv. behind, at the back **B** agg. inv. back **C** s.m. inv. **1** back, rear **2** (*sedere*) bottom
dièci agg. num. card. e s.m. inv. ten
diesel agg. e s.m. inv. diesel
dièta s.f. diet ♦ **essere a d.** to be on a diet || **fare la d.** to go on a diet
dietètico agg. dietetic
dietòlogo s.m. dietician
diètro **A** avv. behind, at the back **B** prep. behind, after **C** agg. e s.m. back (*attr.*) ♦ **d. l'angolo** round the corner
dietrofrónt s.m. about-turn, (*USA*) about face
difàtti cong. in fact, as a matter of fact
difèndere **A** v.tr. **1** to defend **2** (*sostenere*) to maintain, to support **B** v.rifl. **1** to defend oneself **2** (*cavarsela*) to manage
difensìvo agg. defensive
difensóre s.m. **1** defender **2** (*sostenitore*) supporter, advocate
diféśa s.f. defence
difettàre v.intr. **1** (*avere difetti*) to be defective **2** (*mancare di*) to be wanting, to be lacking
difettìvo agg. defective
difètto s.m. **1** (*fisico*) defect, (*morale*) fault, (*imperfezione*) blemish **2** (*colpa*) fault **3** (*mancanza*) deficiency, lack
difettóso agg. defective, faulty
diffamàre v.tr. to defame, to slander
diffamazióne s.f. defamation, slander, (*a mezzo stampa*) libel
differènte agg. different
differenteménte avv. differently
differènza s.f. difference
differenziàle agg. e s.m. differential
differenziàre **A** v.tr. to differentiate **B** v.rifl. e intr. pron. to be different
differìre **A** v.intr. to differ **B** v.tr. to delay, to postpone
diffìcile **A** agg. **1** difficult, hard **2** (*incontentabile*) difficult to please **3** (*improbabile*) unlikely **B** s.m. difficulty, hard part
difficoltà s.f. **1** difficulty **2** (*obiezione*) objection
diffìda s.f. warning
diffidàre **A** v.intr. to distrust, to mistrust **B** v.tr. to warn
diffidènte agg. **1** distrustful, mistrustful **2** (*sospettoso*) suspicious
diffidènza s.f. **1** distrust, mistrust **2** (*sospetto*) suspicion
diffóndere **A** v.tr. to spread, to diffuse **B** v.intr. pron. **1** to spread **2** (*dilungarsi*) to dwell
difformità s.f. difference, dissimilarity
diffusaménte avv. diffusely
diffusióne s.f. **1** diffusion, spread **2** (*di giornale*) circulation
diffùso agg. widespread
differite s.f. diphtheria
dìga s.f. **1** dam, dike **2** (*portuale*) breakwater
digerènte agg. digestive
digerìbile agg. digestible
digerìre v.tr. to digest
digestióne s.f. digestion
digestìvo agg. e s.m. digestive
digitàle agg. digital
digitàre v.tr. to type in
digiunàre v.intr. to fast
digiùno **A** agg. fasting **B** s.m. fast
dignità s.f. dignity
dignitóso agg. **1** dignified **2** (*decoroso*) decent, respectable
digressióne s.f. digression
digrignàre v.tr. to gnash

dilagàre v.intr. **1** to flood, to overflow **2** (*diffondersi*) to spread, to increase
dilaniàre v.tr. to tear (to pieces)
dilapidàre v.tr. to squander, to waste
dilatàre v.tr. e intr. pron. to dilate, to widen, to expand
dilatazióne s.f. dilatation, expansion
dilazionàre v.tr. to delay, to defer
dilazióne s.f. delay, extension
dileguàre **A** v.tr. to disperse **B** v.intr. e intr. pron. to vanish, to disappear, to fade away
dilèmma s.m. dilemma
dilettànte agg., s.m. e f. amateur
dilettantésco agg. amateurish
dilettàre **A** v.tr. to delight, to give pleasure to **B** v.intr. pron. **1** to delight, to enjoy **2** (*occuparsi per diletto*) to dabble
dilètto s.m. pleasure, delight
diligènte agg. diligent, careful
diligènza[1] s.f. diligence, care
diligènza[2] s.f. (*carrozza*) stagecoach
diluìre v.tr. to dilute, (*con acqua*) to water
dilungàrsi v.intr. pron. to dwell, to talk at length
diluviàre v.intr. to pour
dilùvio s.m. deluge
dimagrànte agg. slimming
dimagrìre **A** v.tr. **1** to make thin **2** (*smagrire*) to slim **B** v.intr. to grow thin, to lose weight, to slim
dimenàre **A** v.tr. to wag, to wave **B** v.rifl. to fidget, to toss about
dimensióne s.f. dimension, (*grandezza*) size
dimenticànza s.f. **1** forgetfulness **2** (*svista*) oversight, (*mancanza di attenzione*) inadvertence
dimenticàre **A** v.tr. **1** to forget **2** (*perdonare*) to forgive **3** (*lasciare in un posto*) to leave **B** v.intr. pron. to forget
dimésso agg. modest, (*trascurato*) shabby
dimestichézza s.f. familiarity
diméttere **A** v.tr. **1** to discharge **2** (*da una carica*) to dismiss, to remove **B** v.rifl. to resign
dimezzàre **A** v.tr. to halve **B** v.intr. pron. to be halved
diminuìre **A** v.tr. to diminish, to lessen, to reduce **B** v.intr. to decrease, to fall, to go down, to drop
diminutìvo agg. e s.m. diminutive
diminuzióne s.f. decrease, reduction
dimissióni s.f. pl. resignation ◆ **dare le d.** to resign
dimòra s.f. abode, home, residence
dimoràre v.intr. to reside, to live
dimostràbile agg. demonstrable
dimostrànte s.m. e f. demonstrator
dimostràre **A** v.tr. **1** (*mostrare*) to show, (*età*) to look **2** (*provare*) to demonstrate, to prove, to show **B** v.intr. to protest, to demonstrate **C** v.rifl. to show oneself, to prove
dimostrazióne s.f. demonstration
dinàmica s.f. dynamics *pl.* (*v. al sing.*)
dinàmico agg. dynamic
dinamìsmo s.m. dynamism
dinamìte s.f. dynamite
dìnamo s.f. inv. dynamo
dinànzi avv. e agg. → ***davanti***
dinastìa s.f. dynasty
diniègo s.m. denial
dinoccolàto agg. slouching
dinosàuro s.m. dinosaur
dintórni s.m. pl. neighbourhood
dìo s.m. god
diòcesi s.f. diocese
diottrìa s.f. diopter
dipanàre v.tr. **1** to wind into a ball **2** (*districare*) to disentangle
dipartiménto s.m. department
dipendènte **A** agg. dependent, subordinate **B** s.m. e f. employee, subordinate
dipendènza s.f. dependence ◆ **essere alle dipendenze di qc.** to be employed by sb.
dipèndere v.intr. **1** to depend (on) **2** (*derivare*) to come from, to be due to, to derive **3** (*essere alle dipendenze*) to be under the authority (of)
dipìngere v.tr. to paint
dipìnto s.m. painting
diplòma s.m. diploma, certificate
diplomàre **A** v.tr. to award a diploma to **B** v.intr. pron. to get a diploma
diplomàtico **A** agg. diplomatic **B** s.m. diplomat
diplomàto **A** agg. trained, qualified **B** s.m. holder of a diploma, (*USA*) graduate
diplomazìa s.f. **1** diplomacy **2** (*carriera*) diplomatic service
dipòrto s.m. recreation, pleasure
diradàre **A** v.tr. **1** to thin out **2** (*ridurre*) to reduce, to cut down **B** v.intr. pron. **1** to thin away, to clear away **2** (*ridursi*) to become less frequent
diramàre **A** v.tr. to issue, to diffuse **B** v.intr. pron. to branch out, (*di strada*) to branch off
diramazióne s.f. branch, ramification
dìre **A** v.tr. **1** to say, (*raccontare, riferire*) to tell **2** (*significare*) to mean **3** (*dimostrare*) to show **4** (*pensare*) to think, to say **B** v.rifl. to profess
directory s.f. inv. directory
dirètta s.f. live broadcast ◆ **in d.** live
direttaménte avv. directly, straight
dirètto **A** agg. **1** bound, going to **2** (*indirizzato*) addressed to **3** (*immediato*) direct, immediate **4** (*condotto*) conducted, run **5** (*gramm.*) direct **B** s.m. **1** (*ferr.*) through train **2** (*boxe: destro*) straight right, (*sinistro*) straight left **C** avv. direct, directly
direttóre s.m. **1** director, manager **2** (*d'orchestra*) conductor **3** (*di giornale*) editor in chief **4** (*di prigione*) governor **5** (*di scuola*) headmaster, principal
direzionàle agg. **1** (*che dirige*) executive **2** (*che indica direzione*) directional
direzióne s.f. **1** (*verso*) direction, course **2** (*guida*)

direction, guidance, management, leadership **3** (*sede*) head office, administrative department
dirigènte **A** **agg.** managing **B** **s.m. e f.** manager, executive, (*pol.*) leader
dirìgere **A** **v.tr.** **1** (*volgere*) to direct, to turn **2** (*rivolgere*) to address, to direct **3** (*amministrare*) to manage, to run **4** (*un'orchestra*) to conduct **B** **v.rifl.** to head for, to make for
dirigìbile **s.m.** dirigible
dirimpètto **A** **avv.** opposite **B** **prep. d. a** opposite to
dirìtto[1] **A** **agg.** **1** straight **2** (*eretto*) upright, erect **B** **s.m.** **1** right side **2** (*di moneta*) obverse **3** (*lavoro a maglia*) plain **C** **avv.** straight, directly (ES: ***vada sempre d.*** go straight on)
dirìtto[2] **s.m.** **1** (*facoltà*) right **2** (*legge*) law **3** (*tributo*) due, duty, fee ◆ **diritti d'autore** royalties || **d. civile/penale** civil/criminal law || **d. di voto** right to vote
diroccàto **agg.** crumbling, in ruins
dirottaménto **s.m.** **1** diversion **2** (*di aereo*) hijacking, (*USA*) skyjacking
dirottàre **A** **v.tr.** **1** to divert **2** (*un aereo*) to hijack, (*USA*) to skyjack **B** **v.intr.** to change course
dirottatóre **s.m.** hijacker, (*USA*) skyjacker
dirótto **agg.** abundant, (*di pianto*) unrestrained ◆ **piovere a d.** to pour down
dirùpo **s.m.** crag
disàbile **agg.** disabled, handicapped
disabilitàre **v.tr.** to disable
disabitàto **agg.** uninhabited, (*abbandonato*) deserted
disabituàre **A** **v.tr.** to disaccustom **B** **v.rifl.** to lose the habit (of)
disaccòrdo **s.m.** disagreement ◆ **essere in d. su q.c.** to disagree on st.
disadattàto **agg.** maladjusted
disadàtto **agg.** unfit, unsuitable
disadórno **agg.** unadorned, (*semplice*) plain
disagévole **agg.** uncomfortable
disagiàto **agg.** **1** (*scomodo*) uncomfortable **2** (*povero*) poor, needy
disàgio **s.m.** **1** uneasiness, uncomfortableness **2** (*disturbo*) inconvenience, trouble **3** **al pl.** discomforts *pl.*, hardship ◆ **sentirsi a d.** to feel uneasy
disàmina **s.f.** examination
disapprovàre **v.tr.** to disapprove of, to deprecate
disapprovazióne **s.f.** disapproval
disappùnto **s.m.** disappointment
disarmàre **v.tr.** **1** to disarm **2** (*smantellare*) to dismantle **3** (*naut.*) to lay up
disàrmo **s.m.** **1** disarmament **2** (*naut.*) laying up
disarmònico **agg.** discordant
disastràto **agg.** devastated, badly hit
disàstro **s.m.** **1** disaster, damage **2** (*fiasco*) failure
disastróso **agg.** disastrous, deadful
disattènto **agg.** inattentive, careless
disattenzióne **s.f.** **1** inattention, carelessness **2** (*svista*) oversight
disavànzo **s.m.** deficit
disavventùra **s.f.** mishap, misadventure
disboscàre **v.tr.** to deforest
disbrìgo **s.m.** dispatching
discàpito **s.m.** detriment
discàrica **s.f.** dump
discendènte **A** **agg.** descending **B** **s.m. e f.** descendant
discéndere **A** **v.intr.** **1** to go down, to come down, to descend **2** (*declinare*) to descend, to slope down **3** (*di prezzi, temperatura*) to fall, to drop **4** (*trarre origine*) to descend, to come from **B** **v.tr.** to go down, to come down
discépolo **s.m.** disciple
discèrnere **v.tr.** **1** to discern **2** (*distinguere*) to distinguish
discésa **s.f.** **1** (*movimento*) descent **2** (*pendio*) slope, declivity **3** (*caduta*) fall, drop ◆ **strada in d.** downhill road
discesìsta **s.m. e f.** (*sci*) downhill racer
dischiùdere **A** **v.tr.** to open **B** **v.intr. pron.** to open out
disciògliere **A** **v.tr.** **1** (*slegare*) to unbind **2** (*sciogliere*) to dissolve **3** (*liquefare*) to melt **B** **v.intr. pron.** **1** (*slegarsi*) to loosen **2** (*sciogliersi*) to dissolve **3** (*liquefarsi*) to melt
disciplìna **s.f.** discipline
disciplinàre[1] **v.tr.** **1** to discipline **2** (*dir.*) to regulate
disciplinàre[2] **agg.** disciplinary
disc-jockey **s.m. inv.** disc-jockey
dìsco **s.m.** **1** disk, disc **2** (*mus.*) record, disc **3** (*sport*) discus, (*per hockey*) puck ◆ **d. di avvio** startup disk || **d. fisso, rigido** hard disk
discolpàre **v.tr.** to clear, to excuse
discontìnuo **agg.** discontinuous
discordànte **agg.** discordant
discordàre **v.intr.** **1** to disagree, to dissent **2** (*essere differente*) to differ **3** (*di suoni*) to be discordant, (*di colori*) to clash
discòrdia **s.f.** discord, disagreement
discórrere **v.intr.** to talk, to discuss
discorsìvo **agg.** conversational
discórso **s.m.** **1** speech **2** (*conversazione*) talk, conversation
discotèca **s.f.** **1** (*locale*) disco, discothèque **2** record library
discount **s.m. inv.** discount store
discrepànza **s.f.** discrepancy
discretaménte **avv.** **1** (*con discrezione*) discreetly **2** (*a sufficienza*) quite well, fairly **3** (*piuttosto*) rather
discréto **agg.** **1** (*che ha discrezione*) discreet **2** (*abbastanza buono*) fair, fairly good **3** (*moderato*) moderate
discrezióne **s.f.** **1** (*riservatezza*) discretion **2** (*arbitrio*) judgement, discretion
discriminàre **v.tr.** to discriminate
discriminazióne **s.f.** discrimination

discussióne s.f. **1** discussion, debate **2** (*litigio*) argument
discùtere **A** v.tr. **1** to discuss, to debate **2** (*obiettare*) to question **B** v.intr. **1** to discuss **2** (*obiettare*) to argue
discutìbile agg. questionable
disdegnàre v.tr. to disdain
disdétta s.f. **1** (*dir.*) notice, cancellation **2** (*sfortuna*) bad luck
disdìre v.tr. to cancel, to call off
disegnàre v.tr. **1** to draw **2** (*progettare*) to design, to plan **3** (*fig.*) to outline
disegnatóre s.m. draftsman, (*progettista*) designer, (*illustratore*) illustrator
diségno s.m. **1** drawing **2** (*progetto*) design, plan **3** (*motivo*) pattern
diserbànte s.m. herbicide
diseredàre v.tr. to disinherit
disertàre v.intr. to desert
disertóre s.m. deserter
disfaciménto s.m. decay, break-up
disfàre **A** v.tr. **1** to undo, (*distruggere*) to destroy **2** (*un meccanismo*) to take down **3** (*slegare*) to untie, to unfasten **4** (*sciogliere*) to melt **5** (*sconfiggere*) to defeat **B** v.intr. pron. **1** to break up **2** (*sciogliersi*) to melt **C** v.rifl. (*liberarsi di q.c.*) to get rid of ◆ **d. le valigie** to unpack
disfàtta s.f. defeat, overthrow
disfunzióne s.f. **1** (*med.*) disorder, trouble **2** (*malfunzionamento*) malfunction
disgèlo s.m. thaw
disgràzia s.f. **1** (*sventura*) misfortune, bad luck **2** (*sfavore*) disgrace, disfavour **3** (*incidente*) accident
disgraziataménte avv. unfortunately
disgraziàto **A** agg. **1** (*sfortunato*) unfortunate, unlucky **2** (*infelice*) miserable **B** s.m. **1** (*infelice*) wretch **2** (*sciagurato*) rascal
disgregàre v.tr. e intr. pron. to disintegrate, to break up
disguìdo s.m. **1** mistake, error **2** (*contrattempo*) hitch, snag **3** (*postale*) misdelivery
disgustàre **A** v.tr. to disgust, to sicken **B** v.intr. pron. to become disgusted
disgùsto s.m. **1** disgust **2** (*avversione*) dislike, aversion
disgustóso agg. disgusting
disidratàre v.tr. to dehydrate
disidratazióne s.f. dehydration
disillùdere **A** v.tr. to disillusion, to disenchant, to disappoint **B** v.rifl. to be disenchanted
disimparàre v.tr. to forget
disimpegnàre **A** v.tr. **1** (*un oggetto*) to get out of pawn, to redeem **2** (*liberare da un impegno*) to release, to disengage **3** (*assolvere*) to carry out **B** v.intr. pron. **1** to release oneself **2** (*cavarsela*) to manage
disincagliàre v.tr. to refloat, to get afloat
disincantàto agg. disenchanted
disinfestàre v.tr. to disinfest
disinfettànte s.m. disinfectant
disinfettàre v.tr. to disinfect
disinibìto agg. uninhibited
disinnescàre v.tr. to defuse
disinquinàre v.tr. to depollute
disinstallàre v.tr. to uninstall
disintegràre v.tr. e intr. pron. to disintegrate
disinteressàrsi v.intr. pron. to lose one's interest (in)
disinteressàto agg. disinterested
disinterèsse s.m. **1** disinterestedness, unselfishness **2** (*indifferenza*) indifference
disintossicàre **A** v.tr. to detoxify **B** v.rifl. to clear one's system, to detoxify oneself
disintossicazióne s.f. detoxication
disinvòlto agg. self-assured, confident
disinvoltùra s.f. **1** self-assurance, ease **2** (*superficialità*) carelessness
dislessìa s.f. dyslexia
dislivèllo s.m. **1** difference in level/height **2** (*inclinazione*) slope **3** (*ineguaglianza*) difference, inequality
dislocaménto s.m. **1** (*naut.*) displacement **2** (*mil.*) deployment **3** (*distribuzione*) distribution
dislocàre v.tr. **1** (*naut.*) to displace **2** (*collocare*) to place
dismisùra s.f. excess
disoccupàto agg. e s.m. unemployed
disoccupazióne s.f. unemployment
disonestà s.f. dishonesty
disonèsto agg. dishonest
disonóre s.m. dishonour, (*USA*) dishonor, disgrace
disópra **A** avv. upstairs **B** s.m. top **C** nella loc. prep. **(al) d. di** over, above
disordinàto agg. **1** untidy, muddled **2** (*sregolato*) intemperate, irregular
disórdine s.m. **1** disorder, untidiness, mess **2** (*sregolatezza*) intemperance **3** al pl. (*tumulti*) riots *pl.*
disorganizzazióne s.f. disorganization
disorientaménto s.m. **1** disorientation **2** (*fig.*) confusion
disorientàre **A** v.tr. **1** to disorientate **2** (*fig.*) to bewilder, to disconcert **B** v.intr. pron. to get confused
disorientàto agg. disoriented
disótto **A** avv. downstairs **B** s.m. underside **C** nella loc. prep. **(al) d. di** under, below
dispàccio s.m. dispatch
disparàto agg. disparate
dìspari agg. **1** odd **2** (*diseguale*) unequal
disparità s.f. difference, inequality
dispàrte nella loc. avv. **in d.** aside, apart
dispendióso agg. expensive, costly
dispènsa s.f. **1** (*per provviste*) pantry, larder **2** (*pubblicazione periodica*) instalment **3** (*dir.*) exemption **4** (*relig.*) dispensation
dispensàre v.tr. **1** (*distribuire*) to dispense, to distribute **2** (*esentare*) to exempt

disperàre **A** v.intr. to despair, to give up hope **B** v.intr. pron. to despair, to be desperate
disperazióne s.f. despair
dispèrdere **A** v.tr. **1** to disperse, to scatter **2** (*dissipare*) to waste, to dissipate **B** v.rifl. e intr. pron. to disperse
dispersióne s.f. dispersion
dispèrso s.m. missing person
dispètto s.m. **1** spite **2** (*stizza*) vexation, annoyance ♦ **fare dispetti a qc.** to tease sb.
dispettóso agg. spiteful
dispiacére[1] **A** v.intr. **1** to dislike, not to like (*costr. pers.*) **2** (*essere spiacente*) to be sorry **3** (*nelle frasi di cortesia*) to mind **B** v.intr. pron. to be sorry
dispiacére[2] s.m. **1** regret, sorrow **2** (*dolore*) grief **3** (*preoccupazione*) trouble
display s.m. inv. display
displùvio s.m. **1** ridge **2** (*edil.*) hip
disponìbile agg. **1** available, on hand **2** (*libero*) vacant, free, available **3** (*disposto*) helpful
disponibilità s.f. **1** (*di persona*) willingness **2** (*di merce*) availability **3** al pl. (*econ.*) current assets *pl.*
dispórre **A** v.tr. **1** to arrange, to set out, to dispose **2** (*preparare*) to prepare, to make arrangements **3** (*deliberare*) to order **B** v.intr. to have at one's disposal, to dispose, to have **C** v.rifl. **1** (*collocarsi*) to place oneself **2** (*prepararsi*) to prepare, to get ready
dispositìvo s.m. device
disposizióne s.f. **1** disposal **2** (*collocamento*) disposition, arrangement **3** (*ordine*) order, instruction **4** (*inclinazione*) bent
dispósto agg. **1** placed **2** (*stabilito*) stated **3** (*propenso*) willing
dispòtico agg. despotic
dispregiatìvo agg. **1** disparaging **2** (*gramm.*) pejorative
disprezzàre v.tr. to despise
disprèzzo s.m. contempt ♦ **d. del pericolo** disregard of danger
dìsputa s.f. **1** dispute, discussion **2** (*lite*) quarrel
disputàre **A** v.intr. **1** to discuss, to dispute **2** (*gareggiare*) to contend **B** v.tr. **1** to dispute, to contend **2** (*sport*) to play
dissalatóre s.m. desalter
dissanguaménto s.m. bleeding
disseccàre v.tr. e intr. pron. to dry up, to wither
disseminàre v.tr. **1** to scatter, to disseminate **2** (*fig.*) to spread
dissènso s.m. dissent, disagreement
dissenterìa s.f. dysentery
dissentìre v.intr. to dissent, to disagree
dissertazióne s.f. dissertation
dissevìzio s.m. inefficiency
dissestàre v.tr. to upset, to ruin
dissèsto s.m. **1** instability **2** (*econ.*) financial trouble
dissetànte agg. refreshing, thirst-quenching
dissetàre **A** v.tr. to quench thirst **B** v.rifl. to quench one's thirst
dissidènte agg., s.m. e f. dissident
dissìdio s.m. disagreement
dissìmile agg. unlike, dissimilar
dissimulàre v.tr. to dissimulate, to dissemble
dissipàre v.tr. **1** (*disperdere*) to dispel **2** (*scialacquare*) to dissipate, to waste, to squander
dissociàre **A** v.tr. to dissociate **B** v.rifl. to dissociate oneself
dissodàre v.tr. to break up, to till
dissolùto agg. dissolute, debauched
dissolvènza s.f. fading
dissòlvere **A** v.tr. **1** to dissolve **2** (*disperdere*) to dissipate **B** v.intr. pron. **1** to dissolve **2** (*svanire*) to fade away
dissonànte agg. dissonant
dissuadére v.tr. to dissuade
distaccàre **A** v.tr. **1** to detach, to separate **2** (*trasferire*) to detach, to detail **3** (*sport*) to leave behind **B** v.intr. pron. to come off, to break off
distaccàto agg. detached (*anche fig.*)
distàcco s.m. **1** detachment **2** (*partenza*) separation, parting **3** (*indifferenza*) detachment, indifference **4** (*sport*) lead
distànte agg. distant, faraway (*attr.*)
distànza s.f. distance
distanziàre v.tr. **1** to space out **2** (*lasciare indietro*) to outdistance, to leave behind
distàre v.intr. to be distant, to be... away
distèndere **A** v.tr. **1** to spread, to stretch (out) **2** (*porre*) to lay **3** (*rilassare*) to relax **B** v.rifl. e intr. pron. **1** to spread, to stretch (out) **2** (*sdraiarsi*) to lie down **3** (*rilassarsi*) to relax
distensióne s.f. **1** stretching **2** (*rilassamento*) relaxation **3** (*pol.*) détente
distésa s.f. expanse, stretch
distéso agg. **1** stretched **2** (*sdraiato*) lying **3** (*fig.*) (*rilassato*) relaxed
distillàre v.tr. to distil, (*USA*) to distill
distillàto s.m. distillate
distillerìa s.f. distillery
distìnguere **A** v.tr. **1** to distinguish **2** (*contrassegnare*) to mark **B** v.intr. pron. to distinguish oneself
distìnta s.f. list, note
distintìvo **A** agg. distinctive **B** s.m. badge
distìnto agg. **1** distinct **2** (*raffinato*) distinguished ♦ **distinti saluti** best regards
distinzióne s.f. distinction
distògliere v.tr. **1** (*dissuadere*) to dissuade **2** (*distrarre*) to divert, to distract **3** (*allontanare*) to remove
distòrcere **A** v.tr. to distort, to twist **B** v.intr. pron. to twist
distorsióne s.f. **1** distortion **2** (*med.*) sprain
distràrre **A** v.tr. **1** to distract **2** (*divertire*) to entertain, to amuse **3** (*dir.*) to misappropriate **B** v.rifl. **1** to divert one's attention **2** (*divertirsi*) to amuse oneself
distrattaménte avv. absent-mindedly

distràtto agg. absent-minded, inattentive
distrazióne s.f. **1** absent-mindedness **2** (*disattenzione*) inattention, carelessness **3** (*divertimento*) recreation, amusement **4** (*dir.*) misappropriation
distrétto s.m. district
distribuìre v.tr. to distribute
distributóre s.m. distributor, dispenser ♦ **d. di benzina** petrol pump, (*USA*) gasoline pump || **d. di sigarette** cigarette machine
distribuzióne s.f. distribution
districàre **A** v.tr. to disentangle **B** v.rifl. to disentangle oneself
distrùggere v.tr. **1** to destroy **2** (*fig.*) to shatter
distruttìvo agg. destructive
distruzióne s.f. destruction
disturbàre **A** v.tr. **1** to disturb, to trouble **2** (*sconvolgere*) to upset **B** v.rifl. to trouble (oneself), to bother
disturbàto agg. **1** upset **2** (*med.*) disturbed **3** (*di segnale*) noisy
distùrbo s.m. **1** trouble, inconvenience **2** (*med.*) trouble, illness **3** (*radio*) noise
disubbidiènte agg. disobedient
disubbidìre v.intr. to disobey
disuguagliànza s.f. inequality
disuguàle agg. **1** (*differente*) different **2** (*irregolare*) uneven
disumàno agg. inhuman
disùso s.m. disuse
ditàle s.m. thimble
ditàta s.f. fingerprint
dìto s.m. finger, (*del piede*) toe
dìtta s.f. firm, business
dittatóre s.m. dictator
dittatùra s.f. dictatorship
dittòngo s.m. diphthong
diurètico agg. e s.m. diuretic
diùrno agg. day (*attr.*), day-time (*attr.*)
dìva s.f. star ♦ **d. del cinema** movie star
divagàre v.intr. to stray, to digress
divampàre v.intr. to flare up
divàno s.m. sofa, divan ♦ **d.-letto** sofa bed, studio couch
divaricàre v.tr. e intr. pron. to open wide
divàrio s.m. discrepancy, gap
divenìre v.intr. → ***diventare***
diventàre v.intr. **1** to become **2** (*farsi*) to grow (into), to turn (into), to get
divèrbio s.m. altercation, squabble
divèrgere v.intr. to diverge
diversaménte avv. differently, otherwise
diversificàre **A** v.tr. to diversify **B** v.intr. pron. to differ
diversità s.f. diversity, difference
diversìvo s.m. diversion, distraction
divèrso[1] **A** agg. indef. spec. al pl. several **B** pron. indef. al pl. several people
divèrso[2] agg. different
divertènte agg. amusing, funny
divertiménto s.m. amusement, fun
divertìre **A** v.tr. to amuse, to entertain **B** v.rifl. to amuse oneself, to have fun, to enjoy oneself
dividèndo s.m. dividend
divìdere **A** v.tr. **1** to divide, to split **2** (*condividere*) to share **3** (*separare*) to part **B** v.rifl. to part **C** v.rifl. rec. to separate
divièto s.m. prohibition ♦ **d. d'accesso** no entry || **d. di sosta** no parking
divincolàrsi v.rifl. to wriggle
divinità s.f. divinity
divìno agg. divine
divìsa[1] s.f. uniform
divìsa[2] s.f. (*valuta*) foreign currency
divisìbile agg. divisible
divisióne s.f. division
divisionìsmo s.m. pointillism
divìso agg. **1** divided **2** (*separato*) separated **3** (*condiviso*) shared
dìvo s.m. star ♦ **d. del cinema** movie star
divoràre v.tr. to devour, to eat up
divorziàre v.intr. to divorce
divorziàto s.m. divorcee
divòrzio s.m. divorce
divulgàre **A** v.tr. to spread, to divulge **B** v.intr. pron. to spread
divulgatìvo agg. popular
dizionàrio s.m. dictionary
DOC **A** abbr. di *denominazione di origine controllata* DOC **B** agg. **1** DOC (*attr.*) **2** (*autentico*) genuine **3** (*di gran pregio*) first-class
dóccia s.f. shower ♦ **fare la d.** to take a shower || **d. solare** sun shower
docciaschiùma s.m. inv. shower gel
docènte **A** agg. teaching **B** s.m. e f. teacher
docènza s.f. teaching
dòcile agg. docile
documentàbile agg. documentable
documentàre **A** v.tr. to document **B** v.rifl. to gather information
documentàrio s.m. documentary
documentazióne s.f. documentation
documénto s.m. document, paper, record
dódici agg. num. card. e s.m. inv. twelve
dogàna s.f. customs *pl.* ♦ **dichiarazione per la d.** customs declaration || **pagare la d.** to pay duty
doganàle agg. customs (*attr.*)
doganière s.m. customs officer
dòglie s.f. pl. labour ♦ **avere le d.** to be in labour
dògma s.m. dogma
dogmàtico agg. dogmatic
dólce **A** agg. **1** sweet **2** (*mite*) mild **3** (*tenero*) soft **B** s.m. **1** (*sapore*) sweetness **2** (*cibo*) sweet **3** (*torta*) cake

dolcézza s.f. **1** sweetness **2** (*gentilezza*) kindness **3** (*di clima*) mildness **4** (*di suono, colore*) softness
dolciàstro agg. sweetish
dolcificànte s.m. sweetener
dolciùme s.m. sweet(meat)
dolènte agg. **1** sorrowful **2** (*che fa male*) aching
dolére v.intr. e intr. pron. **1** to ache **2** (*rincrescere*) to be sorry
dòllaro s.m. dollar
dòlo s.m. (*dir.*) malice, fraud
doloránte agg. aching
dolóre s.m. **1** pain, ache **2** (*morale*) sorrow, grief
doloróso agg. **1** painful, sore **2** (*che procura dolore morale*) sorrowful, sad
dolóso agg. fraudulent ♦ **incendio d.** arson
domànda s.f. **1** question **2** (*richiesta*) request, (*scritta*) application **3** (*econ.*) demand
domandàre **A** v.tr. **1** (*per sapere*) to ask, (*per avere*) to ask for **2** (*esigere*) to demand **B** v.intr. to inquire, to ask
domàni avv. e s.m. tomorrow
domàre v.tr. to tame
domatóre s.m. tamer
domattìna avv. tomorrow morning
doménica s.f. Sunday
domèstico **A** agg. domestic, home (*attr.*) **B** s.m. servant, domestic
domicìlio s.m. domicile ♦ **consegna a d.** home delivery
dominànte agg. e s.f. dominant
dominàre **A** v.tr. **1** to dominate, to rule **2** (*frenare*) to control **3** (*sovrastare*) to overlook, to dominate **B** v.intr. **1** to rule **2** (*prevalere*) to predominate **C** v.rifl. to control oneself
dominatóre s.m. ruler
dominazióne s.f. domination, rule
domìnio s.m. **1** domination, rule **2** (*territorio*) dominion **3** (*proprietà*) property **4** (*settore*) domain
donàre **A** v.tr. to give (as a present) **B** v.intr. (*addirsi*) to suit
donatóre s.m. donor, giver ♦ **d. di sangue** blood donor
donazióne s.f. donation
dondolàre **A** v.tr. e intr. to swing, to rock **B** v.rifl. to swing, to rock oneself
dóndolo s.m. swing ♦ **a d.** rocking
dònna s.f. **1** woman **2** (*domestica*) maid **3** (*carte da gioco*) queen ♦ **d. di casa** housewife || **d. di servizio** maid
dònnola s.f. weasel
dóno s.m. **1** gift, present **2** (*disposizione*) gift, talent
dópo **A** avv. **1** (*tempo*) after, afterwards, (*poi*) then, (*più tardi*) later, (*successivamente*) next **2** (*luogo*) after, next **B** prep. **1** (*tempo*) after, (*a partire da*) since **2** (*luogo*) after, (*oltre*) past, (*dietro*) behind **C** cong. after **D** agg. next, after
dopobàrba s.m. inv. aftershave
dopocéna s.m. inv. after dinner, evening
dopodomàni avv. the day after tomorrow
dopoguèrra s.m. inv. postwar period
dopopràнzo s.m. afternoon
doposcì s.m. après-ski
doposóle s.m. inv. after-sun
dopotùtto avv. after all
doppiàggio s.m. dubbing
doppiàre v.tr. **1** to double **2** (*sport*) to lap **3** (*cin.*) to dub
doppiatóre s.m. dubber
dóppio **A** agg. **1** double **2** (*mecc.*) dual **B** s.m. **1** double, twice the amount **2** (*tennis*) doubles *pl.* **C** avv. double ♦ **d. gioco** double-cross || **doppie punte** split ends
doppióne s.m. duplicate
doppiopètto agg. double-breasted
doràto agg. gilt, (*color d'oro*) golden
dòrico agg. Doric
dormicchiàre v.intr. to doze
dormiglióne s.m. sleepy-head
dormìre v.intr. e tr. to sleep ♦ **andare a d.** to go to bed
dormìta s.f. sleep
dormitòrio s.m. dormitory
dormivéglia s.m. inv. drowsiness
dorsàle **A** agg. dorsal **B** s.f. ridge ♦ **spina d.** backbone
dòrso s.m. back
dosàggio s.m. dosage
dosàre v.tr. **1** to dose, to measure out **2** (*distribuire con parsimonia*) to dole out
dòse s.f. dose, quantity, amount ♦ **d. giornaliera raccomandata** recommended daily intake
dòsso s.m. (*di strada*) hump
dotàre v.tr. **1** to endow **2** (*fornire*) to equip, to furnish
dotazióne s.f. **1** (*rendita*) endowment **2** (*attrezzatura*) equipment ♦ **in d.** equipped with
dòte s.f. **1** dowry **2** (*dono naturale*) gift, quality
dòtto agg. learned
dottóre s.m. **1** (*medico*) doctor, physician **2** (*laureato*) graduate
dottrìna s.f. doctrine
dóve avv. where
dovére[1] **A** v.serv. **1** (*obbligo*) must, to have (got) to, to be to, shall (ES: ***devo correre se non voglio arrivare in ritardo a scuola*** I must run if I don't want to be late at school; ***devi imparare a controllarti*** you've got to learn to control yourself; ***che cosa devo fare?*** what am I supposed to do?) **2** (*necessità, opportunità, convenienza*) to have to, must, need, (*in frasi neg. e interr. neg.*) not to need, need not, not to have (got) to (ES: ***a che ora devi essere all'aeroporto?*** what time must you be at the airport?; ***questa sera non devo uscire*** I don't need to go out tonight) **3** (*certezza, probabilità, supposizione, inevitabilità*) must, to be bound to, to have to (ES: ***Paolo deve essere sordo*** Paul must be deaf) **4** (*accordo, programma stabilito*) to be to, to be due

(to) (ES: ***chi deve arrivare adesso?*** who is supposed to arrive now?; ***l'aereo deve atterrare alle 12,15*** the plane is due to land at 12,15) **5** (*devo?, dobbiamo?, nel senso di 'vuoi che?', 'volete che?'*) shall (ES: ***devo aspettarti?*** shall I wait for you?) **6** (*al condiz.*) should, ought to (ES: ***dovreste aiutarlo*** you ought to help him; ***non avrebbe dovuto farlo*** he shouldn't have done it) **7** (*al congiuntivo imperfetto*) should, were to (ES: ***se dovessi tardare, precedetemi*** if I should be late, just go ahead) **8** (*essere costretto, obbligato*) to be compelled to, to be forced to, to feel bound to (ES: ***il ministro dovette dimettersi*** the minister was forced to resign) **9** (*consiglio, suggerimento*) should have, ought to have (*con p.p.*) (ES: ***dovevamo pensarci prima*** we should have thought of that before) **B** v.tr. **1** (*essere debitore di*) to owe **2** (*derivare*) to take **3** (*esser dovuto*) to be due

dovére[2] s.m. duty ♦ **a d.** properly || **chi di d.** the person responsible, person in charge

doveróso agg. right (and proper)

dovùnque **A** avv. (*dappertutto*) everywhere, (*in qualsiasi luogo*) anywhere **B** cong. wherever

dozzìna s.f. dozen ♦ **a dozzine** in dozens

dozzinàle agg. cheap, ordinary

dragàre v.tr. to dredge

dràgo s.m. dragon

dràmma s.m. **1** drama, play **2** (*fig.*) tragedy

drammàtico agg. dramatic

drammatùrgo s.m. dramatist, playwright

drappeggiàre v.tr. to drape

drappéggio s.m. drapery

drappèllo s.m. **1** (*mil.*) squad **2** (*est.*) group

dràstico agg. drastic

drenàggio s.m. drainage, drain ♦ **d. fiscale** fiscal drag

drenàre v.tr. to drain

drìtto **A** agg. **1** straight **2** (*eretto*) upright **3** (*fam.*) (*furbo*) smart **B** s.m. **1** right side **2** (*fam.*) (*furbo*) smart person **3** (*maglia*) plain **C** avv. straight

drìzza s.f. halyard

drizzàre v.tr. **1** (*raddrizzare*) to straighten **2** (*rizzare*) to prick up

dròga s.f. **1** (*spezie*) spice **2** (*stupefacente*) drug, (*fam.*) dope

drogàre **A** v.tr. to drug **B** v.rifl. to take drugs

drogàto s.m. drug addict

drogherìa s.f. grocery, grocer's shop

dromedàrio s.m. dromedary

dual band agg. inv. (*tel.*) dual band

dualìsmo s.m. dualism

dùbbio **A** agg. **1** doubtful, uncertain **2** (*ambiguo*) dubious **B** s.m. doubt ♦ **senza d.** no doubt, without doubt

dubbióso agg. doubtful

dubitàre v.intr. **1** to doubt, to have doubts **2** (*temere*) to suspect **3** (*diffidare*) to distrust

dùca s.m. duke

ducàto s.m. **1** dukedom, duchy **2** (*moneta*) ducat

duchéssa s.f. duchess

dùe agg. num. card. e s.m. inv. two

duecènto agg. num. card. e s.m. inv. two hundred

duèllo s.m. duel ♦ **battersi in d.** to have a duel

duétto s.m. duet

dùna s.f. dune

dùnque cong. **1** (*conclusione, conseguenza*) so, therefore **2** (*rafforzativo*) so, then, well ♦ **venire al d.** to come to the point

dùo s.m. inv. duo, duet

duòmo s.m. cathedral

duplex agg. e s.m. inv. (*tel.*) shared

duplicàto s.m. duplicate

duplicazióne s.f. duplication

dùplice agg. double, twofold

duraménte avv. **1** hard **2** (*aspramente*) harshly, roughly

duránte prep. during, in, throughout

duràre v.intr. **1** to last, to go on **2** (*resistere*) to hold out, (*di tessuto*) to wear **3** (*conservarsi*) to keep

duràta s.f. **1** duration, length **2** (*di tessuto*) wear **3** (*di motore*) life

duratùro agg. **1** lasting **2** (*di materiale*) durable **3** (*di colore*) fast

durévole agg. lasting, durable

durézza s.f. **1** hardness **2** (*asprezza*) harshness **3** (*rigidità*) stiffness

dùro **A** agg. **1** hard **2** (*rigido*) tough, stiff **B** avv. hard ♦ **essere un d.** to be tough

dùttile agg. ductile, pliable

DVD s.m. inv. DVD

e, E

e o **ed** cong. and
èbano s.m. ebony
ebbène cong. well, so
ebbrézza s.f. **1** drunkenness, intoxication **2** (*fig.*) elation, thrill
èbete agg. stupid, dull
ebollizióne s.f. **1** boiling **2** (*fig.*) turmoil
ebràico **A** agg. (*della lingua*) Hebrew, Hebraic, (*della religione*) Jewish **B** s.m. (*lingua*) Hebrew
ebrèo **A** agg. Hebrew, Jewish **B** s.m. Jew, Hebrew
ebùrneo agg. ivory (*attr.*)
ecatómbe s.f. **1** hecatomb **2** (*fig.*) mass slaughter
eccedènte agg. e s.m. excess (*attr.*), surplus (*attr.*)
eccedènza s.f. excess, surplus
eccèdere **A** v.tr. to exceed, to surpass **B** v.intr. to go too far
eccellènte agg. excellent, first-rate
eccellènza s.f. **1** excellence **2** (*titolo*) Excellency ♦ **per e.** par excellence
eccèllere v.intr. to excel
eccèlso agg. lofty, sublime
eccèntrico agg. e s.m. eccentric
eccepìre v.tr. to object
eccessìvo agg. excessive
eccèsso s.m. excess, surplus
eccètera avv. etcetera, etc., and so on
eccètto prep. except (for), but, save (for) ♦ **e. che** unless
eccettuàre v.tr. to except, to leave out
eccezionàle agg. **1** exceptional **2** (*straordinario*) extraordinary, (*fam.*) cool
eccezionalménte avv. **1** exceptionally **2** (*straordinariamente*) extraordinarily
eccezióne s.f. **1** exception **2** (*obiezione*) objection ♦ **a e. di** with the exception of, except for || **d'e.** outstanding
ecchìmosi s.f. inv. ecchymosis, bruise
eccìdio s.m. slaughter, massacre
eccitàbile agg. excitable
eccitànte agg. **1** exciting **2** (*provocante*) suggestive
eccitàre **A** v.tr. **1** to excite **2** (*provocare*) to rouse, to stir up **B** v.intr. pron. to get excited
eccitazióne s.f. excitement
ecclesiàstico **A** agg. ecclesiastic(al), clerical **B** s.m. ecclesiastic, clergyman
ècco avv. **1** (*qui*) here, (*là*) there **2** (*rafforzativo*) so there, there ♦ **e. fatto** that's that || **eccomi!** here I am! || **e. tutto** that's all
eccóme avv. e inter. rather, yes indeed, certainly
echeggiàre v.tr. e intr. to echo
eclèttico agg. e s.m. eclectic
eclettìsmo s.m. eclecticism
eclissàre **A** v.tr. **1** to eclipse **2** (*fig.*) to eclipse, to outshine **B** v.intr. pron. **1** to be eclipsed **2** (*fig.*) to disappear, to vanish
eclìssi s.f. **1** eclipse **2** (*fig.*) decline, fall
eclìttico agg. ecliptic
èco s.m. e f. echo
ecocompatìbile agg. ecofriendly
ecodiesel s.m. inv. biodiesel
ecografìa s.f. echography
ecologìa s.f. ecology
ecològico agg. ecological
ecologìsta s.m. e f. green, environmentalist
e-commerce s.m. inv. e-commerce
economìa s.f. **1** economy, (*scienza*) economics *pl.* (*v. al sing.*) **2** al pl. (*risparmi*) savings *pl.* ♦ **fare e. su q.c.** to save money on st., to economize on st.
econòmico agg. **1** economic **2** (*poco costoso*) cheap, economic(al)
economìsta s.m. e f. economist
economizzàre v.intr. to economize
ecònomo **A** agg. sparing, thrifty **B** s.m. treasurer
ecosistèma s.m. ecosystem
ecoturìsmo s.m. ecotourism
ecumènico agg. (o)ecumenical
eczèma s.m. eczema
edèma s.m. (o)edema
édera s.f. ivy
edìcola s.f. **1** news-stand, kiosk, bookstall **2** (*arch.*) aedicule
edificàbile agg. building (*attr.*)
edificànte agg. edifying ♦ **poco e.** unedifying
edificàre v.tr. **1** to build **2** (*fig.*) to set up
edifìcio s.m. building
edìle agg. building (*attr.*)
edilìzia s.f. building
edilìzio agg. building (*attr.*) ♦ **licenza edilizia** planning permission
editóre s.m. **1** publisher **2** (*curatore*) editor
editorìa s.f. publishing
editoriàle **A** agg. publishing **B** s.m. (*articolo*) editorial
edìtto s.m. edict
edizióne s.f. edition
edonìsmo s.m. hedonism
educàre v.tr. **1** to bring up **2** (*esercitare*) to train, to educate **3** (*istruire*) to educate, to cultivate
educatìvo agg. educational, educative
educàto agg. well-mannered, polite
educazióne s.f. **1** upbringing **2** (*istruzione*) education, training **3** (*buone maniere*) (good) manners *pl.*, courtesy
efèbico agg. ephebic
effemèride s.f. ephemeris
effeminàto agg. effeminate, womanish

efferàto agg. brutal, ferocious, savage
effervescènte agg. sparkling, fizzy
effettivaménte avv. really, actually
effettìvo agg. **1** real, actual, effective **2** (*di personale*) permanent
effètto s.m. **1** effect **2** (*impressione*) impression, effect **3** (*comm.*) bill ♦ **e. memoria** memory effect || **effetti personali** personal belongings || **e. serra** greenhouse effect || **a tutti gli effetti** in every respect
effettuàbile agg. practicable
effettuàre **A** v.tr. to effect, to carry out, to make **B** v.intr. pron. to take place
efficàce agg. effective
efficàcia s.f. effectiveness, efficacy
efficiènte agg. efficient
efficiènza s.f. efficiency
effìgie s.f. effigy
effìmero agg. ephemeral
efflùvio s.m. scent, effluvium
effrazióne s.f. housebreaking, burglary
effusióne s.f. effusion
egemonìa s.f. hegemony
egemonizzàre v.tr. to monopolize
egittologìa s.f. Egyptology
egiziàno agg. e s.m. Egyptian
egìzio agg. e s.m. Egyptian
égli pron. pers. 3ª p. sing. m. he ♦ **e. stesso** he himself
egocèntrico agg. egocentric, self-centred
egoìsmo s.m. selfishness, egoism
egoìsta s.m. e f. egoist, selfish person
egrègio agg. **1** excellent, remarkable **2** (*nelle lettere*) dear
eiaculàre v.intr. to ejaculate
elaboràre v.tr. **1** to elaborate, to work out **2** (*inform.*) to process
elaboratóre s.m. computer
elaborazióne s.f. **1** elaboration **2** (*inform.*) processing
elargizióne s.f. donation
elasticità s.f. **1** elasticity **2** (*agilità*) agility, flexibility
elàstico **A** agg. elastic, flexible **B** s.m. rubber band
elefànte s.m. elephant
elegànte agg. elegant, smart
elegànza s.f. elegance
elèggere v.tr. to elect
elegìaco agg. elegiac
elementàre agg. **1** elementary **2** (*di base*) basic
eleménto s.m. **1** element **2** (*componente*) constituent, ingredient, element, part **3** (*persona*) member, person **4** al pl. (*rudimenti*) rudiments *pl.*
elemòsina s.f. charity, alms ♦ **chiedere l'e.** to beg
elencàre v.tr. to list
elènco s.m. list ♦ **e. telefonico** telephone directory, phonebook
elètto **A** agg. elected, chosen **B** s.m. elected member
elettoràle agg. electoral ♦ **cabina e.** polling booth
elettoràto s.m. **1** (*insieme degli elettori*) electorate **2** (*diritto di voto*) franchise, (*diritto a essere eletto*) eligibility
elettóre s.m. elector, voter
elettràuto s.m. inv. **1** car electrician **2** (*officina*) car electrical repairs
elettricìsta s.m. electrician
elettricità s.f. electricity
elèttrico agg. electric(al) ♦ **centrale elettrica** power station
elettrizzànte agg. electrifying, thrilling
elettrizzàre **A** v.tr. to electrify **B** v.intr. pron. to be electrified
elettrocardiogràmma s.m. electrocardiogram
elèttrodo s.m. electrode
elettrodomèstico s.m. household appliance
elettroencefalogràmma s.m. electroencephalogram
elettromagnètico agg. electromagnetic
elettróne s.m. electron
elettrònica s.f. electronics *pl.* (*v. al sing.*) ♦ **e. di consumo** consumer electronics
elettrònico agg. electronic ♦ **posta elettronica** e-mail
elettrosmòg s.m. inv. electrosmog
elettrotècnico agg. electrotechnical
elevàre **A** v.tr. **1** to raise, to lift up **2** (*erigere*) to erect **3** (*mat.*) to raise **B** v.intr. pron. to rise, (*dominare*) to overlook
elevàto agg. high
elezióne s.f. election ♦ **d'e.** of choice
èlica s.f. propeller, screw
elicòttero s.m. helicopter
eliminàre v.tr. to eliminate
eliminatòrio agg. preliminary
èlio s.m. helium
elioterapìa s.f. heliotherapy
elipòrto s.m. heliport
elisabettiàno agg. Elizabethan
elisoccórso s.m. helicopter rescue
elitàrio agg. elitist, elite (*attr.*)
élite s.f. inv. elite
élla pron. pers. 3ª p. sing. f. she ♦ **e. stessa** she herself
ellènico agg. Hellenic
ellenìstico agg. Hellenistic
ellìsse s.f. ellipse
ellìttico agg. elliptic
elmétto s.m. helmet
élmo s.m. helmet
elogiàre v.tr. to praise
elògio s.m. praise
eloquènte agg. eloquent
eloquènza s.f. eloquence
elucubrazióne s.f. lucubration
elùdere v.tr. to evade, to elude, to dodge
elusìvo agg. elusive

emaciàto agg. emaciated
e-mail s.m. o f. inv. **1** (*messaggio*) e-mail **2** (*indirizzo*) e-mail address
emanàre **A** v.tr. **1** (*esalare*) to exhale **2** (*ordini, leggi*) to issue **B** v.intr. to emanate, to proceed
emancipàre **A** v.tr. to emancipate **B** v.rifl. to become emancipated, to free oneself
emancipazióne s.f. emancipation
emarginàre v.tr. to cast out, to isolate, to exclude
emarginazióne s.f. marginalization
emàtico agg. hematic
ematòlogo s.m. haematologist
ematòma s.m. hematoma
embàrgo s.m. embargo
emblèma s.m. emblem
emblemàtico agg. emblematic
embolìa s.f. embolism
embrióne s.m. embryo
emendaménto s.m. amendment
emendàre v.tr. **1** (*dir.*) to amend **2** (*correggere*) to emend, (*migliorare*) to improve
emergènte agg. emergent
emergènza s.f. emergency ♦ **di e.** emergency (*attr.*)
emèrgere v.intr. to emerge
emersióne s.f. emergence, emersion
eméttere v.tr. **1** to give out, (*suono*) to utter **2** (*esprimere*) to express, to deliver **3** (*mettere in circolazione*) to issue, to draw
emettitóre s.m. emitter
emicrània s.f. migraine, headache
emigrànte agg., s.m. e f. emigrant
emigràre v.intr. to emigrate
emigràto agg. e s.m. emigrant
emigrazióne s.f. emigration
eminènte agg. eminent, distinguished
emiràto s.m. emirate
emìro s.m. emir
emisfèro s.m. hemisphere
emissióne s.f. **1** (*fis.*) emission **2** (*econ.*) issue
emittènte **A** agg. **1** (*banca*) issuing **2** (*radio, tv*) broadcasting **B** s.m. e f. (*di cambiale*) drawer, (*di titolo*) issuer **C** s.f. (*radio, tv*) transmitter, broadcaster
emodiàlisi s.f. hemodialysis
emofilìa s.f. hemophilia
emorragìa s.f. hemorrhage
emorròidi s.f. pl. hemorrhoids *pl.*
emostàtico agg. hemostatic
emotìvo agg. emotional, sensitive
emottìsi s.f. hemoptysis
emozionànte agg. exciting, (*toccante*) moving
emozionàre **A** v.tr. to move, to excite **B** v.intr. pron. to get excited, (*commuoversi*) to be moved
emozionàto agg. excited, (*commosso*) moved
emozióne s.f. emotion, excitement
émpio agg. impious, godless
empìrico agg. empiric
empòrio s.m. emporium, trade center, general shop
emulàre v.tr. to emulate
èmulo s.m. emulator
emulsióne s.f. emulsion
enciclopedìa s.f. encyclop(a)edia
encomiàbile agg. praiseworthy
endèmico agg. endemic
endocrinòlogo s.m. endocrinologist
endovéna s.f. intravenous injection
energètico **A** agg. **1** energy (*attr.*) **2** (*di sostanza alimentare*) energy-giving **B** s.m. tonic, energizer
energìa s.f. energy, strength
enèrgico agg. energetic, vigorous, (*deciso*) firm
ènfasi s.f. emphasis, stress
enfàtico agg. emphatic
enfisèma s.m. emphysema
enìgma s.m. enigma, (*indovinello*) riddle
enigmàtico agg. enigmatic
enigmìstica s.f. enigmatography, puzzles *pl.*
ennèsimo agg. **1** nth **2** (*fig.*) umpteenth
enologìa s.f. oenology
enórme agg. enormous, huge
enormità s.f. enormity, hugeness
ènte s.m. **1** body, board, institution **2** (*ufficio*) office, bureau **3** (*società*) company, agency, corporation
entràmbi **A** agg. both, either **B** pron. pl. both
entràre v.intr. **1** to go in, to come in, to get in, to enter **2** (*unirsi a*) to join **3** (*avere a che fare*) to have to do with
entràta s.f. **1** entrance, entry **2** spec. al pl. (*econ.*) income, revenue, receipts *pl.*, earnings *pl.* ♦ **e. libera** free admission || **entrate e uscite** debit and credit
éntro prep. in, within, before, by ♦ **e. oggi** by this evening
entrotèrra s.m. inv. inland, hinterland
entusiasmàre **A** v.tr. to arouse enthusiasm in, to be carried away by, to thrill **B** v.intr. pron. to become enthusiastic
entusiàsmo s.m. enthusiasm
entusiàsta agg. enthusiastic
enumeràre v.tr. to enumerate, to list
enunciàre v.tr. to enunciate
enurèsi s.f. enuresis
eòlico agg. aeolian ♦ **energia e.** wind energy
epàtico agg. hepatic ♦ **colica epatica** liver attack
epatìte s.f. hepatitis
epicèntro s.m. epicentre, centre
èpico agg. epic
epicureìsmo s.m. epicurism
epidemìa s.f. epidemic
epidèmico agg. epidemic(al)
epidèrmico agg. **1** epidermic **2** (*fig.*) superficial, instinctive
epidèrmide s.f. epidermis
Epifanìa s.f. Epiphany
epìgono s.m. imitator, follower
epìgrafe s.f. epigraph

epilessìa s.f. epilepsy
epìlogo s.m. epilogue
episcopàle agg. episcopal
episòdico agg. episodic(al)
episòdio s.m. episode ♦ **a episodi** in episodes
epistàssi s.f. epistaxis
epitàffio s.m. epitaph
epìteto s.m. **1** epithet **2** (*insulto*) insult
època s.f. **1** epoch, age **2** (*tempo, periodo*) time, period ♦ **d'e.** period (*attr.*) || **fare e.** epoch-making
epònimo **A** agg. eponymous **B** s.m. eponym
epopèa s.f. epos, epic poem
eppùre cong. and yet
epuràre v.tr. to purge
epurazióne s.f. purge
equatóre s.m. equator
equatoriàle agg. equatorial
equazióne s.f. equation
equèstre agg. equestrian ♦ **circo e.** circus
equidistànte agg. equidistant
equilibràre v.tr. e rifl. rec. to equilibrate, to balance
equilibràto agg. **1** balanced **2** (*fig.*) reasonable, impartial
equilibratùra s.f. balancing
equilìbrio s.m. balance, equilibrium
equìno agg. equine, horse (*attr.*)
equinòzio s.m. equinox
equipaggiaménto s.m. equipment
equipaggiàre **A** v.tr. to equip **B** v.rifl. to equip oneself, to kit oneself out
equipàggio s.m. crew
equiparàre v.tr. to make equal, to level
équipe s.f. inv. team ♦ **lavoro d'é.** team work
equità s.f. equity
equitazióne s.f. (horseback) riding, horse riding
equivalènte agg. e s.m. equivalent
equivalènza s.f. equivalence
equivalére v.intr. e rifl. rec. to be equivalent, to be equal in value
equivocàre v.intr. to misunderstand, to mistake
equìvoco **A** agg. **1** equivocal, ambiguous **2** (*sospetto*) dubious **B** s.m. equivocation, misunderstanding, mistake
èquo agg. fair, just, impartial
èra s.f. era, age
èrba s.f. **1** grass **2** (*medicinale, aromatica*) herb **3** (*infestante*) weed **4** (*pop.*) (*marijuana*) pot
erbàrio s.m. herbarium, (*libro*) herbal
erbìvoro agg. herbivorous
erboristerìa s.f. herbalist's shop
erède s.m. e f. heir
eredità s.f. **1** (*dir.*) inheritance **2** (*fig.*) heritage **3** (*biol.*) heredity ♦ **lasciare in e.** to bequeath
ereditàre v.tr. to inherit
ereditàrio agg. hereditary
eremìta s.m. hermit
èremo s.m. hermitage
eresìa s.f. heresy
erètico **A** agg. heretical **B** s.m. heretic
erètto agg. **1** erect, upright **2** (*costruito*) erected, built **3** (*istituito*) founded
erezióne s.f. erection
ergàstolo s.m. life sentence
ergonòmico agg. ergonomic
èrica s.f. heather
erìgere **A** v.tr. **1** to erect, to build **2** (*innalzare*) to raise **3** (*istituire*) to found **B** v.rifl. **1** (*drizzarsi*) to stand up **2** (*fig.*) to claim to be
eritèma s.m. erythema
ermafrodìto **A** s.m. hermaphrodite **B** agg. hermaphroditic
ermellìno s.m. ermine
ermètico agg. **1** hermetic, airtight **2** (*fig.*) obscure
èrnia s.f. hernia
eròe s.m. hero
erogàre v.tr. to supply, (*somma*) to disburse
eròico agg. heroic
eroìna[1] s.f. heroine
eroìna[2] s.f. (*chim.*) heroin
eroìsmo s.m. heroism
erosióne s.f. erosion
eròtico agg. erotic
erotìsmo s.m. erotism
erràre v.intr. **1** (*vagare*) to wander (about), to roam **2** (*sbagliare*) to be mistaken, to make mistakes
erróre s.m. mistake, error ♦ **e. di stampa** misprint || **per e.** by mistake
erudìto s.m. scholar, learned person
eruttàre v.tr. to throw out, to erupt
eruzióne s.f. **1** eruption **2** (*med.*) rash
esacerbàre v.tr. to exacerbate, to exasperate
esageràre **A** v.tr. to exaggerate **B** v.intr. to overdo, to go too far
esageràto agg. exaggerated
esagerazióne s.f. exaggeration
esagonàle agg. hexagonal
esàgono s.m. hexagon
esalàre v.tr. to exhale
esalazióne s.f. exhalation
esaltàre **A** v.tr. **1** to extol, to celebrate **2** (*entusiasmare*) to thrill **B** v.intr. pron. to become elated
esaltazióne s.f. **1** extolling **2** (*fanatismo*) exaltation
esàme s.m. examination, exam, test
esaminàre v.tr. to examine, (*controllare*) to check
esànime agg. lifeless
esasperàre **A** v.tr. **1** to exasperate, to irritate **2** (*esacerbare*) to exacerbate, to aggravate **B** v.intr. pron. to become bitter
esasperazióne s.f. **1** exasperation, irritation **2** (*inasprimento*) aggravation
esattaménte avv. **1** (*in maniera esatta*) exactly, precisely, (*correttamente*) correctly **2** (*proprio*) just

esattézza s.f. **1** exactness **2** (*accuratezza*) accuracy
esàtto **A** agg. **1** exact, correct **2** (*accurato*) careful **B** avv. exactly
esattóre s.m. collector
esaudìre v.tr. to grant, to fulfil, (*USA*) to fulfill
esauriènte agg. exhaustive
esauriménto s.m. exhaustion, depletion ♦ **e. nervoso** nervous breakdown
esaurìre **A** v.tr. to exhaust, to use up **B** v.rifl. e intr. pron. **1** to get exhausted **2** (*di merci*) to run out, to sell out
esàusto agg. exhausted, worn out
esautoràre v.tr. to deprive of authority
esbórso s.m. disbursement, outlay
ésca s.f. bait
escatològico agg. eschatologic
eschimése **A** agg. Eskimo (*attr.*), Inuit (*attr.*) **B** s.m. e f. Eskimo, Inuit
esclamàre v.tr. e intr. to exclaim, to cry (out)
esclamazióne s.f. exclamation
esclùdere **A** v.tr. to exclude, to leave out **B** v.rifl. rec. to exclude one another
esclusióne s.f. exclusion ♦ **a e. di** except
esclusìva s.f. **1** exclusive right, sole right **2** (*tv*) exclusive, scoop
esclusivaménte avv. exclusively, only
esclusìvo agg. exclusive
esclùso agg. **1** excluded **2** (*impossibile*) out of the question
escogitàre v.tr. to contrive, to devise
escoriazióne s.f. excoriation, graze
escursióne s.f. **1** excursion, tour **2** (*scient.*) range ♦ **fare un'e.** to make a trip, to go trekking
escursionìsmo s.m. touring
esecràre v.tr. to execrate
esecutìvo agg. e s.m. executive
esecutóre s.m. **1** executor **2** (*mus.*) performer
esecuzióne s.f. **1** execution **2** (*mus.*) performance
esèdra s.f. exedra
eseguìre v.tr. to execute, to carry out, to perform
esèmpio s.m. **1** example, instance **2** (*modello*) model, paragon ♦ **per e.** for example, for instance
esemplàre **A** agg. exemplary, model (*attr.*) **B** s.m. **1** (*modello*) model **2** (*elemento di serie*) specimen, (*copia*) copy
esemplificàre v.tr. to exemplify
esemplificazióne s.f. exemplification
esentàre v.tr. to exempt, to let off
esènte agg. exempt, free
esenzióne s.f. exemption
esèquie s.f. pl. funeral rites *pl.*
esercitàre **A** v.tr. **1** to exercise **2** (*una professione*) to practise **3** (*addestrare*) to train **B** v.rifl. to practise, to train oneself
esercitazióne s.f. exercise, practice, (*addestramento*) training
esèrcito s.m. army
esercìzio s.m. **1** exercise **2** (*pratica*) practice **3** (*azienda commerciale*) concern, (*negozio*) shop ♦ **e. fisico** physical exercise
esfoliànte **A** agg. exfoliating **B** s.m. exfoliant
esibìre **A** v.tr. to exhibit, to show **B** v.rifl. **1** to show off **2** (*in spettacoli*) to perform
esibizióne s.f. **1** show, display, exhibition **2** (*di spettacolo*) performance
esibizionìsmo s.m. exhibitionism
esigènte agg. exacting, demanding
esigènza s.f. demand, need
esìgere v.tr. **1** to demand, to require, to insist on **2** (*riscuotere*) to collect, (*pretendere*) to exact
esìguo agg. scarce, exiguous, scanty
esilarànte agg. exhilarating ♦ **gas e.** laughing gas
èsile agg. **1** thin, slender **2** (*debole*) weak, faint
esiliàre v.tr. to exile, to banish
esìlio s.m. exile, banishment
esìmere **A** v.tr. to exempt **B** v.rifl. to get out of
esistènte agg. existing, living
esistènza s.f. existence, life
esìstere v.intr. to exist, to be, to live
esitàre v.intr. to hesitate
esitazióne s.f. hesitation
èsito s.m. result, outcome
èsodo s.m. exodus, flight
esoneràre v.tr. **1** to exonerate, to free, to exempt **2** (*licenziare*) to sack, to fire, to dismiss
esorbitànte agg. exorbitant
esorcizzàre v.tr. to exorcize
esòrdio s.m. **1** (*inizio*) beginning **2** (*debutto*) debut
esordìre v.intr. to begin, to start
esortàre v.tr. to exhort, to urge
esortazióne s.f. exhortation
esotèrico agg. esoteric
esòtico agg. exotic
espàndere **A** v.tr. to expand, to extend **B** v.intr. pron. to expand, to spread out
espansióne s.f. expansion
espansìvo agg. expansive
espatriàre v.intr. to expatriate
espediènte s.m. expedient, device
espèllere v.tr. **1** to expel, to turn out **2** (*emettere*) to eject, to discharge
esperiènza s.f. experience
esperiménto s.m. experiment, trial, test
espèrto **A** s.m. expert **B** agg. experienced, skilled, expert
espiàre v.tr. to expiate
espiràre v.tr. e intr. to expire, to breathe out
espletàre v.tr. to dispatch, to carry out
esplicatìvo agg. explanatory, explicative
esplìcito agg. explicit, clear
esplòdere v.intr. to explode, to burst, to blow up, to go off
esploràre v.tr. **1** to explore **2** (*mil.*) to scout

esploratóre s.m. **1** explorer **2** (*mil.*) scout ♦ **giovane e.** boy scout

esplorazióne s.f. **1** exploration **2** (*mil.*) scouting

esplosióne s.f. **1** explosion **2** (*fig.*) outburst, outbreak

esplosìvo agg. e s.m. explosive

esponènte s.m. e f. exponent

espórre **A** v.tr. **1** to expose **2** (*mettere fuori*) to put out, to expose **3** (*mettere in mostra*) to show, to display **4** (*spiegare*) to expound, to explain **B** v.rifl. to expose oneself ♦ **esporsi a un rischio** to run a risk

esportàre v.tr. to export

esportazióne s.f. export

esposìmetro s.m. exposure meter

esposizióne s.f. **1** exposure **2** (*mostra*) exhibition, exposition, show **3** (*lo spiegare*) exposition

espósto s.m. petition, (*denuncia*) complaint

espressaménte avv. **1** (*esplicitamente*) explicitly **2** (*apposta*) on purpose, specially

espressióne s.f. expression

espressionìsmo s.m. expressionism

espressìvo agg. expressive

esprèsso **A** agg. **1** expressed **2** (*esplicito*) express, explicit **3** (*su richiesta*) express, made to order **4** (*veloce*) fast, express **B** s.m. **1** (*lettera*) express letter, (*USA*) fast letter **2** (*treno*) express **3** (*caffè*) espresso

esprìmere **A** v.tr. to express **B** v.intr. pron. to express oneself

espròprio s.m. expropriation

espulsióne s.f. expulsion ♦ **tasto di e.** eject button

éssa pron. pers. 3ª p. sing. f. **1** (*sogg.: riferito a cosa o animale di sesso imprecisato*) it, (*riferito ad animale femmina o, fam., per 'ella, lei'*) she **2** (*compl.: riferito a cosa o animale di sesso imprecisato*) it, (*riferito ad animale femmina o, fam., per 'lei'*) her

ésse pron. pers. 3ª p. pl. f. **1** (*sogg.*) they **2** (*compl.*) them ♦ **e. stesse** they themselves

essènza s.f. essence

essenziàle agg. essential

essenzialménte avv. essentially

èssere[1] **A** v.aus. **1** (*copula, aus. del passivo*) to be (ES: ***la porta è aperta*** the door is open; ***il presidente è eletto ogni 4 anni*** the President is elected every four years) **2** (*aus. nella coniugazione attiva di v. intr., rifl. e impers.*) to have (ES: ***sono già partito*** I have already left) **3** (*con v. serv.*) to have (ES: ***è dovuto partire improvvisamente*** he has had to leave unexpectedly) **B** v.intr. **1** (*esistere*) to be **2** (*accadere*) to become, to happen, to be **3** (*consistere*) to consist **4** (*costare*) to be, to cost, (*valere*) to be, to be worth, (*pesare*) to be, to weigh **5** (*andare, arrivare, stare, trovarsi*) to be **6** (*diventare*) to be, to get **7** (*esserci*) to be ♦ **e. di** (*materia*) to be (made) of, (*appartenenza*) to be of, (*origine*) to be from

èssere[2] s.m. **1** being, (*esistenza*) existence **2** (*creatura*) creature **3** (*stato*) state, condition

éssi pron. pers. 3ª p. pl. m. **1** (*sogg.*) they **2** (*compl.*) them ♦ **e. stessi** they themselves

essiccàre **A** v.tr. **1** to dry (up) **2** (*prosciugare*) to drain **B** v.intr. pron. to become dry, to dry up

ésso pron. pers. 3ª p. sing. m. **1** (*sogg.: riferito a cosa o animale di sesso imprecisato*) it, (*riferito ad animale maschio o, fam., per 'egli, lui'*) he **2** (*compl.: riferito a cosa o animale di sesso imprecisato*) it, (*riferito ad animale maschio o, fam., per 'lui'*) him

èst s.m. east ♦ **verso e.** eastward(s)

èstasi s.f. ecstasy

estàte s.f. summer, summertime

estemporàneo agg. extemporary

estèndere **A** v.tr. to extend, to expand **B** v.intr. pron. to extend, to spread, to stretch

estensióne s.f. **1** extension **2** (*distesa*) expanse, extent **3** (*mus.*) range

estenuànte agg. exhausting, weary

esterióre agg. external, outer, outward

esternaménte avv. externally

esternàre v.tr. to express, to disclose

estèrno **A** agg. external, outer, outside (*attr.*) **B** s.m. outside ♦ **per uso e.** for external use only

èstero **A** agg. foreign **B** s.m. foreign countries *pl.* ♦ **all'e.** abroad

esteròfilo **A** agg. xenophilous **B** s.m. xenophile

estéso agg. large, wide, extensive

estètica s.f. aesthetics *pl.* (*v. al sing.*)

estètico agg. aesthetic(al)

estetìsmo s.m. aestheticism

estetìsta s.m. e f. beautician

estimatóre s.m. admirer

èstimo s.m. estimate

estìnguere **A** v.tr. **1** to extinguish, to put out **2** (*saldare*) to settle, to pay off **B** v.intr. pron. to come to an end, to die out

estìnto s.m. deceased

estintóre s.m. extinguisher

estinzióne s.f. extinction

estirpàre v.tr. to extirpate

estìvo agg. summer (*attr.*)

estòrcere v.tr. to extort

estorsióne s.f. extortion

estradizióne s.f. extradition

estraìbile agg. extractable, pull-out (*attr.*)

estràneo **A** agg. extraneous, foreign, unrelated (to) **B** s.m. stranger, outsider, foreigner

estràrre v.tr. **1** to extract, to pull out **2** (*a sorte*) to draw **3** (*minerale*) to mine

estrazióne s.f. **1** extraction **2** (*sorteggio*) drawing **3** (*da miniera*) mining

estremaménte avv. extremely

estremìsmo s.m. extremism

estremìsta agg., s.m. e f. extremist

estremità s.f. **1** extremity, end **2** al pl. (*arti*) limbs *pl.* **3** (*margine*) border, margin **4** (*punta*) top, point

estrèmo **A** agg. **1** (*nello spazio*) extreme, farthest **2** (*nel tempo*) last, final **B** s.m. **1** extreme **2** al pl. terms

pl., essential data *pl.* ◆ **l'Estremo Oriente** the Far East
estrìnseco agg. extrinsic
èstro s.m. **1** inspiration **2** (*capriccio*) whim, fancy
estróso agg. whimsical, fanciful
estrovèrso **A** agg. extroverted **B** s.m. extrovert
estuàrio s.m. estuary
esuberànte agg. **1** exuberant **2** (*in eccesso*) excess (*attr.*), redundant
esulàre v.intr. **1** to go into exile **2** (*fig.*) to lie outside
èsule s.m. e f. exile
esultàre v.intr. to exult
età s.f. age
etèreo agg. ethereal
eternaménte avv. eternally
eternità s.f. eternity
etèrno agg. eternal, everlasting
eterodòsso agg. heterodox
eterogèneo agg. heterogeneous
eterosessuàle agg., s.m. e f. heterosexual
ètica s.f. ethics *pl.* (*v. al sing.*)
etichétta[1] s.f. label
etichétta[2] s.f. (*cerimoniale*) etiquette
ètico agg. ethical
etilìsmo s.m. alcoholism
etilìsta s.m. e f. alcoholic
etilòmetro s.m. breathalyser
etilotèst s.m. inv. breath test
etimologìa s.f. etymology
ètnico agg. ethnic(al)
etnologìa s.f. ethnology
etrùsco agg. e s.m. Etruscan
èttaro s.m. hectare
ètto s.m. hectogram
eucaristìa s.f. Eucharist, Holy Communion
eufemìstico agg. euphemistic
euforìa s.f. euphoria, elation
eurìstico agg. heuristic
èuro s.m. inv. euro
eurocity s.m. inv. Eurocity
europeìsmo s.m. Europeanism
europèo agg. e s.m. European
Eurostàr s.m. inv. Eurostar
eurovisióne s.f. Eurovision
eutanasìa s.f. euthanasia
evacuàre v.tr. e intr. to evacuate
evàdere **A** v.tr. **1** (*sbrigare*) to dispatch **2** (*sottrarsi a*) to evade **B** v.intr. to escape, to get away
evangèlico agg. evangelical
evaporàre v.tr. e intr. to evaporate
evaporazióne s.f. evaporation
evasióne s.f. **1** escape, getaway **2** (*fiscale*) evasion
evasìvo agg. evasive
evàso s.m. fugitive, runaway
evasóre s.m. tax dodger
eveniènza s.f. event, eventuality ◆ **per ogni e.** for every occasion, (*bisogno*) in case of need
evènto s.m. event
eventuàle agg. possible
eventualità s.f. eventuality
eventualménte avv. in case
evidènte agg. evident, plain
evidènza s.f. evidence, obviousness
evidenziàre v.tr. to underline
evitàre **A** v.tr. **1** to avoid **2** (*sfuggire a*) to escape **3** (*risparmiare*) to spare **B** v.rifl. rec. to avoid each other
èvo s.m. age, ages *pl.*, era ◆ **il Medio Evo** the Middle Ages
evocàre v.tr. to evoke
evolutìvo agg. evolutive
evolùto agg. advanced, fully-developed
evoluzióne s.f. evolution
evòlvere v.intr. e intr. pron. to evolve
evvìva inter. hurrah!
ex pref. ex, former
extension s.f. inv. (*per capelli*) hair extension
extra **A** agg. **1** (*speciale*) superior, first-rate **2** (*in più*) extra, additional **B** s.m. extra
extracomunitàrio s.m. (*immigrato*) non-EU immigrant, (*cittadino*) non-EU citizen
extraconiugàle agg. extramarital
extraeuropèo agg. non-European
extralarge agg. inv. extra-large
extraterrèstre agg., s.m. e f. extraterrestrial
eye liner s.m. inv. eye-liner

f, F

fa avv. ago (ES: ***un mese fa*** a month ago)
fabbisógno s.m. needs *pl.*, requirements *pl.*
fàbbrica s.f. factory, works
fabbricànte s.m. manufacturer, producer
fabbricàre v.tr. **1** to manufacture, to produce **2** (*costruire*) to build
fabbricàto s.m. building
fabbricazióne s.f. manufacturing
fàbbro s.m. smith
faccènda s.f. **1** matter, affair, business **2** al pl. (*di casa*) housework
facchìno s.m. porter
fàccia s.f. **1** face **2** (*espressione*) look, expression **3** (*lato*) face, side ♦ **f. a f.** face to face ‖ **dire q.c. in f.** to say st. openly
facciàta s.f. **1** (*arch.*) front, façade, face **2** (*pagina*) page
facèto agg. facetious, witty
facèzia s.f. witty remark, joke
fachìro s.m. fakir
fàcile agg. **1** easy **2** (*incline*) inclined, prone **3** (*probabile*) likely, probable
facilità s.f. **1** ease, facility **2** (*l'essere facile*) easiness **3** (*attitudine*) aptitude
facilitàre v.tr. to make easy
facilitazióne s.f. **1** facilitation **2** (*agevolazione*) facility
facinoróso s.m. ruffian
facoltà s.f. **1** faculty **2** (*autorità*) power, authority, right **3** (*università*) faculty, department
facoltatìvo agg. optional ♦ **fermata facoltativa** request stop
facoltóso agg. wealthy, well-to-do
facsìmile s.m. inv. facsimile
fàggio s.m. beech
fagiàno s.m. pheasant
fagiolìno s.m. French bean, (*USA*) string bean
fagiòlo s.m. bean
fagocitàre v.tr. **1** (*biol.*) to phagocytize **2** (*fig.*) to absorb, to engulf
fagòtto s.m. **1** bundle **2** (*mus.*) bassoon ♦ **fare f.** to pack up
fài-da-te s.m. inv. do-it-yourself
falànge s.f. phalanx
fàlce s.f. sickle, scythe
falciàre v.tr. to sickle, to cut down
fàlco s.m. hawk
falcóne s.m. falcon
fàlda s.f. **1** (*geol.*) stratum, layer **2** (*di abito*) tail **3** (*di cappello*) brim **4** (*di tetto*) pitch **5** (*di monte*) foot ♦ **f. acquifera** aquifer
falegnàme s.m. carpenter
falèsia s.f. cliff
fàlla s.f. leak
fallàce agg. fallacious, misleading
fallimentàre agg. **1** bankruptcy (*attr.*) **2** (*fig.*) ruinous
falliménto s.m. **1** bankruptcy **2** (*fig.*) failure, flop
fallìre **A** v.intr. **1** to go bankrupt **2** (*fig.*) to fail **B** v.tr. to miss
fallìto s.m. **1** bankrupt **2** (*fig.*) failure
fàllo[1] s.m. **1** error, fault, mistake **2** (*difetto*) defect, flaw **3** (*sport*) foul
fàllo[2] s.m. phallus
falò s.m. bonfire
falsàre v.tr. **1** to distort, to misrepresent **2** (*falsificare*) to forge
falsàrio s.m. forger, falsifier
falsificàre v.tr. to falsify, to fake, (*firme e sim.*) to forge
falsificazióne s.f. falsification, forgery
falsità s.f. **1** falsness **2** (*finzione*) deceitfulness **3** (*menzogna*) lie
fàlso **A** agg. false **B** s.m. **1** falsehood **2** (*oggetto falsificato*) forgery, fake
fàma s.f. **1** (*reputazione*) reputation, repute **2** (*rinomanza*) fame, renown
fàme s.f. **1** hunger **2** (*carestia*) famine ♦ **avere f.** to be hungry
famèlico agg. ravenous, greedy
famìglia s.f. family
familiàre **A** agg. **1** domestic, family (*attr.*) **2** (*conosciuto*) familiar, well-known **3** (*semplice*) informal, homely **B** s.m. relative
familiarità s.f. familiarity
familiarizzàre v.intr. e intr. pron. to become familiar, to familiarize oneself (with)
famóso agg. famous
fan s.m. e f. inv. fan
fanàle s.m. light, lamp
fanalìno s.m. tail-lamp, (*USA*) tail light
fanàtico **A** agg. fanatical **B** s.m. fanatic
fanatìsmo s.m. **1** fanaticism **2** (*esaltazione*) wild enthusiasm
fanciùllo s.m. child
fandònia s.f. lie
fanfàra s.f. **1** fanfare **2** (*banda*) brass-band
fàngo s.m. mud ♦ **fare i fanghi** to take mud baths
fangóso agg. muddy
fangoterapìa s.f. mud treatment, mud-bath treatment
fannullóne s.m. idler, lounger
fantascientìfico agg. science-fiction (*attr.*)
fantasciènza s.f. science-fiction
fantasìa s.f. **1** (*fantasticheria*) fantasy, daydream **2**

(*immaginazione*) fancy, imagination **3** (*disegno*) pattern
fantàsma s.m. ghost, phantom
fantasticàre v.intr. to daydream
fantàstico agg. **1** fantastic(al), imaginary, fanciful **2** (*straordinario*) incredible, fantastic, (*fam.*) cool
fànte s.m. **1** infantryman **2** (*carte da gioco*) jack
fanterìa s.f. infantry
fantòccio s.m. puppet
farabùtto s.m. rascal
faraóne s.m. Pharaoh
faraònico agg. Pharaonic
farcìre v.tr. to stuff, to fill
fardèllo s.m. bundle, burden
fàre **A** v.tr. **1** (*in generale e in senso astratto*) to do (ES: ***che cosa fai?*** what are you doing?) **2** (*creare, produrre, realizzare, confezionare, cucinare ecc.*) to make (ES: ***f. soldi*** to make money) **3** (*di professione*) to be **4** (*dire*) to say **5** (*reputare*) to think **6** (*scrivere*) to write, (*dipingere*) to paint **7** (*indicare*) to make, to be **8** (*rappresentare*) to perform, (*agire da, impersonare*) to act **9** (*pulire*) to clean **10** (*dedicarsi a*) to go in for, (*giocare a*) to play **11** (*generare*) to bear, to have **12** (*percorrere*) to go **13** (*trascorrere*) to spend **14** (*con valore causativo, seguito da infinito*) to have, to get, (*causare*) to cause, to make, (*lasciare*) to let **B** v.intr. **1** (*impers.*) to be **2** (*essere adatto*) to suit **3** (*stare per*) to be about **C** v.rifl. e intr. pron. **1** (*diventare*) to become **2** (*movimento*) to go, to come **3** (*con l'infinito*) to make oneself, to get **4** (*drogarsi*) to drug
farètra s.f. quiver
farfàlla s.f. butterfly
farìna s.f. flour, meal
farinàceo **A** agg. farinaceous, starchy **B** s.m. al pl. starches *pl.*
farìnge s.f. pharynx
faringìte s.f. pharyngitis
farmacìa s.f. **1** (*scienza e tecnica*) pharmacy **2** (*negozio*) chemist's shop, (*USA*) pharmacy, drugstore
farmacìsta s.m. e f. chemist, (*USA*) pharmacist
fàrmaco s.m. drug, medicine ◆ **f. generico** generic drug
farneticàre v.intr. to rave
fàro s.m. **1** (*naut.*) lighthouse **2** (*aer.*) beacon, light **3** (*autom.*) headlight
fàrsa s.f. farce
fàscia s.f. **1** band, strip **2** (*benda*) bandage **3** (*geogr.*) zone, strip **4** (*fig.*) sector, band ◆ **in fasce** in arms, in swathing clothes
fasciàre v.tr. **1** to bind, to bandage **2** (*avvolgere*) to wrap
fasciatùra s.f. bandage, dressing
fascìcolo s.m. **1** (*incartamento*) dossier, file **2** (*di rivista*) issue, number, instalment **3** (*libretto*) booklet
fàscino s.m. fascination, charm
fàscio s.m. **1** bundle, sheaf **2** (*di luce*) beam
fascìsmo s.m. Fascism
fàse s.f. **1** (*scient.*) phase **2** (*stadio*) phase, stage **3** (*mecc.*) stroke
fast food s.m. inv. fast food (restaurant)
fastìdio s.m. **1** nuisance, bother, trouble **2** (*irritazione*) annoyance **3** (*avversione*) disgust
fastidióso agg. annoying, bothersome
fàsto s.m. pomp
fastóso agg. pompous
fàta s.f. fairy
fatàle agg. **1** fatal **2** (*inevitabile*) fated, destined **3** (*irresistibile*) killing
fatalìsta s.m. e f. fatalist
fatalità s.f. **1** fate, destiny, fatality **2** (*disgrazia*) mishap
fatìca s.f. **1** (*lavoro faticoso*) labour, hard work, toil **2** (*sforzo*) effort, exertion **3** (*stanchezza*) weariness, fatigue **4** (*difficoltà*) difficulty **5** (*mecc.*) fatigue
faticàre v.intr. **1** to work hard, to toil **2** (*stentare*) to have difficulty
faticàta s.f. exertion, effort
faticóso agg. **1** tiring, hard **2** (*difficile*) difficult
fatìdico agg. fateful
fàto s.m. fate
fattìbile agg. feasible, doable
fàtto **A** agg. **1** done, made **2** (*adatto*) fit **B** s.m. **1** fact, deed **2** (*avvenimento*) event **3** (*faccenda*) affair, matter ◆ **in f. di** as for
fattóre[1] s.m. factor
fattóre[2] s.m. (*di campagna*) bailiff, farmer
fattorìa s.f. (*azienda agricola*) farm, (*casa*) farmhouse
fattorìno s.m. messenger, office boy
fattùra s.f. **1** (*fabbricazione*) making, manufacture **2** (*comm.*) invoice, bill **3** (*fam.*) (*maleficio*) spell
fatturàre v.tr. to invoice, to bill
fàtuo agg. fatuous, vain
fàuna s.f. fauna
fàuno s.m. faun
fautóre s.m. supporter
fàva s.f. broad bean, fava bean
favèlla s.f. speech
favìlla s.f. spark
fàvola s.f. **1** tale, story, fairy story **2** (*fandonia*) tall story
favolóso agg. fabulous
favóre s.m. favour ◆ **per f.** please
favorévole agg. favourable
favorìre v.tr. **1** to favour, to support **2** (*promuovere*) to promote, to encourage
favoritìsmo s.m. favouritism
favorìto agg. e s.m. favourite
fax s.m. inv. fax ◆ **per, via f.** by fax
fazióso agg. factious
fazzolétto s.m. handkerchief ◆ **f. di carta** Kleenex
febbràio s.m. February
fèbbre s.f. fever ◆ **f. da fieno** hay-fever
febbricitànte agg. feverish

fèccia s.f. dregs *pl.*
fèci s.f. pl. faeces *pl.*, (*USA*) feces *pl.*
fècola s.f. flour ♦ **f. di patate** potato flour
fecondàre v.tr. to fertilize
fecondazióne s.f. fecundation, fertilization
fecóndo agg. fertile, prolific
féde s.f. **1** faith **2** (*anello*) wedding ring
fedéle agg. **1** faithful, loyal **2** (*veritiero*) true, exact
fedeltà s.f. fidelity, faithfulness
fèdera s.f. pillowcase
federàle agg. federal
federazióne s.f. federation
fégato s.m. **1** liver **2** (*coraggio*) courage, guts *pl.* **3** (*faccia tosta*) cheek, nerve
félce s.f. fern
felìce agg. **1** happy, pleased, glad **2** (*fortunato*) lucky
felicità s.f. happiness
felicitàrsi v.intr. pron. to congratulate
felicitazióni s.f. pl. congratulations *pl.*
felìno **A** agg. feline, catlike **B** s.m. feline
félpa s.f. **1** (*tessuto*) plush **2** (*indumento*) sweatshirt
féltro s.m. felt
fémmina s.f. **1** female **2** (*bambina, ragazza*) girl **3** (*di animale*) she-, (*di grande mammifero*) cow-
femminìle agg. **1** (*di sesso*) female **2** (*di donna*) feminine, woman's (*attr.*) **3** (*gramm.*) feminine **4** (*per donne*) woman's (*attr.*), women's (*attr.*)
femminilità s.f. femininity
femminìsmo s.m. feminism
fèmore s.m. thighbone, femur
fendinébbia agg. e s.m. fog-light
fenìcio agg. e s.m. Phoenician
fenicòttero s.m. flamingo
fenomenàle agg. phenomenal
fenòmeno s.m. **1** phenomenon **2** (*oggetto di meraviglia*) wonder
fèretro s.m. coffin
ferìale agg. weekday (*attr.*), working (*attr.*)
fèrie s.f. pl. holidays *pl.*, vacation
feriménto s.m. wounding
ferìre **A** v.tr. to wound, to injure, to hurt **B** v.rifl. e intr. pron. to hurt oneself, to wound oneself
ferìta s.f. wound, hurt
ferìto agg. wounded (*anche fig.*)
feritóia s.f. loophole
férma s.f. (*mil.*) service
fermacravàtta s.m. inv. tie-pin
fermàglio s.m. clasp, clip
fermàre **A** v.tr. **1** to stop, to halt **2** (*interrompere*) to stop, to interrupt **3** (*dir.*) to hold **4** (*fissare*) to fix, to fasten **B** v.intr. to stop **C** v.rifl. e intr. pron. **1** to stop **2** (*trattenersi*) to stay **3** (*fare una pausa*) to make a pause **4** (*mecc.*) to stall
fermàta s.f. stop, halt ♦ **divieto di f.** no stopping || **f. obbligatoria/a richiesta** regular/request stop
fermentazióne s.f. fermentation
ferménto s.m. ferment
fermézza s.f. firmness
férmo **A** agg. **1** still, motionless **2** (*saldo*) firm, steady **B** s.m. **1** (*blocco*) lock, stop **2** (*arresto*) (provisional) arrest
fermopòsta agg. e avv. poste restante, (*USA*) general delivery
feróce agg. ferocious, fierce, wild
ferragósto s.m. feast of the Assumption
ferraménta **A** s.f. inv. hardware, ironware, ironmongery **B** s.m. inv. (*negozio*) hardware store, ironmonger's shop
fèrreo agg. iron (*attr.*)
fèrro s.m. **1** iron **2** al pl. (*ceppi*) irons *pl.*, chains *pl.* **3** (*attrezzi*) instruments *pl.*, tools *pl.* ♦ **f. da calza** knitting-needle || **f. da stiro** iron || **f. di cavallo** horseshoe
ferrovìa s.f. railway, (*USA*) railroad ♦ **per f.** by rail
ferroviàrio agg. railway (*attr.*), (*USA*) railroad (*attr.*) ♦ **orario f.** train timetable
ferrovière s.m. railwayman, (*USA*) railroader
fèrtile agg. fertile, fruitful
fertilizzànte **A** agg. fertilizing **B** s.m. fertilizer
fèrvido agg. fervent
fervóre s.m. fervour, heat
fesserìa s.f. **1** nonsense, rubbish **2** (*inezia*) trifle, nothing
fésso agg. stupid, foolish
fessùra s.f. **1** crack, slit, fissure **2** (*per gettone*) slot
fèsta s.f. **1** (*solennità religiosa*) feast, festivity **2** (*giorno di vacanza*) holiday **3** (*ricevimento*) party
festeggiaménto s.m. celebration
festeggiàre v.tr. **1** to celebrate **2** (*accogliere festosamente*) to give a hearty welcome to
fèstival s.m. inv. festival
festività s.f. festivity, holiday ♦ **f. civile** public holiday
festìvo agg. holiday (*attr.*), Sunday (*attr.*)
festóso agg. joyful, merry, hearty
feta s.f. inv. feta
fetìccio s.m. fetish
feticìsmo s.m. fetishism
fèto s.m. f(o)etus
fétta s.f. slice
fettìna s.f. (*taglio di carne*) minute steak
feudàle agg. feudal
feudalésimo s.m. feudalism
fèudo s.m. fief, feud
fiàba s.f. fairy tale, tale, story
fiabésco agg. **1** fairy, fairy-tale (*attr.*) **2** (*favoloso*) fabulous
fiàcca s.f. **1** (*stanchezza*) weariness **2** (*indolenza*) indolence, laziness
fiaccàre v.tr. to weaken, to exhaust
fiàcco agg. **1** (*stanco*) weary, slack **2** (*debole*) weak, limp
fiàccola s.f. torch
fiàla s.f. phial

fiàmma s.f. flame, (*viva*) blaze ♦ **alla f.** flambé || **in fiamme** alight || **ritorno di f.** backfire
fiammànte agg. **1** flaming, blazing **2** (*fig.*) bright
fiammàta s.f. burst of flame
fiammeggiàre **A** v.intr. to blaze, to flame **B** v.tr. (*cuc.*) to sear, to flambé
fiammìfero s.m. match
fiammìngo **A** agg. Flemish **B** s.m. **1** Fleming **2** (*lingua*) Flemish
fiancàta s.f. side, flank
fiancheggiàre v.tr. **1** to flank **2** (*sostenere*) to support
fiànco s.m. **1** (*lato*) side **2** (*anat.*) hip, (*zool.*) flank **3** (*mil.*) flank ♦ **f. a f.** abreast
fiàsco s.m. **1** flask **2** (*insuccesso*) fiasco, (*fam.*) flop
fiàto s.m. breath
fìbbia s.f. buckle
fìbra s.f. fibre, (*USA*) fiber ♦ **f. ottica** optical fibre || **cavo a fibre ottiche** optical-fibre cable
ficcàre **A** v.tr. **1** to thrust, to drive **2** (*mettere*) to put, to stuff **B** v.rifl. to dive, to hide
fìco[1] s.m. (*bot.*) fig
fìco[2] **A** agg. cool **B** s.m. cool guy
fidanzaménto s.m. engagement
fidanzàrsi v.rifl. e rifl. rec. to become engaged, to get engaged
fidanzàta s.f. fiancée
fidanzàto s.m. fiancé
fidàre **A** v.intr. to trust **B** v.intr. pron. to trust, to rely on
fidàto agg. trustworthy, reliable
fidùcia s.f. confidence, reliance, trust
fiducióso agg. confident
fièle s.m. gall
fienìle s.m. barn, hayloft
fièno s.m. hay
fièra[1] s.f. **1** (*mostra*) fair, exhibition **2** (*festa*) fête ♦ **f. del bestiame** cattle fair || **f. campionaria** trade fair
fièra[2] s.f. (*animale feroce*) wild beast
fierézza s.f. **1** (*orgoglio*) pride **2** (*audacia*) boldness
fierìstico agg. fair (*attr.*)
fièro agg. **1** (*orgoglioso*) proud **2** (*audace*) bold **3** (*indomito*) untamed **4** (*severo*) severe
fìfa s.f. (*fam.*) fright
fìglia s.f. daughter
figliàstro s.m. stepson
fìglio s.m. son, child
figùra s.f. **1** figure **2** (*forma, sagoma*) shape, form **3** (*illustrazione*) picture ♦ **fare bella/brutta f.** to make a good/bad impression
figuràccia s.f. poor figure, gaffe
figuràre **A** v.tr. **1** to represent **2** (*immaginare*) to imagine, to picture **B** v.intr. **1** (*apparire*) to appear, to be **2** (*far figura*) to make a good impression
figuratìvo agg. figurative
figurìna s.f. **1** (*statuetta*) figurine **2** (*da raccolta*) picture-card, (*adesiva*) sticker

fìla s.f. **1** line, file, row **2** (*coda*) queue, line **3** (*serie*) string, series ♦ **fare la f.** to queue (up)
filantropìa s.f. philanthropy
filàntropo s.m. philanthropist
filàre **A** v.tr. to spin **B** v.intr. **1** (*correre*) to run, to make off **2** (*di ragionamento*) to hang together **3** (*amoreggiare*) to flirt **4** (*comportarsi bene*) to behave
filarmònica s.f. philharmonic, philharmonic society
filastròcca s.f. rigmarole
filatelìa s.f. philately
filàto s.m. yarn
file s.m. inv. (*inform.*) file
filétto s.m. **1** (*bordo*) border **2** (*mecc.*) thread **3** (*cuc.*) fillet
filiàle **A** agg. filial **B** s.f. branch
filifórme agg. filiform
filigràna s.f. **1** filigree **2** (*della carta*) watermark
film s.m. inv. **1** film, (motion) picture, (*USA*) movie **2** (*pellicola, strato*) film ♦ **f. in DVD** film on DVD
filmàre v.tr. to film, to shoot
filmàto s.m. footage, filmed sequence
fìlo s.m. **1** thread, (*tess.*) yarn **2** (*di metallo*) wire **3** (*tel., elettr.*) cable, wire **4** (*di collana*) string **5** (*taglio*) edge ♦ **f. d'erba** blade of grass || **f. interdentale** dental floss || **f. spinato** barbed wire, razor wire
fìlobus s.m. inv. trolleybus
filologìa s.f. philology
filóne s.m. **1** (*miner.*) vein **2** (*di pane*) long loaf **3** (*fig.*) trend, current
filosofìa s.f. philosophy
filosòfico agg. philosophic(al)
filòsofo s.m. philosopher
filtràre v.tr. e intr. to filter
fìltro s.m. filter
fìlza s.f. string
finàle **A** agg. final **B** s.m. end, conclusion **C** s.f. (*sport*) ending, finals *pl.*
finalìsta s.m. e f. finalist
finalità s.f. aim, purpose, end
finalménte avv. at last, (*da ultimo*) finally
finànza s.f. finance
finanziaménto s.m. financing, loan, (*somma*) fund
finanziàrio agg. financial
finanzière s.m. **1** financier **2** (*guardia di finanza*) customs officer, revenue officer
finché cong. **1** until, till **2** (*per tutto il tempo che*) as long as
fìne[1] **A** s.f. end, ending, conclusion **B** s.m. **1** (*scopo*) aim, purpose, object **2** (*risultato*) result, conclusion
fìne[2] agg. **1** fine, thin **2** (*raffinato*) refined **3** (*acuto*) subtle
finèstra s.f. **1** window **2** (*inform.*) window, box
finestrìno s.m. window
fìngere **A** v.tr. e intr. to pretend, to simulate, to feign **B** v.rifl. to pretend
finimóndo s.m. bedlam, pandemonium

finìre **A** v.tr. **1** to finish, to end **2** (*esaurire*) to sell out **3** (*uccidere*) to kill **B** v.intr. **1** to finish, to end (up) **2** (*smettere*) to stop **3** (*esaurirsi*) to run out, to sell out **4** (*cacciarsi*) to get to
finìto agg. **1** finished **2** (*limitato*) finite **3** (*rovinato*) done for
finitùra s.f. finish, finishing
fìno[1] agg. **1** (*sottile*) fine, thin **2** (*acuto*) subtle, sharp **3** (*puro*) fine, pure
fìno[2] **A** prep. **1** (*tempo*) until, till, up to **2** (*luogo*) as far as **B** avv. even ◆ **f. da** since
finòcchio s.m. fennel
finóra avv. till now, up to now, yet
fìnta s.f. pretence, feint
fìnto agg. **1** (*falso*) false, insincere **2** (*simulato*) feigned **3** (*artificiale*) dummy, artificial, false
finzióne s.f. **1** pretence, make-believe **2** (*invenzione*) fiction, invention
fiòcco s.m. **1** bow **2** (*bioccolo*) flock **3** (*cuc.*) flake **4** (*naut.*) jib ◆ **con i fiocchi** excellent || **f. di neve** snowflake
fiòcina s.f. harpoon
fiòco agg. **1** (*debole*) weak, (*di suono*) faint **2** (*rauco*) hoarse
fiónda s.f. slingshot, (*GB*) catapult, (*USA*) sling
fioràio s.m. florist
fiordalìso s.m. cornflower
fiòrdo s.m. fiord, fjord
fióre s.m. **1** flower, (*di albero da frutto*) blossom **2** (*carte da gioco*) clubs *pl.* **3** (*parte scelta*) the best part, the flower ◆ **fiori di Bach** Bach flower remedies
fiorènte agg. **1** blooming **2** (*fig.*) flourishing
fiorentìna s.f. T-bone steak
fiorétto s.m. (*arma*) foil
fiorièra s.f. flower box
fiorìre v.intr. **1** to flower, to blossom, to bloom **2** (*fig.*) to flourish
fioritùra s.f. **1** flowering, blooming, (*di alberi da frutto*) blossoming **2** (*fig.*) flourishing
fìrma s.f. signature
firmaménto s.m. firmament
firmàre v.tr. to sign
firmàto agg. **1** signed **2** (*griffato*) designer
fisarmònica s.f. accordion
fiscàle agg. **1** fiscal, tax (*attr.*) **2** (*fig.*) strict
fischiàre **A** v.intr. **1** to whistle, (*per disapprovazione*) to boo **2** (*di segnale acustico*) to hoot **3** (*di proiettile*) to whiz(z) **4** (*di orecchie*) to buzz **B** v.tr. to whistle, (*per disapprovazione*) to boo
fìschio s.m. **1** whistle, (*di disapprovazione*) boo **2** (*di segnale acustico*) hoot **3** (*di proiettile*) whiz(z) **4** (*nelle orecchie*) buzzing
fìsco s.m. revenue, (*ufficio*) tax office
fìsica s.f. physics *pl.* (*v. al sing.*)
fìsico **A** agg. physical **B** s.m. **1** (*scienziato*) physicist **2** (*costituzione*) physique, body
fisiologìa s.f. physiology
fisiològico agg. physiologic
fisionomìa s.f. physiognomy
fisionomìsta s.m. e f. physiognomist
fisioterapìa s.f. physiotherapy
fisioterapìsta s.m. e f. physiotherapist
fissàre **A** v.tr. **1** (*rendere fisso*) to fix, to fasten, to make firm **2** (*guardare fisso*) to stare, to gaze **3** (*stabilire*) to fix, to arrange, to set **4** (*prenotare*) to book, to reserve **B** v.intr. pron. **1** to be fixed **2** (*ostinarsi*) to set one's heart on **3** (*stabilirsi*) to settle
fissàto **A** agg. fixed **B** s.m. (*ossessivo*) maniac
fissazióne s.f. **1** fixing, fixation **2** (*idea ossessiva*) obsession
fìsso **A** agg. fixed **B** avv. fixedly
fìtta s.f. sharp pain, pang
fittìzio agg. fictitious
fìtto agg. thick, packed
fiumàna s.f. stream, flood
fiùme s.m. **1** river **2** (*fig.*) flood, stream
fiutàre v.tr. **1** to smell, to sniff **2** (*la selvaggina*) to scent **3** (*fig.*) to scent, to smell
fiùto s.m. **1** scent **2** (*fig.*) nose
flagellazióne s.f. flagellation, scourging
flagèllo s.m. scourge
flagrànte agg. flagrant
flanèlla s.f. flannel
flash s.m. inv. **1** (*fot.*) flash **2** (*notizia giornalistica*) newsflash
flàuto s.m. flute
flèbile agg. feeble
flèbo s.f. inv. drip, drip-feed
fleboclìsi s.f. phleboclysis
flemmàtico agg. phlegmatic, cool
flessìbile agg. flexible, supple
flessióne s.f. **1** flexion **2** (*calo*) decrease, drop
flessuóso agg. flexuous
flèttere v.tr. to bend, to bow
flogòsi s.f. phlogosis
flòra s.f. flora
floreàle agg. floral
floricoltùra s.f. floriculture
flòrido agg. **1** flourishing **2** (*prosperoso*) buxom
florilègio s.m. florilegium, anthology
flòscio agg. flabby, soft, flaccid
flòtta s.f. fleet
flottìglia s.f. flotilla
flùido **A** agg. fluid, flowing **B** s.m. fluid
fluìre v.intr. to flow
fluorescènte agg. fluorescent
fluòro s.m. fluorine
flùsso s.m. **1** flow, stream **2** (*fis.*) flux
fluttuànte agg. fluctuating, floating
fluttuàre v.intr. **1** to fluctuate, to rise and fall **2** (*econ.*) to fluctuate, to float
fluviàle agg. river (*attr.*)
fly and drive s.m. inv. fly and drive
fobìa s.f. phobia
fòca s.f. seal

focàccia s.f. **1** (*pane schiacciato*) flat bread, (*all'italiana*) focaccia **2** (*dolce*) cake
focalizzàre v.tr. to focus
fóce s.f. mouth
focolàio s.m. **1** (*med.*) focus **2** (*fig.*) hotbed
focolàre s.m. **1** hearth, fireplace **2** (*fig.*) home
fòdera s.f. (*interna*) lining, (*esterna*) cover
foderàre v.tr. (*internamente*) to line, (*esternamente*) to cover
fòdero s.m. sheath
fóga s.f. impetuosity, ardour
fòggia s.f. **1** manner, fashion **2** (*forma*) shape
fòglia s.f. leaf
fogliàme s.m. foliage
fogliétto s.m. slip of paper
fòglio s.m. **1** sheet **2** (*pagina*) leaf **3** (*banconota*) bank note **4** (*di metallo*) plate
fógna s.f. sewer, drain
fognatùra s.f. sewerage system, drainage system
föhn s.m. inv. (*asciugacapelli*) hairdryer
folclóre s.m. folklore
folcloristico agg. folklore (*attr.*), folk (*attr.*)
folgoràre v.tr. **1** (*elettr.*) to electrocute **2** (*fig.*) to dazzle
folgorazióne s.f. **1** (*elettr.*) electrocution **2** (*fig.*) flash
fòlla s.f. crowd, throng
fòlle agg. **1** mad, insane **2** (*pazzesco*) foolish, wild **3** (*mecc.*) neutral
folleggiàre v.intr. to make marry, to frolic
folleménte avv. madly
follìa s.f. **1** madness, insanity **2** (*azione folle*) folly
fólto agg. **1** thick **2** (*est.*) large, great
fomentàre v.tr. to foment, to encourage, to foster
fòn s.m. inv. hairdryer
fóndaco s.m. warehouse
fondàle s.m. **1** (*teatro*) backdrop **2** (*naut.*) sounding, depth
fondamentàle agg. fundamental, basic
fondamentalìsmo s.m. fundamentalism
fondaménto s.m. foundation
fondàre **A** v.tr. **1** to found, to erect **2** (*istituire*) to found, to establish **3** (*basare*) to found, to base, to ground **B** v.rifl. e intr. pron. to base oneself, to be based on
fondatóre s.m. founder
fondazióne s.f. foundation
fondènte **A** agg. melting **B** s.m. (*dolce*) fondant ♦ **cioccolato f.** dark chocolate
fóndere **A** v.tr. **1** (*liquefare*) to melt, to fuse **2** (*metalli*) to cast, to mould **3** (*mescolare*) to blend, to merge **B** v.intr. e intr. pron. to melt **C** v.rifl. e rifl. rec. to merge
fonderìa s.f. foundry
fondiàrio agg. land (*attr.*), landed
fondìsta s.m. e f. **1** (*atletica*) long-distance runner **2** (*sciatore*) lang-laufer, cross-country skier
fóndo **A** agg. deep **B** s.m. **1** bottom, (*estremità*) end **2** (*feccia*) dregs *pl.* **3** (*sfondo*) background **4** (*econ.*) fund ♦ **piatto f.** soup-plate || **sci di f.** cross-country skiing
fondovàlle s.m. valley bottom
fonètica s.f. phonetics *pl.* (*v. al sing.*)
fonètico agg. phonetic
fontàna s.f. fountain
fónte **A** s.f. source, spring **B** s.m. (*battesimale*) font ♦ **f. di energia** power source, energy source
footing s.m. inv. jogging ♦ **fare f.** to go jogging
foràggio s.m. forage, fodder
foràre **A** v.tr. to pierce, to punch **B** v.intr. (*pneumatico*) to get a flat tyre, to puncture
foratùra s.f. piercing, (*di pneumatico*) puncture
fòrbici s.f. pl. scissors *pl.*
fórca s.f. **1** fork **2** (*patibolo*) gallows *pl.*
forcèlla s.f. fork
forchétta s.f. fork
forcìna s.f. hairpin
forènse agg. forensic
forèsta s.f. forest
forestàle agg. forest (*attr.*)
forestièro **A** agg. foreign, alien **B** s.m. foreigner
forfait s.m. inv. lump-sum ♦ **dichiarare f.** to default, to scratch
fórfora s.f. dandruff
forgiàre v.tr. **1** to forge **2** (*modellare*) to shape, to mould, (*USA*) to mold
fórma s.f. **1** shape, form **2** (*stampo*) mould, (*USA*) mold **3** (*genere, tipo, stile, procedura*) form **4** (*formalità*) formality, form, appearance **5** al pl. (*di persona*) figure **6** (*forma fisica*) form, fitness
formaggìno s.m. processed cheese, process cheese
formàggio s.m. cheese ♦ **f. magro** skimmed cheese || **f. piccante** strong cheese
formàle agg. formal
formalìsmo s.m. formalism
formalità s.f. formality, form ♦ **senza f.** informally
formalizzàre **A** v.tr. to formalize **B** v.intr. pron. to be shocked
formàre **A** v.tr. **1** to form, to make **2** (*modellare*) to shape, to mould, (*USA*) to mold **B** v.intr. pron. to form
formàto s.m. size, format ♦ **f. tascabile** pocket (*attr.*) || **f. tessera** passport-size (*attr.*)
formattàre v.tr. (*inform.*) to format
formazióne s.f. **1** formation **2** (*addestramento*) training
formìca s.f. ant
formicàio s.m. anthill
formicolàre v.intr. **1** (*brulicare*) to swarm, to be full **2** (*prudere*) to tingle
formicolìo s.m. **1** swarming **2** (*intorpidimento*) tingling, pins and needles
formidàbile agg. **1** formidable, terrible **2** (*straordinario*) wonderful
formóso agg. buxom, shapely
fòrmula s.f. formula

formulàre v.tr. **1** to formulate **2** (*esprimere*) to express
formulàrio s.m. formulary, form
fornàce s.f. furnace, (*per laterizi*) kiln
fornàio s.m. baker, (*negozio*) bakery
fornèllo s.m. stove, cooker
fòrnice s.m. fornix
fornìre **A** v.tr. to furnish, to supply, to provide **B** v.rifl. to stock up
fornìto agg. **1** supplied, provided **2** (*equipaggiato*) equipped ◆ **ben f.** well-stocked
fornitóre s.m. supplier
fornitùra s.f. **1** supplying, (*merce*) supply **2** (*equipaggiamento*) fittings *pl.*
fórno s.m. **1** oven **2** (*negozio*) bakery ◆ **f. a microonde** microwave oven
fóro[1] s.m. hole
fòro[2] s.m. (*dir.*) forum, court of justice
fórse avv. **1** perhaps, maybe **2** (*probabilmente*) probably **3** (*circa*) about
forsennàto s.m. madman, lunatic
fòrte **A** agg. **1** strong **2** (*di suono*) loud **3** (*di malattia*) bad, severe **4** (*considerevole*) large, heavy **5** (*profondo*) deep **B** avv. **1** strongly, hard **2** (*a volume alto*) loudly, loud **3** (*velocemente*) fast **4** (*con intensità*) hard, hardly
fortézza s.f. fortress
fortificàre v.tr. to fortify
fortificazióne s.f. fortification
fortìno s.m. blockhouse
fortùito agg. fortuitous, chance (*attr.*)
fortùna s.f. **1** fortune, luck **2** (*successo*) success **3** (*emergenza*) emergency
fortunataménte avv. luckily
fortunàto agg. lucky, fortunate
forùncolo s.m. boil
fòrza s.f. **1** strength, force **2** (*potere*) power **3** (*mil., fis.*) force **4** (*violenza*) force
forzàre **A** v.tr. **1** to force, to compel **2** (*sforzare*) to strain **B** v.rifl. to force oneself
forzàto agg. forced
forzatùra s.f. forcing
forzière s.m. coffer
foschìa s.f. haze, mist
fósco agg. gloomy, dark
fosforescènte agg. phosphorescent
fòsforo s.m. phosphor(us)
fòssa s.f. **1** ditch, trench **2** (*tomba*) grave
fossàto s.m. ditch
fòssile agg. e s.m. fossil
fossilizzàrsi v.tr. e intr. pron. to fossilize
fòsso s.m. ditch, trench
fòto s.f. → ***fotografia***
fotocàmera s.f. camera ◆ **f. digitale** digital camera
fotocèllula s.f. photocell
fotocòlor s.m. inv. colour photograph
fotocòpia s.f. photocopy
fotocopiàre v.tr. to photocopy, to copy
fotoelèttrico agg. photoelectric(al)
fotogènico agg. photogenic
fotografàre v.tr. to photograph, to take a picture
fotografìa s.f. **1** (*arte*) photography **2** (*immagine*) photo(graph)
fotogràfico agg. photographic ◆ **macchina fotografica** camera
fotògrafo s.m. photographer
fotomodèlla s.f. model
fotomontàggio s.m. photomontage
fotorepòrter s.m. e f. inv. photo-journalist, press-photographer
fototèssera s.f. passport photo
fóttere v.tr. **1** (*volg.*) to fuck **2** (*volg., fig.*) (*fregare*) to screw
fra prep. **1** (*fra due termini*) between, (*fra più di due termini*) among **2** (*in mezzo*) amid, amidst **3** (*partitivo e dopo un sup. rel.*) among, of **4** (*tempo*) in, within (*distrib.*) among
fracassàre **A** v.tr. to smash, to shatter **B** v.intr. pron. to break up
fracàsso s.m. din, racket
fràdicio agg. **1** (*marcio*) rotten **2** (*zuppo*) wet through, soaked ◆ **ubriaco f.** dead drunk
fràgile agg. **1** fragile, brittle **2** (*fig.*) frail, fragile
fràgola s.f. strawberry
fragóre s.m. uproar, rumble
fragoróso agg. loud, rumbling
fragrànte agg. fragrant
fraintèndere v.tr. e intr. to misunderstand
frammentàre **A** v.tr. to split up, to subdivide **B** v.intr. pron. to fragment, to split
frammentàrio agg. fragmentary
framménto s.m. fragment, splinter
fràna s.f. landslide
franàre v.intr. **1** to slide down **2** (*est.*) to collapse, to fall in
francaménte avv. frankly, openly
francése **A** agg. French **B** s.m. e f. (*abitante*) Frenchman *m.*, Frenchwoman *f.* **C** s.m. (*lingua*) French
franchézza s.f. frankness, openness
franchìgia s.f. franchise
frànco[1] agg. **1** frank, open, sincere **2** (*comm.*) free, franco
frànco[2] s.m. (*moneta*) franc
francobóllo s.m. stamp
francòfono agg. Francophone
frangènte s.m. **1** breaker **2** (*situazione difficile*) predicament, awkward situation
frangétta s.f. fringe
fràngia s.f. fringe
frangiflùtti agg. e s.m. inv. breakwater
franóso agg. subject to landslides
frantóio s.m. crusher, (*per olive*) oil mill
frantumàre v.tr. to shatter, to crush

frappé s.m. inv. shake, frappé
frappórre **A** v.tr. to interpose, to put **B** v.rifl. e intr. pron. to intervene, to interfere
fràsca s.f. branch
fràse s.f. **1** sentence, period **2** (*locuzione, espressione*) phrase ♦ **f. a effetto** catchphrase || **f. fatta** cliché
fraseològico agg. phraseologic(al) ♦ **verbo f.** phrasal verb
fràssino s.m. ash
frastagliàto agg. indented, jagged
frastornàre v.tr. to confuse, to daze
frastornàto agg. confused, dazed
frastuòno s.m. noise, din
fràte s.m. friar, monk, (*appellativo*) Brother
fratellànza s.f. brotherhood, fraternity
fratellàstro s.m. half-brother
fratèllo s.m. brother
fraternizzàre v.intr. to fraternize
fratèrno agg. fraternal, brotherly
frattàglie s.f. pl. entrails *pl.*, (*di maiale*) chitterlings *pl.*
frattànto avv. meanwhile
frattùra s.f. **1** fracture **2** (*est.*) break, rupture
fratturàre v.tr. e intr. pron. to fracture, to break
frazionàre **A** v.tr. to divide, to split **B** v.rifl. o intr. pron. to split
frazióne s.f. **1** fraction **2** (*di comune*) hamlet
fréccia s.f. **1** arrow **2** (*autom.*) indicator
frecciàta s.f. (*fig.*) gibe, mocking remark
freddaménte avv. coldly, coolly
freddàre **A** v.tr. **1** to cool **2** (*ammazzare*) to kill **B** v.intr. pron. to become cold
freddézza s.f. coldness
fréddo **A** agg. cold, chilly, (*fresco*) cool **B** s.m. cold, coldness, chilliness
freddolóso agg. cold-natured
freddùra s.f. witticism
free climbing s.m. inv. free climbing
freezer s.m. inv. freezer
fregàre v.tr. **1** to rub **2** (*fam.*) (*rubare*) to pinch, to nick **3** (*fam.*) (*imbrogliare*) to cheat ♦ **fregarsene** to give a damn
fregàta s.f. (*naut.*) frigate
fregatùra s.f. cheat, swindle
frégio s.m. **1** (*arch.*) frieze **2** (*addobbo*) ornament
frèmere v.intr. to tremble, to quiver, to throb
frenàre **A** v.tr. **1** to brake **2** (*fig.*) to restrain, to check **B** v.intr. to brake **C** v.rifl. to restrain oneself
frenàta s.f. braking
frenesìa s.f. frenzy
frenètico agg. frantic, frenzied
frèno s.m. **1** brake **2** (*fig.*) restraint, check
frequentàre **A** v.tr. **1** to frequent, to go often to, (*scuola*) to attend **2** (*persone*) to frequent, to go round with, to associate with **B** v.rifl. rec. to see one another
frequènte agg. frequent
frequenteménte avv. frequently, often
frequènza s.f. **1** frequency **2** (*assiduità*) attendance
frèsa s.f. cutter
freschézza s.f. **1** freshness **2** (*di temperatura*) coolness
frésco **A** agg. **1** fresh **2** (*di temperatura*) cool, fresh, chilly **B** s.m. cool, coolness ♦ **tenere in f.** to keep in a cool place
frétta s.f. hurry, haste
frettolóso agg. hasty, hurried
friàbile agg. friable
frìggere v.tr. e intr. to fry
frìgido agg. frigid
frìgo s.m. inv. → ***frigorifero***
frigorìfero **A** agg. refrigerating, freezing **B** s.m. refrigerator, fridge
fringuèllo s.m. chaffinch
frittàta s.f. omelette
frittèlla s.f. (*cuc.*) pancake
frìtto **A** agg. fried **B** s.m. fry
frittùra s.f. fry
frìvolo agg. frivolous
frizióne s.f. **1** (*sulla pelle*) rubbing, friction **2** (*fis.*) friction **3** (*mecc., autom.*) clutch
frizzànte agg. **1** (*di bevanda*) fizzy, sparkling **2** (*di aria*) crisp
frodàre v.tr. to defraud, to cheat
fròde s.f. fraud, cheating
frollàre v.tr. to hang
frónda s.f. branch
frontàle agg. frontal
frontalìno s.m. front panel, cover
frónte **A** s.f. **1** forehead **2** (*di edificio*) front, frontage **B** s.m. front ♦ **di f. a** opposite, in front of, (*paragone*) in comparison with
fronteggiàre **A** v.tr. to face up **B** v.rifl. rec. to face each other
frontespìzio s.m. **1** (*edil.*) frontispiece **2** (*editoria*) title-page
frontièra s.f. frontier, boundary
frontóne s.m. pediment, fronton
frónzolo s.m. frill, frippery ♦ **senza fronzoli** straightforward
fròttola s.f. fib
frugàle agg. frugal
frugàre v.tr. e intr. to rummage, to ransack
fruìre v.intr. to enjoy
frullàre v.tr. to whip, to whisk
frullàto s.m. shake
frullatóre s.m. mixer, blender
fruménto s.m. wheat
frusciàre v.intr. to rustle
fruscìo s.m. rustle
frùsta s.f. **1** whip **2** (*cuc.*) whisk
frustàre v.tr. to whip, to flog

frustìno s.m. crop
frustràre v.tr. to frustrate
frustrazióne s.f. frustration
frùtta s.f. fruit ♦ **essere alla f.** (*fig.*) to have reached the end
fruttàre **A** v.tr. to yield, to make **B** v.intr. to bear fruit
fruttéto s.m. orchard
fruttificàre v.intr. to fructify, to bear fruit
fruttivéndolo s.m. greengrocer
frùtto s.m. **1** fruit **2** (*econ.*) interest, return ♦ **frutti di mare** seafood
fu agg. late
fucilàre v.tr. to shoot
fucilàta s.f. (gun)shot
fucìle s.m. gun, rifle, shotgun
fucìna s.f. forge
fùga s.f. **1** flight, escape **2** (*fuoriuscita*) leak **3** (*mus.*) fugue **4** (*sport*) sprint
fugàce agg. fleeting, short-lived
fugacità s.f. transiency
fuggévole agg. fleeting
fuggiàsco agg. e s.m. fugitive
fuggìre **A** v.intr. to flee, to run away, to escape **B** v.tr. to avoid
fùlcro s.m. fulcrum
fùlgido agg. shining
fulgóre s.m. brightness, splendour
fulìggine s.f. soot
fulminànte agg. fulminant
fulminàre **A** v.tr. **1** to strike by lightning **2** (*colpire*) to strike down, to strike dead **B** v.intr. pron. (*di lampadina*) to burn out
fùlmine s.m. lightning, thunderbolt ♦ **un f. a ciel sereno** a bolt from the blue
fulmìneo agg. lightning, instantaneous
fumaiòlo s.m. funnel
fumàre **A** v.tr. to smoke **B** v.intr. **1** to smoke **2** (*emettere vapore*) to fume, to steam
fumàta s.f. **1** smoke **2** (*segnale*) smoke signal
fumatóre s.m. smoker
fumétto s.m. strip cartoon, comics *pl.*
fùmo s.m. **1** smoke **2** (*il fumare*) smoking **3** (*vapore*) fume, steam
fumóso agg. **1** smoky, smoking **2** (*fig.*) obscure
funàmbolo s.m. tight-rope walker
fùne s.f. rope, cable
fùnebre agg. **1** funeral (*attr.*) **2** (*lugubre*) funereal, mournful
funeràle s.m. funeral
funeràrio agg. funerary
funestàre v.tr. to devastate
fùngere v.intr. to act (as)
fùngo s.m. **1** (*bot.*) mushroom **2** (*biol., med.*) fungus ♦ **f. velenoso** toadstool
funicolàre s.f. funicular, cable rail
funivìa s.f. cableway
funzionàle agg. **1** functional **2** (*pratico*) practical, useful
funzionalìsmo s.m. functionalism
funzionalità s.f. functionality
funzionaménto s.m. working, operation
funzionàre v.intr. to work, to operate, to run ♦ **far f. q.c.** to operate st., to make st. work
funzionàrio s.m. official, functionary
funzióne s.f. **1** (*ruolo, scopo*) function, role, task **2** (*carica*) function, office, position **3** (*funzionamento*) operation, working **4** (*relig.*) ceremony, service **5** (*scient.*) function
fuòco s.m. **1** fire **2** (*fornello*) burner **3** (*fis., fot.*) focus
fuorché **A** cong. except, but **B** prep. except (for), excepting
fuòri **A** avv. **1** out, outside, (*all'aperto*) outdoors **2** (*lontano*) away **B** nella loc. prep. **f. da/di** out of, outside ♦ **f. orario** out of hours
fuoribórdo s.m. inv. outboard
fuoriclàsse agg., s.m. e f. inv. champion
fuorilégge **A** agg. inv. illegal **B** s.m. e f. inv. outlaw
fuoristràda s.m. inv. cross-country vehicle
fuoriuscìre v.intr. to come out
fuoriuscìta s.f. discharge, emission
furbìzia s.f. **1** cunning **2** (*azione*) cunning trick
fùrbo agg. cunning, shrewd
furènte agg. raging, furious
furfànte s.m. e f. rascal
furgóne s.m. van
fùria s.f. **1** fury, rage **2** (*fretta*) rush ♦ **a f. di** by dint of ‖ **in fretta e f.** in a rush
furibóndo agg. **1** furious, enraged **2** (*violento*) violent
furióso agg. **1** furious, raging **2** (*violento*) violent, wild
furóre s.m. fury, rage
furtìvo agg. furtive
fùrto s.m. theft
fùsa s.f. pl. nella loc. **fare le f.** to purr
fuscèllo s.m. twig
fuseaux s.m. pl. leggings *pl.*
fusìbile **A** agg. fusible **B** s.m. (*elettr.*) fuse
fusióne s.f. **1** fusion **2** (*econ.*) merger, merging
fùso[1] agg. fused, melted
fùso[2] s.m. **1** (*tess.*) spindle **2** (*orario*) time zone
fusolièra s.f. fuselage
fustàgno s.m. fustian
fustigazióne s.f. flogging
fustìno s.m. box, carton
fùsto s.m. **1** (*bot.*) stem, (*tronco*) trunk **2** (*arch.*) shaft **3** (*recipiente*) drum
fùtile agg. trifling
futilità s.f. futility
futurìsmo s.m. futurism
futùro agg. e s.m. future ♦ **in f.** for the future

g, G

gabbàre **A** v.tr. to cheat **B** v.intr. pron. to make fun
gàbbia s.f. cage
gabbiàno s.m. seagull
gabinétto s.m. **1** consulting room, (*med.*) surgery, (*scient.*) laboratory **2** (*pol.*) cabinet **3** (*servizi igienici*) toilet, lavatory, wc
gaffe s.f. inv. blunder
gagliardétto s.m. pennant
gagliàrdo agg. strong, vigorous
gàio agg. gay
gàla s.f. **1** (*festa*) gala **2** (*trina*) frill
galànte agg. **1** gallant **2** (*amoroso*) love (*attr.*), amorous
galanterìa s.f. gallantry
galantuòmo s.m. gentleman
galàssia s.f. galaxy
galatèo s.m. etiquette, (good) manners *pl.*
galeóne s.m. galleon
galeòtto s.m. convict
galèra s.f. **1** (*naut.*) galley **2** (*prigione*) jail, prison
gàlla[1] s.f. gall
gàlla[2] nella loc. avv. **a g.** afloat, floating ♦ **stare a g.** to float || **venire a g.** to surface
galleggiànte **A** agg. floating **B** s.m. float
galleggiàre v.intr. to float
gallerìa s.f. **1** (*traforo*) tunnel **2** (*di miniera*) gallery, tunnel **3** (*per esposizione*) gallery **4** (*teatro, cin.*) circle, balcony **5** (*strada coperta*) arcade
gallése **A** agg. Welsh **B** s.m. e f. (*abitante*) Welshman *m.*, Welshwoman *f.* **C** s.m. (*lingua*) Welsh
gallétta s.f. biscuit
gallicìsmo s.m. Gallicism
gallìna s.f. hen
gàllo s.m. cock
gallóne[1] s.m. **1** galloon **2** (*mil.*) stripe
gallóne[2] s.m. (*unità di misura*) gallon
galoppàre v.intr. to gallop
galoppatóio s.m. riding track
galòppo s.m. gallop
gàmba s.f. **1** leg **2** (*di lettera, di nota musicale*) stem ♦ **essere in g.** to be smart, to be on top of the world
gamberétto s.m. prawn, (*di mare*) shrimp
gàmbero s.m. crayfish
gàmbo s.m. stem, stalk ♦ **g. di sedano** stalk of celery
gàmma s.f. range
ganàscia s.f. jaw
gàncio s.m. hook
gànghero s.m. hinge
gàra s.f. **1** competition, contest **2** (*sport*) competition, race, match
garage s.m. inv. garage
garànte s.m. e f. guarantee, warranter
garantìre **A** v.tr. **1** to guarantee, to warrant **2** (*rendersi garante per*) to vouch for **3** (*assicurare*) to assure **B** v.rifl. to secure oneself
garanzìa s.f. guarantee, warrant, security
garbàto agg. polite, well-mannered
gàrbo s.m. politeness
gardènia s.f. gardenia
gareggiàre v.intr. to compete
gargarìsmo s.m. gargle
garìtta s.f. sentry box
garòfano s.m. carnation ♦ **chiodi di g.** cloves
gàrza s.f. gauze
garzóne s.m. **1** (*garzone*) boy **2** (*apprendista*) apprentice
gas s.m. inv. gas ♦ **a tutto g.** at full speed || **g. di scarico** exhaust gas
gasàto agg. fizzy
gasòlio s.m. gas oil, diesel oil
gassósa s.f. fizzy soft drink with a hint of lemon
gassóso agg. gaseous
gàstrico agg. gastric
gastrìte s.f. gastritis
gastrointestinàle agg. gastrointestinal
gastronomìa s.f. gastronomy
gastronòmico agg. gastronomic
gattìno s.m. kitten
gàtto s.m. cat
gattopàrdo s.m. ocelot
gàudio s.m. joy
gavétta s.f. mess tin
gavitèllo s.m. buoy
gay agg. e s.m. inv. gay
gàzza s.f. magpie
gazzèlla s.f. gazelle
gazzétta s.f. gazette
gel s.m. inv. gel
gelàre v.tr. e intr. to freeze
gelàta s.f. frost
gelatàio s.m. ice-cream man
gelaterìa s.f. ice-cream shop
gelatìna s.f. **1** (*cuc.*) jelly, gelatine **2** (*chim.*) gelatin(e)
gelàto **A** agg. icy, frozen **B** s.m. ice-cream
gèlido agg. icy, freezing
gèlo s.m. **1** cold **2** (*brina*) frost
gelóne s.m. chilblain
gelosìa s.f. **1** jealousy **2** (*invidia*) envy **3** (*cura scrupolosa*) solicitude
gelóso agg. **1** jealous **2** (*invidioso*) envious **3** (*possessivo*) particular, jealous
gèlso s.m. mulberry
gelsomìno s.m. jasmin(e)
gemellàggio s.m. twinning
gemèllo agg. e s.m. twin

gèmere v.intr. to moan, to groan
gèmito s.m. moan, groan
gèmma s.f. **1** gem, jewel **2** (*bot.*) bud
gène s.m. gene
genealogìa s.f. genealogy
generàle agg. e s.m. general
generalità s.f. **1** generality **2** (*maggior parte*) majority **3** al pl. personal particulars *pl.*
generalizzàre v.tr. e intr. to generalize
generalménte avv. generally, as a rule
generàre **A** v.tr. **1** to give birth to, to procreate **2** (*produrre*) to produce **3** (*causare*) to beget **4** (*scient.*) to generate **B** v.intr. pron. to be generated
generatóre s.m. generator
generazionàle agg. generational
generazióne s.f. generation
gènere s.m. **1** kind, type, sort, family **2** (*biol.*) genus **3** (*gramm.*) gender **4** (*letter.*) genre **5** (*prodotto*) product ♦ **generi alimentari** foodstuff
genèrico agg. generic, general
gènero s.m. son-in-law
generosità s.f. generosity
generóso agg. generous, liberal
gènesi s.f. genesis, origin
genètica s.f. genetics *pl.* (*v. al sing.*)
genètico agg. genetic
gengìva s.f. gum
geniàle agg. ingenious
genialità s.f. ingeniousness, genius
gènio s.m. **1** genius **2** (*inclinazione*) talent, gift **3** (*folletto*) genie, genius
genitàle **A** agg. genital **B** s.m. al pl. genitals *pl.*, genitalia *pl.*
genitóre s.m. parent
gennàio s.m. January
gentàglia s.f. rabble
gènte s.f. people *pl.*
gentìle agg. **1** kind, courteous **2** (*delicato*) gentle
gentilézza s.f. **1** kindness **2** (*favore*) favour
gentilìzio agg. noble
gentiluòmo s.m. gentleman
genuinità s.f. genuineness
genuìno agg. genuine, authentic
geocentrìsmo s.m. geocentricism
geografìa s.f. geography
geogràfico agg. geographic(al) ♦ **carta geografica** map
geologìa s.f. geology
geològico agg. geologic(al)
geometrìa s.f. geometry
geomètrico agg. geometric(al)
geòrgico agg. georgic
geotèrmico agg. geothermal
gerànio s.m. geranium
gerarchìa s.f. hierarchy
geràrchico agg. hierarchic(al)
gerènte s.m. e f. manager
gergàle agg. slang (*attr.*)
gèrgo s.m. slang, (*professionale*) jargon
geriatrìa s.f. geriatrics *pl.* (*v. al sing.*)
germànico agg. Germanic
gèrme s.m. germ ♦ **g. di grano** wheat germ
germogliàre v.intr. to sprout, to germinate
germóglio s.m. bud, sprout
geroglìfico s.m. hieroglyph
gerùndio s.m. gerund
gerundìvo s.m. gerundive
gèsso s.m. **1** chalk **2** (*med., edil.*) (*scultura*) plaster
gèsta s.f. pl. deeds *pl.*
gestànte s.f. pregnant woman
gestazióne s.f. gestation
gestióne s.f. management
gestìre[1] v.tr. to run, to manage
gestìre[2] v.intr. (*gesticolare*) to gesticulate
gèsto s.m. **1** gesture, sign, (*del capo*) nod, (*della mano*) wave **2** (*azione*) act, deed
gestóre s.m. **1** manager **2** (*tel.*) provider
Gesù s.m. Jesus
gesuìta s.m. Jesuit
gettàre **A** v.tr. **1** to throw, (*con forza*) to hurl **2** (*tecnol.*) to cast **B** v.rifl. e intr. pron. **1** to throw oneself **2** (*di fiume*) to flow
gettàta s.f. (*tecnol.*) cast, casting
gèttito s.m. yield, revenue ♦ **g. fiscale** tax revenue
gètto s.m. **1** jet, spurt, shoot **2** (*bot.*) sprout **3** (*tecnol.*) casting **4** (*aer.*) jet ♦ **di g.** straight off
gettóne s.m. **1** token **2** (*per giochi*) counter
ghétto s.m. ghetto
ghiacciàia s.f. ice-box
ghiacciàio s.m. glacier
ghiacciàre v.intr. e intr. pron. to freeze
ghiacciàto agg. **1** frozen **2** (*freddissimo*) icy, freezing
ghiàccio s.m. ice
ghiacciòlo s.m. **1** icicle **2** (*gelato*) ice lolly
ghiàia s.f. gravel
ghiaióne s.m. scree
ghiaióso agg. gravelly
ghiànda s.f. acorn
ghiàndola s.f. gland
ghigliottìna s.f. guillotine
ghignàre v.intr. to sneer
ghiótto agg. **1** gluttonous, greedy **2** (*appetitoso*) delicious
ghiottóne s.m. glutton
ghiribìzzo s.m. fancy, caprice
ghirigòro s.m. scribble
ghirlànda s.f. garland, wreath
ghìro s.m. **1** dormouse **2** (*fig.*) sleepyhead
ghìsa s.f. cast iron
già avv. **1** already **2** (*prima di ora, prima di allora*) before, already, (*nelle frasi interr.*) yet **3** (*un tempo*) once, (*precedentemente*) formerly **4** (*da questo,

quel momento) (ever) since, from **5** (*per indicare consenso*) yes, of course, that's right
giàcca s.f. jacket ♦ **g. a vento** windcheater, anorak, (*USA*) windbreaker
giacché cong. as, since
giacére v.intr. to lie
giaciménto s.m. layer, body, deposit
giacìnto s.m. hyacinth
giacobìno s.m. Jacobin
giàda s.f. jade
giaggiòlo s.m. iris
giaguàro s.m. jaguar
giàllo **A** agg. yellow **B** s.m. **1** (*colore*) yellow **2** (*libro, film*) thriller **3** (*di semaforo*) amber light ♦ **g. dell'uovo** egg yolk
giammài avv. never
giapponése agg., s.m. e f. Japanese
giardinàggio s.m. gardening
giardinière s.m. gardener
giardìno s.m. garden ♦ **g. pensile** roof garden || **g. pubblico** park
giarrettièra s.f. garter
giavellòtto s.m. javelin
gigànte **A** agg. gigantic, giant (*attr.*) **B** s.m. giant
gigantésco agg. gigantic, huge
gigantìsmo s.m. gigantism
gigionìsmo s.m. hamming
gìglio s.m. lily
gilè s.m. inv. waistcoat, (*USA*) vest
gilet s.m. inv. waistcoat, (*USA*) vest
gin s.m. inv. gin
ginecologìa s.f. gynaecology
ginecòlogo s.m. gynaecologist
ginepràio s.m. **1** (*bot.*) juniper bush **2** (*fig.*) fix, quagmire
ginépro s.m. juniper
ginèstra s.f. broom
gingillàrsi v.intr. pron. to dawdle, to fiddle
gingìllo s.m. knick-knack
ginnàsio s.m. (*stor.*) gymnasium
ginnàsta s.m. e f. gymnast
ginnàstica s.f. **1** gymnastics *pl.* (*v. al sing.*), (*fam.*) gym **2** (*attività fisica*) exercise
ginòcchio s.m. knee ♦ **stare in g.** to kneel
giocàre **A** v.intr. **1** to play **2** (*d'azzardo*) to gamble **3** (*scommettere*) to bet **4** (*in Borsa*) to speculate **5** (*aver peso*) to play a part **B** v.tr. **1** to play **2** (*scommettere*) to bet on, to gamble on **3** (*ingannare*) to fool **4** (*rischiare*) to risk
giocatóre s.m. **1** player **2** (*d'azzardo*) gambler
giocàttolo s.m. toy
giòco s.m. **1** (*svago*) game, amusement **2** (*con regole*) game **3** (*modo di giocare*) play **4** (*giocattolo*) toy **5** (*d'azzardo*) gambling **6** (*scherzo*) fun, joke **7** (*mecc.*) clearance, play ♦ **carte da g.** playing cards || **doppio g.** double-cross || **g. di prestigio** conjuring trick, magic trick || **g. di società** parlour game
giocolière s.m. juggler
giocóso agg. playful, merry
giógo s.m. yoke
giòia[1] s.f. joy
giòia[2] s.f. (*pietra preziosa*) jewel
gioiellerìa s.f. jewellery, (*negozio*) jeweller's (shop)
gioiellière s.m. jeweller
gioièllo s.m. jewel
gioióso agg. joyful
gioìre v.intr. to rejoice
giornalàio s.m. **1** newsagent **2** (*edicola*) newsstand
giornàle s.m. **1** newspaper, paper **2** (*periodico*) journal, magazine **3** (*registro*) journal **4** (*diario*) diary ♦ **g. di bordo** log || **g. radio** news
giornalièro agg. **1** (*di tutti i giorni*) daily, day-to-day **2** (*di un giorno*) day (*attr.*)
giornalìno s.m. children's comic, (*USA*) comic book
giornalìsmo s.m. journalism
giornalìsta s.m. e f. journalist
giornalménte avv. daily
giornàta s.f. day ♦ **buona g.!** (*separandosi*) have a nice day!
giórno s.m. **1** day **2** (*luce del giorno*) daylight, day ♦ **al g. d'oggi** nowadays || **buon g.!** (*incontrandosi*) good morning! || **g. e notte** night and day || **g. festivo/lavorativo** holiday/workday
giòstra s.f. **1** (*stor.*) joust **2** merry-go-round, roundabout
giovaménto s.m. benefit
gióvane **A** agg. **1** young **2** (*giovanile*) youthful, youth (*attr.*) **B** s.m. e f. young man *m.*, young woman *f.* ♦ **i giovani** young people, the young || **vino g.** new wine
giovanìle agg. **1** youthful, youth (*attr.*) **2** (*di aspetto*) young-looking
giovanòtto s.m. young man
giovàre **A** v.intr. **1** (*essere utile*) to be useful **2** (*far bene*) to be good (for) **B** v.intr. pron. to take advantage
giovedì s.m. Thursday
gioventù s.f. youth, (*i giovani*) young people
gioviàle agg. jovial, jolly
giovinézza s.f. youth
giradìschi s.m. inv. record-player
giràffa s.f. **1** (*zool.*) giraffe **2** (*cin., tv*) boom
giraménto s.m. (*di capo*) giddiness
giramóndo s.m. e f. inv. globe trotter
giràndola s.f. **1** (*fuoco d'artificio*) catherine-wheel **2** (*giocattolo*) windmill **3** (*banderuola*) weather-cock
girànte s.f. (*mecc.*) impeller, rotor
giràre **A** v.tr. **1** to turn **2** (*fare il giro, visitare*) to go round, to tour **3** (*mescolare*) to stir **4** (*avvolgere*) to wind **5** (*banca*) to endorse **6** (*cin.*) to shoot, to make **B** v.intr. **1** to turn **2** (*sul proprio asse*) to turn, to rotate, (*rapidamente*) to spin **3** (*andare in giro*) to go round **4** (*vagare*) to wander **C** v.rifl. to turn (round) ♦ **mi gira la testa** I feel dizzy

girarròsto s.m. spit
girasóle s.m. sunflower
giràta s.f. **1** (*giro*) turn **2** (*passeggiata*) walk, stroll **3** (*banca*) endorsement
giravòlta s.f. twirl
girévole agg. turning, revolving ♦ **ponte g.** swing bridge
girìno s.m. tadpole
gìro s.m. **1** (*rotazione*) turn **2** (*percorso*) round **3** (*cerchio, cerchia*) circle **4** (*viaggio*) trip, tour **5** (*passeggiata*) stroll, walk, (*in bici, treno ecc.*) ride, (*in auto*) drive **6** (*mecc.*) turn, revolution ♦ **a g. di posta** by return mail || **g. d'affari** turnover || **prendere in g. qc.** to make fun of sb.
girocòllo s.m. **1** round-necked pullover **2** (*collana*) necklace
girocónto s.m. bank giro
gironzolàre v.intr. to wander about, to stroll about
girotóndo s.m. ring-a-ring-o'roses, ring-around-the-roses
girovagàre v.intr. to wander about, to stroll about
giròvago s.m. vagrant
gìta s.f. trip, excursion
gitàno agg. gipsy
gitànte s.m. e f. excursionist
giù avv. down, (*al piano inferiore*) downstairs ♦ **in g.** down, downwards || **su per g.** more or less
giubbòtto s.m. **1** jacket **2** (*antiproiettile*) bullet-proof vest **3** (*di salvataggio*) life jacket
giubilèo s.m. jubilee
giùbilo s.m. joy
giudicàre **A** v.tr. **1** to judge **2** (*dir.*) to try **3** (*considerare*) to consider, to think **B** v.intr. **1** to judge **2** (*dir.*) to pass sentence
giùdice s.m. e f. judge ♦ **g. di pace** Justice of the Peace
giudiziàrio agg. judicial
giudìzio s.m. **1** (*dir.*) judgment, (*causa*) trial, (*sentenza*) sentence **2** (*opinione*) judgment, opinion **3** (*discernimento*) wisdom, good sense
giudizióso agg. sensible
giùgno s.m. June
giullàre s.m. jester
giuménta s.f. mare
giùnco s.m. reed, rush
giùngere **A** v.intr. **1** to arrive, to reach, to come, to get **2** (*riuscire*) to succeed **B** v.tr. (*congiungere*) to join
giùngla s.f. jungle ♦ **g. di asfalto** concrete jungle
giunònico agg. Junoesque
giùnta[1] s.f. addition ♦ **per g.** in addition
giùnta[2] s.f. (*comitato*) council, committee
giuntàre v.tr. to join
giùnto s.m. joint, coupling
giuntùra s.f. joint
giunzióne s.f. junction
giuraménto s.m. oath ♦ **sotto g.** on oath
giuràre v.tr. e intr. to swear ♦ **g. il falso** to perjure oneself
giuràto s.m. juror
giurìa s.f. jury
giuridicaménte avv. juridically
giurìdico agg. juridical
giurisdizionàle agg. jurisdictional
giurisdizióne s.f. jurisdiction
giurisprudènza s.f. jurisprudence, law
giurìsta s.m. e f. jurist
giustapposizióne s.f. juxtaposition
giustézza s.f. **1** justness **2** (*esattezza*) exactness
giustificàbile agg. justifiable
giustificàre **A** v.tr. **1** to justify **2** (*scusare*) to excuse **B** v.rifl. **1** to justify oneself **2** (*scusarsi*) to excuse oneself
giustificazióne s.f. justification, excuse
giustìzia s.f. justice
giustiziàre v.tr. to execute
giùsto **A** agg. **1** (*equo*) just, fair **2** (*esatto*) right, correct, exact **3** (*adatto*) right, suitable **B** s.m. the right **C** avv. **1** (*esattamente*) right, correctly **2** (*proprio*) just
glaciàle agg. glacial
glàssa s.f. icing
gli[1] art. determ. m. pl. → *i*
gli[2] pron. pers. 3ª p. m. **1** sing. (*riferito a persona o animale di sesso maschile*) (to, for) him, (*riferito a cosa o animale di sesso non specificato*) (to, for) it **2** pl. (to, for) them
glicemìa s.f. glycemia
glicerìna s.f. glycerin
glìcine s.m. wistaria, wisteria
globàle agg. global, total
globalizzazióne s.m. globalization, globalism
glòbo s.m. globe
glòbulo s.m. (*anat.*) corpuscle
glòria s.f. glory
glorióso agg. glorious
glossàrio s.m. glossary
glottologìa s.f. glottology
glucòsio s.m. glucose
glùteo s.m. gluteus
gnòmo s.m. gnome
goal s.m. inv. goal
gòbba s.f. hump
gòbbo **A** agg. **1** humpbacked **2** (*curvo*) bent **B** s.m. **1** humpback **2** (*gobba*) hump
góccia s.f. drop
góccio s.m. **1** drop **2** (*sorso*) sip
gocciolàre v.tr. e intr. to drip
godére **A** v.tr. to enjoy **B** v.intr. **1** (*rallegrarsi*) to be glad, to be delighted, to take delight in, to enjoy **2** (*fruire*) to enjoy
godiménto s.m. enjoyment
gòffo agg. awkward, clumsy
gol s.m. inv. goal

góla s.f. **1** throat **2** (*golosità*) greediness, gluttony **3** (*geogr.*) gorge ♦ **fare g.** to tempt
golétta s.f. schooner
golf[1] s.m. inv. jumper, sweater, jersey
golf[2] s.m. inv. (*sport*) golf
gólfo s.m. gulf
golosità s.f. **1** gluttony, greediness **2** (*boccone prelibato*) titbit
golóso agg. greedy, gluttonous
gomitàta s.f. **1** push with the elbow **2** (*per attirare l'attenzione*) nudge (ES: ***dare una g. a qc.*** to nudge sb.) ♦ **fare a gomitate** (*farsi strada*) to elbow one's way forward; (*fig.*) to elbow one's way ahead
gómito s.m. **1** elbow **2** (*di strada*) sharp bend **3** (*mecc.*) crank
gomìtolo s.m. ball
gómma s.f. **1** rubber **2** (*resina*) gum **3** (*per cancellare*) eraser **4** (*pneumatico*) tyre, (*USA*) tire ♦ **forare una g.** to get a puncture
gommapiùma s.f. foam-rubber
gommìsta s.m. e f. tyre repairer
gommóne s.m. rubber dinghy
gonfalóne s.m. banner
gonfiàre **A** v.tr. **1** to swell, (*con aria*) to blow (up), to inflate **2** (*fig.*) to swell, to exaggerate **B** v.intr. pron. to swell
gónfio agg. swollen, (*d'aria*) inflated
gonfióre s.m. swelling
gongolàre v.intr. to be overjoyed
gònna s.f. skirt ♦ **g. a pieghe** pleated skirt || **g. pantalone** divided skirt, culottes || **g. pareo** wraparound skirt
gorgheggiàre v.intr. **1** (*di cantanti*) to trill **2** (*di uccelli*) to warble
górgo s.m. whirlpool
gorgogliàre v.intr. to gurgle
gorìlla s.m. **1** gorilla **2** (*fig.*) bodyguard
gòtico agg. Gothic
gòtta s.f. gout
governànte **A** s.m. governor, ruler **B** s.f. (*di casa*) housekeeper, (*bambinaia*) nurse, governess
governàre **A** v.tr. **1** to govern, to rule **2** (*dirigere*) to run, to conduct **3** (*prendersi cura di*) to take care of **4** (*controllare*) to control **B** v.intr. (*naut.*) to steer
governatìvo agg. government (*attr.*), state (*attr.*)
governatóre s.m. governor
govèrno s.m. **1** government, rule **2** (*direzione*) direction, running **3** (*cura*) care
gozzovigliàre v.intr. to carouse
GPS s.m. inv. (*sistema di posizionamento globale*) GPS
gracchiàre v.intr. to crook, (*di corvo*) to caw
gracidàre v.intr. to croak
gràcile agg. weak, frail
gradàsso s.m. boaster
gradazióne s.f. **1** gradation **2** (*sfumatura*) shade ♦ **g. alcolica** alcoholic content
gradévole agg. pleasant, agreeable
gradiménto s.m. **1** pleasure, liking **2** (*approvazione*) approval, acceptance
gradinàta s.f. **1** steps *pl.* **2** (*di teatro, stadio*) stands *pl.*, tiers *pl.*
gradìno s.m. step
gradìre v.tr. **1** to like **2** (*accogliere con piacere*) to appreciate, to be pleased with
gradìto agg. **1** pleasant **2** (*bene accetto*) welcome, appreciated
gràdo s.m. **1** degree **2** (*posizione*) rank, grade **3** (*mil.*) rank, (*gallone*) stripe ♦ **essere in g. di fare q.c.** to be able to do st.
graduàle agg. gradual
gradualménte avv. gradually
graduàre v.tr. to graduate
graduàto **A** agg. **1** graded **2** (*provvisto di scala graduata*) graduated **B** s.m. (*mil.*) non-commissioned officer
graduatòria s.f. classification, list
graffétta s.f. **1** clip, paperclip **2** (*punto metallico*) staple
graffiànte agg. biting
graffiàre **A** v.tr. **1** to scratch **2** (*fig.*) to bite **B** v.intr. pron. to get scratched
gràffio s.m. scratch
graffìto s.m. graffito
grafìa s.f. handwriting
gràfica s.f. graphics *pl.* (*v. al sing.*)
graficaménte avv. graphically
gràfico **A** agg. graphic **B** s.m. **1** graph, (*statistico*) chart **2** (*disegnatore*) graphic designer
grafologìa s.f. graphology
gramàglie s.f. pl. mourning
gramìgna s.f. **1** Bermuda grass **2** (*fig.*) weed
grammàtica s.f. grammar
grammaticàle agg. grammatical
gràmmo s.m. gram
gràna[1] s.f. **1** (*struttura*) grain **2** (*fam.*) (*problema*) trouble, hassle
gràna[2] s.m. (*pop.*) (*denaro*) money
granàio s.m. barn, granary
granàta s.f. (*mil.*) grenade
granàto s.m. garnet
grànchio s.m. **1** crab **2** (*fig.*) (*errore*) blunder
grandàngolo s.m. wide-angle lens
grànde **A** agg. **1** (*di dimensioni*) big, large, (*largo*) wide **2** (*elevato*) high, (*di statura*) tall **3** (*numeroso*) large, great **4** (*notevole, intenso*) great **5** (*fuori misura*) large, big **6** (*adulto*) grown-up **B** s.m. **1** (*adulto*) adult, grown-up **2** (*personalità*) great man
grandézza s.f. **1** (*dimensione*) size **2** (*ampiezza*) width, breadth **3** (*fig.*) (*di personalità*) greatness **4** (*grandiosità*) grandeur **5** (*scient.*) quantity
grandinàre v.intr. impers. to hail
grandinàta s.f. hailstorm
gràndine s.f. hail ♦ **chicco di g.** hailstone
grandiosità s.f. grandeur, magnificence
grandióso agg. grand, magnificent

grandùca s.m. grand duke
granducàto s.m. grand duchy
granèllo s.m. grain, (*di polvere*) speck
granìto s.m. granite
gràno s.m. **1** (*frumento*) wheat **2** (*granello*) grain
grantùrco s.m. maize, (*USA*) corn ◆ **pannocchia di g.** corn-cob
granulóso agg. grainy, granular
gràppa s.f. grappa, brandy distilled from grapes
gràppolo s.m. cluster, bunch ◆ **un g. d'uva** a bunch of grapes
gràsso **A** agg. **1** fat **2** (*unto*) greasy, fatty **3** (*di pianta*) succulent **B** s.m. **1** fat **2** (*lubrificante*) grease
grassòccio agg. plump
gràta s.f. grating
gratìcola s.f. grill
gratìfica s.f. bonus
gratificàre v.tr. to be rewarding, to gratify
gratin s.m. inv. gratin
gràtis avv. free, gratis
gratitùdine s.f. gratitude
gràto agg. grateful
grattacàpo s.m. trouble
grattacièlo s.m. skyscraper
grattàre **A** v.tr. **1** to scratch, (*raschiare*) to scrape **2** (*grattugiare*) to grate **3** (*fam.*) (*rubare*) to pinch **B** v.intr. to grate **C** v.rifl. to scratch oneself
grattùgia s.f. grater
grattugiàre v.tr. to grate
gratùito agg. **1** free **2** (*ingiustificato*) gratuitous ◆ **ingresso g.** free admission
gravàme s.m. burden
gravàre **A** v.intr. to weigh, to lie **B** v.tr. to burden
gràve agg. **1** (*pesante*) heavy **2** (*duro*) harsh, severe, grievous **3** (*serio, importante*) serious **4** (*solenne*) solemn, grave **5** (*fonetica*) grave **6** (*mus.*) low, grave
gravidànza s.f. pregnancy ◆ **test di g.** pregnancy test
gràvido agg. **1** pregnant **2** (*fig.*) laden
gravità s.f. **1** gravity, seriousness **2** (*fis.*) gravity
gravóso agg. heavy, burdensome
gràzia s.f. **1** grace **2** (*favore*) favour **3** (*dir.*) mercy
graziàre v.tr. to pardon
gràzie inter. thank you!, thanks! ◆ **g. mille!** many thanks ‖ **no, g.** no, thanks ‖ **sì, g.** yes, please
grazióso agg. **1** pretty **2** (*piacevole*) pleasant
grecìsmo s.m. Grecism
grèco agg. e s.m. Greek
gregàrio s.m. follower
grégge s.m. flock
gréggio **A** agg. raw, crude **B** s.m. crude oil
grembiùle s.m. apron, smock, (*da bambino*) pinafore
grèmbo s.m. **1** lap **2** (*ventre materno*) womb
gremìto agg. full, packed, crowded
gréto s.m. pebbly shore
grétto agg. mean, narrow-minded
grézzo agg. e s.m. → ***greggio***
gridàre v.tr. e intr. to shout, to cry, to scream
grìdo s.m. cry, shout, scream
griffàto agg. designer (*attr.*)
grifóne s.m. griffin
grìgio agg. grey
grìglia s.f. **1** grill **2** (*scient.*) grid ◆ **pesce alla g.** grilled fish
grigliàta s.f. grill ◆ **g. mista** mixed grill
grillétto s.m. trigger
grìllo s.m. **1** cricket **2** (*fig.*) whim, fancy
grimaldèllo s.m. picklock, lockpick
grìnta s.f. grit, spunk
grìnza s.f. wrinkle, (*su stoffa*) crease
grinzóso agg. wrinkled, (*di stoffa*) creased
grippàre v.intr. e intr. pron. to seize, to bind
grissìno s.m. breadstick
grondàia s.f. gutter
grondàre **A** v.tr. to pour **B** v.intr. to stream, to drip
gròppa s.f. back
gróppo s.m. **1** knot **2** (*di vento*) squall ◆ **avere un g. in gola** to have a lump in one's throat
grossézza s.f. **1** largeness, bigness **2** (*dimensione*) size **3** (*spessore*) thickness
grossìsta s.m. e f. wholesaler
gròsso agg. **1** big, large, great **2** (*grave*) big, serious **3** (*importante*) big, important ◆ **farla grossa** to screw up big
grossolàno agg. **1** coarse, rough **2** (*madornale*) gross
grossomòdo avv. roughly, approximately
gròtta s.f. cave
grottésco agg. grotesque
grovìglio s.m. tangle
gru s.f. crane
grùccia s.f. **1** crutch **2** (*per abiti*) coat-hanger
grugnìre v.intr. to grunt
grugnìto s.m. grunt
grùgno s.m. snout
grùllo agg. e s.m. stupid
grùmo s.m. **1** clot **2** (*di farina*) lump
grùppo s.m. **1** group, (*di persone*) party **2** (*mecc.*) unit, set ◆ **g. di lavoro** working party ‖ **lavoro di g.** team work
grùzzolo s.m. hoard
GSM s.m. inv. (*sistema mondiale per la comunicazione con telefonia mobile*) GSM
guadagnàre **A** v.tr. to earn, to gain **B** v.intr. to earn
guadàgno s.m. gain, profit, earnings *pl.*
guadàre v.tr. to ford, to wade
guàdo s.m. ford
guaìna s.f. sheath
guàio s.m. trouble, fix
guaìre v.intr. to yelp, to cry
guaìto s.m. yelp, cry

guància s.f. cheek
guanciàle s.m. pillow
guànto s.m. glove
guardabòschi s.m. e f. inv. forester
guardacàccia s.m. e f. inv. gamekeeper
guardàre **A** v.tr. **1** to look at **2** (*dare un'occhiata*) to have a look **3** (*guardare fisso*) to gaze at, to stare **4** (*guardare di sfuggita*) to glance at **5** (*guardare furtivamente*) to peep **6** (*osservare*) to watch, to look, to observe, (*scrutare*) to eye **7** (*custodire, sorvegliare*) to look after, to watch over **8** (*difendere*) to defend, (*proteggere*) to protect **9** (*considerare*) to consider, to view, to look at **10** (*esaminare*) to look over, to look into **B** v.intr. **1** to look at **2** (*essere orientato*) to face, to look out on **3** (*considerare*) to look on **4** (*cercare*) to try **5** (*badare*) to see, to mind, to be careful **C** v.rifl. **1** to look at oneself **2** (*stare in guardia*) to beware, to mind **3** (*astenersi*) to forbear, to abstain **D** v.rifl. rec. to look at each other
guardaròba s.m. inv. **1** wardrobe **2** (*di locale pubblico*) cloak-room, (*USA*) checkroom, coat check
guàrdia s.f. **1** (*sorveglianza*) guard, watch **2** (*persona*) guard
guardiàno s.m. keeper, warden ♦ **g. notturno** night-watchman
guardìngo agg. cautious
guardiòla s.f. **1** (*mil.*) guardroom **2** (*di portinaio*) porter's lodge
guarìbile agg. curable, (*di ferita*) healable
guarigióne s.f. recovery, (*di ferita*) healing
guarìre **A** v.intr. **1** to recover, (*di ferita*) to heal **2** (*fig.*) to get out **B** v.tr. to cure, to heal
guarnigióne s.f. garrison
guarnìre v.tr. **1** (*ornare*) to trim **2** (*cuc.*) to garnish
guarnizióne s.f. **1** (*ornamento*) trimming **2** (*mecc.*) washer, gasket
guastafèste s.m. e f. inv. spoilsport
guastàre **A** v.tr. to spoil, to damage, to ruin **B** v.intr. pron. to break down, to fail
guàsto **A** agg. **1** (*danneggiato*) damaged, out of order **2** (*marcio*) rotten **B** s.m. breakdown, fault, failure, damage
guazzabùglio s.m. muddle, jumble
guàzzo s.m. (*arte*) gouache
guèrcio s.m. cross-eyed person, squinter
guèrra s.f. war, warfare
guerreggiàre v.intr. to wage war, to fight
guerrièro **A** agg. warlike **B** s.m. warrior
guerrìglia s.f. guerrilla
gùfo s.m. owl
gùglia s.f. spire, (*di campanile*) steeple
guìda s.f. **1** guide **2** (*libro*) guide, handbook **3** (*direzione*) direction, leadership **4** (*mecc.*) guide, slide **5** (*autom.*) steering, drive, driving
guidàre v.tr. **1** to guide **2** (*amministrare*) to run, to manage **3** (*essere a capo*) to lead **4** (*un veicolo*) to drive
guidatóre s.m. driver
guinzàglio s.m. lead, leash
guizzàre v.intr. to dart
gùscio s.m. **1** shell **2** (*di legumi*) pod, husk
gustàre v.tr. **1** to enjoy **2** (*assaggiare*) to taste
gùsto s.m. **1** taste **2** (*aroma*) flavour **3** (*voglia*) fancy **4** (*piacere*) relish, gusto, enjoyment
gustóso agg. **1** tasty **2** (*divertente*) amusing
gutturàle agg. guttural

h, H

hàbitat s.m. inv. habitat
hacker s.m. inv. hacker
hall s.f. inv. hall, foyer
hambùrger s.m. inv. hamburger, burger
hàndicap s.m. inv. handicap
handicappàto **A** agg. handicapped **B** s.m. handicapped person, disabled person
hard disk s.m. inv. hard disk
hardware s.m. inv. hardware
hascìsc s.m. hashish
hashìsh s.m. inv. hashish
hawaiàno agg. e s.m. Hawaiian
henné s.m. inv. henna
hi-fi s.m. inv. hi-fi, hi-fi system
HIV s.m. inv. HIV
hobbìsta s.m. e f. hobbyist
hobby s.m. inv. hobby
hockey s.m. hockey ♦ **h. su ghiaccio** ice hockey || **h. su pista** roller hockey
hollywoodiàno agg. Hollywood (*attr.*)
hostess s.f. inv. flight attendant
hot dog s.m. inv. hot dog, (*USA*) wiener
hotel s.m. inv. hotel
hot line s.f. inv. **1** hotline **2** (*per messaggi erotici*) sex hotline
hub s.m. inv. **1** (*inform.*) hub **2** (*aeroporto*) hub, hub airport
hurrà inter. hurrah!

i, I

i o **gli** art. determ. m. pl. the (*spesso non si traduce o si rende con un agg. poss. o un partitivo*) (ES: ***i dolci fanno ingrassare*** sweets are fattening; ***ho comprato i biscotti*** I have bought some cookies)
iàto s.m. hiatus
ibernazióne s.f. hibernation
ìbrido agg. e s.m. hybrid
icòna s.f. icon
iconoclàsta agg., s.m. e f. iconoclast
iconografìa s.f. iconography
iconogràfico agg. iconographic(al)
idèa s.f. **1** idea **2** (*intenzione*) mind, intention **3** (*ideale*) ideal ♦ **non ne ha la più pallida i.** he doesn't have a clue
ideàle agg. e s.m. ideal
idealìsmo s.m. idealism
idealizzàre v.tr. to idealize
idealménte avv. ideally
ideàre v.tr. **1** to conceive **2** (*progettare*) to plan
ìdem avv. so, too
idèntico agg. identical
identificàbile agg. identifiable
identificàre **A** v.tr. to identify **B** v.rifl. to identify oneself **C** v.intr. pron. to be identical
identificazióne s.f. identification
identità s.f. identity ♦ **carta d'i.** identity card
ideogràmma s.m. ideogram
ideologìa s.f. ideology
ideològico agg. ideological
idillìaco agg. idyllic
idiòma s.m. language, idiom
idiomàtico agg. idiomatic
idiosincrasìa s.f. idiosyncrasy
idiòta **A** agg. idiotic, stupid **B** s.m. e f. idiot
idiozìa s.f. **1** idiocy **2** (*azione idiota*) stupid thing
idolatràre v.tr. to worship
idolatrìa s.f. idolatry
ìdolo s.m. idol
idoneità s.f. fitness, suitability
idòneo agg. fit, suitable
idrànte s.m. hydrant
idratànte agg. **1** hydrating **2** (*di cosmetico*) moisturizing
idràulica s.f. hydraulics *pl.* (*v. al sing.*)
idràulico **A** agg. hydraulic **B** s.m. plumber
ìdrico agg. water (*attr.*)
idrobiologìa s.f. hydrobiology
idrocarbùro s.m. hydrocarbon
idrocoltùra s.f. hydroponics *pl.* (*v. al sing.*)
idroelèttrico agg. hydroelectric
idròfilo agg. hydrophilic ♦ **cotone i.** cotton wool
idrofobìa s.f. hydrophobia
idròfobo agg. hydrophobic
idrògeno s.m. hydrogen
idrografìa s.f. hydrography
idroguìda s.f. hydraulically assisted steering
idromassàggio s.m. hydromassage, (*vasca*) Jacuzzi
idrorepellènte agg. water-repellent
idroscàlo s.m. water airport, seaplane base
idrostàtico agg. hydrostatic
idrotermàle agg. hydrothermal
idrovolànte s.m. seaplane
ièlla s.f. (*fam.*) bad luck
ièna s.f. hyena
ieràtico agg. **1** hieratic **2** (*fig.*) solemn
ièri avv. e s.m. yesterday ♦ **i. mattina/sera** yesterday morning/evening || **i. l'altro, l'altro i.** the day before yesterday, the other day
iettatùra s.f. evil eye
igiène s.f. **1** hygiene **2** (*salute*) health ♦ **i. dentale** dental care
igiènico agg. **1** hygienic, sanitary **2** (*salutare*) healthy ♦ **carta igienica** toilet paper
ignàro agg. unaware
ignìfugo agg. fireproof
ignòbile agg. ignoble, base
ignorànte agg. **1** ignorant, uneducated **2** (*maleducato*) rude, impolite
ignorànza s.f. ignorance
ignoràre **A** v.tr. **1** not to know, to be unaware of **2** (*trascurare*) to ignore **B** v.rifl. rec. to ignore each other
ignòto **A** agg. unknown **B** s.m. **1** the unknown **2** (*persona*) unknown person
igròmetro s.m. hygrometer
il o **lo** art. determ. m. sing. the (*spesso non si traduce o si rende con un agg. poss., con l'art. indef. o con un partitivo*) (ES: ***adoro il vino bianco*** I love white wine; ***ho perso il portafoglio*** I lost my wallet; ***la rosa è un fiore profumato*** a rose is a fragrant flower; ***vai a comprare il pane*** go and buy some bread)
ìlare agg. cheerful
ilarità s.f. hilarity, cheerfulness
illanguidìre **A** v.intr. to languish, to grow weak **B** v.intr. pron. to become weak, to fade
illazióne s.f. illation, inference
illécito agg. illicit
illegàle agg. illegal, unlawful
illegalità s.f. illegality
illegìttimo agg. illegitimate
illéso agg. **1** unhurt, unharmed **2** (*fig.*) intact
illetteràto agg. illiterate, ignorant
illibàto agg. pure, virgin
illimitàto agg. boundless, unlimited

illògico agg. illogical
illùdere **A** v.tr. to deceive, to delude **B** v.rifl. to deceive oneself, to delude oneself
illuminàre **A** v.tr. **1** to light up, to illuminate **2** (*fig.*) to enlighten **B** v.intr. pron. to lighten
illuminàto agg. **1** lit up **2** (*fig.*) enlightened
illuminazióne s.f. **1** lighting, illumination **2** (*fig.*) flash of inspiration
illuminìsmo s.m. Enlightenment
illusióne s.f. illusion, delusion ♦ **non farsi illusioni su q.c.** to have no illusions about st. || **i. ottica** optical illusion
illusionìsmo s.m. illusionism, conjuring
illùso **A** agg. deceived **B** s.m. dupe
illustràre v.tr. to illustrate
illustratìvo agg. illustrative
illustràto agg. illustrated ♦ **cartolina illustrata** picture-postcard
illustrazióne s.f. **1** (*spiegazione*) illustration, explanation **2** (*figura*) picture, illustration
illùstre agg. distinguished, famous
imbacuccàre **A** v.tr. to wrap up **B** v.rifl. to wrap oneself up
imballàggio s.m. **1** (*l'imballare*) packing **2** (*involucro*) package
imballàre v.tr. **1** to pack **2** (*motore*) to race
imbalsamàre v.tr. to embalm, (*animali*) to stuff
imbandieràre v.tr. to deck with flags
imbandìre v.tr. to prepare, (*la tavola*) to lay
imbarazzànte agg. embarrassing
imbarazzàre **A** v.tr. **1** to embarrass **2** (*ostacolare*) to hamper **B** v.intr. pron. to be embarrassed
imbarazzàto agg. **1** embarassed **2** (*disturbato fisicamente*) upset
imbaràzzo s.m. **1** (*disagio*) embarrassment **2** (*disturbo, impaccio*) trouble, obstacle
imbarbariménto s.m. barbarization
imbarcàre **A** v.tr. to embark, to take on board **B** v.rifl. **1** to embark, to go aboard, to board **2** (*prendere servizio su una nave*) to sign on **3** (*fig.*) to embark on, to engage in **C** v.intr. pron. (*deformarsi*) to warp
imbarcazióne s.f. boat, craft
imbàrco s.m. **1** embarkation, embarking, shipping **2** (*aer.*) boarding ♦ **i. immediato** now boarding
imbastìre v.tr. **1** to tack, to baste **2** (*fig.*) to outline
imbàttersi v.intr. pron. to run into, to run up
imbattìbile agg. **1** unbeatable **2** (*insuperabile*) unsurpassable
imbavagliàre v.tr. to gag
imbeccàta s.f. prompt
imbecìlle s.m. e f. stupid, imbecile
imbellìre **A** v.tr. to make beautiful, to embellish **B** v.intr. pron. to become beautiful
imbèrbe agg. beardless
imbestialìre **A** v.tr. to enrage **B** v.intr. pron. to get enraged, to become furious
imbiancàre **A** v.tr. to whiten, to paint, to whitewash **B** v.intr. pron. to become white
imbianchìno s.m. (house-)painter
imboccàre v.tr. **1** to feed **2** (*entrare in*) to enter, to come on to, to turn into **3** (*portare alla bocca*) to put to one's mouth
imboccatùra s.f. **1** mouth **2** (*di strada, galleria*) entrance **3** (*di strumento a fiato*) mouthpiece
imbócco s.m. entrance
imbonitóre s.m. barker
imboscàre **A** v.tr. to put into safe keeping **B** v.rifl. **1** (*evitare il servizio militare*) to evade military service **2** (*eludere*) to shirk **3** (*scomparire*) to disappear
imboscàta s.f. ambush
imboschìre v.tr. to afforest
imbottigliàre **A** v.tr. **1** to bottle **2** (*bloccare*) to block **B** v.intr. pron. (*nel traffico*) to get caught in a traffic jam
imbottìre v.tr. **1** to stuff, to pad **2** (*farcire*) to fill
imbottìto agg. **1** stuffed, filled **2** (*di vestiti*) wrapped up
imbottitùra s.f. stuffing, padding
imbranàto agg. (*fisicamente*) clumsy, (*nell'agire, nel parlare*) wimpish
imbrattàre v.tr. to dirty, to soil
imbrigliàre v.tr. **1** to bridle **2** (*un torrente*) to dike
imbroccàre v.tr. **1** to hit **2** (*fig.*) to guess
imbrogliàre **A** v.tr. **1** to cheat **2** (*confondere*) to mix up **3** (*arruffare*) to tangle, to entangle **B** v.intr. pron. **1** (*confondersi*) to get confused **2** (*arruffarsi*) to get tangled, to get entangled
imbròglio s.m. **1** (*inganno*) trick, fraud **2** (*impiccio*) scrape, fix **3** (*intrico*) tangle
imbroglióne s.m. cheat, swindler
imbronciàto agg. sulky
imbrunìre s.m. nightfall, dusk
imbruttìre **A** v.tr. to make ugly **B** v.intr. e intr. pron. to become ugly
imbucàre v.tr. to post
imburràre v.tr. to butter
imbùto s.m. funnel
imitàre v.tr. **1** to imitate, to copy **2** (*fare l'imitazione*) to mimic **3** (*contraffare*) to forge
imitatóre s.m. **1** imitator **2** (*attore*) mimic
imitazióne s.f. **1** imitation **2** (*contraffazione*) fake **3** (*di attore*) impersonation, imitation
immacolàto agg. immaculate, spotless
immagazzinàre v.tr. to store (up)
immaginàbile agg. imaginable
immaginàre v.tr. **1** to imagine, to fancy **2** (*supporre*) to suppose, to think **3** (*inventare*) to invent, to think up
immaginàrio agg. imaginary, fictitious
immaginazióne s.f. imagination, fancy
immàgine s.f. **1** image **2** (*disegno, illustrazione*) figure, picture, illustration
immancàbile agg. unfailing

immàne agg. **1** enormous **2** (*spaventoso*) appalling, tremendous
immanènte agg. immanent
immangiàbile agg. uneatable
immatricolàre **A** v.tr. **1** (*persona*) to enrol **2** (*veicolo*) to register **B** v.rifl. to enrol oneself
immatricolazióne s.f. (*di persona*) enrolment, (*di veicolo*) registration
immatùro agg. **1** (*frutto*) unripe **2** (*fig.*) immature **3** (*prematuro*) premature, untimely
immedesimàrsi v.rifl. to identify oneself (with)
immediataménte avv. immediately
immediàto agg. immediate, prompt
immemoràbile agg. immemorial
immèmore agg. forgetful
immensità s.f. immensity
immènso agg. immense, huge
immèrgere **A** v.tr. to immerse, to dip, to plunge **B** v.rifl. **1** to plunge, (*di subacqueo*) to dive, (*di sottomarino*) to submerge **2** (*dedicarsi*) to immerse oneself, to give oneself up
immeritàto agg. **1** undeserved **2** (*ingiusto*) unjust
immeritévole agg. unworthy
immersióne s.f. **1** immersion, dip, plunge **2** (*di subacqueo*) dive, (*di sottomarino*) submersion **3** (*naut.*) draft
imméttere **A** v.tr. to introduce, to put in, to put on **B** v.intr. to lead to **C** v.rifl. to get into, to get onto
immigràto agg. e s.m. immigrant
immigrazióne s.f. immigration
imminènte agg. imminent, forthcoming
immischiàre **A** v.tr. to involve **B** v.intr. pron. to meddle in, to interfere
immissàrio s.m. tributary
immissióne s.f. immission, input
immòbile **A** agg. immovable, (*fermo*) still, motionless **B** s.m. real estate, (*palazzo*) building
immobiliàre agg. immovable ♦ **agenzia i.** (real) estate agency || **proprietà i.** real estate, real property
immobilità s.f. immobility
immobilizzàre **A** v.tr. **1** to immobilize **2** (*econ.*) to lock up, to tie up **B** v.rifl. e intr. pron. to freeze
immolàre **A** v.tr. to sacrifice **B** v.rifl. to sacrifice oneself
immondìzia s.f. garbage, rubbish, trash ♦ **vietato depositare i.** no dumping
immóndo agg. filthy
immoràle agg. immoral
immoralità s.f. immorality
immortalàre v.tr. to immortalize
immortàle agg., s.m. e f. immortal
immortalità s.f. immortality
immùne agg. **1** immune **2** (*libero*) free, (*esente*) exempt
immunità s.f. **1** immunity **2** (*esenzione*) exemption
immunitàrio agg. immune (ES: ***sistema i.*** immune system)
immunizzàre **A** v.tr. to immunize **B** v.rifl. to immunize oneself, to become immune
immutàbile agg. immutable
immutàto agg. unchanged
impacchettàre v.tr. to wrap up, to package
impacciàre v.tr. to hamper, to hinder
impacciàto agg. **1** (*goffo*) awkward **2** (*a disagio*) uneasy
impàccio s.m. **1** hindrance, obstacle **2** (*situazione difficile*) scrape, trouble **3** (*imbarazzo*) embarrassment
impàcco s.m. compress
impadronìrsi v.intr. pron. **1** to take possession, to appropriate, (*con la violenza*) to seize **2** (*fig.*) to master
impagàbile agg. priceless
impaginàre v.tr. to lay out in pages, to paginate
impagliàre v.tr. to stuff with straw
impalàto agg. stiff
impalcatùra s.f. **1** scaffolding **2** (*struttura*) framework
impallidìre v.intr. **1** to turn pale **2** (*svanire*) to fade
impalpàbile agg. impalpable
impanàre v.tr. (*cuc.*) to crumb, to bread
impantanàrsi v.intr. pron. **1** to stick in the mud **2** (*fig.*) to get bogged down
impappinàrsi v.intr. pron. to get flustered, to falter
imparàre v.tr. to learn
impareggiàbile agg. incomparable
imparentàrsi v.intr. pron. to become related to
ìmpari agg. unequal, uneven
impartìre v.tr. to impart, to give
imparziàle agg. impartial
imparzialità s.f. impartiality
impasse s.f. inv. impasse
impassìbile agg. impassive, unmoved (*pred.*)
impastàre **A** v.tr. to knead, to mix **B** v.intr. pron. to merge
impàsto s.m. mixture
impàtto s.m. impact ♦ **i. ambientale** environmental impact
impaurìre **A** v.tr. to frighten, to scare **B** v.intr. pron. to get frightened, to be scared
impaziènte agg. impatient
impaziènza s.f. impatience
impazzàta nella loc. avv. **all'i.** wildly, madly
impazzìre v.intr. **1** to go mad, to go crazy **2** (*di apparecchio*) to go haywire **3** (*di salsa*) to curdle ♦ **far i. qc.** to drive sb. crazy || **i. per q.c./qc.** to be mad about st./sb.
impeccàbile agg. impeccable
impediménto s.m. impediment
impedìre v.tr. **1** to prevent, to keep (from) **2** (*ostruire*) to obstruct, to bar **3** (*impacciare*) to hamper, to hinder
impegnàre **A** v.tr. **1** (*dare in pegno*) to pawn, to pledge **2** (*investire*) to invest **3** (*vincolare*) to bind **4** (*prenotare*) to reserve, to book **5** (*mil.*) to engage **6**

(*occupare*) to take up, to keep busy **B** v.rifl. **1** (*prendersi un impegno*) to undertake, to commit oneself, to engage oneself **2** (*dedicarsi*) to devote oneself **3** (*farsi garante*) to go bail **4** (*essere coinvolto*) to be involved

impegnatìvo agg. **1** binding **2** (*che richiede impegno*) exacting, demanding, time-consuming

impegnàto agg. **1** busy, engaged **2** (*di intellettuale, movimento culturale*) committed

impégno s.m. **1** engagement, (*promessa*) promise, (*obbligo*) obligation, pledge **2** (*applicazione*) care, diligence

impellènte agg. impelling, urgent

impenetràbile agg. impenetrable

impennàrsi v.intr. pron. **1** (*di cavallo*) to rear up **2** (*aer.*) to nose up, to zoom

impennàta s.f. **1** (*di cavallo*) rearing up **2** (*aer.*) zoom **3** (*rialzo*) sudden rise

impensàbile agg. unthinkable

impensierìre v.tr. e intr. pron. to worry

imperatìvo agg. e s.m. imperative

imperatóre s.m. emperor

imperatrìce s.f. empress

impercettìbile agg. imperceptible

imperdonàbile agg. unforgivable

imperfètto agg. e s.m. imperfect

imperfezióne s.f. imperfection, flaw

imperiàle agg. imperial

imperialìsmo s.m. imperialism

imperióso agg. imperious

imperìzia s.f. unskilfulness

impermeàbile **A** agg. impermeable, (*all'acqua*) waterproof, (*all'aria*) airtight **B** s.m. mackintosh, raincoat

imperniàre **A** v.tr. **1** to hinge, to pivot **2** (*fig.*) to base **B** v.intr. pron. **1** to hinge, to pivot **2** (*fig.*) to be based

impèro s.m. empire

imperscrutàbile agg. inscrutable

impersonàle agg. **1** impersonal **2** (*banale*) banal

impersonàre v.tr. **1** to personify **2** (*interpretare*) to play, to impersonate

impertèrrito agg. imperturbable, impassive

impertinènte agg. impertinent, cheeky

imperturbàbile agg. imperturbable

imperversàre v.intr. **1** to rage **2** (*essere diffuso*) to be the rage

ìmpeto s.m. **1** impetus, violence **2** (*impulso*) fit, impulse

impettìto agg. stiff

impetuóso agg. **1** violent, forceful **2** (*impulsivo*) impetuous, impulsive

impiantàre v.tr. **1** to install **2** (*fondare*) to establish, to set up

impiànto s.m. **1** plant, system, installation **2** (*costituzione*) establishment **3** (*struttura*) framework

impiastricciàre **A** v.tr. to smear, to dirty **B** v.rifl. to smear oneself, to dirty oneself

impiàstro s.m. **1** poultice **2** (*fam.*) (*seccatore*) bore, nuisance **3** (*fam.*) (*persona malaticcia*) weakling

impiccagióne s.f. hanging

impiccàre **A** v.tr. **1** to hang **2** (*fig.*) to put on the spot **B** v.rifl. to hang oneself

impicciàre **A** v.tr. e intr. to hinder, to be in the way **B** v.intr. pron. to meddle, to interfere

impìccio s.m. **1** hindrance, nuisance **2** (*seccatura*) fix, trouble, mess

impiegàre **A** v.tr. **1** (*usare*) to use, to make use of **2** (*spendere*) to use, to spend **3** (*di tempo, metterci*) to take **4** (*assumere*) to take on, to employ **5** (*investire*) to invest **B** v.rifl. to get a job

impiegàto s.m. employee, office-worker, clerk

impiègo s.m. **1** (*uso*) use **2** (*lavoro*) job, position, employment **3** (*investimento*) investment

impietosìre **A** v.tr. to move to pity **B** v.intr. pron. to be moved

impietóso agg. pitiless

impietrìre **A** v.tr. to petrify **B** v.intr. e intr. pron. to become petrified

impigliàre **A** v.tr. to entangle **B** v.intr. pron. to get caught

impigrìre **A** v.tr. to make lazy **B** v.intr. e intr. pron. to become lazy

implacàbile agg. implacable

implicàre v.tr. **1** to involve, to implicate **2** (*comportare*) to imply

implicazióne s.f. implication

implìcito agg. implicit

implùvio s.m. impluvium

impollinazióne s.f. pollination

imponènte agg. imposing

imponìbile **A** agg. taxable **B** s.m. taxable income

impopolàre agg. unpopular

impórre **A** v.tr. **1** to impose **2** (*ordinare*) to order, to force, to make **3** (*stabilire*) to fix **4** (*esigere*) to call for **B** v.rifl. e intr. pron. **1** to impose oneself, to stand out **2** (*farsi valere*) to assert oneself **3** (*avere successo*) to become popular, to be successful **4** (*rendersi necessario*) to be called for

importànte agg. important

importànza s.f. importance

importàre **A** v.tr. to import **B** v.intr. **1** (*avere importanza*) to matter, to care **2** (*essere necessario*) to be necessary ♦ **non importa!** it doesn't matter!

importazióne s.f. importation, import

impòrto s.m. amount, sum

importunàre v.tr. to bother

importùno agg. **1** boring **2** (*inopportuno*) untimely

imposizióne s.f. **1** imposition **2** (*ordine*) order, command ♦ **i. fiscale** taxation

impossessàrsi v.intr. pron. **1** to take possession, to seize **2** (*fig.*) to master

impossìbile **A** agg. impossible **B** s.m. (the) impossible ♦ **fare l'i.** to do one's best, to do all one can

impossibilità s.f. impossibility

impossibilitàto agg. unable

impòsta[1] s.f. tax, duty
impòsta[2] s.f. (*di finestra*) shutter
impostàre[1] v.tr. **1** (*gettare le basi*) to set up, to lay down **2** (*formulare*) to set out, to lay out, to formulate
impostàre[2] v.tr. (*corrispondenza*) to post, to mail
impostazióne s.f. definition, formulation, statement
impostóre s.m. **1** (*chi si spaccia per altri*) impostor, imposter **2** (*bugiardo*) cheater
impostùra s.f. imposture
impotènte agg. impotent
impoverìre **A** v.tr. to impoverish **B** v.intr. pron. to become poor
impraticàbile agg. impracticable, (*di strada*) impassable
impratichìre **A** v.tr. to train **B** v.intr. pron. to practise, to get to know
imprecàre v.intr. to curse
imprecazióne s.f. curse
imprecisàto agg. unspecified
imprecìso agg. inaccurate, vague
impregnàre **A** v.tr. **1** to soak, to impregnate **2** (*fig.*) to fill **B** v.intr. pron. **1** to become impregnated, to become soaked **2** (*fig.*) to be filled
imprenditóre s.m. entrepreneur
impreparàto agg. unprepared
imprésa s.f. **1** enterprise, undertaking **2** (*azione*) exploit **3** (*ditta*) business, enterprise, firm, concern
impresàrio s.m. (*teatro*) manager
impressionàbile agg. sensitive
impressionànte agg. impressive, striking, shocking
impressionàre **A** v.tr. **1** to impress, to strike, to shock **2** (*turbare*) to move, to upset **3** (*fot.*) to expose **B** v.intr. pron. **1** to be struck, to be shocked **2** (*fot.*) to be exposed
impressióne s.f. **1** impression **2** (*sensazione*) sensation, feeling **3** (*impronta*) impress, imprint
impressionìsmo s.m. impressionism
imprestàre v.tr. to lend
imprevedìbile agg. unforeseeable
imprevìsto **A** agg. unforeseen, unexpected **B** s.m. unexpected event
impreziosìre v.tr. to make precious
imprigionàre v.tr. **1** to imprison, to put in prison **2** (*rinchiudere*) to confine, to trap
imprìmere **A** v.tr. **1** to impress, to imprint **2** (*comunicare*) to give, to impart **B** v.intr. pron. to be impressed
improbàbile agg. improbable, unlikely
imprónta s.f. **1** imprint, impression, mark **2** (*di piede*) footprint **3** (*traccia*) track **4** (*fig.*) stamp, mark ♦ **impronte digitali** fingerprints
impropèrio s.m. abuse ♦ **coprire qc. di improperi** to abuse sb., to insult sb.
impròprio agg. improper
improrogàbile agg. that cannot be postponed, final
improvvisaménte avv. suddenly
improvvisàre **A** v.tr. e intr. to improvise **B** v.rifl. to play
improvvisàta s.f. surprise
improvvìso agg. sudden
imprudènte agg. imprudent, rash
imprudènza s.f. imprudence, rashness
impudènte agg. impudent, shameless
impudènza s.f. impudence
impudìco agg. indecent
impugnàre v.tr. **1** to grasp, to grip **2** (*dir.*) (*contestare*) to impugn, to contest
impulsìvo agg. impulsive
impùlso s.m. impulse
impuneménte avv. with impunity
impuntàrsi v.intr. pron. **1** to jib, to stop dead **2** (*ostinarsi*) to be obstinated
impuntùra s.f. back-stitch
impurità s.f. impurity
impùro agg. impure
imputàre v.tr. **1** (*attribuire*) to impute, to ascribe **2** (*accusare*) to accuse, to charge
imputàto s.m. defendant
imputazióne s.f. imputation
imputridìre v.intr. to rot, to putrefy
in prep. **1** (*stato in luogo*) in, at, (*sopra*) on (ES: ***in forno*** in the oven; ***stare in casa*** to stay at home; ***in prima pagina*** on the front page; ***in via Mazzini*** on Mazzini street) **2** (*moto a luogo*) to, (*verso l'interno*) into (ES: ***andare in Inghilterra*** to go to England; ***entrare nella stanza*** to get into the room) **3** (*moto per luogo*) through, across, round (ES: ***correre nei campi*** to run across the fields) **4** (*trasformazione*) in, into (ES: ***tradurre dall'inglese in italiano*** to translate from English into Italian) **5** (*tempo*) in, on, at (ES: ***in primavera*** in spring; ***in questo momento*** at this moment, right now; ***in quel giorno*** on that day) **6** (*modo, condizione*) in, on, at (ES: ***in fretta*** in a hurry; ***stare in piedi*** to stand on one's feet) **7** (*limitazione*) in, at (ES: ***è bravo nel lavoro*** he's good at work) **8** (*mezzo*) by, in, on (ES: ***viaggiare in treno*** to travel by train; ***pagare in dollari*** to pay in dollars) **9** (*materia*) *idiom.* (ES: ***una borsa in pelle*** a leather bag)
in- pref. un-
inàbile agg. unable, unfit
inabissàrsi v.intr. pron. to sink
inabitàbile agg. uninhabitable
inaccessìbile agg. inaccessible
inaccettàbile agg. unacceptable
inacidìre **A** v.tr. to sour **B** v.intr. e intr. pron. to turn sour
inadàtto agg. unsuitable, unfit
inadeguàto agg. inadequate
inadempiènza s.f. default

inafferràbile agg. **1** elusive **2** (*fig.*) incomprehensible
inaffidàbile agg. unreliable
inalàre v.tr. to inhale
inalberàre **A** v.tr. to hoist **B** v.rifl. to get angry
inalienàbile agg. inalienable
inalteràbile agg. unalterable
inalteràto agg. unchanged
inamidàre v.tr. to starch
inammissìbile agg. **1** inadmissible **2** (*ingiustificabile*) unjustifiable
inanimàto agg. inanimate
inappellàbile agg. **1** (*dir.*) unappealable **2** (*est.*) final, irrevocable
inappetènza s.f. lack of appetite
inappuntàbile agg. faultless
inarcàre v.tr., rifl. e intr. pron. to bend, to curve
inaridìre v.tr. e intr. pron. to dry up, to wither
inarrestàbile agg. unrestrainable
inarrivàbile agg. **1** unattainable, unreachable **2** (*incomparabile*) incomparable
inascoltàto agg. unheard
inaspettàto agg. unexpected
inasprìre **A** v.tr. **1** to embitter, to exacerbate **2** (*aggravare*) to sharpen, to aggravate **B** v.intr. pron. to become embittered, to become harsher
inattaccàbile agg. **1** unassailable, proof (*pred.*) **2** (*irreprensibile*) irreproachable
inattendìbile agg. unreliable
inattéso agg. unexpected
inattìvo agg. inactive, idle
inattuàbile agg. impracticable
inaudìto agg. unprecedented
inauguràle agg. inaugural, opening
inauguràre v.tr. to inaugurate, to open
inaugurazióne s.f. inauguration, opening
inavvertènza s.f. inadvertence, oversight
inavvertitaménte avv. inadvertently
inavvicinàbile agg. unapproachable
incagliàre v.intr. e intr. pron. **1** (*naut.*) to run aground, to strand **2** (*fig.*) to get stuck, to come to a standstill
incalcolàbile agg. incalculable
incallìto agg. **1** hardened, callous **2** (*fig.*) inveterate
incalzàre **A** v.tr. **1** to follow closely **2** (*fig.*) to press, to urge **B** v.intr. to press, to be imminent
incameràre v.tr. to appropriate
incamminàrsi v.intr. pron. to set out, to start
incanalàre **A** v.tr. **1** to canalize **2** (*fig.*) to direct **B** v.intr. pron. to flow
incandescènte agg. incandescent, white-hot
incantàre **A** v.tr. to charm, to bewitch **B** v.intr. pron. **1** to be charmed, to be spellbound **2** (*inceparsi*) to jam
incantésimo s.m. spell, charm
incantévole agg. enchanting, charming
incànto[1] s.m. spell, enchantment
incànto[2] s.m. (*asta*) auction
incanutìre v.intr. to turn white
incapàce **A** agg. unable, incompetent **B** s.m. e f. incompetent
incapacità s.f. incapacity, incompetence
incaponìrsi v.intr. pron. to get obstinate
incappàre v.intr. to run into, to get into
incapricciàrsi v.intr. pron. to take a fancy
incarceràre v.tr. to imprison
incaricàre **A** v.tr. to charge, to entrust **B** v.rifl. to undertake, to take upon oneself
incaricàto s.m. delegate, appointee
incàrico s.m. **1** task, job **2** (*nomina*) appointment
incarnàre **A** v.tr. to incarnate, to embody **B** v.intr. pron. **1** to become incarnate **2** (*di unghia*) to grow in
incarnazióne s.f. incarnation (*anche fig.*)
incartaménto s.m. file, dossier
incartàre v.tr. to wrap up
incasinàre **A** v.tr. (*fam.*) to make a mess **B** v.rifl. (*fam.*) **1** (*essere in una situazione difficile*) to be messed up **2** (*essere molto occupato*) to be very busy
incassàre v.tr. **1** (*merce*) to pack **2** (*mecc., edil.*) to embed, to build in **3** (*incastonare*) to set **4** (*riscuotere*) to cash, to collect, to earn **5** (*fig.*) to get, to take
incàsso s.m. **1** collection **2** al pl. (*somma incassata*) proceeds *pl.*, takings *pl.*, earnings *pl.* ♦ **a i.** (*elettrodomestici*) built-in
incastonàre v.tr. to set
incastonatùra s.f. setting
incastràre **A** v.tr. **1** to fix, to embed, to fit in **2** (*intrappolare*) to set up **B** v.intr. pron. **1** to fit **2** (*impigliarsi*) to get stuck
incàstro s.m. joint
incatenàre v.tr. **1** to chain (up), to enchain **2** (*fig.*) to tie down
incattivìre **A** v.tr. to make wicked **B** v.intr. pron. to become wicked
incàuto agg. incautious
incavàre v.tr. to hollow out
incavàto agg. hollow
ìncavo s.m. **1** hollow **2** (*scanalatura*) groove **3** (*tecnol.*) dap, notch
incavolàrsi v.intr. pron. to go upset, to fly off the handle
incazzàrsi v.intr. pron. (*volg.*) to get pissed off
incendiàre **A** v.tr. to set fire to, to set on fire **B** v.intr. pron. to catch fire
incendiàrio **A** agg. incendiary **B** s.m. arsonist
incèndio s.m. fire ♦ **i. doloso** arson
inceneríre **A** v.tr. to reduce to ashes **B** v.intr. pron. to be reduced to ashes
incènso s.m. incense
incensuràto agg. uncensured ♦ **essere i.** to have a clean record
incentivàre v.tr. to stimulate, to boost
incentìvo s.m. incentive

incentràre **A** v.tr. to centre, to base **B** v.intr. pron. to be based
inceppàre **A** v.tr. to hinder, to obstruct **B** v.intr. pron. to jam, to stick
inceppàto agg. jammed
incertézza s.f. **1** uncertainty, doubt **2** (*indecisione*) indecision
incèrto agg. **1** uncertain, doubtful **2** (*indeciso*) undecided, irresolute **3** (*indefinito*) unclear **4** (*instabile*) unsettled
incespicàre v.intr. to stumble
incessànte agg. unending, unceasing
incèsto s.m. incest
incètta s.f. buying up
inchièsta s.f. **1** inquiry, survey **2** (*investigazione*) inquiry, investigation **3** (*giornalistica*) report
inchinàre **A** v.tr. to bow, to bend **B** v.rifl. to bend down, to bow
inchìno s.m. bow
inchiodàre **A** v.tr. **1** to nail **2** (*fig.*) to fix **B** v.intr. pron. (*bloccarsi*) to pull up short
inchiòstro s.m. ink
inciampàre v.intr. **1** to stumble, to trip up **2** (*imbattersi*) to run into
inciàmpo s.m. obstacle
incidentalménte avv. incidentally
incidènte **A** agg. incident **B** s.m. **1** (*infortunio*) accident **2** (*questione*) incident
incidènza s.f. influence, effect
incìdere[1] v.tr. **1** to engrave, to carve **2** (*registrare*) to record **3** (*med.*) to incise **4** (*fig.*) to impress
incìdere[2] v.intr. **1** (*gravare*) to weigh (on) **2** (*influenzare*) to affect, to influence
incìnta agg. pregnant
incìrca nella loc. avv. **all'i.** about, approximately
incisióne s.f. **1** (*taglio*) cut, incision **2** (*tacca*) notch **3** (*arte*) engraving **4** (*registrazione*) recording
incisìvo **A** agg. incisive **B** s.m. incisor
incisóre agg. engraver
incitàre v.tr. to incite
incivìle agg. **1** uncivilized, barbaric **2** (*scortese*) rude
incivilìre **A** v.tr. to civilize **B** v.intr. pron. to grow civilized
inciviltà s.f. **1** barbarity **2** (*maleducazione*) rudeness, incivility
inclinàre **A** v.tr. to tilt, to incline **B** v.intr. **1** to slope, to be inclined **2** (*fig.*) to incline, to be disposed **C** v.rifl. e intr. pron. **1** to tilt, to slope **2** (*piegarsi*) to bend **3** (*naut.*) to list
inclinàto agg. **1** sloping, slanted **2** (*fig.*) inclined
inclinazióne s.f. inclination
inclìne agg. inclined
inclùdere v.tr. **1** to include **2** (*allegare*) to enclose
inclusìvo agg. inclusive
inclùso agg. **1** included, inclusive **2** (*allegato*) enclosed
incoerènte agg. inconsistent
incògnita s.f. unknown quantity
incògnito **A** agg. unknown **B** s.m. incognito
incollàre **A** v.tr. to stick, to glue **B** v.intr. pron. to stick
incolonnàre v.tr. to put in a column
incolóre agg. colourless
incolpàre **A** v.tr. to charge, to blame **B** v.rifl. to blame oneself
incólto agg. **1** (*di terreno*) uncultivated, fallow **2** (*trascurato*) neglected **3** (*ignorante*) uneducated
incòlume agg. unscathed, unharmed
incombènte agg. **1** impending **2** (*spettante*) incumbent
incómbere v.intr. **1** to impend over, to hang over **2** (*spettare*) to be incumbent on
incominciàre v.tr. e intr. to begin, to start
incòmodo s.m. inconvenience, bother
incomparàbile agg. incomparable
incompetènte agg. incompetent
incompiùto agg. unfinished
incomplèto agg. incomplete
incomprensìbile agg. incomprehensible
incomprensióne s.f. incomprehension, lack of understanding
incompréso agg. **1** not understood **2** (*non apprezzato*) unappreciated
inconcepìbile agg. inconceivable
inconciliàbile agg. irreconcilable
inconcludènte agg. inconclusive, ineffectual
incondizionàto agg. unconditional
inconfondìbile agg. unmistakable
inconfutàbile agg. irrefutable
incongruènte agg. inconsistent
inconsapévole agg. unaware
incònscio agg. e s.m. unconscious
inconsistènte agg. insubstantial, unfounded
inconsuèto agg. unusual
inconsùlto agg. rash
incontenìbile agg. uncontrollable
incontentàbile agg. **1** insatiable **2** (*esigente*) demanding, exacting
incontràre **A** v.tr. **1** to meet **2** (*imbattersi in*) to meet with, to come up against **B** v.intr. (*aver successo*) to be popular, to be a success **C** v.intr. pron. to meet, to see **D** v.rifl. rec. **1** to meet **2** (*coincidere*) to coincide
incóntro[1] s.m. **1** meeting **2** (*sport*) match
incóntro (a)[2] prep. toward(s), up to
inconveniènte s.m. **1** inconvenience, drawback **2** (*contrattempo*) mishap, snag
incoraggiaménto s.m. encouragement
incoraggiànte agg. encouraging
incoraggiàre v.tr. to encourage
incorniciàre v.tr. to frame
incoronàre v.tr. to crown
incoronazióne s.f. coronation
incorporàre **A** v.tr. **1** to incorporate **2** (*territorio*)

to annex **3** (*econ.*) to merge, to incorporate **B** v.rifl. rec. to merge
incorreggìbile agg. incorrigible
incórrere v.intr. to incur
incorruttìbile agg. incorruptible
incosciènte agg. **1** unconscious **2** (*irresponsabile*) irresponsible
incosciènza s.f. **1** unconsciousness **2** (*irresponsabilità*) irresponsability, recklessness
incostànte agg. inconstant, variable
incredìbile agg. incredible, unbelievable
incrèdulo agg. incredulous
incrementàre v.tr. to increase
increménto s.m. increase, increment
increspàre v.tr. e intr. pron. **1** (*di acqua*) to ripple **2** (*di capelli*) to frizz **3** (*di stoffa*) to gather
incriminàre v.tr. (*dir.*) to charge
incrinàre **A** v.tr. **1** to crack **2** (*fig.*) to damage, to spoil **B** v.intr. pron. **1** to crack **2** (*fig.*) to break up, to deteriorate
incrinatùra s.f. **1** crack **2** (*fig.*) rift
incrociàre **A** v.tr. **1** to cross **2** (*incontrare*) to meet **B** v.intr. (*naut., aer.*) to cruise **C** v.rifl. rec. **1** to cross, to intersect **2** (*biol.*) to interbreed
incrociatóre s.m. cruiser
incrócio s.m. **1** (*di strade*) crossing, crossroads *pl.* **2** (*biol.*) crossbreed
incrostàre **A** v.tr. to encrust **B** v.intr. pron. to be encrusted
incrostazióne s.f. encrustation
incubatrìce s.f. incubator
incubazióne s.f. incubation
ìncubo s.m. nightmare
incùdine s.f. anvil
inculcàre v.tr. to inculcate, to instil
incunàbolo s.m. incunabulum
incuràbile agg., s.m. e f. incurable
incurànte agg. careless
incùria s.f. carelessness
incuriosìre **A** v.tr. to make curious, to excite curiosity **B** v.intr. pron. to become curious
incursióne s.f. raid
incurvàre v.tr. e intr. pron. to bend
incustodìto agg. unattended
incùtere v.tr. to arouse, to strike
ìndaco s.m. indigo
indaffaràto agg. busy
indagàre v.tr. e intr. to investigate, to inquire into
indàgine s.f. **1** investigation, inquiry **2** (*ricerca*) research, survey
indebitàre **A** v.tr. to get into debt **B** v.rifl. to run into debt
indébito agg. **1** (*non dovuto*) not due, undue **2** (*immeritato*) undeserved **3** (*illegittimo*) illegal, unlawful
indebolìre v.tr. e intr. pron. to weaken
indecènte agg. **1** indecent **2** (*sporco*) dirty
indecènza s.f. **1** indecency **2** (*vergogna*) shame
indecifràbile agg. **1** indecipherable **2** (*illeggibile*) illegible **3** (*incomprensibile*) unintelligible
indecisióne s.f. indecision
indecìso agg. **1** undecided, unsettled **2** (*irresoluto*) irresolute
indefèsso agg. tireless, indefatigable
indefinìbile agg. undefinable, indefinable
indefinìto agg. **1** indefinite **2** (*non risolto*) undefined
indeformàbile agg. non-deformable
indégno agg. **1** unworthy **2** (*vergognoso*) shameful
indelèbile agg. indelible
indènne agg. unhurt, unharmed, undamaged
indennità s.f. allowance, indemnity, compensation
indennizzàre v.tr. to compensate, to indemnify
indennìzzo s.m. indemnity, refund ◆ **domanda d'i.** claim for damages
inderogàbile agg. unbreakable
indescrivìbile agg. indescribable, inexpressible
indesideràbile agg. undesirable
indeterminatézza s.f. indeterminateness
indeterminàto agg. indeterminate ◆ **a tempo i.** indefinitely
indiàno agg. e s.m. Indian
indiavolàto agg. **1** furious **2** (*frenetico*) frenzied
indicàre v.tr. **1** to indicate, to show, to point out, (*col dito*) to point at/to **2** (*denotare*) to be indicative of, to show, to denote **3** (*significare*) to mean **4** (*consigliare*) to suggest, to recommend **5** (*prescrivere*) to prescribe
indicativo **A** agg. **1** indicative **2** (*approssimativo*) approximate **B** s.m. (*tel.*) (*del paese*) country code, (*della località*) city code
indicatóre **A** agg. indicative **B** s.m. indicator, gauge
indicazióne s.f. **1** indication, sign **2** (*istruzione*) direction, instruction **3** al pl. directions *pl.*
ìndice s.m. **1** (*dito*) forefinger **2** (*lancetta*) indicator, pointer **3** (*fig.*) (*indizio*) sign, indication **4** (*di libro*) (table of) contents *pl.* **5** (*scient.*) index **6** (*econ.*) index, ratio ◆ **i. analitico** index
indicìbile agg. inexpressible
indietreggiàre v.intr. to draw back, to withdraw
indiètro avv. **1** back, behind **2** (*di orologio*) slow ◆ **all'i.** backwards
indiféso agg. undefended
indifferènte agg. **1** indifferent **2** (*disinteressato*) uninterested **3** (*insensibile*) cold, impassible
indifferènza s.f. indifference
indifferenziàto agg. undifferentiated
indìgeno agg. e s.m. native
indigènte agg. indigent, poor
indigènza s.f. indigence, poverty
indigestióne s.f. indigestion
indigèsto agg. indigestible
indignàre **A** v.tr. to shock, to offend **B** v.intr. pron. to be shocked, to get angry

indignazióne s.f. indignation
indimenticàbile agg. unforgettable
indipendènte agg. independent
indipendenteménte avv. independently
indipendènza s.f. independence
indìre v.tr. to call, to declare
indirètto agg. indirect
indirizzàre **A** v.tr. **1** to address **2** (*dirigere*) to direct **B** v.rifl. **1** (*dirigersi*) to direct one's step towards **2** (*rivolgersi*) to apply, to address oneself
indirìzzo s.m. **1** address **2** (*fig.*) direction, trend, turn ♦ **i. di posta elettronica** e-mail address
indisciplinàto agg. undisciplined
indiscréto agg. indiscreet, tactless
indiscrezióne s.f. **1** indiscretion **2** (*pettegolezzo*) indiscretion, gossip
indiscùsso agg. undisputed
indiscutìbile agg. unquestionable
indispensàbile agg. indispensable
indispettìre **A** v.tr. to vex, to annoy **B** v.intr. pron. to become vexed, to become annoyed
indisposizióne s.f. indisposition, ailment
indispósto agg. unwell, (*di stomaco*) upset
indissolùbile agg. indissoluble
indistìnto agg. indistinct
indistruttìbile agg. indestructible
indisturbàto agg. undisturbed
indìvia s.f. endive
individuàle agg. individual
individualìsmo s.m. individualism
individualménte avv. individually
individuàre v.tr. **1** (*caratterizzare*) to individualize **2** (*localizzare*) to locate **3** (*distinguere*) to single out, to identify
indivìduo s.m. individual
indivisìbile agg. indivisible
indiziàto agg. e s.m. suspect
indìzio s.m. **1** indication, sign, clue **2** (*dir.*) circumstantial evidence
indoeuropèo agg. e s.m. Indo-European
ìndole s.f. nature
indolènte agg. indolent, lazy
indolenziménto s.m. stiffening
indolóre agg. painless
indomàni s.m. (the) following day, (the) next day
indoràre v.tr. to gild
indossàre v.tr. **1** (*portare addosso*) to wear, to have on **2** (*mettere addosso*) to put on
indossatóre s.m. model
indossatrìce s.f. model
indottrinàre v.tr. to indoctrinate
indovinàre v.tr. **1** to guess **2** (*prevedere, immaginare*) to foresee, to imagine
indovinèllo s.m. riddle
indovìno s.m. fortune-teller
indubbiaménte avv. undoubtedly
indùbbio agg. undoubted
indugiàre v.intr. **1** to delay **2** (*trattenersi*) to loiter, to linger
indùgio s.m. delay
indulgènte agg. indulgent
indulgènza s.f. indulgence
indùlgere v.intr. to indulge
indùlto s.m. pardon
induménto s.m. garment, *al pl.* clothes *pl.*
induìre **A** v.tr. to harden **B** v.intr. e intr. pron. **1** to harden, to become hard **2** (*di cemento, colla ecc.*) to set
indùrre v.tr. to induce, to persuade
indùstria s.f. industry
industriàle **A** agg. industrial, manufacturing **B** s.m. e f. industrialist, manufacturer
industrializzazióne s.f. industrialization
industriàrsi v.intr. pron. to try hard, to do one's best
induzióne s.f. induction
inebetìto agg. dazed
inebriàre **A** v.tr. to intoxicate **B** v.intr. pron. to become intoxicated
ineccepìbile agg. unexceptionable
inèdia s.f. starvation
inèdito agg. unpublished
inefficàce agg. ineffective
inefficiènza s.f. inefficiency
ineluttàbile agg. ineluctable
inequivocàbile agg. unequivocal
inerènte agg. inherent, concerning
inèrme agg. unarmed
inerpicàrsi v.intr. pron. to climb
inèrte agg. **1** inert **2** (*immobile*) motionless
inèrzia s.f. **1** inertia **2** (*inattività*) inactivity
inesattézza s.f. inexactitude, inaccuracy
inesàtto agg. incorrect, inaccurate
inesaurìbile agg. inexhaustible
inesistènte agg. inexistent
inesoràbile agg. inexorable
inesperiènza s.f. inexperience
inespèrto agg. inexperienced, (*senza pratica*) inexpert
inesploràto agg. unexplored
inespugnàbile agg. inexpugnable, impregnable
inestetìsmo s.m. blemish, imperfection
inestimàbile agg. invaluable, priceless
inètto agg. **1** unfit, unsuitable **2** (*incapace*) incompetent
inevàso agg. outstanding
inevitàbile agg. unavoidable, inevitable
inèzia s.f. trifle
infagottàre v.tr. e rifl. to wrap up
infallìbile agg. infallible
infamàre v.tr. to defame, to disgrace
infàme agg. infamous
infantìle agg. children's (*attr.*), infantile
infànzia s.f. childhood, infancy
infarcìre v.tr. to stuff, to cram

infarinàre v.tr. to flour
infarinatùra s.f. **1** flouring **2** (*fig.*) smattering
infàrto s.m. infarct, heart attack
infastidìre **A** v.tr. to annoy **B** v.intr. pron. to get annoyed
infaticàbile agg. tireless
infàtti cong. indeed, as a matter of fact
infatuàre **A** v.tr. to infatuate **B** v.intr. pron. to become infatuated
infatuazióne s.f. infatuation
infàusto agg. unfavourable
infecóndo agg. sterile, infertile
infedéle agg. unfaithful
infedeltà s.f. unfaithfulness
infelìce agg. **1** unhappy, wretched **2** (*inappropriato*) unfortunate, inappropriate **3** (*malfatto*) bad
infelicità s.f. **1** unhappiness **2** (*inopportunità*) inappropriateness
inferióre agg. **1** inferior **2** (*più basso*) lower **3** (*sottostante*) lower, below
inferiorità s.f. inferiority
infermerìa s.f. infirmary
infermièra s.f. nurse
infermière s.m. male nurse
infermità s.f. infirmity ♦ **i. mentale** mental illness
inférmo agg. invalid
infernàle agg. **1** infernal, hellish **2** (*fig.*) awful
infèrno s.m. hell
inferocìto agg. enraged
inferriàta s.f. bars *pl.*
infervoràre **A** v.tr. to animate, to arouse enthusiasm **B** v.intr. pron. to grow fervent, to get excited
infestàre v.tr. to infest
infettàre **A** v.tr. to infect **B** v.intr. pron. to become infected
infettìvo agg. infectious, catching
infètto agg. infected
infezióne s.f. infection
infiacchìre v.tr. e intr. pron. to weaken
infiammàbile agg. inflammable
infiammàre **A** v.tr. **1** to set on fire **2** (*fig.*) to inflame **B** v.intr. pron. **1** to take fire **2** (*fig.*) to become inflamed
infiammazióne s.f. inflammation
infìdo agg. treacherous
infierìre v.intr. **1** to be pitiless **2** (*imperversare*) to rage
infìggere v.tr. to drive, to fix
infilàre **A** v.tr. **1** to thread, to string **2** (*introdurre*) to insert, to slip in **3** (*infilzare*) to run through, to transfix **4** (*indossare*) to slip on, to put on **B** v.rifl. **1** (*farsi largo*) to thread one's way **2** (*introdursi*) to slip **3** (*indossare*) to slip on, to put on
infiltràrsi v.intr. pron. to infiltrate
infiltrazióne s.f. infiltration
infilzàre v.tr. **1** to run through, to transfix **2** (*conficcare*) to stick
ìnfimo agg. lowest
infìne avv. **1** (*alla fine*) at last **2** (*da ultimo*) finally **3** (*in fondo*) after all **4** (*insomma*) in short
infinità s.f. infinity
infinitesimàle agg. infinitesimal
infinìto **A** agg. **1** infinite **2** (*interminabile*) endless **3** (*innumerevole*) innumerable, endless **B** s.m. **1** infinity **2** (*gramm.*) infinitive
infinocchiàre v.tr. (*fam.*) to fool (sb.)
infischiàrsi v.intr. pron. (*fam.*) not to care, not to give a damn
infìsso s.m. frame
infittìre v.tr. e intr. pron. to thicken
inflazionàre v.tr. **1** to inflate **2** (*fig.*) to overdo
inflazióne s.f. inflation
inflessìbile agg. inflexible
inflìggere v.tr. to inflict
influènte agg. influential
influènza s.f. **1** influence **2** (*med.*) influenza, flu ♦ **prendere l'i.** to catch flu
influenzàre v.tr. to influence
influìre v.intr. to influence
inflùsso s.m. influence
infondàto agg. groundless
infóndere v.tr. to infuse
inforcàre v.tr. **1** to pitchfork **2** (*bicicletta, cavallo ecc.*) to get on **3** (*occhiali*) to put on
informàle agg. informal
informàre **A** v.tr. to inform, to acquaint **B** v.intr. pron. **1** to inquire **2** (*uniformarsi*) to adapt oneself
informàtica s.f. computer science
informàtico **A** agg. computer (*attr.*) **B** s.m. computer scientist
informatìvo agg. informative
informàto agg. informed
informatóre s.m. informer, informant
informazióne s.f. information
infórme agg. shapeless
infortunàrsi v.intr. pron. to get injured
infortùnio s.m. accident
infossàrsi v.intr. pron. **1** to become hollow **2** (*affondare*) to sink
infradìto s.m. o f. inv. flip-flops *pl.*, (*USA*) thongs *pl.*
infràngere **A** v.tr. **1** to break, to shatter **2** (*violare*) to infringe **B** v.intr. pron. to break, to shatter
infrangìbile agg. unbreakable
infrarósso agg. e s.m. infrared
infrasettimanàle agg. midweek (*attr.*)
infrazióne s.f. infraction, infringement
infreddatùra s.f. cold
infreddolìto agg. cold
infruttuóso agg. **1** unfruitful, fruitless **2** (*improduttivo*) unprofitable **3** (*vano*) vain, unsuccessful
infuòri avv. out, outwards ♦ **all'i. di** except, apart from

infuriàre **A** v.intr. to rage **B** v.intr. pron. to fly into a rage, to flare up
infusióne s.f. infusion ♦ **lasciare in i.** to let sleep
infùso s.m. infusion
ingabbiàre v.tr. **1** to cage **2** (*fig.*) to enclose, to coop up
ingaggiàre v.tr. **1** to engage, to hire, to sign (up) **2** (*mil.*) to enlist **3** (*iniziare*) to start
ingannàre **A** v.tr. to deceive, to cheat, to swindle **B** v.intr. pron. to be mistaken, to be wrong ♦ **i. il tempo** to while away the time, to kill time
ingannévole agg. deceitful, deceptive
ingànno s.m. deceit, deception ♦ **con l'i.** under false pretences
ingarbugliàre **A** v.tr. **1** to entangle **2** (*fig.*) to complicate, to confuse **B** v.intr. pron. to get entangled
ingegnàrsi v.intr. pron. to do one's best
ingegnère s.m. engineer
ingegnerìa s.f. engineering
ingégno s.m. intelligence
ingegnosità s.f. ingenuity, cleverness
ingegnóso agg. ingenious, clever
ingelosìre **A** v.tr. to make jealous **B** v.intr. pron. to become jealous
ingènte agg. great, huge
ingenuità s.f. ingenuousness, naïvety
ingènuo agg. ingenuous, naïve
ingerènza s.f. interference
ingerìre **A** v.tr. to swallow, to ingest **B** v.intr. pron. to interfere
ingessàre v.tr. to plaster
ingessatùra s.f. plaster
inghiottìre v.tr. to swallow
ingiallìre v.tr. e intr. pron. to yellow
ingigantìre **A** v.tr. to magnify **B** v.intr. pron. to become gigantic
inginocchiàrsi v.intr. pron. to kneel (down)
ingiù avv. down, downwards
ingiùria s.f. **1** insult, abuse **2** (*dir.*) slander, offence
ingiuriàre **A** v.tr. to insult, to abuse **B** v.rifl. rec. to insult each other
ingiurióso agg. insulting, abusive
ingiustificàto agg. unjustified
ingiustìzia s.f. **1** injustice, unfairness **2** (*torto*) wrong
ingiùsto agg. unfair, unjust
inglése **A** agg. English **B** s.m. e f. Englishman *m.*, Englishwoman *f.* **C** s.m. (*lingua*) English
inglesìsmo s.m. Anglicism
ingoiàre v.tr. to swallow
ingolfàre **A** v.tr. to flood **B** v.intr. pron. **1** (*impelagarsi*) to plunge into **2** (*autom.*) to flood
ingombrànte agg. **1** cumbersome **2** (*fig.*) awkward
ingombràre v.tr. **1** to encumber, to block **2** (*fig.*) to stuff
ingómbro s.m. **1** encumbrance, obstruction **2** (*mole*) bulk, (*dimensione*) size
ingórdo agg. greedy
ingorgàre **A** v.tr. to clog, to block (up) **B** v.intr. pron. to become blocked up, to clog up
ingórgo s.m. obstruction, (*del traffico*) jam, traffic jam
ingozzàre **A** v.tr. (*far mangiare*) to stuff, to fatten **B** v.rifl. to gobble, to gulp down
ingranàggio s.m. **1** gear **2** (*fig.*) mechanism, workings *pl.*
ingranàre **A** v.tr. to put into gear, to engage **B** v.intr. **1** to be in gear, to engage **2** (*fig.*) to get on (well), to fit in
ingrandiménto s.m. enlargement ♦ **lente d'i.** magnifying glass
ingrandìre **A** v.tr. **1** to enlarge, to expand **2** (*fis.*) to magnify **3** (*fig.*) to exaggerate **B** v.intr. pron. to become larger, to grow, to expand
ingrassàggio s.m. greasing
ingrassàre **A** v.tr. **1** to fatten, to make fat **2** (*lubrificare*) to grease **B** v.intr. e intr. pron. to put on weight, to fatten (up)
ingratitùdine s.f. ungratefulness
ingràto agg. ungrateful
ingraziàre v.tr. to ingratiate oneself with
ingrediènte s.m. ingredient
ingrèsso s.m. **1** entry **2** (*entrata*) entrance **3** (*accesso*) entry, admittance, admission ♦ **i. gratuito** free admission || **vietato l'i.** no entry
ingrossàre **A** v.tr. **1** to enlarge, to increase **2** (*gonfiare*) to swell **B** v.intr. pron. **1** to become bigger, to increase **2** (*gonfiarsi*) to swell up **3** (*ingrassare*) to become fat **4** (*di mare*) to rise
ingròsso nella loc. avv. **all'i.** wholesale
inguaiàre v.tr. (*fam.*) to get into trouble
inguarìbile agg. incurable
ìnguine s.m. groin
inibìre **A** v.tr. **1** to inhibit **2** (*proibire*) to forbid **B** v.rifl. to restrain oneself
inibizióne s.f. inhibition
iniettàre v.tr. to inject
iniettóre s.m. injector
iniezióne s.f. injection
inimicàre **A** v.tr. to alienate, to make an enemy of, to antagonize **B** v.intr. pron. to fall out with
inimicìzia s.f. enmity, hostility
inimitàbile agg. inimitable
inimmaginàbile agg. unimaginable
ininfluènte agg. irrelevant
ininterrótto agg. continuous, uninterrupted
iniquità s.f. iniquity
inizìale **A** agg. initial, starting **B** s.f. initial
iniziàre **A** v.tr. **1** to begin, to start **2** (*instradare*) to initiate, to introduce **B** v.intr. to begin, to start
iniziatìva s.f. initiative
iniziàto s.m. initiate
iniziatóre agg. e s.m. initiator
inìzio s.m. beginning, start
innaffiàre v.tr. to water

innalzàre **A** v.tr. to raise **B** v.intr. pron. to rise
innamoràre **A** v.tr. to charm **B** v.intr. pron. e rifl. rec. to fall in love
innamoràto agg. in love (*pred.*), loving
innànzi **A** avv. **1** (*prima*) before **2** (*poi*) on, onwards **B** agg. previous **C** prep. **i. (a)** **1** (*davanti a*) before, in front of **2** (*prima*) before ♦ **i. tutto** above all, first of all
innanzitùtto avv. above all, first of all
innàto agg. innate, inborn
innaturàle agg. unnatural
innegàbile agg. undeniable
innervosìre **A** v.tr. to get on (sb.'s) nerves, to annoy **B** v.intr. pron. to get nervous, to get annoyed
innescàre **A** v.tr. **1** (*tecnol.*) to prime **2** (*fis.*) to trigger **B** v.intr. pron. to start
innésco s.m. **1** primer **2** (*fis., fig.*) trigger
innestàre **A** v.tr. **1** (*bot.*) to graft **2** (*inserire*) to insert, (*una spina*) to plug in **3** (*mecc.*) to engage **B** v.intr. pron. to be inserted, to join
innèsto s.m. **1** (*bot.*) graft **2** (*mecc.*) connection, joint
ìnno s.m. hymn ♦ **i. nazionale** national anthem
innocènte agg. **1** innocent **2** (*dir.*) not guilty ♦ **fare l'i.** to play the innocent, to put on an innocent air
innocènza s.f. innocence
innòcuo agg. innocuous, harmless
innovàre v.tr. to innovate, to renew
innovatìvo agg. innovative
innovatóre s.m. innovator
innumerévole agg. innumerable, countless
inoculàre v.tr. to inoculate
inodóre agg. odourless
inoffensìvo agg. harmless, inoffensive
inoltràre **A** v.tr. to forward, to send, (*per posta*) to mail **B** v.rifl. to advance, to go forward
inóltre avv. besides, also, beyond that, moreover
inondàre v.tr. to flood
inondazióne s.f. flooding, flood, inundation
inoperóso agg. inactive
inopportùno agg. inopportune, untimely
inorgànico agg. inorganic
inorgoglìre **A** v.tr. to make proud **B** v.intr. pron. to become proud
inorridìre **A** v.tr. to horrify **B** v.intr. to be horrified
inospitàle agg. inhospitable
inosservàto agg. **1** unobserved, unnoticed **2** (*inadempiuto*) not observed, unfulfilled
inossidàbile agg. stainless
input s.m. inv. input
inquadràre **A** v.tr. **1** to organize, to arrange **2** (*fot., cin.*) to frame **B** v.intr. pron. to fit in, to form part of
inquadratùra s.f. **1** framing **2** (*fot., cin.*) shot
inqualificàbile agg. **1** unmarkable **2** (*fig.*) deplorable
inquietànte agg. worrying, disturbing
inquietàre **A** v.tr. to worry, to disturb **B** v.intr. pron. **1** (*arrabbiarsi*) to get angry **2** (*preoccuparsi*) to worry
inquièto agg. **1** (*agitato*) restless **2** (*preoccupato*) uneasy, worried
inquietùdine s.f. **1** (*agitazione*) restlessness **2** (*preoccupazione*) anxiety, worry
inquilìno s.m. tenant
inquinaménto s.m. pollution ♦ **i. acustico** noise pollution
inquinàre v.tr. to pollute
inquinàto agg. polluted
inquisìre v.tr. to investigate
inquisizióne s.f. inquisition
insabbiàre **A** v.tr. **1** to sand **2** (*fig.*) to shelve **B** v.intr. pron. e rifl. **1** to get covered with sand **2** (*arenarsi*) to run aground **3** (*fig.*) to be shelved
insaccàti s.m. pl. sausages *pl.*
insalàta s.f. salad
insalùbre agg. unhealthy
insanàbile agg. **1** incurable **2** (*irrimediabile*) irremediable
insanguinàre v.tr. **1** to stain with blood **2** (*funestare*) to bathe in blood
insaponàre **A** v.tr. to soap **B** v.rifl. to soap oneself
insapóre agg. flavourless, tasteless
insaziàbile agg. insatiable
inscatolàre v.tr. to box, to tin, to can
inscenàre v.tr. to stage
insediaménto s.m. **1** settlement **2** (*in una carica*) installation
insediàre **A** v.tr. to install **B** v.intr. pron. **1** to take office, to install oneself **2** (*stabilirsi*) to settle
inségna s.f. **1** (*di locale*) sign **2** (*bandiera*) banner, flag
insegnaménto s.m. teaching
insegnànte **A** agg. teaching **B** s.m. e f. teacher
insegnàre v.tr. **1** to teach **2** (*indicare*) to show
inseguiménto s.m. pursuit, chase
inseguìre v.tr. **1** to chase, to run after **2** (*fig.*) to pursue
inseminazióne s.f. insemination
insenatùra s.f. inlet
insensàto agg. senseless
insensìbile agg. **1** insensitive **2** (*impercettibile*) imperceptible **3** (*indifferente*) indifferent
inseparàbile agg. inseparable
inseriménto s.m. insertion
inserìre **A** v.tr. **1** to insert, to put in, to include **2** (*elettr.*) to connect, to plug in **B** v.rifl. e intr. pron. to enter
insèrto s.m. insert
inservìbile agg. useless
inservïènte s.m. e f. attendant
inserzióne s.f. **1** insertion **2** (*su giornale*) advertisement, ad
insetticìda s.m. insecticide
insètto s.m. insect

insicurézza s.f. insecurity
insicùro agg. insecure
insìdia s.f. **1** snare, trap **2** (*pericolo*) peril, danger
insidiàre v.tr. to lay a trap for
insidióso agg. insidious
insième **A** s.m. **1** whole, complex, combination **2** (*assortimento*) set **3** (*mat.*) set **B** avv. **1** together **2** (*congiuntamente*) together, jointly **3** (*contemporaneamente*) together, at the same time **C** nella loc. prep. **i. a/con** (together) with
insìgne agg. eminent, distinguished
insignificànte agg. **1** insignificant, negligible **2** (*inespressivo*) inexpressive
insignìre v.tr. to confer
insincèro agg. insincere
insindacàbile agg. unquestionable
insinuàre **A** v.tr. **1** to slip, to insert **2** (*fig.*) to insinuate, to suggest **B** v.intr. pron. e rifl. **1** to insinuate oneself **2** (*penetrare*) to creep
insinuazióne s.f. insinuation
insìpido agg. **1** (*senza sale*) lacking in salt **2** (*insapore*) tasteless, insipid
insistènte agg. **1** insistent **2** (*ripetuto*) persistent **3** (*incessante*) unceasing
insistènza s.f. insistence
insìstere v.intr. to insist
insoddisfacènte agg. unsatisfactory
insoddisfàtto agg. **1** unsatisfied **2** (*scontento*) dissatisfied
insoddisfazióne s.f. dissatisfaction
insofferènte agg. **1** (*irritabile*) impatient, irritable **2** (*intollerante*) intolerant
insolazióne s.f. **1** insolation **2** (*colpo di sole*) sunstroke
insolènte agg. insolent
insolènza s.f. insolence
insòlito agg. unusual
insolùbile agg. insoluble
insolùto agg. **1** unsolved **2** (*non pagato*) unpaid
insolvènte agg. insolvent
insómma avv. **1** (*in breve*) in short **2** (*concludendo*) in conclusion **3** (*dunque*) then, well **4** (*esclamativo*) well (then), pretty much
insònne agg. sleepless
insònnia s.f. insomnia, sleeplessness
insonnolìto agg. sleepy, drowsy
insonorizzàto agg. sound-proof(ed)
insopportàbile agg. unbearable, insufferable
insórgere v.intr. **1** (*ribellarsi*) to rise (up) **2** (*protestare*) to protest **3** (*manifestarsi*) to arise
insórto s.m. rebel, insurgent
insospettàbile agg. beyond suspicion
insospettìre **A** v.tr. to make suspicious, to arouse suspicions **B** v.intr. pron. to become suspicious
insostenìbile agg. **1** unsustainable, untenable **2** (*insopportabile*) unbearable
insostituìbile agg. irreplaceable
inspiegàbile agg. inexplicable
inspiràre v.tr. to breathe in
instàbile agg. **1** unstable, unsteady **2** (*mutevole*) changeable
installàre **A** v.tr. to install **B** v.rifl. to settle (oneself) in
installazióne s.f. installation
instancàbile agg. indefatigable, untiring
instauràre **A** v.tr. to set up, to establish **B** v.intr. pron. to begin
insù avv. up, upwards
insuccèsso s.m. failure, flop
insudiciàre **A** v.tr. to dirty, to soil **B** v.rifl. to dirty oneself, to get dirty
insufficiènte agg. insufficient, inadequate
insufficiènza s.f. **1** insufficiency, inadequacy **2** (*mancanza*) lack, shortage **3** (*med.*) insufficiency **4** (*a scuola*) low mark
insulàre agg. insular
insulìna s.f. insulin
insùlso agg. insipid, dull
insultàre v.tr. to insult, to abuse
insùlto s.m. insult, abuse
insuperàbile agg. insurmountable, insuperable
insurrezióne s.f. insurrection, rising
intaccàre v.tr. **1** (*fare tacche*) to notch **2** (*corrodere*) to corrode, to eat into **3** (*cominciare a consumare*) to draw up, to dip into **4** (*danneggiare*) to damage, to spoil
intagliàre v.tr. **1** to engrave, to incise **2** (*scolpire*) to carve
intàglio s.m. **1** (*arte*) intaglio **2** (*tacca*) notch
intangìbile agg. untouchable
intànto avv. **1** meanwhile, in the meantime, at the same time **2** (*avversativo*) but ♦ **i. che** while, as
intàrsio s.m. inlay
intasaménto s.m. stoppage, block, (*nel traffico*) jam
intasàre **A** v.tr. to obstruct, to block **B** v.intr. pron. to become blocked, to get stopped up
intascàre v.tr. to pocket
intàtto agg. **1** intact, untouched **2** (*illeso*) undamaged, uninjured
intavolàre v.tr. to start, to enter into
integràle agg. **1** integral, complete, comprehensive **2** (*di edizione*) unabridged **3** (*non raffinato*) wholemeal, unrefined, wholewheat
integralménte avv. in full
integrànte agg. integrant
integràre **A** v.tr. **1** to integrate **2** (*completare*) to supplement **B** v.rifl. to integrate
integratóre s.m. integrator ♦ **i. alimentare** dietary supplement
integrità s.f. integrity (*anche fig.*)
ìntegro agg. **1** complete, integral **2** (*fig.*) upright
intelaiatùra s.f. framework, (*di finestra*) sash
intellètto s.m. intellect
intellettuàle agg. intellectual
intellettualìsmo s.m. intellectualism

intelligènte **agg.** intelligent, clever
intelligènza **s.f.** intelligence, cleverness
intelligìbile **agg.** intelligible
intempèrie **s.f. pl.** bad weather
intempestìvo **agg.** untimely
intèndere **A** **v.tr.** **1** (*capire*) to understand **2** (*significare*) to mean, to intend **3** (*avere intenzione*) to intend, to propose, to be going to **4** (*udire*) to hear **B** **v.intr. pron.** to know about, to be an expert **C** **v.rifl. rec.** **1** (*mettersi d'accordo*) to come to an agreement, to agree **2** (*andare d'accordo*) to get on with
intendiménto **s.m.** **1** understanding **2** (*intenzione*) intention
intenditóre **s.m.** connoisseur, expert
intenerìre **A** **v.tr.** **1** to soften **2** (*fig.*) to move (to pity) **B** **v.intr. pron.** **1** to soften **2** (*fig.*) to be moved
intensificàre **v.tr. e intr. pron.** to intensify
intensità **s.f.** intensity
intensìvo **agg.** intensive
intènso **agg.** intense
intènto **A** **agg.** intent **B** **s.m.** aim, purpose
intenzionàle **agg.** intentional
intenzionàto **agg.** inclined, willing, intentioned (ES: ***ben disposto*** well intentioned)
intenzióne **s.f.** intention
interaménte **avv.** entirely, wholly
interattìvo **agg.** interactive
interazióne **s.f.** interaction
intercalàre[1] **s.m.** stock phrase, pet word
intercalàre[2] **v.tr.** to insert
intercapèdine **s.f.** hollow space
intercèdere **v.intr.** to intercede, to plead
intercessióne **s.f.** intercession
intercettàre **v.tr.** to intercept, (*conversazione telefonica*) to tap
intercolùnnio **s.m.** intercolumn
intercomunicànte **agg.** communicating
intercontinentàle **agg.** intercontinental
interdétto **agg.** **1** (*vietato*) forbidden **2** (*dir.*) interdicted, disqualified **3** (*sorpreso*) dumbfounded
interdìre **v.tr.** **1** (*proibire*) to forbid **2** (*dir.*) to interdict, to disqualify
interdisciplinàre **agg.** interdisciplinary
interdizióne **s.f.** **1** (*proibizione*) prohibition **2** (*dir.*) interdiction, restraint
interessaménto **s.m.** interest, concern
interessànte **agg.** interesting ♦ **essere in stato i.** to be with child, to be expecting
interessàre **A** **v.tr.** **1** to interest **2** (*riguardare*) to concern, to affect **B** **v.intr.** **1** to interest, to be of interest **2** (*importare*) to matter **C** **v.intr. pron.** to be interested in, to care
interessàto **agg.** interested
interèsse **s.m.** interest
interfàccia **s.f.** (*inform.*) interface ♦ **i. utente** user interface
interferènza **s.f.** interference
interferìre **v.intr.** to interfere
interfòno **s.m.** intercom
interiezióne **s.f.** interjection
interinàle **agg.** temporary, interim (*attr.*) ♦ **lavoro i.** temporary work
interióra **s.f. pl.** entrails *pl.*
interióre **agg.** interior, inner
interlocutóre **s.m.** interlocutor
interlùdio **s.m.** interlude
intermediàrio **s.m.** **1** intermediary **2** (*econ.*) broker
intermèdio **agg.** intermediate
intermèzzo **s.m.** **1** (*intervallo*) break, interval **2** (*mus., teatro*) intermezzo
interminàbile **agg.** endless, never-ending, interminable
intermittènte **agg.** intermittent
internaménte **avv.** internally, inside
internàre **v.tr.** to intern
internazionàle **agg.** international
Ìnternet **s.f. inv.** Internet
intèrno **A** **agg.** **1** internal, inner (*attr.*), inside (*attr.*) **2** (*geogr.*) inland **3** (*interiore*) inner (*attr.*), inward (*attr.*) **4** (*econ.*) (*nazionale*) home (*attr.*) **B** **s.m.** **1** interior, inside **2** (*tel.*) extension **3** (*alunno*) boarder **4** (*fodera*) lining
intéro **agg.** **1** (*tutto*) whole, all **2** (*completo*) entire, whole, complete ♦ **per i.** in full
interpellàre **v.tr.** to consult, to ask
interpórre **A** **v.tr.** **1** to interpose **2** (*frapporre*) to present **B** **v.rifl. e intr. pron.** to interpose, to intervene
interpretàre **v.tr.** **1** to interpret **2** (*teatro, mus.*) to play, to interpret
interpretazióne **s.f.** interpretation
intèrprete **s.m. e f.** interpreter
interrogàre **v.tr.** **1** to ask questions to **2** (*studente*) to examine, to test **3** (*dir.*) to question, to interrogate **4** (*inform.*) to query, to search
interrogatìvo **A** **agg.** interrogative, questioning **B** **s.m.** **1** question **2** (*fig.*) mistery ♦ **punto i.** question mark
interrogatòrio **A** **agg.** interrogatory **B** **s.m.** interrogation, examination
interrogazióne **s.f.** **1** question, interrogation **2** (*a scuola*) oral exam **3** (*inform.*) query
interrómpere **A** **v.tr.** **1** to interrupt, to break off, to cut off **2** (*un discorso*) to interrupt **3** (*bloccare*) to block **B** **v.intr. pron.** to stop, to break off
interruttóre **s.m.** switch
interruzióne **s.f.** interruption
intersecàre **v.tr. e rifl. rec.** to intersect
intersezióne **s.f.** intersection
interstìzio **s.m.** interstice
interurbàno **agg.** interurban ♦ **telefonata interurbana** trunk call
intervàllo **s.m.** interval, break
intervenìre **v.intr.** **1** to intervene **2** (*prendere parte*) to be present, to attend

intervènto s.m. **1** intervention **2** (*discorso*) speech **3** (*presenza*) presence, attendance **4** (*med.*) operation
intervìsta s.f. interview
intervistàre v.tr. to interview
intésa s.f. **1** (*comprensione*) understanding **2** (*accordo*) agreement **3** (*pol.*) entente
intestàre **A** v.tr. **1** (*mettere l'intestazione*) to head **2** (*una proprietà*) to register in sb.'s name, (*un assegno*) to make out **B** v.intr. pron. to persist, to insist
intestazióne s.f. **1** heading **2** (*registrazione*) registration
intestinàle agg. intestinal
intestìno **A** agg. intestine, civil **B** s.m. intestine
intiepidìre **A** v.tr. **1** (*scaldare*) to warm **2** (*raffreddare*) to cool **B** v.intr. pron. **1** (*scaldarsi*) to warm up **2** (*raffreddarsi*) to cool down
intimàre v.tr. to order, to command, to summon
intimazióne s.f. order, command, summons
intimidìre **A** v.tr. **1** to overawe, to make shy **2** (*impaurire*) to intimidate **B** v.intr. pron. **1** to become shy **2** (*impaurirsi*) to be intimidate
intimìsta agg., s.m. e f. intimist
intimità s.f. **1** intimacy, privacy **2** (*familiarità*) familiarity
ìntimo **A** agg. **1** intimate, close **2** (*privato*) private, intimate **3** (*il più profondo*) inner, innermost **4** (*profondo*) profound, deep **B** s.m. **1** (*parte interiore*) bottom **2** (*amico*) intimate friend, close friend **3** (*animo*) hearth, soul **4** (*abbigliamento*) underwear, lingerie
intimorìre **A** v.tr. to intimidate, to frighten **B** v.intr. pron. to be frightened
intìngolo s.m. sauce
intirizzìre **A** v.tr. to numb, to make stiff **B** v.intr. pron. to grow numb, to grow stiff
intitolàre **A** v.tr. **1** to entitle, to give a title to, to call **2** (*dedicare*) to dedicate, to name after **B** v.intr. pron. to be entitled, to be called, to be named
intoccàbile agg. untouchable
intolleràbile agg. intolerable, unbearable
intolleránte agg. intolerant
intolleránza s.f. intolerance ♦ **i. alimentare** intolerance
intònaco s.m. plaster
intonàre **A** v.tr. **1** (*strumento*) to tune **2** (*incominciare a cantare, suonare*) to strike up **3** (*accordare*) to match **B** v.intr. pron. to be in tune, to match, to fit
intontìre **A** v.tr. to stun, to daze **B** v.intr. pron. to be stunned, to be dazed
intòppo s.m. obstacle
intórno **A** avv. round, around, about **B** prep. **i. (a)** **1** round, around **2** (*circa*) about **3** (*riguardo a*) about, on
intorpidìre **A** v.tr. to numb **B** v.intr. pron. to grow numb
intossicàre **A** v.tr. to poison **B** v.rifl. e intr. pron. to be poisoned
intossicazióne s.f. poisoning
intradòsso s.m. intrados
intraducìbile agg. untranslatable
intralciàre v.tr. to hinder, to hamper
ìntranet s.f. inv. intranet
intransigènte agg. intransigent
intransitìvo agg. e s.m. intransitive
intraprendènte agg. enterprising
intraprèndere v.tr. to undertake, to begin
intrattàbile agg. intractable
intrattenére **A** v.tr. to entertain **B** v.intr. pron. **1** (*trattenersi*) to stop **2** (*soffermarsi*) to dwell (upon)
intravedére v.tr. **1** (*vedere di sfuggita*) to catch a glimpse of **2** (*prevedere*) to foresee
intrecciàre **A** v.tr. **1** to twist, to intertwine **2** (*capelli*) to plait **3** (*fig.*) to weave together **B** v.rifl. rec. **1** to intertwine **2** to cross each other
intréccio s.m. **1** intertwinement, weaving **2** (*trama*) plot
intrìco s.m. tangle
intrìgo s.m. intrigue
intrìnseco agg. intrinsic
introdùrre **A** v.tr. **1** to introduce **2** (*inserire*) to put in, to insert **3** (*far entrare*) to show in, to usher **B** v.intr. pron. to get in
introduzióne s.f. introduction
intròito s.m. income, revenue
introméttere **A** v.tr. to interpose **B** v.rifl. **1** to intervene, to come between **2** (*ingerirsi*) to interfere
introspettìvo agg. introspective
introvàbile agg. not able to be found, unfindable
introvèrso agg. e s.m. introvert
intrùglio s.m. concoction
intrusióne s.f. intrusion
intrùso s.m. intruder
intuìre v.tr. to guess, to perceive by intuition
intuitìvo agg. intuitive
intuizióne s.f. intuition
inumàno agg. inhuman
inumidìre **A** v.tr. to damp, to moisten **B** v.intr. pron. to moisten, to become damp
inùtile agg. **1** useless, unusable, pointless **2** (*non necessario*) unnecessary
inutilità s.f. uselessness, pointlessness
inutilizzàbile agg. unusable
inutilménte avv. uselessly, in vain
invadènte agg. intrusive
invàdere v.tr. to invade
invaghìrsi v.intr. pron. **1** to take a fancy of **2** (*innamorarsi*) to fall in love with
invalidità s.f. **1** invalidity **2** (*di persona*) disability
invàlido **A** agg. **1** invalid **2** (*di persona*) disabled, invalid **B** s.m. disabled person
invàno avv. in vain, to no purpose
invariàbile agg. invariable
invasióne s.f. invasion
invasóre **A** agg. invading **B** s.m. invader

invecchiaménto s.m. ag(e)ing
invecchiàre A v.tr. **1** to age, to make old **2** (*far sembrare vecchio*) to make look older B v.intr. to age, to grow old, to get old
invéce A avv. instead, on the contrary, but B nella loc. prep. **i. di** instead of C nella loc. cong. **i. che** instead of
inveìre v.intr. to rail against, to shout abuse at
invendìbile agg. unsaleable
inventàre v.tr. to invent
inventàrio s.m. **1** inventory **2** (*elenco*) list
inventìva s.f. inventiveness
inventìvo agg. inventive
inventóre s.m. inventor
invenzióne s.f. **1** invention **2** (*bugia*) lie, story
invernàle agg. winter (*attr.*)
invèrno s.m. winter
inverosìmile agg. unlikely, improbable
inversióne s.f. inversion, reversal ♦ **i. di marcia** U-turn
invèrso A agg. **1** opposite, contrary, reverse **2** (*mat.*) inverse B s.m. opposite, contrary
invertebràto agg. e s.m. invertebrate
invertìre A v.tr. to reverse, to invert B v.intr. pron. to be inverted
investigàre v.tr. e intr. to investigate
investigazióne s.f. investigation, inquiry
investiménto s.m. investment
investìre A v.tr. **1** (*econ.*) to invest **2** (*autom.*) to run over **3** (*assalire*) to assail **4** (*conferire una carica*) to invest, to give B v.rifl. rec. to collide
investitóre s.m. (*econ.*) investor
inviàre v.tr. to send, to forward ♦ **i. per posta elettronica** to send by e-mail, to e-mail
inviàto s.m. **1** messenger, envoy **2** (*giornalista*) correspondent
invìdia s.f. envy
invidiàre v.tr. to envy
invidióso agg. envious
invincìbile agg. invincible
invìo s.m. **1** (*di merce*) dispatch, forwarding **2** (*di denaro*) remittance **3** (*per posta*) mailing **4** (*inform.*) enter
invischiàre A v.tr. (*coinvolgere*) to involve in B v.intr. pron. to get involved
invisìbile agg. invisible
invitànte agg. tempting, attractive, inviting
invitàre v.tr. to invite, to ask
invitàto s.m. guest
invìto s.m. invitation
invocàre v.tr. **1** to invoke **2** (*chiedere*) to demand **3** (*fare appello a*) to appeal to
invogliàre v.tr. to tempt
involontàrio agg. unintentional, involuntary
involtìno s.m. roulade
invòlucro s.m. wrapper, cover
involuzióne s.f. **1** involution **2** (*declino*) decline, regression
inzaccheràre A v.tr. to splash with mud B v.rifl. to get splashed with mud
inzuppàre A v.tr. **1** to soak **2** (*immergere*) to dip B v.intr. pron. to get soaked
ìo pron. pers. 1ª p. sing. (*sogg.*) I, (*compl.*) me ♦ **io stesso** I myself
iòdio s.m. iodine
iònico[1] agg. Ionic
iònico[2] agg. (*chim.*) ionic
iperbòlico agg. hyperbolic(al)
ipercrìtico agg. hypercritical
ipermercàto s.m. mall
ipermetropìa s.f. hypermetropia
iperrealìsmo s.m. hyperrealism
ipertensióne s.f. hypertension
ipnòsi s.f. hypnosis
ipnotìsmo s.m. hypnotism
ipnotizzàre v.tr. to hypnotize
ipoallergènico agg. hypoallergenic
ipocrisìa s.f. hypocrisy
ipòcrita A agg. hypocritical B s.m. e f. hypocrite
ipogèo s.m. hypogeum
iposòdico agg. low-salt
ipotèca s.f. **1** mortgage **2** (*fig.*) claim
ipotecàre v.tr. **1** to mortgage **2** (*fig.*) to stake a claim on
ipòtesi s.f. **1** hypothesis **2** (*congettura*) conjecture, supposition
ipotètico agg. **1** hypothetical **2** (*presunto*) presumed, supposed
ìppica s.f. horse racing
ìppico agg. horse (*attr.*)
ippocàmpo s.m. sea-horse
ippocastàno s.m. chestnut
ippòdromo s.m. race-course
ippopòtamo s.m. hippopotamus
ìra s.f. rage, anger
irachèno agg. e s.m. Iraqi
iraniàno agg. e s.m. Iranian
irascìbile agg. irascible, quick-tempered
ìride s.f. iris
irlandése A agg. Irish B s.m. e f. Irishman *m.*, Irishwoman *f.* C s.m. (*lingua*) Irish
ironìa s.f. irony
irònico agg. ironic(al)
ironizzàre v.tr. e intr. to be ironic (about)
irradiàre A v.tr. e intr. to irradiate B v.intr. pron. to radiate, to spread out
irradiazióne s.f. irradiation
irraggiungìbile agg. unattainable
irragionévole agg. unreasoning, unreasonable
irrazionàle agg. irrational
irreàle agg. unreal
irrealizzàbile agg. impracticable
irrealtà s.f. unreality

irrecuperàbile agg. irretrievable
irredentìsmo s.m. irredentism
irregolàre agg. irregular
irregolarità s.f. **1** irregularity **2** (*sport*) foul
irremovìbile agg. inflexible
irreparàbile agg. irreparable
irreperìbile agg. not to be found
irrequièto agg. restless
irresistìbile agg. irresistible
irrespiràbile agg. unbreathable
irresponsàbile agg. irresponsible
irriconoscìbile agg. unrecognizable
irriducìbile agg. irreducible
irrigàre v.tr. to irrigate
irrigazióne s.f. irrigation
irrigidìre **A** v.tr. to stiffen **B** v.intr. pron. to become stiff
irrìguo agg. **1** (*che irriga*) irrigation (*attr.*) **2** (*irrigato*) irrigated **3** (*ricco d'acqua*) (well-)watered
irrilevànte agg. insignificant, trifling
irrimediàbile agg. irremediable
irripetìbile agg. unrepeatable
irrisòrio agg. **1** derisive **2** (*inadeguato*) trifling, ridiculous
irritàbile agg. irritable
irritànte agg. **1** irritating, annoying **2** (*med.*) irritant
irritàre **A** v.tr. **1** to irritate, to annoy **2** (*med.*) to irritate **B** v.intr. pron. to become irritated
irritazióne s.f. irritation
irrómpere v.intr. to burst into, to break into
irroràre v.tr. to sprinkle, to spray
irruènte agg. impetuous
irruènza s.f. impetuosity
irruzióne s.f. **1** (*polizia*) raid **2** (*est.*) irruption
iscrìtto s.m. member
iscrìvere **A** v.tr. **1** (*una persona*) to enrol(l), to enter **2** (*registrare*) to record, to enter **3** (*geom.*) to inscribe **4** (*scolpire*) to inscribe, to engrave **B** v.rifl. to enrol(l) oneself, to enter
iscrizióne s.f. **1** enrol(l)ment, registration, entry **2** (*su pietra*) inscription
islàmico agg. e s.m. Islamic, Muslim
islamìsmo s.m. Islamism
islandése **A** agg. Icelandic **B** s.m. e f. Icelander
isòbara s.f. isobar
isòbata s.f. isobath
ìsola s.f. island, isle ♦ **i. pedonale** traffic-free zone || **i. spartitraffico** traffic island
isolaménto s.m. **1** isolation **2** (*tecnol.*) insulation
isolàno agg. island (*attr.*)
isolànte agg. insulating
isolàre **A** v.tr. **1** to isolate **2** (*tecnol.*) to insulate **B** v.intr. pron. to isolate oneself, to cut oneself off ♦ **i. acusticamente** to sound-proof
isolàto **A** agg. **1** isolated, secluded **2** (*tecnol.*) insulated **B** s.m. (*di case*) block
ispànico agg. Hispanic
ispettóre s.m. inspector, surveyor
ispezionàre v.tr. to inspect
ispezióne s.f. inspection
ìspido agg. bristly
ispiràre **A** v.tr. to inspire **B** v.intr. pron. to draw inspiration
ispiratóre s.m. inspirer
ispirazióne s.f. inspiration
israeliàno agg. e s.m. Israeli
israelìtico agg. Israelite
issàre v.tr. to hoist
istantaneaménte avv. instantly
istantàneo agg. instant, sudden
istànte s.m. instant, moment
istànza s.f. **1** (*richiesta*) request, application, petition **2** (*esigenza*) need, demand
istèrico agg. hysteric
isterìsmo s.m. hysteria
istigàre v.tr. to instigate, to incite
istigazióne s.f. instigation, incitement
istintìvo agg. instinctive
istìnto s.m. instinct
istituìre v.tr. to institute, to establish, to set up
istitùto s.m. institute, institution ♦ **i. di bellezza** beauty salon
istituzionàle agg. institutional
istituzióne s.f. institution
ìstmo s.m. isthmus
ìstrice s.m. porcupine
istrióne s.m. actor, (*spreg.*) ham
istruìre v.tr. **1** to educate, to instruct **2** (*addestrare*) to train **3** (*dare istruzioni*) to direct, to give instructions to
istruttìvo agg. instructive
istruttóre s.m. instructor
istruttòria s.f. inquest
istruzióne s.f. **1** education, training **2** (*cultura*) learning, culture **3** al pl. instructions *pl.*, directions *pl.* **4** (*inform.*) statement, instruction ♦ **i. obbligatoria** compulsory education
italianìsta s.m. e f. Italianist
italiàno agg. e s.m. Italian
itàlico agg. Italic
ìter s.m. inv. course, procedure
iteratìvo agg. iterative
itinerànte agg. itinerant, wandering
itineràrio s.m. itinerary, route
itterìzia s.f. jaundice
ìttico agg. ichthyic, fish (*attr.*) ♦ **mercato i.** fish market
ittiologìa s.f. ichthyology
ittìta agg. Hittite
iugoslàvo agg. e s.m. Yugoslav
iùnior agg., s.m. e f. inv. junior
iùta s.f. jute
IVA s.f. (*imposta sul valore aggiunto*) VAT

j, J

jazz s.m. inv. jazz ♦ **orchestra j.** jazz band
jazzìsta s.m. e f. jazz player
jazzìstico agg. jazz (*attr.*)
jeans s.m. pl. jeans *pl.*
jeep s.f. inv. jeep
jet s.m. inv. jet
jetlag s.m. inv. jet lag
jogging s.m. inv. jogging ♦ **fare j.** to jog
jolly s.m. inv. joker
joystick s.m. inv. joystick
judo s.m. inv. judo
jùnior agg. inv. junior

k, K

karatè s.m. karate
keniòta agg., s.m. e f. Kenyan
kermesse s.f. inv. kermess, kermis
ketch s.m. inv. ketch
ketchup s.m. inv. ketchup, catsup
killer s.m. e f. inv. killer
kit s.m. inv. kit ♦ **k. vivavoce** speakerphone
kitsch agg. e s.m. inv. kitsch
kìwi s.m. inv. kiwi
koàla s.m. inv. koala

l, L

la[1] art. determ. f. sing. the (*spesso non si traduce o si rende con un agg. poss., con l'art. indef. o con il partitivo*) (ES: ***mi piace la cioccolata*** I like chocolate; ***dammi il cappello, per favore*** give me my hat, please; ***la rosa è un fiore profumato*** a rose is a fragrant flower; ***hai comprato la cannella?*** did you buy some cinnamon?)

la[2] pron. pers. 3ª p. f. sing. **1** (*ogg.: riferito a donna o animale di sesso femminile*) her, (*riferito a cosa o animale di sesso non determinato*) it **2** (*ogg.: dando del Lei*) you

là avv. there

làbbro s.m. lip

labirìnto s.m. labyrinth, maze

laboratòrio s.m. **1** (*di ricerca*) laboratory, (*fam.*) lab **2** (*di artigiano*) workshop, workroom ♦ **da, di l.** laboratory, lab (*attr.*)

laborióso agg. **1** (*industrioso*) hard-working, industrious **2** (*faticoso*) laborious, toilsome

laburìsta **A** agg. Labour (*attr.*) **B** s.m. e f. Labourist

làcca s.f. **1** lacquer, lake **2** (*per capelli*) hair spray **3** (*per unghie*) nail polish

lacchè s.m. lackey

làccio s.m. **1** lace, string **2** (*trappola*) snare ♦ **l. emostatico** tourniquet || **prendere al l.** to snare

laceràre v.tr. e intr. pron. to tear, to lacerate

lacerazióne s.f. laceration, tearing

làcero agg. **1** torn **2** (*med.*) lacerated

lacònico agg. laconic

làcrima s.f. **1** tear **2** (*goccia*) drop ♦ **scoppiare in lacrime** to burst into tears

lacrimàre v.intr. **1** (*per irritazione*) to water **2** (*versare lacrime*) to shed tears **3** (*stillare*) to drip

lacrimògeno agg. lachrymatory ♦ **gas l.** tear gas

lacrimóso agg. tearful

lacùna s.f. gap, blank

lacùstre agg. lake (*attr.*), lacustrine

làdro s.m. thief, (*scassinatore*) burglar, (*rapinatore*) robber ♦ **al l.!** stop thief!

ladrocìnio s.m. robbery

làger s.m. inv. **1** concentration camp **2** (*est.*) prison camp

laggiù avv. **1** (*in basso*) down there **2** (*lontano*) over there

làgna s.f. **1** whining, moaning **2** (*est.*) (*cosa*) bore **3** (*est.*) (*persona*) bore, (*fam.*) moan

lagnànza s.f. complaint

lagnàrsi v.intr. pron. to complain, to moan
làgo s.m. lake ♦ **l. di sangue** pool of blood
lagùna s.f. lagoon
lagunàre agg. lagoon (*attr.*)
laicìsmo s.m. laicism
làico **A** agg. lay, laic(al) **B** s.m. layman, laic
làma[1] s.f. blade
làma[2] s.m. (*zool.*) llama
lambìre v.tr. to lick, (*di acqua*) to lap
lamèlla s.f. (*anat., bot., zool.*) lamella, (*di fungo*) gill
lamentàre **A** v.tr. **1** to mourn, to lament **2** (*protestare*) to complain **B** v.intr. pron. **1** to moan, to lament **2** (*lagnarsi*) to complain about
lamentèla s.f. complaint
laménto s.m. **1** lament, moan **2** (*lagnanza*) complaint **3** (*suono*) wail
lamentóso agg. mournful, plaintive
lamétta s.f. razor-blade
lamièra s.f. plate, (*sottile*) sheet
làmina s.f. **1** (*anat., bot.*) lamina **2** (*metall.*) thin layer, leaf
laminàre v.tr. to laminate, to roll ♦ **l. a caldo/freddo** to hot/cold-roll
laminàto s.m. **1** (*metall.*) rolled section **2** (*plastico*) laminate
làmpada s.f. **1** lamp **2** (*abbronzante*) sun lamp, (*lettino*) sunbed, (*USA*) tanning bed ♦ **fare la l.** to use a sun lamp
lampadàrio s.m. chandelier
lampadìna s.f. bulb, lamp
lampànte agg. clear, evident
lampeggiàre **A** v.intr. **1** (*sfolgorare*) to flash **2** (*con luce intermittente*) to flash, to blink, to wink **B** v.intr. impers. to lighten
lampeggiatóre s.m. (*autom.*) indicator, blinker
lampióne s.m. street lamp
làmpo **A** s.m. **1** lightning **2** (*guizzo di luce, intuizione*) flash **B** s.f. (*cerniera*) zip (fastener)
lampóne s.m. raspberry
làna s.f. wool ♦ **di l.** woollen ‖ **gomitolo di l.** ball of wool ‖ **pura l.** pure wool
lancétta s.f. **1** (*di strumento*) pointer, needle **2** (*di orologio*) hand
lància s.f. **1** lance **2** (*tecnol.*) nozzle **3** (*naut.*) launch ♦ **l. a motore** motor launch ‖ **l. di salvataggio** lifeboat
lanciafiàmme s.m. inv. flame-thrower
lanciàre **A** v.tr. **1** to throw, to hurl, to fling **2** (*un prodotto*) to launch **B** v.rifl. **1** to throw oneself, to fling, to dash **2** (*fig.*) to launch ♦ **l. un'occhiata** to throw a look, to give a look, to glance (at)
lancinànte agg. piercing
làncio s.m. **1** throw, hurl, fling **2** (*sport*) throwing **3** (*pubblicitario*) launch, launching
lànda s.f. moor
lànguido agg. languid, faint
languìre v.intr. **1** to languish **2** (*venir meno*) to slacken, to weaken, to fade
languóre s.m. weakness, languor
lanifìcio s.m. wool mill
lantèrna s.f. lantern
lanùgine s.f. down
lapalissiàno agg. evident, obvious
lapidàre v.tr. to stone
lapidàrio agg. lapidary
làpide s.f. (*tombale*) tombstone, (*commemorativa*) memorial tablet
làpis s.m. inv. pencil
làpsus s.m. inv. slip
laptop s.m. inv. laptop
làrdo s.m. bacon fat, lard
larghézza s.f. **1** width, breadth **2** (*abbondanza*) abundance **3** (*ampiezza*) largeness, breadth
làrgo **A** agg. **1** broad, wide **2** (*di vestito*) loose-fitting, (*troppo grande*) big, loose **3** (*abbondante*) large, abundant **B** s.m. **1** width **2** (*naut.*) open sea ♦ **al l.** offshore ‖ **farsi l.** to make one's way
làrice s.m. larch
larìnge s.f. larynx
laringìte s.f. laryngitis
laringoiàtra s.m. e f. laryngologist
làrva s.f. **1** (*zool.*) larva, grub **2** (*apparenza*) phantom
larvàle agg. larval
lasciapassàre s.m. inv. pass
lasciàre **A** v.tr. **1** to leave **2** (*abbandonare*) to abandon, to quit **3** (*permettere*) to let **4** (*lasciar andare*) to let go, to free **5** (*lasciare da parte*) to keep **B** v.rifl. to let oneself **C** v.rifl. rec. to leave each other ♦ **l. correre** to let things go ‖ **l. perdere** to give up ‖ **lasciami stare!** leave me alone!
làscito s.m. legacy
làser s.m. inv. laser
lassatìvo agg. e s.m. laxative
làsso s.m. lapse, period
lassù avv. up there
làstra s.f. **1** slab **2** (*fot.*) plate **3** (*di vetro, ghiaccio*) sheet **4** (*di metallo*) plate
lastricàre v.tr. to pave
làstrico s.m. paving ♦ **essere sul l.** to be on the rocks
lastróne s.m. (large) slab
latènte agg. latent
lateràle agg. lateral, side (*attr.*)
lateralménte avv. laterally
laterìzi s.m. pl. bricks *pl.*
latifòglio agg. broad-leaved
latifondìsta s.m. e f. latifundista
latifóndo s.m. latifundio, large estate
latinìsmo s.m. Latinism
latinìsta s.m. e f. Latinist
latinità s.f. Latinity
latìno agg. e s.m. Latin
latìno-americàno agg. e s.m. Latin American
latitànte s.m. e f. absconder
latitùdine s.f. latitude

làto[1] s.m. side ◆ **a l. di** next to, beside || **da un l. ..., dall'altro** on the one hand..., on the other hand
làto[2] agg. (*fig.*) broad, wide (ES: ***in senso l.*** in a broad sense)
latràre v.intr. to bark
làtta s.f. **1** tin **2** (*recipiente*) can, tin ◆ **di l.** tin (*attr.*)
lattàio s.m. milkman
lattànte s.m. (unweaned) baby
làtte s.m. milk ◆ **l. in polvere** powdered milk || **l. intero** whole milk || **l. scremato** skimmed milk
làtteo agg. milk (*attr.*), milky ◆ **Via Lattea** Milky Way
latterìa s.f. dairy
latticìnio s.m. dairy product
lattìna s.f. tin, can
lattùga s.f. lettuce
làurea s.f. degree ◆ **l. ad honorem** honorary degree
laureàre **A** v.tr. to confer a degree **B** v.intr. pron. to graduate, to take a degree
laureàto s.m. graduate
làuro s.m. laurel, bay tree
làuto agg. large, lavish
làva s.f. lava
lavabiancherìa s.f. inv. washing machine
lavàbile agg. washable
lavàbo s.m. washbasin
lavàggio s.m. washing ◆ **l. del cervello** brainwashing
lavàgna s.f. blackboard ◆ **l. luminosa** overhead projector
lavànda[1] s.f. (*bot.*) lavender
lavànda[2] s.f. (*med.*) lavage ◆ **l. gastrica** gastric lavage
lavanderìa s.f. laundry, (*automatica*) laund(e)rette, (*a secco*) dry cleaner
lavandìno s.m. sink
lavapiàtti s.m. e f. inv. dish-washer
lavàre **A** v.tr. to wash **B** v.rifl. to wash oneself ◆ **l. i piatti** to do the dishes || **l. a secco** to dry-clean
lavastovìglie s.f. inv. dish-washer
lavàta s.f. wash ◆ **l. di capo** (*fig.*) telling off
lavatrìce s.f. washing machine
làvico agg. lavic
lavorànte s.m. e f. worker, assistant
lavoràre **A** v.intr. **1** to work **2** (*funzionare*) to operate, to work **3** (*di ditta*) to do (good) business **B** v.tr. to work ◆ **lavorarsi qc.** (*fig.*) to work on sb.
lavoratìvo agg. working
lavoratóre **A** agg. working **B** s.m. worker
lavorazióne s.f. working, manufacturing, (*metodo*) processing, (*fattura*) workmanship, (*realizzazione*) production
lavóro s.m. **1** work, (*spec. manuale*) labour **2** (*occupazione*) job, employment, work **3** (*fis.*) work **4** (*opera*) (piece of) work ◆ **l. interinale** temporary work || **l. a maglia** knitting
lay-out s.m. inv. lay-out
lazzarétto s.m. lazaretto
le[1] art. determ. f. pl. the (*spesso non si traduce o si rende con l'agg. poss. o con il partitivo*) (ES: ***battere le mani*** to clap hands; ***lavati le mani*** wash your hands; ***hai comprato le mele?*** did you buy some apples?)
le[2] **A** pron. pers., 3ª p. sing. f. **1** (*compl. ind.*) (to) her, (for) her (*riferito a donna o animale di sesso femminile*) (to) her, (for) her, (*riferito a cosa o animale di sesso non determinato*) (to) it, (for) it **2** (*compl. ind., dando del Lei*) (to) you, (for) you **B** pron. pers. 3ª p. pl. f. (*compl. ogg.*) them
leàle agg. **1** loyal **2** (*onesto*) fair
lealtà s.f. **1** loyalty **2** (*onestà*) fairness
lébbra s.f. leprosy
lebbrosàrio s.m. leper hospital
leccapièdi s.m. e f. inv. bootlicker
leccàre v.tr. **1** to lick, to lap **2** (*adulare*) to butter up
léccio s.m. ilex, holm-oak
leccornìa s.f. delicacy, titbit
lécito **A** agg. **1** (*dir.*) licit, lawful **2** (*concesso*) allowed (*pred.*), right **B** s.m. right
lèdere v.tr. to damage
léga s.f. **1** league, alliance **2** (*metall.*) alloy
legàccio s.m. string
legàle **A** agg. **1** legal **2** (*conforme alla legge*) lawful **B** s.m. lawyer ◆ **ora l.** summertime, (*USA*) daylight, saving(s) time
legalità s.f. legality
legalizzàre v.tr. **1** to legalize **2** (*autenticare*) to authenticate
legalizzazióne s.f. legalization
legàme s.m. **1** tie, bond **2** (*connessione*) link, connection **3** (*amoroso*) love affair
legàre **A** v.tr. to tie, to bind, to fasten **B** v.intr. **1** (*accordarsi*) to go well, to get on well **2** (*collegarsi*) to be connected **C** v.rifl. to bind oneself
legàto s.m. (*dir.*) legacy
legatorìa s.f. bookbindery
legatùra s.f. **1** fastening **2** (*mus.*) ligature, slur
légge s.f. law ◆ **proposta di l.** bill
leggènda s.f. legend
leggendàrio agg. legendary
lèggere v.tr. e intr. to read
leggerézza s.f. **1** lightness **2** (*agilità*) nimbleness **3** (*mancanza di serietà*) thoughtlessness ◆ **con l.** thoughtlessly
leggèro agg. **1** light **2** (*lieve*) slight, (*di suono*) faint **3** (*non forte*) light, weak ◆ **prendere q.c. alla leggera** to take st. lightly
leggiàdro agg. graceful
leggìbile agg. legible, readable
leggìo s.m. book-rest, (*mus.*) music-stand
legióne s.f. legion
legislatìvo agg. legislative
legislatùra s.f. legislature
legislazióne s.f. legislation, laws *pl.*
legittimàre v.tr. **1** to legitimize **2** (*giustificare*) to justify

legìttimo agg. lawful, legitimate, legal ♦ **legittima difesa** self-defence
légna s.f. wood, (*da ardere*) firewood
legnàme s.m. wood, (*da costruzione*) timber
légno s.m. **1** wood **2** (*mus.*) *al pl.* woodwinds *pl.* ♦ **di l.** wooden
legnóso agg. wooden, woody
legùme s.m. **1** (*pianta*) legume **2** al pl. (*semi*) pulses *pl.*
lèi pron. pers. 3ª p. sing. f. **1** (*ogg.*) her **2** (*sogg.*) she **3** (*nella forma di cortesia*) you
lémbo s.m. **1** edge **2** (*zona*) strip
lèmma s.m. headword, entry
léna s.f. vigour
leninìsmo s.m. Leninism
lenìre v.tr. to soothe, to relieve, to alleviate
lenitìvo agg. lenitive, soothing
lènte s.f. lens ♦ **lenti a contatto** contact lenses || **lenti a contatto cosmetiche** tinted glass, coloured glass
lentézza s.f. slowness
lentìcchia s.f. lentil
lentìggine s.f. freckle
lènto agg. **1** slow **2** (*allentato*) slack, loose
lènza s.f. fishing line
lenzuòlo s.m. sheet ♦ **l. da bagno** bath-towel
leóne s.m. lion
leonéssa s.f. lioness
leopàrdo s.m. leopard
lèpre s.f. **1** hare **2** (*sport*) pacemaker
lèrcio agg. dirty
lèsbica s.f. lesbian
lesèna s.f. pilaster
lesinàre v.tr. e intr. to skimp
lesionàre **A** v.tr. to damage **B** v.intr. pron. to be damaged
lesióne s.f. **1** (*med.*) lesion **2** (*dir.*) injury **3** (*danno*) damage
lessàre v.tr. to boil
lèssico s.m. **1** lexicon, language **2** (*dizionario*) dictionary, lexicon
lésso **A** agg. boiled **B** s.m. boiled beef, boiled meat
lèsto agg. quick
letàle agg. lethal
letamàio s.m. **1** dunghill **2** (*fig.*) pigsty
letàme s.m. manure, dung
letàrgo s.m. **1** (*med., fig.*) lethargy **2** (*zool.*) dormancy
letìzia s.f. joy
lèttera s.f. letter ♦ **l. maiuscola/minuscola** capital/small letter || **prendere alla l.** to take literally
letteràle agg. literal
letteralménte avv. literally
letteràrio agg. literary, (*spreg.*) bookish
letteràto s.m. man of letters
letteratùra s.f. literature
lettìga s.f. stretcher
lettìno s.m. nella loc. **l. solare** sunbed, (*USA*) tanning bed
lètto s.m. bed ♦ **camera da l.** bedroom || **l. a castello** bunk bed || **l. a una piazza** single bed || **l. matrimoniale** double bed || **vagone l.** sleeping car
lettóre s.m. **1** reader **2** (*università*) lecturer ♦ **l. CD portatile** portable CD player || **l. di codice a barre** bar code reader || **l. di DVD** DVD player
lettùra s.f. reading
leucemìa s.f. leukaemia
lèva[1] s.f. lever
lèva[2] s.f. **1** (*mil.*) call-up, (*USA*) draft **2** (*est.*) generation, class
levànte **A** agg. rising **B** s.m. east
levàre **A** v.tr. **1** (*sollevare*) to raise, to lift **2** (*togliere*) to remove, to take away, to take off **3** (*abolire*) to remove, to abolish **B** v.rifl. e intr. pron. **1** (*togliersi*) to get out **2** (*alzarsi dal letto*) to get up, (*alzarsi in piedi*) to stand up, (*alzarsi in volo*) to take off **3** (*sorgere*) to rise
levàta s.f. **1** (*del sole*) rising **2** (*della posta*) collection
levatrìce s.f. midwife
levatùra s.f. stature, calibre
levigàre v.tr. to smooth
levigatézza s.f. smoothness
levrière s.m. greyhound
lezióne s.f. lesson, (*all'università*) lecture ♦ **ora di l.** period
lezióso agg. affected
lézzo s.m. stink
li pron. pers. 3ª p. pl. m. (*compl. ogg.*) them
lì avv. there ♦ **di lì a poco** shortly after || **lì per lì** (*dapprima*) at first, (*sul momento*) there and then || **lì sopra** up there || **lì vicino** nearby
libagióne s.f. libation
libanése agg. e s.m. Lebanese
lìbbra s.f. pound
libèllo s.m. libel
libèllula s.f. dragonfly
liberàle **A** agg. liberal **B** s.m. e f. (*pol.*) Liberal
liberalìsmo s.m. liberalism, (*econ.*) laissez-faire
liberalità s.f. liberality
liberalizzàre v.tr. to liberalize
liberalizzazióne s.f. liberalization
liberaménte avv. **1** freely **2** (*francamente*) frankly
liberàre **A** v.tr. **1** to free, to liberate, to release **2** (*sgombrare*) to clear **B** v.rifl. to free oneself, to get rid
liberatóre s.m. liberator
liberazióne s.f. liberation, freeing, release
lìbero agg. **1** free **2** (*non occupato*) clear, vacant, empty **3** (*aperto*) open **4** (*non sposato*) free, unmarried, single
libertà s.f. freedom, liberty
libertìno agg. e s.m. libertine
lìberty **A** s.m. inv. art nouveau **B** agg. inv. art nouveau (*attr.*)

lìbico agg. e s.m. Libyan
libìdine s.f. **1** lechery **2** (*desiderio*) lust, thirst
libràio s.m. bookseller
libràrio agg. book (*attr.*)
libràrsi v.rifl. to hover
librerìa s.f. **1** bookshop, (*USA*) bookstore **2** (*mobile*) bookcase
librettìsta s.m. e f. librettist
librétto s.m. **1** booklet, book **2** (*d'opera*) libretto ♦ **l. degli assegni** chequebook || **l. di lavoro** employment card || **l. di circolazione** registration book, (*USA*) vehicle registration
lìbro s.m. book ♦ **l. di bordo** logbook || **l. di testo** textbook || **l. giallo** thriller || **l. nero** (*fig.*) black list
liceàle agg. high-school (*attr.*)
licènza s.f. **1** (*concessione*) licence, authorization **2** (*scolastica: esame*) school-leaving examination, (*diploma*) (school-leaving) certificate **3** (*libertà*) liberty, licence **4** (*mil.*) leave
licenziaménto s.m. dismissal
licenziàre **A** v.tr. to dismiss **B** v.rifl. to resign
licenzióso agg. dissolute, licentious
licèo s.m. high school
lìdo s.m. shore, beach
lièto agg. glad, happy
liève agg. **1** light **2** (*debole*) gentle, slight, soft
lievitàre v.intr. **1** to rise, to ferment **2** (*aumentare*) to grow, to rise
lièvito s.m. yeast
light agg. inv. low-fat, reduced-fat
lìgio agg. faithful
lìgneo agg. (*di legno*) wooden, (*simile al legno*) woody
lìlla agg. e s.m. inv. lilac
lìma s.f. file ♦ **l. di cartone** emery board || **l. per unghie** nail file
limaccióso agg. muddy
limàre v.tr. **1** to file **2** (*fig.*) to polish
lìmbo s.m. limbo
limétta s.f. nail file
limitàre **A** v.tr. **1** (*circoscrivere*) to bound **2** (*restringere*) to limit, to restrict **B** v.rifl. to limit oneself, to restrict oneself
limitatìvo agg. limitative, restrictive
limitàto agg. **1** limited, restricted **2** (*esiguo*) scanty **3** (*di mentalità*) narrow, narrow-minded
limitazióne s.f. limitation, restriction
lìmite s.m. limit, bound
limìtrofo agg. neighbouring
limonàta s.f. lemonade
limóne s.m. lemon
limpidézza s.f. clearness, limpidity
lìmpido agg. clear, limpid
lìnce s.f. lynx
linciàggio s.m. lynching
linciàre v.tr. to lynch
lìndo agg. neat
lìnea s.f. **1** line **2** (*del corpo*) figure ♦ **l. analogica** analogue line || **l. commutata** commutated line || **l. dedicata** dedicated line || **l. digitale** digital line || **in l. d'aria** as the crow flies || **l. aerea** airline || **servizio di l.** regular service
lineaménti s.m. pl. **1** features *pl.* **2** (*fig.*) outlines *pl.*
lineàre agg. **1** linear **2** (*fig.*) straightforward, consistent
linearità s.f. **1** linearity **2** (*fig.*) straightforwardness, consistency
lineétta s.f. dash
lìnfa s.f. **1** (*anat.*) lymph **2** (*bot.*) sap
lingòtto s.m. bar
lìngua s.f. **1** tongue **2** (*linguaggio*) language, tongue
linguàggio s.m. language, speech, (*tecnico*) jargon, slang
linguétta s.f. tongue, spline
linguìstica s.f. linguistics *pl.* (*v. al sing.*)
linguìstico agg. linguistic
link s.m. inv. link
lìno s.m. **1** (*bot.*) flax **2** (*tessuto*) linen
liofilizzàre v.tr. to freeze-dry, to lyophilize
lipìde s.m. lipid
liquefàre v.tr. e intr. pron. to liquefy
liquidàre v.tr. **1** (*sciogliere*) to liquidate, to wind up **2** (*saldare*) to settle, to clear, to pay off **3** (*svendere*) to sell off **4** (*sbarazzarsi*) to get rid of
liquidazióne s.f. **1** liquidation, winding-up **2** (*pagamento*) settlement, payment **3** (*indennità di fine rapporto*) severance pay **4** (*svendita*) clearance sale
liquidità s.f. liquidity
lìquido **A** agg. liquid **B** s.m. **1** liquid, fluid **2** (*denaro*) cash
liquirìzia s.f. licorice
liquóre s.m. liquor, spirits *pl.*
lìra[1] s.f. (*mus.*) lyre
lìra[2] s.f. (*moneta*) lira ♦ **l. sterlina** pound sterling
lìrica s.f. **1** lyric poetry **2** (*componimento*) lyric **3** (*mus.*) opera
lìrico agg. **1** lyric(al) **2** (*mus.*) opera (*attr.*)
lirìsmo s.m. lyricism
lìsca s.f. fishbone
lisciàre v.tr. **1** to smooth **2** (*accarezzare*) to stroke **3** (*lusingare*) to flatter
lìscio **A** agg. **1** smooth **2** (*semplice*) plain **B** s.m. (*ballo*) ballroom dance
lìso agg. worn, worn out
lìsta s.f. list ♦ **l. nozze** bridal registry
listìno s.m. list ♦ **l. prezzi** price-list
litanìa s.f. **1** litany **2** (*sequela*) string
lìte s.f. **1** quarrel, row **2** (*dir.*) lawsuit
litigàre v.intr. to quarrel, to have a row, to argue
litìgio s.m. quarrel, row, argument
litigióso agg. quarrelsome
litografìa s.f. (*procedimento*) lithography, (*riproduzione*) lithograph
litoràle s.m. coast

litoràneo agg. coast (*attr.*), coastal
lìtro s.m. litre, (*USA*) liter ♦ **mezzo l.** half a litre
liturgìa s.f. liturgy
litùrgico agg. liturgical
liutàio s.m. lute-maker
liùto s.m. lute
livèlla s.f. level
livellàre **A** v.tr. to level, to even up **B** v.intr. pron. to level out, to even out
livèllo s.m. **1** level **2** (*grado*) standard, level, degree ♦ **l. di guardia** danger level
lìvido **A** agg. livid **B** s.m. bruise
livóre s.m. spite
livrèa s.f. **1** livery **2** (*di uccello*) plumage
lìzza s.f. lists *pl.* ♦ **essere in l.** to be a candidate
lo[1] art. determ. m. sing. → ***il***
lo[2] pron. pers. 3ª p. sing. m. **1** (*compl. ogg.: riferito a uomo o animale maschio*) him, (*riferito a cosa o animale di sesso non determinato*) it **2** (*questo, ciò*) it, that (*spesso idiom.*) (ES: ***lo so*** I know)
lòbo s.m. lobe
locàle **A** agg. local **B** s.m. **1** (*stanza*) room, premises *pl.* **2** (*treno*) regional train **3** (*pubblico*) café, pub, nightclub
località s.f. resort
localizzàre **A** v.tr. **1** to locate **2** (*circoscrivere*) to localize **B** v.intr. pron. to become localized
locànda s.f. inn
locandìna s.f. playbill
locatàrio s.m. tenant, renter, lessee
locatóre s.m. lessor
locazióne s.f. lease, (*affitto*) rent
locomotìva s.f. locomotive
locomozióne s.f. locomotion
lòculo s.m. burial niche
locùsta s.f. locust
locuzióne s.f. locution, expression, phrase
lodàre v.tr. to praise
lòde s.f. praise
lodévole agg. praiseworthy
loft s.m. inv. (*edil.*) loft
logarìtmo s.m. logarithm
lòggia s.f. **1** (*arch.*) loggia **2** (*massonica*) lodge
loggiàto s.m. open gallery
loggióne s.m. gallery
lògica s.f. logic
logicaménte avv. **1** logically **2** (*naturalmente*) obviously
lògico agg. logical
lògo s.m. logo, logotype
logopedìa s.f. speech therapy
logoràre v.tr. e intr. pron. to wear out
logorìo s.m. wearing out
lógoro agg. worn-out
logorròico agg. **1** logorrheic **2** (*fig.*) verbose
lombàggine s.f. lumbago
lómbo s.m. loin
lombrìco s.m. earthworm
londinése **A** agg. London (*attr.*) **B** s.m. e f. Londoner
longèvo agg. long-lived
longilìneo agg. long-limbed
longitudinàle agg. longitudinal
longitùdine s.f. longitude
lontanànza s.f. distance
lontàno **A** agg. **1** (*nello spazio*) far-off, far-away, distant, far, far off (*pred.*), far away (*pred.*), far apart (*pred.*) **2** (*nel tempo*) distant, faraway, far off (*pred.*), far away (*pred.*) **3** (*assente*) absent **4** (*vago*) faint, slight **B** avv. far away, a long way, in the distance, far **C** nella loc. prep. **l. da** far from, away from
lóntra s.f. otter
loquàce agg. loquacious
lórdo agg. **1** dirty, filthy **2** (*valore*) gross
lordùra s.f. filth, dirtiness
lóro[1] **A** agg. poss. 3ª p. pl. m. e f. **1** their, (*loro proprio*) their own **2** (*pred.*) theirs **3** (*nella forma di cortesia*) your, yours (*pred.*) **B** pron. poss. m. e f. **1** theirs **2** (*nella forma di cortesia*) yours
lóro[2] pron. pers. 3ª p. pl. m. e f. **1** (*compl. ogg. e ind.*) them **2** (*sogg.*) they **3** (*pred.*) them, they **4** (*nella forma di cortesia, sogg. e compl.*) you
losànga s.f. lozenge
lósco agg. **1** (*bieco*) sly **2** (*di dubbia onestà*) suspicious, shady
lòtta s.f. **1** struggle, fight **2** (*sport*) wrestling
lottàre v.intr. **1** to struggle, to fight **2** (*sport*) to wrestle
lottatóre s.m. **1** fighter **2** (*sport*) wrestler
lotterìa s.f. lottery, (*di beneficenza*) raffle
lottizzàre v.tr. **1** to lot out **2** (*pol.*) to carve up
lòtto s.m. **1** (*gioco*) State lottery **2** (*di terreno*) lot
lozióne s.f. lotion
lubrificànte **A** agg. lubricating **B** s.m. lubricant
lubrificàre v.tr. to lubricate, to oil
lubrificazióne s.f. lubrication
lucchétto s.m. padlock
luccicàre v.intr. to glitter, to sparkle, to twinkle
lùccio s.m. pike
lùcciola s.f. **1** firefly **2** (*prostituta*) streetwalker
lùce s.f. **1** light **2** (*apertura*) opening, (*arch.*) span **3** (*finestra, vetrina*) (light) window ♦ **mettere in l.** to stress || **a luci rosse** red-light, hard-core || **venire alla l.** to be born
lucènte agg. shining
lucèrna s.f. oil-lamp
lucernàrio s.m. skylight
lucèrtola s.f. lizard
lucidalàbbra s.m. inv. lip gloss
lucidàre v.tr. to polish
lucidatrìce s.f. polisher
lucidità s.f. lucidity
lùcido **A** agg. **1** bright, shiny, (*lucidato*) polished **2** (*fig.*) lucid **B** s.m. **1** brightness, sheen **2** (*materiale lucidante*) polish

lucràre v.tr. to gain, to make a profit
lùcro s.m. gain, profit
lucróso agg. lucrative
ludìbrio s.m. mockery
lùdico agg. ludic, playful
lùglio s.m. July
lùgubre agg. gloomy, dismal
lùi pron. pers. 3ª p. sing. m. **1** (*compl. ogg. e ind.*) him **2** (*sogg.*) he **3** (*pred.*) he, him
lumàca s.f. snail
lùme s.m. lamp, light
luminària s.f. illuminations *pl.*
luminosità s.f. brightness, luminosity
luminóso agg. **1** bright, luminous **2** (*fig.*) brilliant
lùna s.f. moon ♦ **l. di miele** honeymoon
luna park loc. sost. m. inv. funfair, (*USA*) amusement park
lunàre agg. lunar, moon (*attr.*)
lunàrio s.m. almanac
lunàtico agg. moody
lunedì s.m. Monday
lunétta s.f. lunette
lungàggine s.f. slowness
lunghézza s.f. **1** length **2** (*edil.*) run
lùngi avv. far
lungimirànte agg. farsighted
lùngo **A** agg. **1** long **2** (*alto*) tall **3** (*lento*) slow **4** (*diluito*) weak, thin **B** prep. **1** along, by the side of **2** (*durante*) during, over
lungolàgo s.m. lakeside
lungomàre s.m. seafront, promenade
lunòtto s.m. rear window, back window ♦ **l. termico** heated rear window
luògo s.m. **1** place, spot **2** (*di azione*) scene, site **3** (*di scritto*) passage ♦ **avere l.** to take place || **l. comune** commonplace
luogotenènte s.m. lieutenant
lùpo s.m. wolf
lùppolo s.m. hop
lùrido agg. filthy, dirty
lusìnga s.f. allurement, flattery
lusingàre v.tr. to allure, to flatter
lusinghièro agg. flattering, tempting
lussàre v.tr. to dislocate
lussazióne s.f. dislocation
lùsso s.m. luxury
lussuóso agg. luxurious
lussureggiànte agg. luxuriant
lussùria s.f. lust
lussurióso agg. lustful
lustràre **A** v.tr. to polish **B** v.intr. to shine ♦ **lustrarsi gli occhi** to get an eyeful
lustrascàrpe s.m. e f. inv. bootblack
lustrìno s.m. sequin
lùstro[1] **A** agg. bright, shining, (*lucidato*) polished **B** s.m. **1** shine, gloss **2** (*fig.*) lustre, splendour
lùstro[2] s.m. (*periodo di 5 anni*) five-year period, five years *pl.*
luteranésimo s.m. Lutheranism
luteràno agg. e s.m. Lutheran
lùtto s.m. mourning
luttuóso agg. **1** mournful **2** (*che causa lutto*) tragic, distressing

m, M

ma cong. but, (*invece*) only that, (*tuttavia*) yet, still
màcabro agg. macabre
macché inter. of course not!
màcchia[1] s.f. stain, spot, blot ♦ **a macchie** spotted
màcchia[2] s.f. (*boscaglia*) bush, copse ♦ **darsi alla m.** to go into hiding
macchiàre **A** v.tr. to stain, to spot **B** v.intr. pron. **1** to get stained **2** (*fig.*) to sully
macchiétta s.f. **1** speck **2** (*persona*) character
màcchina s.f. **1** machine, engine **2** (*autom.*) car
macchinàre v.tr. to plot, to scheme
macchinàrio s.m. machinery
macchinazióne s.f. machination, plot
macchinìsta s.m. **1** (*ferr.*) engine-driver **2** (*naut.*) engineer
macchinóso agg. overly and unnecessarily complex, involved
macedònia s.f. fruit salad
macellàio s.m. butcher
macellàre v.tr. to slaughter
macellerìa s.f. butcher's shop
macèllo s.m. **1** slaughter **2** (*fig.*) mess
maceràre **A** v.tr. **1** to soak, to steep **2** (*tecnol.*) to macerate **B** v.rifl. (*struggersi*) to waste away
macèrie s.f. pl. rubble, ruins *pl.*
macìgno s.m. boulder, rock
macilènto agg. emaciated
màcina s.f. millstone
macinacaffè s.m. coffee grinder
macinapépe s.m. inv. pepper-mill, pepper grinder

macinàre v.tr. to grind, to mill, (*carne*) to mince ♦ **m. kilometri** to eat up the miles
macinìno s.m. **1** grinder, mill **2** (*macchina vecchia*) jalopy
macrobiòtico agg. macrobiotic
macroscòpico agg. **1** macroscopic **2** (*fig.*) gross, glaring
maculàto agg. **1** spotted **2** (*zool.*) dappled
màdia s.f. kneading-trough
màdido agg. wet
Madònna s.f. Our Lady, (the) Virgin Mary ♦ **M. (santa)!** my goodness!
madornàle agg. enormous, gross
màdre **A** s.f. **1** mother **2** (*matrice*) counterfoil, stub **B** agg. mother (*attr.*) ♦ **scena m.** crucial scene
madrelìngua **A** agg. e s.f. mother tongue **B** s.m. e f. native speaker
madrepàtria s.f. mother land, mother country
madrepèrla s.f. mother-of-pearl
madrigàle s.m. madrigal
madrìna s.f. **1** godmother **2** (*di cerimonia*) patroness
maestà s.f. majesty
maestóso agg. majestic, magnificent
maèstra s.f. teacher, (school) mistress
maestràle s.m. mistral
maestrànze s.f. pl. hands *pl.*, workers *pl.*
maestrìa s.f. **1** mastery, skill **2** (*accortezza*) cunning
maèstro **A** agg. **1** (*principale*) main **2** (*abile*) masterly, skilful **B** s.m. master, teacher, (*di scuola*) schoolteacher
màfia s.f. mafia (*anche est.*)
màga s.f. sorceress
magàgna s.f. **1** (*imperfezione*) flaw, defect **2** (*problema*) catch **3** (*acciacco*) infirmity
magàri **A** inter. and how!, you bet! **B** cong. **1** (*desiderativo*) if only **2** (*concessivo*) even if **C** avv. **1** (*forse*) perhaps, maybe **2** (*persino*) even
magazzinière s.m. warehouseman
magazzìno s.m. **1** (*deposito*) warehouse **2** (*negozio*) shop, store **3** (*scorte*) stocks *pl.*, stores *pl.* ♦ **grande m.** department store
màggio s.m. May
maggioràna s.f. marjoram
maggiorànza s.f. majority ♦ **la m. di** the great(er) part of, most, the majority of
maggioràre v.tr. to increase, to put up
maggiorazióne s.f. **1** (*aumento*) increase **2** (*sovrapprezzo*) surcharge, extra charge
maggiordòmo s.m. butler
maggióre **A** agg. comp. **1** (*più grande*) greater, (*più grosso*) larger, bigger, (*più alto*) higher, taller, (*più lungo*) longer, (*più largo*) wider **2** (*più importante*) major **3** (*più anziano*) older, (*tra figli*) elder **B** agg. sup. rel. **1** (*il più grande*) the greatest, (*il più grosso*) the largest, the biggest, (*il più alto*) the highest, the tallest, (*il più lungo*) the longest, (*il più largo*) the widest **2** (*il più importante*) major, main **3** (*il più anziano*) oldest, (*tra figli*) eldest **C** s.m. e f. **1** (*il più anziano*) the oldest, (*tra figli*) the eldest **2** (*di grado*) superior **3** (*mil.*) major ♦ **m. età** full age || **la maggior parte (di)** most (of)
maggiorènne s.m. e f. major, adult ♦ **diventare m.** to come of age
maggioritàrio agg. majority (*attr.*) ♦ **sistema m.** majority system
maggiorménte avv. **1** (*di più*) more **2** (*più di tutto*) most, chiefly, mostly
magìa s.f. **1** magic **2** (*incantesimo*) spell ♦ **come per m.** as if by magic
màgico agg. magical
magistèro s.m. teaching
magistràle agg. masterly, magistral
magistràto s.m. **1** (*dir.*) magistrate, judge **2** (*funzionario*) official
magistratùra s.f. **1** magistrature, magistracy **2** (*insieme dei magistrati*) the Bench
màglia s.f. **1** (*di filo*) stitch, (*di rete*) mesh, (*di catena*) link **2** (*lavoro a maglia*) knitting **3** (*indumento*) sweater, jumper **4** (*intima*) vest **5** (*maglietta*) T-shirt, (*sport*) shirt
maglierìa s.f. knitwear
magliétta s.f. **1** T-shirt, shirt **2** (*intima*) vest, undershirt
màglio s.m. hammer
maglióne s.m. sweater
magnànimo agg. magnanimous, noble
magnàte s.m. magnate, tycoon
magnèsio s.m. magnesium
magnète s.m. **1** (*fis.*) magnet **2** (*mecc.*) magneto
magnètico agg. magnetic
magnetìsmo s.m. magnetism
magnificaménte avv. magnificently
magnìfico agg. magnificent, wonderful
màgno agg. great
magnòlia s.f. magnolia
màgo s.m. magician, wizard
màgra s.f. **1** (*di fiume*) minimum flow **2** (*scarsezza*) shortage **3** (*fam.*) (*figuraccia*) poor figure
magrézza s.f. thinness, leanness
màgro **A** agg. **1** thin, lean, slim **2** (*scarso*) poor, scanty **3** (*misero*) meagre, scant **B** s.m. (*parte magra*) lean (meat)
mài avv. never, ever (*in frasi interr., comparative e in presenza di negazione*) ♦ **caso m.** if (ever) || **come m.?** why?, (*USA*) how come? || **m. più** never again || **più che m.** more than ever || **m. e poi m.** never ever
maiàle s.m. **1** pig **2** (*cuc.*) pork **3** (*fig.*) swine, pig ♦ **braciole di m.** pork chops
maiòlica s.f. majolica
maionése s.f. mayonnaise
màis s.m. maize, (*USA*) corn
maiùscolo agg. capital
malaccòrto agg. ill-advised, imprudent
malaféde s.f. bad faith

malaménte avv. badly
malandàto agg. in bad condition
malànno s.m. **1** (*malattia*) illness, (*acciacco*) infirmity **2** (*disgrazia*) misfortune
malapéna nella loc. avv. **a m.** hardly
malària s.f. malaria
malatìccio agg. sickly
malàto **A** agg. **1** sick, ill **2** (*di pianta*) diseased **3** (*fig.*) unsound, morbid, unhealthy **B** s.m. sick person, patient ♦ **essere m. di...** to suffer from... || **m. di mente** mentally ill
malattìa s.f. **1** sickness, illness, disease **2** (*di piante*) disease **3** (*congedo dal lavoro*) sick leave ♦ **m. a trasmissione sessuale** sexually transmitted disease, STD
malaugurataménte avv. unfortunately
malaugùrio s.m. ill omen
malavìta s.f. (the) underworld ♦ **m. organizzata** organized crime
malcóncio agg. **1** in bad shape, in a bad state **2** (*al verde*) hard up **3** (*consumato*) worn out, battered
malcontènto **A** agg. dissatisfied **B** s.m. discontent
malcostùme s.m. immorality
maldèstro agg. clumsy, awkward
maldicènza s.f. **1** slander **2** (*pettegolezzo*) gossip
maldispósto agg. ill-disposed
màle **A** s.m. **1** (*in senso morale*) evil, wrong **2** (*dolore*) pain, ache, (*malattia*) sickness, illness, disease **3** (*sventura*) ill, misfortune, (*guaio*) trouble **4** (*danno*) harm **B** avv. badly, not well ♦ **andare a m.** to go off || **capire m.** to misunderstand || **farsi m.** to hurt oneself || **non c'è m.** not too bad || **prendersela a m.** to get annoyed || **stare m.** (*di salute*) to be ill, (*non adattarsi*) not to suit
maledétto agg. cursed, damned
maledìre v.tr. to curse, to damn
maledizióne **A** s.f. curse, malediction **B** inter. damn!, blast it!
maleducàto agg. rude, ill-bred, impolite
maleducazióne s.f. rudeness, bad manners *pl.*
malefàtta s.f. misdeed
malefìcio s.m. spell
malèfico agg. harmful, malefic
maleodorànte agg. stinking
malèssere s.m. **1** ailment, malaise **2** (*fig.*) uneasiness
malèvolo agg. malevolent
malfamàto agg. ill-famed
malfàtto agg. badly done
malfattóre s.m. criminal
malférmo agg. **1** unsteady, shaky **2** (*di salute*) poor, delicate
malformazióne s.f. malformation, deformity
malgovèrno s.m. misrule, bad government, (*cattiva amministrazione*) mismanagement
malgràdo **A** prep. notwithstanding, in spite of **B** cong. (al)though, even though ♦ **mio/tuo m.** against my/your will || **m. tutto** in spite of everything
malìa s.f. **1** spell **2** (*fig.*) charm
malignàre v.intr. to malign, to speak badly of
malignità s.f. malignity, malice
malìgno agg. **1** malicious, malevolent **2** (*malefico*) evil, malignant, malign **3** (*med.*) malignant
malinconìa s.f. **1** melancholy, sadness, gloom **2** (*pensiero*) gloomy thought
malincònico agg. melancholy, sad, gloomy
malincuòre nella loc. avv. **a m.** unwillingly
malintenzionàto agg. ill-intentioned
malintéso **A** agg. mistaken **B** s.m. misunderstanding
malìzia s.f. **1** malice **2** (*astuzia*) cunning **3** (*espediente*) trick
maliziόso agg. **1** malicious **2** (*astuto*) artful
malleàbile agg. malleable
mallèolo s.m. malleolus
malmenàre v.tr. **1** (*picchiare*) to beat up **2** (*trattare male*) to ill-treat, to mishandle
malmésso agg. shabby
malnutrìto agg. malnourished
malnutrizióne s.f. malnutrition
malòcchio s.m. evil eye
malóra s.f. ruin ♦ **andare in m.** (*fam.*) to go to the dogs
malóre s.m. (sudden) illness
malsàno agg. **1** unhealthy, sickly **2** (*non salutare*) unhealthy, unwholesome **3** (*fig.*) morbid, sick
malsicùro agg. **1** (*poco stabile*) unsteady **2** (*privo di sicurezza*) unsafe **3** (*incerto*) uncertain **4** (*inattendibile*) unreliable
màlta s.f. mortar
maltèmpo s.m. bad weather
màlto s.m. malt
maltrattaménto s.m. abuse, mistreatment
maltrattàre v.tr. to ill-treat, to maltreat, to abuse
malumóre s.m. **1** bad temper, bad mood **2** (*dissapore*) bad feeling **3** (*scontento*) unrest
màlva **A** s.f. (*bot.*) mallow **B** s.m. (*colore*) mauve
malvàgio agg. wicked, evil
malvagità s.f. **1** evilness, wickedness **2** (*atto*) evil deed, wicked action
malversazióne s.f. misappropriation
malvìsto agg. disliked, unpopular
malvivènte s.m. delinquent
malvolentièri avv. unwillingly, against one's will
màmma s.f. mother, mummy, (*USA*) mommy
mammèlla s.f. (*anat.*) mamma, (*fam.*) breast, (*di femmina d'animale*) udder
mammìfero **A** agg. mammalian **B** s.m. mammal
manager s.m. e f. manager
manageriàle agg. managerial
manàta s.f. **1** (*manciata*) handful **2** (*colpo*) slap
mancaménto s.m. faint, fainting speel
mancànza s.f. **1** want, lack **2** (*assenza*) absence **3** (*fallo*) fault **4** (*difetto*) defect
mancàre **A** v.intr. **1** (*non avere a sufficienza*) to

lack (*costr. pers.*), to be lacking, to want, to be wanting **2** (*non esserci*) to be absent, (*non essere reperibile*) to be missing, (*essere lontano*) to be away **3** (*per arrivare a un termine stabilito*) to be (ES: ***manca un quarto alle dieci*** it is a quarter to ten) **4** (*per completare q.c.*) to be needed **5** (*venire meno*) to fail **6** (*agire male*) to wrong, (*sbagliare*) to make a mistake **7** (*omettere*) to omit, to fail **8** (*morire*) to pass away **9** (*essere rimpianto*) to miss (*costr. pers.*) **B** v.tr. to miss

mància s.f. tip ◆ **dare, lasciare la m.** to tip

manciàta s.f. handful

mancìno agg. **1** left-handed **2** (*fig.*) treacherous

mandàre v.tr. **1** to send, to forward, to dispatch **2** (*emettere*) to give off, to emit ◆ **m. a chiamare** to send for || **m. a rotoli, a monte** to upset || **m. giù** to swallow || **m. in onda** to broadcast

mandarìno s.m. (*bot.*) tangerine

mandàto s.m. **1** (*incarico*) mandate, task, commission **2** (*dir., comm.*) warrant, order

mandìbola s.f. mandible, jaw

mandolìno s.m. mandolin(e)

màndorla s.f. almond ◆ **occhi a m.** almond shaped eyes, slanting eyes

màndria s.f. herd

mandrìno s.m. mandrel, spindle, chuck

maneggévole agg. handy, manageable

maneggiàre v.tr. **1** (*strumenti*) to handle, to use **2** (*pasta, cera*) to knead, to mould **3** (*amministrare*) to manage

manéggio s.m. **1** (*il maneggiare*) handling, use **2** (*gestione*) management **3** al pl. (*intrighi*) intrigue **4** (*equitazione*) manège

manétte s.f. pl. handcuffs *pl.* ◆ **in m.** handcuffed

manfòrte s.f. help

manganèllo s.m. club

manganése s.m. manganese

mangeréccio agg. edible, eatable

mangiàbile agg. eatable, edible

mangianàstri s.m. inv. cassette player

mangiàre **A** v.tr. **1** to eat, (*a pranzo*) to have lunch, (*a cena*) to have dinner **2** (*consumare*) to eat up, to consume **3** (*nei giochi*) to take **4** (*spendere*) to waste, to squander **B** s.m. **1** eating **2** (*cibo*) food ◆ **mangiarsi le parole** to chew one's words

mangiàta s.f. square meal, bellyful

mangiatóia s.f. manger

mangìme s.m. feedstuff, (*foraggio*) fodder

mangióne s.m. big eater

mangiucchiàre v.tr. to nibble at

màngo s.m. mango

manìa s.f. mania ◆ **m. di persecuzione** persecution complex

manìaco **A** agg. **1** maniac(al) **2** (*fissato*) mad, crazy **B** s.m. maniac

mànica s.f. **1** sleeve **2** (*fam.*) (*combriccola*) gang ◆ **maniche corte/lunghe** short/long sleeves

manicarétto s.m. dainty, delicacy

manichìno s.m. dummy, mannequin

mànico s.m. handle

manicòmio s.m. **1** mental hospital **2** (*fam., fig.*) madhouse

manicòtto s.m. muff

manicùre s.f. e m. **1** manicure **2** (*persona*) manicurist

manièra s.f. **1** manner, way **2** al pl. (*comportamento*) manners **3** (*stile*) style, manner

manieràto agg. affected

manierìsmo s.m. mannerism

manifattùra s.f. **1** manufacture **2** (*lavorazione*) workmanship **3** (*fabbrica*) factory

manifestàre **A** v.tr. to manifest, to show, to display, to express **B** v.intr. to demonstrate **C** v.rifl. e intr. pron. to manifest oneself, to reveal oneself, to show oneself

manifestazióne s.f. **1** manifestation, display **2** (*dimostrazione*) demonstration, protest

manifèsto **A** agg. clear, obvious **B** s.m. **1** (*affisso*) placard, poster, (*avviso*) notice **2** (*ideologico, artistico*) manifesto, programme

manìglia s.f. handle, (*appiglio sui mezzi pubblici*) strap

maniglióne s.m. nella loc. **m. antipanico** crash bar, crash bar handle

manipolàre v.tr. **1** to manipulate, to handle **2** (*adulterare*) to adulterate, (*falsificare*) to falsify **3** (*condizionare*) to manipulate

manipolazióne s.f. **1** manipulation, handling **2** (*adulterazione*) adulteration, (*falsificazione*) falsification, fiddling **3** (*condizionamento*) manipulation ◆ **m. genetica** genetic manipulation

maniscàlco s.m. horseshoer

mànna s.f. **1** manna **2** (*fig.*) blessing

mannàia s.f. axe, cleaver

màno s.f. **1** hand **2** (*lato*) side **3** (*tocco*) touch, hand **4** (*di vernice*) coat ◆ **a m.** by hand || **contro m.** on the wrong side of the road || **dare una m.** to lend a hand, to help out || **di seconda m.** second-hand || **fatto a m.** handmade, homemade || **stringersi la m.** to shake hands

manodòpera s.f. labour, manpower

manòmetro s.m. manometer, gauge

manométtere v.tr. to tamper with

manòpola s.f. **1** grip, handle **2** (*girevole*) knob

manoscrìtto **A** agg. handwritten **B** s.m. manuscript

manovàle s.m. labourer

manovèlla s.f. crank, handle

manòvra s.f. **1** (*mil.*) manoeuvre **2** (*movimento*) monoeuvring, working **3** (*naut.*) rigging **4** (*fig.*) manoeuvre

manovràre **A** v.tr. **1** to manoeuvre, to handle, to control **2** (*fig.*) to manage, to manipulate **B** v.intr. **1** to manoeuvre **2** (*fig.*) to scheme

mansàrda s.f. mansard, attic

mansardàto agg. mansard (*attr.*), (*con mansarda*) with mansard
mansióne s.f. function, task, duty
mansuèto agg. mild, meek
mantecàre v.tr. to cream
mantèlla s.f. mantle, cloak
mantèllo s.m. **1** mantle, cloak **2** (*di animale*) coat
mantenére **A** v.tr. **1** to maintain, to keep, to preserve **2** (*sostenere*) to maintain, to support **3** (*rispettare*) to keep **B** v.rifl. to earn one's living **C** v.intr. pron. to keep
manteniménto s.m. **1** maintenance, keeping **2** (*sostentamento*) support **3** (*manutenzione*) upkeep
màntice s.f. **1** bellows *pl.* **2** (*di carrozza*) hood
mànto s.m. mantle, cloak ◆ **m. stradale** road surface
manuàle **A** agg. manual **B** s.m. manual, handbook ◆ **da m.** textbook (*attr.*)
manualità s.f. **1** manual character **2** (*destrezza*) manual dexterity
manualménte avv. manually, by hand
manùbrio s.m. **1** handle, (*di veicolo*) handlebar **2** (*attrezzo ginnico*) dumb-bell
manufàtto s.m. handwork, handmade article
manutenzióne s.f. maintenance, upkeep, (*tecnica*) service
mànzo s.m. **1** steer **2** (*cuc.*) beef
màppa s.f. map, plan
mappamóndo s.m. **1** (*globo*) globe **2** (*planisfero*) map of the world
maràsma s.m. **1** (*decadenza*) decay **2** (*caos*) chaos
maratóna s.f. marathon
màrca s.f. **1** brand, mark, (*fabbricazione*) make **2** (*bollo*) stamp **3** (*contromarca*) check **4** (*fig.*) kind, character ◆ **prodotto di m.** brand-name product
marcàre v.tr. **1** to mark, to brand **2** (*sport*) to score, (*un avversario*) to mark **3** (*accentuare*) to emphasize
marchése s.m. marquis, marquess
marchiàre v.tr. to brand, to mark, to stamp
marchingégno s.m. **1** device **2** (*fig.*) dodge
màrchio s.m. **1** brand, mark, (*bollo*) stamp **2** (*comm.*) brand (name), (trade) mark **3** (*fig.*) mark ◆ **m. di fabbrica** trademark || **m. registrato** registered trademark
màrcia s.f. **1** march **2** (*sport*) walk **3** (*autom.*) gear, speed **4** (*mus.*) march
marciapiède s.m. **1** pavement, (*USA*) sidewalk **2** (*ferr.*) platform
marciàre v.intr. to march, to walk
màrcio agg. rotten, bad
marcìre v.intr. to rot, to go bad
marciùme s.m. rot
màrco s.m. mark
màre s.m. sea ◆ **andare al m.** to go to the seaside || **frutti di m.** seafood || **in m. aperto** offshore || **per m.** by sea
marèa s.f. tide
mareggiàta s.f. seastorm
maremòto s.m. seaquake
margarìna s.f. margarine
margherìta s.f. daisy
marginàle agg. marginal
màrgine s.m. **1** (*orlo, bordo*) edge **2** (*di foglio*) margin **3** (*econ.*) margin
margòtta s.f. layer
mariàno agg. Marian
marìna **A** s.f. **1** navy **2** (*arte*) seascape **B** s.m. inv. (*naut.*) marina
marinàio s.m. seaman, sailor, mariner
marinàre v.tr. **1** (*cuc.*) to marinate, to pickle **2** (*la scuola*) to play truant, (*USA*) to play hooky
marinarésco agg. sailor (*attr.*)
marìno agg. marine, sea (*attr.*)
marionétta s.f. puppet
maritàre **A** v.tr. to marry, to give sb. in marriage **B** v.rifl. e rifl. rec. to get married
marìto s.m. husband ◆ **da m.** marriageable
marìttimo agg. maritime, marine, sea (*attr.*)
marmàglia s.f. rabble
marmellàta s.f. jam ◆ **m. di arance** marmalade
marmìtta s.f. (*autom.*) silencer ◆ **m. catalitica** catalytic converter, catalyst
màrmo s.m. marble
marmòcchio s.m. kid
marmòreo agg. marble (*attr.*)
marmòtta s.f. marmot
marocchìno agg. e s.m. Moroccan
maróso s.m. breaker
marróne **A** agg. brown **B** s.m. (*castagna*) chestnut
marsìna s.f. tails *pl.*
marsùpio s.m. **1** (*zool.*) marsupium, pouch **2** (*per bambini*) baby sling **3** (*borsa*) bumbag, (*USA*) waist pack
martedì s.m. Tuesday
martellaménto s.m. pounding
martellàre **A** v.tr. **1** to hammer **2** (*fig.*) to pound **B** v.intr. to throb
martèllo s.m. hammer ◆ **m. pneumatico** jack hammer
martinétto s.m. jack
màrtire s.m. e f. martyr
martìrio s.m. **1** martyrdom **2** (*fig.*) torment
màrtora s.f. marten
martoriàre v.tr. to torment
marxìsmo s.m. Marxism
marxìsta agg., s.m. e f. Marxist
marzapàne s.m. marzipan
marziàle agg. martial
marziàno s.m. Martian
màrzo s.m. March
mascalzóne s.m. rascal, scoundrel
mascàra s.m. inv. mascara
mascèlla s.f. jaw
màschera s.f. **1** mask **2** (*travestimento*) costume **3** (*persona mascherata*) masker **4** (*di commedia*)

stock character **5** (*inserviente di teatro, cinema*) usher *m.*, usherette *f.* ♦ **ballo in m.** masked ball || **m. di bellezza** face mask, facial mask

mascheràre **A** v.tr. **1** to mask **2** (*travestire*) to dress in costume **3** (*nascondere*) to conceal, to disguise **B** v.rifl. **1** to put on a mask, (*vestirsi da*) to dress as **2** (*fig.*) to pass oneself off

mascheràta s.f. masquerade

maschìle agg. **1** male, men's **2** (*virile*) masculine, manly **3** (*gramm.*) masculine

maschilìsta agg. e s.m. male chauvinist

màschio[1] **A** agg. male **B** s.m. male, (*ragazzo*) boy, (*uomo*) man, (*figlio*) son

màschio[2] s.m. (*di castello*) donjon, dungeon

mascolìno agg. masculine

mascotte s.f. inv. mascot

masochìsmo s.m. masochism

màssa s.f. **1** mass, body **2** (*grande quantità*) heap, load **3** (*folla*) mass, crowd **4** (*fis.*) mass **5** (*elettr.*) earth, ground

massacrànte agg. exhausting

massacràre v.tr. **1** to massacre, to slaughter **2** (*picchiare*) to beat **3** (*rovinare*) to spoil **4** (*stancare*) to exhaust, to wear out

massàcro s.m. **1** massacre, slaughter **2** (*fig.*) disaster

massaggiàre v.tr. to massage

massàggio s.m. massage

massàia s.f. housewife

masserìzie s.f. pl. household goods *pl.*

massicciàta s.f. roadbed, ballast

massìccio **A** agg. massive **B** s.m. massif

massificazióne s.f. standardization

màssima[1] s.f. **1** (*principio*) principle, rule **2** (*detto*) saying, maxim ♦ **di m.** general, preliminary

màssima[2] s.f. (*temperatura*) maximum

massimàle s.m. limit, ceiling

massimalìsmo s.m. maximalism

màssimo **A** agg. **1** maximum, (*il migliore*) best **2** (*mat.*) highest, maximum **B** s.m. utmost, maximum, top, peak ♦ **al m.** (*tutt'al più*) at most, (*al più tardi*) at the latest || **della massima importanza** of the utmost importance || **m. livello** top level || **tempo m.** time limit

mass media s.m. pl. mass media

màsso s.m. mass of stone, block, rock ♦ **caduta massi** falling rocks

massóne s.m. Freemason

massonerìa s.f. Freemasonry

masterizzàre v.tr. to write, to burn

masterizzatóre s.m. CD writer

masticàre v.tr. **1** to chew **2** (*borbottare*) to mumble

màstice s.m. mastic, putty

mastìno s.m. mastiff

mastodòntico agg. colossal, enormous

masturbazióne s.f. masturbation

matàssa s.f. **1** skein, hank **2** (*fig.*) tangle

matemàtica s.f. mathematics *pl.* (*v. al sing.*), (*fam.*) maths *pl.* (*v. al sing.*)

matemàtico **A** agg. mathematic(al) **B** s.m. mathematician

materassìno s.m. **1** (*gonfiabile*) inflatable mattress, airbed **2** (*sport*) mat

materàsso s.m. mattress

matèria s.f. **1** matter, (*materiale*) material, (*sostanza*) substance **2** (*argomento*) matter, subject, theme **3** (*disciplina*) subject ♦ **materie prime** raw materials

materiàle **A** agg. **1** material **2** (*rozzo*) rough **B** s.m. material, stuff

materialìsmo s.m. materialism

materialménte avv. materially

maternità s.f. maternity, motherhood ♦ **congedo per m.** maternity leave

matèrno agg. maternal, motherly, mother (*attr.*)

matìta s.f. pencil

matriarcàle agg. matriarchal

matrìce s.f. **1** matrix **2** (*di registro, libretto*) counterfoil, stub **3** (*metall.*) mould, die **4** (*fig.*) root

matrìcola s.f. **1** (*registro*) roll list, register **2** (*numero*) (matriculation) number **3** (*studente*) fresher

matrìgna s.f. stepmother

matrimoniàle agg. matrimonial, marriage (*attr.*), wedding (*attr.*) ♦ **camera/letto m.** double room/bed

matrimònio s.m. **1** marriage **2** (*cerimonia*) wedding ♦ **pubblicazioni di m.** banns

matròna s.f. matron

matronèo s.m. women's gallery

matronìmico agg. e s.m. matronymic

mattatóio s.m. slaughter-house

mattìna s.f. morning

mattinàta s.f. morning

mattinièro agg. early-rising

mattìno s.m. morning

màtto **A** agg. mad, crazy **B** s.m. madman, lunatic ♦ **andare m. per q.c.** to be crazy about st.

mattóne s.m. **1** brick **2** (*fig.*) bore

mattonèlla s.f. tile

mattutìno agg. **1** morning (*attr.*) **2** (*mattiniero*) early-rising

maturàre **A** v.tr. **1** to mature, to ripen **2** (*raggiungere*) to reach gradually **B** v.intr. **1** (*di frutto*) to ripen **2** (*di persona, cosa*) to mature **3** (*comm.*) to fall due, (*di interessi*) to accrue **C** v.intr. pron. to mature, to become mature

maturazióne s.f. **1** maturation, ripening **2** (*comm.*) maturity, expiry, (*di interessi*) accrual

maturità s.f. **1** maturity **2** (*esame*) school-leaving examination

matùro agg. mature, ripe

mausolèo s.m. mausoleum

maxischérmo s.m. widescreen television

màzza s.f. club ♦ **m. da baseball** baseball bat

mazzàta s.f. blow

mazzétto s.m. (little) bunch

màzzo s.m. bunch ♦ **m. di carte** pack of cards || **farsi il m.** (*pop.*) to work like mad
me pron. pers. 1ª p. sing. m. e f. **1** (*compl. ogg. e ind.*) me **2** (*con funzione di sogg.*) I
meàndro s.m. meander
meccànica s.f. **1** mechanics *pl.* (*v. al sing.*) **2** (*meccanismo*) mechanism
meccanicaménte avv. mechanically
meccànico **A** agg. mechanical **B** s.m. mechanic, (*tecnico*) engineer
meccanìsmo s.m. **1** mechanism, works *pl.* **2** (*fig.*) mechanism
meccanizzàre **A** v.tr. to mechanize **B** v.intr. pron. to become mechanized
meccanizzazióne s.f. mechanization
mecenàte s.m. e f. patron
mecenatìsmo s.m. patronage
mèda s.f. beacon, seamark
medàglia s.f. medal
medaglióne s.m. locket, medallion
medésimo **A** agg. dimostr. same **B** pron. dimostr. (*persona*) the same (one), (*cosa*) the same (thing)
mèdia[1] s.f. average, mean ♦ **in m.** on the average || **fare una m. di** to average
media[2] s.m. pl. media, mass media
mediàno **A** agg. medial, middle (*attr.*) **B** s.m. (*sport*) half
mediànte prep. by, by means of, through
mediàre v.tr. e intr. to mediate
mediatóre s.m. **1** mediator, middleman **2** (*comm.*) broker
mediazióne s.f. mediation
medicaménto s.m. medicament
medicàre **A** v.tr. to medicate, to treat, to cure **B** v.rifl. to medicate oneself
medicazióne s.f. dressing, medication
medicìna s.f. **1** medicine **2** (*medicamento*) medicine, medicament, (*USA*) drug
medicinàle **A** agg. medicinal **B** s.m. medicine, medicament, (*USA*) drug
mèdico **A** agg. medical **B** s.m. doctor
medievàle agg. medieval
mèdio **A** agg. **1** (*di mezzo*) middle, medium **2** (*conforme alla media*) average (*attr.*), mean (*attr.*) **3** (*scient.*) medium **B** s.m. (*dito*) middle finger
mediòcre agg. mediocre, second-rate, ordinary
mediocrità s.f. mediocrity
medioèvo s.m. Middle Ages *pl.*
meditàre **A** v.tr. **1** to meditate, to ponder **2** (*progettare*) to plan, to intend **B** v.intr. to meditate (on), to ponder (over)
meditazióne s.f. meditation
mediterràneo agg. Mediterranean
medùsa s.f. jelly-fish, medusa
megàfono s.m. megaphone
megalìtico agg. megalithic
megalòmane agg. e s.m. megalomaniac
megalòpoli s.f. megalopolis
megastore s.m. inv. megastore
mèglio **A** avv. **1** (*comp.*) better **2** (*sup. rel.*) best **B** agg. inv. **1** (*migliore, preferibile*) better **2** (*sup. rel.*) best **C** s.m. e f. inv. (the) best (thing) ♦ **avere la m. su** to get the better of || **di bene in m.** better and better || **m. ancora** better still || **fare del proprio m.** to do one's best
méla s.f. apple ♦ **m. cotogna** quince
melagràna s.f. pomegranate
melanzàna s.f. aubergine, (*USA*) eggplant
melènso agg. dull
mellìfluo agg. unctuous, sugary
mélma s.f. slime, mud
melmóso agg. slimy, muddy
mélo s.m. apple-tree
melodìa s.f. melody, tune
melodióso agg. melodious
melodrammàtico agg. **1** (*mus.*) operatic **2** (*fig.*) melodramatic
melóne s.m. melon
membràna s.f. membrane
mèmbro s.m. **1** member **2** (*arto*) limb
memoràbile agg. memorable
memòria s.f. **1** memory **2** (*ricordo*) memory, remembrance, recollection **3** (*oggetto*) memento, (*di famiglia*) heirloom **4** (*scritto*) memoirs *pl.* **5** (*inform.*) memory, storage ♦ **sapere q.c. a m.** to know st. by heart
memoriàle s.m. **1** (*dir.*) memorial **2** (*memorie*) memoirs *pl.*
menadìto nella loc. avv. **a m.** perfectly
menàre **A** v.tr. (*fam.*) to hit, to strike **B** v.rifl. rec. (*fam.*) to come to blows
menàta s.f. **1** (*fig., fam.*) (*scocciatura*) nuisance **2** (*fig., fam.*) (*tiritera*) yawn (ES: ***sono sempre le solite menate!*** it's always the same old story!)
mendicànte s.m. e f. beggar
mendicàre v.tr. e intr. to beg
menefreghìsmo s.m. indifference
menìnge s.f. meninx ♦ **spremersi le meningi** to rack one's brains
meningìte s.f. meningitis
menìsco s.m. meniscus
méno **A** avv. **1** less, not so... (as) **2** (*comp.*) less... than, not so... as, not as... as **3** (*sup.*) the least, (*fra due*) the less **4** (*mat.*) minus **B** agg. inv. less, not so much, (*con s. pl.*) fewer **C** s.m. inv. **1** less, not as much **2** (*il minimo*) the least, as little as **3** (*mat.*) minus ♦ **a m. che** unless || **fare a m. di** to do without || **m. male!** just as well! || **per lo m.** at least || **venire m.** to fail
menomàre v.tr. to disable, to damage
menomazióne s.f. disablement
menopàusa s.f. menopause
mènsa s.f. **1** table **2** (*di università*) refectory, dining hall, (*di fabbrica*) canteen, (*di soldati*) mess, (*di ufficiali*) cafeteria

mensìle **A** agg. monthly **B** s.m. **1** (*salario*) salary **2** (*pubblicazione*) monthly
mensilménte avv. monthly
mènsola s.f. **1** shelf **2** (*arch.*) console, bracket
ménta s.f. mint ♦ **alla m.** mint (*attr.*)
mentàle agg. mental
mentalità s.f. mentality, outlook ♦ **m. ristretta** narrow-mindedness
mentalménte avv. mentally
ménte s.f. mind ♦ **mettersi in m.** to take into one's head || **venire in m.** to occur
mentìre v.intr. to lie
ménto s.m. chin
mentòlo s.m. menthol
méntre **A** cong. **1** (*temporale*) while, (*quando*) as **2** (*avversativo*) whereas, while **3** (*finché*) while, as long as **B** s.m. inv. moment, meantime, meanwhile
menu s.m. inv. menu
menzionàre v.tr. to mention
menzógna s.f. lie
meravìglia s.f. **1** wonder **2** (*sorpresa*) astonishment, surprise **3** (*cosa meravigliosa*) wonder, marvel ♦ **che m.!** how wonderful!
meravigliàre **A** v.tr. to astonish, to amaze, to surprise **B** v.intr. pron. to be astonished, to be amazed, to wonder
meraviglióso agg. wonderful, marvellous
mercànte s.m. merchant, trader, dealer
mercanteggiàre **A** v.tr. to traffic in **B** v.intr. to bargain, to haggle
mercantìle **A** agg. merchant (*attr.*), mercantile, commercial **B** s.m. merchant ship
mercantilìsmo s.m. mercantilism
mercanzìa s.f. **1** (*merce*) merchandise, goods *pl.* **2** (*roba*) stuff
mercatìno s.m. flea market
mercàto s.m. market, (*luogo*) market-place ♦ **a buon m.** cheap
mèrce s.f. goods *pl.*, wares *pl.*
mercé s.f. mercy
mercenàrio agg. e s.m. mercenary
mercerìa s.f. haberdashery
mercoledì s.m. Wednesday
mercùrio s.m. mercury, quicksilver
mèrda s.f. shit ♦ **di m.** shitty
merènda s.f. snack ♦ **fare m.** to have a snack
meridiàna s.f. sun-dial
meridiàno agg. e s.m. meridian
meridionàle **A** agg. southern, south (*attr.*) **B** s.m. e f. southerner
meridióne s.m. south
merìnga s.f. meringue
meritàre v.tr. **1** to deserve, to merit **2** (*valere*) to be worth **3** (*procurare*) to earn
meritévole agg. deserving, worthy
mèrito s.m. merit ♦ **in m. a** as regards, as to || **è m. tuo** it's thanks to you
meritòrio agg. praiseworthy
merlétto s.m. lace
mèrlo[1] s.m. (*zool.*) blackbird
mèrlo[2] s.m. (*arch.*) merlon
merlùzzo s.m. cod
meschìno agg. **1** poor, miserable **2** (*gretto*) mean, wretched
mescolànza s.f. mixture, blend
mescolàre **A** v.tr. **1** to mix, to blend **2** (*rimestare*) to stir **3** (*confondere*) to confuse **4** (*mettere in disordine*) to muddle **5** (*le carte*) to shuffle **B** v.intr. pron., rifl. e rifl. rec. to mix, to get mixed up
mése s.m. month
méssa[1] s.f. (*relig.*) Mass
méssa[2] s.f. (*il mettere*) placing, setting ♦ **m. a fuoco** focusing || **m. a punto** setting up, (*inform.*) debugging || **m. a terra** grounding || **m. in opera** installation || **m. in piega** styling
messaggèro s.m. messenger
messàggio s.m. **1** message **2** (*discorso*) address **3** (*pubblicitario*) commercial
messàle s.m. missal
mèsse s.f. harvest
messiànico agg. Messianic
messicàno agg. e s.m. Mexican
messinscèna s.f. **1** (*teatro*) staging **2** (*fig.*) sham, act
mésso s.m. messenger
mestàre **A** v.tr. to stir, (*mescolare*) to mix **B** v.intr. to plot
mestière s.m. **1** trade, profession, job **2** (*esperienza*) craft, experience **3** al pl. housework ♦ **di m.** by profession, professional
mèsto agg. sad
méstolo s.m. ladle
mestruazióne s.f. period, menstruation ♦ **avere le mestruazioni** to have one's period
mèta s.f. **1** destination **2** (*fine*) goal, aim
metà s.f. **1** half **2** (*parte di mezzo*) middle ♦ **a m.** in half, (*incompiuto*) half-done
metabolìsmo s.m. metabolism
metafìsico agg. metaphysical
metàfora s.f. metaphor
metafòrico agg. metaphoric(al)
metàllico agg. metal (*attr.*), metallic
metallizzàto agg. metallized, metallic
metàllo s.m. metal
metallùrgico agg. metallurgic(al)
metalmeccànico **A** agg. engineering **B** s.m. metalworker
metamorfìsmo s.m. metamorphism
metamòrfosi s.f. metamorphosis
metàno s.m. methane
metèora s.f. meteor
meteorologìa s.f. meteorology
meteorològico agg. meteorologic(al) ♦ **bollettino m.** weather report
meticolóso agg. meticulous, scrupulous

metòdico agg. methodical
metodìsta s.m. e f. Methodist
mètodo s.m. method
metodològico agg. methodological
mètopa s.f. metope
mètrico agg. metric(al)
mètro s.m. **1** metre, (*USA*) meter **2** (*strumento*) rule **3** (*fig.*) criterion ◆ **m. cubo** cubic metre || **m. quadrato** square metre
metròpoli s.f. inv. metropolis
metropolìta s.m. metropolitan
metropolitàna s.f. underground, (*fam.*) tube, (*USA*) subway
metropolitàno agg. metropolitan
méttere **A** v.tr. **1** to put, (*collocare*) to set, to place, (*disporre*) to arrange **2** (*indossare*) to put on, to wear **3** (*impiegare*) to take **4** (*investire*) to put, (*scommettere*) to bet **5** (*far pagare*) to charge **6** (*supporre*) to suppose **7** (*paragonare*) to compare **8** (*causare*) to cause, to make, to inspire **9** (*emettere*) to put forth **10** (*installare*) to lay on, to put in **B** v.rifl. e intr. pron. **1** to put oneself, to place oneself **2** (*cominciare*) to start, to begin, to set to **3** (*indossare*) to wear, to put on ◆ **mettersi con qc.** to go out with sb. || **mettersi male** to take a bad torn || **mettercela tutta** to do one's best
mezzadrìa s.f. métayage, share-cropping
mezzalùna s.f. half-moon, crescent
mezzàno **A** agg. middle (*attr.*) **B** s.m. (*spreg.*) pimp
mezzanòtte s.f. midnight
mèzzo[1] **A** agg. **1** half **2** (*medio*) middle, medium (*attr.*) **B** s.m. **1** (*metà*) half **2** (*centro*) middle, centre **C** avv. half ◆ **in m.** in the middle
mèzzo[2] s.m. **1** (*strumento*) means, equipment **2** (*di trasporto*) (means of) transport **3** (*fis.*) medium **4** al pl. (*mezzi economici*) means, money
mezzogiórno s.m. **1** midday, noon, twelve o'clock **2** (*sud*) south ◆ **a m.** at noon
mezzóra s.f. half an hour
mi **A** pron. pers. 1ª p. sing. m. e f. **1** (*compl. ogg.*) me **2** (*compl. ind.*) (to, for) me **B** pron. rifl. 1ª p. sing. myself (*o idiom.*)
miagolàre v.intr. to mew, to miaow
mìccia s.f. fuse
micenèo agg. Mycenaean
micidiàle agg. deadly, lethal
mìcio s.m. pussy(cat)
mìcrobo s.m. microbe
microcòsmo s.m. microcosm
microfìbra s.f. microfibre, (*USA*) microfiber
microfìlm s.m. inv. microfilm
micròfono s.m. microphone, (*fam.*) mike
microrganìsmo s.m. microorganism
microscòpico agg. microscopic(al)
microscòpio s.m. microscope ◆ **al m.** under the microscope
midóllo s.m. marrow ◆ **m. spinale** spinal marrow
mièle s.m. honey ◆ **luna di m.** honeymoon
miètere v.tr. to reap, to harvest
mietitùra s.f. **1** reaping **2** (*raccolto*) harvest **3** (*periodo*) reaping time
migliàio s.m. thousand
mìglio[1] s.m. (*bot.*) millet
mìglio[2] s.m. (*unità di misura*) mile ◆ **m. marino** nautical mile
miglioraménto s.m. improvement
miglioràre **A** v.tr. to improve, to better **B** v.intr. to improve, to get better
miglióre **A** agg. **1** (*comp.*) better **2** (*sup.*) the best, (*fra due*) the better **B** s.m. e f. the best
miglioria s.f. improvement
mìgnolo s.m. little finger, (*del piede*) little toe
migràre v.intr. to migrate
migratòrio agg. migratory
migrazióne s.f. migration
miliardàrio agg. e s.m. billionaire
miliàrdo s.m. one thousand million, billion
milionàrio agg. e s.m. millionaire
milióne s.m. million
militànte agg., s.m. e f. militant
militàre[1] **A** agg. military **B** s.m. soldier ◆ **fare il m.** to do military service
militàre[2] v.intr. **1** (*fare il soldato*) to serve in the army **2** (*fig.*) to militate
militarésco agg. military
millantàre v.tr. to boast of
millantatóre s.m. boaster, braggart
mìlle agg. num. card. e s.m. inv. (one) thousand
millenàrio agg. millenary
millènnio s.m. millennium
millepièdi s.m. inv. millepede
millèsimo agg. num. ord. e s.m. thousandth
milligràmmo s.m. milligram(me)
millìmetro s.m. millimetre, (*USA*) millimeter
mìlza s.f. spleen
mimàre v.tr. e intr. to mime
mimètico agg. mimetic(al)
mimetizzàre **A** v.tr. to camouflage **B** v.rifl. to camouflage oneself
mìmica s.f. **1** (*teatro*) mime **2** (*il gesticolare*) gestures *pl.*
mìmo s.m. mime
mimósa s.f. mimosa
mìna s.f. **1** mine **2** (*di matita*) lead
minàccia s.f. menace, threat
minacciàre v.tr. to threaten, to menace
minacciόso agg. threatening, menacing
minàre v.tr. **1** to mine **2** (*insidiare*) to undermine
minaréto s.m. minaret
minatóre s.m. miner
minatòrio agg. threatening, minatory ◆ **lettera minatoria** poison-pen letter
mineràle **A** agg. mineral **B** s.m. mineral, (*da cui si estrae un metallo*) ore ◆ **acqua m.** mineral water
mineralogìa s.f. mineralogy

mineràrio agg. mining, mineral, mine (*attr.*), ore (*attr.*)
minèstra s.f. soup ♦ **m. di verdura** vegetable soup
minestróne s.m. soup
mingherlìno agg. thin, slim
miniatùra s.f. miniature, (*di manoscritti*) illumination ♦ **in m.** miniature (*attr.*)
miniaturìsta s.m. e f. miniaturist, (*di manoscritti*) illuminator
minièra s.f. mine, pit
minigònna s.f. miniskirt
mìnima s.f. **1** (*temperatura*) minimum temperature **2** (*mus.*) minim, (*USA*) half-note **3** (*pressione*) minimum blood pression
minimizzàre v.tr. to minimize
mìnimo **A** agg. **1** (the) least, the smallest, the slightest, minimum (*attr.*) **2** (*molto piccolo*) very small, very slight, minimal **B** s.m. **1** minimum **2** (*di motore*) lowest gear **3** (*la minima cosa*) the least ♦ **come m.** at least
ministèro s.m. **1** (*funzione*) office, function, (*relig.*) ministry **2** (*del governo*) Ministry, Board, (*USA*) Department
minìstro s.m. minister
minorànza s.f. minority
minóre **A** agg. **1** (*più piccolo*) smaller, (*più corto*) shorter, (*più basso*) lower **2** (*meno*) less(er) **3** (*meno importante*) minor **4** (*più giovane*) younger **B** agg. sup. rel. **1** (*il più piccolo*) the smallest, (*il più corto*) the shortest, (*il più basso*) the lowest **2** (*il minimo*) the least **3** (*il meno importante*) minor **4** (*il più giovane*) the youngest, (*tra due*) the younger **C** s.m. e f. **1** (*il più giovane*) the youngest, (*fra due*) the younger **2** (*di grado*) junior
minorènne **A** agg. underage **B** s.m. e f. minor
minuétto s.m. minuet
minùscolo agg. **1** (*di lettera*) small, (*tip.*) lower case **2** (*piccolo*) tiny
minùta s.f. draft, rough copy
minùto[1] **A** agg. **1** minute, small, tiny **2** (*delicato*) delicate, frail **3** (*particolareggiato*) detailed, minute **4** (*di poco conto*) petty, small **B** s.m. (*comm.*) retail
minùto[2] s.m. **1** minute **2** (*momento*) minute, moment ♦ **lancetta dei minuti** minute hand
minùzia s.f. **1** trifle **2** (*meticolosità*) meticulousness
mìo **A** agg. poss. 1ª p. sing. **1** my **2** (*pred.*) mine **B** pron. poss. mine **C** s.m. **1** (*denaro, averi*) my own money, my income **2** al pl. (*parenti*) my family, (*genitori*) my parents
mìope agg. myopic, shortsighted
mìra s.f. **1** aim **2** (*fig.*) target, aim, goal, design ♦ **prendere di m. qc.** to pick on sb. || **prendere la m.** to take aim
miràbile agg. admirable
miràcolo s.m. **1** miracle **2** (*fig.*) wonder
miracolóso agg. miraculous
miràggio s.m. mirage
miràre v.intr. to aim
mirìade s.f. myriad
mirìno s.m. **1** sight **2** (*fot.*) finder
mirtìllo s.m. bilberry, (*USA*) blueberry
misàntropo **A** agg. misanthropic **B** s.m. misanthrope
miscèla s.f. mixture, blend
miscelatóre s.m. mixer
miscellànea s.f. miscellany
mìschia s.f. scuffle, fray
mischiàre **A** v.tr. to mix, to mingle, to blend **B** v.rifl. to mix, to mingle ♦ **m. le carte** to shuffle the cards
miscredènte **A** agg. misbelieving **B** s.m. e f. misbeliever, non-religious person
miscùglio s.m. mixture
miseràbile agg. **1** miserable, wretched **2** (*scarso*) poor, scanty **3** (*spregevole*) despicable, mean
miseràndo agg. miserable
misèria s.f. **1** poverty **2** (*meschinità*) meanness **3** (*inezia*) pittance, trifle **4** al pl. (*disgrazie*) troubles *pl.*, misfortunes *pl.*
misericòrdia s.f. mercy
mìsero agg. **1** poor, miserable, wretched **2** (*scarso*) poor, scanty **3** (*meschino*) mean, miserable **4** (*infelice*) unfortunate
misfàtto s.m. misdeed, crime
misògino **A** agg. misogynous **B** s.m. misogynist
miss s.f. inv. (*in un concorso di bellezza*) Miss
mìssile s.m. missile
missionàrio agg. e s.m. missionary
missióne s.f. mission
misterióso agg. mysterious
mistèro s.m. mystery
mìstica s.f. **1** mystical theology **2** (*est.*) mystique
misticìsmo s.m. mysticism
mìstico agg. e s.m. mystic
mistificàre v.tr. to mystify, to hoax
mistificatóre s.m. mystifier, hoaxer
mìsto **A** agg. mixed **B** s.m. mixture ♦ **m. lana** wool blend
mistùra s.f. mixture, blend
misùra s.f. **1** measure, measurement **2** (*taglia*) size **3** (*limite*) limit, proportion, (*moderazione*) moderation **4** (*provvedimento*) measure, step
misuràbile agg. measurable
misuràre **A** v.tr. **1** to measure, (*tecnol.*) to gauge **2** (*valutare*) to estimate, to judge **3** (*provare indossando*) to try on **4** (*limitare*) to limit, to moderate **B** v.intr. to measure **C** v.rifl. **1** (*contenersi*) to limit oneself **2** (*cimentarsi*) to measure oneself
misuràto agg. measured
misuratóre s.m. meter, gauge
misurazióne s.f. measurement
misurìno s.m. (small) measure
mìte agg. **1** mild, meek **2** (*moderato*) moderate **3** (*di clima*) mild
mìtico agg. mythical, legendary ♦ **m.!** wonderful!

mitigàre **A** v.tr. to mitigate, to alleviate **B** v.intr. pron. **1** to calm down **2** (*del clima*) to become mild
mìtilo s.m. mussel
mitizzàre v.tr. to mythicize
mìto s.m. myth ♦ **sei un m.!** you're great!
mitologìa s.f. mythology
mitològico agg. mythologic(al)
mitòmane agg., s.m. e f. mythomaniac
mìtra[1] s.f. (*relig.*) mitre
mìtra[2] s.m. (*arma*) submachine gun
mitragliatrìce s.f. machine gun
mittènte s.m. e f. sender
mnemònico agg. mnemonic
mòbile **A** agg. **1** (*che si muove*) mobile, moving, (*che può essere mosso*) movable **2** (*mutevole*) changeable, mutable, unstable **B** s.m. piece of furniture, *al pl.* furniture
mobìlia s.f. furniture
mobiliàre agg. movable, personal
mobilità s.f. **1** mobility **2** (*mutevolezza*) inconstancy
mobilitàre v.tr. e rifl. to mobilize
mobilitazióne s.f. mobilization
mocassìno s.m. moccasin
mòccolo s.m. **1** (*di candela*) candle-end **2** (*fam.*) (*bestemmia*) oath ♦ **reggere il m.** (*fam.*) to play gooseberry
mòda s.f. **1** fashion, style **2** (*maniera*) manner, custom, fashion **3** (*mat.*) mode ♦ **alla m.** fashionable || **fuori m.** out of fashion, out of style
modalità s.f. **1** modality, (*procedura*) formality **2** (*inform.*) mode ♦ **m. provvisoria** temporary mode
modanatùra s.f. moulding
modèlla s.f. model
modellàre **A** v.tr. to model, to mould **B** v.rifl. to model oneself
modellìsmo s.m. model-making, modelling
modèllo **A** s.m. **1** model **2** (*stampo*) mould **3** (*di abito*) pattern **B** agg. model, exemplary
mòdem s.m. inv. modem
moderàre **A** v.tr. **1** to moderate, to check, to curb **2** (*contenere*) to reduce, to regulate **B** v.rifl. to moderate oneself, to control (oneself)
moderàto agg. moderate
moderatóre **A** agg. moderating **B** s.m. moderator
moderazióne s.f. moderation ♦ **con m.** moderately, in moderation
modernariàto s.m. modern antiques *pl.*
modernìsmo s.m. modernism
modernità s.f. modernity
modernizzàre **A** v.tr. to modernize, to update **B** v.rifl. to bring oneself up-to-date
modèrno agg. modern, up-to-date (*attr.*)
modèstia s.f. modesty
modèsto agg. modest ♦ **fare il m.** to feign modesty
mòdico agg. moderate, reasonable
modìfica s.f. modification, change
modificàbile agg. modifiable
modificàre v.tr. e intr. pron. to modify, to change
mòdo s.m. **1** way, manner **2** (*mezzo*) means, (*occasione*) way **3** (*maniera*) manners *pl.*, (*misura*) measure **4** (*gramm.*) mood **5** (*locuzione*) expression **6** (*mus.*) mode ♦ **in che m.?** how? || **in m. che, da** so that, in such a way as to || **in ogni m.** anyway, in any case || **in qualche m.** somehow || **per m. di dire** so to say || **fare in m. che** to see that
modulàre agg. modular
modulazióne s.f. modulation
mòdulo s.m. **1** form **2** (*arch., tecnol.*) module **3** (*mat., fis.*) modulus
mògano s.m. mahogany
mògio agg. dejected, depressed
móglie s.f. wife ♦ **prendere m.** to get married, to take a wife
moìna s.f. simpering ♦ **fare le moine** to simper
mòla s.f. **1** (*di mulino*) millstone **2** (*molatrice*) grinder
molàre[1] agg. e s.m. (*dente*) molar
molàre[2] v.tr. **1** to grind **2** (*tagliare*) to cut
mòle s.f. **1** bulk, mass **2** (*dimensione*) size, dimension **3** (*quantità*) amount, volume
molècola s.f. molecule
molestàre v.tr. to molest, to bother, to tease
molèstia s.f. nuisance, bother ♦ **m. sessuale** sexual harassment
molèsto agg. troublesome, annoying, bothering
mòlla s.f. **1** spring **2** (*fig.*) incentive, mainspring **3** al pl. (*per afferrare*) tongs *pl.* ♦ **prendere con le molle** to tread carefully with
mollàre **A** v.tr. **1** (*allentare*) to slacken **2** (*lasciar andare*) to let go **3** (*fam.*) (*abbandonare*) to quit, to leave **4** (*fam.*) (*appioppare*) to give **B** v.intr. to give in
mòlle agg. **1** soft **2** (*debole*) weak, flabby
mollétta s.f. **1** (*per bucato*) clothes-peg, clothes-pin **2** (*per capelli*) hair-clip **3** (*per afferrare*) tongs *pl.*
mollìca s.f. crumb
mollùsco s.m. mollusc, shellfish
mòlo s.m. mole, pier, wharf
moltéplice agg. manifold, various
moltiplicàre v.tr., rifl. e intr. pron. to multiply
moltiplicazióne s.f. multiplication
moltìssimo **A** agg. indef. sup. **1** very much, (*in frasi afferm.*) a great deal of **2** (*tempo*) very long **3** al pl. very many, (*in frasi afferm.*) a great many **B** pron. indef. **1** very much, (*in frasi afferm.*) a great deal **2** (*tempo*) a very long time **3** al pl. very many, (*in frasi afferm.*) a great many **C** avv. very much
moltitùdine s.f. multitude, (*folla*) crowd
mólto **A** agg. indef. **1** much, a lot of, lots of, a great deal of, a great quantity of **2** (*tempo*) long **3** (*grande*) great **4** al pl. many, a lot of, lots of, a great many **B** pron. indef. **1** much, a great deal, a lot **2** (*molto tempo*) a long time **3** al pl. many, a lot of, (*molta gente*) many people, a lot of people **C** avv. **1** (*con*

agg. e avv. di grado positivo, con participio pres.) very **2** (*con agg. e avv. di grado comp.*) much **3** (*con p.p.*) much, greatly **4** (*con verbo*) much, very much, a lot **5** (*a lungo*) long, (*spesso*) often

momentaneaménte avv. at the moment, at present

momentàneo agg. momentary, temporary

moménto s.m. **1** moment **2** (*circostanza, tempo*) time **3** (*opportunità*) opportunity, chance ◆ **per il m.** up to now || **sul m.** there and then

mònaca s.f. nun

monacàle agg. monastic

monachésimo s.m. monasticism

mònaco s.m. monk

monàrca s.m. monarch

monarchìa s.f. monarchy

monàrchico **A** agg. **1** monarchic(al) **2** (*fautore della monarchia*) monarchist **B** s.m. monarchist, royalist

monastèro s.m. monastery, (*di monache*) convent

monàstico agg. monastic

mónco agg. **1** maimed **2** (*fig.*) incomplete

moncóne s.m. stump

mondàno agg. **1** worldly, earthly, mundane **2** (*della società elegante*) worldly, society (*attr.*) ◆ **vita mondana** society life

mondàre v.tr. to clean

mondiàle **A** agg. world (*attr.*), world-wide **B** s.m. al pl. (*sport*) world championship

móndo s.m. **1** world **2** (*grande quantità*) a world of, a lot of ◆ **al m.** in the world

monèllo s.m. rascal

monéta s.f. **1** coin, piece **2** (*denaro*) money **3** (*spicciolo*) change ◆ **m. unica** single currency

monetàrio agg. monetary

mongolfièra s.f. hot-air balloon

mònito s.m. warning

monitor s.m. inv. monitor, screen

monitoràggio s.m. monitoring

monitoràre v.tr. to monitor

monocoltùra s.f. monoculture

monocòrde agg. monotonous

monocromàtico agg. monochrome, monochromatic

monodòse agg. inv. single dose (*attr.*)

monogamìa s.f. monogamy

monografìa s.f. monograph

monolìtico agg. monolithic

monolocàle s.m. bedsitter, (*USA*) studio

monòlogo s.m. monologue

monomanìaco agg. monomaniac

monopàttino s.m. push scooter

monopòlio s.m. monopoly

monopósto agg., s.m. e f. inv. single-seater

monosìllabo s.m. monosyllable

monòssido s.m. nella loc. **m. di carbonio** carbon monoxide

monoteìsmo s.m. monotheism

monotonìa s.f. monotony

monòtono agg. monotonous

monovolùme s.m. o f. inv. MPV, minivan

monsóne s.m. monsoon

montacàrichi s.m. inv. goods-lift, (*USA*) freight elevator

montàggio s.m. **1** assembly **2** (*cin.*) editing **3** (*tip.*) mounting ◆ **catena di m.** assembly line

montàgna s.f. mountain ◆ **andare in m.** to go to the mountains || **montagne russe** roller coaster

montagnóso agg. mountainous

montàno agg. mountain (*attr.*)

montàre **A** v.tr. **1** (*salire*) to mount, to climb **2** (*cavalcare*) to ride **3** (*mettere insieme*) to assemble, (*un film*) to edit **4** (*gonfiare*) to exaggerate **5** (*incastonare*) to mount, to set **B** v.intr. **1** to mount, to climb, to get on **2** (*salire*) to rise **C** v.intr. pron. to get big-headed

montàto **A** agg. **1** assembled **2** (*di film*) edited **3** (*fig.*) (*pieno di sé*) big-headed, conceited, jumped-up **B** s.m. big-head, conceited person

montatùra s.f. **1** (*di occhiali*) frame, rim **2** (*di pietra*) setting, mounting **3** (*fig.*) stunt

mónte s.m. mountain, mount (*davanti a nome proprio*) ◆ **andare a m.** to fail || **m. di pietà** pawnshop || **m. premi** prize money

montgomery s.m. inv. duffel coat

montóne s.m. **1** ram, (*carne*) mutton **2** (*giacca*) sheepskin coat ◆ **pelle di m.** sheepskin

montuóso agg. mountainous

monumentàle agg. monumental

monuménto s.m. monument

moquette s.f. inv. fitted carpet, (*USA*) wall-to-wall carpeting

mòra[1] s.f. **1** (*di rovo*) blackberry **2** (*di gelso*) mulberry

mòra[2] s.f. (*ritardo*) delay, (*dilazione*) extension, (*somma*) arrears *pl.* ◆ **in m.** in default

moràle **A** agg. moral **B** s.f. morals *pl.* **C** s.m. morale, spirits *pl.* ◆ **giù di m.** downhearted || **su di m.** in high spirits

moralìsmo s.m. moralism

moralità s.f. morality

moralizzàre v.tr. to moralize

moralménte avv. morally

mòrbido agg. soft, smooth

morbìllo s.m. measles *pl.* (*v. al sing.*)

mòrbo s.m. disease, illness

morbóso agg. morbid

mordàce agg. biting, cutting

mordènte s.m. **1** (*chim.*) mordant **2** (*fig.*) bite, drive

mòrdere v.tr. to bite, to bite into, (*pungere*) to sting

morèna s.f. moraine

morènte agg. dying

morfologìa s.f. morphology

morfològico agg. morphologic(al)

moribóndo agg. dying

morigeràto agg. moderate, sober
morìre v.intr. **1** to die **2** (*cessare, spegnersi*) to die out, to go out, (*di suono*) to die away **3** (*terminare*) to end
mormoràre **A** v.tr. **1** to murmur, to whisper **2** (*borbottare*) to mutter **B** v.intr. **1** to murmur **2** (*parlar male*) to speak ill
morosità s.f. arrearage, non-payment
mòrsa s.f. **1** vice, (*USA*) vise **2** (*fig.*) vicelike grip
morsétto s.m. **1** (*mecc.*) clamp **2** (*elettr.*) terminal
morsicàre v.tr. to bite
mòrso s.m. **1** bite **2** (*boccone*) bit, scrap **3** (*puntura*) sting **4** (*del cavallo*) bit ◆ **i morsi della fame** the pangs of hunger
mortàio s.m. mortar
mortàle **A** agg. **1** (*che è soggetto a morte*) mortal **2** (*che causa la morte*) mortal, deadly **3** (*come la morte*) deathlike, deathly **B** s.m. e f. mortal
mortalità s.f. mortality ◆ **indice di m.** death rate
mòrte s.f. death ◆ **a m.** to death
mortificàre **A** v.tr. to mortify **B** v.rifl. to mortify oneself **C** v.intr. pron. to feel mortified
mortificazióne s.f. mortification
mòrto **A** agg. dead **B** s.m. dead person, (*cadavere*) corpse ◆ **i morti** the dead || **natura morta** still life || **stagione morta** off season
mortòrio s.m. funeral
mosàico s.m. mosaic
mósca s.f. fly
moscerìno s.m. midge, gnat
moschèa s.f. mosque
moschétto s.m. musket
móscio agg. **1** flabby **2** (*fig.*) limp
moscóne s.m. (*zool.*) bluebottle
mòssa s.f. **1** movement **2** (*nel gioco*) move ◆ **darsi una m.** to hurry up
mòsso agg. **1** moved **2** (*fot.*) blurred **3** (*di capelli*) wavy
móstra s.f. **1** show, exhibition **2** (*ostentazione*) display ◆ **m. personale** one-man show || **mettersi in m.** to show off
mostràre **A** v.tr. **1** to show, to display **2** (*ostentare*) to show off **3** (*indicare*) to show, to point out **4** (*dimostrare*) to prove **B** v.rifl. e intr. pron. **1** to show oneself **2** (*apparire*) to appear
móstro s.m. monster
mostruóso agg. **1** monstrous **2** (*enorme*) enormous
motèl s.m. inv. motel
motivàre v.tr. **1** to justify **2** (*causare*) to cause **3** (*suscitare interesse*) to motivate
motivàto agg. **1** justified **2** (*incentivato*) motivated
motivazióne s.f. motivation, reason
motìvo s.m. **1** motive, reason, ground **2** (*mus.*) motif, theme, tune **3** (*elemento decorativo*) pattern, motif ◆ **m. conduttore** leit-motif || **motivi personali** personal reasons || **senza m.** for no reason
mòto[1] s.m. **1** motion, movement **2** (*esercizio fisico*) exercise **3** (*sommossa*) rebellion, revolt **4** (*impulso*) impulse ◆ **in m.** running, moving || **mettere in m.** to start
mòto[2] s.f. motorcycle
motociclétta s.f. motorcycle
motociclìsmo s.m. motorcycling
motociclìsta s.m. e f. motorcyclist
motóre **A** agg. motor, driving, propelling **B** s.m. **1** engine, motor **2** (*fig.*) driving force ◆ **a m.** motor (*attr.*), power (*attr.*) || **m. di ricerca** search engine
motorìno s.m. moped ◆ **m. d'avviamento** starter
motorizzàre v.tr. e rifl. to motorize
motoscàfo s.m. motorboat
mòtto s.m. **1** saying **2** (*facezia*) witticism
mountain bike s.f. inv. mountain bike
mouse s.m. inv. mouse
movènte s.m. motive
movimentàre v.tr. to enliven, to animate
moviménto s.m. **1** movement **2** (*moto*) motion **3** (*andirivieni*) flow, bustle
mozióne s.f. motion
mozzàre v.tr. to cut off ◆ **m. il fiato** to take breath away
mozzicóne s.m. stub, end, (*USA*) butt
mózzo[1] s.m. **1** (*naut.*) ship boy **2** (*di stalla*) stable boy
mòzzo[2] s.m. (*mecc.*) hub
mùcca s.f. cow
mùcchio s.m. heap, stack ◆ **un m. di...** a lot of...
mùco s.m. mucus
mucósa s.f. mucosa, mucous membrane
mùffa s.f. mould
muggìre v.intr. **1** to moo, to low **2** (*mugghiare*) to bellow
muggìto s.m. moo, lowing
mughétto s.m. **1** lily of the valley **2** (*med.*) thrush
mugnàio s.m. miller
mugolàre v.intr. to howl, to whimper
mulattièra s.f. muletrack
mulinàre **A** v.tr. **1** to whirl **2** (*fig.*) to brood over **B** v.intr. to whirl around
mulinèllo s.m. **1** (*d'acqua*) whirpool, (*d'aria*) whirlwind **2** (*per canna da pesca*) reel
mulìno s.m. mill ◆ **m. a vento** windmill
mùlo s.m. mule
mùlta s.f. fine
multàre v.tr. to fine
multicolóre agg. multicolour, multicoloured
multiculturàle agg. multicultural
multifórme agg. multiform
multimediàle agg. multimedia (*attr.*)
multinazionàle **A** agg. multinational **B** s.f. multinational (company)
mùltiplo agg. e s.m. multiple
multisàla s.m. o f. inv. multiplex (cinema)
mùmmia s.f. mummy
mùngere v.tr. **1** to milk **2** (*fig.*) to bleed dry, to mooch off of

municipàle agg. municipal, town (*attr.*)
municipalità s.f. municipality
municìpio s.m. **1** municipality, town council **2** (*palazzo*) town hall, city hall
munificènza s.f. munificence, liberality
munìre **A** v.tr. **1** (*fortificare*) to fortify **2** (*provvedere*) to provide, to supply **B** v.rifl. to equip oneself, to supply oneself
munizióni s.f. pl. munitions *pl.*
muòvere **A** v.tr. **1** to move **2** (*suscitare*) to move, to induce **3** (*sollevare*) to raise, to bring up **B** v.intr. to move **C** v.rifl. to move, to stir, to go ♦ **muoviti!** hurry up!
muràglia s.f. wall
muràle agg. mural, wall (*attr.*)
muràre v.tr. **1** to wall up **2** (*circondare di mura*) to wall
muratóre s.m. bricklayer, mason
murèna s.f. moray eel
mùro s.m. **1** wall **2** al pl. (*mura*) walls *pl.*
mùschio s.m. **1** musk **2** (*bot.*) moss
muscolàre agg. muscular
mùscolo s.m. **1** muscle **2** (*mitilo*) mussel
muscolóso agg. muscular, brawny
musèo s.m. museum
museruòla s.f. muzzle
mùsica s.f. music
musicàle agg. musical
musicassétta s.f. cassette
musicìsta s.m. e f. musician
mùso s.m. **1** (*di animale*) snout, muzzle **2** (*di auto, aereo*) nose **3** (*di persona*) mug **4** (*broncio*) long face
musóne s.m. (*fam.*) sulky person
mùssola s.f. muslin
musulmàno agg. e s.m. Muslim, Moslem
mùta s.f. **1** (*di uccelli*) moult, (*di serpenti*) shedding **2** (*di cani*) pack **3** (*tuta per immersioni*) wet suit
mutaménto s.m. change
mutànde s.f. pl. briefs *pl.*, (*da uomo*) pants *pl.*, underpants *pl.*, (*da donna*) panties *pl.*
mutàre v.tr., intr. e intr. pron. to change
mutazióne s.f. change, mutation
mutévole agg. changeable, variable
mutilàre v.tr. to maim, to mutilate
mutilàto s.m. cripple
mutilazióne s.f. maiming, mutilation, (*di statua*) disfigurement
mutìsmo s.m. mutism, silence
mùto agg. dumb, mute ♦ **film m.** silent film
mùtua s.f. (*fam.*) health service
mùtuo[1] agg. mutual, reciprocal
mùtuo[2] s.m. loan

n, N

nabàbbo s.m. nabob
nàcchere s.f. pl. castanets *pl.*
nàfta s.f. diesel oil, naphta
naftalìna s.f. (*tarmicida in palline*) mothballs *pl.*
naïf agg. inv. naive, naïf
nailon s.m. inv. nylon
nànna s.f. (*fam.*) bye-byes
nàno agg. e s.m. dwarf
napoletàno agg. e s.m. Neapolitan
nàppa s.f. **1** (*fiocco*) tassel **2** (*pelle*) soft leather
narcisìsmo s.m. narcissism
narcisìsta s.m. e f. narcissist
narcìso s.m. (*bot.*) narcissus
narcòsi s.f. narcosis
narcòtico agg. e s.m. narcotic
narìce s.f. nostril
narràre v.tr. e intr. to tell, to narrate
narratìva s.f. fiction
narratìvo agg. narrative
narratóre s.m. **1** narrator, story-teller **2** (*scrittore*) writer
narrazióne s.f. **1** narration, telling **2** (*racconto*) tale, story
nartèce s.m. narthex
nasàle agg. nasal
nascènte agg. rising
nàscere v.intr. **1** to be born **2** (*trarre origine*) to come, (*derivare*) to arise, to derive, to be due **3** (*sorgere*) to rise **4** (*di piante*) to spring up, to come up, to grow **5** (*di capelli, unghie, corna*) to sprout **6** (*di fiume*) to rise ♦ **far n.** to give rise to, to originate
nàscita s.f. **1** birth **2** (*origine*) origin, extraction ♦ **luogo di n.** birthplace
nascitùro agg. unborn
nascóndere **A** v.tr. to hide, to conceal **B** v.rifl. e intr. pron. to hide (oneself), to be hidden
nascondìglio s.m. hiding-place
nascondìno s.m. hide-and-seek
nascósto agg. hidden
nasèllo s.m. hake
nàso s.m. nose ♦ **n. a patata** button nose

nàstro s.m. **1** ribbon **2** (*tecnol.*) tape, ribbon, band ♦ **n. di partenza** starting tape
natàle **A** agg. native **B** s.m. **1** (*Natale*) Christmas **2** al pl. (*nascita*) birth ♦ **buon Natale** merry Christmas
natalità s.f. natality, birthrate
natalìzio agg. Christmas (*attr.*)
natànte s.m. boat, craft
nàtica s.f. buttock
natìo agg. native
natività s.f. nativity
natìvo agg. e s.m. native
nàto agg. born
natùra s.f. **1** nature **2** (*genere*) type, kind, nature **3** (*carattere*) nature, character ♦ **pagare in n.** to pay in kind
naturàle agg. natural
naturalézza s.f. **1** truthfulness **2** (*semplicità*) simplicity
naturalìsmo s.m. naturalism
naturalìsta s.m. e f. naturalist
naturalizzàre **A** v.tr. to naturalize **B** v.rifl. to become naturalized
naturalménte avv. **1** naturally **2** (*certamente*) of course
naturìsmo s.m. naturism
naturìsta s.m. e f. naturist
naufragàre v.intr. **1** (*di nave*) to be wrecked, (*di persona*) to be shipwrecked **2** (*fig.*) to be wrecked, to fail
naufràgio s.m. **1** shipwreck, wreck **2** (*fig.*) wreck, failure
nàufrago s.m. castaway, shipwrecked person
nàusea s.f. nausea ♦ **avere la n.** to feel sick
nauseabóndo agg. nauseating, sickening
nauseàre v.tr. e intr. to nauseate, to make sick
nauseàto agg. **1** nauseated, sick **2** (*est.*) sick, disgusted
nàutica s.f. **1** nautical science **2** (*attività*) boating
nàutico agg. nautical
navàle agg. naval
navàta s.f. (*centrale*) nave, (*laterale*) aisle
nàve s.f. ship, vessel, boat
navétta s.f. shuttle
navigàbile agg. navigable
navigabilità s.f. navigability
navigàre v.intr. **1** to sail, to navigate **2** (*inform.*) to surf
navigatóre **A** agg. seafaring **B** s.m. **1** navigator **2** (*marinaio*) sailor ♦ **n. satellitare** satellite navigator
navigazióne s.f. **1** navigation, (*a vela*) sailing **2** (*viaggio*) voyage, (*traversata*) crossing ♦ **compagnia di n.** shipping line
navìglio s.m. ships *pl.*, fleet
nazionàle **A** agg. national **B** s.f. (*sport*) national team
nazionalìsmo s.m. nationalism
nazionalìsta agg., s.m. e f. nationalist
nazionalità s.f. nationality
nazionalizzàre v.tr. to nationalize
nazióne s.f. nation, country
nàziskin s.m. e f. inv. skinhead
nazìsmo s.m. Nazism
ne **A** pron. m. e f., sing. e pl. **1** (*specificazione, argomento*) of, about (him, her, them, this, that) (ES: ***che ne sai?*** what do you know about it?) **2** (*poss.*) his, her, its, their (ES: ***quale ragazza? non ne ricordo il nome*** which girl? I don't remember her name) **3** (*partitivo*) some, any (ES: ***chi ne vuol comprare?*** who wants to buy some?; ***non ne ho*** I haven't got any) **4** (*causale*) for it, about it (ES: ***ne sono felice*** I'm very happy about it) **5** (*pleonastico*) (ES: ***me ne vado*** I'm going, I'm leaving) **B** avv. (*moto da luogo*) from it, from here, out of it (ES: ***andiamocene da qui*** let us go, let's leave)
né cong. neither, nor ♦ **né... né** (neither)... nor || **né l'uno né l'altro** neither || **né più né meno** exactly
neànche avv. **1** neither, nor **2** (*rafforzativo di altra negazione*) even (ES: ***non l'ho n. visto*** I haven't even seen him) ♦ **n. se** even if
nébbia s.f. fog, (*leggera*) mist
nebbióso agg. foggy, misty
nebulósa s.f. nebula
nebulóso agg. nebulous, vague
nécessaire s.m. inv. kit, set, (*per bagno*) toilet-case ♦ **n. per barba** shaving set
necessariaménte avv. necessarily, of necessity
necessàrio agg. necessary, indispensable
necessità s.f. necessity, (*bisogno*) need
necessitàre **A** v.tr. to necessitate **B** v.intr. **1** (*aver bisogno*) to need **2** (*essere necessario*) to be necessary
necrològio s.m. obituary
necròpoli s.f. necropolis
nefàndo agg. wicked
nefàsto agg. inauspicious, fateful
negàre v.tr. **1** to deny **2** (*rifiutare*) to refuse
negativaménte avv. negatively
negatìvo agg. e s.m. negative
negàto agg. **1** denied **2** (*est.*) useless (ES: ***essere n. per lo sport*** to be useless at sports)
negazióne s.f. **1** denial, (*rifiuto*) refusal **2** (*gramm.*) negative **3** (*contrario*) negation
negligènte agg. negligent
negligènza s.f. **1** negligence **2** (*trascuratezza*) shabbiness
negoziànte s.m. e f. dealer, trader, (*esercente*) shop-keeper
negoziàre v.tr. **1** to deal in, to trade in **2** (*trattare*) to negotiate
negoziàto s.m. negotiation
negòzio s.m. shop, (*USA*) store
négro agg. e s.m. (*spreg.*) black
nemìco **A** agg. **1** (*ostile*) adverse, inimical, opposed **2** (*che detesta*) fearful **3** (*del nemico*) enemy (*attr.*) **B** s.m. enemy

nemméno avv. e cong. → ***neanche***
nènia s.f. **1** sing-song **2** (*funebre*) dirge
nèo s.m. **1** spot, mole, (*med.*) naevus **2** (*fig.*) flaw
neoclassicismo s.m. neoclassicism
neoclàssico agg. neoclassic(al)
neòfita s.m. e f. neophyte, novice
neolatìno agg. neo-Latin
neolìtico s.m. Neolithic
neologìsmo s.m. new word
nèon s.m. inv. neon
neonàto s.m. (newborn) baby
neorealìsmo s.m. neorealism
neozelandése **A** agg. New Zealand (*attr.*) **B** s.m. e f. New Zealander
nepotìsmo s.m. nepotism
neppùre avv. e cong. → ***neanche***
nèrbo s.m. **1** scourge **2** (*fig.*) strength, backbone, heart
nerborùto agg. brawny
nerétto s.m. (*tip.*) boldface
néro **A** agg. **1** black **2** (*scuro*) dark **3** (*tetro*) gloomy **4** (*profondo*) dire **B** s.m. black
nervatùra s.f. **1** (*arch., mecc.*) ribs *pl.* **2** (*bot.*) nervation
nèrvo s.m. nerve ♦ **avere i nervi** to be in a bad mood
nervosìsmo s.m. irritability
nervóso **A** agg. **1** (*anat.*) nerve (*attr.*) **2** (*irritabile*) irritable, nervy **3** (*incisivo*) incisive **B** s.m. nervousness ♦ **avere il n.** to be on edge ‖ **esaurimento n.** nervous breakdown
nèspola s.f. medlar
nèsso s.m. connection, nexus
nessùno **A** agg. indef. **1** no, (*con altra negazione*) any **2** (*qualche*) any **B** pron. indef. **1** (*persona*) nobody, no one, (*cosa*) none, (*con partitivo*) none, (*con altra negazione*) anybody, anyone, any **2** (*qualcuno*) anybody, anyone, (*con partitivo*) any **C** s.m. nobody, no one
nèttare s.m. nectar
nettézza s.f. **1** cleanness **2** (*precisione*) clarity
nétto agg. **1** clean **2** (*preciso*) clear, clear-cut, sharp **3** (*comm.*) net ♦ **di n.** clean through ‖ **prezzo n.** net price
netturbìno s.m. dustman, (*USA*) garbage collector
network s.m. inv. network
neurologìa s.f. neurology
neuròlogo s.m. neurologist
neuropsichiàtra s.m. e f. neuropsychiatrist
neuropsichiatrìa s.f. neuropsychiatry
neutràle agg. neutral
neutralità s.f. neutrality
neutralizzàre v.tr. to neutralize
nèutro agg. **1** neutral **2** (*biol., gramm.*) neuter
neutróne s.m. neutron
nevàio s.m. snowfield
néve s.f. snow ♦ **fiocco di n.** snowflake
nevicàre v.intr. impers. to snow
nevicàta s.f. snowfall
nevìschio s.m. sleet
nevóso agg. snowy, (*coperto di neve*) snow-covered
nevralgìa s.f. neuralgia
nevrastènico agg. **1** neurasthenic **2** (*irritabile*) irritable
nevròsi s.f. neurosis
nevròtico agg. neurotic
new age s.f. inv. New Age
nìbbio s.m. kite
nìcchia s.f. niche
nicchiàre v.intr. to hedge, to hesitate
nichilìsmo s.m. nihilism
nicotìna s.f. nicotine
nidiàta s.f. nestful, brood
nidificàre v.intr. to nest
nìdo s.m. **1** nest **2** (*covo*) den ♦ **n. d'infanzia** crèche, nursery
niènte **A** pron. indef. **1** nothing, (*con altra negazione*) anything **2** (*qualcosa*) anything **B** s.m. nothing **C** agg. inv. no, (*con altra negazione*) any **D** avv. not at all ♦ **di n.!** (*prego!*) don't mention it ‖ **per n. al mondo** for anything in the world
nienteméno avv. no less than
nìnfa s.f. nymph
ninfèa s.f. waterlily
ninfèo s.m. nymphaeum
ninnanànna s.f. lullaby
nìnnolo s.m. knick-knack
nipóte s.m. e f. (*di zii*) nephew *m.*, niece *f.*, (*di nonni*) grandson *m.*, granddaughter *f.*
nirvàna s.m. inv. nirvana
nìtido agg. clear, limpid
nitràto s.m. nitrate
nìtrico agg. nitric
nitrìre v.intr. to neigh, to whinny
nitrìto[1] s.m. neigh, whinny
nitrìto[2] s.m. (*chim.*) nitrite
nitroglicerìna s.f. nitroglycerine
no **A** avv. no, not **B** s.m. inv. no, (*rifiuto*) refusal ♦ **un giorno sì e uno no** every other day ‖ **sì e no** (*circa*) about, (*forse*) maybe, yes and no
nòbile agg., s.m. e f. noble
nobiliàre agg. nobiliary, noble
nobiltà s.f. nobility
nòcca s.f. knuckle
nocciòla s.f. hazelnut
nòcciolo s.m. **1** stone **2** (*fig.*) heart, kernel
nóce s.f. walnut ♦ **n. di cocco** coconut ‖ **n. moscata** nutmeg
nocìvo agg. harmful, noxious
nòdo s.m. **1** knot **2** (*ferr.*) junction **3** (*scient.*) node **4** (*del legno*) knag **5** (*punto cruciale*) crux **6** (*unità di misura*) knot
nodóso agg. knotty
no global agg. antiglobalization (*attr.*)

nói pron. pers. 1ª p. pl. m. e f. **1** (*sogg.*) we **2** (*compl.*) us ♦ **n. stessi** we ourselves
nòia s.f. **1** boredom **2** (*fastidio*) annoyance, nuisance, bother
noióso agg. **1** boring, tiresome **2** (*fastidioso*) annoying, bothersome
noleggiàre v.tr. **1** (*prendere a noleggio*) to hire, to rent, (*naut., aer.*) to charter **2** (*dare a noleggio*) to hire out, to rent, to let out
noleggiatóre s.m. hirer, renter, charterer
noléggio s.m. **1** hire, rent, charter **2** (*prezzo*) hire (rate), rental ♦ **prendere a n.** to hire, to rent
nòmade **A** agg. nomadic **B** s.m. e f. nomad
nóme s.m. **1** name **2** (*gramm.*) noun **3** (*soprannome*) nickname ♦ **farsi un n.** to make a name for oneself || **n. commerciale** trade name || **n. e cognome** full name, first and last name
nomèa s.f. reputation
nomìgnolo s.m. nickname
nòmina s.f. nomination, appointment
nominàle agg. nominal
nominàre v.tr. **1** (*menzionare*) to mention **2** (*designare*) to designate, to appoint, to name
nominatìvo agg. **1** (*gramm.*) nominative **2** (*comm.*) registered
nón avv. not
non- pref. (*davanti ad agg. e s.*) non-, un-, in-
nonché cong. **1** (*tanto meno*) let alone, still less **2** (*e inoltre*) as well as
noncurànte agg. careless
noncurànza s.f. carelessness, nonchalance
nondiméno cong. nevertheless
nònna s.f. grandmother, (*fam.*) grandma
nònno s.m. grandfather, (*fam.*) grandpa
nonnùlla s.m. inv. trifle
nòno agg. num. ord. ninth
nonostànte prep. in spite of, despite, notwithstanding ♦ **n. che** (even) though, although
non profit agg. nonprofit
non stìro agg. inv. non-iron (*attr.*)
nontiscordardimé s.m. inv. forget-me-not
nòrd s.m. north ♦ **n.-est** northeast || **n.-ovest** northwest
nòrdico agg. **1** northern **2** (*dell'Europa settentrionale*) Nordic
nòrma s.f. **1** rule, norm, standard **2** (*avvertenza*) instruction, direction **3** (*consuetudine*) custom, norm
normàle agg. normal, standard (*attr.*)
normalità s.f. normality
normalizzàre v.tr. to normalize
normalménte avv. normally
normànno agg. e s.m. Norman
normatìva s.f. set of rules
norvegése agg., s.m. e f. Norwegian
nosocòmio s.m. hospital
nostalgìa s.f. longing (for), nostalgia, (*di casa*) homesickness
nostàlgico agg. nostalgic, (*di casa*) homesick
nostràno agg. local, home (*attr.*)
nòstro **A** agg. poss. 1ª p. pl. **1** our **2** (*pred.*) ours **B** pron. poss. **1** ours **2** al pl. (*la nostra famiglia*) our family, our relatives, (*i nostri amici*) our friends
nòta s.f. **1** (*segno*) sign, mark **2** (*appunto, commento*) note **3** (*mus.*) note **4** (*lista*) list **5** (*conto*) bill
notàbile s.m. notable
notàio s.m. notary (public)
notàre v.tr. **1** (*annotare*) to note, to take note of **2** (*osservare*) to notice, to observe
notes s.m. inv. notebook
notévole agg. **1** (*pregevole*) remarkable, notable **2** (*grande*) considerable
notìfica s.f. notification, notice
notificàre v.tr. **1** (*dir.*) to notify, to serve **2** (*rendere noto*) to advise, to announce
notìzia s.f. **1** piece of news, news **2** (*informazione*) information
notiziàrio s.m. news
nòto agg. well-known, known
notorietà s.f. notoriety, renown
notòrio agg. well-known, (*spreg.*) notorious
nottàmbulo s.m. night bird
nottàta s.f. night
nòtte s.f. night ♦ **buona n.** good night || **di n.** by night, at night || **la n. scorsa** last night || **questa n.** tonight
nottùrno agg. nocturnal, night (*attr.*)
novànta agg. num. card. e s.m. inv. ninety
novantèsimo agg. num. ord. e s.m. ninetieth
nòve agg. num. card. e s.m. inv. nine
novecentésco agg. twentieth-century (*attr.*)
novecènto agg. num. card. e s.m. inv. nine hundred ♦ **il Novecento** the twentieth century
novèlla s.f. tale, short story
novellìno agg. raw, green
novèllo agg. **1** new, spring (*attr.*) **2** (*secondo*) second
novèmbre s.m. November
novilùnio s.m. new moon
novità s.f. **1** novelty **2** (*innovazione*) change, innovation **3** (*notizia*) news ♦ **non è una n.!** there is nothing new about that!
noviziàto s.m. novitiate
novìzio s.m. novice
nozióne s.f. knowledge, notion
nòzze s.f. pl. wedding ♦ **n. d'oro** golden anniversary || **viaggio di n.** honeymoon
nùbe s.f. cloud
nubifràgio s.m. cloudburst
nùbile agg. unmarried, single
nùca s.f. nape
nucleàre agg. nuclear ♦ **energia n.** nuclear power
nùcleo s.m. **1** nucleus **2** (*gruppo*) group, (*squadra*) squad, team ♦ **n. familiare** family unit
nudìsmo s.m. nudism
nudìsta agg., s.m. e f. nudist

nùdo agg. bare, naked, nude, (*svestito*) unclothed ◆ **mezzo n.** half-nacked
nùgolo s.m. cloud
nùlla agg., pron. e s.m. → ***niente***
nullaòsta s.m. inv. permit, authorization
nullità s.f. **1** nullity **2** (*cosa o persona*) nonentity **3** (*non validità*) invalidity
nùllo agg. **1** (*dir.*) null, invalid **2** (*di nessuna importanza*) of no importance
numeràle agg. e s.m. numeral
numeràre v.tr. to number
numeràto agg. numbered ◆ **posti numerati** numbered seats
numerazióne s.f. numbering, numeration
numericaménte avv. numerically
numèrico agg. numerical
nùmero s.m. **1** number **2** (*cifra*) figure, digit **3** (*taglia, misura*) size **4** (*di spettacolo*) turn ◆ **n. civico** street number || **n. di emergenza** emergency number || **n. di telefono** telephon number || **n. verde** freefone, freephone, (*USA*) toll-free number
numeróso agg. numerous, large
numismàtica s.f. numismatics *pl.* (*v. al sing.*)
nùnzio s.m. nuncio
nuòcere v.intr. to damage, to do harm (to), to harm
nuòra s.f. daughter-in-law
nuotàre v.intr. to swim
nuotàta s.f. swim
nuotatóre s.m. swimmer
nuòto s.m. swimming
nuòva s.f. news
nuovaménte avv. again
nuòvo agg. e s.m. new ◆ **di n.** again || **n. di zecca** brand-new
nutriènte agg. nourishing
nutriménto s.m. nourishment, food
nutrìre **A** v.tr. to feed, to nourish **B** v.intr. to be nutritious **C** v.rifl. to feed (on)
nutritìvo agg. **1** nutritive **2** (*nutriente*) nourishing
nutrìto agg. **1** nourished, fed **2** (*fig.*) (*numeroso*) large, goodly
nutrizióne s.f. nourishment
nùvola s.f. cloud
nuvolóso agg. cloudy, overcast
nuziàle agg. wedding (*attr.*), nuptial
nylon s.m. inv. (*tess.*) nylon

o, O

o o **od** cong. or ◆ **o... o** either... or
òasi s.f. oasis
obbediènte agg. obedient
obbediènza s.f. obedience
obbedìre v.intr. to obey, to comply
obbligàre **A** v.tr. **1** to oblige, to compel **2** (*costringere*) to force, to make **3** (*impegnare*) to bind **B** v.rifl. to bind oneself, to engage oneself
obbligàto agg. **1** obliged **2** (*tenuto*) bound **3** (*inevitabile*) fixed, set
obbligatòrio agg. compulsory
obbligazióne s.f. **1** obligation **2** (*fin.*) bond, debenture
òbbligo s.m. **1** obligation **2** (*impegno, dovere*) duty
obbròbrio s.m. disgrace
obelìsco s.m. obelisk
oberàre v.tr. to overload
oberàto agg. overburdened
obesità s.f. obesity
obèso agg. obese
obiettàre v.tr. e intr. to object
obiettività s.f. objectivity
obiettìvo **A** agg. objective **B** s.m. **1** objective **2** (*scopo*) aim, goal, target, objective **3** (*fot.*) lens
obiettóre s.m. objector ◆ **o. di coscienza** conscientious objector
obiezióne s.f. objection
obitòrio s.m. mortuary, morgue
oblìo s.m. oblivion
oblìquo agg. **1** oblique, (*inclinato*) slanting **2** (*indiretto*) indirect
obliteràre v.tr. **1** to obliterate **2** (*biglietto*) to stamp
oblò s.m. bull's eye
oblùngo agg. oblong
òboe s.m. oboe
òbolo s.m. mite
obsolescènza s.f. obsolescence
obsolèto agg. obsolete
òca s.f. goose
occasionàle agg. **1** immediate **2** (*casuale*) fortuitous, chance (*attr.*) **3** (*saltuario*) occasional
occasionalménte avv. **1** occasionally **2** (*per caso*) by chance
occasióne s.f. **1** occasion **2** (*opportunità*) opportunity, chance, occasion **3** (*affare*) bargain
occhiàie s.f. pl. shadows *pl.*, bags *pl.*
occhiàli s.m. pl. glasses *pl.* ◆ **o. bifocali** bifocals || **o. da sole** sun-glasses

occhiàta[1] s.f. look, glance
occhiàta[2] s.f. (*zool.*) saddled bream
occhieggiàre **A** v.tr. to eye **B** v.intr. to peep
occhièllo s.m. **1** buttonhole **2** (*tecnol.*) eye **3** (*sottotitolo*) subheading
òcchio s.m. **1** eye **2** (*vista*) sight **3** (*sguardo*) look, glance, eye ♦ **a o. nudo** with the nacked eye || **a quattr'occhi** in private || **chiudere un o. su q.c.** to turn a blind eye to st. || **dare nell'o.** to attract attention
occidentàle agg. west (*attr.*), western, (*da occidente*) westerly
occidènte s.m. west
occipitàle agg. occipital
occlùdere v.tr. to occlude
occlusióne s.f. occlusion
occorrènte **A** agg. necessary, required **B** s.m. the necessary
occorrènza s.f. necessity ♦ **all'o.** in case of need
occórrere **A** v.intr. **1** to need, to want, to be needed, to be wanted (ES: ***occorrono molti più soldi*** much more money is needed) **2** (*tempo*) to take (ES: ***per cuocere una torta di mele occorre mez-z'ora*** it takes half an hour to cook an apple pie) **B** v.intr. impers. to be necessary, to need, to must, to have to (ES: ***non occorre che tu ti muova*** you needn't move)
occultàre v.tr. to hide, to conceal, (*astr.*) to occult
occùlto agg. **1** (*nascosto*) hidden **2** (*magico*) occult
occupàre **A** v.tr. **1** to occupy, to take possession of **2** (*spazio*) to take up **3** (*tempo*) to spend, to occupy **4** (*carica*) to hold **5** (*impiegare*) to employ **6** (*impegnare*) to keep busy **B** v.intr. pron. **1** to attend to, to be responsible for, (*come lavoro*) to do as a job, (*commerciare*) to deal in **2** (*interessarsi*) to be interested in, to be concerned with **3** (*prendersi cura*) to look after, to see to **4** (*impicciarsi*) to get involved in **5** (*trovare lavoro*) to find a job
occupàto agg. **1** (*impegnato*) busy, engaged **2** (*non libero*) taken, engaged **3** (*soggetto a occupazione*) occupied **4** (*impiegato*) employed
occupazióne s.f. **1** occupation **2** (*attività*) job, employment, occupation **3** (*dir.*) occupancy
oceànico agg. oceanic, ocean (*attr.*)
ocèano s.m. ocean
oceanografìa s.f. oceanography
òcra s.f. ochre
oculàre agg. ocular, eye (*attr.*) ♦ **testimone o.** eyewitness
oculàto agg. cautious, shrewd
oculìsta s.m. e f. oculist
òde s.f. ode
odiàre **A** v.tr. to hate **B** v.rifl. rec. to hate each other
odièrno agg. today's (*attr.*)
òdio s.m. hatred, hate
odióso agg. hateful, hideous, detestable
odissèa s.f. odyssey
odontoiatrìa s.f. dentistry, odontology
odontotècnico s.m. dental mechanic
odoràre v.tr. e intr. to smell
odoràto s.m. smell
odóre s.m. **1** smell, odour, scent **2** (*piacevole*) perfume, scent **3** (*fig.*) odour **4** al pl. (*cuc.*) herbs *pl.*
odoróso agg. sweet-smelling, fragrant
offèndere **A** v.tr. **1** to offend **2** (*danneggiare*) to damage, to injure **3** (*violare*) to break, to infringe **B** v.intr. pron. to be offended, to take offence **C** v.rifl. rec. to offend each other, to insult each other
offensìva s.f. offensive
offensìvo agg. offensive
offerènte s.m. e f. offerer, (*a un'asta*) bidder
offèrta s.f. **1** offer **2** (*donazione*) offering, donation **3** (*comm.*) offer, (*econ.*) supply, (*a un'asta*) bidding
offésa s.f. **1** offence, insult **2** (*torto*) wrong
offéso agg. **1** offended, hurt **2** (*ferito*) injured
officiàre v.tr. to serve
officìna s.f. workshop, shop ♦ **o. meccanica** garage, machine-shop
offrìre **A** v.tr. **1** to offer **2** (*a un'asta*) to bid **3** (*esporre*) to expose **B** v.rifl. to offer oneself **C** v.intr. pron. (*presentarsi*) to offer oneself, to occur, to arise ♦ **offrirsi volontario** to volunteer
offuscàre **A** v.tr. to darken, to dim **B** v.intr. pron. to darken, to get dark, to grow dark, to become obscured
oftàlmico agg. ophthalmic
oftalmologìa s.f. ophthalmology
oggettivàre v.tr. to objectify
oggettività s.f. objectivity
oggettìvo agg. objective
oggètto s.m. **1** object, thing **2** (*argomento*) subject, subject matter **3** (*motivo*) object, subject **4** (*scopo*) object, purpose **5** (*gramm.*) object ♦ **oggetti preziosi** valuables || **oggetti personali** personal belongings
òggi avv. e s.m. today ♦ **a tutt'o.** untill today || **o. stesso** this very day
oggigiórno avv. nowadays
ogìva s.f. ogive
OGM s.m. inv. (*organismo geneticamente modificato*) GMO
ógni agg. indef. **1** (*ciascuno*) every, each, (*tutti*) all **2** (*qualsiasi*) any, all **3** (*distributivo*) every ♦ **o. due giorni** every two days, every second day || **o. giorno** every day || **o. tanto** every now and then
ognùno pron. indef. **1** everybody, everyone **2** (*con partitivo*) each (one), every (single) one, all
O.K. avv., agg. e s.m. inv. OK
okay avv., agg. e s.m. inv. okay
olandése **A** agg. Dutch **B** s.m. e f. Dutchman *m.*, Dutchwoman *f.* **C** s.m. (*lingua*) Dutch
oleodótto s.m. oil pipeline
oleóso agg. oily, oil (*attr.*)
olfàtto s.m. (sense of) smell
oliàre v.tr. to oil
oliatóre s.m. oiler
olièra s.f. oil cruet
oligarchìa s.f. oligarchy

olimpìadi s.f. pl. Olympic games *pl.*, Olympics *pl.*
olìmpico agg. **1** (*dell'Olimpo*) Olympian **2** (*delle Olimpiadi*) Olympic
olimpiònico agg. Olympic
òlio s.m. oil ♦ **o. d'oliva/di semi** olive/seed oil || **quadro a o.** oil painting || **sott'o.** in oil
olìva s.f. olive
olivàstro agg. olive
olìvo s.m. olive tree
ólmo s.m. elm
olocàusto s.m. holocaust
oltraggiàre v.tr. to outrage, to insult
oltràggio s.m. outrage
oltraggióso agg. outrageous
oltrànza nella loc. avv. **a o.** to the death, to the bitter end
óltre **A** avv. **1** (*di luogo*) farther (on), further (on) **2** (*di tempo*) longer, more, over **3** (*di quantità*) over, more **B** prep. **1** (*di luogo*) beyond, on the other side of, over **2** (*più di*) more than, over **3** **o. a** (*in aggiunta*) besides, in addition to, as well as ♦ **o. tutto** and besides
oltremàre avv. overseas
oltrepassàre v.tr. **1** to go beyond **2** (*eccedere*) to exceed
omàggio s.m. **1** (*ossequio*) homage **2** al pl. (*saluto*) regards *pl.*, compliments *pl.* **3** (*offerta*) (free) gift, (*comm.*) free sample, giveaway ♦ **biglietto in o.** complimentary ticket
ombelicàle agg. umbilical
ombelìco s.m. navel, (*fam.*) belly-button
ómbra s.f. **1** shade, shadow **2** (*parvenza*) shadow, hint **3** (*spettro*) shade
ombreggiàre v.tr. to shade
ombreggiatùra s.f. shading
ombrellàio s.m. umbrella-maker, (*venditore*) umbrella-seller
ombrèllo s.m. umbrella ♦ **o. da sole** sunshade, parasol
ombrellóne s.m. beach-umbrella
ombrétto s.m. eye shadow
ombrìna s.f. (*zool.*) umbrine
ombróso agg. **1** shady, shadowy **2** (*di cavallo*) skittish **3** (*di persona*) touchy
omelette s.f. inv. omelette
omelìa s.f. homily
omeopatìa s.f. hom(o)eopathy
omeopàtico agg. hom(o)eopathic
òmero s.m. humerus
ométtere v.tr. to omit, to leave out
omicìda s.m. e f. homicide, murderer
omicìdio s.m. homicide, murder
omissióne s.f. omission
omogeneità s.f. homogeneity
omogeneizzàto s.m. baby food, homogenized food
omogèneo agg. homogeneous
omologàre v.tr. **1** to homologate, to approve, to validate **2** (*riconoscere*) to recognize
omologìa s.f. homology
omònimo **A** agg. homonymous **B** s.m. **1** homonym **2** (*persona*) namesake
omosessuàle agg. e s.m. homosexual
óncia s.f. ounce
oncòlogo s.m. oncologist
ónda s.f. wave
ondàta s.f. wave ♦ **o. di caldo** heat-wave
ónde cong. **1** (*affinché*) in order that, so that **2** (*cosicché*) so that
ondeggiàre v.intr. **1** to rock, to roll **2** (*oscillare*) to wave, to sway
ondulàto agg. **1** wavy, undulating **2** (*di lamiera, cartone*) corrugated
ondulatòrio agg. undulatory
ondulazióne s.f. **1** undulation **2** (*di capelli*) wave
ònere s.m. burden, (*dovere*) duty, (*spesa*) charge
oneróso agg. onerous, burdensome
onestà s.f. honesty ♦ **in tutta o.** in all fairness
onèsto agg. honest
ònice s.f. onyx
onìrico agg. oneiric
onnipotènte agg. **1** (*di Dio*) almighty **2** (*di persona*) all-powerful
onnipresènte agg. omnipresent, ubiquitous
onnìvoro agg. omnivorous
onomàstico s.m. name-day
onorànze s.f. pl. honour ♦ **o. funebri** last honours
onoràre **A** v.tr. **1** to honour **2** (*conferire onore*) to do honour to **B** v.rifl. to be honoured
onoràrio[1] agg. honorary
onoràrio[2] s.m. fee, emolument
onóre s.m. honour
onorévole **A** agg. honourable **B** s.m. e f. member of Parliament, MP member
onorificènza s.f. honour, (*decorazione*) decoration
onorìfico agg. honorary
ónta s.f. **1** (*disonore*) dishonour, disgrace **2** (*offesa*) offence ♦ **a o. di** in spite of
opàco agg. opaque
opàle s.m. opal
opalescènte agg. opalescent
open space s.m. inv. open-plan room, (*ufficio*) open-plane office
òpera s.f. **1** (*lavoro*) work **2** (*melodramma*) opera **3** (*ente*) institution
operàio **A** agg. (*che lavora*) worker (*attr.*), (*di operai*) working, workers' (*attr.*) **B** s.m. workman, worker, hand ♦ **o. specializzato** skilled worker
operàre **A** v.tr. **1** to do, to work, to perform **2** (*med.*) to operate on **B** v.intr. to operate, to work, to act **C** v.intr. pron. **1** (*accadere*) to occur **2** (*farsi operare*) to be operated on
operatìvo agg. **1** (*in vigore*) operative **2** (*pratico*) operating
operatóre s.m. operator ♦ **o. turistico** tour operator
operatòrio agg. operating

operazióne s.f. **1** operation **2** (*econ.*) transaction, operation **3** (*med.*) operation
operétta s.f. operetta
operóso agg. industrious, active
opinàbile agg. debatable
opinióne s.f. opinion
òppio s.m. opium
oppórre v.tr., intr. pron. e rifl. to oppose
opportunaménte avv. opportunely, suitably
opportunìsmo s.m. opportunism
opportunìsta s.m. e f. opportunist
opportunità s.f. **1** timeliness, opportuneness **2** (*occasione*) opportunity, occasion, chance
opportùno agg. opportune, timely, (*appropriato*) appropriate
oppositóre s.m. opponent
opposizióne s.f. opposition
oppósto **A** agg. **1** opposite **2** (*contrario*) opposite, opposing, contrary **B** s.m. opposite, contrary ♦ **all'o.** on the contrary
oppressióne s.f. oppression
oppressìvo agg. oppressive
oppressóre s.m. oppressor
opprimènte agg. oppressive
opprìmere v.tr. to oppress, to weigh down
oppugnàre v.tr. to impugn, to refute
oppùre cong. **1** or **2** (*altrimenti*) or else, otherwise
optàre v.intr. to opt (for), to decide (for)
opulènza s.f. wealth, opulence
opùscolo s.m. booklet
opzionàle agg. optional
opzióne s.f. option, choice
óra[1] s.f. **1** hour **2** (*nel computo del tempo*) time **3** (*tempo*) time, (*momento*) moment ♦ **che o. è?** what time is it? || **o. di apertura/chiusura** opening/closing time || **ore dei pasti** meal time || **ore di punta** peak hours || **o. legale/solare** summer/standard time || **un'o. e mezza** an hour and a half
óra[2] **A** avv. **1** (*adesso*) now, at present **2** (*poco fa*) just **3** (*tra poco*) in a minute, shortly **B** cong. **1** (*allora*) now **2** (*invece*) but ♦ **o. che** now that || **or o.** just now || **prima d'o.** before
oràcolo s.m. oracle
òrafo s.m. goldsmith
oràle agg. oral
oràrio **A** agg. hourly, hour (*attr.*) **B** s.m. **1** time, hours *pl.*, schedule **2** (*tabella*) timetable
oràta s.f. (*zool.*) gilthead
oratóre s.m. orator, speaker
oratòrio s.m. **1** (*arch.*) oratory **2** (*per ragazzi*) parish youth club
orazióne s.f. **1** (*preghiera*) prayer **2** (*discorso*) oration
òrbita s.f. **1** orbit **2** (*anat.*) eye-socket, orbit
orchèstra s.f. orchestra, (*piccola*) band ♦ **direttore d'o.** conductor
orchestràre v.tr. to orchestrate
orchidèa s.f. orchid
òrco s.m. ogre
òrda s.f. horde
ordìgno s.m. device, contrivance
ordinàle agg. ordinal
ordinaménto s.m. **1** order, arrangement **2** (*regolamento*) regulations *pl.*, rules *pl.*
ordinànza s.f. ordinance, order, injunction
ordinàre **A** v.tr. **1** (*mettere in ordine*) to put in order, to arrange **2** (*comandare*) to order, to command, to direct **3** (*commissionare*) to order **4** (*prescrivere*) to prescribe **5** (*relig.*) to ordain **B** v.rifl. to arrange oneself, to draw oneself up
ordinàrio agg. **1** ordinary, usual **2** (*grossolano*) common
ordinàto agg. **1** ordered **2** (*in ordine*) tidy, neat
ordinazióne s.f. **1** order **2** (*relig.*) ordination
órdine s.m. order ♦ **di prim'o.** first-class, first-rate || **o. del giorno** agenda || **o. professionale** professional association
ordìre v.tr. to plot, to plan
ordìto s.m. warp
orecchiàbile agg. catchy
orecchìno s.m. earring
orécchio s.m. ear
orecchióni s.m. pl. (*fam.*) mumps *pl.*
oréfice s.m. goldsmith, (*gioielliere*) jeweller
oreficerìa s.f. **1** (*arte*) jeweller's art, goldsmith's art **2** (*negozio*) jeweller's (shop), goldsmith's (shop)
òrfano agg. e s.m. orphan
orfanotròfio s.m. orphanage
organétto s.m. barrel organ
organicità s.f. organicity
orgànico **A** agg. **1** organic **2** (*sistematico*) organized, systematic **B** s.m. staff
organigràmma s.m. organization chart
organìsmo s.m. **1** organism **2** (*organizzazione*) organization, body ♦ **o. geneticamente modificato** genetically modified organism
organizer s.m. inv. organizer
organizzàre **A** v.tr. to organize **B** v.rifl. to organize oneself
organizzatóre **A** agg. organizing **B** s.m. organizer
organizzazióne s.f. organization
òrgano s.m. **1** organ **2** (*apparato, ente*) body, branch, organ **3** (*mecc.*) part, unit
orgàsmo s.m. **1** orgasm **2** (*agitazione*) excitement
òrgia s.f. orgy
orgóglio s.m. pride
orgoglióso agg. proud
orientàbile agg. adjustable
orientàle agg. oriental, eastern, east (*attr.*), (*da oriente*) easterly
orientaménto s.m. **1** orientation **2** (*tendenza*) trend ♦ **senso dell'o.** sense of direction
orientàre **A** v.tr. **1** to orient, to orientate **2** (*indirizzare*) to steer **B** v.rifl. **1** to orientate oneself, to take

one's bearings **2** (*tendere*) to tend **3** (*intraprendere*) to take up

orientatìvo agg. indicative

orïènte s.m. east

orìgano s.m. oregano, origanum, wild marjoram

originàle **A** agg. **1** original **2** (*nuovo*) new, original **3** (*non contraffatto*) genuine, real **4** (*strano*) strange, queer **B** s.m. **1** original **2** (*persona*) eccentric

originalità s.f. **1** originality **2** (*novità*) novelty **3** (*stranezza*) strangeness

originàre **A** v.tr. to originate, to cause **B** v.intr. e intr. pron. to originate, to arise, to spring

originàrio agg. **1** original, primary **2** (*nativo*) native

orìgine s.f. origin

origliàre v.tr. to eavesdrop

orìna s.f. urine

orinàre v.tr. e intr. to urinate

orizzontàle agg. horizontal

orizzontalménte avv. horizontally

orizzontàrsi v.rifl. **1** to orientate oneself, to get one's bearings **2** (*raccapezzarsi*) to find one's way

orizzónte s.m. horizon

orlàre v.tr. **1** to hem **2** (*bordare*) to border, to edge

órlo s.m. **1** (*di vestito, tenda ecc.*) hem **2** (*margine*) border, edge, brink, rim, lip

órma s.f. **1** footprint, track **2** (*fig.*) trace, mark

ormài avv. **1** by now, by this time, (*riferito al pass.*) by then, by that time **2** (*quasi*) almost, nearly

ormeggiàre v.tr. e intr. pron. to moor

orméggio s.m. mooring

ormóne s.m. hormone

ornamentàle agg. ornamental

ornaménto s.m. ornament

ornàre **A** v.tr. to adorn, to decorate **B** v.rifl. to adorn oneself

ornitologìa s.f. ornithology

òro s.m. gold ♦ **o. zecchino** fine gold ‖ **placcato in o.** gold plated

orografìa s.f. orography

orologiàio s.m. watchmaker, (*riparatore*) watch-repairer

orològio s.m. clock, (*da polso, da tasca*) watch

oròscopo s.m. horoscope

orrèndo agg. horrible, dreadful

orrìbile agg. horrible, dreadful

òrrido agg. horrid, horrible

orripilànte agg. horrifying

orróre s.m. horror ♦ **film dell'o.** horror film

orsacchiòtto s.m. (*giocattolo*) teddy bear

órso s.m. bear ♦ **o. bruno** brown bear ‖ **o. grigio** grizzly ‖ **o. polare** polar bear

ortàggio s.m. vegetable

ortìca s.f. nettle

orticària s.f. nettle rash

orticoltùra s.f. horticulture

òrto s.m. vegetable garden, kitchen garden ♦ **o. botanico** botanical garden

ortodossìa s.f. orthodoxy

ortodòsso agg. e s.m. orthodox

ortogonàle agg. orthogonal

ortografìa s.f. orthography ♦ **errore di o.** spelling mistake

ortopedìa s.f. orthop(a)edics *pl.* (*v. al sing.*)

ortopèdico **A** agg. orthop(a)edic(al) **B** s.m. orthop(a)edist

orzaiòlo s.m. sty(e)

òrzo s.m. barley ♦ **o. perlato** pearl barley

osannàre v.tr. to acclaim

osàre **A** v.intr. to dare **B** v.tr. to risk, to attempt

oscenità s.f. obscenity

oscèno agg. obscene

oscillàre v.intr. **1** to swing, to sway, to rock, to oscillate **2** (*variare*) to fluctuate **3** (*essere dubbioso*) to waver **4** (*elettr.*) to oscillate

oscillazióne s.f. **1** swinging, oscillation **2** (*variazione*) fluctuation **3** (*fis.*) oscillation

oscuraménto s.m. **1** darkening, obscuring **2** (*mil.*) blackout

oscurantìsmo s.m. obscurantism

oscuràre **A** v.tr. to darken, to obscure, to black out **B** v.intr. e intr. pron. to darken, to become obscure

oscurità s.f. darkness, obscurity

oscùro **A** agg. **1** dark, obscure **2** (*poco noto*) obscure, unknown **B** s.m. dark ♦ **essere all'o. di q.c.** to be in the dark about st.

ospedàle s.m. hospital

ospedalièro agg. hospital (*attr.*)

ospitàle agg. hospitable

ospitalità s.f. hospitality

ospitàre v.tr. **1** to give hospitality to, to put up, to take in **2** (*di albergo*) to accommodate **3** (*contenere*) to house

òspite s.m. e f. **1** (*chi ospita*) host *m.*, hostess *f.* **2** (*persona ospitata*) guest ♦ **camera degli ospiti** guest-room ‖ **o. d'onore** special guest ‖ **o. pagante** paying guest

ospìzio s.m. hospice, (*per anziani*) old people's home

ossatùra s.f. **1** skeleton, bones *pl.* **2** (*struttura*) framework, structure

òsseo agg. bony, osseous

ossèquio s.m. **1** (*omaggio*) homage **2** al pl. (*saluti*) regards *pl.*, respects *pl.* **3** (*obbedienza*) obedience

ossequióso agg. deferential, respectful

osservàbile agg. noticeable, visible

osservànza s.f. observance

osservàre v.tr. **1** to observe, to watch, to examine **2** (*rispettare*) to keep, to observe, to respect **3** (*notare*) to notice, to point out **4** (*obiettare*) to object

osservatóre s.m. observer

osservatòrio s.m. observatory

osservazióne s.f. **1** observation **2** (*rimprovero*) reproach

ossessionàre v.tr. to haunt, to obsess
ossessióne s.f. obsession
ossessivo agg. haunting, obsessive
ossìa cong. **1** (*cioè*) that is, i.e. (*abbr. di* id est) **2** (*o meglio*) or rather
ossidàre v.tr. e intr. pron. to oxidize
òssido s.m. oxide
ossigenàre v.tr. **1** to oxygenate **2** (*i capelli*) to peroxide, to bleach
ossìgeno s.m. oxygen
òsso s.m. **1** bone **2** (*nocciolo*) stone, pit
ossùto agg. bony
ostacolàre v.tr. to hinder, to hamper
ostàcolo s.m. **1** obstacle, hindrance, handicap **2** (*ippica*) jump, (*atletica*) hurdle
ostàggio s.m. hostage
òste s.m. host, innkeeper
osteggiàre v.tr. to oppose, to be hostile to
ostèllo s.m. (youth) hostel
ostensòrio s.m. ostensory
ostentàre v.tr. **1** to show off, to parade **2** (*fingere*) to feign
ostentazióne s.f. ostentation, showing off
osterìa s.f. tavern, pub, small restaurant
ostetrìcia s.f. obstetrics *pl.* (*v. al sing.*)
ostètrico **A** agg. obstetric(al) **B** s.m. obstetrician
òstia s.f. **1** (*relig.*) host **2** (*cialda*) wafer
òstico agg. hard, difficult
ostìle agg. hostile
ostilità s.f. hostility
ostinàrsi v.intr. pron. to persist, to insist
ostinàto agg. obstinate, stubborn
ostinazióne s.f. obstinacy, stubbornness
ostracìsmo s.m. ostracism
òstrica s.f. oyster
ostruìre **A** v.tr. to obstruct, to block (up) **B** v.intr. pron. to become obstructed
ostruzióne s.f. obstruction
ostruzionìsmo s.m. obstructionism, (*USA*) filibustering
otìte s.f. otitis
otorinolaringoiàtra s.m. e f. otorhinolaryngologist, ear, nose and throat specialist
ótre s.m. wineskin
ottagonàle agg. octagonal
ottànta agg. num. card. e s.m. inv. eighty
ottantèsimo agg. num. ord. e s.m. eightieth
ottàva s.f. octave
ottàvo agg. num. ord. e s.m. eighth
ottemperàre v.intr. to comply (with), to observe
ottenebràre v.tr. e intr. pron. to darken, to cloud
ottenére v.tr. **1** to obtain, to get **2** (*ricavare*) to obtain, to extract
òttica s.f. **1** optics *pl.* (*v. al sing.*) **2** (*fig.*) point of view ♦ **mettersi nell'o. di** to get into the right frame of mind for
òttico **A** agg. optic(al) **B** s.m. optician
ottimàle agg. optimal, optimum (*attr.*)
ottimaménte avv. very well
ottimìsmo s.m. optimism
ottimìsta **A** agg. optimistic **B** s.m. e f. optimist
ottimizzàre v.tr. to optimize
òttimo **A** agg. sup. rel. **1** very good, excellent, first-rate **2** (*ottimale*) optimal, optimum (*attr.*) **B** s.m. **1** the best **2** (*l'optimum*) optimum
òtto agg. num. card. e s.m. inv. eight
ottóbre s.m. October
ottocentésco agg. nineteenth-century (*attr.*)
ottocènto agg. num. card. e s.m. inv. eight hundred ♦ **l'Ottocento** the nineteenth century
ottomàno agg. e s.m. Ottoman
ottóne s.m. **1** brass **2** al pl. (*mus.*) brass
otturàre **A** v.tr. **1** to block (up), to stop (up) **2** (*un dente*) to fill **B** v.intr. pron. to get blocked up, to clog
otturatóre s.m. **1** (*arma*) breech-block **2** (*fot.*) shutter
otturazióne s.f. **1** blocking (up), stopping **2** (*di dente*) filling
ottùso agg. **1** obtuse **2** (*fig.*) dull, obtuse
ovàia s.f. ovary
ovàle agg. e s.m. oval
ovàtta s.f. cotton wool, (*per imbottitura*) padding
ovattàre v.tr. **1** to pad **2** (*fig.*) to attenuate, to muffle
ovazióne s.f. ovation
overdòse s.f. overdose, OD
òvest s.m. west ♦ **verso o.** westward(s)
ovìle s.m. sheepfold, pen
ovìno **A** agg. ovine, sheep (*attr.*) **B** s.m. sheep
ovìparo agg. oviparous
ovoidàle agg. ovoid(al)
òvulo s.m. **1** (*biol.*) ovum **2** (*bot.*) ovule
ovùnque avv. → ***dovunque***
ovvéro cong. **1** (*ossia*) or, that is **2** (*o meglio*) or rather
ovviaménte avv. obviously
ovviàre v.intr. to get around, to obviate
òvvio agg. clear, obvious, evident
oziàre v.intr. to idle about, to laze about
òzio s.m. **1** idleness, laziness **2** (*riposo*) leisure
ozióso agg. idle
ozòno s.m. ozone

p, P

pacàto agg. calm, quiet
pacchétto s.m. packet, parcel, package ◆ **p. turistico** package tour
pàcchia s.f. (*fam.*) piece of cake
pacchiàno agg. garish, showy, tacky
pàcco s.m. parcel, pack, package
pàce s.f. peace
pachidèrma s.m. pachyderm
pacificàre **A** v.tr. **1** to pacify, to appease **2** (*riconciliare*) to reconcile **B** v.intr. pron. **1** to make up **2** (*calmarsi*) to calm down **C** v.rifl. rec. to reconcile oneself
pacificazióne s.f. **1** pacification **2** (*riconciliazione*) reconciliation
pacìfico agg. peaceful, pacific
pacifìsmo s.m. pacifism
pacifìsta s.m. e f. pacifist
pacioccóne agg. (*fam.*) **1** plump **2** (*bonario*) easy-going
padèlla s.f. frying pan
padiglióne s.m. **1** pavilion **2** (*anat.*) auricle
pàdre s.m. father
padretèrno s.m. God (*anche fig.*)
padrìno s.m. godfather
padronàle agg. **1** owner's (*attr.*), master's (*attr.*) **2** (*principale*) main
padronànza s.f. mastery, command, control ◆ **p. di sé** self-control
padróne s.m. **1** master **2** (*proprietario*) owner **3** (*di casa*) landlord
padroneggiàre **A** v.tr. to master, to command, to control **B** v.rifl. to control oneself
paesàggio s.m. landscape, scenery, view
paesaggìsta s.m. e f. landscape painter
paesàno **A** agg. **1** country (*attr.*), rural **2** (*di paese*) village (*attr.*) **B** s.m. e f. **1** (*compaesano*) fellow townsman **2** (*contadino*) countryman
paése s.m. **1** (*nazione*) country **2** (*territorio*) land, country **3** (*villaggio*) village
paffùto agg. chubby
pàga s.f. pay, wages *pl.* ◆ **busta p.** pay packet
pagàbile agg. payable
pagàia s.f. paddle
pagaménto s.m. payment ◆ **condizioni di p.** terms of payment || **TV a p.** pay TV
paganésimo s.m. paganism, heathenism
pagàno agg. e s.m. pagan, heathen
pagàre v.tr. e intr. to pay ◆ **p. da bere a qc.** to stand sb. a drink
pagèlla s.f. (school) report
pagèllo s.m. sea-bream
pàggio s.m. pageboy
pagherò s.m. inv. (*comm.*) I owe you (*abbr.* IOU)
pàgina s.f. page ◆ **p. bianca** blank page || **prima p.** front page || **p. web** web page
pàglia s.f. straw
pagliaccétto s.m. rompers *pl.*
pagliàccio s.m. clown, buffoon ◆ **fare il p.** to play the fool
pagliàio s.m. straw-stack
pagliétta s.f. **1** (*cappello*) straw hat **2** (*per pulire*) steel wool
pagnòtta s.f. loaf
pagòda s.f. pagoda
pàio s.m. **1** pair **2** (*circa due*) couple
paiòlo s.m. **1** pot **2** (*quantità*) potful
pàla s.f. **1** shovel **2** (*di remo, elica, ventilatore*) blade, (*di mulino*) vane **3** (*d'altare*) altar-piece
paladìno s.m. paladin, champion
palafìtta s.f. **1** palafitte **2** (*edil.*) pilework
palàmito s.m. (*naut.*) boulter
palàta s.f. shovelful ◆ **fare soldi a palate** (*fig.*) to make heaps of money
palàto s.m. palate
palazzìna s.f. (small) building
palàzzo s.m. **1** palace **2** (*casa signorile*) mansion **3** (*edificio*) building ◆ **p. dello sport** indoor stadium
pàlco s.m. **1** (*teatro*) box **2** (*tribuna*) stand, platform **3** (*palcoscenico*) stage
palcoscènico s.m. stage
paleoantropologìa s.f. paleoanthropology
paleocristiàno agg. early Christian
paleografìa s.f. pal(a)eography
paleolìtico agg. e s.m. Pal(a)eolithic
palesàre **A** v.tr. to reveal, to disclose, to express **B** v.rifl. o intr. pron. to show oneself
palése agg. evident, manifest, clear
palestinése agg., s.m. e f. Palestinian
palèstra s.f. **1** gymnasium, (*fam.*) gym **2** (*fig.*) training ground
palétta s.f. **1** (small) shovel, (*per la spazzatura*) dustpan **2** (*del capostazione*) bat
palétto s.m. **1** stake, pole, post **2** (*chiavistello*) bolt
palinsèsto s.m. programme schedule
pàlio nella loc. **in p.** to be won
palizzàta s.f. fence
pàlla s.f. ball ◆ **che palle!** what a bore!
pallacanèstro s.f. basketball
pallamàno s.f. handball
pallanuòto s.f. water polo
pallavólo s.f. volleyball
palliatìvo agg. e s.m. palliative
pàllido agg. **1** pale **2** (*fig.*) faint, dim, slight
pallìno s.m. **1** (*bocce*) jack **2** (*biliardo*) cue ball **3** (*da caccia*) shot **4** (*fig.*) mania ◆ **disegno a pallini** polka-dot pattern, dotted pattern

palloncìno s.m. balloon
pallóne s.m. **1** ball **2** (*calcio*) football **3** (*aerostato*) hot-air balloon ♦ **andare nel p.** to get flustered
pallóre s.m. pallor
pallòttola s.f. **1** pellet **2** (*proiettile*) bullet
pallottolière s.m. abacus
pàlma s.f. palm ♦ **p. da cocco** coconut-palm || **p. da datteri** date-palm
palmàre s.m. hand-held computer
palmìpede s.m. web-footed bird
palmìzio s.m. palm
pàlmo s.m. **1** (*della mano*) palm **2** (*spanna*) span ♦ **a p. a p.** inch by inch
pàlo s.m. **1** pole, post, stake **2** (*fam.*) (*complice*) lookout **3** (*sport*) goal post ♦ **di p. in frasca** from one subject to another
palombàro s.m. diver
palómbo s.m. smooth hound
palpàre v.tr. **1** to feel, to finger **2** (*med.*) to palpate **3** (*a scopo erotico*) to fondle
pàlpebra s.f. eyelid
palpitàre v.intr. to palpitate, to throb
palpitazióne s.f. palpitation, throbbing
pàlpito s.m. **1** beat, palpitation **2** (*fig.*) thrill
paltò s.m. overcoat
palùde s.f. marsh, bog, swamp, fen
paludóso agg. marshy, boggy, swampy
palùstre agg. marsh (*attr.*), fen (*attr.*)
pànca s.f. bench, form, (*di chiesa*) pew
pancétta s.f. **1** (*pancia*) paunch, belly **2** (*cuc.*) bacon
panchìna s.f. **1** bench **2** (*sport*) sidelines *pl.*
pància s.f. belly, stomach, (*fam.*) tummy ♦ **a p. in giù** on one's stomach || **mal di p.** belly-ache
panciòtto s.m. waistcoat, (*USA*) vest
pàncreas s.m. pancreas
pànda s.m. inv. panda
pandemònio s.m. pandemonium, uproar
pàne s.m. **1** bread **2** (*fig.*) (*il necessario*) bread, living, food **3** (*forma*) block, cake, loaf ♦ **p. fresco** fresh bread || **p. integrale** wholemeal, wholewheat bread || **p. tostato** toast
panegìrico s.m. panegyric
panellenìsmo s.m. Panhellenism
panetterìa s.f. bakery, (*negozio*) baker's (shop)
panettière s.m. baker
pànfilo s.m. yacht
pangrattàto s.m. breadcrumbs *pl.*
pànico s.m. panic ♦ **farsi prendere dal p.** to panic
panière s.m. basket
panifìcio s.m. bakery, baker's (shop)
panìno s.m. roll, (*imbottito*) sandwich
pànna s.f. cream ♦ **caffè con p.** coffee with cream || **p. montata** whipped cream
panne s.f. inv. breakdown ♦ **essere in p.** to have engine trouble
pannéggio s.m. drapery
pannèllo s.m. panel, board ♦ **p. solare** solar panel
pànno s.m. cloth ♦ **mettersi nei panni di qc.** to put oneself in sb.'s shoes
pannòcchia s.f. cob
pannolìno s.m. napkin, (*USA*) diaper
panoràma s.m. **1** view, panorama **2** (*fig.*) survey, outline
panoràmica s.f. **1** (*panorama*) view, panorama **2** (*fig.*) survey **3** (*cin.*) panning **4** (*med.*) panoramic x-ray
panoràmico agg. panoramic ♦ **schermo p.** wide screen || **strada panoramica** panoramic drive
pantagruèlico agg. **1** Pantagruelian **2** (*fig.*) huge, enormous
pantalóni s.m. pl. trousers *pl.*, pants *pl.* ♦ **p. corti** shorts || **un paio di p.** a pair of trousers
pantàno s.m. morass, quagmire
panteìsmo s.m. pantheism
pantèra s.f. panther
pantòfola s.f. slipper
pantomìma s.f. pantomime
panzàna s.f. fib, lie
paonàzzo agg. purple, violet
pàpa s.m. Pope
papà s.m. daddy, dad, pa
papàia s.f. papaya
papàle agg. papal
papàto s.m. papacy
papàvero s.m. poppy
pàpera s.f. **1** duckling, gosling **2** (*errore*) slip
paperback s.m. inv. paperback
pàpero s.m. gosling
papìro s.m. papyrus
papìsmo s.m. papism
pàppa s.f. pap, baby food ♦ **p. molle** whimp
pappagàllo s.m. parrot
pappagòrgia s.f. double chin
pàra s.f. para rubber
paràbola[1] s.f. (*racconto*) parable
paràbola[2] s.f. **1** (*geom.*) parabola **2** (*fig.*) course **3** (*antenna*) satellite dish
parabrézza s.m. inv. windscreen, (*USA*) windshield
paracadùte s.m. inv. parachute
paracadutìsmo s.m. parachuting ♦ **p. acrobatico** skydiving
paracadutìsta s.m. e f. parachutist
paracàrro s.m. kerbstone
paradìso s.m. paradise, heaven ♦ **p. fiscale** tax heaven
paradossàle agg. **1** paradoxical **2** (*bizzarro*) strange
paradòsso s.m. paradox
parafàngo s.m. mudguard, (*USA*) fender
paraffìna s.f. paraffin
paràfrasi s.f. paraphrase ♦ **fare la p. di** to paraphrase
parafùlmine s.m. lightning-rod
paràggi s.m. pl. neighbourhood, surrounding area

paragonàbile agg. comparable

paragonàre **A** v.tr. to compare **B** v.rifl. to compare oneself

paragóne s.m. **1** comparison **2** (*esempio*) analogy

paràgrafo s.m. paragraph

paralìmpico agg. Paralympic

paràlisi s.f. paralysis

paralìtico agg. e s.m. paralytic

paralizzàre v.tr. to paralyse

paralizzàto agg. paralysed

parallelepìpedo s.m. parallelepiped

parallelìsmo s.m. parallelism

parallèlo agg. e s.m. parallel

paralùme s.m. lampshade

paràmetro s.m. parameter

paranòia s.f. paranoia

paranòico agg. e s.m. paranoiac

paranormàle agg. e s.m. paranormal

paraòcchi s.m. blinkers *pl.*, (*USA*) blinders *pl.*

parapendìo s.m. paragliding

parapètto s.m. parapet, (*naut.*) bulwark

parapìglia s.m. turmoil, confusion

parapsicologìa s.f. parapsychology

paràre v.tr. **1** (*addobbare*) to adorn, to decorate **2** (*riparare*) to shield **3** (*evitare*) to parry, (*calcio*) to save ♦ **andare a p.** to drive at, to get at, to lead up to

parasóle **A** agg. inv. sun (*attr.*) **B** s.m. inv. parasol, sunshade

parassìta **A** agg. parasitic(al) **B** s.m. parasite

paràta[1] s.f. parade

paràta[2] s.f. (*sport*) parry, (*calcio*) save

paratìa s.f. bulkhead

paraùrti s.m. bumper

paravènto s.m. screen

parcèlla s.f. fee, bill

parcheggiàre v.tr. to park

parchéggio s.m. **1** parking **2** (*posteggio*) (car) park ♦ **divieto di p.** no parking

parchìmetro s.m. parking-meter

pàrco[1] s.m. park ♦ **p. divertimenti** amusement park

pàrco[2] agg. **1** frugal, parsimonious **2** (*moderato*) moderate, sparing

parécchio **A** agg. indef. **1** (quite a) lot of, rather a lot of, plenty of **2** (*tempo*) (quite) a long, rather a long **3** al pl. several, quite a lot of, rather a lot of **B** pron. indef. **1** quite a lot, rather a lot **2** al pl. several, quite a few, quite a lot **C** avv. quite, very, quite a lot

pareggiàre **A** v.tr. **1** to equalize, to make equal **2** (*comm.*) to balance, to square, to settle **3** (*uguagliare*) to match **4** (*livellare*) to level **5** (*tagliando*) to trim **B** v.intr. (*finire pari*) to draw, to tie

paréggio s.m. **1** (*comm.*) balance, squaring **2** (*sport*) draw, tie

parentàdo s.m. relatives *pl.*, (*fam.*) tribe

parènte s.m. e f. relative, relation

parentèla s.f. **1** relationship, kinship **2** (*insieme dei parenti*) relatives *pl.*

parèntesi s.f. **1** (*segno*) parenthesis, bracket **2** (*inciso*) digression **3** (*intervallo*) interval, period

parére[1] v.intr. **1** to seem, to appear, to look (like) **2** (*impers.*) to seem, (*credere*) to think ♦ **mi pare di sì** I think so || **pare impossibile che...** it seems impossible that...

parére[2] s.m. opinion, advice ♦ **a mio p.** in my opinion || **essere del p. che** to think that

paréte s.f. **1** wall **2** (*superficie*) side, surface **3** (*di montagna*) face

pàri **A** agg. **1** equal, same, (*simile*) like, similar **2** (*di punteggio, conto*) equal, even **3** (*di numero*) even **4** (*allo stesso livello*) level, equal **5** (*equivalente*) equivalent, equal **B** s.m. **1** (*pareggio*) draw, tie **2** (*numero pari*) even number **3** (*persona*) equal, peer ♦ **alla p.** at the same level, (*presso famiglia*) au pair, (*fin.*) at par || **fare p. e dispari** to play odds and evens

parigìno agg. e s.m. Parisian

parìglia s.f. pair ♦ **rendere la p.** to give tit for tat

parità s.f. **1** parity, equality **2** (*pareggio*) draw, tie

parlamentàre **A** agg. parliamentary **B** s.m. e f. member of Parliament, MP

parlaménto s.m. Parliament

parlantìna s.f. talkativeness

parlàre **A** v.intr. to speak, to talk **B** v.tr. to speak **C** v.rifl. rec. to speak to each other ♦ **p. male di qc.** to speak ill of sb. || **non se ne parla!** it's out of the question!

parlàta s.f. way of speaking, (*dialetto*) dialect

parlàto **A** agg. spoken **B** s.m. **1** (*cin.*) dialogues *pl.* **2** (*lingua*) spoken language

parlatòrio s.m. parlour

parodìa s.f. parody ♦ **fare la p. di** to parody

paròla s.f. **1** word **2** (*facoltà di parlare*) speech **3** (*promessa*) word, promise **4** (*discorso*) words *pl.*, speech **5** al pl. (*di canzone*) lyrics *pl.* ♦ **non avere parole** to be at a loss for words || **p. chiave** key word || **p. d'ordine** password || **parole incrociate** crossword puzzle || **rivolgere la p. a qc.** to address sb.

parolàccia s.f. swearword, four-letter word

parossìstico agg. paroxysmal

parricìda s.m. parricide

parròcchia s.f. parish

parrocchiàle agg. parish (*attr.*), parochial

pàrroco s.m. (*cattolico*) parish priest, (*protestante*) parson, vicar

parrùcca s.f. wig

parrucchière s.m. hairdresser

parsimònia s.f. thriftiness, parsimony ♦ **con p.** sparingly

parsimonióso agg. thrifty

pàrte s.f. **1** (*porzione*) part, share, portion **2** (*luogo, regione*) parts *pl.*, region **3** (*lato*) side, part **4** (*direzione*) way, direction **5** (*ruolo*) part, role **6** (*partito, fazione*) party, faction ♦ **a p. ciò** apart from that || **d'altra p.** on the other side || **farsi da p.** to step aside

|| **p. civile** plaintiff || **prendere p.** to join || **di p.** partisan

partecipànte A agg. participating B s.m. e f. **1** participant **2** (*sport*) competitor

partecipàre A v.intr. **1** to participate (in), to share, to take part (in) **2** (*essere presente*) to be present (at), to attend B v.tr. (*annunciare*) to announce, to inform

partecipazióne s.f. **1** participation **2** (*presenza*) presence, attendance **3** (*fin.*) holding, interest **4** (*annuncio*) announcement, (*scritto*) card ◆ **p. di nozze** wedding announcement

partécipe agg. participating ◆ **essere p. di q.c.** to take part in st., to share st. || **rendere p. qc. di q.c.** to acquaint sb. with st.

parteggiàre v.intr. to side (with), to support

partènza s.f. **1** departure **2** (*sport*) start ◆ **in p.** now departing

particèlla s.f. particle

particìpio s.m. participle

particolàre A agg. **1** particular, special, peculiar **2** (*privato*) particular, private **3** (*strano*) peculiar, strange B s.m. detail

particolarità s.f. particularity, peculiarity

partigiàno agg. e s.m. partisan

partìre v.intr. **1** to leave, to go away **2** (*decollare*) to take off, (*salpare*) to sail **3** (*mettersi in moto*) to start **4** (*iniziare*) to start **5** (*provenire*) to come **6** (*fam.*) (*rompersi*) to go ◆ **a p. da** beginning from, as from || **p. per l'estero** to go abroad

partìta s.f. **1** (*comm.*) lot, parcel, stock **2** (*sport*) game, match **3** (*scrittura contabile*) entry

partìto s.m. **1** party **2** (*risoluzione*) decision, resolution **3** (*occasione di matrimonio*) match

partitùra s.f. score

partizióne s.f. partition

pàrto s.m. **1** (child)birth, delivery **2** (*fig.*) creation, product ◆ **p. cesareo** caesarian section || **sala p.** delivery room

partorìre v.tr. to bear, to give birth to

part-time A avv. e agg. inv. part-time B s.m. inv. part-time job

parvènza s.f. **1** appearance **2** (*traccia*) semblance

parziàle agg. partial

pascolàre v.tr. e intr. to graze, to pasture

pàscolo s.m. **1** pasture **2** (*il pascolare*) grazing

Pàsqua s.f. Easter

pasquàle agg. Easter (*attr.*)

pasquétta s.f. Easter Monday

passàbile agg. fairly good, passable

passàggio s.m. **1** passage, passing **2** (*transito*) transit **3** (*luogo dove si passa*) passage, way, (*attraversamento*) crossing **4** (*su veicolo*) lift **5** (*letter., mus.*) passage **6** (*fig.*) (*cambiamento*) shift, (*trasferimento*) handing, transfer ◆ **p. pedonale** pedestrian crossing || **p. a livello** level crossing || **vietato il p.** no transit

passànte A s.m. e f. passer-by B s.m. (*di cintura*) loop ◆ **p. ferroviario** railway link

passapòrto s.m. passport ◆ **p. scaduto** expired passport

passàre A v.intr. **1** to pass, (*attraverso*) to pass through, to go through, (*vicino*) to pass by, to go by **2** (*trascorrere*) to pass, to go by, to elapse **3** (*cessare*) to pass away, to cease **4** (*fare visita*) to call on, to call at, to drop in **5** (*diventare*) to become **6** (*essere considerato*) to be considered, (*essere scambiato*) to pass off as, to be taken for **7** (*essere approvato*) to be passed, to get through **8** (*intercorrere*) to be **9** (*a carte*) to pass B v.tr. **1** (*attraversare*) to pass, to cross, (*valicare*) to go beyond **2** (*trascorrere*) to pass, to spend **3** (*far passare*) to pass **4** (*dare*) to give, to hand, to pass **5** (*cospargere di*) to put, to spread **6** (*sopportare*) to go through, to pass through **7** (*trafiggere*) to pass through **8** (*promuovere*) to pass ◆ **p. a prendere qc.** to call for sb. || **p. il tempo** to spend one's time || **p. sopra q.c.** to overlook st.

passatèmpo s.m. pastime, hobby

passàto A agg. **1** past **2** (*scorso*) last B s.m. **1** past **2** (*gramm.*) past, perfect **3** (*cuc.*) soup

passaverdùra s.m. inv. vegetable mill

passeggèro A agg. passing, transitory B s.m. passenger

passeggiàre v.intr. to walk, to take a walk, to stroll

passeggiàta s.f. **1** walk, (*in bici, a cavallo*) ride **2** (*luogo*) walk, promenade **3** (*fig.*) walkover, (*USA*) cakewalk

passeggìno s.m. pushchair, (*USA*) stroller

passéggio s.m. walk, stroll ◆ **da p.** walking

passerèlla s.f. **1** (*per imbarco e sbarco*) gangway **2** (*teatro*) parade **3** (*per sfilate di moda*) catwalk

pàssero s.m. sparrow

passìbile agg. liable

passionàle agg. **1** of passion, passional **2** (*appassionato*) passionate

passióne s.f. passion

passìvo A agg. passive B s.m. **1** (*econ.*) deficit, liabilities *pl.* **2** (*gramm.*) passive ◆ **in p.** in the red

pàsso[1] s.m. **1** step, pace **2** (*andatura*) pace, walk **3** (*rumore*) footstep, (*orma*) footprint **4** (*brano*) passage **5** (*tecnol.*) pitch

pàsso[2] s.m. **1** (*passaggio*) passage, way **2** (*valico*) pass

pàsta s.f. **1** (*pastasciutta*) pasta **2** (*impasto*) dough, pastry **3** (*pasticcino*) pastry, cake **4** (*sostanza pastosa*) paste **5** (*fig.*) nature ◆ **p. frolla** short pastry || **p. sfoglia** puff pastry

pastasciùtta s.f. pasta

pastèlla s.f. batter

pastèllo agg. e s.m. pastel

pastìcca s.f. tablet, lozenge

pasticcerìa s.f. **1** (*arte, pasticcini*) confectionery **2** (*negozio*) pastry-shop, bakery

pasticciàre v.tr. e intr. to mess up, to make a mess

pasticcière s.m. confectioner
pasticcìno s.m. pastry, cake
pastìccio s.m. **1** mess **2** (*cuc.*) pie
pastìglia s.f. **1** pastille, lozenge, drop **2** (*di freni*) pad, (brake) lining
pàsto s.m. meal
pastoràle agg. pastoral
pastóre s.m. **1** shepherd **2** (*relig.*) pastor, minister
pastorìzia s.f. sheep-farming
pastorizzàre v.tr. to pasteurize
pastóso agg. **1** pasty, doughy **2** (*fig.*) mellow, soft
pastràno s.m. overcoat
pastùra s.f. pasture
patàta s.f. potato ♦ **p. americana** sweet potato || **patate fritte** fried potatoes, chips, (*USA*) French fries
patatìne s.f. pl. **1** (*nel sacchetto*) crisps, (*USA*) chips **2** (*fritte*) fried potatoes, chips, (*USA*) French fries
paté s.m. inv. paté
patèma s.m. anxiety
patènte s.f. licence, permit ♦ **p. di guida** driving licence, (*USA*) driver's license
paternalìsmo s.m. paternalism
paternità s.f. paternity, fatherhood
patèrno agg. paternal, (*da padre*) fatherly
patètico agg. pathetic
pàthos s.m. pathos
patìbolo s.m. gallows, scaffold
pàtina s.f. patina, coat, varnish, glaze
pàtio s.m. patio
patìre **A** v.intr. to suffer **B** v.tr. **1** to suffer, to undergo **2** (*sopportare*) to bear, to stand
patìto **A** agg. sickly **B** s.m. fan, lover
patologìa s.f. pathology
patològico agg. pathologic(al)
pàtria s.f. **1** (native) country, homeland **2** (*luogo di nascita*) birthplace, home
patriàrca s.m. patriarch
patriarcàto s.m. **1** patriarchy **2** (*relig.*) patriarchate
patrìgno s.m. stepfather
patrimoniàle agg. patrimonial ♦ **imposta p.** property tax
patrimònio s.m. **1** patrimony, property **2** (*somma considerevole*) fortune **3** (*fig.*) heritage ♦ **p. dell'umanità** World Heritage
patriòta s.m. e f. patriot
patriòttico agg. patriotic
patriottìsmo s.m. patriotism
patrocinàre v.tr. **1** (*dir.*) to plead, to defend **2** (*sponsorizzare*) to sponsor, to support
patrocìnio s.m. **1** (*dir.*) pleading, defence **2** (*sponsorizzazione*) patronage, sponsorship
patronàto s.m. patronage
patronìmico agg. e s.m. patronymic
patròno s.m. **1** (*dir.*) counsel **2** (*protettore*) patron, supporter **3** (*santo*) patron saint
pàtta s.f. flap, (*di pantaloni*) fly
patteggiàre v.tr. e intr. **1** to negotiate **2** (*dir.*) to plea bargain
pattinàggio s.m. skating ♦ **p. artistico** figure-skating || **p. a rotelle** roller-skating || **p. su ghiaccio** ice-skating || **pista di p.** skating-rink
pattinàre v.intr. to skate
pattinatóre s.m. skater
pàttino[1] s.m. skate ♦ **pattini in linea** rollerblades
pattìno[2] s.m. twin-hull boat
pàtto s.m. **1** agreement, pact **2** (*condizione*) term, condition ♦ **a p. che** on condition that || **venire a patti** to come to terms
pattùglia s.f. patrol
pattuìre v.tr. to agree upon, to stipulate
pattumièra s.f. dustbin, (*USA*) garbage-can
paùra s.f. fear, dread, (*spavento*) fright, scare ♦ **aver p. di q.c.** to be afraid of st. || **per p.** out of fright
pauróso agg. **1** (*che ha paura*) fearful, timorous **2** (*che incute paura*) frightening
pàusa s.f. **1** pause, (*nel lavoro*) break **2** (*mus.*) rest **3** (*interruzione*) standstill, halt
pavimentàre v.tr. **1** (*casa*) to floor **2** (*strada*) to pave
pavimentazióne s.f. **1** (*di casa*) flooring **2** (*di strada*) paving
paviménto s.m. floor
pavóne s.m. peacock
pavoneggiàrsi v.intr. pron. to strut (about)
pay tv s.f. inv. pay TV
pazientàre v.intr. to be patient
pazientè agg. e s.m. patient
paziènza s.f. patience ♦ **p.!** never mind!
pazzésco agg. **1** mad, crazy, foolish **2** (*eccessivo*) absurd, senseless
pazzìa s.f. madness
pàzzo **A** agg. **1** mad, crazy, insane, lunatic **2** (*eccessivo*) wild **B** s.m. madman, lunatic ♦ **come un p.** like crazy || **p. di qc./q.c.** mad, crazy about sb./st.
PC s.m. inv. PC, personal computer
pècca s.f. fault
peccaminóso agg. sinful
peccàre v.intr. **1** (*commettere peccato*) to sin **2** (*essere difettoso*) to be faulty, to lack
peccàto s.m. sin ♦ **che p.!** what a pity!
peccatóre s.m. sinner
péce s.f. pitch
pècora s.f. sheep
peculàto s.m. (*dir.*) embezzlement, misappropriation of public funds, peculation
peculiàre agg. peculiar, characteristic
peculiarità s.f. peculiarity
pedàggio s.m. toll
pedagogìa s.f. pedagogy
pedalàre v.intr. to pedal, to cycle
pedàle s.m. pedal
pedàna s.f. **1** footboard, (*della cattedra*) dais **2** (*salto*) springboard, (*lancio*) circle, (*scherma*) piste

pedànte **A** agg. pedantic **B** s.m. e f. pedant
pedanterìa s.f. pedantry
pedàta s.f. **1** kick **2** (*impronta*) footprint
pedèstre agg. pedestrian, dull
pediàtra s.m. e f. p(a)ediatrician
pediatrìa s.f. p(a)ediatrics *pl.* (*v. al sing.*)
pedicùre s.m. e f. inv. pedicure, pedicurist
pedìna s.f. **1** (*dama*) man, (*scacchi*) pawn **2** (*fig.*) pawn
pedinàre v.tr. to tag after, to tail
pedofilìa s.f. paedophilia, (*USA*) pedophilia
pedonàle agg. pedestrian (*attr.*) ♦ **isola p.** pedestrian precinct || **passaggio p.** pedestrian crossing
pedonalizzàre v.tr. to pedestrianize
pedóne s.m. **1** pedestrian **2** (*pedina*) pawn
pèggio **A** agg. inv. worse **B** s.m. e f. inv. the worst (thing) **C** avv. **1** (*comp.*) worse **2** (*sup. rel.*) worst, (*tra due*) worse ♦ **alla meno p.** anyhow, somehow || **alla p.** at worst || **avere la p.** to get the worst of it || **p. che mai** worse than ever
peggioraménto s.m. worsening
peggioràre **A** v.tr. to worsen, to make worse **B** v.intr. to get worse
peggiorativo agg. e s.m. pejorative
peggióre agg. **1** (*comp.*) worse **2** (*sup. rel.*) the worst, (*tra due*) the worse
pégno s.m. pawn, pledge ♦ **dare in p.** to pawn
pelàme s.m. coat, fur
pelàre v.tr. **1** (*sbucciare*) to peel, (*spellare*) to skin **2** (*fig., fam.*) to fleece
pelàto **A** agg. **1** (*calvo*) bald, hairless **2** (*sbucciato*) peeled **B** s.m. **1** baldhead **2** al pl. (*cuc.*) peeled tomatoes *pl.*
pellàme s.m. skins *pl.*
pèlle s.f. **1** skin, (*carnagione*) complexion **2** (*cuoio*) hide, leather **3** (*buccia*) peel, skin, rind ♦ **p. d'oca** goose flesh
pellegrinàggio s.m. pilgrimage
pellegrìno s.m. pilgrim
pellerόssa s.m. e f. American Indian
pelletterìa s.f. **1** leather goods *pl.* **2** (*negozio*) leather goods shop
pellicàno s.m. pelican
pellicceria s.f. **1** furs *pl.* **2** (*negozio*) furrier's shop
pellìccia s.f. **1** fur **2** (*indumento*) fur coat ♦ **p. ecologica** fake fur
pellìcola s.f. **1** (*membrana*) film, pellicle **2** (*fot., cin.*) film
pélo s.m. **1** hair **2** (*pelame*) coat, hair, (*pelliccia*) fur **3** (*di tessuto*) pile ♦ **per un p.** by a hair's breath
pelóso agg. hairy
péltro s.m. pewter
pelùria s.f. down
péna s.f. **1** (*dir.*) punishment, penalty **2** (*sofferenza*) pain, suffering, sorrow **3** (*fatica*) trouble ♦ **a mala p.** hardly || **mi fa p.** I feel sorry for him || **non ne vale la p.** it isn't worth it || **p. capitale** capital punishment

penàle **A** agg. penal **B** s.f. penalty, fine ♦ **codice p.** criminal code
penalità s.f. penalty
penalizzàre v.tr. **1** to penalize **2** (*danneggiare*) to damage
penàre v.intr. **1** to suffer **2** (*far fatica*) to find it difficult
pendènte **A** agg. **1** hanging **2** (*inclinato*) leaning **3** (*dir.*) pending, outstanding **B** s.m. pendant, (*orecchino*) ear-drop
pendènza s.f. **1** slope, incline **2** (*grado d'inclinazione*) gradient **3** (*dir.*) pending suit **4** (*comm.*) outstanding account
pèndere v.intr. **1** to hang (down) **2** (*inclinare*) to lean **3** (*di superficie*) to slant, to slope **4** (*incombere*) to hang over **5** (*propendere*) to be inclined, to tend **6** (*dir.*) to be pending
pendìce s.f. slope
pendìo s.m. slope, slant
pèndola s.f. pendulum-clock
pendolàre **A** agg. **1** pendular **2** (*di lavoratore*) commuting **B** s.m. e f. commuter
pendolìno s.m. high-speed tilting train
pèndolo s.m. pendulum ♦ **orologio a p.** pendulum-clock
pène s.m. penis
penetràre **A** v.tr. **1** to seep into, to penetrate, to pierce **2** (*fig.*) to penetrate **B** v.intr. **1** to penetrate into, to pierce into **2** (*entrare*) to enter, (*furtivamente*) to steal into
penetrazióne s.f. penetration
penicillìna s.f. penicillin
peninsulàre agg. peninsular
penìsola s.f. peninsula
penitènte agg., s.m. e f. penitent
penitènza s.f. **1** penance **2** (*castigo*) punishment **3** (*nei giochi*) forfeit
penitenziàrio **A** agg. penitentiary **B** s.m. prison, (*USA*) penitentiary
pénna s.f. **1** (*per scrivere*) pen **2** (*di uccello*) feather **3** (*scrittore*) writer ♦ **a p.** in ink || **p. a sfera** ballpoint pen || **p. stilografica** fountain-pen
pennàcchio s.m. plume
pennarèllo s.m. felt-tip pen
pennellàta s.f. brush stroke
pennèllo s.m. brush ♦ **p. da barba** shaving-brush || **stare a p.** to fit perfectly
pennìno s.m. nib
pennóne s.m. **1** (*naut.*) yard **2** (*stendardo*) pennon
penómbra s.f. half-light, semi-darkness
penóso agg. painful, pitiful
pensàre **A** v.tr. **1** to think **2** (*proporsi, decidere*) to think, to decide **3** (*considerare*) to consider, to bear in mind **4** (*immaginare*) to think, to imagine **B** v.intr. **1** to think (of) **2** (*badare*) to mind, to take care of, to see to **3** (*giudicare*) to think
pensatóre s.m. thinker
pensièro s.m. **1** thought **2** (*opinione*) opinion, mind

3 (*attenzione*) thought, care **4** (*preoccupazione*) trouble, worry **5** (*dono*) gift ♦ **stare in p. per qc./q.c.** to worry about sb./st.

pensieróso agg. thoughtful, pensive

pènsile agg. pensile, hanging, suspended ♦ **giardino p.** roof garden, hanging garden

pensilìna s.f. cantilever roof, shelter

pensionaménto s.m. retirement

pensionànte s.m. e f. boarder

pensionàto s.m. **1** (*persona*) pensioner, retired person **2** (*istituto*) boarding-house, hostel, (*per anziani*) rest home

pensióne s.f. **1** (*assegno*) pension, annuity **2** (*vitto e alloggio*) board and lodging **3** (*luogo*) boarding-house, guest-house ♦ **andare in p.** to retire || **mezza p.** half board

pensionìstico agg. pension (*attr.*)

pensóso agg. thoughtful, pensive

pentagonàle agg. pentagonal

pentàgono s.m. pentagon

pentagràmma s.m. (*mus.*) staff, stave

Pentecòste s.f. Pentecost, Whitsunday

pentiménto s.m. repentance, regret

pentìrsi v.intr. pron. to repent, to regret

péntola s.f. pot, pan, saucepan ♦ **p. a pressione** pressure cooker

penùltimo agg. penultimate, second-to-last, next to last

penùria s.f. scarcity, shortage

penzolàre v.intr. to dangle, to hang down

penzolóni avv. hanging, dangling

pepàre v.tr. to pepper

pepàto agg. **1** peppery, (*piccante*) hot **2** (*fig.*) sharp, spicy

pépe s.m. pepper ♦ **p. in grani** whole pepper

peperoncìno s.m. hot pepper, Cayenne pepper, chilli pepper

peperóne s.m. pepper

pepìta s.f. nugget

pèplo s.m. peplum, peplos

pér **A** prep. **1** (*moto per luogo*) through, (*senza direzione fissa*) about, around, (*lungo*) along, up, (*sopra*) over, all over (ES: ***passare p. Londra*** to pass through London) **2** (*moto a luogo*) for, to (ES: ***partire p. Roma*** to leave for Rome) **3** (*stato in luogo*) in, on (ES: ***incontrare qc. p. la strada*** to meet sb. in the street) **4** (*estensione, misura*) for (ES: ***camminare p. miglia e miglia*** to walk for miles and miles) **5** (*per un certo periodo, per una data precisa*) for, (*entro un termine*) by, (*per un intero periodo di tempo*) (all) through, throughout (ES: ***p. due ore*** for two hours; ***saranno di ritorno p. le cinque*** they'll be back by five o'clock) **6** (*mezzo*) by, through (ES: ***p. via aerea*** by air mail) **7** (*modo*) by, in (ES: ***chiamare p. nome*** to call by name; ***p. iscritto*** in writing) **8** (*prezzo*) for (ES: ***comprare q.c. p. 50 sterline*** to buy st. for fifty pounds) **9** (*causa*) for, owing to, because of, on account of, out of, through, due to (ES: ***assente p. malattia*** absent owing to illness; ***fare q.c. p. amore*** to do st. out of love) **10** (*termine, vantaggio, utilità, interesse*) for (ES: ***fatelo p. me*** do it for me) **11** (*fine, scopo*) for (ES: ***la lotta p. la vita*** the struggle for life) **12** (*limitazione*) for (ES: ***è troppo difficile p. me*** it's too difficult for me) **13** (*colpa*) for (ES: ***fu processato p. furto*** he was tried for theft) **14** (*distributivo*) by, at, in, per, for (ES: ***il tre p. cento*** three per cent; ***uno p. uno*** one by one; ***due p. volta*** two at a time) **15** (*mat.*) by (ES: ***dividere p. due*** to divide by two) **16** (*come, in qualità di*) as (ES: ***avere un cane p. amico*** to have a dog as a friend) **17** (*scambio, sostituzione*) for (ES: ***ti ho scambiata p. la moglie di Mario*** I mistook you for Mario's wife) **B** cong. **1** (*finale*) for, (in order) to **2** (*causale*) for **3** (*concessivo*) however ♦ **stare p. fare q.c.** to be about to do st.

péra s.f. **1** pear **2** (*dose di eroina*) fix

peràltro avv. moreover, what is more

perbàcco inter. by Jove!, (*certo!*) of course

perbène **A** agg. respectable **B** avv. well

perbenìsmo s.m. respectability

percènto avv. e s.m. inv. percent

percentuàle **A** agg. percent (*attr.*), proportional **B** s.f. **1** percentage, (*tasso*) rate **2** (*commissione*) commission

percepìre v.tr. **1** to perceive, to feel **2** (*ricevere*) to collect, to cash, to receive

percezióne s.f. perception

perché **A** avv. why, what for **B** cong. **1** (*esplicativo*) because, for, since, as **2** (*finale*) so (that), so as, in order that **C** s.m. inv. **1** (*motivo*) reason, motive **2** (*dubbio*) question

perciò cong. so, for this/that reason, therefore

percórrere v.tr. **1** (*una distanza*) to cover, to go along **2** (*in lungo e in largo*) to travel, to scour **3** (*attraversare*) to run through, to go across

percórso s.m. **1** (*tratto*) way, journey **2** (*distanza*) run, distance **3** (*tracciato*) route, course **4** (*inform.*) path ♦ **p. vita** paracourse

percòssa s.f. blow, stroke

percuòtere v.tr. to strike, to hit, to beat, to knock

percussióni s.f. pl. percussion

perdènte **A** agg. losing **B** s.m. e f. loser

pèrdere **A** v.tr. **1** to lose **2** (*lasciarsi sfuggire*) to miss **3** (*sprecare*) to waste **4** (*lasciar uscire*) to leak, to lose **5** (*rovinare*) to ruin **B** v.intr. **1** to lose **2** (*far uscire liquido*) to leak **C** v.intr. pron. **1** (*smarrirsi*) to get lost, to lose oneself **2** (*svanire*) to fade away, (*sparire*) to disappear **3** (*andare smarrito*) to be mislaid, to get lost **4** (*rovinarsi*) to be ruined ♦ **vuoto a p.** disposable bottle || **da non p.** not to be missed || **lasciar p.** to give up

perdigiórno s.m. e f. idler

pèrdita s.f. **1** loss **2** (*spreco*) waste **3** (*falla*) leak

perditèmpo s.m. e f. timewaster, loafer, idler

perdonàbile agg. excusable

perdonàre **A** v.tr. **1** to forgive, to pardon **2** (*scu-*

sare) to excuse, to pardon **3** (*risparmiare*) to spare **B** v.intr. to forgive
perdóno s.m. **1** forgiveness, pardon **2** (*esclamativo*) sorry
perduràre v.intr. **1** to continue, to go on **2** (*persistere*) to persist
perdutaménte avv. desperately, hopelessly
perdùto agg. lost
peregrinàre v.intr. to wander
peregrinazióne s.f. wandering
perènne agg. perennial, perpetual, (*eterno*) everlasting
perentòrio agg. peremptory
perfettaménte avv. perfectly
perfètto agg. perfect
perfezionaménto s.m. **1** perfecting, improvement **2** (*completamento*) completion **3** (*specializzazione*) specialization
perfezionàre **A** v.tr. to perfect, (*migliorare*) to improve **B** v.intr. pron. e rifl. **1** to perfect oneself, to improve oneself **2** (*specializzarsi*) to specialize
perfezióne s.f. perfection ♦ **alla p.** perfectly
perfezionìsta s.m. e f. perfectionist
pèrfido agg. perfidious, treacherous
perfìno avv. even
perforàre **A** v.tr. to perforate, to pierce, to punch **B** v.intr. pron. to be pierced
perforazióne s.f. perforation, piercing
pergamèna s.f. parchment
pergolàto s.m. pergola, bower
pericolànte agg. tumbledown, unsafe, precarious
perìcolo s.m. danger, peril, hazard
pericolosità s.f. danger, dangerousness
pericolóso agg. dangerous, unsafe
periferìa s.f. **1** (*zona esterna*) periphery **2** (*di città*) outskirts *pl.*, suburbs *pl.*
perifèrica s.f. (*inform.*) peripheral (device)
perifèrico agg. **1** (*esterno*) peripheral **2** (*di quartiere*) suburban
perìfrasi s.f. periphrasis
perimetràle agg. perimetric(al), (*esterno*) outer
perìmetro s.m. perimeter
periodicaménte avv. periodically
periodicità s.f. periodicity
periòdico **A** agg. periodic(al), recurring **B** s.m. periodical, magazine
perìodo s.m. period
peripezìa s.f. **1** vicissitude **2** (*fig.*) adventure
perìre v.intr. to perish, to die
periscòpio s.m. periscope
perìto s.m. expert
peritonìte s.f. peritonitis
perìzia s.f. **1** (*abilità*) skill, ability **2** (*valutazione*) appraisal, survey, examination, (*tecnica*) expert report, expertise
pèrla s.f. pearl
perlàceo agg. pearly
perloméno avv. at least
perlopiù avv. **1** (*per la maggior parte*) mainly, mostly **2** (*di solito*) usually
perlustràre v.tr. to search, to patrol
perlustrazióne s.f. **1** (*mil.*) patrol, reconnaissance **2** (*est.*) searching
permalóso agg. touchy, testy, huffy
permanènte **A** agg. permanent, standing **B** s.f. permanent wave, perm
permanènza s.f. **1** permanence, persistence **2** (*soggiorno*) stay
permanére v.intr. to remain, (*perdurare*) to persist
permeàre v.tr. to permeate
permésso s.m. **1** permission, leave, permit **2** (*dal lavoro*) leave **3** (*licenza*) licence, permit ♦ **p. di soggiorno** residence permit
perméttere v.tr. **1** to allow, to permit, to let **2** (*rendere possibile*) to enable **3** (*autorizzare*) to authorize **4** (*concedersi*) to afford, to allow
permissìvo agg. permissive
pèrmuta s.f. exchange, permutation
pernàcchia s.f. raspberry
pernìce s.f. partridge
perniciόso agg. pernicious, noxious
pèrno s.m. **1** pivot, pin **2** (*cardine*) hinge **3** (*fig.*) mainstay, support
pernottaménto s.m. overnight stay
pernottàre v.intr. to stay overnight
péro s.m. pear (tree)
però cong. **1** (*avversativo*) but, however, yet **2** (*concessivo*) nevertheless
peróne s.m. perone, fibula
peroràre **A** v.tr. to plead, to defend **B** v.intr. to perorate
perpendicolàre agg. e s.f. perpendicular
perpetràre v.tr. to perpetrate, to commit
perpetuàre **A** v.tr. to perpetuate **B** v.intr. pron. to last
perpètuo agg. perpetual
perplessità s.f. perplexity
perplèsso agg. perplexed, puzzled
perquisìre v.tr. to search
perquisizióne s.f. perquisition, search ♦ **mandato di p.** search warrant
persecutóre s.m. persecutor
persecuzióne s.f. persecution
perseguìre v.tr. **1** to pursue, to follow **2** (*dir.*) to prosecute
perseguitàre v.tr. to persecute, to pursue
perseverànte agg. perseverant, persevering
perseverànza s.f. perseverance
perseveràre v.intr. to persevere, to persist
persiàna s.f. shutter, blind
persiàno agg. e s.m. Persian
pèrsico[1] agg. Persian
pèrsico[2] agg. e s.m. (*zool.*) perch, bass
persìno avv. → ***perfino***

persistènte agg. persistent
persìstere v.intr. to persist
pèrso agg. lost
persóna s.f. **1** (*essere umano*) person (*pl.* people) **2** (*qualcuno*) someone, somebody **3** (*corpo*) body, figure **4** (*gramm., dir.*) person ♦ **a p.** each || **in, di p.** personally || **p. di servizio** domestic help
personàggio s.m. **1** personage, personality **2** (*teatro, letter.*) character, person **3** (*tipo strano*) character
personal computer s.m. inv. personal computer
personàle **A** agg. personal **B** s.m. **1** staff **2** (*corporatura*) figure **3** (*sfera privata*) privacy
personalità s.f. **1** personality **2** (*persona importante*) personage, personality
personalizzàre v.tr. to personalize
personalménte avv. personally
personificàre v.tr. to personify
personificazióne s.f. personification
perspicàce agg. perspicacious, shrewd
perspicàcia s.f. perspicacity, shrewdness
persuadére **A** v.tr. to persuade, to convince **B** v.rifl. to persuade oneself, to convince oneself
persuasióne s.f. persuasion, conviction
persuasìvo agg. persuasive, convincing
pertànto cong. therefore, so, for this reason
pèrtica s.f. perch, pole
pertinènte agg. pertinent
pertósse s.f. whooping-cough
pertùgio s.m. hole, opening
perturbàre **A** v.tr. to perturb, to upset **B** v.intr. pron. to become upset, (*di tempo*) to worsen
perturbazióne s.f. perturbation, disturbance
pervàdere v.tr. to pervade
pervenìre v.intr. to reach, to attain, to achieve, to arrive at
perversióne s.f. perversion
pervèrso agg. perverse
pervertìre **A** v.tr. to pervert **B** v.intr. pron. to become perverted
pésa s.f. **1** (*pesatura*) weighing **2** (*pesa pubblica*) weigh-house
pesànte agg. **1** heavy **2** (*noioso*) boring, dull, heavy **3** (*faticoso*) tyring **4** (*di aria*) close, stuffy **5** (*duro*) hard, rough
pesantézza s.f. heaviness, weight
pesàre **A** v.tr. to weigh **B** v.intr. **1** to weigh, to be heavy **2** (*essere gravoso*) to bother, to be a burden **3** (*avere importanza*) to count **C** v.rifl. to weigh oneself
pèsca[1] s.f. (*frutto*) peach
pésca[2] s.f. **1** (*il pescare*) fishing **2** (*il pescato*) catch, haul ♦ **p. a strascico** trawling || **p. con la lenza** angling || **p. di beneficenza** lucky dip || **da p.** fishing
pescàre **A** v.tr. **1** to fish for, (*prendere*) to fish, to catch **2** (*trovare*) to get hold of **3** (*cogliere sul fatto*) to catch **4** (*estrarre*) to draw, to pick up **B** v.intr. (*naut.*) to draw
pescatóre s.m. fisherman
pésce s.m. fish ♦ **p. rosso** goldfish || **gettarsi a p. su** to jump at
pescecàne s.m. shark
pescespàda s.m. swordfish
pescheréccio **A** agg. fishing **B** s.m. fishing boat
pescherìa s.f. fishmonger's, fish-shop
peschièra s.f. fishpond
pescivéndolo s.m. fishmonger
pèsco s.m. peach(-tree) ♦ **fiori di p.** peach-blossom
pescóso agg. abounding in fish
péso s.m. **1** weight **2** (*importanza*) weight, importance **3** (*onere*) burden, load ♦ **essere di p. a qc.** to be a burden for sb. || **lancio del p.** shot put || **di p.** bodily
pessimìsmo s.m. pessimism
pessimìsta s.m. e f. pessimist
pèssimo agg. very bad, awful, terrible
pestàre v.tr. **1** to crush, to pound, (*ridurre in polvere*) to grind **2** (*calpestare*) to tread on, to trample on **3** (*picchiare*) to beat
pèste s.f. **1** (*med.*) plague **2** (*fig.*) pest
pestèllo s.m. pestle
pestìfero agg. **1** pestiferous **2** (*puzzolente*) stinking, (*disgustoso*) disgusting **3** (*fastidioso*) bothersome, pestilent
pestilènza s.f. pestilence, plague
pètalo s.m. petal
petàrdo s.m. firecracker
petizióne s.f. petition
petrolièra s.f. tanker
petrolière s.m. oilman
petrolìfero agg. oil (*attr.*) ♦ **pozzo p.** oil-well
petròlio s.m. petroleum, oil ♦ **lampada a p.** oil lamp
pettegolàre v.intr. to gossip
pettegolézzo s.m. gossip, rumour
pettégolo **A** agg. gossipy **B** s.m. gossip, gossiper
pettinàre **A** v.tr. to comb **B** v.rifl. to comb one's hair
pettinàta s.f. combing
pettinatùra s.f. **1** hairstyle, hair-do **2** (*tess.*) combing
pèttine s.m. **1** comb **2** (*zool.*) pecten, scallop
pettiróssso s.m. robin
pètto s.m. chest, breast ♦ **prendere q.c. di p.** to tackle st. head-on
petulànza s.f. insolence, tiresomeness
pèzza s.f. **1** (*di stoffa*) roll, piece **2** (*toppa*) patch **3** (*straccio*) rag **4** (*macchia*) spot
pezzènte s.m. e f. tramp
pèzzo s.m. piece, bit, part ♦ **p. di antichità** antique || **da un p.** for quite a time
piacènte agg. pleasant
piacére **A** s.m. **1** pleasure, delight **2** (*divertimento*) pleasure, amusement **3** (*favore*) favour, kindness **4** (*volontà*) will **B** v.intr. to like (*costr. pers.*), to be fond of ♦ **a p.** at will || **chiedere un p. a qc.** to ask a favour of sb. || **per p.** please

piacévole agg. pleasant, agreeable, enjoyable
piaciménto nella loc. **a p.** at will, at one's like
piàga s.f. **1** sore **2** (*flagello*) plague, scourge, curse **3** (*persona*) pain, nuisance
piagnistèo s.m. whine, whining
piagnucolàre v.intr. to whine, to whimper
piàlla s.f. plane, (*macchina*) planer
piallàre v.tr. to plane
piàna s.f. plain, flat land
pianeggiànte agg. level, flat
pianeròttolo s.m. landing
pianéta s.m. planet
piàngere **A** v.intr. to cry, to weep **B** v.tr. **1** to cry, to weep **2** (*lamentare*) to grieve for, to mourn
pianificàre v.tr. to plan
pianificazióne s.f. planning
pianìsta s.m. e f. pianist
piàno[1] **A** agg. **1** flat, level, even **2** (*liscio*) smooth **3** (*chiaro*) clear, plain **4** (*semplice*) simple **5** (*geom.*) plane **B** avv. **1** (*sommessamente*) softly, quietly, (*a bassa voce*) in a low voice **2** (*lentamente*) slowly, slow **3** (*con cautela*) gently, carefully
piàno[2] s.m. **1** (*terreno pianeggiante*) plain, flat land, level land **2** (*superficie piana*) plane **3** (*di casa*) floor, storey, (*di nave, bus*) deck **4** (*progetto*) plan, scheme, project, programme
piàno[3] s.m. (*mus.*) piano
pianofòrte s.m. piano ♦ **p. a coda** grand piano
pianotèrra s.m. inv. ground floor, (*USA*) first floor
piànta s.f. **1** plant, (*albero*) tree **2** (*del piede, della scarpa*) sole **3** (*disegno di edificio*) plan, (*mappa*) map ♦ **di sana p.** completely || **in p. stabile** on the permanent staff
piantagióne s.f. plantation
piantàre **A** v.tr. **1** to plant **2** (*conficcare*) to thrust, to drive **3** (*abbandonare*) to leave, to quit, to abandon **B** v.intr. pron. **1** (*conficcarsi*) to stick, to get stuck in **2** (*piazzarsi*) to plant oneself, to place oneself **C** v.rifl. rec. to leave each other, to part ♦ **p. in asso qc.** to leave sb. in the lurch || **piantarla** to stop it
pianterréno s.m. ground floor, (*USA*) first floor
piànto s.m. **1** weeping, crying **2** (*lacrime*) tears *pl.*
pianùra s.f. plain, flat land, lowland
piàstra s.f. **1** (*mecc.*) plate **2** (*edil.*) slab **3** (*cuc.*) hotplate, griddle ♦ **alla p.** grilled
piastrèlla s.f. tile
piattafórma s.f. platform
piattèllo s.m. disk ♦ **tiro al p.** trap-shooting, clay-pigeon shooting
piattìno s.m. saucer
piàtto **A** agg. flat **B** s.m. **1** (*stoviglia*) plate, (*grande*) dish **2** (*vivanda*) dish **3** (*portata*) course **4** al pl. (*mus.*) cymbals *pl.* **5** (*nel gioco delle carte*) kitty **6** (*di bilancia*) plan ♦ **lavare i piatti** to wash up, to wash the dishes
piàzza s.f. **1** square **2** (*comm.*) market **3** (*posto*) place ♦ **letto a una p.** single bed || **fare p. pulita** to make a clean sweep
piazzàle s.m. large square
piazzaménto s.m. placing
piazzàre **A** v.tr. **1** to place, to put **2** (*comm.*) to sell, to market **B** v.rifl. **1** (*mettersi*) to settle oneself **2** (*sport*) to be placed, to come
piazzìsta s.m. commercial traveller
piazzòla s.f. lay-by, (*USA*) shoulder
piccànte agg. **1** spicy, hot **2** (*fig.*) bawdy, spicy, risqué
piccàrsi v.rifl. **1** to pride oneself **2** (*indispettirsi*) to be offended
picchétto s.m. **1** (*paletto*) peg **2** (*mil.*) (*di scioperanti*) picket
picchiàre **A** v.tr. to beat, to hit, to strike **B** v.intr. **1** (*battere*) to strike, to tap **2** (*bussare*) to knock **C** v.rifl. rec. to fight, to come to blows
picchiàta s.f. (*aer.*) nosedive
picchiettàre **A** v.intr. to patter **B** v.tr. to spot, to dot
pìcchio s.m. (*zool.*) woodpecker
piccìno **A** agg. **1** tiny, small, little **2** (*meschino*) mean **B** s.m. child
piccionàia s.f. **1** pigeon-house **2** (*teatro*) gallery
piccióne s.m. pigeon ♦ **p. viaggiatore** carrier-pigeon
pìcco s.m. peak ♦ **a p.** vertically
pìccolo **A** agg. **1** small, little, tiny **2** (*basso*) short **3** (*giovane*) young **4** (*di poco conto*) slight, small, trifling **5** (*meschino*) mean, petty **6** (*breve*) short, brief **B** s.m. **1** child, little one **2** (*di animale*) pup ♦ **da p.** as a child
piccóne s.m. pick, pickaxe
piccòzza s.f. axe ♦ **p. da ghiaccio** ice pick
pickup s.m. inv. pick-up (truck)
picnìc s.m. inv. picnic
pidòcchio s.m. louse
piède s.m. foot ♦ **a piedi** on foot || **a piedi nudi** barefoot || **in piedi** standing || **in punta di piedi** on tiptoe || **p. di porco** jemmy, crowbar || **mettere p.** to set foot || **prendere p.** to get a footing
piedistàllo s.m. pedestal
pièga s.f. **1** fold, wrinkle **2** (*fatta ad arte*) pleat, (*dei pantaloni*) crease **3** (*dei capelli*) style, blow-dry **4** (*andamento*) turn **5** (*geol.*) fold
piegàre **A** v.tr. **1** to fold (up), (*flettere*) to bend **2** (*sottomettere*) to bend, to subdue **B** v.intr. to bend, to turn **C** v.rifl. e intr. pron. **1** to bend **2** (*cedere*) to yield, to give in
pieghettàre v.tr. to pleat
pieghévole **A** agg. **1** (*flessibile*) pliable, pliant **2** (*atto a essere piegato*) folding **B** s.m. brochure
pièna s.f. **1** flood, spate **2** (*folla*) crowd ♦ **fiume in p.** river in flood
pièno **A** agg. **1** full, filled **2** (*non cavo*) solid **3** (*in carne*) full, plump **4** (*sazio*) full up **B** s.m. **1** (*colmo*) height, (*mezzo*) middle **2** (*carico completo*) full load, (*di nave*) full cargo ♦ **fare il p.** (*di benzina*) to fill up

piercing s.m. inv. body piercing
pietà s.f. **1** pity, compassion, mercy **2** (*devozione*) piety, devotion
pietànza s.f. **1** dish **2** (*portata*) course
pietóso agg. **1** (*che sente pietà*) pitiful, merciful **2** (*che muove a pietà*) pitiful, pitiable, piteous, (*miserevole*) wretched **3** (*brutto*) awful
piètra s.f. stone
pietrificàre **A** v.tr. to petrify **B** v.intr. pron. to become petrified, to petrify
pìffero s.m. fife, pipe
pigiàma s.m. pyjamas *pl.*
pigiàre v.tr. to press, to push
pigliàre v.tr. → ***prendere***
pìglio s.m. manner, look
pigmentazióne s.f. pigmentation
pigménto s.m. pigment
pigmèo s.m. pigmy
pìgna s.f. **1** (*bot.*) pine-cone **2** (*mucchio*) heap
pignolerìa s.f. pedantry, fussiness
pignòlo **A** agg. pedantic, fussy **B** s.m. pedant, fastidious person
pignoràre v.tr. to distrain on, to attach
pigolàre v.intr. to peep
pigrìzia s.f. laziness
pìgro agg. **1** lazy **2** (*lento*) sluggish
pìla s.f. **1** (*di oggetti*) pile, heap, stack **2** (*elettr.*) battery, pile **3** (*torcia*) torch ♦ **a p.** battery-operated
pilàstro s.m. pillar
pile s.m. inv. fleece
pìllola s.f. pill
pilóne s.m. **1** (*di ponte*) pier **2** (*di linea elettrica*) pylon
pilòta agg. e s.m. pilot
pilotàre v.tr. to pilot
PIN s.m. inv. (*numero di identificazione personale*) PIN
pinacotèca s.f. picture-gallery
pinéta s.f. pinewood
ping-pòng s.m. inv. table tennis, ping-pong
pìngue agg. **1** (*grasso*) fat **2** (*fertile*) fertile, rich **3** (*grosso*) large, big
pinguìno s.m. penguin
pìnna s.f. **1** (*di pesce*) fin, (*di mammifero acquatico*) flipper **2** (*per nuotare*) flipper **3** (*naut., aer.*) fin
pinnàcolo s.m. pinnacle
pìno s.m. pine
pinòlo s.m. pine-seed
pìnza s.f. pliers *pl.*, pincers *pl.*, tongs *pl.*
pinzétta s.f. tweezers *pl.*
pìo agg. **1** pious, devout **2** (*misericordioso*) compassionate **3** (*benefico*) charitable
pioggerèlla s.f. drizzle
piòggia s.f. **1** rain **2** (*est.*) shower
piòlo s.m. peg ♦ **scala a pioli** ladder
piombàre[1] v.intr. **1** (*cadere a piombo*) to plunge, to plump, to fall **2** (*gettarsi su*) to pounce, to swoop **3** (*arrivare all'improvviso*) to rush
piombàre[2] v.intr. to plumb
piómbo s.m. lead
pionière s.m. pioneer
piòppo s.m. poplar
piovàno agg. rain (*attr.*)
piòvere v.intr. **1** (*impers.*) to rain **2** (*fig.*) to rain, to pour
piovigginàre v.intr. impers. to drizzle
piovosità s.f. rainfall
piovóso agg. rainy
piòvra s.f. octopus
pìpa s.f. pipe
pipì s.f. (*fam.*) pee ♦ **fare p.** to pee
pipistrèllo s.m. bat
piramidàle agg. pyramidal
piràmide s.f. pyramid
piràta s.m. pirate ♦ **p. informatico** hacker || **p. della strada** road-hog
pirateria s.f. piracy
pirìte s.f. pyrite
piròga s.f. pirogue
piròmane s.m. e f. pyromaniac
piròscafo s.m. steamer
pirotècnico agg. pyrotechnic(al), firework (*attr.*)
pisciàre v.intr. e tr. (*volg.*) to pee
piscicoltùra s.f. fish breeding
piscìna s.f. swimming pool
pisèllo s.m. **1** pea **2** (*pop.*) willy, cock
pisolìno s.m. nap, snooze, doze ♦ **fare un p.** to take a nap
pìsta s.f. **1** (*traccia*) track, (*di animale*) trail, scent **2** (*percorso*) track **3** (*sport*) track, race-track **4** (*aer.*) strip ♦ **p. da ballo** dance floor || **p. da sci** ski run
pistàcchio s.m. pistachio
pistòla s.f. gun
pistóne s.m. piston, (*idraulico*) ram
pitóne s.m. python
pittóre s.m. painter
pittorésco agg. picturesque
pittòrico agg. pictorial
pittùra s.f. **1** painting **2** (*dipinto*) picture **3** (*vernice*) paint ♦ **p. fresca** wet paint
pitturàre v.tr. to paint
più **A** agg. comp. inv. **1** more (ES: ***hai p. amici di me*** you have more friends than I have) **2** (*parecchi*) several (ES: ***p. volte*** several times) **B** avv. comp. **1** (*in maggior quantità*) more, (*in frasi neg.*) no more, (*con altra negazione*) any more (ES: ***ha bevuto p. del solito*** he drank more than usual; ***dovresti dormire di p.*** you should sleep more; ***non c'è p. pane*** there's no more bread; ***non ne voglio p.*** I don't want any more) **2** (*comp. di maggioranza*) more, -er (*suffisso aggiunto ad avv. e agg.*) (ES: ***p. difficile*** more difficult; ***p. facile*** easier; ***p. alto*** taller) **3** (*sup. rel.*) the most, (*tra due*) the more; the -est, (*tra due*) the -er (*suffisso aggiunto ad agg. e avv.*) (ES: ***è la p.***

bella she is the most beautiful; ***il giorno p. lungo*** the longest day; ***sei il p. felice di tutti noi*** you are the happiest of us all) **4** (*in frasi neg. per indicare la cessazione di un fatto*) no longer, not any longer, not any more (ES: ***non siete p. studenti*** you are no longer students; ***non abitano p. qui*** they don't live here any longer) **5** (*mat.*) plus, and (ES: ***due p. due*** two plus two) **C** **s.m.** **1** (*comp.*) more, (*sup.*) most (ES: ***il p. è fatto*** most of it is done) **2** (*la maggioranza*) the majority **D** **prep.** plus
piuccheperfètto **s.m.** past perfect
piùma **s.f.** feather, plume
piumìno **s.m.** **1** (*d'oca*) down **2** (*coperta*) quilt **3** (*giacca*) padded jacket **4** (*per cipria*) powder puff **5** (*per spolverare*) feather duster
piuttòsto **avv.** **1** (*preferibilmente*) rather, sooner, (*o meglio*) better **2** (*alquanto*) rather, somewhat, quite **3** (*invece*) instead ♦ **p. che, di** rather than, better than
pivèllo **s.m.** greenhorn
pìzza **s.f.** **1** (*cuc.*) pizza **2** (*cin.*) film can **3** (*noia*) nuisance, bore ♦ **p. al trancio** pizza by the slice
pizzicàre **A** **v.tr.** **1** to pinch, to nip **2** (*di insetti*) to bite, to sting **3** (*di sostanza*) to burn **4** (*cogliere di sorpresa*) to catch **5** (*mus.*) to pluck **B** **v.intr.** **1** (*prudere*) to itch **2** (*essere piccante*) to be hot **3** (*di insetti*) to bite, to sting
pìzzico **s.m.** **1** pinch, nip **2** (*piccola quantità*) bit **3** (*puntura d'insetto*) bite
pizzicòtto **s.m.** pinch, nip
pìzzo **s.m.** **1** (*merletto*) lace **2** (*barba*) pointed beard **3** (*estorsione*) protection money
placàre **A** **v.tr.** **1** (*calmare*) to placate, to calm (down) **2** (*mitigare*) to soothe **B** **v.intr. pron. e rifl.** to calm down
plàcca **s.f.** **1** plate **2** (*med.*) plaque
placcàre **v.tr.** **1** to plate **2** (*sport*) to tackle
plàcido **agg.** placid, calm
plagiàre **v.tr.** to plagiarize
plàgio **s.m.** plagiarism
plaid **s.m. inv.** plaid
planàre **v.intr.** to glide, (*naut.*) to plane
planàta **s.f.** glide, (*naut.*) plane
plància **s.f.** **1** (*naut.*) bridge **2** (*autom., aer.*) dashboard
planetàrio **A** **agg.** **1** planetary **2** (*del mondo*) worldwide **B** **s.m.** planetarium
planimetrìa **s.f.** planimetry
planisfèro **s.m.** planisphere
plàsma **s.m.** plasma
plasmàre **v.tr.** to mould, to shape
plàstica **s.f.** **1** (*materia*) plastics *pl.* (*v. al sing.*) **2** (*med.*) plastic surgery, plastics *pl.* (*v. al sing.*) **3** (*arte del modellare*) plastic art
plasticità **s.f.** plasticity
plàstico **A** **agg.** plastic **B** **s.m.** **1** (*modello*) plastic model **2** (*esplosivo*) plastic
plastificàre **v.tr.** to plasticize
plàtano **s.m.** plane
platèa **s.f.** **1** (*teatro*) stalls *pl.* **2** (*est.*) audience, public
plateàle **agg.** blatant
plàtino **s.m.** platinum
platònico **agg.** Platonic
plausìbile **agg.** plausible
plàuso **s.m.** approval
plebàglia **s.f.** mob
plèbe **s.f.** (*stor.*) plebs, (*spreg.*) mob
plebèo **agg. e s.m.** plebeian
plenàrio **agg.** plenary
plenilùnio **s.m.** full moon
pleonàstico **agg.** pleonastic, unnecessary
plèttro **s.m.** plectrum
pleurìte **s.f.** pleurisy
plìco **s.m.** (*busta*) cover
plìnto **s.m.** (*arch.*) plinth
plotóne **s.m.** platoon, squad
plùmbeo **agg.** **1** leaden **2** (*opprimente*) oppressive
pluràle **agg. e s.m.** plural ♦ **al p.** in the plural
pluralìsmo **s.m.** pluralism
pluralità **s.f.** plurality
plusvalóre **s.m.** surplus(-value)
plutocrazìa **s.f.** plutocracy
pluviàle **agg.** pluvial, rain (*attr.*) ♦ **foresta p.** rainforest
pneumàtico **A** **agg.** pneumatic, air (*attr.*) **B** **s.m.** tyre
po' **agg., pron. e avv.** → ***poco***
pòco **A** **agg. indef.** **1** little, not much **2** (*di tempo*) short **3** (*scarso*) scant, little **4** **al pl.** few, not many, (*alcuni*) a few **B** **pron. indef.** **1** little, not much **2** (*un poco*) a little, some, a few **3** **al pl.** few, very few, not many, (*poche persone*) few people **C** **s.m.** little **D** **avv.** **1** (*con agg. e avv. di grado positivo, con part. pres. e part. pass. in funzione di agg.*) not very **2** (*con agg. e avv. comp.*) not much, little **3** (*con verbi*) little, not... very much **4** (*un po'*) rather, quite, a little, a bit ♦ **a p. a p.** little by little || **p. di buono** good-for-nothing || **fra p.** very soon, shortly || **per p. non...** nearly || **p. fa** a short time ago
podére **s.m.** farm, (*proprietà terriera*) estate
poderóso **agg.** powerful, mighty
pòdio **s.m.** podium, platform
podìsmo **s.m.** walking, (*gara sportiva*) track events *pl.*
poèma **s.m.** poem
poesìa **s.f.** **1** poetry **2** (*componimento*) poem, piece of poetry
poèta **s.m.** poet
poètica **s.f.** poetics *pl.* (*v. al sing.*)
poètico **agg.** poetic
poggiàre **A** **v.tr.** to lean, to rest **B** **v.intr.** to rest, to be based **C** **v.rifl.** to rely, to base oneself
poggiatèsta **s.m. inv.** headrest
pòggio **s.m.** knoll, hillock
pòi **A** **avv.** **1** (*successivamente*) then, (*dopo*) after(-wards), (*più tardi*) later on **2** (*inoltre*) and then, be-

sides, (*in secondo luogo*) secondly **3** (*avversativo*) but **4** (*conclusivo*) finally, then, after all **B** s.m. future ♦ **d'ora in p.** from now on || **prima o p.** sooner or later
poiché cong. as, since, for
poker s.m. inv. poker
polàcco **A** agg. Polish **B** s.m. **1** (*abitante*) Pole **2** (*lingua*) Polish
polàre agg. polar ♦ **freddo p.** freezing cold
polarizzàre v.tr. e intr. pron. **1** to polarize **2** (*fig.*) to focus
polèmica s.f. **1** polemic, controversy **2** (*spreg.*) argument
polèmico agg. polemic
policlìnico s.m. polyclinic, general hospital
policromàtico agg. polychromatic
polièdrico agg. **1** polyhedric **2** (*fig.*) versatile
polièstere s.m. polyester
polifònico agg. polyphonic
polìgamo **A** agg. polygamous **B** s.m. polygamist
poliglòtta agg., s.m. e f. polyglot
poligonàle agg. polygonal
polìgono s.m. polygon ♦ **p. di tiro** rifle-range
polimòrfo agg. polymorphous
poliomielìte s.f. poliomyelitis
pòlipo s.m. (*zool., med.*) polyp
polistiròlo s.m. polystyrene
politècnico agg. e s.m. polytechnic
politeìsmo s.m. polytheism
polìtica s.f. **1** politics *pl.* (*v. al sing.*) **2** (*linea di condotta*) policy **3** (*diplomazia*) diplomacy ♦ **p. interna/estera** domestic/foreign politics
politicaménte avv. politically ♦ **p. corretto** politically correct
politicizzàre v.tr. to politicize
polìtico **A** agg. **1** political **2** (*diplomatico*) diplomatic **B** s.m. politician
politòlogo s.m. political expert
polìttico s.m. polyptych
polivalènte agg. **1** (*chim.*) polyvalent **2** (*est.*) multipurpose
polizìa s.f. police ♦ **p. stradale** traffic police || **posto di p.** police station
poliziésco agg. **1** police (*attr.*) **2** (*di libro, film*) detective (*attr.*)
poliziòtto s.m. policeman
pòlizza s.f. **1** (*assicurativa*) policy **2** (*ricevuta*) bill, receipt ♦ **p. sulla vita** life insurance policy
pollàio s.m. poultry-pen, hen-house
pollàme s.m. poultry
pollerìa s.f. poultry shop
pòllice s.m. **1** thumb **2** (*unità di misura*) inch ♦ **p. verde** green fingers || **p. verso** thumbs down
pòlline s.m. pollen
póllo s.m. **1** chicken **2** (*fig.*) dupe, sucker ♦ **p. arrosto** roast chicken
polmonàre agg. pulmonary
polmóne s.m. lung
polmonìte s.f. pneumonia
pòlo[1] s.m. (*fis., geogr.*) pole
pòlo[2] s.m. (*sport*) polo
pólpa s.f. **1** (*di frutto*) pulp **2** (*carne*) lean meat
polpàccio s.m. calf
polpastrèllo s.m. fingertip
polpétta s.f. rissole, (*di carne*) meatball
polpettóne s.m. **1** meatloaf **2** (*fig.*) mishmash
pólpo s.m. octopus
polpóso agg. pulpy
polsìno s.m. cuff
pólso s.m. **1** (*anat.*) wrist **2** (*pulsazione*) pulse **3** (*polsino*) cuff **4** (*fig.*) energy, nerve ♦ **un uomo di p.** a vigorous man
poltìglia s.f. **1** mash, mush **2** (*fango*) mud, slush
poltrìre v.intr. to laze (about)
poltróna s.f. **1** armchair, chair **2** (*teatro*) stall **3** (*fig.*) position
poltróne s.m. idler, lazy-bones (*fam.*)
pólvere s.f. **1** dust **2** (*sostanza polverulenta*) powder ♦ **in p.** powdered || **p. da sparo** gunpowder
polverièra s.f. **1** powder magazine **2** (*fig.*) powder keg
polverizzàre **A** v.tr. to pulverize **B** v.intr. pron. **1** to pulverize **2** (*svanire*) to melt away
polveróne s.m. **1** dust cloud **2** (*fig.*) uproar
polveróso agg. **1** dusty **2** (*simile a polvere*) powdery
pomàta s.f. ointment, cream
pomèllo s.m. knob
pomeridiàno agg. **1** afternoon (*attr.*) **2** (*di ore*) p.m. (*post meridiem*)
pomerìggio s.m. afternoon
pómice s.f. pumice
pómo s.f. **1** (*bot.*) pome, (*mela*) apple **2** (*pomello*) knob
pomodòro s.m. tomato ♦ **salsa di p.** tomato sauce || **succo di p.** tomato juice
pómpa[1] s.f. (*fasto*) pomp ♦ **pompe funebri** undertaker's
pómpa[2] s.f. pump ♦ **p. di benzina** petrol pump
pompàre v.tr. **1** to pump, to draw up **2** (*fig.*) to blow up, to pump up
pompèlmo s.m. grapefruit
pompière s.m. **1** fireman **2** al pl. (*squadra*) fire brigade, (*USA*) fire department
pompóso agg. pompous
ponderàre **A** v.tr. to ponder, to weigh up **B** v.intr. to reflect
ponderazióne s.f. reflection, consideration
ponderóso agg. **1** (*pesante*) heavy, ponderous **2** (*gravoso*) weighty
ponènte s.m. west
pónte s.m. **1** bridge **2** (*naut.*) deck **3** (*impalcatura*) scaffold ♦ **p. aereo** air lift || **p. levatoio** drawbridge
pontéfice s.m. Pontiff

pontificàre v.intr. to pontificate
pontificàto s.m. pontificate
pontifìcio agg. papal ♦ **Stato Pontificio** Papal States
pontìle s.m. wharf
pony s.m. inv. pony ♦ **p. express** motorcycle messenger
popolàre[1] agg. **1** popular **2** (*tradizionale*) folk (*attr.*)
popolàre[2] **A** v.tr. to populate, to people **B** v.intr. to become populated
popolarità s.f. popularity
popolazióne s.f. **1** population **2** (*popolo*) people
pòpolo s.m. people
popolóso agg. populous, densely populated
póppa s.f. stern ♦ **a p.** aft
poppàre v.tr. e intr. to suck
populìsmo s.m. populism
porcàta s.f. **1** (*azione disonesta*) dirty trick **2** (*indecenza*) obscenity **3** (*cibo schifoso*) disgusting food **4** (*cosa fatta male*) rubbish, trash
porcellàna s.f. china, porcelain
porcellìno s.m. little pig, piglet ♦ **p. da latte** suckling-pig || **p. d'India** guinea pig
porcherìa s.f. **1** (*sudiciume*) filth, dirt **2** (*azione disonesta*) dirty trick **3** (*indecenza*) obscenity **4** (*cibo schifoso*) disgusting food **5** (*cosa fatta male*) rubbish, trash
porcìle s.m. pigsty
porcìno s.m. pore mushroom
pòrco s.m. **1** pig, swine **2** (*cuc.*) pork **3** (*spreg.*) pig
porcospìno s.m. hedgehog
pòrfido s.m. porphyry
pòrgere v.tr. to hand, to pass, to give
pòrno **A** agg. porn (*attr.*), porno (*attr.*) **B** s.m. porn, porno, pornography
pornografìa s.f. pornography
pornogràfico agg. pornographic
pòro s.m. pore
poróso agg. porous
pórpora s.f. **1** purple **2** (*med.*) purpura
pórre **A** v.tr. **1** to put, to place, (*posare*) to lay (down) **2** (*supporre*) to suppose **3** (*imporre*) to set, to put **B** v.rifl. **1** to put oneself, to place oneself **2** (*accingersi*) to set to ♦ **poniamo che...** let us suppose that...
pòrro s.m. **1** (*bot.*) leek **2** (*med.*) wart
pòrta s.f. **1** door **2** (*di città*) gate **3** (*calcio*) goal ♦ **abitare p. a p.** to live next door to || **p. blindata** armoured door || **a porte chiuse** (*dir.*) in camera
portabagàgli s.m. **1** (*facchino*) porter **2** (*autom.*) boot, (*USA*) trunk, (*sul tetto*) roof rack
portabandièra s.m. e f. standard-bearer
portàbile agg. portable
portacénere s.m. inv. ashtray
portachiàvi s.m. inv. key-ring
portacìpria s.m. inv. (powder) compact
portaèrei s.f. inv. aircraft-carrier
portafinèstra s.f. French window, French door
portafòglio s.m. **1** wallet, (*USA*) pocketbook **2** (*banca*) portfolio
portafortùna s.m. inv. **1** lucky charm **2** (*mascotte*) mascot
portàle s.m. portal
portalèttere s.m. e f. inv. postman *m.*, postwoman *f.*
portaménto s.m. bearing
portamonéte s.m. inv. (change) purse
portànte agg. (*tecnol.*) load-bearing
portantìna s.f. **1** sedan (chair) **2** (*lettiga*) stretcher
portaombrèlli s.m. inv. umbrella-stand
portapàcchi s.m. inv. carrier, rack
portàre **A** v.tr. **1** (*verso chi parla*) to bring, (*andare a prendere*) to fetch **2** (*lontano da chi parla, accompagnare*) to take **3** (*portare con fatica, d'abitudine, trasportare*) to carry **4** (*prendere con sé*) to take, to bring **5** (*indossare*) to wear **6** (*condurre*) to lead **7** (*provare, nutrire sentimenti*) to nourish, to bear **8** (*causare*) to cause, to bring about **9** (*produrre*) to bear, to bring forth, to produce **10** (*avere*) to have, to bear **11** (*sopportare*) to bear, to endure **12** (*addurre*) to adduce, to bring forward **13** (*avere una portata di*) to have a range of **B** v.rifl. e intr. pron. **1** (*spostarsi*) to move **2** (*andare*) to go, (*venire*) to come ♦ **p. avanti** to carry out, to maintain || **p. fortuna** to bring luck || **p. via** to take away
portasapóne s.m. inv. (*supporto*) soap dish, (*contenitore*) soap box
portascì s.m. inv. ski rack
portasciugamàno s.m. towel rack
portàta s.f. **1** (*di pranzo*) course **2** (*capacità di carico*) capacity, (*di nave*) tonnage **3** (*raggio d'azione*) range **4** (*di corso d'acqua*) flow, discharge, (*di pompa*) delivery capacity **5** (*importanza*) importance ♦ **a p. di mano** within reach, at hand
portàtile **A** agg. portable **B** s.m. (*inform.*) laptop
portàto agg. **1** brought, taken **2** (*incline*) inclined (ES: ***p. all'ira*** inclined to anger) ♦ **essere p. per la musica** to have a bent for music
portatóre s.m. **1** (*comm.*) bearer **2** (*med.*) carrier
portavóce s.m. e f. inv. spokesman *m.*, spokeswoman *f.*
portènto s.m. **1** portent, wonder **2** (*persona*) prodigy
porticàto s.m. arcade, porch
pòrtico s.m. porch, portico, (*porticato*) arcade
portièra s.f. **1** (*portinaia*) porter, concierge, doorkeeper **2** (*autom.*) door
portière s.m. **1** (*portinaio*) porter, concierge, doorkeeper **2** (*calcio*) goal-keeper
portinàio s.m. porter, concierge, doorkeeper
portinerìa s.f. porter's lodge
pòrto[1] s.m. port, harbour ♦ **capitano di p.** harbour master || **p. franco** free port || **p. di mare** (*fig.*) open house || **p. militare** naval port
pòrto[2] s.m. **1** (*prezzo del trasporto*) carriage, freight **2** (*licenza*) licence ♦ **p. franco** carriage free

|| **p. assegnato** carriage forward || **p. d'armi** gun licence

portoghése agg., s.m. e f. Portuguese

portolàno s.m. pilot-book

portóne s.m. main entrance

portuàle agg. port (*attr.*), harbour (*attr.*)

porzióne s.f. **1** part, portion, share **2** (*di cibo*) helping

pòsa s.f. **1** (*il porre*) laying, placing **2** (*per un ritratto*) sitting, pose **3** (*atteggiamento affettato*) pose **4** (*posizione*) posture **5** (*fot.*) exposure ♦ **teatro di p.** studio

posacénere s.m. inv. ashtray

posàre **A** v.tr. to put (down), to lay (down), to place **B** v.intr. **1** (*essere basato*) to rest, to stand **2** (*per ritratto, foto*) to pose, to sit **3** (*atteggiarsi*) to pose **C** v.rifl. e intr. pron. **1** (*di uccello, cosa*) to alight, to settle, (*appollaiarsi*) to perch **2** (*aer.*) to land **3** (*soffermarsi*) to stay

posàta s.f. (piece of) cutlery

posàto agg. composed

positivìsmo s.m. positivism

positìvo agg. positive

posizionàre v.tr. to position

posizióne s.f. position

posologìa s.f. posology, dosage

pospórre v.tr. **1** (*porre dopo*) to place after **2** (*posticipare*) to postpone

possedére v.tr. to possess, to own, to have

possediménto s.m. possession, (*proprietà immobiliare*) property, estate

possessìvo agg. possessive

possèsso s.m. **1** possession, ownership **2** (*padronanza*) mastery

possessóre s.m. possessor, owner, (*detentore*) holder

possìbile agg. possible ♦ **non è p.!** I can't believe it!

possibilìsmo s.m. possibilism

possibilità s.f. **1** possibility, opportunity, chance **2** al pl. (*mezzi*) means *pl.* ♦ **nessuna p.** not a chance

possibilménte avv. if possible

possidènte s.m. e f. property owner

pòsta s.f. **1** post, mail **2** (*ufficio*) post office **3** (*fig.*) (*al gioco*) stake ♦ **fare la p. a qc.** to waylay sb. || **per p.** by mail || **p. aerea** air mail || **p. elettronica** e-mail || **p. prioritaria** first-class mail

postàle agg. postal, post (*attr.*), mail (*attr.*) ♦ **cartolina p.** postcard || **casella p.** POB (*postal office box*) || **cassetta p.** letter box || **pacco p.** parcel

postazióne s.f. post, position

postbèllico agg. postwar (*attr.*)

postdatàre v.tr. to postdate

posteggiàre v.tr. e intr. to park

posteggiatóre s.m. car park attendant

postéggio s.m. car park, (*USA*) parking lot ♦ **p. di taxi** taxi rank, (*USA*) cab stand

poster s.m. inv. poster

posterióre agg. **1** back, rear, hind, posterior **2** (*nel tempo*) later, following

posterità s.f. posterity

postìccio agg. artificial, false

posticipàre v.tr. to postpone

postìlla s.f. (marginal) note, gloss

postìno s.m. postman

postmodèrno agg. postmodern

pósto s.m. **1** (*luogo*) place, spot **2** (*collocazione*) place **3** (*spazio*) space, room **4** (*posto a sedere*) seat **5** (*lavoro*) job, position **6** (*luogo con particolare funzione*) station, post ♦ **al p. di** instead of || **a p.** in order, tidy || **fuori p.** out of place, in the wrong place || **p. di blocco** roadblock

postulàto s.m. postulate

pòstumo **A** agg. posthumous **B** s.m. aftereffect ♦ **avere i postumi della sbornia** to have a hangover

potàbile agg. drinkable

potàre v.tr. to prune, to lop, to trim

potàssio s.m. potassium

potènte agg. **1** powerful, mighty **2** (*efficace*) potent, effective

potènza s.f. **1** power, might, (*forza*) strength **2** (*efficacia*) potency **3** (*stato*) power **4** (*mat.*) power **5** (*fis., tecnol.*) power, rating

potenziàle agg. potential

potenziàre v.tr. to strengthen, (*sviluppare*) to develop

potére[1] **A** v.serv. **1** (*avere la capacità, la forza, la facoltà di fare*) can (indicativo e congiuntivo pres.), could (indicativo e congiuntivo pass., condiz.), to be able (ES: ***posso mangiare tutto ciò che voglio*** I can eat all I like; ***ieri notte non ho potuto dormire*** yesterday night I could not sleep; ***se parlasse italiano, potrei capirlo*** if he should speak Italian, I could understand him) **2** (*avere la possibilità, il permesso di fare*) may, can (indicativo e congiuntivo pres.), might, could (condiz., indicativo pass. nel discorso ind.), to be able, to be allowed, to be permitted (ES: ***posso entrare?*** may I come in?; ***chiese se poteva vederlo*** he asked if he might (*o* could) see him) **3** (*essere probabile, possibile*) may, might, can, could, to be possible, to be likely (ES: ***potrebbe esserci un errore*** there might be a mistake; ***posso avere torto*** I may be wrong) **4** (*augurio, esortazione*) may, might, could (ES: ***potrebbe almeno rispondere!*** he could at least reply!) **B** v.tr. to have an effect

potére[2] s.m. **1** power **2** (*influenza*) influence, sway

poverìno s.m. (*sfortunato*) poor thing

pòvero **A** agg. **1** poor, needy **2** (*miserabile*) poor, unfortunate, wretched **3** (*scarso*) scanty, poor **4** (*semplice*) plain, bare **5** (*defunto*) late **B** s.m. poor man

povertà s.f. **1** poverty, indigence **2** (*scarsezza*) shortage, scarcity, lack

pozzànghera s.f. puddle

pózzo s.m. **1** well **2** (*miner.*) shaft **3** (*fig.*) mine

pragmàtico agg. pragmatic

pranzàre v.intr. to dine, to have dinner, (*a mezzo-*

giorno) to lunch, to have lunch ♦ **p. in casa/fuori** to dine in/out
pranzétto s.m. delicious meal
prànzo s.m. dinner, (*di mezzogiorno*) lunch ♦ **dopo p.** after lunch || **sala da p.** dining room
pràssi s.f. praxis, usual procedure
prateria s.f. grassland, (*USA*) prairie
pràtica s.f. **1** practice **2** (*esperienza*) experience **3** al pl. (*trattative*) negotiations **4** (*incartamento*) file, dossier ♦ **fare p.** to train, to do one's training
praticàbile agg. practicable, (*fattibile*) feasible
praticaménte avv. practically
praticànte **A** agg. practising **B** s.m. e f. apprentice
praticàre **A** v.tr. **1** (*mettere in pratica*) to practise, to put into practice **2** (*esercitare*) to practice, to follow **3** (*frequentare*) to frequent **4** (*fare*) to make, (*uno sport*) to play **B** v.intr. **1** to practise **2** (*frequentare*) to associate with
praticità s.f. practicality
pràtico agg. **1** practical **2** (*esperto*) experienced, skilled, familiar
pràto s.m. meadow, grass, (*all'inglese*) lawn
preàmbolo s.m. preamble
preannunciàre v.tr. to announce (previously)
preavvisàre v.tr. to inform in advance, to forewarn
preavvìso s.m. notice, forewarning
prebèllico agg. prewar (*attr.*)
precarietà s.f. precariousness
precàrio agg. **1** precarious **2** (*temporaneo*) temporary
precauzióne s.f. **1** precaution **2** (*cautela*) caution, care
precedènte **A** agg. preceding, previous, former **B** s.m. **1** precedent **2** al pl. record
precedènza s.f. **1** precedence, priority **2** (*di traffico*) right of way ♦ **in p.** previously
precèdere **A** v.tr. to precede, to come before **B** v.intr. to precede, to come first
precètto s.m. rule, precept
precettóre s.m. tutor
precipitàre **A** v.tr. **1** to precipitate, to throw down **2** (*affrettare*) to rush, to hasten **B** v.intr. **1** to fall, (*aer.*) to crash **2** (*evolvere negativamente*) to come to a head **C** v.intr. pron. **1** to throw oneself **2** (*affrettarsi*) to rush, to dash
precipitazióne s.f. **1** precipitation **2** (*fretta*) hastiness, rashness
precipitóso agg. **1** precipitous, headlong **2** (*avventato*) hasty, rash
precipìzio s.m. precipice ♦ **correre a p.** to run headlong
precisaménte avv. **1** precisely **2** (*esattamente*) exactly
precisàre v.tr. to specify, to tell precisely
precisazióne s.f. precise statement, precise information
precisióne s.f. **1** precision, accuracy **2** (*esattezza*) preciseness ♦ **di p.** precision (*attr.*)
precìso agg. **1** (*accurato*) careful **2** (*esatto*) precise, exact **3** (*definito*) definite, particular **4** (*identico*) identical **5** (*in punto*) sharp
preclùdere v.tr. to preclude, to bar
preclusióne s.f. preclusion
precòce agg. **1** precocious, (*anticipato*) early **2** (*prematuro*) premature
precocità s.f. precocity
precolombiàno agg. pre-Columbian
preconcètto **A** agg. preconceived **B** s.m. preconception
precórrere v.tr. to anticipate
precursóre s.m. precursor, forerunner
prèda s.f. **1** prey, quarry **2** (*bottino*) booty
predatóre **A** agg. predatory **B** s.m. (*animale*) predator
predecessóre s.m. predecessor
predèlla s.f. platform, dais, (*di altare*) predella
predellìno s.m. footboard
predestinàre v.tr. to destine, to predestinate
predestinazióne s.f. predestination
predeterminàre v.tr. to predetermine
predétto agg. above-mentioned, aforesaid
prèdica s.f. **1** sermon **2** (*ramanzina*) telling-off, lecture
predicàre v.tr. e intr. to preach
predicàto s.m. predicate
predicatóre s.m. preacher
predicazióne s.f. preaching
predilètto agg. e s.m. favourite
predilezióne s.f. fondness, partiality
predilìgere v.tr. to prefer
predìre v.tr. to foretell, to predict
predispórre **A** v.tr. **1** to predispose, to induce **2** (*preparare in anticipo*) to arrange in advance, to plan **B** v.rifl. to prepare oneself
predisposizióne s.f. **1** (*med.*) predisposition **2** (*inclinazione*) bent, gift **3** (*preparazione*) arrangement
predizióne s.f. prediction
predominànte agg. predominant, prevailing
predominàre v.intr. to predominate, to prevail
predomìnio s.m. predominance, (*supremazia*) supremacy
preesistènte agg. pre-existent
preesìstere v.intr. to pre-exist
prefabbricàto agg. prefabricated
prefazióne s.f. preface, foreword
preferènza s.f. preference
preferenziàle agg. preferential
preferìbile agg. preferable
preferibilménte avv. preferably
preferìre v.tr. to prefer, to like better
preferìto agg. favourite
prefestìvo agg. before a holiday
prefètto s.m. prefect
prefettùra s.f. prefecture

prefìggere v.tr. to fix, to establish (in advance)
prefiguràre v.tr. to prefigure
prefìsso s.m. **1** prefix **2** (*tel.*) (area) code
pregàre v.tr. **1** to pray **2** (*chiedere*) to ask, to beg ♦ **farsi p.** to wait to be asked || **si prega di attendere** please wait
pregévole agg. valuable
preghièra s.f. **1** prayer **2** (*richiesta*) request
pregiàto agg. valuable, fine, esteemed, prized
prègio s.m. **1** (*stima*) esteem, regard **2** (*valore*) value **3** (*buona qualità*) (good) quality, (*merito*) merit
pregiudicàre v.tr. to prejudice, to compromise, (*danneggiare*) to harm, to damage
pregiudicàto s.m. previous offender
pregiudìzio s.m. prejudice ♦ **avere dei pregiudizi** to be biased
pregnànte agg. pregnant
prégno agg. **1** pregnant **2** (*fig.*) full, rich
prègo inter. **1** (*rispondendo a chi ringrazia*) don't mention it!, you're welcome! **2** (*per invitare a ripetere*) pardon? **3** (*per invitare ad accomodarsi*) please **4** (*cedendo il passo*) after you **5** (*a un cliente*) may I help you?
pregustàre v.tr. to foretaste, to anticipate
preistòria s.f. prehistory
preistòrico agg. prehistoric
prelàto s.m. prelate
prelevàre v.tr. to take, to draw, (*danaro*) to withdraw
prelibàto agg. delicious
prelièvo s.m. **1** (*banca*) withdrawal **2** (*med.*) sample
preliminàre agg. e s.m. preliminary
prelùdio s.m. prelude
prematrimoniàle agg. premarital, pre-marriage (*attr.*)
prematùro **A** agg. premature **B** s.m. premature baby
premeditazióne s.f. premeditation
prèmere **A** v.tr. **1** to press **2** (*incalzare*) to bear down on **B** v.intr. **1** to press **2** (*importare*) to matter, to be of interest
preméssa s.f. introduction, preamble, premise
preméttere v.tr. **1** to state beforehand **2** (*mettere prima*) to put before, to place before ♦ **premesso che...** granted that...
premiàre v.tr. **1** to give a prize to, to award a prize to **2** (*ricompensare*) to reward, to recompense
premiazióne s.f. prize-giving
preminènte agg. pre-eminent, prominent
prèmio s.m. **1** prize, award **2** (*ricompensa*) reward **3** (*di assicurazione*) premium **4** (*indennità*) bonus ♦ **a premi** prize-winning || **p. Nobel** Nobel prize
premistóppa s.m. inv. stuffing box
premonitóre agg. premonitory
premunìre **A** v.tr. **1** to fortify **2** (*fig.*) to protect, to preserve **B** v.rifl. **1** to protect oneself **2** (*munirsi*) to provide oneself
premùra s.f. **1** (*sollecitudine*) care **2** (*gentilezza*) kindness **3** (*fretta*) hurry, haste
premuróso agg. solicitous
prenatàle agg. antenatal, prenatal
prèndere **A** v.tr. **1** to take, (*acchiappare*) to catch, (*afferrare*) to seize **2** (*assumere*) to take over, to assume, (*personale*) to employ, to engage **3** (*ottenere, guadagnare*) to get, to earn **4** (*sorprendere*) to catch, to take **5** (*comprare*) to buy, (*far pagare*) to charge **6** (*occupare*) to take up **7** (*una malattia*) to catch, to get **B** v.intr. **1** to take **2** (*attecchire*) to take root **3** (*far presa*) to set ♦ **prendersela** to get offended
prenotàre v.tr. to book, to reserve ♦ **p. una stanza in un albergo** to book a room at a hotel || **p. un posto in treno** to book a seat on a train
prenotazióne s.f. booking, reservation ♦ **annullare una p.** to cancel a booking
preoccupànte agg. worrisome, alarming
preoccupàre **A** v.tr. to worry, to trouble **B** v.intr. pron. **1** to worry, to be troubled **2** (*occuparsi*) to make sure
preoccupàto agg. worried, troubled
preoccupazióne s.f. worry, care
preparàre **A** v.tr. to prepare, to make ready, (*predisporre*) to arrange **B** v.rifl. **1** to prepare oneself, to get ready **2** (*accingersi*) to be about to **C** v.intr. pron. (*essere prossimo*) to be in store ♦ **p. la tavola** to lay the table
preparatìvo s.m. preparation
preparazióne s.f. **1** preparation **2** (*esperienza*) qualification **3** (*sport*) training
preponderànte agg. preponderant, predominant
prepórre v.tr. **1** to place before **2** (*mettere a capo*) to put at the head of, to put in charge
preposizióne s.f. preposition
prepotènte agg. bossy, overbearing
prepotènza s.f. **1** bossiness, overbearingness **2** (*comportamento*) overbearing behaviour
prerogatìva s.f. **1** prerogative, privilege **2** (*peculiarità*) quality, property
présa s.f. **1** taking **2** (*cattura*) seizure, capture **3** (*stretta*) hold **4** (*pizzico*) pinch **5** (*d'acqua, d'aria*) intake **6** (*elettr.*) tap, socket ♦ **far p.** to hold, to get a grip, (*di cemento*) to set || **macchina da p.** movie camera || **p. di posizione** stand || **p. in giro** joke || **essere alle prese con** to be up against
presàgio s.m. presage, omen
presagìre v.tr. **1** (*prevedere*) to foresee, to predict **2** (*essere presagio di*) to forebode
prèsbite agg. long-sighted, (*USA*) far-sighted
presbiteriàno agg. e s.m. Presbyterian
presbitèrio s.m. presbytery
prescégliere v.tr. to select, to choose
prescìndere v.intr. to leave aside ♦ **a p. da ciò** apart from this
prescrìvere v.tr. to prescribe

prescrizióne s.f. **1** (*dir., med.*) prescription **2** (*precetto*) precept, regulation
presentàbile agg. presentable
presentàre **A** v.tr. **1** (*mostrare*) to present, to show, (*esibire*) to produce **2** (*inoltrare*) to put in, to present, (*proporre*) to propose **3** (*offrire, porgere*) to present, to offer **4** (*far conoscere*) to introduce, to present **5** (*uno spettacolo*) to present **B** v.rifl. **1** to present oneself **2** (*farsi conoscere*) to introduce oneself **C** v.intr. pron. **1** (*offrirsi*) to arise, (*capitare*) to occur **2** (*sembrare*) to seem, to appear
presentatóre s.m. presenter, anchorperson
presentazióne s.f. **1** presentation **2** (*il far conoscere una persona a un'altra*) introduction
presènte[1] **A** agg. **1** present **2** (*attuale*) present, current **3** (*questo*) this **B** s.m. **1** (*tempo*) present (time) **2** (*gramm.*) present (tense) **3** al pl. those present ♦ **avere p.** to know, to remember || **fare p.** to point out || **tenere p.** to keep in mind
presènte[2] s.m. (*dono*) present, gift
presentiménto s.m. foreboding, presentiment
presènza s.f. **1** presence **2** (*frequenza*) attendance
presenziàre v.tr. e intr. to be present (at)
presèpe s.m. crib, nativity scene, (*USA*) crèche
presèpio s.m. crib, nativity scene, (*USA*) crèche
preservàre v.tr. to preserve, to keep
preservativo **A** agg. preservative **B** s.m. condom
prèside s.m. e f. head (master), (*di facoltà*) dean, (*USA*) principal
presidènte s.m. president, (*di assemblea*) chairman
presidènza s.f. presidency, (*di assemblea*) chairmanship
presidenziàle agg. presidential
presidiàre v.tr. **1** (*mil.*) to garrison **2** (*est.*) to protect, to guard
presìdio s.m. **1** (*mil.*) garrison **2** (*salvaguardia*) protection, defence **3** (*med.*) aid
presièdere v.tr. e intr. to preside, to be at the head of, to act as chairman of
prèssa s.f. press
pressappochìsmo s.m. inaccuracy
pressappòco avv. about, more or less
pressàre v.tr. to press
pressióne s.f. pressure ♦ **p. del sangue** blood pressure || **pentola a p.** pressure cooker
prèsso **A** avv. nearby, near, close (at hand) **B** prep. **1** (*vicino a*) near, not far from **2** (*accanto, a fianco*) beside, next to, by **3** (*a casa di, da*) with, in, at, (*negli indirizzi*) c/o (*care of*) **4** (*fra*) among, with **C** s.m. al pl. (*vicinanze*) neighbourhood, (*dintorni*) outskirts *pl.*
pressoché avv. almost, nearly, all but, practically
pressurizzàre v.tr. to pressurize
prestabilìre v.tr. to arrange beforehand, to fix
prestànte agg. good-looking, handsome, (*robusto*) strapping
prestàre **A** v.tr. **1** (*dare in prestito*) to lend **2** (*dare*) to give **B** v.rifl. **1** (*essere disponibile*) to lend oneself, (*rendersi utile*) to help **2** (*acconsentire*) to consent **C** v.intr. pron. (*essere adatto*) to be fit
prestazióne s.f. performance
prestigiatóre s.m. conjurer
prestìgio s.m. **1** (*influenza*) prestige **2** (*fascino*) glamour **3** (*prestidigitazione*) sleight-of-hand ♦ **giochi di p.** conjuring tricks
prestigióso agg. prestigious
prèstito s.m. loan ♦ **dare in p.** to lend || **prendere in p.** to borrow
prèsto avv. **1** (*in breve tempo*) soon, in a short time, before long **2** (*di buon'ora*) early **3** (*in fretta*) quickly ♦ **p.!** quick!, hurry up! || **p. o tardi** sooner or later || **al più p.** as soon as possible
presùmere v.tr. to presume, to think
presuntuóso agg. presumptuous, conceited
presunzióne s.f. **1** (*supposizione*) presumption **2** (*boria*) conceit
presuppórre v.tr. **1** to presuppose **2** (*supporre*) to suppose, to assume
presuppósto s.m. **1** (*premessa*) assumption **2** (*condizione necessaria*) presupposition, requirement
prète s.m. priest
pretendènte s.m. e f. **1** pretender **2** (*corteggiatore*) suitor
pretèndere **A** v.tr. **1** to claim, to pretend **2** (*esigere*) to expect, to require **B** v.intr. to pretend
pretenzióso agg. pretentious
pretésa s.f. **1** pretension, claim **2** (*richiesta*) claim, demand ♦ **senza pretese** unpretentious
pretèsto s.m. **1** pretext **2** (*occasione*) occasion, opportunity
pretóre s.m. lower Court judge
pretùra s.f. magistrate's court
prevalènte agg. prevalent, prevailing
prevalènza s.f. prevalence, priority
prevalére v.intr. **1** to prevail **2** (*essere in numero superiore*) to outnumber
prevaricàre v.intr. to abuse (one's office)
prevedére v.tr. **1** to foresee, to foretell, to anticipate, (*di tempo atmosferico*) to forecast **2** (*stabilire*) to provide (for)
prevedìbile agg. predictable
prevenìre v.tr. **1** (*precedere*) to precede, to arrive before, (*anticipare*) to anticipate, to forestall **2** (*cercare di evitare*) to prevent **3** (*preavvertire*) to inform, to forewarn **4** (*influenzare negativamente*) to prejudice
preventìvo **A** agg. **1** preventive **2** (*econ.*) estimated **B** s.m. estimate, budget
prevenùto agg. prejudiced
prevenzióne s.f. **1** prevention **2** (*pregiudizio*) prejudice, bias
previdènte agg. provident, wise
previdènza s.f. providence ♦ **p. sociale** social security

previsióne s.f. forecast, prevision, expectation ♦ **previsioni del tempo** weather forecast
prevìsto agg. forseen ♦ **arrivare prima del p.** to arrive before expected
preziosìsmo s.m. preciosity
prezióso agg. precious
prezzémolo s.m. parsley ♦ **essere come il p.** to turn up everywhere
prèzzo s.m. price, (*costo*) cost, (*tariffa*) rate, fee
prigióne s.f. **1** prison, jail **2** (*pena*) imprisonment ♦ **in p.** behind bars
prigionìa s.f. imprisonment
prigionièro **A** agg. imprisoned **B** s.m. prisoner
prìma[1] avv. **1** (*nel tempo*) before **2** (*in anticipo*) beforehand, in advance **3** (*più presto*) earlier, sooner **4** (*un tempo*) formerly, once **5** (*per prima cosa*) first, (*in primo luogo*) first of all **6** (*nello spazio*) first, before ♦ **p. di** before, ahead of
prìma[2] s.f. **1** (*prima classe*) first class **2** (*teatro*) first night, (*cin.*) première **3** (*autom.*) first gear **4** (*sport*) basic position
primàrio **A** agg. **1** primary **2** (*principale*) main, leading **B** s.m. head physician
primàte s.m. primate
primàto s.m. **1** primacy, supremacy **2** (*sport*) record
primavèra s.f. spring
primaverìle agg. spring (*attr.*)
primeggiàre v.intr. to excel
primitivìsmo s.m. primitivism
primitìvo agg. **1** primitive **2** (*precedente*) original
primìzia s.f. firstling
prìmo **A** agg. num. ord. **1** first **2** (*principale*) main, principal, chief **3** (*iniziale*) early, first **4** (*prossimo*) next **B** s.m. **1** (the) first, (*fra due*) the former **2** (*il migliore*) (the) best, (the) top **3** (*primo piatto*) first course **4** (*minuto primo*) minute ♦ **prima serata** prime time || **prima pagina** front page || **p. ministro** prime minister
primogènito agg. e s.m. first-born
primordiàle agg. **1** primordial **2** (*est.*) early
prìmula s.f. primula, primrose
principàle **A** agg. principal, chief, main **B** s.m. master, manager
principalménte avv. principally, chiefly, mainly
principàto s.m. principality
prìncipe s.m. prince ♦ **p. azzurro** prince charming
principéssa s.f. princess
principiànte s.m. e f. beginner
princìpio s.m. **1** (*inizio*) beginning **2** (*norma*) principle **3** al pl. (*rudimenti*) principles *pl.* **4** (*origine, causa*) origin, cause **5** (*chim.*) principle
prióre s.m. prior
priorità s.f. priority
prioritàrio agg. priority (*attr.*), prior
prìsma s.m. prism
privacy s.f. inv. privacy
privàre **A** v.tr. to deprive **B** v.rifl. to deprive oneself, (*negarsi*) to deny oneself
privataménte avv. in private
privàto **A** agg. **1** private **2** (*privo*) deprived, bereft **B** s.m. private person
privazióne s.f. **1** (*il privare*) deprivation **2** (*perdita*) loss **3** (*disagio*) hardship, privation
privilegiàre v.tr. to favour
privilègio s.m. **1** privilege **2** (*onore*) honour
prìvo agg. deprived (of), devoid (of), (*mancante*) lacking (in)
prò[1] prep. for, for the benefit of
prò[2] s.m. advantage, benefit ♦ **i p. e i contro** the pros and cons
probàbile agg. probable, likely
probabilità s.f. probability, chance
probabilménte avv. probably, likely
problèma s.m. problem, trouble
problemàtica s.f. problems *pl.*
problemàtico agg. problematic
probòscide s.f. trunk
procacciàre v.tr. to procure, to get
procèdere v.intr. **1** to proceed, to go on, to advance **2** (*accingersi*) to start **3** (*comportarsi*) to behave, (*trattare*) to deal
procediménto s.m. **1** (*corso*) course **2** (*metodo*) process, procedure **3** (*dir.*) proceedings *pl.*
procedùra s.f. procedure
processàre v.tr. to try
processióne s.f. procession
procèsso s.m. **1** (*dir.*) trial, action, proceedings *pl.* **2** (*fase, metodo*) process
processóre s.m. processor
procióne s.m. racoon
proclàma s.m. proclamation
proclamàre v.tr. to proclaim
proclamazióne s.f. proclamation, declaration
procreàre v.tr. to procreate, to beget
procùra s.f. **1** proxy **2** (*ufficio*) attorney's office ♦ **per p.** by proxy
procuràre v.tr. **1** to procure, to get, to obtain **2** (*causare*) to cause, to bring about **3** (*fare in modo che*) to see to
procuratóre s.m. **1** proxy **2** (*dir.*) attorney
prodézza s.f. feat, exploit
prodigalità s.f. prodigality, extravagance
prodigàre **A** v.tr. to lavish **B** v.rifl. to do all one can
prodìgio s.m. prodigy, marvel, wonder
prodigióso agg. prodigious, portentous, wonderful
pròdigo agg. prodigal, extravagant
prodótto s.m. product, (*produzione*) produce
prodùrre **A** v.tr. **1** (*generare*) to produce, to yield, to bear **2** (*fabbricare*) to produce, to make **3** (*causare*) to cause **B** v.rifl. to appear **C** v.intr. pron. to happen, to occur
produttività s.f. productivity
produttìvo agg. productive
produttóre s.m. producer
produzióne s.f. production

profanàre v.tr. to profane
profanatóre **A** agg. profanatory **B** s.m. profaner
profàno **A** agg. **1** (*non sacro*) profane, secular **2** (*inesperto*) ignorant **B** s.m. layman
proferìre v.tr. to utter
professàre **A** v.tr. **1** to profess, to declare **2** (*esercitare*) to practise **B** v.rifl. to profess oneself
professionàle agg. professional, (*derivante da professione*) occupational
professióne s.f. profession ♦ **di p.** professional
professionìsmo s.m. professionalism
professionìsta s.m. e f. professional
professóre s.m. teacher, (*di università*) professor
profèta s.m. prophet
profètico agg. prophetic(al)
profezìa s.f. prophecy
profìcuo agg. profitable
profilàre **A** v.tr. **1** to profile **2** (*orlare*) to border, to edge **B** v.intr. pron. **1** to be outlined **2** (*fig.*) to loom up
profilàssi s.f. prophylaxis
profilàttico **A** agg. prophylactic **B** s.m. condom
profìlo s.m. **1** (*del volto*) profile **2** (*linea di contorno*) outline **3** (*scient.*) profile **4** (*descrizione*) sketch ♦ **di p.** in profile
profittàre v.tr. to profit, to take advantage
profìtto s.m. **1** profit, benefit, advantage **2** (*econ.*) profit, gain
profondìmetro s.m. depth-gauge
profondità s.f. depth ♦ **in p.** deeply
profóndo agg. deep, profound
pròfugo agg. e s.m. refugee
profumàre **A** v.tr. to perfume, to scent **B** v.intr. to smell, to be fragrant **C** v.rifl. to put on scent, to perfume oneself
profumataménte avv. profusely, (*a caro prezzo*) dearly
profumàto agg. scented, fragrant
profumerìa s.f. **1** perfumery **2** (*negozio*) perfume shop
profùmo s.m. perfume, scent, fragrance
profusióne s.f. profusion
progenitóre s.m. progenitor, ancestor
progettàre v.tr. **1** to plan **2** (*fare il progetto*) to plan, to design
progettazióne s.f. design
progettìsta s.m. e f. planner, designer
progètto s.m. plan, project, design
prògnosi s.f. prognosis
progràmma s.m. **1** programme, (*USA*) program, plan **2** (*scolastico*) syllabus, programme **3** (*inform.*) program
programmàre v.tr. **1** to plan, to programme, (*USA*) to program **2** (*inform.*) to program
programmatóre s.m. programmer
programmazióne s.f. programming, planning
progredìre v.intr. **1** to advance **2** (*fare progressi*) to progress, to make progress, to get on **3** (*migliorare*) to improve
progressióne s.f. progression
progressìsta agg., s.m. e f. progressive
progressivaménte avv. progressively
progressìvo agg. progressive
progrèsso s.m. progress, (*sviluppo*) development
proibìre v.tr. **1** to forbid, to prohibit **2** (*impedire*) to prevent
proibitìvo agg. prohibitive
proibìto agg. forbidden, prohibited
proibizióne s.f. prohibition
proiettàre v.tr. **1** to project, to cast, to throw **2** (*geom.*) to project **3** (*film*) to show
proièttile s.m. bullet, shell
proiettóre s.m. **1** (*sorgente luminosa*) searchlight, floodlight **2** (*autom.*) light **3** (*fot., cin.*) projector
proiezióne s.f. projection
pròle s.f. children *pl.*
proletàrio agg. e s.m. proletarian
proliferàre v.intr. to proliferate
prolìfico agg. prolific
prolìsso agg. prolix, verbose
pròlogo s.m. prologue
prolùnga s.f. extension
prolungaménto s.m. prolongation, extension
prolungàre **A** v.tr. **1** to prolong, to extend **2** (*prorogare*) to delay **B** v.intr. pron. **1** to extend, to continue **2** (*dilungarsi*) to dwell
promemòria s.m. inv. memorandum, memo
proméssa s.f. promise
prométtere v.tr. e intr. to promise
prominènte agg. prominent
promiscuità s.f. promiscuity
promìscuo agg. promiscuous, mixed
promontòrio s.m. promontory, headland
promòsso agg. **1** promoted **2** (*a scuola*) successful
promotóre s.m. promoter
promozionàle agg. promotion (*attr.*), promotional
promozióne s.f. **1** promotion **2** (*comm.*) special offer
promulgàre v.tr. to promulgate
promuòvere v.tr. **1** to promote **2** (*uno studente*) to pass
prònao s.m. pronaos
pronipóte s.m. e f. **1** (*di bisnonno*) great grandchild, (*di prozio*) grandnephew *m.*, grandniece *f.* **2** al pl. (*discendenti*) descendants
pronóme s.m. pronoun
pronosticàre v.tr. to forecast, to prognosticate
pronòstico s.m. forecast, prediction
prontaménte avv. readily, quickly
prontézza s.f. readiness, quickness
prónto agg. **1** ready, prepared **2** (*svelto*) prompt, quick, ready **3** (*incline*) inclined ♦ **p.!** (*al telefono*) hello! || **p. soccorso** first aid
prontuàrio s.m. manual, handbook

pronùncia s.f. pronunciation
pronunciàre **A** v.tr. **1** to pronounce, (*proferire*) to utter **2** (*dire*) to say, (*recitare*) to deliver **B** v.intr. pron. to pronounce, to declare one's opinion
pronunciàto agg. pronounced, (*spiccato*) strong
propagànda s.f. propaganda, (*pubblicità*) advertising
propagàre v.tr. e intr. pron. to propagate, to spread
propàggine s.f. **1** layer **2** (*diramazione*) offshoot
propèndere v.intr. to incline, to be inclined, to tend
propensióne s.f. propensity, propension, inclination
propènso agg. disposed, inclined
propilèo s.m. propylaeum
propinàre v.tr. to administer, (*cibo*) to dish up
propiziàre v.tr. to propitiate, to concile
propìzio agg. propitious
proponìbile agg. proposable
propórre v.tr. **1** to propose, (*suggerire*) to suggest **2** (*decidere*) to decide, to set **3** (*offrire*) to offer
proporzionàle agg. proportional
proporzionàre v.tr. to proportion
proporzióne s.f. **1** proportion, (*rapporto*) ratio **2** (*dimensione*) dimension, size
propòsito s.m. **1** purpose, intention, design **2** (*argomento*) subject ♦ **a p.** by the way || **capitare a p.** to come at the right time || **a p. di** with regard to
proposizióne s.f. clause
propósta s.f. proposal, (*offerta*) offer
proprietà s.f. **1** property, ownership **2** (*possedimento*) property, estate **3** (*caratteristica*) property, characteristic **4** (*i proprietari*) owners *pl.*
proprietàrio **A** agg. proprietary **B** s.m. owner, (*terriero*) landowner
pròprio **A** agg. **1** (*possessivo*) one's (own), (*di lui*) his (own), (*di lei*) her (own), (*di cosa o animale*) its (own), (*di loro*) their (own) **2** (*caratteristico*) characteristic, particular, typical **3** (*appropriato, conveniente*) appropriate, suitable **4** (*letterale*) literal, exact **5** (*gramm., mat.*) proper **B** pron. poss. one's (own), (*di lui*) his (own), (*di lei*) hers, her (own), (*di cosa o animale*) its (own), (*di loro*) theirs, their (own) **C** s.m. one's own **D** avv. **1** (*davvero*) really, quite **2** (*precisamente*) just, exactly **3** (*affatto, in frasi neg.*) at all ♦ **mettersi in p.** to start business on one's own
propulsióne s.f. propulsion
pròroga s.f. **1** extension, delay **2** (*rinvio*) adjournment
prorogàre v.tr. **1** to extend, to prolong **2** (*rinviare*) to postpone, to delay
prorómpere v.intr. to burst (out)
pròsa s.f. **1** prose **2** (*opera in prosa*) prose work **3** (*teatro*) drama
prosàico agg. prosaic
prosciògliere v.tr. to release, to absolve
prosciugàre **A** v.tr. **1** to dry up, to drain **2** (*fig.*) to exhaust **B** v.intr. to dry up
prosciùtto s.m. ham
prosecuzióne s.f. prosecution, continuation
proseguiménto s.m. continuation
proseguìre **A** v.tr. to continue, to carry on **B** v.intr. to continue, to go on, to pursue
prosperàre v.intr. to prosper, to flourish, to boom
prosperità s.f. prosperity, affluence
pròspero agg. prosperous, flourishing
prosperóso agg. prosperous, flourishing
prospettàre **A** v.tr. to show, to point out **B** v.intr. pron. to appear, to be in sight
prospèttico agg. perspective
prospettìva s.f. **1** perspective **2** (*possibilità*) prospect
prospètto s.m. **1** (*facciata*) front **2** (*tabella*) table, (*riassunto*) list, scheme
prospiciènte agg. facing, overlooking
prossimaménte avv. in a short time, before long ♦ **p. su questi schermi** coming soon
prossimità s.f. closeness, proximity ♦ **in p. di** close to
pròssimo **A** agg. **1** (*molto vicino*) near, close, at hand (*pred.*) **2** (*successivo*) next **B** s.m. neighbour
pròstilo s.m. prostyle
prostituìre **A** v.tr. to prostitute **B** v.rifl. to prostitute oneself, to sell oneself
prostitùta s.f. prostitute
prostituzióne s.f. prostitution
prostràre **A** v.tr. to prostrate, to exhaust **B** v.rifl. to prostrate oneself
protagonìsta s.m. e f. **1** protagonist **2** (*attore*) leading actor
protèggere **A** v.tr. **1** to protect, to shield, to shelter, to take care of **2** (*favorire*) to favour, to promote **B** v.rifl. to protect oneself
proteìna s.f. protein
protèndere **A** v.tr. to stretch out, to hold out **B** v.rifl. e intr. pron. to stretch out, to lean forward
pròtesi s.f. (*med.*) prosthesis ♦ **p. dentaria** dental prosthesis
protèsta s.f. protest
protestànte agg. e s.m. Protestant
protestantésimo s.m. Protestantism
protestàre v.tr. e intr. to protest
protettìvo agg. protective
protètto **A** agg. protected **B** s.m. protégé
protettóre s.m. protector, patron
protezióne s.f. **1** protection **2** (*patrocinio*) patronage
protezionìsmo s.m. protectionism
protocollàre agg. protocol (*attr.*)
protocòllo s.m. **1** protocol **2** (*registro*) record, register ♦ **foglio p.** sheet of foolscap
protòtipo s.m. prototype
protràrre **A** v.tr. **1** to prolong, to extend **2** (*differire*) to postpone, to defer **B** v.intr. pron. to continue
protuberànza s.f. protuberance
pròva s.f. **1** (*esperimento, controllo*) trial, test **2** (*di-

mostrazione) proof, (*elemento di prova*) evidence **3** (*tentativo*) try **4** (*risultato*) result **5** (*di abito*) fitting **6** (*teatro*) rehearsal ♦ **a p. di** -proof || **mettere alla p.** to try

provàre **A** **v.tr.** **1** (*dimostrare*) to prove, to demonstrate, to show **2** (*tentare*) to try, (*sperimentare*) to experience **3** (*sentire*) to feel **4** (*mettere alla prova*) to try, to test **5** (*un vestito*) to try on **6** (*teatro*) to rehearse **7** (*assaggiare*) to taste **B** **v.intr. pron.** to try, to attempt

provàto **agg.** **1** (*sperimentato*) tested **2** (*stremato*) weary

proveniènza **s.f.** **1** origin, provenance **2** (*fonte*) source

provenìre **v.intr.** **1** to come **2** (*avere origine*) to derive, to originate

provènto **s.m.** proceeds *pl.*, income

provenzàle **agg.** Provençal

proverbiàle **s.m.** **1** proverbial **2** (*notorio*) notorious

provèrbio **s.m.** proverb, saying

provétta **s.f.** test tube

provider **s.m. inv.** provider

provìncia **s.f.** province, district

provinciàle **agg., s.m. e f.** provincial

provincialìsmo **s.m.** provincialism

provocànte **agg.** suggestive

provocàre **v.tr.** **1** to provoke **2** (*suscitare*) to cause, to induce

provocatòrio **agg.** provocative

provocazióne **s.f.** provocation

provvedére **A** **v.tr.** **1** (*fornire*) to provide, to supply **2** (*disporre*) to prepare, to get ready **B** **v.intr.** **1** to provide (for), to arrange for **2** (*prendersi cura*) to take care of **C** **v.rifl.** to provide oneself

provvediménto **s.m.** measure, action, provision

provvidènza **s.f.** providence

provvidenziàle **agg.** providential

provvigióne **s.f.** commission

provvisòrio **agg.** provisional, temporary

provvìsta **s.f.** provision, supply

prùa **s.f.** bow

prudènte **agg.** prudent, cautious

prudènza **s.f.** prudence, caution

prùdere **v.intr.** to itch, to be itchy

prùgna **s.f.** plum ♦ **p. secca** prune

prùno **s.m.** blackthorn

pruriginóso **agg.** itchy

prurìto **s.m.** itch

pseudònimo **s.m.** pseudonym, (*di scrittore*) pen name

psìche **s.f.** psyche

psichiàtra **s.m. e f.** psychiatrist

psichiatrìa **s.f.** psychiatry

psichiàtrico **agg.** psychiatric

psìchico **agg.** psychic(al), mental

psicoanàlisi **s.f.** psychoanalysis

psicoanalìsta **s.m. e f.** psychoanalyst

psicofàrmaco **s.m.** psychotropic drug

psicologìa **s.f.** psychology

psicologicaménte **avv.** psychologically

psicològico **agg.** psychological

psicòlogo **s.m.** psychologist

psicòsi **s.f.** psychosis

pubblicàre **v.tr.** to publish, to issue

pubblicazióne **s.f.** **1** publication, issue **2** **al pl.** (*di matrimonio*) banns *pl.*, (*USA*) marriage license

pubblicità **s.f.** **1** publicity **2** (*propaganda commerciale*) advertising

pubblicitàrio **agg.** advertising ♦ **annuncio p.** ad, commercial || **spazio p.** spot

pubblicizzàre **v.tr.** to publicize, to advertise

pùbblico **A** **agg.** public, (*dello stato*) state (*attr.*) **B** **s.m.** **1** public **2** (*uditorio*) audience **3** (*vita pubblica*) public life

pùbe **s.m.** pubis

pubertà **s.f.** puberty

pudìco **agg.** modest, (*spreg.*) prudish

pudóre **s.m.** **1** modesty, decency **2** (*vergogna*) shame

puericultùra **s.f.** puericulture

puerìle **agg.** childish

pugilàto **s.m.** boxing

pùgile **s.m.** boxer

pugnalàre **v.tr.** to stab

pugnalàta **s.f.** **1** stabbing **2** (*fig.*) blow, shock ♦ **è stata un p. alle spalle** (*fig.*) it was a stab in the back

pugnàle **s.m.** dagger

pùgno **s.m.** **1** fist **2** (*colpo*) punch, blow **3** (*manciata*) fistful, handful ♦ **avere in p.** to have in one's power || **fare a pugni** to fight || **prendere a pugni qc.** to punch sb.

pùlce **s.f.** flea

pulcìno **s.m.** chick

pulédro **s.m.** colt

puléggia **s.f.** pulley

pulìre **v.tr.** to clean

pulìta **s.f.** quick clean, cleaning

pulìto **agg.** **1** clean **2** (*fig.*) clear, honest

pulizìa **s.f.** **1** (*il pulire*) cleaning **2** (*l'essere pulito*) cleanliness, cleanness ♦ **p. del viso** face cleansing

pùllman **s.m. inv.** coach

pullòver **s.m. inv.** pullover

pullulàre **v.intr.** **1** to spring up **2** (*essere gremito*) to swarm, to teem

pulmìno **s.m.** minibus

pùlpito **s.m.** pulpit

pulsànte **A** **agg.** pulsating **B** **s.m.** (push)button

pulsàre **v.intr.** to pulsate, to beat

pulsazióne **s.f.** pulsation, beat

pulvìscolo **s.m.** (fine) dust ♦ **p. atmosferico** atmospheric motes, atmospheric dust

pùma **s.m.** puma

pungènte **agg.** **1** prickly **2** (*fig.*) biting, sharp

pùngere **v.tr.** to prick, to sting

pungiglióne s.f. sting
punìre s.f. to punish
punitìvo agg. punitive
punizióne s.f. **1** punishment **2** (*sport*) (*nel calcio*) free kick, (*nel rugby*) penalty
pùnta s.f. **1** point **2** (*estremità*) tip, end **3** (*cima*) top, peak **4** (*promontorio*) cape, headland **5** (*di trapano*) drill **6** (*massima intensità*) peak **7** (*piccola quantità*) touch, pinch ♦ **camminare in p. di piedi** to tiptoe
puntàle s.m. ferrule
puntàre **A** v.tr. **1** (*dirigere*) to point, to direct **2** (*mirare*) to point, to aim **3** (*poggiare, spingere*) to put, to push **4** (*scommettere*) to bet, to wager **5** (*di cane*) to set, to point **6** (*guardare fissamente*) to stare at **7** (*la sveglia*) to set **B** v.intr. **1** (*dirigersi*) to head **2** (*aspirare a*) to aim **3** (*fare assegnamento*) to count (on)
puntàta[1] s.f. **1** (*somma scommessa*) bet, stake **2** (*breve visita*) flying visit
puntàta[2] s.f. (*di scritto*) instalment, (*tv, radio*) episode ♦ **romanzo a puntate** serial
puntatóre s.m. pointer
punteggiatùra s.f. punctuation
puntéggio s.m. score
puntellàre v.tr. **1** to prop (up) **2** (*fig.*) to back up, to support
puntèllo s.m. prop, support
puntìglio s.m. stubbornness ♦ **per p.** out of pique
puntiglióso agg. stubborn, obstinate
puntìna s.f. **1** (*da disegno*) drawing pin **2** (*mecc.*) point
puntìno s.m. dot ♦ **a p.** properly, perfectly
pùnto s.m. **1** point **2** (*cucito, maglia*) stitch **3** (*macchiolina*) dot **4** (*segno d'interpunzione*) full stop ♦ **due punti** colon || **mettere a p.** to set up, to adjust, to tune up || **p. e virgola** semicolon
puntuàle agg. **1** punctual, on time (*pred.*) **2** (*accurato*) precise, careful
puntualità s.f. **1** punctuality **2** (*precisione*) precision
puntùra s.f. **1** (*di ago, spina*) prick, (*di insetto*) sting, bite **2** (*iniezione*) injection, shot (*fam.*)
punzecchiàre **A** v.tr. **1** to sting, to bite **2** (*stuzzicare*) to tease **B** v.rifl. rec. to tease each other
pupàzzo s.m. puppet
pupìlla s.f. **1** pupil **2** (*fig.*) apple (of one's eye)
pupìllo s.m. **1** (*dir.*) ward **2** (*favorito*) favourite
puraménte avv. **1** purely, merely **2** (*solamente*) just, only
purché cong. provided (that), on condition that, as long as
pùre **A** avv. **1** also, too, as well, (*perfino*) even **2** (*concessivo*) please, as you like, certainly **B** cong. **1** (*anche se*) even if, (*sebbene*) even though **2** (*tuttavia, eppure*) but, yet ♦ **entra p.!** please come in! || **pur di** just to
purè s.m. mash, purée ♦ **p. di patate** mashed potatoes
purézza s.f. purity
pùrga s.f. **1** laxative **2** (*fig.*) purge
purgànte agg. e s.m. laxative
purgàre v.tr. **1** to give a laxative to **2** (*purificare*) to purge, to purify **3** (*espurgare*) to expurgate
purgatìvo agg. laxative
purgatòrio s.m. purgatory
purificàre v.tr. to purify
purìsmo s.m. purism
puritanésimo s.m. Puritanism
puritàno agg. e s.m. Puritan
pùro agg. **1** pure **2** (*semplice*) sheer, mere ♦ **per p. caso** by mere chance
purtròppo avv. unfortunately
pus s.m. inv. pus
push-up s.m. inv. push-up bra
pùstola s.f. pustule
putifèrio s.m. row, mess
putrefàre v.intr. e intr. pron. to putrefy, to go bad, to decompose, to rot
putrefazióne s.f. putrefaction, rot, corruption
pùtrido agg. rotten, putrid
puttàna s.f. whore
pùtto s.m. putto
pùzza s.f. stench, stink, bad smell
puzzàre v.intr. to stink, to smell bad
pùzzo s.m. stench, stink, bad smell
pùzzola s.f. polecat
puzzolènte agg. stinking, bad-smelling
PVC s.m. PVC

q, Q

qua avv. here ♦ **al di q. di** on this side of || **eccomi q.** here I am || **q. e là** here and there || **q. fuori** out here
quàcchero agg. e s.m. Quaker
quadèrno s.m. exercise-book, copy-book ♦ **q. ad anelli** ring binder
quadrangolàre agg. quadrangular
quadrànte s.m. quadrant, (*di orologio*) dial
quadràre **A** v.tr. **1** to square **2** (*i conti*) to balance **B** v.intr. **1** (*essere esatto*) to balance **2** (*essere pertinente*) to fit, to suit
quadràto **A** agg. **1** square **2** (*fig.*) well-balanced, sound **B** s.m. **1** square **2** (*box*) ring
quadrétto s.m. **1** small square, small check **2** (*scenetta*) scene ♦ **a quadretti** (*di carta*) squared, graph (*attr.*), (*di stoffa*) check(ed), checkered
quadricromìa s.f. four-colour process
quadriennàle agg. **1** quadriennial, four-year (*attr.*) **2** (*che si svolge ogni 4 anni*) quadriennial, four-yearly (*attr.*)
quadrifòglio s.m. four-leaved clover
quadrimestràle agg. **1** four-monthly (*attr.*) **2** (*che si compie ogni quadrimestre*) quarterly
quadrimèstre s.m. period of four months
quadrimotóre s.m. four-engined aircraft
quàdro¹ agg. square
quàdro² s.m. **1** (*pittura*) picture, painting **2** (*descrizione*) picture, description, outline **3** (*vista, spettacolo*) sight, scene **4** (*quadrato*) square **5** (*tabella*) table **6** (*tecnol.*) board, panel **7** al pl. (*mil., pol.*) cadre, (*d'azienda*) management **8** al pl. (*carte da gioco*) diamonds *pl.*
quadrùpede agg. e s.m. quadruped
quadruplicàre v.tr. e intr. pron. to quadruple
quàdruplo agg. e s.m. quadruple
quaggiù avv. down here
quàglia s.f. quail
qualche agg. indef. **1** a few, some, (*in frasi interr.*) any **2** (*un certo*) some, a certain amount of **3** (*quale che sia*) some, (*in frasi interr.*) any ♦ **da q. parte** somewhere, anywhere || **fra q. minuto** in a few minutes || **in q. modo** somehow or other || **q. altro** some other, any other, (*in più*) some more, any more || **q. volta** sometimes
qualcòsa pron. indef. **1** (*in frasi afferm. o interr. con valore positivo*) something **2** (*in frasi neg. e dubit.*) anything
qualcùno **A** pron. indef. **1** (*in frasi afferm. o interr. con valore positivo: persona*) somebody, someone, (*persona o cosa*) some **2** (*in frasi interr. e dubit.: persona*) anybody, anyone, (*persona o cosa*) any **3** (*alcuni: persona*) some (people), any (people), a few (people), (*persona o cosa*) some, any **B** s.m. (*persona importante*) somebody ♦ **qualcun altro** some other, any other, (*un'altra persona*) somebody else, anybody else, (*uno in più*) some more, any more
quàle **A** agg. **1** (*interr.: fra un numero limitato*) which, (*fra un numero indeterminato*) what **2** (*escl.*) what **3** (*rel.: spesso correlato con 'tale'*) (just) as **4** (*qualunque*) whatever **B** pron. **1** (*interr.: fra un numero limitato*) which, (*fra un numero indeterminato*) what **2** (*rel. riferito a persone: sogg.*) who, that, (*compl. ogg. e ind.*) who, that, whom, (*poss.*) whose **3** (*rel. riferito a cose o animali*) which, that, (*poss.*) of which, whose **C** avv. (*in qualità di*) as
qualìfica s.f. **1** qualification **2** (*giudizio*) appraisal **3** (*titolo*) title
qualificàre **A** v.tr. **1** to qualify **2** (*definire*) to describe **3** (*caratterizzare*) to characterize **B** v.rifl. **1** to qualify **2** (*presentarsi*) to introduce oneself
qualificatìvo agg. qualifying
qualificàto agg. qualified
qualificazióne s.f. qualification
qualità s.f. **1** quality, (*proprietà*) property **2** (*genere*) kind, sort **3** (*ufficio, carica*) capacity
qualitatìvo agg. qualitative
qualóra cong. if, in case
qualsìasi agg. indef. → ***qualunque***
qualùnque agg. indef. **1** any **2** (*mediocre*) ordinary, common **3** (*quale che sia*) whatever, (*riferito a un numero limitato*) whichever
quàndo **A** avv. when **B** cong. **1** when **2** (*ogni volta che*) whenever **3** (*mentre*) while **4** (*condizionale o causale*) when, since, if ♦ **da q.** since || **da q.?** since when? || **fino a q.** till, as long as
quantità s.f. quantity ♦ **una (grande) q. di** a lot of
quantitatìvo **A** agg. quantitative **B** s.m. quantity, amount
quànto **A** agg. **1** (*interr.*) how much, *pl.* how many, (*quanto tempo?*) how long (ES: ***q. pane c'è?*** how much bread is there?; ***q. tempo ci vuole per arrivare alla stazione?*** how long does it take to get to the station?) **2** (*in frasi ellittiche*) how much, (*di tempo*) how long (anche *idiom.*) (ES: ***q. costa?*** how much is it?; ***q. c'è da Milano a Venezia?*** how far is it from Milan to Venice?; ***quanti ne abbiamo oggi?*** what is the date today?) **3** (*escl.*) what (a lot of), how (ES: ***quanti dischi hai!*** what a lot of records you have!) **4** (*tutto quello che*) as... as (ES: ***avrai tanto aiuto q. te ne serve*** you'll have as much help as you need) **B** avv. **1** (*interr.: con agg. e avv.*) how, (*con v.*) how much (ES: ***q. è grande la casa?*** how big is the house?; ***q. hai studiato oggi?*** how much have you studied today?) **2** (*escl.: con agg.*) how, (*con v.*) how (much) (ES: ***q. è bello!*** how beautiful it is!; ***q. mi piace!*** how I love it!) **3** (*correlativo di 'tanto'*) as... as, (*sia... sia*) both... and, (*quanto più... tanto meno*) the more... the less, the...-er... the less,

(*quanto più, tanto più*) the more... the more, the...-er... the...-er (ES: ***ne so [tanto] q. prima*** I know as much as I did before; ***mangerò tanto il dolce q. la macedonia*** I'll have both the dessert and the fruit salad; ***q. più freddo è il tempo, tanto meno mi piace*** the colder the weather is, the less I like it; ***q. più mangi, tanto più ingrassi*** the more you eat, the fatter you become) **C** **pron. 1** (*interr.*) how much, *pl.* how many (ES: ***q. ne vuoi?*** how much do you want of it?; ***quanti ne hai letti?*** how many did you read?) **2** (*escl.*) what a lot (of) (ES: ***q. ne hai consumato!*** what a lot you've used!) **D** **pron. rel. 1** (*ciò che*) what, (*tutto quello che*) all (that) (ES: ***ho q. mi occorre*** I have all I need) **2** **al pl.** (*tutti coloro che*) all those (who), whoever (ES: ***quanti credono in Dio*** all those who believe in God) **3** (*correlativo di 'tanto'*) as (ES: ***ho dormito [tanto] q. ho potuto*** I've slept as much as I could) **4** (*in frasi comp.*) than (ES: ***meno di q. pensassimo*** less than we expected) ♦ **in q.** (*poiché*) since, as, (*in qualità di*) as || **per q.** however, although || **q. a** as for

quantùnque **cong. 1** (*benché*) (al)though **2** (*anche se*) even if

quarànta **agg. num. card. e s.m. inv.** forty

quarantèna **s.f.** quarantine

quarantèsimo **agg. num. ord. e s.m.** fortieth

quarésima **s.f.** Lent

quartétto **s.m. 1** quartet **2** (*fam.*) foursome

quartière **s.m. 1** (*di città*) quarter, area, neighbourhood **2** (*mil.*) quarters *pl.*

quartìna **s.f.** (*letter.*) quatrain

quàrto **A** **agg. num. ord.** fourth **B** **s.m. 1** quarter, fourth **2** (*di ora*) quarter

quàrzo **s.m.** quartz ♦ **orologio al q.** quartz watch

quàsi **avv. 1** almost, nearly, (*con significato neg.*) hardly **2** (*forse*) perhaps **3** (*per poco non*) very nearly ♦ **q. che** as if || **q. mai** hardly ever || **q. sempre** almost always

quassù **avv.** up here

quattórdici **agg. num. card. e s.m. inv.** fourteen

quattrìno **s.m.** penny, *al pl.* money

quàttro **agg. num. card. e s.m. inv.** four

quattrocentésco **agg.** fifteenth-century (*attr.*)

quattrocènto **agg. num. card. e s.m. inv.** four hundred

quattromìla **agg. num. card. e s.m. inv.** four thousand

quéllo **A** **agg. dimostr.** that, those *pl.* **B** **pron. dimostr. 1** that (one), those *pl.* **2** (*prima di un agg. qualif., di un'espressione attributiva o di una frase relativa*) the one (ES: ***prenderò q. che mi piace di più*** I'll take the one I like best) **3** (*con un poss. non si traduce*) (ES: ***questa non è la mia macchina, è quella di mia moglie*** this isn't my car, it's my wife's) **4** (*seguito da un pron. relativo: colui*) the man, the one, (*colei*) the woman, the one, (*coloro*) those, the people, (*chiunque*) whoever, anyone, (*ciò che*) what (ES: ***quelli che hai incontrato sono miei amici*** the people you met are friends of mine) **5** (*con valore di pron. pers.*) he, *f.* she, *pl.* they, (*con valore di 'ciò'*) that ♦ **questo... q.** one... one, some... some, (*tra due già menzionati*) the former... the latter

quèrcia **s.f.** oak

querèla **s.f.** (*dir.*) lawsuit, suit, action

querelàre **v.tr.** to bring an action against, to sue

quesìto **s.m.** question

questionàre **v.intr.** to argue, to quarrel

questionàrio **s.m.** questionnaire

questióne **s.f. 1** (*discussione*) question, issue **2** (*faccenda*) question, matter, (*punto della questione*) point **3** (*litigio*) quarrel

quésto **A** **agg. dimostr.** this, *pl.* these **B** **pron. dimostr. 1** this (one), *pl.* these **2** (*con valore di pron. pers.*) he, *f.* she, *pl.* they, (*con valore di 'ciò'*) that, this ♦ **q. ... quello** one... one, some... some, (*tra due già menzionati*) the latter... the former

quèstua **s.f.** begging, (*in chiesa*) collection

questùra **s.f.** police headquarters *pl.*

qui **avv. 1** here **2** (*temporale*) now ♦ **q. dentro/fuori** in/out here

quietànza **s.f.** receipt

quietàre **A** **v.tr.** to quiet, to calm **B** **v.intr. pron.** to quiet down, to calm down

quiète **s.f. 1** quiet, calm **2** (*riposo*) rest

quièto **agg.** quiet, calm

quìndi **A** **avv.** then, afterwards **B** **cong.** so, therefore

quìndici **agg. num. ord. e s.m. inv.** fifteen

quindicinàle **agg. 1** fortnight's (*attr.*) **2** (*che ricorre ogni 15 giorni*) fortnightly

quinquènnio **s.m.** period of five years

quìnta **s.f. 1** (*teatro*) wing, side-scene **2** (*mus.*) fifth ♦ **dietro le quinte** behind the scenes

quintàle **s.m.** quintal

quintétto **s.m. 1** quintet **2** (*fam.*) fivesome

quìnto **agg. num. ord. e s.m.** fifth

quiz **s.m. inv. 1** (*domanda*) quiz **2** (*gioco*) quiz show

quòta **s.f. 1** (*somma*) share, amount, (*rata*) instalment, (*contributo*) dues *pl.* **2** (*altezza*) altitude, height **3** (*nel disegno tecnico*) dimension ♦ **a 3000 metri di q.** at 3000 metres above sea level

quotàre **A** **v.tr. 1** (*valutare*) to value, to assess **2** (*Borsa*) to quote, to list **3** (*nel disegno tecnico*) to dimension **B** **v.rifl.** to subscribe

quotàto **agg. 1** (*Borsa*) quoted **2** (*nel disegno tecnico*) dimensioned **3** (*fig.*) (*apprezzato*) highly esteemed

quotazióne **s.f. 1** (*prezzo*) quotation prize, (*valutazione*) evaluation **2** (*Borsa*) quotation **3** (*di moneta*) exchange rate **4** (*reputazione*) reputation

quotidianaménte **avv.** daily

quotidiàno **A** **agg.** daily, everyday **B** **s.m.** daily

quoziènte **s.m.** quotient

r, R

rabàrbaro s.m. rhubarb
ràbbia s.f. 1 anger, rage, fury 2 (*med.*) rabies
rabbìno s.m. rabbi
rabbióso agg. 1 furious, angry 2 (*accanito*) violent, furious 3 (*med.*) rabid
rabbonìre v.tr. e intr. pron. to calm down
rabbrividìre v.intr. to shudder, to shiver
rabbuiàrsi v.intr. pron. 1 to darken, to grow dark 2 (*corrucciarsi*) to grow gloomy
raccapricciànte agg. horrifying
raccattàre v.tr. to pick up
racchétta s.f. 1 (*da tennis*) racket, (*da ping-pong*) bat, (*da sci*) ski-stick, ski-pole 2 (*del tergicristallo*) windscreen wiper, windshield wiper
racchiùdere v.tr. to contain, to hold
raccògliere A v.tr. 1 to pick (up) 2 (*mettere insieme*) to gather, to collect 3 (*fare collezione*) to collect, to make a collection of 4 (*ricevere*) to receive 5 (*mietere*) to reap, to harvest 6 (*dare rifugio*) to shelter, to take in 7 (*accettare*) to accept B v.intr. pron. to gather C v.rifl. to collect one's thoughts, to concentrate
raccogliménto s.m. concentration, attention
raccoglitóre s.m. (*per documenti*) folder
raccòlta s.f. 1 collection, raising 2 (*di frutti della terra*) harvesting, (*raccolto*) harvest 3 (*collezione*) collection 4 (*adunata*) gathering ♦ **r. differenziata** separate waste collection
raccòlto A agg. 1 (*colto*) picked 2 (*adunato*) gathered 3 (*assorto*) absorbed, engrossed 4 (*intimo*) cosy B s.m. crop, harvest
raccomandàre A v.tr. 1 to recommend 2 (*affidare*) to entrust, to commit 3 (*esortare*) to exhort 4 (*corrispondenza*) to register B v.rifl. to implore, to beg
raccomandàta s.f. registered letter
raccomandàto agg. 1 recommended 2 (*di corrispondenza*) registered
raccomandazióne s.f. 1 recommendation 2 exhortation, advice
raccontàre v.tr. to tell
raccónto s.m. 1 story, tale, (*novella*) short story 2 (*resoconto*) relation, account
raccòrdo s.m. 1 connection, link 2 (*mecc.*) connector, connection 3 (*ferr.*) sidetrack ♦ **r. stradale** junction
rachìtico agg. 1 (*med.*) rachitic 2 (*stentato*) stunted
racimolàre v.tr. to scrape up, to collect
ràda s.f. roadstead
ràdar s.m. inv. radar ♦ **uomini r.** air traffic controllers
raddolcìre A v.tr. 1 to sweeten 2 (*fig.*) to soften B v.intr. pron. to soften, to mellow
raddoppiàre v.tr. e intr. to double, to redouble
raddóppio s.m. redoubling
raddrizzàre A v.tr. 1 to straighten 2 (*fig.*) to correct, to settle B v.rifl. to straighten oneself
radènte agg. grazing
ràdere A v.tr. 1 to shave 2 (*abbattere*) to raze 3 (*sfiorare*) to graze B v.rifl. to shave (oneself)
radiàle agg. radial
radiànte s.m. radiant
radiàre v.tr. to expell, to strike off
radiatóre s.m. radiator
radiazióne s.f. radiation
ràdica s.f. briar
radicàle agg., s.m. e f. radical
radicàre v.intr. e intr. pron. to root, to take root
radìcchio s.m. radicchio, chicory
radìce s.f. root
ràdio[1] s.m. (*anat.*) radius
ràdio[2] s.m. (*chim.*) radium
ràdio[3] s.f. radio
radioamatóre s.m. radio-amateur, ham (*fam.*)
radioattività s.f. radioactivity
radioattìvo agg. radioactive
radiocrònaca s.f. radio commentary
radiocronìsta s.m. e f. radio commentator
radiofàro s.m. (radio) beacon
radiogiornàle s.m. radio news bulletin
radiografìa s.f. 1 radiography 2 (*immagine*) X-ray
radiologìa s.f. radiology
radiòlogo s.m. radiologist
radioscopìa s.f. radioscopy
radiosegnàle s.m. radio signal
radióso agg. radiant, bright
radiosvéglia s.f. radio alarm
radiotàxi s.m. inv. radiotaxi
radiotècnico s.m. radio engineer
radiotelèfono s.m. radio telephone
radiotrasmissióne s.f. broadcast
ràdo agg. 1 (*sparso*) thin, sparse 2 (*non frequente*) infrequent, occasional ♦ **di r.** rarely
radunàre A v.tr. 1 to gather, to assemble 2 (*raccogliere*) to amass B v.intr. pron. to gather, to assemble
radùno s.m. gathering, meeting
radùra s.f. clearing, glade
ràfano s.m. radish, horseradish
raffazzonàre v.tr. to patch up
rafférmo agg. stale
ràffica s.f. 1 (*di vento*) gust 2 (*di proiettili*) burst 3 (*fig.*) hail ♦ **parlare a r.** to talk nonstop
raffiguràre v.tr. 1 (*rappresentare*) to represent, to show 2 (*simboleggiare*) to symbolize, to be a symbol of 3 (*immaginare*) to imagine
raffigurazióne s.f. representation, depiction

raffinàre v.tr. e intr. pron. to refine
raffinatézza s.f. refinement
raffinàto agg. refined
raffinerìa s.f. refinery
rafforzàre **A** v.tr. to reinforce, to strengthen **B** v.intr. pron. to get stronger
raffreddaménto s.m. cooling
raffreddàre **A** v.tr. to cool, to make cold **B** v.intr. pron. **1** to cool down, to become cold **2** (*fig.*) to die down, to cool off **3** (*prendere un raffreddore*) to catch a cold
raffreddóre s.m. cold
raffrónto s.m. comparison
ràfia s.f. raffia
ragàzza s.f. **1** girl **2** (*fidanzata*) girlfriend
ragàzzo s.m. **1** boy, (*giovane*) youth **2** (*fidanzato*) boyfriend
raggiànte agg. radiant
raggièra s.f. rays *pl.*
ràggio s.m. **1** ray, beam **2** (*geom.*) radius **3** (*di ruota*) spoke **4** (*fis.*) ray **5** (*portata*) range
raggiràre v.tr. to deceive, to cheat, to swindle
raggìro s.m. cheat, swindle, trick
raggiùngere v.tr. **1** to reach, to get to, to arrive at **2** (*riunirsi con qc.*) to join, to catch up **3** (*conseguire*) to attain, to achieve
raggiungìbile agg. reachable ♦ **il cliente non è r.** your call can't be put through
raggomitolàre **A** v.tr. to roll up **B** v.rifl. to curl up
raggranellàre v.tr. to scrape together, to scrape up
raggrinzìre **A** v.tr. to wrinkle (up) **B** v.intr. pron. to become wrinkled
raggruppaménto s.m. group
raggruppàre v.tr. e intr. pron. to group, to assemble
ragguàglio s.m. information, details *pl.*
ragguardévole agg. **1** (*ingente*) considerable, substantial **2** (*importante*) distinguished
ragionaménto s.m. reasoning, argument
ragionàre v.intr. **1** to reason, to think **2** (*discutere*) to argue
ragióne s.f. **1** reason **2** (*causa*) reason, motive **3** (*diritto*) right, reason **4** (*argomentazione*) reason, justification **5** (*rapporto*) ratio, proportion, (*tasso*) rate ♦ **a maggior r.** even more so || **avere r.** to be right || **r. sociale** corporate name
ragionerìa s.f. accounting
ragionévole agg. reasonable
ragionière s.m. accountant
ragliàre v.intr. to bray
ràglio s.m. braying
ragnatéla s.f. cobweb, (spider's) web
ràgno s.m. spider
ragù s.m. meat sauce, bolognese sauce
rallegraménti s.m. pl. congratulations *pl.*
rallegràre **A** v.tr. to cheer up, to make glad **B** v.intr. pron. **1** to cheer up, to rejoice **2** (*congratularsi*) to congratulate
rallentaménto s.m. slowing down
rallentàre **A** v.tr. to slow down, to slacken **B** v.intr. **1** to slow down **2** (*ridurre*) to slacken, to die down
RAM s.f. inv. RAM (*random-access memory*)
ramanzìna s.f. telling-off
ramàrro s.m. green lizard
ramàzza s.f. broom
ràme s.m. copper
ramificàre **A** v.intr. to branch **B** v.intr. pron. to branch out
ramìno s.m. rummy
rammaricàre **A** v.tr. to afflict **B** v.intr. pron. to regret, to be sorry
rammàrico s.m. regret
rammendàre v.tr. to darn, to mend
rammèndo s.m. mend, darn ♦ **r. invisibile** invisible darn
rammentàre v.tr. e intr. pron. to remember, to recall
rammollìre v.tr. e intr. pron. to soften
ràmo s.m. branch
ramoscèllo s.m. twig, sprig
ràmpa s.f. **1** ramp, slope **2** (*di scale*) flight ♦ **r. di lancio** launching pad
rampànte agg. **1** rampant **2** (*fig.*) go-getting
rampicànte **A** agg. climbing, creeping **B** s.m. climber, creeper
rampìno s.m. hook
rampóllo s.m. **1** bud, shoot **2** (*fig.*) offspring
rampóne s.m. crampon
ràna s.f. frog ♦ **nuoto a r.** breast-stroke
ràncido agg. rancid
ràncio s.m. mess
rancóre s.m. grudge
rànda s.f. mainsail
randàgio agg. stray
randèllo s.m. cudgel, club
ràngo s.m. rank
rannicchiàre **A** v.tr. to curl up **B** v.rifl. **1** to crouch **2** (*raggomitolarsi*) to cuddle up
rannuvolàrsi v.intr. pron. **1** to become cloudy **2** (*fig.*) to darken, to become gloomy
ranòcchio s.m. frog
ràntolo s.m. wheeze
ranùncolo s.m. ranunculus, buttercup
ràpa s.f. turnip ♦ **cime di rapa** turnip tops
rapàce **A** agg. **1** predaceous, predatory **2** (*fig.*) greedy **B** s.m. bird of prey
rapàre **A** v.tr. to crop **B** v.rifl. to have one's hair cropped
ràpida s.f. rapid
rapidità s.f. swiftness, rapidity
ràpido **A** agg. swift, rapid, quick **B** s.m. express (train)
rapiménto s.m. **1** kidnapping **2** (*fig.*) rapture
rapìna s.f. robbery
rapinàre v.tr. to rob
rapinatóre s.m. robber

rapìre v.tr. **1** to kidnap, (*portar via*) to carry off, to steal **2** (*fig.*) to ravish
rapitóre s.m. kidnapper
rappacificàre **A** v.tr. to reconcile, to pacify **B** v.rifl. rec. to become reconciled
rapportàre v.tr. e intr. pron. to relate
rappòrto s.m. **1** (*resoconto*) report, statement **2** (*relazione, connessione*) relation, connection **3** (*sessuale*) intercourse **4** (*scient.*) ratio **5** (*confronto*) comparison ♦ **in r. a** in relation to, with reference to || **r. di parentela** kinship, relationship
rapprèndere v.intr. e intr. pron. **1** to coagulate, to congeal, to set **2** (*di latte*) to curble
rappresàglia s.f. retaliation, reprisal
rappresentànte s.m. e f. **1** representative **2** (*comm.*) agent
rappresentàre v.tr. **1** to represent, to depict **2** (*fare le veci di*) to act for, to represent, (*comm.*) to be an agent for, to be a representative for, to represent **3** (*simboleggiare*) to symbolize, to stand for **4** (*teatro*) to perform, to stage, (*cin.*) to show **5** (*significare*) to mean
rappresentatìvo agg. representative
rappresentazióne s.f. **1** representation **2** (*teatro*) performance
rapsodìa s.f. rhapsody
raraménte avv. seldom, rarely
rarefàre v.tr. e intr. pron. to rarefy
rarità s.f. rarity
ràro agg. **1** rare **2** (*non comune*) uncommon, exceptional
rasàre **A** v.tr. **1** (*radere*) to shave **2** (*siepe*) to trim, (*prato*) to mow **B** v.rifl. to shave
rasàto agg. **1** shaved **2** (*di siepe*) trimmed, (*di prato*) mowed
raschiàre v.tr. to scrape
rasentàre v.tr. **1** to graze, to skim **2** (*fig.*) to border on
rasènte a prep. close to
ràso[1] s.m. satin
ràso[2] agg. **1** smooth **2** (*pieno*) level, full to the brim, brimful
rasóio s.m. razor ♦ **r. elettrico** electric razor
ràspa s.f. rasp
rasségna s.f. **1** (*mil.*) review, inspection **2** (*resoconto*) review, survey, (*rivista*) review **3** (*mostra*) show, exhibition
rassegnàre **A** v.tr. (*presentare*) to hand in **B** v.intr. pron. to resign oneself ♦ **r. le dimissioni** to hand in one's resignation
rassegnazióne s.f. resignation
rasserenàre v.tr. e intr. pron. **1** to clear up **2** (*fig.*) to cheer up
rassettàre v.tr. to tidy up, to put in order
rassicurànte agg. reassuring
rassicuràre **A** v.tr. to reassure **B** v.intr. pron. to be reassured
rassodàre **A** v.tr. to harden, to firm up **B** v.intr. pron. to harden, to set
rassomigliànte agg. similar
rassomigliànza s.f. likeness, resemblance
rassomigliàre **A** v.intr. to be like, to resemble **B** v.rifl. rec. to be similar, to be alike
rastrellàre v.tr. **1** to rake, to rake up **2** (*mil.*) to mop up, (*di polizia*) to round up **3** (*econ.*) to buy up
rastrèllo s.m. rake
rastremazióne s.f. taper
ràta s.f. instalment ♦ **comprare a rate** to buy by instalments || **vendita a rate** hire purchase
rateàle agg. instalment (*attr.*)
rateazióne s.f. division into instalments
ratìfica s.f. ratification
ratificàre v.tr. to ratify, to confirm
ràtto[1] s.m. abduction, rape
ràtto[2] s.m. (*zool.*) rat
rattoppàre v.tr. to patch, to mend
rattòppo s.m. **1** patching, mending **2** (*toppa*) patch
rattrappìre **A** v.tr. to make numb **B** v.intr. pron. **1** to become numb **2** (*contrarsi*) to contract
rattristàre **A** v.tr. to sadden **B** v.intr. pron. to become sad, to be sad
raucèdine s.f. hoarseness
ràuco agg. hoarse, raucous
ravanèllo s.m. radish
ravvedérsi v.intr. pron. to mend one's way
ravvicinàto agg. close, near
ravvisàre v.tr. to recognize
ravvivàre v.tr. e intr. pron. **1** to revive **2** (*rallegrare*) to brighten (up)
raziocìnio s.m. **1** reason **2** (*buon senso*) common sense
razionàle agg. rational
razionalìsmo s.m. rationalism
razionaménto s.m. rationing
razionàre v.tr. to ration
razióne s.f. ration, (*porzione*) portion, share
ràzza[1] s.f. **1** race, (*di animali*) breed **2** (*genere*) kind, sort
ràzza[2] s.f. (*zool.*) skate
razzìa s.f. raid, foray
razziàle agg. racial
razzìsmo s.m. racism
razzìsta agg., s.m. e f. racist
ràzzo s.m. rocket
razzolàre v.intr. to scratch about
ré s.m. inv. king
reagènte s.m. reagent
reagìre v.intr. to react
reàle[1] agg. real
reàle[2] agg. (*di re*) royal
realìsmo s.m. realism
realìstico agg. realistic
realizzàbile agg. realizable
realizzàre **A** v.tr. **1** to carry out, to achieve, to fulfil,

to accomplish **2** (*econ.*) to realize **3** (*sport*) to score **4** (*comprendere*) to realize **B** **v.intr. pron.** to come off, to come true **C** **v.rifl.** to fulfil oneself

realizzazióne **s.f.** **1** carrying out, achievement **2** (*econ.*) realization **3** (*produzione*) production

realménte **avv.** really, (*effettivamente*) actually, (*veramente*) truly

realtà **s.f.** reality ♦ **r. virtuale** virtual reality

reàto **s.m.** offence, crime

reattività **s.f.** reactivity

reattóre **s.m.** reactor

reazionàrio **agg. e s.m.** reactionary

reazióne **s.f.** reaction

rébbio **s.m.** prong, tine

recapitàre **v.tr.** to deliver

recàpito **s.m.** **1** (*indirizzo*) address **2** (*consegna*) delivery

recàre **A** **v.tr.** **1** to bring, to carry **2** (*arrecare*) to cause, to bring **B** **v.intr. pron.** to go

recèdere **v.intr.** to withdraw

recensióne **s.f.** review

recensìre **v.tr.** to review

recensóre **s.m.** reviewer

recènte **agg.** recent, late ♦ **di r.** recently

recenteménte **avv.** recently, lately

recessióne **s.f.** recession

recìdere **v.tr.** to cut (off)

recidìvo **A** **agg.** recidivous **B** **s.m.** recidivist

recìnto **s.m.** **1** (*per animali*) pen, corral **2** (*per bambini*) playpen **3** (*recinzione*) fence

recipiènte **s.m.** container, vessel

recìproco **agg.** reciprocal

rècita **s.f.** performance

recitàre **A** **v.tr.** **1** to recite, to say aloud **2** (*teatro*) to perform, to act, to play **B** **v.intr.** to act, to play

recitazióne **s.f.** **1** recitation **2** (*di attore*) acting ♦ **scuola di r.** drama school

reclamàre **A** **v.tr.** **1** to claim, to ask for **2** (*aver bisogno di*) to need **B** **v.intr.** to protest, to make a complaint

réclame **s.f. inv.** advertising, (*annuncio*) advertisement

reclàmo **s.m.** claim, complaint

reclinàre **v.tr.** to recline, to bend (down)

reclusióne **s.f.** **1** seclusion **2** (*dir.*) imprisonment

rècluta **s.f.** recruit

reclutaménto **s.m.** recruitment, recruiting

reclutàre **v.tr.** to recruit

recòndito **agg.** hidden, (*profondo*) innermost

record **s.m. inv.** record

recriminazióne **s.f.** **1** recrimination **2** (*lagnanza*) complaint

recrudescènza **s.f.** fresh outbreak

recuperàre **v.tr.** **1** to recover, to get back **2** (*riguadagnare*) to make up for **3** (*riabilitare*) to rehabilitate **4** (*riciclare*) to recycle

recùpero **s.m.** **1** recovery **2** (*salvataggio*) rescue **3** (*riabilitazione*) rehabilitation **4** (*riutilizzo*) reutilization, (*riciclo*) recycling **5** (*rimonta*) making up

redarguìre **v.tr.** to scold, to reproach

redattóre **s.m.** **1** (*estensore*) compiler, drafter **2** (*di casa editrice*) editor **3** (*di giornale*) copyreader, member of the editorial staff

redazionàle **agg.** editorial

redazióne **s.f.** **1** (*stesura*) drafting **2** (*di libro, giornale*) editing **3** (*insieme dei redattori*) editorial staff

redditività **s.f.** profitability

redditìzio **agg.** profitable

rèddito **s.m.** income

redentóre **s.m.** redeemer

redenzióne **s.f.** redemption

redìgere **v.tr.** **1** to draw up, to write, to compile **2** (*curare come redattore*) to edit

redìmere **v.tr.** to redeem

rèdine **s.f.** rein

rèduce **A** **agg.** back, returned **B** **s.m. e f.** **1** veteran **2** (*sopravvissuto*) survivor

referèndum **s.m. inv.** referendum

referènza **s.f.** reference

refèrto **s.m.** report

refettòrio **s.m.** refectory

refezióne **s.f.** meal

refrattàrio **agg.** refractory

refrigeràre **v.tr.** to refrigerate, to cool

refrigèrio **s.m.** refreshment, relief

refurtìva **s.f.** stolen goods *pl.*

refùso **s.m.** misprint

regalàre **v.tr.** to give, to present

regàle **agg.** regal, royal

regàlo **s.m.** present, gift

regàta **s.f.** regatta, race

reggènte **s.m. e f.** regent

règgere **A** **v.tr.** **1** to bear, to support, (*tenere*) to hold **2** (*sopportare*) to stand **3** (*governare*) to rule **4** (*dirigere*) to run, to manage **5** (*gramm.*) to govern, to take **B** **v.intr.** **1** (*resistere*) to hold out, to resist **2** (*sopportare*) to stand, to bear **3** (*durare*) to last, to hold out **4** (*essere plausibile*) to stand up, to be consistent **C** **v.rifl. e intr. pron.** **1** (*sostenersi*) to stand, (*aggrapparsi*) to hold on **2** (*governarsi*) to be ruled

règgia **s.f.** royal palace

reggicàlze **s.m. inv.** suspender belt, (*USA*) garterbelt

reggiménto **s.m.** regiment

reggiséno **s.m.** brassière, bra

regìa **s.f.** **1** (*di spettacolo*) direction **2** (*est.*) organization

regìme **s.m.** **1** regime, system **2** (*dieta*) diet **3** (*tecnol.*) running, condition, (*velocità*) speed

regìna **s.f.** queen

règio **agg.** royal

regionàle **agg.** regional

regióne **s.f.** region, district

regìsta **s.m. e f.** **1** (*di film, spettacoli*) director **2** (*est.*) organizer

registràre v.tr. **1** (*annotare*) to record, to enter, to register **2** (*suoni, immagini*) to record

registratóre s.m. recorder

registrazióne s.f. **1** (*annotazione*) record, entry **2** (*di suoni, immagini*) recording

regìstro s.m. register

regnànte **A** agg. reigning, ruling **B** s.m. e f. sovereign

regnàre v.intr. to reign

régno s.m. **1** reign **2** (*paese*) kingdom

règola s.f. rule ♦ **a r. d'arte** duly

regolàbile agg. adjustable

regolaménto s.m. **1** rule, regulation, rules *pl.* **2** (*pagamento*) settlement

regolàre[1] agg. **1** regular **2** (*uniforme*) even, smooth

regolàre[2] **A** v.tr. **1** to regulate **2** (*ridurre*) to reduce, (*controllare*) to control **3** (*tecnol.*) to adjust, to set **4** (*definire*) to settle **B** v.rifl. **1** (*comportarsi*) to act **2** (*moderarsi*) to control oneself

regolarità s.f. regularity

regolarménte avv. regularly

regolazióne s.f. regulation

regredìre v.intr. **1** to go back **2** (*fig.*) to regress

regrèsso s.m. regress, regression

reincàrico s.m. reappointment

reincarnazióne s.f. reincarnation

reinserìre v.tr. to reinstate, to reinsert ♦ **r. nella società** to rehabilitate

reintegràre v.tr. to reintegrate

relativìsmo s.m. relativism

relatività s.f. relativity

relativo agg. **1** relative, related **2** (*non assoluto*) relative, comparative **3** (*attinente*) relevant, pertinent **4** (*gramm.*) relative

relatóre s.m. **1** (*di conferenza*) speaker, lecturer **2** (*di tesi universitaria*) supervisor

relax s.m. inv. relaxation

relazionàre v.tr. to report, to inform

relazióne s.f. **1** (*resoconto*) report, account **2** (*nesso*) connection, relation **3** (*conoscenza*) acquaintance **4** (*contatto*) touch **5** (*legame amoroso*) (love) affair

relegàre v.tr. to relegate, to exile

religióne s.f. religion

religióso agg. e s.m. religious

relìquia s.f. relic

reliquiàrio s.m. reliquary, shrine

relìtto s.m. **1** wreckage, wreck **2** (*fig.*) outcast

remàre v.intr. to row

rematóre s.m. rower, oar

reminiscènza s.f. reminiscence

remissióne s.f. remission

remissìvo agg. submissive

rèmo s.m. oar ♦ **a remi** rowing, row (*attr.*)

remòto agg. distant, remote

rèndere **A** v.tr. **1** (*restituire*) to give back, to return, to restore **2** (*contraccambiare*) to render, to return, to repay **3** (*dare, fare*) to render, to give, to make **4** (*produrre*) to produce, to return, (*fruttare*) to yield **5** (*rappresentare*) to render, to reproduce **B** v.rifl. to become, to make oneself

rendicónto s.m. statement, report

rendiménto s.m. **1** (*produzione*) yield, production, output **2** (*efficienza*) efficiency **3** (*fin.*) yield, return

rèndita s.f. **1** (*privata*) income, (*pubblica*) revenue **2** (*dir.*) annuity

rène s.m. kidney

réni s.f. pl. loins *pl.*, back

rènna s.f. **1** (*zool.*) reindeer **2** (*pelle conciata*) buckskin

rèo **A** agg. guilty **B** s.m. offender

repàrto s.m. **1** department, division, (*di ospedale*) ward **2** (*mil.*) detachment

repellènte agg. repellent, repulsive

repentìno agg. sudden

reperìre v.tr. to find

repèrto s.m. **1** find **2** (*med.*) report

repertòrio s.m. **1** (*elenco*) list, inventory **2** (*teatro*) repertory, repertoire

rèplica s.f. **1** (*risposta*) reply, answer **2** (*teatro*) performance **3** (*copia*) copy, (*di opera d'arte*) replica **4** (*ripetizione*) repetition

replicàre v.tr. **1** (*rispondere*) to replay, to answer **2** (*ripetere*) to repeat

repressióne s.f. repression

reprìmere v.tr. to repress, to restrain

repùbblica s.f. republic

repubblicàno agg. e s.m. republican

reputàre v.tr. to consider, to deem

reputazióne s.f. reputation

requisìre v.tr. to requisition

requisìto s.m. requisite, requirement

requisizióne s.f. requisition

résa s.f. **1** (*mil.*) surrender **2** (*restituzione*) return **3** (*rendimento*) yield, return, profit

rescìndere v.tr. to rescind, to cancel

resettàre v.tr. to reset

residènte agg., s.m. e f. resident

residènza s.f. residence

residenziàle agg. residential

resìduo **A** agg. residual **B** s.m. remainder, remnant

rèsina s.f. resin

resistènte agg. **1** resistant, -proof **2** (*forte*) strong, tough ♦ **r. al calore** heatproof || **r. al fuoco** fireproof

resistènza s.f. resistance

resìstere v.intr. **1** to resist, to withstand, to hold out **2** (*sopportare*) to endure, to stand

resocónto s.m. account, report, statement

respingènte s.m. buffer, bumper

respìngere v.tr. **1** to repel, to repulse **2** (*rimandare*) to return, to send back **3** (*rifiutare*) to reject, to refuse **4** (*bocciare*) to fail

respiràre v.tr. e intr. to breathe

respiratóre s.m. aqualung

respirazióne s.f. respiration, breathing
respìro s.m. **1** breath, breathing **2** (*fig.*) respite, rest
responsàbile **A** agg. responsible, liable **B** s.m. e f. person in charge
responsabilità s.f. responsibility
respònso s.m. response, answer
rèssa s.f. throng, crowd
restàre v.intr. **1** to stay, to remain **2** (*essere, diventare*) to be, to become **3** (*esser lasciato*) to be left **4** (*avanzare*) to remain, to be left **5** (*resistere*) to stay, to last
restauràre v.tr. to restore
restauratóre s.m. restorer
restaurazióne s.f. restoration
restàuro s.m. restoration, repair
restìo agg. unwilling, reluctant
restituìre v.tr. **1** to return, to give back, to restore **2** (*contraccambiare*) to return, to repay
restituzióne s.f. restitution
rèsto s.m. **1** remainder, rest **2** (*di denaro*) change **3** (*mat.*) remainder **4** al pl. (*rovine*) ruins *pl.*, remains *pl.* **5** al pl. (*di cibo*) leftovers *pl.*
restrìngere **A** v.tr. **1** to tighten, to narrow, (*vestito*) to take in **2** (*limitare*) to restrict, to limit **B** v.intr. pron. e rifl. **1** to narrow, to get narrower, (*contrarsi*) to contract **2** (*di tessuto*) to shrink **3** (*limitarsi*) to limit oneself
restrittìvo agg. restrictive
restrizióne s.f. restriction
réte s.f. **1** net **2** (*complesso, sistema*) network, system **3** (*inganno*) snare, trap **4** (*inform.*) net, network **5** (*Internet*) Web ♦ **r. da pesca** fishing-net || **collegamento in r.** network connection
reticènte agg. reticent
reticènza s.f. reticence
reticolàto s.m. wire-netting, (*di filo spinato*) barbed-wire work
retìcolo s.m. network, grid
rètina[1] s.f. retina
retìna[2] s.f. (*per capelli*) hairnet
retòrica s.f. rhetoric
retòrico agg. rhetorical
retràttile agg. retractile
retribuìre v.tr. to pay, to remunerate
retribuzióne s.f. pay, remuneration
rètro s.m. inv. back
retrocèdere **A** v.tr. **1** (*degradare*) to demote, (*mil.*) to degrade **2** (*dir.*) to recede **B** v.intr. to retreat, to recede, to withdraw
retrodatàre v.tr. to backdate
retrògrado agg. retrograde
retromàrcia s.f. (*mecc.*) reverse gear
retroscèna **A** s.f. (*teatro*) backstage **B** s.m. (*fig.*) behind-the-scenes action
retrospettìva s.f. retrospective
retrospettìvo agg. retrospective
retrotèrra s.m. inv. **1** hinterland **2** (*fig.*) background
retrovisóre s.m. rear-view mirror
rètta[1] s.f. (*geom.*) straight line
rètta[2] s.f. (*somma da pagare*) charge
rètta[3] nella loc. **dare r. a** to listen to
rettangolàre agg. rectangular
rettàngolo s.m. rectangle
rettìfica s.f. **1** correction, adjustment **2** (*chim.*) rectification **3** (*mecc.*) grinding
rettificàre v.tr. **1** to correct, to adjust **2** (*chim.*) to rectify **3** (*mecc.*) to grind
rèttile s.m. reptile
rettilìneo **A** agg. rectilinear, straight **B** s.m. straight stretch
rettitùdine s.f. rectitude
rètto agg. **1** straight, right **2** (*onesto*) upright, honest
rettóre s.m. **1** (*relig.*) rector **2** (*di università*) chancellor, (*USA*) president
reumàtico agg. rheumatic
reumatìsmo s.m. rheumatism
reverèndo agg. e s.m. reverend
reversìbile agg. reversible, (*dir.*) reversionary
reversibilità s.f. reversibility
revisionàre v.tr. **1** to revise, to check **2** (*comm.*) to audit **3** (*mecc.*) to overhaul
revisióne s.f. **1** revision, review **2** (*di conti*) audit, auditing **3** (*mecc.*) overhaul
revisionìsta s.m. e f. revisionist
revisóre s.m. **1** reviser **2** (*contabile*) auditor
rèvoca s.f. revocation, repeal
revocàre v.tr. to revoke, to repeal
revòlver s.m. inv. revolver
riabilitàre **A** v.tr. **1** to rehabilitate **2** (*reintegrare*) to reinstate **B** v.rifl. to rehabilitate oneself
riabilitazióne s.f. rehabilitation
riabituàre **A** v.tr. to reaccustom **B** v.rifl. to reaccustom oneself
riaccèndere v.tr. **1** to light again **2** (*motore, luce*) to switch on again
riaccompagnàre v.tr. to take back
riacquistàre v.tr. **1** to buy back **2** (*recuperare*) to recover
riadattàre v.tr. to readapt
riaddormentàre **A** v.tr. to put to sleep again **B** v.intr. pron. to fall asleep again
riaffermàre v.tr. **1** to reaffirm **2** (*confermare*) to confirm
rialzàre v.tr. **1** to raise, to lift up **2** (*far aumentare*) to increase, to raise
riàlzo s.m. **1** rise, increase **2** (*di terreno*) elevation
rianimàre **A** v.tr. **1** to reanimate, to revive **2** (*med.*) to resuscitate **3** (*rallegrare*) to cheer up **B** v.intr. pron. **1** to recover oneself **2** (*riprendere coraggio*) to take heart again **3** (*rallegrarsi*) to cheer up
rianimazióne s.f. **1** reviving **2** (*med.*) resuscitation, (*reparto*) intensive care
riannodàre **A** v.tr. **1** to knot again **2** (*fig.*) to renew **B** v.intr. pron. to renew

riaprìre v.tr., intr. e intr. pron. to reopen
riassùmere v.tr. **1** to re-engage, to take on again **2** (*riprendere*) to reassume **3** (*riepilogare*) to sum up
riassùnto s.m. summary
riavére **A** v.tr. **1** to have again **2** (*recuperare*) to get back, to recover **B** v.intr. pron. to recover, to get over
riavviàre v.tr. to reboot, to restart
riavvicinaménto s.m. (*fig.*) (*riconciliazione*) reconciliation
ribadìre v.tr. **1** (*mecc.*) to clinch **2** (*confermare*) to confirm, to repeat
ribàlta s.f. **1** (*piano ribaltabile*) flap **2** (*teatro*) front of the stage **3** (*fig.*) limelight
ribaltàbile agg. folding, (*di sedile*) tip-up
ribaltaménto s.m. overturning
ribaltàre v.tr. e intr. pron. to overturn, to capsize
ribassàre **A** v.tr. to lower, to reduce **B** v.intr. to fall, to drop
ribàsso s.m. fall, drop, decrease, (*sconto*) discount
ribàttere **A** v.tr. **1** to beat again **2** (*mecc.*) to clinch **3** (*confutare*) to refute **4** (*riscrivere a macchina*) to retype **B** v.intr. **1** to beat again **2** (*replicare*) to retort, to answer back
ribellàrsi v.intr. pron. to rebel, to revolt
ribèlle **A** agg. rebellious, rebel (*attr.*) **B** s.m. e f. rebel
ribellióne s.f. rebellion
rìbes s.m. inv. currant, (*nero*) blackcurrant, (*rosso*) redcurrant
ribollìre **A** v.tr. to boil again **B** v.intr. **1** to boil again **2** (*fig.*) to boil, to seethe
ribrézzo s.m. disgust
ributtànte agg. disgusting
ricadére v.intr. **1** to fall again, to fall back **2** (*avere una ricaduta*) to relapse **3** (*scendere*) to fall down, to hang (down) **4** (*gravare*) to fall, to rest
ricadùta s.f. **1** relapse **2** (*fis.*) fallout
ricalcàre v.tr. **1** to tracer **2** (*fig.*) (*imitare*) to follow, to imitate
ricamàre v.tr. to embroider
ricamàto agg. embroidered
ricambiàre v.tr. **1** to change again **2** (*contraccambiare*) to return, to repay
ricàmbio s.m. **1** replacement **2** (*pezzo di ricambio*) spare part **3** (*avvicendamento*) turnover
ricàmo s.m. embroidery
ricapitolàre v.tr. to sum up, to recapitulate
ricàrica s.f. reloading, (*di batteria*) recharging
ricaricàbile agg. **1** rechargeable **2** (*tel.*) pay-as-you-go
ricaricàre **A** v.tr. **1** to reload **2** (*batteria*) to recharge **B** v.rifl. to buck up
ricattàre v.tr. to blackmail
ricattatóre s.m. blackmailer
ricàtto s.m. blackmail
ricavàre v.tr. **1** (*dedurre*) to deduce, to come to **2** (*ottenere*) to obtain, to get **3** (*estrarre*) to extract **4** (*guadagnare*) to gain, to earn
ricàvo s.m. proceeds *pl.*, return
ricchézza s.f. **1** wealth **2** (*abbondanza*) abundance, richness
rìccio[1] **A** agg. curly **B** s.m. curl
rìccio[2] s.m. **1** (*zool.*) hedgehog **2** (*di castagna*) (chestnut) husk ♦ **r. di mare** sea urchin || **chiudersi a r.** to clam up
rìcciolo s.m. curl
ricciùto agg. curly
rìcco **A** agg. **1** rich, wealthy **2** (*di valore*) valuable, precious **3** (*sfarzoso*) sumptuous **4** (*abbondante*) full, rich, abounding **B** s.m. rich person
ricérca s.f. **1** search, quest **2** (*il perseguire*) pursuit **3** (*scientifica*) research **4** (*indagine*) investigation, inquiry **5** (*richiesta*) demand **6** (*inform.*) search, query
ricercàre v.tr. **1** to look for, to seek (for), to search for **2** (*perseguire*) to pursue **3** (*investigare*) to investigate, to inquire into
ricercàto agg. **1** (*dir.*) wanted **2** (*richiesto*) sought-after **3** (*raffinato*) refined **4** (*affettato*) affected
ricercatóre s.m. researcher
ricetrasmittènte s.f. transceiver
ricètta s.f. **1** (*cuc.*) recipe **2** (*med.*) prescription **3** (*fig.*) formula
ricettàrio s.m. **1** (*cuc.*) recipe book, cookbook **2** (*med.*) book of prescriptions
ricettazióne s.f. receiving of stolen goods
ricévere v.tr. **1** to receive, to get **2** (*accettare*) to accept, to take **3** (*ammettere*) to admit **4** (*prendere, avere*) to take, to get, to have, to receive **5** (*accogliere*) to receive, to welcome **6** (*ammettere a visitare*) to receive, to be at home to, (*a un'udienza*) to grant an audience to
riceviménto s.m. **1** receiving, receipt **2** (*accoglienza*) reception **3** (*festa*) reception, party
ricevitorìa s.f. receiving office
ricevùta s.f. receipt
ricezióne s.f. reception
richiamàre **A** v.tr. **1** to call again **2** (*far tornare*) to call back, to recall **3** (*attirare*) to attract **B** v.intr. pron. **1** (*far riferimento*) to refer **2** (*appellarsi*) to appeal
richiàmo s.m. recall, call
richièdere v.tr. **1** to ask for again, to ask for back **2** (*domandare*) to ask, to request **3** (*fare domanda*) to apply for **4** (*esigere*) to demand, (*necessitare*) to require
richièsta s.f. request, demand, (*scritta*) application
richiùdere v.tr. to close (again)
riciclàbile agg. recyclable
riciclàggio s.m. recycling ♦ **r. di denaro (sporco)** money laundering
riciclàre v.tr. to recycle
rìcino s.m. castor-oil plant
ricognizióne s.f. reconnaissance

ricominciàre v.tr. e intr. to begin again, to start again
ricompènsa s.f. reward
ricompensàre v.tr. to reward, to repay
ricompràre v.tr. to buy back
riconciliàre **A** v.tr. to reconcile **B** v.rifl. to be reconciled, to make up **C** v.rifl. rec. to make friends again, to make up
riconciliazióne s.f. reconciliation
ricondùrre v.tr. to bring again, to bring back, to take back
riconférma s.f. reconfirmation
riconfermàre v.tr. to reconfirm, to confirm (again)
ricongiùngere v.tr. e intr. pron. to rejoin
ricongiunzióne s.f. rejoining
riconoscènte agg. thankful, grateful
riconoscènza s.f. thankfulness, gratitude
riconóscere **A** v.tr. **1** to recognize **2** (*ammettere ufficialmente*) to acknowledge, to recognize **3** (*ammettere*) to admit, to own **4** (*apprezzare*) to appreciate, to recognize **5** (*identificare*) to identify **B** v.rifl. to admit **C** v.rifl. rec. to recognize each other
riconoscìbile agg. recognizable
riconosciménto s.m. **1** recognition, (*ufficiale*) acknowledgement **2** (*identificazione*) identification **3** (*ammissione*) admission, avowal
riconquistàre v.tr. to regain
riconségna s.f. return
riconsegnàre v.tr. to return
riconsideràre v.tr. to reconsider
ricopiàre v.tr. to copy, to recopy
ricoprìre **A** v.tr. **1** to cover, (*di nuovo*) to cover again **2** (*tecnol.*) to plate **3** (*colmare*) to load **4** (*occupare*) to hold, to fill **B** v.rifl. e intr. pron. to cover oneself
ricordàre **A** v.tr. **1** to remember, to recall **2** (*richiamare alla memoria altrui*) to remind **3** (*menzionare*) to mention **B** v.intr. pron. to remember
ricòrdo s.m. **1** memory, recollection, remembrance **2** (*oggetto*) souvenir
ricorrènte agg. recurrent
ricorrènza s.f. **1** recurrence **2** (*anniversario*) anniversary
ricórrere v.intr. **1** (*rivolgersi*) to apply, to go to **2** (*fare appello*) to appeal **3** (*ripetersi*) to recur **4** (*accadere*) to occur, (*di anniversario*) to fall
ricórso s.m. **1** resort, recourse **2** (*dir.*) petition, appeal
ricostituènte agg. e s.m. tonic
ricostruìre v.tr. to reconstruct, to rebuild
ricostruzióne s.f. reconstruction, rebuilding
ricoveràre **A** v.tr. to shelter, to take in **B** v.rifl. to take shelter ♦ **r. all'ospedale** to hospitalize
ricòvero s.m. **1** shelter **2** (*in ospedale*) admission, hospitalization **3** (*ospizio*) shelter, (*per anziani*) old people's home
ricreàre **A** v.tr. **1** to recreate **2** (*rinvigorire*) to revive **B** v.rifl. to relax
ricreatìvo agg. recreative, recreational
ricreazióne s.f. recreation
ricrédersi v.intr. pron. to change one's mind
ricucìre v.tr. **1** to resew, to sew again, to restitch, (*una ferita*) to sew up **2** (*ricomporre*) to re-establish
ricuòcere v.tr. to recook
ricuperàre v.tr. → ***recuperare***
ricùpero s.m. → ***recupero***
ricùrvo agg. bent
ridacchiàre v.intr. to giggle, to snigger
ridàre v.tr. **1** to give again **2** (*restituire*) to give back, to return
rìdere v.intr. to laugh (at)
ridìcolo **A** agg. **1** ridiculous, absurd **2** (*esiguo*) paltry **B** s.m. **1** ridicule **2** (*ridicolaggine*) ridiculousness
ridimensionàre v.tr. **1** (*riorganizzare*) to reorganize, (*ridurre*) to reduce **2** (*fig.*) to reconsider, to reappraise
ridipìngere v.tr. to repaint
ridìre v.tr. **1** to tell again, to say again **2** (*obiettare*) to object to, to find fault (with)
ridondànte agg. redundant
ridòsso s.m. shelter ♦ **a r. di** under (the) lee of, at the back of, behind
ridótta s.f. underdrive, reduced gear
ridótto agg. reduced
ridùrre **A** v.tr. **1** to reduce, to cut down **2** (*trasformare*) to turn into, to reduce **3** (*spingere, portare*) to drive, to reduce **4** (*adattare*) to adapt **B** v.intr. pron. **1** to reduce oneself **2** (*diventare*) to be reduced, to become **3** (*diminuire*) to decrease, (*restringersi*) to shrink
riduzióne s.f. **1** reduction, cut **2** (*sconto*) discount **3** (*adattamento*) adaptation
riecheggiàre v.intr. to resound
rielaboràre v.tr. to revise, to work out again
rielèggere v.tr. to re-elect
rielezióne s.f. re-election
riempìre **A** v.tr. **1** to fill (up), to stuff **2** (*compilare*) to fill in **B** v.rifl. e intr. pron. **1** to be filled **2** (*rimpinzarsi*) to stuff oneself
rientrànza s.f. recess
rientràre v.intr. **1** to re-enter, to enter again, (*tornare*) to go back, to return **2** (*far parte*) to be included in, to be part of
riéntro s.m. **1** return (*anche econ.*) **2** (*di navicella spaziale*) reentry **3** (*di testo scritto*) indent
riepilogàre v.tr. to recapitulate, to sum up
riepìlogo s.m. recapitulation, summary
riesumàre v.tr. **1** to exhume **2** (*fig.*) to unearth
rievocàre v.tr. **1** to recall **2** (*commemorare*) to commemorate
rievocazióne s.f. **1** recalling **2** (*commemorazione*) commemoration
rifaciménto s.m. **1** remaking, (*di film*) remake **2** (*ricostruzione*) reconstruction

rifàre **A** v.tr. **1** to do again, to make again, to remake **2** (*ripristinare*) to restore, (*ricostruire*) to rebuild **3** (*riparare*) to repair **4** (*imitare*) to imitate, to ape **5** (*ripercorrere*) to retrace **B** v.rifl. e intr. pron. **1** to make up **2** (*vendicarsi*) to revenge oneself **3** (*risalire*) to go back to

rifàtto agg. **1** remade **2** (*con intervento chirurgico*) fixed, redone

riferiménto s.m. reference

riferìre **A** v.tr. **1** to report, to tell, to relate **2** (*ascrivere*) to attribute, to connect **B** v.intr. pron. **1** (*alludere*) to refer, to make reference **2** (*concernere*) to concern, to refer

rifilàre v.tr. **1** (*tagliare*) to trim **2** (*dare*) to give, (*appioppare*) to palm off

rifinìre v.tr. to finish off

rifinitùra s.f. finishing touch, touch-up

rifiorìre v.intr. **1** to blossom again **2** (*fig.*) to flourish again

rifiutàre **A** v.tr. **1** to refuse, (*respingere*) to reject **2** (*non concedere*) to deny, to refuse **B** v.intr. pron. to refuse

rifiùto s.m. **1** refusal, rejection **2** (*diniego*) denial **3** (*scarto*) refuse, *al pl.* waste, rubbish

riflessióne s.f. reflection

riflessìvo agg. **1** reflective, thoughtful **2** (*gramm., mat.*) reflexive

riflèsso s.m. **1** reflection **2** (*fig.*) influence, effect **3** (*med.*) reflex

riflèttere **A** v.tr. to reflect **B** v.intr. to think over, to reflect, to consider **C** v.rifl. to be reflected

riflettóre s.m. **1** reflector **2** (*proiettore*) searchlight

riflùsso s.m. reflux, (*di acqua*) ebb

rifocillàre **A** v.tr. to give refreshment to **B** v.rifl. to take refreshment

rifóndere v.tr. **1** to melt again **2** (*rimborsare*) to refund

rifórma s.f. reform, reformation

riformàre v.tr. **1** to re-form **2** (*sottoporre a riforma*) to reform, to amend

riformatóre **A** agg. reforming **B** s.m. reformer

riformatòrio s.m. approved school, (*USA*) reformatory

riforniménto s.m. **1** supplying, (*di carburante*) refuelling **2** (*scorta*) supply ♦ **fare r. di benzina** to fill up the tank

rifornìre **A** v.tr. to supply, to stock **B** v.rifl. to stock up

rifrazióne s.f. refraction

rifuggìre **A** v.intr. **1** to flee again **2** (*fig.*) to shrink, to avoid **B** v.tr. to avoid

rifugiàrsi v.intr. pron. to shelter, to take refuge

rifugiàto s.m. refugee

rifùgio s.m. refuge, shelter

rìga s.f. **1** line **2** (*fila*) row **3** (*da disegno*) rule **4** (*striscia*) stripe **5** (*scriminatura*) parting

rigattière s.m. junk dealer

rigettàre v.tr. **1** to throw again, to throw back **2** (*respingere*) to reject

rigètto s.m. rejection

righèllo s.m. ruler

rigidità s.f. **1** rigidity **2** (*fig.*) severity, strictness

rìgido agg. **1** rigid, stiff **2** (*di clima*) rigorous, harsh **3** (*severo*) strict, severe, rigid

rigiràre **A** v.tr. **1** to turn again, to turn over **2** (*distorcere*) to twist, to distort **B** v.rifl. to turn round

rìgo s.m. **1** line **2** (*mus.*) stave, staff

rigoglióso agg. luxuriant, flourishing

rigonfiaménto s.m. swelling, bulge

rigóre s.m. **1** (*freddo*) rigours *pl.* **2** (*austerità*) uprightness **3** (*severità*) rigour, strictness, severity **4** (*precisione*) exactness ♦ **calcio di r.** penalty (kick)

rigoróso agg. rigorous, strict

rigovernàre v.tr. to wash up

riguardàre **A** v.tr. **1** to look at, to examine **2** (*considerare*) to regard, to concern **3** (*custodire*) to take care of **B** v.rifl. to take care of oneself

riguàrdo s.m. **1** (*cura*) care **2** (*rispetto*) respect, regard, consideration **3** (*relazione*) regard, respect

rilanciàre v.tr. **1** to throw again **2** (*fig.*) (*ridare slancio*) to revive **3** (*nel poker*) to raise

rilasciàre **A** v.tr. **1** to leave again **2** (*liberare*) to release, to set free **3** (*concedere*) to grant, to give **4** (*allentare*) to relax **B** v.rifl. e intr. pron. to relax

rilàscio s.m. **1** release **2** (*concessione*) granting, issue

rilassàre v.tr. e rifl. to relax

rilassàto agg. relaxed

rilegàre v.tr. to bind

rilegatùra s.f. binding

rilèggere v.tr. to read again

rilevaménto s.m. **1** survey **2** (*naut.*) bearing

rilevànte agg. considerable

rilevànza s.f. importance

rilevàre v.tr. **1** (*notare*) to notice, to point out **2** (*ricavare*) to take **3** (*dare il cambio*) to relieve **4** (*subentrare*) to take over, (*comprare*) to buy **5** (*topografia*) to survey, (*geogr.*) to map **6** (*naut.*) to take a bearing of

rilièvo s.m. **1** relief **2** (*importanza*) importance, stress **3** (*osservazione*) remark **4** (*rilevamento*) survey **5** (*altura*) height, high ground ♦ **mettere in r.** to point out

rilòga s.f. curtain rod, curtain rail

riluttànte agg. reluctant, unwilling

riluttànza s.f. reluctance, unwillingness

rìma s.f. **1** rhyme **2** al pl. (*versi*) rhymed verses *pl.*, poetry

rimandàre v.tr. **1** to send again **2** (*restituire, mandare indietro*) to send back **3** (*rinviare*) to postpone, to put off **4** (*far riferimento*) to refer

rimaneggiàre v.tr. to (re)adapt, to revise

rimanènte **A** agg. remaining **B** s.m. **1** remainder, leftovers *pl.* **2** al pl. (*persone*) the others *pl.*, the rest

rimanènza s.f. remainder, rest, leftovers *pl.*

rimanére v.intr. **1** to remain, to stay **2** (*avanzare*) to be left, to remain **3** (*persistere*) to remain, to last **4** (*essere situato*) to be located **5** (*mantenersi*) to keep, to remain **6** (*stupirsi*) to be astonished ♦ **rimanerci male** to be disappointed

rimarchévole agg. remarkable, notable

rimarginàre v.tr. e intr. pron. to heal

rimasùgli s.m. pl. remains *pl.*, leftovers *pl.*

rimbalzàre v.intr. to rebound, to bounce back

rimbàlzo s.m. rebound

rimboccàre v.tr. to tuck up, to turn down

rimbombàre v.intr. to rumble, to resound

rimbómbo s.m. rumble

rimborsàbile agg. refundable, repayable

rimborsàre v.tr. to reimburse, to refund, to repay

rimbórso s.m. reimbursement, refund, repayment

rimboschiménto s.m. reforestation, reafforestation

rimediàre **A** v.tr. **1** (*porre rimedio a*) to remedy, to put right **2** (*racimolare*) to scrape up **B** v.intr. to remedy, to make up for

rimèdio s.m. remedy, cure

rimescolàre v.tr. **1** to mix up, to stir up **2** (*carte da gioco*) to shuffle **3** (*rinvangare*) to rake up

riméssa s.f. **1** (*di denaro*) remittance, transfert **2** (*deposito di autobus*) (bus) depot, garage **3** (*calcio*) throw-in

riméttere **A** v.tr. **1** to put again, to replace **2** (*affidare*) to refer, to leave **3** (*mandare*) to remit, (*consegnare*) to deliver **4** (*perdonare, condonare*) to remit, to forgive **5** (*rimetterci*) to lose, to ruin **B** v.rifl. e intr. pron. **1** (*ristabilirsi*) to recover **2** (*affidarsi*) to rely (on) **3** (*rasserenarsi*) to clear up ♦ **r. a nuovo** to renew, to renovate

rìmmel s.m. inv. mascara

rimónta s.f. recovery

rimontàre **A** v.tr. **1** to go up **2** (*ricomporre*) to reassemble **B** v.intr. **1** to remount **2** (*risalire*) to go back, to date back **3** (*recuperare uno svantaggio*) to move up, to catch up

rimorchiàre v.tr. **1** to tow **2** (*fig.*) (*una persona*) to pick up

rimorchiatóre s.m. tug

rimòrchio s.m. **1** tow **2** (*veicolo*) trailer ♦ **prendere a r.** to take in tow, to tow

rimòrso s.m. remorse, regret

rimozióne s.f. **1** removal **2** (*da un incarico*) dismissal, discharge ♦ **zona a r. forzata** towaway zone

rimpàsto s.m. reorganization, restructuring

rimpatriàre v.tr. e intr. to repatriate

rimpàtrio s.m. repatriation

rimpiàngere v.tr. to regret

rimpiànto s.m. regret

rimpiazzàre v.tr. to replace

rimpicciolìre **A** v.tr. to make smaller **B** v.intr. pron. to become smaller

rimpinguàre **A** v.tr. **1** to fatten (up) **2** (*arricchire*) to enrich **B** v.rifl. **1** to grow fat **2** (*arricchirsi*) to grow rich

rimpinzàre **A** v.tr. to fill, to stuff **B** v.rifl. to stuff oneself

rimproveràre v.tr. **1** to reproach, to rebuke, (*sgridare*) to scold **2** (*biasimare*) to blame, to reproach **3** (*rinfacciare*) to grudge

rimpròvero s.m. reproach, rebuke, (*sgridata*) scolding

rimuginàre v.tr. e intr. to turn over in one's mind

rimuneràre v.tr. to remunerate

rimunerazióne s.f. remuneration, payment

rimuòvere v.tr. **1** to remove **2** (*destituire*) to dismiss, to discharge **3** (*dissuadere*) to dissuade, to deter

rinàscere v.intr. to revive, to be reborn

rinascimentàle agg. Renaissance (*attr.*)

rinasciménto s.m. Renaissance

rinàscita s.f. renaissance, revival

rincaràre v.tr. to raise (the price of)

rincasàre v.intr. to go back home

rinchiùdere **A** v.tr. to shut up **B** v.rifl. to shut oneself up

rincórrere v.tr. to run after

rincórsa s.f. run-up

rincréscere v.intr. **1** to be sorry, to regret **2** (*dispiacere*) to mind

rincresciménto s.m. regret

rinculàre v.intr. to recoil

rinfacciàre v.tr. to throw (st.) in sb's face

rinforzàre **A** v.tr. to strengthen, to reinforce **B** v.intr. (*di vento*) to grow stronger **C** v.intr. pron. to become stronger

rinfòrzo s.m. strengthening, reinforcement

rinfrancàre **A** v.tr. to encourage, to hearten **B** v.intr. pron. to take heart again

rinfrescànte agg. refreshing

rinfrescàre **A** v.tr. **1** to cool **2** (*rinnovare*) to do up, to restore **B** v.intr. to cool, (*di vento*) to freshen **C** v.rifl. to cool down, to freshen up

rinfrésco s.m. **1** (*festa*) party **2** (*cibi e bevande*) refreshments *pl.*

rinfùsa nella loc. avv. **alla r.** higgledy-piggledy

ringhiàre v.intr. to growl, to snarl

ringhièra s.f. railing, (*di scala*) banister

rìnghio s.m. growling, snarling

ringhióso agg. snarling

ringiovanìre **A** v.tr. **1** to make young (again) **2** (*far sembrare più giovane*) to make look younger **B** v.intr. **1** to grow young again **2** (*sembrare più giovane*) to look younger, to look half one's age

ringraziaménto s.m. thanks *pl.*

ringraziàre v.tr. to thank

rinnegàre v.tr. to disown, to deny

rinnovaménto s.m. renewal

rinnovàre **A** v.tr. **1** to renew **2** (*ripetere*) to repeat **3** (*cambiare*) to change, to renew **B** v.intr. pron. **1** to be renewed **2** (*ripetersi*) to happen again

rinnòvo s.m. renewal
rinocerónte s.m. rhinoceros
rinomàto agg. renowned, famous
rinsaldàre v.tr. to strengthen, to consolidate
rintoccàre v.intr. (*di campana*) to toll, (*di orologio*) to strike
rintócco s.m. (*di campana*) toll, (*di orologio*) stroke
rintracciàre v.tr. to trace, to track down, (*trovare*) to find
rintronàre **A** v.tr. **1** (*assordare*) to deafen **2** (*stordire*) to stun **B** v.intr. to resound
rinùncia s.f. **1** renunciation **2** al pl. (*sacrifici*) sacrifice
rinunciàre v.intr. to renounce, to give up
rinvenìre **A** v.tr. to find out, to discover **B** v.intr. **1** (*recuperare i sensi*) to recover one's senses, to come to **2** (*recuperare freschezza*) to revive
rinviàre v.tr. **1** (*mandare indietro*) to send back, to return **2** (*posporre*) to put off, to postpone
rinvìo s.m. **1** postponement, adjournment **2** (*restituzione*) return, sending back **3** (*riferimento*) cross-reference
rionàle agg. local
rióne s.m. district, quarter
riordinàre v.tr. **1** to put in order again, to tidy up **2** (*riorganizzare*) to reorganize
riorganizzàre v.tr. to reorganize
ripagàre v.tr. **1** to pay again **2** (*ricompensare*) to repay, to reward **3** (*risarcire*) to pay, to refund
riparàre **A** v.tr. **1** (*aggiustare*) to repair, to fix, to mend **2** (*proteggere*) to shelter, to protect **3** (*rimediare*) to redress, to make amends for **B** v.intr. to make up (for) **C** v.rifl. to protect oneself
riparazióne s.f. repair, fixing
ripàro s.m. shelter, cover, protection
ripartìre[1] v.tr. **1** (*dividere*) to split up, to divide **2** (*distribuire*) to share out
ripartìre[2] v.intr. **1** (*partire di nuovo*) to leave again **2** (*riavviarsi*) to start again
ripartizióne s.f. division, distribution
ripassàre **A** v.tr. **1** to cross again **2** (*la lezione*) to go over **B** v.intr. to come back
ripàsso s.m. review, revision
ripensaménto s.m. **1** afterthought, rethink, reconsideration **2** (*cambiamento di idea*) change of mind
ripensàre v.intr. **1** (*tornare a pensare*) to think again **2** (*riandare col pensiero*) to recall **3** (*cambiare parere*) to change one's mind
ripercórrere v.tr. to run through again, to go over again
ripercuòtersi v.intr. pron. **1** to reverberate **2** (*fig.*) to have repercussions, to affect
ripercussióne s.f. repercussion
ripescàre v.tr. **1** (*tirare fuori dall'acqua*) to fish out **2** (*trovare*) to find (again)
ripètere **A** v.tr. to repeat **B** v.rifl. to repeat oneself **C** v.intr. pron. to recur
ripetitìvo agg. repetitive
ripetizióne s.f. **1** repetition **2** (*lezione privata*) private lesson, tutoring, coaching
ripetùto agg. **1** repeated **2** (*est.*) recurrent
ripiàno s.m. shelf
ripìcca s.f. spite, pique ♦ **per r.** out of spite
rìpido agg. steep
ripiegàre **A** v.tr. **1** to bend again, to refold **2** (*piegare*) to fold up **3** (*abbassare*) to lower **B** v.intr. **1** (*ritirarsi*) to withdraw, to retreat **2** (*fig.*) to fall back **C** v.intr. pron. to bend
ripiègo s.m. expedient, makeshift
ripièno **A** agg. (*pieno*) full, (*riempito, farcito*) stuffed, filled **B** s.m. stuffing, filling
ripopolàre v.tr. to repopulate
ripórre v.tr. **1** to put away **2** (*collocare*) to place, to put
riportàre **A** v.tr. **1** to bring again, to take again, to bring back, to take back, to carry back **2** (*riferire*) to report, (*citare*) to quote **3** (*ricevere, ottenere*) to get, to receive, to carry off **4** (*mat.*) to carry **B** v.intr. pron. **1** (*tornare*) to go back **2** (*riferirsi*) to refer
riposànte agg. **1** (*quieto*) restful, peaceful **2** (*che dà riposo*) restful, relaxing
riposàre v.tr., intr. e rifl. to rest
ripòso s.m. rest
ripostìglio s.m. lumber-room, storeroom
riprèndere **A** v.tr. **1** to take again, (*riacchiappare*) to catch again, (*riconquistare*) to retake **2** (*prendere indietro*) to take back, to get back, (*recuperare*) to recover **3** (*ricominciare*) to begin again, to start again, to resume **4** (*rimproverare*) to tell off, to reprove **5** (*cin.*) to shoot **B** v.intr. (*ricominciare*) to start again, to begin again **C** v.intr. pron. to recover
riprésa s.f. **1** restarting, resumption, renewal **2** (*rinascita*) revival **3** (*da malattia, emozioni*) recovery **4** (*teatro*) revival **5** (*cin.*) shot, take **6** (*autom.*) pick-up **7** (*di partita*) second half, (*pugilato*) round, (*baseball*) inning
ripristinàre v.tr. to restore
riproducìbile agg. reproducible
riprodùrre v.tr., rifl. e intr. pron. to reproduce
riproduzióne s.f. reproduction
riprovàre **A** v.tr. **1** to try again **2** (*sentire di nuovo*) to feel again **B** v.intr. to try again
riprovévole agg. reprehensible, despicable
ripudiàre v.tr. to repudiate, to disown
ripugnànte agg. repulsive, disgusting
ripugnàre v.intr. to disgust, to dislike (*costr. pers.*)
ripulìre **A** v.tr. **1** to clean again **2** (*pulire*) to clean up **3** (*dirozzare*) to refine **4** (*svuotare*) to clean out, to clear **B** v.rifl. to clean oneself up
riquàdro s.m. square
risàcca s.f. undertow, backwash
risàia s.f. rice-field
risalìre **A** v.tr. **1** to go up again, to climb up again **2** (*contro corrente*) to go up **B** v.intr. **1** to go up again, to climb up again **2** (*aumentare*) to rise again, to go up again **3** (*nel tempo*) to go back, to date back

risaltàre v.intr. **1** (*spiccare*) to stand out, to show up **2** (*sporgere*) to stick out

risàlto s.m. prominence, relief

risanàre v.tr. **1** (*guarire*) to cure, to restore **2** (*bonificare*) to reclaim **3** (*riequilibrare*) to balance, (*riorganizzare*) to reorganize

risapùto agg. well-known

risarciménto s.m. compensation, refund ♦ **richiesta di r.** claim for damages

risarcìre v.tr. to repay, to refund, to indemnify

risàta s.f. laughter, laugh

riscaldaménto s.m. **1** heating **2** (*sport*) warm up ♦ **impianto di r.** heating system || **r. autonomo** independent heating (system) || **r. centralizzato** central heating

riscaldàre **A** v.tr. **1** to warm, to heat **2** (*scaldare di nuovo*) to heat up, to warm up **3** (*fig.*) to stir up **B** v.intr. to give heat **C** v.rifl. **1** to warm oneself, to get warm **2** (*fig.*) to warm up, to get excited

riscattàre v.tr. to ransom, to redeem

riscàtto s.m. **1** redemption **2** (*prezzo richiesto*) ransom

rischiaràre **A** v.tr. to light up, to illuminate **B** v.intr. pron. to brighten, to clear up

rischiàre v.tr. to risk, to venture

rìschio s.m. risk

rischióso agg. risky

risciacquàre v.tr. to rinse

riscontràre v.tr. **1** (*verificare*) to check, to verify **2** (*trovare*) to find, to notice **3** (*confrontare*) to compare

riscóntro s.m. **1** (*controllo*) check **2** (*confronto*) comparison **3** (*conferma*) confirmation

riscopèrta s.f. rediscovery

riscoprìre v.tr. to rediscover

riscossióne s.f. collection

riscrìvere v.tr. to write again, to rewrite

riscuòtere v.tr. **1** to collect, to draw, to cash **2** (*conseguire*) to earn, to win

risentiménto s.m. resentment

risentìre **A** v.tr. **1** to hear again **2** (*ascoltare*) to listen again **B** v.intr. **1** (*soffrire*) to suffer (from) **2** (*subire l'influenza*) to be influenced **C** v.intr. pron. (*offendersi*) to take offense, to resent **D** v.rifl. rec. to hear each other again

risèrbo s.m. reserve, discretion

risèrva s.f. **1** (*scorta*) supply, reserve **2** (*restrizione*) reserve, reservation **3** (*di caccia, pesca*) reserve, preserve

riservàre **A** v.tr. **1** to reserve, to keep **2** (*prenotare*) to book **B** v.intr. pron. to intend, to propose

riservatézza s.f. **1** privacy **2** (*carattere*) reserve, discretion

riservàto agg. **1** (*chiuso*) reserved, restrained **2** (*prenotato*) reserved, booked **3** (*segreto*) confidential

risguàrdo s.m. flyleaf

risièdere v.intr. **1** to reside, to live **2** (*consistere*) to consist (in)

rìsma s.f. **1** (*di carta*) ream **2** (*fig.*) kind, sort

rìso[1] s.m. laugh, laughter

rìso[2] s.m. (*bot.*) rice

risolutìvo agg. resolutive, decisive

risolùto agg. resolute

risoluzióne s.f. **1** resolution, decision **2** (*mat.*) solution **3** (*dir.*) cancellation

risòlvere **A** v.tr. **1** to solve, to work out, to resolve **2** (*definire*) to settle **3** (*rescindere*) to cancel **B** v.intr. pron. **1** (*decidersi*) to decide, to make up one's mind **2** (*trasformarsi*) to change, to turn into **3** (*di malattia*) to resolve, to clear up

risonànza s.f. resonance, echo

risórgere v.intr. to rise again

risórsa s.f. resource

risparmiàre **A** v.tr. **1** to save (up) **2** (*evitare, salvare*) to spare **B** v.rifl. to spare oneself

risparmiatóre s.m. saver

rispàrmio s.m. **1** saving **2** (*somma risparmiata*) savings *pl.*

rispecchiàre v.tr. to reflect

rispedìre v.tr. **1** (*spedire di nuovo*) to send again **2** (*spedire indietro*) to send back

rispettàbile agg. **1** respectable **2** (*considerevole*) considerable

rispettabilità s.f. respectability

rispettàre v.tr. **1** to respect, to honour **2** (*osservare*) to comply with, to observe

rispettìvo agg. respective

rispètto s.m. respect

rispettóso agg. respectful

risplèndere v.intr. to shine

rispóndere **A** v.intr. **1** to answer, to reply **2** (*ribattere*) to answer back **3** (*farsi garante*) to be responsible for, to answer for **4** (*corrispondere*) to meet **5** (*obbedire*) to respond **B** v.tr. **1** to answer **2** (*a carte*) to reply

rispósta s.f. **1** answer, reply **2** (*reazione*) response

rìssa s.f. brawl

rissóso agg. brawling, quarrelsome

ristabilìre **A** v.tr. to re-establish, to restore **B** v.intr. pron. **1** to settle again **2** (*rimettersi*) to recover, to get well again

ristagnàre v.intr. to be stagnant

ristàgno s.m. stagnation

ristàmpa s.f. reprint

ristampàre v.tr. to reprint

ristorànte s.m. restaurant

ristoràre **A** v.tr. to refresh **B** v.rifl. to refresh oneself

ristoratóre s.m. restaurateur

ristrettézza s.f. **1** narrowness **2** (*meschinità*) meanness **3** (*insufficienza*) lack, shortage **4 al pl.** (*condizioni economiche disagiate*) financial straits *pl.*

ristrétto agg. **1** narrow **2** (*meschino*) mean **3** (*limi-

tato) narrow, limited **4** (*condensato*) condensed ♦ **caffè r.** strong coffee

ristrutturàre v.tr. to restructure, to renovate

ristrutturazióne s.f. restructuration, renovation

risucchiàre v.tr. to suck

risultàre v.intr. **1** to result, to come out, to follow, to ensue, to spring **2** (*essere noto, impers.*) to understand (*costr. pers.*), to know (*costr. pers.*) ♦ **risulta chiaro che...** it is clear that...

risultàto s.m. result, outcome

risuolàre v.tr. to resole

risuonàre v.intr. to resound

risurrezióne s.f. resurrection

risuscitàre **A** v.tr. to resuscitate, to revive **B** v.intr. to rise again

risvegliàre **A** v.tr. to awake, to awaken **B** v.intr. pron. **1** to wake up **2** (*fig.*) to revive

risvéglio s.m. **1** (re)awakening, waking up **2** (*fig.*) revival

risvòlto s.m. **1** (*di giacca*) lapel, (*di pantaloni*) turn-up **2** (*fig.*) implication, consequence

ritagliàre v.tr. to cut out

ritàglio s.m. (*pezzetto*) scrap, (*di giornale*) cutting, clipping ♦ **nei ritagli di tempo** in one's spare time

ritardàre **A** v.tr. to delay, to retard, to put off **B** v.intr. to delay, to be late

ritardatàrio s.m. latecomer

ritardàto agg. **1** delayed, overdue **2** (*psic.*) retarded

ritàrdo s.m. delay ♦ **essere in r.** to be late

ritégno s.m. reserve, restraint

ritenére **A** v.tr. **1** (*trattenere*) to hold, to keep, to retain **2** (*credere*) to think, to believe **B** v.rifl. to consider oneself

ritiràre **A** v.tr. **1** (*tirare di nuovo*) to throw again **2** (*tirare indietro*) to withdraw, to draw back, to retract **3** (*farsi consegnare*) to collect, to pick up, (*riscuotere*) to draw **B** v.rifl. to retire, to withdraw **C** v.intr. pron. **1** (*di tessuto*) to shrink **2** (*di acque*) to subside, to recede

ritiràta s.f. **1** retreat, withdrawal **2** (*in caserma*) tattoo

ritiràto agg. retired

ritìro s.m. **1** withdrawal, retirement **2** (*luogo appartato*) retreat

rìtmo s.m. **1** rhythm **2** (*tasso*) rate

rìto s.m. **1** rite **2** (*usanza*) custom

ritoccàre v.tr. **1** to retouch **2** (*prezzi*) to readjust

ritócco s.m. **1** touch-up, finishing touch **2** (*di prezzi*) adjustment, revision

ritornàre **A** v.intr. **1** to return, to go back, to come back **2** (*ricorrere*) to recur **3** (*tornare a essere*) to become again **B** v.tr. to return, to give back

ritornèllo s.m. **1** refrain **2** (*mus.*) ritornello ♦ **il solito r.** the same old story, the same old song and dance

ritórno s.m. return

ritràrre **A** v.tr. **1** (*tirare indietro*) to withdraw, to draw back **2** (*distogliere*) to divert **3** (*rappresentare*) to represent, to portray, to depict **B** v.rifl. **1** to withdraw **2** (*sottrarsi*) to get out **3** (*rappresentarsi*) to portray oneself

ritrattàre v.tr. **1** (*trattare di nuovo*) to treat again **2** (*ritirare*) to retract, to withdraw

ritràtto s.m. portrait

ritróso agg. **1** (*riluttante*) reluctant **2** (*timido*) shy ♦ **a r.** backwards

ritrovaménto s.m. finding, (*scoperta*) discovery

ritrovàre **A** v.tr. **1** to find (again) **2** (*scoprire*) to find, to discover **3** (*recuperare*) to recover **4** (*incontrare di nuovo*) to meet (again) **B** v.intr. pron. to find oneself **C** v.rifl. rec. (*incontrarsi di nuovo*) to meet again **D** v.rifl. **1** (*raccapezzarsi*) to see one's way **2** (*sentirsi a proprio agio*) to feel at ease

ritròvo s.m. meeting, (*luogo*) meeting-place

rìtto agg. upright, erect

rituàle s.m. ritual

riunióne s.f. meeting

riunìre **A** v.tr. **1** to reunite, to put together **2** (*adunare*) to gather, to collect together **3** (*riconciliare*) to bring together again **B** v.rifl. **1** to come together again **2** (*adunarsi*) to gather, to meet

riuscìre v.intr. **1** to succeed, to manage, (*essere capace*) to be able **2** (*avere esito*) to come out, to turn out, (*avere esito positivo*) to be successful, to succeed **3** (*avere attitudine*) to be clever at, to be good at **4** (*apparire, risultare*) to be, (*dimostrarsi*) to prove **5** (*uscire di nuovo*) to go out again

riuscìta s.f. result, outcome, (*successo*) success

rìva s.f. (*di fiume*) bank, (*di lago, mare*) shore

rivàle agg., s.m. e f. rival ♦ **non avere rivali** to be matchless

rivalità s.f. rivalry

rivàlsa s.f. **1** (*rivincita*) revenge **2** (*risarcimento*) compensation

rivalutàre v.tr. to revalue, to re-evaluate

rivalutazióne s.f. revaluation, re-evaluation

rivedére **A** v.tr. **1** (*vedere di nuovo*) to see again, (*incontrare di nuovo*) to meet again **2** (*correggere*) to revise, to correct, (*controllare*) to check **3** (*ripassare*) to look over again **B** v.rifl. rec. to see each other again, to meet again

rivelàre **A** v.tr. **1** to reveal, to disclose **2** (*mostrare*) to show **B** v.rifl. to reveal oneself, to show oneself

rivelazióne s.f. revelation

rivéndere v.tr. **1** to resell, to sell again **2** (*vendere al dettaglio*) to retail

rivendicàre v.tr. to claim

rivendicazióne s.f. **1** claim **2** (*attribuzione di responsabilità*) claiming of responsibility

rivéndita s.f. shop, retail shop

rivèrbero s.m. reverberation

riverènza s.f. **1** reverence **2** (*inchino*) bow, curtsey

riverìre v.tr. **1** to revere, to respect **2** (*salutare*) to pay one's respects to

riverniciàre v.tr. to repaint

riversàre **A** v.tr. **1** to pour (again) **2** (*inform.*) to

copy, to transfer **B** v.intr. pron. **1** to flow **2** (*fig.*) to pour (out)
rivestiménto s.m. covering, coating, (*interno*) lining
rivestìre **A** v.tr. **1** (*vestire di nuovo*) to dress again **2** (*provvedere di abiti*) to dress, to provide with clothes **3** (*ricoprire*) to cover, to coat, (*foderare*) to line **4** (*una carica*) to hold **B** v.rifl. to dress again
rivièra s.f. coast
rivìncita s.f. **1** (*sport*) return match, (*gioco*) return game **2** (*rivalsa*) revenge
rivisitàre v.tr. to revisit
rivìsta s.f. **1** (*mil.*) review **2** (*periodico*) review, (*rotocalco*) magazine **3** (*teatro*) revue, show ♦ **passare in r.** to review
rivìvere **A** v.tr. to live again **B** v.intr. to live again, (*tornare in vita*) to come to life again
rivòlgere **A** v.tr. **1** to turn, to direct **2** (*indirizzare*) to address **B** v.rifl. **1** to turn, to address **2** (*ricorrere*) to apply
rivòlta s.f. revolt, rebellion
rivoltàre **A** v.tr. **1** to turn (over) again **2** (*rovesciare*) to turn (over), (*con l'interno verso l'esterno*) to turn inside out, (*capovolgere*) to turn upside down **B** v.rifl. to turn round, to turn over **C** v.intr. pron. (*ribellarsi*) to revolt, to rebel
rivoltèlla s.f. revolver
rivoluzionàre v.tr. to revolutionize
rivoluzionàrio agg. e s.m. revolutionary
rivoluzióne s.f. revolution
rizzàre **A** v.tr. to raise, to erect **B** v.intr. pron. (*di capelli, peli*) to bristle
ròba s.f. stuff, things *pl.*
robùsto agg. strong, sturdy
ròcca s.f. fortress, stronghold
roccafòrte s.f. fortress, stronghold
rocchétto s.m. **1** reel, spool **2** (*elettr.*) coil
ròccia s.f. rock
rocciatóre s.m. rock-climber
roccióso agg. rocky
rococò agg. e s.m. rococo
rodàggio s.m. **1** (*autom.*) running-in, (*USA*) breaking-in, period (of adjustment) **2** (*fig.*) trial stage
rodèo s.m. rodeo
ródere **A** v.tr. **1** to gnaw **2** (*corrodere*) to eat into, to corrode **B** v.rifl. to worry
roditóre s.m. rodent
rododèndro s.m. rhododendron
rógna s.f. **1** (*med.*) scabies, (*bot., zool.*) scab **2** (*fastidio*) nuisance, trouble
rognóne s.m. kidney
ràgo s.m. **1** (*supplizio*) stake **2** (*pira*) (funeral) pyre **3** (*incendio*) fire
rollàre v.tr. to roll
roll bar s.m. inv. roll bar
rollerblades s.m. pl. rollerblades
rollìo s.m. roll
ROM s.f. inv. ROM (*read-only memory*)
romànico agg. Romanesque
romàno agg. e s.m. Roman
romanticìsmo s.m. Romanticism
romàntico agg. e s.m. romantic
romànza s.f. romance
romanzésco agg. **1** novel (*attr.*) **2** (*fig.*) fantastic
romanzière s.m. novelist
romànzo s.m. **1** novel **2** (*medievale*) romance **3** (*novellistica*) fiction **4** (*fig.*) fantasy, romance
rómbo[1] s.m. (*geom.*) rhombus
rómbo[2] s.m. (*zool.*) rhombus
rómbo[3] s.m. (*rumore*) rumble, roar
romboidàle agg. rhomboidal
romèno agg. e s.m. → ***rumeno***
rómpere **A** v.tr. **1** to break, to burst, to smash **2** (*interrompere*) to break off **B** v.intr. **1** (*interrompere i rapporti*) to break up **2** (*fam.*) (*seccare*) to bother **C** v.intr. pron. to break
rompicàpo s.m. riddle, puzzle
rompighiàccio s.m. inv. **1** (*naut.*) ice breaker **2** (*attrezzo*) ice pick
rompiscàtole s.m. e f. inv. nuisance, pest
rónda s.f. rounds *pl.*, patrol
rondèlla s.f. washer
róndine s.f. swallow
rondóne s.m. swift
ronzàre v.intr. **1** to buzz, to hum **2** (*girare*) to hang round
ronzìno s.m. nag
ronzìo s.m. buzz
ròsa[1] agg. e s.m. pink
ròsa[2] s.f. **1** (*bot.*) rose **2** (*gruppo di persone*) group ♦ **r. dei venti** compass card
rosàrio s.m. rosary
rosàto **A** agg. rosy, pink **B** s.m. rosé
ròseo agg. rosy
rosicchiàre v.tr. to nibble, to gnaw (at)
rosmarìno s.m. rosemary
rosolàre **A** v.tr. to brown **B** v.intr. pron. **1** to get brown **2** (*fig.*) to bask in the sun
rosolìa s.f. German measles *pl.*, rubella
rosóne s.m. rose-window
ròspo s.m. toad
rossétto s.m. lipstick
rósso agg. e s.m. red
rossóre s.m. flush
rosticcerìa s.f. rotisserie, (*USA*) delicatessen, deli
rotàia s.f. rail
rotatìva s.f. rotary press
rotatòria s.f. roundabout
rotazióne s.f. **1** rotation **2** (*di personale, scorte*) turnover
roteàre **A** v.tr. to swing, (*occhi*) to roll **B** v.intr. to wheel
rotèlla s.f. small wheel, (*di pattino*) roller
rotocàlco s.m. magazine
rotolàre v.tr. e intr. to roll

ròtolo s.m. roll, (*di corda*) coil
rotónda s.f. **1** (*arch.*) rotunda **2** (*terrazza*) round terrace **3** (*stradale*) roundabout, (*USA*) traffic circle
rotondità s.f. rotundity, roundness
rotóndo agg. round
rótta[1] s.f. (*sconfitta*) rout, retreat ♦ **a r. di collo** headlong || **essere in r. con qc.** to be on bad terms with sb.
rótta[2] s.f. (*naut., aer.*) course, route
rottàme s.m. scrap
rótto agg. broken ♦ **per il r. della cuffia** (*fig.*) by the skin of one's teeth || **è costato tre euro e rotti** it cost three euros odd
rottùra s.f. break, breaking
ròtula s.f. kneecap, rotula
roulotte s.f. inv. caravan, (*USA*) trailer
rovènte agg. red-hot
róvere s.m. o f. durmast
rovesciàre **A** v.tr. **1** to upset, to knock over, to overturn **2** (*rivoltare*) to turn inside out **3** (*versare*) to pour, (*accidentalmente*) to spill **4** (*abbattere*) to overthrow **B** v.intr. pron. **1** to overturn, (*capovolgersi*) to capsize **2** (*versarsi*) to spill **3** (*riversarsi*) to pour
rovèscio **A** agg. (*capovolto*) upside down, (*con l'interno all'esterno*) inside out **B** s.m. **1** reverse, back, other side **2** (*opposto*) opposite **3** (*lavoro a maglia*) purl (stitch) **4** (*tennis*) backhand **5** (*di pioggia*) heavy shower **6** (*dissesto*) setback
rovìna s.f. ruin
rovinàre **A** v.tr. **1** to ruin, (*guastare*) to spoil **2** (*abbattere*) to demolish, to pull down **B** v.intr. to crash, to collapse **C** v.rifl. e intr. pron. to be ruined
rovinóso agg. ruinous, disastrous
rovistàre v.tr. e intr. to ransack
róvo s.m. bramble
rózzo agg. rough, coarse
rubàre v.tr. to steal
rubinétto s.m. tap, (*USA*) faucet
rubìno s.m. ruby
rubrìca s.f. **1** (*quaderno*) index-book, (*per indirizzi*) address-book **2** (*di giornale*) column, survey **3** (*tel.*) phone book
rùde agg. rough, harsh
rùdere s.m. ruin
rudimentàle agg. rudimentary
rudiménto s.m. rudiment
rùga s.f. wrinkle
rùggine s.f. rust
rugginóso agg. rusty
ruggìre v.intr. to roar
ruggìto s.m. roar
rugiàda s.f. dew
rugosità s.f. roughness, (*di viso*) wrinkledness
rugóso agg. **1** (*di viso*) wrinkled **2** (*scabro*) rough
rùllo s.m. roll, (*di macchina per scrivere*) platen ♦ **r. compressore** steamroller
rumèno agg. e s.m. Romanian
ruminànte agg. e s.m. ruminant
ruminàre v.tr. e intr. to ruminate
rumóre s.m. noise
rumoróso agg. noisy
ruòlo s.m. role
ruòta s.f. wheel ♦ **r. di scorta** spare wheel
ruotàre **A** v.tr. to rotate, (*occhi*) to roll **B** v.intr. **1** to rotate, to revolve **2** (*roteare*) to circle (round), to wheel about
ruotìno s.m. (*ruota di scorta*) spare wheel (not full size)
rùpe s.f. cliff, rock
rupèstre agg. rocky
ruràle agg. rural, country (*attr.*)
ruscèllo s.m. brook
rùspa s.f. scraper, bulldozer
ruspànte agg. farmyard (*attr.*)
russàre v.intr. to snore
rùsso agg. e s.m. Russian
rùstico agg. **1** country (*attr.*), rustic, rural **2** (*rozzo*) rough
ruttàre v.intr. to burp
rùtto s.m. burp
rùvido agg. rough, coarse
ruzzolàre v.intr. **1** (*cadere*) to tumble down **2** (*rotolare*) to roll
ruzzolóne s.m. tumble

s, S

sàbato s.m. Saturday
sabbàtico agg. sabbatical
sàbbia s.f. sand
sabbiatùra s.f. **1** sand bath **2** (*tecnol.*) sandblasting
sabbióso agg. sandy
sabotàggio s.m. sabotage
sabotàre v.tr. to sabotage
sàcca s.f. bag, knapsack
saccarìna s.f. saccharine
saccaròsio s.m. saccharose

saccènte **A** agg. pedantic, (*presuntuoso*) conceited **B** s.m. e f. know-all
saccheggiàre v.tr. to sack, to pillage, to plunder, to loot
saccheggiatóre s.m. pillager, plunderer
sacchéggio s.m. sack, pillage, plunder
sacchétto s.m. bag
sàcco s.m. **1** sack, bag **2** (*grande quantità*) a lot, lots *pl.*, a great deal, heaps *pl.* ♦ **divertirsi un s.** to have a ball || **s. a pelo** sleeping bag
sacerdòte s.m. priest
sacerdotéssa s.f. priestess
sacerdòzio s.m. priesthood
sacralgìa s.f. lower back pain
sacraménto s.m. sacrament
sacràrio s.m. **1** (*archeol.*) sacrarium **2** (*dei caduti*) memorial
sacrificàre **A** v.tr. **1** to sacrifice **2** (*sprecare*) to waste **B** v.intr. to offer sacrifices **C** v.rifl. to sacrifice oneself
sacrifìcio s.m. sacrifice
sacrilègio s.m. sacrilege
sàcro agg. **1** sacred, holy **2** (*consacrato*) consecrated, dedicated
sàdico **A** agg. sadistic **B** s.m. sadist
sadomasochìsmo s.m. sadomasochism
saétta s.f. **1** (*freccia*) arrow **2** (*fulmine*) thunderbolt, flash of lightning
safàri s.m. inv. safari
sàga s.f. saga
sagàce agg. shrewd, sagacious
saggézza s.f. wisdom
saggiàre v.tr. **1** (*analizzare*) to assay **2** (*fig.*) to test, to try out
sàggio[1] **A** agg. wise **B** s.m. wise man
sàggio[2] s.m. **1** (*prova*) test, trial, (*metall.*) assay **2** (*campione*) sample **3** (*dimostrazione*) proof **4** (*scritto*) essay
saggìsta s.m. e f. essayist
sàgola s.f. line
sàgoma s.f. **1** (*forma*) shape, outline, profile **2** (*tecnol.*) template **3** (*bersaglio*) target **4** (*fam.*) (*persona stramba*) character
sàgra s.f. festival, feast
sagràto s.m. church square
sagrestìa s.f. sacristy
sàio s.m. habit
sàla s.f. hall, room ♦ **s. da pranzo** dining room, (*in locali pubblici*) lounge || **s. d'aspetto** waiting room || **s. operatoria** operating theatre
salàme s.m. salami
salamòia s.f. brine, pickle
salàre v.tr. to salt, (*per conservare*) to corn
salàrio s.m. wage, salary
salàsso s.m. **1** bleeding **2** (*fig.*) drain
salàto agg. **1** salt (*attr.*), salty **2** (*sotto sale*) corned, salted **3** (*costoso*) expensive, stiff **4** (*salace*) biting
saldàre **A** v.tr. **1** (*metall.*) to weld **2** (*unire*) to link up with, to join **3** (*comm.*) to settle, to pay off, to balance **B** v.intr. pron. **1** (*metall.*) to weld **2** (*di ossa*) to knit **3** (*unirsi*) to tie up, to link
saldatóre s.m. welder
saldatrìce s.f. welder
saldatùra s.f. **1** (*metall.*) welding **2** (*fig.*) link, connection
saldézza s.f. firmness, strength
sàldo s.m. **1** (*importo residuo*) settlement, balance **2** (*resto*) rest, balance **3** (*svendita*) sale
sàle s.m. salt ♦ **s. fino** fine salt || **s. grosso** coarse salt || **senza s.** saltless || **sotto s.** salted
salesiàno agg. e s.m. Salesian
sàlice s.m. willow ♦ **s. piangente** weeping willow
saliènte agg. important, main
salièra s.f. saltcellar
salìna s.f. (*deposito*) salt pan, salina
salìno agg. saline, salt (*attr.*)
salìre **A** v.intr. **1** to rise, to climb, to go up, to come up **2** (*su un mezzo di trasporto*) to get on **3** (*fig.*) to rise, to go up **B** v.tr. to climb, to go up, to ascend
salìta s.f. **1** slope, ascent **2** (*il salire*) climbing, ascent **3** (*aumento*) rise, increase
salìva s.f. saliva, spittle
sàlma s.f. corpse
salmì s.m. salmi
sàlmo s.m. psalm
salmóne s.m. salmon ♦ **s. affumicato** smoked salmon
salmonellòsi s.f. salmonellosis
salóne s.m. **1** hall **2** (*per esposizione*) showroom
salòtto s.m. **1** drawing room, sitting room **2** (*letterario*) salon ♦ **fare s.** to gossip, to chat
salpàre **A** v.tr. to weigh **B** v.intr. to (set) sail, to set out
sàlsa s.f. sauce ♦ **s. di soia** soy sauce
salsèdine s.f. saltness, salinity, (*deposito salino*) salt deposit
salsìccia s.f. sausage
salsièra s.f. sauce boat, gravy boat
saltàre **A** v.tr. to jump (over), to leap (over), to skip **B** v.intr. **1** to jump, to leap, to spring **2** (*esplodere*) to blow up, to pop out
saltatóre s.m. jumper
saltellàre v.intr. to skip, to hop
saltimbànco s.m. acrobat, tumbler
sàlto s.m. **1** jump, leap, spring **2** (*omissione*) gap
saltuariaménte avv. occasionally
saltuàrio agg. irregolar, occasional
salùbre agg. salubrious, wholesome, healthy
salubrità s.f. wholesomeness, healthiness
salumerìa s.f. delicatessen (shop)
salùmi s.m. pl. charcuterie, cold cuts *pl.*
salumière s.m. delicatessen seller, grocer
salutàre[1] **A** v.tr. **1** to greet, to say hello to, (*partendo*) to say goodbye to **2** (*mil.*) to salute **3** (*fare visita*) to call (in) **B** v.rifl. rec. to greet each other, to say goodbye to each other

salutàre[2] **agg.** wholesome, healthy, salutary
salùte **A** **s.f.** health **B** **inter.** (*a chi starnutisce*) bless you!
salutìsta **s.m. e f.** hygienist
salùto **s.m.** greeting
salvacondótto **s.m.** safe-conduct
salvadanàio **s.m.** money-box, (*a forma di maialino*) piggy-bank
salvagènte **s.m.** (*ciambella*) life buoy, (*giubbotto*) life jacket, (*cintura*) life belt
salvagócce **s.m. inv.** drip-catcher
salvaguardàre **v.tr.** to safeguard, to protect
salvàre **A** **v.tr.** **1** to save, (*trarre in salvo*) to rescue **2** (*mettere da parte*) to put aside, to save **3** (*inform.*) to save **B** **v.rifl.** **1** to save oneself, to survive **2** (*evitare*) to be spared
salvaschérmo **s.m.** (*inform.*) screen saver
salvatàggio **s.m.** rescue ♦ **battello di s.** life boat, (*zattera*) life raft || **cintura di s.** (life-)harness
salvatóre **s.m.** saver, rescuer, (*spirituale*) saviour
salvavìta **A** **s.m. inv.** cut-out **B** **agg. inv.** lifesaving
sàlve **inter.** hello!, hi!
salvézza **s.f.** **1** salvation **2** (*sicurezza*) safety **3** (*scampo*) escape
sàlvia **s.f.** sage
salviétta **s.f.** **1** (*tovagliolo*) serviette, napkin **2** (*asciugamano*) towel
sàlvo[1] **agg.** **1** safe **2** (*al sicuro*) secure ♦ **mettersi in s.** to reach safety
sàlvo[2] **prep.** **1** (*tranne*) except (for), but **2** (*a parte*) apart from ♦ **s. che** except that, (*a meno che*) unless
sambùco **s.m.** elder
sanàre **v.tr.** **1** to cure **2** (*correggere*) to rectify, to correct **3** (*econ.*) to balance, to put right
sanatòrio **s.m.** sanatorium
sancìre **v.tr.** to sanction
sàndalo[1] **s.m.** (*bot.*) sandal, sandalwood
sàndalo[2] **s.m.** (*calzatura*) sandal
sàngue **s.m.** blood ♦ **al s.** (*di carne*) rare, underdone || **a s. freddo** in cold blood
sanguìgno **agg.** blood (*attr.*), sanguineous
sanguinàre **v.intr.** to bleed
sanguisùga **s.f.** leech
sanità **s.f.** **1** soundness, (*salubrità*) wholesomeness **2** (*ente sanitario*) health board
sanitàrio **agg.** sanitary, health (*attr.*) ♦ **certificato s.** health certificate
sàno **agg.** **1** healthy, wholesome, (*senza difetto*) sound **2** (*salubre*) healthy, healthful, wholesome **3** (*saggio*) sound ♦ **s. e salvo** safe and sound
santìno **s.m.** holy picture
santità **s.f.** holiness, sanctity
sànto **A** **agg.** holy, (*seguito da nome proprio*) Saint **B** **s.m.** saint
santóne **s.m.** guru (*fig.*)
santuàrio **s.m.** sanctuary, shrine
sanzióne **s.f.** sanction
sapére[1] **A** **v.tr.** **1** to know **2** (*venire a sapere*) to hear, to learn, to know **3** (*essere capace*) can, to be able, to know how **B** **v.intr.** **1** to know **2** (*venire a conoscenza*) to hear, to learn **3** (*aver sapore*) to taste, (*aver odore*) to smell **4** (*pensare*) to think
sapére[2] **s.m.** knowledge, (*cultura*) learning
sàpido **agg.** flavourful, sapid
sapiènte **agg.** **1** (*saggio*) wise **2** (*colto*) learned **3** (*abile*) skilful
sapiènza **s.f.** **1** (*saggezza*) wisdom **2** (*cultura*) learning **3** (*sapere*) knowledge
sapóne **s.m.** soap ♦ **s. da barba** shaving soap || **s. liquido** liquid soap
saponétta **s.f.** cake of soap
sapóre **s.m.** **1** taste, flavour **2** (*fig.*) spice
saporìto **agg.** tasty, flavourful
saracinésca **s.f.** (rolling) shutter
sarcàsmo **s.m.** sarcasm
sarcàstico **agg.** sarcastic
sarcòfago **s.m.** sarcophagus
sardìna **s.f.** sardine
sàrdo **agg. e s.m.** Sardinian
sàrta **s.f.** dressmaker
sàrtia **s.f.** shroud
sartiàme **s.m.** shrouds *pl.*, rigging
sàrto **s.m.** tailor
sartorìa **s.f.** tailor's (workshop), dressmaker's
sàsso **s.m.** stone, rock, (*ciottolo*) pebble
sassofonìsta **s.m. e f.** saxophonist
sassòfono **s.m.** saxophone, sax
sàssola **s.f.** bailer
sassóso **agg.** stony, rocky
satànico **agg.** satanic
satellitàre **agg.** satellite (*attr.*)
satèllite **s.m.** satellite
sàtira **s.f.** satire
satìrico **agg.** satiric(al)
saturazióne **s.f.** saturation
sàturo **agg.** **1** (*chim.*) saturated **2** (*pieno*) full, filled with
sàuna **s.f.** sauna
savàna **s.f.** savanna(h)
sax **s.m. inv.** saxophone, sax
saziàre **A** **v.tr.** **1** to satisfy, to sate, to glut **2** (*riempire*) to fill **B** **v.rifl.** **1** to get full, to become satiated **2** (*fig.*) to get tired
sàzio **agg.** satiated, glutted, (*fam.*) full (up)
sbadatàggine **s.f.** carelessness, inadvertence
sbadàto **A** **agg.** careless **B** **s.m.** scatterbrain
sbadigliàre **v.intr.** to yawn
sbadìglio **s.m.** yawn
sbagliàre **A** **v.tr.** to mistake, to go wrong **B** **v.intr. e intr. pron.** to make a mistake, to be wrong, to be mistaken
sbàglio **s.m.** mistake, error ♦ **per s.** by mistake
sballàre **A** **v.tr.** to unpack **B** **v.intr.** **1** (*sbagliare per eccesso*) to be out **2** (*pop.*) (*essere in agitazione*) to freak out

sballottàre v.tr. to toss (about), to push (about)
sbalordìre **A** v.tr. to amaze, to astonish **B** v.intr. e intr. pron. to be amazed, to be astonished
sbalorditìvo agg. amazing, astonishing
sbalzàre v.tr. **1** to throw, to toss, to fling **2** (*lavorare a sbalzo*) to emboss
sbàlzo s.m. **1** jolt, jerk **2** (*cambiamento*) sudden change, jump **3** (*sporgenza*) overhang **4** (*rilievo*) embossment
sbandaménto s.m. **1** (*autom.*) sliding, veering **2** (*naut.*) heeling **3** (*fig.*) leaning, disorientation
sbandàre **A** v.intr. **1** (*autom.*) to slide **2** (*naut.*) to heel **3** (*fig.*) to lean **B** v.intr. pron. to disperse, to disband
sbandàta s.f. sliding ♦ **prendersi una s. per qc.** (*fig.*) to get a crush on sb.
sbandàto agg. **1** scattered, stray **2** (*disorientato*) mixed-up
sbandieràre v.tr. **1** to wave **2** (*fig.*) to display, to show off
sbaraccàre v.intr. to pack up, to clear out
sbaragliàre v.tr. to rout, to beat
sbarazzàre **A** v.tr. to clear up **B** v.rifl. to get rid, to rid oneself
sbarbàre v.tr. e rifl. to shave
sbarcàre **A** v.tr. to disembark, (*da aereo*) to land, (*da autobus*) to put down, (*merci*) to unload **B** v.intr. to land, to get off
sbàrco s.m. landing, (*di merci*) unloading
sbàrra s.f. bar
sbarraménto s.m. **1** blockage, obstruction **2** (*mil.*) barrage
sbarràre v.tr. **1** to bar, to block, to obstruct **2** (*gli occhi*) to open wide **3** (*segnare con barra*) to cross
sbarràto agg. **1** barred **2** (*di occhi*) wide open
sbàttere **A** v.tr. **1** (*battere*) to knock, to bang, to beat **2** (*sbatacchiare*) to bang, to slam **3** (*gettare*) to hurl, to fling, (*buttare fuori*) to throw out **4** (*agitare*) to shake, to toss **B** v.intr. **1** (*di porta, finestra*) to bang, to slam **2** (*di ali, vele*) to flap ♦ **s. le uova** to beat the eggs
sbattùto agg. **1** (*frullato*) beaten **2** (*stanco*) tired out
sbavàre v.intr. **1** to dribble **2** (*di inchiostro*) to smudge
sbèrla s.f. slap, cuff
sberlèffo s.m. sneer
sbiadìre v.tr., intr. e intr. pron. to fade
sbiadìto agg. **1** faded **2** (*scialbo*) dull
sbiancàre **A** v.tr. to whiten, (*tessuto*) to bleach **B** v.intr. pron. **1** to turn white **2** (*impallidire*) to go pale
sbièco **A** agg. sloping, aslant, oblique **B** s.m. bias
sbigottìre **A** v.tr. to bewilder, to astonish, (*turbare*) to dismay **B** v.intr. e intr. pron. to be bewildered, to be astonished, (*turbarsi*) to be dismayed
sbilanciàre **A** v.tr. to unbalance, to throw off the balance **B** v.intr. pron. to lose one's balance
sbirciàre v.tr. to peep, to glance at
sbìrro s.m. (*spreg.*) cop
sbloccàre **A** v.tr. **1** to unblock, to free **2** (*mecc.*) to unlock, to release **3** (*econ.*) to decontrol **B** v.rifl. e intr. pron. **1** to reopen, to restart **2** (*psic.*) to get over
sboccàre v.intr. **1** (*di corso d'acqua*) to flow into **2** (*di strada*) to lead to, to come out
sbocciàre v.intr. to blossom, to bloom
sbócco s.m. outlet, (*di fiume*) mouth, (*uscita*) way out
sbollìre v.intr. **1** to stop boiling **2** (*fig.*) to cool down
sbòrnia s.f. drunkenness
sborsàre v.tr. to pay out, to spend
sbottàre v.intr. to burst out
sbottonàre **A** v.tr. to unbutton **B** v.rifl. **1** to undo one's buttons **2** (*fam., fig.*) to open one's heart
sbraitàre v.intr. to shout
sbranàre v.tr. to tear to pieces
sbriciolàre v.tr. e intr. pron. to crumble
sbrigàre **A** v.tr. to dispatch, to get through, to finish off **B** v.intr. pron. to hurry up, to be quick
sbrigatìvo agg. speedy, (*affrettato*) hasty
sbrinaménto s.m. defrosting
sbrinàre v.tr. to defrost
sbrinatóre s.m. defroster
sbrindellàto agg. tattered
sbrodolàre **A** v.tr. to soil **B** v.rifl. to soil oneself
sbrogliàre **A** v.tr. to disentangle, to unravel **B** v.rifl. to extricate oneself, to get oneself out
sbrónza s.f. drunkenness ♦ **prendere una s.** to get drunk
sbronzàrsi v.rifl. to get drunk
sbrónzo agg. drunk
sbruffóne s.m. boaster
sbucàre v.intr. **1** to come out (of) **2** (*fig.*) to spring
sbucciàre v.tr. **1** to peel **2** (*sgranare*) to shell **3** (*produrre un'abrasione*) to graze
sbuffàre v.intr. **1** to puff, to pant **2** (*per noia*) to grumble, to snort **3** (*gettare sbuffi di fumo*) to puff away
sbùffo s.m. puff
scàbbia s.f. scabies
scabróso agg. **1** rough **2** (*fig.*) scabrous, delicate
scacchièra s.f. (*per scacchi*) chessboard, (*per dama*) draughtboard
scacciacàni s.m. o f. inv. blank pistol
scacciàre v.tr. to chase away, to drive away, to drive out, to expel
scàcco s.m. **1** (*quadratino di scacchiera*) square, (*disegno*) check **2** al pl. (*gioco*) chess **3** (*sconfitta*) loss, setback
scaccomàtto s.m. checkmate ♦ **dare s.** to checkmate
scadènte agg. poor, second-rate
scadènza s.f. expiry, (*ultima data utile*) deadline ♦ **data di s.** expiration date, (*di pagamento*) due date || **in s.** falling due, expiring
scadenzàrio s.m. due register, bill-book

scadére v.intr. **1** to expire, to be due, to mature **2** (*peggiorare*) to fall off
scadùto agg. expired
scafàndro s.m. diving suit
scaffàle s.m. shelf, bookcase
scàfo s.m. hull
scagionàre v.tr. to exculpate
scàglia s.f. scale, (*di sapone*) flake
scagliàre **A** v.tr. to hurl, to throw **B** v.rifl. to hurl oneself, to throw oneself, to rush
scaglionàre v.tr. to space out, to spread
scaglióne s.m. **1** (*gruppo*) group, batch **2** (*mil.*) echelon **3** (*classe*) bracket
scàla s.f. **1** staircase, stairs *pl.*, (*portatile*) ladder **2** (*mus., geogr., mat.*) scale ♦ **s. antincendio** fire escape || **s. a pioli** ladder || **s. mobile** escalator
scalàre v.tr. **1** to scale, to climb (up) **2** (*detrarre*) to scale down, to take off
scalàta s.f. climbing
scalatóre s.m. climber
scaldabàgno s.m. inv. water heater
scaldalètto s.m. warming pan
scaldàre **A** v.tr. to heat, to warm **B** v.intr. to warm, to give out heat **C** v.rifl. to warm oneself **D** v.intr. pron. **1** to heat up, to warm up **2** (*eccitarsi*) to get excited
scaldavivànde s.m. inv. chafing dish
scalétta s.f. **1** list **2** (*cin.*) treatment
scalfìre v.tr. **1** to scratch **2** (*fig.*) to touch, to affect
scalfittùra s.f. scratch
scalinàta s.f. flight of steps
scalìno s.m. step
scàlo s.m. **1** call **2** (*porto*) port, (*aeroporto*) airport **3** (*impalcatura per navi*) slip ♦ **s. merci** goods yard || **volo senza s.** non-stop flight
scalógna s.f. bad luck
scalóne s.m. great staircase
scaloppìna s.f. escalope
scalpèllo s.m. **1** chisel **2** (*med.*) scalpel
scalpóre s.m. noise, sensation
scàltro agg. shrewd, sly, cunning
scalzàre v.tr. **1** to bare the roots of **2** (*fig.*) to undermine
scàlzo agg. barefoot
scambiàre **A** v.tr. **1** to exchange, to swap **2** (*confondere*) to mistake **B** v.rifl. rec. to exchange ♦ **s. una visita** to return a visit
scambiévole agg. reciprocal
scàmbio s.m. **1** exchange **2** (*ferr.*) points *pl.*, (*USA*) switch
scamosciàto agg. chamois (*attr.*), suède
scampagnàta s.f. outing, picnic
scampanellàta s.f. long loud ring
scampanìo s.m. pealing
scampàre **A** v.tr. **1** to save, to rescue **2** (*evitare*) to avoid, to escape **B** v.intr. **1** to escape **2** (*rifugiarsi*) to take refuge
scàmpo[1] s.m. escape, safety
scàmpo[2] s.m. (*zool.*) prawn
scàmpolo s.m. remnant
scanalatùra s.f. **1** groove **2** (*arch.*) flute, fluting
scandagliàre v.tr. to sound, to fathom
scandalìstico agg. scandalmongering
scandalizzàre **A** v.tr. to scandalize **B** v.intr. pron. to be scandalized
scàndalo s.m. scandal
scandalóso agg. scandalous, shocking
scandìnavo agg. e s.m. Scandinavian
scandìre v.tr. **1** (*versi*) to scan **2** (*parole*) to articulate, to pronounce **3** (*mus.*) to stress
scanner s.m. inv. scanner
scansafatìche s.m. e f. inv. lazybones *pl.* (*v. al sing.*)
scansàre **A** v.tr. to avoid, to escape **B** v.rifl. to step aside
scantinàto s.m. basement
scantonàre v.intr. to turn the corner, (*svignarsela*) to slip away
scàpito s.m. detriment
scàpola s.f. scapula, shoulder-blade
scàpolo **A** agg. unmarried, single **B** s.m. bachelor
scappaménto s.m. exhaust ♦ **tubo di s.** exhaust pipe
scappàre v.intr. **1** (*fuggire*) to flee, to run away, to get away, to escape **2** (*andarsene in fretta*) to rush **3** (*sfuggire*) to slip
scappàta s.f. call, short visit ♦ **fare una s. da qc.** to drop by sb.
scappatèlla s.f. escapade
scappatóia s.f. way out, loophole
scarabèo s.m. beetle
scarabocchiàre v.tr. to scribble, to scrawl
scarabòcchio s.m. scribble, scrawl
scarafàggio s.m. cockroach
scaramùccia s.f. skirmish
scaraventàre v.tr. to hurl, to fling
scarceràre v.tr. to release, to set free
scarcerazióne s.f. release
scardinàre v.tr. to unhinge
scàrica s.f. discharge, (*di proiettili*) volley
scaricàre **A** v.tr. **1** to unload, to discharge, to release, (*deporre*) to set down **2** (*riversare*) to discharge, to empty **3** (*registrare in uscita*) to write down, to cancel **4** (*detrarre*) to deduct **5** (*inform.*) to download **B** v.rifl. **1** to unburden oneself **2** (*rilassarsi*) to unwind **C** v.intr. pron. **1** (*perdere la carica*) to run down **2** (*sfociare*) to flow
scàrico **A** agg. unloaded, (*di orologio*) run-down, (*di batteria*) flat, (*USA*) dead **B** s.m. **1** unloading, discharging **2** (*di rifiuti*) dumping **3** (*registrazione in uscita*) cancellation **4** (*di motore*) exhaust ♦ **tubo di s.** wastepipe, drainpipe
scarlattìna s.f. scarlatina, scarlet fever
scarlàtto agg. scarlet
scarmigliàto agg. ruffled
scàrno agg. **1** (*magro*) lean, skinny **2** (*inadeguato*) meagre, inadequate **3** (*spoglio*) bare

scàrpa s.f. shoe ♦ **lucido da scarpe** shoe polish || **scarpe basse** flat shoes || **scarpe da ginnastica** sneakers, gymshoes

scarpàta s.f. slope, escarpment

scarpétta s.f. shoe ♦ **scarpette da ballo** soft shoes

scarpièra s.f. shoe rack

scarpinàre v.intr. to tramp, to trek

scarpinàta s.f. long walk, tramp

scarpóne s.m. boot

scarseggiàre v.intr. to be lacking, to be short

scarsézza s.f. scarceness, scarcity, shortage, (*mancanza*) lack

scarsità s.f. scarceness, scarcity, shortage, (*mancanza*) lack

scàrso agg. scarce, scanty, poor, (*manchevole*) lacking

scart s.f. inv. scart plug

scartaménto s.m. gauge

scartàre[1] v.tr. **1** to unwrap **2** (*rifiutare*) to discard, to reject

scartàre[2] v.intr. (*deviare*) to swerve

scàrto[1] s.m. **1** discard, waste, scrap **2** (*al gioco delle carte*) discard

scàrto[2] s.m. **1** (*deviazione*) swerve, (*di cavallo*) shy **2** (*margine*) spread, margin **3** (*differenza*) difference

scartòffie s.f. pl. (heap of) papers *pl.*, (*d'ufficio*) paperwork

scassàre v.tr. to break, to smash

scassinàre v.tr. to break open

scassinatóre s.m. burglar, (*di banche*) bank robber, (*di cassaforte*) safebreaker

scatenàre **A** v.tr. **1** (*suscitare*) to rouse, to set off **2** (*aizzare*) to stir up **B** v.intr. pron. **1** to break out, to burst out **2** (*sfrenarsi*) to run wild

scatenàto agg. wild

scàtola s.f. box, case, (*di cartone*) carton, (*di latta*) tin, can

scatolàme s.m. tins *pl.*, cans *pl.*, (*di generi alimentari*) tinned food, canned food

scatolétta s.f. **1** tin, (*USA*) can **2** (*est.*) (*cibo*) tinned food, (*USA*) canned food

scattàre **A** v.intr. **1** (*di congegno*) to go off, to be released **2** (*balzare*) to spring **3** (*adirarsi*) to lose one's temper **4** (*iniziare*) to start, to begin **B** v.tr. (*fot.*) to take, to snap

scattìsta s.m. e f. sprinter

scàtto s.m. **1** (*mecc.*) click, (*pezzo*) release **2** (*balzo*) spring, burst **3** (*impulso*) impulse, (*scatto d'ira*) fit **4** (*aumento*) increase **5** (*tel.*) unit

scaturìre v.intr. **1** to spring **2** (*derivare*) to originate, to result

scavalcàre v.tr. **1** to pass over, to climb over **2** (*soppiantare*) to supplant **3** (*superare*) to go ahead, to overtake

scavàre v.tr. to dig, to excavate

scavatrìce s.f. excavator, digger

scàvo s.m. **1** digging out, excavation **2** al pl. (*archeol.*) excavation, (*miner.*) workings *pl.*

scégliere v.tr. **1** to choose, to pick out, to select **2** (*preferire*) to choose, to prefer

sceìcco s.m. sheik(h)

scelleràto agg. wicked

scellìno s.m. shilling

scélta s.f. choice, selection

scemàre v.intr. to diminish, to lessen

scemàta s.f. **1** (*azione, parole*) folly, foolish thing, nonsense **2** (*inezia*) trifle

scemènza s.f. **1** foolishness, stupidity **2** (*azione, parole*) folly, foolish thing, nonsense **3** (*inezia*) trifle

scémo **A** agg. stupid, silly **B** s.m. e f. idiot, moron

scémpio s.m. ruin

scèna s.f. **1** scene **2** (*scenario*) scenery **3** (*palcoscenico*) stage, (*teatro*) theatre **4** (*finzione*) act

scenàrio s.m. **1** (*teatro*) scenery **2** (*ambiente*) background

scenàta s.f. scene, row

scéndere **A** v.intr. **1** to go down, to get down, to come down **2** (*da un mezzo*) to get off, to get out **3** (*presentare pendenza*) to descend, to slope, to run down **4** (*calare, diminuire*) to fall, to drop, to decrease **5** (*pendere*) to come down, to fall, to hang down **6** (*di astro*) to go down, to sink **7** (*fig.*) (*abbassarsi*) to lower oneself **B** v.tr. to go down, to come down

scendilètto s.m. inv. bedside carpet

sceneggiàre v.tr. to dramatize

sceneggiàto s.m. (*tv*) serial

sceneggiatóre s.m. scriptwriter

sceneggiatùra s.f. script

scenétta s.f. sketch

scènico agg. stage (*attr.*)

scenografìa s.f. set designing, set

scenogràfico agg. **1** set (*attr.*), stage (*attr.*), scenographic(al) **2** (*fig.*) spectacular

scenògrafo s.m. set designer, scene painter

scerìffo s.m. sheriff

scervellàrsi v.intr. pron. to rack one's brains

scèttico agg. sceptical

scèttro s.m. sceptre

schèda s.f. **1** card **2** (*elettorale*) voting paper ♦ **s. prepagata** prepaid phonecard || **s. ricaricabile** rechargeable card || **s. telefonica** phonecard

schedàre v.tr. to record, to register, to card index

schedàrio s.m. card index, file

schedìna s.f. coupon

schéggia s.f. splinter

schèletro s.m. skeleton

schèma s.m. **1** scheme, pattern, outline, draft **2** (*tecnol.*) diagram

schemàtico agg. schematic

schérma s.f. fencing

schermàglia s.f. skirmish

schermàre v.tr. to screen, to shield

schermatùra s.f. screening, shielding

schérmo s.m. **1** screen, shield **2** (*inform.*) display, screen ♦**grande s.** big screen
schermografìa s.f. x-rays *pl.*
schernìre v.tr. to scoff at, to mock at
schérno s.m. mockery, sneer
scherzàre v.intr. **1** to joke **2** (*prendere alla leggera*) to trifle, to joke
schérzo s.m. **1** joke, jest, (*tiro*) trick **2** (*inezia*) child's play, trifle ♦**per s.** for fun, for a joke
scherzóso agg. joking, laughing
schiaccianóci s.m. inv. nutcracker
schiacciàre v.tr. **1** to crush, to squeeze, to squash, (*premere*) to press **2** (*ridurre in poltiglia*) to mash **3** (*sopraffare*) to crush, to overwhelm ♦**s. un sonnellino** to have a nap
schiaffeggiàre v.tr. to slap, to smack, to cuff
schiàffo s.m. slap, smack, cuff
schiamazzàre v.intr. to make a din, to kick up a row
schiamàzzo s.m. din, row, racket
schiantàre v.tr. e intr. pron. to break
schiànto s.m. crash
schiarìre **A** v.tr. **1** to clear, to make clear **2** (*sbiadire*) to fade **B** v.intr. **1** to clear up, (*illuminarsi*) to brighten up **2** (*sbiadire*) to fade
schiarìta s.f. clearing up
schiavitù s.f. slavery
schiàvo agg. e s.m. slave
schièna s.f. back ♦**mal di s.** backache
schienàle s.m. back
schièra s.f. **1** (*mil.*) formation **2** (*gruppo*) group, crowd
schieraménto s.m. **1** array, formation **2** (*fig.*) line-up
schieràre **A** v.tr. **1** (*mil.*) to marshal, to draw up **2** (*disporre in ordine*) to line up **B** v.rifl. **1** to draw up, to line up **2** (*parteggiare*) to side
schiètto agg. **1** pure **2** (*franco*) frank, open
schifézza s.f. filth, disgusting thing
schìfo s.m. disgust ♦**che s.!** how disgusting!
schifóso agg. **1** disgusting, revolting **2** (*pessimo*) awful, dreadful
schioccàre v.tr. e intr. (*frusta*) to crack, (*le dita*) to snap, (*le labbra*) to smack
schiòcco s.m. (*di frusta*) crack, (*di dita*) snap, (*di labbra*) smack
schiodàre v.tr. to unrivet, to unnail
schiòppo s.m. gun, rifle, shotgun
schiùdere **A** v.tr. to open (a little) **B** v.intr. pron. **1** to open, (*bot.*) to unfold **2** (*di uova*) to hatch
schiùma s.f. foam, froth, (*di sapone*) lather
schiumóso agg. foamy, frothy, (*di sapone*) lathery
schivàre v.tr. to avoid, to dodge
schìvo agg. averse, reluctant, shy
schizofrenìa s.f. schizophrenia
schizofrènico agg. e s.m. schizophrenic
schizzàre **A** v.tr. **1** to splash, to spatter, to squirt (out), to spurt (out) **2** (*abbozzare*) to sketch **B** v.intr. **1** to spurt, to squirt **2** (*saltar fuori*) to jump, to spring **C** v.rifl. to splash oneself
schizzinóso agg. fussy
schìzzo s.m. **1** squirt, spurt **2** (*macchia*) splash, stain **3** (*disegno*) sketch **4** (*abbozzo*) draft
sci s.m. **1** (*attrezzo*) ski **2** (*sport*) skiing ♦**s. d'acqua** water-ski
scìa s.f. **1** wake **2** (*traccia*) trail, track
scià s.m. shah
sciàbola s.f. sabre
sciacàllo s.m. (*zool.*) jackal
sciacquàre v.tr. to rinse
sciacquóne s.m. flush, flushing device
sciagùra s.f. disaster
sciaguràto agg. **1** (*sfortunato*) unlucky, (*miserevole*) wretched **2** (*malvagio*) wicked
scialacquàre v.tr. to squander, to waste
scialàre v.intr. to squander money
sciàlbo agg. **1** pale, faint **2** (*fig.*) dull
sciàlle s.m. shawl
scialùppa s.f. tender ♦**s. di salvataggio** lifeboat
sciàme s.m. swarm
sciaràda s.f. charade
sciàre v.intr. to ski
sciàrpa s.f. scarf
sciàtica s.f. sciatica
sciatóre s.m. skier
sciàtto agg. slovenly
scientìfico agg. scientific
sciènza s.f. science, (*conoscenza*) knowledge
scienziàto s.m. scientist
scìmmia s.f. monkey
scimmiottàre v.tr. to ape
scimpanzé s.m. chimpanzee
scimunìto agg. silly, stupid
scìndere **A** v.tr. to divide, to separate **B** v.intr. pron. to split
scintigrafìa s.f. scintigraphy
scintìlla s.f. spark
scintillàre v.intr. **1** (*mandare scintille*) to spark **2** (*risplendere*) to shine, to sparkle, to twinkle
scintillìo s.m. sparkling, twinkling
sciocchézza s.f. **1** foolishness, stupidity **2** (*azione, parole*) folly, foolish thing, nonsense **3** (*inezia*) trifle
sciòcco **A** agg. silly, stupid **B** s.m. fool
sciògliere **A** v.tr. **1** to melt, to dissolve **2** (*slegare*) to loose, to untie, to undo **3** (*liberare*) to release, to set free **4** (*risolvere*) to resolve, to solve **5** (*porre fine, annullare*) to dissolve, to annul, to wind up **B** v.rifl. e intr. pron. **1** (*slegarsi*) to loosen **2** (*terminare*) to be dissolved, to break up **3** (*liquefarsi*) to melt, to dissolve, (*di neve*) to thaw
scioglilìngua s.m. inv. tongue-twister
sciogliménto s.m. **1** loosening, unfastening **2** (*di società, organizzazione*) dissolution **3** (*soluzione*) solution **4** (*il liquefarsi*) melting, (*di neve*) thawing
sciolìna s.f. ski wax

scioltézza s.f. **1** nimbleness, agility **2** (*nel parlare*) fluency
sciòlto agg. **1** (*liquefatto*) melted **2** (*slegato*) untied, loose **3** (*agile*) nimble **4** (*disinvolto*) easy **5** (*non confezionato*) loose **6** (*annullato, concluso*) dissolved, closed
scioperànte s.m. e f. striker
scioperàre v.intr. to strike, to go on strike
sciòpero s.m. strike
sciovìa s.f. ski-lift
scippàre v.tr. to snatch, to bag-snatch
scippatóre s.m. bag-snatcher
scìppo s.m. bag-snatching
sciròcco s.m. sirocco
sciròppo s.m. syrup
scìsma s.m. schism
scissióne s.f. split, division
sciupàre **A** v.tr. **1** (*danneggiare*) to damage, to spoil **2** (*sprecare*) to waste, to squander **B** v.intr. pron. to spoil, to get damaged
scivolàre v.intr. **1** to slide, to glide **2** (*involontariamente*) to slip **3** (*autom.*) to skid
scìvolo s.m. **1** slide **2** (*naut., aer.*) slipway **3** (*tecnol.*) chute
scivolóne s.m. slip
scivolóso agg. slippery
scleròsi s.f. sclerosis
scoccàre **A** v.tr. to shoot **B** v.intr. **1** (*scattare*) to be released **2** (*di ore*) to strike **3** (*balenare*) to flash
scocciàre **A** v.tr. to bother, to pester **B** v.intr. pron. to be annoyed, to be fed up
scocciatóre s.m. pest, bother, nuisance
scocciatùra s.f. bother, nuisance
scodèlla s.f. bowl
scodinzolàre v.intr. to wag its tail
scoglièra s.f. cliff, reef
scòglio s.m. **1** rock, reef **2** (*fig.*) difficulty
scoiàttolo s.m. squirrel
scolapàsta s.m. inv. colander
scolapiàtti s.m. inv. plate-rack
scolàre[1] agg. school (*attr.*)
scolàre[2] v.tr. to drain
scolarésca s.f. pupils *pl.*
scolàro s.m. schoolchild, pupil
scolàstico agg. scholastic, school (*attr.*) ♦ **tasse scolastiche** school fees
scolìosi s.f. scoliosis
scollàre **A** v.tr. to unglue, to unstick **B** v.intr. pron. to get unstuck
scollatùra s.f. (*di abito*) neckline, neck
scollegàre v.tr. to disconnect
scólo s.m. drainage
scolorìre **A** v.tr. to discolour, to bleach **B** v.intr. e intr. pron. to fade, to lose colour
scolpìre v.tr. to sculpt, to engrave, to cut, to carve
scombinàre v.tr. to upset, to mess up
scombussolàre v.tr. to upset, to unsettle
scommèssa s.f. **1** bet, wager **2** (*somma scommessa*) stake ♦ **fare una s.** to make a bet
scommèttere v.tr. to bet, to wager ♦ **s. alle corse** to bet on horses
scommettitóre s.m. better
scomodàre **A** v.tr. to trouble, to disturb **B** v.intr. to be inconvenient **C** v.rifl. to trouble oneself
scomodità s.f. discomfort, inconvenience
scòmodo agg. uncomfortable, inconvenient
scompagnàto agg. unmatched, odd
scomparìre v.intr. to disappear
scompàrsa s.f. **1** disappearance **2** (*morte*) death ♦ **a s.** foldaway
scompàrso agg. missing
scompartiménto s.m. compartment, section
scompàrto s.m. compartment, section
scompigliàre v.tr. **1** (*sconvolgere*) to upset **2** (*mettere in disordine*) to disarrange **3** (*arruffare*) to ruffle
scompìglio s.m. mess, confusion
scomponìbile agg. decomposable, dismountable
scomponibilità s.f. decomposability
scompórre **A** v.tr. **1** (*smontare*) to take to pieces **2** (*decomporre*) to decompose **3** (*scompigliare*) to disarrange, to upset, (*arruffare*) to ruffle **B** v.intr. pron. to get upset
scomposizióne s.f. **1** decomposition **2** (*mat.*) factorization
scomùnica s.f. excommunication
scomunicàre v.tr. to excommunicate
sconcertànte agg. disconcerting
sconcertàre **A** v.tr. to disconcert, to bewilder **B** v.intr. pron. to be disconcerted, to be bewildered
scóncio **A** agg. indecent, obscene **B** s.m. disgrace
scondìto agg. plain, undressed
sconfessàre v.tr. to disavow, to repudiate
sconfìggere v.tr. **1** to defeat **2** (*eliminare*) to eliminate
sconfinàre v.intr. **1** to cross the frontier, (*in una proprietà*) to trespass **2** (*fig.*) to digress from
sconfìtta s.f. **1** defeat **2** (*eliminazione*) elimination
sconfìtto agg. defeated
sconfortànte agg. discouraging
sconfòrto s.m. discouragement, dejection
scongelàre v.tr. **1** to defrost, to thaw out **2** (*sbloccare*) to unpeg, to unfreeze
scongiuràre v.tr. **1** (*supplicare*) to beseech, to implore **2** (*evitare*) to avoid, to avert
scongiùro s.m. incantation, spell
sconnèsso agg. **1** disconnected **2** (*fig.*) incoherent
sconosciùto **A** agg. unknown **B** s.m. stranger
sconquassàre v.tr. **1** to shatter, to smash **2** (*sconvolgere*) to upset
sconsacràre v.tr. to deconsecrate
sconsideràto agg. thoughtless, rash
sconsigliàre v.tr. to advise against
sconsolànte agg. discouraging

sconsolàto agg. disconsolate, dejected
scontàre v.tr. **1** (*banca*) to discount **2** (*detrarre*) to deduct **3** (*fare uno sconto*) to reduce **4** (*espiare*) to pay for, to atone for, (*in carcere*) to serve
scontàto agg. **1** (*banca*) discounted **2** (*ribassato*) reduced **3** (*espiato*) paid for **4** (*previsto*) foregone, expected
scontentàre v.tr. to displease, to dissatisfy
scontentézza s.f. discontent, dissatisfaction
scontènto **A** agg. discontented, displeased **B** s.m. discontent
scónto s.m. discount, rebate
scontràrsi v.intr. pron. **1** to clash **2** (*urtarsi*) to collide
scontrìno s.m. receipt, ticket, coupon, voucher ♦ **s. fiscale** receipt (for fiscal purposes)
scóntro s.m. **1** (*combattimento*) encounter, fight **2** (*urto di veicoli*) collision, crash **3** (*contrasto*) clash
scontróso agg. sullen, peevish
sconveniènte agg. improper, unsuitable
sconvolgènte agg. upsetting, disturbing
sconvòlgere v.tr. to upset, to disturb, to throw into confusion
sconvòlto agg. upset
scooter s.m. inv. scooter
scópa s.f. broom
scopàre v.tr. **1** to sweep **2** (*volg., fig.*) to fuck, to screw
scopèrta s.f. discovery ♦ **andare alla s.** to scout
scopèrto **A** agg. **1** uncovered **2** (*non vestito*) bare **3** (*aperto*) open **4** (*di conto, assegno*) overdrawn, uncovered **B** s.m. (*banca*) overdraft
scopìno s.m. **1** brush **2** (*del bagno*) toilet brush
scòpo s.m. aim, end, object, purpose
scoppiàre v.tr. **1** to burst, to explode **2** (*manifestarsi improvvisamente*) to break out
scoppiettàre v.intr. to crackle
scòppio s.m. **1** burst, explosion **2** (*rumore*) bang, crash **3** (*manifestazione improvvisa*) outbreak
scoprìre **A** v.tr. **1** (*togliere ciò che copre*) to uncover, to bare **2** (*mostrare*) to disclose, to show **3** (*arrivare a conoscere*) to discover, to find (out) **4** (*scorgere*) to sight, to descry **5** (*mil.*) to expose **B** v.rifl. **1** (*di abiti, coperte*) to throw off one's clothes **2** (*manifestarsi*) to show oneself
scopritóre s.m. discoverer
scoraggiàre **A** v.tr. to discourage **B** v.intr. pron. to be discouraged
scorbùtico agg. cantankerous, peevish
scorciàre v.tr. to shorten
scorciatóia s.f. short cut
scórcio s.m. **1** (*arte*) foreshortening **2** (*visuale*) (partial) view **3** (*di tempo*) end, close
scordàre[1] v.tr. e intr. pron. to forget
scordàre[2] **A** v.tr. (*mus.*) to untune **B** v.intr. pron. (*mus.*) to get out of tune
scòrgere v.tr. to make out, to see, to notice
scòria s.f. scoria, slag ♦ **scorie radioattive** radioactive waste
scorpacciàta s.f. bellyful
scorpióne s.m. **1** scorpion **2** (*astr.*) Scorpio
scorrazzàre **A** v.intr. to run about **B** v.tr. to take around
scórrere **A** v.intr. **1** to run, to glide, to slide **2** (*fluire*) to flow, to stream **3** (*di tempo*) to roll by, to pass **B** v.tr. (*leggere in fretta*) to look through, to glance over
scorrettézza s.f. **1** incorrectness, (*errore*) mistake, (*slealtà*) unfairness **2** (*maleducazione*) rudeness **3** (*atto sconveniente*) impropriety
scorrètto agg. **1** incorrect, (*sleale*) unfair **2** (*maleducato*) improper
scorrévole agg. **1** flowing, fluent **2** (*mecc.*) sliding
scorrevolézza s.f. fluency
scórsa s.f. quick look
scórso agg. last, past
scorsóio agg. running
scòrta s.f. **1** escort **2** (*provvista*) store, supply ♦ **di s.** spare (*attr.*)
scortàre v.tr. to escort
scortése agg. rude, impolite
scortesìa s.f. **1** rudeness, impoliteness **2** (*azione scortese*) rude act
scorticàre v.tr. **1** to skin **2** (*produrre un'abrasione in*) to graze
scòrza s.f. **1** rind, peel, skin **2** (*di albero*) bark ♦ **s. d'arancia** orange peel
scoscéso agg. steep
scòssa s.f. **1** shake, shock **2** (*di terremoto*) tremor, shock **3** (*strattone*) jerk **4** (*trauma*) shock ♦ **prendere la s.** to get a shock
scòsso agg. **1** shaken **2** (*sconvolto*) upset
scossóne s.m. shake, jolt, jerk
scostànte agg. unfriendly, disagreeable
scostàre **A** v.tr. to move away, to push aside **B** v.rifl. **1** to move away, to stand aside **2** (*fig.*) to stray from
scòtta s.f. sheet
scottànte agg. burning, urgent
scottàre **A** v.tr. **1** to burn, to scorch, (*con liquido*) to scald **2** (*cuc.*) to scald, (*rosolare*) to brown, to sear **3** (*fig.*) to hurt, to sting **B** v.intr. to be hot, to be burning **C** v.rifl. e intr. pron. **1** to burn oneself, to scorch oneself, (*con liquido*) to scald oneself **2** (*fig.*) to get one's fingers burnt
scottatùra s.f. burn, (*da liquido*) scald, (*da sole*) sunburn
scovàre v.tr. to find (out)
scozzése **A** agg. Scottish, (*di cose*) Scotch **B** s.m. e f. Scot, Scotsman *m.*, Scotswoman *f.* **C** s.m. (*lingua*) Scotch, Gaelic
screditàre **A** v.tr. to discredit **B** v.intr. pron. to lose credit
screpolàre **A** v.tr. to crack, (*di pelle*) to chap **B** v.intr. pron. to crack, (*di pelle*) to get chapped

screpolatùra s.f. cracking, (*di pelle*) chapping
screziàto agg. variegated
scrèzio s.m. disagreement
scricchiolàre v.intr. to creak
scricchiolìo s.m. creaking
scrìgno s.m. casket
scriminatùra s.f. parting, (*USA*) part
scrìtta s.f. inscription, (*cartello*) poster, (*avviso*) sign, notice, (*su muro*) graffito
scrìtto **A** agg. **1** written **2** (*che reca scritte*) with writing on **3** (*destinato*) destined **B** s.m. **1** writing **2** (*opera letteraria*) work, writing ♦ **esame s.** written exam || **s. a mano** handwritten
scrittóio s.m. writing-desk
scrittóre s.m. writer
scrittùra s.f. **1** writing, (*calligrafia*) handwriting **2** (*contabile*) entry, record **3** (*dir.*) deed, document **4** (*contratto*) contract
scritturàre v.tr. to engage, to sign on
scrivanìa s.f. (writing) desk
scrìvere **A** v.tr. **1** to write **2** (*registrare*) to enter, to record **3** (*redigere*) to draw up **B** v.intr. to write ♦ **s. a macchina** to type || **macchina per s.** typewriter
scroccàre v.tr. to sponge
scroccóne s.m. moocher
scròfa s.f. sow
scrollàre **A** v.tr. to shake **B** v.intr. pron. **1** to shake oneself **2** (*fig.*) to rouse oneself
scrosciànte agg. **1** pelting **2** (*di risa*) roaring, (*di applauso*) thundering
scrosciàre v.intr. to pelt, to roar
scròscio s.m. **1** (*di pioggia*) shower **2** (*fig.*) roar, burst
scrostàre **A** v.tr. to scrape, to peel off **B** v.intr. pron. to peel off, to fall off
scrostatùra s.f. scraping, peeling
scrub s.m. inv. scrub
scrùpolo s.m. **1** scruple **2** (*impegno*) care ♦ **senza scrupoli** unscrupulous
scrupolóso agg. scrupulous
scrutàre v.tr. to watch, to scan, to search
scrutìnio s.m. **1** (*elettorale*) poll, ballot **2** (*scolastico*) assignment of (a term's) marks
scucìre **A** v.tr. to unstitch **B** v.intr. pron. to come unstitched
scuderìa s.f. **1** stable **2** (*automobilistica*) racing team
scudétto s.m. (*sport*) championship, (*distintivo*) shield
scùdo s.m. shield
sculacciàre v.tr. to spank
scultóre s.m. sculptor
scultòreo agg. sculptural
scultùra s.f. sculpture
scuòcere v.intr. e intr. pron. to overcook
scuòla s.f. school ♦ **s. media** middle class || **s. superiore** secondary school || **s. dell'obbligo** compulsory education
scuòtere **A** v.tr. **1** to shake, to stir **2** (*turbare*) to upset, to shake **3** (*smuovere*) to rouse **B** v.intr. pron. **1** to start, to jump **2** (*fig.*) to stir oneself, to rouse oneself
scùre s.f. axe
scurìre **A** v.tr. to darken **B** v.intr. e intr. pron. to grow dark
scùro agg. e s.m. dark
scurrìle agg. scurrilous, coarse
scùsa **A** s.f. **1** apology **2** (*pretesto*) excuse **B** inter. **1** (*per discolparsi*) sorry! **2** (*per attirare l'attenzione*) excuse me! ♦ **chiedere s. a qc.** to apologize to sb.
scusàre **A** v.tr. **1** to excuse, (*perdonare*) to pardon, to forgive **2** (*giustificare*) to justify **B** v.rifl. **1** to apologize, to make one's excuses **2** (*giustificarsi*) to justify oneself
sdebitàre **A** v.tr. to free from debt **B** v.rifl. **1** to pay off one's debt **2** (*disobbligarsi*) to repay a kindness
sdegnàre **A** v.tr. **1** to disdain, to scorn **2** (*provocare sdegno*) to irritate, to anger **B** v.intr. pron. to get angry
sdégno s.m. **1** disdain **2** (*indignazione*) indignation, anger
sdegnóso agg. **1** disdainful, scornful **2** (*di persona*) haughty
sdentàto agg. toothless
sdoganàre v.tr. to clear (customs)
sdolcinàto agg. mawkish, cloying
sdoppiàre v.tr. e intr. pron. to divide, to split (in two)
sdraiàre **A** v.tr. to lay, to lay down **B** v.rifl. to lie down
sdràio s.f. inv. deckchair
sdrucciolévole agg. slippery
se cong. **1** (*condizionale, causale, concessivo*) if **2** (*dubitativo*) whether, if **3** (*desiderativo*) if only ♦ **se mai** if (ever), (*nel caso che*) in case || **se non** (*eccetto*) but, except
sé pron. pers. rifl. 3ª p. sing. e pl. (*compl. ogg. e ind.*) oneself, him(self) *m.*, her(self) *f.*, it(self) (*per cosa o animale*), them(selves) *pl.* ♦ **da sé** self- || **padronanza di sé** self-control
sebàceo agg. sebaceous
sebbène cong. (al)though, even though
sécca s.f. shoal, shallows *pl.* ♦ **fiume in s.** dry river
seccànte agg. annoying, tiresome
seccàre **A** v.tr. **1** to dry (up) **2** (*irritare*) to annoy **B** v.intr. pron. **1** (*diventare secco*) to dry (up) **2** (*irritarsi*) to get annoyed
seccatóre s.m. bore, nuisance
seccatùra s.f. bother, nuisance, bore
secchièllo s.m. bucket
sécchio s.m. pail, bucket ♦ **s. della spazzatura** dustbin
sécco agg. **1** dry **2** (*seccato*) dried, (*appassito*) withered **3** (*magro*) thin **4** (*brusco*) sharp, (*freddo*) cold ♦ **lavare a s.** to dry-clean || **restare a s. di q.c.** to run out of st.

secessióne s.f. secession
secessionìsta s.m. e f. secessionist
secolàre agg. secular
sècolo s.m. **1** century **2** (*fig.*) ages *pl.*, years *pl.*
secónda[1] s.f. **1** (*autom.*) second gear **2** (*seconda classe*) second class
secónda[2] nella loc. avv. **a s. di** depending on
secondariaménte avv. **1** secondly **2** (*in grado minore*) secondarily
secondàrio agg. secondary
secondìno s.m. jailer
secóndo[1] **A** agg. num. ord. second **B** s.m. **1** (*minuto secondo*) second **2** (*secondo piatto*) second course
secóndo[2] prep. in accordance with, according to
secondogènito agg. e s.m. second-born
secrezióne s.f. secretion
sèdano s.m. celery
sedatìvo agg. e s.m. sedative
sède s.f. **1** seat **2** (*comm.*) office, (*sede centrale*) head office ♦ **la Santa Sede** the Holy See
sedentàrio agg. sedentary
sedére[1] **A** v.intr. **1** to sit, to be seated **2** (*mettersi a sedere*) to sit down, to take a seat **B** v.intr. pron. to sit, to sit down
sedére[2] s.m. bottom, backside
sèdia s.f. chair ♦ **s. a sdraio** deck chair || **s. a rotelle** wheelchair
sedicènte agg. self-styled
sédici agg. num. card. e s.m. inv. sixteen
sedìle s.m. seat
sedizióne s.f. sedition, rebellion
seducènte agg. seductive, fascinating
sedùrre v.tr. **1** to seduce, to allure **2** (*affascinare*) to charm
sedùta s.f. sitting, session, (*riunione*) meeting ♦ **s. stante** immediately
seduttóre **A** agg. seductive **B** s.m. seducer
seduzióne s.f. seduction
séga s.f. saw
ségale s.f. rye
segàre v.tr. to saw
segatùra s.f. sawdust
sèggio s.m. **1** seat, chair **2** (*stallo*) stall **3** (*elettorale*) poll, polling station
sèggiola s.f. chair
seggiolìno s.m. **1** (*per bambini*) baby's chair **2** (*ferr., aer.*) seat
seggiolóne s.m. high chair
seggiovìa s.f. chair-lift
segherìa s.f. sawmill
segménto s.m. segment
segnalàre **A** v.tr. **1** to signal **2** (*annunciare*) to announce, to report **3** (*far conoscere*) to point out **B** v.rifl. to distinguish oneself
segnalazióne s.f. signalling, (*segnale*) signal
segnàle s.m. signal ♦ **s. d'allarme** warning signal || **s. orario** time signal || **s. stradale** road sign
segnalètica s.f. signs *pl.*, signals *pl.*
segnalìbro s.m. bookmark
segnalìnee s.m. inv. linesman
segnapósto s.m. place card
segnapùnti s.m. e f. inv. **1** (*persona*) scorekeeper **2** (*tabellone*) scoreboard
segnàre v.tr. **1** to mark **2** (*prendere nota di*) to write down, to register **3** (*indicare*) to show, to mark, to read **4** (*sport*) to score
segnàto agg. **1** marked **2** (*deciso*) decided, settled
ségno s.m. **1** sign, mark **2** (*cenno*) sign, gesture, (*con il capo*) nod **3** (*indizio*) indication, sign, (*sintomo*) symptom **4** (*prova*) mark, token, (*simbolo*) symbol **5** (*bersaglio*) target **6** (*limite*) limit, (*grado*) degree ♦ **tiro a s.** target shooting
segregàre v.tr. to segregate, to isolate
segregazióne s.f. segregation, isolation
segréta s.f. dungeon
segretariàto s.m. secretariat(e)
segretàrio s.m. secretary
segreterìa s.f. **1** secretariat **2** (*ufficio*) secretary's office ♦ **s. telefonica** answering machine, (*servizio*) answering service
segretézza s.f. secrecy
segréto agg. e s.m. secret
seguàce s.m. e f. follower
seguènte agg. following, next
segùgio s.m. (*zool.*) bloodhound
seguìre **A** v.tr. **1** to follow **2** (*sorvegliare*) to supervise **3** (*frequentare*) to attend **B** v.intr. **1** to follow **2** (*continuare*) to continue **3** (*accadere*) to occur, to happen
seguitàre v.tr. e intr. to continue
séguito s.m. **1** (*scorta*) retinue, train, suite **2** (*insieme di seguaci*) followers *pl.* **3** (*sequela*) succession, series **4** (*continuazione*) continuation **5** (*effetto*) sequel, consequence **6** (*consenso*) following ♦ **in s.** later on || **in s. a** in consequence of
sèi agg. num. card. e s.m. inv. six
seicentésco agg. seventeenth-century (*attr.*)
seicènto agg. num. card. e s.m. inv. six hundred ♦ **il Seicento** the seventeenth century
sélce s.f. flint
selciàto s.m. pavement
selettìvo agg. selective
selezionàre v.tr. to select, to pick out
selezióne s.f. **1** selection **2** (*tel.*) dialling
sèlla s.f. saddle
sellàre v.tr. to saddle
sellìno s.m. saddle, (*posteriore*) pillion
sélva s.f. wood
selvaggìna s.f. game
selvàggio agg. wild, savage
selvàtico agg. wild
semàforo s.m. traffic-light, (*ferr.*) semaphore
sembiànza s.f. **1** (*fattezze*) countenance, face **2** (*apparenza*) appearance

sembràre v.intr. **1** to seem, to appear, to look (like) **2** (*impers.*) to seem, (*credere*) to think
séme s.m. **1** seed, (*di frutto*) pip **2** (*fig.*) seed, cause **3** (*delle carte da gioco*) suit
semènza s.f. seed
semestràle agg. **1** (*che dura un semestre*) six-month (*attr.*) **2** (*che avviene ogni sei mesi*) six-monthly, half-yearly
semèstre s.m. semester, half-year
semiàsse s.m. axle-shaft
semiautomàtico agg. semiautomatic
semicérchio s.m. semicircle
semicircolàre agg. semicircular
semiconduttóre s.m. semiconductor
semifinàle s.f. semifinal
semifréddo s.m. chilled dessert
semilavoràto agg. semifinished
sémina s.f. sowing
seminàre v.tr. **1** to sow **2** (*spargere*) to scatter, to spread **3** (*lasciare indietro*) to leave behind
seminàrio s.m. **1** (*relig.*) seminary **2** (*università*) seminar
seminarìsta s.m. seminarist
seminfermità s.f. partial infirmity, (*mentale*) partial insanity
seminterràto s.m. basement
semioscurità s.f. half-darkness
semmài cong. if (ever), (*nel caso che*) in case
sémola s.f. bran
semolìno s.m. semolina
sémplice agg. **1** (*di un solo elemento*) simple, single **2** (*solo*) simple, mere **3** (*non ricercato*) simple, plain **4** (*facile*) easy, simple **5** (*di basso grado*) common, ordinary
sempliceménte avv. simply
semplicità s.f. simplicity
semplificàre v.tr. to simplify
semplificazióne s.f. simplification
sèmpre avv. **1** always, all the time **2** (*senza interruzione*) always, throughout, ever **3** (*ancora*) still ◆ **s. che** provided (that), as long as || **per s.** for ever || **s. meglio** better and better || **s. peggio** worse and worse
sempreverde agg., s.m. e f. evergreen
sènape agg. e s.f. inv. mustard
senàto s.m. senate
senatóre s.m. senator
senilità s.f. senility
sénno s.m. sense, judgment ◆ **col s. di poi** with hindsight
séno[1] s.m. **1** breast, bosom **2** (*anat.*) sinus
séno[2] s.m. (*mat.*) sine
sensàto agg. sensible
sensazionàle agg. sensational, thrilling
sensazióne s.f. **1** sensation, feeling **2** (*scalpore*) sensation
sensìbile agg. **1** (*che ha sensibilità*) sensitive **2** (*che si percepisce coi sensi*) sensible **3** (*rilevante*) notable, considerable
sensibilità s.f. **1** sensitivity **2** (*scient.*) sensibility
sènso s.m. **1** sense **2** (*sensazione*) sensation, feeling **3** (*significato*) sense, meaning **4** (*direzione*) direction, way ◆ **buon s.** common sense || **s. unico** one-way, one-way only || **avere s.** to make sense
sensóre s.m. sensor
sensuàle agg. sensual
sensualità s.f. sensuality
sentènza s.f. **1** (*dir.*) sentence **2** (*massima*) saying
sentièro s.m. path, track
sentimentàle agg. sentimental
sentiménto s.m. sentiment, feeling
sentìna s.f. bilge
sentinèlla s.f. sentry
sentìre **A** v.tr. **1** to feel **2** (*gustare*) to taste **3** (*odorare*) to smell **4** (*udire*) to hear, (*ascoltare*) to listen to **B** v.intr. (*udire*) to hear **C** v.rifl. to feel ◆ **sentirsi bene/male/stanco** to feel well/ill/tired || **sentirsela di fare q.c.** to feel like doing st.
sentìto agg. **1** heard **2** (*vivo, sincero*) sincere, heartfelt **3** (*avvertito*) heartfelt ◆ **per s. dire** by hearsay
sènza **A** prep. **1** (*mancanza*) without **2** (*negazione*) un-, in-, -less (*con agg. e avv.*) **3** (*esclusione*) excluding **B** cong. without (*col gerundio*) (ES: ***s. mangiare*** without eating)
senzatétto s.m. e f. inv. homeless person
separàre **A** v.tr. to separate, to divide, to part **B** v.rifl. e rifl. rec. to separate, to part
separàto agg. **1** separate **2** (*di coniuge*) separated
separatóre s.m. separator
separazióne s.f. separation
sepolcràle agg. sepulchral
sepólcro s.m. grave, sepulchre
sepólto agg. buried
sepoltùra s.f. **1** burial **2** (*sepolcro*) grave
seppellìre v.tr. to bury
séppia s.f. cuttlefish ◆ **nero di s.** sepia || **osso di s.** cuttlebone
sequènza s.f. sequence
sequestràbile agg. sequestrable, seizable
sequestràre v.tr. **1** (*dir.*) to seize, to sequestrate, to confiscate **2** (*portar via*) to take away **3** (*rapire una persona*) to kidnap
sequèstro s.m. **1** sequestration, seizure **2** (*di persona*) kidnapping
sequòia s.f. redwood, sequoia
séra s.f. evening, night ◆ **di s.** in the evening
seràle agg. evening (*attr.*), night (*attr.*)
seràta s.f. **1** evening, night **2** (*spettacolo*) performance
serbàre **A** v.tr. **1** (*mettere da parte*) to lay aside **2** (*conservare*) to keep **B** v.rifl. to keep, to remain
serbatóio s.m. tank, reservoir
sèrbo agg. e s.m. Serbian
serenità s.f. serenity

seréno **A** agg. **1** clear, serene **2** (*fig.*) calm, tranquil **B** s.m. clear sky
sergènte s.m. sergeant
seriàle agg. serial
sèrie s.f. **1** series **2** (*assortimento*) set **3** (*fila*) row, line **4** (*sport*) division, league ♦ **s. A** first division, big league, (*calcio*) premier league, (*baseball*) major league || **di s. B** second division (*attr.*), (*fig.*) second-rate || **numero di s.** serial number || **produzione in s.** mass production
serietà s.f. **1** seriousness **2** (*gravità*) gravity
serigrafìa s.f. silk-screen printing, serigraphy
sèrio agg. **1** serious, earnest **2** (*grave*) serious, grave
sermóne s.m. sermon
serpeggiàre v.intr. **1** to wind, to meander **2** (*insinuarsi*) to spread
serpènte s.m. **1** snake **2** (*pelle*) snakeskin
sèrra s.f. greenhouse ♦ **effetto s.** greenhouse effect
serrànda s.f. shutter
serràre **A** v.tr. **1** to shut, to close, (*a chiave*) to lock **2** (*stringere*) to tighten, to clasp **3** (*incalzare*) to press hard upon **B** v.rifl. to lock oneself **C** v.intr. pron. to tighten
serràta s.f. lock-out
serratùra s.f. lock
server s.m. inv. server
servìle agg. **1** servile, slavish **2** (*gramm.*) auxiliary
servìre **A** v.tr. **1** to serve, to attend **2** (*di persona di servizio*) to wait on **3** (*offrire cibi*) to serve, to help **4** (*dare le carte*) to deal **B** v.intr. **1** (*prestare servizio*) to serve **2** (*a tavola*) to serve, to wait **3** (*giovare*) to serve, to be of use **4** (*fare l'ufficio di*) to serve, to act as **5** (*sport*) to serve **6** (*occorrere*) to need **C** v.intr. pron. **1** (*usare*) to use, to make use of **2** (*a tavola*) to help oneself **3** (*fornirsi*) to buy, to get, (*abitualmente*) to be a steady customer
servitù s.f. **1** servitude, slavery **2** (*personale di servizio*) servants *pl.*
serviziévole agg. helpful
servìzio s.m. **1** service **2** (*mil.*) service, duty **3** (*favore*) favour **4** (*serie di oggetti*) set, service **5** (*giornalistico*) report **6** al pl. services *pl.* ♦ **s. clienti** customer service || **in s.** on duty || **fuori s.** out of duty, (*non funzionante*) out of order || **servizi igienici** bathroom || **s. di segreteria telefonica** telephone answering service
sèrvo s.m. servant
servocomàndo s.m. servocontrol
servofréno s.m. brake booster
servomeccanìsmo s.m. servomechanism
servomotóre s.m. servomotor
servostèrzo s.m. power steering
sessànta agg. num. card. e s.m. inv. sixty
sessantèsimo agg. num. ord. e s.m. sixtieth
sessióne s.f. session
sèsso s.m. sex ♦ **fare s.** to have sex
sessuàle agg. sexual, sex (*attr.*)
sessualità s.f. sexuality
sestànte s.m. sextant
sèsto agg. num. ord. e s.m. sixth
séta s.f. silk
setacciàre v.tr. **1** to sieve, to sift **2** (*fig.*) to search
setàccio s.m. sieve
séte s.f. thirst ♦ **avere s.** to be thirsty
setifìcio s.m. silk mill
sétola s.f. bristle
sètta s.f. cult, sect
settànta agg. num. card. e s.m. inv. seventy
settantèsimo agg. num. ord. e s.m. seventieth
settàre v.tr. to set up
settàrio s.m. sectarian, (*fazioso*) factious
sètte agg. num. card. e s.m. inv. seven
settecènto agg. num. card. e s.m. inv. seven hundred ♦ **il Settecento** the eighteenth century
settèmbre s.m. September
settentrionàle agg. northern, north (*attr.*)
settentrióne s.m. north
sèttico agg. septic
settimàna s.f. week ♦ **la prossima s.** next week || **la scorsa s.** last week
settimanàle **A** agg. weekly, week (*attr.*) **B** s.m. weekly (magazine)
settimanalménte avv. weekly
sèttimo agg. num. ord. e s.m. seventh
sètto s.m. septum
settóre s.m. **1** sector **2** (*fig.*) field, area, sector
severità s.f. severity, strictness, rigour
sevèro agg. **1** severe, strict **2** (*sobrio*) austere
sevìzia s.f. torture
seviziàre v.tr. **1** to torture **2** (*violentare*) to rape
sex shop s.m. inv. sex shop
sexy agg. inv. sexy
sezionàre v.tr. to dissect
sezióne s.f. **1** section **2** (*reparto*) division, department
sfaccendàto s.m. idler
sfacchinàta s.f. drudgery
sfacciatàggine s.f. impudence, cheekiness
sfacciàto agg. impudent, cheeky
sfacèlo s.m. breakup, ruin
sfaldàre **A** v.tr. to flake **B** v.intr. pron. **1** to flake off, to scale off **2** (*fig.*) to break up
sfamàre **A** v.tr. to feed **B** v.rifl. to appease one's hunger, to feed oneself
sfàrzo s.m. pomp, magnificence
sfasaménto s.m. **1** (*elettr.*) phase displacement **2** (*stordimento*) bewilderment, confusion
sfasciàre[1] v.tr. (*sbendare*) to unbandage
sfasciàre[2] **A** v.tr. **1** (*rompere*) to shatter, to smash **2** (*fig.*) to break up **B** v.intr. pron. to fall to pieces, to break up
sfatàre v.tr. to discredit
sfàtto agg. **1** undone **2** (*stanco*) exhausted, (*avvizzito*) withered, faded **3** (*di letto*) unmade

sfavillàre v.intr. to shine, to sparkle
sfavorévole agg. unfavourable
sfèra s.f. **1** sphere **2** (*mecc.*) ball
sfèrico agg. spheric(al)
sferragliàre v.intr. to clang, to clank
sferràre v.tr. to land, to deliver
sferzàre v.tr. **1** to whip **2** (*fig.*) to lash out at, (*incitare*) to drive
sfìda s.f. challenge
sfidàre **A** v.tr. **1** to challenge, to defy **2** (*affrontare*) to face, to brave **B** v.rifl. rec. to challenge each other
sfidùcia s.f. **1** mistrust, distrust **2** (*pol.*) vote of no confidence
sfiguràre **A** v.tr. to disfigure, to spoil **B** v.intr. to cut a poor figure
sfilàre[1] **A** v.tr. **1** to unthread **2** (*togliere di dosso*) to slip off **3** (*rubare*) to steal **B** v.tr. pron. to take off, to remove **C** v.intr. pron. to unravel
sfilàre[2] v.intr. **1** to parade **2** (*presentando una collezione*) to model
sfilàta s.f. **1** parade **2** (*serie*) string ♦ **s. di moda** fashion show
sfìnge s.f. sphinx
sfinìre **A** v.tr. to exhaust, to wear out **B** v.intr. pron. to wear oneself out
sfinìto agg. exhausted, worn out
sfioràre v.tr. **1** to graze, to skim **2** (*fig.*) to touch on **3** (*stare per raggiungere*) to be on the verge of
sfiorìre v.intr. to fade, to wither
sfocàto agg. **1** (*fot.*) out of focus, blurred **2** (*fig.*) hazy, vague
sfociàre v.intr. **1** to flow (into) **2** (*fig.*) to result (in)
sfoderàre v.tr. **1** (*togliere la fodera*) to remove the lining **2** (*sguainare*) to unsheathe **3** (*ostentare*) to make a display (of)
sfoderàto agg. unlined
sfogàre **A** v.tr. to give vent to, to let out **B** v.intr. to come out **C** v.intr. pron. **1** to relieve one's feelings, to open one's heart **2** (*prendersela*) to take it out **3** (*levarsi la voglia*) to take one's fill
sfoggiàre v.tr. to show off
sfòglia s.f. **1** (*lamina*) foil **2** (*pasta sfoglia*) puff pastry
sfogliàre[1] **A** v.tr. (*togliere le foglie*) to strip the leaves off, (*un fiore*) to pluck the petals off **B** v.intr. pron. to lose leaves, (*di fiore*) to shed petals
sfogliàre[2] **A** v.tr. (*scorrere frettolosamente*) to leaf through, to turn over the pages of **B** v.rifl. (*sfaldarsi*) to flake
sfógo s.m. **1** vent, outlet **2** (*eruzione cutanea*) rash **3** (*di sentimenti*) outburst, relief
sfolgorànte agg. blazing, shining
sfollagènte s.m. inv. truncheon, baton
sfollàre **A** v.tr. to disperse, to clear, to evacuate **B** v.intr. to disperse, to evacuate
sfoltìre v.tr. **1** to thin (out) **2** (*fig.*) to cut, to reduce
sfondàre **A** v.tr. **1** (*rompere il fondo di*) to knock the bottom out of, to break the bottom of **2** (*rompere passando*) to break through, to break down, (*una porta*) to break open **3** (*mil.*) to break through **B** v.intr. to make a name for oneself, to have success **C** v.intr. pron. to break at the bottom
sfóndo s.m. background
sformàre **A** v.tr. **1** (*togliere la forma*) to put out of shape **2** (*togliere dalla forma*) to remove from the mould, to turn out **B** v.intr. pron. to lose one's shape
sfornàre v.tr. **1** to take out of the oven **2** (*produrre*) to bring out
sfornìto agg. deprived, (*di merci*) unstocked
sfortùna s.f. bad luck, ill luck, (*disgrazia*) misfortune
sfortunataménte avv. unfortunately, unluckily
sfortunàto agg. **1** unlucky, unfortunate **2** (*con esito negativo*) unsuccessful
sforzàre **A** v.tr. to force, to strain **B** v.intr. pron. to force oneself, to strive
sfòrzo s.m. **1** effort, strain **2** (*mecc.*) stress, strain
sfóttere v.tr. (*pop.*) to tease
sfrattàre v.tr. to turn out, to evict
sfràtto s.m. eviction
sfrecciàre v.intr. to speed
sfregàre v.tr. **1** to rub, (*per pulire*) to polish **2** (*graffiare*) to scratch
sfregiàre v.tr. to slash, to disfigure
sfrégio s.m. slash, cut
sfrenàto agg. unbridled, unrestrained
sfrontàto agg. impudent
sfruttaménto s.m. exploitation
sfruttàre v.tr. **1** to exploit, to overwork, to utilize **2** (*approfittare di*) to exploit, to take advantage of, to profit by **3** (*utilizzare al meglio*) to make the most of
sfruttatóre s.m. exploiter
sfuggìre **A** v.intr. **1** to escape **2** (*cadere di mano*) to slip, to drop **B** v.tr. to avoid
sfumàre **A** v.intr. **1** to vanish, to disappear, to fade (away) **2** (*andare in fumo*) to come to nothing **3** (*di colore*) to shade, (*di suoni*) to fade away **B** v.tr. to shade
sfumatùra s.f. **1** shade, nuance **2** (*tocco*) touch, hint **3** (*di capelli*) tapering
sfuocàto agg. → ***sfocato***
sfuriàta s.f. **1** fit of anger **2** (*rimprovero*) tirade
sgabèllo s.m. stool
sgabuzzìno s.m. closet, storeroom
sgambétto s.m. trip ♦ **fare lo s. a qc.** to trip sb.; (*fig.*) to supplant sb.
sganciàre **A** v.tr. **1** to unhook, (*staccare*) to disconnect **2** (*fam.*) (*denaro*) to stump up **B** v.rifl. e intr. pron. **1** to be unhooked **2** (*liberarsi*) to get away
sgangheràto agg. ramshackle
sgarbàto agg. rude
sgàrbo s.m. rudeness
sgargiànte agg. showy, gaudy
sgattaiolàre v.intr. to slip, to slip away
sgelàre v.tr. e intr. to thaw, to defrost
sghémbo agg. oblique ♦ **di s.** crookedly, obliquely

sghignazzàre v.intr. to laugh scornfully
sgobbàre v.intr. to work hard, to grind away
sgocciolàre **A** v.intr. to drip, to trickle **B** v.tr. **1** to drip **2** (*svuotare*) to drain, to empty
sgocciolatóio s.m. drip
sgolàrsi v.intr. pron. to shout oneself hoarse
sgombràre **A** v.tr. **1** to clear, to clear away **2** (*un alloggio*) to vacate, to move out of **B** v.intr. to clear out
sgómbro s.m. (*zool.*) mackerel
sgomentàre **A** v.tr. to dismay, to frighten **B** v.intr. pron. to be frightened
sgoménto s.m. dismay, fright
sgonfiàre v.tr. e intr. pron. to deflate
sgónfio agg. deflated, flat
sgòrbio s.m. scrawl, scribble
sgorgàre **A** v.intr. to gush out, to flow **B** v.tr. to unclog
sgozzàre v.tr. to cut the throat of
sgradévole agg. disagreeable, unpleasant
sgradìto agg. unpleasant, unwelcome
sgranàre v.tr. to shell, to hull ♦ **s. gli occhi** to open one's eyes wide
sgranchìre v.tr. e rifl. to stretch
sgranocchiàre v.tr. to munch, to crunch
sgrassàre v.tr. to degrease
sgraziàto agg. awkward, clumsy
sgretolàre v.tr. e intr. pron. to crumble
sgridàre v.tr. to scold, to rebuke
sgridàta s.f. scolding, telling-off
sguaiàto agg. coarse
sgualcìre v.tr. e intr. pron. to crease
sguàrdo s.m. **1** look, glance **2** (*occhi*) eyes *pl.* ♦ **dare uno s. a q.c.** to have a look at st.
sguazzàre v.intr. to wallow, to splash
sguinzagliàre v.tr. to let loose, (*dietro a qc.*) to set on
sgusciàre[1] v.tr. (*togliere il guscio*) to shell, to hull
sgusciàre[2] v.intr. (*sfuggire*) to slip away
shampoo s.m. inv. shampoo
shock s.m. inv. shock
show s.m. inv. show
showroom s.m. inv. showroom
si **A** pron. rifl. 3ª p. **1** (*con i v. rifl.*) himself *m.*, herself *f.*, itself *n.*, themselves *pl.*, (*con sogg. impers.*) oneself (ES: ***vestirsi*** to dress oneself; ***egli si vestì*** he dressed himself; ***essi si vestirono*** they dressed themselves) **2** (*con i v. rifl. impropri, in funzione di compl. di termine*) *si rende con l'agg. poss.* (ES: ***si è fatto male a un ginocchio*** he hurt his knee) **3** (*con i v. intr. pron.*) *idiom.* (ES: ***si dimentica sempre di chiudere la finestra*** he always forgets to close the window) **B** pron. rec. one another, (*tra due*) each other (ES: ***i miei genitori si amano*** my parents love each other) **C** pron. indef. **1** one, they, people, we, you, man (ES: ***si vede che...*** one can see that...; ***si dice che...*** people say that...; ***in Inghilterra si beve molta birra*** in England they drink a lot of beer) **2** (*con valore passivo*) (ES: ***si parla inglese*** English is spoken here) **3** (*con valore pleonastico*) *idiom.* (ES: ***si è mangiato un dolce intero*** he ate a whole cake)
sì **A** avv. yes **B** s.m. inv. **1** yes **2** (*voto favorevole*) ay
sìa... sìa cong. **1** (*tanto... quanto*) both... and **2** (*o... o*) whether... or, either... or
sibilàre v.intr. to whistle, to hiss
sìbilo s.m. whistle, hissing
sicàrio s.m. (hired) killer
sicché cong. **1** (*perciò*) so **2** (*così che*) so that
siccità s.f. drought
siccóme cong. as, since, because
siciliàno agg. e s.m. Sicilian
sicùra s.f. **1** safety, safety catch **2** (*autom.*) lock, safety lock
sicuraménte avv. certainly, of course
sicurézza s.f. **1** security, safety **2** (*l'esser sicuro*) assurance, (self-)confidence **3** (*certezza*) certainty ♦ **uscita di s.** emergency exit
sicùro agg. **1** safe, secure **2** (*certo*) sure, certain **3** (*saldo*) steady **4** (*esperto*) skilful, expert, confident **5** (*affidabile*) reliable, trusty ♦ **al s.** in a safe place || **di s.** certainly
siderurgìa s.f. iron metallurgy
sìdro s.m. cider
sièpe s.f. hedge
sièro s.m. serum, (*del latte*) whey
sieropositìvo agg. e s.m. (*all'HIV*) HIV-positive
sieroterapìa s.f. serotherapy
sièsta s.f. siesta, nap
sifóne s.m. siphon
sigarétta s.f. cigarette
sìgaro s.m. cigar
sigillàre v.tr. to seal
sigìllo s.m. seal
sìgla s.f. **1** initials *pl.*, abbreviation **2** (*mus.*) signature tune
siglàre v.tr. to initial, to sign
significàre v.tr. **1** to mean, to signify **2** (*valere*) to mean, to matter, (*simboleggiare*) to stand for
significatìvo agg. **1** significant, expressive, meaningful **2** (*importante*) important
significàto s.m. **1** meaning, sense **2** (*importanza*) importance, significance
signóra s.f. **1** lady, woman **2** (*davanti al nome*) Mrs, Ms, (*vocativo, senza nome*) madam
signóre s.m. **1** gentleman, man **2** (*davanti al nome*) Mr, (*vocativo, senza nome*) sir
signorìa s.f. rule, dominion
signorìle agg. elegant, luxury, (*raffinato*) refined
signorìna s.f. **1** young lady, girl **2** (*davanti al nome*) Miss, (*vocativo, senza nome*) madam, miss
silenziatóre s.m. silencer
silènzio s.m. silence ♦ **s. stampa** news blackout || **fare s.** to stop talking || **s.!** be quiet!
silenzióso agg. **1** silent **2** (*senza rumori*) quiet
silìcio s.m. silicon

silicóne s.m. silicone
sìllaba s.f. syllable
siluràre v.tr. **1** to torpedo **2** (*licenziare*) to oust
silùro s.m. torpedo
silvèstre agg. silvan
SIM s.f. inv. (*tel.*) SIM
simbiòsi s.f. symbiosis
simboleggiàre v.tr. to symbolize, to stand for
simbòlico agg. symbolic(al)
simbolìsta s.m. e f. symbolist
sìmbolo s.m. symbol
sìmile **A** agg. **1** similar, like, alike (*pred.*) **2** (*tale*) such **B** s.m. (*prossimo*) fellow
similitùdine s.f. **1** (*letter.*) simile **2** (*mat.*) similitude **3** (*rassomiglianza*) likeness
simmetrìa s.f. symmetry
simmètrico agg. symmetric(al)
simpatìa s.f. liking, attraction ♦ **prendere in s. qc.** to take a liking to sb.
simpàtico agg. **1** nice, pleasant **2** (*anat.*) sympathetic
simpatizzànte s.m. e f. sympathizer, supporter
simpatizzàre v.intr. **1** to take a liking to **2** (*sostenere*) to sympathize with
simpòsio s.m. symposium
simulàre v.tr. to simulate, to sham
simulazióne s.f. simulation
simultàneo agg. simultaneous
sinagòga s.f. synagogue
sincerità s.f. sincerity
sincèro agg. sincere, true
sìncope s.f. syncope
sincronìa s.f. synchrony
sindacàle agg. union (*attr.*)
sindacalìsta s.m. e f. trade unionist
sindacàto s.m. **1** trade union, (*USA*) labor union **2** (*fin.*) syndicate, pool
sìndaco s.m. **1** mayor **2** (*di società*) auditor
sìndrome s.f. syndrome
sinfonìa s.f. symphony
sinfònico agg. symphonic
singhiozzàre v.intr. **1** (*avere il singhiozzo*) to hiccup **2** (*piangere*) to sob
singhiózzo s.m. **1** hiccup **2** (*di pianto*) sob ♦ **a s.** jerking, by fits and starts
singolàre **A** agg. **1** (*gramm.*) singular **2** (*strano*) singular, unusual, strange **3** (*raro*) rare **B** s.m. **1** (*gramm.*) singular **2** (*tennis*) singles
sìngolo **A** agg. **1** single, individual, separate **2** (*unico*) single, sole **B** s.m. **1** individual **2** (*mus.*) single
sinìstra s.f. left ♦ **a s.** on the left ‖ **di s.** left-wing (*attr.*)
sinìstro **A** agg. **1** left **2** (*minaccioso*) sinister, grim **B** s.m. accident
sìno prep. e avv. → ***fino***[2]
sinònimo s.m. synonym
sintàssi s.f. syntax
sìntesi s.f. synthesis, (*riassunto*) summary
sintètico agg. **1** synthetic(al) **2** (*conciso*) concise ♦ **fibre sintetiche** synthetic fibres
sintetizzàre v.tr. **1** to synthetize **2** (*riassumere*) to summarize
sintomàtico agg. **1** symptomatic **2** (*significativo*) significant, indicative
sintomatologìa s.f. symptomatology
sìntomo s.m. symptom
sintonìa s.f. **1** (*radio, tv*) tuning **2** (*fig.*) agreement, syntony ♦ **essere in s.** to be on the same wavelenght
sintonizzàre **A** v.tr. to tune in **B** v.intr. pron. to be tuned in
sinuóso agg. winding
sinusìte s.f. sinusitis
sipàrio s.m. curtain
sirèna s.f. mermaid, siren
sirìnga s.f. **1** syringe **2** (*utensile da cucina*) icing bag
sìsma s.m. seism, earthquake
sìsmico agg. seismic(al)
sismògrafo s.m. seismograph
sismòlogo s.m. seismologist
sistèma s.m. **1** system **2** (*modo, metodo*) way, method **3** (*potere costituito*) establishment
sistemàre **A** v.tr. **1** (*ordinare*) to arrange, to put in order **2** (*definire*) to settle, to resolve **3** (*collocare*) to place, (*in un alloggio*) to accommodate, to put up **4** (*procurare lavoro, far sposare*) to fix up **B** v.rifl. **1** (*trovare alloggio*) to settle **2** (*trovare lavoro*) to find a job **3** (*mettersi a posto*) to settle down
sistemàtico agg. systematic
sistemazióne s.f. **1** organization, arrangement, (*collocazione*) placing, layout **2** (*definizione*) settlement **3** (*alloggio*) accommodation **4** (*impiego*) job
sìto s.m. place, site ♦ **s. Internet** website
situàre **A** v.tr. to site, to place **B** v.intr. pron. to be situated
situazióne s.f. situation
skipass s.m. inv. skipass, ski pass
skipper s.m. e f. inv. skipper
slacciàre v.tr. to unlace, to loosen, (*sbottonare*) to unbotton
slàncio s.m. **1** rush, run **2** (*fig.*) impulse, fit ♦ **di s.** (*fig.*) on impulse
slavàto agg. **1** washed out, (*pallido*) pale **2** (*fig.*) dull
slavìna s.f. snowslide
slàvo **A** agg. Slavic **B** s.m. Slav
sleàle agg. disloyal, (*non corretto*) unfair
slegàre **A** v.tr. to untie, to unfasten **B** v.rifl. to untie oneself, to loosen
slip s.m. inv. panties *pl.*, briefs *pl.*
slìtta s.f. **1** sleigh, sledge, (*USA*) sled **2** (*mecc.*) slide ♦ **andare in s.** to go sledding, to go sleigh-riding
slittàre v.intr. **1** (*scivolare*) to skid, (*mecc.*) to slip **2** (*perdere valore*) to slide, to fall **3** (*essere rinviato*) to be postponed
slogàre v.tr. e intr. pron. to dislocate
slogatùra s.f. dislocation

sloggiàre **A** **v.tr.** to drive out, (*sfrattare*) to evict **B** **v.intr.** to clear out
smacchiàre **v.tr.** to clean
smacchiatóre **s.m.** stain remover
smàcco **s.m.** slap in the face, disappointment
smagliànte **agg.** dazzling
smagliatùra **s.f.** **1** (*di calza*) ladder, (*USA*) run **2** (*di pelle*) stretch mark **3** (*fig.*) gap
smaliziàto **agg.** **1** knowing, shrewd **2** (*capace*) skilful
smaltàre **v.tr.** **1** to enamel, (*ceramica*) to glaze **2** (*unghie*) to paint, to polish
smaltatùra **s.f.** enamelling, (*di ceramica*) glazing
smaltìre **v.tr.** **1** (*digerire*) to digest, (*fig.*) to swallow **2** (*vendere*) to sell off, to clear **3** (*eliminare*) to take off, (*acque*) to drain, (*rifiuti*) to dispose of **4** (*sbrigare*) to finish off
smàlto **s.m.** **1** enamel **2** (*per unghie*) nail varnish, (*USA*) nail polish **3** (*fig.*) shine
smània **s.f.** **1** (*desiderio*) longing, craving **2** (*frenesia*) agitation, frenzy
smantellàre **v.tr.** to dismantle
smarriménto **s.m.** **1** loss, (*di lettera, pacco*) misplacing, mislaying **2** (*confusione*) confusion, bewilderment
smarrìre **A** **v.tr.** to lose, to mislay **B** **v.intr. pron.** **1** (*perdere la strada*) to lose one's way **2** (*andare perduto*) to get lost **3** (*confondersi*) to get confused
smarrìto **agg.** **1** lost, mislaid **2** (*fig.*) bewildered
smart card **s.f. inv.** smart card
smascheràre **v.tr.** to unmask, to reveal
smemoràto **agg.** forgetful, absent-minded
smentìre **A** **v.tr.** **1** to belie, to deny **2** (*ritrattare*) to withdraw **B** **v.rifl.** to contradict oneself
smentìta **s.f.** denial
smeràldo **s.m.** emerald
smerciàre **v.tr.** to sell
smèrlo **s.m.** scallop
sméttere **v.tr. e intr.** to stop, to give up, to quit
smìlzo **agg.** thin, slim
sminuìre **v.tr.** to belittle, to play down
sminuzzàre **v.tr.** to mince, to crumble
smistaménto **s.m.** **1** sorting **2** (*ferr.*) shunting, switching
smistàre **v.tr.** **1** to sort **2** (*ferr.*) to shunt, to switch
smisuràto **agg.** immeasurable, immense
smodàto **agg.** immoderate
smòg **s.m. inv.** smog
smoking **s.m. inv.** dinner jacket
smontàggio **s.m.** disassembly
smontàre **A** **v.tr.** **1** to disassemble, to take apart **2** (*scoraggiare*) to discourage, to deflate **3** (*demolire*) to demolish **B** **v.intr.** **1** (*da un mezzo*) to get off, (*da cavallo*) to dismount **2** (*finire il turno*) to go off duty, to stop work
smòrfia **s.f.** grimace
smorfióso **agg.** simpering
smòrto **agg.** pale, faded, dull
smorzàre **A** **v.tr.** **1** (*luce*) to shade, to dim, (*suono*) to deaden, (*colore*) to tone down **2** (*estinguere*) to slake, (*fig.*) to appease **B** **v.intr. pron.** **1** to grow fainter, to fade **2** (*fig.*) to be appeased
smottaménto **s.m.** landslip
SMS **s.m. inv.** SMS (message), text message
smùnto **agg.** (*pallido*) pale, (*emaciato*) lean, emaciated
smuòvere **v.tr.** **1** to move, to shift **2** (*dissuadere*) to dissuade, to budge **3** (*commuovere*) to move, to touch
smussàre **v.tr.** **1** to round off **2** (*fig.*) to soften, to smooth
snaturàre **v.tr.** **1** to pervert the nature (of) **2** (*est.*) to alter, to distort
snaturàto **agg.** heartless
snèllo **agg.** slender, slim
snervànte **agg.** enervating
snidàre **v.tr.** to flush, to dislodge
snòb **A** **s.m. e f. inv.** snob **B** **agg. inv.** snobbish
snobbàre **v.tr.** to snub
snobìsmo **s.m.** snobbery
snocciolàre **v.tr.** **1** to stone, to rattle off **2** (*spiattellare*) to tell
snodàre **A** **v.tr.** **1** (*sciogliere*) to loosen **2** (*rendere agile*) to make supple **B** **v.intr. pron.** **1** to come loose **2** (*di strada*) to wind
snòdo **s.m.** **1** articulated joint **2** (*svincolo*) junction
snorkeling **s.m. inv.** snorkelling, (*USA*) snorkeling
snowboard **s.m. inv.** **1** (*sport*) snowboarding **2** (*tavola*) snowboard
soàve **agg.** sweet
sobbalzàre **v.intr.** **1** to jerk, to jolt **2** (*trasalire*) to start
sobbàlzo **s.m.** jerk, jolt
sobbarcàrsi **v.rifl.** to take upon oneself, to undertake
sobbórgo **s.m.** suburb
sobillàre **v.tr.** to stir up
sòbrio **agg.** **1** sober, moderate **2** (*semplice*) simple, plain
socchiùdere **v.tr.** **1** (*chiudere*) to half-close, to close a little **2** (*aprire*) to half-open, to leave ajar
soccórrere **v.tr.** to help, to aid, to assist
soccorritóre **s.m.** helper, rescuer
soccórso **s.m.** **1** help, aid, (*salvataggio*) rescue **2** (*med.*) aid ♦ **pronto s.** first aid ‖ **s. stradale** breakdown service
socialdemocràtico **agg.** Social Democratic
sociàle **agg.** **1** social **2** (*di società*) corporate, company (*attr.*) **3** (*di associazione*) club (*attr.*) ♦ **assistente s.** social worker ‖ **previdenza s.** social security
socialìsmo **s.m.** Socialism
socialìsta **agg., s.m. e f.** Socialist
società **s.f.** **1** society **2** (*dir., econ.*) company, (*USA*) corporation
sociévole **agg.** sociable

sòcio s.m. **1** member **2** (*di accademia, società scientifica*) fellow **3** (*dir., econ.*) partner, associate
sociologìa s.f. sociology
sociòlogo s.m. sociologist
sòda s.f. soda
sodalìzio s.m. **1** association **2** (*legame amichevole*) fellowship
soddisfacènte agg. satisfactory
soddisfàre **A** v.tr. **1** to satisfy, to please, to gratify **2** (*adempiere*) to fulfil, to meet, to discharge, (*pagare*) to pay off **B** v.intr. to fulfil, to discharge
soddisfàtto agg. **1** satisfied **2** (*compiuto*) fulfilled
soddisfazióne s.f. **1** satisfaction, pleasure **2** (*adempimento*) fulfilment
sòdio s.m. sodium
sòdo agg. solid, firm, hard ♦ **uovo s.** hard-boiled egg
sofà s.m. sofa
sofferènte agg. **1** suffering **2** (*che mostra sofferenza*) painstricken
sofferènza s.f. suffering, pain
soffèrto agg. **1** suffered **2** (*che costa fatica*) hard, painful
soffiàre **A** v.intr. to blow **B** v.tr. **1** to blow, to puff **2** (*fam.*) (*portar via*) to steal ♦ **soffiarsi il naso** to blow one's nose
soffiàto agg. **1** (*di cereali*) puffed **2** (*di vetro*) blown
sòffice agg. soft
sóffio s.m. **1** puff, whiff, breath **2** (*med.*) murmur ♦ **in un s.** in a flash
soffìtta s.f. attic
soffìtto s.m. ceiling
soffocaménto s.m. choking, suffocation
soffocànte agg. choking, stifling
soffocàre v.tr. e intr. to choke, to suffocate, to stifle
soffrìggere v.tr. e intr. to fry slightly
soffrìre **A** v.tr. **1** to suffer, to endure **2** (*sopportare*) to stand, to bear **B** v.intr. to suffer
sofisticàto agg. **1** sophisticated **2** (*adulterato*) adulterated
software s.m. inv. software ♦ **s. applicativo** application software
soggettìvo agg. subjective
soggètto[1] agg. **1** (*sottoposto*) subject **2** (*incline*) subject, prone **3** (*dipendente*) dependent
soggètto[2] s.m. **1** (*argomento*) subject, (subject) matter, topic **2** (*individuo*) subject, person, (*spreg.*) character **3** (*gramm.*) subject
soggezióne s.f. **1** subjection **2** (*timore*) awe, (*imbarazzo*) uneasiness ♦ **mettere in s. qc.** to make sb. uneasy
sogghignàre v.intr. to sneer
soggiornàre v.intr. to stay
soggiórno s.m. **1** stay **2** (*stanza*) living-room ♦ **permesso di s.** residence permit
soggiùngere v.tr. e intr. to add
sòglia s.f. threshold
sògliola s.f. sole
sognànte agg. dreamy
sognàre v.tr. e intr. to dream
sognatóre s.m. dreamer
sógno s.m. dream ♦ **s. nel cassetto** secret dream
sòia s.f. soya-bean
solàio s.m. attic
solaménte avv. only, just
solàre agg. solar, sun (*attr.*)
solàrium s.m. inv. solarium, (*USA*) tanning salon
sólco s.m. furrow, (*traccia*) track
soldàto s.m. soldier
sòldo s.m. **1** (*moneta*) coin, penny **2** al pl. money, (*spiccioli*) (small) change
sóle s.m. sun, (*luce, calore*) sunshine ♦ **prendere il s.** to sunbathe, to tan
soleggiàto agg. sunny
solènne agg. solemn
solennità s.f. **1** solemnity **2** (*festività*) holiday
solfàto s.m. sulphate
solféggio s.m. solfeggio
solidàle agg. **1** united, solidly behind (*pred.*) **2** (*dir.*) jointly liable **3** (*mecc.*) integral ♦ **commercio equo e s.** fair trade
solidarietà s.f. solidarity
solidità s.f. solidity, soundness
sòlido **A** agg. **1** (*fis., geom.*) solid **2** (*stabile*) solid, stable, (*di colore*) fast **3** (*saldo*) sound **B** s.m. solid
solilòquio s.m. soliloquy
solìsta **A** agg. solo **B** s.m. e f. soloist
solitaménte avv. usually
solitàrio **A** agg. **1** (*di persona*) solitary, lone **2** (*di luogo*) lonely **B** s.m. **1** (*brillante*) solitaire **2** (*con le carte*) patience
sòlito agg. usual, customary ♦ **come al s.** as usual || **di s.** usually
solitùdine s.f. solitude
sollecitàre v.tr. **1** to urge, to press for, to solicit **2** (*mecc.*) to stress
sollecitazióne s.f. **1** solicitation **2** (*comm.*) request **3** (*mecc.*) stress
sollécito **A** agg. prompt, ready **B** s.m. request, reminder
sollecitùdine s.f. **1** promptness, speed **2** (*interessamento*) concern, care **3** (*attenzione*) kindness
solleticàre v.tr. to tickle
sollético s.m. tickle, tickling
sollevàre **A** v.tr. **1** to raise, to lift **2** (*fig.*) to relieve, to comfort **3** (*far sorgere*) to raise **4** (*far insorgere*) to stir up **B** v.rifl. e intr. pron. **1** to rise, to arise **2** (*riprendersi*) to get over **3** (*insorgere*) to rise
sollièvo s.m. relief
sólo **A** agg. **1** alone (*pred.*) **2** (*unico*) only **3** (*esclusivo*) sole **B** s.m. only one **C** avv. only, just ♦ **da s.** by oneself
soltànto avv. only, just
solùbile agg. **1** soluble **2** (*risolvibile*) solvable ♦ **caffè s.** instant coffee
soluzióne s.f. **1** (*chim.*) solution **2** (*spiegazione*) solution, solving

solvènte agg. e s.m. solvent
sòma s.f. load ♦ **da s.** pack (*attr.*), of burden
somàro s.m. ass, donkey
somigliànza s.f. resemblance, likeness
somigliàre **A** v.intr. to resemble, to be like, to look like **B** v.rifl. rec. to be like each other, to be alike
sómma s.f. **1** (*mat.*) sum, total, amount, (*operazione*) addition **2** (*di denaro*) sum (of money), amount
sommàre **A** v.tr. to add, to sum **B** v.intr. (*ammontare*) to amount ♦ **tutto sommato** all things considered, all in all
sommàrio **A** agg. **1** summary, brief **2** (*dir.*) summary **3** (*approssimativo*) perfunctory **B** s.m. **1** summary **2** (*tv*) news headlines *pl.*
sommèrgere v.tr. **1** to submerge, (*inondare*) to flood **2** (*colmare*) to overwhelm
sommergìbile s.m. submarine
sommèrso agg. **1** submerged, (*inondato*) flooded **2** (*fig.*) (*sopraffatto*) overwhelmed **3** (*fig.*) (*di attività economica*) hidden
somméso agg. **1** humble **2** (*di suono*) low, soft
somministràre v.tr. to give (out), to administer
sommità s.f. top, summit, peak
sómmo **A** agg. **1** highest, greatest **2** (*fig.*) supreme, (*grande*) great **B** s.m. summit, top, peak ♦ **per sommi capi** briefly
sommòssa s.f. rising, revolt
sommozzatóre s.m. scuba diver, frogman
sonàglio s.m. rattle ♦ **serpente a sonagli** rattlesnake
sonàre v.tr. e intr. → ***suonare***
sónda s.f. **1** (*med.*) probe **2** (*meteor.*) sonde **3** (*miner.*) drill
sondàggio s.m. **1** sounding **2** (*med.*) probing **3** (*indagine*) poll, survey
sondàre v.tr. to sound, to probe
sonétto s.m. sonnet
sonnàmbulo **A** agg. sleepwalking **B** s.m. sleepwalker
sonnecchiàre v.intr. to doze
sonnellìno s.m. nap, doze
sonnìfero s.m. sleeping pill, sleeping draught
sónno s.m. sleep ♦ **avere s.** to be sleepy
sonnolènza s.f. sleepiness, drowsiness
sonorità s.f. sonority, acoustics *pl.*
sonòro **A** agg. **1** sonorous, resonant **2** (*rumoroso*) loud **3** (*cin.*) sound (*attr.*) **4** (*in fonetica*) voiced **B** s.m. **1** (*cin.*) talkie **2** (*audio*) sound
sontuóso agg. sumptuous
soporìfero agg. soporific
soppàlco s.m. mezzanine, loft
soppesàre v.tr. **1** to weigh (in one's hand) **2** (*fig.*) to consider carefully, to weigh
soppiàtto nella loc. avv. **di s.** stealthily
sopportàbile agg. bearable, endurable
sopportàre **A** v.tr. **1** to support **2** (*fig.*) to bear, to endure, to stand, to put up with **B** v.rifl. rec. to stand each other
soppressióne s.f. **1** suspension, suppression **2** (*di mezzi di trasporto*) cancellation **3** (*abolizione*) abolition
sopprìmere v.tr. **1** to suppress, to abolish, to cancel **2** (*uccidere*) to kill, to put down
sópra **A** avv. **1** up, on, above **2** (*al piano superiore*) upstairs **3** (*precedentemente*) above **B** prep. **1** (*sovrapposizione con contatto*) on, upon, up, on to, (*in cima a*) on top of **2** (*sovrapposizione senza contatto, rivestimento*) over **3** (*più in alto di*) above **4** (*oltre*) over, beyond **5** (*di seguito*) after **6** (*riguardo*) on
sopràbito s.m. overcoat
sopraccìglio s.m. eyebrow
sopraddétto agg. above-mentioned, aforesaid
sopraffàre v.tr. to overcome, to overwhelm
sopraffìno agg. first-rate, excellent
sopraggiùngere v.intr. **1** to arrive, to come **2** (*accadere*) to happen, to turn up
sopralluògo s.m. on-the-spot investigation, inspection
soprammòbile s.m. knick-knack
soprannóme s.m. nickname
soprannominàto[1] agg. (*conosciuto come*) nicknamed, known as
soprannominàto[2] agg. (*citato*) above-mentioned, mentioned above (*pred.*)
sopràno s.m. e f. soprano
sopranominàto agg. above-mentioned, mentioned above (*pred.*)
soprassedére v.intr. to put off, to delay
soprattùtto avv. above all
sopravvalutàre v.tr. to overestimate, to overvalue
sopravvènto s.m. upper hand
sopravvissùto s.m. survivor
sopravvivènza s.f. survival
sopravvìvere v.intr. **1** to survive, to outlive **2** (*fig.*) to live on (*nei ricordi*)
soprùso s.m. abuse of power
soqquàdro s.m. confusion ♦ **mettere a s.** to turn upside-down
sorbétto s.m. water ice, sorbet
sorbìre v.tr. **1** to sip **2** (*sopportare*) to put up with
sòrdido agg. sordid, dirty
sordìna s.f. mute ♦ **in s.** on the sly
sordità s.f. deafness
sórdo **A** agg. **1** deaf **2** (*di suono*) dull, muffled **3** (*in fonetica*) unvoiced **B** s.m. deaf person
sordomùto **A** agg. deaf and dumb **B** s.m. deaf mute
sorèlla s.f. sister
sorellàstra s.f. half-sister, stepsister
sorgènte **A** agg. rising **B** s.f. spring, source
sórgere v.intr. **1** (*levarsi*) to rise **2** (*scaturire*) to rise, to arise, to spring out **3** (*elevarsi*) to stand, to rise
sorìano s.m. tabby (cat)
sormontàre v.tr. to surmount

sornióne **agg.** sly, crafty
sorpassàre **v.tr.** **1** to go beyond, to exceed, to surpass **2** (*autom.*) to overtake
sorpàsso **s.m.** overtaking ♦ **divieto di s.** no overtaking
sorprendènte **agg.** surprising
sorprèndere **A** **v.tr.** **1** (*cogliere di sorpresa*) to catch **2** (*meravigliare*) to surprise **B** **v.intr. pron.** to be surprised
sorprésa **s.f.** surprise
sorpréso **agg.** surprised
sorrèggere **v.tr.** to support, to hold up
sorridènte **agg.** **1** smiling **2** (*benevolo*) good-natured
sorrìdere **v.intr.** **1** to smile **2** (*attrarre*) to make happy, to appeal
sorrìso **s.m.** smile
sorseggiàre **v.tr.** to sip
sórso **s.m.** **1** sip, gulp, draught **2** (*goccio*) drop
sòrta **s.f.** kind, sort
sòrte **s.f.** **1** fate, destiny, fortune **2** (*caso*) chance
sorteggiàre **v.tr.** to draw
sortéggio **s.m.** draw
sortilègio **s.m.** sorcery, witchcraft
sorveglianza **s.f.** watch, surveillance, supervision
sorvegliàre **v.tr.** **1** to guard, to watch, (*sovrintendere*) to supervise **2** (*tenere d'occhio*) to look after, to watch (over)
sorvolàre **v.tr. e intr.** **1** to fly over, to overfly **2** (*fig.*) to pass over, to skip
sòsia **s.m. e f. inv.** double
sospèndere **v.tr.** **1** (*attaccare*) to suspend, to hang (up) **2** (*interrompere*) to suspend, to stop, to interrupt **3** (*da una carica, da scuola*) to suspend
sospensióne **s.f.** **1** suspension **2** (*interruzione*) suspension, interruption, stoppage
sospéso **A** **agg.** **1** hanging, suspended **2** (*interrotto*) suspended, interrupted **3** (*trepidante*) in suspence **B** **s.m.** (*pagamento*) outstanding payment ♦ **in s.** pending, in abeyance
sospettàre **v.tr. e intr.** to suspect
sospètto **A** **agg.** **1** suspicious **2** (*discutibile*) suspect, questionable **3** (*di cui si teme l'esistenza*) suspected **B** **s.m.** **1** suspicion **2** (*persona*) suspect
sospettóso **agg.** suspicious
sospìngere **v.tr.** to drive, to push
sospiràre **A** **v.intr.** to sigh **B** **v.tr.** to sigh for, to long for
sospìro **s.m.** sigh
sòsta **s.f.** **1** (*fermata*) halt, stop **2** (*pausa*) pause **3** (*interruzione*) interruption, break ♦ **senza s.** nonstop
sostantìvo **s.m.** noun
sostànza **s.f.** **1** substance, essence **2** (*materia*) substance, matter, material, stuff **3** (*nutrimento*) nourishment **4** **al pl.** (*ricchezze*) property, possessions *pl.* ♦ **in s.** (*fig.*) in short, essentially
sostanzióso **agg.** substantial
sostàre **v.intr.** **1** to stop, to stay **2** (*fare una pausa*) to have a break
sostégno **s.m.** support, prop
sostenére **A** **v.tr.** **1** (*tenere su*) to support, to sustain, to hold up **2** (*portare su di sé*) to carry, to take **3** (*sopportare*) to bear, to stand, (*reggere*) to stand up to **4** (*resistere a*) to withstand **5** (*appoggiare*) to support, to uphold, (*difendere*) to defend **6** (*affermare*) to maintain, to assert **7** (*mantenere*) to keep up, to support **B** **v.rifl. e intr. pron.** **1** (*reggersi in piedi*) to stand up, (*appoggiarsi*) to support oneself **2** (*sostentarsi*) to sustain oneself
sostenitóre **s.m.** supporter
sostentaménto **s.m.** sustenance, maintenance
sostenùto **agg.** **1** (*riservato*) reserved, distant **2** (*solenne*) elevated **3** (*elevato*) fast
sostituìbile **agg.** replaceable
sostituìre **v.tr.** **1** (*rimpiazzare*) to replace, to substitute **2** (*prendere il posto di*) to take the place of, to substitute for, to replace
sostitùto **s.m.** substitute
sostituzióne **s.f.** replacement, substitution
sottacéto **A** **agg.** pickled **B** **s.m.** pickle
sottàna **s.f.** **1** slip, petticoat **2** (*gonna*) skirt
sotterfùgio **s.m.** trick, expedient
sotterràneo **A** **agg.** underground **B** **s.m.** basement, cellar
sotterràre **v.tr.** to bury
sottigliézza **s.f.** **1** thinness **2** (*acutezza*) sharpness **3** (*cavillo*) quibble
sottìle **agg.** **1** thin **2** (*acuto*) sharp, subtle
sottilizzàre **v.intr.** to subtilize, to split hairs
sottintèndere **v.tr.** to understand, to imply
sottintéso **A** **agg.** understood, implied **B** **s.m.** implicit meaning, allusion
sótto **A** **avv.** **1** down, under, below, beneath, underneath **2** (*al piano sotto*) downstairs **3** (*più avanti*) below **4** (*in perdita*) short **B** **prep.** **1** (*in posizione inferiore*) under, beneath, underneath **2** (*più in basso*) below **3** (*meno di*) under **C** **s.m.** bottom, underside ♦ **s. s.** deep down
sottobicchière **s.m.** coaster, (*piattino*) saucer
sottobòsco **s.m.** undergrowth
sottobràccio **avv.** arm in arm
sottochiàve **avv.** locked up
sottocòsto **avv.** below cost ♦ **vendere s.** to sell below cost
sottocutàneo **agg.** subcutaneous
sottofóndo **s.m.** **1** (*edil.*) foundation **2** (*fig.*) substratum **3** (*di suoni*) background
sottogàmba **avv.** lightly
sottolineàre **v.tr.** **1** to underline, to underscore **2** (*fig.*) to underline, to stress
sottomàrca **s.f.** sub-brand
sottomarìno **agg. e s.m.** submarine
sottoméssso **agg.** **1** (*soggiogato*) subdued, subject **2** (*remissivo*) submissive, respectful
sottométtere **A** **v.tr.** **1** (*assoggettare*) to subdue,

to subject **2** (*subordinare*) to subordinate **3** (*presentare*) to submit **B** v.rifl. to submit
sottomissióne s.f. **1** subduing **2** (*est.*) submission, obedience
sottopassàggio s.m. underpass, subway
sottopórre **A** v.tr. **1** (*assoggettare*) to subdue, to subject **2** (*presentare*) to submit, to present **3** (*costringere a subire*) to subject, to put through **B** v.rifl. **1** to submit **2** (*subire*) to undergo
sottoprodótto s.m. by-product
sottoscàla s.m. inv. space under a staircase
sottoscrìtto agg. e s.m. undersigned
sottoscrìvere v.tr. **1** (*firmare*) to sign, to undersign, (*aderire a*) to subscribe **2** (*approvare*) to support, to subscribe to
sottoscrizióne s.f. subscription
sottosópra avv. upside down
sottostànte agg. below, underneath
sottosvilùppo s.m. underdevelopment
sottotèrra avv. underground
sottotìtolo s.m. subtitle
sottovalutàre **A** v.tr. to undervalue **B** v.rifl. to undervalue oneself
sottovèste s.f. slip, petticoat
sottovóce avv. in a low voice
sottovuòto agg. e avv. vacuum-packed
sottràrre **A** v.tr. **1** (*portare via*) to take away, to remove, (*rubare*) to steal **2** (*liberare*) to save, to rescue **3** (*mat.*) to subtract **4** (*dedurre*) to deduct **B** v.rifl. to get out, to evade, to shirk
sottrazióne s.f. **1** (*mat.*) subtraction **2** (*il portar via*) taking away, (*furto*) abstraction
soviètico agg. e s.m. Soviet
sovraccaricàre v.tr. to overload, to overburden
sovraccàrico **A** agg. overloaded **B** s.m. overload
sovraespórre v.tr. to overexpose
sovraffollàto agg. overcrowded
sovràno agg. e s.m. sovereign
sovrappéso agg. e s.m. overweight
sovrapponìbile agg. superimposable
sovrappórre **A** v.tr. to put on, to place on, to superimpose **B** v.intr. pron. **1** to be superimposed, to overlap **2** (*aggiungersi*) to arise in addition
sovrapprèzzo s.m. extra charge, surcharge
sovrastànte agg. overhanging
sovrastàre v.tr. e intr. **1** to stand above, to overlook, to overhang **2** (*essere imminente*) to be imminent, to hang over **3** (*essere superiore*) to surpass
sovrumàno agg. superhuman
sovvenzionàre v.tr. to finance
sovvenzióne s.f. subvention, aid, subsidy
sovversìvo agg. e s.m. subversive
sózzo agg. dirty
spaccàre v.tr. e intr. pron. to break, to split
spaccàto **A** agg. broken **B** s.m. (*arch.*) section
spaccatùra s.f. split
spacciàre **A** v.tr. **1** (*vendere*) to sell (off) **2** (*mettere in circolazione*) to circulate, (*clandestinamente*) to peddle, to utter, (*droga*) to push **3** (*divulgare*) to spread **B** v.rifl. to pretend (to be)
spacciatóre s.m. dealer, utterer, (*di droga*) pusher
spàccio s.m. **1** (*negozio*) shop **2** (*vendita*) sale **3** (*traffico illegale*) traffic
spàcco s.m. **1** slit, cleft, (*taglio*) tear **2** (*di vestito*) vent
spaccóne s.m. boaster
spàda s.f. sword
spaesàto agg. lost
spagnòlo **A** agg. Spanish **B** s.m. **1** (*abitante*) Spaniard **2** (*lingua*) Spanish
spàgo s.m. string, twine
spaiàto agg. odd
spalancàre **A** v.tr. to open wide **B** v.intr. pron. to throw open
spalàre v.tr. to shovel away
spàlla s.f. **1** shoulder **2** al pl. (*schiena*) back **3** (*attore*) straight man ♦ **alle spalle** behind || **fare da s.** to stooge
spalleggiàre v.tr. to back, to support
spallièra s.f. **1** (*di sedia*) back **2** (*di letto*) head (of the bed) **3** (*di piante*) espalier **4** (*attrezzo ginnico*) wall bar
spalmàre v.tr. to spread, to smear ♦ **s. di burro** to butter
spanàre v.tr. e intr. pron. to strip
spàndere v.tr. e intr. pron. to spread
spànna s.f. span ♦ **a spanne** at a guess
sparàre v.tr. e intr. to shoot, to fire
sparatòria s.f. shooting
sparecchiàre v.tr. to clear
sparéggio s.m. **1** (*sport*) play-off **2** (*squilibrio*) unbalance
spàrgere **A** v.tr. **1** to scatter, to strew **2** (*divulgare*) to spread **3** (*versare*) to shed, (*liquidi*) to spill **B** v.intr. pron. **1** to scatter, to disperse **2** (*diffondersi*) to spread
sparìre v.intr. to disappear, to vanish
sparizióne s.f. disappearance
sparlàre v.intr. to run down, to talk behind sb.'s back
spàro s.m. shot
sparpagliàre v.tr. e intr. pron. to scatter
spàrso agg. **1** scattered **2** (*versato*) shed **3** (*sciolto*) loose
spartiàcque s.m. inv. watershed
spartìre v.tr. **1** (*separare*) to separate **2** (*distribuire*) to share out, to divide
spartìto s.m. score
spartitràffico s.m. inv. traffic divider
sparùto agg. **1** (*emaciato*) lean **2** (*esiguo*) small
sparvièro s.m. sparrow-hawk
spàsimo s.m. pang
spàsmo s.m. spasm
spasmòdico agg. **1** (*med.*) spasmodic(al) **2** (*angoscioso*) agonizing
spassionàto agg. impartial, unbiased

spàsso s.m. amusement, fun ♦**andare a s.** to go for a walk
spassóso agg. funny
spàstico agg. e s.m. spastic
spauràcchio s.m. bugbear, bugaboo
spavàldo agg. bold, arrogant
spaventapàsseri s.m. scarecrow
spaventàre **A** v.tr. to frighten, to scare **B** v.intr. pron. to be frightened, to get scared
spaventàto agg. frightened, scared
spavènto s.m. fright, fear
spaventóso agg. frightful, frightening, dreadful
spaziàle agg. **1** spatial, space (*attr.*) **2** (*eccezionale*) fantastic, exceptional
spazientìre **A** v.tr. to try the patience of **B** v.intr. pron. to lose one's patience
spàzio s.m. space
spazióso agg. spacious
spazzacamìno s.m. chimney-sweep
spazzanéve s.m. inv. snowplough
spazzàre v.tr. **1** to sweep **2** (*portar via*) to sweep away, to wipe out
spazzatùra s.f. garbage, rubbish, (*USA*) trash ♦**TV s.** trash TV
spazzìno s.m. street-sweeper
spàzzola s.f. brush ♦**s. per capelli** hairbrush
spazzolàre v.tr. to brush
spazzolìno s.m. brush, (*da denti*) toothbrush
spazzolóne s.m. mop
specchiàrsi v.rifl. e intr. pron. **1** to look at oneself (in a mirror) **2** (*riflettersi*) to be reflected
specchiétto s.m. **1** hand-mirror **2** (*autom.*) rear-view mirror **3** (*tabella*) table
spècchio s.m. mirror ♦**occhiali a s.** mirrored glasses || **s. d'acqua** sheet of water
speciàle **A** agg. **1** special **2** (*particolare*) peculiar **3** (*di qualità*) first-class **B** s.m. special
specialìsta s.m. e f. specialist
specialìstico agg. specialized
specialità s.f. **1** speciality **2** (*sport*) event **3** (*piatto tipico*) typical dish
specializzàre v.tr., rifl. e intr. pron. to specialize
specializzàto agg. specialized, skilled ♦**non s.** unskilled
specializzazióne s.f. specialization
specialménte avv. especially
spècie s.f. inv. **1** kind, sort **2** (*scient.*) species
specificàre v.tr. to specify
specìfico agg. e s.m. specific
speculàre[1] agg. specular
speculàre[2] v.intr. **1** (*indagare*) to speculate **2** (*approfittare*) to trade on
speculazióne s.f. speculation
spedìre v.tr. to send, to mail, to dispatch, (*via mare*) to ship
spedìto agg. **1** quick, prompt **2** (*sciolto*) fluent
spedizióne s.f. **1** (*invio*) sending, forwarding, dispatch **2** (*scientifica, militare*) expedition
spedizionière s.m. carrier, forwarder, (*marittimo*) shipping agent
spègnere **A** v.tr. to extinguish, (*fuoco*) to put out, (*luce, radio*) to turn off, to switch off **B** v.intr. pron. **1** to be extinguished, to go out, (*di fuoco*) to burn out **2** (*scomparire*) to die (down), to fade **3** (*morire*) to pass away
speleologìa s.f. spel(a)eology
speleòlogo s.m. spel(a)eologist
spellàre **A** v.tr. to skin **B** v.intr. pron. to peel, to get skinned
spellatùra s.f. graze, excoriation, (*da sole*) peeling
spèndere v.tr. **1** to spend **2** (*impiegare*) to spend, to put in
spennàre v.tr. **1** to pluck **2** (*fig.*) to rip off
spensieràto agg. happy, careless
spènto agg. **1** extinguished, out (*pred.*), (*di apparecchi*) turned off (*pred.*), switched off (*pred.*) **2** (*scialbo*) dull
sperànza s.f. hope
speràre **A** v.tr. **1** to hope **2** (*aspettarsi*) to expect **B** v.intr. to hope, to trust in
sperdùto agg. **1** dispersed **2** (*isolato*) secluded, lonely **3** (*smarrito*) lost
spergiuràre v.intr. to perjure oneself
spergiùro s.m. **1** (*chi spergiura*) perjurer **2** (*falso giuramento*) perjury
spericolàto agg. reckless
sperimentàle agg. experimental
sperimentàre v.tr. **1** to experiment with, to test, to try **2** (*fare esperienza di*) to experience
sperimentàto agg. tried ♦**non s. su animali** cruelty-free
sperimentazióne s.f. experimentation
spèrma s.m. sperm
speronàre v.tr. to ram
speróne s.m. **1** spur **2** (*naut.*) ram
sperperàre v.tr. to squander, to waste
spésa s.f. **1** expense, (*costo*) charge, cost **2** (*acquisto*) buy, purchase **3** (*compera*) shopping ♦**a spese di** at the expense of || **fare la s.** to do the shopping || **fare spese** to go shopping
spésso **A** agg. thick **B** avv. often
spessóre s.m. **1** thickness **2** (*fig.*) depth
spettacolàre agg. spectacular
spettàcolo s.m. **1** show, spectacle, sight **2** (*teatro*) performance, (*cin.*) showing
spettacolóso agg. spectacular
spettàre v.intr. **1** to be for, to be up to **2** (*competere*) to be due
spettatóre s.m. **1** spectator, *al pl.* audience **2** (*testimone*) bystander, witness
spettinàre **A** v.tr. to mess up sb.'s hair **B** v.rifl. e intr. pron. to ruffle one's hair
spèttro s.m. **1** ghost **2** (*scient.*) spectrum
spèzie s.f. pl. spices *pl.*

spezzàre v.tr. e intr. pron. to break
spezzatìno s.m. stew
spezzàto **A** agg. broken **B** s.m. (*abito*) jacket and trousers (different in colour and fabric)
spezzettàre v.tr. to break into pieces
spìa s.f. **1** spy, informer, (*riferito a bambini*) sneak **2** (*indizio*) indication, sign **3** (*luminosa*) (warning) light
spiacènte agg. sorry
spiacére **A** v.intr. **1** to be sorry **2** (*nelle frasi di cortesia*) to mind **B** v.intr. pron. to be sorry
spiacévole agg. **1** unpleasant **2** (*increscioso*) regrettable
spiàggia s.f. beach, shore
spianàre v.tr. **1** to level, to make level **2** (*radere al suolo*) to raze **3** (*appianare*) to smooth
spiantàto s.m. penniless person
spiàre v.tr. **1** to spy on, (*origliare*) to eavesdrop (on) **2** (*aspettare ansiosamente*) to wait for
spiàta s.f. tip-off
spiazzàre v.tr. to wrong-foot
spiàzzo s.m. open space
spiccàre **A** v.tr. **1** (*staccare*) to pick, to pluck **2** (*emettere*) to issue **B** v.intr. to stand out, to show up ♦ **s. un salto** to jump
spiccàto agg. **1** marked, strong **2** (*nitido*) distinct, clear
spìcchio s.m. slice, (*di agrume*) segment, (*di aglio*) clove, (*di luna*) crescent
spicciàre **A** v.tr. to finish off **B** v.intr. e intr. pron. to hurry up
spìcciolo s.m. change
spiedìno s.m. skewer
spièdo s.m. spit ♦ **allo s.** on the spit
spiegàre **A** v.tr. **1** (*svolgere*) to unfold, to spread out **2** (*far capire*) to explain **B** v.rifl. to explain oneself **C** v.intr. pron. to spread out, to open out
spiegazióne s.f. explanation
spiegazzàre **A** v.tr. to crumple **B** v.intr. pron. to get crumpled
spietàto agg. pitiless, cruel
spifferàre v.tr. to blurt out, to blab
spìffero s.m. draught
spìga s.f. ear, spike
spigliàto agg. self-confident
spìgola s.f. bass
spìgolo s.m. edge, corner
spìlla s.f. **1** pin **2** (*gioiello*) brooch
spillàre v.tr. **1** to tap, to draw off **2** (*fig.*) to worm, to get out
spìllo s.m. pin ♦ **tacchi a s.** stiletto heels
spilórcio s.m. miser
spìna s.f. **1** thorn **2** (*di pesce*) fishbone **3** (*elettr.*) plug ♦ **s. dorsale** backbone
spinàcio s.m. spinach
spinàle agg. spinal
spinèllo s.m. joint
spinétta s.f. spinet
spìngere **A** v.tr. **1** to push, to shove, (*ficcare*) to drive, to thrust **2** (*condurre*) to drive, (*indurre*) to induce, (*stimolare*) to urge **B** v.intr. to push **C** v.intr. pron. **1** to push **2** (*arrivare*) to go
spinóso agg. **1** thorny **2** (*fig.*) troublesome, awkward
spìnta s.f. **1** push, shove, thrust **2** (*aiuto*) helping hand, (*stimolo*) incentive, spur **3** (*fis., tecnol.*) thrust
spinterògeno s.m. distributor
spìnto agg. **1** pushed, driven **2** (*audace*) risqué
spintóne s.m. shove
spionàggio s.m. espionage, spying
spiovènte **A** agg. sloping **B** s.m. slope
spiòvere **A** v.intr. (*ricadere*) to come down **B** v.intr. impers. (*cessare di piovere*) to stop raining
spìra s.f. coil
spiràglio s.m. **1** (small) opening, crack, vent **2** (*di luce*) glimmer **3** (*fig.*) hope, chance
spiràle s.f. spiral
spiràre[1] **A** v.intr. (*soffiare*) to blow **B** v.tr. **1** (*emanare*) to give off **2** (*fig.*) to express
spiràre[2] v.intr. (*morire*) to pass away
spiritìsmo s.m. spiritualism
spìrito s.m. **1** spirit **2** (*fantasma*) spirit, ghost **3** (*mente, intelligenza*) mind **4** (*disposizione d'animo*) spirit, attitude **5** (*significato essenziale*) spirit, sense **6** (*arguzia*) wit, (*umorismo*) humour **7** (*vivacità*) life, liveliness **8** (*chim.*) spirit, alcohol ♦ **Spirito Santo** Holy Spirit, Holy Ghost
spiritosàggine s.f. **1** wittiness **2** (*detto spiritoso*) witticism
spiritóso agg. witty ♦ **fare lo s.** to try to be funny
spirituàle agg. spiritual
splendènte agg. bright, shining
splèndere v.intr. to shine
splèndido agg. splendid, wonderful
splendóre s.m. **1** (*luce*) brilliance, brightness **2** (*fig.*) splendour
spodestàre v.tr. to deprive of power, (*un re*) to dethrone
spogliàre **A** v.tr. **1** to undress, to strip **2** (*privare*) to deprive, to strip, (*derubare*) to rob **B** v.rifl. e intr. pron. **1** (*svestirsi*) to undress, to strip **2** (*privarsi*) to deprive oneself, to strip oneself **3** (*di albero*) to shed
spogliarèllo s.m. striptease
spogliatóio s.m. changing room, dressing room
spòglie s.f. pl. mortal remains *pl.*
spòglio **A** agg. **1** (*nudo*) bare **2** (*libero*) free **B** s.m. **1** (*conteggio*) counting **2** (*esame*) examination
spòla s.f. shuttle ♦ **fare la s.** to commute, to shuttle
spolpàre v.tr. to strip the flesh off
spolveràre v.tr. to dust
spompàto agg. (*fam.*) worn-out, exhausted
spónda s.f. **1** (*bordo*) edge **2** (*riva*) bank, side, (*di mare, lago*) shore **3** (*parapetto*) parapet
sponsor s.m. inv. sponsor
sponsorizzàre v.tr. to sponsor
spontaneità s.f. spontaneity

spontàneo agg. spontaneous, natural ♦ **spontanea volontà** free will
spopolàre A v.tr. to depopulate B v.intr. (*avere successo*) to be a big hit C v.intr. pron. to become depopulated
sporadicità s.f. sporadicalness
sporàdico agg. sporadic
sporcàre A v.tr. to dirty, to soil, to stain B v.rifl. e intr. pron. to dirty oneself, to get dirty
sporcìzia s.f. **1** (*l'essere sporco*) dirtiness, filthiness **2** (*cosa sporca*) dirt, filth
spòrco agg. dirty, filthy
sporgènte agg. projecting, protruding, protuberant
sporgènza s.f. projection
spòrgere A v.tr. to put out, to stretch out B v.intr. to jut out, to stick out C v.rifl. to lean out
spòrt s.m. inv. sport ♦ **fare s.** to practice a sport || **s. estremi** extreme sports
spòrta s.f. shopping bag
sportèllo s.m. **1** door **2** (*di ufficio*) counter, window
sportìvo A agg. **1** sporting, sport (*attr.*) **2** (*corretto*) sportmanlike, fair B s.m. sportsman, (*appassionato*) (sports) fan
spòsa s.f. bride ♦ **abito da s.** wedding dress
sposalìzio s.m. wedding
sposàre A v.tr. **1** to marry, to get married to **2** (*dare in matrimonio*) to marry (off) **3** (*abbracciare, sostenere*) to embrace B v.rifl. e rifl. rec. **1** to marry, to get married **2** (*armonizzarsi*) to go well
sposàto agg. married
spòso s.m. **1** bridegroom **2** al pl. (*marito e moglie*) newlyweds *pl.*
spossànte agg. exhausting, laborious
spostàre A v.tr. **1** to move, to shift **2** (*cambiare*) to change **3** (*differire*) to postpone B v.rifl. e intr. pron. to move, to shift
spostàto A agg. **1** moved **2** (*fuori posto*) out of place **3** (*rimandato*) postponed **4** (*disadattato*) disturbed B s.m. misfit
sprànga s.f. bar, (*catenaccio*) bolt
spray s.m. inv. spray ♦ **bomboletta s.** spray can
spràzzo s.m. flash
sprecàre A v.tr. to waste, to squander B v.intr. pron. **1** to waste one's energy **2** (*ironicamente*) to put oneself out
sprèco s.m. waste
spregévole agg. despicable
spregiatìvo agg. pejorative
spregiudicàto agg. **1** unprejudiced, unconventional **2** (*senza scrupoli*) unscrupulous
sprèmere v.tr. to squeeze ♦ **spremersi il cervello, le meningi** to rack one's brain
spremiagrùmi s.m. inv. citrus-fruit squeezer
spremùta s.f. juice
sprezzànte agg. scornful
sprigionàre A v.tr. to emit, to give off B v.intr. pron. to emanate, to burst out
sprint s.m. inv. sprint (*anche fig.*)
sprizzàre v.tr. e intr. to squirt, to spray, to spurt ♦ **s. gioia** to be all smiles || **s. salute** to be bursting with health
sprofondàre A v.intr. **1** (*di terreno*) to subside, to give way **2** (*affondare*) to sink B v.rifl. to sink
spronàre v.tr. to spur
spróne s.m. spur
sproporzionàto agg. disproportionate
sproporzióne s.f. disproportion
spropositàto agg. **1** excessive **2** (*troppo grande*) enormous
spropòsito s.m. **1** (*errore*) mistake, blunder **2** (*eccesso*) enormous quantity ♦ **a s.** at the wrong moment
sprovvedùto agg. unprepared, inexperienced
sprovvìsto agg. devoid, unprovided ♦ **alla sprovvista** unawares, unexpectedly
spruzzàre v.tr. **1** to spray, to sprinkle **2** (*inzaccherare*) to splash
sprùzzo s.m. spray, sprinkling, (*di fango*) splash
spùgna s.f. **1** sponge **2** (*tessuto*) sponge-cloth, terry-cloth
spùma s.f. foam, froth
spumànte s.m. sparkling wine
spumeggiàre v.intr. to foam, to froth
spuntàre A v.tr. **1** (*rompere la punta di*) to blunt, to break the point of **2** (*tagliare la punta di*) to cut the tip of, to trim **3** (*controllare*) to check (off) **4** (*ottenere*) to obtain, to get B v.intr. **1** (*di astro*) to rise **2** (*di pianta*) to sprout **3** (*di capelli ecc.*) to begin to grow **4** (*di lacrime*) to well up **5** (*apparire*) to appear, to come out **6** (*sporgere*) to stick out C v.intr. pron. to get blunt
spuntìno s.m. snack
spùnto s.m. **1** (*suggerimento*) cue, hint **2** (*punto di partenza*) starting point
spurgàre v.tr. to purge, to clean
sputàre v.tr. e intr. to spit
spùto s.m. spit
squàdra[1] s.f. (*da disegno*) square
squàdra[2] s.f. **1** (*sport*) team **2** (*mil.*) squad **3** (*gruppo*) team, (*di operai*) gang
squadràre v.tr. **1** to square **2** (*guardare*) to look up and down
squadrìglia s.f. squadron
squagliàre A v.tr. to melt, to liquefy B v.intr. pron. **1** (*sciogliersi*) to melt, to liquefy **2** (*svignarsela*) to make off, to clear off
squalìfica s.f. disqualification
squalificàre A v.tr. to disqualify B v.rifl. to bring discredit to oneself
squàllido agg. **1** bleak, dreary **2** (*triste*) dismal **3** (*abietto*) wretched
squallóre s.m. dreariness, squalor
squàlo s.m. shark
squàma s.f. scale
squamàre v.tr. e intr. pron. to scale

squarciagóla nella loc. avv. **a s.** at the top of one's voice, of one's lungs
squattrinàto agg. penniless
squilibràre **A** v.tr. to unbalance, to put out of balance **B** v.intr. pron. to lose one's balance
squilibràto **A** agg. **1** unbalanced **2** (*pazzo*) insane, mad **B** s.m. madman, lunatic
squilìbrio s.m. **1** imbalance **2** (*mentale*) derangement, insanity
squillànte agg. shrill, (*di colore*) bright
squillàre v.intr. to ring
squìllo s.m. ring, (*di tromba*) blare ♦ **fare uno s. a qc.** to give sb. a buzz, to give sb. a ring || **ragazza s.** call girl
squisìto agg. exquisite, delicious
squittìre v.intr. to squeak
sradicàre v.tr. to uproot
srotolàre v.tr. e intr. pron. to unroll
stàbile **A** agg. **1** stable, steady **2** (*permanente*) permanent, durable **B** s.m. premises *pl.*, building
stabiliménto s.m. **1** factory, plant, works **2** (*edificio pubblico*) establishment ♦ **s. balneare** bathing establishment
stabilìre **A** v.tr. **1** to establish, to fix, to set **2** (*accertare*) to establish, to ascertain **3** (*decidere*) to decide, to arrange **B** v.rifl. to settle, to establish oneself
stabilità s.f. stability, steadiness
stabilìto agg. **1** established, fixed **2** (*deciso*) decided, arranged
staccàre **A** v.tr. **1** to take off, to detach, to cut off, (*strappare*) to tear off, to pull off, (*tirare giù*) to take down **2** (*slegare*) to loosen, (*sganciare*) to unhook **3** (*scostare*) to move away **4** (*separare*) to separate **5** (*togliere*) to disconnect **6** (*lasciare indietro*) to leave behind **B** v.intr. **1** (*spiccare*) to stand out **2** (*smettere di lavorare*) to knock off **C** v.intr. pron. **1** to come off, to come out, to get detached **2** (*slegarsi*) to break away, (*sganciarsi*) to get unhooked **3** (*scostarsi*) to move away **4** (*separarsi*) to leave **5** (*abbandonare*) to detach oneself, to give up **6** (*distanziarsi*) to pull ahead **7** (*essere differente*) to be different
staccionàta s.f. fence
stàdio s.m. **1** (*sport*) stadium, ground **2** (*fase*) stage
stàffa s.f. stirrup
staffétta s.f. **1** courier **2** (*sport*) relay
stage s.m. inv. training period, internship
stagionàle agg. seasonal
stagionàre **A** v.tr. to season, to let age **B** v.intr. pron. to age
stagionatùra s.f. seasoning, (*di vino*) ageing
stagióne s.f. season
stagliàrsi v.intr. pron. to stand out
stàgno[1] s.m. (*chim.*) tin
stàgno[2] agg. watertight
stàgno[3] s.m. pond, pool
stagnòla s.f. tinfoil
stalagmìte s.f. stalagmite
stalattìte s.f. stalactite
stàlla s.f. shed, (*per cavalli*) stable, (*per bovini*) cowshed
stallière s.m. stableman, groom
stallóne s.m. stallion
stamattìna avv. this morning
stambécco s.m. steinbock, ibex
stàmpa s.f. **1** print, printing **2** (*giornali, giornalisti*) press **3** (*riproduzione*) print **4** al pl. (*nelle spedizioni postali*) printed matter
stampànte s.f. printer ♦ **s. a getto d'inchiostro** ink-jet printer || **s. laser** laser printer
stampàre v.tr. **1** to print **2** (*pubblicare*) to publish **3** (*imprimere*) to imprint
stampatèllo s.m. block letters *pl.*
stampàto **A** agg. printed **B** s.m. (*modulo*) form, (*opuscolo*) booklet
stampatóre s.m. printer
stampèlla s.f. crutch
stàmpo s.m. **1** die, mould **2** (*genere*) kind, sort
stanàre v.tr. to drive out
stancàre **A** v.tr. **1** to tire, to weary **2** (*infastidire*) to bore, to annoy **B** v.rifl. to get tired
stanchézza s.f. tiredness
stànco agg. tired
stàndard agg. e s.m. inv. standard
standardizzàre v.tr. to standardize
stand by s.m. inv. stand-by ♦ **in s.** on stand by
stànga s.f. bar, shaft
stangàta s.f. blow, squeeze
stanòtte avv. tonight, (*appena trascorsa*) last night
stantìo agg. stale
stantùffo s.m. piston
stànza s.f. room
stanziàre **A** v.tr. to allocate, to appropriate **B** v.intr. pron. to settle, to establish oneself
stappàre v.tr. to uncork, to open
stàre v.intr. **1** to stay, (*rimanere*) to remain **2** (*essere*) to be **3** (*abitare*) to live **4** (*andare*) to go, to be **5** (*dipendere*) to depend **6** (*spettare*) to be up ♦ **come stai?** how are you? || **starci** (*essere d'accordo*) to count sb. in, to agree, (*esserci spazio*) to have room for || **s. per fare q.c.** to be about to do st. || **s. facendo q.c.** to be doing st.
starnutìre v.intr. to sneeze
starnùto s.m. sneeze
staséra avv. this evening, tonight
statàle agg. state (*attr.*), government (*attr.*)
station wagon s.f. inv. estate car
statìsta s.m. statesman
statìstica s.f. statistics *pl.* (*v. al sing.*)
stàto s.m. **1** state, condition **2** (*posizione sociale*) position, standing **3** (*politico*) state, country **4** (*dir.*) status **5** (*fis.*) state ♦ **s. civile** civil status || **s. d'animo** mood || **s. d'assedio** state of siege || **s. federale** federation
stàtua s.f. statue

statunitènse **A** **agg.** United States (*attr.*) **B** **s.m. e f.** United States citizen
statùra **s.f.** **1** height **2** (*morale*) stature
statùto **s.m.** statute, charter
stavòlta **avv.** this time
stazionàrio **agg.** stationary
stazióne **s.f.** station ♦ **s. balneare** seaside resort
stécca **s.f.** **1** stick, rod, (*da biliardo*) cue, (*di ombrello*) rib, (*di busto*) bone, (*di vela*) batten **2** (*mus.*) false note **3** (*confezione di sigarette*) carton **4** (*tangente*) bribe
steccàto **s.m.** fence
stèle **s.f.** stele
stélla **s.f.** star ♦ **s. di mare** starfish || **s. filante** streamer || **s. cadente** falling star || **alle stelle** (*di prezzi*) sky-high
stellàto **agg.** starry
stèlo **s.m.** **1** (*bot.*) stalk, stem **2** (*sostegno*) stand
stèmma **s.m.** coat of arms
stemperàre **v.tr. e intr. pron.** to dissolve, to melt
stendàrdo **s.m.** standard, banner
stèndere **A** **v.tr.** **1** (*distendere, allungare*) to stretch (out) **2** (*spiegare*) to spread (out), to lay out **3** (*mettere a giacere*) to lay **4** (*spalmare*) to spread **5** (*mettere per iscritto*) to draw up, to draft **B** **v.intr. pron.** (estendersi) to stretch **C** **v.rifl.** (*sdraiarsi*) to lie down
stenografàre **v.tr.** to take down in shorthand
stenografìa **s.f.** shorthand
stentàre **v.intr.** to find it hard, to have difficulty
stènto **s.m.** **1** privation (ES: ***una vita di stenti*** a life of privation, a hard life) **2** (*difficoltà*) difficulty, pains *pl.* ♦ **a s.** with difficulty, hardly
stéppa **s.f.** steppe
stèrco **s.m.** dung
stèreo **agg. e s.m. inv.** stereo
stereòtipo **s.m.** stereotype, commonplace
stèrile **agg.** **1** sterile, barren **2** (*inutile*) vain, fruitless **3** (*med.*) sterile, sterilized
sterilità **s.f.** **1** barrenness, sterility **2** (*med.*) sterility
sterilizzàre **v.tr.** to sterilize
sterilizzatóre **s.m.** sterilizer
sterilizzazióne **s.f.** sterilization
sterlìna **s.f.** pound, sterling
sterminàre **v.tr.** to exterminate, to wipe out
sterminàto **agg.** (*smisurato*) endless
stermìnio **s.m.** extermination
stèrno **s.m.** breastbone
sterzàre **v.intr.** **1** to steer **2** (*cambiare direzione*) to swerve
stèrzo **s.m.** steering (gear), (*volante*) steering wheel
stésso **A** **agg.** **1** (*identico*) same **2** (*dopo un pron. pers. o un s.: io stesso*) I myself, (*tu stesso*) you yourself, (*lui stesso*) he himself, (*lei stessa*) she herself, (*esso stesso*) it itself, (*noi stessi/stesse*) we ourselves, (*voi stessi/stesse*) you yourselves, (*essi stessi/esse stesse*) they themselves (ES: ***lo farò io s.*** I'll do it myself; ***l'artista s. presenziò all'inaugurazione*** the artist himself presided over the opening) **3** (*rifl.*) -self, -selves *pl.* **4** (*proprio, esattamente*) very (ES: ***oggi s.*** this very day) **5** (*in persona*) in person **B** **pron. dimostr.** **1** (*la stessa persona*) same **2** (*la stessa cosa*) the same ♦ **è lo s.** it's just the same || **fa lo s.** it doesn't matter, never mind
stesùra **s.f.** drawing up
stilàre **v.tr.** to draw up, to draft
stìle **s.m.** style
stilìsta **s.m. e f.** stylist, fashion designer
stillàre **v.tr. e intr.** to drip
stillicìdio **s.m.** dripping
stilòbate **s.m.** stylobate
stilogràfica **s.f.** fountain pen
stìma **s.f.** **1** (*valutazione*) estimate, evaluation, appraisal **2** (*prezzo stimato*) valuation **3** (*buona opinione*) esteem
stimàre **v.tr.** **1** (*valutare*) to estimate, to appraise, to value **2** (*tenere in considerazione*) to esteem **3** (*giudicare*) to consider, to think
stimolànte **agg.** stimulating
stimolàre **v.tr.** to stimulate, to spur
stìmolo **s.m.** stimulus
stìnco **s.m.** shin, (*cuc.*) shank
stìngere **v.tr. e intr.** to fade
stipàre **v.tr. e intr. pron.** to cram, to pack, (*di gente*) to crowd
stipendiàre **v.tr.** to pay a salary
stipèndio **s.m.** salary, pay
stìpite **s.m.** jamb
stipulàre **v.tr.** to stipulate, (*redigere*) to draw up
stiracchiàrsi **v.rifl.** to stretch (oneself)
stiràre **A** **v.tr.** **1** to stretch **2** (*col ferro*) to iron **3** (*i capelli*) to straighten **B** **v.rifl.** **1** to stretch (oneself) **2** (*procurarsi uno stiramento*) to strain a muscle
stiratùra **s.f.** ironing
stìrpe **s.f.** **1** lineage, stock, family, descent **2** (*prole*) offspring
stitichézza **s.f.** constipation
stìtico **agg.** constipated
stìva **s.f.** hold
stivàle **s.m.** boot
stivalétto **s.m.** ankle-boot
stìzza **s.f.** anger
stizzìre **A** **v.tr.** to irritate **B** **v.intr. pron.** to get angry
stoccafìsso **s.m.** **1** (*cuc.*) stockfish **2** (*fig.*) lamppost
stoccàta **s.f.** **1** thrust **2** (*fig.*) gibe
stòffa **s.f.** **1** cloth, material, fabric **2** (*fig.*) stuff
stoìno **s.m.** (door)mat
stòla **s.f.** stole
stólto **agg.** foolish
stòmaco **s.m.** **1** (*anat.*) stomach **2** (*coraggio*) guts *pl.*
stonàre **v.intr.** **1** (*mus.*) to be out of tune **2** (*fig.*) to be out of place, (*di colori*) to clash
stòp **s.m. inv.** **1** (*segnale*) stop signal **2** (*luci*) stoplight
stóppa **s.f.** tow

stoppìno s.m. wick
stòrcere **A** v.tr. to twist, to wrench **B** v.rifl. e intr. pron. to twist, to writhe ♦ **s. il naso** to turn up one's nose
stordìre **A** v.tr. **1** to stun, to daze **2** (*assordare*) to deafen **3** (*sbalordire*) to stun, to stupefy **B** v.rifl. to dull one's senses
stordìto agg. **1** stunned **2** (*sbadato*) careless, scatter-brained
stòria s.f. **1** history **2** (*racconto*) story, tale **3** (*faccenda*) affair, business **4** (*bugia*) story, fib **5** (*pretesto*) pretext, excuse **6** (*smanceria*) fuss
stòrico **A** agg. historic(al) **B** s.m. historian
storièlla s.f. funny story, joke
storiografìa s.f. historiography
storióne s.m. sturgeon
stormìre v.intr. to rustle
stórmo s.m. flight
stornàre v.tr. **1** to avert, to divert, to avoid **2** (*fin.*) to transfer **3** (*cancellare*) to cancel, to write off
stórno s.m. **1** (*trasferimento*) transfer, diversion **2** (*cancellazione*) reversal, cancellation **3** (*zool.*) starling
storpiàre v.tr. **1** to cripple **2** (*deformare*) to mangle, to distort
stòrpio **A** agg. crippled **B** s.m. cripple
stòrta s.f. sprain, twist
stòrto agg. crooked, twisted ♦ **andare s.** (*fig.*) to go wrong
stovìglie s.f. pl. dishes *pl.*
stràbico **A** agg. cross-eyed, squinting **B** s.m. cross-eyed person, squinter
strabiliànte agg. amazing
strabìsmo s.m. strabismus, (*fam.*) squint
stracciàre v.tr. **1** to tear, to rip **2** (*battere*) to defeat, to lick
stràccio s.m. rag, cloth, (*per la polvere*) duster ♦ **carta straccia** scrap paper || **sentirsi uno s.** to feel exhausted
stracòtto **A** agg. overcooked **B** s.m. stew
stràda s.f. **1** road, (*di città*) street **2** (*tragitto, cammino*) way ♦ **s. a senso unico** one-way street || **s. dissestata** uneven road
stradàle agg. road (*attr.*)
strafalcióne s.m. blunder
strafàre v.intr. to overdo it
strafottènte agg. arrogant
stràge s.f. **1** (*massacro*) slaughter, carnage **2** (*distruzione*) destruction
stràllo s.m. stay
stralunàto agg. **1** (*di occhi*) rolling **2** (*sconvolto*) bewildered
stramazzàre v.intr. to fall heavily
stràmbo agg. strange, odd, eccentric
strampalàto agg. odd, eccentric
stranézza s.f. **1** strangeness **2** (*atto, parola strana*) eccentricity
strangolàre v.tr. to strangle, (*soffocare*) to choke
stranièro **A** agg. foreign **B** s.m. foreigner
stràno agg. strange, odd
straordinàrio **A** agg. **1** extraordinary, special **2** (*enorme*) immense, enormous **3** (*di lavoro*) overtime (*attr.*) **B** s.m. **1** (*cosa straordinaria*) extraordinary thing **2** (*lavoro straordinario*) overtime
strapazzàre **A** v.tr. **1** to ill-treat, to mistreat **2** (*trattare senza cura*) to take no care of **B** v.rifl. to tire oneself out
strapiómbo s.m. cliff, overhang ♦ **a s.** sheer
strapotére s.m. excessive power
strappàre **A** v.tr. **1** to tear **2** (*togliere tirando*) to pull up, to pull away, to rip **3** (*ottenere*) to wring, to get **B** v.intr. pron. to tear, to get torn
stràppo s.m. **1** tear, rent, rip **2** (*tirata, strattone*) pull, snatch, jerk **3** (*infrazione*) infringement **4** (*muscolare*) sprain **5** (*fig.*) split **6** (*passaggio in auto*) lift ♦ **s. alla regola** exception to the rule
strapuntìno s.m. folding seat
straripaménto s.m. overflowing
straripàre v.intr. to overflow
strascicàre **A** v.tr. to trail, to drag, (*i piedi*) to shuffle, (*le parole*) to drawl **B** v.intr. to trail **C** v.rifl. to drag oneself
stràscico s.m. **1** train **2** (*conseguenza*) after-effect **3** (*pesca*) trawling, trawl
stratagèmma s.m. stratagem, trick
stratèga s.m. strategist
strategìa s.f. strategy
stratègico agg. strategic(al)
stràto s.m. layer, stratum, (*di rivestimento*) coat
stratosfèra s.f. stratosphere
stravagànte agg. odd, eccentric
stravagànza s.f. oddness, strangeness
stravècchio agg. very old, (*sorpassato*) out-of-date
stravìzio s.m. excess, intemperance
stravòlgere v.tr. **1** (*torcere*) to twist **2** (*fig.*) to distort, (*snaturare*) to change radically **3** (*turbare*) to upset
straziànte agg. **1** lacerating **2** (*penoso*) horrible, appalling
straziàre v.tr. **1** to lacerate, to torture **2** (*fig.*) to murder
stràzio s.m. torment, torture
stréga s.f. witch, hag
stregàre v.tr. to bewitch
stregóne s.m. wizard
stregonerìa s.f. witchcraft, sorcery
strègua s.f. standard, rate
stremàre v.tr. to exhaust
strèmo s.m. extreme limit
strènna s.f. gift, present
strènuo agg. **1** brave, courageous **2** (*infaticabile*) tireless
strepitóso agg. uproarious, resounding, clamorous
stress s.m. inv. stress
stressànte agg. stressful

stressàre A v.tr. to stress (out) B v.intr. pron. to be stressed out
strétta s.f. 1 grasp, hold, grip 2 (*dolore*) pang 3 (*situazione difficile*) dire straits *pl.* 4 (*momento culminante*) climax 5 (*econ.*) squeeze ◆ **mettere qc. alle strette** to put sb. with his back against the wall || **s. di mano** handshake
strétto A agg. 1 narrow 2 (*di abito*) tight 3 (*serrato*) tight, fast, (*di denti*) clenched 4 (*rigoroso*) strict, firm, close 5 (*intimo*) close 6 (*preciso*) exact, precise 7 (*chiuso*) close 8 (*pigiato*) packed B s.m. (*geogr.*) sound, strait, straits *pl.* (*v. al sing.*) ◆ **lo s. necessario** the bare minimum
strettóia s.f. narrow passage, bottleneck
striàto agg. striped, striated
strìdere v.intr. 1 to creak, to squeak 2 (*contrastare*) to clash
strìdulo agg. shrill
strillàre v.tr. e intr. to scream, to shout
strìllo s.m. scream, cry, shout
strillóne s.m. newspaper seller
striminzìto agg. stunted
strimpellàre v.tr. to strum, to bang away
strìnga s.f. 1 lace 2 (*inform.*) string
stringàto agg. (*di stile*) concise
strìngere A v.tr. 1 to grip, to clasp, to grasp, to clench 2 (*rendere più stretto*) to tighten, (*un abito*) to take in 3 (*concludere, stipulare*) to make, to draw up 4 (*accelerare*) to quicken B v.intr. 1 (*incalzare*) to press 2 (*essere stretto*) to be tight C v.rifl. to squeeze (oneself), to press (oneself), to squeeze together D v.intr. pron. (*restringersi*) to shrink
strìscia s.f. 1 strip, stripe 2 (*scia*) streak, trail 3 (*di fumetti*) (comic) strip ◆ **strisce pedonali** zebra crossing || **a strisce** striped
strisciàre A v.tr. to drag B v.intr. 1 to crawl, to creep 2 (*sfregare*) to scrape 3 (*fig.*) to grovel C v.rifl. to rub oneself
strìscio s.m. 1 graze 2 (*segno*) scrape 3 (*med.*) smear ◆ **di s.** (*fig.*) superficially || **colpire di s.** to graze
striscióne s.m. banner
stritolàre v.tr. to grind, to crush, to smash
strizzàre v.tr. to squeeze, (*panni*) to wring (out) ◆ **s. l'occhio** to wink
stròfa s.f. stanza
strofinàccio s.m. cloth, (*per spolverare*) duster, (*per asciugare piatti*) tea cloth, (*per pavimenti*) floor cloth
strofinàre A v.tr. 1 to rub 2 (*pulire*) to clean, (*lucidare*) to polish B v.rifl. to rub oneself
strombatùra s.f. splay
strombazzàre A v.tr. to trumpet B v.intr. (*suonare il clacson*) to toot
stroncàre v.tr. 1 to break off, to cut off 2 (*reprimere*) to put down, to crush 3 (*criticare*) to slash, to pan, to tear apart
stroncatùra s.f. harsh criticism
stronzàta s.f. (*volg.*) 1 (*discorso*) bullshit 2 (*atto*) shitty thing
strónzo s.m. (*volg.*) 1 turd, shit 2 (*persona*) shit
stropicciàre A v.tr. 1 to rub 2 (*sgualcire*) to crumple, to crease B v.intr. pron. to get creased
strozzàre A v.tr. 1 to strangle, (*soffocare*) to choke 2 (*occludere*) to block B v.intr. pron. 1 to choke 2 (*restringersi*) to narrow
strozzatùra s.f. narrowing, bottleneck
struccànte s.m. make-up remover
strumentàle agg. 1 instrumental 2 (*che serve da strumento*) exploitable
strumentalizzàre v.tr. to exploit, to manipulate
strumentìsta s.m. e f. instrumentalist
struménto s.m. 1 tool, instrument, implement 2 (*mus.*) instrument
strùtto s.m. lard
struttùra s.f. structure, frame
strutturalìsmo s.m. structuralism
strutturàre A v.tr. to structure B v.intr. pron. to be structured
strùzzo s.m. ostrich
stuccàre[1] v.tr. 1 (*decorare con stucco*) to stucco 2 (*riempire di stucco*) to plaster, to putty
stuccàre[2] v.tr. (*nauseare*) to sicken, to make sick
stucchévole agg. sickening, nauseating
stùcco s.m. (*per decorazioni*) stucco, (*riempitivo*) plaster, putty, filler ◆ **restare di s.** to be left speechless
studènte s.m. student, (*scolaro*) pupil
studentésco agg. student (*attr.*), students' (*attr.*)
studiàre A v.tr. 1 to study 2 (*esaminare*) to study, to examine B v.intr. pron. to try
stùdio s.m. 1 study, studying 2 (*indagine*) study, analysis 3 (*progetto*) plan 4 (*stanza*) study 5 (*ufficio di professionista*) office, (*di artista*) studio 6 (*cin., tv*) studio
studióso A agg. studious B s.m. scholar
stùfa s.f. stove, (*elettrica*) heater
stufàre A v.tr. 1 (*cuc.*) to stew 2 (*annoiare*) to bore B v.intr. pron. to get tired, to be fed up
stufàto s.m. stew
stùfo agg. bored, fed up, sick and tired
stuòia s.f. mat
stupefacènte A agg. 1 stupefying, amazing 2 (*med.*) stupefacient B s.m. drug
stupèndo agg. stupendous, marvellous, wonderful
stupidàggine s.f. 1 stupidity 2 (*cosa, azione stupida*) stupid thing, nonsense 3 (*inezia*) trifle
stupidità s.f. stupidity
stùpido A agg. stupid, foolish B s.m. idiot, fool
stupìre A v.tr. to astonish, to amaze B v.intr. pron. to be astonished, to be amazed
stupóre s.m. astonishment, amazement
stupràre v.tr. to rape
stupratóre s.m. rapist
stùpro s.m. rape

sturàre v.tr. **1** to unblock, to unplug **2** (*bottiglie*) to uncork
stuzzicadènti s.m. inv. toothpick
stuzzicàre v.tr. **1** to prod, to poke, to pick **2** (*molestare*) to tease **3** (*eccitare*) to excite, to whet
su **A** avv. **1** up **2** (*al piano superiore*) upstairs **3** (*indosso*) on **B** prep. **1** (*sovrapposizione con contatto*) on, upon, up, on to, (*in cima a*) on top of **2** (*sovrapposizione senza contatto, rivestimento, protezione, dominio, superiorità*) over **3** (*più in alto di*) above **4** (*lungo*) on, (*affacciato su*) on to **5** (*verso, intorno a*) about, at **6** (*in direzione di*) to(wards), (*contro*) on, at **7** (*riguardo a*) on, about ♦ **due su tre** two out of three || **in su** upwards, (*in avanti*) onwards || **su per giù** about, nearly, roughly
subàcqueo **A** agg. subaqueous, underwater (*attr.*) **B** s.m. skin diver
subaffittàre v.tr. to sublet
subbùglio s.m. confusion, mess
subcosciènte agg. e s.m. subconscious
sùbdolo s.m. sly, devious
subentràre v.intr. to follow, to take the place of, to replace
subìre v.tr. to undergo, to suffer
subissàre v.tr. to overwhelm
subitàneo agg. sudden
sùbito avv. **1** at once, immediately **2** (*in breve tempo*) soon ♦ **s. dopo/prima** just after/before
sublìme agg. e s.m. sublime
subodoràre v.tr. to suspect
subordinàto agg. e s.m. subordinate
suburbàno agg. suburban
subùrbio s.m. suburb
succedàneo agg. e s.m. substitute
succèdere **A** v.intr. **1** (*subentrare*) to succeed **2** (*seguire*) to follow **3** (*accadere*) to happen, to occur **B** v.rifl. rec. to follow one another ♦ **che ti succede?** what's up with you?
successióne s.f. **1** succession **2** (*serie*) succession, series, sequence ♦ **imposta di s.** inheritance tax
successivaménte avv. subsequently
successìvo agg. following
succèsso s.m. **1** success, (*esito*) outcome **2** (*opera di successo*) hit
successóre s.m. successor
succhiàre v.tr. to suck
succìnto agg. **1** (*di vestito*) scanty **2** (*conciso*) concise
sùcco s.m. **1** juice **2** (*fig.*) essence, point
succóso agg. juicy
succursàle s.f. branch
sud s.m. south
sudafricàno agg. e s.m. South African
sudamericàno agg. e s.m. South American
sudàre v.tr. e intr. to sweat
sudàta s.f. sweat
sudàto agg. sweaty
suddétto agg. above-mentioned, aforesaid
sùddito s.m. subject
suddivìdere v.tr. to subdivide, to split up
sùdicio agg. dirty, filthy
sudóre s.m. sweat, perspiration
sufficiènte agg. **1** sufficient, enough **2** (*altezzoso*) arrogant, haughty
sufficiènza s.f. **1** sufficiency **2** (*alterigia*) arrogance, conceit **3** (*voto scolastico*) passing mark, passing grade ♦ **a s.** enough
suffìsso s.m. suffix
suffràgio s.m. suffrage
suggellàre v.tr. to seal
suggeriménto s.m. suggestion, hint
suggerìre v.tr. **1** to suggest **2** (*teatro, scuola*) to prompt
suggeritóre s.m. prompter
suggestionàbile agg. suggestible
suggestionàre **A** v.tr. to influence **B** v.intr. pron. to persuade oneself
suggestióne s.f. **1** suggestion **2** (*fascino*) charm
suggestìvo agg. charming, impressive
sùghero s.m. cork
sùgo s.m. **1** juice **2** (*cuc.*) sauce **3** (*fig.*) essence
suicìda **A** agg. suicidal **B** s.m. e f. suicide
suicidàrsi v.rifl. to commit suicide
suicìdio s.m. suicide
suìno s.m. swine
sulfamìdico s.m. sulphonamide
sultanàto s.m. sultanate
sultàno s.m. sultan
sùo **A** agg. poss. 3ª p. sing. **1** (*di lui*) his, (*di lei*) her, (*di cosa o animale*) its, (*suo proprio*) his own, her own, its own **2** (*nella forma di cortesia*) your **3** (*con sogg. impers.*) one's, (*suo proprio*) one's own **B** pron. poss. (*di lui*) his, (*di lei*) hers, (*nella forma di cortesia*) yours **C** s.m. **1** (*denaro, averi*) his/her own money **2** al pl. (*familiari*) his/her family, (*i suoi seguaci*) his/her supporters
suòcera s.f. mother-in-law
suòcero s.m. father-in-law
suòla s.f. sole
suòlo s.m. soil, ground, land
suonàre **A** v.tr. **1** to sound, (*campanello, campane*) to ring **2** (*strumenti musicali*) to play **3** (*di orologio*) to strike **B** v.intr. **1** to sound, (*di campanello, campane*) to ring, (*di sveglia*) to go off **2** (*eseguire musica*) to play **3** (*scoccare*) to strike **4** (*risuonare*) to ring, to resound ♦ **te le suono!** I'll give you a thrashing!
suonatóre s.m. player
suonerìa s.f. **1** striking mechanism **2** (*di telefono cellulare*) ring, ringing
suòno s.m. sound
suòra s.f. nun, sister
sùper **A** agg. inv. super, excellent **B** s.f. inv. (*fam.*) (*benzina*) four-star
superàre v.tr. **1** to exceed, to go over, to be over, (*di persona*) to surpass, to outdo **2** (*passare al di là di*)

to get over, (*di veicolo*) to overtake **3** (*vincere, sormontare*) to overcome, to get over, to get through
superàto agg. outdated, old-fashioned
supèrbia s.f. arrogance, pride, conceit
supèrbo agg. **1** proud, arrogant, haughty **2** (*magnifico*) superb, magnificent
superconduttività s.f. superconductivity
superficiàle agg. **1** superficial, surface (*attr.*) **2** (*fig.*) superficial, shallow
superfìcie s.f. surface
supèrfluo agg. superfluous
superióre **A** agg. **1** superior **2** (*più alto*) higher **3** (*sovrastante*) upper **4** (*al di sopra*) above **5** (*di grado*) senior **6** (*avanzato*) advanced **B** s.m. **1** superior **2** al pl. (*scuole*) secondary school
superiorità s.f. superiority
superlatìvo agg. e s.m. superlative
supermercàto s.m. supermarket
supèrstite **A** agg. surviving **B** s.m. e f. survivor
superstizióne s.f. superstition
superstizióso agg. superstitious
superstràda s.f. highway, motorway
supervisóre s.m. supervisor
supìno agg. supine
suppellèttile s.f. furnishings *pl.*
suppergiù avv. about, nearly, roughly
supplementàre agg. supplementary, additional, extra
suppleménto s.m. supplement, (*di spesa*) extra (charge)
supplènte **A** agg. temporary, substitute **B** s.m. e f. substitute, (*insegnante*) supply teacher
supplènza s.f. **1** temporary post **2** (*a scuola*) supply teaching post, temporary teaching job
sùpplica s.f. petition, plea
supplicàre v.tr. to beg, to implore
supplìre **A** v.tr. to replace, to stand in for **B** v.intr. to make up, to compensate
supplìzio s.m. torture, torment
suppórre v.tr. to suppose
suppòrto s.m. support, stand, bearing
supposizióne s.f. supposition, assumption ♦ **fare supposizioni** to speculate
suppósta s.f. suppository
suprèmo agg. **1** supreme **2** (*principale*) prime, chief, (*straordinario*) extraordinary **3** (*massimo*) great(est), highest **4** (*estremo*) last
surgelàre v.tr. to (deep-)freeze
surgelàto **A** agg. frozen **B** s.m. frozen food
surrealìsmo s.m. surrealism
surrealìsta s.m. e f. surrealist
surriscaldàre v.tr. e intr. pron. to overheat
surrogàto s.m. surrogate, substitute
suscettìbile agg. **1** susceptible **2** (*permaloso*) touchy
suscitàre v.tr. to stir up, to excite, to arouse
susìna s.f. plum
susìno s.m. plum tree
susseguìrsi v.intr. pron. to follow one another
sussidiàrio agg. subsidiary
sussìdio s.m. subsidy, grant, (*aiuto*) aid ♦ **s. di disoccupazione** unemployment benefit
sussistènza s.f. **1** (*esistenza*) existence **2** (*sostentamento*) subsistence
sussìstere v.intr. **1** to exist, to subsist **2** (*esser valido*) to be valid
sussultàre v.intr. **1** to start **2** (*di cose*) to shake
sussurràre v.tr. to whisper, to murmur
sussurrìo s.m. whispering
sussùrro s.m. whisper, murmur
sutùra s.f. suture
suturàre v.tr. to suture
svagàre **A** v.tr. **1** to divert, to distract (attention) **2** (*divertire*) to amuse, to entertain **B** v.rifl. **1** to distract one's mind **2** (*divertirsi*) to amuse oneself
svàgo s.m. **1** relaxation, (*passatempo*) hobby **2** (*divertimento*) amusement
svaligiàre v.tr. to rob, (*una casa*) to burgle
svalutàre **A** v.tr. **1** to devalue, to depreciate **2** (*sminuire*) to undervalue **B** v.intr. pron. to be devalued, to depreciate
svalutazióne s.f. devaluation
svanìre v.intr. **1** (*sparire*) to disappear, to vanish **2** (*venir meno*) to be lost, to fade (away)
svantàggio s.m. **1** disadvantage, drawback **2** (*danno*) detriment
svantaggióso agg. **1** disadvantageous **2** (*dannoso*) detrimental
svaporàre v.intr. **1** to lose scent **2** (*fig.*) to fade
svariàto agg. **1** (*vario*) varied **2** al pl. various, several
svasatùra s.f. flare
svàstica s.f. swastika
svedése **A** agg. Swedish **B** s.m. e f. Swede **C** s.m. (*lingua*) Swedish
svéglia s.f. **1** call **2** (*orologio*) alarm-clock ♦ **s. telefonica** telephone alarm service
svegliàre **A** v.tr. **1** to wake (up), to awaken **2** (*fig.*) to stir, to arouse **B** v.rifl. to wake up, to awake **C** v.intr. pron. to reawaken, to be roused
svéglio agg. **1** awake (*pred.*), (*alzato*) up **2** (*fig.*) on-the-ball, quick
svelàre v.tr. to reveal, to disclose
sveltézza s.f. quickness, speed
svèlto agg. **1** quick, fast, rapid **2** (*fig.*) quick-witted, smart
svéndere v.tr. to sell off
svéndita s.f. (clearance) sale
sveniménto s.m. faint
svenìre v.intr. to faint
sventàre v.tr. to foil
sventolàre v.tr. e intr. to wave, to flutter
sventùra s.f. misfortune
sventuràto agg. unfortunate
svergognàto agg. shameless

svernàre v.intr. to winter
svestìre v.tr. e rifl. to undress
svettàre v.intr. to stand out
svezzaménto s.m. weaning
svezzàre v.tr. to wean
sviàre **A** v.tr. **1** to divert, to turn aside **2** (*distrarre*) to distract **3** (*traviare*) to lead astray **B** v.intr. pron. to go astray, to deviate
svignàrsela v.intr. pron. to slink off
sviluppàre **A** v.tr. **1** (*far crescere*) to develop, to expand **2** (*rinvigorire*) to strengthen **3** (*elaborare*) to develop, to work out **4** (*produrre*) to generate, to produce **5** (*fot., mat.*) to develop **B** v.rifl. e intr. pron. **1** to develop **2** (*crescere*) to grow, (*rinvigorirsi*) to strengthen **3** (*espandersi*) to expand, to develop
svilùppo s.m. development
svisceràto agg. passionate
svìsta s.f. oversight
svitàre **A** v.tr. to unscrew **B** v.intr. pron. to come unscrewed
svìzzero agg. e s.m. Swiss
svogliàto agg. unwilling, indolent
svolazzàre v.intr. to flutter, to fly about
svòlgere **A** v.tr. **1** to unwind, to unroll **2** (*sviluppare*) to develop **3** (*eseguire*) to carry out, to do **B** v.rifl. **1** to unwind, to unroll **2** (*svilupparsi*) to develop **C** v.intr. pron. (*accadere*) to happen, to occur
svolgiménto s.m. **1** unwinding, unrolling **2** (*esecuzione*) execution **3** (*sviluppo*) development, progress
svòlta s.f. **1** (*lo svoltare*) turning **2** (*di strada*) turn, bend **3** (*fig.*) turning point
svoltàre v.intr. to turn
svuotàre v.tr. to empty

t, T

tabaccàio s.m. tobacconist
tabaccherìa s.f. tobacconist's (shop)
tabàcco s.m. tobacco, (*da fiuto*) snuff
tabèlla s.f. table, schedule
tabellóne s.m. board, notice-board
tabernàcolo s.m. tabernacle
tabù s.m. taboo
tabulàto s.m. printout
tàcca s.f. notch
taccàgno **A** agg. miserly, stingy **B** s.m. miser
taccheggiàre v.tr. e intr. to shoplift
taccheggiatóre s.m. shoplifter
tacchéggio s.m. shoplifting
tacchìno s.m. turkey
tacciàre v.tr. to accuse
tàcco s.m. heel ♦ **tacchi a spillo** stiletto heels, stilettos
taccuìno s.m. notebook
tacére **A** v.intr. **1** to be silent, to keep silent **2** (*non far rumore*) to be still **B** v.tr. to pass over in silence, to leave out
tachicardìa s.f. tachycardia
tachìmetro s.m. speedometer
tàcito agg. **1** tacit, implicit **2** (*quieto*) still
tacitùrno agg. taciturn
tafàno s.m. horse-fly
tafferùglio s.m. brawl, scuffle
tàglia s.f. **1** (*misura*) size **2** (*ricompensa*) reward
tagliacàrte s.m. inv. paper knife
tagliaèrba s.m. inv. lawnmower
tagliàndo s.m. coupon, slip
tagliàre **A** v.tr. **1** to cut **2** (*attraversare*) to cut across, (*intersecare*) to intersect **3** (*interrompere, staccare*) to cut off, to interrupt **4** (*escludere*) to cut out **5** (*ridurre*) to cut down **6** (*mescolare*) to blend **B** v.intr. e intr. pron. to cut **C** v.rifl. to cut oneself, to get cut
tagliatèlle s.f. pl. tagliatelle
tagliàto agg. **1** cut **2** (*portato*) cut out **3** (*di vino*) blended ♦ **t. fuori** cut out, cut off
tagliènte agg. cutting, sharp
taglière s.m. chopping-board
tàglio s.m. **1** cut, cutting **2** (*ferita*) cut **3** (*parte tagliente*) edge **4** (*tono*) tone **5** (*pezzo*) cut, (*di stoffa*) length, (*di banconota*) denomination **6** (*dimensione*) size **7** (*di vite*) slot
tagliòla s.f. trap
tailleur s.m. inv. woman suit
tàlco s.m. talc ♦ **t. in polvere** talcum powder
tàle **A** agg. **1** (*simile*) such, like that (*pred.*) (ES: ***tali sono i suoi problemi*** such are his problems; ***tali fatti accadono ogni giorno*** things like that happen every day) **2** (*intensivo*) so, such (ES: ***c'era una t. confusione!*** there was such a chaos!) **3** (*un certo*) a, certain (ES: ***un t. signor Smith*** a certain Mr Smith) **4** (*preceduto dall'art. determ.*) such and such (ES: ***il t. giorno alla t. ora*** on such and such a day, at such and such a time) **5** (*dimostr.*) this, that (ES: ***in t. caso*** in that case) **B** pron. **1** (*dimostr.*) he *m.*, she *f.*, the/that person, the/that fellow (ES: ***è lui il t. che cercavi*** that's the fellow you were looking for) **2** (*indef.: preceduto dall'art. indeterm.*) someone, (*preceduto da 'quel', 'quella'*) the man, the woman

(ES: ***c'è un t. che ti aspetta*** there's someone waiting for you; ***c'è quel t. dell'assicurazione*** the insurance man is here)

talènto s.m. talent

talismàno s.m. talisman

talloncino s.m. coupon, slip

tallóne s.m. heel

talménte avv. **1** (*con agg. e avv.*) so **2** (*con v.*) so much. in such a way

talóra avv. → ***talvolta***

tàlpa s.f. mole

talvòlta avv. sometimes, at times

tamarindo s.m. tamarind

tamburellàre v.intr. to drum

tamburèllo s.m. tambourine

tambùro s.m. **1** drum **2** (*arch.*) tambour

tamponaménto s.m. **1** (*il tamponare*) plugging **2** (*autom.*) collision, (*a catena*) pile-up **3** (*med.*) tamponage

tamponàre v.tr. **1** to stop up, to plug **2** (*med.*) to tampon **3** (*autom.*) to collide with, to crash into

tampóne s.m. **1** plug, stopper **2** (*med.*) (*assorbente*) tampon **3** (*per timbri*) pad **4** (*chim., inform., elettr.*) buffer ♦ **memoria t.** buffer

tàna s.f. den

tàndem s.m. inv. tandem

tànfo s.m. stench, musty smell, mouldly smell

tangènte **A** agg. tangent **B** s.f. **1** tangent **2** (*quota*) share, percentage, (*illegale*) kickback, cut

tangenziàle **A** agg. tangential **B** s.f. (*strada*) bypass, ring road

tàngo s.m. tango

tànica s.f. can, tank

tànto **A** agg. indef. **1** (*intensivo*) so much, such, so many *pl.*, (*così grande*) so great (ES: ***te l'ho detto tante volte*** I've told you so many times) **2** (*molto*) much, many *pl.*, a lot of, lots of (ES: ***hanno t. denaro*** they have lots of money) **3** (*comp., spesso in correlazione con 'quanto'*) as much, as many *pl.*, (*in frasi neg.*) so much, so many *pl.* (ES: ***ho tanti soldi quanto te*** I have as much money as you; ***non hai tanti giocattoli quanti ne ho io*** you don't have as many toys as I have) **4** (*altrettanto*) as much, as many *pl.* **B** avv. **1** (*così, talmente: con agg. e avv.*) so, (*con v.*) such a lot, so (much) (ES: ***sono t. felice che non riesco a stare fermo*** I am so happy that I cannot keep still; ***l'amava t.!*** he loved her so much!) **2** (*in correlazione con 'quanto': con agg. e avv.*) as, so, (*con v.*) as much, so much (ES: ***lavoro t. quanto mi basta*** I work as hard as I need to) **3** (*molto: con agg. e avv.*) so, (*con v.*) so much (ES: ***gli era t. affezionato*** he was so fond of him) **4** (*temporale*) (for) a long time, long, so long (ES: ***l'ho aspettato t.*** I waited for him a long time) **5** (*moltiplicativo*) as much (ES: ***due volte t.*** twice as much) **6** (*soltanto*) just (ES: ***t. per cambiare*** just for a change) **7** (*comunque*) in any case (ES: ***parla pure, t. faccio come voglio*** you can go on talking, I'll do as I please in any case) **C** pron. indef. **1** (*molto*) much, many *pl.*, a lot, (*molte persone*) many people, a lot of people (ES: ***tanti guidano in modo pericoloso*** many people drive dangerously) **2** (*comparativo in correlaz. con 'quanto'*) as much, as many *pl.*, so much, so many *pl.* (ES: ***prendine t. quanto basta*** take as much as is necessary) **D** s.m. so much (ES: ***un t. per cento*** so much per cent) ♦ **t. più che...** all the more that... || **t. ... quanto** (*sia... sia*) both... and || **una volta ogni t.** once in a while

tapis roulant s.m. inv. **1** conveyor belt **2** (*per persone*) moving walkway, travelator

tàppa s.f. **1** (*luogo di sosta*) stopping place **2** (*fermata*) halt, stop, stay **3** (*parte di percorso*) stage, leg, (*di gara sportiva*) lap **4** (*momento fondamentale*) stage

tappàre **A** v.tr. to plug, to cork, to stop (up) **B** v.rifl. to shut oneself up ♦ **t. un buco** to fill in a hole, (*fig.*) to replace sb.

tapparèlla s.f. roll-up blind

tappetino s.m. (*inform.*) mouse pad

tappéto s.m. **1** carpet **2** (*sport*) mat, (*boxe*) canvas

tappezzàre v.tr. **1** to paper **2** (*coprire*) to cover **3** (*foderare*) to upholster

tappezzeria s.f. **1** (*arte, professione*) upholstery **2** (*di tessuto*) tapestry, (*di carta*) wall-paper, (*per mobili, auto*) upholstery

tappezzière s.m. **1** (*di mobili*) upholsterer **2** (*di pareti*) paperhanger, decorator

tàppo s.m. plug, stopper, (*di bottiglia*) cap, (*di sughero*) cork

tàra s.f. **1** (*comm.*) tare **2** (*difetto*) defect, blemish

tarchiàto agg. stocky

tardàre **A** v.tr. to delay, to put off **B** v.intr. **1** to be late **2** (*indugiare*) to be long, to delay

tàrdi avv. late

tardìvo agg. **1** late **2** (*che arriva tardi*) tardy, belated

tàrdo agg. **1** (*lento*) slow **2** (*ottuso*) dull **3** (*di tempo*) late

tàrga s.f. **1** plate **2** (*autom.*) numberplate, (*USA*) license plate

targàto agg. **1** provided with numberplate **2** (*fig.*) (*fatto da*) hallmarked, made in (*pred.*)

targhétta s.f. plate

tarìffa s.f. tariff, rate, price, (*di biglietto*) fare

tariffàrio s.m. tariff, price list, rate table

tàrlo s.m. woodworm

tàrma s.f. moth

tarmicìda s.m. moth-killer

taròcco s.m. tarot

tarsìa s.f. marquetry, tarsia

tartagliàre v.intr. to stutter, to stammer

tàrtaro s.m. tartar

tartarùga s.f. tortoise, (*di mare*) turtle

tartìna s.f. canapé

tartùfo s.m. truffle

tàsca s.f. pocket

tascàbile **A** agg. pocket (*attr.*) **B** s.m. (*libro*) paperback

taschìno s.m. breast-pocket, (*interno*) inside pocket

tàssa s.f. tax, duty, dues *pl.*, (*per iscrizione*) fee

tassàbile agg. taxable

tassàmetro s.m. meter

tassàre v.tr. to tax, to assess

tassatìvo agg. peremptory

tassazióne s.f. taxation

tassèllo s.m. plug

tassì s.m. → ***taxi***

tassìsta s.m. e f. taxi driver, cabdriver

tàsso[1] s.m. (*zool.*) badger

tàsso[2] s.m. (*bot.*) yew

tàsso[3] s.m. rate ◆ **t. di natalità** birthrate

tastàre v.tr. **1** to touch, to feel **2** (*fig.*) to sound out

tastièra s.f. keyboard

tastierìsta s.m. e f. (*mus.*) keyboard player

tàsto s.m. key

tastóni nella loc. avv. **a t.** gropingly, feeling one's way

tàttica s.f. tactics *pl.* (*v. al sing.*)

tàttico **A** agg. tactical **B** s.m. tactician

tàtto s.m. **1** touch **2** (*fig.*) tact

tatuàggio s.m. tattoo

tatuàre v.tr. to tattoo

tauromachìa s.f. bullfight

tavèrna s.f. **1** tavern, inn **2** (*edil.*) basement room

tàvola s.f. **1** (*asse*) board, plank **2** (*tavolo*) table **3** (*illustrazione*) plate **4** (*tabella*) table ◆ **t. calda** lunch counter, snack bar

tavolàta s.f. table, tableful

tavolàto s.m. **1** (*pavimento*) wood(en) floor **2** (*geogr.*) plateau

tavolétta s.f. tablet, bar

tavolìno s.m. small table

tàvolo s.m. table

tavolòzza s.f. palette

tàxi s.m. inv. taxi, cab

taxìsta s.m. e f. → ***tassista***

tàzza s.f. cup

tazzìna s.f. (small) cup

te pron. pers. 2ª p. sing. you ◆ **se fossi in te** if I were you || **tocca a te** it's your turn

tè s.m. inv. tea ◆ **t. freddo** ice tea

teatràle agg. theatrical

teàtro s.m. theatre, (*USA*) theater

tèca s.f. **1** display cabinet **2** (*per reliquie*) reliquary

tècnica s.f. **1** technique **2** (*tecnologia*) technics *pl.* (*v. al sing.*)

tècnico **A** agg. technical **B** s.m. technician, engineer, (*esperto*) expert

tecnologìa s.f. technology

tedésco agg. e s.m. German

tèdio s.m. tedium, boredom

tegàme s.m. pan, saucepan, frying pan

téglia s.f. baking-tin, baking pan, pie dish

tégola s.f. tile

teièra s.f. teapot

téla s.f. cloth, canvas

telàio s.m. **1** loom, (*da ricamo*) tambour **2** (*ossatura*) frame

telecàmera s.f. telecamera ◆ **t. a circuito chiuso** closed circuit camera

telecomàndo s.m. remote control

telecomunicazióne s.f. telecommunication

teleconferènza s.f. teleconference

telecrònaca s.f. television report

telecronìsta s.m. e f. commentator

telefèrica s.f. cableway

telefìlm s.m. inv. serial

telefonàre v.tr. e intr. to telephone, to phone, to ring up, to call

telefonàta s.f. (phone) call ◆ **t. a carico del destinatario** charge call, (*USA*) collect call

telefonìa s.f. telephone services *pl.* ◆ **t. cellulare** cellular telephone services || **t. fissa** wireline telephone services || **t. mobile** mobile communication

telefònico agg. telephone (*attr.*)

telefonìno s.m. mobile phone, mobile, cellular phone

telefonìsta s.m. e f. (telephone) operator

telèfono s.m. telephone, phone ◆ **t. cellulare** cellular phone || **t. fisso** wireline phone

telegiornàle s.m. news

telegràfico agg. telegraphic

telègrafo s.m. telegraph

telegràmma s.m. telegram, wire

telemàtica s.f. telematics *pl.* (*v. al sing.*)

telemàtico agg. telecommunication (*attr.*)

Telepàss s.m. inv. remote toll payment

telepatìa s.f. telepathy

teleschérmo s.m. screen, telescreen

telescòpio s.m. telescope

teleselezióne s.f. direct dialling

telespettatóre s.m. viewer, televiewer

televisióne s.f. television, (*apparecchio*) television set

televisìvo agg. television (*attr.*)

televisóre s.m. television set

tèlex s.m. inv. telex

tellìna s.f. clam

télo s.m. length of cloth ◆ **t. da bagno** bath towel || **t. da spiaggia** beach towel

telóne s.m. tarpaulin

tèma s.m. **1** subject, topic, theme **2** (*scolastico*) composition **3** (*mus.*) theme

temeràrio agg. temerarious

temére v.tr. to fear, to be afraid of ◆ **temo di no/sì** I'm afraid not/so

tèmpera s.f. tempera, distemper

temperamatìte s.m. inv. pencil sharpener

temperaménto s.m. temperament, disposition

temperàre v.tr. **1** (*mitigare*) to temper, to mitigate **2** (*fare la punta*) to sharpen
temperàto agg. **1** temperate, moderate **2** (*mus.*) tempered
temperatùra s.f. temperature
temperìno s.m. **1** (*coltellino*) penknife **2** (*temperamatite*) pencil sharpener
tempèsta s.f. storm, tempest
tempestàre v.tr. **1** (*colpire*) to batter, to pound **2** (*subissare*) to annoy, to pester **3** (*ornare*) to stud
tempestività s.f. opportuneness, timeliness
tempestìvo agg. opportune, timely
tempestóso agg. stormy
tèmpia s.f. temple
tèmpio s.m. temple
tempìsmo s.m. sense of timing
templàre s.m. Templar
tèmpo s.m. **1** time **2** (*atmosferico*) weather **3** (*mus.*) tempo, time **4** (*gramm.*) tense **5** (*fase*) stage, phase ♦ **t. fa** some time ago || **t. libero** spare time || **t. morto** idle time, dead time || **t. pieno** full time || **un t.** (*nel passato*) once
temporàle s.m. storm
temporàneo agg. temporary
temporeggiàre v.intr. to play for time
tempràre **A** v.tr. **1** (*metall.*) to temper, to harden **2** (*fortificare*) to strengthen **B** v.rifl. e intr. pron. to be strengthened
tenàce agg. tenacious
tenàglie s.f. pl. tongs *pl.*, pincers *pl.*, pliers *pl.*
tènda s.f. **1** tent **2** (*di finestra*) curtain
tendènza s.f. **1** trend, tendency **2** (*attitudine*) disposition, bent
tendenziàle agg. tendential
tendenzióso agg. tendentious
tèndere **A** v.tr. **1** (*porgere*) to stretch (out), to hold out **2** (*mettere in tensione*) to stretch, to tighten **3** (*predisporre*) to lay, to set **B** v.intr. **1** to tend, to be inclined **2** (*mirare*) to aim, to intend
tendìna s.f. curtain
tèndine s.m. tendon, sinew
tendóne s.m. awning, (*impermeabile*) tarpaulin, (*da circo*) tent, big top
tènebre s.f. pl. dark, darkness
tenebróso agg. dark, gloomy
tenènte s.m. lieutenant
tenére **A** v.tr. **1** to hold, to keep **2** (*prendere*) to take **3** (*occupare*) to take up **4** (*contenere*) to contain **5** (*considerare, ritenere*) to consider, to regard **6** (*organizzare*) to hold, to deliver **B** v.intr. **1** (*resistere*) to hold **2** (*essere a tenuta stagna*) to be watertight **3** (*dare importanza*) to care, (*avere caro*) to value, (*volere*) to like, to want **4** (*parteggiare*) to be for, to support **C** v.rifl. **1** to keep oneself, to hold oneself **2** (*trattenersi*) to keep from (*col gerundio*) **3** (*attenersi*) to stick, to follow
tenerézza s.f. tenderness
tènero agg. **1** tender, soft **2** (*fig.*) tender, loving, (*di parole*) fond
tènia s.f. tapeworm, taenia
tènnis s.m. inv. tennis
tennìsta s.m. e f. tennis player
tenóre s.m. **1** (*modo*) tenor, way **2** (*contenuto*) tenor, contents *pl.* **3** (*mus.*) tenor
tensióne s.f. **1** tension **2** (*elettr.*) voltage
tentàre v.tr. **1** to try, to attempt **2** (*indurre in tentazione*) to tempt
tentatìvo s.m. attempt, try
tentazióne s.f. temptation
tentennàre **A** v.intr. **1** to stagger, to totter, (*oscillare*) to swing **2** (*fig.*) to waver, to hesitate **B** v.tr. to shake
tènue agg. **1** slender, slight **2** (*delicato*) soft
tenùta s.f. **1** (*proprietà agricola*) estate, farm **2** (*capacità*) capacity **3** (*abbigliamento*) clothes *pl.*, (*uniforme*) uniform **4** (*tecnol.*) seal ♦ **a t. di** -tight || **t. di strada** roadholding
teologìa s.f. theology
teòlogo s.m. theologian
teorèma s.m. theorem
teorìa s.f. theory
teòrico **A** agg. theoretic(al) **B** s.m. theorist, theorician
tepóre s.m. warmth
téppa s.f. mob
teppìsmo s.m. hooliganism
teppìsta s.m. e f. hooligan
terapèutico agg. therapeutic(al)
terapìa s.f. therapy
tergicristàllo s.m. windscreen wiper
tergilunòtto s.m. rear-windshield wiper
tergiversàre v.intr. to prevaricate
tèrgo s.m. back ♦ **vedi a t.** see overleaf, PTO
termàle agg. thermal ♦ **sorgenti termali** hot springs || **stabilimento t.** spa
tèrme s.f. pl. **1** thermal baths *pl.*, hot springs *pl.*, spa **2** (*archeol.*) thermae *pl.*
tèrmico agg. thermic, thermal
terminal s.m. inv. terminal
terminàle agg. e s.m. terminal
terminàre v.tr. e intr. to end, to finish
tèrmine s.m. **1** (*fine*) end, close **2** (*limite*) limit **3** (*confine*) boundary **4** (*scadenza*) expiry, date, time **5** (*condizione, rapporto*) term **6** (*parola*) term, word **7** (*mat.*) term
terminologìa s.f. terminology
tèrmite s.f. termite
termodinàmica s.f. thermodynamics *pl.* (*v. al sing.*)
termòmetro s.m. thermometer
termosifóne s.m. radiator
termòstato s.m. thermostat
tèrra s.f. **1** (*pianeta*) earth, (*mondo*) world **2** (*opposto ad acqua*) land **3** (*terreno*) ground, (*materiale terroso*) earth, (*suolo coltivabile*) soil, (*pavimento*)

floor **4** (*paese, regione*) land, country **5** (*proprietà*) land, estate, property
terracòtta s.f. terracotta ♦ **vasellame di t.** earthenware
terraférma s.f. dry land, (*continente*) mainland
terràglia s.f. earthenware
terrapièno s.m. bank, (*mil.*) rampart
terràzza s.f. terrace, (*balcone*) balcony
terrazzaménto s.m. terracing
terràzzo s.m. terrace, (*balcone*) balcony
terremotàto s.m. earthquake victim
terremòto s.m. **1** earthquake **2** (*fig.*) upheaval
terréno **A** agg. earthly **B** s.m. **1** ground, (*suolo*) soil **2** (*proprietà, porzione di terra*) land **3** (*campo*) field ♦ **pian t.** ground floor, first floor
terrèstre agg. terrestrial, earthly, land (*attr.*)
terrìbile agg. terrible, awful, dreadful
terrificànte agg. terrifying, appalling
territoriàle agg. territorial
territòrio s.m. territory, region
terróre s.m. terror, dread
terrorìsmo s.m. terrorism
terrorìsta s.m. e f. terrorist
tèrso agg. clear
tèrza s.f. **1** (*classe*) third class **2** (*autom.*) third gear
terziàrio s.m. tertiary
terzìno s.m. back
tèrzo agg. num. ord. e s.m. third
terzùltimo agg. last but two, (*USA*) third from last
tésa s.f. brim
tèschio s.m. skull
tèsi s.f. thesis
téso agg. **1** tight, stretched, tense **2** (*mirante*) aimed
tesorerìa s.f. treasury
tesorière s.m. treasurer
tesòro s.m. treasure
tèssera s.f. **1** card, ticket, pass **2** (*di mosaico*) tessera
tèssere v.tr. to weave
tesserìno s.m. **1** card **2** (*abbonamento*) pass **3** (*di riconoscimento*) identity card, identification card
tèssile agg. textile
tessitóre s.m. weaver
tessitùra s.f. weaving, (*disposizione dei fili*) texture
tessùto s.m. **1** fabric, material, cloth **2** (*biol.*) tissue ♦ **t. di lana** woollen fabric || **t. di seta** silk material
tèst s.m. inv. test
tèsta s.f. head ♦ **a t.** per head, each || **essere in t.** to be in the lead || **mal di t.** headache
tèsta-códa loc. sost. m. inv. spin, about-face
testaménto s.m. will, testament
testàrdo agg. stubborn
testàre v.tr. to test
testàta s.f. **1** head **2** (*di giornale*) heading, (*giornale*) newspaper **3** (*mil.*) warhead **4** (*colpo*) butt
testatóre s.m. testator
tèste s.m. e f. witness
testìcolo s.m. testicle
testimòne s.m. e f. witness
testimoniànza s.f. **1** testimony, witness **2** (*prova*) evidence, proof
testimoniàre v.tr. e intr. to testify
testìna s.f. head
tèsto s.m. text
testuàle agg. **1** textual **2** (*preciso*) exact, precise
testùggine s.f. tortoise, (*di mare*) turtle
tètano s.m. tetanus
tètro agg. gloomy
tétta s.f. tit, boob
tétto s.m. **1** roof **2** (*livello massimo*) ceiling
tettóia s.f. roofing, canopy
tettùccio s.m. roof, (*apribile*) sunroof
thèrmos s.m. inv. thermos, thermos bottle
ti pron. pers. 2ª p. sing. m. e f. **1** (*compl. ogg.*) you, (*compl. ind.*) (to) you, (for) you **2** (*rifl.*) yourself
tiàra s.f. tiara
tìbia s.f. tibia, shin-bone
tibùrio s.m. dome cladding
tic s.m. inv. tic
ticchettìo s.m. ticking
tìcket s.m. inv. (*per servizi sanitari*) charge, (*per ricetta*) prescription charge ♦ **t. restaurant** luncheon voucher, meal ticket
tièpido agg. tepid, lukewarm
tifàre v.intr. to be a fan of
tìfo s.m. **1** (*med.*) typhus **2** (*sport*) support, enthusiasm ♦ **fare il t. per** to be a fan of
tifóne s.m. typhoon
tifóso s.m. fan, supporter
tìglio s.m. linden
tignòla s.f. moth
tìgre s.f. tiger
tilt s.m. inv. tilt mechanism ♦ **andare in t.** to jam; (*fig.*) to go nuts
timbàllo s.m. timbale, pie
timbràre v.tr. to stamp, (*lettera*) to postmark ♦ **t. il cartellino** to clock in, (*uscendo*) to clock out
tìmbro s.m. **1** stamp, (*postale*) postmark **2** (*mus.*) timbre
timidézza s.f. shyness
tìmido agg. shy, timid
tìmo[1] s.m. (*bot.*) thyme
tìmo[2] s.m. (*anat.*) thymus
timóne s.m. rudder, helm ♦ **ruota del t.** steering wheel
timonière s.m. helmsman, steersman
timóre s.m. fear, dread
timoróso agg. fearful, afraid (*pred.*)
tìmpano s.m. **1** (*anat.*) tympanum, eardrum **2** (*mus.*) kettledrum **3** (*arch.*) tympanum, gable
tìnca s.f. tench
tìngere v.tr. **1** to dye **2** (*colorare*) to colour, to stain, (*lievemente*) to tinge

tìno s.m. tub, vat
tinòzza s.f. tub
tìnta s.f. **1** (*sostanza colorante*) dye, (*pittura*) paint **2** (*colore*) colour
tintarèlla s.f. (sun-)tan
tinteggiàre v.tr. to paint
tintinnàre v.intr. to tinkle
tìnto agg. **1** coloured **2** (*di stoffa, capelli*) dyed
tintorìa s.f. dry cleaner's
tintùra s.f. dyeing, dye, (*per capelli*) hair dye
tìpico agg. typical
tìpo s.m. **1** type, model, pattern **2** (*varietà*) kind, sort **3** (*individuo*) fellow, chap, character, (*USA*) guy
tipografìa s.f. **1** (*procedimento*) typography **2** (*stamperia*) printing works *pl.*
tipogràfico agg. typographic(al)
tipògrafo s.m. printer, typographer
tipologìa s.f. typology
TIR s.m. inv. articulated lorry, (*USA*) articulated truck
tiràggio s.m. draught, (*USA*) draft
tirànno s.m. tyrant
tirànte s.m. **1** tie-rod **2** (*edil.*) tie-beam
tiràre **A** v.tr. **1** to pull, to draw, (*trascinare*) to drag **2** (*lanciare*) to throw **3** (*tendere*) to draw **4** (*stampare*) to print **B** v.intr. **1** (*avere tiraggio*) to draw **2** (*soffiare*) to blow **3** (*sparare*) to shoot **4** (*tendere*) to tend **5** (*di vestito*) to be tight **6** (*essere teso*) to feel tight **C** v.rifl. to draw, to drag ♦ **t. a lucido** to polish || **t. di boxe** to box || **t. fuori** to draw out || **t. giù** to pull down, (*abbassare*) to lower || **t. su** to pull up, (*raccogliere*) to pick up || **t. sul prezzo** to bargain
tiràto agg. **1** tight **2** (*fig.*) (*teso e affaticato*) drawn **3** (*fig.*) (*stentato*) forced **4** (*fam.*) (*elegante*) dolled up
tiratóre s.m. shooter, shot
tiratùra s.f. **1** printing, edition **2** (*numero di copie*) circulation
tìrchio **A** agg. mean, stingy **B** s.m. miser
tìro s.m. **1** (*trazione*) draught **2** (*lancio*) throw, cast **3** (*di arma*) shot, fire, (*lo sparare*) shooting **4** (*muta*) team **5** (*scherzo*) trick **6** (*di sigaretta*) puff, drag ♦ **t. alla fune** tug-of-war || **t. a segno** target-shooting || **t. con l'arco** archery
tirocìnio s.m. apprenticeship, training
tiròide s.f. thyroid
tisàna s.f. infusion, (herb) tea
titolàre **A** agg. regular, (*che ha solo il titolo*) titular **B** s.m. e f. (*proprietario*) owner, (*detentore*) holder
tìtolo s.m. **1** title, (*di giornale*) headline **2** (*onorifico, accademico*) title, (*qualifica*) qualification **3** (*ragione*) reason, (*diritto*) title, right **4** (*fin.*) bond, security
titubànte agg. hesitant
tivù s.f. inv. TV, box, tube
tìzio s.m. fellow, guy
tizzóne s.m. brand
toast s.m. inv. toasted sandwich
toccànte agg. touching, moving
toccàre **A** v.tr. **1** to touch, (*sfiorare*) to touch in, (*tastare*) to feel, (*maneggiare*) to handle **2** (*raggiungere*) to reach **3** (*commuovere*) to touch, to move **4** (*riguardare*) to concern, to affect **5** (*colpire*) to hurt **B** v.intr. **1** (*capitare*) to happen, to fall **2** (*spettare*) to fall, to be up to, (*essere di turno*) to be one's turn **3** (*dovere*) to have **C** v.rifl. rec. to touch each other
toccasàna s.m. inv. cure-all
tócco s.m. touch, (*di pennello*) stroke
tofu s.m. inv. tofu
tòga s.f. robe, gown
tògliere **A** v.tr. **1** to take away, to take out, (*vestiti*) to take off **2** (*rimuovere*) to remove **3** (*sottrarre*) to take **4** (*liberare*) to relieve, to free **5** (*interrompere l'erogazione di*) to cut off **B** v.rifl. to go away, to get out
toilette s.f. **1** (*bagno*) toilet, lavatory **2** (*mobile*) dressing table
tolleránte agg. tolerant
tollerànza s.f. **1** tolerance **2** (*scarto*) allowance
tolleràre v.tr. **1** to tolerate, to bear, to stand **2** (*concedere*) to allow
tomàia s.f. upper
tómba s.f. tomb, grave
tombàle agg. tomb (*attr.*), grave (*attr.*)
tombìno s.m. manhole
tómbola s.f. **1** tombola, bingo **2** (*ruzzolone*) tumble
tòmo s.m. tome, volume
tomografìa s.f. tomography
tònaca s.f. (*di frate*) cowl, frock, (*di prete*) soutane, (*di monaca*) nun's dress
tonalità s.f. **1** tonality **2** (*sfumatura*) tone, shade
tóndo **A** agg. round **B** s.m. **1** round, (*cerchio*) circle, ring **2** (*arte*) tondo
toner s.m. inv. toner
tónfo s.m. **1** thud, (*in acqua*) splash **2** (*fig.*) fall, crash
tònico **A** agg. tonic **B** s.m. **1** tonic **2** (*cosmetico*) toner
tonificànte agg. tonic, bracing
tonificàre v.tr. to tone (up), to brace
tonnellàggio s.m. tonnage
tonnellàta s.f. ton
tónno s.m. tuna, tunny, (*in scatola*) tuna fish
tòno s.m. **1** tone **2** (*mus.*) pitch, key, (*intonazione*) tonality **3** (*tel.*) dial tone ♦ **in t.** in tune
tonsìlla s.f. tonsil
tonsillìte s.f. tonsillitis
tónto **A** agg. stupid, dull **B** s.m. foolish, dunce
top s.m. inv. top
topàzio s.m. topaz
topicìda s.m. rat-poison
topless s.m. inv. topless
tòpo s.m. mouse
topografìa s.f. topography
topònimo s.m. toponym
tòppa s.f. **1** (*pezza*) patch **2** (*della serratura*) keyhole
toràce s.m. chest, thorax

tórba s.f. peat
tórbido agg. **1** (*di liquido*) turbid, cloudy **2** (*fosco*) gloomy **3** (*inquieto*) troubled
tòrcere **A** v.tr. **1** to twist, to wring **2** (*curvare*) to bend **B** v.rifl. to twist, to writhe
torchiàre v.tr. **1** to press **2** (*fig.*) to grill
tòrchio s.m. press
tòrcia s.f. torch
torcicòllo s.m. stiff neck
tórdo s.m. thrush
torèro s.m. torero
torménta s.f. snow storm
tormentàre **A** v.tr. to torture, to torment, (*annoiare*) to pester **B** v.rifl. to be tormented, to worry
torménto s.m. torment, agony, (*seccatura*) nuisance
tornacónto s.m. advantage, profit
tornàdo s.m. inv. tornado
tornànte s.m. hairpin bend
tornàre v.intr. **1** to return, (*andare di nuovo*) to go back, (*venire di nuovo*) to come back, (*essere di ritorno*) to be back **2** (*ridiventare*) to become again **3** (*quadrare*) to balance, to square
tornasóle s.m. litmus
tornèo s.m. tournament
tórnio s.m. lathe
tòro s.m. **1** bull **2** (*astr.*) Taurus
torpèdine s.f. torpedo
torpedinièra s.f. torpedo boat
torpóre s.m. torpor, numbness
tórre s.f. **1** tower **2** (*scacchi*) castle, rook
torrefazióne s.f. **1** (*di caffè*) roasting **2** (*negozio*) coffee shop (where beans are freshly ground and sold)
torrènte s.m. stream, torrent
torrenziàle agg. torrential
torrétta s.f. turret
torrióne s.m. keep, tower
torsióne s.f. torsion
tórso s.m. trunk, torso ♦ **a t. nudo** bare-chested
tórsolo s.m. core
tórta s.f. cake, pie, tart ♦ **t. di mele** apple-pie
tortièra s.f. baking-tin, cake-pan
tortìno s.m. pie
tòrto s.m. **1** wrong **2** (*colpa*) fault ♦ **a t.** wrongly
tórtora s.f. turtledove
tortuóso agg. **1** winding, tortuous **2** (*fig.*) tortuous, devious
tortùra s.f. **1** torture **2** (*fig.*) agony, torment
torturàre **A** v.tr. to torture **B** v.rifl. to torment oneself, to worry
tórvo agg. grim
tosaèrba s.m. inv. lawnmower
tosàre v.tr. to shear, to clip
toscàno agg. e s.m. Tuscan
tósse s.f. cough
tòssico agg. toxic
tossicodipendènte s.m. e f. (drug) addict
tossicodipendènza s.f. drug addiction
tossicòmane s.m. e f. (drug) addict
tossìna s.f. toxin
tossìre v.intr. to cough
tostapàne s.m. inv. toaster
tostàre v.tr. to toast, (*caffè*) to roast
totàle **A** agg. total, complete, whole, utter **B** s.m. total
totalità s.f. **1** totality **2** (*numero complessivo*) mass, whole
totalizzàre v.tr. to total, (*punteggio*) to score
tòtano s.m. squid
totocàlcio s.m. football pools *pl.*
tournée s.f. inv. tour
tour operator s.m. inv. tour operator
tovàglia s.f. tablecloth
tovagliòlo s.m. napkin
tòzzo **A** agg. squat **B** s.m. piece
tra prep. → ***fra***
traballàre v.intr. to stagger, to totter
traboccàre v.intr. to overflow
trabocchétto s.m. trap
tracannàre v.tr. to gulp down
tràccia s.f. **1** trace, sign, (*impronta*) track, trail, (*di uomo*) footprint **2** (*schema*) outline
tracciàre v.tr. **1** to trace (out), to mark out, to draw, to plot **2** (*delineare*) to outline
tracciàto s.m. plan, route
trachèa s.f. trachea, windpipe
trackball s.f. inv. trackball
tracòlla s.f. shoulder strap ♦ **borsa a t.** shoulder-bag
tracòllo s.m. collapse, ruin, crash
tracotànte agg. overbearing
tradiménto s.m. **1** treason, (*inganno*) betrayal **2** (*slealtà*) treachery
tradìre **A** v.tr. **1** to betray **2** (*essere infedele a*) to be unfaithful to **3** (*ingannare*) to deceive **4** (*venir meno a*) to fail **B** v.rifl. to betray oneself
traditóre **A** agg. treacherous **B** s.m. traitor, betrayer
tradizionàle agg. traditional
tradizióne s.f. tradition
tradùrre v.tr. **1** to translate **2** (*esprimere*) to express **3** (*dir.*) to transfer
traduttóre s.m. translator
traduzióne s.f. **1** translation **2** (*dir.*) transfer
trafelàto agg. out of breath, breathless
trafficànte s.m. e f. dealer, trafficker
trafficàre v.intr. **1** to trade, to deal **2** (*fare traffici illeciti*) to deal, to sell, (*spacciare*) to push **3** (*affaccendarsi*) to bustle about
tràffico s.m. **1** traffic **2** (*commercio*) trade, (*illecito*) traffic ♦ **t. telefonico** telephone traffic
trafficóne s.m. wheeler-dealer
trafìggere v.tr. to stab, to pierce through
trafìla s.f. procedure

trafilétto s.m. paragraph
traforàre v.tr. to bore, to drill
trafóro s.m. **1** perforation, boring, tunneling **2** (*galleria*) tunnel
trafugàre v.tr. to purloin, to steal
tragèdia s.f. tragedy
traghettàre v.tr. to ferry
traghétto s.m. ferry(boat)
tràgico agg. tragic(al)
tragicòmico agg. tragicomic(al)
tragìtto s.m. **1** (*percorso*) way **2** (*viaggio*) journey, (*per mare*) passage, crossing
traguàrdo s.m. **1** finishing line **2** (*fig.*) goal, aim
traiettòria s.f. trajectory
tràina s.f. towrope ♦ **pescare alla t.** to troll
trainàre v.tr. to tow, to draw
tràino s.m. haulage, drawing
tralasciàre v.tr. **1** to leave out, to omit **2** (*desistere da*) to give up
tràlcio s.m. shoot
tralìccio s.m. trellis, pylon
tram s.m. tram, (*USA*) streetcar
tràma s.f. **1** (*di tessuto*) weft **2** (*intreccio*) plot, plan **3** (*macchinazione*) plot, conspiracy
tramandàre v.tr. to hand down
tramàre v.tr. to plot, to intrigue
trambùsto s.m. confusion, bustle
tramestìo s.m. rummaging
tramezzìno s.m. sandwich
tramèzzo s.m. partition wall
tramontàna s.f. north wind
tramontàre v.intr. **1** to set **2** (*fig.*) to fade, to wane
tramónto s.m. **1** (*del sole*) sunset, (*di astri*) setting **2** (*fig.*) decline, fading
tramortìre v.tr. to stun
trampolière s.m. wading-bird, wader
trampolìno s.m. spring board, diving board, (*per sci*) ski-jumping board
tràmpolo s.m. stilt
tramutàre **A** v.tr. to change, to convert **B** v.intr. pron. to change into, to turn into
tranciàre v.tr. to cut (off)
tràncio s.m. slice
tranèllo s.m. trap, snare
trangugiàre v.tr. to gulp down
trànne prep. except, save, but
tranquillànte **A** agg. tranquillizing **B** s.m. tranquillizer
tranquillità s.f. quiet, calm, (*di spirito*) tranquillity
tranquillizzàre **A** v.tr. to tranquillize, to calm down **B** v.intr. pron. to calm down
tranquìllo agg. peaceful, calm, quiet, (*di spirito*) tranquil
transatlàntico s.m. (transatlantic) liner
transazióne s.f. **1** arrangement **2** (*dir., comm.*) transaction
transènna s.f. **1** barrier **2** (*arch.*) transenna
transessuàle s.m. e f. transsexual
transètto s.m. transept
transgènico agg. transgenic
transìgere v.intr. **1** to come to an agreement, to come to terms **2** (*dir.*) to come to a transaction
transìstor s.m. inv. transistor
transitàbile agg. practicable
transitàre v.intr. to travel, to pass
transitìvo agg. transitive
trànsito s.m. transit ♦ **divieto di t.** no thoroughfare || **t. interrotto** road closed
transitòrio agg. temporary
tranvière s.m. tram driver, (*USA*) streetcar operator
trapanàre v.tr. to drill, to bore
tràpano s.m. drill
trapassàre **A** v.tr. to pierce, to run through **B** v.intr. **1** (*passare*) to pass **2** (*morire*) to pass away
trapàsso s.m. **1** transition **2** (*dir.*) transfer
trapelàre v.intr. to leak out
trapèzio s.m. **1** (*geom.*) trapezium **2** (*anat.*) trapezius **3** (*ginnastica, vela*) trapeze
trapezìsta s.m. e f. trapeze artist
trapiantàre **A** v.tr. to transplant **B** v.rifl. to settle
trapiànto s.m. transplant, transplantation
tràppola s.f. trap
trapùnta s.f. quilt
tràrre **A** v.tr. **1** to draw, to pull **2** (*derivare*) to derive, to get **3** (*condurre*) to lead **B** v.rifl. to draw
trasalìre v.intr. to start, to jump
trasandàto agg. careless, shabby
trasbordàre **A** v.tr. (*naut.*) to tranship, (*ferr.*) to transfer **B** v.intr. to change
trascéndere **A** v.tr. to transcend, to go beyond **B** v.intr. to let oneself go, to lose control
trascinàre **A** v.tr. **1** to drag, to trail **2** (*avvincere*) to fascinate **B** v.rifl. to draw oneself along **C** v.intr. pron. to drag on
trascórrere **A** v.tr. to spend, to pass **B** v.intr. to pass, to elapse
trascrìvere v.tr. **1** to transcribe **2** (*registrare*) to register
trascrizióne s.f. **1** transcription **2** (*registrazione*) registration
trascuràbile agg. negligible
trascuràre **A** v.tr. **1** to neglect **2** (*tenere in poco conto*) to disregard, to ignore **B** v.rifl. to let oneself go
trascuratézza s.f. **1** carelessness **2** (*svista*) oversight
trascuràto agg. **1** careless, negligent **2** (*non curato*) neglected
trasecolàre v.intr. to be astounded
trasferiménto s.m. transfer ♦ **t. di chiamata** call forwarding
trasferìre **A** v.tr. to move, to transfer **B** v.intr. pron. e rifl. to move
trasfèrta s.f. **1** transfer **2** (*indennità*) travelling allowance ♦ **partita in t.** away game

trasfiguràre **A** v.tr. to transfigure **B** v.intr. pron. to become transfigured
trasformàre **A** v.tr. to transform, to change **B** v.intr. pron. to transform oneself, to turn into
trasformatóre s.m. transformer
trasformazióne s.f. **1** transformation **2** (*sport*) (*nel rugby*) conversion, (*nel calcio*) successful penalty kick
trasfusióne s.f. transfusion
trasgredìre v.tr. e intr. to infringe, to transgress
trasgressióne s.f. transgression, infringement
traslàto agg. metaphorical
traslitterazióne s.f. transliteration
traslocàre v.tr. e intr. to move
traslòco s.m. removal, move
trasméttere **A** v.tr. **1** to pass, to transfer, to convey **2** (*mandare*) to send, to pass on **3** (*tv, radio*) to broadcast, to transmit **B** v.intr. pron. to be transmitted
trasmettitóre s.m. transmitter
trasmissióne s.f. transmission
trasmittènte s.f. transmitter
trasognàto agg. dreamy, lost in reverie
trasparènte agg. transparent
trasparènza s.f. transparency
trasparìre v.intr. to shine through ♦ **lasciar t.** to betray, to reveal
traspiràre **A** v.tr. to transpire **B** v.intr. **1** to perspire **2** (*bot., fig.*) to transpire
traspirazióne s.f. perspiration, transpiration
trasportàbile agg. transportable
trasportàre v.tr. **1** to transport, to carry, to convey **2** (*spostare*) to move, (*trasferire*) to transfer
trasportatóre s.m. carrier, conveyor
traspòrto s.m. **1** transport, conveyance, carriage, (*di merce*) freight **2** al pl. transport **3** (*fig.*) transport
trastullàre **A** v.tr. to amuse **B** v.rifl. e intr. pron. **1** to play **2** (*perdere tempo*) to waste time
trasudàre **A** v.tr. to ooze with **B** v.intr. to transude, (*sudare*) to perspire, (*umidità*) to ooze
trasversàle **A** agg. **1** transversal, cross (*attr.*) **2** (*indiretto*) indirect **B** s.f. **1** transversal **2** (*via*) cross street
trasvolàre v.tr. to fly across
trasvolàta s.f. flight, (air) crossing
tràtta s.f. **1** (*traffico*) trade **2** (*banca*) draft, bill **3** (*tratto*) distance, (*ferr.*) section
trattàbile agg. **1** tractable **2** (*di prezzo*) negotiable
trattaménto s.m. **1** treatment, service **2** (*med., tecnol.*) treatment **3** (*economico*) pay, wages *pl.* ♦ **t. dei dati** data processing || **t. estetico** beauty treatment
trattàre **A** v.tr. **1** to treat, to deal with **2** (*maneggiare*) to handle **3** (*discutere*) to deal with, to discuss **4** (*contrattare*) to handle, to transact, to negotiate **5** (*commerciare*) to deal in, to handle **6** (*chim., med.*) to treat **B** v.intr. **1** (*di un argomento*) to deal with, to be about **2** (*avere a che fare*) to deal **3** (*condurre trattative*) to negotiate **4** (*essere*) to be (about), (*essere questione*) to be a question **C** v.rifl. to treat oneself ♦ **di che si tratta?** what is it about?
trattatìva s.f. negotiation, talks *pl.*
trattàto s.m. **1** (*libro*) treatise **2** (*accordo*) treaty
trattazióne s.f. treatment
tratteggiàre v.tr. **1** to outline **2** (*disegnare a tratti*) to dash **3** (*descrivere*) to describe
trattenére **A** v.tr. **1** (*far rimanere*) to keep, to retain **2** (*frenare*) to hold back, to keep, to restrain **3** (*intrattenere*) to entertain **4** (*fare una trattenuta*) to deduct **B** v.rifl. **1** (*rimanere*) to stop, to stay, to remain **2** (*frenarsi*) to restrain oneself, to keep oneself
tratteniménto s.m. entertainment, party
trattenùta s.f. deduction
trattìno s.m. dash, (*nelle parole*) hyphen
tràtto s.m. **1** (*di penna, matita*) stroke **2** (*frazione di spazio*) part, tract, stretch, (*di tempo*) period, while **3** (*caratteristica*) trait, feature **4** al pl. feature ♦ **d'un t.** suddenly
trattóre s.m. tractor
trattorìa s.f. restaurant, trattoria
tràuma s.m. trauma ♦ **t. cranico** head injury
traumàtico agg. traumatic
traumatòlogo s.m. traumatologist
travàglio s.m. **1** anguish, pain, suffering **2** (*del parto*) labour
travasàre v.tr. to pour off
tràve s.f. beam
travèrsa s.f. **1** crossbar **2** (*via*) side road, cross road
traversàre v.tr. to cross
traversàta s.f. crossing, passage
traversìa s.f. misfortune, trials *pl.*, adversity
travèrso **A** agg. **1** transverse, cross **2** (*obliquo*) oblique **B** s.m. width ♦ **andare di t.** (*di cibo*) to go the wrong way
travertìno s.m. travertin(e)
travestiménto s.m. disguise
travestìre **A** v.tr. to disguise **B** v.rifl. to disguise oneself
travestìto s.m. transvestite, drag queen
traviàre **A** v.tr. to mislead, to lead astray **B** v.intr. pron. to go astray
travisàre v.tr. to distort, to alter, to misinterpret
travolgènte agg. overwhelming
travòlgere v.tr. **1** to sweep away, to carry away **2** (*sopraffare*) to overwhelm **3** (*investire*) to run over
trazióne s.f. **1** traction **2** (*autom.*) drive ♦ **t. integrale** four-wheel drive, 4WD
tré agg. num. card. e s.m. inv. three
trebbiàre v.tr. to tresh
tréccia s.f. plait, braid
trecènto agg. num. card. e s.m. inv. three hundred
trédici agg. num. card. e s.m. inv. thirteen
trégua s.f. **1** truce **2** (*riposo*) respite, rest
trèkking s.m. inv. trekking, trek

tremàre v.intr. to tremble, to shake, to quiver, (*di freddo*) to shiver, (*di paura*) to quake
tremèndo agg. frightful, awful, terrible
tremìla agg. num. card. e s.m. inv. three thousand
trèmito s.m. tremble, shake, quiver
tremolàre v.intr. to tremble, (*di luce*) to flicker
tremóre s.m. **1** trembling, shaking **2** (*med.*) tremor
trèno s.m. train ♦ **t. interregionale** through train || **t. espresso** express train || **t. ad alta velocità** high speed train || **t. locale** local train || **t. merci** goods train
trénta agg. num. card. e s.m. inv. thirty
trentèsimo agg. num. ord. e s.m. thirtieth
trepidàre v.intr. to be anxious
treppièdi s.m. inv. tripod
trésca s.f. intrigue
tréspolo s.m. trestle, (*per pappagallo*) perch
triangolàre agg. triangular
triangolazióne s.f. triangulation
triàngolo s.m. triangle
tribù s.f. tribe
tribùna s.f. **1** (*per oratori*) tribune, platform **2** (*per uditori*) gallery **3** (*sport*) stand **4** (*arch.*) apse
tribunàle s.m. court, tribunal
tributàre v.tr. to bestow, to grant
tribùto s.m. tribute
trichèco s.m. walrus
tricìclo s.m. tricycle
triclìnio s.m. triclinium
tricolóre agg. tricolo(u)r
tricuspidàle agg. tricuspid(al)
tridènte s.m. trident
tridimensionàle agg. tridimensional, three dimensional
trielìna s.f. trichloroethylene
trifòglio s.m. clover
trìglia s.f. mullet
trìglifo s.m. triglyph
trillàre v.intr. to trill
trilobàto agg. trilobal
trilocàle s.m. three-room(ed) flat
trimestràle agg. quarterly, trimestral
trimèstre s.m. quarter, trimester
trimotóre s.m. three-engined aircraft
trìna s.f. lace
trincàre v.tr. (*fam.*) to guzzle, to knock back
trincèa s.f. trench
trinceràre **A** v.tr. to entrench **B** v.intr. pron. to entrench oneself
trinciàre v.tr. to cut (up)
trinità s.f. trinity
trìo s.m. trio
trionfàle agg. triumphal, triumphant
trionfàre v.intr. to triumph
triónfo s.m. triumph
triplicàre v.tr. e intr. pron. to triple, to treble
trìplice agg. triple, treble
trìplo agg. e s.m. triple, treble
trìppa s.f. tripe
trìste agg. **1** sad, unhappy **2** (*cupo*) gloomy, bleak
tristézza s.f. **1** sadness, unhappiness **2** (*cupezza*) gloominess
tritacàrne s.m. inv. mincer
tritaghiàccio s.m. inv. ice-crusher
tritàre v.tr. to mince, to chop up, to grind
tritatùtto s.m. inv. mincer, food-grinder
trìto agg. **1** (*tritato*) minced, chopped **2** (*comune, fin troppo noto*) trite, worn-out
trìttico s.m. triptych
trivellàre v.tr. to bore, to drill
triviàle agg. coarse, vulgar
trofèo s.m. trophy
troglodìta s.m. e f. troglodyte
trómba s.f. **1** trumpet **2** (*delle scale*) well ♦ **t. d'aria** tornado
trombàre v.tr. (*volg., fig.*) to fuck, to screw
trombettìsta s.m. e f. trumpet (player)
trombóne s.m. **1** trombone **2** (*fanfarone*) braggart
trombòsi s.f. thrombosis
troncàre v.tr. to cut off, to break off
tronchése s.m. o f. (cutting) nippers *pl.*
trónco s.m. **1** trunk, (*d'albero abbattuto*) log **2** (*ceppo*) stock **3** (*tratto*) section **4** (*geom.*) frustum
troneggiàre v.intr. to tower, to stand out
tròno s.m. throne
tropicàle agg. tropical
tròpico s.m. tropic
tròppo **A** agg. indef. (*quantità*) too much, too many *pl.*, (*durata*) too long, (*estensione*) too far **B** pron. indef. too much, too many *pl.* **C** avv. **1** (*con avv. e agg.*) too, (*con v.*) too much **2** (*molto*) too, so (very)
tròta s.f. trout
trottàre v.intr. to trot
trottatóre s.m. trotter
trotterellàre v.intr. to trot along
tròtto s.m. trot
tròttola s.f. spinning-top
trovàre **A** v.tr. **1** to find **2** (*scoprire*) to find out, to discover **3** (*incontrare*) to meet **4** (*sorprendere*) to catch **5** (*far visita a*) to see **B** v.intr. pron. **1** to find oneself **2** (*essere*) to be **3** (*sentirsi*) to feel **C** v.rifl. rec. to meet
trovàta s.f. trick
truccàre **A** v.tr. **1** to make up **2** (*mascherare*) to disguise **3** (*falsificare*) to fix, to rig, to falsify **B** v.rifl. **1** to make oneself up **2** (*travestirsi*) to disguise oneself
truccatóre s.m. make-up artist
trùcco s.m. **1** trick **2** (*con cosmetici*) make-up
trùce agg. grim
trucidàre v.tr. to slaughter
trùciolo s.m. chip, shaving
trùffa s.f. fraud, swindle, cheat
truffàre v.tr. to defraud, to cheat, to swindle
truffatóre s.m. cheater, swindler

trùppa s.f. troop
T-shirt s.m. inv. T-shirt
tu pron. pers. 2ª p. sing. you ♦ **tu stesso** you yourself
tùba s.f. tuba
tubàre v.intr. to coo
tubatùra s.f. piping, pipes *pl.*
tubazióne s.f. piping, pipes *pl.*
tubétto s.m. tube
tùbo s.m. tube, pipe ♦ **t. digerente** alimentary canal || **t. di scappamento** exhaust pipe
tuffàre **A** v.tr. to plunge, to dip **B** v.rifl. to dive, to plunge
tuffatóre s.m. diver
tùffo s.m. dive, plunge
tùfo s.m. tuff
tùga s.f. deckhouse
tugùrio s.m. hovel
tulipàno s.m. tulip
tumefàre v.tr. e intr. pron. to tumefy
tumefazióne s.f. tumefaction
tumóre s.m. tumour, (*USA*) tumor
tùmulo s.m. **1** (*archeol.*) tumulus **2** (*cumulo di terra*) mound
tumùlto s.m. **1** tumult, uproar **2** (*sommossa*) riot
tumultuóso agg. tumultuous, riotous
tùndra s.f. tundra
tùnica s.f. tunic
tùnnel s.m. inv. tunnel
tùo **A** agg. poss. 2ª p. sing. your **B** pron. poss. yours **C** s.m. **1** (*ciò che è tuo*) your property, what you own **2** al pl. (*i tuoi familiari*) your family, (*i tuoi sostenitori*) your supporters
tuonàre v.intr. to thunder
tuòno s.m. thunder
tuòrlo s.m. yolk
turàcciolo s.m. cork
turàre v.tr. to plug, to stop
turbaménto s.m. **1** disturbance **2** (*agitazione*) perturbation
turbànte s.m. turban
turbàre **A** v.tr. to upset, to trouble **B** v.intr. pron. to get upset, to become agitated
turbìna s.f. turbine
turbinàre v.intr. to whirl
tùrbine s.m. whirl
turbolènto agg. **1** turbulent, stormy **2** (*di bambino*) boisterous
turchése agg. e s.m. turquoise
turchìno agg. e s.m. deep blue
tùrco **A** agg. Turkish **B** s.m. **1** (*abitante*) Turk **2** (*lingua*) Turkish
turìsmo s.m. tourism ♦ **t. sessuale** sex tourism
turìsta s.m. e f. tourist
turìstico agg. tourist (*attr.*)
tùrno s.m. **1** turn **2** (*di lavoro*) shift, (*di servizio*) duty
tùrpe agg. **1** base, vile, shameful **2** (*osceno*) obscene, filthy
turpilòquio s.m. foul language
tùta s.f. overalls *pl.*, (*sportiva*) tracksuit, jogging suit, sweatsuit ♦ **t. mimetica** camouflage
tutèla s.f. **1** (*dir.*) guardianship, tutelage **2** (*protezione*) protection, (*difesa*) defence, safeguard
tutelàre v.tr. to protect, to defend
tutóre s.m. **1** (*dir.*) guardian **2** (*med.*) brace
tutt'al più loc. avv. **1** (*al massimo*) at (the) most **2** (*alla peggio*) at (the) worst
tuttavìa cong. but, yet, nevertheless, however
tùtto **A** agg. indef. **1** all, (*intero*) (the) whole (of) (ES: ***t. l'anno*** all the year, the whole year) **2** al pl. all, (*ogni*) every, (*ciascuno*) each, (*qualsiasi*) any (ES: ***tutti gli uomini sono uguali*** all men are equal; ***ci vediamo tutti i giorni*** we see each other every day) **3** (*completamente*) all, quite (ES: ***sei t. bagnato*** you're all wet) **B** pron. indef. **1** all, (*ogni cosa*) everything, (*qualsiasi cosa*) anything (ES: ***t. dipende da te*** everything depends on you) **2** al pl. all, (*ognuno*) everybody, everyone, (*ciascuno*) each one (ES: ***lo sanno tutti*** everybody knows) **C** s.m. whole, total, (*ogni cosa*) everything (ES: ***mescolate il t.*** mix everything) ♦ **a tutta velocità** at full speed || **a t. spiano** all out || **di t. punto** completely || **prima di t.** first of all || **tutt'altro!** not at all! || **t. intorno** all around
tuttofàre agg. inv. general
tuttóra avv. still
tutù s.m. inv. tutu

u, U

ubbidiènte agg. obedient
ubbidiènza s.f. obedience
ubbidìre v.intr. to obey ♦ **u. a qc.** to obey sb.
ubicazióne s.f. location, site
ubiquità s.f. ubiquitousness, ubiquity
ubriacàre **A** v.tr. to make drunk **B** v.rifl. e intr. pron. to get drunk
ubriachézza s.f. drunkenness ♦ **in stato di u.** in a drunken state
ubriàco agg. e s.m. drunk

uccellièra s.f. aviary
uccèllo s.m. bird
uccìdere **A** v.tr. to kill **B** v.rifl. **1** (*rimanere ucciso*) to get killed **2** (*suicidarsi*) to kill oneself
uccisióne s.f. killing, (*assassinio*) murder
uccisóre s.m. killer, (*assassino*) murderer
udìbile agg. audible
udiènza s.f. **1** audience, hearing, (*colloquio*) interview **2** (*dir.*) hearing, sitting ♦ **u. a porte chiuse** closed hearing
udìre v.tr. to hear
uditìvo agg. auditory
udìto s.m. hearing
uditòrio s.m. audience
ùffa inter. ooh, phew
ufficiàle **A** agg. official, formal **B** s.m. officer
uffìcio s.m. **1** office, bureau, (*reparto*) department, (*edificio*) premises *pl.* **2** (*carica*) office, task, function **3** (*dovere*) duty ♦ **orario d'u.** office hours || **u. postale** post office || **u. turistico** tourist office
ufficióso agg. unofficial
ugèllo s.m. nozzle, jet
ùggia s.f. boredom, nuisance
uggióso agg. boring, tiresome, (*di tempo*) gloomy
uguagliànza s.f. equality
uguagliàre v.tr. **1** (*rendere uguale*) to equalize, to make equal, (*livellare*) to level **2** (*essere uguale a*) to equal, to be equal **3** (*sport*) to equal **4** (*paragonare*) to compare
uguàle **A** agg. **1** equal, (*identico*) same, like, identical **2** (*uniforme*) even, regular, uniform **B** s.m. **1** equal **2** (*la stessa cosa*) the same
ugualménte avv. **1** equally **2** (*malgrado tutto*) all the same
ùlcera s.f. ulcer ♦ **u. duodenale** duodenal ulcer || **u. gastrica** gastric ulcer
ulìvo s.m. olive tree
ùlna s.f. ulna
ulterióre agg. further
ultimaménte avv. lately
ultimàre v.tr. to complete, to finish
ùltimo **A** agg. **1** last, final **2** (*il più recente*) latest, last **3** (*estremo*) farthest, utmost **4** (*principale*) ultimate **5** (*più in alto*) last, top **6** (*più in basso*) bottom, last **B** s.m. **1** last **2** (*momento finale*) end
ultrasuòno s.m. ultrasound
ultraviolétto agg. e s.m. ultraviolet ♦ **raggi ultravioletti** UV rays, ultraviolet rays
ululàre v.intr. to howl, (*di sirena*) to hoot
ululàto s.m. howl, (*di sirena*) hoot
umanésimo s.m. humanism
umanìsta s.m. e f. humanist
umanità s.f. **1** humanity, (*genere umano*) mankind **2** (*bontà*) humanity
umanitàrio agg. humanitarian
umàno agg. **1** human **2** (*gentile*) humane
umidificàre v.tr. to humidify
umidificatóre s.m. humidifier
umidità s.f. dampness, moisture, humidity
ùmido agg. damp, moist, humid
ùmile agg. humble, modest
umiliànte agg. humiliating
umiliàre **A** v.tr. to humiliate, to humble **B** v.rifl. to humble oneself
umiliazióne s.f. humiliation
umiltà s.f. **1** (*virtù*) humility **2** (*l'essere di modesta condizione*) humbleness
umóre s.m. **1** humour **2** (*stato d'animo*) mood, temper ♦ **essere di cattivo/buon u.** to be in a bad/good mood
umorìsmo s.m. humour
umorìsta s.m. e f. humorist
umorìstico agg. humorous, comic, (*divertente*) funny
un agg. e art. → ***uno***
unànime agg. unanimous
unanimità s.f. unanimity
uncinétto s.m. crochet
uncìno s.m. hook
ùndici agg. num. card. e s.m. inv. eleven
ùngere **A** v.tr. **1** to grease, to oil **2** (*sporcare di grasso*) to make greasy **3** (*fig.*) to flatter, to butter up **B** v.rifl. e intr. pron. to grease oneself
ungherése agg., s.m. e f. Hungarian
ùnghia s.f. **1** nail **2** (*artiglio*) claw
unghiàta s.f. scratch
unguènto s.m. ointment
unicaménte avv. only, merely
ùnico **A** agg. **1** only, one **2** (*esclusivo*) sole **3** (*singolo*) single **4** (*senza pari*) unique, the best **B** s.m. only, one
unifamiliàre agg. one-family (*attr.*)
unificàre **A** v.tr. **1** to unify **2** (*uniformare*) to standardize **B** v.rifl. rec. to join (together)
unificazióne s.f. **1** unification, union **2** (*uniformazione*) standardization
uniformàre **A** v.tr. **1** (*conformare*) to conform, to adapt, to fit **2** (*rendere uniforme*) to standardize, to make uniform **B** v.rifl. to conform, to comply
unifórme **A** agg. uniform, even **B** s.f. uniform
uniformità s.f. uniformity
unilateràle agg. unilateral, one-sided
unióne s.f. **1** union **2** (*accordo, armonia*) unity, agreement **3** (*associazione*) union, association
unìre **A** v.tr. **1** to unite, to join (together), to put together **2** (*collegare*) to connect, to link **3** (*aggiungere*) to add **B** v.rifl. e rifl. rec. **1** (*mettersi insieme*) to join, (*fondersi*) to merge **2** (*legarsi*) to unite, to join up, to come together
unità s.f. **1** unity **2** (*misura, valore*) unit **3** (*mil., inform., mat.*) unit
unitàrio agg. unitary, unit (*attr.*)
unìto agg. **1** united **2** (*accluso*) enclosed **3** (*uniforme*) uniform, even
universàle agg. **1** universal, general **2** (*multiuso*) multipurpose

università s.f. university
universitàrio agg. university (*attr.*)
univèrso s.m. universe
unìvoco agg. univocal, unambiguous, (*di rapporto*) one-to-one
ùno A agg. num. card. e s.m. one B art. indeterm. **1** a, an **2** (*circa*) some, about C pron. indef. **1** (*qualcuno*) someone, (*un tale*) a man, a fellow, (*con partitivo*) one **2** (*ciascuno*) each **3** (*impersonale*) one, you ♦ **l'u. e l'altro** both ‖ **l'un l'altro** (*reciprocamente*) one another, each other ‖ **(l')u. ... l'altro** one... the other
ùnto A agg. greasy, oily B s.m. grease
untuóso agg. greasy, oily
uòmo s.m. man
uòvo s.m. egg ♦ **uova strapazzate** scrambled eggs
ùpupa s.f. hoopoe
uragàno s.m. hurricane
urànio s.m. uranium
urbanìsta s.m. e f. town-planner, (*USA*) city-planner
urbanìstica s.f. town-planning, (*USA*) city-planning
urbanizzazióne s.f. urbanization
urbàno agg. **1** urban, city (*attr.*), town (*attr.*) **2** (*cortese*) urbane, polite
urèa s.f. urea
urètra s.f. urethra
urgènte agg. urgent, pressing
urgènza s.f. **1** urgency, (*fretta*) hurry **2** (*emergenza*) emergency
ùrgere v.intr. to be urgent
urìna s.f. urine
urlàre v.tr. e intr. to shout, to yell
ùrlo s.m. cry, shout, yell
ùrna s.f. **1** urn **2** (*elettorale*) ballot-box ♦ **andare alle urne** to go to the polls
urografìa s.f. urography
urologìa s.f. urology
uròlogo s.m. urologist
urtàre A v.tr. **1** to bump (into), to knock (against), to crash (into), to collide with **2** (*infastidire*) to irritate, to annoy, (*offendere*) to hurt, to offend B v.intr. to knock, to strike C v.rifl. rec. **1** to collide, to bump into one another **2** (*fig.*) to quarrel
urticànte agg. urticant
ùrto s.m. **1** (*spinta*) push, shove **2** (*collisione*) bump, crash, collision **3** (*attacco*) attack **4** (*contrasto*) clash, collision
ùsa e gètta agg. inv. disposable, one-way (*attr.*)
usànza s.f. **1** custom, usage **2** (*abitudine*) habit
usàre A v.tr. **1** to use, to make use of **2** (*essere solito*) to be accustomed (to), to be used (to) B v.intr. **1** (*servirsi*) to make use of **2** (*essere di moda*) to be in fashion, to be fashionable
usàto A agg. **1** (*non nuovo*) used, second-hand (*attr.*) **2** (*in uso*) in use (*pred.*) B s.m. (*cose usate*) second-hand goods *pl.*
uscière s.m. usher
ùscio s.m. door
uscìre v.intr. **1** to get out, (*andare fuori*) to go out, (*venire fuori*) to come out **2** (*di pubblicazione*) to come out, to be issued **3** (*lasciare*) to leave **4** (*essere prodotto*) to be turned out **5** (*essere estratto*) to be drawn **6** (*provenire*) to come **7** (*cavarsela*) to get out ♦ **u. di strada** to go off the road
uscìta s.f. **1** going out, leaving **2** (*passaggio*) exit, way out **3** (*sbocco*) outlet **4** (*spesa*) expense, outlay **5** (*motto di spirito*) witty remark **6** (*desinenza*) ending ♦ **u. autocarri** lorry turn-off, truck-exit ‖ **u. automezzi** vehicle exit ‖ **u. di sicurezza** emergency exit
usignòlo s.m. nightingale
ùso s.m. **1** use **2** (*usanza*) usage, custom, (*abitudine*) habit ♦ **fuori u.** out of order
ustionàre A v.tr. to burn, to scald B v.rifl. to burn oneself, to scald oneself
ustióne s.f. burn, scald
usuàle agg. usual, customary
usufruìre v.intr. to take advantage, to benefit
usufrùtto s.m. usufruct
usùra[1] s.f. usury
usùra[2] s.f. (*logorio*) wear and tear ♦ **resistente all'u.** wear-resistant
utensìle s.m. tool, (*domestico*) utensil
utènte s.m. e f. user, (*consumatore*) consumer
utènza s.f. **1** use, consumption **2** (*insieme degli utenti*) users *pl.*, consumers *pl.*
ùtero s.m. uterus, womb
ùtile A agg. **1** useful, helpful **2** (*utilizzabile*) usable B s.m. **1** (*econ.*) profit, benefit, (*interesse*) interest, (*guadagno*) gains *pl.* **2** (*fig.*) profit
utilità s.f. **1** utility, usefulness **2** (*vantaggio*) profit, benefit
utilitària s.f. runabout, compact car
utilitàrio agg. utilitarian
utilizzàbile agg. usable, useable
utilizzàre v.tr. to use, to make use of, to utilize
utilizzatóre s.m. user, utilizer
utilìzzo s.m. use, utilization
utopìa s.f. utopia
utopìsta s.m. e f. utopian
utopìstico agg. utopian
ùva s.f. grapes *pl.* ♦ **u. passa** raisin ‖ **u. spina** gooseberry
uxoricìda s.m. uxoricide, (*donna*) woman that has murdered her husband
uxoricìdio s.m. uxoricide, (*contro il marito*) murder of one's husband

v, V

vacànte agg. vacant, empty
vacànza s.f. **1** holiday, vacation **2** (*assenza*) vacuum ♦ **vacanze estive** summer holidays
vàcca s.f. cow
vaccinàre v.tr. to vaccinate
vaccinazióne s.f. vaccination
vaccìno s.m. vaccine
vacillàre v.intr. **1** to totter, to stagger, to wobble **2** (*di luce*) to flicker **3** (*essere incerto*) to waver, to vacillate
vàcuo agg. vacuous, inane
vagabondàre v.intr. to wander about
vagabóndo s.m. **1** vagrant, tramp **2** (*fannullone*) loafer
vagàre v.intr. to wander, to roam
vagheggiàre v.tr. to long for, to dream of
vagìna s.f. vagina
vaginìte s.f. vaginitis
vagìre v.intr. to cry, to whimper
vàglia s.m. inv. money order ♦ **v. postale** postal order || **v. telegrafico** telegraphic money order
vagliàre v.tr. **1** to riddle, to screen **2** (*considerare*) to examine, to weigh
vàglio s.m. **1** riddle, screen **2** (*fig.*) sifting, examination
vàgo **A** agg. vague, faint **B** s.m. vagueness
vagóne s.m. wagon, car, van, coach ♦ **v. letto** sleeping car
vaiòlo s.m. smallpox
valànga s.f. avalanche
valènte agg. clever, skilful
valére **A** v.intr. **1** (*avere valore*) to be worth **2** (*esser valido*) to be valid, (*essere in vigore*) to be in force **3** (*aver peso*) to count, to be of account, to have weight **4** (*servire, giovare*) to be of use, to be of avail **5** (*equivalere*) to be worth, to be equal to **B** v.tr. to win **C** v.intr. pron. to make use, to take advantage, to avail oneself
valeriàna s.f. valerian
valévole agg. valid
valicàre v.tr. to cross
vàlico s.m. (mountain) pass
validità s.f. **1** validity **2** (*valore*) value **3** (*efficacia*) effectiveness
vàlido agg. **1** valid **2** (*fondato*) sound, well-grounded **3** (*di pregio*) valid, good **4** (*efficace*) efficient, effective
valigerìa s.f. leather-goods shop
valìgia s.f. suitcase ♦ **fare/disfare le valigie** to pack/to unpack
vallàta s.f. valley
vàlle s.f. valley
vallétto s.m. page
vallóne s.m. deep valley
valóre s.m. **1** value, worth **2** (*econ., mat., mus.*) value **3** (*coraggio*) valour, bravery, courage **4** (*validità*) value, validity **5** al pl. (*oggetti preziosi*) valuables *pl.*, (*titoli*) securities *pl.*
valorizzàre v.tr. **1** (*aumentare il valore di*) to increase the value of, to appreciate, (*migliorare*) to improve **2** (*sfruttare*) to exploit **3** (*mettere in risalto*) to set off
valoróso agg. valiant, brave
valùta s.f. currency, (*moneta*) money
valutàre v.tr. **1** (*giudicare il valore di*) to value, to estimate, to appraise **2** (*considerare*) to consider, to weigh **3** (*calcolare*) to calculate, to reckon **4** (*stimare*) to value, to esteem
valutazióne s.f. **1** appraisal, valuation, estimation **2** (*valore attribuito*) estimate **3** (*giudizio, considerazione*) judgement, consideration
vàlvola s.f. valve
vàlzer s.m. inv. waltz
vàmpa s.f. **1** blaze, flame **2** (*al viso*) flush, blush
vampàta s.f. **1** blaze, burst of flame **2** (*folata*) blast **3** (*al viso*) flush, blush
vampìro s.m. vampire
vandàlico agg. **1** vandalistic, vandalic **2** (*stor.*) Vandalic
vandalìsmo s.m. vandalism
vàndalo s.m. vandal
vaneggiàre v.intr. to rave
vanèsio **A** agg. foppish, vain, conceited **B** s.m. fop, vain person
vànga s.f. spade
vangàre v.tr. to spade
vangèlo s.m. Gospel
vanìglia s.f. vanilla
vanità s.f. **1** vanity **2** (*inutilità*) futility, uselessness
vanitóso agg. vain
vàno **A** agg. **1** (*inutile*) vain, useless **2** (*privo di fondamento*) vain, empty **3** (*vanitoso*) vain **B** s.m. **1** (*parte vuota*) space, hollow, (*apertura*) opening **2** (*stanza*) room
vantàggio s.m. **1** advantage, benefit **2** (*sport*) lead, (*tennis*) advantage
vantaggióso agg. advantageous, favourable
vantàre **A** v.tr. **1** to boast **2** (*esaltare*) to extol, to praise **3** (*millantare*) to boast of **4** (*pretendere*) to claim **B** v.rifl. e intr. pron. to boast, to show off
vanterìa s.f. boasting
vànto s.m. **1** boast(ing) **2** (*motivo d'orgoglio*) pride, merit
vànvera nella loc. avv. **a v.** haphazardly, without thinking ♦ **parlare a v.** to talk nonsense
vapóre s.m. **1** vapour, (*acqueo*) steam **2** al pl. (*fumi*)

fumes *pl.* **3** (*nave a vapore*) steamer ♦ **ferro a v.** steam iron

vaporétto s.m. steamboat, water bus

vaporizzàre **A** v.tr. to vaporize **B** v.intr. pron. to evaporate

vaporizzatóre s.m. vaporizer, atomizer

vaporóso agg. gauzy, (*di capelli*) fluffy

varàre v.tr. to launch

varcàre v.tr. to cross, to pass

vàrco s.m. opening, passage

variàbile **A** agg. variable, changeable, (*volubile*) fickle **B** s.f. variable

variànte s.f. **1** variation, variant **2** (*cambiamento*) change, variation

variàre **A** v.tr. to vary, to change **B** v.intr. **1** to vary, to change **2** (*fluttuare*) to fluctuate

variatóre s.m. variator, (*elettr.*) converter

variazióne s.f. variation, (*cambiamento*) change, (*fluttuazione*) fluctuation

varìce s.f. varix, varicose vein

varicèlla s.f. chicken-pox, varicella

varicóso agg. varicose

variegàto agg. **1** variegated, multi-coloured, (*screziato*) speckled **2** (*fig.*) diversified

varietà[1] s.f. **1** (*diversità*) variety, (*differenziazione*) variedness **2** (*gamma*) assortment, variety **3** (*specie*) kind, type

varietà[2] s.m. (*teatro*) variety (show), vaudeville

vàrio agg. **1** (*variato*) varied **2** (*differente*) various, different **3** al pl. (*parecchi*) several

variopìnto agg. multi-coloured

vàro s.m. **1** (*naut.*) launch, launching **2** (*di legge*) passing

vasàio s.m. potter

vàsca s.f. **1** basin, tank **2** (*da bagno*) bath, (*USA*) bathtub, tub ♦ **v. idromassaggio** Jacuzzi

vascèllo s.m. vessel, ship

vaselìna s.f. vaseline

vasellàme s.m. (*di terracotta*) earthenware, (*di vetro*) glassware

vàso s.m. **1** pot, jar, (*ornamentale*) vase **2** (*bot., anat.*) vessel **3** (*tecnol.*) bowl, tank

vassóio s.m. tray

vàsto agg. wide, large, vast

vecchiàia s.f. old age

vècchio **A** agg. **1** old **2** (*maggiore: comp.*) older, (*sup.*) oldest **3** (*antico*) ancient, old **4** (*stantio*) stale **5** (*stagionato*) seasoned **B** s.m. **1** old man **2** (*ciò che è vecchio*) the old

véce s.f. place, stead ♦ **fare le veci di qc.** to take sb.'s place

vedére **A** v.tr. **1** to see **2** (*incontrare*) to meet, to see **3** (*esaminare*) to examine, to have a look at **4** (*capire*) to see, to understand **5** (*fare in modo che*) to see, to try, to take care **6** (*decidere*) to decide **B** v.intr. to see **C** v.rifl. **1** to see oneself **2** (*sentirsi*) to feel **D** v.rifl. rec. to meet

vedétta s.f. look-out, vedette

védova s.f. widow ♦ **v. nera** black widow

védovo s.m. widower

vedùta s.f. **1** (*panorama*) view, sight **2** (*quadro, foto*) picture **3** al pl. (*opinioni*) views *pl.*, ideas *pl.*

veemènte agg. vehement

veemènza s.f. vehemence

vegetàle agg. e s.m. vegetable

vegetàre v.intr. **1** to grow **2** (*fig.*) to vegetate

vegetariàno agg. e s.m. vegetarian

vegetazióne s.f. vegetation

vègeto agg. **1** thriving **2** (*di persona*) vigorous, strong

veggènte s.m. e f. seer, clairvoyant

véglia s.f. watch, vigil

vegliàre **A** v.tr. to watch over **B** v.intr. **1** to stay awake **2** (*fare la veglia*) to keep watch

veglióne s.m. party, dance ♦ **v. di fine d'anno** New Year's Eve dance

veìcolo s.m. **1** vehicle **2** (*mezzo*) carrier, vehicle, medium

véla s.f. sail, (*il fare vela*) sailing ♦ **barca a v.** sailing boat

velàre **A** v.tr. **1** to veil **2** (*offuscare*) to dim, to cover **3** (*nascondere*) to conceal **B** v.intr. pron. to mist

velàto agg. veiled

veleggiàre v.intr. to sail

veléno s.m. poison

velenóso agg. **1** poisonous, venomous **2** (*fig.*) venemous

velièro s.m. sailing ship

velìna s.f. tissue paper

velìsta s.m. e f. sailor

velìvolo s.m. aircraft

velleità s.f. foolish aspiration

vèllo s.m. fleece

vellutàto agg. velvet (*attr.*)

vellùto s.m. velvet

vélo s.m. **1** veil **2** (*strato sottile*) film

velóce agg. fast, quick, swift

velocìsta s.m. e f. sprinter

velocità s.f. speed, velocity ♦ **v. massima** maximum speed || **v. minima** lowest speed, (*USA*) idle speed || **eccesso di v.** speeding || **limite di v.** speed limit

velòdromo s.m. velodrome, cycle-track

véna s.f. **1** vein **2** (*filone*) vein, lode **3** (*d'acqua*) spring **4** (*ispirazione*) inspiration **5** (*umore*) mood

venàle agg. **1** sale (*attr.*), saleable **2** (*fig.*) venal, mercenary

venatùra s.f. vein

vendémmia s.f. vintage, grape harvest

vendemmiàre v.tr. e intr. to harvest grapes

véndere v.tr. **1** to sell **2** (*esercitare il commercio di*) to deal in

vendétta s.f. revenge, vengeance

vendìbile agg. saleable, marketable

vendicàre **A** v.tr. to avenge, to revenge **B** v.rifl. to avenge oneself, to revenge oneself

vendicatìvo agg. revengeful, vindictive
vénditа s.f. **1** selling, sale **2** (*negozio*) shop ♦ **in v.** on sale, for sale || **v. all'asta** auction || **v. per corrispondenza** mail-order selling
venditóre s.m. seller, vendor
vendùto agg. **1** sold **2** (*corrotto*) corrupt, (*fam.*) bent
venèfico agg. poisonous, venomous
veneràbile agg. venerable
venerándo agg. venerable
veneràre v.tr. to revere, to venerate
venerdì s.m. Friday
venèreo agg. venereal
veniàle agg. venial
venìre v.intr. **1** to come **2** (*derivare*) to derive **3** (*manifestarsi*) to have got **4** (*risultare, riuscire*) to come out, to turn out **5** (*costare*) to cost **6** (*spettare*) to be due, to be owed **7** (*aus. nella forma passiva*) to be ♦ **mi viene da ridere** I feel like laughing || **v. a conoscenza** to hear || **v. avanti** to come forward || **v. meno** (*svenire*) to faint, (*svanire*) to fade away, to die out || **v. via** to come away, (*staccarsi*) to come off
venóso agg. venous
ventàglio s.m. **1** fan **2** (*gamma*) range, spread
ventàta s.f. **1** gust of wind **2** (*fig.*) wave
ventènne agg., e s.m. e f. twenty-year-old
ventèsimo agg. num. ord. e s.m. twentieth
vénti agg. num. card. e s.m. inv. twenty
ventilàre v.tr. to air, to ventilate
ventilàto agg. airy, windy
ventilatóre s.m. fan
vènto s.m. wind
vèntola s.f. **1** (*per fuoco*) fire-fan **2** (*mecc.*) fan
ventósa s.f. sucker
ventóso agg. windy
vèntre s.m. stomach
ventrésca s.f. belly of tunny in oil
ventùra s.f. chance, luck
venùta s.f. coming, arrival
véra s.f. **1** (*di pozzo*) well-curb **2** (*anello*) wedding ring
veraménte avv. **1** really, truly, indeed **2** (*a dire il vero*) actually
veránda s.f. veranda, (*USA*) porch
verbàle **A** agg. **1** spoken, oral **2** (*gramm.*) verbal **B** s.m. minutes *pl.*, record
verbalizzàre v.tr. to record, to minute
verbèna s.f. vervain, verbena
vèrbo s.m. verb
vérde agg. e s.m. green ♦ **v. pubblico** parks and gardens, green
verdeggiànte agg. verdant
verdétto s.m. verdict
verdùra s.f. greens *pl.*, vegetables *pl.*
vérga s.f. rod, staff
vérgine agg. e s.f. virgin
verginità s.f. virginity
vergógna s.f. **1** shame, (*disonore*) disgrace **2** (*imbarazzo*) embarrassment, (*timidezza*) shyness
vergognàrsi v.intr. pron. **1** to be ashamed, to feel ashamed **2** (*per timidezza*) to be shy, to feel embarrassed
vergognóso agg. **1** shameful, disgraceful **2** (*timido*) shy
verìfica s.f. **1** verification, control, check **2** (*contabile*) audit
verificàbile agg. verifiable
verificàre **A** v.tr. to verify, to check, to control **B** v.intr. pron. **1** (*accadere*) to happen **2** (*avverarsi*) to come true
verìsmo s.m. verism, realism
verìsta s.m. e f. verist
verità s.f. truth
veritièro agg. truthful
vèrme s.m. worm
vermìfugo s.m. vermifuge
vermìglio agg. e s.m. vermilion
vernàcolo s.m. vernacular
vernìce s.f. **1** paint, (*trasparente*) varnish **2** (*apparenza*) veneer **3** (*pelle lucida*) patent leather
verniciàre v.tr. to paint, (*con vernice trasparente*) to varnish ♦ **v. a spruzzo** to spray
vernissage s.m. inv. vernissage, (*giorno*) varnishing day
véro **A** agg. **1** true, real **2** (*completo, perfetto*) perfect, absolute **B** s.m. truth
verosimigliànte agg. likely, probable
verosìmile agg. likely, probable
verricèllo s.m. winch
verrùca s.f. wart
versaménto s.m. **1** pouring, spilling **2** (*deposito*) deposit, (*pagamento*) payment **3** (*med.*) effusion
versànte s.m. side
versàre **A** v.tr. **1** to pour **2** (*rovesciare*) to spill **3** (*spargere*) to shed **4** (*depositare*) to deposit, (*pagare*) to pay **B** v.intr. (*trovarsi*) to be **C** v.intr. pron. (*sfociare*) to flow
versàtile agg. versatile
versétto s.m. verse
versióne s.f. version
vèrso[1] prep. **1** (*direzione*) toward(s), -ward(s) (*suffisso*) **2** (*in prossimità*) near **3** (*tempo*) about, toward(s) **4** (*nei confronti di*) to, towards, (*contro*) against
vèrso[2] s.m. **1** (*riga di poesia*) line **2** (*poesia*) verse, poetry **3** (*suono*) sound, (*di animali*) call, cry **4** (*direzione*) direction, way **5** (*modo, maniera*) way **6** (*smorfia*) grimace, face ♦ **non c'è v. di fare q.c.** there's no way to do st.
vèrso[3] s.m. (*retro*) verso, reverse, back
vèrtebra s.f. vertebra
vertebràle agg. vertebral, spinal
vertebràto agg. e s.m. vertebrate
vertènza s.f. controversy, dispute ♦ **v. sindacale** labour union dispute

verticàle agg. e s.f. vertical
verticalménte avv. vertically
vèrtice s.m. **1** top, summit **2** (*geom.*) vertex **3** (*direzione*) top management **4** (*incontro*) summit
vertìgine s.f. dizziness, giddiness
vertiginóso agg. dizzy, giddy
vérza s.f. savoy cabbage
vescìca s.f. **1** (*anat.*) bladder **2** (*della pelle*) blister
vescovìle agg. episcopal, bishop's (*attr.*)
véscovo s.m. bishop
vèspa s.f. wasp
vespàio s.m. wasps' nest
vèspro s.m. vespers *pl.*
vessìllo s.m. standard, banner
vestàglia s.f. dressing gown
vèste s.f. **1** garment, clothes *pl.* **2** (*apparenza*) guise, appearance, (*aspetto*) format **3** (*funzione*) capacity ♦ **in v. di** as
vestiàrio s.m. clothes *pl.*, clothing
vestìbolo s.m. **1** (*atrio*) hall **2** (*anat., archeol.*) vestibule
vestìre **A** v.tr. **1** to dress, (*provvedere di vestiti*) to clothe **2** (*fare vestiti a*) to make sb.'s clothes **3** (*indossare*) to wear **B** v.intr. to dress, to be dressed **C** v.rifl. to dress (oneself), to get dressed
vestìto s.m. (*da uomo*) suit, (*da donna*) dress
veteràno s.m. veteran
veterinària s.f. veterinary science
veterinàrio s.m. veterinarian
vèto s.m. veto
vetràio s.m. glass-worker
vetràta s.f. **1** (*finestra*) glass window **2** (*porta*) glass door
vetrerìa s.f. glassworks
vetrìna s.f. (shop) window
vetrinìsta s.m. e f. window dresser
vetriòlo s.m. vitriol
vétro s.m. glass, (*di finestra*) windowpane
vetrofanìa s.f. decal
vétta s.f. top, summit, peak
vettóre s.m. **1** (*geom., fis., biol.*) vector **2** (*corriere*) carrier
vettovàglie s.f. pl. provisions *pl.*, supplies *pl.*
vettùra s.f. **1** (*carrozza*) coach, (*automobile*) car **2** (*ferr.*) carriage, coach
vezzeggiàre v.tr. to fondle, to pamper
vezzeggiatìvo s.m. **1** term of endearment **2** (*nomignolo*) pet name
vézzo s.m. **1** (*abitudine*) habit **2** al pl. (*moine*) mincing ways *pl.*
vezzóso agg. **1** (*grazioso*) charming **2** (*lezioso*) mincing
vi[1] pron. pers. 2ª p. pl. **1** (*compl. ogg.*) you, (*compl. di termine*) (to) you (ES: ***vi aiuterò volentieri*** I'll help you with pleasure) **2** (*rifl.*) yourselves (ES: ***vi siete vestiti?*** have you dressed yourselves?) **3** (*rec.*) one another, each other (ES: ***vi amate davvero?*** do you really love each other?)
vi[2] avv. → ***ci***[2]
vìa[1] s.f. **1** (*strada*) road, street **2** (*percorso, cammino*) way, path **3** (*modo*) way, (*mezzo*) means **4** (*anat.*) duct, tract
vìa[2] s.m. (*segnale di partenza*) start, starting signal
vìa[3] **A** avv. away, off **B** inter. go!, (*scacciando*) go away!, off with you!, (*coraggio!*) come on! ♦ **e così v.** and so on
Viacàrd s.f. inv. prepaid motorway toll card
viadótto s.m. viaduct
viaggiàre v.intr. to travel, to make a trip, to journey ♦ **v. per lavoro** to travel on business
viaggiatóre **A** agg. travelling **B** s.m. **1** traveller **2** (*passeggero*) passenger
viàggio s.m. journey, trip, (*per mare*) voyage, (*giro turistico*) tour ♦ **agenzia di viaggi** travel agency ‖ **buon v.!** have a nice journey! ‖ **v. organizzato** package tour
viàle s.m. avenue, boulevard, (*di giardino*) path
viandànte s.m. e f. wayfarer
viavài s.m. inv. coming and going
vibràre **A** v.tr. **1** (*agitare*) to brandish **2** (*colpi*) to strike **3** (*lanciare*) to hurl **B** v.intr. **1** to vibrate **2** (*fremere*) to tremble
vibrazióne s.f. vibration
vicàrio **A** agg. vicarious **B** s.m. **1** (*sostituto*) deputy, substitute **2** (*relig.*) vicar
vìce s.m. e f. inv. deputy, assistant
vicènda s.f. event, happening ♦ **a v.** each other, one another, (*alternatamente*) in turn
vicendévole agg. mutual, reciprocal
vicepresidènte s.m. vice president
viceré s.m. viceroy
vicevèrsa avv. **1** vice versa **2** (*invece*) but
vicinànza s.f. **1** closeness, nearness, proximity **2** al pl. neighbourhood, (*dintorni*) outskirts *pl.*
vicinàto s.m. **1** neighbourhood **2** (*insieme dei vicini*) neighbours *pl.*
vicìno **A** agg. **1** near, nearby, close, near at hand (*pred.*) **2** (*adiacente*) adjoining, adjacent, next, (*limitrofo*) neighbouring (*attr.*) **3** (*affine*) close **B** s.m. neighbour **C** avv. near (by), nearby, close (by) **D** prep. near (to), close to ♦ **qui v.** across the way
vìcolo s.m. alley ♦ **v. cieco** blind alley, dead end
vìdeo s.m. inv. **1** video **2** (*inform.*) screen, monitor
videocàmera s.f. videocamera, camera
videocassétta s.f. videotape
videocitòfono s.m. videointercom
videoregistratóre s.m. video recorder
vietàre v.tr. to forbid, to prohibit, to prevent
vietàto agg. forbidden ♦ **senso v.** no entry
vigènte agg. current, effective, in force
vigilànte s.m. e f. guard
vigilànza s.f. supervision, vigilance, surveillance ♦ **v. notturna** nightwatch
vigilàre **A** v.tr. to watch over, to supervise **B** v.intr. to keep watch

vìgile **A** agg. vigilant, watchful **B** s.m. **1** (*urbano*) policeman **2** (*del fuoco*) fireman
vigìlia s.f. eve
vigliàcco **A** agg. cowardly **B** s.m. coward
vìgna s.f. vineyard
vignéto s.m. vineyard
vignétta s.f. cartoon
vignettìsta s.m. e f. cartoonist
vigógna s.f. vicugna
vigóre s.m. **1** vigour, strength **2** (*validità*) force, effectiveness ◆ **in v.** in force, effective
vigoróso agg. vigorous, strong
vìle agg. **1** cowardly **2** (*meschino*) base, vile **3** (*senza valore*) worthless, filthy
vilipèndio s.m. scorn, contempt, (*dir.*) public insult
vìlla s.f. villa
villàggio s.m. village ◆ **v. turistico** holiday village, (*USA*) resort
villanìa s.f. **1** rudeness **2** (*azione da villano*) rude action
villàno **A** agg. rude, impolite **B** s.m. boor, lout
villeggiànte s.m. e f. holiday-maker, (*USA*) vacationer
villeggiatùra s.f. holiday, (*USA*) vacation ◆ **luogo di v.** holiday resort
villétta s.f. (detached) house ◆ **villette a schiera** terraced houses
villóso agg. hairy
viltà s.f. **1** cowardice **2** (*azione meschina*) mean action
vìmine s.m. wicker
vincènte **A** agg. winning **B** s.m. e f. winner
vìncere **A** v.tr. **1** to win **2** (*sconfiggere*) to beat, to defeat **3** (*sopraffare*) to overcome **B** v.intr. to win **C** v.rifl. to control oneself
vìncita s.f. **1** win **2** (*ciò che si vince*) winnings *pl.*
vincitóre **A** agg. winning, victorious **B** s.m. winner
vincolàre v.tr. **1** to bind **2** (*fin.*) to tie up **3** (*mecc.*) to constrain
vìncolo s.m. bond, tie
vinìcolo agg. wine (*attr.*)
vìno s.m. wine ◆ **v. spumante** sparkling wine
vìnto **A** agg. **1** won **2** (*sconfitto*) defeated **3** (*sopraffatto*) overcome (ES: ***v. dalla stanchezza*** overcome by tiredness) **B** s.m. loser ◆ **non darsi per v.** not to give up
viòla[1] **A** s.f. (*bot.*) viola, violet **B** agg. e s.m. (*colore*) violet, purple
viòla[2] s.f. (*mus.*) viola
violàre v.tr. **1** (*trasgredire*) to break, to infringe, to violate **2** (*profanare*) to profane **3** (*violentare*) to rape
violazióne s.f. **1** violation, infringement **2** (*profanazione*) profanation ◆ **v. di domicilio** house breaking, house trespassing
violentàre v.tr. **1** to rape **2** (*fig.*) to do violence to
violènto agg. violent
violènza s.f. violence ◆ **non v.** non-violence || **v. carnale** rape
violétta s.f. violet
violinìsta s.m. e f. violinist
violìno s.m. violin, fiddle (*fam.*)
violoncellìsta s.m. e f. (violon)cellist
violoncèllo s.m. (violon)cello
viòttolo s.m. path, lane
vìpera s.f. viper
viràle agg. viral
viràre v.intr. **1** (*naut.*) to veer **2** (*aer.*) to turn **3** (*chim.*) to change colour
viràta s.f. veer
vìrgola s.f. comma ◆ **v. decimale** decimal point
virgolétte s.f. pl. inverted commas *pl.*, quotation marks *pl.* ◆ **tra v.** quote... unquote
virìle agg. manly, masculine, virile
virilità s.f. manliness, virility
virtù s.f. **1** virtue **2** (*potere*) power, property ◆ **in v. di** by virtue of
virtuàle agg. virtual ◆ **realtà v.** virtual reality
virtuóso **A** agg. virtuous **B** s.m. **1** virtuous man **2** (*mus.*) virtuoso
vìrus s.m. inv. virus
visagìsta s.m. e f. beautician
visceràle agg. visceral
vìscere s.m. **1** internal organ **2** al pl. viscera *pl.*, (*intestino*) bowels *pl.*, (*di animale*) entrails *pl.* **3** al pl. (*fig.*) bowels *pl.*
vìschio s.m. mistletoe
vischióso agg. viscous
vìscido agg. **1** viscid, slimy **2** (*scivoloso*) slippery **3** (*fig.*) slimy, oily
viscónte s.m. viscount
viscontéssa s.f. viscountess
viscósa s.f. viscose
visìbile agg. visible
visibilità s.f. visibility ◆ **scarsa v.** poor visibility
visièra s.f. peak, (*USA*) visor
visionàrio agg. e s.m. visionary
visióne s.f. **1** vision **2** (*vista*) sight
vìsita s.f. **1** visit, (*breve*) call **2** (*ispezione*) inspection, control **3** (*med.*) examination **4** (*persona che visita*) visitor ◆ **v. medica** medical examination
visitàre v.tr. **1** to visit **2** (*andare a trovare*) to visit, to call on, to see **3** (*med.*) to examine
visitatóre s.m. visitor
visìvo agg. visual
vìso s.m. face
visóne s.m. mink
vìspo agg. lively, sprightly
vissùto agg. **1** experienced, worldly **2** (*reale*) real
vìsta s.f. **1** sight **2** (*veduta*) sight, view **3** (*campo visivo*) view
vistàre v.tr. to endorse, (*passaporto*) to visa
vìsto s.m. approval, endorsement, (*su passaporto*) visa

vistóso agg. **1** showy **2** (*grande*) big, large
visuàle **A** agg. visual **B** s.f. **1** (*vista*) sight, view **2** (*campo visivo*) view
vìta[1] s.f. **1** life, (*durata*) lifetime **2** (*modo di vivere*) life, living **3** (*necessario per vivere*) living **4** (*animazione*) animation, (*vitalità*) vitality
vìta[2] s.f. (*parte del corpo*) waist
vitàle agg. vital
vitalità s.f. vitality
vitalìzio **A** agg. for life, life (*attr.*) **B** s.m. life annuity
vitamìna s.f. vitamin
vìte[1] s.f. (*bot.*) vine
vìte[2] s.f. (*mecc.*) screw
vitèllo s.m. **1** calf **2** (*cuc.*) veal **3** (*pelle*) calf(skin)
vitìccio s.m. tendril
viticoltóre s.m. wine-grower
vitìgno s.m. vine
vìtreo agg. vitreous
vìttima s.f. victim
vìtto s.m. **1** (*cibo*) food **2** (*pasti*) board ♦ **v. e alloggio** board and lodging, (*USA*) room and board
vittòria s.f. **1** victory **2** (*sport*) win
vittorióso agg. victorious, winning
viva inter. hurrah, up with
vivàce agg. **1** lively, vivacious **2** (*sveglio*) quick **3** (*di colore*) bright
vivacità s.f. **1** liveliness **2** (*prontezza*) quickness **3** (*di colore*) brightness
vivàio s.m. (*di piante*) nursery, (*di pesci*) fish farm
vivànda s.f. **1** food **2** (*pietanza*) dish
vivavóce s.m. inv. speakerphone, (*per auto*) in-car kit
vivènte **A** agg. living **B** s.m. e f. living being
vìvere[1] v.tr. e intr. to live
vìvere[2] s.m. life, living
vìveri s.m. pl. food, supplies *pl.*, victuals *pl.*, provisions *pl.*
vìvido agg. vivid
vivisezióne s.f. vivisection
vìvo **A** agg. **1** living, alive (*pred.*), live (*attr.*) **2** (*vivace*) lively **3** (*profondo*) deep, sharp **4** (*vivido*) vivid **5** (*di colore*) bright **B** s.m. **1** living person **2** (*parte viva*) living part, heart ♦ **v. e vegeto** alive and well
viziàre v.tr. **1** to spoil **2** (*dir.*) to vitiate
viziàto agg. **1** spoilt **2** (*guasto*) faulty **3** (*dir.*) vitiated ♦ **aria viziata** foul air
vìzio s.m. **1** vice **2** (*cattiva abitudine*) bad habit **3** (*difetto*) fault, defect
vizióso agg. vicious, corrupt
vocabolàrio s.m. **1** (*insieme di termini*) vocabulary **2** (*dizionario*) dictionary
vocàbolo s.m. word, term
vocàle **A** agg. vocal **B** s.f. vowel
vocalìzzo s.m. vocalization
vocazióne s.f. vocation, calling
vóce s.f. **1** voice **2** (*diceria*) rumour **3** (*parola*) word, (*di dizionario*) entry **4** (*gramm.*) voice, part **5** (*mus.*) voice, part **6** (*contabile*) item, entry ♦ **a v. alta/bassa** in a loud/low voice
vociàre v.intr. to shout
vóga s.f. **1** (*il vogare*) rowing **2** (*moda*) fashion ♦ **essere in v.** to be in fashion
vogàre v.intr. to row
vogatóre s.m. **1** rower, oarsman **2** (*attrezzo*) rowing machine
vòglia s.f. **1** (*desiderio*) wish, longing, fancy, desire **2** (*volontà*) will **3** (*macchia della pelle*) birthmark **4** (*di gestante*) craving
vói pron. pers. 2ª p. pl. m. e f. you ♦ **v. stessi** you... yourselves
volàno s.m. **1** (*gioco*) badminton **2** (*mecc.*) flywheel
volànte[1] **A** agg. **1** flying **2** (*movibile*) movable **B** s.f. (*polizia*) flying squad
volànte[2] s.m. (*autom.*) wheel
volantìno s.m. leaflet
volàre v.intr. **1** to fly **2** (*librarsi*) to blow **3** (*passare velocemente*) to fly by, to pass quickly **4** (*precipitare*) to fall off
volàtile s.m. bird
volenteróso agg. willing, keen
volentièri avv. willingly, with pleasure
volére[1] v.tr. **1** to want (ES: ***voglio restare qui*** I want to stay here) **2** (*gradire*) to like (*spec. al condiz.*) (ES: ***fai come vuoi*** do as you like; ***volete andare al cinema stasera?*** would you like to go to the movies tonight?) **3** (*desiderare*) to wish (ES: ***vorrei saper risolvere questo problema*** I wish I could solve this problem) **4** (*nelle richieste*) will, can, would, (*nelle offerte*) will have, would like (ES: ***vorresti chiudere la porta?*** would you close the door?; ***vuoi un po' di zucchero?*** would you like some sugar?) **5** (*essere intenzionato a*) to intend, to be going (to), (*essere disposto*) to be willing (to) (ES: ***cosa volete fare adesso?*** what would you like to do now?) **6** (*disporre, stabilire*) to will (ES: ***il destino ha voluto così*** fate has willed it so) **7** (*permettere*) to let, to allow (ES: ***mio padre non vuole che ti veda*** my father won't allow me to see you) **8** (*pretendere, aspettarsi*) to expect, to want, to demand (ES: ***tu vuoi troppo da lei*** you're expecting too much of her) **9** (*richiedere, aver bisogno di*) to need, to require, to want (ES: ***è un animale che vuole molte attenzioni*** it's an animal that requires much care) **10** (*seguito da v. impers.*) to be going (to), to look (like) (ES: ***secondo me vuole piovere*** I think it's going to rain) **11** (*volerci, impers.*) to take, to be required, to need (ES: ***quanto ci vuole da qui a casa di Mary?*** how long does it take from here to Mary's?) ♦ **voler dire** to mean || **vuoi... vuoi...** both... and...
volére[2] s.m. will
volgàre **A** agg. **1** vulgar, coarse **2** (*bot., zool.*) trivial **B** s.m. vernacular
volgarità s.f. **1** coarseness, vulgarity **2** (*espressione*) vulgarity

volgarizzàre v.tr. **1** (*tradurre in volgare*) to translate into the vernacular **2** (*divulgare*) to popularize
vòlgere v.tr., intr. e rifl. **1** to turn **2** (*fig.*) to devote
vólgo s.m. common people *pl.*
volièra s.f. aviary
volitìvo agg. volitive
vólo s.m. flight ◆ **v. acrobatico** stunt flying || **v. a vela** gliding
volontà s.f. will, wishes *pl.* ◆ **a v.** as one wishes, as much as one pleases
volontariaménte avv. voluntarily
volontariàto s.m. **1** (*opera*) voluntary work **2** (*organizzazioni*) voluntary associations *pl.* **3** (*per acquisire esperienza*) voluntary apprenticeship
volontàrio **A** agg. voluntary **B** s.m. volunteer
volovelìsta s.m. e f. glider
vólpe s.f. fox
vòlta[1] s.f. **1** time **2** (*turno*) turn ◆ **a mia v.** in my turn || **C'era una v. ...** Once upon a time there was... || **una v. o due** once or twice
vòlta[2] s.f. (*arch.*) vault
voltafàccia s.m. inv. about-turn
voltàggio s.m. voltage
voltàre v.tr., intr. e rifl. to turn
volteggiàre v.intr. to circle, to twirl
voltéggio s.m. vaulting
vólto s.m. **1** face **2** (*aspetto*) aspect, appearance
volùbile agg. fickle, inconstant
volùme s.m. volume
voluminóso agg. voluminous, bulky
volùta s.f. **1** (*arch.*) volute **2** (*spira*) spiral
voluttà s.f. voluptuousness, (*piacere*) delight
voluttuàrio agg. unnecessary
voluttuóso agg. voluptuous, sensual
vomitàre v.tr. to vomit, to throw up
vòmito s.m. vomit ◆ **conato di v.** dry heaves
vóngola s.f. clam
voràce agg. voracious
voràgine s.f. chasm
vòrtice s.m. **1** whirl **2** (*fis.*) vortex ◆ **v. d'acqua** whirlpool, eddy || **v. d'aria** whirlwind
vòstro **A** agg. poss. 2ª p. pl. your **B** pron. poss. yours **C** s.m. **1** (*ciò che è vostro*) what is yours, your property **2** al pl. (*i vostri parenti*) your relatives *pl.*, (*i vostri seguaci*) your supporters *pl.*
votànte **A** agg. voting **B** s.m. e f. voter
votàre **A** v.tr. **1** to vote, (*approvare*) to pass **2** (*dedicare*) to offer, to dedicate **B** v.intr. to vote **C** v.rifl. to devote oneself
votazióne s.f. **1** voting, poll **2** (*scolastica*) marks *pl.*
votìvo agg. votive
vóto s.m. **1** (*promessa*) vow **2** (*per elezione*) vote **3** (*scolastico*) mark
voucher s.m. inv. voucher
vulcàno s.m. volcano
vulcanòlogo s.m. volcanologist
vulneràbile agg. vulnerable
vuotàre v.tr. e intr. pron. to empty
vuòto **A** agg. empty **B** s.m. **1** empty space, gap **2** (*bottiglia*) empty **3** (*fis.*) vacuum ◆ **a v.** in vain

w, W

wàfer s.m. inv. wafer
walkman s.m. inv. Walkman
water s.m. inv. toilet bowl
watt s.m. inv. watt
web s.m. inv. Web, World Wide Web
webcam s.f. inv. webcam
weekend s.m. inv. weekend
western agg. e s.m. inv. western
whisky s.m. inv. whisky, (*USA, Irlanda*) whiskey
windsurf s.m. inv. **1** (*tavola*) (windsurf) board **2** (*sport*) windsurfing
workshop s.m. inv. workshop
würstel s.m. inv. frankfurter

x, X

xenofobìa s.f. xenophobia
xenòfobo A s.m. xenophobe B agg. xenophobic
xerocòpia s.f. xerox copy
xerografìa s.f. xerography
xilofonìsta s.m. e f. xylophone player
xilòfono s.m. xylophone
xilografìa s.f. xylography, (*stampa*) xylograph

y, Y

yacht s.m. inv. yacht
yòga s.m. inv. yoga
yògurt s.m. inv. yoghurt
yùcca s.f. yucca

z, Z

zabaióne s.m. egg custard, zabaglione
zaffàta s.f. whiff, (*tanfo*) stench
zafferàno s.m. saffron
zaffìro s.m. sapphire
zàino s.m. backpack, knapsack, rucksack
zàmpa s.f. (*arto di animale*) leg, (*parte terminale*) paw, hoof, (*di uccello*) claw ♦ **a quattro zampe** four-legged
zampettàre v.intr. **1** to trot **2** (*di bambino*) to toddle
zampillànte agg. gushing
zampillàre v.intr. to gush
zampìllo s.m. gush, spurt
zampiróne s.m. fumigator
zampógna s.f. bagpipes *pl.*
zampognàro s.m. bag-piper
zànna s.f. tusk, (*di carnivori*) fang
zanzàra s.f. mosquito
zanzarièra s.f. mosquito net
zàppa s.f. mattock, hoe
zappàre v.tr. to hoe, to dig
zar s.m. inv. czar, tsar
zarìna s.f. czarina, tsarina
zarìsta agg. e s.m. czarist, tsarist
zàttera s.f. raft ♦ **z. di salvataggio** life raft
zavòrra s.f. ballast
zàzzera s.f. long hair, mop
zèbra s.f. **1** zebra **2** al pl. (*passaggio pedonale*) zebra crossing, (*USA*) pedestrian crossing
zécca[1] s.f. mint
zécca[2] s.f. (*zool.*) tick
zèlo s.m. zeal
zènit s.m. zenith
zénzero s.m. ginger
zéppa s.f. wedge
zéppo agg. packed, crammed ♦ **pieno z.** jam packed
zerbìno s.m. doormat
zèro s.m. zero, nought ♦ **vincere due a z.** to win two-nil
zìa s.f. aunt
zibellìno s.m. sable
zigàno agg. e s.m. tzigane
zìgomo s.m. cheekbone
zigzàg s.m. inv. zigzag ♦ **andare a z.** to zigzag
zimbèllo s.m. laughing-stock, butt
zìnco s.m. zinc
zingarésco agg. gipsy (*attr.*)
zìngaro s.m. gipsy
zìo s.m. uncle
zip s.f. inv. zip (fastener), (*USA*) zipper
zippàre v.tr. to zip
zircóne s.m. zircon
zitèlla s.f. spinster
zittìre A v.tr. to hiss, to boo B v.intr. to fall silent
zìtto agg. silent ♦ **sta' z.!** be quiet!
zizzània s.f. **1** (*bot.*) darnel **2** (*fig.*) discord
zòccolo s.m. **1** (*calzatura*) clog, sabot **2** (*di equino*)

hoof **3** (*piedistallo*) base, plinth **4** (*battiscopa*) skirting (board)
zodiacàle **agg.** zodiacal
zodìaco **s.m.** zodiac
zolfanèllo **s.m.** (sulphur) match
zólfo **s.m.** sulphur
zòlla **s.f.** sod, turf
zollétta **s.f.** lump ♦ **zucchero in zollette** lump sugar
zòna **s.f.** zone
zòo **s.m. inv.** zoo
zoologìa **s.f.** zoology
zoòlogo **s.m.** zoologist
zoom **s.m. inv.** zoom, zoom lens
zoomàre **v.intr.** → ***zumare***
zootecnìa **s.f.** zootechny
zoppicàre **v.intr.** **1** to limp **2** (*essere instabile*) to be shaky **3** (*mancare di rigore*) to be weak **4** (*di ragionamento*) to be unsound, not to hold water
zòppo **A** **agg.** lame, limping **B** **s.m.** lame person
zoticóne **s.m.** boor, lout
zùcca **s.f.** **1** (*bot.*) pumpkin, squash **2** (*testa*) head, pate (*fam.*)
zuccàta **s.f.** blow with the head
zuccheràre **v.tr.** to sugar, to sweeten
zuccheràto **agg.** sugared, sweetened
zuccherièra **s.f.** sugar bowl
zuccherìno **A** **agg.** sugary, sweet **B** **s.m.** **1** sweet **2** (*contentino*) sop
zùcchero **s.m.** sugar ♦ **z. di canna** cane sugar || **z. a velo** powdered sugar, icing sugar || **z. filato** candy-floss
zucchìna **s.f.** courgette, (*USA*) zucchini
zucchìno **s.m.** courgette, (*USA*) zucchini
zuccóne **s.m.** (*testardo*) stubborn person, (*ottuso*) blockhead
zùffa **s.f.** scuffle, fight
zùfolo **s.m.** flageolet
zumàre **v.intr.** to zoom
zùppa **s.f.** soup ♦ **z. di pesce** fish soup || **z. di verdura** vegetable soup
zuppièra **s.f.** soup tureen
zùppo **agg.** soaked, soaking wet

IN VIAGGIO

AEREO

Devo andare a... Può darmi orari e tariffe dei voli?

I must go to... Can you give me the flight times and prices?

Ci sono quattro posti disponibili sul volo... per... del giorno...?

Are there four seats available on flight... for... on...?

Vorrei un biglietto per...

I'd like a ticket for...

Vorrei prenotare un posto per... sul volo... del...

I'd like to book a seat for... on flight... on...

Vorrei spostare/annullare/confermare la mia prenotazione

I'd like to change/to cancel/to confirm my booking

A che ora dobbiamo trovarci all'aeroporto?

What time must we be at the airport?

Come si può raggiungere l'aeroporto?

What's the best way to get to the airport?

Quanto dista l'aeroporto dal centro della città?

How far is the airport from the city center (downtown)?

A che ora e da dove parte il bus per l'aeroporto?

What time and where does the bus leave for the airport?

A che ora parte il volo numero... per...?

What time does flight number... for... leave?

Vorrei un posto...

I'd like...

al finestrino	a window seat
corridoio	an aisle seat

Ho smarrito la carta d'imbarco

I've lost my boarding card

Mi può dare una coperta/un cuscino, per favore?

Can you give me a blanket/a pillow, please?

I miei bagagli non sono arrivati; a quale ufficio devo rivolgermi?

My luggage (baggage) hasn't arrived; which office must I go to?

Recapitatemi i bagagli a questo indirizzo

Send my luggage (baggage) to this address

Dov'è il deposito bagagli?

Where is the left-luggage office?

Dove posso prendere un taxi/un autobus?

Where can I get a taxi/a bus?

Arrivals	Arrivi
Baggage claim	Ritiro bagagli
Boarding now	Imbarco immediato
Cancelled flight	Volo cancellato
Check-in	Check-in
Customs	Dogana
Delayed	Ritardo
Departures	Partenze
Destination	Destinazione
Domestic flights	Voli nazionali
Gate	Uscita
International flights	Voli internazionali
Left-luggage office	Deposito bagagli

TRENO E TRASPORTI URBANI

Dove è la fermata dell'autobus numero... per...?

Where does bus number... for... stop?

Dov'è la stazione della metropolitana?

Where's the underground/tube (subway) station?

Dove posso acquistare un biglietto per l'autobus?

Where can I buy a bus ticket?

Quale autobus/metro devo prendere per...?

Which bus/underground must I take for...?

Questo autobus/treno passa per...?

Does this bus/train go past...?

Dove devo scendere per andare a...?

Where must I get off to go to...?

È questa la direzione giusta per andare a...?

Is this the right direction to go to...?

Dove posso prendere un taxi?

Where can I get a taxi?

Quanto costa un taxi fino a...?

How much does a taxi to... cost?

Può aspettarmi qualche minuto?
Can you wait for me for a few minutes, please?
Quanto le devo?
How much do I owe you?
Dove si trova la stazione ferroviaria?
Where's the railway station?
Mi porti alla stazione. Ho molta fretta!
Can you take me to the station? I'm in a great hurry!
Vorrei un biglietto di prima/seconda classe per...
I'd like a first/second class ticket to...
Vorrei un biglietto di andata e ritorno per...
I'd like a return/round-trip ticket to...
Posso fare il biglietto sul treno?
Can I buy the ticket on the train?
Vorrei fare una prenotazione sul treno per... delle... del...
I'd like to book a seat on the... train to... on...
Vorrei prenotare una cuccetta sul treno delle... del... per...
I'd like to book a couchette on the... train to... on...
C'è una coincidenza per...? A che ora parte?
Is there a connection for...? What time does it leave?

AUTOMOBILE

Il pieno, per favore
Fill up, please
Può controllare...?
Can you check...?

l'acqua	the water level
l'olio	the oil (level)
l'acqua della batteria	the battery water
il liquido dei freni	the brake fluid
la pressione dei pneumatici	the tyre pressure

Può sostituire...?
Can you change...?

l'olio	the oil
il filtro dell'olio	the oil filter
il filtro dell'aria	the air filter
i pneumatici	the tyres
le spazzole del tergicristallo	the (windscreen) wiper blades
un fusibile	a fuse

Può dare una pulita al parabrezza?
Could you clean the windscreen?
Può darmi una tanica vuota?
Could you lend me an empty container?
Può darmi una tanica di benzina? Sono rimasto a secco
Could you lend me a gas can? I've run out of gas/petrol
Può indicarmi la strada giusta per...?
Can you tell me which is the right way for...?
Qual è la strada più breve per...?
Which is the shortest road to...?
Può dirmi dove mi trovo?
Can you tell me where I am?
Può accompagnarmi a..., per favore?
Could you take me to..., please?
È asfaltata/percorribile la strada per...?
Is the road to... paved/passable?
Quanti chilometri ci sono per arrivare...?
How far is it to...?

a un distributore	a petrol station/ a service station
al prossimo paese	the nearest town
a un telefono	a telephone
alla prossima uscita	the next exit

Posso parcheggiare qui?
Can I park here?
Quanto tempo posso lasciare la macchina?
How long can I leave my car here?
Quanto costa il parcheggio?
How much does the car park cost?
Può indicarmi un meccanico/gommista?
Can you tell me where I can find a mechanic/tyre repairer?
Può indicarmi un'officina per far controllare la mia auto?
Can you tell me where I can find a garage to check my car?
La mia macchina è guasta: può darmi una mano?
My car has broken down: could you lend me a hand?
Può mandare un carro attrezzi?
Can you send a breakdown lorry/tow truck?
Può trainare la macchina fino a...?
Can you tow my car to...?
La macchina...
The car...

non parte	won't start
fa un fumo nero/blu/bianco	gives off black/blue/white smoke

Il motore...
The engine...

non si avvia	won't start
si avvia ma si spegne subito	starts but immediately cuts out
non tiene il minimo	won't tick over
consuma troppo	uses too much
perde olio/acqual	eaks oil/water
perde colpi	misfires
fa uno strano rumore	makes a funny noise

Si sente odore di benzina
I can smell petrol

Non entrano le marce
The gears won't engage

La frizione strappa/slitta
The clutch engages suddenly/slips

Non si accendono le luci
The lights don't come on

I freni non funzionano
The brakes don't work

Ho perso le chiavi
I've lost the keys

Si è rotta la chiave nella serratura
The key has broken off in the lock

Non funziona/è rotto il...
The.... doesn't work/is broken

Riesce a ripararlo subito?
Can you repair it at once?

Quanto tempo ci vuole per la riparazione?
How long will it take to repair it?

Ha scoperto il guasto?
Have you found out what's wrong?

Quanto pensa che verrà a costare la riparazione?
How much do you think the repair will cost?

Molte grazie per il suo aiuto!
Thank you very much for your help!

Dove posso noleggiare una macchina?
Where can I rent a car?

Vorrei noleggiare una macchina per... giorni/settimane
I'd like to rent a car for... days/weeks

Vorrei una macchina di piccola/media/grande cilindrata
I'd like a car with a small/medium/large engine

C'è un extra per il chilometraggio?
Must I pay extra for mileage?

È possibile lasciare la macchina a....?
Can I leave the car at...?

Entro che ora devo riportare la macchina?
What time must I return the car by?

Avete una macchina più grande/piccola?
Have you got a larger/smaller car?

IN ALBERGO

Potete raccomandarmi un albergo...?
Could you recommend a...?

economico	cheap hotel
centrale	central hotel
non distante da...	hotel not far from....
con garage	hotel with a garage

Ho prenotato una camera a nome...
I have a room booked under the name of...

Posso vedere la camera?
Can I see the room?

Vorrei una camera...
I'd like a...

singola	single room
doppia	double room
a tre letti	room with three beds
con bagno	room with a bathroom
con doccia	room with a shower

Quanto costa...?
How much does... cost?

la camera e la prima colazione	the room with breakfast/bed and breakfast
la mezza pensione	half board
la pensione completa	full board

La prima colazione è compresa nel prezzo?
Is breakfast included in the price?

Il prezzo è per la camera o per persona?
Is the price for the room or per person?

C'è l'ascensore?
Is there a lift/an elevator?

A che piano si trova?
Which floor is it on?

La camera non mi piace; vorrei cambiarla
I don't like the room; I'd like to change it

Va bene, la prendo
OK, I'll take it

Intendo fermarmi...
I mean to stay for...

una notte	one night
una settimana	one week
quindici giorni	fifteen days

Le devo lasciare un acconto?
Must I leave you an advance payment?

Posso riavere il mio passaporto/la mia carta d'identità?
Could I have my passport/identity card back?
È possibile aggiungere un letto?
Is it possible to add another bed?
Può portarmi la colazione in camera?
Could you bring my breakfast to my room?
Dove posso parcheggiare la macchina?
Where can I park my car?
C'è il servizio lavanderia?
Is there a laundry service?
La camera è ancora in disordine
The room hasn't been made up
Mi può mandare la cameriera?
Could you please send me the chambermaid?
Mi faccia parlare con il direttore!
I'd like to speak to the manager!
A che ora viene servito/a...?
What time is... served?

la prima colazione	breakfast
il pranzo	lunch
la cena	dinner

Vorrei essere svegliato/la sveglia alle..., per favore
I'd like a wake-up call at..., please
Per favore, mi può portare i bagagli in camera?
Could you carry my luggage (baggage) to my room, please?
Posso depositare dei documenti/dei valori?
Can I leave my documents/some valuables with you?
Può cambiarmi questa banconota?
Can you change this note for me?
Ci sono messaggi per me?
Are there any messages for me?
Attendo una telefonata. Me la può passare in camera?
I'm waiting for a telephone call. Can you put it through to my room?
Mi ha cercato qualcuno?
Has anyone called for me/phoned me?
Mi dia la chiave numero..., per favore
Could you give me the key number..., please?
Rientrerò tardi: posso avere la chiave del portone?
I'll be coming back late: can I have the front door key?
Vorrei fare una telefonata
I'd like to make a telephone call
Può chiamare questo numero a mio nome?
Can you phone this number for me?
Ho lasciato i bagagli in camera
I've left my luggage (baggage) in my room
Ho deciso di partire domani
I've decided to leave tomorrow
Può prepararmi il conto?
Can you prepare my bill for me?
Accettate carte di credito?
Do you accept credit cards?
Posso lasciare i bagagli fino a stasera?
Can I leave my luggage (baggage) here until this evening?
Può chiamarmi un taxi?
Can you call a taxi for me?

BANCA, POSTA E TELEFONO

Può indicarmi una banca?
Can you tell me where I can find a bank?
Qual è l'orario di apertura delle banche?
When are the banks open?/What are the banking hours?
Vorrei cambiare questa somma di denaro
I'd like to change this sum of money
Ho perso la carta di credito: cosa devo fare?
I've lost my credit card: what should I do?
Mi hanno rubato la ricevuta d'acquisto!
My receipt has been stolen!
È possibile avere del contante con la mia carta di credito?
Is it possible to have cash with my credit card?
Dov'è l'ufficio postale?
Where's the Post Office?
Qual è l'orario di apertura degli uffici postali?
What time are the Post Offices open?
Dove posso comprare dei francobolli?
Where can I buy some stamps?
Qual è l'affrancatura per una lettera/cartolina?
What's the postage for a letter/postcard?
Devo spedire questo pacco
I must post this parcel
A quale sportello devo rivolgermi?
Which window should I go to?
Vorrei incassare questo vaglia
I'd like to cash this money order (postal order)

Vorrei fare un versamento
I'd like to make a payment
Dov'è il fermo posta?
Where is the poste restante (general delivery)?
Desidero fare una telefonata a carico del destinatario
I'd like to make a collect call
Non ho moneta per telefonare: può aiutarmi?
I haven't got any change for the telephone: can you help me?
Vorrei una scheda telefonica
I'd like a telephone card
C'è un posto telefonico pubblico?
Is there a public telephone?
Vorrei chiamare questo numero
I'd like to call this number
Qual è il prefisso per...?
What's the code number (area code) for...?
Può riprovare?
Can you try again?
Riprovo più tardi
I'll try again later
Può richiamarmi a questo numero?
Can you call me back at this number?
Non capisco, può parlare più lentamente?
I don't understand, could you speak more slowly?
La linea è occupata
The line is engaged/busy
La linea è disturbata. Parli più forte
The line is bad. Could you speak louder?
È caduta la linea
We've been cut off
Il telefono è guasto
The telephone is broken

BAR E RISTORANTE

C'è un bar/ristorante qui vicino?
Is there a bar/restaurant near here?
Vorrei fare colazione (prima colazione)
I'd like breakfast
Può farmi un panino?
Can you make me a sandwich/a roll?
Vorrei prenotare un tavolo per... persone per le ore...
I'd like to book a table for... people for...
È libero questo tavolo?
Is this table free?
C'è molto da aspettare?
Will I (we) have to wait long?
Abbiamo molta fretta
We're in a great hurry
Aspetto degli amici
I'm waiting for some friends
Dov'è il guardaroba?
Where's the cloakroom (coatroom)?
Dov'è la toilette?
Where's the toilet/washroom?
Mi porti un aperitivo
Could you bring me an aperitif?
Può portarmi il menù/la carta dei vini?
Can you bring me the menu/the wine list?
Potete consigliarmi qualcosa di speciale?
Could you suggest something special?
Qual è il vostro piatto caratteristico?
What is your local dish?
Qual è il piatto del giorno?
What is the dish of the day?
Vorrei bere...
I'd like to drink...

acqua minerale	mineral water
acqua gasata	sparkling water
acqua non gasata	still water
acqua naturale	tap water
acqua non fredda	not too cold water

Cameriere!/cameriera!
Waiter!/waitress!
Può aggiungere un altro coperto?
Could you lay another place?
Questo... è sporco! Me lo può cambiare, per favore?
This... is dirty! Could you bring me another, please?
Quali sono gli ingredienti?
What are the ingredients of this dish?
Cosa vuol dire...?
What does.... mean?
Mi porti un altro...
Could you bring me another...?
Vorrei solo una mezza porzione
I'd like just a half portion
Questa pietanza è fredda/poco cotta
This dish is cold/underdone
Me la può scaldare?
Could you heat it for me?
Me la può cuocere di più?
Could you cook it a little more?

Vorrei della carne...
I'd like the meat...

al sangue	rare
ben cotta	well-done
molto cotta	very well-done

Che contorni/dessert avete?
What side dishes/desserts have you got?
Mi porti della frutta fresca
Could you bring me some fresh fruit?
Mi faccia il conto, per favore
Could you bring me the bill (check), please?
Quanto pago?
How much do I owe you?
Accettate carte di credito?
Do you accept credit cards?
Ho bisogno della ricevuta
I need the receipt
Tenga il resto
Keep the change
Questo è per lei
This is for you
Mi può chiamare un taxi?
Can you call a taxi for me?
C'è un telefono?
Have you got a telephone?

CULTURA

Dov'è...?
Where is...?

il museo	the museum
la galleria d'arte moderna	the gallery of modern art
la pinacoteca	the art gallery

A che ora apre/chiude il museo?
What time does the museum open/close?
Qual è il giorno di chiusura?
Which day is it closed?
Il museo è sempre aperto?
Is the museum always open?
Vorrei un catalogo del museo in italiano
I'd like an Italian catalogue of the museum
C'è una guida che parla italiano?
Is there a guide who speaks Italian?
Quanto costa l'ingresso?
How much does it cost to get in?
L'ingresso è libero?
Is it free to get in?
C'è uno sconto per studenti?
Is there a student reduction?
È possibile visitare...?
Is it possible to visit...?

la chiesa	the church
il palazzo	the palace
la sacrestia	the sacristy
il chiostro	the cloister

A che ora inizia lo spettacolo?
What time does the show/play/film start?

SALUTE

Può consigliarmi un...?
Can you recommend a/an?

cardiologo	cardiologist
dentista	dentist
ginecologo	gynaecologist
oculista	oculist
ortopedico	orthopaedist
pediatra	paediatrician
traumatologo	traumatologist

Conosce un medico che parla italiano?
Do you know a doctor who speaks Italian?
Posso parlare col dottore?
Can I speak to the doctor?
Vorrei fissare un appuntamento col dottor...
I'd like to make an appointment with Doctor...
Posso venire subito? È urgente!
Can I come at once? It's urgent!
Dov'è l'ambulatorio del dottor...?
Where is Doctor...'s surgery?
A che ora arriva il dottore?
What time does the doctor arrive?
Il dottore può venire a visitarmi?
Can the doctor come and visit me?
Può chiamare un medico?
Can you call a doctor?
Dov'è l'ospedale più vicino?
Where's the nearest hospital?
Mi porti al pronto soccorso
Can you take me to the First Aid Centre?
Non mi sento bene
I don't feel well
Mi sento...
I feel...

male	ill
meglio	better
peggio	worse

Mi fa male qui
It hurts here
Mi/gli fa male il/la...
My/his/her... hurts
Ho...
I ....

l'influenza	have got flu
voglia di vomitare	am sick
la febbre	have got a temperature
la diarrea	have got diarrhoea
mal di denti	have got toothache
una ferita	am injured/wounded
un'infezione	have got an infection
le vertigini	am suffering from dizzy spells
una scottatura	have burnt myself

Non riesco a dormire
I can't sleep
Soffro di diabete
I've got diabetes
Porto lenti a contatto
I wear contact lenses
Aspetto un bambino
I'm expecting a baby
Sono alla... settimana di gravidanza
I'm in my... week of pregnancy
Sono allergico a...
I'm allergic to...
Può prescrivermi un...?
Could you prescribe me a...?
Credo di essermi rotto il/la...
I think I've broken my...
Non posso muovere il/la...
I can't move my...
Posso continuare il viaggio?
Can I continue my journey?
Quando potrò riprendere il viaggio?
When will I be able to continue my journey?
Devo prendere delle precauzioni?
Are there any precautions I should take?
Quant'è il suo onorario?
How much is your fee?
Può farmi la ricetta?
Can you make me out a prescription?
Dov'è la farmacia più vicina?
Where's the nearest chemist (drugstore)?
Vorrei qualcosa contro...
I'd like something for...

il raffreddore	a cold
la febbre	a temperature
la tosse	a cough
il mal di denti	toothache
il mal di testa	a headache
una scottatura	a burn
la diarrea	diarrhoea
la stitichezza	constipation
l'insonnia	insomnia

Vorrei... ma non ho la ricetta
I'd like..., but I haven't got a prescription

UNITÀ DI MISURA

inch	in	2,54	cm	pollice
foot	ft	30,48	cm	piede
yard	yd	0,914	m	iarda
fathom	fm	1,829	m	braccio
statute mile	mi	1609,34	m	miglio terrestre
nautical mile	n.mi	1852	m	miglio marino
square inch	sq in	6,45	cm^2	pollice quadrato
square foot	sq ft	929,03	cm^2	piede quadrato
square yard	sq yd	0,836	m^2	iarda quadrata
acre	a	4046,86	m^2	acro
square mile	sq mi	2,59	km^2	miglio quadrato
cubic inch	cu in	16,39	cm^3	pollice cubo
cubic foot	cu ft	28,32	dm^3	piede cubo
cubic yard	cu yd	0,765	m^3	iarda cubica
fluid ounce	fl oz	0,284	dl	oncia fluida
fluid ounce (*USA*)	fl oz	0,296	dl	oncia fluida (*USA*)
pint	pt	0,568	l	pinta
liquid pint (*USA*)	pt	0,473	l	pinta (*USA*)
gallon	gal	4,55	l	gallone
gallon (*USA*)	gal	3,79	l	gallone (*USA*)
ounce	oz	28,35	g	oncia
pound	lb	0,454	kg	libbra
degree Fahrenheit	°F	32 + (9/5)	°C	grado Fahrenheit

NUMERI

	Cardinali	*Ordinali*
0	zero, nought, null	
1	one	first
2	two	second
3	three	third
4	four	fourth
5	five	fifth
6	six	sixth
7	seven	seventh
8	eight	eighth
9	nine	ninth
10	ten	tenth
11	eleven	eleventh
12	twelve	twelfth
13	thirteen	thirteenth
14	fourteen	fourteenth
15	fifteen	fifteenth
16	sixteen	sixteenth
17	seventeen	seventeenth
18	eighteen	eighteenth
19	nineteen	nineteenth
20	twenty	twentieth
21	twenty-one	twenty-first
22	twenty-two	twenty-second
30	thirty	thirtieth
40	forty	fortieth
50	fifty	fiftieth
60	sixty	sixtieth
70	seventy	seventieth
80	eighty	eightieth
90	ninety	ninetieth
100	one hundred	hundredth
101	one hundred and one	hundred and first
110	one hundred and ten	hundred and tenth
200	two hundred	two hundredth
300	three hundred	three hundredth
400	four hundred	four hundredth
500	five hundred	five hundredth
600	six hundred	six hundredth
700	seven hundred	seven hundredth
800	eight hundred	eight hundredth
900	nine hundred	nine hundredth
1 000	one thousand	thousandth
2 000	two thousand	two thousandth
1 100	eleven hundred	eleven hundredth
1 000 000	un million	millionth

NOTE GRAMMATICALI

ARTICOLO

Determinativo: the

Senza distinzioni di genere o di numero.

ES:	*The* boy that I met	Il ragazzo che ho incontrato
	The North pole	Il polo Nord

Non si usa davanti ad aggettivi e pronomi possessivi, nomi di nazioni, luoghi e lingue, nomi astratti.

ES:	My book and yours	Il mio libro e il tuo
	Life is very hard	La vita è molto dura

Indeterminativo: a, an (*davanti a vocale o 'h' muta*)

Solo al singolare, senza distinzione di genere.

ES:	*An* apple	Una mela
	There is *a* man here	C'è un uomo qui
	A child needs love	Un (ogni) bambino ha bisogno di amore

GENITIVO SASSONE

Il caso possessivo (genitivo) del nome si usa soprattutto con nomi di persona, paese, animale, navi e in espressioni di tempo. Si forma:

- aggiungendo ***'s*** ai nomi singolari e ai nomi plurali che non terminano per ***s***

ES:	The boy*'s* book	Il libro del ragazzo
	Carlo*'s* house	La casa di Carlo
	Today*'s* paper	Il giornale di oggi
	The children*'s* voices	Le voci dei ragazzi

- aggiungendo solo l'apostrofo (***'***) ai nomi plurali che terminano per ***s***

ES:	The boys*'* house	La casa dei ragazzi

La coppia sostantivo + genitivo sassone viene retta da un unico articolo.

ES: The son of the artist → The artist's son (Il figlio dell'artista)

GENERE

I nomi di cose inanimate e di animali hanno genere neutro; altrimenti, il genere coincide con il sesso. Le navi e i gatti sono considerati femminili.

PLURALE

Solitamente si costruisce aggiungendo una s al singolare.

ES:	dog (cane)	dog*s*
	house (casa)	house*s*

Ai nomi che terminano in ***o***, ***s***, ***ss***, ***ch***, ***sh***, ***x***, ***z*** si aggiunge ***es***.

ES:	potato (patata)	potato*es*
	kiss (bacio)	kiss*es*

Ai nomi di origine straniera che terminano in ***o*** si aggiunge solo la ***s***.

ES:	photo (foto)	photo*s*

Nei nomi che terminano per ***y*** preceduta da consonante si sostituisce ***ies*** alla ***y***.

ES:	lady (signora)	lad*ies*

In alcuni nomi che terminano per ***f***, ***fe*** si sostituisce ***ves*** alla terminazione.

ES:	wife (moglie)	wi*ves*
	life (vita)	li*ves*
	half (metà)	hal*ves*
	leaf (foglia)	lea*ves*

Alcuni nomi formano il plurale con un cambiamento vocalico:

ES:	man (uomo)	men
	woman (donna)	women
	tooth (dente)	teeth
	foot (piede)	feet
	goose (oca)	geese
	mouse (topo)	mice
Attenzione:	child (bambino)	→ children
	ox (bue)	→ oxen

PRONOMI PERSONALI

	sogg.	*compl.*	*rifl.*
io	I	me	myself
tu	you	you	yourself
lui	he	him	himself
lei	she	her	herself
esso, essa	it	it	itself
noi	we	us	ourselves
voi	you	you	yourselves
loro	they	them	themelves

It si usa in espressioni di tempo, distanza, temperatura, ecc., in frasi in cui il soggetto è un infinito e nella forma impersonale.

ES:	*It* is raining	Sta piovendo
	It is half past six	Sono le sei e mezza
	It is easy to criticize	È facile criticare

PRONOMI RELATIVI

Traducono ***che***, ***il quale***, ***la quale***, ***i quali***, ***le quali***.

	sogg.	*compl.*	*possess.*
Persone:	who	who, whom	whose
	that	that	
Cose:	which	which	whose, of which
	that	that	

What (soggetto e oggetto) traduce 'ciò che'.

ES:	The man *whom* I saw	
	The man *who* I saw	L'uomo che ho visto
	The man I saw	
	The man to *whom* I spoke	
	The man I spoke to	
	I shall do *what* you want	Farò ciò che vuoi

AGGETTIVI

In inglese gli aggettivi non variano con genere e numero e generalmente precedono il nome cui si riferiscono.

ES:	A big town	Una grande città
	A good boy	Un buon ragazzo
	Good girls	Delle ragazze buone

Comparativo di maggioranza e superlativo

Negli aggettivi monosillabi e nei bisillabi che terminano in ***y***, ***le***, ***er***, ***ow*** si formano aggiungendo rispettivamente ***er*** ed ***est***. Se l'aggettivo monosillabo termina con una consonante preceduta da un'unica vocale, la consonante raddoppia. La ***y*** finale diventa ***i***.

ES:	big (grande)	bigger	the biggest
	fine (bello)	finer	the finest
	simple (semplice)	simpler	the simplest
	tender (tenero)	tenderer	the tenderest
	happy (felice)	happier	the happiest

Negli altri casi si premette ***more*** e ***the most***.

ES:	beautiful (bello)	more beautiful	the most beautiful

Attenzione:

	good (buono)	better	the best
	bad (cattivo)	worse	the worst
	little (poco)	less	the least
	many/much (molto)	more	the most
	far (lontano)	farther/further	the farthest/the furthest

Il secondo termine di paragone è preceduto da ***than***.

ES:	My book is better than yours	Il mio libro è migliore del tuo

Comparativo di uguaglianza e minoranza

Il primo si traduce con ***as ... as***. Il secondo con ***less ... than***.

ES:	He is as tall as his father	È alto come suo padre
	He is less intelligent than you	È meno intelligente di te

AGGETTIVI E PRONOMI DIMOSTRATIVI

Sono gli unici a concordare con il numero del nome cui si riferiscono.

questo, questa	this
questi, queste	these
quello, quella	that
quelli, quelle	those
ES: *This* is my hat; *that* is yours	Questo è il mio cappello; quello è il tuo

AGGETTIVI E PRONOMI INTERROGATIVI

	sogg.	*oggetto*	*possess.*
chi	who	who, whom	whose
che cosa, ***quale***, ***che***		what, which	what, which

Which si usa quando la scelta è limitata.

ES:	Who pays the bill?	Chi paga il conto?
	Which of you is coming?	Chi di voi viene?
	Whose car won?	Di chi è la macchina che ha vinto?

AGGETTIVI E PRONOMI INDEFINITI

	agg.	*pron.*
qualche, del, dei		some, any
qualsiasi, qualunque	any, every	
qualcuno		somebody, someone, anybody, anyone
qualcosa		something, anything
niente		nothing
nessuno	no	no one, nobody, none

Some si usa nelle frasi affermative e nelle interrogative quando ci si aspetta una risposta affermativa. ***Any*** si usa nelle frasi negative, nelle altre frasi interrogative e nelle frasi affermative esprimenti un dubbio (dopo un 'se').

I pronomi seguono le stesse regole degli aggettivi corrispondenti.

ES:	Can I have *some* coffee?	Potrei avere del caffè?
	Do you have *any* money?	Hai del denaro?
	I have *no* money	Non ho denaro
	I took *no* photos	Non ho scattato nessuna foto
	I didn't take *any* photo	Non ho scattato nessuna foto
	Something good	Qualcosa di buono

AGGETTIVI E PRONOMI DISTRIBUTIVI

ciascuno, ciascuna	each	
ogni every	(solo *agg.*)	
ognuno	everyone, everybody	(solo *pron.*)
ogni cosa	everything	(solo *pron.*)
ambedue, entrambi	both, either	
l'uno o l'altro	either ... or	
né l'uno né l'altro	neither, neither ... nor	

Both regge il verbo alla terza persona plurale; tutti gli altri, invece, reggono la terza persona singolare.

AGGETTIVI E PRONOMI POSSESSIVI

	agg.	*pron.*
mio	my	mine
tuo	your	yours
suo	his/her/its	his/hers
nostro	our	ours
vostro	your	yours
loro	their	theirs

Gli aggettivi possessivi concordano nel genere con il possessore e non con la cosa posseduta. Le due espressioni seguenti sono equivalenti:

ES: One of my friends — A friend of mine (un mio amico)

MOLTO E POCO

Much (molto) si usa davanti a sostantivi non numerabili, mentre ***many*** si usa con sostantivi plurali numerabili, soprattutto nelle frasi negative o interrogative; entrambi possono essere usati come pronomi. ***A lot of*** e ***plenty of*** si usano nel significato di 'un mucchio di', 'una grande quantità di', soprattutto nelle frasi affermative.

ES:	We don't have much milk	Non abbiamo molto latte
	Carlo has a lot of toys, I don't have many	Carlo ha un mucchio di giocattoli, io non ne ho molti
	You have plenty of time, I don't have much	Tu hai un sacco di tempo, io non ne ho molto

A little (un po') e ***little*** (poco) si usano con sostantivi non numerabili. ***A few*** (alcuni) e ***few*** (pochi) si usano con sostantivi plurali numerabili.

ES:	*A few* friends	Alcuni amici
	Few friends	Pochi amici
	A little time	Un po' di tempo
	Little time	Poco tempo

VERBI

In inglese il soggetto di un verbo deve sempre essere espresso.
I verbi possono essere suddivisi in regolari e irregolari; nei verbi *regolari* è sufficiente conoscere l'infinito per poter costruire qualsiasi forma, tempo o persona.

FORMA NEGATIVA

Per i verbi comuni si forma nel seguente modo:
presente: soggetto + ***do not*** + infinito del verbo (senza 'to')
passato: soggetto + ***did not*** + infinito del verbo (senza 'to')
Per i verbi ausiliari, invece, si forma nel seguente modo:
soggetto + verbo ausiliare + ***not*** + participio passato del verbo

ES:	He does not work	Non lavora
	He did not work	Non lavorava
	They have not worked	Non hanno lavorato

Avverbi e pronomi negativi, come ***never*** (mai), si sostituiscono alla forma negativa:

ES:	He never works	Non lavora mai
	I have never worked	Non ho mai lavorato

FORMA INTERROGATIVA

Per i verbi comuni si forma nel seguente modo:
presente: ***do*** + soggetto + infinito del verbo (senza 'to')
passato: ***did*** + soggetto + infinito del verbo (senza 'to')
Per i verbi ausiliari, invece, si forma nel seguente modo:
verbo ausiliare + soggetto + participio passato del verbo

ES:	Do you study English?	Studi l'inglese?
	How much does it cost?	Quanto costa?
	Have you finished?	Hai finito?

VERBI AUSILIARI

To be (essere)

infinito	*presente*	*passato*	*part. pass.*
be	I *am*	I *was*	been
	you *are*	you *were*	
	he/she/it *is*	he/she/it *was*	
	we/you/they *are*	we/you/they *were*	

Viene usato nelle forme progressive e nelle forme passive.
A sua volta, necessita come ausiliare del verbo *to have*.

ES:	He is working	Sta lavorando
	He was followed	Era seguito
	We have been beaten	Siamo stati battuti

To have (avere, possedere)

infinito/presente	*passato*	*part. pass.*
have (3ª pers. sing.: *has*)	had	had

Viene usato come ausiliare in tutte le forme attive.

ES: I have worked — Ho lavorato
I had worked — Avevo lavorato

to have to viene usato per indicare un obbligo.

ES: We have to work — Dobbiamo lavorare

To do (fare)

infinito/presente	*passato*	*part. pass.*
do (3ª pers. sing.: *does*)	did	done

Viene usato come ausiliare per costruire la forma negativa e interrogativa del presente e del passato semplice dei verbi comuni.

ES: He does not work — Non lavora
He did not work — Non lavorava
Does he work? — Lavora?
Did he work? — Lavorava?

May (presente) e ***might*** (passato e condizionale)

Vengono usati per esprimere permesso (formale), probabilità o dubbio. Non esistono gli altri tempi.

ES: May I get in? — Posso entrare?
We might go to Rome — Potremmo andare (forse andremo) a Roma
I may not succeed — Potrei non farcela

Can (presente) e ***could*** (passato e condizionale)

Vengono usati per esprimere permesso (meno formale), probabilità in senso positivo e capacità. Non esistono gli altri tempi.

ES: Could you show me the way? — Potresti indicarmi la via?
I can swim — So (sono capace di) nuotare
I cannot go to Carlo's — Non posso andare da Carlo

Must (solo al presente) implica un obbligo.

ES: I must go — Devo proprio andare

Need

Viene usato come ausiliare nel significato di 'occorrere' (senza obbligo), specialmente in frasi negative o interrogative. Quando regge un complemento oggetto si costruisce normalmente col significato di 'aver bisogno'.

ES: You need not go to Rome — Non occorre che tu vada a Roma
Do you need any help? — Hai bisogno di aiuto?

Will e ***shall***

Vengono usati per costruire il futuro dei verbi, nel seguente modo:

sogg. + will/shall + infinito del verbo (senza 'to')

Shall viene usato solo nella prima persona singolare e plurale: in queste persone, ***will*** esprime intenzionalità.

ES: I will wait for you — Ti aspetterò (ho intenzione di aspettarti)
They will arrive at ten — Arriveranno alle dieci

Would e ***should***

Vengono usati per costruire il condizionale, nel seguente modo:

sogg. + would/should + infinito del verbo (senza 'to')

Should esprime dovere. La frase condizionale viene usata spesso nel discorso indiretto. In forma interrogativa con il verbo *to like* è utilizzata come forma di cortesia.

ES: You should pay your debts — Dovresti pagare i tuoi debiti
He said that he would be here — Disse che sarebbe stato qui
Would you like some sugar? — Gradisci un po' di zucchero?

VERBI COMUNI

Presente semplice

Ha la stessa forma dell'infinito senza il 'to' e si usa per esprimere un'azione abituale che non necessariamente si verifica nel momento in cui si parla.
La terza persona singolare del presente si costruisce aggiungendo una ***s*** (o ***es***, secondo le stesse regole della formazione del plurale dei nomi).

ES:	to work (lavorare)	I work, he works

Presente progressivo

Si forma con il presente di *to be* e il participio presente del verbo. Si usa per descrivere un'azione che si sta compiendo nel momento presente.

Participio presente

Si forma dall'infinito aggiungendo ***ing***.
- Quando l'infinito termina per ***e*** muta, questa si elide.
- Quando l'infinito termina per consonante preceduta da un'unica vocale accentata, la consonante si raddoppia.
- Quando l'infinito termina per ***ie***, tale terminazione diviene ***y*** prima di ***ing***.

ES:	to come (arrivare)	I am coming
	to refer (riferirsi)	I am referring
	to lie (giacere)	I am lying

La forma in ***ing*** viene usata come soggetto di una frase, dopo alcuni verbi (e obbligatoriamente) subito dopo una preposizione.

ES:	Learning English is easy	Imparare l'inglese è facile
	Do you mind closing the door?	Ti dispiace chiudere la porta?
	He insisted on seeing her	Insisteva per vederla

Passato semplice

Nei verbi *regolari*, il passato si forma dall'infinito aggiungendo ***ed***.
- Quando l'infinito termina per e si aggiunge solo ***d***.
- Quando l'infinito termina per ***y*** preceduta da consonante, la ***y*** diventa ***i*** prima di ***ed***.
- Quando l'infinito termina per consonante preceduta da un'unica vocale accentata, la consonante si raddoppia.

In inglese corrisponde a tre tempi: il passato prossimo, il passato remoto e l'imperfetto.

ES:	to work (lavorare)	I worked (lavoravo, lavorai, ho lavorato)
	to carry (portare)	I carried

Passato progressivo

Si forma con il passato di *to be* e il participio presente del verbo.
Si usa per descrivere un'azione che era in corso nel momento in cui accadeva qualcos'altro, o che è durata un certo tempo nel passato.

ES:	The wind was rising	Si stava levando il vento
	I was running when I met Carlo	Stavo correndo quando ho incontrato Carlo

Passato prossimo

Si costruisce con il presente di *to have* (anche per i verbi intransitivi) e il participio passato. Descrive un'azione appena conclusa, che continua tuttora, o iniziata in un tempo indeterminato nel passato ma con un esito o una conseguenza nel presente.

Participio passato

Nei verbi *regolari* è sempre uguale al passato.

ES:	I have lost my pen and I can't find it	Ho perso la penna e non riesco a trovarla
	I have seen this film before	Ho già visto questo film

Futuro

Si forma con gli ausiliari *will* e *shall* (vedi sopra)
La forma ***to be going to*** viene usata per esprimere intenzione, forte probabilità o un futuro immediato.

ES:	I know what you *are going to say*	So cosa stai per dire
	I think it *is going to rain*	Penso che stia per piovere

Condizionale

Si forma con gli ausiliari *would* e *should* (vedi sopra).

Congiuntivo

Il congiuntivo presente ha esattamente la stessa forma dell'infinito. Il passato ha la stessa forma dell'indicativo passato, a eccezione di *to be*, che fa *were* in tutte le persone.

Imperativo

Esiste solo nella seconda persona singolare e plurale ed è uguale all'infinito.
Nelle altre persone si ricorre al verbo *to let*.

ES:	Vai via!	Go away!
	Andiamo!	Let us go!

FORME PASSIVE

Il passivo di un verbo si forma coniugando *to be* seguito dal participio passato del verbo.

ES:	attivo	→ We keep the butter here	Il burro lo teniamo qui
	passivo	→ The butter is kept here	

L'agente in una frase passiva deve essere retto da ***by***.

VERBI IRREGOLARI

Alcuni verbi non formano il passato e il participio passato aggiungendo ***ed*** all'infinito, bensì tramite una modificazione vocalica.
Non esiste una regola fissa: il paradigma dei principali verbi irregolari è elencati di seguito e, nella sezione inglese-italiano del dizionario, di fianco al lemma.

infinito	*passato*	*participio pass.*
to arise	arose	arisen
to awake	awoke	awoken, awaked
to be	was, were	been
to beat	beat	beaten
to become	became	become
to begin	began	begun
to behold	beheld	beheld
to bend	bent	bent
to bet	bet, betted	bet, betted
to bid	bade, bid	bid
to bind	bound	bound
to bite	bit	bitten
to bleed	bled	bled
to bless	blessed, blest	blessed, blest
to blow	blew	blown
to break	broke	broken
to breed	bred	bred
to bring	brought	brought
to broadcast	broadcast	broadcast
to build	built	built
to buy	bought	bought
to cast	cast	cast
to catch	caught	caught
to choose	chose	chosen
to cleave	clove, cleft	cloven, cleft
to cling	clung	clung
to come	came	come
to cost	cost	cost
to creep	crept	crept
to crow	crowed, crew	crowed
to cut	cut	cut
to deal	dealt	dealt
to dig	dug	dug
to dive	dived	dived
to do	did	done
to draw	drew	drawn
to dream	dreamed, dreamt	dreamed, dreamt
to drink	drank	drunk
to drive	drove	driven
to eat	ate	eaten
to fall	fell	fallen
to feed	fed	fed
to feel	felt	felt

to fight	fought	fought
to find	found	found
to fly	flew	flown
to forbid	forbad, forbade	forbidden
to forecast	forecast	forecast
to forget	forgot	forgotten
to forgive	forgave	forgiven
infinito	*passato*	*participio pass.*
to forsake	forsook	forsaken
to freeze	froze	frozen
to get	got	got, gotten
to give	gave	given
to go	went	gone
to grind	ground	ground
to grow	grew	grown
to hang	hung, hanged	hung, hanged
to have	had	had
to hear	heard	heard
to hide	hid	hidden, hid
to hit	hit	hit
to hold	held	held
to hurt	hurt	hurt
to keep	kept	kept
to knit	knit, knitted	knit, knitted
to know	knew	known
to lay	laid	laid
to lead	led	led
to learn	learned, learnt	learned, learnt
to leave	left	left
to lend	lent	lent
to let	let	let
to lie	lay	lain
to light	lit, lighted	lit, lighted
to lose	lost	lost
to make	made	made
to mean	meant	meant
to meet	met	met
to mistake	mistook	mistaken
to pay	paid	paid
to put	put	put
to quit	quit, quitted	quit, quitted
to read	read	read
to ride	rode	ridden
to ring	rang	rung
to rise	rose	risen
to run	ran	run
to saw	sawed	sawed, sawn
to say	said	said
to see	saw	seen
to seek	sought	sought
to sell	sold	sold
to send	sent	sent

to set	set	set
to sew	sewed	sewed, sewn
to shake	shook	shaken
to shave	shaved	shaved, shaven
to shear	sheared	sheared, shorn
to shed	shed	shed
infinito	*passato*	*participio pass.*
to shine	shone	shone
to shoot	shot	shot
to show	showed	shown, showed
to shut	shut	shut
to sing	sang	sung
to sink	sank	sunk
to sit	sat	sat
to sleep	slept	slept
to slide	slid	slid
to smell	smelled, smelt	smelled, smelt
to speak	spoke	spoken
to speed	speeded, sped	speeded, sped
to spell	spelled, spelt	spelled, spelt
to spend	spent	spent
to spill	spilled, spilt	spilled, spilt
to spit	spat, spit	spat, spit
to split	split	split
to spoil	spoiled, spoilt	spoiled, spoilt
to spread	spread	spread
to stand	stood	stood
to stick	stuck	stuck
to sting	stung	stung
infinito	*passato*	*participio pass.*
to strike	struck	struck, striken
to swear	swore	sworn
to sweep	swept	swept
to swell	swelled	swelled, swollen
to swim	swam	swum
to swing	swung	swung
to take	took	taken
to teach	taught	taught
to tear	tore	torn
to tell	told	told
to think	thought	thought
to throw	threw	thrown
to thrust	thrust	thrust
to tread	trod	trodden, trod
to understand	understood	understood
to wake	woke, waked	woken, waked
to wear	wore	worn
to weep	wept	wept
to win	won	won
to wind	wound	wound
to withdraw	withdrew	withdrawn
to write	wrote	written